黄正林　张艳　宿志刚　著

民国河南社会经济史

（上）

社会科学文献出版社

目　　录

绪　论 ………………………………………………………… 1
　一　河南经济的地理基础 ………………………………… 1
　二　民国时期政权和行政区划的演变 …………………… 5
　三　民国时期河南人口 …………………………………… 11
　四　民国时期河南经济研究现状 ………………………… 12

第一编　北洋政府时期

第一章　传统农业的延续与嬗变 …………………………… 23
　一　农业政策与农政机关 ………………………………… 23
　二　粮食作物的种植 ……………………………………… 31
　三　经济作物的种植 ……………………………………… 33
　四　园艺作物的种植 ……………………………………… 48
　五　农田水利 ……………………………………………… 50
　六　养殖业 ………………………………………………… 52
　七　农业经济的变化 ……………………………………… 53

第二章　财政、税收与金融的变化 ………………………… 59
　一　财政体制的演变 ……………………………………… 59

二　省县级财政	63
三　省县财政支出	67
四　田赋与田赋附加	72
五　1918年减漕案	79
六　金融业的变化	82

第三章　工矿业与手工业 ... 93
一　工矿业	93
二　主要行业与企业	97
三　手工业及其变化	113
四　列强在河南设立的工厂	130
五　工人阶级的生活与政治参与	137

第四章　交通与商业贸易 ... 145
一　新式交通、通信事业的兴起	145
二　邮政的兴起与发展	152
三　商业政策与商人组织	154
四　商业都市的兴起和变迁	159
五　乡村市场及其类型	167

第二编　南京国民政府时期

第五章　农业与农村经济 ... 183
一　农业政策与农政机关	183
二　地权分配与租佃关系	190
三　农业技术及改良	195

目　录

　　四　农田水利的兴修……………………………………… 205

　　五　粮食作物产量………………………………………… 219

　　六　经济作物的种植……………………………………… 222

第六章　林牧业及主要林产品………………………………… 232
　　一　林政机关与政策……………………………………… 232
　　二　林业推广及其成就…………………………………… 238
　　三　山货与林业特产……………………………………… 243

第七章　现代化进程中的工业………………………………… 247
　　一　政府奖助工业的政策………………………………… 247
　　二　私营工业……………………………………………… 249
　　三　官办工厂……………………………………………… 264
　　四　手工业………………………………………………… 282
　　五　矿藏与矿业…………………………………………… 289

第八章　财政制度、赋税与农民负担………………………… 299
　　一　财政机关的演变……………………………………… 299
　　二　财政制度改革………………………………………… 302
　　三　田赋及其整理………………………………………… 306
　　四　工商税的演变………………………………………… 309
　　五　公债与公产…………………………………………… 315
　　六　财政收入与支出……………………………………… 317

第九章　新旧并存的金融业…………………………………… 322
　　一　传统金融业的延续…………………………………… 322
　　二　河南农工银行………………………………………… 331

三　信用合作社………………………………………………338
　　四　货币流通的变迁…………………………………………345

第十章　现代交通通信事业的发展……………………………………350
　　一　陇海铁路河南段的建设…………………………………350
　　二　路政机关与管理法规……………………………………351
　　三　国道、省道与县道………………………………………354
　　四　汽车运输业的建立………………………………………364
　　五　现代通信事业……………………………………………367

第十一章　豫东南苏区的经济（上）…………………………………374
　　一　苏区的建立………………………………………………374
　　二　地权分配与剥削关系……………………………………376
　　三　土地政策及其实施………………………………………379
　　四　灾荒与救灾………………………………………………397
　　五　农业生产…………………………………………………404

第十二章　豫东南苏区的经济（下）…………………………………413
　　一　工业………………………………………………………413
　　二　商业的恢复和发展………………………………………417
　　三　财政与问题………………………………………………424
　　四　金融业……………………………………………………435

第三编　抗日战争时期

第十三章　国民党统治区的经济（上）………………………………443

一　农业与农村经济 …………………………………………… 443
　　二　工矿业 …………………………………………………… 465
　　三　商业 ……………………………………………………… 489

第十四章　国民党统治区的经济（下） ……………………… 511
　　一　财政与税收 ……………………………………………… 511
　　二　金融业 …………………………………………………… 534
　　三　交通运输业 ……………………………………………… 568

第十五章　抗日根据地的社会 ………………………………… 579
　　一　各敌后抗日根据地的建立 ……………………………… 579
　　二　女权运动 ………………………………………………… 588
　　三　教育 ……………………………………………………… 596
　　四　公共卫生事业 …………………………………………… 605
　　五　灾荒与荒政 ……………………………………………… 611

绪 论

一 河南经济的地理基础

河南位于黄河中下游地区，华北平原的南部和江淮平原的北部，秦岭山系余脉的东段和太行山余脉的东南部。《大中华河南省地理志》记载：河南"地在中原，又号中州，多为禹贡豫州之域，恒省称曰豫，或以全豫代河南全省"。把河南形胜概括为："地势斜成三角，北东南三面，支出如股，南凭大岭，北凭太行，中包嵩岳，黄河如带，分河南、河北二部。淮水流经，灌于河南，江汉支流，灌于西南，卫河经流，灌于河北。川平原广，田野漫衍。西北负河山重险，东南居江淮上游，古来被兵最重，受敌最重，四战之地，不利于守。然平原遍野，沃土宜农，山脉萦回，林矿并富，黄河泛溢，为患最久也。"① 民国时期的河南，"极南为北纬三十一度零八分，极北为北纬三十六度五十七分……极西之处在东经一百一十度零十分，极东之处在东经一百一十六度五十分"。② 民国时期河南省面积约172155平方公里。③ 新中国成立后，随着行政区划重新划分，河南地理范围发生了变化，经纬度也发生了变化，在北纬31度23分和36度22分，东经110度21分和116度

---

① 林传甲：《大中华河南省地理志》，北京武学书馆，1920，第1、15页。
② 刘景向总纂《河南新志》卷1《舆地》上册，1988年排印本，第20页。
③ 杨文洵等编《中国地理新志》，中华书局，1940，第155页。

39分之间，全省土地总面积16.7万平方公里，占全国总面积的1.74%。[①]经济的发展离不开地理环境因素的作用，地理环境主要包括地貌、气候、水利、行政区划等方面。

(一) 地形与地貌

河南地貌体现多样化的特征，东西地貌差异很大，就整体而言，西南多山岭，东北多平原。"本省地势，东西二部，大相悬殊。西部为山岳或丘陵地带，黄河以北有太行山脉，其在豫境之内倾斜面，海拔高至一千公尺。黄河之南有伏牛、熊耳、嵩、崤诸山脉，海拔自一千至二千四百公尺之间。东部为一大平原，川流纵横。"[②] 太行山、伏牛山与大别山为河南境内主要的山脉，从西北、西南到南部环绕河南。太行山是中国东部的重要山脉和地理分界线，西部是黄土高原，东部是华北平原，从山西沁源分支南下，其南部伸入河南林县、济源、修武、沁阳等县，海拔1500米左右，向东南逐渐形成海拔300～400米不等的缓坡山地。伏牛山为秦岭东段的支脉，东南与桐柏山相接，呈北西西—南东东走向。长约400公里，为淮河与汉江的分水岭，海拔1000米左右，主峰老君山海拔2192米。大别山位于河南与湖北、安徽的交界处，是长江与淮河的分水岭，其北部是黄淮平原，南部是江汉平原。

河南地形不仅有高峻起伏的山地，也有地平广阔的平原，既有波状起伏的丘陵，也有山岭环绕的盆地。山地主要分布在豫北、豫西和豫南地区，面积约为4.4万平方公里，占全省土地面积的26.6%。平原主要分布在豫东地区，西起豫西山地东麓和太行山边缘，大致沿200米等高线与山地接连，东部和北部一直到达省界；南至大别山北麓，大致以120米等高线与丘陵分界，南北长达500多公里，东西宽100～260公里，面积占全省总面积的45%左右。河南盆地主要散布在太行山地、豫西山地及桐柏—大别山地之中，面积最大盆地为南阳盆地，长约150公里，宽约110公里，面积约为

---

① 李永文、马建华主编《新编河南地理》，河南大学出版社，2006，第4页。
② 崔宗埙：《河南省经济概况》，京华印书馆，1945，第1页。

11900平方公里，海拔为80~200米。① 河南平原、盆地面积所占比例较大，而山地面积比例较小，有利于农业经济的发展。

黄河从河南穿流而过，因黄河不断泛滥，从上游携带来的大量泥沙堆积在沿黄河两岸地区。因此，河南有大面积的盐碱地，据民国时期调查，盐碱地主要分布在豫东、豫北和豫南三个地区，在北纬33°~36°之间，东经113°~116°之间。豫东最重，豫北次之，② 全部面积几占河南省三分之一，就豫东23县调查，不能种植作物的盐碱地"有十七万三千七百余亩之多"。③ 盐碱地的存在，对民国时期河南农村经济的发展产生了较大影响。

（二）气候及灾害性天气

河南位于由亚热带向暖温带过渡地带，又远离海洋，因此气候总体上讲具有四季分明，雨热同期，复杂多样，气象灾害频繁的特点。由于河南南北纬度跨度比较大，因此气候南北差异比较大，大致以伏牛山脉和淮河干流为界，此线以南为亚热带湿润地区，以北属于暖温带半湿润地区。据民国时期记载："全年平均气温，全省大部皆在百度表十四度至十六度之间，惟西北崤山、太行山一带，低于十四度，南部信阳一隅，超过十六度。北部除田亩外，草木缺乏，土壤外露，故大风起时，尘土飞扬，与河北省大致相同。南部气候较为温润，及至东南隅，所产植物，大都类于长江流域。"④ 有当代气候测量，全省年平均气温绝大部分地区在12~15℃，全年日平均气温稳定通过10℃的活动积温为4000~5000℃。从伏牛山脉到淮河干流以南地区，大部分地区1月平均温度在0℃以上，7月平均气温在28℃左右，年平均气温在15℃左右。该线以北地区，东西两半部因地形条件的不同，热量条件

---

① 毛继周主编《河南经济地理概论》，测绘出版社，1988，第21页；李永文、马建华主编《新编河南地理》，第13、17、21页。
② 周锡桢：《河南碱地利用之研究》，萧铮主编《中国地政研究丛刊：民国二十年代中国大陆土地问题资料》，台北：成文出版有限公司、（美国）中文资料中心，1977，第24921、24932、24935页。
③ 河南省整理水道改良土壤委员会：《整理水道改良土壤会刊》第2期，1936年6月，第160页。
④ 崔宗埙：《河南省经济调查报告》，京华印书馆，1945，第3页。

有明显的差异，东部平原区1月平均气温在-3~0℃之间，7月平均气温为27~28℃，年平均气温为12~15℃；西部山地，因地势原因，气温较同纬度地区低，年平均温度在12.7~21.1℃，活动积温也只有3500~3700℃，是全省热量资源最少的地区。①

河南年平均降水量在600~1300毫米，自东南向西北逐渐减少。嵩县、鲁山、叶县、项城一线为800毫米，此线以南降水量在800毫米以上，南阳盆地及淮河以南达到900~1200毫米；此线以北，年降水量多在800毫米以下，其中黄河沿岸地区为700毫米左右，往北、往西逐渐降低到600毫米。②以民国时期省会开封为例来看河南降雨量的季节分布，春季降雨量66.20毫米，占全年总量的13%；夏季351.5毫米，占66%；秋季76.6毫米，占14%；冬季36.4毫米，占7%，③说明河南的降雨量主要集中在夏季。夏季雨量集中，常常造成洪涝灾害。据民国时期记载，河南"夏季连降大雨，辄致泛滥为灾。西南部汉水上流，开启湿润，雨泽亦富。夏季五六月时谓之谷雨，雨量最多，但每至水涨，亦有溃决堤防的灾患"。④

霜期的长短决定着农作物生长季的长短，河南南北气候差异较大，因此霜期长短不一，对农业耕作制度影响很大。淮河以南地区，无霜期多在220~240天之间，作物可以一年两熟；豫西山区是全省热量最少的地方，无霜期较短，作物一年一熟或两年三熟。全省其他"大部分地区均可一年二熟"。⑤

（三）水资源分布

河南的水资源由地表水和地下水构成。地表水以河流为主，由四大水系构成，即黄河、淮河、卫河和汉水，其中黄河与淮河最为重要，即所谓"河南诸水，北以河为纲，南以淮为纲"。⑥（1）黄河水系。黄河出陕西潼关后进入河南境内，流经三门峡、洛阳、郑州、开封等地，全长711公里，流

---

① 毛继周主编《河南经济地理概论》，第23~24页。
② 毛继周主编《河南经济地理概论》，第24页。
③ 胡焕庸：《黄河流域之气候》，《地理学报》第3卷第1期，1936年。
④ 杨文洵等编《中国地理新志》，第158页。
⑤ 毛继周主编《河南经济地理概论》，第24页。
⑥ 刘景向总纂《河南新志》卷1《水道》上册，第41页。

域面积3.62万平方公里,占黄河总流域面积的5.1%。在流经区域注入黄河的支流有洛河、沁河、汜水等；洛河水系又有涧水、瀍水和伊河。这些构成了豫西和豫西北的主要水系。(2)淮河水系。淮河发源于桐柏山,自西向东流经河南、湖北和安徽,注入洪泽湖。在河南境内流经桐柏、信阳、罗山、息县、潢川等县域,长417公里,流域面积8.83万平方公里,占流域总面积的32%,占河南土地面积的52.8%。淮河的主要支流有浉河、竹竿河、史灌河、白露河、南汝河等。(3)卫河水系。卫河发源于辉县百泉东南,经新乡、卫辉、滑县、浚县、汤阴、内黄等地,出河南境内经河北注入海河,省内全长388公里,流域面积1.4万平方公里。民国以前,卫河是豫北地区通向天津的主要水上运输通道。(4)汉水水系。汉水是长江的主要支流,发源于伏牛山的唐河、白河是汉水的主要支流,丹江发源于陕西秦岭南麓,在荆紫关入河南,三条河流构成了豫西南和豫南的主要水系,流域面积2.72万平方公里,占全省土地面积的16.2%。[①] 以上四条水系构成了河南主要水资源,为灌溉农业的发展和航运提供了便利。

地下水是河南水资源的主要组成部分。河南的浅层地下水（深层在60米以内）资源主要分布在黄淮平原、南阳和洛阳盆地；深层地下水（在60米以下）60%分布在平原和河谷盆地,40%分布于山冈。据专家估算,河南地下水资源比较丰富,可满足农业灌溉的需要。[②] 民国时期,为了开发和利用地下水资源,1933年11月至1934年1月,国民政府组织专家对豫北安阳、林县、淇县、浚县一带地下水资源及其利用情形进行了调查。[③] 这次调查为豫北凿井灌溉提供了科学依据。

二 民国时期政权和行政区划的演变

民国时期,河南经历了北洋政府时期、南京国民政府时期,抗战时期河

---

① 李永文、马建华主编《新编河南地理》,第51~52页。
② 毛继周主编《河南经济地理概论》,第27页。
③ 《河南安阳林县淇县浚县一带地下水调查简报》,《农村复兴委员会会报》1934年第9号。

南出现了日伪沦陷区、中共敌后抗日根据地和国民党统治区数个政权并存的局面；抗战胜利后，河南建立有中共政权和国民党政权。随着政局动荡，政权更迭，行政区划也在不断变化之中。

北洋政府建立后，在地方行政方面进行了变革。1913年1月，北洋政府颁布了《划一现行各省地方行政官厅组织令》和《划一现行各道地方行政组织令》，规定地方行政实行省、道、县三级。裁撤府，改州、厅为县，全省下辖108县；并设豫东、豫北、豫西、豫南四观察使公署。① 1914年5月，取消观察使，将河南划分为四道：开封道，下辖开封等38县；河北道，下辖24县；河洛道，下辖19县；汝阳道，下辖27县。冯玉祥执政河南时期，1927年6月，裁撤道，设立豫东、豫西、豫南、豫北四行政区，继而增至7区。次年，增至14区，随即全部裁撤，省政府直辖县，全省共112县。②

中原大战后，刘峙任河南省政府主席，河南省纳入南京政府的统治范围。1932年8月，国民政府行政院颁布《行政督察专员公署暂行条例》，规定省以下设行政督察专员公署。根据国民政府的规定，河南省设立了11个专员公署，下辖111个县。如表0-1。

表0-1 南京国民政府时期河南督察专员公署及辖县一览

专署	所辖县	数目	公署治地
第一专署	郑县、开封、广武（今属荥阳市）、荥阳、汜水（今属荥阳市）、密县（今新密）、新郑、通许、尉氏、洧川（今属尉氏县）、长葛、中牟、禹县（今禹州市）	13	郑县（今郑州市）
第二专署	商丘、杞县、兰封（今属兰考）、考城（今属兰考）、陈留（今属开封市）、宁陵、民权、永城、夏邑、虞城、睢县、柘城	12	归德（今商丘市）
第三专署	安阳、汤阴、林县（今林州市）、临漳（今属河北省）、武安（今属河北省）、涉县（今属河北省）、内黄、汲县、淇县、滑县、浚县	11	彰德（今安阳市）

---

① 吴世勋：《河南》，中华书局，1927，第3页。
② 刘景向总纂《河南新志》卷1《沿革》上册，第58页。

续表

专署	所辖县	数目	公署治地
第四专署	新乡、沁阳、博爱、修武、武陟、温县、孟县(今孟州市)、济源、获嘉、辉县、原武(今属原阳)、阳武(今属原阳)、延津、封丘	14	新乡
第五专署	许昌、临颍、襄城、鄢陵、郾城、临汝、鲁山、郏县、宝丰	9	许昌
第六专署	南阳、方城、新野、桐柏、唐河、南召、邓县(今邓州市)、内乡、淅川、镇平、泌阳、舞阳、叶县	13	南阳
第七专署	淮阳、沈丘、项城、鹿邑、扶沟、太康、西华、商水	8	淮阳
第八专署	汝南、正阳、确山、西平、遂平、新蔡、上蔡	7	汝南
第九专署	潢川、光山、固始、信阳、息县、罗山、商城、经扶(今新县)	8	潢川
第十专署	洛阳、偃师、巩县(今巩义市)、登封、孟津、宜阳、伊川、伊阳、嵩县	9	洛阳
第十一专署	陕县、灵宝、阌乡(今属灵宝)、卢氏、新安、渑池、洛宁	7	陕县

注：民国时期河南各县在新中国成立后有的更名，有的撤并，均在此表中进行说明，下文出现民国时期县名不再做注释，特此说明。

资料来源：崔宗埙《河南省经济调查报告》，第4页。

在南京国民政府统治的前10年，中共建立了鄂豫皖革命根据地，1930年6月，建立了鄂豫皖边工农民主政府，次年2月，改为鄂豫皖特区苏维埃政府。鄂豫皖苏维埃政府共辖26个县和1个市苏维埃政府，其中河南有8个，即光山、罗山、商城、固始、息县、新集市、商固边、商光边。[①] 鄂豫皖革命根据地首府设于光山县新集，使豫东南成为根据地的中心区域。1932年10月，红四方面军在反"围剿"斗争中失利，撤出了鄂豫皖。1934年11月，中共红二十五军撤出鄂豫皖后，除了游击队在这里活动外，国民党政权重新控制了这一地区。

抗日战争时期，河南出现了中共、国民党和日伪三个政权分割统治的局面。从1937年11月初日军沿平汉铁路侵入河南境内，到1938年10月，豫北、平汉路以东的豫东、豫东南先后被日军占领，河南有50

---

① 参看《鄂豫皖苏区历史简编》(湖北人民出版社，1983)第108~113页相关内容。

多个县成为沦陷区。为了加强对沦陷区的统治，1937年11月，日伪在安阳成立了伪河南省自治政府，1939年3月将伪省公署（1938年5月将伪政府改为省公署）迁到开封。日伪在沦陷区建立了伪道、县政权，豫北道辖24个伪县政府，豫东道辖18个伪县政权。开封沦陷后，日伪成立了伪开封市公署，1938年10月在固始、商城、潢川、罗山建立了治安维持会。信阳维持会（1939年改为县政府）属于武汉地区伪政权管辖。①

1938年6月，省会开封沦陷后，国民党河南省政府成为"流亡"政府，可以管理的行政区域不断缩小。河南省政府可以直接控制的地盘仅限于平汉线以西、陇海线以南的豫西和豫西南以及豫北部分地区，其余地区为沦陷区或半沦陷区。据1940年国民参政会调查，"河南省一百一十县，并分十三行政督察区，先后沦入游击战区者五十四县，郑县、广武、汜水三县在河北岸之辖境，亦不断有小股敌伪串扰，其余除夏邑、柘城、延津三县不能行使职权外，其余五十一县，有前曾沦陷已全部恢复完整者，有县境仅有小部分沦陷，而县长犹驻城办公者；有县城沦陷，而县长仍在县境办公者，有县长暂移驻邻县，但仍能执行职权，推行政令者"。② 1944年，日军发动"打通大陆交通线战役"（即豫湘桂战役）后，"仅在一个月之内就丢掉了大半个河南"，③ 国民党政权能直接控制的范围更为狭小。

抗战时期，中共在河南省及其周边地区建立了6块敌后抗日根据地，在豫北地区有晋冀豫（后改名太行）、冀鲁豫、晋豫边（后并入太岳）根据地，豫东地区有豫皖苏根据地，豫南有豫鄂根据地，1944年日军打通大陆交通线战役期间，中共建立了豫西根据地。表0-2是1945年春河南各抗日根据地资料统计。

---

① 河南省地方史志编纂委员会编《河南省志》第16卷《政府志》，河南人民出版社，1997，第27～29页。
② 《国民参政会华北慰劳视察团报告书》，国民参政会华北慰劳视察团，1940，第63页。
③ 张宪文、黄美真主编《抗日战争的正面战场》，河南人民出版社，1987，第334页。

表 0-2 抗战时期八路军、新四军在河南活动地区面积人口统计

地区	在河南省内面积（平方公里）	占全省面积比例（％）	人口数量	占全省人口比例（％）
晋冀豫根据地	22100	12.9	3600000	10.7
冀鲁豫根据地	21000	12.4	3600000	10.7
豫西根据地	20000	11.9	3360000	10.6
豫鄂皖湘赣根据地	11000	6.5	2087000	6.2
淮北（包括豫皖苏）	2000	1.2	604900	1.8
合　计	76100	44.9	13251900	40

资料来源：《河南省的今昔比较研究》，《新华日报》1945年4月3日。

据不完全统计，到1945年4月，各抗日根据地河南部分的总面积达7.6万平方公里，占全省面积的44.9％；人口1325万余人，占全省总人口的40％。抗战胜利后，国共两党在重庆进行了谈判，中共做出了一些让步，其中将包括河南（不包括豫北）的8个根据地的军队撤出来。9月，中共中央确立了"向北发展，向南防御"的战略方针，原豫东、豫南的根据地逐渐丧失。[1] 1946年6月，内战爆发后，国民党将其统治区域划分为12个行政督察区，111个县。[2] 但实际控制区域没有这么多，豫北和豫西一些地方仍为中共政权所控制。随着南京政府的节节失败，国民党河南政府可控制的地区越来越小，直至1949年6月，国民党失去了对河南所有地区的控制。[3]

第三次国内战争时期，由于河南属于不同的根据地，行政区划变化比较频繁，简要叙述如下。（1）太岳行政公署。公署成立于抗战时期，原属于冀鲁豫根据地，1947年9月，河南洛阳、新安、宜阳北、偃师、孟津、渑池等划归太岳公署第五专署。次年11月，济源、孟县划归第三专署。（2）太行行政公署。1945年11月，成立太行行署，机关设在涉县（今属河北），将统辖的地区划分为6个专署及军分区，其中第四、五、六专署基本上是由豫北各县组成，大部分是从日伪军手中新收复的地区。次年6月，太行区又合并为4

---

[1] 王天奖主编《河南通史》第4卷，河南人民出版社，2006，第479页。
[2] 《河南省志》第16卷《政府志》，第24页。
[3] 王天奖主编《河南通史》第4卷，第539页。

个专署。1947年3月,太行区将原来的4个专署改为5个专署,其中第四、五专署基本是由豫北的县市组成。1948年3月,又恢复为6个专署。(3)冀鲁豫行政公署。抗战胜利后,原冀鲁豫根据地调整了8个专署,其中河南范县属第二专署,濮阳、高陵、长垣、滑县、延津等县属第四专署,豫东的考城、民权、虞城属第五专署,南乐、清丰、内黄等县属第八专署。1949年8月,华北人民政府成立后,华北行政区划和机构也做了调整,并成立平原省(1952年撤销),省府设在新乡,下设6个专区,太岳、太行、冀鲁豫行政公署相继撤销,所辖河南各县划归平原省。(4)豫皖苏边区行政公署。在豫皖苏根据地的基础上,1946年12月成立豫皖苏边区行政委员会,次年建立行政公署。豫东各县分别属于其第一、二、三、四、五专署。1948年8月,豫皖苏公署撤销,成立中原行政委员会豫皖苏分会,下辖8个专署,今河南豫东、豫南部分县市归其辖区。(5)豫西行政主任公署。在豫西抗日根据地的基础上建立,1945年春在登封建立,辖豫西5个专署,30余县。1947年8月,陈(赓)谢(富治)兵团挺进豫西后,11月建立了豫陕鄂行政公署,辖8个专署、51个县、1个市政府,其中包括河南境内的6个专署、38个县和1个市政府。次年5月,中原局决定将该公署分别建立陕南和豫西行政公署。豫西行政主任公署辖境由本省38个县和洛阳市政府组成。(6)桐柏区行政公署。1947年12月建立,共辖4个督察专员公署、32个县和3个市政府。(7)豫鄂行政公署。1947年,刘邓率领的中原野战军进入大别山区后,11月建立了豫鄂行政公署,辖豫南固始、商城、潢川、光山、新县、罗山等县。1949年3月,中原临时政府成立,上述豫皖苏、豫西、桐柏、豫鄂行政公署撤销,所属河南各县划归该政府。5月,河南省人民政府成立,原豫西解放区全部,豫皖苏、豫鄂、桐柏解放区各一部分归河南省管辖,下设郑州、开封2个直辖市,陕州、洛阳、郑州、陈留、商丘、淮阳、潢川、确山、许昌、南阳10个专区,共计86个县,8个专区辖市,人口3017万。①

---

① 《河南省志》第16卷《政府志》,第31~51页。

三 民国时期河南人口

人口是构成社会经济史的主要内容。1912～1948年是河南人口变化比较大的时期，如表0-3。

表0-3 民国时期河南人口统计

单位：万

年份	1912	1914	1931	1936	1937	1938	1939
人口	2851.8	3062.0	3284.4	3430.0	3429.3	3340.9	2960.0
年份	1940	1941	1943	1944	1946	1947	1948
人口	3066.6	2930.9	2595.0	2471.0	2699.4	2847.3	2965.4

资料来源：1912～1944年数据来源于《中国人口·河南分册》，中国财政经济出版社，1989，第45～46页；1946～1948年数据来源于侯杨方《中国人口史·1910～1953年》第6卷，复旦大学出版社，2001，第126页。

从表0-3来看，民国时期河南人口发展大致经历了三个比较大的阶段。第一阶段从民国初年到抗战前（1936年），是河南人口增长较快的阶段，全省人口增加了578.2万，平均每年增长24.1万，年均增长率为8.45‰；特别是1931年到1936年，人口增长速度比较快，平均年增加36.4万，年均增长率为11.08‰。[①] 第二阶段为抗日战争时期，河南人口呈下降趋势，1944年人口比1937年减少了958.3万，平均每年减少136.89万，年减少率为39.92‰。抗战时期人口减少的原因主要有三个，一是日本帝国主义的侵略，给河南人民带来了深重的灾难，大量人口死亡、迁徙和逃散。二是1938年6月黄河决口后，造成了豫皖苏黄泛区，其中河南泛区范围达20余县，淹没农田651.6万亩；这场灾难也给河南人口带来巨大损失，逃离人口

---

① 貂琦主编《中国人口·河南分册》，中国财政经济出版社，1989，第44页。

117.3万，死亡人口32.6万，① 共计损失人口达150万。三是自然灾害造成河南人口的减少。1940年，河南发生大水灾，淹没农田467万亩，冲毁房屋38万多间，死亡人口近万人；1942～1943年河南发生特大旱灾，接着发生了蝗灾，在这场灾难中，估计有300万人口丧生。② 在整个抗战期间，除了日军烧杀掠抢，自然灾害死亡的人口外，外流西北、西南的灾民达到500万人，加之在战争中死亡的人口有80多万，共计使河南损失了900多万的人口。第三阶段是抗战胜利后到解放前夕，为河南人口缓慢恢复时期，1948年的人口比1944年增加了494.4万。尤其是1949年河南人口急速增长到了4174万，平均年增长率达到130‰。③ 人口增长的原因是：首先，战争结束后，大批逃难的河南居民返回原籍，特别是黄河堵口工程完成后，黄泛区的人口返乡，使人口增加。其次，社会稳定，经济发展，尤其是中共解放区进行了土地改革，农民获得了土地和其他生产资料。所有这些均为河南人口的恢复和增长提供了保障。

四　民国时期河南经济研究现状

民国时期河南经济研究主要开始于1980年代，据不完全统计，出版的专著（包括涉及民国时期河南经济的专著）近10部。刘世永、解学东主编的《河南近代经济》（河南大学出版社，1988）是新中国成立后第一部全面论述近代河南经济的专著，其中论述了民国时期河南农业、工业、商业、金融、财政、交通以及中共建立的根据地和解放区经济。河南交通史志编纂委员会组织编写的《河南公路史》（第1册，人民交通出版社，1992）、《河南公路运输史》（第1册，人民交通出版社，1991）均论述了民国时期河南公路建设与公路运输的问题。刘书五的《二十世纪二三十年代中原农民负担

---

① 韩启桐、南钟万：《黄泛区的损害与善后救济》，行政院善后救济总署，1948，第12、33页。
② 宋致新：《1942：河南大饥荒》，湖北人民出版社，2005，第9页。
③ 貊琦主编《中国人口·河南分册》，第47页。

研究》（中国财政经济出版社，2003）研究了民国时期河南的租佃、田赋及田赋附加、高利贷等问题。曹世禄、王景尊的《河南矿业史》（武汉大学出版社，1992）涉及了民国时期河南采矿业的问题。王守谦的《煤炭与政治：晚清民国福公司矿案研究》（社会科学文献出版社，2009）是关于福公司与河南煤炭工业的个案研究，梳理了福公司在河南煤炭开采过程中与党派、军阀以及地方政府的各种复杂的关系。"豫商"是近几年来河南政府和学术界提出的一个重要概念，学术界围绕豫商做了一些研究，如徐有礼主编的《近代豫商列传》、张民服主编的《豫商发展史》（河南人民出版社，2007）等都涉及了民国时期河南的商业与社会经济活动。一些研究华北社会经济的著作也涉及民国时期河南经济问题，如丛翰香主编的《近代冀鲁豫乡村》（中国社会科学出版社，1995）、郑起东的《转型期的华北农村社会》（上海书店出版社，2004）等。这些专著的出版为研究民国时期河南经济提供了基础和方法。值得一提的是，近些年来，民国时期河南社会经济也是河南大学、郑州大学等高校的硕士研究生毕业论文的重要选题，尽管这些研究显得稚嫩，但毕竟做出了一些创新性的研究。

民国时期河南政局动荡不安，多种政权在河南活动，经济成分复杂。下面我们从三个方面来看民国时期河南经济状况。

（一）对北洋政府与南京政府时期的经济的研究

自1980年代以来，民国时期河南的社会经济越来越多地受到关注，不仅发表了大量的论文，而且一些研究生的毕业论文选题也涉及了民国时期河南经济问题。总括起来，关于民国时期河南经济研究主要取得以下几个方面的成就。

（1）农业与农村经济研究。农业产量是农业发展的主要标志之一，民国时期农业是发展还是衰落也是学术界讨论的主要问题之一。王天奖认为从晚清到民国时期河南农业单产量不断下降，农业处于衰退状态。[1] 徐秀丽对华北平原的农业做了考察，其中专门论述了河南亩产量的问题，认为20世

---

[1] 王天奖：《从单产看近代河南的农业生产》，《史学月刊》1991年第1期。

纪头30年华北农业生产形势较好,粮食总产量有所提高,亩产也有所回升,大致恢复到清盛世的水平,或许还略有提高。① 黄正林认为南京国民政府前十年,河南的农业与之前相比,出现了缓慢向前发展的势头。② 侯普惠的硕士论文《1927~1937年河南农田水利事业研究》(河南大学,2007)论述南京国民政府时期的河南农田水利。

农业商品化是民国时期我国农业发展的一个特点,河南的农业商品化也受到了学术界的关注。台湾学者沈松侨认为随着铁路交通的出现、国内经济的发展以及对外贸易的增长,以专业化及地域分工为特色,并主要为市场而生产的棉花、烟草等经济作物在河南的农业经营中逐渐普及,逐步加深了其农业商品化程度。同时,这种商品化与农业经营的内卷化互为表里,因河南农业商品化完全缺乏现代的资本投资相配合,新技术根本未能发生任何重大作用。③ 贾贵浩也论述了河南农业种植结构的变化和农业商品化的问题。④ 近代河南种植结构的调整和变化以及商品化主要表现在棉花、烟草和花生的种植方面,学者也给予了一定的关注。邢振、陈松峰、贾滕、徐有礼、陈珂等发表文章对此进行了论述。⑤

地权和租佃关系对农村经济影响颇大,是研究民国农村经济的切入点。王天奖认为民国时期河南的地权分配是比较分散的;⑥ 王全营也研究了民国中期河南的地权与农业经营的问题。⑦ 王天奖对近代河南租佃关系的形式、

---

① 徐秀丽:《中国近代粮食亩产的估计——以华北平原为例》,《近代史研究》1996年第1期。
② 黄正林:《制度创新、技术变革与农业发展——以1927~1937年河南为中心》,《史学月刊》2010年第5期。
③ 沈松侨:《经济作物与近代河南农村经济,1906~1937——以棉花与烟草为中心》,《近代中国农村经济史论文集》,台北:中研院近代史研究所,1989。
④ 贾贵浩:《河南近代农作物种植结构的调整与商品化发展》,《南都学刊》2005年第3期。
⑤ 邢振:《民国豫北植棉业的增长及其特点》,《今日湖北》2007年第5期;陈松峰:《河南烤烟种植时间及地点新考》,《中国农史》1985年第1期;贾滕:《试论二十世纪前三十年华北的棉花商品化发展》,硕士学位论文,河南大学,2004;徐有礼等:《河南植棉发展考略》,《中州古今》2001年第3期;陈珂:《从地方志书看20世纪10~30年代华北的植棉业》,《平原大学学报》2005年第6期。
⑥ 王天奖:《民国时期河南的地权分配》,《中州学刊》1993年第5期。
⑦ 王全营:《民国中期的地权分配与农业经营——以中原地区为例》,《信阳师范学院学报》2004年第6期。

地租等问题做了论述，认为分成租在河南租佃关系中占优势。[①] 贾贵浩认为1912～1937年河南的租佃制度出现谷租开始占主导地位、租佃关系以直租立约为主、租期缩短、地租率高和隐性剥削加重等新的特点。[②]

（2）近代工业的研究。刘世永、解学东主编的《河南近代经济》在半殖民地半封建社会的框架下论述了民国时期河南工业的总体情况。解学东认为民国时期河南工业是落后的，主要表现在部门结构不合理，地区分布不平衡，技术设备和经营管理落后；[③] 他还认为发展速度慢、进程曲折、产品产量所占份额低是民国时期河南工业的特点。[④] 陈珂研究了晚清到民国时期豫北工业的投资环境问题和区域特色问题。[⑤] 烟草工业是民国时期河南新兴的工业部门，蒋晔、叶春风、张红峰论述了民国时期河南的烟草业。[⑥] 另外，民国时期河南的矿业、军事工业也有学者关注。

（3）财政赋税的研究。田赋是民国时期政府税收的主要内容，刘五书对河南田赋的沿革、征收和积弊以及田赋附加做了论述。[⑦] 董建新的硕士论文《1927～1937年河南田赋研究》认为田赋是当时河南省财政、县财政收入的主要来源。[⑧] 李宁的硕士论文《1927～1937年河南县级财政研究》主要论述了南京政府时期河南县级财政体系的建立、财政收入与支出的问题。[⑨]

（4）交通研究。民国时期河南的交通发生了很大的变化，一是铁路和公路的建设，二是铁路和公路在社会经济中发挥的作用越来越大，这两个方面都受到了学者的关注。袁中金对铁路建设与河南经济问题做了论述，认为

[①] 王天奖：《近代河南租佃制度述略》，《史学月刊》1989年第4期。
[②] 贾贵浩：《论1912～1937年河南租佃制度的特点》，《河南大学学报》2006年第3期。
[③] 解学东：《试析民国时期河南的工业》，《河南大学学报》1992年第5期。
[④] 解学东：《试论民国时期河南工业经营发展的特点》，《史学月刊》1992年第1期。
[⑤] 陈珂：《二十世纪前期豫北近代工业投资环境研究（1900～1936）》，硕士学位论文，华中师范大学，2006；《近代北京政府时期豫北民族实业区域特色》，《天中学刊》2005年第8期。
[⑥] 蒋晔、叶春风：《抗战前的河南烟草业》，《河南经济》1985年第4期；张红峰：《1912～1937年的河南烟草业》，硕士学位论文，河南大学，2007。
[⑦] 刘五书：《二十世纪二三十年代中原农民负担研究》，中国财政经济出版社，2003。
[⑧] 董建新：《1927～1937年河南田赋研究》，硕士学位论文，河南大学，2007。
[⑨] 李宁：《1927～1937年河南县级财政研究》，硕士学位论文，河南大学，2009。

铁路的出现一方面便利了帝国主义对河南经济的掠夺，加深了河南半殖民地化程度；另一方面促进了河南新式工业的发展和农业商品化程度的提高，改变了河南市场结构和城市布局的变化。① 宋谦的硕士论文《铁路与郑州城市的兴起（1904～1954）》②、张艳春的硕士论文《抗战前陇海铁路沿线河南段的经济变迁》③ 论述了陇海铁路贯通后河南段经济结构变迁的问题。在公路和公路运输方面，除了前文提到的两本通史外，黄正林、刘常凡的《公路建设、汽车运输与社会变迁——以1927～1937年的河南省为中心》论述了南京国民政府时期河南公路规划、建设、成就、不足以及公路运输给社会经济带来的变化。④ 刘常凡在另一篇论文中论述了河南公路法规建设，认为南京政府时期河南形成了相对比较完整、系统的公路法规体系。⑤ 在前人研究的基础上对河南公路研究有所深化。

（5）金融业的研究。民国时期是河南金融业新旧交替的时期，旧式金融机构在消退，新式银行在建立。王新峰的硕士论文《河南农工银行研究》论述了民国时期河南农工银行的问题。⑥ 黄正林对1912～1937年河南地方金融体制做了研究，认为这个时期河南金融业存在现代金融业与传统金融业并存的局面。一方面，不论传统金融业还是现代金融业都无法独立承担市场发展对金融业的需要；另一方面，由于民间惯性对现代金融业的排斥，传统金融机关的生存能力得以延续。在现代金融业渗入乡村社会的过程中，信用合作社起了重要作用，成为新式银行和农村联系的桥梁，由于其借贷利率较低，较快地被农民接受，成为农村一种新型的融资和借贷组织。在河南广大农村，即使合作社发展比较深入的地方，也是合作社与传统融资组织并存的局面。⑦

---

① 袁中金：《河南近代铁路建设与经济发展》，《史学月刊》1993年第4期。
② 宋谦：《铁路与郑州城市的兴起（1904～1954）》，硕士学位论文，郑州大学，2007。
③ 张艳春：《抗战前陇海铁路沿线河南段的经济变迁》，硕士学位论文，河南大学，2007。
④ 黄正林、刘常凡：《公路建设、汽车运输与社会变迁——以1927～1937年的河南省为中心》，《河南大学学报》2010年第1期。
⑤ 刘常凡：《南京国民政府时期河南公路法规研究（1927～1937）》，《三门峡职业技术学院学报》2008年第4期。
⑥ 王新峰：《河南农工银行研究》，硕士学位论文，河南大学，2008。
⑦ 黄正林：《二元经济：社会转型时期的地方金融体制研究——以1912～1937年的河南省为例》，《史学月刊》2009年第9期。

（二）对列强在河南的经济掠夺的研究

英福公司是近代以来英国在河南建立的最大的煤矿，对此学者研究比较深入。王守谦的《煤炭与政治：晚清民国福公司矿案研究》利用大量的档案资料对英福公司对河南煤炭资源的开采以及与地方的关系做了比较深入的探讨。① 黄天弘、薛世孝等论述了英国福公司建立与豫北经济社会的变迁和福公司对河南矿产资源的掠夺。② 近代河南烟草的种植也是西方列强对河南进行经济侵略的产物，学者也给予关注。徐有礼论述了五卅运动前后英美烟公司在河南的活动状况及对河南烟草业的影响。③ 朱兰兰的硕士论文比较完全地考察了英美烟公司在河南的活动。④ 还有一些论文涉及河南民众收回矿权等经济斗争的问题。

日伪对河南沦陷区的经济掠夺是学术界研究的主要课题，而且取得了丰厚的成果。刘世永论述了日本对河南沦陷区的经济掠夺。农业方面，日本侵略者不仅掠夺农民的土地和农村劳动力，而且通过组建合作社、粮食配给制等手段掠夺农产品，日军的掠夺造成了农作物种植面积下降，农民收入明显减少，农民生活空前恶化。工业方面，主要是霸占和掠夺沦陷区的工矿交通事业，日本对河南工矿业的掠夺主要是由华北开发社和华中振兴会社所属子公司直接经营，河南沦陷区的一些重要工矿企业几乎都被日军以"军管理"的形式掠夺，1937~1943年河南沦陷区工业损失就达955.8万元。金融方面，主要是发行军用票和通过伪政权发行的伪币来实现，日军所到之处，强迫人民使用其军用票和各种伪币，又通过贬值法币和禁止流通的方式使伪币占领金融市场。⑤ 由于日伪的掠夺与破坏，河南沦陷区农民负担十分沉重，

---

① 王守谦：《煤炭与政治：晚清民国福公司矿案研究》，社会科学文献出版社，2009。
② 黄天弘：《英国福公司对豫北近代经济的影响》，《郑州轻工业学院学报》2006年第2期；薛世孝：《论英国福公司在中国的投资经营活动》，《河南理工大学学报》2005年第5期。
③ 徐有礼、朱兰兰：《"五卅"前后英美烟公司在河南的活动及影响》，《商丘师范学院学报》2004年第3期。
④ 朱兰兰：《20世纪初至30年代英美烟公司与河南烟草业》，硕士学位论文，郑州大学，2004。
⑤ 刘世永：《日本侵略者对河南沦陷区的经济掠夺》，《河南大学学报》1988年第1期。

张俊英从日军对农民经济的掠夺、日伪公开抢劫、苛捐杂税及劳役负担等几个方面论述了河南沦陷区农民的经济负担。① 刘世永、解学东主编的《河南近代经济》从掠夺土地和劳力、榨取农产品、霸占工矿企业、控制交通运输和搜刮金融等几个方面论述日本对河南经济的掠夺。② 河南北部是华北沦陷区的主要组成部分，一些学者对日军对华北沦陷区的经济掠夺做了深刻的研究，如曾业英、张利民、王士花论述了日伪在华北的经济掠夺，也涉及河南。③

（三）对中共政权控制地区的经济研究

民国时期中共在河南建立的政权经历了鄂豫皖苏区、抗日根据地和解放区三个时期，关于不同时期都有一些研究论著。关于鄂豫皖苏区的研究主要在土地、合作社、金融等方面有所涉猎。出版的专著主要有周质澄、吴少海著《鄂豫皖革命根据地财政志》（湖北人民出版社，1987），谭克绳等主编的《鄂豫皖革命根据地财政经济史》（华中师范大学出版社，1989），范立新主编的《红色税收的足迹——鄂豫皖革命根据地税收纪事》（中国税务出版社，2008），胡菊莲主编的《鄂豫皖革命根据地货币史》（中国金融出版社，1998）。

朱正业、杨立红论述了鄂豫皖土地改革的问题，通过土地改革，基本上消灭了封建剥削制度，改变了原来的地权关系。④ 许庆贺评述了鄂豫皖根据地的粮食政策，认为有效地保证了根据地的粮食供给。⑤ 刘森论述了鄂豫皖根据地的货币种类、铸造、货币发行的准备金、货币兑换和流通等问题。⑥

---

① 张俊英：《抗日战争时期河南沦陷区农民徭役负担考》，《平顶山师专学报》1999年第3期；张俊英：《河南沦陷区农民负担浅析》，《平顶山师专学报》2003年第6期。
② 刘世永、解学东主编《河南近代经济》，第344～366页。
③ 曾业英：《日伪统治下的华北农村经济》，《近代史研究》1998年第3期；曾业英：《日本对华北沦陷区的金融统制与掠夺》，《抗日战争研究》1994年第1期；张利民：《日本对华北铁路的统制》，《抗日战争研究》1998年第4期；王士花：《华北沦陷区棉花的生产与流通》，《清华大学学报》2008年第5期；王士花：《华北沦陷区粮食的生产和流通》，《史学月刊》2006年第11期。
④ 朱正业、杨立红：《鄂豫皖革命根据地的土地改革及其历史经验》，《农业考古》2007年第6期。
⑤ 许庆贺：《鄂豫皖革命根据地粮食政策评述》，《许昌学院学报》2008年第4期。
⑥ 刘森：《鄂豫皖根据地货币论略》，《中国钱币》1988年第4期。

刘华实论述了鄂豫皖根据地的合作社运动，认为合作社是集体经济组织，在配合国有经济和协调私有经济方面发挥了作用。① 庞良举、刘华实、薛毅探讨了鄂豫皖经济公社的体制和作用。②

金融独立自主是抗战时期各个根据地经济建设和反封锁的主要内容，该问题受到学者的关注。如赵学禹讨论豫鄂边区建设银行与经济建设的问题，指出豫鄂边区建设银行成立后，建立了独立自主的货币市场。③ 程丕祯等人考察豫皖苏货币发行的历史背景和原因，各县抗日民主政府流通券、豫皖苏边区流通券和淮北地方银号币的发行过程和流通情况。④ 王流海也探讨了豫皖苏根据地货币问题，论述了流通券的种类、式样、面额、发行时间等问题。⑤

毛锡学对抗战时期晋冀鲁豫根据地对敌经济斗争进行了论述，认为对敌斗争取得了重大成就，为边区军民进入反攻和取得抗日战争的最后胜利，做出了贡献。⑥ 张文杰从民生的角度对减租减息和增资斗争、清查黑地和实行合理负担、反贪污、反恶霸和改造村政权等问题做了论述，指出通过这些斗争，既调动了广大农民的抗日和生产积极性，又巩固和扩大了抗日民族统一战线，从而在政治、经济、军事、组织上为边区军民夺取抗日战争的最后胜利创造了条件。⑦ 项斌讨论了晋冀鲁豫的对敌贸易、粮食、货币斗争，认为经过贸易斗争根据地到 1943 年就实现了出入口贸易的大体平衡。⑧ 花瑜考察了晋冀鲁豫减租减息运动的背景、三个阶段和意义。⑨

除了晋冀鲁豫根据地外，其他根据地经济也有涉及。如李占才讨论了豫皖苏的经济财政建设问题，抗日民主政府通过提倡开垦，改良耕地，改善工

---

① 刘华实：《鄂豫皖苏区合作社及其运动》，《档案管理》2008 年第 2 期。
② 庞良举：《鄂豫皖苏区经济公社刍议》，《安徽史学》1988 年第 4 期；刘华实、薛毅：《鄂豫皖苏区经济公社初探》，《河南社会科学》2008 年第 5 期。
③ 赵学禹：《鄂豫边区建设银行与边区经济建设》，《武汉大学学报》1985 年第 3 期。
④ 程丕祯等：《谈豫皖苏边区货币》，《中国钱币》1991 年第 1 期。
⑤ 王流海：《豫皖苏革命根据地货币探疑》，《中国钱币》1999 年第 4 期。
⑥ 毛锡学：《抗战时期晋冀鲁豫边区的对敌经济斗争》，《许昌师专学报》1986 年第 4 期。
⑦ 张文杰：《冀鲁豫抗日根据地的民主民生斗争》，《中州学刊》1986 年第 5 期。
⑧ 项斌：《晋冀鲁豫抗日根据地的对敌经济斗争》，《经济经纬》1985 年第 4 期。
⑨ 花瑜：《晋冀鲁豫抗日根据地的减租减息运动》，《平原大学学报》1994 年第 2 期。

具和组建各种合作社来发展农业生产,鼓励农民发展农业副业,促进农业生产;在发展军事工业的同时,保护并鼓励发展私人工商业;在财经方面,主要保障粮食供应,根据地的粮食增产是开源节流,合理负担,统筹统拨,赏罚并用。根据地财政的主要来源是田赋,此外还征收盐税、烟酒税、屠宰税和"进出口贸易税"等。① 任峰论述了鄂豫边区发展农业的环境、意义、经过和经验。② 刘世永、解学东主编的《河南近代经济》一书涉及抗战时期根据地的减租减息、农业互助、大生产运动、工商业、财政与金融等问题。③

关于解放战争时期河南解放区经济研究,发表的论文和探讨的问题都不多。王礼琦较为全面地论述了中原解放区的货币斗争和金融问题。④ 马俊林从国共两党斗争的角度论述了抗战后中原解放区善后救济的问题。⑤ 程少明论述了中原解放区的财政来源、财政管理和支出。⑥ 他还论述了该根据地的减租减息的政策、减租和减息的标准等问题,认为对调动农民支援解放战争发挥了重要的作用。⑦ 程少明还论述了中原解放区的税务与税收问题。⑧ 杨科对解放战争时期豫西、桐柏地区流通券问题做了论述。⑨ 可以看出,对河南解放区经济的研究是比较薄弱的。

---

① 李占才:《豫皖苏边抗日民主根据地的经济财政建设》,《铁道师院学报》1995年第2期。
② 任峰:《抗日战争时期鄂豫边区的农业生产》,《河南大学学报》1984年第6期。
③ 刘世永、解学东主编《近代河南经济》,第384~410页。
④ 王礼琦:《中州钞与中原解放区的金融建设》,《中国社会科学院经济研究所集刊》第7集,中国社会科学出版社,1984。
⑤ 马俊林:《战后中原解放区的善后救济》,《理论月刊》2004年第10期。
⑥ 程少明:《中原解放区的财政建设》,《黄冈师专学报》1996年第2期。
⑦ 程少明:《中原解放区的减租减息运动》,《黄冈师范学院学报》2005年第5期。
⑧ 程少明:《中原解放区税收初论》,《黄冈师专学报》1995年第1期。
⑨ 杨科:《中原解放区豫西、桐柏、皖西地方流通券初探》,《中国钱币》1992年第3期。

第一编　北洋政府时期

第一章
传统农业的延续与嬗变

一 农业政策与农政机关

(一) 北洋政府的农业政策

1912年中华民国临时政府在南京成立后,设立实业部,主管农工商各业。袁世凯建立北洋政府后,将实业部分为农林、工商部。农林部主管农业,下设农务、垦牧、山林、水产四司。农务司下设农政、树艺、蚕丝、水利、土壤、化验六科,职权包括农业改良,蚕丝业,水利与耕地整理,茶、棉、糖、豆各业,自然灾害与虫灾的防治,农会与农业团体的组织以及农业气象等;垦牧司下设垦务、边荒、畜牧、兽医四科,职权包括开荒移民,畜牧改良与发展,荒地管理,种畜检查与兽医,垦牧团体的管理等;山林司下设林政、经理、业务、监查四科,职权包括山林的监督、保护与奖励,保安林的管理,国有林的管理,林业团体与狩猎等;水产司下设渔政、河产、海产三科,职权包括水产品的监理与保护,渔业的监理与保护,公海渔业的奖励以及渔业团体的管理等。[①] 1913年12月,农林部与工商部合并为农商部,其中设立的农林司、渔牧司主管农业,上述两司的职权涵盖了原农林部农务司、山林司、水产司的全部以及垦牧司的畜牧业。具体职责包括:"一、关

---

① 钱实甫:《北洋时期的政治制度》,中华书局,1984,第116页。

于农业、林业保护监督、奖励及改良事项；二、关于农产及蚕丝事项；三、关于耕地整理及水利事项；四、关于气候之测验及天灾、虫害之预防善后事项；五、关于官有荒地之处分事项；六、关于官有林及保安林事项；七、关于狩猎事项；八、关于农会、及农业、林业各团体事项；九、关于万国农会及考察外国农业事项。"① 农商部是当时比较稳定的中央农政机关。

  北洋政府时期，还颁布了一些有利于推动农业发展的政策法令。主要包括以下几个方面。第一，颁布农业法规，奖励农业发展。为了开垦荒地，农商部先后颁布了《国有荒地承垦条例》（1914年3月3日）、《国有荒地承垦条例施行细则》（1914年7月16日）、《边荒承垦条例》（1914年11月6日）等，允许并鼓励拥有中华民国国籍的公民进行开垦种植，为鼓励承垦者，分别给予优惠地价，按照规定时间提前完成者，根据提前的年份不同，减少地价的5%～30%。在植棉、畜牧方面，颁布了《植棉制糖牧羊奖励条例》（1914年4月11日）、《植棉制糖牧羊奖励条例施行细则》（1914年8月18日），规定凡扩充与改良植棉，发展畜牧业者，均给予奖励；另外，为了规范各种试验场，还颁布了《棉业试验场暂行规则》、《林业实验场暂行规则》、《种畜试验场暂行规则》（1915年8月22日）等。政府的奖助政策，对推动各地耕地、棉花推广与畜牧业都有积极意义。

  第二，推广农作物优良品种。北洋政府从张謇担任农商部总长开始，就比较重视优良品种的征集与推广，1914年2月28日，农商部向全国各省区发出《关于征集稻麦种改良种植给各省民政长训令》，征集优良品种。② 4月，颁布了《征集稻麦种规则》，要求各县将水稻、大小麦等每种采集一份寄交农商部，每份20根，并填写表格，详述作物名称，原产地的土性与气候，分布情况，播种与收获期，易罹病虫害等。③ 1922年9月，农商部印行选种办法，并向各省发出了咨文："查农作种植，恒因气候、土壤及选择方法之异宜，致收量、品质，显判优劣；自非选［特］别适宜，无以发挥各

---

① 《农商部官制》（1913年12月22日），《政府公报》第589号，1913年12月23日。
② 沈家五编《张謇农商总长任期经济资料选编》，南京大学出版社，1996，第305页。
③ 《征集稻麦种规则》（1914年4月3日），蔡鸿源主编《民国法规集成》第24册，黄山书社，1999，第74页。

项种子固有之生产能力……请转行各该地方农事机关团体，联合农校农场，酌就该地主要谷菽，暨重要特产各项种苗品种及选种方法，悉心考验，注意增加产量，改善品质，切实推行，以图改进而增农利。"① 为了选择和推广优良品种，1924年8月，农商部颁布了《农作物选种规则》，要求各省农政机关选用各地适应与对"将来经济有利益"的品种。经过品种比较试验后，对选出的优良品种，要进行隔离，以便保持其品质纯正。

第三，推广植棉。张謇担任北洋政府农商总长期间，为了发展民族工业，实行"棉铁救国"政策，扶植纺织业，提倡种植棉花是其内容之一。《植棉制糖牧羊奖励条例》规定，"凡扩充植棉者每亩奖银二角"，"凡改良植棉者每亩奖银三角"。② 为了推动和改良植棉，北洋政府先后建立了四个棉业试验场。1915年设立三个，第一棉业试验场在河北正定，场地280亩；第二棉业试验场在江苏南通，面积300亩；第三棉业试验场在湖北武昌，面积360亩。三场均为种类、栽培和肥料试验。1919年，在北京西直门外建立第四棉业试验场。③ 1916年，天津商会向农商部提出推广植棉的建议："棉花一物，功用最普，允宜提倡，以收权利。其籽种之采取，尤关重要，应由官家就美棉、印棉、埃及棉各籽种，切实试验，以何处为宜，然后由官家购取，发给农民，取偿于农人；农人得美种所产之棉，自得最高之价格，其旧有籽种，可以归轧油之用，农民亦绝不受亏，反得高利。长此由官家督饬办理，则棉花一业，必日新月异。"④ 中国种植美棉多年，如陕西渭南、河南灵宝是我国美棉种植的重要地区，但美棉已经退化，因此，1918年农商部"自美国输入大批脱字棉及郎字棉，次年由各省实业厅分给农民种植，九年又自朝鲜输入美国王棉，亦复分发种植"。⑤ 通过改良棉种与推广植棉政策，对各地棉花种植产生了较大影响。

此外，北洋政府在农业方面还比较重视大豆、茶叶等农业经济作物的种

---

① 章有义编《中国近代农业史资料》第2辑，三联书店，1957，第174页。
② 蔡鸿源主编《民国法规集成》第24册，第83页。
③ 《中华民国经济发展史》第1册，台北：近代中国出版社，1983，第108页。
④ 章有义编《中国近代农业史资料》第2辑，第178页。
⑤ 赵连芳：《今后我国棉作育种应取之方针》，上海华商纱厂联合会：《中国棉产改进统计会议专刊》，1931，"演讲"，第10页。

植与推广，在农业科技人员的培养方面也有一些措施。尽管这些措施，有的形同具文，效率不高，但许多措施毕竟给农业生产带来了新的气象，对引导农业发展起了一定作用。

（二）河南农政机关

北洋政府时期，省级农业主管机关是实业厅。清末"为振兴实业"，将原来驿传、粮储、盐法等道裁撤，设立劝业道，民国初年改为实业厅。

县级农业主管机关为实业局，涉农机关有水利局（有的在水利会的基础上建立）、农事试验场、苗圃（有的后改为林业局）等。有的实业局是在农事试验场的基础上建立起来的，如1916年，封丘"知县姚礼坤于城内东北隅筹划公地二十亩，以办苗圃，六年添置农事试验场，十三年合并为实业局"。① 上蔡实业局"民国十三年成立，当设局长一人，劝业员二人，事务员一人，经常费每月二百千文，专司本县农工商及道路、水利等兴革事宜"。该县水利会"设立于民国七年，设会长一人，事务员一人，每月经常费三十八千文，专司兴水利，除水害事项，民国十二年改为水利局，每月经常费增至六十千文"。② 长葛县实业局成立于1924年，设于农林试验场内，经费"由自治项下月支钱三十八串五百文，常年共支钱四百六十二钱文"，"以推广农、林、牧、工、商、矿各业为宗旨"。该县1919年设立水利分会，后改名为水利局，在自治项下拨给经费，原来每年为120缗，后增加为360缗，"以修筑堤岸，开渠掘井，顺水之性，以宣泄之，使民得溉种之利为宗旨"。③ 林县实业局于1924年设立，"内设局长一人，劝业员一人，事务员一人，后加农事试验场场长一人；以戏捐收入为常年经费"。④ 1924年信阳"以原有之农事试验场及劝农员经费改设实业局，以旧农场为局址，在税契项下月支一百元"。⑤ 各县实业局主要在于振兴实业，经费来源于地

---

① 封丘县地方史志编纂委员会编《明清民国封丘县志》（整理本），中州古籍出版社，1999，第143页。
② 翟爱之纂修《重修上蔡县志》卷7《实业志·实业机关》，1944年石印本。
③ 陈鸿畴修、刘盼遂纂《长葛县志》卷3《政务志》，1931年铅印本，第106页。
④ 王泽薄、王怀斌修，李见荃纂《重修林县志》卷4《民政》，1932年石印本。
⑤ 方廷汉等修、陈善同纂《重修信阳县志》卷7《建设·实业》，1936年铅印本。

方收入如自治经费、戏捐、税契等。

农事试验场是农政机关的主要组成部分,以此为基础扩展为林业、棉业、蚕桑等试验场。1909年,河南农工商局长何廷俊主持在开封南关外吹台东侧创办了河南省农事试验总场,"凿井引水,治稻田,购花圃,辟荷池"。这是河南农事试验的滥觞。1914年,河南巡按使田文烈从农事试验场划出36亩土地创办了森林局;1916年,又购民地100余亩,扩大规模,"是为农、林二场所托始";1919年,实业厅长陈善同根据省议会议案,于全省四道各设立蚕桑局一处。开封道蚕桑局为推广棉业,附设棉场,随着棉花推广,棉场独立出来。次年,河南省长张凤台主持,在开封护城大堤及北门外护城河沙地,兴办造林场,并在森林局东南地方租用民田40余亩,"治圃育苗,为营造保安林之用"。1923年,森林局并归造林场,并辟地10余亩,筑房舍数十间,以供林业机关使用。1927年,建设厅长刘镇华扩充林业机关,并改造林场为河南林业试验场。1924年,实业厅长任文斌将开封蚕桑局改为实业厅第一蚕桑局,1927年又改为河南省蚕桑局。① 截至1927年,河南省级农政机关主要有农业试验场、林业试验场、模范苗圃、蚕桑局、棉场等。

各县也设有农事试验场和苗圃,成为县级推广农林的主要机关。如阌乡农事试验场1916年设立,地20亩,常年经费初为银259两2钱,后改为洋348元,由公款局支付,试验种类有棉花、大豆、白菜、萝卜、德国槐等;苗圃1918年1月成立,面积30亩,1923年扩充为54亩,最初常年经费339两2钱,1923年常年经费由公款局每年筹足600元,新造及固有各森林25600余株。② 确山"农事试验场在北门外演武厅故址,面积十有余亩。民国六年县知事韦联棣经始成立,设场长一人,历年试验各项物产,均属繁茂丰盛",取得了一定的成效;1918年10月,县知事林肇煌成立苗圃,面积30余亩,育木为黄金树、美国梓、德国槐及本地各种树木。③ 1916年,长葛县成立第一苗圃,地30亩;1918年,该县成立农事试验场,土地20余

---

① 刘景向总纂《河南新志》卷5《实业·农业》上册,第224~225页。
② 黄觉、李质毅修,韩嘉会纂《阌乡县志》卷4《实业》,1932年铅印本。
③ 李景堂纂、张缙璜修《确山县志》卷13《实业》,1931年排印本。

亩,每年由自治项下给津贴 200 缗,"以农产增值改良"为宗旨。1924 年成立第二苗圃,地 51 亩;由自治项下每年支薪 200 缗,1924 年改为每年洋 600 元;"以讲求树艺"为宗旨。① 1919 年,滑县县知事李盛谟筹建了农事试验场。② 林县农事试验场 1919 年成立,以大河村北官地 21 亩为场地,1924 年并入实业局;苗圃 1915 年筹设,1918 年成立,城北大河头官地 30 亩为圃地,以"培养木苗,提倡林业"为宗旨。③ 阳武县农事试验场设于 1919 年,"系租夏姓花园,面积十六亩,全年经费三百元,归劝业所管理。十三年该归实业局"。苗圃建于 1916 年,"面积五十亩,设有苗圃长,全年经费三百三十六串,十三年奉令该苗圃为林业局"。④ 同年,许昌县在城东南建立农事试验场。⑤ 修武农事试验场成立于 1919 年,"专司关于农作物之各种试验,将所得结果宣传农人仿效,以求农业改良";另于 1921 年 4 月设立劝农员办公处,设事务员若干人,"以劝导农人用科学方法经营农业,以求农业之改良"。⑥ 汜水苗圃成立于 1919 年,"指旧县署地三十亩,桑园村地五十亩,种育树苗为造林预备"。⑦ 内黄"民国六年,就城郭外东北隅演武厅旧址创设苗圃,置圃长一人,计地二十六亩有奇。十年,改林务局。十四年,改实业局"。⑧ 从以上资料来看,河南大多数县设立了农事试验场和苗圃。据统计从 1912 年至 1927 年,河南省共建立农事试验场 41 处。⑨

农事试验场和苗圃是晚清以来到民国初期的农业经济中的新生事物,在从事农林试验方面存在一些问题,如经费问题,政府对农林试验场经费来源没有统一规定,是由各县自行筹措,多寡不一,而且主要是人头费,实际上用于试验的经费十分稀缺;此外缺乏农林试验技术人员,因此许多农林试验

---

① 陈鸿畴修、刘盼遂纂《长葛县志》卷 3《政务志》,第 102~103 页。
② 马子宽修、王蒲园纂《滑县志·实业·农业》,1932 年刊本,第 30 页。
③ 王泽薄、王怀斌修,李见荃纂《重修林县志》卷 4《民政》。
④ 窦经魁等修、耿惜等纂《阳武县志》卷 1《农林志·农场·苗圃》,1936 年铅印本。
⑤ 王秀文等修、张庭馥等纂《许昌县志》卷 6《实业》,1923 年铅印本。
⑥ 蕉封桐修、萧国桢纂《修武县志》卷 9《实业》,1931 年铅印本。
⑦ 田金祺修、赵东阶等纂《汜水县志》卷 7《实业志》,上海世界书局,1928 年铅印本。
⑧ 韩兆麟、周余德:《内黄县志》卷 8《实业志·苗圃》,1937 年稿本。
⑨ 章有义编《中国近代农业史资料》第 2 辑,第 182 页。

场几乎形同虚设。如封丘县县农会创办于1910年,农事试验场创办于1917年,但"农民又墨守旧法,不知改良种植,倡导水利虽不惜血汗,以图生活。偶遇旱潦则束手听天。民国以来,设立农会、水利会及农事试验场,官绅极力提倡,奈风气不开,殊鲜功效也"。①武陟县"清季迄今,国家提倡农务,有农会、农校及农事苗圃试验场之设置,然经费无多,空名仅存。窑头村桑园数十亩,初尚可观,今则荒芜不治矣"。②陕县苗圃"仅有其名"。③农事试验场和苗圃没有发挥应有的作用,也是民国初年全国农林实验机构普遍存在的问题,如时人所言:"各地方的农事试验场及各专门农事试验,本来为解决农业重大问题、改良农民生产技术的重要机关;但是现在国内的各试验场,第一是缺乏人才,第二是缺少经费。所以十余年来,对于农民一点没有效果发生。"④

(三) 农业团体

农会是北洋政府时期的主要农业团体,它是清末新政时期的产物,到辛亥革命前夕,中国的"农务总、分各会,直省依次举办,总计总会奏准设立者十五处,分会一百三十六处"。⑤清末农会的设立为民国时期农会的设立和继续发展奠定了基础。

中华民国政府成立后,不论是南京临时政府还是北洋政府,对各地农会的建立和发展都比较重视。1912年9月26日,南京临时政府颁布了《农会暂行规程》《农会规程施行细则》等法规。《农会暂行规程》规定农会包括全国农会联合会、省农会、府县农会和市乡农会四个层次。农会的主要任务是:"每年应将会事务及该会区域内农业状况编成农事报告,分别呈送主管官署"(第20条);"农会于农事上改良进行事宜得建议于主管官署,主管官署有关于农事上之咨问,农会应答复之。荒歉之岁,农会须调查荒歉状

---

① 姚家望修、黄荫楠纂《封丘县续志》卷5《建置志·实业》,1937年铅印本。
② 史延寿修、王士杰纂《续武陟县志》卷6《食货志·农工商及大宗物产》,1931年刊本。
③ 欧阳珍、韩嘉会等修纂《陕县志》卷13《实业》,1936年铅印本。
④ 吴觉农:《中国的农民问题》,《东方杂志》第19卷第16号,1922年8月。
⑤ 刘锦藻:《清朝续文献通考》卷378《实业考一》,台北:新兴书店,1965,第11247页。

况，共筹救济方法，呈报于主管官署"（第21条）；"省农会须设立农产陈列所，搜集各种农产品，以供参观"（第22条）；"府县农会须于该区域内，每月派人巡行讲演农事改良之技术"（第23条）；"农会应设冬期学校或补习学校，于冬期农闲时召集附近农民教授农学大意"（第24条）。规定农会"以图农事之改良、发达"，[①] 即农会的宗旨是推进农业改良，促进农业发展。1913年2月1日至3月4日，全国农务联合会在北京召开，河南省农会赵彦卿、苏黄，实业司凌清洁参加了会议，凌清洁还代表河南省向大会介绍了河南农业情形。[②] 会议制定了《全国农务联合会章程》，通过了《农会法草案》《农会规程并施行细则案》《全国农会联合会章程案》《中华民国中央农会暂行会章草案》等提案。这次会议标志着近代农会组织进入一个新阶段。[③]

根据北洋政府关于农会的制度及法规，河南省农会成立于1912年9月，[④] 1916年，河南省农会有评议员16人，会员301人，经费每年400元，会长韩东岱。[⑤] 省农会成立后，各县陆续设立农会。阳武农会建立于1917年，县知事金绎熙"奉令开办，成立地址在儒学署内，有会长及职员，全年经费二百〇四串"。[⑥] 林县"民国二年，农商部颁布农会规程，分饬各县，筹设农林会，于六年报部成立，设立正副会长。以善田地租一百七十串，天平地租八十串为常年经费，不敷之数由公款拨给。七年，增书记兼庶务一（人）"。[⑦] 襄城农会成立于1918年，1925年改组，"正副会长，各区职员廿余人，分设五区办事处，东门外有官产园二十余亩，由农会管理，未几，该归实业局"。[⑧] 长葛农会成立于1919年3月，设农林会长各1名，评议员8名，调查员8名。会长为有农林事业学识经验者；经费由公款局在自治项下

[①] 蔡鸿源主编《民国法规集成》第24册，第8页。
[②] 李永芳：《近代中国农会研究》，社会科学文献出版社，2008，第90、91、95页。
[③] 李永芳：《北洋政府统属下的农会组织述论》，《河南师范大学学报》2008年第6期。
[④] 《河南省农业情形》，农林部编《全国农会联合会第一次纪事》，1913，第31页。
[⑤] 农商部总务厅统计科编《中华民国五年第五次农商统计表》，上海中华书局，1919，第119页。
[⑥] 窦经魁等修、耿惜等纂《阳武县志》卷1《农林志·农会》。
[⑦] 王泽溥、王怀斌修，李见荃纂《重修林县志》卷4《民政》。
[⑧] 李峰修、胡元学等纂《重修襄城县志》卷18《实业志·农林工商矿》，1936年稿本。

每年拨给津贴200缗,后增加为360缗;"以图农林事业改良、发达"为宗旨。① 修武农会建于1916年4月,宗旨为"发达农业,改良农事"。② 淅川、太康、中牟等县改组了农会,并制定了章程。③ 但相当部分农会不作为,形同虚设,在农业经济中并不发挥多大作用,如宜阳"农会有名无实"。④ 襄城劝农员"成绩无多,即行裁撤"。⑤ 这种情形在当时不在少数,也就是说农会的设立并没有达到政府的初衷。

二　粮食作物的种植

河南是中国主要的粮食生产区,据民国初年报告,主要粮食作物"以小麦为大宗,谷与玉子、高粱次之,其他豆类、芝麻,所产亦多,而芝麻尤为河南特产,所榨麻油,行销甚广,香味为油类之冠。大米以光州、固始、信阳、罗山等处为最多,郑州、辉县两属,其大米为河南特别嘉品"。⑥ 据《大中华河南省地理志》记载,北洋时期河南的粮食作物最著名的是大米、大豆和小麦,"郑州米在省城最著名,光山米品质亦佳,桐柏米则运销汉口";大豆除本省自用外,"每年运往汉口者,计达百万石";小麦以"开封、淮阳、许昌、汝南为多"。⑦ 据《河南新志》记载,本省各类主要农作物分布状况如下。

稻。信阳以东,罗山、光山、潢川、商城、固始诸县为河南产水稻地区,而"信阳县北洋河一带产稻最盛,东门外及车站皆有米行收买,由京汉路运销北方都市。郑县之米以凤凰台为最佳,惜产额不多,每年

---

① 陈鸿畴修、刘盼遂纂《长葛县志·政务志》,第105页。
② 蕉封桐修、萧国桢纂《修武县志》卷9《财政·实业》。
③ 《农林部咨河南民政长查核淅川、太康、中牟三县改组农会所定章程尚属妥洽应准备案文(二年农字第493号)》,《政府公报》第448号,1913年8月4日,第335页。
④ 林传甲:《大中华河南省地理志》,第240页。
⑤ 李峰修、胡元学等纂《重修襄城县志》卷18《实业志·农林工商矿》。
⑥ 《全国农会联合会第一次纪事》,第30页。
⑦ 林传甲:《大中华河南省地理志》,第89页。

不过四五千石，仅运销开封而已。河北少水田，惟辉县有水田五十余顷，岁获稻八九千石，米质之佳，可比郑县，销于本境者半，销于安阳等处者半"。

麦。"河南以产麦著闻，全省无论山陵原隰，凡可耕之田皆可种麦。产额既多，以其过剩，供给他省。许昌、浚县等处皆小麦、大麦之总汇也，沿途车站恒见麻袋堆积，大抵预备装载火车以运输他方者。据铁路土产表，许昌一处，每年输出小麦约四百余吨，大麦约五百余吨。"

高粱。主要产于唐河、白河流域的南阳、邓县、唐河、方城诸县。据记载这里"产煤极少，距铁路甚远，他处煤不易输入，又因地概平原，林木缺乏，深山阻远，木炭转运维艰，故煤炭价格昂贵，而高粱之杆高大结实，最适为燃料之用，故农民乐于种植。其米可磨粉，为贫民食品，又可取淀粉以制粉条，箨叶可织蓑，秸篾可织席、作包。唐河人更取秫秸上端最长之篾，织为细席，名龙簟席，致密柔韧，为他处所不及。南阳县东九十里赊旗镇附近，高粱最多，用酿烧酒，全镇纳税之额，年约二十万斤，产额之盛可见一斑"。此外，新郑、确山、遂平、西平、郾城、许昌、新乡等县，也是高粱主产地区。

豆类。河南豆类有十数种，其中以黄豆、黑豆、绿豆、青豆等出产为最多。京汉铁路沿线的信阳、新郑、确山、遂平、西平、郾城等县盛产黄豆；获嘉盛产黑豆、青豆、绿豆；辉县、淇县盛产绿豆、黑豆；汲县盛产黑豆；南阳盛产黄豆。许昌是河南豆类出口市场，每年由铁路运出黑豆200余吨，绿豆140余吨，青豆240余吨，扁豆200余吨，豌豆300余吨，小豆100余吨。

薯。薯类作物不仅产量高，而且种植、收获都比其他作物容易，因此农民喜欢种植。南阳一带，邓县、新野、唐河、方城各县产红薯最盛，每年从许昌"由铁路输出约三四百吨，大半运往汉口"。[①] 表1-1是北洋政府期间河南主要农作物统计表。

---

① 刘景向总纂《河南新志》卷4《物产·农产》（上），第179~182页。

表 1-1 北洋政府时期河南各种主要粮食作物统计

项目名称	1914年 面积	1914年 产量	1914年 产额	1915年 面积	1915年 产量	1915年 产额	1916年 面积	1916年 产量	1916年 产额	1918年 面积	1918年 产量	1918年 产额	1924~1929年 面积	1924~1929年 产量	1924~1929年 产额
稻米	7538	—	56	7512	4563	56	4186	6353	140	6972	8603	112	3714	8066	235.5
小麦	8576	4170	45	8576	4185	45	—	—	—	—	—	—	54885	74199	135
玉米	489	329	62	508	341	62	3086	1686	50	19715	43092	202	7953	11794	148
大麦	7980	5191	48	7989	4129	48	7799	12582	149	—	—	—	9564	14238	149
燕麦	139	71	48	141	73	48	1574	1015	59	7672	6932	83	198	290	146
高粱	7653	9006	109	7654	6434	78	7471	4145	51	—	—	—	14235	23470	165
谷子	—	—	—	—	—	—	—	—	—	87423	161667	171	17721	27897	157
糜子	—	—	—	—	—	—	—	—	—	—	—	—	—	—	—
甘薯	—	—	—	—	—	—	—	—	—	—	—	—	2016	28229	1430
豌豆	—	—	—	—	—	—	—	—	—	—	—	—	1669	2400	144
蚕豆	—	—	—	—	—	—	—	—	—	—	—	—	4181	5074	121

注：1. 表中所涉单位分别如后。面积：千市亩；产量：千市担；产额：市斤/市亩。2. 原资料有疑问的数字本表未列。

资料来源：许道夫《中国近代农业生产及贸易统计资料》，上海人民出版社，1983，第19~22页。

从表1-1来看，北洋政府时期河南粮食作物种植中，以小麦、高粱、水稻、大麦4种作物为主，以1913年耕地面积114945千亩为标准计算，[①] 4种粮食1914年占总耕地面积的27.6%，1915年占27.6%，1924~1929年占71.7%。4种主要粮食作物种植面积占农田面积的比例处于上升状态。粮食作物亩产量也在不断提高，如水稻民初只有56斤，提高到1920年代后期的235.5斤；小麦由45斤提高到135斤，大麦由48斤提高到149斤，高粱由109斤提高到165斤。这些都说明北洋政府时期河南农业有了一定程度的发展。

三　经济作物的种植

北洋政府时期，河南农业商品化程度得到比较快的发展，主要出现了以

---

① 许道夫：《中国近代农业生产及贸易统计资料》，第8页。

豫北和豫西为中心的棉花种植区,以豫中许昌为中心的烟草种植区和以豫东开封为中心的花生种植区。

(一) 棉花种植

棉花是河南最主要的经济作物。"本省位居中原,黄河横贯,土质轻松而肥沃,夏间多雨,八九月雨量甚多,春鲜寒风冬少严霜,对棉作颇适宜。"[1] 因此,河南种植棉花的历史比较悠久,明朝文献中就有关于河南植棉的记载。清代以后,由于官方提倡,河南棉花种植面积有很大扩展,棉花产区主要分布在豫西如孟县、巩县、洛阳、陕州一带,其他如豫北的彰德、武安,豫东的商丘和豫南的南阳也有种植。关于明清时期河南棉花种植情况学者也多有论述。[2] 晚清到民国初年,如光绪三十二年(1906)农工商部调查全国棉花时,河南的棉花产区仅局限于安阳、洛阳、灵宝、邓州少数几个县份。[3] 河南"在西方先进生产方式由沿海、沿江通商口岸向内地辐射的过渡链上,起到了举足轻重的作用;平(京)汉(口)、道(口)清(化镇)、汴(开封)洛(阳)3条铁路铺设后,河南又得以利用现代化的交通运输手段,加速了其经济市场化和外向化的进程"。[4] 京汉、陇海铁路修筑通车,使河南的运输条件大为改善,使上海、汉口、天津等通商口岸的腹地扩大到河南,缩短了河南市场与口岸市场的距离,提高了商品的运输能力和运输速度,使棉花市场比以前有了比较大的拓展,促进了河南棉花种植区域的扩大和产量的提高。中华民国建立前夕,河南产棉区域扩展到"以安阳、邓县、洛阳、通许、商水、孟县为最,收数多至七百余万斤,少亦二三百万斤。商丘、虞城、项城、临漳、武安、灵宝、阌县、汝阳、新野、罗山等县次之,尉

---

[1] 华北棉产改进会调查科:《华北棉花事情》,1939,第4页。
[2] 如许涤新、吴承明主编《中国资本主义发展史》第1卷,人民出版社,2003,第202页;沈松侨:《经济作物与近代河南农村经济,1906~1937——以棉花与烟草为中心》,《近代中国农村经济史论文集》,第339~340页。
[3] 沈松侨:《经济作物与近代河南农村经济,1906~1937——以棉花与烟草为中心》,《近代中国农村经济史论文集》,第346页。
[4] 复旦大学历史地理研究中心主编《港口—腹地和中国现代化进程》,齐鲁书社,2005,第272页。

氏、洧川、兰封、鄢陵、西华、汜水、荥阳、睢州、内黄、获嘉等县又次之……此外郾城产红花、临漳产黄花、河南产湖花、渑池产茧花，种类不同，岁收均约三千斤上下。新乡、嵩县产木棉，罗山产长丝棉，收数多少不等"。①

民国以降，随着近代棉纺织业的兴起和京汉、陇海铁路的贯通，运输条件的改善，市场的扩大以及洋棉推广和植棉技术改进，棉花种植面积不断扩大。棉田面积的扩大，既有列强掠夺原棉的需求，也有北洋政府在政策上的引导。1916年，日本三菱财阀插足华北棉花生产事业，以石家庄为根据地实行华北棉作改进计划，分别向河北正定等县和河南彰德（安阳）等县农民发放美种，而以收买农民棉产为条件。经营十余年，这一带棉质是改进了，而原棉也大部分被三菱囊括而去。② 北洋政府农商部也采取措施引进新的棉种，免费发给农民。规定："只有种棉规模较大的棉农才能得到这种免费的美棉种籽，植棉面积不超过十亩者则不予分配。每亩将配给种籽五斤，免费数量以一百斤为限。接受美种的棉农在收割之后必须提出产量报告，供给当局以资料。此项种籽将由实业厅、各棉花试验场、农业试验场及各地农会散发。"③ 根据农商部的规定，1919年，河南省实业厅也制定了奖励植棉的政策，规定"凡增加本地棉田一亩，奖银二角，用美国棉种改良植棉者，奖三角"。实业厅还购买美国棉种，"发给各县农会，转给农人，年终由各县农会报告一次，择其增田最多，成绩最良者，再给以奖品或奖洋"。④ 当年棉花收获后，河南省实业厅拟定收买方法，"令安阳等八十六县认真办理，责成各该农会及农事试验场人员分赴植棉乡村，召集人民，将收获棉子处理各方法实施指导，并详解其利益之关系，更须向领美棉各农户以所收得棉子，十分之四留作自种，其余按普通价格酌加三分之一，备价收购，由公款项下开支，备来年推广之用"。⑤ 为了推广美棉，安阳县实业局还编著美棉种植方法，散发给农民，让棉农学习。⑥

北洋政府时期，有三家机构在河南推广植棉，一家是国立东南大学郑州

---

① 李文治编《中国近代农业史资料》第1辑，三联书店，1957，第426页。
② 严中平：《中国棉纺织史稿》，商务印书馆，2011，第225~226页。
③ 章有义编《中国近代农业史资料》第2辑，第178页。
④ 《河南近年之植棉业》，天津《大公报》1920年11月11日。
⑤ 《陈厅长注重植棉》，《申报》1919年10月24日。
⑥ 《河南安阳县实业局注重美棉》，《农事月刊》第3卷第10号，1925年4月1日。

棉业试验场。该场面积420亩，主要试验脱字棉，"已经三年风土驯化方法，育种已至二次遗传试验，棉种极纯，成熟较土棉反早，收量亦较土棉为多，农民信仰极深"。1923年，该场散发棉种7354斤，种植1346亩。一家是部立第一棉业试验场彰德分场，面积200亩，主要试验美棉。一家是河南实业厅，每年有推广美棉经费8000元，在开封设立第一棉业试验场，面积30亩。并规定在全省设立植棉代办场30个，主要购买美棉种子发给农家种植。1923年散发棉种6万斤，设立代办场18个。为了能够保持推广美棉纯种，河南省实业厅将10个植棉场委托东南大学代为管理。①

为了鼓励民间植棉，1922年9月10日，东南大学郑州棉业试验场在郑州北乡火神庙举办了棉作展览馆，设提倡、推广、足衣、样花、种棉、选种等6馆，展品800余件。这次展览，"四方农人前来参观者一千余人。开封政学界，卫辉、彰德、郑城工商各界，远道来临者亦有三十余人之多"。②1923年秋季，东南大学郑州棉业试验场召开第三届棉作成绩展览大会，河南省实业厅委托该场代管的植棉场也举办展览，展览简况如表1-2。

表1-2 1923年河南省棉业展览会一览

展览机关	展览地点	展览日期	展品数量	到会人数
国立东南大学郑州棉业试验场	郑州庙李寨东	9月28日	600余件	2000余人
河南实业厅第一委托植棉场	郑州石柱梁	9月20日	32件	70余人
河南实业厅第二委托植棉场	荥泽县西时马村	9月18日	32件	400余人
河南实业厅第四委托植棉场	荥阳东门外校场	9月16日	32件	80余人
河南实业厅第五委托植棉场	汜水赵村	9月14日	32件	50余人
河南实业厅第六委托植棉场	巩县五里铺	9月12日	32件	70余人
河南实业厅第七委托植棉场	偃师半截碑	9月10日	36件	60余人
河南实业厅第九委托植棉场	中牟三官庙	9月27日	32件	30余人
河南农业专门学校棉场	开封该校内	9月23日	200余件	600余人

资料来源：胡竟良《河南棉作近况》，《农学》第6期，1924年。

---

① 胡竟良：《河南棉作近况》，《农学》第6期，1924年。
② 《郑州棉作展览馆纪事》，《申报》1922年9月16日。

1923年的秋季推广展览共有10个植棉场主办，参观展览的民众有3000余人。展览对激发地方政府倡导植棉和民众积极响应有一定的意义。

在政府的引导与奖励政策鼓励下，河南民众对植棉反应十分积极。"官厅提倡美棉，自民国八年始，每年春季不取种价，散发棉种，农民请领者为数甚巨，其成绩之优以河洛道属为最，如孟津、渑池、陕县、阌乡等县，所有棉田概行改种，本地土棉几无形消失矣。"[①] 安阳"自民国八年河南实业厅发放美棉种子，实业局设棉业试验场于南关，第二区大寒村白璧集亦先后组织棉公司就地实验，均获成效"[②]。有的公司也参与到美棉的推广中来，如"广益纱厂经理袁心臣及邑人马绍庭，二人曾集资十万元，购地五十顷，设植棉公司于白璧集，凿井百余，购水车三十余架，而本县种棉之风于是大开"[③]。1919年，受华商纱厂联合会的资助，郑州设立了棉业试验场，场地500余亩，取得了良好的成绩："1.美棉在河南极为适宜，产量丰富，品质良好；2.历年经沿革选种，美棉成熟甚早，农民咸欢迎之；3.经用五齿中耕器，在棉地除草中耕，省工极多，农民乐用之；4.棉区各种作物栽培，如高粱、小麦、大豆等，亦均有改革之处。"郑州棉业试验场取得成功后，河南省建设厅决定办理豫西棉业育种，制定了政府、企业、高校与棉农合作的育棉办法："1.郑州、荥泽、新乡、中牟、新野、荥阳、巩县、汜水、洛阳、鄢城十县，各设育种场一所，每处暂定三十亩，经费由河南省实业厅承担；2.厅委托东大（指东南大学——引者注）郑州棉场技术员胡竟良君为豫西十县棉业视察员；3.棉场技术规划及指导，统由东大负责，又焦作福中公司新办之美棉育种场及开封农专新开之棉场，亦由东大代为规划一切。"[④] 另外，其他地方也推广植棉，如杞县"石炳南知事竭力劝导，改种美棉，成绩颇佳，呈请当轴核验，实大绒厚，并较土棉收获额超过三倍以上"[⑤]。说明北洋政府时期执行了比较积极的植棉政策。

---

① 河南省实业厅：《河南全省棉业调查报告书》，河南官印局，1925，第1页。
② 方策、王幼侨修，裴希度、董作宾纂《续安阳县志》卷3《地理志·物产》，1933年铅印本。
③ 方策、王幼侨修，裴希度、董作宾纂《续安阳县志》卷7《实业志·农业》。
④ 《郑州棉业试验场之成绩》，《申报》1922年12月8日。
⑤ 《杞县开办美棉场》，《申报》1919年10月24日。

由于政府推广，"农人遂相继试植棉作物"，① 说明农民有积极的反应，促进了河南棉区不断扩大。据调查，1919 年，全省有棉田 142 万亩，产皮棉 43 万担。② 1920 年，河南产棉"达四十余县，殆遍全省矣。产额共皮花四十二万七千四百二十七担，美棉约占五分之一，共八万六千五百担，较去岁增加十五万余担"。③ 1922 年，河南省棉田达到 3047144 亩，产棉 555036 担，"棉之品质为巩县为最佳，棉絮柔长，缫棉率亦大；次则为安阳、武安、汤阴、新乡诸县"。④ 植棉面积超过了耕地总面积 10% 的有 21 个县，即杞县占 10%，鄢陵占 15%，宁陵占 30%，鹿邑占 15%，睢县占 15%，柘城占 10%，太康占 50%，扶沟占 40%，氾水占 16%，获嘉占 15%，滑县占 20%，安阳占 40%，武安占 40%，孟县占 20%，偃师占 30%，巩县占 35%，渑池占 34%，陕县占 30%，灵宝占 40%，阌乡占 40%，伊阳占 30%。⑤ 1923 年，全省植棉区域达到 98 县，"产额之多以河北道属之安阳县为最；开封道属之太康、尉氏，河北道属之武安、汤阴、新乡，河洛道属之洛阳、偃师、巩县、登封、陕县、灵宝、阌乡、临汝，汝阳道属之新野等县次之。总计全省净棉产额约达八千万斤左右，除供本省各县销用外，输出津、沪、汉等处约在二千万斤之谱"。⑥ 又据地方志记载，河南"总计百十余县中，产棉者达九十县，而以河北之安阳为最，各县次之。……自民国八年以来，官厅始提倡改种，设场试验，每年春季散发种子，并不取价，农民领者甚众。其成绩之优，以旧河洛道一带为最。如孟津、渑池、陕县、阌乡诸邑，所有棉田，概已改种美棉。本省土棉几至绝迹矣"。⑦ 一方面说明北洋政府时期河南棉花种植区域不断扩大，全省 90% 以上的县份都植棉，棉花生产成为河南最主要的产业；另一方面说明美棉在河南的推广取得了很大的成功。表 1-3 是北洋政府时期河南棉产统计表。

---

① 《河南近年之植棉业》，天津《大公报》1920 年 11 月 11 日。
② 胡竟良、陈灼：《河南棉业之鸟瞰》，《农业周报》第 6 卷第 9 期，1937 年 3 月 12 日。
③ 《河南近年之植棉业》，天津《大公报》1920 年 11 月 11 日。
④ 杨大金：《现代中国实业志》，商务印书馆，1938，第 53 页。
⑤ 于润志：《河南各县土壤种类及植棉地面积之调查》，《中华农学会报》第 3 卷第 7 期，1922 年 4 月。
⑥ 《河南全省棉业调查报告书》，第 1 页。
⑦ 刘景向总纂《河南新志》卷 4《物产》上册，第 188~189 页。

第一章　传统农业的延续与嬗变

表1-3　1914~1927年河南棉产统计

年份	1919	1921	1922	1923	1924	1925	1926	1927
全国棉产额（担）	9028390	5429220	8310355	7144642	7808882	7535351	6423585	6722108
河南棉产额（担）	427633	219400	555036	667514	572141	544634	557427	590220
河南占全国的比例（%）	4.74	4.04	6.68	9.34	7.33	7.23	8.68	8.78
河南在全国的排名	第5位	第8位	第5位	第5位	第6位	第6位	第4位	第5位

资料来源：胡竞良、陈灼《河南棉业之鸟瞰》，《农业周报》第6卷第9期，1937年3月12日。

从表1-3来看，尽管北洋政府时期河南棉产种植面积和产量不稳定，但就总趋势而言是处于上升状态，1919年棉花产量只有42.76万担，1923年达到66.75万担，占全国棉产比例也在不断上升，从1919年的4.74%上升到1923~1927年7%~10%之间。另据相关研究，河南棉花种植面积也在不断增加，从1919年以前的1300千亩至1800千亩增加到1922年以后的2400千亩至2800千亩；[①] 占全国棉田面积的比例也在不断提高，如1919~1920年植棉亩数占全国的4.3%，1922~1923年提高到9.1%，1925~1927年提高到10%以上和6.7%。[②] 可见，河南棉花种植在全国占有重要的地位。另有统计也表明，河南棉产在全国排在第五位左右。另外，河南美棉的推广也比较成功，据调查，1922年洋棉产量为84520担，仅占全部产额的15.2%；1923年就达到177184担，占全部产额的26.5%。[③]

随着棉花的推广和种植面积的扩大，河南出现了以棉作为主的农业区域，如1920年，河南各县中棉田面积"以偃师为最广，共十二万五千八百六十亩；次为灵宝、阌乡二县，各十一万亩；再次氾水九万九千亩，陕州八万五千亩，新乡七万余亩，临漳、武安各六万余亩，阳武、渑池、原武、洛阳、获嘉、新安六县，各四万余亩，其余内黄、涉县、沁阳、辉县、修武、

---

① 根据许道夫的《中国近代农业生产及贸易统计资料》第204页和沈松侨的《经济作物与近代河南农村经济，1906~1937——以棉花与烟草为中心》（《近代中国农村经济史论文集》，第350页）的相关数据计算。
② 方显廷：《中国之棉纺织业》，商务印书馆，2011，第26~27间插页、8页。
③ 胡竞良、陈灼：《河南棉业之鸟瞰》，《农业周报》第6卷第9期，1937年3月12日。

商水二十余县，数千亩至三万亩不等"。① 表 1-4 是 1923 年冬的调查（此次调查有 98 县，本表只列面积在 1 万亩以上的县份）。

表 1-4　1923 年冬调查河南植棉 1 万亩以上县统计

县名	植棉亩数（亩）	净棉产额（斤）	净棉输出地及数量	输出额占净棉产额的比例
尉氏	113191	1592412	输出开封、许昌等处 150 余万斤	94.3%
禹县	25300	567920	输出许昌、新郑等地约 20 万斤	35.2%
宁陵	10050	240525	输出开封、上海、南京等处约 9 万斤	37.4%
永城	16900	120000	输出邻县约 12 万斤	100%
虞城	12500	195000	输出徐州约 10 万斤	51.3%
夏邑	14500	170000	本产本销	—
睢县	21000	441000	输出邻县 16 万余斤	36.3%
考城	15000	31000	本产本销	—
西华	11000	183000	（原资料字迹不清）	—
太康	247500	5076000	输出邻县、郑县及徐州约 400 万斤	78.8%
许昌	25600	542400	本产本销	—
安阳	800000	9723200	输出石家庄、天津、汉口约 536 万斤	55.1%
汤阴	88333	1500000	输出安阳 90 余万斤	60%
临漳	22800	279300	输出天津、汉口等地 10 余万斤	35.8%
武安	165600	1555000	输出天津、山西等处 140 余万斤	90.0%
新乡	132600	2519400	输出 180 余万斤	71.5%
获嘉	48960	1199520	输出 70 余万斤	58.4%
滑县	23490	492840	输出道口、封丘等处 38 万余斤	77.1%
浚县	14000	358000	—	—
封丘	10430	205280	由滑县、安阳等输出 7 万余斤	34.1%
洛阳	152954	3302000	输出郑县、邻县 219 万斤	66.3%
偃师	203828	690500	输出郑县、舞阳等处 66.7 万余斤	96.6%
巩县	226320	6119800	输出郑县 574 万余斤	93.8%
孟津	28702	860000	输出 10 余万斤	11.6%
登封	103190	2200000	输出禹县、许昌 190 余万斤	86.4%
新安	27200	569000	—	—
渑池	47040	1412400	输出郑县约 56 万斤	39.6%
陕县	85640	1595000	输出郑县及邻县 142 万余斤	—

---

① 《河南近年之植棉业》，天津《大公报》1920 年 11 月 11 日。

第一章　传统农业的延续与嬗变

续表

县名	植棉亩数(亩)	净棉产额(斤)	净棉输出地基数量	输出额占净棉产额的比例
灵宝	143600	2870000	输出郑县250余万斤	87.1%
阌乡	146810	3420000	输出郑县290余万斤	84.8%
临汝	110000	2900000	输出襄城、舞阳等处200余万斤	69%
南阳	30000	600000	由新野输出7万斤	11.7%
唐河	57275	1900000	输出湖北老河口约120万斤	63.2%
沁阳	44511	1400000	输出驻马店及湖北老河口70余万斤	50%
镇平	11047	331600	—	
新野	350000	5800000	输出汉口390余万斤	67.2%
内乡	55020	820000	输出湖北老河口10余万斤	12.2%
淅川	11000	250000	输出湖北8万余斤	32%
舞阳	20000	380000	—	
西平	53000	950000	输出邻县20余万斤	21.1%
信阳	60000	421220	—	
固始	11000	200000	—	

资料来源：《河南全省棉业调查报告书》，第2~6页。

　　从1923年冬的调查中看，植棉面积在1万亩以上的县42个，占被调查县的42.9%。1920年的调查中植棉面积超过10万亩的只有3个县，1923年达到了13个县，即安阳、尉氏、太康、武安、新乡、洛阳、偃师、巩县、登封、灵宝、阌乡、临汝、新野，这些县份成为河南棉产的主要区域。同时棉花生产的商品化程度有了很大的提高，从表1-4来看，河南棉产的商品率已经达到了一定的程度，如据地方志记载河南"全省每年净棉产额约达八千万斤左右。除民间销用并供本省纱厂外，输出约达二千万斤"。[①] 全省棉花的输出率为25%。在主要产区，输出率更高，如偃师96.6%，尉氏达到94.3%，武安90%，灵宝87.1%，登封86.4%，阌乡84.8%，太康78.8%，滑县77.1%，新乡71.5%，临汝69%，洛阳66.3%，唐河63.2%，新野67.2%，汤阴60%，获嘉

---

① 刘景向总纂《河南新志》卷4《物产》上册，第188~189页。

58.4%，安阳55.1%。这只是当地棉花外销比例，如果加上当地销售额，商品率会更高。表明北洋政府时期，河南棉花种植已经完全从清朝中期的自种自用的较少商品性生产转变为为卖而种的商品性生产，形成了区域性规模种植。

（二）烟草种植

河南烟草的种植历史也十分悠久，明清时期已有种植。直到清末，河南中部种植烟叶的地方只有襄城等地，据记载，"河南邓县、襄城等处，凤为产烟之区。当纸烟盛行时，邓、襄烟草，在中国颇负盛名，几与兰州、福建等处出品抗衡"。① 尽管河南烟草颇有名气，但在农家经济生活中并不占重要地位，农民"没有把种植烟叶，作为唯一的生活"。② 晚清时期，西方列强为了掠夺中国农产品，把中国变为原料输出地，在全国各地进行了土壤调查。在调查中认为河南省土壤适宜种植烤烟，生产出的"烟叶纤维细，色彩黄的比例较高，适合种烟的地区比例广。附近煤矿保证了烤烟用的燃料"。③ 英美烟公司看中了河南优越的土壤等自然条件，遂开始在河南推广烟草种植，使1920年代烟草开始成为河南最主要的农业经济作物之一。

1902年，美英两国烟业托拉斯合并组建跨国公司——英美烟公司，资本总额2250万英镑。④ 20世纪初相继在上海、汉口、沈阳、哈尔滨等设立卷烟厂及附属企业，并逐渐垄断中国的烟草市场。1905年、1909年和1910年，英美烟公司就曾到河南邓州、确山、泌阳、南阳、通许等地进行调查。在调查中认为河南西南部生产的"烟叶色泽好，柄梗小，大部分体型轻柔，出筋梗后的产量为75%～80%……有很多土地适宜于种植这

---

① 《英美烟公司垄断河南烟草之详情》，《晨报》1921年1月13日。
② 明洁：《英美烟公司和豫中农民》，中国农村经济研究会编《中国农村动态》，中国农村经济研究会，1937，第1页。
③ 上海社会科学院经济研究所编《英美烟公司在华企业资料汇编》第1册，中华书局，1983，第272页。
④ 张宗成：《中国之烟草事业》，《中国建设》第1卷第6期，1930年6月1日，第92～93页。

类烟叶，而目前是种植其它作物的"。① 1913年襄城开始种植烟草，获得成功，1915年，在美国旧金山举办的"巴拿马万国博览会"上，襄城烟叶获奖，②使河南烟叶一举成名。英美烟公司看到了许昌烟草巨大的潜力，雇用了一个叫任伯彦的买办去调查。"英美烟公司第一步就向许昌等地调查烟叶的种植区。这样一种繁重的工作，当然他们自己的力量是不够的，于是便利用并制造在中国的买办阶级的人物。中国人在许昌首先担任这种工作而效忠于帝国主义者，叫任伯彦，这位在帝国主义者看做宝贝的人物，在民国三四年带了英美洋大人到河南襄城、叶县去调查烟叶的生产状况，并且用较高的价钱收买了许多烟叶，做为农民种植烟叶的兴奋剂。一般农民正在生活极端困难的情形之下，便认为这是救星到了。"③为了引诱农民种烟，扩大烟草种植面积，英美烟公司还利用"无偿散发烟种，预付高额烤烟收购定金，传授烤烟种植和栽培技术等办法鼓励农民种烟。同时，他们又通过无偿散发纸烟、提高烤烟收购价格等手段，使人获得了连想都不敢想的好处"。④ 英美烟公司"为了占领郏县这块产烟地，他们无代价向这里的农民发放烤烟种子，推广烤烟生产技术"。⑤ 这种"有计划的暗示给农民改用英美种籽，告诉肥料的改良，熏烟的方法，以及其他增加烟叶产量，改良烟叶本质的道理和设计。因此，烟叶的种植马上就扩大了。不几年，以许昌为中心的烟叶生产，便普遍到附近的十几县了。这时除了佃农、雇农以外，几乎每家必种烟叶"。⑥ 同时，南洋兄弟烟草公司也在河南许昌推广种植烟草。⑦

在烟草的种植中，农民获得了比种植粮食作物更高的回报，"一亩烟便

---

① 《英美烟公司在华企业资料汇编》第1册，第240、243页。
② 包书亮：《英美烟公司对许昌烟市的垄断及烟行街的形成》，《许昌文史资料》第7辑，出版年不详，第240页。
③ 明洁：《英美烟公司和豫中农民》，《中国农村》第2卷第7期，1936年7月1日，第69页。
④ 包书亮：《英美烟公司对许昌烟市的垄断及烟行街的形成》，《许昌文史资料》第7辑，第241页。
⑤ 刘继增等：《郏县烟草史话》，《郏县文史资料》第2辑，1989，第52页。
⑥ 明洁：《英美烟公司和豫中农民》，《中国农村动态》，第2页。
⑦ 章有义编《中国近代农业史资料》第2辑，第171页。

胜过了十亩粮"。① 高额报酬刺激了周边农民，使其争相弃种杂粮，改种烟草。如禹县烟草"惟一洋烟之兴不满十年，自襄境阑入禹之东南，始则大获其利，遂蔓及万栢、礼临、颍川三里，几于无家不种，无种不多。近且波及禹之西北，奄有风行草偃之势，或有为得钱买食之计，小农之罄其田以种烟"。② 在国内外烟草市场的强力刺激下，各县烟草种植面积不断扩大。如郏县"烟农种烟积极性空前高涨，烤烟收获季节……汝水之阳刘山之南襄、郏境内，烟田连篇，炕房成群"。③ 襄城"民国十年后，颍桥一带，试种美烟，颇获厚利，逐渐扩充遍及全县，销售全国，出口尤多"。④ 英美烟公司的大力倡导，使河南烟草种植范围不断扩张，"1917 年至 1920 年，美种烤烟种植在许昌迅速发展，许昌、襄城、禹县、郏县、长葛等县，已在不少乡村形成规模。种植面积猛增至 10 万多亩，烟叶上市量由 1917 年的 250 万磅上升到 1920 年的 1433 万磅。许昌开始成为英美烟公司的主要原料来源地之一"。⑤ 关于许昌烟草种植和运输，《平汉年鉴》也有记载："美人见其土质宜于此物（指烟草——引者注），乃在许昌一带，散发种子，劝人多种，不同叶之厚薄，一概收买，每斤竟出价至一元之多，而栽种时每株所生叶数，总其自然，不加减摘，晒干后，每株烟叶约达一斤之普，于是土人大得其利，竞相种植，计民四五年间，运额仅四千余吨者，至民十二年竟达三万余吨之多。"⑥ 一方面说明许昌烟草种植发展之快，另一方面说明烟草种植的商品化程度很高。

　　美国烟草的种植，通过英美烟公司的推广，迅速拓展至 11 县，⑦ 产量有很大的增长。表 1-5 是北洋政府时期河南烟草产量统计表。

---

① 李耕五：《许昌英美烟公司与许昌烟区》，中国人民政治协商会议河南省委员会文史资料研究委员会编印《河南文史资料》第 13 辑，1985，第 142 页。
② 车云修、王攀林等纂《禹县志》卷 7《物产志》，1937 年刊本。
③ 刘继增等：《郏县烟草史话》，《郏县文史资料》第 2 辑，第 54 页。
④ 李峰修、胡元学等纂《重修襄城县志》卷 18《实业志·农林工矿》。
⑤ 包书亮：《英美烟公司对许昌烟市的垄断及烟行街的形成》，《许昌文史资料》第 7 辑，第 241 页。
⑥ 平汉铁路管理委员会：《平汉年鉴》，1932，第 203 页。
⑦ 沈松侨：《经济作物与近代河南农村经济，1906~1937——以棉花与烟草为中心》，《近代中国农村经济史论文集》，第 360 页。

表 1-5 1917~1927 年河南烟草产量统计

单位：千磅

年份	1917	1918	1919	1920	1921	1922	1923	1924	1925	1926	1927
产量	2500	2500	10000	16000	9000	6500	11000	32000	11000	4500	5000

资料来源：章有义编《中国近代农业史资料》第 2 辑，第 201 页。

自从美国烟草在河南推广以来，烟草产量呈上升趋势。1919 年为 1000 万磅，1924 年高达 3200 万磅，5 年之内增加了 2 倍多。河南成为外商在华烟草的主要原料产地。英美烟公司"1917 年起，它在河南也开始了试验。起先，才有一小部分农民种植了少量改良烟叶；到第 2 年（1918），首次获得总共 200 万磅烟叶的重大收获；到 1920 年，河南出产的烟叶，单单卖给英美烟公司的就达 1400 万磅以上；而到 1924 年，更多达 2300 万磅以上"。[①] 除了英美烟公司外，南洋兄弟烟草公司也在河南大量收购烟草，据统计 1920 年 12 月至 1922 年 8 月收购 3702605 磅，1922 年 9 月至 1923 年 5 月 3041703 磅，1923 年 9 月至 1924 年 7 月 5273354 磅，1924 年 10 月至 1925 年 6 月 5926068 磅，1925 年 9 月至 1928 年 9 月 4754385 磅。[②] 有学者研究，1925 年至 1935 年，上海纸烟生产量占全国一半，其所用原料有 20% 来自许昌。[③]

烟草大面积种植，对农家生活产生了正负两方面的影响。有的农民因种植烟草而致富，1923 年 3 月，上海大英烟公司在河南烟叶调查报告中说："我见到的正在耕田的农民看上去都是很富裕的。他们大多数使用强壮的骡子，很少用牛和驴子耕田。"[④] 这是烟草种植最初的景象，农民的确在种烟中获得了丰厚的利润。但随着烟草种植区域的扩大，产量的提高，加之各烟草公司之间的激烈竞争，农民成为种烟的受害者。英美烟公司在价格上采取

[①] 陈真编《中国近代工业史资料》第 4 辑，三联书店，1961，第 438 页。
[②] 中国科学院上海经济研究所等编《南洋兄弟烟草公司史料》，上海人民出版社，1960，第 203 页。
[③] 沈松侨：《经济作物与近代河南农村经济，1906~1937——以棉花与烟草为中心》，《近代中国农村经济史论文集》，第 363 页。
[④] 《英美烟公司在华企业资料汇编》第 1 册，第 278~279 页。

"春提秋压,歉提丰压,遭灾年代大压。每年春天,农民开始筹划一年的生产安排……这时英美烟公司就将烟草收购价格提高,诱使烟农扩大烟田面积。据资料记载,这种'季节差价'竟成倍的增减。秋天烟叶收烤后,广大烟农急于卖烟买粮、还贷,只好忍痛将烟叶出手"。这样的手段,致使烟农破产,甚至家破人亡。[1] 可见,农作物种植商品化过程中也有着一定的负面影响。

(三) 花生的种植

河南种植花生历史比较悠久,据载在康熙初年有个叫应元的僧人在日本觅得花生种子,传回河南开始种植。[2] 但受运输条件和市场的限制,花生种植"仅供本地榨油及茶食之用,无贩运出口之利"。[3] 民国以来花生在豫东大量兴种,有诸多因素。第一,新品种的引进和土地适宜种植。光绪二十年(1894),美国花牛品种输入对河南花生的种植起了重要的作用,[4] 而且花生是一种适合沙质土壤种植的农作物,豫东黄河故道两岸"多沙质土壤,尤能繁殖",[5] "地势平衍,黄河流经之故道数百里,多系沙碛不毛之区,五谷不宜,惟植落花生尚有收获"。[6] 考城县"地杂沙土,尤宜种植,故花生果成为大宗"。[7] 黄河泛滥形成的沙质土壤,为豫东花生种植业的兴起创造条件。第二,铁路运输兴起,市场不断扩大。豫东花生种植虽然在民国初年就逐渐增多,但"尚不能成市,乃自陇海路通车后,外庄交易,渐次发达,因而产量随之剧增"。[8] 特别是1920年以后,"花生油忽成为国际商品,花生价格遂由每斤制钱二十四文渐涨至银元九分",高额的市场回报刺激了农民种植花生的积极性,花生种植由自给转变为"以卖为目的的商品化"生

---

[1] 杨恒册:《许昌人民遭受英美烟公司盘剥二三事》,《许昌文史资料》第7辑,第206~208页。
[2] 张之清修、田春同纂《考城县志》卷7《物产志》,1924年铅印本。
[3] 中美新闻社开封通信:《河南之花生生产》,《申报》1919年10月30日。
[4] 中美新闻社开封通信:《河南之花生生产》,《申报》1919年10月30日。
[5] 崔宗埙:《河南省经济调查报告》,第20页。
[6] 章有义编《中国近代农业史资料》第2辑,第207页。
[7] 张之清修、田春同纂《考城县志》卷7《物产志》。
[8] 《豫东花生业发达》,《中行月刊》第9卷第6期,1934年12月,第89页。

产。①

因此，自晚清以来花生逐渐在豫东广泛种植。河南豫东一带，花生"旧种生产，仅供本地榨油及茶食之用，无贩运出口之利。自前清光绪二十年间，洋花生之种子输入，实粒肥硕，收获较丰；虽脂质不及旧种之富厚，然以收种较易……民间多乐种之。每亩平均收成，可得百余斤，获利较五谷为尤厚。荒沙之区，向所弃置之地，今皆播种花生，而野无旷土矣。民国以来，渐为出口土货之大宗物产……三数年前，商人之营运此业者，赢余甚厚，每致骤富。官府以此项交易既巨，获利既丰，随亦设局征收税捐，每年收入亦不下四万余元"。②

花生的推广和种植，使豫东原来不毛之地成为花生产区。河南"出产花生米之区域，自郑州以东、归德（今商丘——引者注）以西皆有之，惟开封附近一带约三百英方里之面积，出产为最多，中牟、开封、兰封三县尤标特色。历年收成丰歉不等，平均可得十五万吨以上。每吨计值洋七十五元，每年约有一千一百万元之收入，其利益自可惊矣"。③ 开封、中牟、兰封三县城为河南花生生产的主要基地，农家种植花生、商人贩运花生以及政府因征收花生捐税，都获得了不低的收入。每年"秋末收获，上海、汉口等处商人纷纷来汴觅购。以去壳之花生米为输出大宗。新郑、薛店、谢庄、小李庄、郑州，皆花生米输出必经之路也。由新郑输出者，每年约九十余万斤。财政厅特设税局征收花生税，三县中兰封所产约居其半数也"。④ 据有关资料记载，河南花生种植面积和产量分别是 1914 年为 270000 市亩和 255000 担，1915 年为 364000 市亩和 356000 担，1916 年为 1390000 市亩和 1357000 担，1924 年至 1929 年平均为 2119000 市亩和 5192000 担。⑤ 1924～1929 年的平均种植面积和产量分别是 1914 年的 7.8 与 20.4 倍。北洋政府时期是河南花生种植增长比较快的时期，到 1920 年代，一些地区花生的

---

① 纪彬：《农村破产声中冀南一个繁荣的村庄》，《益世报》1935 年 8 月 17 日。
② 章有义编《中国近代农业史资料》第 2 辑，第 207 页。
③ 中美新闻社开封通信：《河南之花生生产》，《申报》1919 年 10 月 30 日，第 7 版。
④ 刘景向总纂《河南新志》卷 4《物产·农产》（上），第 168 页。
⑤ 许道夫：《中国近代农业生产及贸易统计资料》，第 162 页。

种植面积占耕地面积比例达到1/5甚至半数以上，如濮阳某村，"耕地多沙质，本宜栽培花生。但在民国九年（1920）以前，栽培花生的人家全村不过两三户，为地不过三数亩，且多为小手工业者、小商人，在小块地内或道旁田角，偶然种植；其目的完全是在炒熟零卖或自行榨油，于附近三数里内，担挑车推，换取日用品。至地主小规模的培植，榨油自用，实绝无仅有"。但花生种植的推广，改变了这种现状，花生栽培遍及该村，"上自地主、富农，下至中、小贫农，平均都以二分之一左右的耕地，栽培花生"。① 足见，在河南豫北、豫东地区，花生在农作物种植中占有重要的地位。

四 园艺作物的种植

河南地处亚热带向温带过渡地区，适合种植园艺作物。园艺作物品种丰富，有桃、李、梨、柿、枣等。而北洋时期出现新的园艺作物则是茶叶。

1909年，信阳人甘以敬邀集信阳商会会长王子漠、地主彭青阁等人，成立元贞茶社，招股集资，在震雷山北麓种植茶树，这是信阳第一个茶叶生产组织，但该茶社生产不景气。1910年，甘以敬又邀请陈玉轩等人成立"宏济茶社"（后改名车云山茶社），选举陈玉轩为社长，陈相廷为经理，共集资2000多股，合制钱10000多串。② 种植茶树地址选在车云山，该地山高雾大，土质肥沃，适宜种植茶树。茶社雇用农民上山开荒，颇有起色。

北洋时期，信阳茶社有了较快的发展。建于1910年的车云山茶社在民国初年有了收获，1913年采茶季节，车云山茶社种植的茶树开始试采，采制干茶300余斤。次年，茶社选了1瓶茶叶参加巴拿马万国博览会，获得优质奖状和奖章，推动了信阳茶叶种植业的发展，在三四年时间内，茶园扩大到8万余窝，合80多亩。车云山茶社的成功，也吸引信阳地主、商人纷纷

---

① 纪彬：《农村破产声中冀南一个繁荣的村庄》，《益世报》1935年8月17日。
② 政协信阳市委员会文史资料征集组整理《信阳毛尖茶概述》，《河南文史资料选辑》第2辑，河南人民出版社，1979，第138页。

第一章 传统农业的延续与嬗变

投资茶社，种植茶树。1919年时，信阳有八大茶社之说，即元贞、广益、裕申、车云、博厚、万寿、龙潭、广生等，年产量超过万斤。① 表1-6是信阳八大茶社简表。

表1-6 清末民初信阳八大茶社概况

茶社名称	成立时间	地址	亩数	窝数	负责人
元贞	1909年	东双河震雷山	30余亩	31000窝	王子谟、彭青阁
车云	1910年	游河车云山	80余亩	8万余窝	陈玉轩、王青选、陈相廷
裕申	1911年	甘家冲、小孙家冲	30余亩	3万余窝	甘以敬
广益	1912年	观音堂胜泉寺	60余亩	63000窝	余子芸、僧连泉
龙潭	1915年	浉河港黑龙潭天心寨	40余亩	4万余窝	李友芸、强石生、易宣山
广生	1918年	浉河港三角山	80余亩	8万余窝	杨子述、蔡玉山
博厚	1919年	黄龙寺白马山	30余亩	3万窝	张玉生、周天锡
万寿	1913年	谭家河万寿山	40余亩	4万余窝	王子谟、僧空尘

资料来源：《信阳毛尖茶概述》，《河南文史资料选辑》第2辑，第139页；又见方廷汉等修、陈善同纂《重修信阳县志》卷12《食货志三·物产·货类》。

1919年后，信阳茶树种植继续发展。新建茶社、茶园的大多是占有山岭的城乡地主、商人与僧人，原来八个茶社中的股东也都纷纷独立经营，而且规模越来越大，少则几千窝，多的有几万窝，出现了一些比较大的茶树种植主，如王青选在震雷山雇人开挖了5万多窝，许靖轩在浉河港五棵树挖了4万余窝。② 又据1925年调查，信阳西乡的车云山、南乡的震雷山、广益山、万寿山、龙潭山一带，"所在皆有茶社，每年旧历正二月下种，六七八等月勤行锄草，一二年后即可采茶"。只是种植不久，加之各茶社资本薄弱，产量不多，年"出茶二万余斤"，比1919年增加1万余斤。这里所产茶，"茶味清香，天然趣味不亚龙井，凡游历信阳者，多购以为馈赠品"，被信阳茶庄名为"本山毛尖"。③ 经过地主、商人、僧人和农家的种植，信阳县西边和南边的

---

① 方廷汉等修、陈善同纂《重修信阳县志》卷12《食货志三·物产·货类》，1936年铅印本。
② 《信阳毛尖茶概述》，《河南文史资料选辑》第2辑，第142页；又见方廷汉等修、陈善同纂《重修信阳县志》卷12《食货志三·物产·货类》。
③ 《信阳植茶之成绩》，《中外经济周刊》第137号，1925年11月7日。

山上几乎全种上了茶树。可见,北洋时期是信阳植茶的一个重要时期。

河南蔬菜种植比较多的是白菜、黄花菜、芹菜、萝卜、辣椒、木耳、蘑菇、生姜等。《河南新志》记载,白菜各地均产,唯许昌较多,每年有大量白菜、萝卜、辣椒从许昌装车,运往汉口销售。黄花菜主要产自淮阳、永城等县,淮阳黄花菜"每年成熟后,汉口商人挟资来购,行销约五百万斤,大抵由郾城车站运出"。永城县的天齐庙、鄢家集、丁集、陈集等处种植黄花菜较多,其他地所产皆六蕊,永城所产为七蕊,比较耐煮,因此远销江苏、安徽、四川、广州等地。木耳主要产于卢氏、鲁山、南召、伊阳等县,生产方法是:每年春季,农民进入山谷,砍伐橡、栎等树枝,"卧置山谷中,风吹雨润,愈年乃生木耳"。每年各地小贩入山收集,运销于汉口、北京等地。另外,商丘农人于"园圃多种蘑菇",生姜产于沁阳清化镇。

随着城市规模扩大,人口增多,蔬菜需求量也逐渐扩大,其周围农家逐渐以园艺作物种植为主。如省城开封城南大李庄、豆腐营、小苏村、小杨庄、柳林村等,"尤为菜园众多之地";宋门、曹门外的菜园多在干河沿、左家村、白塔村等处。菜园蔬菜种类因季节不同而不同:春季以种植小菠菜、小白菜、小葱、热萝卜、蒜苗、油菜、香菜、韭青、韭黄、香椿、小生菜、青笋、豌豆角、莲菜、蚕豆等为大宗;夏季以种植黄瓜、苦瓜、青葱、韭菜、菠菜、小白菜、热萝卜、茄子、辣椒、香菜、笋瓜、瓠子、菜豆、四季眉豆、蚕豆等为大宗;秋季种植与夏季略同,唯白萝卜、红萝卜、大白菜、莲菜、芋头、甘薯、大葱较多;冬季以包头白菜、冬瓜、黑白菜、萝卜、芹菜、大葱、韭黄、香菜、莲菜等为大宗。河南省农事试验场、农业专门学校农事试验场引种甘蓝,也取得成效,在一些农家菜园也开始种植。[1]

五 农田水利

北洋政府时期全国水利管理机关是全国水利局。1914年12月,全国

---

[1] 新农:《开封城附近农业之调查》,《河南农业专门学校半月刊》第21期,1924年9月30日。

第一章 传统农业的延续与嬗变

水利局制定了《各省水利委员会组织条例》，规定各省为规划全省水利工程，应设水利委员会，① 次年1月，北洋政府颁布执行。1915年7月，根据该条例规定，河南省成立水利委员会，主管全省水利工作；1918年，河南省要求各县设立水利分会，主办县级水利事业。② 1920年1月，河南省水利委员会改称河南省水利局，1922年4月，归并实业厅，由实业厅长兼任水利局长。随着省水利机关的改名，次年2月，各县水利分会改名为水利支局。③ 通过建立省县级水利机关，形成了初步的水利管理机构。

因资料所限，很难对北洋时期河南农田水利做比较全面的考察，笔者就所看到的文献对这个时期河南农田水利做简单的考察。（1）天平渠。该渠由安阳县西北漳河南岸引水灌溉，是一道古老的渠道（据说是西门豹治邺时所凿），"天平古渠，湮废而不用者垂千余年"。光绪六年（1880）以来，安阳历任县令试图疏浚，以引水灌田，但"历久无功"。光绪三十年（1904），安阳商人马吉森组织溥利公司，开挖新渠，终因财力不继，中途停办。随后袁世凯隐居安阳，力主修建该渠。于是成立天平渠灌溉股份有限公司，继续开挖新渠，至1913年告竣，由县城西北40里的渔洋镇漳河南岸引水入渠，渠尾在安阳桥村流入洹河，渠长共计33里，灌溉农田3.4万亩，"沿渠居民咸庆有秋"。④ 这是北洋时期在豫北完成的第一条灌溉水渠。（2）天赉渠。该渠位于浚县西南50里。1915年，由徐世昌、袁世凯等人集股开创。从巨桥镇西北大赉店引淇河水至刘寨，长约20里，周围居民沿渠开支渠12道，每年可灌田300余顷。该渠建成后，在巨桥镇设立公司，每年用该渠水灌田者，"每亩征收水租钱八百文"。⑤（3）贾鲁河水利公司。1913年，魏联奎倡议成立贾鲁河水利公司，在郊区南阳寨贾鲁河上修筑拦河坝，蓄水10万立方米，先后建成万柳渠、

---

① 《各省水利委员会组织条例》，《新闻报》1914年12月29日。
② 河南省地方史志编纂委员会编《河南省志》第27卷《水利志》，河南人民出版社，1994，第319~320页。
③ 刘景向总纂《河南新志》卷14《河南水利局》。
④ 节录：《豫省农田水利情形大略》，《地学杂志》第2期，1915年。
⑤ 刘景向总纂《河南新志》卷11《水利》。

— 51 —

民生渠、长流渠、南阳寨渠等，总长42.5公里，灌溉农田万余亩。①

此外，一些县也兴修了一些灌溉面积从数百亩到数万亩不等的水渠。民国初年，偃师县将原盘石、太和二渠合并入天义渠，原大清渠改名为同庆渠，后又改名为南大渠。1924年，该县人张治公在南大渠的基础上修建北公兴渠，由龙门口引伊河水，渠长15公里，灌溉部庄、裴村、诸葛等近10个村庄的农田。据1917年统计，洛宁县在洛河两侧修建渠道87条，总长度205.8公里，可灌溉土地4.03万亩。②1920年，洛阳、宜阳两县新开凿协济渠，预计可灌田2000余亩，但因工程属于两县范围，"办理诸多不易，荏苒多年，迄未完成"。③

从现有的资料来看，北洋时期河南在农田水利方面所取得的成绩不大。但在农田水利经营方法上发生了变化，出现了专门兴修水利的水利公司。

六　养殖业

河南虽非鱼米之乡，但河流较多，池塘、河流水域面积较大，养鱼业成为农家经济主要组成部分，但作为一项产业是在北洋政府时期才开始兴起。如正阳县"渔业向未讲求，其取诸川泽，畜诸池塘，一听人民自为，公家从不过问"。民以后，官方开始提倡渔业与渔业组织。1919年，正阳县知事张锡典商令公款局"购嘉鱼幼苗，放养城濠，成效颇著"，而且令各村以30家为一组，普遍组织渔业会，"所有池塘，均养嘉鱼"。正阳县朱家店莲花湖东西毗连面积90余亩，1924年，当地绅民张孔书、魏尚征在莲花湖兴办渔业，"并拟定浚底增堤，加多水量，湖面溉田，余水养鱼，渔农两全，双方兼顾"，但因当地民众反对而停办。正阳农村"凡有池塘，莫不年购鱼苗，育养备用"。如皮家店魏鸿万在东街

---

① 刘照渊：《河南水利大事记》，方志出版社，2005，第160页。
② 侯全亮主编《民国黄河史》，黄河水利出版社，2009，第57页。
③ 《民国二十一年河南省政府建设年刊》，1933，"建设"，第68页。

"有鱼塘数亩，注意护养，产鱼之多，沾溉一方，获益颇厚"；绅士张培林在城东南"凿鱼塘一口，专人护养"，城关宴会用鱼多购于此塘。除了池塘养鱼，河流捕鱼也是农家产业，尤其一些没有土地或土地不足的农家以捕鱼为产业。如汝河沿岸贫民"多结网操筌，捕鱼以为生活。每年汝水取鱼，概数约达数十万斤，县城食鱼，以汝产为大宗"。正阳淮河沿岸渔户不及淮南之多，每年捕鱼约20万斤；其他各河流亦产鱼虾，"失业民众，以水作田，谋衣食于渔业者，亦实繁有徒。统计年得之数亦不下数十万斤"。①

七 农业经济的变化

北洋政府时期，河南农业与以前相比有了比较大的变化，特别是铁路运输的出现与棉花、烟草和花生的推广和种植，对传统农业有了比较大的冲击。主要表现在以下几个方面。

第一，河南农业商品化程度有了很大的提高。北洋政府时期，京汉铁路与陇海铁路相继通车，加强了河南与沿海城市及国际市场的联系，加之经济作物的种植，使农业生产与市场联系日益紧密。如南阳年产麦类1592181石，"民食耗十分之三，余则运销汉口转售各埠"；豆类年产875699石，"民食耗百分之七，余则供商人之求"；高粱年产量530727石，"民食耗十分之二五，酿酒十分之五，余则转售邻境"；稻类年产68994石，"皆为民食所耗。惟（糯）以半数或十之三四做酿酒之需，然酒以供民食，即有运销，寥寥无几"。②通过该项调查来看，南阳农产中，麦类年产量的70%，豆类的93%，高粱的25%均出售于市场。开封花生输出占50%~80%，陈留占77%，通许占50%，睢县占25%；销售到邻近地区的开封占5%~20%，陈留占20%，通许占50%，睢县占50%。③ 两项合

---

① 刘月泉修、陈全三纂《重修正阳县志》卷2《实业·渔业》，1936年铅印本。
② 冯养源：《南阳农业谈》，《钱业月报》第8期，1921年。
③ 章有义编《中国近代农业史资料》第2辑，第232页。

计，花生在开封、陈留、通许的商品化在90%以上，睢县在75%以上。通过对河南棉花的消费调查来看，一是产地消费，河南各地共消费16000万斤；二是本地工厂消费，当时河南棉纺织工业尚在起步阶段，年消费25万余斤；三是年输出量为7000余万斤。[①] 据卜凯对1921～1925年河南农村经济的调查，新郑农家粮食生产商品化占37.6%，开封占32.8%。两地各种农作物出售的比例是：新郑小麦占28.6%，高粱占13.2%，谷子占10.9%，大麦占3.1%，玉蜀黍占14.2%，大豆占16.6%，绿豆占34.4%，豌豆占5.9%，黑豆占6.9%，芝麻占23.1%，蔬菜占58.3%；开封小麦占24.6%，高粱占24.1%，谷子27.2%，大麦24.8%，玉蜀黍37.9%，大豆13.7%，绿豆26.6%，豌豆36%，芝麻92.7%，棉花2.2%，大麻1.1%，蔬菜43.6%。[②] 该项调查改变了人们对中国农业商品化程度的传统认识。通过各种调查统计来看，与粮食作物相比，经济作物的商品化程度更高。

另外，从京汉铁路各站运出的农产品也能够看出农产品商品化提高的程度。河南自京汉铁路通车后，"经济大为发达，每年出境之芝麻、黄豆，至值二千万。独郾城一处，雇车装货之值，每年至百七十万"。[③] 许昌每年由铁路运出的农作物：小麦400余吨，大麦500余吨，谷子、高粱各400余吨，玉蜀黍140余吨，芝麻250余吨，黑豆200余吨，绿豆140余吨，青豆240余吨，扁豆200余吨，豌豆300余吨，小豆100余吨，大概运往直隶（河北）、天津、北京、汉口等地；红薯三四百吨，西瓜500余吨，柿子400余吨，还有梨、李、枣、苹果、胡桃、红花、葡萄等大半运往汉口，运销汉口的蔬菜有白菜、萝卜、辣椒、豆粉等。许昌、襄城产烟叶，每年产六七千吨，经许昌火车站运输者200余车。[④] 另据《平汉年鉴》统计，历年经铁路运输的农产品数量如表1-7。

---

① 逸：《河南棉业调查记》，《上海总商会月报》第3卷第5期，1923年5月。
② 卜凯：《中国农家经济》，商务印书馆，1936，第275、278页。
③ 《河南实业一般》，《北洋政学旬报》第4期，1910年12月。
④ 吴世勋：《河南》下编，第126～127页。

表 1-7　京汉铁路农产品运输数量统计

单位：吨

年份	五谷	小麦	豆类	芝麻	棉花	花生	烟叶
1915	69476	94611	53579	89560	18929	18608	4652
1916	129453	93214	85211	54963	24349	14392	4105
1917	245051	46053	27498	29698	21991	3225	13352
1918	266804	99653	32188	27286	34407	—	12576
1919	124058	121742	105470	128101	42124	—	15550
1920	465292	43744	59180	58240	25252	—	18892
1921	465497	116044	36146	41375	46914	—	19599
1922	121042	97256	21982	84224	67090	—	13466
1923	216249	—	124607	59450	59285	—	30908
1924	228602	36704	98043	26661	35307	7833	27292
1925	251005	117997	49572	20833	45361	24408	31951
1926	133673	62280	48454	18040	20603	—	61567

资料来源：平汉铁路管理委员会《平汉年鉴》，1932，第 185~186 页。

京汉铁路"位在中原腹地，沿线物产富饶，历年输出货物，名目繁多，不胜枚举"。[1] 表 1-7 是京汉路 1915~1926 年主要农产品运输的数量统计，每年经京汉路运输的小麦、豆类、芝麻、棉花、花生、烟叶等达到数万吨或十数万吨。尽管京汉路不可能承担河南一省的农产品运输，但该统计是"参照各站报单，为之分门别类，列成一表"，[2] 京汉铁路沿线从北到南有安阳、新乡、郑州、许昌、漯河、驻马店、信阳，均为河南新兴的农产品集散地，而河南又是小麦、豆类、芝麻、棉花、花生、烟叶生产大省，其大部分是从京汉路运输出去的。因此，在通过京汉路运输出去的农产品中，有相当一部分来自河南，从而也能看出河南农产品商品化发展的程度。

第二，随着经济作物的种植，出现了农业专门化区域。北方的农业区域，包括"河北、山东、河南、安徽北部和江苏北部。在这个区域的人口是最稠密的，同时中国最大多数的铁路也是汇聚在这个区域。北方农业区域，在自

---

[1] 《平汉年鉴》，第 184 页。
[2] 《平汉年鉴》，第 184 页。

然地理上包括着各种类型的区域：如整个的中国大平原，淮河湖泽区域以及安徽和河南的一部分山地……这个区域与许多大的都市连接着通到海，同时又经过铁路同世界的市场（上海、天津、青岛）联系着……在河南的东部，除生产芝麻之外，还出产很多棉花，花生和大麻"。① 也就是说，在北洋政府时期，河南开始出现农业专门化区域，豫北、豫西和豫东一些地区成为棉花产区，豫中以许昌为中心形成烟草产区，以开封为中心形成花生产区。

第三，各地开始种植各种经济作物，种植结构发生了变化。如花生的种植，使各种粮食作物被排挤，开封有高粱、大豆和青豆，陈留有高粱、小麦和大豆，通许有小麦、豆类、高粱和小米，睢县有豆类、小米和高粱。② 据统计，花生面积占耕地比例，睢县1915年为15%，1920年和1924年为40%；陈留1915年为10%，1920年为20%，1924年为50%；开封1925年为31%。③ 如濮阳某村"五谷类得种植，因花生栽培之故，减少二分之一。例如麦子，一九二〇年以前所占耕地面积约有二分之一以上，今则退为四分之一不足，其他谷类，亦由二分之一，降至四分之一"。④ 安阳"东南原隰之地，以前只种五谷者，今已为产棉上田矣"。⑤ 一些地方因经济作物的种植而产生了粮食不足的问题。濮阳某村因花生种植"粮食已由有余变为不足"。⑥ 烟草种植也导致了粮食与牲畜草料不足的问题，如禹县"一亩之烟其工本抵数亩之禾，今夺种谷之地以种烟，谷以地隘而获少；分种谷之力以种烟，谷以力绌而获又少；谷少而草亦少，少则贵矣。今谷价十倍于昔年，草加更数十倍于昔年，而人与牲畜遂交病"。⑦ 烟草的种植导致了粮食作物及其副产的减少，引起了粮价与草价的暴涨。

第四，农业经营方式发生了变化。河南农业新式经营方式最早出现在晚清时期。在晚清新政的推动下，中国民族资本主义得到了发展，尤其是清政

---

① 〔苏〕卡赞宁：《中国经济地理》，焦敏之译，光明书局，1937，第183~184页。
② 章有义编《中国近代农业史资料》第2辑，第213页。
③ 章有义编《中国近代农业史资料》第2辑，第205~206页。
④ 纪彬：《农村破产声中冀南一个繁荣的村庄》，《益世报》1935年8月17日。
⑤ 方策、王幼侨修，裴希度、董作宾纂《续安阳县志》卷3《地理志·物产》。
⑥ 纪彬：《农村破产声中冀南一个繁荣的村庄》，《益世报》1935年8月17日。
⑦ 车云修、王攀林等纂《禹县志》卷7《物产志》。

第一章 传统农业的延续与嬗变

府鼓励私人或公司垦荒,一些商人投资于农业,建立新式小型农场,经营农业。1905年,河南成立了溥利公司,有股本2.5万两。① 随后,汝州商人汪某,集股10万两开办植树公司,利用汝州、洛州一带旷地,种植果树和建筑材料。② 北洋时期,农业经营公司继续建立与发展,先后有多家涉农公司创办,如表1-8。

表1-8 河南农林公司统计(1911~1927年)

名称	地点	开办时间	注册时间	创办人	负责人	性质	资本
天平渠灌田股份有限公司	安阳	1911.7	1915.7	何棪 谢宗汾	何棪 谢宗汾	商办	制钱25000文
贾鲁河水利股份有限公司	郑县	1914.5	1915.8	张强恕 王退耕	张强恕 王退耕	商办	7万元
豫兴垦殖无限公司	开封	1920.9	1920.11	刘炳章 缪蔚棠	刘炳章	商办	银元10万元
三星林垦股份有限公司	睢县	1922.11	1922.11	刘伟 刘炳章	刘伟 刘炳章	商办	银元4万元
天赉渠灌田股份有限公司	河南	1923	1924.4	徐世昌	徐世昌	商办	银元6万元

资料来源:中国第二历史档案馆编《中华民国史档案资料汇编》第3辑《农商》(2),江苏古籍出版社,1991,第754~767页。

除了表1-8的统计外,根据其他资料还有几家农业公司创办,1913年,商民在石家桥成立牧养公司,开垦稻田藕塘;次年3月,吕文藻创办利华牧殖公司,在开封北门从事垦牧。③ 1919年,河南省实业厅发放美棉种子后,广益纱厂经理袁心臣与当地人马绍庭集资数十万元,购地50顷,在第二区大寒村、白璧集先后组织植棉公司,凿井百余,购水车30余架,"就地实验,均获成效,由是东南原隰之地,以前只种五谷者,今已为产棉上田矣"。由于广益公司组建的植棉公司的影响,安阳县"种美棉之风于

---

① 《申报》1905年3月12日。
② 《东方杂志》第3卷第10期,1906年11月。
③ 王天奖主编《河南省大事记》,中州古籍出版社,1993,第345、347页。

— 57 —

是大开"。① 如遂平附近的大利永垦殖事务所占地5000亩，其中1000亩以上为桃园，1800亩种植木料树，另有1000亩以上作为普通农场。② 从上述事例来看，河南以公司经营农业投资者主要是地主、商人，即商业资本向农业生产转化；公司的经营比较专门化，以水利、垦殖、植棉、植树（木材树与果树）、茶园等为主，生产的产品不是以自给为目的，而是为了满足商品市场的需要，为资本主义工商业的发展提供更多的原料。

---

① 方策、王幼侨修，裴希度、董作宾纂《续安阳县志》卷3《地理·物产》，卷7《实业志·农业》。
② 章有义编《中国近代农业史资料》第2辑，第365页。

第二章
财政、税收与金融的变化

一 财政体制的演变

1912年5月,北洋政府在清政府度支部的基础上设立"财政部筹备处",下设会计、赋税、财务3个司,首任财政总长为熊希龄。同年11月,周学熙接任财政总长,正式成立财政部,将原来的3个司扩为5个司,增设公债和库藏两个司,将财务司改为泉币司,同时设立盐务、税务两署,初步确定了北洋政府的理财机构。①北洋政府不仅建立了符合协助经济发展的财政机构,并在晚清财政改革的基础上,将税收划分为国税与地税。划分田赋、盐课、关税、常关、统捐、厘金、矿税、契税、牙税、当税、牙捐、当捐、烟税、酒税、茶税、糖税、渔业税等17项为国家税。划分田赋附加税、商税、牲畜税、粮米捐、土膏捐、油捐及酱油捐、船捐、杂货捐、店捐、房捐、戏捐、车捐、乐户捐、茶馆捐、肉捐、鱼捐、屠捐、夫行捐、其他杂税捐20项为地方税。并规定了地方附加税制度:"(1)田赋附加税,不得超过百分之三十;(2)营业附加税,不得超过百分之二十;(3)所得附加税,不得超过百分之十五。"在财政支出方面也分为国家与地方支出,属于国家支出的有立法费、官俸官厅费、海陆军费、内务费、外交费、司法官厅及监狱费、专门教育费、官业经营费、工程费、西北拓殖费、征收费、外债偿还

---

① 陆仰渊、方庆秋主编《民国社会经济史》,中国经济出版社,1991,第82~83页。

费、清帝优待费等14项；属于地方支出的有立法费、教育费、警察费、实业费、卫生费、救恤费、工程费、公债偿还费、自治职员费、征收费等10项。① 分税制度和财政支出的划分，明确了中央与地方财政收入与支出的明确权限，是北洋政府财政改革的主要举措，尽管各地施行不一，但是作为中国财政制度史上的一次较大的变革，为解决中央与地方之间的关系提供了借鉴。

根据中央财政机关和财政制度的规定，河南省财政机构也不断变动。1913年1月设立国税筹备处和财政司，次年2月，国税厅筹备处并入财政司，也取消了国税与地税之分。5月，根据北洋政府的命令裁撤了财政部河南财政特派员公署，"由省财政司接管其业务"。7月，财政司改名为财政厅，"直隶北洋政府财政部"，但受河南省地方政府（巡按使）的监督，负责管理全省财政，监督所有财务人员。财政厅的设置表明现代地方省级财政机构正式确立下来。财政厅设立后，随着业务的不断增多，内部机构不断变化，分工越来越细。如最初时只设有第一科和编制科，9月，北洋政府规定省财政厅设总务科、征榷科、制用科。河南省财政厅后来逐渐设立的科处有公债处（1916年）、矿产科（1917年4月设立，11月2日移交建设厅）、交待科（1918年10月，专管县知事交待事宜）。1922年颁布了省财政厅组织规程，规定财政厅由总务科、征榷科、制用科组成。根据该规程，河南省财政厅由秘书室、总务科（内设交待股、会计股、公债股、官产股、监校股、收发股）、征榷科（内设杂税股、契税股、厘税股）、制用科（内设支付股、审核股、库务股、金库股）及清理处、调查处和卫队组成。②

北洋政府时期的财政体制是中央、省级二级财政管理体制，财政系统还没有"下降"到县级。但县级也设立了公款局，管理地方公款。公款局"创办于前清宣统年间，惟其成立之年月，组织之规则，与经费之开支及其来源，因案卷不全，已无从考订之矣！民国八年十二月二十八

---

① 贾德怀：《民国财政简史》，商务印书馆，1946，第19、21页。
② 陈成名、牛中岳：《民国时期河南省级行政机关历史沿革（二）》，《河南文史资料》2005年第1辑，第38~39页。

第二章　财政、税收与金融的变化

日，河南省长公署，曾以第七七八八号训令颁发修正公款局章程，其内容亦不详。但事实上当此时期中，地方财政机关，纯系自由组织，除直接承奉县行政长官意旨处理本县之财政外，与上级机关，并无若何深切之关系。故其组织因地而不同，经费开支及其来源亦不一致"。① 因县级没有独立的财政权，也没有明确的制度规定，公款局与上级财政机关也没有直接联系，更没有隶属关系。对于河南省县级公款局，《林县志》有比较详细的记载：

> 清以前州县各种经费皆仰给于钱粮存留，其收支赢亏均由地方官包办。清末举办新政，地方用款渐多，而筹收支用仍由官主之。地方之有财政主管机关，自民国设立公款局始。元年五月，河南省会议议决各县设立公款局，清理并管理县地方一切公共款项，由都督通令各县限期筹设。林县公款局即于是年十月间成立，正副局长各一人，由县议会选举，任期二年。旋废副局长，嗣因县议会停办，其局长改选，即令各区公举代表，由县知事监督行之。八年，修正公款局章程，复设副局长，又增董事三人，与局长同时选举。此外，书记兼会计二员，除董事系名誉职务外，局长月支薪水二十元，余均十四元，合之夫役杂费月共支洋七十元，是为额定，不得超过之数。林县公款局自元年至十四年，中经改选三次，局址附设县公署内，嗣移至旧教谕署。初始地方各款皆经局内收支，后给予专款独立，警察、实业亦让之各机关自行管理。公款局每年经手经常各款仅制钱三万六千九百余串，而临时收支如弥补各种预算以及选举、办帐、剿匪、兵差等似地方非地方之款，历年摊征之额常超过经常各款倍徒，就中兵差一项，军粮饷秣，动派巨额，均由县委之公款局及各区长负责办理，军书催促，民财枯竭，上下交谪，几成怨府，少明此中情形者，早视局长一席，如滕薛大夫之不可为。十三四年以来，九区公所及军事照料处更代设立，皆经手上述各种款项，而与公

---

① 天倪：《河南省各县地方财务行政机关之沿革》，《河南政治月刊》第6卷第10期，1936年10月。

款局不相统属,摊派、挪借纷如牛毛,既无法预算,又不易决算,于后财政紊乱至此。愈亟待所迫,亦诚有难以统一,并清理地方款项责之公款局矣。①

从林县公款局的设立、变迁及其内容来看,公款局作为为清理地方公款而设立的管理机构,是县政府的附属机关,并非完全正规的财政管理机关。公款局人员的设立与经费来源、支出与县财政系统完全不同,另有系统。如武陟公款局设正副局长、文牍、会计、勤务14人,另设司帐1人,值月里董2人,里董60人,是一个比较庞大的班子。经费来源"为大里地,约五千顷,每亩摊收制钱三十七文。计全年共收钱一万八千五百串文"。该项收入除了正副局长、司帐、文牍、会计、勤务、值月里董、召集里董会议(每年召集里董开常会6次,计里董60人,伙食费360串文)、马料等开支12928串800文外,"下余钱五千五百七十一串二百文,作为支应兵差委员会及一切杂项费用"。② 林县公款局的收入来源主要是地丁附收、漕粮附收、契税一分行用捐、自治收款粮行捐、天平地租、圣诞生息等,支出项目包括公款局经费、保卫团经费、民团经费、农会经费、孤贫口粮、建设经费、圣诞费等。③ 总之,公款局的经费不是通过正税获得的,而是通过其他渠道如公地地租等获得的;公款局不是国家体制下的正规的县级财政机关,而是半官方半民间机构;公款局主要职责是支应地方额外负担,如上文所言林县"公款局每年经手经常各款仅制钱三万六千九百余串,而临时收支如弥补各种预算以及选举、办帐、剿匪、兵差等似地方非地方之款,历年摊征之额常超过经常各款倍徙,就中兵差一项,军粮饷秣,动派巨额,均由县委之公款局及各区长负责办理"。

有的县公款局在某种程度上属于民间机构,公款局完全操控在地方士

---

① 王泽溥、王怀斌修,李见荃等纂《重修林县志》卷5《财政》。
② 天倪:《河南省各县地方财务行政机关之沿革》,《河南政治月刊》第6卷第10期,1936年10月。
③ 王泽溥、王怀斌修,李见荃等纂《重修林县志》卷5《财政》。

绅手里。如淇县公款局"局长系由四乡乡董及里董公推声望素重者一人充当,再另推一人辅佐之,名曰'先生',呈县备案,其次'司帐'、'帮帐'等则又局长自行雇佣"。① 因县公款局为绅商把持,往往变成权钱交易和压榨民众的工具。据当时报纸揭露,"林县公款局本为公款重地,现竟易为劣绅赌场。该局局员多为前清附生,富于假公济私之经验,把持公款,视为私产……常借公款为会赌之资本,又借公款为放债之本金,凡盘剥渔利之事,无所不为。即如每逢国内公债付息之期,由该局经手付息。乡民多有持公债证据到该局取息者……给乡民以三七或四六之烂钱。有不愿使烂钱者,伊等即大声恫喝,乡民率多敢怒不敢言。凡公款之收入该局皆为足钱,而支出者即下折扣,其获利丰厚,早已彰彰在人耳目矣"。② 可见,北洋时期的公款局在地方绅商的把持下,成为盘剥民众的一种工具。

通过对北洋政府时期各级财政机关的梳理,我们可以看出这期间是河南财政机关从传统财政管理体制逐渐向现代财政管理体制过渡的时期,一些制度尚在建立过程中,甚至还没有从旧的窠臼中脱离出来。县级还没有形成独立的财政管理体系,公款局只是一种半官方半民间的地方公款收入管理机构。

二 省县级财政

据前人研究,北洋政府时期省地方收入大致有四个方面:"(一)地方税多为直接税;(二)地方收入,由土地而来者,占主要部分;(三)公共营业之收入,日益发达,已成岁入之大宗;(四)各项补助之款,在地方收入中,亦颇关重要。"③ 关于河南的财政收入,我们没有比较系统的资料进

---

① 天倪:《河南省各县地方财务行政机关之沿革》,《河南政治月刊》第6卷第10期,1936年10月。
② 《林县公款局黑幕》,上海《民国日报》1916年9月23日。
③ 贾士毅:《民国续财政史》第2册,商务印书馆,1932,第17页。

行论述。表2-1是1916年的财政收入与支出预算表，通过该表我们来分析当时河南的财政收入状况。

表2-1 1916年度河南省岁入岁出分预算

单位：元

岁入门			岁出门		
科目	经常数	临时数	科目	经常数	临时数
田赋	7700750	—	外交部所管	26934	16219
地丁	6310885	—	交涉署经费	24288	—
漕税	1326823	—	鸡公山警察经费	1654	—
租课	63042	—	鸡公山工程局经费	992	—
货物税	783368	—	交涉署临时费	—	2000
厘金	558707	—	房价	—	14219
火车货捐	210513	—	内务部所管	2436887	52893
粮货捐	14148	—	巡按使公署经费	140000	
正杂各税	1876486	—	巡按使公署警卫队经费	17608	
矿税	5715	—	各道伊公署经费	104600	
契税	1655091	—	各县公署经费	1060992	
牙税	21513	—	各县佐经费	70800	
当税	6000	—	省城警察厅经费	31216	
烟税	89459	—	省城五区警察经费	198823	
酒税	76459	—	补助周口及属市街巡警费	10332	
杂税	22249	—	水上警察经费	8274	
正杂各捐	98297	—	补助各县侦缉队经费	183951	
百货捐	3202	—	河工经费	510000	
巡警杂捐	22120	—	典礼费	500	
斗捐	52627	—	普育堂经费	17781	
落地商捐	3699	—	保节堂经费	5434	
牲畜捐	2064	—	教养局经费	41512	
盐捐	6921	—	粥厂经费	31500	
硝斤加价	7664	—	补助各善举经费	1923	
官业收入	24320	—	司仓经费	1641	
官硝局余利	1719	—	水上警察修理炮船费	—	893
官银钱局四成余利	4138	—	缉捕经费	—	40000
印刷局余利	5652	—	禁烟经费	—	12000

第二章　财政、税收与金融的变化

续表

岁入门			岁出门		
科目	经常数	临时数	科目	经常数	临时数
官有房地租收入	8411	—	财政部所管	182228	7895
制造种种商业各物品售价	4400	—	财政厅署经费	78000	—
杂收入	221928	93	征收局经费	99365	—
司法收入	14229	—	牲畜捐局经费	619	—
官款生息	17882	—	粮货捐局经费	4244	—
征交办公费	72526	—	金库经费	—	7895
学费收入	39481	—	陆军部所管	5598889	38707
防护铁路巡警收入	1200	—	司法部所管	340000	—
鸡公山公益统捐	748	—	农商部所管	38226	—
契纸尾及串票收入	75862	—	交通部所管	69720	—
违警罚金	—	93			
共计	10705149	912	共计	8692884	115714
经临总计	10706061		经临总计	8808598	

资料来源：贾士毅《民国财政史》，商务印书馆，1917，第 1707~1713 页。

从 1916 年河南省财政预算来看，本省财政收入包括田赋、货物税、正杂各税、正杂各捐、官业收入、杂收入等 6 项，共计 10706061 元。其中田赋收入 7700750 元，占 71.9%；货物税 783368 元，占 7.3%；正杂各税 1876486 元，占 17.5%；正杂各捐 98297 元，占 0.9%；官业收入 24320 元，占 0.2%；杂收入 221928 元，占 2.1%。[1] 又据 1919 年本省财政预算状况，共计预算收入 8867724 元，其中田赋 5707340 元，占 64.4%；货物税 728702 元，占 8.2%；正杂税 2273008 元，占 25.6%；官业收入 9849 元，占 0.1%；杂收入 148825 元，占 1.7%。[2] 在各种收入中，田赋在全省财政收入中居主要地位，其次是各种正杂税，再次是货物税，其余所占比例很少。

下面我们再来看县级财政状况，先看表 2-2。

---

[1] 贾士毅：《民国财政史》，第 1707~1710 页。
[2] 贾士毅：《民国续财政史》第 1 册，第 137 页。

表2-2 林县国省县各款收缴预算

部别	科目			年收(元)	备考
国家之部	田赋正杂各税		地丁	60862.256	地丁、漕粮照章以百三十分计算,以百分划归国家,应列入上数
			漕粮	23097.75	
		契税	买契	17821.0	
			典契	315.0	
			牙贴税	1500.0	1924年包办数
			屠宰税	1200.0	1923年包办数
			包裹税	10.0	1924年收数
			烟酒税	994.92	
			烟酒牌照税	96.0	
			印花税	1440.0	1923年额销数加婚书印花
	杂收	征收办公费	买契纸价	1485.0	
			典契纸价	100.0	
		官产收生息款	旗兵养赡	—	三项系旧日发当生息之款,共本银2900两1分,月息年收496元,后当商倒闭,本金未经追还,年无收入
			北镇生息	—	
			续筹备公	—	
		田赋补助捐		3596.4	
	共计			112518.326	
省地方之部	田赋		地丁	18258.674	照章划省三十分数
			漕粮	6929.357	
	杂税		契税附收水利费	1088.16	照章以契税总收额二十分之一划归水利
			纸烟特税	—	
	杂收入	官款生息	逆产变价	—	三宗本金3050两,经当生息年收540元,当商倒闭,年无收入
			广恩粥厂	—	
			河朔书院	—	
	共计			26276.191	
县地方之部	警费		契税行用捐	150	
			铺店捐	106	
	教育费		斗捐	620.0	
			各项行捐	278.0	
			生息	160.0	
			地租	1027.66	
			丁漕串票	378.0	
			契尾捐	333.0	
			契税附设	1088.16	

续表

部别	科目		年收(元)	备考
县地方之部	实业费	戏捐	600	按境十班戏,每班年演240天计算
	公款局保卫团费	地丁附收	6881.123	
		漕粮附收	1069.201	
		契税行用捐	1198	
	自治	契税附收	1450.88	
		粮行公益捐	50	
	其他收入	善堂地租	373.233	
		天平地租	26.66	
		圣诞生息	9.6	
	共计		15799.517	

资料来源：王泽溥、王怀斌修,李见荃等纂《重修林县志》卷5《财政》。

表2-2是北洋政府时期林县财政状况统计表,代表了这个时期河南省县级财政的一般状况。县级财政征收分三部分,一是上交国家财政的部分,主要包括地丁、漕粮、契税以及牙贴税、屠宰税、包裹税、烟酒税、烟酒牌照税、印花税,以上为正税部分,还有各种杂税包括征收办公费、官产收生息款、田赋补助捐等。二是上交省级的部分,有田赋、杂税、杂收入。三是留给县级地方部分,基本上是专项收费,是各种正杂税的附加捐以及官产收入。在林县上交国家财政、省财政和地方财政三项共计约154594元,分别占72.8%、17%和10.2%。可以看出,北洋政府时期县级财政收入中,70%以上上交中央,17%上交省财政,地方只留下10%左右,而且地方财政主要依靠各种附加捐税来解决。

三 省县财政支出

民国时期河南省正常的财政支出主要有党务费、行政费、司法费、公安费、财务费、教育费、抚恤费、卫生费、预备费、偿还债务费、官营事业费、军事补助费等13项。所有支出包含在外交、内务、财政、军事、司法、教育、农商、交通等8个部门。据1916年河南省财政支出预算统计(见表

2-1)，全年预算支出（经常费）中，各项经费所占比例为：外交占0.3%，内部占28.0%，财政占2.1%，军事占64.4%，司法占3.9%，农商0.4%，交通占0.8%。在各项预算支出中军费支出居第一位，占全部预算支出的半数以上，其次是各种行政支出即内部，预算支出最少的农商、交通，不足1%，说明北洋政府时期对河南经济建设重视极为不足。实业经费以后虽然有所增加，但依然不足，据《申报》报道，河南实业经费"森林局一年费五千元，工厂一年费一万五千元，均标有模范名义。农事试验场，年费二千五百元，成绩尚好；蚕桑局年费二千余元，豫南工艺局年费不满千元，中州女工场及省城实习场二项，工费六千元，内容尚佳。全省经费合计不满五万，未免太少"。[①] 实业支出仅为1916年军费支出的0.9%。

在军阀统治时期，河南财政支出大半为军费所占，甚至出现了截留路款的现象，如冯玉祥驻信阳期间，1921年1月28日，"陆军第十六混成旅旅长冯玉祥，因部下欠饷，积久未发。适京汉路局，由汉口运解部款二十万元，路经信阳，因即留借充饷"。[②] 1923年以来由于军费开支浩大，出现了入不敷出的现象。先看表2-3。

表2-3 北洋政府时期河南财政收入与主要支出统计

项目		1916年	1919年	1922年	1923年
岁入总额（万元）		1079	942	910	1021
军费支出数额及占岁入比例	数额（万元）	563	464	681	1155
	比例（%）	52.2	49.3	74.8	113.1
政费支出数额及占岁入比例	数额（万元）	367	308	376	397
	比例（%）	34.0	32.7	41.3	38.9

注：比例由笔者计算。
资料来源：诸青来《近十年全国财政观》，《东方杂志》第25卷第23号，1928年12月10日，第20页。

从表2-3来看，除1919年外，1916年和1922年军费支出均在半数以上，即使1919年也接近半数，到1923年以后，军费支出超过了年财政收

[①] 《申报》1919年2月9日。
[②] 《中国大事记》，《东方杂志》第18卷第4号，1921年2月25日，第138页。

入，此后军费开支年甚一年。1924年第二次直奉战争爆发前，河南驻军将近10万人，比1922年以前增加2倍以上。① 关于1924年以后河南财政与军事之间的关系，《东方杂志》有详细的记载：

> 胡（景翼）岳（维峻）相继督豫，军费愈增。始则月交一百七八十万，继则增至三百万，岁支达三千万以上。以较民八，约增五倍，可谓巨矣。而在收入方面，解交金库者反见锐减，因军队就地提款。仅以厘金一项论，常年可收二百万元，在民国十四年解停之款，仅有二十万元。其他税收情形与此相类。省当局无款可□，乃预征地丁，滥发省钞。发行过度，钞价日落，驯至不可收拾。及吴佩孚再起，寇英杰督豫，解散匪军，力求撙节。然军队内部依然复杂，仅就寇部各军经费之计，须月支一百八十万，全年军费超过二千万，靳（云鹗）部军费尚未计在内。而其岁收总数，合国币及原属中央收入统计之，不及二千万。罹掘俱穷，计吏束手。而时局变迁，吴部亦遂瓦解矣。自冯玉祥入豫以来，该省度支状况尚无正式报告，可资考证。冯部兵数合陕甘豫鲁燕各处驻军计之，约三十万人。其将七刻苦逾恒，支饷菲薄，而以其辖境内收入悉数拨充军政经费，尚属不敷云。②

从上述资料来看，自1923年以来，河南成为各个军阀逐鹿的主要战场，全省年财政收入不敷军费支出。因此，军阀混战拖垮了河南财政，也给河南人民带来了深重的灾难。如时人所言，"河南财政，素本困难，兼之连年兵连祸结，水旱频仍，其军政各费支出，较常倍繁"。③ 在河南财政捉襟见肘的情况下，只有借债度日，如据《申报》报道，河南省财政自1918年以来就"早有山穷水尽之势。自赵倜出奔，财政界之内幕情形，由前厅长薛笃弼全行颁布，其种种借债抵押情形，以及郑焯之种种舞弊，赵倜、赵杰之垄断财政，豫人始得尽知底蕴"。吴佩孚统治河南期间，其军需处长刘绍曾任财政厅长，

---

① 王天奖主编《河南通史》第4卷，第239页。
② 诸青来：《近十年全国财政观》，《东方杂志》第25卷第23号，1928年12月10日，第20页。
③ 《民国日报》1921年9月17日，转引自中共河南省委党史工作委员会编《五四前后的河南社会》，河南人民出版社，1990，第267页。

"对于筹款借债,较前数任手段为优。视事两月有余,凡属军费,皆刘氏一人筹划。惟汴省财政全年收入只八百万元左右,内有税契八十余万元,又为教育界力争归咎于经费,是以豫省全年收入,不足七百万元。本年(指1922年——引者注)丁漕只收十分之八,刘氏见此情形,不得已到处借债,以为弥补之计。两月以来,财厅收入不足九十万元,而支出已有一百九十万元以外。据财厅支付股重要人员所言,刘氏由洛来汴视事时,已借到汉口债款五十万元,此次赴京又借一百万元,统计本年所借之债,先后共有三百万元以外(今春赵氏在汴,已借债二百万元,悉为赵杰一人所吞),合诸从前七百余万元之债款,豫省所负债额,已在一千一百余万元以上"。① 可见,在财政入不敷出的情况下,只有通过借债维持庞大的军费开支。

我们以林县财政支出情况来看河南县级财政支出,如表2-4。

表2-4 林县财政支出统计

部别	科目		年支(元)	备考
国家	内务费	县署官俸 知事	2880	
		县署官俸 科员	1200	
		县署官俸 技士	600	
		县署公费	3744	
	司法费	管狱员费	270	司法费均按五成支发,上列即实支款数余五成,以状纸工价及罚款弥补。状纸捐后奉令取消
		押所费	72	
		监狱费	360	
		勘验费	26	
		解犯费	9	
		司法警察费	576	
	财务费	征收办公费 牙帖征交费	75	支率5%
		烟酒证收费	180	支率18%
		烟酒牌照证收费	2	支率2%
		印花证收费	180	支率15%
		屠宰证收费	60	支率5%
		买当契纸征收费	222	3170张,每张支7分

① 《申报》1923年1月29日。

续表

部别	科目			年支(元)	备考
国家	财务费	财务证收费	丁地	2656	每两支洋9分6厘
			漕粮	1863	每石支洋3角7分
			契税	580	每元支3分2厘
			补助捐	26	每元支5厘
	共计			15595(原文) 15581(计算数)	
省地方支出	内务费	警察所长俸		360	
	财务费	征收费	地丁	796.8	
			漕粮	558.9	
	共计			1715.7	
县地方支出	内务费	警察所费		3609	三项未奉明文规定,亦无经常的款,临时筹拨约需此数
		孔庙岁修		100	
		祭祀费	孔庙	60	
			关岳庙	40	
		圣诞香烛酒筵		9.6	
		孤贫月粮棺木		123.075	
	教育费	教育局费		1250	
		各学校经费		3102	
		观摩会费		100	
		图书馆、阅报所、讲演所费		150	
		地亩纳丁漕费		90	
		经手串票津贴		33	
		新增费		650	
	实业费	实业局费		732	
		农事试验场		480	
		苗圃费		700	
	财务费	公款局费		840	
		经手附税津贴		90	
	地方保卫团费			8607	
	农会经费			120	
合计				19885.675(原文) 20885.675(计算数)	
总合计				38182.375	

资料来源:王泽溥、王怀斌修,李见荃等纂《重修林县志》卷5《财政》。

从林县来看,河南县内财政支出主要由三部分构成,一是国家行政机关经费,是县财政开支最大部分,占全部支出的40.8%;二是省直支出,主要是各项税收所需经费,占4.5%;三是县各种支出,占54.7%。县级财政支出中,主要是内务费,占18.9%;教育费,占25.7%;实业费,占9.2%;地方保卫团费,占41.3%;财务费和社团的支出,占5%。在各项支出中,地方保卫团费所占比例最大。林县从一个侧面反映了河南县级财政支出的情况。又如洛阳县民国初期财政支出用于行政、公安、司法等经费,占总支出的47%,教育卫生费占21%,经济建设费占4.3%,党务、外交、救恤及其他杂项占27.5%。① 说明民国初年河南县级财政对实业投资不足。

四 田赋与田赋附加

民国时期田赋附加开征始于直隶、山东两省。1914年,山东、濮阳(时属直隶)黄河决口,两省呈请北洋政府征收附加税,随正税代征10%"作为中央专以充河工之用"。1915年,北洋政府因收支预算不敷,"乃电令各省仿照山东、直隶成例,一律增征附加税,以补收入不足。于是各省乃先后仿行,但当时参议院以田赋为国税,各省代征转解中央,地方政府虽有征收附加之权,但不得超过百分之三十,并附加说明理由"。② 这是民国时期田赋附加之滥觞。

河南田赋附加也始于1915年,"时北京财政部通电各省巡按使,以国库收支不能适合,欲加收附税以资抵补。经巡按使田文烈交财政厅厅长顾归愚拟定办法:按行粮地每亩收附税钱六十文,全年共收钱四百二十五万余串文。旋因各县地有高下,等则不同,遂变通办理,将全县地额以每亩六十文计之,共合若干,再照粮银平均摊算,改为每银一两应摊附税钱若干文。此

---

① 洛阳市地方史志编纂委员会编《洛阳市志》第10卷,中州古籍出版社,1996,第31页。
② 刘世仁:《中国田赋问题》,商务印书馆,1935,第163页。

法既行，虽较胜于初法不论地之高下一例征取，而各县附税仍不能一律"。据当时统计，"全省粮地六千三百六十余万亩，捐率有按亩数计算者，每亩收钱由十四文至六十文不等；有按两数计算者，每两收钱由一百二十文至一串二百文。每年共收钱一百四十六万四千五百八十一串二十一文"。① 关于河南田赋附加，民国时期就有学者指出："豫省田赋正税，为数无多，惟地方附捐向取放任主义，初无精确考察，且各县附加数目多寡不一，其征收方法，有随丁漕派收者，有随串票派收者，亦有按户按亩派收，甚至临时摊派者，颇不一致。"② 河南田赋附加征收没有统一标准和规定，由各县根据需要而征。附加税给农民增加了不小的负担，因此1920年3月，曾有整顿的动议，但没有结果。河南各县附捐征收情况如表2-5。

表2-5 河南各县附捐

县名	附捐名目	征收方法	用途	备考
济源 （4项）	丁地附捐	丁地每两随收附捐钱100文	交财务局补助公安局经费	未呈准者
	丁地串票附捐	每张复收钱10文	交财务局补助警项	未呈准者
	漕米实收附捐	同上	同上	未呈准者
	民团军及教育经费	每两随收1元		未呈准者
扶沟	地方捐	丁地1两随收洋	驻防军队并各机关用	1917年开征，未呈准者
西华 （5项）	地方捐	每征银1两随收钱1串20文		呈准，每年收钱2万串有奇
	临时附捐	征银1两收钱6串800文		呈准，每年收钱13万六七千串
	车马费	正银1两收钱100文		呈准，每年收钱2000余串
	红花	同上		呈准
	公安局薪饷	正银1两随收洋1角		呈准，每年约收洋2000元
兰封	学费	丁地1两附收洋2角2分	补助教育经费	同上

---

① 刘景向总纂《河南新志》卷6《赋税·田赋》上册，第328页。
② 贾士毅：《民国续财政史》第7册，商务印书馆，1934，第38页。

续表

县名	附捐名目	征收方法	用途	备考
陈留	地方捐	每亩收钱300文		未呈准者
沈丘 (2项)	警察经费	丁地每两加收洋1角9分		呈准
	地方捐	丁地每两加收钱9串550文 串票每张加收钱12文	驻防军队并机关用	未呈准者
商水 (7项)	契税加收	每10元加1角		呈准
	呈词加收	每张加收钱100文		呈准
	清乡费	每丁地银1两收费洋1元	归民团饷用	未呈准
	支应兵差	每丁地银1两收钱7串文		未呈准
	城防局	每丁地银1两收钱1串600文		未呈准
	警饷	每丁地银1两收钱1串200文		未呈准
	巡警车马	每丁地银1两收钱1串300文		未呈准
睢县 (3项)	民团地方捐	每丁地银1两附收捐洋1元		1915年令饬照办,年收43439元
	丁地串票加收	每张加收钱50文	交财务局15文,建设局10文,征收处25文	未呈准
	丁漕银底子钱	每漕银1元加收底子钱18文	教育局11.86文,其余6文14串归征收局	未呈准
西平 (9项)	警款	每年随银带征共3000元		呈准
	物料款	每两带征钱200文	系前清旧案,向作常年差车及支应兵差、运送给养用	呈准
	学捐	每两原带征洋2角6分4厘,又于1927年11月加征2角3分4厘		呈准
	军需钱	每两带征钱2串200文		未呈准
	偿还积欠	每两带征钱4串文		未呈准
	军需条	每两带征5串文		未呈准
	环境电话线	每两带征400文		未呈准
	实业钱	每两带征400文		未呈准
	行政警察	每两带征800文		未呈准

续表

县名	附捐名目	征收方法	用途	备考
上蔡 （7项）	自治款项	丁地1两收钱350文		未呈准
	亩捐	丁地1两收钱180文		呈准
	巡队款项	丁地1两收钱180文		呈准
	麦捐	丁地1两收钱4串		呈准
	警费	丁地1两收钱7分		呈准
	临时城防	丁地1两收钱2串		未呈准
	兵差	丁地1两收钱8串		未呈准
遂平 （2种）	附加捐	每两带征钱8串		1916年7月实行，原捐5串，1928年改编民团，又加3串
	警款	随粮带征每年3000元		1928年2月厅令施行
方城	支应等费	丁地1两加收洋2元		未呈准
浚县 （5项）	车马捐	丁地1两捐钱100文		呈准
	公差捐	同上		呈准
	警察费	同上		呈准
	民团经费	丁地每两收洋9角		未呈准
	警款	丁地每两收洋1角		未呈准
沁阳	巡缉队等费	随粮带征每亩120文	巡缉队费、自治费、教育费	呈准
新蔡 （5项）	教育局经费	每两附收320文		呈准
	公安局经费	每两附收350文		呈准
	建设局经费	每两附收160文		呈准
	自治经费	每两附收560文		呈准
	民团经费	每两附加2元		未呈准
舞阳 （8项）	车马亲差	每两附收洋4分5厘		呈准，原系每两收钱200文
	学堂经费	每两附收洋1角		呈准，原收钱400文
	保安队经费	每两附收洋2角6分9厘		呈准，原收钱1串文
	民团经费	每两附收洋2元5角		呈准
	公安局	每两收洋1角1分2厘		呈准
	行政警察	每两收洋7分5厘		呈准
	建设局	每两收洋1角2分		已呈建设厅，未奉指令
	教育局	每两收洋3角		已呈教育厅，未奉指令

续表

县名	附捐名目	征收方法	用途	备考
汝南 (6 项)	地方警款	随地丁每年加收 4000 元,每两加收洋 1 分 7 厘 8 毫		1928 年 3 月,民政厅指令准委托地方正绅保管
	车马捐团防捐	每两加收钱 2100 文		未呈准。车马捐原收钱 800 文,1913 年加团防捐 1300 文
	各机关经费地方支应	每丁地 1 两附收钱 8100 文		未呈准
	教育捐	每两收钱 2000 文		未呈准,教育局收
	实业捐	每两收钱 2000 文		未呈准,建设局收
	民团捐	每两收洋 1 元		未呈准,民团军收
郾城 (2 项)	民团经费	丁地每两加征 1 元		1928 年 8 月准
	自治经费	丁地 1 两附加洋 5 角	自治、新农村、教育、建设	已呈报
确山 (3 项)	公安局经费	随粮带征洋 3154 元 7 角 3 分 3 厘		1928 年 3 月核准
	民团经费	每丁地 1 两附加钱 7 串		报明有案
	新政各机关	每两附收 1 串		报明有案
登封 (13 项)	丁地特别附加捐	丁地每亩收 40 文		1927 年 12 月经各机关、区长公决,县核准,未呈财厅
	契纸附加捐	每张收钱 540 文		1919 年 5 月,呈县核准
	契纸特别附加捐	每张捐钱 300 文		1922 年邑绅杨某等呈县核准
	呈纸附加捐	每张捐钱 300 文		1912 年匪烧县衙,无案可稽
	牲畜捐	全年捐额 700 元		1915 年 6 月,县议会呈县核准
	包差捐	全年捐额 616 千文		1912 年匪烧县衙,无案可稽

续表

县名	附捐名目	征收方法	用途	备考
登封 (13项)	民国军经费	按粮分派,全年收3000元		1927年12月经各机关、区长公决,县核准,未呈财厅
	县党部经费	按粮分派,全年收2400元		1927年6月经各机关议决,县核准,呈县核准
	教育附加捐			1923年9月,县署核准
	丁地附加捐	每月收钱1080串165文		1918年5月,呈准省长
	公安局加饷	每年收入2000元		1928年3月呈准
	契税附加教育税	买契价每千文收钱3.6文,当契收1.2文		1918年奉办
	契税附加自治费	买契价每千文收钱4.8文,当契收1.6文		1918年奉办
洛宁 (4项)	地方款	每丁地1两加征洋6角	公安局1角7分,教育局1角,建设局、财务局、县党部共3角7分	
	新政款	随粮征数未详		
	车马费	每丁地1两征钱100文		
	牙税附加地方公务费	每月加收148元		
渑池	地方款	按粮每斗征收2882文	各机关经费	由财务局附征
偃师 (3项)	民团经费	丁地1两加收1元		
	地方自治筹款	丁地每两加收5角	自治、新政、教育、建设各项	1927年8月
	警款	丁地每两加收7分		1928年8月
伊阳 (9项)	串票附加警务捐	每张加钱30文		1924年3月呈准
	买契纸附收警捐	每张收钱480文		1921年1月呈准
	当契纸附收警捐	每张收钱250文		1921年1月呈准
	状纸附收警捐	每张收钱100文		1918年呈准
	武装饷	每丁地1两收钱800文		1918年呈准
	民团军经费	每两征银1元		1927年呈准
	石磨捐	全年约征钱50串文		未呈准
	买契实业捐	每张收钱300文		未呈准
	典契实业捐	每张收钱100文		未呈准

续表

县名	附捐名目	征收方法	用途	备考
宜阳（3项）	学堂经费	丁地1两收钱100文	高等小学用	未呈准
	车马费	丁地1两收钱150文	全年兵差、流差用	未呈准
	学务经费	每串票1张附加钱10文	师范学校经费	未呈准
封丘（5项）	车马费	丁地1两附加钱300、400不等		1914年呈准，随粮征收
	普通捐	丁地1两附加钱80文		1918年5月呈准
	民团经费	丁地1两附收5角		1928年6月呈准
	丁地串票附收	每张附收钱7文		1911年始征
	漕粮串票附收	每张附收4文		1911年始征
孟县（7项）	车马费	每正银1两收钱160文		
	保卫团费	每两收钱1300文		
	保安队费	每两收钱480文		
	民团军费	每两收洋5角		
	警饷	每石漕粮收洋4角5分5厘		
	学款	丁地1两收洋2角		
	民团费	每石附收3元		

资料来源：刘景向总纂《河南新志》卷6《赋税·田赋》上册，第369~380页。

表2-5反映的是民国初年到南京国民政府初建时期河南27县田赋附加征收情况。田赋附加项目主要是车马、教育、建设、警察、民团、自治等捐，只有少数县如扶沟、兰封、陈留、方城、沁阳、渑池只有1种附加，其余各县都在数项，有的多达十几种，如登封13种，西平、伊阳9种，舞阳8种，上蔡、孟县、商水7种，汝南6种，西华、封丘、浚县、新蔡5种，洛宁、济源4种，偃师、宜阳、睢县、确山3种，鄢城、沈丘、遂平2种，共计118种，平均每县4.4种。根据北洋政府有关规定，征收附加需要得到上级部门的审批，但在118种附加中，明确知道有30余种没有经过审批，还有一部分是县级政权审批的。田赋附加是县地方的主要收入，用途主要是新政以及新办的各种事业。

北洋政府时期，河南军阀派系林立，驻在当地的大小军阀的粮饷完全由当地民众承担，主要在田赋中摊派。因此，在田赋征收过程中，附加也远远超过了正税30%的规定，甚至出现了预征的情形。如1925年樊钟秀的建国军在临颍驻扎，"一切饷项全由地方负担，只好在田赋上打主意，每亩加征差徭一百二十文。一次不够，再征，一而再，再而三，当时是民国十四年一直加征到民国二十三年"，① 即1925年已经预征到1934年了。田赋附加的征收和预征的确立，加重了民众负担，也引起了社会的动荡，北洋政府时期河南民变大多是赋税过重、民不聊生引起的。如洛阳地方志记载，1915年，洛阳开征田赋附加——正供捐；1918年又加征地附税20%，人民深受其害，洛宁人民发动抗捐斗争，将县政府包围。1920年9月，直系军阀吴佩孚将省长公署迁至洛阳，军费开支浩大，总督赵倜、省长张凤台下令预征1921年地丁赋，开民国以来河南预征钱粮之风气。1922年又下令增收地丁银，预征和加征激起民变，1922年3月，偃师县农民捣毁了县衙。② 这些都说明田赋附加与预征，加重了农民负担，也加剧了社会矛盾。

五　1918年减漕案

田赋是中国传统社会的主要财政收入，主要是以土地为核心征收的赋税。北洋政府建立后在田赋征收上基本上沿袭清朝制度，但也有变革。从民国元年开始，北洋政府逐步对田赋进行了改革，主要内容是：（1）规定征收改两为元。"民国元年，政府通令各省，在币制法未颁布以前，征收田赋，元两折换计算，由财政部定之。"（2）厘定丁漕折合价。清朝时，地丁银以两钱分厘计算，漕粮米豆以石升合计算，草以束计算。1914年，北洋政府财政部"为划一币制改良征收起见，将各省地丁漕粮等项，

---

① 阎理之：《民国时期临颍县田赋和摊派》，《漯河文史资料》第2辑，1988，第129页。
② 《洛阳市志》第10卷，第187页。

依各省情形，分别折合"。（3）整理屯田田赋。（4）整理税册，清查乡村租额。（5）确定附加税额。"民元袁世凯咨请参议院厘定国地两税，参议院以田赋为中央国税收入大宗，历史上久视为正供，仍定为国税，同时又恐地方政府反对，乃定地方有征收田赋附加之权，地方政府征收附加税，惟不得超过正税百分之三十。"（6）限制加收证收费。1914年，北洋政府财政部"通行各省，明定征收钱粮，附加百分之十以内之证收费"。（7）取消遇闰加收。清朝征收田赋"以闰月之有无，定征收之多寡，每逢闰岁，地不加广，人不加多，而田赋必须加征"。民国成立后，定阳历为国历，"遂于民国六年，将与闰加征办法，一律取消，以示公平"。（8）减轻偏重赋额。（9）归并税目。① 这些改革措施有的获得实施，有的是一纸空文。

按照北洋政府田赋改革的意思，河南也进行了田赋改革，并引起了绅官之间的争议。1918年1月，河南省财政厅提议实施丁漕银折元，即"每地丁正银一两折银元二元三角，漕粮无论正耗杂项，原米代输，统按每石折银六元，通省一律"。财政厅的提议在省参议会核定："每地丁正一两减为二元二角，惟新安、偃师、洛宁、汲县之小丁粮银，因偏苦减为每两折元二元，漕粮减为每石五元。"3月30日颁布了《河南省丁漕改折银元施行细则》，并规定"公布之日施行"。4月8日，省政府发出《河南省督军兼省长赵倜改折丁漕布告文》："兹查河南财政自民国肇造以来收不敷出，每年亏短平均一百四十余万。其致此之由未遑枚举，而银价亏短为最甚，盖丁漕收入大半为钱，而经费支出全数为洋，以钱易洋，必须折算，银价日高，致收数日短囊之。每一千三四百文可易银一两或洋一元五角者，今则仅能易银六七钱或洋一元。收入之银价，其亏已积如山丘；支出之用途，其颣不减于累黍，点金乏术，仰屋徒嗟，来日方长，隐忧曷极……"② 显然，河南省政府把财政负担转嫁到农民身上。

河南省出台的田赋改革遭到士绅的普遍反对，原因是"当时全省有漕

---

① 孙佐齐：《中国田赋问题》，出版社不详，1935，第372~375页。
② 本段引文分别出自帖毓岐《河南田赋概况》，萧铮主编《中国地政研究丛刊：民国二十年代中国大陆土地问题资料》，第10634、10667、10667~10668页。

粮各县，多以漕折过重，形同加赋，且代输漕额，原仅每石输银八钱，今概作五元，实代人输。将无漕县份原漕一石输银八钱，今则概按丁银折算，相形之下，大为悬殊"。各地士绅、民众纷纷请求减轻，但河南省"以代输已久，无从拨还，折价已成定案，不便更动"为由，没有听取民众的呼声。于是，汜水人魏联奎到北京"上访"，并成立了"河南漕粮商榷会"，并"呈大总统、国务院、财政部，陈豫漕折之不均情形，请派员详查，将有漕县份之漕，拨归原县，并一律照地丁折算，取消漕粮名目"。这一建议得到有漕县份的响应，而且成立分会，纷纷向省议会上书请减漕米。如《林县呈省议会请减漕米之陈情书》，要求省议会"慈怀为心，速拯民困，将林县乾隆年间误改为加之米豆与协济之蓟米一概豁免，酌量减轻，以苏民困"。汜水在请求减轻漕米中说："查汜水地面仅一千六百方里，人民则十八万余口，行粮地二千二百余顷，共征银一万一千九百八十余两，征米四十二百余石。向例征粮每两合钱两千四百五十文，漕米每石合钱六千文，两项每年共征钱五万六千四百余串。现经改征丁银每两折二元二角，漕米每石折银元五元，每元以一千四百文计算，共征钱六万六千四百余串，盖以附加税五千三百余串，较之向例实多征钱一万七千一百余串。汜水丁漕向重，向例已属难支，今复增此巨款，势必财竭历尽，其后累将不堪设想。查河南丁漕比较表，独汜水一县每丁银一两摊漕三斗五升有奇，是漕米之重，实全省所无……恳请将丁漕两项，按照临县一律消减，或（将）增加丁漕量，予（以）减除，以免偏枯。"①

河南各县士绅的"上访"活动和"请示"书引起了北洋政府的重视，1918年秋季，"经财政部派员莅汴调查属实，因咨省长赵倜召集全豫绅耆，集商妥善办法"。商讨的结果是："开封等县漕粮确系偏累，惟豫库奇艰，请先蠲'一五加耗'暨减免各县因此次改折耳增加之漕银，以稍苏民困，其正漕折价，俟财政充裕时，再议豁免。咨财政部转呈大总统允行。"这次士绅关于河南田赋改革的抗议活动取得了成功。1919年9月13日，北洋政

---

① 本段引文分别出自帖毓岐《河南田赋概况》，萧铮主编《中国地政研究丛刊：民国二十年代中国大陆土地问题资料》，第10635、10671、10674～10675页。

府批准河南省 37 县减耗米数 30059 石，所减耗米折洋 150296 元，因减折率减收洋数 85986.4 元，合计共减洋数为 236282.5 元。①

六 金融业的变化

（一）传统金融业

在河南传统金融体系中，钱庄是最主要的金融机构之一，在社会经济发展中起着重要的作用。在新兴金融业没有占领金融市场时，钱庄为河南各种行业"融通资金之枢纽，举凡食粮、烟叶、棉花之采购、运销、存贮，农村生产消费等货物之供给、分销，农工商资金之借贷、汇兑、存储，实无不利赖之"，一些商业市镇"俱为银号业荟萃之所"。②

从商业都市到市镇均有钱庄、银号、当铺等机构，为市场提供金融服务。自 1901 年上海金融买办资本"久成号"在南召设立了"久成隆记"丝绸庄，主要经营丝绸，兼办货币兑换及存放、汇兑等后，至 1920 年，上海买办资本先后在南召设立钱庄 9 家，即李青店的"久成隆""福盛公"，白土岗的"得胜久""响太龙""德茂和""天德厚""板山坪""久成庆"等，③ 这两个市镇是南召的手工丝织业和丝绸交易中心。民权有北关集的"义和泰"和王桥集的"进财升"2 家钱庄，资本有数万元，从业人员 10～20 人，多以放贷为主，利息 1～5 分，分为抵押放贷和信用放贷两种。钱庄除放贷外，还经营银两兑换。④ 1924～1931 年，虞城县先后设有 5 家较大的钱庄，掌柜多为山西人，主要经营钱币、银两兑换业务。⑤ 据北洋政府农商

---

① 本段引文分别出自帖毓岐《河南田赋概况》，萧铮主编《中国地政研究丛刊：民国二十年代中国大陆土地问题资料》，第 10635～10636、10697 页。
② 常文熙：《河南农村金融之调查》，《社会经济月报》第 2 卷第 11、12 期合刊，1935 年 12 月，第 61 页。
③ 南召县史志编纂委员会编《南召县志》，中州古籍出版社，1995，第 821 页。
④ 民权县地方史志编纂委员会编《民权县志》，中州古籍出版社，1995，第 439 页。
⑤ 虞城县志编纂委员会编《虞城县志》，三联书店，1991，第 303 页。

部 1914 年统计，河南有钱庄 228 家，[1] 又据 1915 年调查统计，河南各县钱庄情况是：开封 34 家，杞县 26 家，商城 18 家，长葛 16 家，郾城 14 家，汲县 14 家，南阳、许昌各 13 家，罗山、禹县各 11 家，新郑、洛阳各 10 家，潢川、商丘、安阳各 8 家，浚县、郑县各 7 家，舞阳、武陟各 6 家，临漳、宜阳、固始、睢县、太康、淅川、陕县、新乡、淇县、修武各 5 家，襄城、淮阳、内乡、新蔡各 4 家，孟县、汝南、密县、滑县各 3 家，临颍、林县各 2 家，考城、巩县、叶县、确山、尉氏、宁陵、商水、新野、西平、息县各 1 家。[2] 民国初期，河南 49 个商业都市和市镇有钱庄 322 家。据 1918 年调查统计，资本在 5000 元以上的钱庄全省有 151 家，一些地方特产商品化程度比较高的地方银号数量较多，如以盛产酱菜著名的杞县有 25 家，商城有 20 余家，盛产药材的禹县有 17 家。[3] 北洋政府时期，传统的钱庄在金融市场和社会经济中占有重要的地位，正如时人所言："河南居于内地，故金融事业之发展，亦比较迟缓。十五年前，全省金融之周转，仍以钱庄银号为枢纽。"[4]

在钱庄比较少的地方，一些商号兼营钱庄的业务，如镇平县除"两铭号"钱庄办理存款、放款、汇兑业务外，石佛寺、贾宋、侯集、晁陂等较大的集镇多由商号兼营汇兑和存放业务。[5] 1923 年，陕西商人杜志印在唐河县城西关开办了"同心协"钱庄，资本 3 万元。此外，1920~1932 年，该县先后有 10 余家商号兼营钱庄生意，并发行"商号币"。[6] 在国家金融系统未深入乡村社会期间，商号币的发行在某种程度上缓解了农村金融枯竭的问题，但是也带来了许多不利因素，如导致国家币制混乱，影响商业贸易与统一市场的形成。

---

[1] 农商部总务厅统计科编《中华民国三年第三次农商统计表》，上海中华书局，1916，第 379 页。
[2] 农商部总务厅统计科编《中华民国四年第四次农商统计表》，上海中华书局，1917，第 598~599 页。
[3] 农商部总务厅统计科编《中华民国七年第七次农商统计表》，上海中华书局，1922，第 499 页。
[4] 李凌阁：《河南农工银行概况》，《金融知识》第 2 卷第 2 期，1943 年 3 月。
[5] 镇平县地方史志编纂委员会编《镇平县志》，方志出版社，1998，第 645 页。
[6] 唐河县地方史志编纂委员会编《唐河县志》，中州古籍出版社，1993，第 471 页。

典当业是中国传统金融部门之一，主要从事借贷活动。民国以前"河南全省，凡较大集镇，均有自资之典当存在，利率既不若今日之高，期限及其他种种营业方式，在当时自农民观之，确称便利，且有裨农村金融之活动"。[1] 民国初年"除闭塞之县份外，几乎无县无之"。当铺之所以比较发达，一是河南交通不便，产业不发达，"农村富户及达官显贵之拥有巨资者，无处利用，群趋于典当之经营"；二是当铺"利息优厚，担保确实"；三是缺乏资本雄厚的金融机关，"可代县政府收解钱粮抵借现款"；四是借贷方法十分简便，"于农家较为有益，而得官方提倡"。[2] 据《开封之最》记载，1913年开封最大的两家当铺桐茂典、公茂典"联合全省280余家在开封成立当商工会"。[3] 可见民国初年，本省典当业是比较发达的。

随着农村经济的变化，当铺逐渐歇业或转营钱庄。当铺经营愈来愈困难，一些当铺转而经营钱庄，如1915年，内乡开始有私人经营金融业务，县城有刘则甫、夏佳、涂生甲、冯介甫等4家当铺和钱庄，每户当铺有资本30多串，多以抵押形式经营典当和放账业务。1921年，当铺全部改为钱庄，以当半折价经营高利贷和兑换货币、零钱，号称"铁笼铺"。[4] 有的当铺遭到军阀的讹诈而停业。如在洛阳，民国初年，散兵游勇不断讹诈东、西两个当铺，有的以军衣、军帽强制要当铺典当若干钱，有的甚至用枪支弹药典当，两个当铺无法经营，同时关门。1915年，北洋军第七师张敬尧进驻洛阳，看中西当店地面，欲强制购买不成后，一面派人在当铺门前设岗严加盘查进出当铺人员，一面授意当地政府官员威逼利诱。当商不得不将当铺卖给张敬尧，而且当铺中左右当品被全部没收。[5] 清末，滑县有当铺8家，1920年大旱时，受到军阀讹诈，8家当铺先后停业。[6] 正如时人所言：

---

[1] 金陵大学农业经济系编印《豫鄂皖赣四省之典当业》，1936，第4页。
[2] 常文熙：《河南农村金融之调查》，《社会经济月报》第2卷第11、12期合刊，1935年12月，第57页。
[3] 李学文、彭富臣：《开封之最》，中州古籍出版社，1994，第200页。
[4] 内乡县地方史志编纂委员会编《内乡县志》，三联书店，1994，第574页。
[5] 董纯熙：《近代洛阳商业漫谈》，《洛阳文史资料》第2辑，1987，第55页。
[6] 张德仲遗稿、常利增整理《滑县当铺情况概述》，《滑县文史资料》第4辑，1988，第137页。

自"民元以来,人事不藏,地方多故,捐税兵灾之繁重,纸币军票之滥发,层出不穷,而农村日趋穷困,农家十室九空,无衣服饰物以供典当,致该业亏本倒闭殆尽"。① 加之冯玉祥主政河南时期下令取消典当业,使其一度绝迹。②

(二) 新式银行的建立

河南省银行源于清朝的豫泉官钱局(创办于光绪二十二年,即1896年),民国建立时,由于豫泉官钱局经营不善,亏损严重,"负债额达八十万四千两有奇",于是决定将"民国元年四月以前帐目,划归旧案,派员接收。四月以后,另作新案,继续进行,并将各分局次第撤回,仅存周口、郑州两处分局,亦已停止交易"。尽管划分旧案、新案,但银行并没有多大起色,"自新旧案划分以后,并未另添资本,仅以七万余两之款,应付八十万之外债,已属勉强支持,加以军饷政费,有时仍需垫补,左右支绌,困难益甚"。据1914年5月报告,银行资本183074元,现金371985元,存款942367元,放款1583171元,公积金127999元,本期亏耗19560元。在中国、交通银行在豫设分支机构前,豫泉官钱局在河南省金融中占有重要地位,"公家出纳,悉经其手,即借以流通市面者,亦以该局纸币为多"。自民元以来,该局发行银票、银元票"合计不及百万之额"。③

吴佩孚统治河南期间,为了解决军费之需,1923年初,河南省财政厅开始筹划将豫泉官钱局改为河南省地方银行,资本500万元,在各县商务繁盛之地设立分行,并筹划在北京、天津、汉口等亦设立分行。④ 在筹备过程中,还制订了推行纸币计划:"(一)推行纸币以维持现状,仿照鄂省千钱台票,注千钱铜元票及一元纸币,务令城乡皆可流通。(二)省城票币准备金,因豫泉官钱局信用扫地,召集商股颇不容易,拟乃以官钱局成本全数挪

---

① 常文熙:《河南农村金融之调查》,《社会经济月报》第2卷第11、12期合刊,1935年12月,第57页。
② 陈宝宏:《民国时期河南省典当业研究》,硕士学位论文,河南大学,2008,第17页。
③ 周葆銮:《中华银行史》,商务印书馆,1919,"地方银行",第15~17页。
④ 《河南省地方银行之进行》,《银行月刊》第3卷第3号,1923年3月25日。

归银行，再以金融补助其不及，信用方可渐复。（三）各县推行票币，亦宜有准备金，设兑换所，责成公款局经理之。并言各县武装警察，全省岁费数百万，危害地方，宜请军民两长裁汰一半，所省费用乃由县收，拨交公款局存储，作为各县兑换票币之准备金。遇必要时，可商明知事，挪用丁漕，事过照款补交，以维信用。（四）票币推行，由各县具文呈领，按其推行方法之善否，酌定奖惩。（五）纸币在县推行，凡公款局、商务会、警察所均负有保持票币信用之责。（六）推行票币，务令完粮纳税，及人民当买田地一律通用，与现金无异，毫不加以勉强，其信用方可永远保持。"① 经过筹备，1923年7月，河南省银行成立。8月29日，北京分行成立；10月12日，汉口分行开业，后又在天津、青岛成立分行。该行成立不久，就开始发行巨额纸币，"初次发行纸币五百万元（京、津、徐、青、汉口等分行在外），去春（指1924年——引者注）增印六百余万，两次共计千有余万"。1924年秋季，吴佩孚"筹措战费之际，临时增印京、津两行河南省钞甚多，随印随发，毫无统计"。在流通过程中主要依靠权力推行，"有拒绝者，乃军法从事，乃渐等流通"。② 河南省银行纸币发行大大超过了准备金，导致银行信用丧失，"河南省银行发行之大宗纸币，在河南省城尚能通行无阻，然外县已屡屡发现不便行使之事实。北京分行亦发出总计面额当在三四十万元之谱，昨闻有人以该行钞票赴某银行存款，竟遭拒绝，不肯收受"。③ 汉口分行也发行了大量纸币，"汉口分行向来发行钞票甚夥，早已超过基金数目……各商号不但即特拒绝收用，且将发生挤兑事情"。④ 银行准备金不足，而又大量发行，导致货币信用跌失。天津分行成立后"因供给军用，发行河南省纸币甚巨"，为使其在市面流通，"吴佩孚令警察厅、总商会，饬各商一律照现洋通用，不准折扣，该商已遵谕行使"。但是1924年10月31日下午，河南银行天津分行行长将现款数十万元"运存法租界该行总理私宅，该银行总理及全行同人，于三日吴佩孚离津时即停止办事"。总商会"派员

---

① 《河南省银行推行纸币计划》，《银行月刊》第3卷第6号，1923年6月25日。
② 《河南省银行纸币之近况》，《银行月刊》第5卷第2号，1925年2月25日。
③ 《河南省银行发行巨额纸币》，《银行月刊》第3卷第10号，1923年10月25日。
④ 《河南省银行纸币停止兑现》，《银行月刊》第4卷第11号，1924年11月25日。

会同该管警署到该行检查,除家具外,存款无多"。河南银行天津分行捐款跟随吴佩孚逃跑后,天津"商民大起恐慌"。该事件也波及北京,河南省银行"北京分行成立将及两年,所发行纸币外间不能知其数目,惟市面尚能行使。近日自津行发生破绽,其影响所及,京行纸币已不受人欢迎,每日兑现者极多"。① 天津总商会查封了该行天津分行,北京警察署也查封该行北京分行。② 由于滥发纸币和天津分行捐款逃跑,各分行纷纷倒闭,大量的豫泉官钱局与河南省银行纸币难以兑换,河南省银行信誉一落千丈,"省银行及豫泉官银号银元票一日不兑现,信用不复,固与商人有害,而官厅亦失其周转之术"。③

1925年,为了挽救省银行信誉,河南省政府决定委任夏国桢为省银行行长。夏国桢接任之初,与各方联系获得一些口头支持,河南督军岳维峻答应筹洋100万元,开封商会筹洋100万元,汉口定铸200万元,"以此四百万元现金,作为兑换之准备金"。不料先是岳维峻答应的100万元不能兑现,汉口定铸的200万元也无现款,在此情形下,夏国桢在汉口"言患病不能返汴,请另委贤员接办"。在不得已的情况下,将新印的铜元纸币发出400余万串,市面"陡然有此巨数之铜圆票,商家又不能不用。其手持铜圆票者,又纷纷向钱铺兑买现洋。三日之内,现洋价格骤涨二百余文,刻下现洋一元可兑钱三千三百余文"。④ 这种挤兑风潮很快弥漫全省主要市镇,⑤ 铜元票价格随着时局变化一再贬值,1926年省银行所发行的纸钞不断跌价,"由四五折而一落千丈,刻下每元仅值一角三四分"。⑥ 河南省银行发行的钞票形同废纸,次年,北伐军占领河南,冯玉祥兼任河南省政府主席,薛笃弼被任命为财政厅长,决定停办河南省银行,另建立河南农工银行。

除了河南省地方银行外,中国、交通与其他商业银行也在河南商业

---

① 《河南省银行纸币停止兑现》,《银行月刊》第4卷第11号,1924年11月25日。
② 《河南省银行纸币之近况》,《银行月刊》第5卷第2号,1925年2月25日。
③ 《河南省银行一时尚难复业》,《银行月刊》第5卷第1号,1925年1月25日。
④ 《河南省银行乱发铜圆票》,《银行周报》第9卷第41期,1925年10月27日。
⑤ 《河南省银行挤换风潮纪实》,《银行月刊》第5卷第12号,1925年12月25日。
⑥ 《豫当局查封省银行》,《银行月刊》第6卷第2号,1926年8月25日。

都市和市镇设立分支机构。1912年,原大清银行改名为中国银行,1913年4月在开封设办事处,是中国银行在河南的第一家分支机构。随后历年在各主要商业市镇设立各种分支机关,1913年在彰德(安阳)、信阳、漯河、周口设立分号,1915年分别在禹县、许昌设立分号。1915年,河南省国库交由中国银行代理。[1] 到1916年,中国银行在河南的分支机构达到11家。[2] 后因时局动荡,一些银行开始撤离河南,如中国银行为避免损失,只有开封分行维持营业,其他分支机构先后停业。1927年,奉军进入河南后,局势更加混乱,开封分行也被迫停业,"全省已无中国银行机构"。[3]

交通银行成立于光绪三十四年(1908),次年10月在开封设立分行,是该行在河南建立的第一家分支机构。民国建立后,1913年2月,郑州支行成立,经营存款、放款、承兑、贴现、国内外汇兑、储蓄、信托等业务。据1915年统计,交通银行在河南郾城(1909年)、浚县(1911年)、信阳(1913年)、郑县(1913年11月)、安阳(1913年11月)、洛阳(1913年12月)、新乡(1915年1月)设立7家分行,主要从事汇兑业务。[4] 1918年,交行在河南的分支机构增加到10家。[5] 1924年后各路军阀为了筹措军费向交通银行借款,随后一走了之,给该行带来了巨大损失,最终导致1927年河南各地交行分支机构停业。

北洋政府时期,有3家商业银行在郑州设有分支机构。1923年2月金城银行郑州代理处成立,1924年4月浙江兴业银行郑州分理处成立,1925年7月盐业银行在郑州设立支行。

随着交通与外向型经济兴起,1920年代,郑州逐渐成为中原地区最具影响力的新型商业都市,商业贸易以棉花为大宗,交易量达到每年2000万左右,其次瓜子、牛羊皮等生意每年也有二三百万。巨额的交易量吸引了多

---

[1] 河南省地方史志编纂委员会编《河南省志》第46卷《金融志》,河南人民出版社,1992,第20页。
[2] 沧:《中国银行之概况(续)》,《银行周报》第2卷第19号,1918年5月21日。
[3] 《河南省志》第46卷《金融志》,第20页。
[4] 《中华民国四年第四次农商统计表》,第570~571页。
[5] 《交通银行之概况》,《银行周报》第2卷第22期,1918年6月11日。

家银行在郑州投资,据1924年调查,中国、交通、金城、盐业、兴业(浙江)以及河南省银行等6家在郑州建立分支机构。① 郑州逐渐成为中原地区的金融中心。

(三) 保险业

中国近代保险事业起步比较晚,② 而河南此业起步更晚。③ 从现有的资料来看,最早进入河南的保险公司是华洋人寿保险公司(Shanghai Life Insurance Co.),该公司于1904年由英国人在上海创办。④ 1914年8月与12月,该公司分别在郾城和安阳设立了分公司,⑤ 这是目前所见到河南最早的保险业。

随后,各种保险公司在河南逐渐建立。1917年7月,上海华安水火保险公司(1905年由宁波商人朱葆三在上海创办)在开封设立分公司,专营房产、货物、衣物、家具等水火保险;12月,上海金星人寿保险公司在开封设立分公司。⑥ 1918年,袁克成、袁乃宽在安阳创办了同泰源实业公司,资本50万元。⑦ 1920年,河南有华安、金星、华洋、永年福、安康年等5家分公司,其中信用最好营业较盛者是华安合群保寿分公司,该公司开封经理人谢某善于交际,经营有方,1919年保款28万元,交费22000元,外县各分公司保金额六七万元;其次金星公司,保款也不下10万元,"其余各

---

① 《郑州及其邻境之调查》,《大陆银行》第2卷第8号,1924年8月25日。
② 中国保险业始于清道光十五年(1835),英商友宁保险公司在香港成立,次年成立广东保险公司,经营水火险;道光二十六年,英商永福、大东方两大保险公司在上海成立分公司,经营人寿保险。在外国保险业的影响下,光绪十一年(1885),才有了中国人自己创办的保险公司。(罗北辰:《民元以来我国之保险业》,朱斯煌主编《民国经济史》,银行学会,1948,第93页)
③ 1913年3月,潼关统制张伯英办商旅保险公司,以所部军士给电通过陕州境内的张茅、硖石两地的商客保运,每千元收费1元,万元者收费20元。有人称这是河南最早的保险业(《河南省志》第46卷《金融志》,第35页),实际不具备现代意义上保险法所称的保险公司的性质,而是类似传统社会的镖局,或以驻军收取保护费。
④ 沈雷春:《我国人寿保险业概况》,《工商半月刊》第6卷第8期,1934年4月15日。
⑤ 《中华民国五年第五次农商统计表》,第482页。
⑥ 《河南省志》第46卷《金融志》,第20页。
⑦ 杜恂诚:《民族资本主义与旧中国政府》,上海社会科学院出版社,1991,第526页。

公司设立未久，信用不著，保数亦寥寥"。① 可见，北洋时期河南保险业尚在起步阶段。

（四）货币铸造与流通

清朝光绪三十年（1904），河南省铜元局在开封设立，开始铸造铜币。辛亥革命后，该局继续铸造铜元。1913 年铸造当十文、当二十文铜币，重量分别为 1 钱 8 分和 3 钱 5 分。② 1914 年北洋政府公布《国币条例》，规定铸造银币 4 种、铜币 5 种，其中当十铜币重量为 1 钱 8 分，各种含量铜为 95%，锡为 4%，铅为 1%。③ 但是在具体铸造中，因铜元利润丰厚，各省竞相铸造，比重也不一。1918 年，赵倜仿湖南铜币铸造当二十文铜币，重量 3 钱 3 分；1920 年，赵倜又铸造五十文铜币；1922 年，冯玉祥督豫期间，沿用原当五十铜元模型，铸造铜币，因铜料缺乏，将开封相国寺内八角琉璃殿五百尊铜像罗汉全部销毁，用作铸币原料。④ 1923 年以后，河南省银行开业，发行龙亭图案面值 1 元的纸币、100 文的制钱票和 20 文的铜元票。⑤

北洋政府时期，河南货币流通十分混乱，各地流通的货币五花八门。主要有生银、银元、铜元、制钱、银票、银元票、铜元票、钱票等 8 种。⑥ 生银在清朝同光之前在河南货币市场占主要地位，流通较广的有汴秤、库秤。民国建立后，"省垣用银者已属鲜见，惟边远各县，行用尚多，每两换钱一千九百余文"。光绪、宣统年间，银元始在郑州市场上流通，民国以来逐渐占主要地位，特别是 1918 年，河南省议会决定"粮漕皆以银元计算缴纳"，银元在市场上占据主要地位。银元最初在市场上流通，与制钱比价较低，如湖北龙元换制钱 900 文，1918 年后上涨到每元换制钱 1400 文，钱票在开封流通后，每元换钱票 1500 文。河南流通铜元始于光绪末

---

① 《开封商业之一斑》，《银行周报》第 4 卷第 6 期，1920 年 2 月 10 日。
② 张新三：《河南省铜币之沿革》，《河南文史资料》第 11 辑，1984，第 187 页。
③ 《国币条例》（1914 年 2 月 8 日），蔡鸿源主编《民国法规集成》第 22 册，第 81~85 页。
④ 张新三：《河南省铜币之沿革》，《河南文史资料》第 11 辑，第 189 页。
⑤ 《镇平县志》，第 649 页。
⑥ 《河南币制与汇兑事业》，《申报》1919 年 9 月 18 日。

年，并禁止外省铜元在省内流通。1916年后，因铜元需求量大，商会开放门户，外省铜元一律通用。因市面铜元不足，1918年赵倜"设炉自铸，以平市面"，铜币在本省市场泛滥。在同光之前制钱流通最广，即所谓"平民生计，几全为制钱所支配"。自铜元兴起后，"本省及外商收买制钱之故，市面上几不见制钱之活动，惟僻远城邑，尚或存其势力"。1917年后，制钱逐渐被淘汰。豫泉官钱局成立后，曾发行10两、5两、2两、1两银票，"当时完粮纳税，一律收用，颇为社会信用"。1917年后，因豫泉官钱局发行各票停止兑换，信用大失，"向来与现货同价之银票，逐渐跌落至折半之价格"。河南流通的银元票最初是由交通银行、大清银行发行的兑换券。1916年，豫泉官钱局开始发行面值10元、5元、1元三种银元票，共计60万元。1914年财政部在开封设立的平市官钱局发行各种铜元票，"以补救现货之缺乏"；次年，豫泉官钱局开始发行铜元票，先后有200枚、50枚、20枚、10枚等数种。1917年开始贬值，豫泉官钱局的铜元票仅值9折，而且只在省城及附近的杞县、通许等少数县可以流通。至于平市官钱局的铜元票已不及5折，逐渐退出市场。在河南流通比较早的钱票是晋商的钱庄、票号所发行。晚清民国时期流通在市面上的钱票是官钱局所发行，流通额93万余串，1917年停止汇兑。① 1920年以后，河南金融市场因财政困难而日益混乱，流通在市面的货币有现洋、当十铜元、大铜元（每枚当制钱20文，1920年由湖北、湖南输入）、中国和交通银行发行的纸币、豫泉官钱局纸币、豫泉官钱局铜元票（有当十、当五十、当百及当二百等4种）、金库券。②

各银号、商号发行有银号币、商号币在不同范围流通。如1920年，永城县商人高占林在县城以瑞聚粮行字号印制面额1000文、2000文两种纸钞，凭票可取钱亦可购粮，流通于县城周围，"后因粮食涨价，货币贬值，群众争相挤兑，县府查封该粮行，该钞作废"，给持钞者带来了巨大的损失。1922年，该县商人丁梦灵以鼎康泰钱庄字号印制兑换券，面额1000

---

① 《河南币制与汇兑》，《银行周报》第3卷第35号，1919年9月23日。
② 《河南金融之现状》，《申报》1921年4月8日。

文,以高利贷的形式发行于市。"因发行过多,无资兑现,激起民愤,持券者将丁的钱庄财物抢拿一空,该券被禁止流通。"① 由于货币发行混乱,而发行钞票的商号、银号、钱庄很多,这些不同性质的货币虽然有的在一定程度上缓解了金融枯竭和流通问题,但是一旦信用丧失,会给民众生活带来极大不便和造成社会动荡。

---

① 永城县地方史志编纂委员会编《永城县志》,新华出版社,1991,第254页。

第三章
工矿业与手工业

一 工矿业

北洋政府建立后,在晚清"新政"的基础上,继续采取鼓励发展实业的政策,1913年袁世凯下令:"各省民政长有提倡工商之责,须知营业自由,载在国宪,尤应尊重。务望督饬所属,切实振兴,以裕国计。举凡路、矿、林、垦、桑蚕、畜牧,以及工艺场、厂,一切商办公司,其现办者,务须加以保护;即以停办及有应办而未办者,应亦设法维持,善为倡导。一面由农林、工商两部,迅将各种应行修订法律分别拟议草案,提交国会公决施行。"① 北洋政府借鉴了晚清颁布的一些工商业法规,如1914年颁布的《商人通则》和《公司条例》,"因为急需应用起见,拟即用为工商部现行条例,改商人总则为商人通例,公司律为公司条例"。② 北洋政府颁布的有关工矿业的法规有20余种,涵盖关于工矿业的设立及其地位、工矿业的奖励、矿商资格、工矿业登记、商标等多个方面。③ 这些法规的颁布对规范工矿业的运行和推动民国初年工矿业的发展有着一定的作用。

---

① 中国第二历史档案馆编《中华民国史档案资料汇编》第3辑《工矿业》,江苏古籍出版社,1991,第15~16页。
② 沈家五编《张謇农商总长任期经济资料选编》,第24页。
③ 徐建生:《民国时期经济政策的沿袭与变异(1912~1937)》,福建人民出版社,2006,第328页。

为了推动本省实业的发展，河南省工商界还成立了各种民间实业团体。1913年1月，河南工业促进会成立，张绍渠、杨震华分别任正副会长；1914年3月，开封成立了"豫中工社"，以"提倡国货"为宗旨；1916年9月，河南实业促进会成立，以设立、改进本省农工商业为宗旨；同年10月，河南省实业协会成立，以提倡实业，研究改良进步方法，以期普及全省与补助社会经济为宗旨。① 1923年3月，河南省政府还颁布了《整理省立工厂办法》，规定了厂长任职条件及管理工人的办法等。这些民间团体的建立与政策法令的出台，在一定程度上推动了河南工业的发展。

由于北洋政府在政策上的引导，1912年至1926年河南建立了一系列不同层次的近代工矿企业。河南工矿业发展经历了两个高峰时期，第一个时期是在第一次世界大战期间和战争结束后两年，列强忙于欧战放松了对中国的经济侵略，使中国民族工业发展有较大的空间，就河南而言1914～1920年成立工矿企业71家，占北洋时期河南成立的所有工矿企业的51.1%。据1919年报道，欧战结束后第一年出现了政府、民间建立工厂的小高峰，河南省议会将办粥厂所余经费25000元在开封创设第一男工厂和第一女工厂各1所；各县原设保育堂一律改为女工习艺厂；将教养局每年3.8万元经费，改组为阜民工厂；赵倜自筹资金3万元，在学院街设立贫民工厂，转办织染两科；商人董善震在郑县设立纺纱工厂；另外鲁山县商民设立织丝公司、郾城设立贫民工厂，"均经先后呈请备案"。② 另据申报馆的《最近之五十年》统计，1919年，河南省有注册公司34家，工厂总数为777家，其中注册工厂14家，在这14家注册工厂中，面粉厂3家，榨油厂2家，瓷器厂1家，棉纺织染厂2家，电厂1家，火柴厂4家，制蛋厂1家，资本总额为263万元。③

第二个高峰期是1921～1926年，成立工矿企业26家，占18.7%。④ 有学者研究指出："由于工商界人士的积极努力，并乘帝国主义忙于世界大战

---

① 河南省地方史志编纂委员会编《河南省志》第16卷《政府志》，河南人民出版社，1997，第233页。
② 《新工厂之纷起》，《申报》1919年8月2日。
③ 《最近之五十年》，申报馆，1923。
④ 黄正林、张艳、宿志刚：《近代河南经济史》，河南大学出版社，2012，第33页。

第三章 工矿业与手工业

之机,新开办了不少企业,比民国建立前的企业总数增加了两倍。特别是全省较大的一批工矿企业,如孝义兵工厂和中原煤矿公司,豫丰、华新、成兴等纱厂,以及益丰、通丰面粉公司等等,都是这个期间开办的。"① 也就是说北洋时期河南近代工矿业有了明显的发展。

据前人的各种统计,北洋政府时期河南工矿企业共有 15 个行业 140 家企业,其中纺织业(包括织布、纺纱、丝织)11 家,占 7.9%;制蛋业 30 家,占 21.4%;火柴业 10 家(包括改组后的),占 7.1%;煤矿 43 家,占 30.7%;面粉业 13 家,占 9.3%;电业 12 家,占 8.6%;机械 5 家,占 3.6%;军工 4 家,占 2.9%;其余打包业 2 家,烟草 3 家,印刷业 3 家,铁矿、医药、玻璃各 1 家,其他 1 家,占 8.6%。由此可以看出,近代河南工矿业有了一定的发展,但存在行业不平衡,煤矿、制蛋、面粉、火柴、电业发展比较多,而其他行业发展比较少。②

河南近代工矿业发展过程中,出现了规模较大的企业。如豫丰纱厂是规模最大的纺纱企业,1919 年筹建,1920 年投产,固定资产有美造电机 4 座,纱锭 56448 枚,织布机 234 台,国产井线机 5600 锭,按装机先后顺序分为一、二、三、四、五 5 个纺纱工厂和 1 个织布工厂,附设有发电厂 1 座和 1 个造纸厂;共有员工 4170 人,其中男工 1270 人,女工 2900 人,日产从 10 支到 32 支的棉纱 120 包。③

小企业开始走联合经营的道路,组建企业集团。1915 年组建的中原煤矿公司就是由中州、豫泰、明德 3 家公司联合起来的煤矿集团。在联合以前 3 公司的采矿面积最多时只有 4 方里,资本 33 万元;联合后采矿面积增加

---

① 解学东:《试论民国时期河南工业经营发展的特点》,《史学月刊》1992 年第 1 期。
② 徐有礼、程淑英:《一九○二年至一九三五年河南工矿企业资料》,《河南文史资料》2000 年第 2 辑,第 4~19 页;王天奖:《清末至民国年间河南民族资本主义工矿企业》,《河南文史资料》2001 年第 3 辑,第 173~188 页。另外,徐有礼、程淑英的《一九○二年至一九三五年河南工矿企业资料》一文发表后,王天奖又做了补充,发表了《清末至民国年间河南民族资本主义工矿企业》一文。王天奖指出:"由于有关记载多很简略,许多企业究竟是近代厂矿还是手工工厂、土煤窑,尚难以判明,故只能以资本是否达到 1 万元为界限,过此标准者暂予列入。"因此,徐、王两文可以互相弥补,基本能够反映北洋政府时期河南的工矿业大致状况。
③ 张名金:《郑州第二棉纺织厂》,《郑州文史资料》第 16 辑,1994,第 121 页。

— 95 —

到59方里，资本增加到100万元，① 分别增加到原来的14.8倍和3倍。陕县民生煤矿股份有限公司，1922年成立，1923年注册，资本总额100万元，工人600人，每日产煤250~300吨，最大日产能力800~1000吨。② 成立于光绪二十九年（1903）的安阳六河沟煤矿，1919年重新改组为股份公司，扩充股本300万元，生产能力有了很大的提高，1922年产煤33.2万吨，产焦17.7万吨；1923年产煤51万吨，产焦5.6万吨。③ 1922年，中原公司在盘龙河附近开凿1、2号大井，次年两井先后投产；1924年7月又开凿3、4号大井，"各井都用新法开采，生产进展比较顺利，煤炭产量逐年增加"。④ 这些企业逐渐成为工业中的龙头企业，为河南纺织、煤炭工业的发展奠定了基础。

工业经营方式出现了现代企业组织形式。公司制度晚清时期引入中国，北洋政府时期进一步规范了公司制度，1914年颁布了《公司条例》和《公司保息条例》，推动了我国公司制度的发展。因此，民国初年河南建立的一些工矿企业也采取了公司制度。如华新纺织厂，1915年筹建，1916年获得农商部批准华新纺织股份公司正式成立，股本为银币1000万元，其中四成由政府拨款（为官股），六成为商人集资（为商股）。股份以银币100元为1股，共计10万股，以最先收入之商股300万为优先股，每10股加红股1股，其余为普通股，均自交款之次日计息，所有股份正利均常年8厘。⑤ 新华纺织厂是北洋政府时期建立的比较大的官商合办股份公司。同泰源实业股份有限公司总公司设在安阳，在郑州、洛阳设有分公司，股本为50万元，主要经营棉花、棉纱、油粮、实业押款及矿务工厂等。⑥ 开封宏豫铁矿公司、中原公司等均属股份制企业。⑦ 股份制度的引入是河南近代企业制度的

---

① 徐梗生：《中外合办煤铁矿业史话》，商务印书馆，1947，第99页。
② 全国矿冶地质联合展览会编《全国矿业要览》，1936，第17~18页。
③ 胡荣铨：《中国煤矿》，商务印书馆，1935，第324~327页。
④ 汪敬虞主编《中国近代经济史（1895~1927）》上册，人民出版社，2000，第618页。
⑤ 李福辰：《河南省华新棉纺织厂的创建》，《卫辉文史资料》第3辑，1991，第53页。
⑥ 《农商部布告》（1919年4月29日），《政府公报》第1166号，1919年5月4日，第10页。
⑦ 《宏豫铁矿公司收股展期广告》、《中原公司董事会启事》，《政府公报》第1069号，1919年1月14日，广告。

一大变革。

河南还出现了中外合资的企业。如1919年日商与华商合资开办的面粉厂新乡通丰机器面粉公司,是当时河南省最大的面粉企业。1915年,通过谈判,英福公司与中原公司合资建立了福中公司,也是一个合资企业。

根据北洋政府颁布的《商标法》,河南少数有影响的工业产品进行了注册登记和新产品生产。如孟津的裕源机器公司发明的"弹花机价六十两,纺纱机十四两至三十五两,行销直隶、山东,此项机器已在农商部注册,不准仿制"。① 该产品在1915年3月于美国旧金山举办的万国博览会上获奖。② 河南模范工厂生产的一种改良剥花生米机,无论花生米大小,皮与米各自分出,且花生米不破。③ 沁阳模范工厂发明制造了两种粗细弹棉花机器,粗机弹败絮,细机弹新花,因此"四方往购者甚形踊跃"。④ 这些说明北洋时期河南在机器工业方面取得了少许成绩。

二　主要行业与企业

(一) 煤矿业

据民国时期的学者估计,河南省煤储藏量排在全国第四位。豫北煤田主要在黄河以北与太行山东麓之间,为无烟煤及半无烟煤;豫西主要在黄河以南的崤山、熊耳山、伏牛山,为烟煤及半烟煤。⑤ 晚清时期,河南有了机器、半机器的采煤公司或煤矿,有学者统计,民国建立前,河南有数家较大的煤矿公司,即三峰公司(1902年)、六河沟煤矿(1903年)、凭心煤矿(1905年)、信成煤矿(1907年)等。北洋政府时期是河南煤矿业发展比较

---

① 林传甲:《大中华河南省地理志》,第238页。
② 陆衣波:《"巴拿马万国赛会"获奖者——秀才实业家梁子期先生》,《孟津文史资料》第1辑,1987,第43页。
③ 《新的花生米机》,《新中州报》1918年2月5日。
④ 《发明弹棉新机器》,《申报》1919年10月24日。
⑤ 胡荣铨:《中国煤矿》,第323页。

重要的时期，先后建立了一些采煤企业，如中原煤矿公司（1915 年）、新安煤矿（1918 年）、大成煤矿（1919 年）、大丰煤矿（1919 年）、豫庆煤矿（1920 年）、民生煤矿（1920 年）、济众煤矿（1923 年）、冠华煤矿（1925 年）等。有学者统计，1927 年以前河南经营的煤矿有 43 家，其中北洋时期河南新开办（包括合并新组建）的煤矿有 11 家，占当时生产煤矿的 25.6%，也就是说北洋时期河南煤矿大部分创建于清朝时期。[①] 表 3-1 是 1925 年对河南部分采煤企业的调查。

表 3-1 北洋政府时期河南煤矿概况

煤矿名称	资本（银元）	矿区面积	煤质	产额	损益状况
中原公司	300000	59 方里	无烟	日产 1400 吨	盈余 40 余万元（1915 年 6 月~1916 年 12 月）
六河沟煤矿公司	300000	35 方里又 227 亩	焦煤	日产 500 吨	盈余 10 万元（1918 年）
西陈村煤矿	40000	1 方里又 421 亩	无烟	日产 10 万斤	稍有损耗
合众公司	10000	507.3 亩	无烟	日产 35 吨	每年约盈余 7000 元
高山村煤矿	30000	644.8 亩	焦煤	日产 10 吨	无利
凤翅山煤矿	5025	4 方里又 305 亩	石油	日产 20~40 吨	无利
大同公司	50000	492 亩	部分石油	日产 30 吨	盈余 600 元（1919 年 8~9 月）
兴业公司	20000	1 方里	无烟	日产 27.15 吨	无利
利华公司	14000	2 方里又 254 亩	无烟	日产 29.54 吨	无利
竹园龙嘴煤矿	12000	4398 亩	石油	未详	无多
上孤灯丘沟煤矿	25000	4855 亩	石油	无	无利
玉皇山煤矿	20000	3 方里又 70 亩	部分石油	日产 10 吨	无利
时利和公司	42000	360 亩	部分石油	年产 10 万吨	每年盈利 3 万元
宝善公司	40000	522 亩	部分石油	年产 20 万吨	每年约损 1 万元
三峰山煤矿公司	80000	未详	无烟	年产 6.6 万吨	1913 年盈利 5 万元
豫利煤矿公司	20000	497 亩	部分无烟	日产 8.4 万斤	无利

资料来源：蔡受百《河南煤矿公司之调查》，《银行杂志》第 2 卷第 6 期，1925 年 1 月 16 日。

---

① 徐有礼、程淑英：《一九〇二年至一九三五年河南工矿企业资料》，《河南文史资料》2000 年第 2 辑，第 4~19 页。

在调查的 16 家煤矿中，资本最多的 30 万元，最少的仅有 5000 余元；日产煤量最大的 1400 余吨，最小的只有 10 吨；其中有半数煤矿无利可获。可见，北洋时期河南采煤企业不仅资本少，产量小，利润也比较低，只有少数几家较大的煤矿可以获利，其余小煤矿无利可获。

北洋时期，六河沟煤矿、中原煤矿公司等是河南煤矿业的龙头企业。

六河沟煤矿。光绪二十九年，安阳县人马吉森、潍县人谭世桢等筹集白银 2 万两，在安阳西北 65 里的观台镇（今属河北省邯郸市）开采煤炭，次年商部备案，定名为"安阳六河沟机器官煤矿"。矿区面积 30 万平方里，后来扩大为 78 万平方里，机械开采，有工人 4700 人，1908 年工人达到六七千人，年产煤 50 万~70 万吨，是当时中国十大煤矿之一。[①] 1911 年，吴樾任总经理后，由于资金短缺，先后被德国、比利时商人挟裹，如时人所言"此矿既为比人代行管理之后，乃大事更张，并添用外人多名，开支浩大，于华人特权，尽行消灭"。[②] 1919 年，李组绅等将比利时借款还清后，该矿完全在华人的管理之下，最盛时期资本 500 万元，年销售煤 11.1 万吨。[③] 表 3-2 是六河沟煤矿在北洋时期产量统计表。

表 3-2　北洋时期六河沟煤矿产量统计

单位：吨

年份	煤产量	焦煤产量	备注
1918	118490	—	
1919	188112	—	
1920	232618	—	
1921	247575	20936	
1922	283043	14196	
1923	509054	55872	

---

① 李濮：《安阳早期的工人运动》，《安阳文史资料》第 1 辑，1986，第 81 页。
② 顾良：《中国十大煤矿调查记》，商务印书馆，1916，转引自《中国工会运动史料全书》总编辑委员会、《中国工会运动史料全书》河南卷编委会编《中国工会运动史料全书·河南卷》（上），中州古籍出版社，1999，第 5 页。
③ 刘景向总纂《河南新志》卷 5 上册，第 289~290 页。

续表

年份	煤产量	焦煤产量	备注
1924	595963	39392	
1925	555987	19878	
1926	277465	6055	是年受军事影响，产额锐减
1927	165480	无	炼焦厂停工

资料来源：胡荣铨《中国煤矿》，第327~328页。

该公司自1918年以来，煤产量一直在提高，1923~1925年年产量达50万吨以上。1926~1927年因发生了北伐战争，河南是主要战场，六河沟煤产量下降了许多。据1928年股东会报告，1926年损失大洋63.9万元，1927年损失在百万元以上。[1]

中原煤矿公司。民国初年，北洋政府允许英福公司以怀庆所属各县为探矿区域，随引起河南商界反感，力争矿权，经过数次交涉，福公司允许将原明德、豫泰、中州三公司矿区划出。为了与福公司抗衡，1914年8月，三公司签订了《中州豫泰明德三公司合并组织中原公司合同》，新组建的中原公司，首任经理为胡汝麟，1919年赵倜派胡象三为经理，1924年吴佩孚派尹之鑫为经理，1925年，董事王敬芳、王印川赶走尹之鑫，实行董事制。[2] 可见，中原煤矿公司自赵倜以来，一直在军阀控制之下，直到冯玉祥国民军入豫后，才有所改变。[3] 表3-3是中原公司在北洋时期煤产量统计表。

表3-3 北洋时期中原公司煤产量统计

单位：吨

年份	煤产量	备注
1918	431635	
1919	832762	
1920	734895	
1921	245290	

---

[1] 胡荣铨：《中国煤矿》，第329页。
[2] 《河南中原公司概略》，《矿业周报》第21号，1928年11月9日。
[3] 参看王守谦《煤炭与政治：晚清民国福公司矿案研究》（社会科学文献出版社，2009）一书的相关内容。

续表

年份	煤产量	备注
1922	400000	是年产额系约数
1923	568404	
1924	949339	是年第一、二号井竣工
1925	564200	以上产额见第二次中国矿业纪要
1926	54000	是年受军事影响,产煤只有两个月
1927	83000	是年产煤只有4个月

资料来源：胡荣铨《中国煤矿》，第337页。

从表3-3来看，中原公司煤产量1924年最高达到94.9万吨。主要是因为这年第一、二号井投产，每日可产1200吨左右，在新乡、道口、郑州、开封、鄜城等地设立经销处，日销售量也在千吨以上。[①] 1926年发生了北伐战争，产煤只有两个月时间，次年只有4个月产煤时间，两年的产量只有13.7万吨，约为1924年的1/7。1926年是北洋时期河南煤产量最低的年份，据统计当年全国产煤量为23040110吨，河南年产煤915581吨，[②] 仅占全国煤产量的4%。另外，随着工人运动的深入发展，1925年以来，河南各地发生了大规模的工人罢工运动，1925年五卅运动期间，不仅焦作福公司全体工人罢工，其他煤矿工人也相继罢工表示支援，如1925年8月9日，中原公司工人罢工。[③] 因罢工不时发生，"工人管理不易，以致资方受损自行停工"。[④] 受战争和工人罢工等因素的影响，1926~1927年是河南煤炭业的一个低谷时期。

除了六河沟、中原两个大矿和表3-1的中型煤矿外，还有一些小型煤矿。武安县有中兴公司、鼎盛公司、福兴公司、大兴公司、顺成公司、

---

① 《河南中原公司概略》，《矿业周报》第21号，1928年11月9日。
② 施复亮：《中国现代经济史》，良友图书印刷公司，1932，第126~127页。
③ 《中原公司煤矿工人罢工》，《晨报》1925年8月10日；《中原公司煤矿工人罢工——岳维峻派员查办》，《晨报》1915年9月7日。
④ 河南省建设厅：《民国十九年度河南建设概况》，1931，第279页。

金台公司等；安阳县有益安公司、大昌公司、中和公司等；豫北有博爱县的民有公司、怡和公司，汤阴县的九华公司、固城公司，林县的顺天煤矿，济源的振兴煤矿等；豫西有巩县的福聚煤矿，宜阳县的协盛煤矿、中华煤矿，密县的豫丰煤矿，登封的总兴煤矿等。[①] 这些小型煤矿矿区面积小，资本少，属于半机械半手工业生产，年产煤数千吨至数万吨不等。

（二）纺织企业

近代河南纺织业也肇始于晚清时期。光绪二十九年，孙家鼐（曾任清政府礼部尚书）、马吉森（其父为广东巡抚马丕瑶）等在彰德府（今安阳市）创办了广益纱厂。1906年建成投产，该厂资金19.9万元，纱锭22340枚，建厂时职工1550余人，后增至2300人，[②]是晚清时期河南规模最大的纱厂。该厂1912年11月发生了大火，除了引擎大锅炉外，机器60%被烧毁，损失20万银元。天津仁记保险公司赔银15万两，修复了机器厂房，工厂得以继续营业。随着花市不稳，广益纱厂主要依赖以花纱为抵押向中国银行、交通银行、大德银行等贷款应付。1915年，此项贷款达33万两白银，另欠其他银行贷款43万两，仅贷款利息一项就占年收入的50%。1920年广益纱厂改组，由曾任袁世凯政府工商部长的袁绍明任总办，袁心臣任经理，但并未完全扭转广益纱厂的命运。在全国纺织业处于不景气的情况下，1922年，华商纱厂联合会召集同业会议，决定停开夜工，减少运转纱锭，后又决定裁减工人40%。由于生意萧条，广益纱厂处于关闭状态。1928年，袁心臣将该厂以20万银元出租给郭鉴堂等人，更名为豫丰纱厂。[③] 北洋政府时期，随着植棉的推广和棉花产量的提高，河南相继建立了一些纺织企业，如表3-4。

[①] 王全营：《河南近代矿业与工业简介》，河南省地方志编纂委员会总编室编《河南地方志征文资料选》，1983，第74~74页。
[②] 李濮：《安阳早期的工人运动》，《安阳文史资料》第1辑，1986，第81页。
[③] 安阳市北关区地方志编纂委员会编《安阳市北关区志》，国际文化出版公司，1997，第443~444页。

表 3-4　北洋政府时期河南开办纺织企业统计

工厂名称	年份	地址	经办人	资本	性质	备注
厚生织布厂	1913	新乡	田荫生	—		
锦昶织布厂	1916	新乡	赵魁元	—		
商丘机器织布厂	1918	商丘	陈鸿材、贾腾霄	—		
裕源纺织铁工厂	1918	孟津	梁际昌	—		
成兴纱厂	1919	武陟	鲁连城	3万元	商办	工人200名
豫丰纺织厂	1919	郑州	穆藕初、薛宝润	749625两	商办	工人6000名
利济织布厂	1921	郑州	陈暄、原筱篷	10万元	商办	
华新纺织有限公司	1922	汲县	王正卿	176万元	商办	工人1830名
华兴织布厂	1924	新乡	游秀峰、赵辑五	—	商办	工人85名
豫纶丝厂	1924	荥阳		—		织汴绸、汴绫
德记织布厂	1926	新乡	郭尧德、张同海	—	商办	工人8名

资料来源：徐有礼、程淑英《一九〇二年至一九三五年河南工矿企业资料》，《河南文史资料》2000 年第 2 辑，第 4～19 页；王天奖《清末至民国年间河南民族资本主义工矿企业》，《河南文史资料》2001 年第 3 辑，第 173～188 页。

北洋时期河南新建立纺织企业 11 家，其中华新纺织厂与豫丰纱厂是当时纺织业的龙头企业。卫辉华新纱厂是天津华新纺织股份有限公司在河南建立的分厂。1914 年，周学熙、王锡彤等 12 人集股筹建华新纺织股份有限公司，属于官商合资企业，股本总额为 1000 万银元，官四（由财政部拨款）商六（由商人集股），由周学辉（周学熙之弟）任总经理。该厂获得政府特许，在直隶（今河北）、山东、河南享有 30 年专利权，"所办之机器及生料均免厘金税项"。[①] 该公司先后在天津、青岛、唐山建立分厂，1920 年在河南卫辉筹建第四厂，1923 年 2 月竣工全部投产。卫辉纱厂总资本为 280 万元，机器设备全部为国外进口，其中细纱机 70 台，为美国进口；半手摇机 80 台及美制配套纱机数十部；动力设备包括购买比利时 810 马力蒸汽机引擎 1 部，英制 400 马力卧式双筒锅炉 3 座；有纱锭 2.2 万枚。全厂职工逐渐增至 2100 名，40% 来自汲县及附近各县，在天津、郑州、安阳招收熟练技

[①] 陈真编《中国近代工业史资料》第 3 辑，三联书店，1961，第 663 页；《申报》1915 年 10 月 21 日。

工。主要产品为6支、10支、16支、20支、32支、42支等各种单纱与合股线,以16支纱为标准,日产量为60包;另生产手工布,日产量为20包(每包20匹,每匹104市尺)。① 卫辉华新纱厂是北洋时期河南建立的规模较大的纱厂之一。

郑州豫丰纱厂。郑州地处京汉与陇海铁路交会处,陕西、山西所产棉花均经过郑州外销,郑州成为中原地区新兴的棉花市场。因此,著名实业家穆藕初决定在此筹建豫丰纱厂。厂址选在郑州豆腐寨,购地98亩,1919年4月开工建厂,次年5月竣工,建有公事房、栈房、修机间、物料间、摇纱间、清花间、布厂、植棉场、工人宿舍等;为解决原料与成品运输,自行修建了工厂与火车站相接的铁路支线;所有纱锭、织布机均通过美国慎昌洋行从英国购买,是当时全国设备最先进的纺纱厂之一。最初资本定为银200万两,初创时纱锭3万枚,后来增至56400枚,订购织布机234台,并线机5600锭。② 穆氏先期选派河南籍男工6人、女工18人到上海德大、厚生两厂练习;还从上海调来一些熟练工人进厂工作。③ 据记载,该厂机器购自美国,纺纱原料是美棉、陕西棉、彰德棉并用;有工人4000余人,其中男工2700人,女工900人,童工400人;产品有10支至32支纱,每日产量约90件,有飞艇、宝塔等商标。④ 由于洋纱、洋布充斥市场,豫丰纱厂销货不畅,亏损严重,并因购买设备欠美国慎昌洋行200万元。因无力清偿债务,1923年,穆藕初将豫丰纱厂租给美商怡和洋行,直到1934年才由中国银行贷款收回自办。

(三) 火柴业

光绪三十一年(1905)开封耀华火柴厂建立,这是河南第一家火柴厂。1911年,河南商会会长刘海楼集股建立了大中火柴股份公司,资本2万银元,生产"龙亭牌""麒麟牌"火柴。⑤ 1913年省会开封创办了两家火柴

---

① 王天奇:《卫辉华新纱厂的变迁》,《河南文史资料》1992年第2辑,第111~114页。
② 陈真、姚洛合编《中国近代工业史资料》第1辑,三联书店,1957,第456页。
③ 穆藕初等:《穆藕初文集》,上海古籍出版社,2011,第171页。
④ 刘景向总纂《河南新志》卷5上册,第256页。
⑤ 徐伯勇:《开封火柴工业的创立与发展》,《开封文史资料》第18辑,2001,第39页。

厂，一家是鸿昌火柴厂，该厂后并入大中火柴厂；一家是迅烈火柴厂。同年，光山商人集资9000多元，创办了光山迅烈火柴厂；1919年，新乡商人集资6万元，创办了新华火柴厂；1922年，洛阳商人集资8万元，创办了晋昌火柴厂；1925年，温县商人集资2万元，创办了同济火柴厂。[①] 表3－5是根据现有资料整理出的北洋时期河南创办的火柴企业一览表。

表3－5　北洋时期河南建立的火柴企业

火柴企业	创办时间	创办人	资本	备注
开封鸿昌火柴厂	1913年		5万元	
开封大中火柴厂	1913年	刘海楼	2万元	1914年工人达到1400人，日产火柴24箱；1930年改为大中济记火柴厂；1936年迁西安，改名中南火柴厂
光山迅烈火柴厂	1913年		9700元	
许昌富裕火柴公司	1914年		10万元	
新乡同和裕火柴厂	1918年			
新乡新华火柴厂	1919年	魏治齐	6万元	
道清火柴公司	1919年	张聘臣		
洛阳晋昌火柴厂	1922年	刘仲堂	8万元	
温县同济火柴厂	1925年		2万元	
洛阳大有火柴厂	1926年		12万元	
开封民生火柴厂	1927年	刘海楼	10万元	有设备21部（件），日产50余箱

资料来源：中国经济年鉴编纂委员会编《中国经济年鉴》下册，商务印书馆，1934，（K）第564～565页；河南省地方史志编纂委员会编《河南省志》第16卷《政府志》，河南人民出版社，1997，第232～233页。

据表3－5统计，北洋时期河南共建立火柴厂11家，企业规模比较小，资本有数千元至数万元或十余万元不等。因受政局与消费市场的影响，火柴企业大多经营不景气。如洛阳晋昌火柴厂"以累赔歇业"。1926年8月，商人集资12万元，收拾晋昌火柴厂残局，组建大有火柴股份有限公司。该公司是北洋时期河南比较大的火柴企业，有机器15部，其中盒片机4部、配例机5部、卸药机4部、点药机1部、平板机1部，每日出产40余箱，商标为双喜、火车头。1927年，开封商会会长刘海楼租借大中火柴厂旧址，成立民生火柴厂，

---

① 刘世永、解学东主编《河南近代经济》，第47页。

有机器 21 部，生产无毒磷火柴，日产 50 余箱。① 因为火柴业的不景气，到 20 世纪 20、30 年代之交，北洋时期成立的火柴企业大部分都倒闭了。

（四）制蛋业

制蛋业是以鸡蛋为原料，制成蛋粉、蛋黄等产品。据《河南新志》记载：饲养鸡鸭鹅为河南农家主要副业，"全省养鸡之户，几占三分之二"；②"河南虽无以饲鸡为专业者，但乡村居户之饲育家禽三五头者比比皆是。近以销路日广，价格日高，一家畜鸡辄至十数头，数十头；城市之中，莫不如是。故大河南北，凡人民繁殖之地，即为鸡之饲养区域，亦即鸡蛋生产之地。中州人民生活程度较低，以鸡蛋为食品之家，不及饲鸡者之多。积蓄储藏，专待出售。小贩负担循游乡村，到处收买，运储市场。各产地之市场，复以运集中央市场。既南阳、临汝等县，太行、伏牛深山之中，皆由小贩辗转运出。而贫者视为重要之生产事业；以鸡蛋为日用品——煤油、火柴、蔬菜等——之交易品，使用一如货币。其对人民之生计，社会之金融，实有重大之关系"。③ 养鸡售蛋是河南农家的主要副业。随着近代出口贸易的发展，蛋粉、蛋黄成为对外贸易的主要商品，制蛋业随之兴起，"中国之有蛋粉业肇始于中日战争之前……蛋粉之原料为鸡蛋，其性质既易破损，又易腐败，故着手斯业者仅可在产蛋附近之处经营之。惟长江以南多属水乡，饲鸭者多于养鸡，且人民生活程度较高，所产鸡蛋即供本处人食馔之用，并无大宗可供给市场，故蛋粉工业先起长江以北江苏、湖北、安徽等省，渐次北进及于河南、山东、直隶、陕西"。④ 河南制蛋工业兴起于清朝末年，随着京汉铁路与陇海铁路的通车，铁路沿线城市相继建立了一批制蛋工厂，民国建立前有 4 家蛋厂，即阮文中分别在驻马店、安阳、许昌设立的 3 家元丰蛋厂和赵忠发在新乡设立的豫兴蛋厂。北洋政府时期，河南又有一些蛋厂相继建立，据有关资料统计，北洋政府时期河南先后建立的蛋厂 29 家，如表 3-6。

---

① 刘景向总纂《河南新志》卷 5《实业·工业》。
② 刘景向总纂《河南新志》卷 5《实业·畜牧》。
③ 吴世勋：《河南》，中华书局，1927，第 35 页。
④ 《河南蛋品加工业之历史》，《农商公报》第 29 期，1921 年 2 月 15 日。

表3-6　北洋时期河南新建制蛋工厂一览

厂名	年份	地址	创办人	资本	备注
元芳蛋厂	1912	漯河		—	
祥盛魁蛋厂	1913	周口	张殿臣	—	旧式生产,日碎蛋10万个
祥盛魁蛋厂	1913	新乡	张殿臣	2万元	
元丰蛋业公司	1916	安阳	阮雯衷	—	1928年改为同记蛋厂
泰和蛋厂	1916	获嘉		—	以后分建为源生、泰源两家
道口蛋厂	1916	滑县	张殿臣	—	
鸿茂蛋厂	1916	漯河	郭仲隗		
志大蛋厂	1917	郑县	孔某	—	新式生产,日碎蛋10万个
漯河蛋厂	1917	漯河	张殿成		
恒裕成蛋厂	1918	新乡	李润桥	3万元	
中本蛋厂	1918	新乡		—	不久停产
商丘蛋厂	1918	商丘			
大昌制蛋厂	1919	开封	朱子桥	20万元	
庆云蛋品厂	1919	开封		3.5万元	工人200余名
庆云蛋品厂	1919	开封		4万元	工人270余名
永德制蛋厂	1919	开封		—	新式生产,日碎蛋20万个
元丰蛋厂	1919	许昌		—	新式生产,日碎蛋65万个
四德蛋厂	1919	洛阳		—	旧式生产,日碎蛋12万个
德和蛋厂	1919	漯河		—	新式生产,日碎蛋20万个
大昌蛋厂	1920	郑县		—	新式生产,日碎蛋20万个
中华蛋厂	1920	郑县			
华昌蛋厂	1924	周口			
松源蛋厂	1924	周口			
光大蛋厂	1925	郑县			
福义蛋厂	1925	新乡	冀文泉	1.5万元	男女共40名
福义蛋厂	1925	许昌		—	
美丰蛋厂	1925	漯河		4.2万元	
鼎丰蛋厂	1925	漯河		3万元	
庆丰蛋厂	1927	开封		4万元	

资料来源：徐有礼、程淑英《一九〇二年至一九三五年河南工矿企业资料》,《河南文史资料》2000年第2辑,第4~19页；王天奖《清末至民国年间河南民族资本主义工矿企业》,《河南文史资料》2001年第3辑,第173~188页；王全营《河南近代矿业与工业简介》,《河南地方志征文资料选》,第79页。

从表 3-6 来看，河南蛋厂主要分布在铁路沿线和交通比较方便的市镇，其中漯河 6 家，开封 5 家，新乡 4 家，郑县 4 家，周口 3 家，许昌 2 家，滑县、安阳、获嘉、商丘、洛阳各 1 家。如前文所言，蛋厂鸡蛋来源主要由小贩在乡村收购，收购时期以每年三四月最盛，五六月次之；在最旺月份，每厂每日收蛋 30 万～35 万斤。蛋粉产量开封最多，旺月每月运出 200 车（每车重 3.3 万斤），运出地点为上海与汉口。① 北洋时期，河南出口货物中，除棉花、花生、豆子外，蛋粉为最大。蛋业的发展，也为农村剩余劳动力解决了就业问题，如新乡德昌、祥盛魁、祥泰、中国等蛋厂，共用男女工人 3000 余人。②

（五）机器面粉业

河南机器面粉业始于晚清时期，辛亥革命前夕河南省先后创办有 5 家机器面粉企业，即滑县道口继兴面粉公司、洛阳石桥面粉厂、汲县的华盛机器面粉公司、安阳的广恒机器面粉公司和开封和丰面粉公司。民国以后，面粉公司陆续建立，1913 年，商人李茂亭等在开封筹办永丰面粉公司，次年投产，资本 4 万元，英制钢磨 2 部，石磨 1 部，职工百余人，日产面粉 350 袋；③ 1916 年，商人齐竺山（名宗祜）、齐如山（名宗康）在安阳创办大和恒面粉厂，资本 2 万元，购买法国造金刚石磨 7 盘，用蒸汽引擎为动力，日产面粉 300 袋；④ 1918 年，浙江商人叶铁山等集资 30 万元在开封创办天丰面粉公司，工人 130 名，美式机磨 12 部，日产面粉 1200 袋，以后增加到 3000 袋；1919 年，日商与华商在新乡合资创办通丰机器面粉公司，实收资本 50 万元，日产面粉 5000 袋，是当时本省最大的面粉企业。⑤ 又据《河南新志》记载，通丰面粉公司位于新乡车站，固定资本 50 万元，流动资本 50

---

① 《河南蛋品加工业》，《申报》1919 年 8 月 2 日。
② 王全营：《河南近代矿业与工业简介》，《河南地方志征文资料选》，第 79 页。
③ 开封市地方史志编纂委员会编《开封市志（综合册）》，北京燕山出版社，2004，第 61 页。
④ 《安阳市北关区志》，第 445 页。
⑤ 王全营：《河南近代矿业与工业简介》，《河南地方志征文资料选》，第 78 页；程子良、李清银主编《开封城市史》，社会科学文献出版社，1993，第 221 页。

万元，厂主是上海阜丰面粉公司及北平通惠实业公司。设备有 1 机器房，4 台锅炉，300 马力引擎 1 台，15~40 马力引擎 4 台，另有马达机、麦筛、磨粉机、打麦机、清麦机、漂白机等各种设备 70 余台（件）。有男女工人 240 人，技师 1 人，工头 5 人。所用小麦采买自豫东、江苏、湖北、安徽等地，日产面粉 5000 袋，主要销售在铁路沿线市镇。[1] 安阳大和恒面粉厂位于安阳车站，创办人是齐氏兄弟，资本 2 万元，有机器锅炉 2 台，引擎 2 台，均为 30 马力；石磨 6 盘；每年生产面粉 10 万袋，麸皮 98 万斤，产品主要销售本地与河北省南部。全厂工人 65 名，技师 1 名、工头 2 人、学徒 6 名。[2]

除了几家较大的面粉厂外，还有一些小型的面粉企业。如 1916 年创办的德丰面粉厂，资本 3 万元；1917 年，商人潘荫甫开办了郑州面粉公司；还有 1918 年创办的晋新面粉公司（驻马店）和德亨面粉公司（安阳）、1919 年创办的清化面粉厂（清化镇，今博爱县城）、1920 年创办的万成面粉厂（郑州）、1925 年创办的民福面粉厂（许昌）等。

北洋时期，中国的机器面粉工业主要分布在沿海港口城市和通商口岸，与这些地方相比，河南面粉工业相对比较落后，主要表现为规模小、资本不足和产量小。有学者统计，1921 年，河南正常生产的面粉企业 4 家，资本总额仅 78 万元，日产量只有 7860 包，仅占全国日产能力的 2.52%。[3] 面粉工业的发展，也带动了相关产业的发展，1917 年，新乡商人孔吉人创办了中益织工厂，从业 40 人，设木机 20 张，[4] 为私营面粉厂生产面粉袋。

（六）电力工业

河南最早的发电厂是英福公司焦作煤矿 1898 年建立的发电厂。开封商业性质的发电厂始于晚清时期，辛亥革命前，开封曾办过 3 家电灯公司，即开封电灯官局（1908 年）、开封昌明电灯公司（1910 年）和开封普临电灯公司（1910 年）。这是河南建立的第一批电力工业企业，主要

---

[1] 刘景向总纂《河南新志》卷 5《实业·通丰面粉公司》。
[2] 刘景向总纂《河南新志》卷 5《实业·大和恒面粉厂》。
[3] 上海市粮食局等编《中国近代面粉工业史》，中华书局，1987，第 44 页。
[4] 新乡市总工会：《新乡工人运动大事记》，河南人民出版社，1993，第 5 页。

用于房屋与道路照明。

民国建立后，河南主要市镇都先后兴建了电灯公司。1914年，郑州商人魏子青集资10万元，创办明远电灯公司，安装发电机1台，次年开始发电，供附近商铺和街道照明；1917年，扩充装机容量，次年注册并向市区供电，发电能力增加到344千瓦。第一次世界大战后各主要市镇商人发起了投资电灯公司的热潮。1919年，信阳商人马秋圃等发起，但因拟由京汉铁路局举办，农工商部未能批准，1921年才准予立案，公司总资本10万元，容量75千瓦，设有两个发电所，第一所在信阳，第二所在驻马店。[①] 表3-7是北洋时期河南电灯公司统计表。

表3-7 北洋时期河南电灯公司统计

厂名	性质	创办年份	资本(万元)	动力	发电量(千瓦)	相或线
开封普临电灯公司	商办	1910	30	蒸汽机	212	三相
安阳中兴电灯公司	商办	1916	10		3000	
郑州明远电灯公司	商办	1918	20	柴油机	240	三相
焦作光明电灯公司			—		—	
信阳光华电灯公司	商办	1919	10	蒸汽机	75	三相
洛阳临照电灯公司	商办	1920	5	蒸汽机	80	三相
商丘华明电灯公司	商办	1921	10	蒸汽机	80	三相
新乡电灯公司	商办	1921	5		50	
郾城电灯公司			2.2		50	
许昌耀华电灯公司			5		50	
新乡中国内地电灯公司	商办	1923	5		—	

资料来源：杨大金《现代中国实业志》，商务印书馆，1938，第941~942页；徐有礼、程淑英《一九〇二年至一九三五年河南工矿企业资料》，《河南文史资料》2000年第2辑，第4~19页。

据表3-7统计，北洋时期河南主要市镇均有发电厂，而且以商办为主，即商人在北洋时期河南电力工业发展中发挥了主要作用。如淮阳周口镇绅商周元恭等，"该镇商务之繁盛，日见发达，惟该处虽设有路灯，夜晚遇有风

---

① 《五四前后的河南社会》，第370~371页。

雨，即行灭熄无余，来往通商诸多不便。该绅等有鉴于斯，日前在该镇开会讨论，拟招集商股若干元，遵照公司条例组织一切，并派人赴上海购置机器，就该镇试办安设电灯公司，俟有成效，逐渐扩充"。① 商丘、安阳、信阳、洛阳等地电灯公司也为商人集资兴建。

除了地方市镇建立发电厂外，驻河南各厂矿企业也建立了发电厂。豫丰纱厂发电厂装机容量3000千瓦，是新中国成立前河南最大的发电厂；六河沟煤矿发电厂装机容量1100千瓦，中原煤矿发电所装机容量275千瓦，焦作英福公司和京汉铁路修理厂也建有发电厂；② 巩县兵工厂也建设有一座两台1100千瓦发电机组的发电厂。③

（七）巩县兵工厂

1915年，北洋政府陆军部开始在巩县勘察地形、征购土地，筹建巩县兵工厂。"民国四年秋，勘定厂址，先后收用地亩十余次，共计700余亩……四年八月，建全厂原动力之电机厂及水塔；四年十二月，建压炮弹厂、炮弹工作厂、烘炮弹厂；六年春，建引信实验室；六年冬，建机器厂及翻砂房、打铁房（附设于机器厂）；七年秋，建白药房（附设于引信厂）；十年建手枪房（附设于机器厂）；十一年春，添筑装弹厂；十二年春，建枪厂；十六年春，扩充翻砂房；十七年，添筑迫弹房及炸弹房。"经过十余年的建设，巩县兵工厂成为当时在全国规模较大的兵工厂之一，职员116人，工人制枪厂800人，炮弹厂647人，机器厂717人，动力厂60人，合计2224人。

河南巩县兵工厂设备来源由两部分构成，一部分是从国外购买，如原动力发电机锅炉及各厂电动分机购买自德国西门子公司，部分炮弹机也是通过汉阳兵工厂向德国购买，机器厂的设备、枪厂设备大多数由陆军部向美商布莱德公司购买，一小部分来自国内兵工厂，如部分炮弹机是汉阳兵工厂折存的旧机器"奉令拨归本厂"。主要产品有手枪、手掷炸弹、飞机炸弹、攻城

---

① 《周口电灯将发现》，《新中州报》1919年5月12日。
② 《五四前后的河南社会》，第374页。
③ 河南电力公司：《河南电网调度史》，中国电力出版社，2005，第5页。

重炮弹、手提机关枪、八二迫击炮及炮弹、木柄炸弹、七九步枪、俄式带轮机关枪等。该厂初建时属于北洋政府陆军部，1925年归河南驻军。①

除了巩县兵工厂外，1926年河南还建立了赊旗兵工厂和汲县兵工厂。

（八）烟草业

南洋兄弟烟草公司是近代河南比较大的一家民族资本烟草企业。1905年，南洋华侨简照南、简玉阶兄弟投资10万元在香港成立"广东南洋烟草公司"，1909年改组为"广东南洋兄弟烟草公司"，该公司1915年向北洋政府农商部立案，在国内主要商埠如上海、天津、汉口等地设立分厂。② 1920年，南洋兄弟烟草公司派唐懋奇来许昌，购买土地101亩，建造厂房，安装机器，正式成立收烟场、复烤厂，同时还销售该公司生产的卷烟。该公司在许昌的工厂规模较大，设备先进，有公事房、买卖场、仓库、暖房、机器房、锅炉房、水塔；有美制的大型焙烟机2座、引擎机2座、电灯机2座、发电机1座、水力机2座、水力压烟机1座、方肜打烟机2座、煤油机1座。③

（九）其他企业

除了上述各行业与企业外，北洋时期河南还建立了机器制造、玻璃、打包、瓷器、榨油、烟草、制药、制帽等行业和企业。机器制造业有4家，即1917年成立的同丰机器厂，主要制造纺纱机、弹花机，兼营翻砂和机器修理；1918年洛潼铁路局成立的洛潼机器厂；1921年在郑州成立的大东机器制造厂，1925年在郑州成立的大生机器厂。印刷业有3家，即1920年在开封成立的河南省印刷局，有80多人，主要印刷河南官报；1926年在新乡成立的修文印刷所，有18匹马力锅炉1台，平开对印机1台，大小圆盘机各1台，铸字机3台，订书机1部，划线机1部，内设印刷、装订、排版、营业等股，全体从业人员150余名；1927年成立的豫新印刷厂，最初工人10余人，后来发展到200余人，是最大的私营印刷厂。许昌钧窑瓷业公司是一个

---

① 李伯芹：《巩县及济南兵工厂之概况》，《民鸣》第3卷第6号，1931年7月。
② 《南洋兄弟烟草公司》，《商业月报》第9卷第8期，1919年8月。
③ 许昌市总工会：《许昌工人运动史》，河南人民出版社，1993，第6页。

由手工业作坊变为具有近代工业的官商合办性质的企业，1915年，河南省长田文烈饬令禹县知事邀集富户集股合办钧瓷公司，到1920年代，神垕镇70余家个体瓷窑先后被魁盛长、豫兴公、大泽通等大窑厂吞并。① 另外有烟草业3家，打包业2家，制帽1家，皮革1家，冶铁1家，制药1家。因掌握资料不足，对这些企业生产、经营状况知之甚少。

三　手工业及其变化

（一）手工业概况

北洋政府时期河南各地都有手工业，产品繁多，主要有土布、丝绸、瓷器、竹器、漆器、编织、皮革、农具、日用品、酿造以及农产品加工等。

杞县手工业以丝绸、丝带、竹布、花布以及牛马皮革为主。②

洧川手工业以生产农业工具为主，有四轮车、太平车以及镰刀、锄头、铲等，"每岁制品，除供本境农民足用外"，还销售到周边的尉氏、通许、扶沟及周口等地，"消〔销〕售颇畅"。③

兰封以生产酱菜著称，有福兴、万和、义华、胜长、振泰、永源、茂长等酱菜铺。④ 考城手工业产品有植物油、蓝靛、席、瓢、柳根绳、簸箕、筐篓等，有些产品产量多、销路广，如黄河岸边生产芦苇，苇席出产尤多；瓢销路甚广；簸箕"远方多购之"；筐篓"每逢大会，卖者甚行，购者亦甚夥"。⑤

密县产密绸，"民间养山蚕，取丝织就。较鲁山绸略见纯熟，价亦较昂，外人有以作西服者"。⑥

---

① 《许昌工人运动史》，第7页。
② 林传甲：《大中华河南省地理志》，第110页。
③ 林传甲：《大中华河南省地理志》，第116页。
④ 林传甲：《大中华河南省地理志》，第122页。
⑤ 张之清修、田春同纂《考城县志》卷7《物产志》。
⑥ 林传甲：《大中华河南省地理志》，第125页。

柘城"以农产制造为大宗,乡间居民皆能纺织,因而出布特盛。钞丝厂城市、集镇皆有之,因而出丝尤夥,每年由德元、协广、昇顺等各丝行运售于外境之丝,价值约二十万元。其余酿酒、制烟者甚多,惟工业皆用人力,不知进步,商人不能合资共进也"。①

淮阳"制造面粉、租织棉布乡间各村皆有,惟无设立公司经营者。城外南北各乡间有织蒲席、编蒲包、编草席、编蒲扇以为生活者"。②

襄城虽不产铜,但"铜工制造铜器,甚为优美。良工哲匠,世守其业,或赴通商口岸,以其技艺自立一帜,或贩至各县赶庙会,如烟袋、墨盒、手炉、压尺、铜锅、铜瓢"等。③

汲县城市手工业主要有挂面,回民开办有皮革坊,福顺广、刘长泰、豫昌宏等商号以制丝为主。④

博爱的清化镇以制作粉条、花炮、纸扇等著名,有粉坊29家,花炮坊11家,纸扇作坊10家。⑤

安阳出粗瓷,"各家土窑,制成粗具,售之直晋,岁获四五十几万元"。⑥

洛宁的手工业主要是农副产品加工业,"有麻油,油坊规模甚小;其次为麻绳,资本尤薄;惟竹器颇精,各式竹篓工作〔作工〕甚细,小鸟笼、虫笼亦运销洛阳等处,大抵小本经营"。⑦

郏县手工业以石槽为大宗,另县西产布匹、县东产苇席。⑧

信阳手工业有制茶、丝绸、铁器、纸等,茶社有元贞、广益、森森、宏济、裕申、广生、憩云、龙潭、仙山等;绸绫有朝兴、德兴、天泰、恒泰、正泰等机坊;棉纱有信义生工厂;锅厂有11处,铁厂13处,纸厂53处。⑨

---

① 林传甲:《大中华河南省地理志》,第146页。
② 林传甲:《大中华河南省地理志》,第148页。
③ 林传甲:《大中华河南省地理志》,第166页。
④ 林传甲:《大中华河南省地理志》,第182页。
⑤ 樊秉良:《解放前的清化镇商业市场》,《博爱文史资料》第5辑,1990,第7页。
⑥ 林传甲:《大中华河南省地理志》,第186页。
⑦ 林传甲:《大中华河南省地理志》,第244页。
⑧ 林传甲:《大中华河南省地理志》,第262页。
⑨ 林传甲:《大中华河南省地理志》,第268页。

南阳盛产柞蚕,丝绸为手工业大宗,"城关织绸机三百余家,山绸工厂数十家"。①

南召也生产柞蚕,"养蚕之家居十六七,能自制丝,无特别工厂,丝绸商号以李青店为最,次留山,次白土岗。商号之大者,有男女工二百余名。家丝本地可销,山绸之大销场则为恰克图及上海"。②又据1921年统计,南召全县年产丝20余万公斤,占全省65万公斤的31%。有机坊近3000家,织绸机4550张,其中70%生产二六绸,次为二二绸和一六绸,年产量达20201米。③

新野"农产制造物有信成、协成、恒太、同心各油坊"。④

叶县手工业以金属加工业为主,"境内不产铜,而工人所制铜器不让鄂省。出品盆、壶及席上用皿,颇纯熟适用,行销甚远。其他铁工所为农器、厨器,亦多日用品"。⑤

正阳以种植大豆著名,年输出达20万包。因此手工业以大豆深加工著称,除了传统的豆油、豆酱、豆豉、豆芽、豆腐外,还生产新的豆制品,"今有仿直隶高阳之法,制豆精乳、豆咖啡、豆制面包、豆制点心者"。⑥

汝南的手工业以制铁和粮食加工为主,1912年,全县有铁匠60户,从业人员220余人;铸造业8户,从业人员130余人;粮油加工作坊49户,从业人员216人。⑦

京汉与陇海铁路通车后,随着郑州交通枢纽的形成和各项产业的兴起,也带动了郑州手工业的发展。1917年,郑州布厂街设立了手工业织布工场,工人30余人,是郑州家庭手工业的进一步发展。当时该地手工业主要分布在迎河路、顺河街(现解放路),沿街有许多小木房,住的大部分是手工业

---

① 林传甲:《大中华河南省地理志》,第270页。
② 林传甲:《大中华河南省地理志》,第272页。
③ 《南召县志》,第31页。
④ 林传甲:《大中华河南省地理志》,第286页。
⑤ 林传甲:《大中华河南省地理志》,第292页。
⑥ 林传甲:《大中华河南省地理志》,第296页。
⑦ 汝南县地方史志编纂委员会编《汝南县志》,中州古籍出版社,1997,第412页。

工人。据统计1920年前后，麻绳业8家，年产优质麻绳约15万斤，主要用于打包和缝包；服装业20余家，大部分使用脚踏缝纫机，其中鑫益服装店是郑州比较大的裁缝铺，有工人26人，缝纫机14部；皮鞋业十几家，洗染业6家，金银首饰店数家，木、泥、石、画、竹、油漆、揭裱等八业（称为"八作"）有20余家。①

由此可以看出，北洋政府时期河南各地的手工业生产比较普遍，手工业部门涵盖的门类比较广泛，各县都有一些具有一定特色的手工业，甚至成为本县经济的支柱，如荥阳的草辫业、南阳的丝织业等。

河南一些手工业产品还参加了1915年2月在美国旧金山市举办的"巴拿马太平洋万国博览会"。新乡、长垣、汲县、辉县等县生产的蟹青丝光斜纹布、白色爱国布、虾青爱国布、雪青汴绸、洋灰汴绸、细丝被面、丝蚊帐等190余种土特产参加了"巴拿马赛会"的展出。② 沁阳出产陶器十分精良，"巴拿马赛会时，该窑主张君曾捐输鼎瓦瓶，皆异常精致，获有银质奖章"。③ 巩县的瓷器也在巴拿马博览会获得二等奖。④ 参加此博览会的手工业产品还有南召县的上等山丝绸和次等山丝绸，⑤ 汝南的彩色纺织提包、彩编童帽、彩编枕头，⑥ 光山的土产蓝白交织的柳条花布。⑦ 这些反映了民国初年河南省工业已经与世界市场有了较强的联系，河南的手工业产品开始走进世界市场。

（二）手工业经营方式

河南的手工业经营形式主要有两种，一种是家庭内经营，一种是工厂、作坊经营。家庭内经营的手工业主要在农村，以纺织、编制、酿造为主。在产棉地区，纺织业是农家的主要副业。河南"乡间妇女每于操作之余，纺

---

① 王宝善主编《郑州工人运动史》，河南人民出版社，1995，第5页。
② 《新乡工人运动大事记》，第5页。
③ 林传甲：《大中华河南省地理志》，第216页（原书页码错标为126页）。
④ 王国璋修、刘青莲纂《巩县志》卷7《民政·实业》，1937年刻本。
⑤ 《南召县志》，第29页。
⑥ 《汝南县志》，第412页。
⑦ 光山县税务局税务志编辑室编《光山县税务志》，内部发行，1986，第7页。

纱织布，竭其手足之力，积一岁勤苦之所得，制衣以御寒，亦即补助男耕之不足。其最著者，则惟新乡、获嘉等县所产，行销山西等县，岁至六、七万匹"。[1] 渑池农家将"所产之棉花，多制成棉纱，用以织布，到处农家，皆以织布为副业而盛行之"。[2] 巩县"民妇多用旧机于农暇时织一尺二寸宽面之布，售予各集镇或布庄。城西回郭区一带之男子，农暇营该业者亦不鲜"。[3] 农村手工业完全是以家庭副业的形式存在，这种家庭内经营的手工业，河南各县普遍存在。西华"工人有善制线毯、床毯、桌毡者，不甚发达，农产制造如造酱、造油、造酒，多以农隙为之"。[4] 项城"农产制造，农隙为之……酩酸酒、粉条、麻油、谷糖等物皆裨日用"。[5] 获嘉农村"妇女皆能织布，销于山西泽潞一带"。[6] 滑县"各集镇之买卖本布极多，皆出于乡村妇女之手，并无工厂公司等名目"。[7] 新野"乡农于农隙时大半织布，及工作头绳、腿带者，亦复不少。妇女力作刺绣品，亦精致"。[8] 临颍织布业在明朝就有了，直到民国初年从未间断，品种有小布（面宽9寸5分）和大布（面宽1尺5寸），小布主要由外地商人买走，行销西藏、青海等地；大布染成蓝色主要供当地人消费。[9] 民国时期，临颍织布业遍及城乡，"城东的黄土岗上农村最多，不仅妇女纺织花布，男子在农闲也织布，组织有织布机坊，城东五里头、七里头、十里头、双庙、上坡庙、中岳庙……等村都有织布机坊"。[10] 鹿邑农闲时间，妇女多从事草帽辫，"岁输七八十万斤"。[11] 上蔡手工业以家庭织布业为主，"普通之工业莫如妇女纺织与缝纫……今则市廛间之布缕仍为妇女之手工而成"。农副产品加工是最主要的

---

[1]《豫省纺纱工业之状况》，《农商公报》第93期，1922年4月。
[2] 刘家璠：《河南各县之棉业》，《农商公报》第76期，1920年11月。
[3]《巩县全县实业调查报告书》，《河南实业公报》第1卷第6期，1926年10月。
[4] 林传甲：《大中华河南省地理志》，第152页。
[5] 林传甲：《大中华河南省地理志》，第154页。
[6] 林传甲：《大中华河南省地理志》，第202页。
[7] 林传甲：《大中华河南省地理志》，第212页。
[8] 林传甲：《大中华河南省地理志》，第286页。
[9] 晁凌音：《回忆"洋"字当头的时代》，《漯河文史资料》第2辑，1988，第126页。
[10] 阎理之：《从颍布颍绸谈到竹木柳金铁》，《漯河文史资料》第5辑，1993，第90页。
[11] 时经训：《河南地志》，1919年铅印本，第80页。

家庭副业。"有以绿豆、或豌豆、或红芋制为粉条、粉皮或粉面以出售,以粉渣养牛马,可省饲畜之料,故农人竞为之;有以造糖为业者,以谷子、大麦制为饴糖及糖稀,平时出售,至年终则制龟糖,家家必备,故销售甚多,且可以糖渣喂猪,亦大利也;其余造油者甚多,惟需资本较大,故不若粉、糖业普及;其他农村副业,编造业亦盛行,多于农隙编造篮筐等物,或以竹为之,或以白蜡条,如朱里店东北一带村庄平素隙地种白蜡木,至冬刈其条编为粪筐粪篮等物,甚耐用。"① 也有专门从事某种手工业的村子,如博爱县大中里村不满百户人家,几乎家家做斗,相传有二三百年的历史,销售到滑县、浚县、长垣、封丘、延津、林县、中牟及怀庆府8县等地。② 郑州手工业的特点是生产分散,一家一户就是一个生产单位,一人掌握生产技术,家庭成员为辅助劳力,雇工很少,其生产经营大都是前店后作坊。③ 家庭作坊经营手工业在河南比较普遍,各县不同程度都有。从上述资料来看,这时期河南家庭手工业与市场有了紧密的联系。

  民国建立后,河南各地兴起了手工业工厂,以工厂方式经营手工业渐渐增多。如新安县第三区"梁庄村旧有铸铁车轮、铧、大垆、钟、鼎等铁工厂,购铁制器颇为发达,行销于孟、洛、陕等处"。第四区西北山中每年"开设铸犁面厂者……每于冬初始业,于来年春仲歇业,以夏季不便工作也。每厂一所需工人三十名左右,一日夜需矿炭各万斤左右,每个犁面成本约需银二角五分左右,可售三角左右"。④ 1916年,新乡商人赵魁元在王门村开办锦昶工厂,专织宽面大布,其仿制布机和纺织技术,逐步传播到附近农村,到1919年发展到数十家。⑤《河南新志》对北洋时期河南成立的主要手工工厂做了统计,如表3-8。

  表3-8只是河南部分市镇手工业工厂统计表。与家庭手工业和各县官办贫民工厂比较,商办手工业规模一般比较大,除了少数外,资本大都在

---

① 《重修上蔡县志》卷7《实业志·工业》。
② 薛承恩:《大中里村的做斗业》,《博爱文史资料》第2辑,1987,第65页。
③ 王宝善主编《郑州工人运动史》,第6页。
④ 张钫修、杨坤纂《新安县志》卷7《实业·工业》,1924年稿本。
⑤ 《新乡工人运动大事记》,第5页。

表3-8　1912～1927年河南各县主要手工工厂统计

名称	所在地	资本(元)	成立时间	产品及月产额	工人数
美大法工厂	郑县	3000	1918年1月	毛巾620条,白洋布3000尺	30
新文工厂	汜水	2500	1916年3月	粉笔340箱	25
万顺成	荥阳	2000	1922年2月	草帽10000顶,草辫9000斤	18
豫顺长	荥阳	1000	1926年3月	草帽6000顶	10
冠五工厂	荥阳	1000	1926年3月	草帽6000顶	10
祥顺长	荥阳	1000	1925年3月	草帽6000顶	10
乾和顺	荥阳	2000	1925年3月	草辫18000斤	16
瑞丰	荥阳	1000	1926年3月	草辫10000斤	12
天兴厂	安阳	1000	1926年5月	帽每年1200打	15
庆生永	安阳	800	1926年3月	帽每年600打,袜每年200打	9
振兴厂	安阳	1500	1917年9月	修理机器	12
手巾工厂	沁阳	160	1926年	每日产毛巾60条	8
华昌工厂	沁阳	460	1926年4月	每日产袜40双	6
华永织袜厂	焦作	200	1927年4月	袜40双	5
刘记织袜厂	焦作	100	1927年6月	袜30双	2
同泰和袜厂	焦作	50	1927年3月	袜30双	2
民生袜厂	焦作	60	1927年1月	袜40双	4
万聚成铁厂	新乡	2000	1922年	生产铁器种类不详	40
复来庆	安阳	2000	1913年3月	年产汴绸150匹	12
三成玉	安阳	3000	1922年1月	年产汴绸740匹	8
锦文州	安阳	1000	1922年1月	年产汴绸400匹	4
锦泉永	安阳	1000	1919年8月	年产汴绸400匹	7
豫纶丝厂	荥阳	5000	1926年3月	年产黄丝、白丝2000匹	40

资料来源：刘景向总纂《河南新志》卷5上册，第260～263、269页。

1000元以上，产额也比较高。部分手工业工厂的产品在社会上有良好的声誉，如汜水县的新文工厂生产的粉笔"销路甚广,曾经教育部门审定适用，财政部特予免税，福建省长直隶实业观摩会各给奖状"。[①] 确山工艺师范毕业生张伯昂创办工艺工厂，"聘请北洋工师，分织染两科，所出各种布匹、

---

① 田金祺修、赵东阶等纂《汜水县志》卷7《实业志》。

毛巾等均甚精美，销路畅旺"。① 以工厂方式经营手工业，是民国以来河南市镇手工业发展的主要趋势。

（三）平民工厂

民国初年，大开创办实业的风气，不仅商人热心创办实业，地方政府也在创办实业方面做出了努力，各县相继开办平民工厂。如1915年，临颍县知事陈俊主持开办平民工厂，建厂房20间，购置木制织布机10余张，招收徒工30名，学习织平布、毛巾。② 同年，正阳县知事丁景炎在县儒学署设立平民工厂，招徒工20名，学习织、染、皮三业。1918年，袁嘉骥添置铁机，改为公私合办，专门经营纺织业。③ 上蔡邀绅商集议，用牙税5840元开办工厂，遴选热心公益的绅士侯烙文为厂长。该工厂分设染织、印刷、缝纫、草辫等六科，"招取贫民子弟，悉心教授，以期化惰为勤，庶可收惠民劝工之实效"。④ 有的县贫民工厂由慈善机关所办，如1914年，虞城县慈善局在县城开办"民生工厂"，生产棉布、毛巾、毛毯等。⑤ 有的工厂始于传教组织，如民国初年，英国"中华圣公会"在永城县城开办保罗织布厂，"经理王少卿，工人四五十名，机器系鲁产脚踏铁机，用日、英产洋纱，日产布30匹，毛巾30打，制服若干。后改为平民工厂"。⑥ 有的贫民工厂颇有成效，如济源县溥济工厂1914年创办，历年盈余共银1160余两，"织染、线带、布匹、被料各色成品，均极精美，成绩斐然可观"。⑦ 据1919年统计，全省各县贫民工厂61个，虽然资金不足，但已"粗具雏形"。⑧ 表3-9是1920年河南省实业厅对全省贫民工厂的调查统计。

---

① 《河南确山工艺之现状》，《华商联合报》第8期，宣统元年四月三十日。
② 《临颍县志》，第374页。
③ 刘月泉、陈全三纂修《重修正阳县志》卷2《实业·工业》。
④ 《上蔡用牙税开办工厂》，《新中州报》1918年9月23日。
⑤ 《虞城县志》，第204页。
⑥ 《永城县志》，第165页。
⑦ 《济源溥济工厂迅速发展》，《新中州报》1918年9月12日。
⑧ 《模范工厂为全省工业巨擘》，《申报》1919年7月30日。

表 3-9　河南贫民工厂统计

名称	设备情形	资本（元）	成立时间	产品及月产额	工人数	备考
郑县贫民工厂	毛巾、袜子二科	180	1915年5月	毛巾620条 袜子480双	10	
夏邑贫民工厂	织布、毛巾二科	—	1915年11月	布90匹 毛巾100打	34	
襄城贫民工厂	织布一科	—	1915年	布60匹	40	
河阴贫民工厂	织布、织带二科	266		布60匹 带子无定数	25	织带时做时停，无由计数
荥泽贫民工厂	布、带二科，布机10张	480	1914年5月	布60匹 带子无定	34	同上
西华贫民工厂	毛巾一科，机15张	—	1917年10月	毛巾20打	21	
密县贫民工厂	织布一科，机15张	872	1915年10月	布90匹	30	
淮阳贫民工厂	织、染、毛巾三科	—		布50匹 毛巾5打	10	
临颍贫民工厂	织布一科，机15张	1452	1915年5月	布90匹	31	
考城贫民工厂	织、染二科，布机9张	—		布50匹	19	
项城贫民工厂	织、染、竹、木四科	—		布300匹	50	
太康贫民工厂	织布一科，机20张	333	1915年	布120匹	40	
扶沟贫民工厂	织布、毛巾二科	666	1917年5月	布50匹 毛巾24打	20	
兰封贫民工厂	编织草帽、绒绳、纺绒线	—	1917年9月	布35匹	12	
虞城贫民工厂	织、染二科，布机7张	—		布40匹	15	
新郑贫民工厂	织科，布机20张	7283		布120匹	41	
鄢陵贫民工厂	织、染、编制三科	333		布90匹	31	
尉氏贫民工厂	毛巾一科，机15张	266	1914年3月	毛巾20打	30	
通许贫民工厂	织、染、木三科	266		布35匹	12	
杞县贫民工厂	织、染二科，布机10张	1226	1914年12月	布60匹	20	

续表

名称	设备情形	资本(元)	成立时间	产品及月产额	工人数	备考
新安贫民工厂	织布、编席、草帽三科	—	1917年12月	布40匹	14	
鲁山贫民工厂	织布、木工二科			布76匹	26	
陕县贫民工厂	织、纺二科,布机10张	4285	1916年	布60匹	20	
伊阳贫民工厂	织、纺二科,机11张	173	1916年	布64匹	22	
渑池贫民工厂	绣、织二科,布机10张	333	1916年2月	布50匹	20	
巩县贫民工厂	织、染、石工、石印等科	714	1913年9月	布84匹	30	
阳武贫民工厂	织、编、染、铜等科	300	1918年1月	布35匹	12	
武陟贫民工厂	丝工、棉工二科	900(2200)	1914年3月	布100匹	35	开办费900元,经营费2200元
济源贫民工厂	纺、织二科,机14张	200(7857)	1914年5月	布82匹	31	
修武贫民工厂	织科,机9张	2500	1914年11月	布53匹	19	
沁阳贫民工厂	织科、竹科,机15张	1700	1914年3月	布90匹	30	
延津贫民工厂	织、染、粉笔、镀金各科	333	1916年5月	布53匹	18	
淇县贫民工厂	织带、擀毡二科	334	1914年8月	带1000付	10	
获嘉贫民工厂	织科,机11张	1200	1914年3月	布64匹	23	
汤阴贫民工厂	织科,机11张	1486	1914年1月	布64匹	23	
确山贫民工厂	织科、竹科,机12张	704	1914年11月	布70匹	24	
息县贫民工厂	织、染、木、竹、铜、铁、印刷各科,木机1张	666	1916年11月	布6匹	3	
舞阳贫民工厂	染、织、粉笔三科	1600		布902匹	33	
商城贫民工厂	染、织二科,织机10张	1066		布51匹	21	
泌阳贫民工厂	织科,机10张	—	1915年11月	布64匹	22	

续表

名称	设备情形	资本(元)	成立时间	产品及月产额	工人数	备考
邓县贫民工厂	染、织二科，机10张	—	1916年9月	布60匹	21	
内乡贫民工厂	织科、竹科，机10张	—		布60匹	21	
新野贫民工厂	纺线、织带，机15张	533	1914年9月	带1000付	15	
潢川贫民工厂	织染科，机25张	3000	1916年1月	布125匹	50	
遂平贫民工厂	染织科，机2张	—	1913年	布12匹	4	
叶县贫民工厂	织、染、竹三科	—	1916年	布120匹	53	
正阳贫民工厂	织、染、皮工、缝纫、印刷等科，机17张	3076	1914年10月	布100匹	34	
新蔡贫民工厂	染、织、竹、木、洋烛等科，布机4张	2000	1912年1月	布5匹	8	

资料来源：刘景向总纂《河南新志》卷5《实业·工业》，第263~268页。

民国初期，由于政府倡导，河南各地开始筹办贫民工厂。北洋政府时期，河南贫民工厂以1920年为界大致经历了两个阶段。如有调查所言："各县于民国元年设平民工厂，实其萌芽。民国六年，实业厅成立，故推行较易。历任厅长，如曹宝江、陈善同等，均积极催办，雷厉风行，故大有一日千里之势。各县成立者，共七十余处。"可见，北洋政府时期河南大多数县设立了贫民工厂。1920年由于北方大旱，"豫北旱魃为灾，豫北各县工厂乃悉数倒闭，而豫东、豫南、豫西，相继倒闭者亦甚多"。① 表3-9的调查是在这次旱灾之后的调查，所以只有40余县有贫民工厂，比上述资料少了30余处。1926年，冯玉祥国民军再次占据河南后，在开封设立惠民工厂，有铁机30张，毛巾机30张，工徒百余人。② 随着北伐军占据河南，冯玉祥提倡工业，所谓"民十六年革命军到豫后，提倡工业，不遗余力，各县工厂

---

① 《豫省各项工业概况》，《中行月刊》第5卷第5期，1932年11月，第120页。
② 《开封市工商业调查统计汇编》，1951，第37页。

勃然复起"。[1]

从表3-9来看，河南贫民工厂规模都比较小，设备、资本、产量、从业工人都不足。生产方式是半手工业半机器，最多不过数千元，少者仅有100余元。产品以织布、袜子、带子为主，产量也较低，以布匹为例月产量超过100匹的极少，且产品比较粗劣。如陈留"有织毛巾、爱国布、纺纱等工厂，均系小本营业，出品不堪精良。因之销路未广，往往亏折本金"。[2] 泌阳的官设织布工厂"资本未充，仅织花素爱国布、毛巾"，[3] 品种和产量都十分有限。大部分官营贫民工厂经营不善而亏本，如正阳"贫民工厂为地方公款设立，但贫民多而工厂少，经理者素无工商经验，动辄亏本。徒征集捐款，重富民之负担，绅士不免责言，往往工作品价目、成本昂于洋货"。[4] 汤阴贫民工厂开办一年后就亏损清制钱1237串876文。[5] 一些工厂因资本不足而停业。"民国以来，始有组织，然人才缺乏，如裕民工厂，五年成立，设在东关，资本钱三百千；华严惠民工厂，十年成立，设在城内红堂，资本系佛教会工帐余款资本一千三百三十五元，钱一百千，由邑令梁友庚呈请该会开办，均以资本消耗先后停止。"对于汜水官办工厂的停业，时人评论说："独于工厂工业由官府提倡，委绅经营者恒一蹶弗振，何公德不如私德之盛乎？"[6] 这些都说明贫民工厂的设立并没有达到设立者的初衷。

（四）手工业的变化

北洋政府时期，河南的手工业发生了比较明显的变化，主要表现在以下几个方面。

第一，部分传统手工业行业趋向没落。近代以来，随着帝国主义经济侵略的加深，中国农业与家庭手工业相结合的传统经济模式逐渐趋于解体，处于内地的河南也受到影响。如1905年《河南官报》第71期记载："洋货山

---

[1] 《豫省各项工业概况》，《中行月刊》第5卷第5期，1932年11月，第120页。
[2] 林传甲：《大中华河南省地理志》，第108页。
[3] 林传甲：《大中华河南省地理志》，第278页。
[4] 林传甲：《大中华河南省地理志》，第296页。
[5] 殷时学：《汤阴最早的一家工厂》，《安阳文史资料》第4辑，1989，第140页。
[6] 田金祺修、赵东阶等纂《汜水县志》卷7《实业志》。

积,土货寥落,除花纱、呢羽、火油、色布大宗不计外,即日用零星如针线、纽扣、铁钉、纸张之属,亦多充牣罗列,无论大小市镇,触目无非外货。"① 有人回忆:"民国初年,我才记事的时候,(临颍)城里在日常生活各方面的用品大部分都带上一个'洋'字,如洋烟、洋油、洋布、洋袜、洋帽等等。原来自有的手工业经济几乎完全瓦解。"② 在西方机制商品的冲击下,那些能够被"洋货"代替的手工业开始没落。如项城的铜器制造业,因被"外洋磁铁所夺,用铜盆、铜壶者日少",③ 而走向了衰落。洛阳"以缫丝打丝为主的丝线业,以割皮为业的弦坊,还有水烟作坊、染坊、碾布坊、炮坊,以及铜匠铺、银匠铺、纸扎铺,多因商品过时先后淘汰罄尽"。④ 农村土布业受打击最为严重,正阳是农村家庭纺织业比较发达的地区,随着洋布的输入走向了衰落,"陡沟附近居民,家尽设机,人精纺织,纱细布密,畅行颍、亳及山陕二省。商贩极多,每早晨布市,张灯交易,备极繁盛。寒冻织绫亦佳,故寒绫陡布一致著名。近受洋货侵略,衰替殆尽"。⑤ 洛阳的土布业"自从洋布进入市场,土布无力竞争,广大农民多数停纺断机。在这样的形势下,土布行业直接受到影响,缩小、合并、倒闭之余,亦所剩无几"。⑥ 土布业的衰退,也引起了印染业的不景气。如临颍的织布业历史悠久,同时染坊也很多,但随着洋红、洋绿、煮黑、煮蓝等的进口,传统染坊所用的靛蓝逐渐被代替,"农村的'打靛池'也变成了废物"。⑦ 洋染料的进口,导致农村传统生产"靛蓝"的手工业衰落。濮阳县某村原先以生产土碱、小盐为农家主要副业,"硝河坡中芦苇而外的副产物为土碱,碱场星罗棋布"。但 1920 年后,"因洋碱侵入,价廉而质纯,用土碱者已去其大半"。⑧ 上述手工业与家庭副业是伴随着外国工业品的输入而逐渐走向

---

① 河南省地方史志编纂委员会主编《河南辛亥革命史事长编》(上),河南人民出版社,1986,第 72~73 页。
② 晁凌音:《回忆"洋"字当头的时代》,《漯河文史资料》第 2 辑,第 126 页。
③ 林传甲:《大中华河南省地理志》,第 166 页。
④ 董纯熙:《近代洛阳商业漫谈》,《洛阳文史资料》第 2 辑,1987,第 39 页。
⑤ 刘月泉、陈全三纂修《重修正阳县志》卷 2《实业·工业·纺织业》。
⑥ 董纯熙:《近代洛阳商业漫谈》,《洛阳文史资料》第 2 辑,第 39 页。
⑦ 晁凌音:《回忆"洋"字当头的时代》,《漯河文史资料》第 2 辑,第 127 页。
⑧ 纪彬:《农村破产声中冀南一个繁荣的村庄》,《益世报》1935 年 8 月 17 日。

衰落的。

　　第二，部分手工业由手工生产转向半机器生产，组织方式也发生了变化。纺织业中，一些家庭纺织业开始购置机器，从事半机器生产。如鄢陵手工业以纺织业为主，"棉布、各色梭布，畅销海内"，民国初年"有个人备置纺纱织布等机器百余户，出品颇佳，尚堪供世用"。[①] 偃师以生产土布著名，"全县有布店十余家，普通社会人多以纺织为生，惜乎尽属土法，未能改良。近来有在外购买纺纱新机，暂行试办，未著成效"。[②] 汜水纺织业为家庭"妇女常业，昼夜工作，纺绩多勤，故布店线市全县林立，纺织之工莫过于汜，惟机车旧属木器，最近始有倡用铁机者，男女合作，每机每日可出布三四匹"，[③] 铁机的使用，大大地提高了工作效率。新乡、禹县的制瓷器业的组织形式和生产方式都发生了变化，神垕镇是钧瓷产地，建立了瓷业公司，"资本五万两，用新法制造"。[④] 武安出产以煤为大宗，原"系土法开挖"，民国初年开始以股份制组织开采，向机械生产转变，"近年绅商集股，购机领照，争先开采者约六家"。[⑤] 汜水"汜邑家庭工业或女作，或本土法，或改新式，无不蒸蒸日上"，一些家庭工业的生产技术也在不断改进，"近来购置机器织洋袜、围脖、绒帽，东关及四乡多由家庭自办"。[⑥] 这些变化反映了民国以来河南手工业生产在技术上不断改进，无疑推动了河南手工业的发展。

　　第三，出现了一些新兴手工业行业。民国以来，新兴的手工业行业分为两类，一类是我国原来没有，如针织、火柴、肥皂、搪瓷、电器、电池、胶轮人力车、西药、玻璃等，从国外引进后就采用手工业生产；一类是因为对外贸易的发展，为了出口而形成的手工业，如出口地毯、制蛋、肠衣、猪鬃、花边、抽纱、草帽及草辫、发网等。

　　在上述手工业中，河南发展比较快的是草辫业。一些地方设立传习所，

---

① 林传甲：《大中华河南省地理志》，第118页。
② 林传甲：《大中华河南省地理志》，第234页。
③ 田金祺修、赵东阶等纂《汜水县志》卷7《实业志》。
④ 林传甲：《大中华河南省地理志》，第124页。
⑤ 林传甲：《大中华河南省地理志》，第196页。
⑥ 田金祺修、赵东阶等纂《汜水县志》卷7《实业志》。

教授草辫生产方法。如荥泽"城乡均设女子草辫传习所,妇工亦勤且巧。贩售海外,或北出天津,或南出汉口"。①地方志也记载,荥阳"制草帽辫之工,向仅原草七股,辫一种;自开传习所以来,学制劈草辫,种类已多至十数种"。"制草帽之工向用人力,自开办传习所以来,改用机器,出品精美不亚于山东直隶。"②据1920年代统计,荥阳有草辫、草帽业工厂11家,分布在须水城、二十铺、赵村、祥营镇、汪沟和县城等市镇,资本总额达2.8万元,年产22.7万顶,包括双鹿、双龙、双喜、双凤、仙鹤、寿星、飞艇7个注册商标;有草辫3万斤。③受荥阳、鹿邑等县影响,登封县知事邀集绅商,创设草帽辫传习所,召集女生40名,延聘荥阳技师许翠峰、王月英等作为教员,传习草帽辫制作方法。④西平"以草帽为大宗,乡区妇女率能精制……民国八年,又多设帽辫学校,研究造法,逐渐改良,力图进步"。⑤郾城"无论乡村集市,老妇少女皆以编草帽辫为业。以麦秸及贱之物,编成辫即可售卖。每斤粗者数十钱,细者百余钱。勤而速者,终岁所得值自给衣服且有赢也。幼女数岁,即能为之"。⑥民国初年,南阳创设草帽公司两处,草辫传习所十余处。⑦汜水"民国年间,邑令梁友庚倡办传习所数处,改良编法,习者甚众。嗣因款绌停办,以致毕业女生散归无用。惟梁庄张之铭子相曾赴广东学制草帽,近年在家收辫制帽,行销甚广,若再加扩充,辫业发达,可操左券矣"。⑧1919年,唐县劝学所长李嵩崎购置制帽机器,在全县推广制帽新技术,郭滩、上屯等地所产草帽量大、质优,远销湖北、湖南、广东、广西等地。⑨又据1919年8月上海《民国日报》报道,河南草帽辫"以荥阳、鹿邑、西平、新野、潢川等县出产较多。荥阳花纹精细,岁得二万斤,商人设庄收买,运送出口。鹿邑所出,色泽尤鲜,洋商

---

① 林传甲:《大中华河南省地理志》,第178页。
② 刘海芳等修、卢以洽纂《续荥阳县志》卷4《食货》,1924年石印本。
③ 刘海芳等修、卢以洽纂《续荥阳县志》卷1《工厂统计表》。
④ 《登封改良草帽辫》,《新中州报》1918年6月3日。
⑤ 林传甲:《大中华河南省地理志》,第302页。
⑥ 徐家璘、宋景平修,杨凌阁纂《商水县志》卷5《地理志·物产》,1918年刻本。
⑦ 林传甲:《大中华河南省地理志》,第270页。
⑧ 田金祺修、赵东阶等纂《汜水县志》卷7《实业志》。
⑨ 《唐河县志》,第381页。

贩运上海出口，岁得七八十万斤。新野所制草帽，行销湖北沙市等处，岁可（产）七八万顶。西平所制岁亦二万余斤，草帽亦岁有三万顶，行销汉口、周口等处。潢川所出草帽，岁可（产）二三万顶，运销汉口、上海。近来杞县、兰封、郑县、汜水及其他各县，亦多设立草辫传习所，提倡此业，成效颇著"。① 可见，制草帽和草辫是民国初年河南兴起的一项重要的农村手工业。

随着棉花种植面积的扩大，轧花成为一种新兴的手工业，如修武设"轧花厂五十余处"。② 太康是豫东棉花主要产地，轧花业"近来逐渐发达，轧房收买籽棉，轧作皮棉，转售于商贩，颇获厚利"。③ 新兴的手工业逐渐成为河南农村新的经济增长点。

柞蚕业是河南传统的手工业。在1920～1930年代，国内和国际市场上需求量较高，刺激了河南柞蚕丝的生产，成为发展比较快的传统手工业。20世纪初，方城县的丝绸业发展很快，拐河就有丝织行70多家，津、沪、陕等地客商往返于拐河者络绎不绝，使此地有"小上海"之称。天津口岸的外商，"在接验河南丝绸时，要求每庄内至少夹杂一匹'拐河绸'，方可收受"。④ 足见方城拐河丝织业营销之大。1920～1931年，河南柞蚕业颇为兴盛，年产茧约达30万亿粒，产丝200万斤，产绸25万多匹，经上海输出，价值白银年达500余万海关两（每两合白银3市两2钱），占全国蚕丝的65%。全区养蚕户数在10万户左右，机织达3万余家，主要产区为鲁山、南召、镇平、方城等县。柞蚕丝收入占农家全年收入的40%以上。⑤

随着烟草的种植，卷烟业成为新的手工业。河南许昌种烟的农民，在最初种植时，收获后即将烟叶出卖于商人，并不加工烟叶。随着卷烟业在河南兴起，农民除了出售烟叶外，"并在自己家内制造烟丝，有时并卷成烟卷再行出卖；不久专门制造烟卷的手工作坊，即在许昌及许昌周围各县创立起

---

① 《河南草帽辫出产尤多》，上海《民国日报》1919年8月15日。
② 林传甲：《大中华河南省地理志》，第226页。
③ 周镇西、刘盼遂纂修《太康县志》卷3《政务志·工业》，1933年铅印本。
④ 宋书林：《方城柞林、柞蚕与柞绸》，《方城文史资料》第7辑，1990，第62页。
⑤ 任醇修：《河南柞蚕事业的过去》，《河南文史资料选辑》第2辑，第152～153页。

来，现在许昌及许昌附近十九县制造烟卷的家庭工业及手工作坊已达六百处以上"。① 可见，经济作物的种植使当地出现了新的手工业行业。

第四，家庭手工业经营方式发生了变化。由于家庭手工业与市场紧密结合，传统的农业与家庭手工业结合的方式已经不能适应市场的需要，因此在一些行业出现了类似包买商的经营方式。在中国的手工业经营中，包买商出现的比较早，如河北高阳的织布业经营方式是一种比较典型的"商人雇主制度"，学者多有论述。② 但尚未有学者关注河南卷烟业中的"商人雇主制"。在许昌卷烟生产的初期，农民在自己家内制造烟丝及烟卷，然后再出卖于商人。但随着卷烟手工业与市场发育的成熟，商人开始介入生产阶段，即商人"开始供给农民以卷烟的纸，规定卷烟的样式、牌号及品质的标准，以至规定卷烟的价格、生产数量及交货的日期，最后（烟）丝亦由商人供给，对卷烟者支付工资，并将卷烟工作的一部分，如装潢、包装等则在自己厂内完成"。③ 许昌卷烟生产过程中，商人参与到手工业生产领域的某个环节或全部环节，与高阳织布业中的"商人雇主制度"完全相同，即商业资本在手工业生产中居于支配地位，而且在许昌烟卷业中普遍存在。土布、丝织业也有"商人雇主制"，禹县以产布著名，"布初用本线，近年亦用洋线，而精致则过洋布远矣。凡贸布者，皆与城内洋线庄交易，上市受线，下市交布，不费现本，亦无赊债。此农家合宜之业也。禹布肇起于酸枣树杨，今则南抵郑界，北渡颍流，轧轧机杼声闻数十里，分之则家给人足，合之而一市万贯"。④ 镇平石佛寺丝织业生产采取"包机"，即由丝庄供给原丝，出工钱，定规格，定成品的交货时间，由家庭内工业去完成的一种生产方式，常年织包机的人家被称为机户。据不完全统计，1931 年以前，镇平县有机户1.5 万余家，石佛寺镇每逢集日，发出的包机工银常在 1 万元银币以上。⑤ 这是 20 世纪二三十年代河南手工业经营中一个新的变化，说明家庭手工业

---

① 章有义编《中国近代农业史资料》第 2 辑，第 241 页。
② 如史建云的《商品生产、社会分工与生产力进步——近代华北农村手工业的变革》，《中国经济史研究》2001 年第 4 期。
③ 赵䎱僧：《商业性农作物的发展及其意义》，《益世报》1935 年 9 月 28 日。
④ 车云修、王攀林纂《禹县志》卷 7《物产志》。
⑤ 仵仲坚：《丝绸之市石佛寺》，《河南文史资料》1994 年 3 辑，第 105～106 页。

与市场的联系越来越紧密。

第五，手工业经营主体也发生了变化。在传统手工业经营中，大多数是因耕地不足，比较贫困的家庭为了度日而作为家庭副业来经营，但随着近代市场经济的发展，一些地主开始经营手工业。如濮阳某村的榨油作坊，以前大多数是小手工业贫民所经营，随着花生油市场的扩大，1925年成立了花生行，由地主经营，"一方（面）秋末冬初贱价收买附近中小贫农的花生，一方（面）包揽官税从中取利；待春夏之交，高价整批卖于外来商人"。在榨油行业，地主控制的花生行，"自行压榨成油，运送大名、道口等地，转由天津、济南输出海外……前此之榨油业主，或歇业拍卖工具，或为雇工。他们的事业，尽被地主、绅士及知识分子所包办了"。① 说明手工业经营的主体有了变化。

四 列强在河南设立的工厂

近代中国是一个主权丧失殆尽的国家，西方列强通过不平等条约在中国攫取了许多特权，包括开设矿山工厂之权，掠夺的主要资源为煤炭、烟草和棉花等工农业产品。

（一）英福公司对河南煤矿的掠夺

英福公司（Peking Syndicate）成立于1896年，在英国注册，股本2万英镑。光绪二十四年（1898）福公司与皮包公司"豫丰公司"签订了《河南开矿制铁以及转运各色矿产章程》，通过该章程，福公司取得了在河南的采矿权。② 为了运输煤炭，福公司于1903年开始修建铁路，1905年道口码头至柏山之干路及游家坟至新乡站的支路一并竣工，长146公里，1906年展修至清华镇。道清铁路全线贯通，长150公里。③

---

① 纪彬：《农村破产声中冀南一个繁荣的村庄》，《益世报》1935年8月17日。
② 汪敬虞主编《中国近代经济史（1895~1927）》上册，第613~614页。
③ 岁有生、张雷：《论道清铁路对沿线社会经济的影响》，《华北水利水电学院学报》2005年第3期。

第三章 工矿业与手工业

福公司修筑道清铁路的目的是运输焦作地区煤矿的煤。1906 年至 1915 年,道清铁路的煤炭运输完全为福公司所垄断,① 附近民营煤窑如李河、常口、柏山等地的小煤窑也通过道清铁路运出。民国以来,福公司与附近民营煤矿冲突不断。按照最初划定的界限,福公司开采范围分红黄两界,"黄界面积六十方里,红界面积一百二十(方)里。规定先开黄界,于煤尽后,呈请另给开采凭单,续开红界。……至民国二年间,该公司复要求红界开采凭单,并于是年秋与附近之中州煤矿公司,发生争界问题"。② 又有文献记载:"福公司总理堪睿克,以中州公司之产煤富饶,而又昌利行销,心甚嫉妒,思设法倾陷,遂电请北京英使馆,电阻道清铁路总局,禁载桐树沟中州公司及各民窑运出之煤斤,车务处总管英人巴白,遂有谢绝华煤之宣示。一时沁修两县人民,以矿业为生者,闻此噩耗,无不痛心疾首,争相号召,思起而为福公司为难。"③ 为了打压河南民营煤矿,福公司通过外交途径停止了道清铁路对民营煤矿中州、豫泰、明德三公司原煤的运输。在双方冲突不断升级的情况下,河南省都督张镇芳派胡石青、王敬芳前往北京与福公司代表会商解决。为了与福公司对立,将原来民营的中州、明德、豫泰三个煤矿公司合并,成立"中原煤矿股份有限公司",股本除原三公司以财产作股之外,另由河南省政府指拨地方某项税收充作公司部分股份。④ 中原煤矿公司既有商股又有官股,是一个官商合营的企业。

从 1913 年 12 月至 1914 年 3 月,双方举行商谈会议 40 余次,签订了草合同 43 条,正合同 7 条。一是将福公司"原订合同,及售煤专条,作为取消";二是 1915 年 6 月将中原公司与福公司"合组一福中公司,采分产合销制,以泯竞争"。⑤ 即两公司分别划定矿区进行开采,所产煤炭交由福中

---

① 孙越崎:《中福煤矿的坎坷道路》,《焦作文史资料》第 3 辑,第 62 页。
② 杨训渠:《河南中福两公司合资之经过》,《河南政治月刊》第 3 卷第 7 期,1933 年 8 月。
③ 李文浩:《河南中原煤矿公司之过去现在与将来》,《河南中原煤矿公司汇刊》第 1 期,1931 年 2 月 1 日。
④ 许继彬:《焦作中福煤矿简史》,《河南文史资料》第 16 辑,1985,第 57 页。
⑤ 李文浩:《河南中原煤矿公司之过去现在与将来》,《河南中原煤矿公司汇刊》第 1 期,1931 年 2 月 1 日。

公司统一销售。因此，福中公司不过是中原、福公司的专销机构，其主要职能是按比例销售中原、福公司的煤炭。通过这次会商，福公司扩大了采矿区域，1920年，开李封大井；1925年开王封大井。李封、王封二矿厂各有锅炉10余座，卷扬机2部，修理厂1所。总计福公司所属各矿有大小水泵30余座，每小时可排水90余万吨。① 表3-10是1916~1926年福公司与中原公司煤炭产量统计表。

表3-10 1916~1926年福公司、中原公司煤炭产量统计

单位：吨

年份	1916	1917	1918	1919	1920	1921	1922	1923	1924	1925	1926
福公司	449242	506087	627927	494742	561834	648716	505109	694143	670835	338877	116673
中原公司	416627	340385	431635	832762	734895	245290	391847	568404	939339	564200	54000

资料来源：《第五次中国矿业纪要》，转引自汪敬虞主编《中国近代经济史（1895~1927）》上册，第619页。

经过这次谈判，双方均获得了很大的利益，煤产量都有一定程度的提高。但福公司在开采过程中，不断强占民窑，侵害当地民众，使其利益获得最大化。《议结英商福公司矿务交涉草合同》第10条规定："福公司矿界内如有现开之民窑，得仍旧继续开采，但旧有之窑已停闭者，窑主应请福公司公平给价收买；如福公司不愿收买时，窑主得自由重开。"② 但是，1922年，福公司将博爱县李封村旧民窑136井强行占据，其中给价收买者仅38井，"尚多非直接买自窑主"，其余98井，"并未给价收买"，③ 属于强占。福公司未经收买而强占98家民窑是：

许尊堂，55号窑4洞；徐建权，70号窑4洞；许尊堂，44号窑2洞；许富华，6洞；许同文，7洞；张美元，43号窑2洞；徐守

---

① 汪敬虞主编《中国近代经济史（1895~1927）》上册，第618页。
② 李文浩：《河南中原煤矿公司之过去现在与将来》，《河南中原煤矿公司汇刊》第1期，1931年2月1日。
③ 杨训渠：《河南中福两公司合资之经过》，《河南政治月刊》第3卷第7期，1933年8月。

宁，42 号窑 2 洞；靳恩元，8 洞；许德新，5 号窑 2 洞；许平章，30 号窑 2 洞；许正恩，62 号窑 4 洞；许兴光，7 号窑 2 洞；许继高，6 号窑 2 洞；合泰店，17 号窑 4 洞；毕世兰，18 号窑 4 洞；李为霖，12～13 号窑 2 洞；合泰店，55、70 号窑各 4 洞；刘六科，1、2 号窑共 4 洞；合泰店，1、2 号窑共 4 洞；徐征合，35 号窑 6 洞；许继耕，51、41、28 号窑共 6 洞；许海峰，21、29、31 号窑共 6 洞；许广宝，11、53 号窑各 4 洞；许少谋，60 号窑共 6 洞；许式方，7 号窑共 2 洞；卢坊懋，14 号窑共 2 洞；靳怀鲁，14 号窑 2 洞；靳观国，36 号窑 3 洞；许传君，5、10、11 号窑共 8 洞；许观国，4 洞。合共 98 个。

福公司强买的 38 家民窑是：

许连文，15、16 号窑共 4 洞；刘保太，65 号窑 2 洞；张绍渠，40 号窑 2 洞；许文智，40 号窑 2 洞；刘恒峰，4、8、9、11 号窑共 8 洞；许文璞，19、20 号窑共 4 洞；张运川，9 号窑 2 洞；许文斗，8 洞；张思轩，3、13、25 号窑共 8 洞；合共 38 个。[①]

福公司强占和强买行为践踏了《议结英商福公司矿务交涉草合同》以及《议结英商福公司矿务交涉正合同》的相关内容，构成了对国家矿权的破坏。正如时人所言：福公司"变本加厉，较前更烈，豫人闻讯之下，莫不痛心疾首，愿与偕亡。乃该公司犹贪心未已，即此不平等条约中些许有利于我方者，百法推诿，不肯履行。甚且为轨外行动，蔑视我国法，苛虐我人民"。[②] 福公司的经济掠夺引起了河南人民的不满。加之福公司一切重要职员均为外国人，"上自总工程师，下至侍役，无不贪污舞弊。工头包工，工匠欲进厂作工，均须先纳若干贿赂，例如开高车工人每月工资不足 10 元，

[①] 陈真、姚洛合编《中国近代工业史资料》第 2 辑，三联书店，1958，第 197～198 页。
[②] 杨训渠：《河南中福两公司合资之经过》，《河南政治月刊》第 3 卷第 7 期，1933 年 8 月。

欲进工厂工作，必须先纳数十元于外人，然伊辈又转向包工头敲榨，否则提煤时故意延碍，而包工实则又压榨工人之血汗以自肥"。① 工人对外商、包工头的压迫积怨很深。

1925年5月，上海爆发了五卅运动，消息传到河南后，河南各地也掀起了反帝爱国运动。在五卅运动的影响下，7月6日，焦作英商雇用的厨师、花工、翻译、女佣等200余人，一律罢工。8日，福公司焦作煤矿数千人实行总罢工，提出了"打倒英帝国主义""废除不平等条约""收回福公司矿权"等口号。② 因此，五卅运动成为福公司工人反对剥削的导火线，如时人所言："五卅惨案发生，于是工人十余年之积怨一泻不可复制，乃全体罢工一年余。"③ 冯玉祥的国民军占领河南后，福公司人"闻风而逃"，福公司随之停产。福公司因工人罢工和国民军进豫而停产，原来统一销售煤炭的"福中总公司"也随之解体。

（二）英美烟公司对河南烟草的掠夺

英美烟公司成立于1902年，总行设立于英国伦敦和美国纽约。主要从事"烟草种植和烟草、雪茄、卷烟、鼻烟的制造、销售业务，以及任何从这些商品产生的或与之有关的任何业务"；"在任何地方，建立、维护或改建任何工厂、烘房、烤房、仓库、堆栈，或为继续进行业务用的，或用于与公司业务有关的一切建筑"。④ 该公司一建立，就开始拓展海外市场。从1902年开始，随即取得在中国的烟草经销权，推销纸烟、雪茄和烟叶。1902～1914年陆续收买和建立了上海、汉口、天津、沈阳等六家卷烟工厂，并取得了其产品在华销售时与中国土烟同等的纳税特权。⑤ 经过30年的经营，逐渐垄断了中国的烟草市场。据1932年估计，华商烟公司60家的总资本是1546万元，英美烟公司一家的资本有3600万磅，合国币4亿元左右。在汉口、天津、青岛、沈阳、香港等地都有它的分厂和分公司。英美烟托拉

---

① 陈真、姚洛合编《中国近代工业史资料》第2辑，第189页。
② 许继彬：《焦作中福煤矿简史》，《河南文史资料》第16辑，第59页。
③ 陈真、姚洛合编《中国近代工业史资料》第2辑，第189页。
④ 《英美烟公司在华企业资料汇编》第1册，第3页。
⑤ 汪敬虞主编《中国近代经济史（1895～1927）》下册，第1783页。

斯在中国卷烟业中已占据垄断地位。①

英美烟公司涉足河南是从种植烟草开始的，前文已有论述。为了转运收购的烟叶，英美烟公司在许昌公兴存转运公司设立了中转仓库，并委托该公司为其大量收购烟叶。1917年，英美烟公司委托任伯彦以"永安堂"的名义在许昌城西、京汉铁路东侧购买土地近百亩，建立"英美烟公司许昌收购站"、烤烟厂。② 1920年建成了烤烟厂，有复烤设备2座，每月复烤能力为4032000磅。③ 表3-11是北洋政府时期英美烟公司在河南收购烟草数量统计表。

表3-11　1918~1925年英美烟公司在河南烟草收购统计

年份	1918	1919	1920	1921	1922	1923	1924	1925
数量（磅）	1940383	7578819	14330545	8305574	5598178	9468246	23508736	7635690
指数	100	390.6	738.5	428.0	288.5	488.0	1211.6	393.5

资料来源：陈真、姚洛合编《中国近代工业史资料》第2辑，第123页。指数为笔者计算，以1918年为100。

从表3-11来看，英美烟公司在许昌建立收购站和烤烟厂后，其收购量比以前有了很大的增加。英美烟公司在河南建立收购站和复烤厂后，采取各种手段打击华商南洋兄弟烟草公司。随着许昌烟草种植的扩大，1920年南洋兄弟烟草公司在许昌建立了烟厂，收购和复烤烟叶。④ 英美烟公司"凭借自己雄厚的财力，采用提高烟叶收购价的办法，妄图一举把南洋公司挤垮"。1922年烟叶收购季节，双方又展开了价格大战，市场上的烟价从每斤0.2元（银元）提高到0.5元。经过这样的竞价，加之英美烟公司通过最惠国待遇等特权和贿赂地方士绅，南洋烟公司最终被挤垮，1925年，英

---

① 希超：《英美烟公司对于中国国民经济的侵蚀》，中国经济情报社编《中国经济论文集》，生活书店，1934，第92~93页。
② 包书亮：《英美烟公司对许昌烟市的垄断及烟行街的形成》，《许昌文史资料》第7辑，第241页。
③ 陈真、姚洛合编《中国近代工业史资料》第2辑，第123页。
④ 《南洋兄弟烟草公司史料》，第196页。

美烟公司垄断了许昌烤烟市场。在挤垮了南洋公司后,一是"把原来的加一大磅改成了加二五大磅,即把 101 斤只能称 100 斤的大磅改成 125 斤才能称 100 斤的大磅。再加上他们以扣除水分为名,每 100 斤按 90 斤付款,农民卖 100 斤烟还得不到 70 斤烟的钱"。二是采取拖延收购办法,迫使农民贱价卖烟。1926 年新烟上市,英美烟公司迟迟不予收购。"不少烟农由于把地都种成了烟,没有种粮,是依靠卖烟买粮度日,这时烟卖不出,只好困苦待毙。直到严冬,英美公司才贴出告示,宣布开磅收烟。……英美烟公司把烟价杀的更低,上等烟跌到 8 分钱,下等烟只给 3 分钱。烟农个个有苦难言,有的烟农看着一年辛苦的劳动果实还不如一捆草,值不了一顿饭钱,干脆扔掉烟捆,愤愤而去。不少烟农被逼得家破人亡,妻离子散。"①

英美烟公司对工人剥削是很残酷的。许昌烤烟厂是"劳动强度最高,工时最长,工资最低的殖民企业。工人每天劳动都在 10 个小时以上,中间也不许休息,工资却低的可怜。重体力劳动的打包工人,每天只有 1 角钱的工资(可买 5 斤小麦),拣烟叶的工人每天最多可拿 7 分钱,一般只能拿 5 分钱"。工厂里的女工受到更残酷的压迫和剥削,一些女工遭到工头、监工的打骂甚至奸污,她们一旦患病就被赶出工厂,一些女工怀孕后怕被辞工,就用布条勒紧腹部。英美烟公司还大量使用童工,全厂工人近千人,童工就有三四百人,大多是十一二岁的孩子,童工干的工种、工时和大人一样,只拿大人工资的一半。②

英美烟公司对农民、对工人的残酷剥削,引起了当地民众的愤恨。1920 年英美烟公司工人举行了第一次罢工,提出增加工资,"烟公司考虑到自己的利益,不得不答应工人要求,每人增加工资二分"。同年冬天,工人举行了第二次全体大罢工,当时英美烟公司与南洋公司竞争正激烈,"所以答应了工人们的要求,同意增加工资两角"。③ 1927 年 4、5 月份,北伐军逼近许

---

① 包书亮:《英美烟公司对许昌烟市的垄断及烟行街的形成》,《许昌文史资料》第 7 辑,第 241~242 页。
② 杨恒卿:《许昌人民遭受英美烟公司盘剥二三事》,《许昌文史资料》第 7 辑,第 209 页。
③ 李耕五:《许昌英美烟公司与许昌烟区》,《河南文史资料》第 13 辑,第 147 页。

昌时，英美烟公司的外国人离开许昌逃到上海。在北伐军的支持下，许昌工农各界群众包围了英美烟公司，并将"四十八间大仓库存放的烟包放火焚烧了，一直烧了四十多天"，英美烟公司的房屋、家具、器材全部化为灰烬。[1] 英美烟公司在许昌受到重创，也使民族烟草业的发展获得了空间。

五 工人阶级的生活与政治参与

随着近代工业的发展，工人成为一个新的社会阶层。光绪二十三年（1897），清政府在开封建立了河南机器局，工人最多达1100余人；次年英福公司建立，在焦作开采煤矿，招工人3000人。[2] 这两个工厂的建立，使河南开始有了近代产业工人。据有关资料统计，第一次世界大战前夕，河南产业工人数量在3.5万~4万人。采煤工人在2.2万~2.5万人，其中福公司8400人，中原公司3000人，六河沟煤矿3600人，其他小煤矿7000至1万人之间。纺织工人（主要是广益纱厂）2230人。机械工人1400余人，其中郑州机务修理厂260人，洛阳机厂708人，新乡、开封、安阳等机械厂171人。登封等县陶瓷业720余人。面粉、火柴、榨油、水电工人500~700人。铁路工人总数6200余人，其中京汉铁路3900余人，道清铁路1000余人，汴洛铁路1300余人。[3]

第一次世界大战期间是河南近代工业发展的重要时期，也是产业工人增长的一个重要时期。1919年，全省各种工矿企业发展到842个，工人达5万人左右；[4] 京汉铁路有工人1.4万余人，河南段7000人左右。[5] 据1921年至1925年调查，河南有6万名工人，主要分布在煤矿、铁路和纺织行业，

---

[1] 李耕五：《许昌英美烟公司与许昌烟区》，《河南文史资料》第13辑，第145页。
[2] 河南省地方史志编纂委员会编《河南省志》第23卷《工人运动志》，河南人民出版社，1997，第10页。
[3] 陈恒文、麦高洞等：《河南近代工业的出现和工人阶级的形成》，《河南工运史研究资料》1982年第3~4期。
[4] 《河南省志》第23卷《工人运动志》，第10页。
[5] 王宝善主编《郑州工人运动史》，第8页。

即煤矿工人 2 万人，铁路工人 1 万余人，纺织工人近 1 万人。① 河南的产业工人主要分布在铁路沿线的大、中城市里，郑州、开封、新乡、焦作、洛阳、许昌等是产业工人比较集中的城市。河南工人主要来源于破产的农民、手工业者和城镇居民。如据 1925 年至 1933 年的人口调查，常年约有 5000 名破产农民流入开封充当苦力；② 1924 年统计，焦作福公司有工人 5000 多名，其中有 4000 名来自农村的临时工，开封火柴厂、省立工厂、新乡制蛋厂非熟练工人占 90% 以上，③ 他们都是来自农村的农民。在城市和农村还有大量的无固定行业的手工业工人，成为城市产业工人的后备军。

在北洋政府时期，各工厂制定了十分严厉的措施，加强对工人的管理。如钧窑瓷业公司章程规定：工匠无论大小，"每月以二十八天为率，每日限定五时上工，黄昏下工，除三餐外，不得擅离作坊"。④ 除了规定严格的工作时间外，还有严厉的纪律约束，动辄不是被罚款就是被开除，如京汉铁路工厂对工人的惩罚有罚薪、减薪、降调和开除四种。河南产业工人的劳动时间长，工资低。据 1924 年对铁路工人工作时间的统计，每年工作日大部分在 330 天以上，每天工作大部分在 10 个小时以上，每日工资最高 1.25～1.95 元不等，最低只有 0.18 元。⑤ 据《河南新志》记载，民生火柴厂每日工作 10 小时，每日工资铜元 300 至 2000 文不等；洛阳大有火柴公司每月最高工资 10 元，最低只有 2 元；新华纺织公司每日工作 10 小时，每日工资平均只有 0.5 元左右；新乡通丰面粉厂工人每天工作 8 小时，工资每日最高 1.8 元，最低 0.23 元；郑县机器厂每日工作 9 小时，工资每月 7 元至 36 元不等。豫丰纱厂每日工作分昼夜两班，每班 10 小时；工资以工人技术及年限为标准，最低者为童工，每日只有 0.2 元，普通工人每日平均 0.3 元，技术工人每日最高可得二三元。工资最低的是制蛋企业，每月工资最高只有 5 元，最低仅 2 元。⑥ 河南路工局工人每月工食银 3 两，饭由该局备办，每日

---

① 陈恒文主编《河南工会志》，河南人民出版社，1993，第 17 页。
② 陈恒文主编《河南工会志》，第 16 页。
③ 陈恒文主编《河南工会志》，第 27 页。
④ 《中国工会运动史料全书·河南卷》（上），第 21 页。
⑤ 《中国工会运动史料全书·河南卷》（上），第 29、30 页。
⑥ 刘景向总纂《河南新志》卷 5《实业》。

两餐黑馍、小米稀饭而已。到下月结账时，3 两工钱只剩 140 文，平均每日饭钱达到一百五六十文。① 工人不仅工资低，而且常常受到工头的克扣。如有报纸报道：英福公司所雇小工，每日工钱银 1 钱 1 分，但由于工头克扣，每日只发钱 100 文，甚至六七十文。② 河南马头镇怡立煤矿公司工人不独待遇很低，而且经常遭受克扣，有时候一年四五个月不发工资，工人在工厂吃糟米，但按照好米的价钱扣工人的饭钱。③ 列强在河南的企业以低廉的工资大量雇用童工，如英美烟公司全厂近千名工人，挂烟的童工就有三四百人，年龄大的 15 岁，小的只有十二三岁。这些童工干的是大人活，但只拿成人工资的一半。工人的工作环境很差，英美烟公司怕烟叶见风折损，即便是夏天车间的门也关得严严实实，童工都是裸体干活。因过度疲劳和闷热，每天都有童工被抬出车间。车间有工头监工，对工人非骂即打。④ 豫丰纱厂的童工占全厂工人总数的 10% 以上，年龄最小的仅有 9 岁。工人不仅生活水平低，而且政治地位十分低下。如许多企业在对工人管理中有侮辱人格的规定，比较典型的是纱厂、打包厂、卷烟厂把搜身当作一项规定，纱厂工人中流传的歌谣说："中华民国九年半，豫丰纱厂大开店，一天挣它八个子，出来还得搜一遍。"⑤

工人劳动所得，很难维持一家人的最低生活。有关统计表明，河南工人生活费分配比例大体是：粮食消费占总收入的 70%～80%，一般占 50% 以上；衣服费最高占 25% 左右，最低 5% 以下；燃料费最高 15%～20%，最低 5%；杂项最高 50%，最低 5% 以下。工人工资主要用于生活费支出，只有少量用于其他方面。⑥ 可见，工人生活十分艰难。

北洋时期河南工人就开始自发组织工人组织，维护工人自身的利益。1912 年，洛潼铁路工人就组织了共济会，是比较早的铁路工人组织。1920 年，郾城火车站工人成立了"慈德公益会"，主要是组织工人学习文化，开

---

① 《路工局罢工之原因》，《时事豫报》1913 年 5 月 19 日。
② 《中国工会运动史料全书·河南卷》（上），第 18 页。
③ 《河南马头镇矿工大罢工》，上海《民国日报》1922 年 4 月 18 日。
④ 《许昌英美烟公司早期工人生活状况和斗争》，《许昌史志通讯》1983 年第 1 期。
⑤ 王宝善主编《郑州工人运动史》，第 18 页。
⑥ 陈恒文主编《河南工会志》，第 24 页。

展"体护"、福利与救济工作。① 此外，河南各地还有一些传统的工人组织——行会。如许昌就有老君会，为手工业者行会，凡金、银、铁、锡、窑，都敬上太上老君；罗祖会，为理发工人的行会。这些行会都有一定的会规，也有维护工人利益的作用。

北洋时期河南工人为改善生活待遇，比较早地开始了经济斗争。1913年3月，开封泥木作工人因省城米面价格昂贵，糊口维艰，邀集同业行会工人在鲁班庙开会，筹议增加工资，决议从农历二月十五开始，每日增加工钱30文。② 同年4月5日，开封工艺局工人因该局任用私人、克扣例银，举行同盟罢工。③ 5月16日，路工局工人因工资低而举行罢工，当局答应每人每月增加银1钱。④ 1917年，河南印刷局在发放工资时将银两改为银票，由于银票价格低落，工人要求当局每银增贴200文，但当局不答应。3月30日，全体工人举行罢工，逼迫当局接受了工人的要求。⑤ 1920年，许昌英美烟公司全厂900多名工人进行了第一次罢工，要求增加工资。公司急于把复烤的烟叶运到天津、上海等地，因此答应工人每人增加工资2分。⑥ 通过上述罢工斗争来看，河南早期的工人主要是进行争取提高工资待遇的经济斗争，各个工厂的罢工斗争都是单独行为或者行会行为，同时资本家为了自身的经济利益也做了让步。

五四运动以后，河南工人的罢工斗争开始变为有组织的罢工斗争，既有经济诉求，又有政治诉求，开始关注和参加国家政治生活。1920年2月，开封印刷工人因工资低、劳动时间长、人身自由与人格得不到保障举行罢工，提出《罢工宣言书》，提出了尊重工人人格、每日工作10小时、每日工价4角以上、薪金按时发放、补习常识、星期日休息、自由服务于社会等7项要求。⑦ 9月，豫北的辉县、汲县成立国货维持会，有工人、学生、绅

---

① 《许昌工人运动史》，第29页。
② 《泥木作要求增加工钱》，《实业日报》1913年3月24日。
③ 《工艺局全体罢工大风潮》，《时事豫报》1913年4月8日。
④ 《路工局罢工之原因》，《时事豫报》1913年5月19日。
⑤ 《河南印刷局工人罢工》，《天中日报》1917年3月31日。
⑥ 《许昌英美烟公司早期工人生活状况和斗争》，《许昌史志通讯》1983年第1期。
⑦ 《罢工的进步》，上海《民国日报》1920年3月12日。

商各界参加，开展"抵制日货，收回利权活动"。①

1921年7月，中共成立后，把领导工人运动作为工作的重心，河南工人运动在中共的领导下有组织地开展起来。9月，在河南早期共产党员赵子健的倡导下，郑州成立了京汉铁路郑州工人俱乐部、郑州工人夜校等，提高工人觉悟，领导工人进行罢工斗争。②在郑州的影响下，河南各地成立了工人组织，如陇海铁路工人成立的"老君会"，道清铁路焦作铁路工人俱乐部，京汉铁路总工会新乡分会，京汉铁路黄河南岸分会，另外，安阳、许昌、郾城等地也有铁路工人俱乐部。这些俱乐部实际上具有工会的性质。1921年11月17日，陇海铁路老君会组织了工人罢工斗争，提出了《陇海路工人罢工宣言》，揭露比利时总管若里对工人的经济剥削与政治压迫。罢工工人向当局提出了15项诉求，包括："一、若里总管不准苛工减料，薄待工人；二、因八号门之事被革之人，免究复职，此门不准任意锁闭；三、机器照常擦洗；四、各厂材料，照应用数目核算实发；五、星辰油炭棉纱照前考核成章发给；六、司机生火，发给制服、雨衣、宿舍柴炭与车首一律待遇。如司机生火做工外候差，应照钟点加金；七、大小工人，每月加薪，年终双资；八、工人因受工伤，一律发给工资，残废后，由公司格外恤养；九、车务处、稽查、站长，对待工人一律平等；十、夜班加点，以六小时为一工；十一、稽查厂首，在厂司事，应以定章指示，不准恃尊虐下，出口不逊；十二、中外年节及星期日，与员司一律休息；十三、在厂疾病应给双资，在工病故给六个月工资，另给回籍免票；十四、因病亡故给薪三年。除给回籍免票外，其子弟准袭其职；十五、自起工日起，六个月不准裁人。"③在工人的压力下，铁路当局损失过于沉重，对工人做出了让步，一方面工人所提出的"所有优待条件，核准实行"，另一方面开除若里本职，④工人罢工取得了初步胜利。11月28日，陇海路工人恢复上班，在开封站开

---

① 《新乡工人运动大事记》，第7页。
② 《中国工会运动史料全书·河南卷》（上），第52~53页。
③ 《陇海路罢工后所提条件》，《民国日报》1921年11月30日。
④ 《陇海罢工之最后胜利》，《工人周刊》第30号，1922年2月12日；又见《陇海路工人罢工胜利》，上海《民国日报》1921年12月2日。

车时,"各转运公司均派代表在站欢送,祝其交涉胜利,并制旗帜多种,旗上大书'劳取会',取劳动者与资本家挣得胜利之意"。①

为了加强对工人运动的领导,8月11日,中共成立了中国劳动组合书记部。在中国劳动组合书记部的领导下,1922年,中国出现了第一次罢工高潮,而京汉铁路工人罢工是这次"罢工高潮的最后一个怒涛"。② 1922年初,京汉铁路工人就陆续开始了罢工斗争。郑州是京汉铁路的枢纽,尤其铁路工人比较集中;同时,"京汉郑州车站一段,所驻直军队伍甚多",双方多有冲突,但工人"亦多忍耐"。1922年1月,一工匠的计时器掉在地上找不见了,正好一士兵在其背后行走,工人问士兵是否看见,该士兵误以为被指责偷窃,两人发生冲突。其时围观工人众多,又恰遇一连长率士兵数名路过,误以为士兵被欺负,不分青红皂白殴打工人,"致头颅破裂者数名"。直军的暴行,引起了工人的不满,举行罢工,要求"惩办行凶军士"。③ 在路工罢工的影响下,2月京汉铁路郑州机务处的工人因不满厂长陈福海的欺凌和待遇低下,举行罢工。在罢工宣言中提出5条要求:"(一)撤换厂首陈福海;(二)实行全体加薪;(三)以后应以工人资格地位,以次升拔,不得随意措筹,滥加新人;(四)照路规给假,给免票时,应与司机等类工人平等待遇;(五)不得再滥罚工人。"④ 这个宣言得到了全国铁路工人组织的响应与同情,也激发了各地工人的罢工热潮。2月26日,京汉铁路彰德(今安阳)机务处工人举行罢工,陈述该厂弊端13条,并提出3项要求:(1)撤换厂首徐国龄;(2)继任厂首应对免除各种弊端,以安众心而维护路政;(3)以后凡加薪、罚薪、放假等事,及一切优待条件,均按照郑州规章实行。⑤ 在铁路工人罢工的影响下,河南码头镇矿工也举行了罢工活动。4月6日,该矿一未成年矿工在借物时遭包工头刁难辱骂,其他3名工人质问,又遭矿警申斥。下午3时,矿警又至工人住地,逮捕6人,挨打者

---

① 《陇海路罢工胜利,汴郑热烈庆祝》,《申报》1921年12月2日。
② 《邓中夏文集》,人民出版社,1983,第493页。
③ 《京汉路又起罢工风潮》,《申报》1922年1月8日。
④ 《京汉铁路郑州机务处全体工人宣言》,《工人周刊》第28号,1922年2月5日。
⑤ 《京汉铁路工人联合大罢工》,上海《民国日报》1922年3月11日。

100余人。矿警的非法行为，引发工人罢工。罢工工人提出："（一）改良待遇；（二）每月工资须按时发给；（三）抚恤费当厚给；（四）改换包工制为直接工制；（五）惩戒路警并限制其职权；（六）工人得全体分红利；（七）承认工人的团体。"[1] 从这些罢工所提的要求来看，1922年上半年河南工人罢工斗争以经济斗争为主，以提高工人经济待遇为目标，政治斗争还不明显。

正如前文所言，在中共的领导和影响下，各地成立了工人俱乐部。京汉铁路22站均设立工人俱乐部，其中河南安阳、新乡、郑州、许昌、郾城、驻马店、信阳都有俱乐部，全路99%的工人加入了俱乐部。郑州是京汉铁路的枢纽，1923年2月1日，决定在郑州成立京汉铁路总工会。会议召开当天，参加会议的不仅有各地工会代表，还有学界、报界和其他社会团体的代表。但在去会场的路上，"沿途军警森严，阻不得前"，但工人"奋不顾身，终将军队怯去，破门入戏院，宣告开会"。但当地军警很快包围会场，逼迫大会散会，工会也被占领。于是，总工会决定从2月4日正午12时起，京汉铁路实行总罢工。[2] 2月7日，吴佩孚对京汉铁路罢工工人进行镇压，强迫各地工人上工，各地工会遭到封闭，工人运动转入低潮。河南各地罢工工人也被逼迫上班，如郑州当局规定："（一）工人如梗顽不化，即实行绝其供给，并不觅给房屋，违者重罚。（二）限二十四小时上工，否则将工人家属一律驱逐出境，如有窝藏工人家属者，以通乱党论。（三）反省上工者即到站签名，发给执照，予以保护。（四）驱逐办法，由大会实行，军警予以协助。（五）逾限不上工者，该工人之生命财产，发生危险，军警不负保护之责……"[3] 许昌、郾城、彰德（安阳）、驻马店、信阳等地工人也答应上班。京汉铁路大罢工是近代产业工人一次大规模的争取政治权利的罢工斗争，正如早期工运领袖邓中夏所言："这个罢工显然为中国职工运动开了一个新的阶段——从改良生活的经济斗争转变到争取自由的政治斗争的阶段。"[4]

---

[1]《河南马头镇矿工大罢工》，上海《民国日报》1922年4月18日。
[2]《京汉全路工人昨午起大罢工》，《京报》1923年2月5日。
[3]《京汉路工潮有渐平之趋势》，《晨报》1923年2月15日。
[4] 邓中夏：《中国职工运动简史》（1930年6月19日），《邓中夏文集》，第494页。

北洋时期，河南工人运动的第二次高峰是五卅运动时期。尽管"二七"大罢工后，河南工人运动进入低潮，但在中共的领导下全国工人运动并没有完全停止。1924年2月7日，全国铁路总工会在北京成立；次年2月7日，在郑州举行了"二七"两周年纪念大会，并发表了《全国铁路总工会第二次代表大会宣言》，指出：全国铁路总工会的真心工作是"为工人阶级日常生活的利益不断做经济和政治的奋斗"。① 1925年5月，上海爆发了五卅运动，河南各地工人先后发起了声援活动，再次掀起工人运动的高潮。豫丰纱厂、焦作福公司、李河煤矿、陇海铁路工人相继罢工，不仅在经济上提出了提高工人待遇，改善工人生活等条件，而且提出承认工人组织的合法地位等政治要求。如豫丰纱厂罢工工人提出：工厂要承认工会是完全代表工人的机关；工厂增加工人或开除工人要经过工会许可；增加工人工资；女工产后50天停止工作，工资照发；童工工作时间由每天12小时缩短为8小时等。② 陇海铁路工人提出了16条要求，既包括提高工人经济待遇，也包括提高工人政治待遇。③ 随着工人罢工高潮的兴起，河南各地工会也相继恢复。

---

① 《全国铁路总工会第二次代表大会宣言》，《向导》第104期，1915年2月28日。
② 河南省地方史志编纂委员会编《五卅运动在河南》，河南人民出版社，1986，第209页。
③ 《陇海铁路工潮解决，当局承认十六条件》，上海《民国日报》1925年9月14日。

第四章
交通与商业贸易

一 新式交通、通信事业的兴起

（一）传统交通业的变迁

近代以来，随着西方文化的传播，中国传统社会开始向现代社会转型，在转型过程中，交通运输业也发生了巨大的变化。传统的"陆路交通向来以车马为主要交通工具，以陆地驿站为最方便最敏捷的陆路交通组织，而关于陆路交通之机关及法令，亦以针对驿站制度者为中心"。[①] 民国建立后，1912年5月，北洋政府废除了驿站制度，中国传统的以官府为中心的陆路交通组织结束了。代之而起的是现代交通运输业，即邮政系统、公路系统、铁路系统以及航空系统建立，成为现代交通运输业的主要部门。

运输工具也发生了巨大的变化。传统运输工具主要有畜力车，如马车、牛车、毛驴车，人力运输工具有独轮车、黄包车、架子车、三轮车。近代以来，这些传统运输工具在河南尤其是乡村社会仍然发挥着重要的作用，农家运输粮食肥料、赶集运送货物等几乎都是用传统的运输工具。但传统运输工具也有所变化，如马车开始使用胶轮，即出现了胶轮大车。人力车出现了黄包车，1905年开封乾泰杂货行店员赵锦荣从上海购进5辆黄包车，经营黄

---

① 白寿彝：《中国交通史》，商务印书馆，1937，第231页。

包车运输,① 这是河南最早出现的黄包车。现代化的运输工具有火车、汽车、飞机等。火车运输出现在晚清时期,主要是货运与客运。汽车运输出现于1915年,"民国时期汽车吨位比较小,客车十五六个座位,货车载重2~3吨"。河南汽车主要从美国和日本进口,美国汽车有道奇、雪佛莱、福特、万国、奇姆西等,日本汽车有丰田、尼桑、五十铃等。②

河道是中国传统运输方式之一,河南可以进行航运的河道主要有:(1)黄河。河南位于中原地区,黄河从中穿行而过,但由于泥沙淤积,"航业上无何利用",③仅在陕县至陕西潼关有货船通航,"自陕西装载棉花,顺流而下,沿途皆可起卸",但因运输工具为木帆船,自陕县至潼关上溯时,"河中多滩,船须傍滩拉纤以行。一船水手四、五人,一人扶舵,一人执篙,余在岸上拉纤,逆水日行数十里"。黄河支流洛河在"夏秋水盛时,小舟溯流一百二十里至宜阳县城韩城镇,约需一日余。又七十里至洛宁,又一百八十里至卢氏,共需五、六日"。④但是逆水而上,速度迟缓,颇不便利。(2)汉水。汉水是汉口联结河南、陕西的主要水道,有两条航路与河南主要市镇相联系,一条是溯汉水至老河口(在湖北),"由此陆行,经河南荆紫关,以达陕西长安,往来不绝";一条是溯汉水"出河南赊旗镇,由此陆行,经开封而至陕西长安"。⑤(3)淮河。淮河自古以来就是联系河南与江苏、安徽以至上海的主要通道,"河南物产,自淮河经洪泽湖,出淮阴与大运河相连络而运至丹徒"。其支流颖河在河南物产对外运输中作用最大,"溯颖水达周家口,溯贾鲁河达扶沟,溯沙河达襄城、叶县……均通小舟"。⑥周家口镇因沙河、贾鲁河、颖河交汇,航运业发达,自"民国以来,铁路大通,航运渐失所责,而周口码头较前有减无衰"。⑦(4)卫河。卫河

---

① 河南省地方史志编纂委员会编《河南省志》第38卷《交通志》,河南人民出版社,1991,第167页。
② 《河南省志》第38卷《交通志》,第169页。
③ 张心澄:《中国现代交通史》,良友图书印刷公司,1931,第260页。
④ 刘景向总纂《河南新志》卷12《交通·航路》中册,第774页。
⑤ 葛绥成:《中国之交通》,上海中华书局,1929,第35页。
⑥ 葛绥成:《中国之交通》,第55页。
⑦ 彭大海:《周口航运纪略》,《周口文史资料》第8辑,1991,第127页。

"首尾俱在平原,本省境内可行舟者约三百里,水量平均,泥沙最少,有舟楫之利,少泛滥之患,为河南河流之最良者"。① 以上为河南主要可行船之水道。上述各河支流,亦有行船。如汝水为淮河支流,曾是淮盐运输通道,据《重修正阳县志》记载:"光绪以前,淮岸盐引,由汝水上达汝南、西平等县。盐来谷往,船踪如梭……汝南各埠市,商业日见发达。"② 其他一些支流如伊河、洛水、白河、贾鲁河等均为传统水路,带动了沿岸市镇的繁荣。

民国以来,由于陆路交通日渐发达,铁路、公路相继修建,水道交通失去了往日的作用,一些河道淤塞,难以航行。如周口上溯贾鲁河,"经西华达扶沟,西可上至朱仙镇,近多淤塞,不能通行";该河自郑县至洧川"三百余里,积沙过深";惠济河自"开封县北岗口东南至陈留"积沙"百余里";赊旗镇因唐河交通顺畅而繁荣,但近代铁路兴建以来,"唐河上游淤塞,商务骤衰,南来之舟至赊旗镇下百里辑不易行,上溯之客货渐集于唐河县之源潭镇"。③ 汝水也失去了运输上的地位,"引岸开放,淮运减消,地方多故,汝水商船,交通日少。河底淤泥,逐渐壅滞。帆影不到汝南,近已有年。正境交通,大受影响"。④ 可见,随着近代新式交通业的发展,传统水运的方式逐渐走向萎缩。

(二) 铁路主干线的形成

晚清铁路兴起以来,河南兴建了3条铁路,即京汉铁路、道清铁路⑤和陇海铁路,构成了民国时期河南铁路的主干线。京汉铁路于1906年通车,道清铁路于1906年通车,陇海铁路在民国建立前汴洛段184公里通车,洛潼段向西拓展了35公里,⑥ 后因1911年清政府实行铁路国有政策,商民反

---

① 刘景向总纂《河南新志》卷12《交通·航路》中册,第778页。
② 刘月泉、陈全三纂修《重修正阳县志》卷2《实业·水运》。
③ 刘景向总纂《河南新志》卷12《交通·航路》中册,第774~778页。
④ 刘月泉、陈全三纂修《重修正阳县志》卷2《实业·水运》。
⑤ 道清铁路1903年开始修筑,1905年道口码头至柏山之干路及游家坟至新乡站之支路一并竣工,计程146公里。1905年复由柏山村展筑至清化,1906年正月竣工,计长4公里。全线跨浚县、滑县、新乡、获嘉、修武、沁阳等7县,共计150公里(岁有生、张雷:《论道清铁路对沿线社会经济的影响》,《华北水利水电学院学报》2005年第3期)。
⑥ 刘世永、解学东主编《河南近代经济》,第256页。

对将铁路收归国有,组织"陇秦豫海铁路股东联合会,委员分赴各县招募原有股东不借外人之款而赎回自办",掀起了保路运动,"各县学生皆推举代表回本县劝募股本,风起云涌,大有不得不休之势,又公举在籍绅士太康刘果(光绪丙午进士,曾官礼部参议)为督办,积极进行"。① 该段铁路中止修建。

陇海铁路西端展至潼关,东段展至徐州,是北洋政府期间河南铁路建设的主要项目。1912年9月,中华民国政府与比利时铁路电车合股拟定借款合同,规定"合同以赎回汴洛并展造由汴洛铁路东至扬子江北之水口,西至甘肃之蓝州府"。"中国政府允将洛潼一段,赶紧设法收回,并入干路之内,务使接连各段工程无少阻碍延搁。……中国政府应备全路地段并其附属物应用之地。"② 借款总额为1000万英镑,年利5厘,以本路财产及进款为担保,年限为40年,自第11年(即1923年6月16日)起30年间分60期摊还(即还本终期为1953年12月17日)。③ 北洋政府与比利时签订铁路借款合同后,将该段铁路并入全国东西铁路干线,"由国家担任修筑,发还人民所集股款。次年,设立陇秦豫海铁路股东联合会,委员分赴各县召集原有股东,各持收据股票赴会领回股本"。④ 同时,该路与比利时签订借款合同后,也遭到国人的反对,如1917年5月参议院议员岳秀夫、陈鸿畴发表文章,指出:"海兰铁路横亘东西,为中国最长干线;于军事、商业、矿山,皆有绝大关系。所以外人垂涎,先攫中段路权,以汴洛为基础,势欲控全路以操纵中国交通机关,计已险矣。豫人窥其阴谋,共同协力组织洛潼铁路公司,盖以洛潼为海兰铁路最要紧、最难修之中段,得此而截汴洛路之西展,外人野心不得达,中国之交通权即不至全行丧失。……乃路贼党徒,图私忘公,假国有之名,行卖路之实,夺商办铁路供之外人,当时抵押合同丧权辱国,不敢宣布,另造伪合同,以欺国人。"⑤ 也正如有学者指出,近代中国

---

① 刘景向总纂《河南新志》卷12《交通·陇秦豫海铁路》中册,第758页。
② 宓汝成编《中华民国铁路史资料(1912~1949)》,社会科学文献出版社,2002,第111页。
③ 王黼炜等:《交通纪实》,出版者不详,1916,第44页。
④ 刘景向总纂《河南新志》卷12《交通·陇秦豫海铁路》中册,第758页。
⑤ 宓汝成编《中华民国铁路史资料(1912~1949)》,第47页。

以铁路为名的借款，"只是迎合中国当权者的需要，便借铁路名义提供借款，而先支付少量垫款供借者取作军政费用，以求达到自己的政治目的"。① 因此，即使借了款，也未必全部用在铁路建设上，致使铁路工程进展缓慢。因此，上述两议员对陇海铁路借款合同及借款合同签订后迟迟不开工提出质疑，② 是有道理的。

中比借款合同签订后，1912年11月20日，在北京设立陇秦豫海铁路总公所，施肇曾为督办，并派卢学孟接收汴洛铁路。次年，决定开封至海州为东路，洛阳至兰州为西路。陇海铁路开封至徐州段，1913年5月动工，1915年5月通车，长277公里；西路洛阳至观音堂原来由洛潼公司修筑，1914年补筑，次年9月通车，长92公里。③ 在建期间，第一次世界大战爆发，比利时被德军占领，不得不中止。中国政府在中国、交通、金城、中南、盐业等银行组团支持下，勉强维持"在建"的局面。④ 欧战结束后，1919年3月，为弥补资金不足，发行短期公债500万元"以济工用"，但只募集了320余万元。1920年，陇秦豫海铁路督办施肇曾赴欧洲与比利时、荷兰签订借款合同，借荷兰5000万元，比利时1亿5000万法郎，九一折扣，年息8厘。"此后西路由比、东路由荷投资。"⑤ 即比利时展修观音堂以西段，荷兰修筑徐州以东段。陇海铁路进展比较缓慢，南京国民政府建立前，"已修成通车之路，由开封而东，至于大浦，由洛阳而西，至于灵宝，由开封东行十二站，至刘堤圈，出河南境。西行三十六站至灵宝县，为现时行车至终点"。⑥

北洋政府时期，除了修建陇海路外，还修建了道清铁路支线。1916年，北洋政府在英国公使的催逼下，续借英款修建了清化至陈庄的铁路，全长不过13公里。⑦ 1920年12月，财政部、交通部与福公司签订清孟支路借款合

---

① 汪敬虞主编《中国近代经济史（1895～1927）》上册，第496页。
② 宓汝成编《中华民国铁路史资料（1912～1949）》，第47页。
③ 曾鲲化：《中国铁路史》，北京新化曾宅，1924，第813～815页。
④ 汪敬虞主编《中国近代经济史（1895～1927）》下册，第1966页。
⑤ 袁德宣：《交通史略》，北京交通丛报社，1927，第95页。
⑥ 刘景向总纂《河南新志》卷12《交通·陇秦豫海铁路》中册，第759页。
⑦ 汪敬虞主编《中国近代经济史（1895～1927）》下册，第1973页。

同，借35万英镑，修建清化至孟县支路。①

以上是北洋政府河南铁路修建的大致状况。通过晚清到北洋政府时期的修建，河南形成了横贯南北和东西的两条铁路干线和道清铁路，使河南交通面貌焕然一新。京汉、道清、陇海三条铁路在河南境内干线总长度为1306公里，构成了河南近代铁路运网的基本骨架。② 尤其是陇海、京汉两路交会于郑州，"两路护卫联络，颇极顺利"，③ 对促进河南经济的发展，加强河南经济的外向化发展极为有利。

（三）公路交通业的兴起

河南公路建设肇始于1919年，当时"内务部召集河务会议，其时河务局长吴赟孙提议将各河重要堤埝，划归国道案内，由国家提前修治，当经公决，由会请部酌核加入国道案内办理，或分别国道、省道，双方协办"。④ 尽管这一筹划没有得到立即落实，但为以后河南利用堤埝修筑公路提供了借鉴。河南第一条公路修筑始于1920年华北大旱期间。旱灾发生后，华洋义赈会等慈善机构为了救济河南灾民，将清化镇至沁阳的原有官道进行整修，改为汽车路，全长57.5公里。截至1923年，华洋义赈会先后在河南商丘、虞城、夏邑、永城、柘城、扶沟、西华、商水、沈丘、项城、上蔡、西平、汝南、正阳、确山、息县、罗山等29县举办工赈筑路，累计里程为681公里。⑤ 华洋义赈会以工赈的方式在河南修筑公路，不仅对救灾有积极意义，而且带动了河南公路事业的发展。

北洋政府时期河南公路的修筑与军事紧密联系在一起。1922年，冯玉祥任河南督军时，成立军用汽车专局。计划在河南修建5条公路："1. 由开封至周家口。2. 由周家口至漯河。3. 由漯河至南阳。4. 由南阳至湖北老河口。5. 由开封至安徽亳州。"⑥ 为了方便汽车行驶，征发开封、陈留、杞县、

---

① 张心澄：《中国现代交通史》，第111页。
② 袁中金：《河南近代铁路建设与经济发展》，《史学月刊》1993年第4期。
③ 刘景向总纂《河南新志》卷12《交通·陇秦豫海铁路》中册，第759页。
④ 刘景向总纂《河南新志》卷12《交通·汽车路》中册，第770页。
⑤ 河南省交通史志编纂委员会编《河南公路史》第1册，人民交通出版社，1992，第168页。
⑥ 《河南公路史》第1册，第172页。

太康、淮阳等地民工,将原来开封至陈州的官马大道修成土公路,这条汽车路被称为开封第一条公路。① 为了公路修筑和管理,吴佩孚统治河南期间制定了直鲁豫汽车道路大纲7条:"(一)官督商办;(二)设会办;(三)官道加宽八丈三分一,为汽车路,两侧挖沟种树;(四)非官道之新路七丈为限,占民地应给代价,或租或购;(五)加宽官道所占民地,应给地价;(六)山岭、河水修桥开路工料各费,或筹官款,或招商股,该省长官因地制宜;(七)护路队未成前,沿路地方军警员保养责任。"② 这七项决定可以称作河南省最早出台的公路修筑有关办法。

除了军事原因修筑公路外,北洋政府时期河南地方和民间也组织修建公路,主要把原来的旧官道拓宽为汽车路。如1921年,方城县将保安驿到灵龟铺的原旧官道拓宽为汽车路。后来,省政府派员勘察该路,县知事派员设局转办,地方摊派民工进行修建,所用经费由县统筹,规定凡有地10亩以上的民户,出工1名,地多者每亩增加1名,不足10亩者可以免征,该公路全长60公里。阌乡县知事利用东西旧官道,征集民工兴修汽车路,东起吕店村西至潼关,长约39公里,1923年2月完工。③ 1924年9月,太康在原来驿道的基础上修筑了杞、太、睢公路。④ 另外,还修建了一些短距离的公路,如新乡县采取以工代赈的办法修建了辉县孟家坟至潞王坟火车站的公路5公里,英福公司修建了焦作至博爱李封村的公路等。⑤

通过数年的公路建设,截至南京国民政府建立前,河南省有9条可通车的主要公路:(1)自商丘至安徽亳县;(2)自开封经陈留、杞县、太康、陈州至周口;(3)自陈州西经周口至漯河镇,西至鹿邑接安徽亳州;(4)自驻马店经唐河至南阳;(5)自信阳经罗山、潢川(光州)至固始;(6)自陕县至潼关;(7)自清化镇至济源及黄河桥;(8)自武安至直隶大

---

① 高正格:《开封的第一条公路》,《河南文史资料》1994年第2辑,第109页。
② 《直鲁豫汽车路近况》,《道路月刊》第9卷第3号,1924年5月15日。
③ 《河南公路史》第1册,第168、169页。
④ 郝殿青、李庆中:《太康县公路运输事业发展的艰难历程》,《太康文史资料》第1辑,1995年,第153页。
⑤ 《河南公路史》第1册,第168页。

名；(9) 自安阳至楚旺镇。①

随着公路的兴建，汽车运输业也发展起来。1920年，许昌商人郑开先等呈请河南省政府批准借用官道，在开封至漯河试办汽车公司，这是河南产生的第一家汽车公司。1921年，方城利用旧官道开办了保安至灵邑铺汽车运输，商人胡汝霖开办了开封至周口的汽车运输。随后汽车运输增多起来，怀庆、信阳、鄢陵、商丘等都出现了汽车运输。在北洋政府时期，河南可通汽车的公路1300多公里，汽车发展到百余辆，成立大小汽车公司几十家，遍及全省各主要市镇。② 公路的兴建和汽车运输业的兴起，是民国时期河南的新生事物，它不仅使传统运输方式逐渐发生变化，而且影响和改变了人们的生活，在推动河南社会经济发展和现代化进程方面发挥重要作用。

二　邮政的兴起与发展

中国现代邮政兴起于晚清时期，光绪二十二年（1896）2月，清政府正式办理新式邮政。最初邮政由海关兼办，1903年邮传部成立后，邮政归邮传部主管，9月英国人在开封创设邮局。民国成立后，邮政归属交通部管理。省级设立邮务管理局，全国有24个邮区，河南为其中之一。③ 河南省邮政事业从省级城市到乡村市镇分为5个层次，"最高者，为邮务管理局，次为一、二、三等邮局，又次为邮务支局，又次为邮寄代办所与代售邮票处。而城邑村镇之信柜邮筒，则皆邮差为之启闭焉"。据1926年调查，全省除了邮务管理局外，设有一等分局1所，二等分局86所，三等分局46所，邮寄代办所732家，代售邮票处18家，邮务信柜547架。④

---

① 张心澂：《中国现代交通史》，第191页。
② 杨克坚主编《河南公路运输史》第1册，人民交通出版社，1991，第113~115页。
③ 赵曾珏：《中国之邮政事业》，商务印书馆，1946，第5页。
④ 刘景向总纂《河南新志》卷12《交通·邮政》中册，第733页。

随着邮政事业的兴起，河南邮路也不断扩展。1896 年，河南建立了归德至朱集的步班邮路，这是河南邮政事业的开始。光绪三十一年（1905），道口镇至清化镇铁路通车后，开始了火车带运邮件，是河南现代运输工具参与邮政的开始，1905 年，河南省邮路总长度为 2350 公里。民国建立后，随着驿站制度的废除，河南邮政事业有了较快的发展。一是省内邮路不断延伸，以省城开封为中心，邮路延伸到县城和一些主要的市镇。并建立了开封至商丘（归德）的重班邮路，如 1913 年，本省发出邮政骡驮共计 1218 匹，运送重班邮件计约 15.1 万公斤。二是建立了省际邮路，来往邮件也不断增多。如 1915 年，由河南省发往西安及其他各地的重班邮件增多，全年派出骡驮 2455 匹，运送邮件 30.6 万公斤，平均每日达 0.08 万公斤。在邮路建设方面，公路和铁路都有所增加，据 1919 年统计，全省邮路总长度为 10134.5 公里，是 1905 年的 4.3 倍。其中铁道邮路 1108 公里，包括京汉铁路丰乐镇至新店，计 550 公里；陇海铁路观音堂至马牧集，计 423 公里；道清铁路，计 135 公里。公路 9999.5 公里，共计 160 条邮路，全靠人力步班运输。公路邮班传送频率分为 5 种：一是逐日昼夜兼程班，有 31 条，计 2826 公里；二是间日昼夜兼程班，有 1 条，计 95.5 公里；三是逐日班，有 46 条，2718 公里；四是间日班，有 40 条，计 1969 公里；五是三日班或三日班以上班，有 42 条，计 2391 公里。[1] 1926 年，河南邮路发展到 55224 里，即 27612 公里，是 1919 年的 2.7 倍；从事邮政事业的人员职员 1174 名，邮差 340 名。[2] 同时，北洋政府期间，河南还曾试图开办航空邮政，1925 年 5 月 1 日，郑州至洛阳通航后，带运邮件，但中途机身发生故障，所带邮件由火车运往洛阳，"此次空运邮件虽未成功，但为河南航空邮运之始"。[3] 随着邮政事业的兴起和投递方式的变化，信息传递更加快捷，为社会经济发展和民众的生活带来方便。

---

[1] 河南省地方史志编纂委员会编《河南省志》第 39 卷《邮电志》，河南人民出版社，1993，第 23、41 页。
[2] 刘景向总纂《河南新志》卷 12《交通·邮政》中册，第 734 页。
[3] 《河南省志》第 39 卷《邮电志》，第 47 页。

三 商业政策与商人组织

中国传统社会的商人组织主要是行会，一般都是以"会馆"来命名，利用地域观念把商埠中的同乡商人联合起来，凡是商业繁荣之地都有会馆，以会馆为核心形成了一些行会组织或商帮组织。如南阳有铁货、木铁、时货（百货）、丝绸等帮。经营铁货的大部分是怀庆人，成为怀帮。杂货帮在东关设有办公机构，这里有大王庙，每年农历九月初一日，唱戏三天，全体帮会成员聚餐活动。丝绸行与丝绸作坊有150余家，常设机构在南关三皇庙内，农历九月十九日唱戏。[①] 陕县"商人团体在清时为会馆"。[②] 同一省、府或县域的商人，在外地建立的会馆以省、府或县名命名，如汜水商人在开封建的会馆称"汜水会馆"。开封"汜水会馆"是清时汜水商人在开封南京巷"集资购地基三亩余，民国三年春建筑正院瓦房十二间，后院瓦房五十间，为邑人会集公所"。[③] 说明传统商人建立的会馆在民国时期仍然发挥着原来的作用。

自晚清新政以来，商人的社会地位发展了巨大的变化，新政中颁布的《商人通例》以法律的形式确认了商业活动以营利为目的，确认商人的合法地位。1914年3月2日，北洋政府农商部颁布了《商人通例》（73条），规定了17种营业称之为商业，即买卖、赁货、制造或加工、供给电煤气或自来水、出版、印刷、银行与兑换金钱或货金、承担信托、作业或劳动承揽、设场屋以集客之业、堆栈、保险、运送、承揽运送、牙行、居间、代理等，"凡有商业之规模布置，自经呈报该管官厅初测后，一律作为商人"。"凡具有独立订结契约、负担义务之能力者，均得为商人。"对商人设立商号或公司做了规定："商人得以其姓名或其他字样为商号"，"公司之商号，应各视其种类，分别标明：无限公司、两合公司、股份有限公司、股份两合公司字

---

① 王炳申：《南阳解放前的行帮与商会会长》，《南阳文史资料》第5辑，1989，第1页。
② 欧阳珍修、韩嘉会等纂《陕县志》卷13《实业志·商业·商会》。
③ 田金祺修、赵东阶等纂《汜水县志》卷2《实业·汜水会馆》。

样"。保护注册商人或公司的利益,规定"同一城镇乡内,他人既注册之商号,不得仿用以营同一之商业"。"业经注册之商号,如有他人冒用或以类似之商号,为不正之竞争者,该号商人,得呈请禁止其使用,并得请求损害赔偿。"[1] 7 月,又颁布了《商人通例施行细则》(14 条),对商人的资质做了规定,"商人营业资本总额,不满五百元者"为小商人,对违反《商人通例》中关于商号之相关规定者,"三个月内,一律改正"。[2] 另外,还颁布了《商业注册规则》(1914 年 7 月 19 日,9 条),《商业注册规则施行细则》(1914 年 8 月 17 日,41 条)等,这些规章制度的出台,不仅提高了商人的社会地位,而且对保护和促进工商业的发展起到了应有的作用。

商会制度创设于晚清时期。近代以来,随着西方文化的传播,西方商人的组织形式也传入中国,晚清新政中要求各级地方官员组织商会,打破了原来"会馆"的地域观念,商会逐渐成为新的商人团体。1914 年北洋政府颁布的《商会法》规定:"各省城、各商埠及其他商务繁盛之区域,得设立商会。"商会的职责是:"一、研究促进工商业之方法。二、关于工商业法规制定、修改、废止及与工商业有利害关系事项,得陈述其意见于行政官署。三、关于工商业事项,答复行政长官之咨询。四、调查工商业之状况及统计,随时发表。五、受工商业者之委托,调查工商业事项,或证明其商品之产地及价格。六、因关系人之请求,调处工商业者之争议。七、得设立商品陈列所,工商学校及其他关于工商之公共事业,但须禀请该管地方长官,详由地方最高行政长官咨陈农商部核准。八、关于市面恐慌等事,有设法或禀请地方长官,维持之责任。"另设商会联合会,"以全省各商会举出之代表"组成,其职责除了商会所具备的一些职责外,还包括:"一、筹议全省工商业改良事宜。二、关于工商业法规之制定、修改、废止及其他关于工商业事项,得征集全省商会意见,建议于农商部及地方最高行政长官。三、编辑全省工商业调查报告,随时禀报地方最高行政长官及农商部并告之。四、因各商会之请求,得调处商会间之争议。五、因赛会得征集全省工商物品"

---

[1] 《商人通例》,《政府公报》第 653 号,1914 年 3 月 3 日。
[2] 《商人通例施行细则》(1914 年 7 月 19 日),《政府公报》第 792 号,1914 年 7 月 20 日。

等。① 为了贯彻商会意志，约束行业行为，北洋政府时期在商会之下设立了同业公会。"工商同业公会之设立，以各地方重要各营业为限，其种类范围，由该处总商会、商会认定之。"② 商会和同业公会成为民国时期商人的主要组织。

据统计，民国初期河南商会数量是，1912年51个，1913年32个，1914年72个，1914~1915年82个。③ 本省会及商务比较发达的地方设立商务总会或商会。"开封省会及郑州商埠与商水县周口镇，各有总商会一处，其余各县以设一分会者居多。亦有因外镇商务较县城繁盛，一县设至数处。如淮阳县城内及水寨二处；郾城县城内及漯河、五沟营、车站共四处；浚县城内及道口镇二处；淅川县城内及荆紫关、李关桥三处；确山县城内及驻马店二处。"④ 商会可以分为三个层次，在商业都市设商务总会，如开封、郑州、周家口等，在县城设商会或商务分会，在商业比较繁荣的市镇也设立商会。民国时期，河南各地商会大多是在晚清商会的基础上改革、沿袭下来的。如太康商会"创于清宣统二年，原名商务会，至民国改为商会，其组织有会长、会员、文牍、会计、董事会、商事公断处，经费由会员捐助"。⑤ 西华县商会"亦于清季成立，现在每年经常费二百余元，由各商号分担"。⑥ 汜水商务会"清季成立，民国因之"。⑦ 临颍县商务会成立于1908年，"提倡商务事宜……兴利除弊，评争息讼"。⑧ 汝南商会"始于光绪二十九年"，一直延续到"民国十六年奉令改为委员会制"。⑨ 上蔡商会成立于"清宣统三年初"。⑩ 武陟商会成立于1903年9月17日。⑪ 也有部分商会创办于民国

---

① 《商会法》（1914年9月12日），《政府公报》第847号，1914年9月13日。
② 彭泽益主编《中国工商行会史料集》上册，中华书局，1995，第987页。
③ 《中华民国五年第五次农商统计表》，第384页。
④ 刘景向总纂《河南新志》卷5《实业·商业》上册，第271页。
⑤ 周镇西修、刘盼遂纂《太康县志》卷3《政务志·商业》。
⑥ 凌甲烺、吕应楠纂修《西华县志》卷7《建设志·商业·商会》，1938年铅印本。
⑦ 田金祺修、赵东阶等纂《汜水县志》卷2《建置·新设机关》。
⑧ 陈垣修、李舒华、管大同等纂《重修临颍县志》卷2《新政》，1916年铅印本。
⑨ 陈伯嘉修、李成均等纂《重修汝南县志》卷23《商会》，1938年石印本。
⑩ 蔡祖图修、翟受之纂《重修上蔡县志》卷5《民政志·人民团体·商会》。
⑪ 杨汉治、翟皖志：《武陟商会的沿革》，《武陟文史资料》第1辑，1988，第119页。

初期，如林县"商会成立于民国三年，注册农工商部，以南关山西会馆为会址，正副会长各一人，无常年经费，皆名誉职。自民国十七年始，会长以下皆有开支由商人摊派"。① 自晚清"商会"作为新政的一部分产生以来，到北洋政府时期，河南省会、商埠、县城和较大的市镇均有商会设立。

民国时期的商会多由政府出面建立，会长主要由那些有功名的前清绅士或商人充任，具有半官方的性质。洛阳商会成立于1907年，1914年洛阳县政府委任原候补道台张豪主持商会。商会有会长、委员、办事人员，并设有商警。② 新野商会成立于1912年，由县知事刘文祥兼任会长，部分行业各自经营。③ 民国初期，临颍商会会长为和泰昌的老板李锡爵，和泰昌是临颍县城首屈一指的杂货店，资本雄厚，五间门面，兼营铁货、糕点、酱园等；1919年任商会会长的是粮行老板李佐卿；1923年会长是永顺祥染坊老板耿元三。商会下按行业分同业公会，如杂货同业公会、京货同业公会等。④ 南阳商会1917年成立，第一任会长杨松岑，开设有瑞丰酿酒厂和1个小煤窑，资本约7000元；第二任商会会长谢章甫，曾任商水县长，卸任后开了裕发恒杂货店，资本约5000银元；第三任、第四任商会会长均为绸缎庄商人。⑤

商会的职责就在于处理商务以及商人与商人、商人与政府之间的关系，如1920年内黄县楚旺镇商会建立，下设文书、会计、行政等，会址在原山陕会馆旧址，统管全镇商业布局、入户注册、远商洽谈、商户纠葛。⑥ 滑县商务分会在城乡商号每行设有董事、评议和查账员。⑦ 阌乡县商务会组织形式是"按年由各商家互推代表二人办理公益事件"，商会无固定办公地址，谁当选为年度商界代表，"凡遇公益事项，即召集在该商号会议"。⑧ 阌乡县

---

① 王泽溥、王怀斌修，李见荃等纂《重修林县志》卷4《民政》。
② 董纯熙：《洛阳商会概述》，《洛阳文史资料》第15辑，1994，第41~42页。
③ 陶连生：《新野商会及商业片段》，《新野文史资料》第7辑，第69页。
④ 阎理之：《清末、民国时期的临颍商会》，《漯河文史资料》第5辑，1993，第95页。
⑤ 王炳申：《南阳解放前的行帮与商会会长》，《南阳文史资料》第5辑，1989，第2页。
⑥ 刘静轩：《旧商会与工商业联合会》，《内黄文史资料》第3辑，1989，第228~229页。
⑦ 马子宽修、王蒲园纂《滑县志·实业志·商业》。
⑧ 黄觉、李质毅修，韩嘉会纂《阌乡县志·实业·县商务会》。

商会完全是商人的民间组织。修武商会成立于1913年,主要"处理及调和全县商务事件"。① 襄城商务会"民国三年成立,由商人组织团体,以联络商情,开通商智,发达商业,保护商权为宗旨"。② 商会在税收等方面代表商家与政府交涉,如临颍商会代表商家与征收机关交涉,确定税额,分配给各同业公会,再分配给各商号。③ 有的商会还发行串票,如1920年代,"河南铜钱不敷使用,只有当二十文、十文制钱不足市场交易找零",新野出现了"门市冷落,经营萧条现象",于是商会"发行一串文及五百文钞票二十四万串,付诸市面流通"。④ 商会对稳定本地区商贸活动发挥了一定的作用。

北洋时期,河南还有同业公会组织。黄河在河南境内流速平缓,可以行船。尤其巩县是伊河入黄河之地,居民从事航运较多。为了规范黄河沿岸航运,1912年,河南省绅商杨勉斋、任镜海、王敬芳按照北洋政府《同业公会规则》在开封设立了船商公会,得到省当局的支持,拨400元作为开办费,设立船商公会事务所。随后在河阴县(今广武县)、武陟县、兰封县、济源等地码头设有分会。船商公会印有"船牌"和"行照"两种执据,愿意加入船商公会的船只,每年发给1张船牌,缴费1元;"行照"是商船运输货物清单,登记货主运货名称、种类、里程、运费等,到达目的地将货物交给货主,按规定再收取运输费。⑤ 随着陇海铁路向西延伸,影响了黄河船运生意,船运不再占主要地位,1923年后,河南船商公会逐渐停止活动。随着信阳茶业的种植和贸易,1920年代信阳组织了茶业公会,有会员10余家。其中最著名的茶店有祥记、和记、益泰、日新、锦春、正大等。⑥ 泌阳县有杂货、京货、药业、粮业、染业、酒业、银业等7个同业公会。⑦

---

① 蕉封桐修、萧国桢纂《修武县志》卷6《实业·实业表》。
② 李峰修、胡元学等纂《重修襄城县志》卷18《实业志·农林工商矿》。
③ 阎理之:《清末、民国时期的临颍商会》,《漯河文史资料》第5辑,第95页。
④ 陶连生:《新野商会及商业片段》,《新野文史资料》第7辑,第70页。
⑤ 陈浴春:《先父陈灼三和河南船商公会》,《河南文史资料》第26辑,1988,第56页。
⑥ 《信阳植茶之成绩》,《中外经济周刊》第137号,1925年11月7日。
⑦ 《民国二十三年泌阳社会调查》,《泌阳文史资料》第1辑,1989,第96页。

四 商业都市的兴起和变迁

民国时期河南市镇的变迁与铁路的兴起紧密相关。1895年甲午中日战争后，西方列强加紧了对中国的资本输入，投资的重点之一是修筑铁路。晚清到北洋时期河南境内修建了三条铁路。第一条是京汉铁路，1896年动工，1906年4月建成通车。第二条铁路是贯通豫北的道清（道口镇—清化镇）铁路，1902年开工，1904年通车，干线全长150公里，加上支线总长度为236公里。第三条铁路是贯通河南东西的陇海铁路，1905年6月至1909年12月汴（开封）洛（阳）建成通车；1912年北洋政府与比利时银行团签订了陇海铁路借款合同，分别向东西方向展修；1915年完成开封到徐州段277公里，1925年西展到潼关，陇海铁路东起杨集，西至豫灵的613公里直到1932年才全线通车。① 两条贯通南北、东西的铁路干线在河南设立了60余站，京汉铁路设立的主要站点有彰德、宜沟、卫辉、潞王坟、新乡、亢村驿、郑州、和尚桥、许昌、郾城、漯河、西平、遂平、驻马店、确山、明港、信阳等；陇海铁路经过商丘、宁陵、民权、兰封、开封、中牟、郑县、荥阳、汜水、巩县、偃师、洛阳、新安、渑池、陕县、灵宝、阌乡等县40余站。铁路所经过的县域，至少设一站，有的设数站，如确山境内"铁道车站有六：最大者曰驻马店，东通汝、颍、淮、蔡，西及唐、邓、宛、叶，百物辐辏，万商云屯。京汉路线向分三段，南段停蓄推此称首，其次曰确山县、新安店，民物络绎不绝于途，商贩歌呼相望于路；又其次曰马庄、曰黄山坡、曰李新店，起卸已渐便于前，发展犹有待于后。凡此六站者，皆京汉干路之所经"。② 铁路的兴建不仅带动了河南整体经济的发展，而且引起了河南市镇的变化，"市场经营品种结构、市场规模级序结构和市场空间分布结构"发生了巨大的变化，③ 一些小县一跃成为商业都市，一些小镇或村庄

---

① 袁中金：《河南近代铁路建设与经济发展》，《史学月刊》1993年第4期。
② 李景堂纂、张缙璜修《确山县志》卷15《交通》。
③ 袁中金：《河南近代铁路建设与经济发展》，《史学月刊》1993年第4期。

成为市镇和工业城市。

　　郑州是京汉、陇海铁路交会之处，是近代典型的因铁路而兴的商业都市。郑州在通车前，"是一个街道狭窄，道路弯曲，经济上自给自足的类似18世纪古城镇式的小集市"，① 但京汉铁路和陇海铁路通车后商业开始有了起色，据晚清时期调查，"郑州商埠，为京汉铁路要站。自今年以来，更为起色，现在火车两旁，马路已修有五区之广；而马路旁之巷里，亦修有十七道之多。各省商界，迁移至郑者，尤为不可胜数"。当时有人预言："将来郑州商埠，不下汉口"。② 北洋时期，郑州的地位显得日益重要，逐渐发展成为交通枢纽与商业都市，不仅有京汉、陇海、汴洛三路"衔接南北"，而且"运输货物，均以郑站为最要地点。每日午前后三路会车之时，货物上下，络绎如山阴道上，应接不暇，可推为北方陆地要道第一也"。③ 到1920年时，这个"昔年户数五百，人口三千三百"的小镇，"骤增万人，东西街最繁盛，西门外为车站所在，旅店、菜楼、剧场、澡堂，市上人力车，亦百余辆之多"，南关也逐渐成为繁华之所。④ 1920年代以来，随着河南棉花种植面积的扩大和产量的提高，郑州逐渐成为棉花集散市场。在铁路通车初期，郑州附近棉农和一些棉商"随身携带絮棉和籽棉，在郑州火车站附近出售，后来有些以经纪为生的人，见棉花生意有利可图，便几人结伙，手中拿根秤，为买卖双方撮合，有些商人就在火车站附近搭起席棚，成立小型花行"。⑤ 郑州出现了最初的棉花市场，先后设立了10余家花行和10余家堆栈。⑥ 1916年郑州花行同业会成立，推动了棉花市场的形成和发展，棉花外运业务由以前的每年7万包（每包100公斤）上升为17万包。随着陇海铁路向西延伸，"远至陕西渭南、泾阳，河北邯郸等地的棉花都是先集中到郑州，然后再分别转运到上海、天津、青岛等沿海各大城市"。⑦ 郑州棉花市

---

① 张学厚：《郑州棉花业的兴衰》，《郑州文史资料》第5辑，1989，第1页。
② 《郑州商埠之起色》，《农工商报》第10期，光绪三十三年八月十一日，第24～25页。
③ 桂绍熙：《最近郑州金融商况调查录》，《银行周报》第3卷第14号，1919年4月29日。
④ 林传甲：《大中华河南省地理志》，第172页。
⑤ 张学厚：《郑州棉花业的兴衰》，《郑州文史资料》第5辑，第2页。
⑥ 张炎卿：《郑州花行旧闻》，《河南文史资料》第4辑，1992，第17页。
⑦ 张学厚：《郑州棉花业的兴衰》，《郑州文史资料》第5辑，第2页。

场在"民国八、九年间,逐渐成市,在十一至十四年间,交易极为兴盛"。①通过郑州输出的棉花量从 1919 年的 35 万担,增加到 1923 年的 30 余万包(每包约重 180 斤),1924 年为 50 余万包。② 郑州逐渐成为华北地区最大的棉花交易市场。

郑州棉花交易市场的形成,也带动了一系列行业的发展。首先,郑州市场的繁荣,引起了金融界人士对郑州的关注,"认为郑州是个新码头,很有发展前途,金融界在这里大有作为,于是银钱业很快发展起来"。③ 这期间,在郑州的新式银行有豫泉官钱局(1896 年设立,1923 年停业)、交通银行郑州支行(1913 年 2 月设立)、中国银行郑州支行(1915 年 11 月设立)、金城银行郑州支行(1921 年设立)、河南省银行郑州支行(1923 年由豫泉官钱局改组)、盐业银行郑州支行(1925 年 7 月设立)等 6 家。④ 旧式金融银钱业也有所发展,有同和裕银号(1915 年)、源和盛银号(1916 年)、信昌银号(1920 年)、厚生银号(1923 年)。⑤ 1924 年调查,郑州有"中国、交通、金城、盐业、兴业、河南省等六家……银号有二十余家"。⑥ 其次,郑州陆续建立一批工厂和商号。工厂有豫丰纱厂、中华蛋厂、志大蛋厂、豫中机器打包厂、日信洋行机器打包厂、耀华玻璃厂等 10 余家。较大的商号有瑞丰祥、长发祥、慎裕等绸店,太德、恒记、临记、协记、鑫益、国货公司等洋布店,京鞋店、百货公司、药房等,糕点业有五美长、鸿兴源、老浙华等,饭馆有豫顺楼、鑫开西餐店、万年春、福禄寿、南梦芗、雪宫等,金珠店有老凤祥、百华金店等,大旅社和浴室也相继开设起来。⑦ 从 1920 年代开始,郑州逐渐发展成为河南的商业都市。据 1924 年调查,"郑州地面周围约二十余里城之西北一带,因商业日隆,拟再开展二十余里,现因商埠行

---

① 狄福豫:《郑州棉业之调查》,《国际贸易导报》1931 年 2 月 12 日,转引自刘辉《铁路与近代郑州棉业的发展》,《史学月刊》2008 年第 7 期。
② 冯次行:《中国棉业论》,上海北新书局,1929,第 127 页。
③ 郑幼池:《郑州银钱业的一鳞半爪》,《郑州文史资料》第 5 辑,第 45 页。
④ 杨达口述、杨蕙兰整理《民国时期郑州的银行机构》,《郑州文史资料》第 13 辑,1993,第 120 页。
⑤ 《郑州金融机关》,《中央银行月报》第 2 卷第 11 号,1933 年 11 月,第 1944~1945 页。
⑥ 《郑州及其邻境之调查》,《大陆银行月刊》第 2 卷第 8 号,1924 年 8 月 25 日。
⑦ 张炎卿:《郑州花行旧闻》,《河南文史资料》第 4 辑,第 16 页。

将成立,地价益以腾踊,最佳之处每亩已涨至千余元至二千元,将来日增月盛,正未有艾"。① 1919 年豫丰纱厂建立后,不仅带动了河南棉纺织业的发展,而且带动了其他行业的发展。该厂周边不但有了马路、街道,而且街道逐渐变得宽阔和整洁;电灯、自来水、洋车、黄包车等交通工具一应俱全;饮食小吃业兴盛一时,郑州出现了夜市。② 郑州由一座小县城发展成为中原地区的工商业城市。

一些古老的城市在民国初期由于交通、农产品商品化的发展,成为新的商业中心,如洛阳、许昌。洛阳位于豫陕晋交界处,地处中原进入关中的交通要道,明清时期就具有了中心市场的地位。近代以来,随着"洋货"的输入和地方手工业的衰退,洛阳也出现了衰落的迹象。但北洋政府时期,随着豫西棉花的种植和铁路的修建,洛阳又逐渐繁华起来,人口增加到5.4万人,"商业繁盛,肆市比栉,东街新修商场,规模宏大"。③ 1920 年代初期,北洋军阀吴佩孚驻节洛阳,洛阳一时成为政治军事中心,为市面繁荣创造了条件。1922 年,第一次修建了石子马路,"街道加宽,汽车出现,无声电影有时也在官府和达官贵人家中放映"。洛阳市面逐渐繁荣起来,商业也有兴隆之势。一些外地商号也相继在洛阳设庄开行,如北京"福来祥"百货店、浙江"宝成"金店、山东"谦信"染料行先后在洛阳落户。一些商店一改过去木板门,装修为新式门,如"泉茂""正兴"茶庄包装精美;有的传统食行如"四茂恒""长春""字裕长"等酱菜、糕点铺开始摆出各色糕点、糖果、饮料,"变为新型的南货食品商店"。④ 金融业也繁荣起来,据1915 年统计,洛阳有 10 家银号,⑤ 1921 年,洛阳新开设了 10 家银号,⑥ 主要从事存款、放款、汇兑与铸造元宝等业务。洛阳的工矿业也发展起来,建立了一批近代化工业,如洛阳铁路机车修理厂(初建于 1910 年)、照临电厂(1920 年)、鸿文石印馆(1909 年)、同文印刷馆(1918 年)、晋昌火柴厂

---

① 《郑州及其邻境之调查》,《大陆银行月刊》第 2 卷第 8 号,1924 年 8 月 25 日。
② 徐有礼主编《近代豫商列传》,河南人民出版社,2007,第 207 页。
③ 林传甲:《大中华河南省地理志》,第 230 页。
④ 董纯熙:《近代洛阳商业漫谈》,《洛阳文史资料》第 2 辑,1987,第 40~41 页。
⑤ 《中华民国四年第四次农商统计表》,第 598~599 页。
⑥ 《洛阳市志》第 10 卷,第 336 页。

(1922年)、四德打蛋厂(1917年)、马家织毛巾厂(1925)等。随着商业的繁荣,洛阳还建立了新式商场。1914年,洛阳商会与地方绅商发起集资建立"洛阳商场",成为集零售、批发、购物、游览为一体的现代商业贸易中心。① 商场的设立标志着新型市场的出现,也使洛阳逐渐成为豫西工商业中心城市。

许昌因铁路交通和烟草种植而成为新的商业中心。"自铁路交通,许昌商业日形起色",以火车站为中心,各种工厂、公司相继设立,有盐厂、猪厂、蛋厂、煤炭、煤油转运各公司,西关有收买烟草厂,城内有中国银行、河南银行、丝绸庄、钱庄、纱庄、洋货庄、皮庄、香油庄、杂货庄等业,"均较前发达"。② 特别是随着烟草的种植,除英美烟公司、南洋兄弟烟草公司在许昌商行厂收购和烤烟外,全国各地烟商亦纷至沓来采购烟叶,随之烟行、转运公司兴起,许昌成为全国闻名的烤烟贸易市场。银钱业也随之兴起,1920年代,许昌县城南大街、车站、南门里、各集市附近,都有钱摊。③

北洋政府时期,新兴商业市镇还有驻马店、漯河、焦作等。驻马店原系确山县"车站向为低洼之区,自火车通行,争购地基,建筑房屋,街道齐布,商业云集,陆陈盐厂荟萃于此,并设警察所以资保护,南北往来商旅称便"。④ 商业"在京汉铁路初成时,汉口开车,由信阳移至驻马店,于是昔日小店,遂成大镇。虽数百年资格之府城、县城亦不足比其繁盛,或转而仰给焉。汉口小本商人捷足先至,遂垄断一切"。⑤ 据1920年代调查,驻马店已成为豫南各县通衢,商业繁盛,年营业额达1000余万元,"秋季最为旺盛",有杂货号20余家,匹头号七八家,粮行20余家,转运公司10余家,钱庄七八家,洋油公司2家,纸烟公司2家,杂粮庄20余家,银行办事处3家(中国、盐业、河南省)。输入商品洋油20余万元,糖10余万元,香烟

---

① 董纯熙:《近代洛阳商业漫谈》,《洛阳文史资料》第2辑,第40~41页。
② 王秀文等修、张庭馥等纂《许昌县志》卷6《实业·商业》。
③ 艾荣来:《钱钞和钱摊》,《许昌文史资料》第14辑,出版年不详,第112页。
④ 李景堂纂、张缙璜修《确山县志》卷13《实业》。
⑤ 林传甲:《大中华河南省地理志》,第306页。

六七十万元，杂货、布匹 100 余万元，盐二百四五十万元；输出的主要是当地农产品，芝麻 350 余万元，黄豆 120 余万元，牛羊皮 70 余万元，鸡蛋 10 余万元，猪、鸡 10 余万元。①

漯河本系郾城县的小镇，因铁路的兴建而繁荣起来。1906 年京汉铁路全线通车后，一些行庄从周家口镇、汉口迁移到漯河，据《郾城县记》载："近由汉口移来方恒正等行栈多家，或自称洋行堆栈，或自称华洋公司……买卖土货洋货，并代客包运货物，承揽车船。"漯河的商业"辐射周围百余里，已成为各县最大市镇之一"。② 另据《大中华河南省地理志》记载：郾城"县治东八里许漯河车站，有鸿茂、德和二蛋厂，规模宏大，男女每日约有数百人，站南三里许棉业有限公司，亦历有数年。车站旁煤场林立，煤油车辆亦于是停止，洋货销内地，以此为第一大宗，洋灯、火柴、纸烟输入，亦岁值万余两"。③ 同时，漯河逐渐替代周口成为巨大的牲畜集散市场，1921 年英商安子钦到漯河从事牲畜交易，他以每斤高出当地价格 15～22 个制钱购买菜牛，因此周边舞阳、泌阳、方城、唐河、南阳、鲁山、宝丰、叶县、西华、商水、遂平、沈丘、项城、淮阳等县的农民也到漯河卖牛。1924 年，漯河的牛行业发展到 20 多家。安子钦在漯河三年，"每日平均收磅牛 50 头，收购的牛由漯河火车站装车押运天津，由天津乘船运往国外"，漯河牲畜市场与国际市场有了紧密的联系。1923 年，组织成立了牲畜同业公会——马王会，主要"组织处理牛行业的日常事务与纠纷"。④ 随着商业贸易的发展，银钱业开始兴盛起来。1905 年创办天德恒钱庄，1910 年德恒祥钱庄开业，1918 年，漯河已有益昌、文茂昌、德盛公、天顺德、天升福、裕隆恒、豫兴长等钱庄、银号 10 多家。新式银行也在漯河落户，1915 年交通银行建立汇兑所，1924 年河南省银行办事处成立、上海盐业银行建立了寄庄等。⑤ 1920 年代漯河已经成为豫中比较繁荣的商业中心了。

---

① 《驻马店商业值调查》，《银行杂志》第 1 卷第 1 期，1923 年 11 月。
② 黄方聪：《清末民国时期漯河金融业简介》，《漯河文史资料》第 5 辑，1993，第 73 页。
③ 林传甲：《大中华河南省地理志》，第 168 页。
④ 张绍祥：《风雨春秋八十年——漯河市牛行街牲畜贸易市场见闻》，《漯河文史资料》第 2 辑，1988，第 109 页。
⑤ 黄方聪：《清末民国时期漯河金融业简介》，《漯河文史资料》第 5 辑，第 73、79 页。

焦作是原属修武县的一个小镇,是因英福公司而兴起的商业城市。1898年,福公司在焦作开采煤矿后,随着管理人员与工人的增多,哲美森街(今民生街)出现了百货店、布店、饭馆、粮店、杂货店等数十家。1907年道清铁路延伸至清化镇后,各地商帮陆续到焦作设行栈营业,英、美、俄等国商人也陆续设立洋行。1922年时,焦作商业市场基本形成规模,有东马市街(今新华街)、西马市街(今胜利街)、斜街(今生产街)、粮坊街(今和平街)等商业街市,有20余家较大的商业店铺在这些街市落户。[1]

随着铁路运输的兴起,传统商业市镇出现了衰退。道口镇、朱仙镇、周口镇、赊旗镇是河南传统四大名镇,铁路运输的出现对四大名镇都产生了不同程度的影响。卫河是豫北通往天津的主要航道,正所谓"河北舟楫便利首推卫河,道口镇之所由之繁盛也。自京汉路成,芦盐、漕运已尽改道,船只由五千减去千余,且多窳败,道口商务顿形衰落,今虽通以道清铁路,以范围狭小,仍不能恢复旧状"。[2] 卫河是芦盐进入河南的主要通道,而道口镇又是主要码头。芦盐经铁路运输后,道口镇商业大不如前了。

赊旗镇在康熙时期就形成集市,在清朝中叶达到鼎盛,[3] 但清末民初开始走向衰落,一是唐河水量逐渐减小,影响了大的货船往来,致使货物运量下降;二是京汉铁路建成通车,赊旗镇距离铁路较远,运输日渐不便,"赊旗镇商业,失去了昔日的繁荣昌盛景象……到民国时期,军阀混战,土匪抢劫,对商户敲诈勒索,商业不举"。[4] 尽管赊旗仍然有着一定程度的繁荣,但和清朝中期相比,已经非常逊色了。赊旗镇腹地的市镇也受其影响而衰落,泌阳县城西关因距赊旗镇较近,短途运输比较方便,乾嘉时期比较繁盛,但北洋时期逐渐衰落,其中主要的原因是河道南移,水淤河浅,1923年仅有古路沟码头,但船只寥寥无几;更主要的是京汉铁路修通后,南北货运多用火车,本县货运多由驻马店转运,赊旗贸易受到重创,泌阳县城西关

---

[1] 尤永祥:《焦作商业的起落与振兴》,《焦作文史资料》第3辑,1990,第149页。
[2] 白眉初:《河南省志》卷7《交通水运》,北平师范大学史地系,1925年铅印本,第36页a。
[3] 参看许檀《清代河南赊旗镇的商业》,《历史研究》2004年第2期。
[4] 邱应欣主编《社旗县志》,中州古籍出版社,1997,第281~282页。

商贸渐渐衰落了。①

朱仙镇是中国四大名镇之一,据光绪《祥符县志》记载:"朱仙镇天下四大镇之一也,食货富于南而输于北;由广东佛山镇至湖广汉口镇,则不至广东一路矣;由湖广汉口镇至河南朱仙镇则又不止湖广一路矣,朱仙镇最为繁夥。"② 民国时期随着京汉铁路的通车,"河道淤塞,商业完全他移","此镇失其效用,日就衰微矣"。③

尽管周口镇远离铁路,但商业也深受影响。因铁路兴起,长江沿岸各埠的布匹、茶叶以及南阳的绸布等"多改由铁道运输,周家口之商业亦无不影响"。④

有的市镇因铁路的延伸或衰落或兴盛。如渑池县城,1914 年陇海铁路西展到渑池时,扩大了商品流通领域,火柴、煤油、肥皂、卷烟等物品大都通过渑池向省内各市场转销。开封的天丰、益丰两面粉公司通过城内同德粮行代购小麦,每天外运一二万斤,陕晋及豫西的棉花也由渑池向外转运,县城出现了 5 家较大的棉花行和一些京货店。渑池县城成为豫西的一个中转市场。随着铁路的继续西展,1923 年观音堂通车后,取代了渑池的商业地位,"外地货物不再集中渑池转运",渑池由此衰落。⑤ 此时的观音堂是陇海铁路最西终点,车站每年货物吞吐量达几十万吨,车站有转运公司、车场、骆驼场、小车店几十家。从车站到街道约有 2 华里,其北侧都是客栈、饭铺、烟杂、蔬菜和小手工业作坊,街道两边有浴池、客栈、饭馆、百货布店、纸烟与煤油庄、南货茶庄、粮棉商行等,"真是盛极一时"。⑥ 次年,火车通向陕县,观音堂大部分转运公司、宾馆、旅馆、百货店等都迁徙到陕县,繁华一时的观音堂随之衰落。早在 1923 年,上海永安纱厂采购员梁巩在大营、灵宝一带通过花行购买棉花,用马车或牲口运至观音堂。次年,陕县通火车

---

① 焦元甫:《泌阳县城西关商业变迁》,《泌阳文史资料》第 3 辑,1992,第 119~120 页。
② 沈传义修、黄舒昺纂《祥符县志》卷 9《建置志·市集》,光绪二十四年刻本,第 59 页 b。
③ 白眉初:《河南省志》卷 7《交通水运》,第 36 页 a;《河南省志》卷 2《省会之概况》,第 34 页 b。
④ 白眉初:《河南省志》卷 7《交通水运》,第 36 页 b。
⑤ 渑池县志编纂委员会编《渑池县志》,汉语大辞典出版社,1991。
⑥ 乔紫亭:《观音堂市场的兴衰》,《陕县文史资料》第 2 辑,1990,第 111 页。

后,各地商贾来陕县赶码头的也越来越多,南关街道、房屋如雨后春笋骤然增多。官僚资本率先涌向南关,建房开设生意,灵宝、大营的棉花市场也转移到陕县,华北房地产公司、大华煤油公司、芮城富商杨监堂、洛阳的石家、观音堂十几家转运公司等都在南关大兴土木,铺设生意。火车通车不足两年时间,就使"沉静的陕县南关忽然变成百业俱兴的商业城镇"。①

从上文论述来看,铁路兴起后使河南市场发生了比较大的变化,一些市镇繁盛起来,一些市镇却失去了往日的优势区位,逐渐萧条了。

五 乡村市场及其类型

(一) 集市贸易

集镇是中国乡村以定期举行交易为核心的商品流通网络。"集"指农村集市,"古人日中为市,实后世集市之权舆,人事日繁,需要愈巨,衣食住行,在在有需,一人一家,势难取给,非是有一定地点按日会集,又熟知某也有余,某也不足,以羡补之哉"。② 随着社会经济发展,集市在民众生活中的地位日益重要。在中国农村不同地方名称不一,有的称为集市,有的称为墟市,河南称之为"集市"或"市镇","凡商人集会交易之所,通称市镇"。③ 民国时期,市镇在河南各地普遍存在。安阳有集市42处,"各集市多以粮食、棉花、牲畜等物为交易大宗,其余百货杂陈,色色具备,亦为赴市者所取给焉。集期有间日逐日之分,逐日举行者,为城关集,向由四关轮替举行,由南关而东关、而北关、西关,周而复始。乡民计算集期,有甲子辰出南门,己酉丑东门口,寅午戌北门集,亥卯未西关会。四句口诀,流传

---

① 乔紫亭:《陕县棉花市场发展前后》,《陕县文史资料》第2辑,第105页;乔紫亭:《忆陕县商业、帮会、会馆的兴衰》,《陕县文史资料》第2辑,第108页。
② 王公容修、段继武等纂《温县志稿》,1933年稿本,温县志总编室1986年标点本,第22页。
③ 陈铭鉴纂、李毓藻修《西平县志》卷4《舆地·建置·市镇》,1934年刊本。

已久"。① 光山县"东乡之集十三,南乡之集二十一,西乡之集二十三,北乡之集二十六,共八十三集"。② 长葛有集市20处。③ 淮阳县集市126处。④ 商水县集市36处。⑤ 汝南有集市22处。⑥ 鄢陵东部的半家集、张桥集,南部的马兰镇,"每年有农事古会,三月起,四月底止",陶城、屯沟、望田等集"均为巨镇",西部的陈化店、黄龙店、漆井集,北部的慕家寨、丁桥集、彭祖店"均为乡民交易之所"。⑦ 氾水县集市11处,县城为每日集,其余10处双日集、单日集各占半数。⑧ 荥阳集市14处,其中双日集6次,单日集8次。⑨ 上蔡有集镇45处。⑩ 从开市日期来看,大多数县城为"日日集",其他集镇以隔日集为主,如鄢陵"在城日日集,余皆间日集,集之日附近居民持物交易"。⑪ 中牟有集市21处,其中县城、李店口镇与韩庄集为"每日集",间日集15处,其他3处。⑫

民国时期河南的集市在数量上与清朝时期相比有了变化。有的地方集市数量增加了,西华县乾隆时期有集镇36处,民国时期增加到47处,⑬ 增加11处。夏邑旧志记载有集市19处,民国时期新增集市57处。⑭ 有的地方集市数量有所减少,如泌阳清朝时期有集市34处,民国初年减少至32处。⑮ 但就总体趋势而言,集市数量是在增加。如有学者推算1644~1840年河南有集市2786处,1841~1911年有3405处,1912~1937年达4157处。⑯ 民

---

① 方策、王幼侨修,裴希度、董作宾纂《续安阳县志》卷7《实业志·商业》。
② 许希之修、晏兆平纂《光山县志续稿·市集》,1936年铅印本。
③ 陈鸿畴修、刘盼遂纂《长葛县志》卷2《镇集》,1931年铅印本。
④ 郑康侯修、朱撰卿纂《淮阳县志》卷1《舆地上·集市》,1934年铅印本。
⑤ 徐家璘修、杨凌阁等纂《商水县志》卷5《地理志·集镇》,1918年刊本。
⑥ 陈伯嘉修、李成均等纂《重修汝南县志》卷2《地理·县区较大集市》。
⑦ 林传甲:《大中华河南省地理志》,第118页。
⑧ 田金祺修、赵东阶等纂《氾水县志》卷2《建置·集镇》。
⑨ 刘海芳等修、卢以洽纂《续荥阳县志》卷3《建置志·集镇》。
⑩ 蔡祖图修、翟受之纂《重修上蔡县志》卷3《建置志·集市》。
⑪ 靳蓉镜等修、苏宝谦纂《鄢陵县志》卷5《地理志·集会》,1936年铅印本。
⑫ 萧德馨修、熊绍龙纂《中牟县志》卷2《地理志·镇集》,1936年石印本。
⑬ 潘龙光等修、张嘉谋等纂《西华县续志》卷7《建设志·商业》,1938年铅印本。
⑭ 韩世勋修、黎德芬纂《夏邑县志》卷1《地理志·集市》,1920年石印本。
⑮ 王瑜廷主编《泌阳民俗》(泌阳文史资料专辑),中州古籍出版社,2004,第152页。
⑯ 贾贵浩:《1895~1937年河南集市研究》,硕士学位论文,河南大学,2006,第11页。

国时期河南的集市在数量上比晚清以前有了比较大的增加。

"镇"是规模比较大的集市,是比集市高一级的市场,即"中心市场",包括县城和市镇。1920年代前后,河南的大多数县城既是专业市场,又是中转市场。陈留县城居民7000余口,"城内无大商巨贾,惟南关粮市,适当东南颍、亳、鹿、柘等县赴省要冲,故其商业颇称繁盛"。[1] 该县城南关为粮食集散市场。鄢陵县城居民3万,"每年棉布、棉花、纱线市为各县冠,粮市如芝麻、黄米,他省商贩多来粜者"。[2] 开封县城"居民万人,北门内花生行林立,蛋厂有豫丰等号,南门外煤炭、山货各厂,及转运公司在焉"。[3] 该县城是花生集散市场和煤炭、山货的中转市场。柘城县城"茧市、丝市冠各县,粮行、布行贸易颇盛,其余以酿酒、造烟者为多,糟房五十四处,烟铺十七处"。[4] 淮阳县城"每年布市顿盛,城中设有贫民工厂一处。昔年居民敦朴,今洋货由周家口流入日多,渐奢华矣"。[5] 项城县城居民20300人,"每年丝带销售最广"。[6] 郾城县城"每年春夏之交,草帽市颇为繁盛"。[7] 汲县县城居民3万人,"商务惟西关繁盛,粮行、杂货行林立,红花行为各县冠"。[8] 延津县城居民5800余人,"每年杂粮市交易特盛,红花市每盛于夏秋之间,而交易尤盛"。[9] 滑县县城居民2万人,"有质库、银行、粮店、煤厂等商号,最便乡民交易。西门外马路通接道口,通铁道,负贩之往来,络绎不绝"。[10] 偃师县城居民5000人,"每日市上花棉布最多,陆陈次之"。[11] 临汝县城"西关骡马厂,行旅热闹,平时米市、花市、布市,尚觉繁盛"。[12] 鲁山县城居民3万人,"商务辐辏,山茧丝绸市,为全省中

---

[1] 林传甲:《大中华河南省地理志》,第108页。
[2] 林传甲:《大中华河南省地理志》,第118页。
[3] 林传甲:《大中华河南省地理志》,第122页。
[4] 林传甲:《大中华河南省地理志》,第146页。
[5] 林传甲:《大中华河南省地理志》,第148页。
[6] 林传甲:《大中华河南省地理志》,第154页。
[7] 林传甲:《大中华河南省地理志》,第168页。
[8] 林传甲:《大中华河南省地理志》,第182页。
[9] 林传甲:《大中华河南省地理志》,第208页。
[10] 林传甲:《大中华河南省地理志》,第212页。
[11] 林传甲:《大中华河南省地理志》,第234页。
[12] 林传甲:《大中华河南省地理志》,第258页。

枢，外人争购之"，为河南山茧丝绸集散市场，"丝商有三晋川、长盛蔚、长顺水、通盛祥各行号，其零星丝商不下百余家。客商坐购，则有久成、大丰，茧成由各户自行缫丝，或由行商雇各机户制造"。① 宝丰居民 1 万人，"市廛以陆陈为大宗，绸缎、棉纱、广洋等货品，亦皆设肆林立"。② 南召县城居民 14000 余人，"绸市、丝市足以流通金融；次布市、花、柴、碱，为城关特产，销路颇旺。东兴门外，商业繁盛，杂货店占多数"。③ 泌源县城居民 22000 人，"西关滨唐河，帆樯林立，商肆栉比；城内次之"。④ 桐柏是米集散市场，"米庄极盛，近来汉口米贩，每居青黄不接之时，贱价收买运出，年年米价加昂"。⑤ 邓县城居民 7000 人，是烟草中转市场，"南关有烟行五六十家，佣钱五分，买客三分，卖客二分……钱店约二十家，兼棉花杂货"。⑥ 新野县城"每年豆市为大宗，平时麦米为附近诸县冠，棉布于秋冬时特盛"。该县城是农产品集散市场。西平县城居民 7 万人，是农产品及副业集散市场，"每年麻、豆、草帽市冠邻封，香油、棉布及鸡蛋市亦盛市，每行派一人或数人从中议价，交易公平"。⑦ 潢川县城位于豫鄂皖三省交界处，既是粮食专业市场，又是棉花的转运市场，"每年米市为各县冠，光、固大米，尤驰名全省。棉市北通许昌，南济武汉，每届秋令，车马辐辏。余如布市，当年徽皖贩运之客，络绎不绝"。⑧ 固始县城"商业机关有米行、麻行、布行、油行、斗行、竹木行及京货、药店，而钱业实操纵之。每岁秋成，绅富用贱价收粮，以备外运。麻销汉口，岁三十万斤；豆运镇江，岁二万余石；米销颍、亳，岁四万余石；花生岁百万斤，分销各处"。⑨ 该县城是麻、豆、米、花生的中转市场。禹县城"东起和尚堂，西至大王庙，则为繁华闹市。期间银楼（金银首饰店）、钱庄、京广杂货、绸缎布匹、颜料

---

① 林传甲：《大中华河南省地理志》，第 260 页。
② 林传甲：《大中华河南省地理志》，第 264 页。
③ 林传甲：《大中华河南省地理志》，第 272 页。
④ 林传甲：《大中华河南省地理志》，第 276 页。
⑤ 林传甲：《大中华河南省地理志》，第 280 页。
⑥ 林传甲：《大中华河南省地理志》，第 282 页。
⑦ 林传甲：《大中华河南省地理志》，第 302 页。
⑧ 林传甲：《大中华河南省地理志》，第 310 页。
⑨ 林传甲：《大中华河南省地理志》，第 314 页。

（染料）、针织、酱菜副食、烟酒糖果、生熟药材、膏丹丸散、笔墨纸张等一应俱全。店铺鳞次栉比，人流熙攘往来。此时全县尚好约有一千余家，小商贩则难以数计"。①

有的集市居于交通要道，逐渐发展为市镇。如栾川县的三川位于交通要冲，乾隆十五年（1750）立为集市，集期为一四七。随着"集市渐盛"，居民增多，街道拓展，形成栾川著名的市镇。② 位于洛宁县城西40里的长水集，地处水陆交通要道，是西部山区的粮食市场，每年冬春季节，宜阳以东各县，牛马拉车、驴骡牲口驮都到长水集买黑豆，逐渐这里形成以黑豆交易为主的粮食交易市镇，有较大的粮食交易所六七家。③

新式交通的兴起对河南市场产生了很大的影响，如夏邑方志记载："邑人安土重迁，老死不出境外者，至梯山航海，奔竞商途者，得未曾有也。所谓商日中为市，交易而已，受物而鬻，贾术而已。今则铁路开通，交通利便，懋迁变化，月异而岁不同。"④ 许多县城因现代交通和工业的建立，市场结构发生了变化，除了传统商品如农副产品、手工业产品等外，还发展起了第三产业，如旅馆、货栈、金融等行业。如修武县城居民2万人，"平时米市最盛，布市次之。近因福中公司采运煤炭，而钱行形发达"。⑤ 该县因煤炭开采而发展起了金融资本。渑池县城居民3500人，"平时麦米市颇盛。南城之外，车站在焉，旅馆堆栈日盛"。⑥ 灵宝"南关尤为繁盛，九日栈房在南关，不堪投止。西关为新旅馆所在，房屋颇清洁，招待谨慎"。⑦ 偃师县城以往"东西大道，商业数十家"，"铁路通后，生意较前发达"，商品主要来源也发生了变化，"洋纱贩自郑州，杂货贩洛阳，麦粉由火车来"。⑧ 新式交通业的出现改变了偃师的商品构成。确山"自铁道行驶，交通便利，

---

① 禹州市志编纂委员会编《禹州市志》，中州古籍出版社，1989，第454页。
② 杨荣和：《三川街沿革和十八家集市考》，《栾川文史资料》第5辑，1990，第218页。
③ 舒光祖：《籴不尽长水黑豆》，《洛宁文史资料》第2~3辑，第171~172页。
④ 韩世勋修、黎德芬纂《夏邑县志》卷1《地理志·商业》。
⑤ 林传甲：《大中华河南省地理志》，第222页。
⑥ 林传甲：《大中华河南省地理志》，第248页。
⑦ 林传甲：《大中华河南省地理志》，第252页。
⑧ 乔荣筠等：《偃师县风土志略·市镇表》，1934年石印本。

富商大贾云集城关，贸迁有无，商业顿为发达"，① 该县城因铁路兴建而成为集散市场。泌阳县城居民5000余人，"小麦、麻豆市甚盛，皮市、布棉市亦发达。近设街市清道工，修筑街道，清扫污秽，利于交通卫生者甚大"。② 该县具有了现代市镇建设和管理的初步理念。

除了县城外，每个县还有数处或十余处市镇，承担着"中心市场"的职能。表4-1是偃师县各镇商业状况统计表。

表4-1　民国时期偃师县市镇商业状况统计

镇名	所在地	昔日状况	当时情形	备考
中山镇	城内	东西大道商业数十家	铁路通后生意较前发达	洋纱贩自郑州，杂货贩自洛阳，麦粉由火车来，出产为棉
光明镇	城东北18里沟脑	只商业数家，有邮政	与前无别	此镇非通衢，故商业不盛
同济镇	城西北50里牛庄	商业十余家，土产交易	与前无别	此镇较光明镇商业更繁
文博镇	城西北25里东蔡庄	商业十余家	与前无别	
石桥镇	城西25里	商业20余家	花庄较为盛	此镇四周皆棉田，又近义井铺车站，故棉业盛
保定镇	城西20里南蔡庄	商业十余家，有邮政	与前无别	
阿衡镇	城西15里新寨	临河又通大道，煤市盛，有邮政	与前无别	此镇南滨河，巩煤来者易
顾县镇	城南10里	清初设市，有碑，商业八九家	与前无别	此镇半滩半坡，故菜棉市盛
营防镇	城南10里	南北大路，生意八九家	与前无别	此镇无巨商，只土产贸易
猴氏镇	城南30里	商业20余家，有山陕花布客	近因土布不行，客商不来	市面较前冷落
喂羊镇	城西23里	商业八九家	与前无别	此镇北面临洛
襄济镇	城西18里	商业八九家	与前无别	此镇南近伊水

---

① 李景堂纂、张绪璜修《确山县志》卷13《实业志·商业》。
② 林传甲：《大中华河南省地理志》，第278页。

续表

镇名	所在地	昔日状况	当时情形	备考
段湾镇	城南18里	商业20余家	与前无别	此镇以人口之多,为全县冠
高龙镇	城西南22里	商业十一二家	与前无别	此镇以产香油著名
大口镇	城西南35里	商业十余家	与前无别	此镇西南近水泉口,登封米麦贩能来
浮阳镇	城西南33里焦村	商业六七家	与前无别	此镇东无寨门,南接董村,西接堰村
府店镇	城南40里	商业二三十家,昔有山陕客商	土布不行,客商绝迹	此镇有山西程氏设天元药栈,遗房宏大,足证繁荣
扒头镇	城南45里	商仅数家	与前无别	
半坡镇	城南50里孙家坡	素日无集	纯为农户	南临山,交通不广
管毛镇	城南45里	商只六七家	与前无别	单日集
万安镇	城南45里	商店20余家	红薯集较昔为盛	山口常有登封商贩
𫚭辕镇	城东南50里	商业数家	与前无别	登偃大道1928年九月二日遭匪灾,毁其

资料来源:乔荣筠等《偃师县风土志略·市镇表》。

表4-1反映偃师县市镇除了县城中山镇外,尚有21个市镇,其中部分市镇起着"中心市场"的作用。除偃师外,每县都有数个这样的市镇。如陕县的惠兴镇"为河东池盐行销河南过渡之处,盐商尚多"。观音堂"因铁路停顿未修,旅馆业骤盛,饮食消耗品皆随之而来矣"。[①] 阌乡县阌底镇"商务稍繁盛"。[②] 卢氏县范里镇"全县第一大镇,市商殷实,街道整齐,过于县城"。[③] 镇平石佛寺"市面繁盛过于县城"。[④] 泌阳沙河店"为县内第一市镇"。[⑤] 该县井店地处滑县、内黄、浚县交界处,距离县城较远,物产丰富,商业繁荣,如新庄王蔚、王凤皋家的洪字号钱庄、当铺,北冯村刘永合三字号钱庄、洋布庄、粮店,陈清池的估衣铺,王礼的林生粮行等几大家,

---

① 林传甲:《大中华河南省地理志》,第232页。
② 林传甲:《大中华河南省地理志》,第254页。
③ 林传甲:《大中华河南省地理志》,第254页。
④ 林传甲:《大中华河南省地理志》,第274页。
⑤ 林传甲:《大中华河南省地理志》,第278页。

一直控制着井店镇的商业市场和经济命脉，"一、三、五、七井店赶集，二、四、六、八善堂秤花（善堂集棉花行市场繁荣），是当地人的口头语"。①

明清时期兴起的一些市镇，在民国初年仍然保持了往日的繁荣，如时人所言："河南各市镇繁盛状况，每有超越县城之上者，多因其地势交通便于商务之发达。"② 这些市镇大多交通便利，成为专业市镇，如浚县道口镇（1946年改属滑县）是明朝兴起的集市，乾隆年间日渐繁盛，光绪年间居民已达1754户，10300人，肉食、糕点、制鞋、铁木器加工等手工业作坊已有相当发展，同治年间就粮行颇多，是小麦集散地。民国时期，道口人口剧增至3万余人，不仅手工业行业多，而且商业继续保持了往日的繁盛，仍然是粮食集散市场，有"金盛店""源隆店""同盛店""聚昌店"四大粮行，其他小粮行有40余家。酒店有"泰泉宫""荣茂文""庆成合""协全"等四大酒家，另有小商号30余家。③ 如表4-2所示。

表4-2 北洋政府时期河南繁华市镇一览

镇名	所属县	备考
周家口	商水县	为豫东一带货物集散之区，乃贸易之大市场，市面素称繁盛，输出商品以农产业为最巨；输入商品以盐、糖、茶、布、纸张、杂货为大宗
赊旗镇	方城县	赊旗镇亦名赊店，大部分属南阳，小部分属方城
荆紫关	淅川县	据豫鄂陕三省交通之冲途，故甚殷盛，东距淅川县城120里
驻马店	确山县	在县南36里，为京汉铁路之一站，遂变荒墟为繁市，为新兴工商业中心
漯河镇	郾城县	漯河镇旧即著名，今为车站所经，更日趋繁盛，为新兴工商业中心
惠兴镇	陕县	惠兴镇商务全赖晋盐之输运，近年芦盐自由竞卖，晋盐销行大减，为陇海道之止点，扼入秦陇之孔道，将来商务不日恐远出惠兴镇之上
道口镇	滑县	近年道口商务虽衰，而煤杂粮等贸易仍甚发达

---

① 刘静轩：《旧商会与工商业联合会》，《内黄文史资料》第3辑，1989，第229页。
② 白眉初：《河南省志》第3卷《商埠·繁盛市镇》，第47页。
③ 徐怀民：《称道口为"小天津"的由来》，《滑县文史资料》第1辑，1986，第60~67页。

续表

镇名	所属县	备考
清化镇	沁阳县	据道清、清孟两路交接之地,以产竹器著名
王范镇	洛宁县	王范镇在洛宁县城西5里,当豫西交通之冲,故甚著名
石佛寺	镇平县	石佛寺为绸业之集中地,故甚繁盛
平氏镇	桐柏县	东南距县城90里,由此至南阳有车道,县城小而僻,不及其盛
源潭镇	唐河县	镇在县城北25里,扼唐河交通之便利,赊旗镇商业渐移于此

资料来源：白眉初《河南省志》第3卷《商埠·繁盛市镇》，第47~49页。

这些市镇从形成到民国时期一直担负着集散市场的地位，是河南对外贸易的主要港口。如道口镇"为天津卫河上游之销场，舟车交汇"；清化镇"为山西泽、潞货物所集地，且土沃民富，百工尚勤"；周家口"为镇江商品由运（河）入淮（河）之集散场，分河南、河北、河西三部"；赊旗镇"为汉口老河口货物上行之销路，今少衰，仍为附近各县集中地"；荆紫关镇"为陕西汉中、兴安土产之出口，秦楚关键，街长二里，廛市殷阗"；漯河湾"为汉口吸收中原农产之中心，芝麻甚丰"。[1] 这些明清时期兴起的市镇，即使在民国时期，仍然发挥着应有的作用。

（二）赛会与庙会

为了农业生产需要，或购买农具或购买粮食种子，或出售农产品，河南各地举办不同类型的赛会或庙会，进行商品交易，即贸易赛会或庙会。汤阴县除正月外，各月均有庙会。[2] 方城各种会名目较多，如春会、庙会、小满会、年会、行业会等，有73处（次）。[3] 李鸿亮对淮阳、鹿邑、夏邑、内乡、嵩县、洛宁、濮阳7县的庙会进行了统计，共有481个庙会，每县一年当中每月平均有5~8次庙会，平均每4~6天就有一个庙会起会。如果每个

---

[1] 林传甲：《大中华河南省地理志》，第94页。
[2] 殷时学：《汤阴庙会今昔》，《安阳文史资料》第5辑，1990，第179页。
[3] 周道隆、李天德：《方城的春会、庙会、行业会》，《方城文史资料》第8辑，1991，第179页。

庙会的会期以 3 天计算，各县每年进行庙会的总天数淮阳为 159 天，鹿邑 264 天，夏邑 180 天，内乡 267 天，嵩县 198 天，洛宁 219 天，濮阳 156 天。① 鄢陵全年有各种会 18 次，"城乡之有会，犹江浙之有集，闽广之有墟也"。② 泌阳有 23 处庙会，有庙会 124 天，最长的 15 天，最短 4 天。③ 各种会也是市场的一种形式，不同季节举办的赛会其目的与交易的内容是不一样的，如封丘贸易赛会有两种，一种是农忙会，以买卖农产品及农业生产资料为主；一种是伦布会，以办置年货为主。"旧俗在浴佛、小满等节，或在关厢，或在乡镇辏集，杈、帚、锄、镰等农具，开日中之市，曰农忙会，至九月九日在县内，十月初五日在留光镇，十一月二十五日在冯村镇，十二月初十日仍在留光；外商座贾，百货云屯，贸易数日。曰伦布会，入进腊月，县及各镇年货林列，连延于除夕，名曰乱市。县市则起于十五，乡集则起于二十。"④ 可以看出前一种赛会专门为农业生产服务，后一种专门为农民过春节提供商品服务。

农历腊月初八是中国民俗中的传统节日，标志着新春的到来。为了满足农民购买年货的需求，一些地方形成了"腊八会"。如浚县每届腊月初八，县城西关的顺河街便起集兴会，进行年货贸易，时间长达 20 余天，"直至腊尽，方停市罢集"。⑤

太康县各乡镇的会称轮堡会，代表了河南最典型的赛会形式。在市镇里，既有集市也有轮堡会，如新太镇，会期六月六日，八月二十三日，十月十一日，十一月十五日；新华镇，九月十五日，十月二十八日，十二月八日；朱口镇，双日集，会期三月十八日，四月小满会，九月十五日，十月十五日，十一月二十五日，十二月十日；马头镇，单日集，会期二月十五日，四月四日，六月二十三日，十一月十九日；马厂镇，单日集，会期四月十一日，九月二十七日，十一月二十七日；新安镇，双日集，会期九月二十二

---

① 李鸿亮：《1895～1937 年河南庙会研究》，硕士学位论文，河南大学，2008，第 9 页。
② 靳蓉镜等修、苏宝谦纂《鄢陵县志》卷 5《地理志下·风俗》。
③ 王瑜廷主编《泌阳民俗》（泌阳文史资料专辑），第 157～158 页。
④ 姚家望修、黄荫楠纂《封丘县续志》卷 2《地理志·风俗》。
⑤ 李杰中：《解放前的浚县年画市场》，《浚县文史资料》第 3 辑，1989，第 135 页。

第四章 交通与商业贸易

日,十月二十二日;秋冈镇,十一月二十日,十二月二十日;五权镇,单日集,会期九月七日,十二月十七日;四权镇,会期九月三日,十一月九日,十二月十三日;常营镇,单日集,会期四月四日,六月一日,九月二十三日,十一月三日,十二月十日;大陆镇,单日集,会期九月十九日,十一月十五日;双凌镇,会期四月十六日,六月八日,八月二十八日,十一月二日,十二月二、二十日;方城镇,单日集,会期三月二日,四月十一日,六月二十二日,九月二十六日,十一月七日,十二月十三日;高鲜镇,双日集,会期四月二十四日,九月十五日,十月二十六日,十一月二十二日,十二月八日;中山镇,单日集,会期十月七日,十一月七日,十二月七日;杨庙镇,每日集,会期九月二十二至二十三日。大多数乡里集市与轮堡会不重复,有集市的无会,有会的无集市。乡的轮堡会每年仅1次,但会期一般在3天左右,如北安乡,十一月十三日至十五日;齐河村,十二月七日至九日;和东乡,十月一日至四日;新义乡,十月二十八日至三十日;安仁乡,三月三日古庙会;为善乡,六月十日;重民乡,八月二十七日;诚信乡,四月四日等。该县一些户口在500户以上的大乡,既有集市,也有轮堡会,只是次数不及市镇的多,如大同乡579户,双日集,会期十月二十四日,十二月十二日;自由乡630户,单日集,会期十月十三日,十一月十五日;扶乐乡579户,双日集,会期四月八日。① 从太康的资料来看,轮堡会完全是对集市的一种补充,在商业发达的市镇,不仅集市数量多,而且轮堡会举行的次数比较多。集市是一种定期的交易方式,不论农忙农闲,都如期进行,而轮堡会主要集中在每年的农事结束后举行,为农产品交易提供方便。

各地庙会与农事和农家生活紧密相关,主要销售农副产品与农家日常需要品。如开封的边村庙会交易的商品是鞋帽杂品、布匹百货、农土特产、干果陆陈、猪马牛羊、砖瓦木料、新旧家具、农具杂项。② 汤阴庙会交易的商品主要是农耕与农副产品,如耕畜、小猪秧,夏秋农业生产所需要的镰刀、桑杈、筐、篓和一般家庭生活用品如风箱、锅帽、簸箩、簸箕等。③ 方城的

---

① 周镇西修、刘盼遂纂《太康县志》卷2《舆地志·九区乡镇一览表》。
② 高峰秀:《忆开封边村庙会》,《开封文史资料》第5辑,1987,第162页。
③ 殷时学:《汤阴庙会今昔》,《安阳文史资料》第5辑,1990,第181页。

春会时间多在农历三、四月间，交易的商品主要是杈、耙、扫帚、牛笼嘴和牲畜，另有京广杂货、干鲜水果、烟酒等副食等。① 淇县沙窝、乔盟等几处"小满"庙会，主要是交流夏种农具和其他生产生活物资的庙会，"腊八"会以交流过年物资为主。②

一些庙会的会期比较密集。汤阴除正月外，几乎每月都有庙会，农历二月20处，三月30处，四月19处，五月2处，六月10处，七月10处，八月4处，九月9处，十月10处，十一月1处，十二月1处，③ 共计116处，平均每月11次之多。河阴"城乡寺庙岁时供香火，或农事方亟，则行商负贩，鬻百物及农具，皆有会期，但时日有长短，市区有广狭耳，旧俗相沿。阴历正月二十五日，蔡村寺会；二十八日，茹□庙会。二月初二日，龙王庙会；初八日，高村寺会；初九日，高村会，大胡村会；十五日，樊河会；十九日，大胡村会；二十三日，南城会。三月初一日，北关会；初三日，大师姑会，段铺头会；初五日，十字涧会；初九日，董庄会；初十日，南关会；十三日，官庄会；十五日，陈沟会；十六日，西苏楼会；十九日，飞龙顶会；二十日，段铺头会；二十二日，宋沟会；二十五日，小胡村会；二十六日，东关会。四月初八日，西司马会；十三日，茹□会；十五日，宋沟会；小满节，高村会，城内会三天；五月二十五日，东苏楼会。六月初九日，高村会；十三日，董村会，大胡村会；十五日，黑李会；二十三日，西司马会。七月二十六日，牛口峪会。九月二十五日至二十七日，城内会三天；二十五日，董村会。十月初一日，城内会，双槐会；初五日，水泉会；十三日，侯村会。十一月初二日，初四日，城内会；初十日，陈铺头会；十八日，城内会。十二月初二日、初四日，城内会"。④ 河阴各种寺会中，农历正月2次，二月7次，三月14次，四月6次，五月1次，六月5次，七月1次，八月无，九月2次，十月4次，十一月4次，十二月2次。寺会分布最密集是在春耕时期的二至三月份，三月多达14次，每月开市的次数和隔日

---

① 周道隆、李天德：《方城的春会、庙会、行业会》，《方城文史资料》第8辑，第179页。
② 燕昭安：《淇县的庙会文化》，《鹤壁文史资料》第3辑，1987，第111～112页。
③ 殷时学：《汤阴庙会今昔》，《安阳文史资料》第5辑，第179页。
④ 高廷璋等纂《河阴县志》卷8《风俗·物产考》，1918年刊本。

集市的数量差不多。从上面的各种庙会来看，农村庙会大多数是在一年的秋收之后到次年的春季举行，一则农民较闲，一则秋收后农民手中有钱，可以买需要的东西。

和集市相比，庙会的会期比较长，部分庙会的规模相当大，商业腹地也非常广阔，成为著名的集散市场和专业市场。新野县地处豫西南边缘，唐、白、湍三条河流汇聚穿境南下，水上运输十分方便，各个码头船只停泊，装卸货物，络绎不绝。县城"乾明寺的四月初八日庙会，持续至七月间落棚，川、广、云、贵、陕、甘、青、宁竞相赶会，会期之长，来货之多，具极一时之盛举"。① 浚县丘山古庙会每年正月十五至月底举行，会期15天，其间各地商贾云集，"商户经营的商品，既有传统特产，又有新颖百货"。庙会商客来自晋、冀、豫三省。② 内乡的马山口火神庙会，会期最初为3日，民国初年增加到15日，"上会的人数可达五六万人，每天卖出的王店火烧馍就有三百多担"，庙会还带动了附近农村产业的发展，一些农家组成各种各样的运输队为客商服务，"马山口附近就有二十多个骡马队和三四百人组成的挑夫队，方圆三五十里的农家牛车，也被预订一空。届时，各地药商云集，交易数额惊人，中药材购销量达六七万斤，桐油、生漆也达万斤。默河滩上，南北三四里，尽是药棚"。③ 辉县百泉药王庙会兴起于明朝初年，每至会期（农历四月初八日），太行山区出产的中药，畜驮人担，进入庙会市场，四方药商，纷至沓来。清朝康熙五十七年（1718），西安、怀庆等地的药材商人集资修建药王庙，自此以后每年四月初一至十日为会期。④ 汤阴的扁鹊庙会，从明朝开始，每年农历三月十五日起会直到五月五日结束，会期长达50天，形成以药材为主的交流大会，除了来自豫北的怀庆（包括沁阳、修武、博爱、武陟、温县、孟县、济源、原武等县）、卫辉（包括汲县、新乡、辉县、获嘉、淇县、滑县、浚县、封丘、延津等）、彰德（今安

---

① 陶连生：《新野商会及商业片段》，《新野文史资料》第7辑，1991，第69页。
② 刘式武：《浚县浮丘山古庙会盛况》，《浚县文史资料》第5辑，1994，第199页。
③ 孙国文主编《内乡民俗志》，中州古籍出版社，1993，第208页。
④ 秦启安：《百泉药材交流大会》，《辉县文史资料》第1辑，1990，第101页；李集日：《六百年百泉药交会述略》，《辉县文史资料》第9辑，2006，第261~262页。

阳，包括安阳、汤阴、林县、临漳、内黄、武安、涉县等县）三府外，还有来自河北邯郸、保定的商人。① 淮阳太昊陵庙会会期从阴历二月初一日至三月初三日，共33天，"时期又正是春初，农民正要准备一年家具的时候，需要交易正为殷切，其附带有极繁旺的商业，不问可知"。太昊陵庙会的商业贸易主要是日用品的交易，"只要是农间常用的或不常用而可能用的，都可以是那里买卖的标的。所以妇女用的剪刀、针、衣扣、布匹、手套，固然都可以买得到；便是农事用的斗、犁、锄、耙、镰、钩；小儿玩具如刀枪、剑戟、口笛、皮球，甚至医药所用的灰鼠、苇根等等也都可以买得到"。② 太昊陵庙会的商业活动主要与农民的日常生活紧密相关。可见，河南部分庙会具有会期长、市场腹地大、专业性强的特点，是农村市场的主要形式。

---

① 殷时学：《汤阴庙会今昔》，《安阳文史资料》第5辑，第179页。
② 郑合成：《淮阳太昊陵庙会概况》，出版年不详，第36、37页。

第二编　南京国民政府时期

第五章
农业与农村经济

一　农业政策与农政机关

（一）农业政策

农业技术改良是南京政府时期的一项重要的农业政策。1931年10月正式成立了中央农事试验场，1933年3月颁布农业推广规程，要求普遍建立农业推广机关，即国立或省属学校或农业专门学校设立农业推广处，省农业主管机关内设立农业推广委员会；省内以若干县划分为一区，每区设农业指导员一人，督察该区农业推广事务和协助该区各县农业推广指导员进行农业推广；各县设立农业推广所或指导员办事处，指导员一人或数人。在农业推广方面，（1）供给优良种子、树苗及畜类；（2）普及优良的农业经营方法；（3）普及优良的农家副业的原料与方法；（4）普及优良的农具及肥料；（5）普及病虫害的防治方法等。在提倡合作社方面，（1）宣传与解释合作社法令；（2）指导合作社组织与改良。直接举办的各种涉农事务，包括各种农业展览会、农产品比赛会、农产品与农具陈列所、巡回展览、农业示范、农业讨论会等。同时，农业推广机关还承担增进农民技能、改造乡村社会、提倡与辅助造林、农业调查等各种责任。①

---

① 中央党部国民经济计划委员会：《十年来之中国经济建设》第二章《实业》，1937，第11~12页。

发放农贷是南京政府又一项重要的农业政策。南京国民政府农贷始于1928年,国民政府令江苏省政府设立农民银行,向农村合作社放款,"开了国民政府农村金融之先声"。① 1932年,在"围剿"中共根据地和红军时成立农村金融救济处,在鄂、豫、皖、赣四省推行农贷,1933年成立四省农民银行,1935年改组为中国农民银行,是国民政府举办农贷的国家专业金融机构。《中国农民银行条例》规定了该行营业范围包括:"一、放款于农民组织之合作社及合作社联合社;二、放款于农业之发展事业;放款于水利备荒事业;四、经营农业仓库,及放款于农产、农具之改良事业;五、动产不动产抵押放款及保证信用放款"等。其中农业放款主要用于:"一、购买耕牛、籽种、肥料、畜种及各种农业原料;二、购办或修理农业引用器械;三、农产品之保管、运输及制造;四、修造农业应用房屋及场所;五、其他与农民经济或农业改良有密切关系之事业。"②

(二) 农政机关

农政机关,中央方面,1928年南京国民政府成立农矿部(1928年2月28日至1930年12月4日),部内设农政、林政二司,主管农林事业。1930年,农矿部改为实业部(1930年12月4日至1938年1月1日),内设农业、渔牧二司及林垦署,分别掌管农、林、牧、渔业。1930年代前期,国民政府还设立了一些与农业有关的机构,主要有:国民政府行政院于1933年设立"农村复兴委员会"(1933年4月至1936年1月),其任务是进行与复兴农村有关的调查、研究、规划、咨询等,侧重于农业金融方面;国民政府建设委员会于1933年成立"振兴农村设计委员会",其任务是研究农村经济问题和设计建设农村的方案;全国经济委员会(1933年成立,直属于国民政府,其任务是决定国家经济政策,制定经济建设方案,也办理一些经济建设事宜)于1934年成立农业处,办理

---

① 黄立人:《论抗战时期国统区的农贷》,《近代史研究》1997年第6期。
② 《中国农民银行条例》,《法令周报》第24期,1935年6月12日。

第五章　农业与农村经济

农业技术改良、农田水利整治、荒地开发和农村建设等事宜。此外，还有直属农业部的农本局（1936年8月设立）、棉业统制委员会（1933年10月设立）、合作事业委员会（1935年10月设立）、水利委员会（1934年10月设立）等农政机关。

南京国民政府成立后，1927年7月，河南省将原实业厅改为建设厅，"初置四科，分掌农、工、商、矿、渔、牧、森林、水利、市政、道路、交通及一切建设事宜"。1932年8月，建设厅改组，科室增加为1室5科，与农业相关的管理机构是第一科，"掌理农业垦荒、渔、牧、森林各事项"，第四科"掌理水利"等事项。① 1929年2月，河南省将原有农林、蚕桑等机构合并，改名为河南农林试验总场，设有文书、事务、农艺、森林、蚕桑、畜产、观测、农具、化验、除虫害、推广等11股。农林试验总场成立后，先后在尉氏、信阳、洛阳、汲县、商丘、辉县、南阳设立了7所农林试验分场，分场设农艺、森林、蚕桑、事务4股。②

中原大战后，河南财力维艰，而且原有农林试验场存在"内部组织范围过广博而不专，难期进展"的问题。③ 因此，1931年，将农林试验场改组为7个试验场：开封园艺试验场，商丘麦作试验场，信阳稻作试验场，洛阳棉作试验场，汲县杂谷试验场，南阳桑蚕试验场，辉县畜牧试验场。1932年12月，河南省对农林机关进行了合并和改组，即将开封园艺试验场、商丘麦作试验场、郑州模范林场第一区林务局合并为河南省第一农林局；信阳稻作试验场与第五区林务局合并为河南省第二农林局；南阳蚕桑试验场与第四区林务局合并为河南省第三农林局；洛阳棉作试验场与登封第三区林务局合并为河南省第四农林局；辉县畜牧试验场、汲县杂谷试验场与第二区林务局合并为第五农林局。表5-1是各个农林局管辖范围、经费、主要作业等。

---

① 河南省政府建设厅：《河南建设概况（1934年）》，"厅务"，第1页。
② 刘景向总纂《河南新志》卷5《实业·农业》上册，第225~226页。
③ 《河南建设概况（1934年）》，"农林"，第1页。

表 5-1　河南各农林局情况统计

局名	地址	主要设施及经费
第一农林局	开封	作业区域 41 县,有农地 265.05 亩,林用地 7362.28 亩,栽桑地 150 亩,全年经常费 22320 元,事业费 20120 元,分农林两股,各类职员 19 人,以麦作、园艺为主业,花生为副业
第二农林局	信阳	作业区域 13 县,有农地 125.03 亩,林用地 598.2 亩,栽桑地 62.78 亩,全年经常费 18480 元,事业费 15320 元,分农林两股,职员 15 人,以稻作、麦作、森林为主业,园艺为副业
第三农林局	南阳	作业区域 11 县,有农地 250 亩,林用地 200 亩,栽桑地 50 亩,全年经常费 18480 元,事业费 15320 元,分农林两股,职员 15 人,以蚕桑、烟草、森林为主业,棉花为副业
第四农林局	洛阳	作业区域 21 县,有农用地 93 亩,林用地 1323.1 亩,栽桑地 137.67 亩,全年经常费 18720 元,事业费 16520 元,分农林两股,职员 17 人,以棉花、森林为主业,果树、麦作为副业
第五农林局	辉县	作业区域 25 县,有农地 380 亩,林用地 5396.94 亩,栽桑地 50 亩,全年经常费 20520 元,事业费 16520 元,分农林两股,职员 17 人,以麦作、杂谷、森林为主业,畜牧为副业

资料来源:张静愚《河南建设之回顾与前瞻(续)》,《中国建设》第 13 卷第 2 期,1936 年 2 月,第 63~74 页。

督察区农政机关。1932 年,国民政府对地方政治制度进行了改革,河南省划分为 11 个行政督察区,每区设专员一人。同时,中央政府"特令饬各行政督察专员驻在地,筹设规模较完备之大农场一所,附设农林试验学校,及农林讲习班,本教学做三者并重为原则,矫正以往学而不做之弊,以期养成真实服务之人才,藉奠复兴农村之基础"。根据中央政府的饬令,河南省政府"当即拟具各专员所在地筹设农场及农林实验学校办法大纲"。[①] 此后,除第六、九两区外,其余督察区的驻在地相继成立了农林机关,具体情况如表 5-2。

---

① 张静愚:《河南建设之回顾与前瞻(续)》,《中国建设》第 13 卷第 2 期,1936 年 2 月,第 64 页。

表 5-2 河南省行政督察区农林机关

名称	成立时间	场址	主要设施
第一行政督察区农场	1934 年 3 月	郑县	有土地 294.1 亩,分作物、果树、蔬菜、桑树、林木、畜牧等区,每区分经济栽培与学理试验两部。附设农林试验学校,现有学生 1 班 49 名。技术员、专兼职教员共 7 人,全年经费 9528 元
第二行政督察区农场	1933 年 8 月	商丘	有土地 449 亩,苗圃、林场占地 200 亩,桑园占地 60 亩,主要作业为育苗、造林、麦作、棉作、果树、蔬菜、杂谷、蚕桑、牧畜等。附设农林试验学校,有农林、乡村师范各 1 班,学生 104 人。管理、技术员、专兼职教员共 7 名,工役 11 名,全年经费 13164 元
第三行政督察区农场	1933 年 12 月	安阳	有土地 280 余亩,内分作物、园艺、苗圃、造林、畜牧等部。附设农林试验学校,有学生 2 班,63 人。管理、技术员、专兼职教员共 9 名,工役 12 名,全年经费 7545 元
第四行政督察区农场	1934 年 4 月	新乡	有土地 414 余亩,其中农场地 52 亩,苗圃 72 亩,林场 92 亩,新筹地 200 亩,作业分为作物、育苗、园艺、畜牧 4 种。附设农林试验学校,有学生 2 班,80 人。管理、技术员、专兼职教员共 11 名,全年经费 11808 元
第五行政督察区农场	1933 年 9 月	许昌	有地 260 亩,工作为农林试验、育苗、造林及推广调查等事。附设农林试验学校,有学生 1 班,44 人;讲习班 1 班,学员 30 人。管理、技术员、专兼职教员共 7 名,工役 21 名,全年经费 2839 元
第七行政督察区农场	1934 年 8 月	淮阳	有土地 56 亩,内分麦作、大豆、杂粮、特用作物、标本蔬菜、花草、果树等 8 区。附设农林试验学校,有学生 1 班,41 人,讲习班 1 班,43 人。管理、技术员、专兼职教员共 2 名,工役 7 名,全年经费 13728 元
第八行政督察区农场	1934 年 6 月	汝南	有土地 320 亩,主要进行棉花、麦作、豆类、果树、蔬菜、花卉、蚕桑的栽培与试验,在林务方面以育苗、造林为主。附设农林试验学校,有学生 1 班,40 人。管理、技术员、专兼职教员共 10 名,工役 6 名,全年经费 11896 元
第十行政督察区农场	1934 年 2 月	洛阳	土地洛阳北关 34 亩,南关 12 亩,东关 14 亩以及第四区农林局的农场苗圃,附设农林试验学校,有学生 2 班,90 人。全年经费 9480 元
第十一行政督察区农场	1934 年 2 月	陕县	有土地 173.1 亩,分农作试验、苗圃、园艺等区,附设农林试验学校,有学生 2 班,76 人。管理、技术员、专兼职教员共 3 名,全年经费 12960 元

资料来源:张静愚《河南建设之回顾与前瞻(续)》,《中国建设》第 13 卷第 2 期,1936 年 2 月,第 64~66 页。

县级农政机关随着省级机关变化而变化。南京政府成立后，随着省实业厅改为建设厅，各县实业局亦改为建设局（1927年8月），主要职责是"（一）关于农、林、蚕、棉、工、商、水利、交通、市政各项行政及工程之设施。（二）关于地方特产之调查。（三）关于建设特别指办事项"。① 由于篇幅所限，难以将各县农政情形一一描述，而各县情形又大同小异，以信阳为例来说明问题。1924年8月，信阳县"以原有之农事试验场及劝农员经费改设实业局，以旧农场为局址，在税契项下月支一百元"。1927年12月，依省建设厅命令改为建设局，主管"农、桑、蚕、棉、渔、牧、交通、水利、市政、工商、矿灯事业"。1932年12月撤销建设局并入县政府第三科，"仍主管各项建设"。信阳农事试验场（1916年筹办，1920年成立），先后归实业局、建设局和县政府第三科管理；1934年1月，将农场、苗圃原有经费改组为农业推广所，"专事繁殖适宜县境土质各种作物优良品种，培育苗木推广民间，以资改进而增产"。② 1930年代，各县也成立了一些农业督导与推广机关，如农业倡导委员会，其职责除了"办理省倡导委员会之指导与委托事项"外，其余与省级是一致的。③ 1930年县级政府改局设科后，省政府重新制定了农场、苗圃管理办法，"凡农场面积在三十亩以上，苗圃面积在五十亩以上者，各置管理员一人，其不足规定数目者，置管理员一人"。1933年12月，又根据国民政府行政院颁布的《各省县农业机关整理办法纲要》规定，"凡农场苗圃经费在六百元以上者，改为农业推广所，设农业指导员一人或二人，其不足六百元者，改为种子繁殖场，由县政府第三科负责办理"，河南省111个县中，设立农业推广所者90县，设立种子繁殖场者11县。④

除了上述各种机关外，还有合作事业进行农业督导和推广。1932年，国民政府"剿总"设立了"豫鄂皖赣四省农村合作人员训练所"，12月河

---

① 刘景向总纂《河南新志》（中）卷14，第902页。
② 方廷汉等修、陈善同纂《重修信阳县志》，河南省信阳县志总编辑室，1985年标点本，第154～156页。
③ 河南省建设厅：《河南省建设厅法规汇编》第1辑，河南省建设厅，1934，第134页。
④ 张静愚：《河南建设之回顾与前瞻（续）》，《中国建设》第13卷第2期，1936年2月，第64～66页。

第五章 农业与农村经济

南省政府建设厅负责招收学员 100 余人，参加培训学习，次年结业后"各返原籍侯职"。① 1934 年 1 月 16 日，中国农民银行郑县分行成立，河南"始有农村合作事业之倡导"，5 月 5 日，郑县第七区中山村无限责任合作社成立，"是为河南省正式农村合作社之滥觞"。② 同年 4 月，河南省农村合作委员会成立，下设三组一室：社务组，主管各县成立合作社的审批登记工作；业务组，负责指导各县合作社业务的经营及统计收发全省合作贷款工作；总务组，负责会内后勤工作；视察室，负责全省合作事业的督导与检查工作，不定期分赴各县视察合作业务。③ 6 月，合作委员会派遣"指导员，分赴各试办县份，实施宣传、调查、组织、训练诸工作"。④ 合作委员会成为指导农村和农业的主要机关。

在合作委员会的推动下，各县合作社有了较快的发展。"起初为经费人才限制，仅择定交通便利，或物产丰富的开封、郑县、新乡、安阳、洛阳、陕县、灵宝、许昌、禹县、南阳、汝南、淮阳、商丘等十四县为试办区"，收到了良好的效果，"各县纷起请求派员莅指导之后，复增加广武、荥阳、滑县、沁阳、襄城、镇平、阌乡、新郑、密县、温县、孟津、渑池、杞县、陈留、潢川、民权、汲县等十八县"。为了适应合作事业的发展，省合作委员会于 1934 年 7 月招考助理员 60 名，进行为期 3 个月的培训后，分配各地指导合作事业。有的县也举办了合作讲习班，培训合作人员，如河南省合作委员会许昌办事处"与县政府接洽以促进会名义，先后开办两班，听讲会员第一班二百六十四人，多系小学教员，第二班七十九人，全是联保主任。各会员等回乡以后，对于合作推行帮助很多，所以讲习会办理结果尚颇圆满"。⑤ 由此，各县合作社发展很快，截至 1935 年 8 月，全省建立合作社

---

① 茅寄生：《民国年间河南农村合作事业》，《河南文史资料》1993 年第 1 辑，第 80 页。
② 崔宗埙：《河南省经济调查报告》，第 42 页。
③ 孟昭社：《民国年间河南合作事业之回顾》，《河南文史资料》第 24 辑，1987，第 149 页。
④ 河南省农村合作委员会：《河南省农村合作事业报告》（1934 年 9 月），《合作月刊》第 6 卷第 11、12 期合刊，1934 年 12 月 15 日，第 63 页。
⑤ 《河南省农村合作委员会各县主任指导员第一次工作讨论会议记录》，《河南农村合作月刊》第 1 卷第 6 期，1934 年 11 月，第 6 页。

1283所，社员63690名，股金21.04万元。① 据中央农业试验所调查统计，1936年河南新增加合作社401所，其中信用社362所，社员17171人；供给社23所，社员2751人；生产社2所，社员70人；运销社14所，社员5996人。当年河南共有各种合作社1615所，社员64875人。② 1937年根据57县报告，全省登记在案的合作社3484所（其中信用社1278所，供给社4所，生产社13所，运销社142所，消费社1所，兼营社2046所），社员152759人。③ 合作社的主要职能是发放农业贷款，推广农业技术，指导农业生产等。因此，合作社成为各县涉农的主要机构。

二 地权分配与租佃关系

（一）地权关系

据1933年调查，汤阴县土地占有状况是：有200亩以上土地的农户占2%，有100~200亩土地的农户占3%，有50~100亩土地的农户占15%，有30~50亩土地的农户占20%，有10亩以下土地的农户占35%。尽管自耕农占全县农户的85%，但并不排除土地存在集中的问题。如城西北5里的韩庄村，70多户人家，近400人口，有土地3800亩。地主原秀家有30多口人，拥有1500亩土地；原斋文家20多口人，拥有土地1400多亩。两家地主占有全村土地的76.3%。另有一家地主刘好朝占有土地300亩。剩余的600亩土地为村子其他农家所有，其中占50亩以上有6户，10亩以上的有二十几户，20亩以下的也有二十几户，有6户无土地。④ 这是土地极为

---

① 张静愚：《河南农村合作运动的回顾与展望》，《农村合作》第1卷第1期，1935年8月，第24页。
② 《民国二十五年全国合作事业调查》，《农情报告》第5卷第2期，1937年2月15日，第46、80页。
③ 《民国二十六年十六省合作事业调查》，《农情报告》第6卷第12期，1938年12月15日，第151页。
④ 黄天军、张金星：《一九三三年汤阴县农村经济调查》，《安阳文史资料》第2辑，1987年，第170页。

集中的村庄。据 1935 年调查，博爱县地主 305 户，平均每户占有土地 509 亩；自耕农 32436 户，户均土地 7.9 亩；佃农 9534 户，户均土地 0.67 亩。[①]据对方城县 7 个区的调查，地主、富农占总户数的 8.2%，占有耕地的 50.8%；贫农、中农占总户数的 91.8%，只占总耕地的 49.2%。[②]

（二）土地租佃制度

通常我们把在土地私有制条件下的农民分为"自耕农"、"半自耕农"、"佃农"和"雇农"四类。据 1936 年统计，河南各类农户所占比例为：如以农户分类，自耕农户占 55.6%，半自耕农户占 22.1%，佃农户占 17.2%，雇农户占 5.1%；如以农民分类，自耕农占 56.3%，半自耕农占 21.6%，佃农占 17.4%，雇农占 4.7%。[③] 表 5–3 是 1912～1937 年河南各种农户所占比例动态变化统计表。

表 5–3　1912～1937 年河南各种农户比例统计

年份	1912	1931	1932	1933	1934	1935	1936	1937
报告县数	49	51	51	56	73	85	89	93
佃农(%)	20	22	23	26	20	20	20	20
半自耕农(%)	21	22	21	21	24	21	21	22
自耕农(%)	59	56	56	53	56	59	59	58

资料来源：国民政府主计处统计局《中国租佃制度之统计分析》，正中书局，1947，第 7～8 页。

从表 5–3 来看，1912～1937 年河南佃农比例一直稳定在 20% 左右，中原大战后佃农比例有所上升，到 1933 年达到 26%，1934 年回落到 20%；半自耕农比例多在 21%～22%；自耕农 1912 年为 59%，中原大战后有所下降，1935 年又回升到 1912 年的比例。也就是说，1912～1937 年，河南农户约 80% 为自耕农和半自耕农。而具体到各县，又有所不同，许多县的自耕农、半自耕农所占比例在 70% 以上，如郑县"地主约占百分之二，自耕农

---

① 豆德华：《博爱县土地改革纪实》，《博爱文史资料》第 8 辑，1993，第 18 页。
② 李延龄：《方城县的土地改革运动》，《方城县文史资料》第 12 辑，1998，第 8 页。
③ 《河南农林统计·引言》，《河南统计月报》第 2 卷第 8 期，1936 年 8 月，第 2 页。

占百分之七十，半自耕农占百分之十八，佃农占百分之十";①尉氏"自耕农约占百分之十五，佃户约占百分之二十，半自耕农约占百分之六十五";②陕县"自耕农约占百分之六十五强，半自耕农约占百分之二十弱，佃农约占十五";③淮阳"1.地主约七百余户，2.自耕农约四万四千余户，3.半自耕农约一万二千余户，4.佃农约六千三百余户"，④分别占1%、63.5%、17.3%、9.1%（合计不足100%，原资料如此，应另有其他）；新乡"自耕农占百分之九十，半自耕农占百分之八，佃农占百分之二";⑤洛阳"地主有百分之五，自耕农百分之八十五，佃农百分之十";⑥永城"地主八千二百户，自耕农四万〇三百户，半自耕农六千六百户，佃农九千四百户"，⑦所占比例分别为12.7%、62.5%、10.2%、14.6%；泌阳"地主约占百分之十五，佃农约占百分之二十二，自耕农约占百分之六十三"。⑧据1932年对南阳的调查，126600户农家中，自耕农有64088户，占50.6%；半自耕农37783户，占29.8%；佃农24729户，占19.5%。⑨从以上调查来看，自耕农是河南农民的主体。

也有一些县的佃农所占比例较高，自耕农所占比例相对较低，如滑县"无大地主，惟有自耕农半自耕农，佃农，互相帮助，以保生存，户数之总额，约一四〇〇〇〇之多，至其比率，自耕农占百分之四十，半自耕农占百分之二十五，佃农占百分之三十五";⑩舞阳"地主户数占全县户数百分之二十，自耕农占全县户数百分之二十五，半自耕农占全县户数百分之十五，佃农占全县户数百分之四十";⑪邓县"地主占农民全数百分之十四，约有

---

① 《河南各县社会调查·郑县》，《河南统计月报》第1卷第1期，1935年1月，第102页。
② 《河南各县社会调查·尉氏》，《河南统计月报》第2卷第2、3期合刊，1935年3月，第122页。
③ 《河南各县社会调查·陕县》，《河南统计月报》第1卷第4期，1935年4月，第96页。
④ 《河南各县社会调查·淮阳》，《河南统计月报》第1卷第4期，1935年4月，第107页。
⑤ 《河南各县社会调查·新乡》，《河南统计月报》第1卷第5期，1935年5月，第98页。
⑥ 《河南各县社会调查·洛阳》，《河南统计月报》第1卷第6期，1935年6月，第66页。
⑦ 《河南各县社会调查·永城》，《河南统计月报》第1卷第7期，1935年7月，第75页。
⑧ 《河南各县社会调查·泌阳》，《河南统计月报》第1卷第6期，1935年6月，第99页。
⑨ 冯紫刚、刘瑞生：《南阳农村社会调查报告》，第42页。
⑩ 《河南各县社会调查·滑县》，《河南统计月报》第1卷第6期，1935年6月，第73页。
⑪ 《河南各县社会调查·舞阳》，《河南统计月报》第1卷第6期，1935年6月，第83页。

第五章 农业与农村经济

一万二千八百三十四户；自耕农居农民之半额；半自耕农占全农民百分之十六，约有一万四千六百八十八户；佃农占全农民百分之二十，有一万八千三百三十五户"；① 汝南"地主占百分之十，自耕农占百分之二十，半自耕农占百分之四十，佃农占百分之三十"；② 商丘"地主自耕农占十分之四，半自耕农占十分之二，佃农占十分之四"；③ 西华"无大地主，小地主约占百分之五，自耕农约占百分之四十，半自耕农约占百分之二十五，佃农约占百分之三十"。④ 上述各县佃农占农户比例高达20%~40%，不论是在本省还是在北方各省，都是比较高的。

自耕农所占比重高或低，并不意味着地权分配分散或集中。在民国时期的一些调查中，即使自耕农所占比例比较高的地区，地权分配也相对比较集中。如前文所述，南阳的自耕农和半自耕农占80%，但该县的地权状况并不容乐观，如表5-4所示。

表5-4 南阳县地权分配（1932年）

以所有地亩为标准所划分的阶段	户数	占户数总数的比重(%)	占有耕地面积(亩)	占耕地总面积的比重(%)
0亩	39872	24.17	0	0
1~5亩	47472	28.78	118680	5.11
6~10亩	32570	19.75	244275	10.52
11~30亩	27601	16.73	552020	23.79
31~50亩	11079	6.72	443160	19.10
51~100亩	4447	2.70	333525	14.37
101~200亩	1258	0.76	188700	8.13
200亩以上	640	0.39	440552.86	18.98

资料来源：冯紫刚、刘瑞生《南阳农村社会调查报告》，第18~19页。

---

① 《河南各县社会调查·邓县》，《河南统计月报》第1卷第7期，1935年7月，第67页。
② 《河南各县社会调查·汝南》，《河南统计月报》第1卷第8期，1935年8月，第68页。
③ 《河南各县社会调查·商丘》，《河南统计月报》第1卷第9、10期合刊，1935年10月，第112页。
④ 《河南各县社会调查·西华》，《河南统计月报》第3卷第4期，1937年5月，第73页。

尽管南阳的自耕农、半自耕农的比例占绝大多数，但土地仍然集中在少数地主和富农手中，表5-4反映南阳无地农户占24.17%，而占有30亩及以下的农户占总农户的89.43%，只占有耕地914975亩，占总耕地的39.42%；占有31~100亩耕地农户占总农户的9.42%，占有耕地776685亩，占总耕地的33.47%；占有耕地100亩以上的农户占总农户的1.15%，占有土地629252亩，占总耕地的27.11%。如果按照阶级分析的方法，把占有耕地100亩以上的农户划分为地主，那么，在南阳地区，只占总人口1%强的地主，却占有27.11%的土地，而占人口98.85%的中农、贫农和雇农，只占有耕地的72.89%。辉县也是一个自耕农占优势的地区，"地主占百分之五，自耕农占百分之七十，半自耕农占百分之十，佃农占百分之十五"，① 而"差不多二分之一的土地被不到八分之一的地主和富农所占有，贫农以下的村户几乎有三分之二，可是所有田亩仅占了六分之一上下"。② 镇平也是自耕农、半自耕农比例很高的地区，据统计，1913年、1923年、1934年，自耕农分别占62%、63%、62%，半自耕农分别占28%、28%、28%，佃农分别占10%、9%、10%，③ 而地权集中程度相当高，"地主所有地权竟占66.66%，中农和贫农合起来计算也只有20%左右"。④ 符合地主、富农占有80%以上土地的传统说法。可以看出即使自耕农、半自耕农占优势的地区，照样存在土地集中，大多数农家缺乏耕地的问题。

尽管河南自耕农占有很大的比例，但土地分配不均衡的问题十分明显，在这样的情况下，建立租佃关系成为解决农家缺乏耕地的主要办法。民国时期河南各县都有租佃关系建立，如淮阳"佃农租佃，除与地主有特殊关系者外，须先请中人向地主说合，经地主同意后，乃召佃农会同说和人协议一切，并由佃农立一租约，经说和人签押后，交地主收执，作为凭证。惟此项租约，只限于纳租谷及粮食分租二种，如属帮工分租者，租约可有可无。佃

---

① 《河南各县社会调查·辉县》，《河南统计月报》第2卷第2期，1936年2月，第138页。
② 张锡昌：《河南农村经济调查》，《中国农村》第1卷第2期，1934年11月，第50页。
③ 金陵大学农学院农业经济系：《豫鄂皖赣四省之租佃制度》，1936，第10页。
④ 行政院农村复兴委员会：《河南省农村调查》，商务印书馆，1934，第7页。

农承揽耕地,概无押金,亦不规定年限,如主佃双方不合意时,随时均可解约,不受牵制"。汝南、上蔡、方城等县,"凡属初次承揽耕地之佃农,须先请中人向地主说合。说合人在地主前,须将该佃户之品性,家庭状况,来历,家庭人数,能耕作之人数,役畜之种类及数目,与农具等,分别叙明。如经地主认可后,乃约日会同说合人与佃农订一切手续。届期佃农须携带酒、肉、鸡、果品,偕同说合人赴地主家中,俗称过礼,地主即以此项酒菜,邀说合人及佃农共餐……待双方议妥后,乃由佃农立意租约,经说合人签字后,交地主收执,地主即派人导领,将耕地之所在地点,指示明白"。① 通许"田主与佃户间之相互关系有因自己田产无力顾及者,有因田产少儿有余力者,遂由中人从中介绍,经双方同意,立约作证,分期纳租,所纳之租,多系生产品"。② 通过建立租佃关系,无地和少地的农民获得了赖以生活的土地。尽管地主利用土地对农民进行剥削,但对没有土地或缺少土地的农民来说,能租到土地就有了赖以生活的资本。正如张玉法所言,在土地租佃关系中,"固然地主常常坐享其成,对佃农来说,如果人力足,佃得的土地愈多,生活愈好。因此,在地权没有获得合理的平均以前,地主将土地租给佃农,不是一种虐待。佃不到土地的农村居民,沦为雇农或游民,生活更无保障"。③ 因此,在土地私有制条件下,租佃关系的建立是解决农家没有土地或土地不足的主要途径。

三 农业技术及改良

(一) 农具的延续与变化

从1935~1937年河南的各种调查来看,农业生产工具仍然以传统工具为主,耕种、收割、打碾所用农具几乎都是旧式农具,如开封近郊大花园村

---

① 《豫鄂皖赣四省之租佃制度》,第24~25页。
② 《河南各县社会调查·通许》,《河南统计月报》第1卷第1期,1935年1月,第109页。
③ 张玉法:《山东的农政与农业,1916~1937》,《近代中国农村经济史论文集》,台北:中研院近代史研究所,1989,第61页。

农民使用的农具"如锄、犁、耙、链、木掀、义、扫帚、铲、铁锹等"。① 方城"耕作农具，如犁、耙、锄、链、车辆之类，纯系旧式机械，非惟无采用西式农具之家，亦无公共之设备，因交通闭塞，无从购置故也"。② 位于太行山南麓的林县"农具仍为楼犁、锄耙、扢镘、链斧等，并无采用西式农具者"。③ 灌溉也以辘轳等旧式工具为主，中牟"灌溉多用辘轳，或□杆等器具，迄未改良"。④ 襄城"灌溉排水用具仍系旧式，现无改良，亦未采用西式农具"。⑤ 陕县"灌溉多用辘轳引水，近来采用水车者亦不少，采用新式农具者，则无"。⑥ 巩县"农民灌溉排水用具之设备，尚袭用旧日之人力辘轳、畜力水车，并利用自然排水，未经改良。亦无采用西式农具者"。⑦

但是，河南农具也不是没有一点变化。省立农业试验场和个别县的农业试验场开始使用新式农具。如河南棉产改进所除了使用旧式农具外，也使用新式农具，本部有喷雾器23具，播种器1架，五齿中耕器2架；安阳棉场有五进四出□浦1部，六匹马力柴油引擎1部，棉花条播机5架，五齿中耕机5架，新式水车1付，吉田式洋犁1具，中耕器6具，喷雾器9具；太康棉场有播种机4架，五齿中耕器4架，喷雾器6架；郑县有双柄洋犁1架，播种机3架，中耕器4架，喷雾器5具。⑧ 叶县"西式农具，乡村概无采用者，县立农场，有西式犁一张，以做改良农具之提倡"。⑨ 汝南县境内设有省立园艺试验场和农业倡导委员会"特约之表证农家数十户，业经采用西式农具，并由农业推广所，设法推广新式农具"。⑩ 民权"原有官荒地，曾

---

① 《开封社会调查（七）》，《河南统计月报》第1卷第9、10期合刊，1935年10月，第142页。
② 《河南各县社会调查·方城》，《河南统计月报》第2卷第9期，1936年9月，第175页。
③ 《河南各县社会调查·林县》，《河南统计月报》第3卷第1期，1937年2月，第93页。
④ 《河南各县社会调查·中牟》，《河南统计月报》第1卷第2、3期合刊，1935年3月，第157页。
⑤ 《河南各县社会调查·襄城》，《河南统计月报》第1卷第4期，1935，第88页。
⑥ 《河南各县社会调查·陕县》，《河南统计月报》第1卷第4期，1935年4月，第96页。
⑦ 《河南各县社会调查·巩县》，《河南统计月报》第2卷第2期，1936年2月，第130页。
⑧ 《河南棉产改进所概览》，1937，第10、12、13、15页。
⑨ 《河南各县社会调查·叶县》，《河南统计月报》第2卷第12期，1937年1月，第142页。
⑩ 《河南各县社会调查·汝南》，《河南统计月报》第1卷第8期，1935年8月，第67页。

经三星公司开垦,并在美购置西式机器犁一架"。① 灌溉中有一些地方使用比辘轳先进的水车,像尉氏"灌溉用具,普通多用辘轳,近年来采用水车者,亦不少"。② 洧川灌溉以水车为主,全县"有全套水车十七架,分配各区应用"。③ 个别地方开始使用抽水机、吸水机等新式工具进行灌溉,如位于陇海线的洛阳,在农田水利方面使用的机械有:"a. 开渠用铁钯、铁锹、畚箕,机器翻土,改良混江龙喷水嘴。b. 凿井用滑车出土,脚踏钻土机、钻头穿水机。c. 排水用吊桶出水,联斗出水机,马拉吸水机、水车油类抽水、蒸汽抽水机等。"④ 位于平汉铁路沿线的安阳"灌溉、排水之设备,多仍采用旧式,惟中山村购有新式抽水器一具"。⑤ 信阳"灌溉排水用具,已渐改用抽水机,吸水机等工具"。⑥ 为了改进农具,政府也试图对农具进行革新,建立了新式工农机械制造厂,生产的农业机械有抽水机、吸水机、手摇双筒吸水机、畜力双筒吸水机、手压吸水机等,但产量少,价格昂贵,⑦ "农民经济困难,现少有购用者"。⑧ 因此,新式农具的使用仅限于农业试验场,新式灌溉工具也只限于铁路沿线的少数地方。

(二)肥料的使用

1930年代调查资料显示,河南农业施肥以传统肥料即人和畜的粪便、堆肥、麻、豆、花生饼等为主。如通许"农人所需肥料,约如下列:(1)厩肥,(2)人粪,(3)积肥,(4)芝麻饼,(5)菜油饼,(6)花生饼,(7)豆饼等类"。⑨ 尉氏肥料种类有油饼(榨油所余之渣滓)、大粪、

---

① 《河南各县社会调查·民权》,《河南统计月报》第2卷第6期,1936年6月,第100页。
② 《河南各县社会调查·尉氏》,《河南统计月报》第1卷第2、3期合刊,1935年3月,第121页。
③ 《河南各县社会调查·洧川》,《河南统计月报》第1卷第2、3期合刊,1935年3月,第145页。
④ 《河南各县社会调查·洛阳》,《河南统计月报》第1卷第6期,1935年6月,第66页。
⑤ 《河南各县社会调查·安阳》,《河南统计月报》第1卷第5期,1935年5月,第75页。
⑥ 《河南各县社会调查·信阳》,《河南统计月报》第1卷第8期,1935年8月,第74页。
⑦ 河南省建设厅:《河南建设概况(1933年)》,"工商",第7~11页。
⑧ 《河南各县社会调查·开封》,《河南统计月报》第1卷第2、3期合刊,1935年3月,第138页。
⑨ 《河南各县社会调查·通许》,《河南统计月报》第1卷第1期,1935年1月,第108页。

草粪、灰土粪。① 洧川"肥料有麻饼、人粪、堆肥，多购自周口"。② 淮阳"所用之肥料为麻油饼，豆油饼，花生油饼，棉油饼，及人畜粪二种，出自本处，饼类每石价洋约二元，粪类每石价洋约二角"。③ 睢县"农业所用肥料共分油渣、厩肥、土粪、人粪四种。油渣每石普通价格月值洋四元，厩粪土粪每石约值洋一元，人粪每石约值洋一元五角"。④

化学肥料也在本省个别县开始使用。武陟"外来之肥田粉，用者亦多"。⑤ 禹县"有一二家售舶来之肥田粉者，但以土质不宜，使用者甚鲜"。⑥ 沁阳"肥料种类来源可为二：一为土产，一为舶来"。土产如人粪尿、厩肥、堆肥、油糟粕等；舶来品为化肥，有两种："一为美国产肥田粉，一为德国产智利硝石，每包重一百七十斤，值国币二十四元。"⑦ 温县"间有用肥田粉者，每石洋十二元，系外国货来自外埠"。⑧ 汤阴除传统的人畜粪、草木灰外，也有"外运来肥田粉，每斤五六毛不等，用者甚少"。⑨ 孟县"有肥田粉，系由西洋输入，每斤一角二分，农户用者无多"。⑩ 在民国河南111个县的调查中，仅以上数县有使用化肥的记载。

（三）改良盐碱地

盐碱地是由于土壤中含可溶性盐类如氯化钠、硫酸钠、碳酸钠等成分过多而形成的，土壤含碱性物质过多，影响作物生长甚至作物不能生长。黄河中下游的黄河故道两岸，"地势低洼，古系死海湖沼，集久化为斥卤，无排

---

① 《河南各县社会调查·尉氏》，《河南统计月报》第1卷第2、3期合刊，1935年3月，第121页。
② 《河南各县社会调查·洧川》，《河南统计月报》第1卷第2、3期合刊，1935年3月，第145页。
③ 《河南各县社会调查·淮阳》，《河南统计月报》第1卷第4期，1935年4月，第107页。
④ 《河南各县社会调查·睢县》，《河南统计月报》第1卷第9、10期合刊，1935年10月，第120页。
⑤ 《河南各县社会调查·武陟》，《河南统计月报》第3卷第4期，1937年5月，第89页。
⑥ 《河南各县社会调查·禹县》，《河南统计月报》第2卷第4期，1936年4月，第122页。
⑦ 《河南各县社会调查·沁阳》，《河南统计月报》第2卷第1期，1936年1月，第99~100页。
⑧ 《河南各县社会调查·温县》，《河南统计月报》第2卷第10期，1936年10月，第151页。
⑨ 《河南各县社会调查·汤阴》，《河南统计月报》第2卷第1期，1936年1月，第110页。
⑩ 《河南各县社会调查·孟县》，《河南统计月报》第3卷第3期，1937年4月，第103页。

水合流宣泄，大雨遂成泽国，汇集水量渐多，浸入地层，与盐质化合，日光蒸发，盐质溶升，地面自成碱层。土人刮盐淋盐借以牟利，□至不堪种植，沃野千里，遂成弃土"。① 河南盐碱地主要分布在豫东、豫北和豫南三个地区，豫东最重，豫北次之。豫东区位于黄河以南，沙河以北，平汉铁路以西，包括永城、夏邑、虞城、商丘、宁陵、鹿邑、淮阳、柘城、太康、睢县、通许、杞县、民权、陈留、兰封、开封、考城、广武、中牟、长葛、洧川、尉氏、扶沟、鄢陵、西华、沈丘、襄城、郑县等 28 县。豫北区在黄河以北，包括与黄河相毗邻的原武、阳武、封丘、新乡、汲县、延津、辉县、滑县、内黄、浚县等 10 县。豫南区在白河以西，包括南阳、镇平 2 县。② 全部面积几占河南省 1/3，就豫东 23 县调查，不能种植作物的盐碱地"有十七万三千七百余亩之多"。③ 生活在盐碱地的农家，碱大不能从事农耕，以生产土盐养家糊口，既影响农业生产，又影响国家盐税。在此情况下，1932 年，国民政府第二次全国内政会议决议通过改良冀鲁豫晋四省硝碱地，"目的在救济民生，兼裕国税"。办法是分治标和治本两种途径，"治标注重查禁，治本则在兴辟碱地水利，多开河道支渠，引水蓄淡，改变土质，俾能施种，使斥卤悉化膏腴，硝户尽成农户，硝盐不禁自绝"。④ 遵照国民政府的旨意，1934 年 9 月，由财政部与河南省政府共同组建河南省整理水道改良土壤委员会（下文简称整水改土会），任务是"消灭盐碱地，工作范围自以盐碱地为限"。⑤ 在当时的技术条件下，改良土壤，消除盐碱，采用"灌溉与排水并重"的方法，"排水以泄积潦，使硝碱盐质，随水流去，不致上升地面。灌溉所以尽其冲洗之力，以引去表面之碱质。有斯

---

① 河南省整理水道改良土壤委员会：《整理水道改良土壤会刊》第 2 期，1936 年 6 月，"发刊词"，第 1 页。
② 周锡桢：《河南碱地利用之研究》，萧铮主编《中国地政研究丛刊：民国二十年代中国大陆土地问题资料》，第 24921、24932、24935 页。
③ 河南省整理水道改良土壤委员会：《整理水道改良土壤会刊》第 2 期，1936 年 6 月，第 160 页。
④ 河南省整理水道改良土壤委员会：《整理水道改良土壤会刊》第 2 期，1936 年 6 月，"发刊词"，第 1 页。
⑤ 河南省整理水道改良土壤委员会：《整理水道改良土壤会刊》第 2 期，1936 年 6 月，第 7 页。

二者,益以耕作方法,自可使碱质逐渐减少,渐成沃土"。① 改良盐碱地主要从三个方面着手,一是疏浚河道,二是建立改良碱土试验场,三是散发抗碱性种子。

在疏浚河道方面,首先,勘察碱区河流。调查了商丘境内的包河、古宋河、北沙河、南沙河、陈二河、大沙河、蔡河、西沙河、响河、坡河、顺水河等,调查内容包括干流、支流的河道状况,以及沿河土质及出产等。② 1935年3月,组成了惠济河测量队,对通许、杞县、兰封、陈留、开封各县实地勘察,"历时月余,查勘工作完竣,于各该县河流碱地情形,亦大致明了"。5、6月,又派员"先后施测各处水道河渠,绘制图表,以为施工张本"。③ 通过对商丘、宁陵、虞城、夏邑、永城五县河流的调查,认为解决盐碱问题途径有二:一是"非开挖河渠,不能收排除积潦,冲刷盐碱之效";二是"非搜集耐碱性种子,广植于盐碱区域,以资补救,始可为功"。④ 其次,提出修浚计划。根据河南省建设厅计划投入经费550.5万元(其中401.5万元由省政府援照征地、征工法办理,其余148.9万元由财政部按月拨给3万元),第一年修浚惠济河,第二、三年修浚贾鲁河,第四年修浚沙河、泥河,第五年修浚卫河。⑤ 再次,实施计划。整水改土会把盐碱区分为5个排水灌溉区,并会同省政府"饬县征工开挖",截至1936年地政学校调查时,已完河渠工程,计有500余公里;动工而未完成河渠工程有800余公里。完工和未完工的涉及沟渠175条,其中商丘38条,宁陵2条,兰封8条,柘城16条,夏邑29条,陈留17条,杞县9条,虞城36条,永城20条。为了解决各沟渠水

---

① 《整理郑汴水道初步计划》,河南省整理水道改良土壤委员会:《整理水道改良土壤会刊》第2期,1936年6月,第98页。
② 《归德排水区商丘县河道及盐碱地之查勘》,河南省整理水道改良土壤委员会:《整理水道改良土壤会刊》第2期,1936年6月,第21~39页。
③ 《惠济河流域测勘报告之一》,河南省整理水道改良土壤委员会:《整理水道改良土壤会刊》第2期,1936年6月,第40页。
④ 《归德属五县勘察河渠报告及整理计划》,河南省整理水道改良土壤委员会:《整理水道改良土壤会刊》第2期,1936年6月,第55页。
⑤ 周锡桢:《河南碱地利用之研究》,萧铮主编《中国地政研究丛刊:民国二十年代中国大陆土地问题资料》,第24988~24992页。

第五章　农业与农村经济

源不足的问题，整水改土会"在惠济河疏浚告竣之后，即于黄河南岸，离开封二十余里之黑岗口，装置六十公分之虹吸管六道，吸引黄河水源，经新开之黄惠河，而流入惠济河，以便冲刷盐碱地，灌溉农田，增加生产。该项工程，现已完成，并于本年七月，开始放水，其流量为每秒〇.八九立方公尺，六道合计流量为五.三四立方公尺，年可灌田二十余万亩"。① 疏浚河道取得了初步的成就。

在改良试验方面，整水改土会在开封成立改良碱土试验场，1935年开始进行改良试验工作。试验场在开封城内西南坡选择"碱性轻重不匀之白碱土地一段"，计面积98.33亩，用于试验的土地88亩，进行四方面的试验。（1）抗碱植物利用试验，选择碱性较轻的地段，按植物生理和栽培的经验，选取几种抗碱性较强的植物进行种植。作物试验选择高粱、红毛谷、玉蜀黍、甜菜及苜蓿等5种抗碱性作物进行试验；果树试验选择枣树、石榴、杏树3种果树；森林试验选择洋槐、椿树、白蜡树、合欢树4种；花卉试验选择牵牛、粉豆、石竹、蜀菊、葵花、龙舌、仙人掌和洋马刺苋等8种草本花卉，碧桃、刺梅、木槿、海石榴等5种木本花卉；蔬菜试验选择甜菜、茄子、苋菜、丝瓜、莴苣、葱、韭菜、冬瓜等8种，通过抗碱试验，选择抗碱性强的植物进行推广。（2）理学改良试验，即机械改良试验，参照土壤学的学理和他处试验的经验，采用冲刷、挖沟、冲刷与挖沟兼作、耕耘、覆盖、耕耘与覆盖兼作、使用绿肥、绿肥与覆盖兼作等方法，观察哪种方法收效最大，以便推广。（3）化学改良试验，按照化学反应原理，施以酸性化学肥料及硫磺、石膏等，使土壤中各种过量碱性元素如钾、钠等起中和作用，让碱性土壤变为中性土壤。（4）理学、化学混合改良试验。② 以粟和高粱为例来看改良碱土试验场的试验结果（表5-5）。

---

① 周锡桢：《河南碱地利用之研究》，萧铮主编《中国地政研究丛刊：民国二十年代中国大陆土地问题资料》，第25008~25028页。
② 《改良碱土试验场实施程序》，河南省整理水道改良土壤委员会：《整理水道改良土壤会刊》第2期，1936年6月，第159~171页。

表 5-5　开封改良碱土试验场改良碱土试验结果

作物	粟						
改良方法	加石膏100斤	加有机肥11斤	加硫磺16两	加无机肥25斤	耕4次盖3次马粪	耕3次盖4次马粪	挖沟加石膏50斤
每亩产量	28斤	40斤	60斤	40斤	153斤	75斤	125斤

作物	高粱				
改良方法	加无机肥25斤	耕4次	盖3次	挖沟加石膏50斤	耕3次加有机肥千斤
每亩产量	20斤	50斤	50斤	80斤	50斤

资料来源：周锡桢《河南碱地利用之研究》，萧铮主编《中国地政研究丛刊：民国二十年代中国大陆土地问题资料》，第25038～25039页。

从表5-5的试验结果来看，盐碱地改良中，粟的种植耕4次盖3次马粪效果最好，粟的亩产量可达153斤，其次是挖沟加石膏50斤，产量可达125斤；高粱以挖沟加石膏50斤效果最好，每亩产量可达80斤。在当时的技术条件下，能有这样的成绩是值得肯定的。

在散发抗碱性种子方面，整水改土会所做的工作不是很多，从调查来看，1935年10月小麦播种时，"散发商丘碱民麦种七千四百三十二斤（散放二百三十七户）"，1936年4月，"散发商丘碱民黑豆种三千九百二十斤（计配碱地九百七十九亩），黍种两千二百四十八斤，稷种二千一百零四斤（两种计配碱地四千三百九十余亩），夏邑县第二、三两区，永城县第一、二、五三区，虞城县第一区共配发高粱二百六十斗，黍稷三百二十余斗，谷子五百余斗，又在永城第二区张庄一带散放中央棉业改进所商拨的美棉种子一千斤"。同年8月，又在"以上四县散放胡萝卜种子四百斤"。[①] 1937年，抗战全面爆发，河南盐碱地改良随告停止。

（四）农事试验

农事试验是农业技术改良的主要内容，如前文所言，河南省级农事试验机构的演变是：1929年，设立河南农林试验场，先后在尉氏、信阳、洛阳、

[①] 叶瑜：《河南省整理水道改良土壤委员会两年来工作概况》，《河南政治》第6卷第9期，1936年9月，本文第7～8页。

汲县、商丘、辉县、南阳设立了7所农林试验场；1931年，又将农林试验场改组为7个专业试验场；1932年12月，又将7个专业试验场改组为5个农林局，各自分工是："第一农林局试验麦作、园艺；第二农林局试验稻作、麦作；第三农林局试验蚕桑、烟草；第四农林局试验棉作、森林；第五农林局试验麦作、杂谷，以上均系各局主要作业。此外，各局业务相同者，尚有推广、调查、及协助当地农民，防除病虫害等工作。"1933年、1934年农事试验的经费均为40200元。[①] 以1933年河南省5个农林局为例来看河南省农事试验的主要工作（如表5-6所示）。

表5-6　1933年河南农事试验主要工作统计

局名 项目	第一区农林局	第二区农林局	第三区农林局	第四区农林局	第五区农林局
农业	举行品种观察、肥料育种试验，大豆高级试验，选收大麦、小麦试验	堆肥制造，整地及施肥，小麦及烟草播种期试验，水稻播种期、播种法、十杆行二杆行试验，水稻品种、轮作及连作试验，棉花、苘麻、亚麻、烟草、麻黄、高粱、谷子、玉米、糖萝卜播种试验，水稻、烟草移植，小麦选穗等	向国内外大学、农学院等购买各种优良种子79种，组织脱字棉繁殖场，秋麦春试验，美烟种植烘考，甘薯品种观察，高粱高级试验，棉花、高粱、粟、玉米、大豆等5种作物115个品种观察，小麦选种，美棉栽培试验，麦棉两熟试验等	向郑州、南京各处征集订购脱字棉种3000余斤，分散民间	谷子穗行、五杆行试验，高粱穗行试验，玉米自交、杂交、穗行试验，玉米品种观察试验，黄豆株行试验
园艺	果树育苗，果树品种观察，培育果树台木，剪定果树，蔬菜肥料播种期浸种试验，蔬菜防治病虫害试验，蔬菜品种观察试验，本木、草木花卉育苗	各种果树品种栽培、假植、中耕试验，蔬菜品种观察、移植、施肥、选株试验，花卉移植、施肥、播种、灌溉试验，栽藕试验	在上海、南京等地购买各种优良果树品种800余株，建造占地十三四亩果园，设置果树苗圃等		

①　张静愚：《河南省建设述要》，河南省政府，1935，第47~48页。

续表

项目 \ 局名	第一区农林局	第二区农林局	第三区农林局	第四区农林局	第五区农林局
蚕桑	饲养春蚕,嫁接桑苗	蚕种检查、嫁接湖桑、织接蚕网,桑树栽培、压条、剪枝,春蚕、夏蚕饲育试验,制家蚕生态标本,春蚕制种、蚕室及蚕具消毒	征购蚕种9种,桑树16种,桑树嫁接、定植、扦插试验,饲育春蚕、调查山蚕等	蚕室消毒,春蚕催青;嫁接湖桑、剪枝;选茧形良好制种,选出蚕种南京新元157张,南京晶元55张,本地新元23张,诸桂11张	
畜牧	牲畜品种,人工卵化鸡、鸭、鹅,肥肉饲猪试验		建造畜舍,购买种畜、孵卵器、育雏器;购买本地鸡40只,以备杂交和选种;制造鸡鸭卵标本	修建畜棚	
推广及指导	推广果树苗木3500余株,花卉品种4500余株,蚕种300余张,桑苗34000余株;调查各县特产指导改进,举行园艺合作事业	编印种棉须知、治蝗浅说,调查棉产及本区各县农林状况及农事试验。发放各种树苗3.2万余株,各种树籽153斤	向中央大学、郑州棉作试验场等购买脱字棉籽1500斤,发于本区各县,令其按期播种;购买优良蚕种六七十张,湖桑苗3000余株,发放各地。指导秋麦春种及盐水选种,编印植棉、养蚕浅说	编印秋麦春种,散发民间;学理宣传,派员到农家登记并指导植棉方法、害虫预防方法,无偿发放蚕种给农民,以示提倡;调查各县农产	
防治虫害	配置石灰硫磺液根除介虫,派员到广武防治蝗虫	检查稻根寄生虫、桃树扁头蛆、桑尺蠖及胴枯病,水稻防除病虫害比较试验,调查发生主要的病虫害,采集病虫害制作标本			

— 204 —

第五章　农业与农村经济

续表

局名 项目	第一区农林局	第二区农林局	第三区农林局	第四区农林局	第五区农林局
树木育苗	通过插条、移种、插种方法育苗美国洋刺槐、榆、臭椿、合欢树等164亩，向附近县推广苗木14.5万余株	扦插白杨2.1万株，栽培苗木5.1万余株，试验播种美国、挪威、法国、德国、我国各种树种30畦，17.3亩	整理旧苗7种455089株，采购油桐等树种，播种育苗油桐、梧桐等40.36亩，插条育苗5800余株等	采集树种，整理苗圃，移植苗木17.5万株，插条育苗1.5万株，播种育苗16亩，育苗试验64种1.25亩	播种育苗针叶树55318株，阔叶树28772株；移栽育苗52.24亩，7.4万株

资料来源：《河南建设概况（1933年）》，"农林"，第9~50页。

1933~1934年河南农事试验取得了较为突出的成绩，在农业与推广方面，第一局育成1234号小麦，花卉、果树、苗木，以及蚕种等品种，除分配作业区内各县之农业推广所繁殖外，并推广于民间。第二局推广于民间者有湖桑苗木、优良蚕种及水稻种子1300余斤。第三局推广于民间者，脱字美棉种子1000余斤，湖桑苗木、优良蚕种及小麦种子1850余斤。第四局推广于民间者，有优良蚕种、脱字美棉种子等。第五局推广于民间者，波辉杂种猪、湖桑苗木及蚕种等。[①]

四　农田水利的兴修

（一）水利机构与制度

1927年6月，新河南省政府成立后，将原北洋时期的河南水利分局改为河南水利局，各县原设水利支局一律取消。为了便于管理，河南省建设厅决定："择河流较大，水利较多处所，联合数县设一分局。其不堪主要之县，暂不设置。"各水利分局于1928年元月先后成立，共有48处。同年4

---

① 张静愚：《河南省建设述要》，第48~49页。

— 205 —

月，河南省务会议决定："凡两县以上之水利分局，仍需存在。各县单独设立者，一律取消，归并各县建设局。"随后，淮阳、西华、商水、泌阳、巩县等5处水利分局被取消，存在者有43处。1929年4月，将原设各水利分局"按河流区域，改组为十一处"。1930年4月，省政府将"河南水利局裁撤，由建设厅第四科接收，并按各水利分局原有名称，将分字取消，简名为某河水利局"。[①] 表5－7是1930年各水利局及管辖范围的情况。

表5－7　1930年河南省各水利局及管辖范围一览

局名	局址	所管河流	管辖区域
淮河水利局	信阳	澌淮史等河及其支流	桐柏 信阳 罗山 息县 光山 商城 固始
白河水利局	南阳	白湍唐等河及其支流	南召 南阳 新野 内乡 镇平 邓县 方城 唐河
汝洪水利局	西平	汝河下游洪河及其支流	泌阳 西平 遂平 确山 上蔡 汝南 正阳 新蔡
汝颍水利局	禹县	汝颍两河上游及其支流	伊阳 临汝 郏县 襄城 舞阳 鲁山 宝丰 叶县 登封 禹县
贾鲁水利局	郑县	贾鲁双洎等河及其支流	汜水 荥阳 河阴 荥泽 郑县 中牟 尉氏 扶沟 密县 新郑 长葛 洧川
惠济水利局	开封	惠济巴沟等河及其支流	开封 陈留 杞县 睢县 柘城 鹿邑 宁陵 商丘 虞城 夏邑 永城
洛河水利局	洛阳	伊洛瀍涧等河及其支流	卢氏 洛宁 宜阳 自由 洛阳 孟津 偃师 巩县 嵩县 渑池 新安
丹卫水利局	新乡	卫河上游丹河及其支流	博爱 修武 获嘉 辉县 新乡 汲县
漳淇水利局	安阳	卫河下游漳淇及其支流	淇县 浚县 汤阴 内黄 涉县 林县 安阳 临漳 武安
沙河水利局	周家口	颍河下游沙汾等及其支流	许昌 临颍 西华 郾城 商水 淮阳 襄城 沈丘
沁河水利局	沁阳	沁济潆漭等河及其支流	济源 沁阳 武陟 孟县 温县

资料来源：《河南省各水利局概况》，《中国建设》第5卷第4期，1932年4月，第18页。

各水利局成立后，主要做了所管辖河流和区域的调查、测量工作，但工作进展不大，一是时局动荡不安，许多工作无法展开，尤其是中原大战爆发后，河南水利处于停顿状态；二是经费不足，以上水利局"每月经费共计四千零八十元，均有河流所经区域各县分摊，经费来源之穷，已可想见，且

---

① 《河南省各水利局概况》，《中国建设》第5卷第4期，1932年4月，第17页。

第五章 农业与农村经济

此极微之数，仍不能按时领到，如此而欲期振兴水利，实所难能"。①

1932年10月，河南省政府"因经费困难"等原因，将原11个水利局裁撤，改设为4个水利局，即第一水利局设于开封，管理惠济、贾鲁、双洎、沙颍等河及其支流，管辖区域包括开封等豫东41县；第二水利局设于信阳，管理汝河、淮河、洪河、狮河、白河、唐河等河及其支流，管辖区域包括豫南信阳等23县；第三水利局设于洛阳，管理伊、洛等河及其支流，管辖区域包括豫西洛阳等22县；第四水利局设于新乡，管理卫、淇、沁、漳、济等河及其支流，管辖区域为豫北新乡等25县。原11水利局限于年底结束，新水利局次年1月开始履新。②各局设局长1人，技术主任1人，技术员2人，助理员2人，事务员2人，书记1人。③同时，"增加水利事业经费，提高技术人员待遇。其经费即由原摊各县县政府，按月解缴财政厅，作为水利专款，其未摊有水利经费县份，亦一律酌派，以裕经费，各局每月固定经费，增至一千零三十八元，另添设备费一万三千二百余元"。④ 1935年8月，河南省政府撤销上述4个水利局，成立水利处，隶属建设厅。水利处设技术室，工程队、水文队和总务、技术、财务三股。另外，为了改造河南盐碱地，1934年9月，国民政府财政部与河南省政府联合成立了"河南省整理水道改良土壤委员会"，主要任务是改良盐碱地。根据盐碱地分布情况，工作范围分为5个方面："（一）归德属排水区，（二）惠济河流域排水及灌溉区，（三）沙河流域排水区，（四）豫北排水及灌溉区，（五）豫南排水区。"⑤

黄河从中原腹地穿流而过，既给中原大地带来了灌溉农田的便利条件，也给中原人民带来过灾难。因此治理黄河为历史上每个朝代的中央政府所重视。1929年，南京政府成立整理黄河水利委员会，作为筹设机关。1933年

---

① 张静愚：《河南建设之回顾与前瞻》，《中国建设》第13卷第2期，1936年2月，第45页。
② 河南省政府秘书处：《河南省政府建设年刊（1932年）》，"建设"，第77页。
③ 《河南省水利局组织通则》（1932年10月12日），河南省建设厅编《河南省建设法规汇编》，1934，"本省"，第3页。
④ 张静愚：《河南建设之回顾与前瞻》，《中国建设》第13卷第2期，1936年2月，第45页。
⑤ 河南省整理水道改良土壤委员会：《整理水道改良土壤会刊》第2期，1936年6月，第7页。

8月中旬,黄河"洪水大发,漫决五十余处",为了堵口,9月成立了黄河水利委员会。黄河水利委员会隶属国民政府,设委员长、副委员长各1人,秘书长兼总务处长1人,下设总务处(有文书、会计、事务、编辑四科)、工务处(有测绘、设计、工程、河防、林垦五组)。主要职责是"掌理黄河及渭洛等支流一切兴利防患之施工事务"。后来,国民党中央政治会议又决定位于黄河中下游的河北、河南、山东的河务局"受黄河水利委员会之指挥监督,照旧仍负各该省河防责任"。①

随着水利机关的成立和水利事业的展开,河南农田水利事业的制度建设也提上了议事日程。随着机器灌溉的引进,河南省建设厅在洛阳、新乡、周口设立了灌溉田场。为此,1930年颁布了《河南省建设厅灌田场组织条例》(8条),对于各灌田场的组织机构、人员做了规定。② 同时颁布了《河南省建设厅灌田场灌田用水征费章程》(11条),主要内容包括:(1)收费标准,"受灌溉之农田,按每亩每年酌收水费国币一元五角;其不及一亩者,照数核减;其遇过一亩者,照数增加"。(2)收费时间,一年按夏秋两季征收,"农田用水费按夏秋两季征收,每年于夏季收成后,按亩先收国币一元;秋季收成后,按亩收国币五角"。"农户于夏秋两季收成后,接到本场收费通知,须将应付之费在一个月内交清,如有延欠,立即按法追缴。"③ 1932年10月,河南4个水利局成立后,经省政府核准颁布了《河南省水利局组织通则》(10条),不仅规定了4个水利局的管理范围,而且规定了各局的职责:"一、关于水利调查、测验及绘算事项;二、关于水利工程之设计、实施及保养事项;三、关于水利纠纷之处理事项;四、其他水利行政事项。"还规定了局长、技术主任和技术员、助理员的任职资格等。④

兴修水利中,劳工主要征用的是民间劳动力。1931年3月20日,河南省政府通过了《河南省交通水利工程征用义务劳工暂行条例》(11条),规

---

① 张晗英:《黄河志》第3编《水文工程》,国立编译馆,1936,第405~406页。
② 《民国十九年度河南建设概况》,第92~93页。
③ 《民国十九年度河南建设概况》,第93页。
④ 《河南省水利局组织通则》(1932年10月12日),《河南省建设法规汇编》,"本省",第3~4页。

定兴办灌溉、排水及堤防河道等水利工程,可据"本条例征用义务劳工"。凡以省财政拨款兴办水利工程,"于其经过及所在地之县境内征用义务劳工",征用时须于开工前由主管机关"划定区域呈报建设厅核准,令县征用";征工事务由各县长督同建设局、公安局"负责办理,并责成各区乡镇村长协助进行";对于征工"有阻挠及反抗情事者,得由县政府酌量惩处"。① 同时颁布了《河南省交通水利工程征用义务劳工实施细则》,对征工办法、程序、征工编制及防护、代金征工、灾荒及贫瘠区域征工、办理征工人员的职责等做了详细规定。② 关于劳工的规定,既规范了水利工程建设的用工制度,又保证了兴修水利所需要的劳动力。

在具体水利工程的兴修中,河南省政府也颁布了一些相关的规定。如洛阳白马寺"附近农田,地势高亢,不能引水灌溉",省政府在这里设立了灌田场,1933 年 2 月开始兴办水利。为了规范该地水利建设,同年 5 月颁布了《河南省第三水利局续办洛阳白马寺灌田场租用民地简章》《河南省第三水利局续办洛阳白马寺灌田场各项工程施工细则》《河南省第三水利局续办洛阳白马寺灌田场田户用水简章》《河南省第三水利局续办洛阳白马寺灌田场管理简章》等。这些简章、细则保障了修渠用地、工程施工、农户用水和水利管理等方面。由于建立了比较规范的规章制度,洛阳白马寺灌田场不论是工程的修建还是灌溉效率都是比较显著的。③

除了兴修水渠进行灌溉外,河南还鼓励凿井灌溉,为此河南省建立了相关的制度。1935 年 11 月 8 日,河南省政府委员会通过了《河南省凿井委员会简章》《推广凿井工作办法》《考核凿井办法》《各县选派人员学习凿井技术办法》等。

(二) 水利调查、测量和计划

水利调查是水利行政部门最主要的工作之一。1929 年 8 月至 1931 年 7 月,河南省各水利局做了一些调查、测量工作,如惠济水利局测算了柘城、鹿邑两县惠济河流速及流量,并勘测惠济河堤、开封环城沟渠及所辖区域内

---

① 《河南省建设法规汇编》,"本省",第 94~95 页。
② 《河南省建设法规汇编》,"本省",第 96~97 页。
③ 张静愚:《河南建设之回顾与前瞻》,《中国建设》第 13 卷第 2 期,1936 年 2 月,第 48 页。

各河流沟渠；沙河水利局调查所辖区域河流状况，沙河上下游水势及堤岸，西华县诸河水势，以及蔡河、楚河淤塞情形；淮河水利局测量信阳浉河北岸、淮河河岸及各县较大河流；汝颍水利局测量颍河流速；沁河水利局查验沁河水量及每日灌田亩数，测量孟县漠河、温县大有埝、济源县甘霖渠、孟县余济渠、沁阳珠龙河及其他各县河渠；贾鲁水利局测量贾鲁河、西华县清流河、荥泽县永康渠及其他各县河渠；漳洪水利局调查了所辖各县河流及渠道；汝洪水利局测量辉县普济第一渠支渠、获嘉县江营渠、修武县周流村渠道、新乡范家岭渠道及新乡县寿渠等。[1] 为了兴办河南省各县农田水利，1930年代初，河南省建设厅要求各县进行水利调查，包括："1. 调查全县河流之沿革，及现在详细状况；2. 调查全县应有沟渠，井泉，池沼状况，及附近之地势，地质；3. 调查全县洼地面积情形，并水之来源去路；4. 调查全县历年风雨及旱潦状况。"[2] 河南省建设厅还呈文国民政府内政部，对豫省淮河干支流进行测量调查，建议由豫省建设厅与淮系河流有关的水利分局各派数人，共同担任。[3] 按照省建设厅的要求，各县对境内河流进行了测量，如沁阳县测量境内河流后，"查得各河流水，每带泥沙，久未挖挑，以致河身淤塞，浅而且窄，倘遇大雨连绵，水流较速势不能不横流四溢，漫淹各地，诚为可虞，是以亟待挑挖疏浚，以利农民灌溉，亦可预为防患"。[4] 另外，河南省整理水道改良土壤委员会也组织人员对豫东、豫北及豫南各盐碱地的水利情况进行了查勘（见前文）。这些调查对日后水利建设提供了第一手资料。

在调查的基础上，1930年代初，河南省做了一些水利计划。《黄惠河工程计划》，主要是通过设计虹吸管道"导黄入惠"，即把黄河水引入惠济河，工程收益主要在4个方面："一、黄河水位高，惠济水位低，安设虹吸管，地势甚便，至开挖引河，河底坡度平均约万分之四，水流速度与土质适合，更无大过不及之弊，因势利导，不劳而成。二、惠济以水源缺乏之故，终岁

---

[1] 《河南省各水利局概况》，《中国建设》第5卷第4期，1932年4月，第19~21页。
[2] 《兴办河南省各县农田水利计划》，《中国建设》第5卷第4期，1932年4月，第41页。
[3] 《豫省水利消息一束》，《农业周报》第16号，1930年2月2日，第452页。
[4] 《豫省水利消息一束》，《农业周报》第26号，1930年4月30日，第683页。

大半干涸；而开封、陈留、杞县等属平原广漠，概系干旱。设挹黄河丰富水源，以注入惠济，随处开挖支渠，可以得水，灌溉之面积，估计约在一千顷；每顷生产按三百元计算，即每年增加三十万元。三、开封北临黄河，城市枯燥，饮料不洁，推原其故，皆由缺乏水流之所致。设就黄惠河一百九十六点处，开一支渠，导水入城，不特全城给水问题，可资解决；即潘杨湖以及城内惠济河道，亦可借此水流洗刷，将久蓄臭秽不堪之积水，化为源泉滚滚有益之河流，则开封市之发展，定可计日而得。四、在昔南部航运，率皆沿惠济往来。同光之间，亳州帆船，犹可溯睢县而上；近数十年来，流量变异，航运久废，设引黄河丰富之水，以资挹注，舟楫通畅，仍可恢复旧观。"因此，"黄惠河工程完成之后，其利益不可谓不厚，当为极有价值之水利建设，可以断言，是不得不急起图之也"。① 可见，黄惠河水利工程不仅有利于农田灌溉，而且对改善开封城市环境、水路交通都是十分有利的。同时，有学者指出利用虹吸灌溉的方式，在中国近代农业推广史上也具有一定的历史意义。②

《兴办河南省各县农田水利计划》，是针对河南全省农田水利而做的。该计划内容丰富，涉及水利调查、工程种类、工程准则、设施程序、兴修期限、筹款征工和维持管理等7个方面。工程种类有沟渠、泉井、池沼、水门、堰、泄水窦。对于各种工程制定了比较详细的准则，"农田水利工程，应依次列标准办理：1. 灌溉用之沟渠，位置宜高，方能支配广大区域；2. 排水用之沟渠，位置宜低，方能受纳广大区域之积水；3. 灌溉用于排水用之沟渠，宜有适当之深度宽度坡；4. 干渠之坡度，宜较河之本身坡度为小；5. 支渠与沟之坡度，宜较干渠或支渠本身之坡度为小；6. 供给灌溉用之水源，须有充足之水量；7. 井之深度，以足供人力或畜力水车汲引之水量为度；8. 井口之大小能以架设水车为限；9. 泉之斫法，宜循地脉层缝之侧边斫长沟，便水量聚集，更循层缝向出水之方向掘斫，以泉流通畅为度；10. 泉地之面积，不可骛大，须俟水量丰富，涌

---

① 《黄惠河工程计划》，《中国建设》第5卷第4期，1932年4月，第24页。
② 庄维民：《近代山东农业科技的推广及其评价》，《近代史研究》1993年第2期。

流不歇时,方可逐渐扩张;11. 蓄水池之宽深容量,以能容纳当地雨量及地势所集得之水量为度;12. 蓄水池之位置,以在两山或数山或高地之坑谷地方为宜"。① 这些标准的制定,有助于水利工程修建的科学性和实用性。

1928年和1929年,河南省建设厅投资27930元,派人在上海购买12匹、18匹、24匹马力柴油抽水机各1部,14匹柴油机2部,3匹火油机19部,5匹火油机1部,6匹火油机6部,10寸出水抽水机5架,8寸出水抽水机6架,4寸出水抽水机21架。成立了机械化灌田场,总场设在开封,分场设在周家口、洛阳和新乡等地,"代民间灌田,以资提倡,并于总场内附设灌田司机训练班,以三个月为期,计毕业一班,共二十余人,所有购机及灌田场经常费,均由建设专款项下开支"。但因政局屡变,1930年春,"因建设专款停拨,经费无着,遂将灌田场取消,所有机件,交由各县建设局保管"。中原大战结束后,省建设厅重新启动了该项计划,并做了《筹办洛阳周口新乡灌田场计划》,主要对开办办法、经费收支预算等进行了计划。一是从原灌田训练班毕业的学员中抽调5人,进行实地训练;二是将存放各处机器集中,如灵宝、铁门所存机器合并洛阳灌田场,汲县所存机器合并新乡灌田场,信阳所存机器合并周口灌田场。② 以此筹划建立洛阳、周口、新乡3个机械化灌田区。为了改良豫东等地盐碱地,河南省整理水道改良土壤委员会也制订了一些水利工程计划,如《整理郑汴水道初步计划》《开封黑岗口安装虹吸管工程计划》《开封月堤黄惠闸工程计划》《惠济河流域各县沟渠疏浚计划》等。这些计划对水利工程建设起了良好的作用。

(三) 水利工程的兴建

1. 省级水利工程

根据建设厅和整理水道改良土壤委员会的计划,1930年代(抗战前夕),河南省建设厅实施了惠济河工程、溴水河葛段工程、夹河泄水渠工

---

① 《兴办河南省各县农田水利计划》,《中国建设》第5卷第4期,1932年4月,第42~43页。
② 《筹办洛阳周口新乡灌田场计划》,《中国建设》第5卷第4期,1932年4月,第47~50页。

程、洛宜渠工程、白马寺灌田场工程、富瀛湖灌溉工程等。① 各主要工程及灌溉农田情况如下。

惠济河工程。惠济河为隋朝大运河河段，历代都十分重视，清乾隆时期进行过一次大规模的整修和疏浚，通陈留、杞县、睢县、柘城入涡河而归淮河水系。晚清至民国时期，因黄河决口，"惠济河床，淤塞几同平地，两岸田亩，昏积尽为沙土。昔日膏腴之地，一变而为流沙斥卤之场，航运便利之区，竟陷于水源枯竭之境"。为了解决豫东农田灌溉和盐碱地问题，1933年2月，在河南省主席刘峙的支持下，由建设厅具体负责，"大举征用义务劳工，开工挖浚"。这是省建设厅主持的比较大的水利工程，全部工程"征工四百万，浚工五百万公方，完成长凡一百三十七公里之河身，所有桥梁涵洞工程均于二十三年十月先后完竣"。为了解决惠济河水源问题，按照原先计划还进行了"引黄入惠"工程，在黄河南岸柳园、黑岗两地分装虹吸管8付，"引黄流之水，经天然沉淀之水潭，流经黄惠河穿过西北城角而入潘杨湖，分为东西二支，沿城而流，借以冲刷省会积秽，促进市民卫生，并使市内硝碱土质，得以逐渐改良，两支复合于城之东南水门洞出城，而入惠济。水源赖以不竭，农田实获其利，计之当有二十万亩，足资灌溉也"。惠济河工程的修建，既可利于开封城市环境，又可解决豫东地区农田灌溉用水。

夹河泄水渠工程。豫西伊洛两河流经偃师境内，形成夹河区，东西长50里，南北宽10里，地势平衍，土质肥沃，但因中部低洼，河水倒灌，"以致无岁不涝"。为排泄低洼之水，1934年开挖泄水渠一道，长22公里，挖土25万方。该渠完成后，"左右一里以内之地，往岁终年被淹者四万亩，至是立可变为膏腴，收获以每亩八元计，年可出产三十二万元。离渠一里外之地，往年因土壤卑湮，收成减色者八万亩，至是亦可年增十余万元"。可见，该渠修建给当地带来了很大的经济效益。

洛宜渠工程。该渠位于洛河南岸的宜阳与洛阳，1929年开挖，因洛阳、宜阳"双方因渠口争执，缠讼数年，洛阳、宜阳两县长会勘多次，迄未解

---

① 张静愚：《河南建设之回顾与前瞻》，《中国建设》第13卷第2期，1936年2月，第46~48页。下文关于各渠修建及收益无出处者，均来源于本文，不再做注。

决，始经建设厅饬令第三水利局，协同洛宜两县县长，及渠务委员会人员，会议多次，勘定渠口地点，占用地亩，照时价发给，并规定用水办法，数载纠纷，始告解决"。① 1932年春，"渠道始具雏形，惟因渠口低洼，难以引水，经派员前往测量计划，决定将渠口上移五里，由河下村之东后庄引水"。于是，1933年3月重新开工，5月底竣工，费工40万，挖土30余万立方米。该渠西起宜阳河下村洛河南岸，东迄洛阳李家屯，全长45里，实际可灌溉农田15000亩。

白马寺灌田场工程。洛阳白马寺附近农田，濒临洛河，但河岸太高不能引水灌溉。1931年前，建设厅长张伯英曾计划设灌田场，拟用抽水机灌溉，但因经费无着落而终止。1933年4月，建设厅继续办理，设计购买24匹马力柴油机与抽水机1部，14匹马力柴油机与抽水机2部，3匹马力柴油机与抽水机2部，并将灌田场内干支渠加以挑挖，建造水池及渠口水闸1座，支渠口分水闸2座，渠上过水桥1座。② 工程于次年夏季竣工，各种抽水机同时抽吸，每日可灌田220亩，铁道以南之地5000亩耕地，每22天，可灌遍一次，若加上开夜工，则半月可灌遍一次。这是河南比较早的机械化灌溉，"此项机器吸水灌溉，于时间经济两均节省，农田出产，每年每亩可净增加六元以上，白马寺一场，即可年增益三万元"。抽水机的使用使灌溉效率和农田收益有明显提高。

为了改良盐碱地，在省整理水道改良土壤委员会主持下，1934年至1935年先后修建了包括涵洞、桥梁、土堤、护岸等工程32项，其中有14项是与建设厅合作修建的，占工程总量的43.8%。③ 与建设厅不同，省整理水道改良土壤委员会主持的工程主要在有盐碱地的豫东地区。关于该机构在豫东等地参与修建的水利工程前文已有论述。

2. 凿井工程

除了修建渠道水利工程外，凿井是当时河南的一项主要水利工程。河南

---

① 河南省政府秘书处：《河南省政府年刊（1933年）》，"工作报告"，第94页。
② 河南省政府：《河南建设述要》，1935，第16页。
③ 河南省整理水道改良土壤委员会：《整理水道改良土壤会刊》第2期，1936年6月，第12~14页。

传统凿井灌溉主要在沿河农田旁边水浅之地进行，"其地势较高出水较高之地，则因财力不足，或水源无定，未敢尝试"。① 而1930年代随着机械工具的使用，开始尝试新式凿井，并颁布凿井章程，规定"三人以上共凿一井者，由县政府补助洋十元"。在省政府的鼓励下，长葛县凿井170口，经省政府查明确实后，共发给补助金1700元。② 为了培养凿井人员，建设厅举办培训班、设立凿井队和凿井事务所。1933年10月，开始举办凿井训练班。③ 在政府的倡导和帮助下，河南的凿井工程取得不小的成绩，据对河南67县统计，1930～1933年全省共打砖井14.5万余口，土井2680口。④ 1933年河南省建设厅"向河北定县聘请凿井技士，来汴办凿井训练班，传习新法凿井技术，作初步之倡导"。以此为开端，河南开始了新法凿井，先在省会开封市内"开凿饮水井十眼，以改良饮料，做实际之试验，结果成效甚佳"。在此基础上，1935年7月1日，建设厅设立凿井事务所，在河北等地招募凿井技术工人，开办凿井训练班50余班。1936年，凿井训练班扩充为102班，"每班设班长助手各一名，技术工人五名，于派至农村工作时，并由农民随同学习，以便传授技术，而资推广。同时由农村合作委员会建设厅合作组凿井委员会，以便统筹指导全省农民自行凿井事宜"。⑤ 可见，凿井是当时农田水利的一项重要工程。为了推动农村凿井灌溉事业的顺利进行，建设厅采取了凿井费用由公家与农民分担的办法，"凿井班至各县所需旅费运费及个人工资，均由公家发给，凿井工具及添配零件，亦系公家购置分发使用，人民自身仅出井内所用材料，每井若需十余元，至多而十余元，所需无几，获益甚大，并由农村合作委员会介绍银行贷放凿井贷款，以利贫农"。⑥ 由于凿井灌溉得到了省政府建设厅的大力支持，而且是一项利民

---

① 张静愚：《河南建设之回顾与前瞻（续）》，《中国建设》第13卷第2期，1936年2月，第48页。
② 《豫省水利消息一束》，《农业周报》第26号，1930年4月30日，第683页。
③ 张静愚：《河南建设之回顾与前瞻（续）》，《中国建设》第13卷第2期，1936年2月，第48页。
④ 《河南省志》第16卷《政府志》，第269页。
⑤ 河南省政府秘书处：《河南省政府年刊（1936年）》，第325页。
⑥ 张静愚：《河南省政府建设厅及农村合作委员会最近工作概况》，《河南政治》第6卷第5期，1936年5月，本文第5页。

的事业，因此得到了农家的支持，也取得了不小的成绩。1935~1936年派出102个凿井班分布在全省56个县，1936年凿井2727口，[①] 分布情况如表5-8所示。

表5-8 1936年河南省凿井成绩分布统计

县名	凿井班数	派往时间	1936年凿井数	井之种类 平地穿泉	井之种类 旧井穿泉	每井每日灌溉亩数	取水方法
洛阳	6	1935年8月	231	32	199	4	辘轳、水车
沈丘	1	1936年6月	20	14	6	5	辘轳、水车
开封	5	1935年8月	119	59	60	5	抽水机、水车、辘轳
禹县	2	1935年8月	208	21	187	5	抽水机、水车、辘轳
郑县	5	1935年8月	103	50	53	5	抽水机、水车、辘轳
新乡	4	1935年8月	167	36	131	5	抽水机、水车、辘轳
沁阳	2	1935年8月	46	32	14	7	辘轳、自流泉、水车
襄城	3	1935年8月	125	40	85	7	辘轳、水车
安阳	4	1935年12月	127	20	107	7	辘轳、水车
镇平	1	1935年8月	11	2	9	3	辘轳、水车
伊川	1	1935年10月	16	5	11	4	辘轳、水车
商丘	2	1935年10月	112	20	92	5	倒灌、水车
滑县	2	1935年11月	120	49	71	5	水车、辘轳
南阳	2	1935年10月	123	51	72	5	水车、辘轳
密县	1	1935年10月	20	3	17	5	倒灌、水车
郏县	—		22	18	4	5	水车、辘轳
新郑	3	1935年10月	84	21	63	6	水车、辘轳
孟津	1	1935年10月	37	25	12	4	水车、辘轳
许昌	3	1935年8月	118	45	73	4	水车、辘轳
广武	—		25	13	12	9	水车、辘轳
辉县	—		14	3	11	5	水车、辘轳
临漳	1	1936年5月	32	9	23	4	水车、辘轳
长葛	4	1936年4月	103	26	77	4	水车、辘轳
通许	1	1935年11月	24	13	11	5	水车、辘轳
兰封	3	1935年11月	99	34	65	10	水车、辘轳

① 《河南省政府年刊（1936年）》，第325页。

续表

县名	凿井班数	派往时间	1936年凿井数	井之种类 平地穿泉	井之种类 旧井穿泉	每井每日灌溉亩数	取水方法
淮阳	2	1936年1月	2	2	0	10	抽水机
汲县	2	1935年4月	41	19	22	4	水车、辘轳
洧川	2	1936年8月	18	10	8	6	水车、辘轳
阌乡	1	1936年8月	3	2	1	4	水车、辘轳
荥阳	2	1936年8月	12	6	6	2	水车、辘轳
汜水	—		18	8	10	6	水车、辘轳
西华	1	1936年7月	15	13	2	6	抽水机、水车
武陟	1	1936年8月	33	22	11	5	水车、辘轳
汤阴	1	1936年8月	16	6	10	6	水车、辘轳
孟县	3	1936年8月	15	8	7	5	水车、辘轳
考城	1	1936年8月	23	7	16	5	水车、辘轳
宜阳	1	1936年9月	18	6	12	3	水车、辘轳
封丘	1	1936年9月	19	15	4	6	水车、辘轳
太康	1	1936年9月	16	13	3	5	水车、辘轳
鹿邑	1	1936年10月	1	1	0	9	抽水机
汝南	1	1935年11月	2	2	0	8	抽水机
潢川	—		1	0	1	4	辘轳
灵宝	—		1	1	0	5	水车
陈留	—		7	3	4	6	水车
其他	—		360	—	—	4	
合计	—		2727	—	—	—	

资料来源：《河南省政府年刊（1936年）》，第325~329页。

从表5-8来看，1935~1936年，河南省建设厅十分重视凿井灌溉，而且取得了不小的成绩。1936年凿井数量超过100口的县有12县，洛阳1936年凿井数量达231口。以"平均每井可灌田三十亩"计，[①] 2727口水井合计可灌溉农田81810亩。

---

① 张静愚：《河南省政府建设厅及农村合作委员会最近工作概况》，《河南政治》第6卷第5期，1936年5月，第5页。

3. 县级水利工程

除了省建设厅和整理水道改良土壤委员会主持的水利工程外，各县也积极参与水利工程建设。1929年，临颍县主要对旧水渠水沟进行疏浚，补筑堤岸。（1）疏浚河沟。2月，疏浚马沟河，该河由城西孝台村起，至城东南研岗村，长56里。3月，疏浚青羊沟，长47里。（2）修筑渚河、白马沟、黄龙沟3条河流被冲毁的堤岸200余丈。豫北天然水渠由阳武县进入原武县境内，变成宣泄渠，1929年2月，原武县召集民工修浚；同年全县凿井162口，"禾田得以灌溉者甚广"，据估计可"增加生产量至二分之一"。①

特别是南京政府委员长行营规定1935年冬春季为"以水利为中心之劳动服务季节"后，提升了地方兴修水利的热情。河南省政府据中央政策"迭次派员分赴各县勘察，依据实地需要，制定二十四年冬春季征工办理水利事业计划，呈经核准，分发各县遵照实施。并随时派员分赴各县视察指导，督促进行，又规定征工成绩为县长考绩之一种"。② 由于政府倡导和督促，河南各县在兴修地方水利方面做出了应有的成绩，据1935年河南省104个县统计，共修渠道、堤堰及疏浚河（渠）道237条，总长度约为5825里又93472丈。③

除了政府倡导修建各种水利设施外，农民自己组织起来修建了一些小型灌田渠道。如1934年至1935年，桐柏县农民自修水渠7条，全长18.5公里，灌田8714亩。④ 1936年，郏县谢湾村绅士王兆麟等人成立了"青龙渠开渠委员会"，借县政府仓谷4000公斤以工代赈，组织民众200人在本村兴建青龙渠，修建滚水坝50米，⑤ 尽管因粮食过少而未成功，但为以后建渠奠定了基础。

从上述各种水利工程来看，政府行为在兴修水利过程中起了主导作用，一方面政府加强了水利机构和制度建设，规范了各级政府在水利建设中的行

---

① 《豫省水利消息一束》，《农业周报》第16号，1930年2月2日，第453页。
② 《河南省政府年刊（1936年）》，第329页。
③ 根据《河南省政府年刊（1936年）》第330~348页表格统计。
④ 桐柏县地方史志编纂委员会编《桐柏县志》，中州古籍出版社，1995，第381页。
⑤ 卢江水：《民国时期郏县治水活动琐谈》，《郏县文史资料》第3辑，1990，第43页。

为，另一方面政府在水利技术上给予支持和指导。因此，1930年代的河南省政府在水利建设方面是有作为的，这是值得肯定的。

五　粮食作物产量

河南地处中原，以平汉铁路为界，以西大部分为山地，西北部为洛河丘陵，西南为白河丘陵；东部以黄河为界把全省划分为南北两部分，以北为华北平原，以南为黄淮平原。传统农耕和作物种植使全省形成了四个农业区，"豫西北棉麦区，豫西南稻豆区，豫北棉麦高粱区，豫南稻麦烟草大豆区"。① 即豫西北以种植棉花、小麦为主，豫西南以种植水稻、豆类为主，豫北以种植棉花、小麦、高粱为主，豫南以种植水稻、烟草、大豆为主。1934年所做的平汉铁路沿线经济调查中，按主要种植作物划分为黄豆冬麦区、棉花冬麦区和春麦杂粮区3个区，河南的豫南为黄豆冬麦区，陇海线西段为棉花冬麦区；按经济作物种植划分为芝麻、花生、烟叶、罂粟区4个特产区，河南的封丘、延津、中牟、开封等黄河沿线为花生区，许昌为烟叶区；按夏季种植作物划分为稻棉区、黄豆芝麻区和棉区，河南信阳为产稻区，豫南自明港至郾城一带为黄豆芝麻区，黄河"以北豫境及河北沿线为棉区"。② 还有学者将中国农耕区分成垦殖区、黄土区和水田区，而河南全省"除豫南信阳、罗山、光山、固始、商城和息县东南底稻作区外，大体说来是属于黄土区"。③ 因此，河南是一个适合多种农作物种植的地区。主要农作物和产地如下。水稻，"信阳以东，罗山、光山、潢川、商城、固始诸县为河南产稻之区，而信阳县北洋河一带产稻最盛"。小麦，河南"凡可耕之田皆可种麦"。高粱，"各县无不产之，尤以唐白二河流域南阳、邓县、唐河、方城诸县产最多"。豆类，种类繁多，"以黄豆、黑豆、绿豆、

---

① 唐启宇：《我国土地垦殖指数与耕地指数》，《实业部月刊》第1卷第4期，1936年7月30日，第15页。
② 陈伯庄：《平汉铁路沿线农村经济调查》，交通大学研究所，1936，第20~21页。
③ 冯和法：《中国农村经济资料续编》，上海黎明书局，1935，第175页。

青豆等产出为最盛。沿平汉铁路如信阳、新郑、确山、遂平、西平、郾城等县生产黄豆，由铁路运往它方。获嘉则多黑豆、青豆、绿豆，新郑则多黄豆、黑豆、绿豆，辉县、淇县、汤阴则多绿豆、黑豆。沿道清铁路如汲县，则多黑豆……南阳一带，黄豆为大宗出品，由白河、唐河运往他出"。芝麻，唐、白二河流域"芝麻亦大宗物产"。红薯，"南阳一带，邓县、新野、唐河、方城各县产红薯最盛。其为物产量丰于谷，而种植、收获皆易于谷，故农民多喜种之"。花生"多产于开封、中牟、兰封三县"。蔬菜以白菜、金针菜、木耳、蘑菇、姜为大宗，白菜"各县多产之，惟许昌较盛"；金针菜产地比较集中在淮阳县东北乡，永城东北天齐庙、鄢家集、丁集、陈集等处多有种植；木耳产于伏牛山脉的卢氏、嵩县、鲁山、南召、伊阳等县；另外，蘑菇、芹菜、姜各地都有一定产量。水果有李、桃、梨、柿、枣等。①

河南粮食作物种植以小麦、小米、高粱、玉米、大麦、甘薯、水稻为主。徐秀丽根据1924～1929年的常年比例和1931～1937年的平均比例计算出河南省各种作物总播种面积比例为：小麦47.4%，小米14%，高粱11.5%，玉米7.4%，大麦8.4%，甘薯2.6%，水稻2.7%。上述各种作物占总播种面积的94%，其他杂粮占6%。② 表5-9是本研究段河南主要农作物产量统计。

表5-9 1929～1937年河南主要粮食作物产量统计

单位：千担（1担=100市斤）

年份		1929①	1931②	1932②	1933②	1934②	1935②	1936②	1937②
小麦	产量	70499	81775	88142	96720	81091	78985③	105414③	37444③
	指数	100	116.0	125.0	137.2	115.0	112.0	149.5	53.1
大麦	产量	16873	15341	15616	15788	15067	15547	19047	9391
	指数	100	90.9	92.6	93.6	89.3	92.1	112.9	55.7
小米	产量	18362	21961	23026	23352	27360	29370	16116	20294
	指数	100	119.6	125.4	127.2	149.0	159.9	87.8	110.5

---

① 刘景向总纂《河南新志》卷4《物产·农产》中册，第179～187页。
② 徐秀丽：《中国近代粮食亩产的估计——以华北平原为例》，《近代史研究》1996年第1期。

续表

年份		1929①	1931②	1932②	1933②	1934②	1935②	1936②	1937②
高粱	产量	14038	18750	23062	23267	23744	23025	22509	25279
	指数	100	133.6	164.3	165.7	169.1	164.0	160.3	180.0
玉米	产量	10563	11218	14282	12147	14471③	15886③	9084③	13603③
	指数	100	106.2	135.2	115.0	137.0	150.4	86.0	128.8
水稻	产量	9139	2008	2065	6117	6393	4787③	8576③	11299③
	指数	100	22.0	22.6	66.9	70.0	52.4	93.8	123.6
甘薯	产量	28229③	30349	36775	62416	53635	51391③	33305③	52277
	指数	100	107.5	130.3	221.1	190.0	182.1	118.0	185.2
合计	产量	167703	181402	202968	239807	221761	218991	214051	169587
	指数	100	108.2	121.0	143.0	132.2	130.6	127.6	101.1

注：1. 水稻产量是粳稻与糯稻产量的合计数；2. 指数为笔者计算；3. 棉花、花生、烟草等下文将专门讨论。

资料来源：①《河南全省农业生产统计表》，《中国建设》第5卷第3期，1932年3月，第57~62页；②崔宗埙《河南省经济调查报告》，第26~28页；③许道夫《中国近代农业生产及贸易统计资料》，第19~20、163页。

上述7种粮食作物播种面积占河南粮食播种总面积的94%，故表5-9基本能够反映本研究段内河南粮食生产的总体水平。从7种主要粮食作物的总产量来看，只有抗战爆发的1937年粮食总产量略低于1929年的水平，其他年份都高于该年的水平，说明在1920~1930年代（抗战前）河南农业处于增长状态。需要指出的是，一般地人们把南京国民政府经济发展水平最好时期定位在抗战爆发前夕的1936年，而河南则有所不同，就粮食总产量而言，1933年是最高年份，和1929年（指数为100）相比，几种主要农作物总产量净增72104千担，指数达到143，而1934~1937年则处于逐渐下降的趋势，指数1934年为132.2，1935年为130.6，1936年为127.6，1937年为101.1，跌到1929年的水平。就不同粮食而言，也有差异，如小麦、大麦1936年达到最高水平，增长率分别为49.5%、12.9%；小米、玉米1935年达到最高水平，增长率分别为59.9%、50.4%；高粱、水稻总产量最高在1937年，分别增长80%、23.6%；甘薯的最高产量是1929年的2倍以上。

总之,1930年代(抗战前)河南的粮食总产量超过了1929年以前的水平。这里需要说明的是为什么河南粮食总产量从1934年开始呈下降趋势,主要是棉花、花生、烟草等经济作物大面积种植的结果,如棉花1934年突破了400万亩(见下文),势必侵占一定数量的粮食耕地,从而影响了粮食生产总量。一些种植棉花的村庄甚至出现了粮荒,如豫北彰德的宋村,"因棉花的大量栽培,使小麦的供应无法自给,即使在无灾害的平年,该村仍有四成以上的农家必须向外购入谷物"。[1] 其他经济作物种植也有这样的问题,见下文的论述。

粮食亩产量的高低也是评价农业是否发展的主要标志之一。徐秀丽对华北粮食亩产量进行了考证,得出河南每市亩播种面积的产量为175市斤,如果再乘以154.52%的复种指数,耕地的亩产量为270斤。并认为1920~1930年代,粮食亩产量经过近代一段下降之后,大致已经回复到清中叶的水平了,并略有提高。[2] 该文不论是实证研究还是逻辑推理都是很严密的,故这一结论笔者是十分认同的,因此不再浪费篇幅进行论述。

总之,从粮食总产量和亩产量来看,1930年代,河南的农业的确有一定程度的增长,至少超过了晚清和民国初年的水平,这一结论应当与当时的农业发展水平是相吻合的。

六 经济作物的种植

经济作物的种植在某种程度上反映了农业商品化程度的高低,也是反映农业生产水平的重要标志之一。河南经济作物种植的兴起与农家土地面积狭小、铁路的兴起、农村金融枯竭、国内新式工业的原料需求以及政府的提倡

---

[1] 沈松侨:《经济作物与近代河南农村经济,1906~1937——以棉花与烟草为中心》,《近代中国农村经济史论文集》,第365页。
[2] 徐秀丽:《中国近代粮食亩产的估计——以华北平原为例》,《近代史研究》1996年第1期。

第五章 农业与农村经济

有关。① 农民种植经济作物比种植粮食作物可以获得较高的收益，如据1935年调查，农民种植粮食"每亩平均收入数，仅为3.54元"，而经济作物每亩平均收获数为：棉花5.61元，花生6.81元，大麻11.58元，甘蔗10.97元，芝麻5.93元，其他8.89元。② 经济作物每亩平均收获数为7.04元，比粮食作物高出将近1倍。又如1930年代对濮阳一个村庄的调查，该村"地多沙质，上好耕地种谷类每年所得不过五、六元，种花生则获利九元以上。中等沙地种谷类年获一、二元，种花生则有三元余。至下等沙地，因谷类不生，久成无主荒田，今稍加人工，种花生则可得二元以上"。③ 这种高利润回报也促使农民改变种植结构，挪出一部分耕地种植经济作物。河南省的经济作物主要有棉花、花生、烟草、大麻、甘蔗、芝麻等，据1935年统计，各类经济作物种植面积546.3万亩，占农产作物总面积的4.04%。在各种经济作物中，棉花占51.57%，花生占22.32%，烟草占15.48%，大麻占5.31%，甘蔗占2.0%，芝麻占1.88%，其他占1.44%。④ 在河南的经济作物中，棉花、花生、烟草种植面积占所有经济作物种植面积的89.37%。因此，棉花、花生、烟草3种作物基本上能够反映经济作物在河南农业中的地位。

南京国民政府建立后，河南的棉业继续发展。

1934年，金陵大学经济系对河南棉花产区进行了调查：

> 棉田面积，已达四百万亩以上，产棉额已达百万担，超过历年平均产额甚巨。前途发展未可限量。按该省产棉区域，可分豫西、豫北、豫东、豫南四部。属于豫西者，有陕县、灵宝、阌乡、洛阳、偃师、巩县、新安、渑池、伊川、登封、邓县、卢氏等县；其中陕、

---

① 沈松侨：《经济作物与近代河南农村经济，1906~1937——以棉花与烟草为中心》，《近代中国农村经济史论文集》，第327~378页。
② 《河南农林统计引言》，《河南统计月报》第2卷第8期，"河南农林统计专号"，1936年8月，第3页。
③ 纪彬：《农村破产声中冀南一个繁荣的村庄》，《益世报》1935年8月17日。
④ 《河南农林统计引言》，《河南统计月报》第2卷第8期，"河南农林统计专号"，1936年8月，第3页。

灵、阌、洛等县,皆以产洋棉著称,中棉栽培,逐渐消减。所产洋棉品质较良,为吾国最高之品级,而产额亦占据重要位置。属于豫北者,有安阳、新乡、辉县、武安、临漳、汤阴、林县、淇县、济源、获佳[嘉]、温县、汲县、孟县、沁阳等县,产量甚富。惟系中棉洋棉杂植之区,洋棉品质退化,较豫西为甚。属于豫东者,有太康、扶沟、西华、杞县、淮阳等县,中棉洋棉杂种之形势,与豫北同。因交通不便,新种输入之机会较少,故洋棉退化之程度,更较豫北为深。属于豫南者,有新野、唐河等县,因与湖北光化等产棉地接近,洋棉栽培,较为普遍。①

从棉花种植地域分布来看,从1906年仅有数县植棉,发展到1930年代几乎达到全省普遍植棉的状况。另据1936年统计,全省植棉达到84县,占全省县数的76%。②一些县植棉在农业中占有重要地位,如据1932年调查,灵宝"棉田为十四万余亩,约占全县耕地六分之一";陕县植棉"七万七千余亩,约占全县耕地面积三分之一"。③1934年,主要植棉区安阳、唐河棉田占全县耕地面积的50%,陕县为55%,阌乡为60%,偃师、禹县为70%,灵宝为75%。④1936年统计,河南"在万亩棉田以上者达七十县,在十万亩以上者达二十县,其中安阳一县棉田且有九十万亩之记录,几占该县耕地三分之二"。⑤有研究者指出,1936年本省棉田面积达855.3亩,总产量达12275万公斤,是抗战前总产量最高年份。⑥上面我们是从地域范围的变化看河南植棉业发展的状况,下面从种植面积、产量来看本省的棉花问题,如表5-10所示。

---

① 金陵大学农业经济系:《鄂豫皖赣四省之棉产运销》,1936,第38页。
② 河南省棉业改进所:《河南棉业》,1936,第26页。
③ 《豫西五县棉作调查》,《河南政治》第2卷第7期,1932年7月,第168~174页。
④ 严中平:《中国棉纺织史稿》,科学出版社,1955,第339页。
⑤ 《河南棉业》,第26页。
⑥ 李道苏主编、陈灼《河南纺织工业发展简史》,陕西旅游出版社,2000,第59页。

第五章　农业与农村经济

表 5－10　1928～1936 年河南棉产统计

年份	1928	1929	1930	1931	1932
全国棉产额（担）	8839274	7587021	8809567	6390780	8105637
河南棉产额（担）	214282	122380	566529	644544	596755
河南占全国的比例（％）	2.42	1.61	6.43	10.09	7.36
河南在全国的排名	第 8 位	第 7 位	第 5 位	第 4 位	第 5 位
河南洋棉产额（担）	—	41200	196474	427527	318779
占总额的比例（％）	—	33.7	34.7	66.3	53.4

年份	1933	1934	1935	1936
全国棉产额（担）	9774267	11201999	8142971	14468258
河南棉产额（担）	816650	1022357	415778	1367226
河南占全国的比例（％）	8.36	9.13	5.11	9.45
河南在全国的排名	第 5 位	第 5 位	第 7 位	第 5 位
河南洋棉产额（担）	630554	794853	326341	1099922
占总额的比例（％）	77.2	77.7	78.5	80.4

资料来源：胡竞良、陈灼《河南棉业之鸟瞰》，《农业周报》第 6 卷第 9 期，1937 年 3 月 12 日。

表 5－10 反映的是 1928～1936 年河南棉花种植的水平和在全国的地位。1928～1929 年河南棉产处于民国以来的低谷，与当年发生旱灾有比较大的关系，如 1928 年，南京政府北伐，"十战区展至豫北一带，主要产棉地带，如彰德等地，皆感受重大打击。益自春至秋，长期亢旱，耕作失时者既多，棉苗因旱枯死者，亦复不少，结果棉田大减，尚不及十六年之半数"。1929 年，"灾害仍烈，武安、陕州、灵宝、阌乡、洛阳等主要产区，全未播种。其他各县，播种亦少，复因雨水不调，收量欠佳"。1930 年，"除临彰亢旱，全无播种外，其余各县，尚称及时，惟开花时期，有遭旱害者；结桃时期，有遭阴雨者，以致收获仅有五成"。1931 年，"豫北发生战祸，安阳、汤阴、武安等地，棉作失时。七、八月间，各县水旱迭作，棉田复多被害，后竟有改种其他作物者"。1932 年以后，本省棉花耕种面积、产量均处上升趋势。原因一是社会逐渐趋于稳定，"产棉区域之农村秩序，全告恢复，加以各方提倡甚力，棉产需求，又复增加，于是植棉之风，颇有展开之势"。二是风调雨顺，如 1933 年棉花"播种期间，雨水大部适宜"。三是市场需求扩大，利益驱动农民植棉，"荒地垦后，多以植棉（邓县即其一例），加以年来棉

价较高，出售又易，种棉恒较其它作物为有利。大利所在，人必趋之"。① 南京国民政府时期河南棉花不论是种植面积还是总产量都在不断增加，1920年代，平均占全国总产量的5.6%，到1930年代前期的8.34%，特别是1931年占到10.4%，足见河南棉产对全国的重要意义。洋棉的推广在这期间也取得了较好的成绩，1922~1935年，"洋棉产额增加了十三倍以上，其占全国洋棉总产额之百分比，竟由6.23%增至14.84%"。② 就河南而言，到1936年时，洋棉的产量占到总产量的80%。总之，南京国民政府前十年期间，河南的棉花种植不论是面积、总产量，还是技术水平都比以前有了很大的提高。

民国时期河南花生的种植仅次于棉花。1920~1930年代，花生逐渐成为"黄河流域沿河沙土地带之大宗产物，豫东一带尤著，计其重要产区，则有开封、兰封、中牟、陈留、杞县、通许、商丘、封丘、尉氏、民权等县。虽其他沿河流域之县份，如原武、阳武、新郑等县，亦年有少许之出产"。③ 豫东黄河故道原来的"荒沙之区，向所弃置之地，今皆播种花生，而野无旷土矣"。④ 河南逐渐成为我国花生三大主产省份之一，就种植面积而言，"山东为最广，占百分之二十三强；河北次之，占百分之十五强；河南又次之，占百分之十三强"。⑤ 表5-11是1914~1937年河南花生生产情况变化统计表。

表5-11　1914~1937年河南花生生产统计

年份	1914①	1929②	1924~1929①	1933①	1934①	1935①	1936①	1937①	1933~1937
种植面积（千市亩）	270	1981	2119	2618	2310	2156	2386	2451	2384
变化指数	100	733.7	784.8	969.6	855.6	798.5	883.7	907.8	884.1
总产量（千市担）	255	5705	5192	7200	5798	4391	5087	4437	5382
变化指数	100	2237.2	2036.1	2823.5	2273.7	1722.0	1994.9	1740.0	2110.6

资料来源：①许道夫《中国近代农业生产及贸易统计资料》，第163页；②《河南全省农业出产概况统计表》（特作物类二），《中国建设》第5卷第3期，1932年3月，第59页。变化指数由笔者计算。

---

① 《鄂豫皖赣四省之棉产运销》，第23页。
② 《河南棉业》，第27、28页。
③ 《豫东花生业发达》，《中行月刊》第9卷第6期，1934年12月，第88页。
④ 中美新闻社开封通信：《河南之花生生产》，《申报》1919年10月30日，第7版。
⑤ 实业部国际贸易局：《花生》，商务印书馆，出版年不详，第17~18页。

第五章 农业与农村经济

从表5-11来看，民国初年到1930年代河南花生生产有了大幅度的增长，种植面积1920年代（1924~1929年）是民初（1914年）的7.8倍，1930年代（1933~1937年）是民初的8.8倍；产量1920年代是民初的20倍，1930年代是民初的21倍。虽然1930年代的某些年份不论是种植面积还是总产量不如1920年代的某些年份，但就整体水平而言1930年代的生产水平还是超过了1920年代。另外，1920~1930年代，花生的种植面积和民国初年相比增加不到10倍，而总产量却增加20余倍，说明花生的亩产量也有了大幅度的提高。

在河南花生主产区，种植花生成为农家生活新的经济增长点，如"开封、中牟等县，向称不毛之沙岗砾地，近且一变而为种植落花生的佳壤，故当地农民无不以此为生，产销之良否，关系于农民生计者甚巨"。[1] 通许"近十余年来，县西北一带之沙地多种落花生，产量颇丰，为新增农产，除本地制油或熟食外，向能运销各地，为出产之大宗"。[2] 随着花生成为主产区的主要农作物，出现了花生排挤粮食作物的局面，如1925年调查，开封的高粱、大豆和青豆，陈留的高粱、小麦和大豆，通许的小麦、豆类、高粱和小米，睢县的豆类、小米和高粱等被种植花生取代，"根据河南一个地区的报告，编篓子的柳条，也被花生所代替了"。[3] 据1935年统计，在花生主产区，花生种植占耕地面积达到了比较高的比例，如开封达到17.8%，中牟29.5%，兰封28.1%。[4] 花生种植不仅改变了种植结构，也对农家的消费产生了很大的影响，如濮阳某村1920年前商品经济尚不发达，"全部耕地，均依各家经年的需要而种植谷物及棉花、番薯等作物。大概附近村周围的耕地约十顷许，因便于看守及妇女往返，多种植棉花"。1920年以后，随着花生栽培的盛行，"棉田渐减，距今三、四年前已经完全消灭。衣料的来源，先均取于成安、临漳一带的棉花，自行纺织；继而购用安阳纱厂的棉线；今

---

[1] 河南省政府秘书处：《河南省政府年刊（1934年）》上册，第118页。
[2] 张士杰修、侯昆禾纂《通许县新志》卷11《风土志·物产》，1934年铅印本。
[3] 章有义编《中国近代农业史资料》第2辑，第213页。
[4] 根据"河南农林统计专号"表2-2"总面积及耕地面积"和表2"主要特用作物面积及产量"有关数据计算，《河南统计月报》第2卷第8期，1936年8月，分别见第6~8、42~43页。

则多直接购买洋布,仅事裁做"。① 以上资料说明,花生的种植,不仅加快了农产品的商品化,也改变了农民的消费结构,表明农家的消费水平随着花生的种植有所改变和提高。

民国时期河南种植的第三大经济作物是烟草。南京国民政府时期,河南省为了增加烟草种植面积,提高烟草产量,在烟草种植的主要地区许昌成立了由税务署、许昌行政督察专员、专员公署秘书长、商会会长、华成烟草公司、南洋烟草公司和当地绅士等 11 人组成的美种烟叶改良委员会。改良烟叶的办法是:(1)发放美烟新种;(2)指导种烟方法;(3)检验土壤气候;(4)研究肥料;(5)指导熏烟方法;(6)设立培种场;(7)统制烟种,并禁止各烟农私自培种;(8)统计产销;(9)规定买卖烟叶办法;(10)取缔混包混把及禁杂砂叶。从财政部所拨的 30 万元发展费中拨出 5 万元用于烟草改良,其中:(1)购买热度表 18000 只,经费 2 万元,以半价售于烟农;(2)购买土地 150 亩,经费 1 万元,以供栽培烟种之用;(3)购买美烟种,经费 1 万元;(4)烟种场、炕烟房及办公处建筑费 5000 元;(5)购买汽车 1 辆,经费 5000 元(包括第一年汽车费用 1500 元),以供下乡调查;(6)烟种场员工薪金、食宿及购置器械等,经费 1 万元。② 从这项改革内容看,河南地方当局对许昌烟草业十分重视。

1930 年代河南烟草的种植面积有了大幅度的扩张,产量也不断增长。据统计,1924~1929 年河南每年烟草种植面积在 10 万市亩左右,产量每年 30 万市担;1931~1937 年每年种植面积 90.3 万市亩,平均年产量为 132.9 万市担,③ 种植面积和总产量均超过了 1920 年代以前的水平。另据美国农业部农业经济处的估计,河南的烤烟产量在 1916~1937 年的 20 年间增加了 20 余倍。④ 表 5-12 是 1920~1930 年代河南烟草生产统计表。

---

① 纪彬:《农村破产声中冀南一个繁荣的村庄》,《益世报》1935 年 8 月 17 日。
② 季啸风、沈友益主编《中华民国史史料外编——前日本末次研究所情报资料》第 93 册,广西师范大学出版社,1997,第 303 页。
③ 许道夫:《中国近代农业生产及贸易统计资料》,第 215 页。
④ 引自沈松侨《经济作物与近代河南农村经济,1906~1937——以棉花与烟草为中心》,《近代中国农村经济史论文集》,第 362 页。

表 5-12　河南烤烟产量统计（1920~1937 年）

单位：千磅

1920年代	年份	1920	1921	1922	1923	1924	1925	1926	1927	1928	1929	平均
	产量	16000	9000	6500	11000	32000	11000	4500	5000	5000	5000	10500
1930年代	年份	1930	1931	1932	1933	1934	1935	1936	1937	—	—	平均
	产量	45000	60000	45000	65000	50000	63000	70000	60000	—	—	57250

资料来源：Chen Han-sheng, *Industrial Capital and Chinese Peasants*, p.93。转引自沈松侨《经济作物与近代河南农村经济，1906~1937——以棉花与烟草为中心》，《近代中国农村经济史论文集》，第363页。各年代平均值由笔者计算。

从表 5-12 来看，1920 年代年平均产量为 10500 千磅，1930 年代平均为 57250 千磅，是 1920 年代的平均产量的 5 倍多。烟草的种植，改变了农作物种植结构，烟草的种植占有比较高的比例，如"许昌、襄城一带，在 1918~1919 年左右，农家种烟草的面积还是很少。1919 年后逐渐扩张，现在种烟的各区中差不多有 24%~40% 的耕地都种植烟叶"。[1] 因此，这里的农作物如高粱种植，随着烟草栽培的扩张，日益萎缩。[2] 烟草种植逐渐成为种烟区农村经济的主业，也成为当地经济的一项主要收入来源。如以种植 10 亩烟田计算，支出情况是：麻饼（350斤）10元，长工 2 人 70 元，短工 2 人 30 元，草料（驴1头、骡1头）60 元，税捐 6 元，炕 10 元（一炕价约 30 元，以一炕能用 3 年计），煤（5000 斤）30 元，竹竿麻绳等杂用 50 元，租地 50 元，共需支出 325 元。收入为：头等烟 300 斤左右，每斤 5 角 9 分；二等烟 600 斤左右，每斤 3 角；三等烟 2000 斤左右，每斤 1 角 5 分，共计 570 元整。"依此计算，每种十亩烟田，若栽培得宜，无意外事件发生，而烟价又不太低时，出入相抵可得纯益二百元，较之种其他作物，利率较高。"[3] 烟农可以获得 35% 的纯收益。1928 年 4 月 27 日英美烟公司致国民政府函中称："许州（许昌）烟叶，每年出产之价值，约在 4~500 万元左

---

[1] 希超：《英美烟公司对于中国国民经济的侵蚀》，《中国经济论文集》，第96页。
[2] 沈松侨：《经济作物与近代河南农村经济，1906~1937——以棉花与烟草为中心》，《近代中国农村经济史论文集》，第365页。
[3] 张翰才：《许昌附近烟叶调查》，《中行月刊》第12卷第5期，1936年5月，第30页。

右。大英烟公司每年所收买者,平均约及半数,农民借以谋生活者,为数甚众。而河南省政府办法印花每年向大英烟公司直接征收烟税,按照收买价格,值百抽四或抽五。于收买烟叶时,就栈征收。"① 据1930年代调查,各县产烟数量为:襄县12000吨,许昌8000吨,禹县6000吨,郏县4500吨,临颖3000吨,长葛3000吨,"以每斤平均售价二角计,共计洋一千二百万元左右"。② 如以35%的纯收益计算,农家可获得420万元;以4%~5%税收收益计算,政府可获得48万~60万元的税收。可见,烟草的种植为烟农和政府都增加了不少的收入。

总之,南京国民政府前10年河南的粮食总产量有了一定程度的增加,1930年代(抗战前)粮食总产量超过了1929年以前的水平,粮食亩产也达到或超过了康乾时期水平。从粮食总产量和亩产量来看,1930年代,河南的农业的确有一定程度的发展。不仅粮食产量比以前有所增加,而且农业生产的商品化程度比以前有了很大的提高。本时期内河南农业生产最大的变化是铁路沿线经济作物的栽培,"芝麻、黄豆、棉花、烟叶这四样系平汉沿线农村最重要的商品作物"。③ 为商品而种植的经济作物,运销省内外市场的数量十分可观,提高了农业生产的商品率。如以开封为中心的豫东花生通过上海销售闽广、南洋、西洋"计占全部约十分之六",通过汉口销售到湖南、江西等地"约占十分之一二",花生的商品率达70%~80%,如果加上本省销售(如豫西炒食占1/20),④ 商品率就更高。临漳"农产物以棉花为大宗,每年收获量不下七十余万斤,所种之棉,品质颇优,十之八九尽销于安阳、郑县、吴家庄、平津、济南等地,竟远输日本,畅销国外"。⑤ 临漳的棉花商品率达80%~90%。1933年,中央农业试验所据河南55个县的报告,河南棉产的商品率大约为47%;⑥ 到1936年棉花的商品化程度又有了很大提高,河南棉产改进所估计"河南棉产额为百三十余万担,全省人口

---

① 《英美烟公司在华企业资料汇编》第1册,第287~288页。
② 张翰才:《许昌附近烟叶调查》,《中行月刊》第12卷第5期,1936年5月,第29页。
③ 陈伯庄:《平汉铁路沿线农村经济调查》,第2页。
④ 《豫东花生业发达》,《中行月刊》第9卷第6期,1934年12月,第89~90页。
⑤ 《临漳县鸟瞰——本省社会调查之六》,《河南政治》第2卷第7期,1932年7月,第7页。
⑥ 冯和法:《论中国农产买卖》,《国际贸易导报》第8卷第1期,1936年1月,第3页。

三千余万，平均每人年需皮棉一斤计，（填充材料及手纺布匹）则全省境内每年消耗约三十余万担，其供给纺织工厂者，当在百万担以上；除省内所有四纺纱厂年需皮棉二十五万市担，（根据本年本所调查结果见本书河南棉纺工业一节）则输出境外者达八十万担，每担以五十元计，共值四千万元；其关系本省农村经济与人民生计及全国纺织事业，实非浅鲜也"。① 也就是说，河南棉花的商品率从1930年代初的47%上升到抗战前夕的80.8%，出现了"植棉之区，已臻极度的作物商品化"的现象。② 河南生产的烟草绝大多数被英美、南洋兄弟以及国内烟草公司收购。③ 除了经济作物外，平汉铁路沿线的粮食作物也有很高的商品率，如黄豆，自耕农的出售率确山为82.2%，驻马店为96.4%，遂平为82.1%，西平为78%，郾城为74%，许昌为67.6%。④ 这些都说明民国时期河南农业生产商品化程度有了很大的提高。

---

① 河南省棉业改进所：《河南棉业》，1936年12月，第26页。
② 陈伯庄：《平汉铁路沿线农村经济调查》，第39页。
③ 沈松侨：《经济作物与近代河南农村经济，1906~1937——以棉花与烟草为中心》，《近代中国农村经济史论文集》，第361~362页。
④ 陈伯庄：《平汉铁路沿线农村经济调查》，附表2-26。

第六章
林牧业及主要林产品

一 林政机关与政策

(一) 省级林政机关的演变

河南最早独立设立林政机关是在北洋政府时期。1915年，河南省长田××在禹王台划拨公地数十亩，创设森林局。这是北洋政府时期河南省设立的第一个林业管理机关。次年，又捐款4900余元，在森林局附近购置土地百余亩，"意图扩充"。[①] 1917年，北洋政府农商部为振兴林业起见，要求宜林省份委派林务专员，由此河南省设立林务处专员，办理全省林务事宜。1924年因林务专员"事权太小"，改为林务监督处。1927年10月，又改名为河南全省森林办事处，下设两科，第二科掌管育苗与造林。育苗股的职责是：树种采取、贮藏与选择，移植、摘苗与插条，树种、标本的征集与鉴定，苗圃的垦殖与改良等。造林股的职责是：树苗的选择，森林土壤的调查与改良，林地的测量，山野荒地及森林的调查登记，森林标本的采集与制造，森林保护、监督与奖励，编制森林实施方案，编制森林报告等。11月，省政府公布了《河南各区营林局章程》，将全省划分为5区，每区设立营林

---

① 《河南林务之成绩》，《实业月报》创刊号，1920年1月。

局，其目的是营造森林。第一区营林局设在郑州，下辖 22 县；第二区营林局设在信阳，下辖 22 县；第三区营林局设在洛阳，下辖 21 县；第四区营林局设在汲县，下辖 25 县；第五区营林局设在商丘，下辖 22 县。各局职责包括育苗、营造森林、森林整理及保护、树木种子的采集与标本收集、森林气候的观测、森林产品的利用、林业试验、保安林的编造与管理、林务宣传与指导、指导各县苗圃办理技术、森林病虫害的防治等。①

1928 年，河南省政府将全省林业办事处并归建设厅，于是将"原有林务机关，各与所在地农蚕机关合并，改为农林试验场，并先后于尉氏、信阳、洛阳、汲县、商丘、辉县、南阳七处，改设一、二、三、四、五、六、七等区农林试验场，并将登封、辉县、延津三处，收归建设厅直接管理。是时农林试验场经费，每月增至一万〇六百元，惟因时局影响，各场经费积欠甚巨，进行极感困难"。② 即这期间河南林政机关虽设立，但许多因时局或经费问题，并没有起到应有的作用。

1929 年秋，南京政府召开了全国林政会议，决定"农矿厅或建设厅之下，设置林务科或林务处。更与厅处之下，分区设置林务局或林场"。③ 根据全国林政会议精神，1931 年春，河南省设立了"一、二、三、四、五等区林务局于开封、辉县、登封、南阳、信阳，划分全省为五个林区，分负指导督促之责，此后于郑州设有模范林场一处"。④ 各农林局、模范林场成立时间、地址及作业区域是，河南第一区林务局，1931 年 4 月 10 日成立，地址设在开封城内。接收尉氏苗圃及开封保安中山林场，当时就"派员分驻管理，积极育苗，现拟将开封城厢隙地，及护城大堤，尊奉收回，以便营造保安林"。豫东黄河故道及开封府城大堤，各县荒废地亩，为其作业区域。河南第二区林务局，1931 年 5 月 1 日成立，地址设在辉县百泉。该局"已将前第六区农林场苗圃，及延津第二林场接收完竣，曾在辉县苏门山，实行播种造林，成绩尚佳"。豫北太行山脉，旧黄河故道，以及各县荒废地亩为

---

① 刘景向总纂《河南新志》卷 5《林业》。
② 张静愚：《河南建设之回顾与前瞻（续）》，《中国建设》第 13 卷第 2 期，1936 年 2 月，第 62 页。
③ 《民国二十年林务进行计划大纲》，《中国建设》第 5 卷第 3 期，1932 年 3 月，第 65 页。
④ 张静愚：《河南建设之回顾与前瞻（续）》，《中国建设》第 13 卷第 2 期，1936 年 2 月，第 62 页。

其作业区域。河南第三区林务局，1931年5月11日成立，地址设在登封城内。豫西嵩山之脉及各县荒废地亩，为其作业区域。河南第四区林务局，1931年8月开始筹办，地址设于南阳。豫南伏牛山脉及各县荒废地亩，为其作业区域。河南第五区林务局，1931年8月筹办，地址设在信阳。以豫南桐柏大别山脉及各县荒废地亩，为其作业区域。[1] 建设厅将林业从农业中划分出来，不仅设立了独立的机构，而且有了独立的经费，全省5个林务局和1个林场，"每月经费七千一百余元"。[2]

郑州模范林场原系冯玉祥创建的"三民主义烈士祠"，中原大战后，河南省政府决定"该祠遍植森林，应该为模范林场，兼管烈士祠事宜，归建设厅管理"，并核定该林场每月经费510元。根据省政府的决定，1931年5月1日建设厅接收成立了河南省立模范林场。该林场成立后，"即将园林切实整理，俾使祠内隙地，计划育苗，以便造林。原有郑县古城林场二百余亩，及紫王陵荒地五百余亩，以位置关系，并由该场接收管理，现在进行成绩，颇有可观"。[3]

1932年秋，河南省政府决定将农林场、局"归并办理"，12月1日，"将原有农林局十三机关合并，改为五区农林局"。虽然将农林机关再次合并，但给各农林局划分了专门的林用地，如第一农林局林用地7362.28亩，栽桑地150亩，作业区域41县；第二农林局林用地598.20亩，栽桑地62.78亩，作业区域13县；第三农林局林用地200亩，栽桑地50亩，作业区域11县；第四农林局林用地1323.1亩，栽桑地137.67亩，作业区域21县；第五农林局林用地53969.37亩，栽桑地50亩，作业区域25县。[4]

（二）县级林政机关

苗圃则是负责县级林业事务的主要执行机构。1915年7月，河南省

---

[1] 《河南省各区林务局改设计划及进行情形》，《中国建设》第5卷第3期，1932年3月，第76~77页；《民国二十年林务进行计划大纲》，《中国建设》第5卷第3期，1932年3月，第65页。
[2] 张静愚：《河南建设之回顾与前瞻（续）》，《中国建设》第13卷第2期，1936年2月，第62页。
[3] 《河南省模范林场概况》，《中国建设》第5卷第3期，1932年3月，第79页。
[4] 张静愚：《河南建设之回顾与前瞻（续）》，《中国建设》第13卷第2期，1936年2月，第63页。

长公署根据北洋政府农商部颁布的相关规定，要求各县"筹设苗圃"。①随后，各县苗圃相继成立，如信阳县苗圃成立于1916年，"知事邓月瑞尊令设立，以东关旧校场营产官地一百三十余亩内拨出之四十五亩作为圃址，修葺演武厅旧房十余间为圃办公处"。1927年12月，将原林业局（1925年县级林务监督改为林业局）并入建设局，"其圃中事务由建设局林务技术员兼办，工头一名，个人六名，林警一名，年工杂各费九百六十元"。②长葛苗圃成立于1916年，以"城西校场地五亩，城守营地二十五亩为第一苗圃"，1924年"又将陈窑村桑园五十一亩为第二苗圃"，苗圃设圃长1名，圃丁5名，"以讲求树艺为宗旨"。③林县苗圃成立于1918年，以"城北大河头官地三十亩为圃地，设圃长一人，培养木苗，提倡林业。无常年的款，由县知事临时设法筹拨"。1928年并入建设局。④确山"苗圃在城北里许，面积三十余亩。民国七年由县知事林肇煌拓地成立，经费每月洋二十元"。⑤禹县1918年设立苗圃，占地18亩，"种植德国槐、梓、柏、柳、椿、桃、李、柿、桐、榕华和中国槐等，每种各约5000余株"。⑥许多县级苗圃或因时局动荡，或因经费不足，或因地亩不足，在北洋时期处于有名无实的状态。

  南京政府时期县级苗圃的工作逐渐有所起色。1927年8月，河南省政府颁布了《各县县长创办苗圃考成条例》，对努力创办苗圃的县长给予奖励，对那些创办不积极者给予惩戒，⑦使各县苗圃有所改观。1930年统计，本省有苗圃等农林机关66处，育苗181221亩，其中近年育苗53994亩，树苗1920.7万株，有近50县没有建立苗圃。⑧1931年，又颁布了《各县区立苗圃暂行章程》，规定县区立苗圃，设置管理人员1人，地亩须在30亩以上，每月经费须在20元以上，受县建设局的指挥监督，办

---

① 《河南林务之成绩》，《实业月报》创刊号，1920年1月。
② 方廷汉等修、陈善同纂《重修信阳县志》，第154~155页。
③ 陈鸿畴修、刘盼遂纂《长葛县志》卷3《政务志第三》，第4页。
④ 王泽溥、王怀斌修，李见荃纂《重修林县志》卷4《民政·苗圃》。
⑤ 李景堂纂、张缙璜修《确山县志》卷13《实业》。
⑥ 《禹州市志》，第346页。
⑦ 刘景向总纂《河南新志》卷5《林业》。
⑧ 包伯度：《中国木材之生产和造林运动》，《中国建设》第12卷第3期，1935年9月。

理本县区育苗造林事宜。① 1932 年，全省有苗圃 76 县，仍有 40 余县无苗圃。② 于是，1933 年 3 月，省政府建设厅又规定林县等 70 县为宜林县份，每年须育苗 20 亩以上；其他如陈留等 41 县最低限度每年须育苗 10 亩以上。为达到上述规定，省建设厅要求各县扩充苗圃，"遵照规定育苗亩数，分别切实办理"。③ 经过省建设厅的督促，苗圃在各县建立和完善起来，1935 年全省 111 个县中，"除潢川、商南、经扶、伊川、光山、嵩县、南召、淅川、内乡、镇平等县，尚未设立，或已设立，因特殊情形荒废者外，其他均已先后设立，逐年育苗，面积少者十数亩，多者二百余亩不等"。④ 全省 90% 以上的县设立了苗圃。一些县的苗圃还取得了相当成绩，如陕县"苗圃以前仅有其名。二十三年二月专员欧阳珍创办十一区农场，场地价由陕县苗圃拨充，全场仅有三百六十公亩，而实地可以种植作物者不及一百公亩。因将南门外涧河滩官荒五百公亩拨归经营，作为繁殖场地。一年被大水冲刷，并于东北城门角租用民田五百八十公亩作为育种场地，因无水灌溉，一年停租。二十五年于南门外扩租民有水田一百三十二公亩，作为苗圃及园艺场地，颇见成效。现苗圃有二百七十公亩，区苗圃二百四十九公亩"。⑤

除了县级苗圃外，县以下各区也设立了苗圃，据统计，区设苗圃的有 22 县，分别是：鄢陵 1 处，商丘 1 处，项城 2 处，长葛 1 处，舞阳 7 处，叶县 7 处，西华 7 处，洛阳 1 处，陕县 1 处，临汝 4 处，宝丰 3 处，安阳 8 处，武安 2 处，涉县 1 处，正阳 1 处，获嘉 2 处，淇县 2 处，原武 1 处，宁陵 1 处，虞城 5 处，方城 2 处。⑥ 据 1936 年统计，全省共有苗圃数量 833 个，其中公有 275 个，私有 558 个；苗圃面积 28225 市亩，其中公有 14391

---

① 河南省建设厅：《民国二十年河南省政府建设年刊》，1931，"建设"，第 38 页。
② 包伯度：《中国木材之生产和造林运动》，《中国建设》第 12 卷第 3 期，1935 年 9 月。
③ 《敕令各县遵照规定扩充苗圃进行育苗》，《河南省政府公报》第 1355 期，1935 年 6 月 14 日。
④ 张静愚：《河南建设之回顾与前瞻（续）》，《中国建设》第 13 卷第 2 期，1936 年 2 月，第 72 页。
⑤ 欧阳珍、韩嘉会等修纂《陕县志》卷 13《育苗》，第 6 页。
⑥ 张静愚：《河南建设之回顾与前瞻（续）》，《中国建设》第 13 卷第 2 期，1936 年 2 月，第 73 页。

市亩，私有 13834 市亩。① 公营苗圃平均面积为 52.3 市亩，私营苗圃平均面积为 24.8 市亩。

（三）林业合作社

1931 年 2 月，河南省建设厅拟定了河南省林业合作社规则及组织办法，经省政府第 24 次会议通过。该办法规定："凡为保护现有森林恢复荒废林野及育苗造林者，得设立林业合作社。"5 月 29 日，省政府"饬令各县政府督饬建设局并布告民众即将以前林业公会及林业协进会，限期取消，同时，按照河南省林业合作社规则及组织办法，另行设立林业合作社，至少依照该县划定自治区域，每区先设立一处。自通令办理以来，各县先后呈报改组及设立者，共有三四十处之多"。② 林业合作社成为一个半官方半民间的林业组织机构，并在倡导造林方面发挥了一定的作用。如 1936 年农村合作委员会为加强造林工作，做出了 12 项倡议，要点是：本会为提倡合作社植树造林，俾充实合作社业务，增加农民收益起见，特规定每年春秋二季时期，并以 3 月为合作社造林主要时期；合作社每一社员最低限度每季须植树十株。合作造林以社营暨会营为原则；合作社或联合会需要树苗，可呈由办事处或事务所向农林局或农业推广所交涉廉价售予；树苗栽植后，应按照《森林法》拟具保护公约进行保护；各社春季栽植树木如有损害，秋季酌量补植；各县合作社办事处或事务所于每年 2 月底制订计划，呈省会核定，3 月、10 月根据计划植树；植树造林工作为各级合作社及联合会的考核之一，对于"保护管理得法经本会查属确实者，即予分别嘉奖；其不能如限栽植或栽植后不加保护者，除令其倍加补植外，并酌量情形，予以处分"。③ 足见合作社在植树造林中发挥着一定的作用。

总之，南京国民政府时期，河南省形成了省、督察区、县级林政系统，苗圃和林业合作社不仅是各级政府林业政策的具体执行者，也是推广、保护林业和进行林业生产的组织者。

---

① 《苗圃面积及苗木》，《河南统计月报》第 2 卷第 8 期，1936 年 8 月。
② 《改组各县林业合作社》，《中国建设》第 5 卷第 3 期，1932 年 3 月。
③ 《豫农合会提倡合作社植树造林》，《农村合作月刊》第 1 卷第 8 期，1936 年 3 月 15 日。

二 林业推广及其成就

南京国民政府时期，河南省各级林政机关、苗圃在育苗、推广和植树造林方面是有作为的，如时人所言："查本省各林务机关，向后分区设立，辟圃育苗，除于作业区域内山荒地亩自行造林外，并无价推广民间者，藉资提倡，其机关名称，强屡有变更，而其作业仍赓续进行，未尝间断。"[①] 1932~1934年各农林局在林业育苗、推广及植树造林方面取得了良好的业绩。第一农林局推广梨苗2400株，桃苗5200余株，杏苗1800余株，李苗1500余株，苹果1800余株，葡萄6200余株，石榴300株，湖桑苗65000余株，毛桑7000余株，另育刺槐、侧柏、苗栋、中槐、榆、梓及美国杨等4435060余株，并营造开封城厢隙地及各马路林，开柳路林，黄惠河沿岸等林158600余株，其供给各机关春季植树及无价推广于民者，共为1013700余株。第二农林局育各种树苗1599200余株，各种树籽545050余斤；在浉河沿岸及各公路营造林1784200余株，又推广于各机关及农民各种苗木840276株。第三农林局推广葡萄、桃、杏、柿子等果苗730株，育苗190亩（计苗192万余株），在独山、磨山、羊山等处垦殖7000余亩，播种栎树及栽植榆、椿、桐油等树200余万株。第四农林局供给各级地方机关春季植树，并组织当地民众造林，三年来推广355254株，发放柏、刺槐、椿等种子108斤。第五农林局推广湖桑苗10000余株，供给各级公私机关及民众造林苗木488740余株。[②] 从以上总体情况来看，各局林业推广主要在两个方面，一是育苗，二是造林，以培育经济林、景观林为主，其次是其他树木。

育苗是各农林局的主要职责，每个局都有一定数量的土地可供育苗。"第一农林局有苗圃三处，一在开封南关禹王台本局内，一在自由关，一在

---

① 张静愚：《河南建设之回顾与前瞻（续）》，《中国建设》第13卷第2期，1936年2月，第70页。
② 张静愚：《河南建设之回顾与前瞻（续）》，《中国建设》第13卷第2期，1936年2月，第69~70页。

尉氏南门外，共有地五百余亩。第二区农林局有苗圃二处，位于信阳南门外浉河南北两岸，其地二百余亩。第三区农林局苗圃在南阳城北李华庄，有地三百余亩。第四区农林局苗圃三处，一在登封嵩山，一在洛阳南门外兵庄，一在洛阳南门外大王庙，共有地三百余亩。第五区农林局苗圃在辉县城西小营，有地七百余亩。"① 5 个农林局共有育苗土地 2000 余亩。表 6-1 是各农林局育苗数量统计。

表 6-1　1932~1934 年河南各农林局育苗数量统计

	1932 年		1933 年		1934 年	
	面积(亩)	株数	面积(亩)	株数	面积(亩)	株数
第一农林局	88.23	573769	89.65	1001668	81.80	842410
第二农林局	9.77	143710	24.91	754292	38.90	461460
第三农林局	42.70	780200	59.26	1064801	50.56	449510
第四农林局	10.90	90418	48.50	212384	34.90	547705
第五农林局	69.90	740744	4.84	84090	35.98	965115
合计	221.50	2328841	227.16	3117235	242.14	3266200

资料来源：张静愚《河南建设之回顾与前瞻（续）》，《中国建设》第 13 卷第 2 期，1936 年 2 月，第 71 页。

从表 6-1 来看，3 年共育苗 690.8 亩，共育苗 8712276 株，平均每亩可育苗 12611.9 株。从上面的总地亩来看，3 年育苗仅占全部土地的 34.5%，离饱和状态还有很大的距离。

造林是各农林局的又一任务。省建设厅根据各局所在位置划定了造林作业区，"第一区农林局为开封城厢隙地、马路及护城大堤，第二区农林局为信阳城南龟山、贤山及浉河两岸，第三区农林局为南阳独山、磨山及卧龙岗，第四区农林局为登封嵩山及洛阳龙门山，第五区农林局为辉县苏门山、九山、富庄及延津、武安屯、太行废堤等处"。造林主要是本省树种，如侧柏、榆树、椿树、栋树、槐树、羡杨、刺槐、柳树、合欢、银杏、桐树、胡

---

① 张静愚：《河南建设之回顾与前瞻（续）》，《中国建设》第 13 卷第 2 期，1936 年 2 月，第 70~71 页。

桃、马尾松、松树、栎树、枫树、梓树等，造林方法有3种，即植树、播种和插木。① 表6-2是各农林局1932~1934年植树取得的成绩。

表6-2 1932~1934年河南各农林局植树统计

	1932年		1933年		1934年	
	面积（亩）	株数	面积（亩）	株数	面积（亩）	株数
第一农林局	425.10	103947	290.00	46912	545.50	47348
第二农林局	377.50	132116	620.00	689933	133.10	31102
第三农林局	—	—	3097.00	336700	2297.50	643187
第四农林局	500.00	263100	1061.00	78694	349.00	67756
第五农林局	929.80	154393	1081.30	345790	2359.63	219711
合计	2232.40	653556	6149.30	1498029	5684.73	1009104

资料来源：张静愚《河南建设之回顾与前瞻（续）》，《中国建设》第13卷第2期，1936年2月，第72页。

各县苗圃在育苗和植树方面也取得了不小成绩。1930年代，河南省建设厅将全省分为宜林县和不宜林县，要求"宜林者每年育苗须在二十亩以上，不宜林者须在十亩以上，以此限度，作为考成。其育成之苗木，除自用造林外，全数无价发给民众种植，以资推广造林"。在造林方面，建设部门也有具体的规定，"除由县府每年于道路河畔及其他荒地直接营造外，并皆促各学校、各团体及人民，每届春季，均须实行植树，以期野无旷土，地尽其利，并订定苗木推广办法，任人请领而示提倡，此外尚有所谓中山纪念林者，系每年三月十二日总理逝世纪念日举行植树仪式，所种植森林，其目的不仅纪念总理，兼可唤起人们注重林业之观念，用意至善，以实行起来，各县奉行甚力"。② 由于政府的重视，各县在育苗和造林方面均取得了一定的成绩。如表6-3和表6-4所示。

---

① 张静愚：《河南建设之回顾与前瞻（续）》，《中国建设》第13卷第2期，1936年2月，第71~72页。
② 张静愚：《河南建设之回顾与前瞻（续）》，《中国建设》第13卷第2期，1936年2月，第72~73页。

表6-3　1930~1934年河南省各县育苗统计

	1930年	每县平均	1931年	每县平均	1932年	每县平均
面积（亩）	1037.85	9.35	1418.90	12.78	1698.29	15.30
株数	8643277	77867.4	10194888	91845.84	14671651	132177.0

	1933年	每县平均	1934年	每县平均
面积（亩）	1718.76	15.48	1634.35	14.72
株数	11890126	107118.3	15153587	136518.8

资料来源：张静愚《河南建设之回顾与前瞻（续）》，《中国建设》第13卷第2期，1936年2月，第73页。每县平均数为笔者根据全省111个县计算。

1930~1934年，全省5年共育苗7508.15亩，6055.4万株，平均每年育苗1501.63亩，1211.1万株。就各县而言，如果宜林与不宜林县各占一半，平均各县应育苗14亩，以此计算，1930~1931年尚未达到预定目标，1932~1933年完成预定目标，1934年接近预定目标。尽管如此，1930年代，河南省育苗亩数和株数基本上处于上升趋势。

表6-4　1930~1934年河南省各县植树统计

	1930年 面积（亩）	1930年 株数	1931年 面积（亩）	1931年 株数	1932年 面积（亩）	1932年 株数
官有林	5505.00	923916	12487.50	1540198	12545.72	1185322
公有林	5343.90	887044	423.00	699029	7403.11	725697
私有林	12458.60	2068140	18622.40	3091324	38194.62	3871131
中山纪念林	986.35	106834	1523.72	147826	1234.19	123287
合计	24293.85	3985934	33056.62	5478377	59377.64	5905437

	1933年 面积（亩）	1933年 株数	1934年 面积（亩）	1934年 株数
官有林	23404.09	1390025	36445.43	2359499
公有林	16548.18	2248897	19705.74	1595295
私有林	44758.60	4106106	58123.50	4569969
中山纪念林	1562.50	170209	2450.23	197612
合计	86273.37	7915237	116724.90	8722375

资料来源：张静愚：《河南建设之回顾与前瞻（续）》，《中国建设》第13卷第2期，1936年2月，第73~74页。

1930～1934年全省共植树319726.38亩，3200.7万株；平均每年植树63945.3亩，640.1万株；以111个县计算，5年内平均每县植树2880.4亩，28.8万株；每年植树576.1亩，5.8万株。

1936年春季，河南省建设厅发动了一次规模较大的植树造林运动，取得了不小的成绩。（1）中山纪念林。省会各机关、学校、团体按照指定地点造林，共计植树5832株，成活率在90%以上；据111个县呈报共植树159834株，成活142995株，成活率为89%。（2）各河沿岸造林。漳河沿岸各县植树的情形是：涉县136021株，成活率70%；林县37308株，成活率30%；安阳85095株，成活率30%；临漳98204株，成活率75%；内黄5316株，成活率20%。卫河沿岸各县植树的情形是：修武73783株，成活率20%；获嘉53361株，成活率70%；新乡75000株，成活率35%；汲县149500株，成活率25%；浚县255000株，成活率20%；汤阴18959株，成活率20%；滑县11122株，成活率8%；内黄143281株，成活率20%。淇河沿岸各县植树情况是：林县96603株，成活率50%；汤阴6600株，成活率30%；淇县96379株，成活率50%。漳、卫、淇三河流域共计植树134.15万株，数量不少，但成活率比较低。（3）各农林局造林。第一农林局在开封各马路，开柳、开陈、开许各公路，惠济河沿岸，北关城壕及补植中山纪念林，共植树232130株，成活率84%；第二农林局于信阳贤山、龟山及信潢路、利农河岸共植树507200株，成活率63%；第三农林局于南阳独山、羊山、镇平菩提寺、许宛及宛南公路，共植树723010株；第四农林局于登封崇福宫、洛阳龙门山及洛潼公路共植树62882株，成活率99%；第五农林局于辉县北大荒、胡桃团沟、苏门山、牛王庙山、麦秸垛山及富庄等处共植树281028株，成活率85%。[①] 从成活率来看，中山纪念林和各农林局造林的成活率比较高，而各河沿岸各县造林的成活率比较低。

---

① 张静愚：《河南省政府建设厅半年来工作概览》，《河南政治》第6卷第11期，1936年11月，本文第10～11页。

三　山货与林业特产

本书所说的山货主要指山区经济林产品和山区特产，包括木材、采集的林产品以及狩猎等。在民国河南地方志中，山货的分类主要有蔬菜类、果类、木类、药类、飞禽类、走兽类、货殖类等。民国时期河南各地均有与林业相关的山货出产。如洛宁县的山货有果类：李、桃、奈、梨、柿、山楂、山葡萄、梅子、樱桃、橘、杏、柚、枣、金枣、枸橘、石榴、栗子；木类：松、柏、槐、榆、楸、桑、棣、梓、桐、柞、楮、荆、柳、杨、楝、椿、棘、漆、苇荻；飞禽类：雉、雕、鹰、鹖、崖鸡、竹鸡、鹌鹑、凤鸭、百舌、上烈鸟、下烈鸟、鸬鹚、杜鹃、鹧鸪；走兽类：山獭、野豕、豺、兔、貉、松鼠、虎、獾、田鼠、狼、狐、山羊等。[①] 巩县的山货有木类：柏、槐、柳、椿、榆、桑、桐、楸、白杨、楝、赤栗、白蜡木、合欢树、黄楝、梓、皂角、梧桐；果类：枣、栗、核桃、柿、佛手、石榴、梨、奈、无花果；禽类：山鸡、鹌鹑、斑鸠、凫（野鸭）、紫燕、布谷、黄莺、杜宇、鹰、鹏、雀、啄木鸟；兽类：兔、狐、松鼠、狼、獾、狸、黄鼠狼等。[②]

河南气候适合果树生长，因此各地均有果树种植，产品主要有枣、桃、李、梨、柿子、杏子、葡萄、橘子等。表6-5是1933年全省主要果品产额统计表。

表6-5　1933年全省主要果品产额统计

名称	梨	苹果	桃	杏	李	葡萄	柿	橘	枣
种植面积（亩）	85012	11461	96953	148624	105987	6048	140625	85	346885
产品总额（担）	1742837	126520	1210164	1150008	636409	95300	3679118	1045	1528459
平均亩产量（斤）	2050	1104	1248	774	600	1576	2616	1229	441

资料来源：《关于河南省农村经济的几种调查》，《合作月刊》第1卷第2期，1935年8月，第93页。

---

① 贾毓鹗、王凤翔等纂修《洛宁县志》卷2《土产》，1917年铅印本。
② 王国璋、刘青莲纂修《巩县志》卷7《物产》，1937年刊本。

在各种果品中，枣、梨和柿子是河南的特产，有"荥阳柿子郑州梨，新郑小枣甜似蜜"的谚语。① 如巩县"东山之柿，北邱之枣"，是当地的名产，"每年亦获利不鲜"。② 汲县果类有桃、杏、梨、柿子等。③ 关于李子和梨，《河南新志》记载："洛阳现犹产李，俗名灰子。又产桃及梨。旧志谓梨出郑州，有二种：一名香水梨，一名鹅梨。今郑县鹅梨犹著名，水梨则产于新郑、武陟。平汉路新郑、谢庄（新郑属）、詹店（武陟属）诸站，每年均有水梨输出。新郑产梨每年约四五十万斤，输出约四十万斤。"④ 郑县的梨十分可口，"产额亦不少，运往南路颇多"。⑤ 柿子为汜水、巩县、荥阳的主要林业特产，因汜、巩二县"地多丘陵，不适耕种，故植柿颇多"。⑥ 荥阳全境"无处不产柿子：每年到了晚秋时候，若是出城四望，在丘岭上，在路旁，在沟麓……到处都可以由深绿色的叶子里望见排得紧密密的又红又大的柿子"。而且柿子的种类极多，有水柿、火柿、灰子柿、八月黄柿、懒半夜柿、老鳖盖柿、火罐柿、镜面柿等。柿子经过加工后成为柿饼，远销湖北、山西、广东等地。⑦ 洛阳等地也产柿子。柿子炙干或晒干后的制成品为柿饼，巩县以制造柿饼著称，"县中产柿颇多，尤以东南为最，而制霜饼工匠则出自郭镇、罗庄等处，前清霜饼为河南贡品"。⑧ 因此，柿饼为河南"大宗出品"，平汉铁路沿线各站是柿饼的集散地，"许昌、荥泽、郑州各站，俱柿饼集散处也，许昌一站，每年输出约四百余吨，亦可推知其产额之巨矣"。⑨ 可见，梨、柿子都作为特产和主要商品输出到外地。

大枣是我国林业特产之一，而且分布很广，"自南而北，无不栽培之。

---

① 陈世民：《河南荥阳的柿子》，《农村合作》第2卷第4期，1936年11月15日，第111页。
② 《巩县一瞥》，《河南政治》第2卷第11期，1932年11月，本文第6页。
③ 《左右山河之汲县》，《河南政治》第2卷第10期，1932年10月，本文第14页。
④ 刘景向总纂《河南新志》卷4《农产》，第185页。
⑤ 《日趋繁荣之郑县》，《河南政治》第2卷第5期，1932年5月，本文第7页。
⑥ 刘景向总纂《河南新志》卷4《农产》，第185页。
⑦ 陈世民：《河南荥阳的柿子》，《农村合作》第2卷第4期，1936年11月15日，第111~112页。
⑧ 王国璋、刘青莲纂修《巩县志》卷7《民政志·实业》。
⑨ 刘景向总纂《河南新志》卷4《农产》，第185页。

如浙江之义乌，河南之新郑、灵宝，山东之乐陵，陕西之邠州，均为其名产地"。① 说明新郑、灵宝等地的大枣在全国很有名。关于河南枣，《河南新志》记载："枣为河南大宗产物，平汉路如新郑、薛店、谢庄、小李店（俱新郑属）、荥泽各处，每年俱有巨量红枣输出。而产枣之地则以永城为最著，有长枣、园枣、红枣、鸡心枣、核桃枣诸名，又有水枣、酸枣、苹果枣三种，生食尤宜。"② 郑佩刚在平汉铁路沿线调查时，"一入新郑县境，碧油油的旷野，满是枣树，绿阴婆娑，鸡鸣犬吠，像这优美的乡村，河南是少见的。一亩之地，可种枣十株至三十株，枣树下亦可杂植其他作物；惟因地力关系，产量不如纯植之多"。1920年代每株枣树可产100多斤，但由于森林病虫害的影响，1930年代枣的产量急剧下降，每株只产10~20斤。尽管枣的产量降低了，但农民经营枣树仍然有利可图，据当地农民说："以现在之产量之价格，较之种其他杂粮，仍属有利。"③ 灵宝枣的品种有3种，即圆枣、长枣和灵枣。民国时期，灵宝枣树主要分布在两个地方，一是在县城之北面，黄河沿岸一带，估计栽培面积在11000余亩。1930年代，随着铁路和工厂建设，铁路沿线和县城的枣树面积有所减少，如"民国二十年，陇海铁路路线通过时，曾将一部枣树伐去，民国二十三年先后又有中华、中国二打包厂及中棉轧花厂为谋运输便利，在车站附近成立，即以每亩一百五十元乃至二三百元之代价，收买枣园地充基地。共计减少枣园面积约八百亩"。另一是在县城西约25里的左驿、稠桑镇之间，枣园数十处，共计11000余亩，若以每亩平均栽植11株计，总数共为12.1万余株。灵宝枣的生产量，"在普通生产之年，每株产枣自十余斤至六十斤，平均以三十斤计，则每年共产枣三百六十三万斤，以鲜枣制成红枣作七折计，得红枣二百五十四万斤，每百斤红枣平均价格以七元计之，值洋十七万七千八百元"。④ 永城"果木以枣为最多，民间于枣熟后，剥去皮核，制为枣干"。⑤

---

① 吴耕民、屠鄂：《河南灵宝之枣》，《西北农林》创刊号，1936年7月10日，第1页。
② 刘景向总纂《河南新志》卷4《农产》，第186页。
③ 郑佩刚：《平汉沿线农村见闻杂述》，陈伯庄《平汉铁路沿线农村经济调查》，第29页。
④ 吴耕民、屠鄂：《河南灵宝之枣》，《西北农林》创刊号，1936年7月10日，第1~12页。
⑤ 时经训：《河南地志》，第80页。

枣在河南农村经济中有重要的地位。在产枣地区，许多农家以制干枣为产业，如永城县西的鄹阳集、东北齐天庙一带农家"制干枣者甚多"。每年月出"十余万斤，运销本省及安徽、江苏等地"。[①] 随着陇海铁路的通车和邮政系统的建立，大枣成为灵宝农村的主要产业之一。枣商到灵宝贩枣有两种形式，一种是在大枣成熟期后，"客商前来采购"，或者是园主"将枣晒成红枣后，再议价格购买"；一种是预买，即在枣尚未成熟时，"将枣园估价包定，其后一切采收、晒枣、装运、管理等费用，均由客商负责，与园主无关"。随着大枣产业的形成，灵宝出现了专门经营大枣的枣行4家，即城内的三兴长、鸿兴长、源兴长和城外的丰盛合。前来灵宝采买大枣的商人主要来自云南、四川，他们先和枣行取得联系，"由枣行作为客商与园主之介绍人，双方议定价格，完成交易"。由于灵宝是一贫困县，商人资本不足，枣行也如此，因此枣行"仅于客商与园主成交时，从中取佣，均不囤积，批发所取佣钱，规定每元三分"。灵宝枣通过铁路、邮政的方式长距离贩运到各地，大致"以云南、贵州、四川三省为最多，陕甘次之，汉口、上海、天津一带极微。每年销往云贵者约十余万斤，四川数万斤，陕甘十余万斤，其余供本省及其他各处销售"。[②] 新郑县因产枣改变了当地农民的生活，民国时期平汉铁路调查者在新郑"那里所见的房舍，都很宽敞整齐，农民的衣着，都很光鲜，这不能不归功于该地的特产——红枣了"。[③] 枣的生产在产枣之地的社会经济和农民生活中占有重要地位。

---

① 刘景向总纂《河南新志》卷4《农产》，第186页。
② 吴耕民、屠鄂:《河南灵宝之枣》，《西北农林》创刊号，1936年7月10日，第1~12页。
③ 郑佩刚:《平汉沿线农村见闻杂述》，陈伯庄《平汉铁路沿线农村经济调查》，第29页。

第七章
现代化进程中的工业

一 政府奖助工业的政策

晚清洋务运动开启了中国工业近代化的步伐，到了民国时期仍然缓慢地发展着。南京国民政府成立后，加快了中国现代化进程的步伐，颁布了一系列有利于工业发展的法规和措施，以规范和鼓励投资设厂、奖励发明创造、改善市场环境。1929年3月，国民党在南京召开第三次全国代表大会，通过了《训政时期经济建设实施纲要方案》，把煤、铁及基本工业列入"建立国家强有力物质基础"的主要位置。[①] 1929年颁布了《特种工业奖励法》，对于创办基本化学、纺织工业、建筑材料工业、制造机器工业、电料工业等以及创造发明或输入外国新发明者给予奖励。[②] 1934年将该法修改为《工业奖励法》，规定"凡中华民国人民所办工业"，符合下列条件者给予奖励："一、应用机器或改良手工制造货物，在国内外市场有国际竞争者。二、采用外国最新方法，首先在本国一区域内制造者。三、应用在本国享有专利权之发明，在国内制造者。"奖励办法包括：减低或免除出口税，减低或免除原料税，减低国营交通事业运输费，给予奖励金，准予在一定区域内享有5年以下的专

---

① 陆仰渊、方庆秋主编《民国社会经济史》，第345页。
② 《中华民国史档案资料汇编》第5辑第1编《财政经济》(5)，第1~2页。

利权。① 鼓励民间发展小工业及手工业，1931年5月颁布了《小工业及手工业奖励规则》，规定"凡出品优良者，给予奖金、奖励、奖章以及匾额"的奖励。② 1929年12月颁布了《工厂法》（77条），对适用工厂标准、工人的劳动时间（原则上采取8小时工作制，如有必要可延长至10小时，但最长每日不得超过10小时）、工人工资以及工厂与工人的契约、男女工人及童工的使用、工人因工致伤或致残的处理等做了规定。③ 另外，1929年12月26日颁布了《公司法》（233条），1930年5月29日颁布了《矿业法》（121条）等。这些法规"有利于对工业生产尤其是民营企业的奖励与扶持，尽管大多停留在纸上，实际行动较少，但客观上仍对工业起了一定的推动作用，使这一时期的工业得到了较大的发展"。④

1933年5月3日，新组建的河南省政府为推动本省工业的发展，在建设厅内设立了工业倡导委员会。该会主办事项"其重要者，如组织各县工业倡导委员会，以提倡指导全县工业之改进与发展，设立农工产品陈列馆，俾资观摩，提倡国货，而奖优民"。⑤ 该会在推动河南工业建设方面主要做了如下几个方面的工作。（1）进行工业调查。一方面，制定调查表210余种，"分发各县暨本省各大工厂，分别调查。关于家庭工业、小手工业及线棉、矿、植竹、毛等工业原料，均有详细调查"。另一方面，进行工业宣传，即向国内各工业学校、工业试验所"征求报告书表，及试验所得之优良有效方法，汇订成册，宣达人民"，使民众懂得发展工业的意义。（2）组织工业机械及原料介绍所。该所是一个咨询机构，对全省从事工业者进行各种咨询。（3）举办工业展览会。该会在1933年11月20~30日举办工业展览，从8月开始"数月期间各县征送展览品者络绎不绝"。通过举办展览，提高民众从事工业生产的热情。（4）提倡丝

---

① 《中华民国史档案资料汇编》第5辑第1编《财政经济》（5），第113页。
② 陆仰渊、方庆秋主编《民国社会经济史》，第347页。
③ 《中华民国史档案资料汇编》第5辑第1编《财政经济》（5），第39~48页。
④ 王玉茹主编《中国经济史》，高等教育出版社，2008，第149页。
⑤ 张静愚：《河南建设之回顾与前瞻（续）》，《中国建设》第13卷第2期，1936年2月，第89页。

织新法。（5）附设家庭工艺传习所。[①] 为推广工业教育，增进工业知能起见，1933年12月创办了家庭工艺传习所，"以备训练平民妇女，从事习艺，内设有挑花、绣花、挖花、刺花、刺绣、缝纫、入纱、抽纱等科目，规定生徒入所两星期后，如技术精熟，即可领料回家工作。办理至今，计在所学习生徒四十余名，领料在家工作者三百余名，成绩颇称不恶"。[②] 正因为中央政府和地方政府在发展工业方面的作为，河南工业较之以前才有了较大的起色。

二 私营工业

从经营性质上来划分，河南的工业有私立工厂、官立工厂和家庭手工业3种类型，民国时期河南的近代工业以私立工业为主。

由于国民政府的鼓励政策，加上河南地处中原，交通便利，数年来地方安定，工业勃兴，民营工厂日有增加。据1930年统计，商办工厂规模较大者，有94家；1931年97家。[③] 1932年建设厅统计，全省有面粉厂6家，工人410人，每月产额73566袋；棉布厂28家，工人596人，每月产额3997匹；纱厂3家，工人5850人，每月产额5700包；绫绸绉厂15家，工人290人，每月产额2396匹；蛋厂13家，工人1670人，每月产额1920箱，300万斤；铁工厂8家，工人203人，产额未详；草帽厂11家，工人227人，每月产额12000顶；其他工厂25家，工人1087人，[④] 合计109家，产业工人10333人。1935年，河南商办工厂达到129家，分为16个产业，即面粉业7厂、纺织业4厂、打包业5厂、皮革业6厂、草帽业9厂、机械业12

[①] 《河南建设述要》，第67~68页。
[②] 张静愚：《河南建设之回顾与前瞻（续）》，《中国建设》第13卷第2期，1936年2月，第89页。
[③] 张静愚：《河南建设之回顾与前瞻（续）》，《中国建设》第13卷第2期，1936年2月，第89页。
[④] 《二十一年豫省农产工业统计》，《中行月刊》第6卷第1、2期合刊，1933年2月，第197页。

厂、毛织业 2 厂、粉笔业 2 厂、胰皂业 21 厂、油业 1 厂、织染业 18 厂、炕烟业 1 厂、瓷业 23 厂、蛋业 11 厂、电业 4 厂、料器业 3 厂。其中资本较大者有 38 厂，1933～1934 年两年中新设立的有 40 厂，占 31%。① 另据有学者统计，1928～1937 年河南新建立的资本在 1 万元以上的私立工厂有 43 家。② 说明南京国民政府前 10 年是河南商办工业数量增加和近代工业发展的一个重要时期。

南京国民政府时期，河南商办工业也达到了一定的规模。就资本而言，1932 年统计的 99 家商办工厂，资本总额为 843.46 万元，平均每家 8.52 万元。其中棉纱业 4 家，资本 600 万元；面粉业 5 家，资本 104.14 万元；蛋粉业 11 家，资本 51.5 万元；火柴业 4 家，资本 30 万元；纸烟业 4 家，资本约 17 万元；机器业 6 家，资本 16 万元；织布业 26 家，资本 9.39 万元；草辫草帽业 12 家，资本 2.2 万元；瓷业 10 家，资本 7.9 万元，其他工业 17 家，资本 5.33 万元。③ 1935 年统计的 129 家工厂，总资本达到 1035.55 元，比 1932 年净增资本 192.09 万元。在各种产业中，以"纺织业资本最雄厚，面粉、打包等业次之"。就产值而言，"除打包、炕烟两业外，其产额总计，约值一千五百万元以上。纺纱业占六百六十余万元，面粉业占七百一十余万元，蛋业占一百零四万余元，其他各业共占一百余万元"。④ 纺纱、面粉两行业是河南省商办工厂的支柱产业。

国民政府颁布《工厂法》后，1930 年 8 月 1 日实业部为准备实施该法，通令各省查明"合于《工厂法》第一条⑤规定之工厂厂名、厂址、工业种类、动力类别、平时工人人数、资本实数、经理人姓名等，以资查考"。⑥

---

① 《河南建设述要》，第 57 页。
② 王天奖：《清末至民国年间河南民族资本主义工矿企业》，《河南文史资料》2001 年第 3 期，第 175、179～181 页。
③ 《河南工业概况》，《中国建设》第 5 卷第 4 期，1932 年 4 月，根据第 53～65 页各类工厂数字统计。
④ 《河南建设述要》，第 57 页。
⑤ 1929 年南京国民政府颁布的《工厂法》第一条规定："凡用汽力、电力、水力发动机器之工厂，平时雇佣工人在 30 人以上。"［《中华民国史档案资料汇编》第 5 辑第 1 编《财政经济》(5)，第 39 页］
⑥ 《民国十九年度河南建设概况》，第 122 页。

根据实业部的指示，河南省建设厅对全省工厂进行了调查，有19家工厂符合《工厂法》第一条，如表7-1所示。

表7-1 河南省合于《工厂法》第一条规定各工厂一览

厂名	厂址	工业种类	动力类别	工人数	资本（万元）	经理	备考
豫丰纺织有限公司	郑县	纺织	汽力	4500	300	穆藕初	
华新纺织有限公司	汲县	纺纱	汽力	1500	150	董嘉会	
豫新纺织有限公司	安阳	纺纱	汽力	1300	20	田镜波	
通丰面粉有限公司	新乡	面粉	汽力	230	50	朱兰圃	
天丰面粉股份有限公司	开封	面粉	汽力	133	22	吴星阶	
益丰面粉股份有限公司	开封	面粉	汽力	40	6	罗少卿	
德丰农记面粉公司	开封	面粉	汽力	33	5	李达	
大和恒面粉厂	安阳	面粉	汽力	30	2	韩星久	
福义蛋厂	新乡	制造蛋白、蛋黄	火力、蒸汽机	200	5	黄文泉	
恒裕蛋厂	新乡	制造蛋白、蛋黄	火力、蒸汽机	200	5	李毓岭	
慎康蛋厂	新乡	制造蛋白、蛋黄	火力、蒸汽机	200	5	夏雨润	
福义蛋厂	许昌	制造蛋黄、蛋白	汽力	85	6	高耀堂	
同和裕火柴部	新乡	制造火柴	火力、蒸汽机	150	1.5	孔吉人	
豫中打包公司	郑县	棉花打包	汽力	无定额	35	田鉴	工人视货物多少随时增减
陕县打包厂	陕县	棉毛打包	火力	350	40	高长利	
振华工厂	许昌	卷烟	汽力	55	5	薛少山	
普临电汽总厂	开封	电灯	蒸力引擎	35	40	魏相民	
万顿机器厂	新郑	制造各种机器	火力、蒸汽机	40	0.5	王晏清	
德庆祥榨油厂	新郑	制造花生油	火力、蒸汽机	35	2	崔策臣	

资料来源：《民国十九年度河南建设概况》，第122~121页。

从表 7-1 来看，河南工业就地域分布而言，主要在开封、郑县、许昌、陕县、新乡，其中以郑县、开封和许昌分布最集中；就行业而言，主要有棉纺、棉花打包、面粉加工、蛋品制造、电灯制造、烟草和农工机械制造等几个方面；就资本和规模（如工人数量）而言，以纺纱和棉花打包资本最多，面粉、蛋品加工等行业资本较小。据 1935 年调查，全省符合《工厂法》的工厂 31 家，比 1930 年增加了 12 家。以面粉业、打蛋业、打包业最多，其次为纺织工业、机械业和制革业，其他如制烟、轧花、电业各 1 家；主要分布在郑县、安阳、许昌、开封等地；资本以纺织业为最多，占 74.87%；动力设备也以纺织业为多；产业工人 6996 人（不包括纺织业、打包业临时雇佣工人）。各业产值纺织业全年产值千万元以上，平均每家 300 余万元；面粉业年产值 400 余万元，平均每家不足 80 万元；打蛋业平均每家年产值十几万元；制革业、机械业年产值 2 万~3 万元。① 在 31 家工厂中，设立于 1927~1935 年的有 22 家，其中纺织业 1 家，面粉业 3 家，打蛋业 6 家，打包业 5 家，制革业 2 家，机械业 4 家，其他 1 家，② 占 70.97%，说明 1927 年以来河南的工业有了一定程度的发展。

在国民政府工业政策的引导下，各县也建立了一些私立工厂。如 1933 年建设厅对河南私立工厂进行了调查，调查确实的有 11 个县，陕县 2 家，巩县 3 家，汜水 8 家，荥阳 3 家，郑县 23 家，确山 7 家，郾城 5 家，许昌 9 家，长葛 2 家，开封 29 家，商丘 1 家，共计 92 家。③ 其中资本在 1 万元以上的 21 家，占 22.8%；资本在 5000~10000 元的 5 家，占 5.4%；资本在 1000~5000 元之间的 51 家，占 55.4%；资本不足 1000 元的 12 家，占 13%。河南县级私立工厂存在规模小、资本不足的问题。下面从行业视角来看 1930 年代河南省私立工厂的经营状况。

---

① 《二十四年份河南工业统计引言》，《河南统计月报》第 3 卷第 5 期，1937 年 5 月，第 2~3 页。
② 《河南省各业工厂统计表》，《河南统计月报》第 3 卷第 5 期，1937 年 5 月，第 6 页。
③ 根据《河南陕县等十一县私立工厂一览表》统计，见《河南省政府年刊（1933 年）》，第 129~135 页。

（一）纺织业

河南的近代机器纺纱工业兴起于20世纪初。1903年清政府官僚孙霈与安阳绅士马吉森会同商人郑子固、徐先洲等人集资70万元，在安阳兴办了广益纱厂。该厂1906年投产，有纱锭22344枚，工人1559人。[1] 这是河南创办的第一家机器纺纱工厂，也开启了近代河南机器工业的先河。随后，河南各地先后兴办了一些机器纺纱工厂，1919年，武陟创办了成兴纱厂；1920年，郑州兴建了豫丰纱厂；1922年，汲县建立了华新纱厂。[2] 据1930年统计，河南的机器纺织工业主要厂家、资本数量如表7-2所示。

表7-2　1930年河南私立纺纱机器工业统计

厂名	地址	开办年份	每日产量(件)	资本(万元)	工人数	备考
豫丰纱厂	郑州	1920	100	300	4500	
华新纱厂	汲县	1922	50	150	1500	
豫新纱厂	安阳	1930	20	20	1300	由广益纱厂改组而成
成兴纱厂	武陟	1919	20	20	1000	1930年暂时停工

资料来源：《民国十九年度河南建设概况》，第200页。

以上4厂是当时河南规模最大的纺纱工厂，合计资本490万元，日产量为190件，以当时每件价格250元计算，[3] 4家工厂的每日产值为47500元。4家纱厂共有纱锭108280枚，占全国纱锭数（3969552枚，包括华商与外商）的2.7%，占华商纱厂纱锭数（2326872枚）的4.7%。[4] 河南棉纱生产水平与河南棉花生产在全国的地位是不相称的。

世界经济危机和国内政治环境对本省的纺纱工业影响很大。从中国纱厂建立的背景来看，几乎所有纱厂的建立都与洋商有着千丝万缕的联系，从纺纱机的订购、厂房的建设到技术几乎都依赖外商，如豫丰纱厂、

---

[1] 刘世永、解学东主编《河南近代经济》，第16页。
[2] 《河南省工业现状一斑》，《河南政治月刊》第2卷第9期，1932年9月，本文第1页。
[3] 《民国十九年度河南建设概况》，第200页。
[4] 杨大金：《近代中国实业通志》，中国日报印刷所，1933，第18页。

成兴纱厂的机器均购买于上海外商开办的慎昌洋行。因此，外商对于中国纺纱工业的影响是很大的。特别是1929年爆发的世界经济危机，对中国纺纱工业影响更大，使中国的纺纱工业处于衰退的状态。就河南而言，上述4家纱厂在1930年前后的生产均不景气。如豫丰纱厂"受到洋纱、洋布的冲击，影响其销路，赔累不堪，无法维持"，最终被天津中国银行财团筹集120万元，于1934年5月1日接办，"豫丰"改为"豫丰和记"，[①] 原豫丰纱厂不复存在。成立最早的广益纱厂"因历次变乱，受人鱼肉，加以经营不良，遂于民国十七年（1928年），一蹶不振。当时地方人士，以该厂规模宏大，弃之可惜，虽有收归省府接办之意，嗣以库款空虚，未克实现。十九年（1930年）春间，有商人田兢波、霍栋庭等，集资二十万元，略加整理，暂时开工，更名为豫新纱厂"。[②] 成兴纱厂的发展经历也十分曲折，多次受到军阀和土匪的勒索。1928~1930年，军阀刘镇华、石友三驻防河南期间，借口筹饷，派军队将成兴纱厂老板鲁连成从武陟劫持到新乡，敲诈四五万元。1930年盘踞武陟的土匪张仁山扣押了鲁连成及其儿子鲁锡爵，勒索了四五万元。经历了3次劫难后，成兴纱厂"经济损失很大，元气大伤，已濒于无力经营亦无法经营之境地"。1930年，该纱厂最终因战争影响，以及"销路迟滞，加以资本不足，不敷周转"，[③] 关闭停产。

中原大战结束后，随着社会稳定，加之经济危机过后，世界经济也在复苏，河南纺纱工业在经济危机中生存下来的旧厂有所发展，还建立了新厂。据1936年调查，河南最大的四家纺纱厂规模和生产状况是，（甲）豫丰和记纱厂有资本420万元，电力动力2000瓦特。有摇纱机334部，纱锭56448枚；摇线机36部，线锭5600枚；大小纱包机14架，布包机1架；工人4400余人。产品种类包括："飞艇"16支、17支、20支、10支、32支粗细棉"年约二千六百余包"，绝大多数为16支，约2000包；12磅布9万余匹，五老牌棉布380万码。（乙）卫辉华新纺织股份有限公司资本208万元，设备有摇纱机180部，纱锭22400枚，线锭1200枚，纱包机8架，职

[①] 张学厚：《郑州棉花业的兴衰》，《河南文史资料选辑》第37辑，1991，第49页。
[②] 《河南工业现状一斑》，《河南政治月刊》第2卷第9期，1932年9月，本文第1~2页。
[③] 《河南工业现状一斑》，《河南政治月刊》第2卷第9期，1932年9月，本文第2页。

第七章　现代化进程中的工业

工2200余人；年纺织粗细纱约17000包。（丙）安阳广益纱厂，1935年4月建于安阳北关，资本为176.04万元，摇纱机156部，纱锭21440枚，纱包机5架；年产16支纱6000包，32支纱2400包，10支纱3600包，"多销安阳、许昌、高邑等处"。（丁）武陟巨兴廷记纱厂，资本10万元，设备有摇纱机16部，纱锭6592枚，纱包机3架，年产16支纱线3400余包。① 上述四大纱厂资本总额为814万元，纱锭、线锭113680枚，年产各种粗细纱约35000包。与1930年河南建设厅的调查相比，有了一定程度的发展。

织布业是河南传统工业之一，随着洋布的输入，土布市场逐渐萎缩，在这样的情况下，"识时之士，遂亦相率而起，组织新式之织布工厂，且逐渐增多，日有上进。在河南工业上，此种工厂尚占多数"，② 织布业是民国时期最主要的工业部门之一。据1930年统计，资本在1000元以上的织布工厂有29家，总资本约13.2万元，工人687人，产品以棉布为主，兼及毛巾、线袜等，每日可生产各种布200余匹以及其他各种棉制品。③

1927年以来是河南纺织业发展的主要时期，尤其是开办了许多小额资本的私立纺织工厂，据1935年统计，河南有小额资本的纺纱厂36家，其中1927~1935年成立的新厂有28家，占77.78%，资本总额11.1万余元；有各种机械设备561台，其中织布机261台，袜机114台，毛巾机68台，衣服机18台，印刷机10台，帽机3台，整经机12台，提花机9台，导纱机47台，合纱机2台，带子机和围巾机各1台，毯子机4台，其他机器11台，价值2万余元；工人795人，年总产值15.4万元，其中棉布21546匹，总值82153元；毛巾18705打，总值15155元；袜子10100打，总值11055元；衣服4740件，总值7048元；帽子2000顶，总值240元；被单5585个，总值5574元；绸布1471匹，总值20844元；其他1.2万余元；实现销售收入13.96万元。④ 虽然工厂数量不少，但资本不足，设备落后，反映了河南纺织工业基础比较薄弱。

---

① 河南省棉业改进所：《河南棉业》，1936年12月，第107~108页。
② 《河南工业现状一斑》，《河南政治月刊》第2卷第9期，1932年9月，本文第4页。
③ 《民国十九年度河南建设概况》，第207~208页。
④ 《河南省各业小手工业统计表》、《河南省各业小手工业概况统计表（1）纺织业》，《河南统计月报》第3卷第5期，1937年5月，根据第39~54页各种统计表整理。

— 255 —

（二）面粉业

河南是农业大省，也是中国盛产小麦的省份，故"河南之面粉工业，现为该省主要制造工业。惟以风气闭塞，交通鲜便，机器之输入较迟"，[①] 因此，机器面粉工业起步比较晚，1918年开封大丰面粉公司的建立开河南机器面粉工业的先河。此后，机器面粉工厂在河南各地相继建立，如1919年安阳大和恒面粉厂建立，1920年新乡通丰面粉公司建立，1925年开封德丰、益丰等面粉公司建立等。[②] 随着各地机器面粉工业的建立，面粉工业成为河南商办工业的支柱产业。据相关资料记载，1930年代河南各面粉厂资本、规模如表7-3所示。

表7-3　1930年代河南面粉工厂统计

厂名	地址	成立年份	资本(万元)	每日产量(袋)	工人数
天丰面粉公司[①]	开封	1918	22	2000	133
大和恒面粉厂[①]	安阳	1919	2	300	30
通丰面粉公司[①]	新乡	1920	50	5000	230
德丰面粉公司[①]	开封	1925	5	900	33
益丰面粉公司[①]	开封	1925	6	700	40
裕民面粉工厂[①]	许昌		18	200	20
大新面粉厂[②]	郾城	1933	10	—	—
和合面粉厂[②]	许昌	1934	10	—	—
普润面粉厂[②]	安阳	1935	12	—	—

资料来源：①《民国十九年度河南建设概况》，第201页；②王天奖《清末至民国年间河南民族资本主义工矿企业》，《河南文史资料》2001年第3辑，第179~181页。

河南面粉工业主要分布在开封、许昌、安阳、新乡等地，资本135万元。据《中国经济年鉴》统计，表7-3中前6家面粉厂每日可产面粉9100袋，以每袋平均3元计算，日产值2.73万元。[③] 河南面粉主要在本市销售，开封、郑州、许昌、郾城、洛阳、商丘、安阳、新乡等工业城市为面粉销售的主要市场。

---

① 《中国经济年鉴》下册，（K）第22页。
② 《河南工业现状一斑》，《河南政治月刊》第2卷第9期，1932年9月，本文第1页。
③ 《中国经济年鉴》下册，（K）第22页。

（三）蛋粉业

养家禽是中国农村的主要副业，因此鸡、鸭蛋在农村产量很大，"农家售之以助家常油盐之费"。而中国蛋类出口始于清末，日本商人在中国设庄收购鲜蛋，运回日本，然后转售欧美等国。但鲜蛋易碎也易坏，尤其夏秋两季正是产蛋旺季，天气炎热，鲜蛋不易保存。于是，英商和记公司在南京、汉口、天津设立了打蛋厂，营业"极为发达"。随着京汉铁路的开通，清末浙江商人阮文中在京汉铁路的河南彰德、许昌、驻马店开设蛋厂，这既是中国有蛋厂之始，也是河南建立蛋厂的开端。1913年，河南新乡商人张殿臣，在新乡、周家口设立了裕丰蛋厂，"每天打蛋万余个，工人有十五、六个。这是新乡蛋业之始"。[①] 随后又在道口镇、漯河开办了祥盛魁蛋厂。"此后新乡人经营斯业者，日见增多，如杨东础、冀文泉，均设蛋厂数处。发展蛋业，颇具声望。"[②] 蛋粉的国际需求量很大，"一九二八年到一九三二年间出口数值最大，尤其是一九三〇年（民国十九年），出口数值达 51160972 两，银洋 79710940 元"。[③] 国际蛋需求量的增加也促进了 1928～1932 年先后建立了永丰、信恒、振豫、庆丰、元隆、泰源、新济、元昌、同和裕等 10 余家蛋厂。[④] 河南蛋业主要分布在归德、许州、彰德、新乡、漯河、获嘉、郾城、郑州、洛阳、道口镇、开封、驻马店、三合店、周家口，[⑤] 蛋粉主要销往上海、天津、汉口和海外市场。[⑥] 据实业部统计和学者考证，1930 年代河南蛋业生产情况如表 7-4。

---

① 政协新乡市委员会秘书处：《解放前新乡蛋厂发展情况》，《河南文史资料选辑》第 5 辑，1981，第 135 页。
② 《中国经济年鉴》下册，（K）第 157～158 页。
③ 沙琳：《我国蛋业与世界蛋业市场》，实业部统计处：《农村副业与手工业》，1937，第 152 页。
④ 王天奖：《清末至民国年间河南民族资本主义工矿企业》，《河南文史资料》2001 年第 3 辑，第 179～181 页。
⑤ 柳如祥：《中国之加工蛋业》，《中行月刊》第 1 卷第 5 期，1930 年 11 月，第 69 页。
⑥ 《豫省各项工业概况》，《中行月刊》第 5 卷第 5 期，1932 年 11 月，第 121 页。

表 7-4 1930 年代河南蛋厂一览

县别	厂名	资本(元)	工人数	出品	平均每日产额	单位价值	备考
开封	大昌①	80000	220	制蛋	600 箱	每箱 100 元	
	同和裕①	—	—	—	—	—	1935 年由庆丰蛋厂改组
新乡	恒裕①	26000	150	蛋白、蛋黄	100 万斤	每斤 7 角	
	慎康①	25000	150	蛋白、蛋黄	100 万斤	每斤 7 角	
	福义①	—	同上	蛋白、蛋黄	100 万斤	每斤 7 角	
商丘	大昌①	20000	120	蛋白、蛋黄	832 箱	每箱 100 元	
许昌	福义①	9000	48	蛋白、蛋黄	70 箱	每箱 85 元	1925 年成立
	大华①	20000	105	蛋白、蛋黄	150 箱	每箱 85 元	
	新济②	—	—	—	—	—	1933 年成立
洛阳	同和裕①	8000	70	蛋白、蛋黄	100 箱	每箱蛋黄 80 元 每箱蛋白 100 元	每箱 150 斤
安阳	同和裕①	7000	45	蛋白、蛋黄	60 箱	每箱 100 元	现暂停工
获嘉	泰和①	3000	310	蛋白、蛋黄	—	—	1916 年成立
	源生①	4000	—	蛋白、蛋黄	—	—	由泰和分设
沁阳	德兴①	6000	47	蛋白、蛋黄	蛋黄 37 箱 蛋白 20 箱	每箱蛋黄 80 元 每箱蛋白 170 元	
驻马店	永丰①	50000	—	蛋白、蛋黄	每日制蛋 200 篓	—	1932 年成立
	信孚①	50000	—	蛋白、蛋黄	每日制蛋 200 篓	—	
	信恒②	40000	—	—	日加工蛋 1.7 万枚	—	1932 年成立
南阳	振豫②	—	—	—	—	—	1933 年创办，1935 年停工
	庆丰②	—	—	—	—	—	1933 年由振豫改建
郾城	振豫②	20000	—	—	—	—	1933 年成立
	元隆②	2000	—	—	—	—	1933 年成立

资料来源：①《中国经济年鉴》下册，(K) 第 160~161 页；②王天奖《清末至民国年间河南民族资本主义工矿企业》，《河南文史资料》2001 年第 3 辑，第 179~181 页。

从上述资料来看，1930 年代河南有蛋厂 20 余家，主要生产蛋白蛋黄，据 1930 年对 11 家蛋厂的统计，共有资本约 36 万元，每日制蛋粉约 60 箱，若以每箱 85 元计算，每日产值约 5100 元。① 与鲜蛋相比，蛋粉易于保存和

---

① 《民国十九年度河南建设概况》，第 202 页。

搬运，加之蛋粉在食品加工、织染等方面用途很广，有广阔的市场。而河南又是农业大省，养鸡为家庭副业，鸡蛋产量比较丰富，所以自20世纪初河南建立蛋厂以来，蛋业"日渐发达，人争趋之，此种贸易，遂蒸蒸日上"。[①]仅在1930年代新建蛋厂就有10余家，而且一些蛋厂的生产规模比以前有了很大的提高，如大昌蛋厂1930年的日生产量为20箱，1933年的日产量就达到600箱；就全省而言，如表7-4所示1933年比1930年也有了大幅度的增长。[②] 根据对1937年前后河南28家蛋厂的统计，有资本191.9万元，[③]平均每家资本6.85万元。可见，从1930年代初期到抗战前夕，河南蛋业有了较快的发展。

（四）火柴业

河南近代火柴工业肇始于1910年在省城开封开办的大中火柴公司。民国时期是河南火柴工业发展相对比较快的时期，相继成立了一些火柴厂，如1918年在新乡成立的同和裕火柴公司，1926年在洛阳成立的大有火柴公司，1927年在开封成立的民生火柴公司等。[④] 据1930年代调查，河南4家火柴厂共有资本36万元，工人340人（大中无工人数统计），每日可生产火柴77箱，以每箱平均6.5元计算，日产值为500元。[⑤]

（五）纸烟业

河南省是烟草种植大省，而"本省制烟工场，开办较迟，其首倡者，为许昌之振华烟草公司，资本五万元，继之而起者，华北，河南，新豫烟草公司，资本十二万元"。[⑥] 河南纸烟工厂均创办于1928年之后，而且资本均比较小，产量也不高。据1930年统计，河南4家制烟厂生产状况如表7-5所示。

---

① 《河南工业现状一斑》，《河南政治月刊》第2卷第9期，1932年9月，本文第2页。
② 1930年产量见《民国十九年度河南建设概况》第202页统计，1933年产量见表7-4。
③ 杨大金：《现代中国实业志》，商务印书馆，1938，第846页。
④ 《河南工业现状一斑》，《河南政治月刊》第2卷第9期，1932年9月，本文第3页。
⑤ 《民国十九年度河南建设概况》，第203页。
⑥ 《河南工业现状一斑》，《河南政治月刊》第2卷第9期，1932年9月，本文第3页。

表 7-5　1930 年河南制烟工厂一览

厂名	地址	设立时间	每日产量	资本（元）	工人数	备考
振华烟草公司	许昌	1928 年 5 月	10 箱	50000	55	
华北烟草公司	许昌		4 箱	20000	65	现已停闭
河南烟草公司	许昌	1929 年 1 月	6 箱	50000	120	现已停闭
新豫烟草公司	许昌	1929 年 1 月	7 箱	50000	120	现已停闭

资料来源：《民国十九年度河南建设概况》，第 204 页。

从表 7-5 来看，河南制烟工业资本总额只有 17 万元，每日产量仅有 27 箱，而且"以时局多故，许昌为军事要区，加以受外人之经济压迫，致年来各烟厂莫不累赔，而华北、河南、新豫三厂乃相率倒闭，现在勉强存在者只振华烟厂一处"。① 关于英美烟公司排挤中国烟草业，导致河南烟厂倒闭的另一种说法是："一九三二年，英美烟公司为了扼杀我民族工商业，用五千万巨款，贿赂国民党政府，由他们包缴全国机器卷烟税。并规定，除了京、津、沪现有的卷烟厂外，不许中国人在其它地方再设一家卷烟厂。这样，许昌的所有卷烟厂，便都被地方官府查封了。"② 因此，从英美烟公司重新返回河南后，河南纸烟工业处于停滞状态。

（六）机器工业

据 1930 年统计，河南省有机器厂 10 家，各厂概况如表 7-6 所示。

表 7-6　1930 年河南机器工厂一览

厂名	地址	成立时间	出品种类及产量	资本（元）	工人数
老永昌	开封		修理机器、翻砂	70000	50
同兴机器厂	开封		修理机器、翻砂	30000	35
大东机器制造厂	郑州		修理机器、翻砂	50000	40
华兴厚铁工厂	郑州		各种机器每年 200 余件	—	—
广华铁工厂	郑州		各种机器每年 200 余件	—	—
民有工厂	沁阳	1928 年	每月出铁机 10 架	5000	20

---

① 《民国十九年度河南建设概况》，第 204~205 页。
② 李耕五：《许昌英美烟公司与许昌烟区》，《河南文史资料》第 13 辑，第 146 页。

第七章　现代化进程中的工业

续表

厂名	地址	成立时间	出品种类及产量	资本（元）	工人数
万聚成铁厂	新乡	1922年	修理各种机器并制造铁机	2000	20
万顺机器厂	新乡		制造并修理各种机器	5000	25
源兴铁厂	许昌		制造人力车	2000	7
同聚兴	许昌		制造各种农具	2500	15

资料来源：《民国十九年度河南建设概况》，第205～206页。

河南机器厂主要分布在郑州、开封、许昌、新乡几个铁路沿线城市，以修理机器、翻砂、制造铁制织布机、纺纱机以及人力车、农具为主，资本总额仅有16.65万元，资本超过1万元的机器厂只有3家，占30%。在1935年根据《工厂法》的调查，河南机器工业只有4家工厂符合其条件，这4家工厂的总资本仅有13.25万元，各种设备53台，其中元车25台，洗车2台，刨车5台，钻车5台，电机1台，镟床4台，钳子10个，砂轮车1台。① 不论是资本还是产品数量，规模都是很小的，产品规格、数量和质量也受到了很大的限制，"不但无大机件之制造，即配制精巧零件，亦有时难以措办，致应用机器，均仰给于外人"。② 说明这个时期河南机器工业尚处于起步阶段。

（七）草辫草帽业

草辫草帽业原本是河南农村的主要副业，随着国际市场的扩大，河南草辫草帽工业发展起来。如当时调查所言："草帽辫，为河南出产之大宗。原料易得，制法简单，费用无多，而获利较丰，故此项工业，年来颇有蒸蒸日上之势。"③ 除了家庭手工生产外，1920年代建立了草帽辫工厂8家（如表7-7所示）。

在1920年代建立的8家草帽辫厂中，各厂有资本2000～3000元，总资本1.7万元；工人151人，平均每厂18.9人；年产草帽8.5万顶，草辫

---

① 《工业统计》，《河南统计月报》第3卷第5期，1937年5月，第29～30页。
② 《河南工业现状一斑》，《河南政治月刊》第2卷第9期，1932年9月，本文第3～4页。
③ 《河南工业现状一斑》，《河南政治月刊》第2卷第9期，1932年9月，本文第4页。

表7-7 河南机器草帽辫工厂一览

厂名	资本(元)	设立年份	出品种类及年产量	工人数
裕成草帽工厂	2000	1926	草帽10000顶	16
祥顺长草帽工厂	2000	1925	草帽15000顶	20
豫顺长草帽工厂	2000	1926	草帽10000顶	14
万顺成草帽工厂	3000	1922	草辫9000斤,草帽20000顶	30
恒丰草帽工厂	2000	1927	草帽10000顶	17
永盛协草帽工厂	2000	1928	草帽10000顶	18
义记草帽工厂	2000	1927	草帽10000顶	16
协记草帽工厂	2000		—	20

资料来源:《民国十九年度河南建设概况》,第209页。

9000斤。从这里可以看出,随着市场的扩大,河南草辫、草帽业有着从农闲时期的家庭手工业向工厂化发展的趋势。

(八) 制瓷业

瓷器生产在河南有着悠久的历史,如汝窑、钧窑出产的瓷器驰名中外。民国时期,原来两大名窑仅存钧窑,禹县钧瓷历史悠久,"禹县古称钧州,钧瓷之名即源于此,考之古籍,宋代瓷业已见昌明,钧窑之名当时驾于汝窑、官窑、许窑、东青窑之上,其时钧瓷出品十分精致,红如胭脂,青若葱翠,瓷釉颜色均甚鲜亮,其最佳者则为哥绿及茄皮紫等品,迄于明代亦颇极一时之盛,惟至清代则暂衰败,至光绪末年,有该县知事曹广权者,曾一度提倡,由江西省景德镇,雇来工匠三十人,在城北扒村,即古之钧瓷窑,设窑制造,尚有成绩,但迄民国初年,因兵匪扰攘,该窑全被毁坏,即停止废弃。最近于扒村钧窑故址处,尚可掘得宋代钧瓷碎片,斯足为考证,现时神屋各窑产品,虽尚能仿造古代钧瓷之形式,但较之古钧瓷,则相差甚远。由此可证该地瓷业比宋代已大退化"。据1930年代河南地质调查所调查,当时钧瓷生产"能继宋代钧瓷之手艺者,厥为卢广同一家,故现今神屋瓷业均聘卢氏兄弟为工师,但其法密而不传,毫无研究进步之希望"。[①] 可以看出,钧瓷历史十分悠久,几经兴废,1920~1930年代虽然有产品出产,但技术

---

① 河南省地质调查所:《河南矿业报告》,1934,第141~142页。

第七章 现代化进程中的工业

已不如前。此外，陕县、新安、汤阴、博爱、登封、巩县等处，均有制瓷厂，"但均系粗瓷，尚待改良"。① 修武、博爱的李河柏山各处"均有粗瓷窑厂"，表7－8是1930年代河南瓷厂统计表。

表7－8　1930年代河南瓷厂统计

厂名	地址	资本（元）	出品及每日产量	工人数
钧兴公司	禹县	10000	各种碗、罐、瓶、盘等物	—
民生瓷业公司	陕县	8000	粗瓷茶杯4000件	50
乾豪缸窑厂	陕县	3000	瓷缸类200件	40
瓷业公司	新安	15000	粗瓷茶杯10000件	120
新安瓷业公司	新安	20000	粗瓷类15000件	160
新安缸窑厂	新安	5000	瓷缸类300件	60
汤阴瓷业厂	汤阴	2000	粗瓷类1000件	22
登封瓷业厂	登封	2000	粗瓷类2000件	30
巩县瓷业厂	巩县	3000	粗瓷类1000件	25
青华瓷业厂	博爱	5000	粗瓷类3000件	40
青华缸窑厂	博爱	6000	瓷缸类600件	80

资料来源：《河南工业概况》，《中国建设》第5卷第4期，1932年4月，第63～64页。

河南的11家瓷厂总资本7.9万元，资本最多的新安瓷业公司有资本2万元，最少的汤阴、登封瓷业厂仅2000元；产品主要有供民间使用的各种瓷缸、瓷碗、茶杯等，每日产量达3.7万余件。民国时期河南瓷器主要生产粗瓷器，以饮食器具为大宗，销售范围主要在本省和附近一些省份，比较精致的产品也运销全国各大都市。如禹县粗瓷"除行销本县居民外，大宗运销豫南各县，及安徽省及湖北省之北部，分售于乡村各户用之。其钧瓷之精致者，尚可销售于国内各大市，计禹县全年共产瓷器，以茶壶、碗、盆混合计之，共约五五四〇〇〇〇件，其运销于外地之售价，平均每件以三分洋核算之，当值国币一六三二〇〇元"。②

除了以上工业外，民国时期河南还有一些工业企业，如化学（生产肥皂、洋蜡）、玻璃、化学制革、粉笔、化妆品、电力等。据1930年统计，有

---

①《河南工业现状一斑》，《河南政治月刊》第2卷第9期，1932年9月，本文第5页。
②《河南矿业报告》，第146页。

化学工厂6家,资本3.05万元;玻璃工厂3家,资本2.1万元;化学制革工厂1家,资本2万元;粉笔厂2家,资本约0.4万元;亚水厂2家,资本约0.6万元;化妆品工厂1家,资本0.2万元。①

三 官办工厂

(一) 省立工厂

河南省的官办工厂包括省立工厂和县立工厂。河南省立工厂原有营业工厂1家,教养工厂6家(第一、第二、第三、第四、贫民、妇女工厂),1927年因军事影响,将6家教养工厂合并为3家,接着因经费无着落而先后停工。1929年,将营业工厂及3家教养工厂合并为1家,名为工业总厂,增加基金3万元,分设铁工、织染、草帽、妇女4部。开办不久,因西北军拖欠草帽、布匹款项达8000余元,工厂开工未及3月而停工。当年秋,将妇女、草帽两部裁撤,铁工科划出改为农具制造厂,工业总厂仅留织染科,"自此以后,两厂各自独立,以原有之原料成品为基金,因陋就简,重新开工,裁人减薪,缩小范围,以期达出入相抵,完全营业之目的"。但仍因经费困顿,没有新的进展。中原大战后,新河南省政府成立,将农具制造厂改为农工器械制造厂,工业总厂改为织造总厂,农工器械厂有资本4.1万元,主要制造各种新式农具、凿井机、水车、水泵、弹花机、织布机、锅炉、引擎、钻车等;织造总厂有资本1.1万元,主要生产洋布、条布、床毡、床单以及各种丝绸等,每月可出布200余匹,床毡50余条,绸子10余匹。②

1932年8月,河南省政府追加了农具制造厂的资本,适值河南机器厂(即铜元局)停办,省政府决定"由该局红利项下,拨10万元作为该厂新基金,兹将该局所有机器厂房,通由农工机器制造厂接收应用",于是,农

---

① 《民国十九年度河南建设概况》,第212页。
② 《河南工业概况》,《中国建设》第5卷第4期,1932年4月,第67~69页。

工机器厂资本有了较大增加,生产规模也有所扩大,职工增至200余人。[①] 1935年春,刘文起担任厂长,对工厂进行了整顿,取得一定成效。"首先裁去冗赘职工,以节费用,继乃多收工徒,促其学习,以收实效。对外营业,则极力承揽,大批制品,凡筑路之轧路磙、洋镐等工具,各大桥所需之铁器,以及各马路阴井边井盖、水塔、凿井器具等件,无不尽量承制,以期营业发达,获有盈余。年余以来,本此原则,向前迈进,情形较前好转。"[②] 表7-9是刘文起任厂长后,1936年生产状况统计表。

表7-9 河南农工器械厂1936年所承制的各种产品统计

名称	数量	价值(元)	定制单位	附注
凿井器具	74套	20000.00	水道委员会10套,凿井事务所64套	此外尚有新发明杠杆式畜力双缸吸水机及畜力四缸吸水机两种,业已出售多部,颇能适用,现已制成近100部,在厂储存,专供各县农村购买灌田之用,价值近万元。此项机器,如能畅销各县,将来仍继续大批制造,以冀裨益农家
轧路磙	60只	17052.25	建设厅工务处	
阴井盖	30套	1050.00	建设厅工务处	
掩护钢板	300套	4944.00	洛阳军分校	
锅炉	2部	3000.00	商丘永大制蛋厂,鲁山福华煤矿公司	
装水管	—	1230.00	青年会暖水管全部工程和绥靖公署澡堂全部工程	
水箱	1部	360.00	建设厅工务处	
消防水管	4处	410.00	建设厅工务处	
起闸机	1部	378.00	水利处	
洛河桥栏杆	40吨	21000.00	建设厅工务处	
伊河桥面铁器	30吨	13000.00	建设厅工务处	
面粉机零件	300余件	1782.00	开封天丰公司、开封益丰公司	
汽车零件	200余件	550.00	汽车营业部	
人力吸水机	20部	1600.00	开封各机关学校暨住宅以及营房等	
修理吸水机	—	718.00	开封各厅处、各学校、各住宅以及全市井如有损坏,均由厂修理	
合计		87074.25	上列系本年制品款约数	

注:原文合计为87274.25。
资料来源:《河南省政府年刊(1936年)》,第416~417页。

河南农工器械厂从1920年代建立,几经周折,到1930年代发展成为一个年生产能力接近10万元的工厂,政府在其中起了重要的作用。但是,一

---

① 张静愚:《河南建设之回顾与前瞻(续)》,《中国建设》第13卷第2期,1936年2月,第87页。
② 《河南省政府年刊(1936年)》,第416页。

方面技术力量薄弱，只能生产简单和粗笨的产品，如凿井器具、井盖、水管、锅炉、铁护栏、部分机械零部件、水箱、轧路碾、吸水机等，缺乏科技含量高的产品；另一方面，产品市场狭小，影响了其发展。工厂产品销路只限于省内市场，而缺乏更广阔的市场。即使省内市场，也十分狭小，如表7-9附注所提及的制成的价值近万元的100部畜力吸水机没有销路，影响了工厂的扩大再生产。省立工厂除了河南农工器械厂外，1934年6月，河南省政府奉国民政府军事委员会南昌行营训令，筹办河南残废军民工厂。10月，该厂开工，有军工150余名，产品主要有线衣、线袜、布匹、木器、鞋子等。

（二）县立工厂

河南省县立工厂始于1913年，最初名称为贫民工厂。政府倡导实业，各县相继设立平民县立工厂，当时河南"实际上成七十余处"，名称不一，有的称贫民工厂，有的称平民工厂。1920年，河南发生大旱，"豫北一带，野无青草，室如悬磬，于是仰给公款之贫民工厂，乃不得不悉数倒闭。其后又以迭经战争之故，地方经济直接间接受其影响，而豫东、豫西、豫南等各县平民工厂，亦相继停顿"。南京国民政府成立后，1928年，新河南省政府为发展各县工业，"拟定章程，颁发各县，以便遵行"。① 此后，各县平民工厂逐渐恢复起来。1929年，县立工厂统一改名为平民工厂。② 1930年代初期，河南有61个县建立了66家平民工厂，如表7-10所示。

表7-10 1930年河南各县平民工厂一览

县名	基金	每月经费	出品种类	成立时间	工徒数目	备考
开封	原有流动基金350元	180元	白布、条布、线袜、毛巾	1913年	25	◆①
陈留	—	—			—	1930年受军事影响倒闭
杞县	1000元	—				
通许	原有普济堂及苗产地400余亩	218元	线袜、毛巾、棉布、木器、石印	1923年2月	25	◆

---

① 《河南工业概况》，《中国建设》第5卷第4期，1932年4月，第70页。
② 《整顿各县平民工厂》，《河南省政府年刊（1933年）》，第107页。

续表

县名	基金	每月经费	出品种类	成立时间	工徒数目	备考
尉氏	1100元	296元	毛巾、线袜、围巾、棉布、刺绣、草辫	1928年4月	30	◆工徒男女兼收
洧川	2450元	170元	棉布、线袜、围巾	1928年	20	1930年因驻军损失很大,停工
鄢陵	张氏捐地300余亩,又拨基金1000元	144元	棉布、线袜、围巾	1928年	12	◆
兰封	350元	30元	木器、线袜、席子	1925年	10	
禹县	500元	80元	花布、白布、毛巾、套帽	1928年	10	
密县	—	244元	线袜、毛巾、席子、棉布	1929年7月	15	◆
商丘	1000元	110	棉布、缝纫、石印品等	1924年	30	◆
宁陵	800元	143元	棉布	1928年	10	◆
永城	—	—			—	
虞城	500元	55元	各种布匹		5	◆
夏邑	租地39顷并有1600元	720元[②]	布匹、毛巾、军装、石印品等	1919年	20	◆
睢县	600元	100元	线袜、毛巾、棉布	1929年6月	10	◆每年稞租560元,财政局640元,共1200元
民权	—	—			—	
淮阳	—	—			—	现正筹备,不日即行开工
项城	1000元	116元	棉布	1929年1月	10	
太康	—	—			—	◆全年经费500元,现正设法扩充
扶沟	960元	126元	棉布、线袜	1917年4月	10	◆
许昌	600元	—	线袜、毛巾、棉布	1918年6月	15	◆
临颍	2592元	238元	毛巾、布匹、线袜	1912年1月	25	◆第一平民工厂
	100元	100元	棉布	1928年3月	12	◆第二平民工厂
郾城	3616元	—	棉布、毛巾	1928年9月	—	

续表

县名	基金	每月经费	出品种类	成立时间	工徒数目	备考
长葛	2590元	111元	棉布、毛巾、军装、木器	1918年2月	30	◆第一平民工厂
	1200元	—	棉布、毛巾、线袜	1929年3月	9	第二平民工厂,已停业
	2800元	—	棉布、毛巾	1930年	—	第三平民工厂,营业性质
郑县	—	135元	棉布、毛巾、线袜	1915年12月	11	◆第一平民工厂
汜水	—	—			—	
唐河	1500元	—	草帽、线袜、床席、棉布	1926年2月	45	
新野	—	—	棉布、毛巾	1928年	10	
方城	1800元	—	各种线袜	1926年	15	
舞阳	500元	144元	棉布、线袜、腿带、毛巾	1925年3月	17	◆
叶县	2500元	223元	线袜、腿带、棉布、石印品	1916年	27	◆
汝南	3000元	308元	棉布、线袜、毛巾、肥皂	1928年	30	◆第一平民工厂
上蔡	2222元	1929元	布匹、毛巾、线袜、石印品	1929年3月	22	◆
确山	—	—			—	
正阳	3000元	—	布匹、毛巾、线袜	1929年6月	25	
西平	800元	—	布匹、毛巾、围巾、套帽、线袜	1929年1月	12	
遂平	2000元	150元	棉布、线袜、毛巾、毛衣	1929年10月	15	◆
信阳	16325元	425元	布匹、毛巾、线袜、刺绣、草帽	1928年	50	◆
罗山	2000元	85元	棉布、毛巾	1909年	9	
光山	500元	111元	棉布、线袜	1928年2月	7	
固始	1000元	—	布匹、毛巾、线袜	1928年9月	20	
巩县	1500元	153元	布匹、毛巾、线袜	1928年8月	16	◆
	—	172元	线袜、刺绣		20	◆妇女工厂
登封	1000元	66元	布匹、竹器、木器	1924年	30	◆
鲁山	—	180元	线袜、木器	1911年11月	15	◆
郏县	1700元	200元	布匹、毛巾、线袜	1928年	20	◆
安阳	11000元	289元	布匹、毛巾、线袜	1928年6月	21	◆
临漳	150元	50元	布匹、毛巾	1929年11月	7	
武安	1000元	222元	布匹、石印品	1929年6月	22	◆

续表

县名	基金	每月经费	出品种类	成立时间	工徒数目	备考
涉县	3000元	231元	布匹、线袜、毛巾	1931年1月	25	◆
汲县	10000元	—	布匹等	1930年	—	系由捐款及私人资本合办
获嘉	2000元	273元	布匹、线毯、线袜、被套	1928年6月	25	◆
延津	1680元	—			—	
滑县	2080元	207元	布匹、线袜、毛巾、裹腿	1929年3月	34	◆
滑县	—	232元	线袜、毛巾、刺绣、棉布	1929年	30	◆妇女工厂
沁阳	800元	—	布匹、毛巾、线袜	1914年4月		
济源	有刘月川私人将不能讨索之债务银1000两捐入工厂	53元	布匹、毛巾、床毡	1914年5月	12	◆
博爱	25000元	—	铁器、竹器、棉布	1929年	15	现仅织料开工
修武	2500元	219元	棉布、毛巾、线袜	1928年8月	22	◆财务局每月领150元，余以地租弥补
武陟	500元	80元	棉布、毛巾、线袜	1928年	12	
温县	220元	70元	棉布	1929年	10	
原武	2000元	—	棉布、毛巾	1928年11月	20	

注：1. 标有"◆"是每月可以照常领取经费的县。
2. 该款由建设局补助，另外尚有租税收入。
资料来源：《河南工业概况》，《中国建设》第5卷第4期，1932年4月，第70~74页。

表7-10反映了1930年代初各县平民工厂的一般状况，从基金上来看，或为庙产，或为捐地，或为地方筹措经费，最高为1.6万元，平均每厂资本2083元；从每月经费来看，每月经费较少，而且只有34个县（引文如此）能够每月领取经费，其余各县无固定经费。可见，县立工厂的可利用资金比较少。县立工厂主要生产日用品，如棉布、线袜、毛巾、刺绣、线毯、被套、木器、铁器、竹器，以及少量的军用品如绑腿等。

1931年，河南省根据实业部和内政部《县市设立民生工厂办法》和《县市政府劝办工厂考成条例》，规定"凡各县已设有平民工厂者，得调查其内容，加以扩充，或整理改为民生工厂"。① 为此，建设厅拟具了4项整理县立工厂办法。（1）减少经费。为避免亏损倒闭，规定各县工厂经常费最高限度，并将减除数目，按月储存，作为流动基金。（2）限制用人。规定各县工厂用人标准，即"所有厂长技师等，均需遴委工业专家"，使技术和产品较之以前有较大改进。（3）核定科目。对产品"科目不符合地方需求者，亦须裁并，以期制造适合当地人民需要物品"。（4）稽核收支。建设厅规定，"举凡关于各厂现金之收支，原料之出纳，成品之制造与售卖，均详载无遗"。整顿的方法，一是"将各县平民工厂，一律改为民生工厂，经建设厅从新拟定各县民生工厂章程三十二条，对于各县工厂人事、经济考核事项，严加限制，通饬各县遵照办理"。二是规定各县政府为"民生工厂之直接主管机关，负有指导监督之责……随时督饬努力改进，并设法广为推销，以图发展。各该厂长等，如有不称职或有不尽职等情事者，应由各该县长随时呈请更换，以求增进效率"。加强了县级政府对县立工厂的领导权和监督权。三是根据各县民生工厂裁留办法，"将经费不足，成绩恶劣之工厂裁去十二县"，剩余各县继续生产。经过整顿的各县民生工厂，"较前大有进步"。② 1933年7月，河南省建设厅制定了考核各县民生工厂标准办法3条："（一）该厂基金经费，与章程规定符合，并确定有成绩表现者，仍应照旧进行；（二）该厂基金经费，与章程规定不符，但略具成绩，且地方财力充足，能在一定期内补足限度者，亦准其暂行维持，以观后效。（三）该厂基金经费，与章程不符，又无显著之成绩表现者，一律裁撤，以节靡费。"根据这一规定，有的县的民生工厂因不符合上述规定，进行整顿，如兰封、济源"依照本法第三项之规定，暂行停办，俟经费充足，再行恢复"。有的县有两所民生工厂的则进行了合并，如长葛将第一、第二两民生工厂"合并办理，以符定章"。③ 这次改革，有利于民生工厂的健

---

① 张静愚：《三年来之河南建设》，《河南政治月刊》第3卷第10期，1933年11月，本文第20页。
② 张静愚：《河南建设之回顾与前瞻（续）》，《中国建设》第13卷第2期，1936年2月，第88页。
③ 《河南省政府年刊（1933年）》，第107页。

第七章 现代化进程中的工业

康经营。

有的地方志也记载了平民工厂创办的历程。如武安县民生工厂，"初名平民工厂，创于民国十八年，二十二年四月，奉实业部令，改为今名。开办之初，只有旧石印机一部，约值洋一百五十元，作固定基金，又拨入罚款洋五百余元，作流动资金。公举刘明汉任厂长，厂中教养工、徒工十余名，三年卒业，即行另招，为贫苦子弟谋一出路，经费每月支洋二百二十余元，嗣减为一百七十余元。每年所得纯益，陆续添置新式织布机十部，提花机两部，合线机一部，编为织染、印刷两科，举凡斜纹、哔叽、十字布等纱织品及账簿、表册、书报、讲义等印刷品，无不出货精美，为社会人士所乐用，二十二年春，河南刘主席视察到武，参观之后，甚为嘉许。二十四年春，刘厂长辞职，交代后任，全部财产已达五千元"。[①] 武安民生工厂的历程，在某种程度上说是河南民生工厂的一个缩影。总之，经过整顿后的各县民生工厂，逐渐走上了正规化，设备、产品比之以前都有所改进。表 7-11 是 1936 年 12 月底对 53 县民生工厂的资金、设备、生产和销售等情形的调查。

从表 7-11 看，河南各县立工厂有固定基金 38180 元，流动基金 101045 元，月经费 8194 元，3 项合计 147419 元，每厂平均 2781.4 元，比整顿前每厂平均增加 698.4 元。各种设备 739 台，每厂平均 13.9 台；工人 927 人，每厂平均 17.5 人；月产值 11002.82 元，每厂平均 207.6 元。从调查的内容来看，各县民生工厂以生产棉纱和棉织品为主，如棉布、袜子、毛巾等。在整顿前县立工厂"大都对于工徒成绩，经营状况，不甚注意"，[②] 一些工厂或经营不善，或经费不足无法维持。整顿后，各县立工厂有了改观，绝大多数工厂能够维持生产，因生产产品以服务地方民众为宗旨，因而产品销路较好，一些工厂产品销路畅旺，说明得到消费者的认可。

[①] 杜济美、郄济川：《武安县志》卷 2《人民》，1935 年铅印本。
[②] 张斐然：《最近两月来本省建设工作概况》，《河南政治月刊》第 2 卷第 8 期，1932 年 8 月，本文第 6 页。

表 7-11 河南省各县民生工厂一览（1936 年 12 月）

县别	基金（元）固定	基金（元）流动	每月经费（元）	重要设备数量	出品种类 上年每月平均数	出品种类 现在每月平均数	每月最大产量	各种产品价值（元）	销售情形	工徒人数	上年盈余（元）	备考
通许	500	2600	198	铁轮机 4 架，毛巾机 4 架，整经机 1 架，石印机 1 架	各色布 40 匹，各种毛巾 103 打，毯 7 个，印刷品 5000 份	布 13 匹，毛巾 37 打，毯 2 个，印刷品 27510 份	布 63 匹，毛巾 156 打，毛毯 6 个，印刷品 28300 份	301.30	销售畅旺	20	528.40	每月结余基金 50 元
尉氏	1100	2700	296	铁轮机 4 架，毛巾机 2 架，木机 3 架，织袜机 7 架	各种布 16 匹，大小毛巾 14 打，袜子 60 打，桃花枕套 2 个	布 8 匹，毛巾 7 打，袜子 30 打，枕套 2 个	布 29 匹，毛巾 18 打，袜子 104 打，枕套 7 个	125.00	设代售处 4 处	30	143.53	
鄢陵	300	1300	144	铁轮机 4 架，毛巾机 2 架	各色布 36 匹，毛巾 33 打	布 40 匹，毛巾 60 打	布 60 匹，毛巾 70 打	95.95		16	95.95	每月结余 38 元
禹县	500	3000	230	毛巾木机 6 架，大小铁机 3 架，九轮铁机 19 架，缝纫机 2 架	禹布 30 匹，毛巾 30 打，各种衣裤 180 件	禹布 35 匹，毛巾 30 打，衣裤 50 件	禹布 40 匹，毛巾 25 打，衣裤 75 件	282.00	自设销售处推销产品	25	155.00	本年缝纫不如上年
密县	1000	2600	97	铁轮机 2 架，带子机 3 架，袜子机 4 架	各色布 158 尺，带巾 7 打，毛巾 10 打，袜子 9 打	布 197 尺，毛巾 20 打，袜子 9 打	布 462 尺，带 16 打，毛巾 22 打，袜子 17 打	49.61		15	30.83	

— 272 —

第七章 现代化进程中的工业

续表

县别	基金(元) 固定	基金(元) 流动	每月经费(元)	重要设备数量	出品种类 上年每月平均数	出品种类 现在每月平均数	每月最大产量	各种产品价值(元)	销售情形	工徒人数	上年盈余(元)	备考
商丘	1300	1000	150	织机4架,缝纫机4架,石印机2架	各色布25匹,各色服军服140套,印刷品1万版	布28匹,服装60套,印刷品12000版	布32匹,服装180套,印刷15000版	510.00	本县各大商号代收	20	380.00	
宁陵	200	300	143	铁轮机7架,木机4架,毛巾2架	各种布4匹,袜子4打,毛巾2打	—	布8匹,袜子10打	30.10		15	—	本厂因亩捐缩减经费,行将停顿
虞城	300	450	90	铁机6架,袜机2架,石印机1架	各种布70匹,袜子30打,印刷品6800件	布75匹,印刷品7000件	布90匹,印刷品7800件	268.00	每月销布70匹,袜70双	13	33.05	现以销售太少,存袜太多,故该厂停织
夏邑	1100	800	166	铁轮机6架,毛巾机2架,袜子机3架,石印机1架	各色布120匹,毛巾36打,袜子13打,印刷品7578份	布110匹,毛巾48打,袜子15打,印刷8000份	布135匹,毛巾40打,袜子16打,印刷8050份	563.64		20	142.60	
淮阳	1500	2100	247	铁轮机7架,木机7架,缝纫机2架,磁锅1个	布30匹,毛巾70打,袜子40打,化妆品6磅,衣服16套	布30匹,毛巾70打,袜子40打,化妆品6磅,衣服16套	布40匹,毛巾90打,袜子50打,化妆品10磅,衣服20套	324.00	每月出品全部销售	25	425.00	

— 273 —

续表

县别	基金（元）固定	基金（元）流动	每月经费（元）	重要设备数量	出品种类 上年每月平均数	出品种类 现在每月平均数	每月最大产量	各种产品价值（元）	销售情形	工徒人数	上年盈余（元）	备考
西华	500	700	106	铁轮机2架，木机3架，毛巾机1架，袜子机2架	各色布12匹，毛巾15打，袜子20打，柳条编器140件，量衡器116件	布、毛巾、袜子均停产，量衡器450件，柳编126件	柳编器690件，量衡器170件	152.40		15	170.00	布、毛巾、袜等销售不易而停工。工人完全编制柳器
商水	600	2100	72	铁轮机4架，木机2架，毛巾机3架，袜机2架，整经机1架	各种布20匹，大小毛巾50打	各种布24匹，毛巾50打	布35匹，毛巾80打	184.00	每月出品售出	9	170.00	1架木机未装置，袜机2架未生产
项城	500	600	104	头二等铁机共8架，毛巾机1张，袜子机3部，经线轮1架	各种布36匹，毛巾10打，各种袜子5打	布36匹，毛巾10打，袜子5打	布40匹，毛巾10打，袜子10打	112.00	销售尚可	16	40.00	
扶沟	500	700	135	铁机12架，木机3架	各种布8匹，毛巾11打	各种布10匹，毛巾9打	布14匹，毛巾13打	48.60	大部售出	15	76.20	
太康	700	1500	132	铁机13架，毛巾机3架，袜子机1架，锅缸4个	各种布80匹，毛巾10打，袜子15打，漂染25匹	各种布70匹，毛巾10匹，漂染10匹，袜子均停产	布130匹，毛巾15打，袜子8打，漂染50匹	350.70		15	211.50	袜机借职业学校，应归还而停产

续表

县别	基金（元）固定	基金（元）流动	每月经费（元）	重要设备数量	出品种类 上年每月平均数	出品种类 现在每月平均数	每月最大产量	各种产品价值（元）	销售情形	工徒人数	上年盈余（元）	备考
许昌	600	4000	176	铁机6架，木机10架，袜机6架	各种布55匹，围巾12打，被单11个，毛巾30打，花绒毯13个	各种布62匹，毛巾34打，绒毯17个	布41匹，毛巾33打，围巾12打，被面42个，绒毯17个	317.20	每月出品全部售出	25	289.00	夏季每日工作10小时
临颍	800	1000	138	铁轮机4架，木机2架，毛巾机2架	各种布49匹，毛巾10打	各种布50匹，毛巾10打	布68匹，毛巾11打	136.40	销售畅旺	15	—	
襄城	900	1000	120	缝纫机3架，印刷机1架，织机3部	制服50套，印刷品900件，量衡器新器4件	制服17套，印刷品1300件	制服百套，印刷品2000件，量衡新器30件	100.60		20	334.00	本年因经费问题而停工，正筹备开工
长葛	700	3400	112	织机5架，提花机1架，毛巾机2架，袜机2架	各种布9匹，毛巾18打，袜子3.5打	无		54.90		20	82.80	
荥阳	500	1000	110	铁机3张，木机2架	各种布及山绸11匹，大小毛巾11打	各种布7匹，毛巾26打	布9匹，毛巾27打	69.62	滞销	15	27.06	
南阳	800	1000	96	铁轮机3架，提花机2架，毛巾机3架，袜机1架，带子机1架	各种布及山绸29匹，提花呢2匹，被单74条，毛巾毯27条，袜子15打	各种布27匹，被单23条，桌毯13条，毛巾毯46条，毛巾20打	布36匹，印单134条，桌毯774条，袜子276双，毛巾毯47条	271.93	尚称顺利	16	—	袜子机借民众学校，已归还，袜子停产

275

续表

县别	基金（元）固定	基金（元）流动	每月经费（元）	重要设备数量	出品种类 上年每月平均数	出品种类 现在每月平均数	每月最大产量	各种产品价值（元）	销售情形	工徒人数	上年盈余（元）	备考
唐河	—	900	100	铁轮机4架	各种布42匹，席10条	布70匹，席12条	布120匹，席14条	104.00	销售邻县	22	187.10	唐席远远驰名
镇平	1600	3000	123	提花机2架，铁机8张，木机2张，袜机4架	各种绸51匹，布270匹，袜子220打	各种绸44匹，各种布250匹	绸58匹，布300匹	1961.0	迟滞	15	110.00	每月结余10元
新野	300	1200	78	铁轮机5架，毛巾机5架，印花机1架	各种条布90匹，毛巾11打，被面10个，裹腿25付	条布12匹，毛巾6打，裹腿81付，方巾12打	条布15匹，毛巾7打，被面15个，裹腿91付	148.00	迟滞	14	—	
淅川	—	—	101	铁轮机7架，缝纫机1架，印刷机1架，草帽机2架	各种布130匹，制服8000套，印刷品8000件，草帽170顶	各种布100匹，制服140套，印刷品8200件，草帽180顶	各种布150匹，制服300套，印刷品10000件，草帽200顶	68.00	畅旺	15	—	每月结余10元
方城	200	700	96	铁轮机1架，木机2架，毛巾机3架，袜机5部	各种布15匹，毛巾20打，各色袜子26打	各种布12匹，毛巾17打，袜子20打	布16匹，毛巾21打，袜子30打	112.20	布销售较快	12	150.70	
舞阳	900	3600	150	铁轮机6部，毛巾机3部，袜子机5部	各种布29匹，毛巾8打，各种袜子22打	各种布35匹，毛巾10打，各种袜子50打	布40匹，毛巾11打，袜子30打	40.00	尚能销售	20	133.00	另有1000元以1.5分生息

续表

县别	基金(元) 固定	基金(元) 流动	每月经费(元)	重要设备数量	出品种类 上年每月平均数	出品种类 现在每月平均数	每月最大产量	各种产品价值(元)	销售情形	工徒人数	上年盈余(元)	备考
叶县	1300	6100	204	头二等铁机6架,木机5架,毛巾机2架,整经机3架	各种布24匹,蚊帐布1.5匹,细布5.5匹,毛巾3打	各种布28匹,各色希布4匹,小毛巾3打	布60匹,蚊帐布8匹,毛巾13打,希布12打	89.50	销售尚可	30	371.52	
汝南	2100	4000	222	铁机9架,木机5架,袜机5部,皂锅1口	各种布29匹,毛巾5.5打,袜子27打,肥皂20打	各种布30匹,毛巾6打,袜子30打	布50匹,毛巾9打,袜子44打	212.50	销售尚可	20	201.00	存电700余打,故肥皂停产
上蔡	1600	6200	258	提花机4部,毛巾机8部,袜子机4部,石印机1部,整经机2部	各种毛巾47打,各种呢布26匹,袜子16打,线毯及单子14条	毛巾51打,呢布34匹,袜子22打,印单及线毯7条	毛巾75打,呢布53打,袜子44打,印单及线单23条	326.70	尚称顺利	35	237.76	每月结余10元
新蔡	400	700	200	铁机4张,毛巾机2张,袜子机3部	各种布45匹,各种毛巾40打,袜子30打	各种布16匹,各种毛巾21打,袜子20打	布20匹,毛巾25打,袜子23打	194.00	没推销员推销	15	101.82	袜机只有1台能用
西平	500	1900	145	铁机、木机各3架,毛巾机5部,帽机1部,地毯机2部	各种布100匹,袜子300打,毛巾120打,帽子60打,地毯6条	各种布100匹,袜子300打,毛巾120打,帽子60打	布107匹,袜子320打,毛巾123打,帽子60打,地毯7条	625.50	销路顺畅	15	145.00	每月节余37元

续表

县别	基金（元）固定	基金（元）流动	每月经费（元）	重要设备数量	出品种类 上年每月平均数	出品种类 现在每月平均数	每月最大产量	各种产品价值（元）	销售情形	工徒人数	上年盈余（元）	备考
遂平	600	1700	90	大小铁机、木机共6部，毛巾机10部，袜机、帽子机、整经机各1部，七针横机1部	各种布20匹，各种袜子100打，毛巾20打，线衣29件	各种布10匹，各种袜子50打，毛巾10打	布20匹，毛巾30打，袜子150打，线衣2.5打	162.00	每月出产全部销售	12	110.50	套帽机停止生产
信阳	1000	2200	100	织布木机13架，织布铁机2架，袜机13架	各种布30匹，竹桌25张，竹椅20对，线袜15打	各种布35匹，竹桌35张，竹椅28对，线袜12打	布40匹，竹桌45张，竹椅35对，线袜15打	194.00	竹器畅旺布匹滞销	15	53.00	
固始	200	600	150	木机4架，毛巾机2架	各色布40匹，各种毛巾8打	各色布50匹，大小毛巾10打	布50匹，毛巾10打	115.00		15	180.00	
巩县	1200	3300	241	铁机9张，毛巾机5张，整经机1张，染锅2口	各种布89匹，各种毛巾237打	各种布85匹，各种毛巾185打	布115匹，毛巾300打	528.20		25	1020.0	每月节余64元
偃师	—	—	100	—	—	—	—	—		20	—	因水灾尚未复工
登封	200	300	1000	大小铁机3架，袜机3架，毛巾机3架，轮线机1架	毛巾30打，躺椅20条，木器10件	毛巾30打，躺椅20个，木器10件	—	40.00		12	0.00	袜机损坏，无产品出产

— 278 —

第七章 现代化进程中的工业

续表

县别	基金（元）固定	基金（元）流动	每月经费（元）	重要设备数量	出品种类 上年每月平均数	出品种类 现在每月平均数	每月最大产量	各种产品价值（元）	销售情形	工徒人数	上年盈余（元）	备考
灵宝	300	1300	120	铁机 6 架，毛巾机 2 架	各种布 50 匹，毛巾 760 条	各种布 30 匹，毛巾 520 条	布 35 匹，毛巾 600 条	426.00	销路极畅	15	145.00	
临汝	600	300	148	木机、铁机 4 架，袜机 4 架，草帽机 1 架，整经机 1 架	各种布 46 丈，大小毛巾 12 打，袜子 7 打，裹腿 73 丈	各种布 98 丈，毛巾 11 打，袜 10 打，裹腿 110 丈	布 60 丈，大小毛巾 108 件，袜子 10 打，裹腿 110 丈	65.33	销路甚畅	18	39.75	
郏县	300	700	130	袜机 5 架，木机 7 5 架，织帽机 1 架	各种毛巾 58 打，各种袜子 4.5 打	各种毛巾 45 打	毛巾 54 打，袜子 27 打	42.00	销路畅旺	12	51.00	每月节余 30 元
安阳	1400	1000	266	铁机 18 架，木机 12 架，缝纫机 3 架，织袜机 9 架	毛巾 30 打，腰巾 150 匹，各种布 37 匹	各种毛巾 45 打	毛巾 60 打，腰巾 300 尺，布 61 匹	30.00	畅旺	30	170.00	
林县	500	1300	81	铁机 4 架，木机 2 架，毛巾机 2 架，织袜机 5 架	布 911 尺，毛巾 51 条，袜子 6 打	各种布 790 尺，毛巾 130 条，袜子 5 打	布 2672 尺，毛巾 145 条，袜子 164 双	101.60		10	—	
武安	2200	2600	177	铁轮机 8 架，毛巾机 2 架，提花机 1 架，织巾机 14 架，织袜机 1 架，合纱机 1 架，铝石印机 1 架，铝印机 1 架，手撒铝印机 1 架	各种布 7 匹，线袜 60 打，印刷品甚多	各种布 1 匹，线袜 67 打，印刷品甚多	布 4 匹，袜子 300 打，印刷品甚多	150.00	畅旺	25	450.00	每月节余 15 元

279

续表

县别	基金（元）固定	基金（元）流动	每月经费（元）	重要设备数量	出品种类 上年每月平均数	出品种类 现在每月平均数	每月最大产量	各种产品价值（元）	销售情形	工徒人数	上年盈余（元）	备考
获嘉	400	1700	200	铁轮机6架，整经机、合线机各1架，袜机8架，毛巾机1架，石印机1架	各种布18匹，毡2条，袜子7打，毛巾1打	各种布23匹，毡2条，袜子30打，毛巾20打，印刷品4000张	布50匹，毡2条，袜子50打，毛巾30打，印刷品5000件	83.95	除袜子外销售畅旺	20	—	每月节余50元
延津	300	1400	80	铁机、木机共5架，袜机1架，经车纬车9架	各种布48匹	各种布37匹	布83匹	113.00		10	122.00	
滑县	2200	7300	—	铁轮机13架，毛巾机3架，袜机3架，线衣机1架	各种布68匹，毛巾7.5打，袜子10.5打，线衣12件，纸扇140把	各种布100匹，毛巾35打，纸扇150把	布110匹，毛巾50打，袜子20打，线衣100件，纸扇160把	194.39	迟滞	15	161.25	
浚县	300	700	108	铁轮机2架，毛巾机1架	各种布20匹，大小毛巾30打	各种布12匹，大小毛巾30打	布15匹，毛巾34打	69.00	不畅	10	无	
修武	1300	6200	157	铁轮机14架，缝纫机5架	各种布21匹，制服140套	各种布18匹，制服148套	布80匹，制服1100套	307.00	畅旺	20	无	

续表

县别	基金(元) 固定	基金(元) 流动	每月经费(元)	重要设备数量	出品种类 上年每月平均数	出品种类 现在每月平均数	每月最大产量	各种产品价值(元)	销售情形	工徒人数	上年盈余(元)	备考
武陟	400	1000	71	铁轮机7架,经线机1架,倒线机4架,打线机3架	各种花布、条条布15匹	各种布16匹	花布19匹	22.00	畅旺	10	25.00	
温县	500	900	103	毛巾机2架,铁轮机13架,袜机线机帽机4架,整经机1架	各种布60匹,各种毛巾30打	各种布80匹,各种毛巾40打	布120匹,毛巾60打	130.00	畅旺	10	65.00	
阳武	—	—	133	—	—	—	—	—	—	15	—	本年4月开工
陕县	480	4395	—	—	—	—	—	—	—	15	—	招商承办
合计	38180	101045	8194	各种设备739架	—	—	—	11002.82	—	927	—	

资料来源:《河南各县民生工厂一览表》,《河南省政府年刊(1936年)》,第406~415页。

在官办工厂中,除了省立和县立工厂外,随着铁路的修建,相关工业也发展起来。洛阳铁路机车修理厂是洛阳创建最早、规模最大的机械工厂,成立于1910年7月,洛潼(洛阳至潼关)铁路开工后,为了承担汴洛铁路和洛潼铁路机车车辆修理业务,在洛阳建立了机车修理厂。陇海铁路贯通后,在原修理厂的基础上建立了洛阳铁路机车修理厂,该厂随着铁路运输的扩大而不断扩大。1930年,该厂有各种专用设备200多台,年修理蒸汽机车23辆,客货车200辆,工人有700余人。①

四 手工业

手工业的生产形式主要有两种,一种是作坊手工业,一种是家庭手工业。在河南省政府1935年关于全省手工业的调查中,对手工业的定义是:"凡不用马达且每家工人不及十五人者,均视为手工业。"这次调查只涉及了全省111个县中的73个,"其中禹县、新郑等三十八县,因种种关系,未能进行"。② 表7-12是1935年河南省政府关于所调查各县手工业的统计情况。

从表7-12的各种调查来看,被调查的73县作坊手工业中,共有1470家,平均每县20家左右;资本355583元,平均每家241.9元;从业人员(包括家庭人员、职员、工人与学徒)10088人,平均每家6.9人;年产值1331443元,平均每家产值905.8元。就行业数量而言,居前五位的是,纺织业269家,木器制造业214家,金属用品业185家,金属饰品业137家,制烟业90家,除了竹器制造业、成衣业、制鞋业外,其他各业均不足50家,说明河南的手工业以满足当地穿衣、家用等为主。就各行业平均资本而言,资本超过500元的行业有制帽业、机械制造业、食用油业、酱菜杂货业、制糖品业、度量衡制造业、文具制造业等,其他行业资本

---

① 周得京:《民国时期洛阳工矿交通纪实》,《洛阳文史资料》第15辑,第145页。
② 《二十四年份河南工业统计引言》,《河南统计月报》第3卷第5期,1937年5月,第173页。

第七章 现代化进程中的工业

表7-12 河南省各业手工业统计

业别		家数	资本（元）	平均资本（元）	业主及家人人数	职员数	工人数	学徒数	合计	平均人数	产品价值（元）	每家平均产值（元）
饮食品	面制品业	33	12260	371.5	113	10	45	41	209	6.3	40496	1227.2
	食用油业	20	16360	818.0	64	11	60	22	157	7.9	84786	4239.5
	制糖品业	5	3200	640.0	16	3	38	4	61	12.2	5100	1020.0
	酿造品业	9	2710	301.1	71	5	31	4	111	12.3	83085	9231.7
	肉食品业	2	320	160.0	14	—	3	2	19	9.5	2068	1034.0
	豆制品业	7	2830	404.3	54	—	13	2	69	9.9	3310	472.9
	酱菜杂货业	8	5550	693.8	22	17	28	15	82	10.3	10722	1340.3
	合计	84	43230	514.6	354	46	218	90	708	8.9	229567	2732.9
纺织业		269	84921	315.7	949	85	405	459	1898	7.1	302643	1125.1
服用品	成衣业	68	17264	253.9	201	19	123	122	465	6.8	118211	1738.4
	制鞋业	61	13726	225.0	209	26	132	138	505	8.3	50770	832.3
	制帽业	12	10900	908.3	41	17	24	29	111	9.3	25015	2084.6
	染布业	37	10150	274.3	117	15	60	48	240	6.5	18070	488.4
	皮衣业	6	3250	541.7	10	1	37	—	48	8.0	8780	1463.3
	合计	184	55290	300.5	578	78	376	337	1369	7.4	220846	1200.3
金属制品	金属用品业	185	26026	140.7	575	7	258	221	1061	5.7	107428	580.7
	金属饰品业	137	11082	80.9	518	60	174	160	912	6.7	91802	670.1

— 283 —

续表

业别	家数	资本（元）	平均资本（元）	业主及家人人数	职员数	工人数	学徒数	合计	平均人数	产品价值（元）	每家平均产值（元）
木器制造业	214	47224	220.7	1056	12	280	310	1658	7.7	156589	731.7
竹器制造业	86	10582	123.1	338	6	72	64	480	5.9	33990	395.2
编织业	34	4867	143.1	126	3	62	56	247	7.3	24359	717.5
机械制造业	5	4500	900.0	10	5	10	16	41	8.2	7515	1503.0
交通用具制造业	11	2670	242.7	47	—	18	12	77	7.0	6573	597.5
土石制造业	6	2830	471.7	48	1	25	8	82	13.7	2654	442.3
皮革制造业	28	7710	275.4	82	4	28	26	140	5.0	10578	377.8
文具制造业	22	11410	518.6	91	9	54	33	187	8.5	25580	1162.7
度量衡制造业	5	3350	670.0	18	5	10	2	35	7.0	2416	483.2
制烟业	90	11488	127.6	341	23	94	120	578	6.4	57839	642.7
造纸业	40	1023	25.6	128	—	2	9	139	3.5	3568	89.2
制纸品业	4	360	90.0	4	—	2	5	11	2.8	1675	418.8
化学工业	10	3540	354.0	21	9	14	49	93	9.3	19640	1964.0
印刷业	44	21620	491.4	137	26	80	70	313	7.1	22641	514.6
其他	12	1860	155.0	32	2	10	15	59	4.9	3540	295.0
总计	1470	355583	241.9	5453	381	2192	2062	10088	6.9	1331443	905.8

注：资本、人数、产值的平均手工业数为笔者计算。

资料来源：《河南省各业手工业统计表》，《河南统计月报》第3卷第5期，1937年5月，第71页。

第七章 现代化进程中的工业

比较少,造纸业、制纸品业则不满百元,即需要一定技术含量的手工业则需要一定数量资本,而技术含量较低、设备简单的手工业资本较少。就产值而言,社会需要量较大的如关系到民生的酿造业、食用油业、制帽业、成衣业、化学工业(主要生产肥皂)、纺织业等行业产值比较高。这些都说明手工业生产和民众生活休戚相关。

家庭手工业作为农家经济的副业而存在,即所谓"河南家庭工业,弥漫全省。皆农家于闲暇之时,操作于家庭"。① 河南是出产棉花的大省,因此棉纺织业在家庭工业中占有重要地位。如禹县、汲县、鄢陵等地以生产土布为主,禹县"民间妇女,纺棉织布,颇能讲求,其质较他处产者为细密"。② "禹县之土布,虽无大规模之工厂,而产量颇多,所出物品,行销全省,每年收入约在二十万元左右。豫北新乡汲县一带,原为产棉区域,纺纱织布,为农业家庭最重要之副业,曩者不及禹县土布之多。"③ 新乡县北乡"小集镇一带,为织布发达之区,计有机器四千部,专织粗布条布,布业颇盛"。④ 河南土布主要通过平汉铁路行销各省,如豫北土布"平汉沿线,均其销路,尤以开封为大宗,每年收入约在百余万元"。鄢陵土布,"多行销于许昌、汉口一带"。⑤ 林县"纺织业户无贫富,妇女皆以纺织为主业,所制棉布质坚耐久,名曰家机布,除备服用外,运销潞、泽等地"。⑥ 正阳县"陡沟附近居民,家尽设机,人精纺织,纱细布密,畅行颍、亳及山陕二省"。⑦ 信阳"棉布棉花,农家以为副产,每岁秋冬之际,里巷妇女相从织绩,比户皆纺车声、机杼声,人可日成布一匹"。⑧ 豫南一些地方纺线织布主要是为了自给的需要,如南阳家庭手工业最普遍的有两种,一是纺线,二是织布,"这些差不多完全是女人底事情,她们在农忙的时候也帮着做田间

---

① 《河南工业概况》,《中国建设》第5卷第4期,1932年4月,第65页。
② 时经训:《河南地志》,第78页。
③ 《河南工业现状一斑》,《河南政治月刊》第2卷第9期,1932年9月,本文第5页。
④ 《新乡农工业概况》,《河南政治月刊》第2卷第3期,1932年3月,"调查",第5页。
⑤ 《河南工业概况》,《中国建设》第5卷第4期,1932年4月,第66页。
⑥ 王泽溥、王怀斌修,李见荃等纂《重修林县志》卷10《风土·生计》。
⑦ 刘月泉、陈全三纂修《重修正阳县志》卷2《实业·工业》,1936年铅印本。
⑧ 方廷汉等修、陈善同纂《重修信阳县志》卷3《食货3·物产》,1936年铅印本。

的工作，农闲时就在自己低家里很原始的纺线织布，以供自己一家之用，当作商品出售的甚少。土布和棉线的出产约值四十余万元，内中土布价值占四分之三，棉线占四分之一"。①

随着河南棉花种植的推广和产量的提高，轧花业成为一项新兴的手工业。如太康"轧花业，近来逐渐发达，轧房收买籽棉，轧作皮棉，转售于商贩，颇获厚利"。②

汜水农家利用水力磨面是当地农村手工业的特色。汜河自上游金谷堆至下游邢村十余里，农民多趁冬春间隙河水下落之时，"将河中横斜培堰，架高水位，汇聚水流，加其速度，增其催量，于堰端水坡处，设置水磨，下安木轮，上设双石，水力催轮，研麦为粉，设施极为简单，每处日夜可磨麦粉五百余斤，异常精细，不亚公司出品"。据统计，沿河有这样的水磨千余处，每日夜可磨面 5000 余斤，"补助民生，实非浅鲜"。③

豫西南以产柞蚕闻名，家庭工业以丝绸业为主，"南阳、南召、镇平等县，出产丝绸甚多，在民国十二三年时，畅销于欧美、俄国及南洋群岛等地，每岁收入约四五百万元"。南召"有丝织机房大小六百余家，以制织山丝绸为主。镇平有丝织机房大小三百余家，以制织湖绉、花丝、葛八丝绸为主。南阳有丝织机房大小百余家，以织造湖绉线春八丝绸为主"。④ 特别是南阳六区"几乎有一大半农民兼养着山蚕，甚至有好些农民专靠养蚕为生，他们在蚕做成茧以后，还继续自己缫丝，六区内一年产丝达三十万斤，约值十万余元"。⑤ 又据《河南地志》记载，南阳"境内南关织坊甚多，收取茧丝，织成各种绸绉，行销极旺，近亦讲究，鲜染花样，黑绉一项，尤为出洋大宗"。⑥ 禹县"织丝有汴绫、汴绸、汴绉、首帕诸名色，所提花样亦多且巧，城内常有机房，而大宗货则在顺店。凡禹及荥、密之丝，皆归织户，寻

---

① 冯紫岗、刘端生：《南阳农村社会调查报告》，黎明书局，1934，第67页。
② 周镇西修、刘盼遂纂《太康县志》卷3《政务志·工业》，1933年铅印本。
③ 《豫省水利消息一束》，《农业周报》第16号，1930年2月2日，第453页。
④ 《本省手工业概况》，《河南政治月刊》第7卷第3期，1937年3月，本文第1页。
⑤ 冯紫岗、刘端生：《南阳农村社会调查报告》，第64~65页。
⑥ 时经训：《河南地志》，第88页。

常五百家操业，略亦数千人"。① 说明豫南各县及禹县从事丝织业的农家是很多的。

此外，禹县、陕县、博爱、汤阴、镇平、新郑等地盛产瓷土，除了一些商人在当地组建瓷厂外，一些农家也建立瓷窑从事瓷业生产。如修武、博爱的李河柏山一带"各处均有粗瓷窑厂，全为粗笨瓷器，以水缸及粗笨碗为大宗，该处现在有小瓷窑百余座，每年可出碗器四百万件，每件以二分洋计，全年产品可值国币八〇〇〇〇元，所出水缸之价值亦在二万元以上，此外尚有制砂锅者，每年出产之价值亦为数不少"。邓县罗庄一带产瓷土，"本地人常以之烧制粗瓷碗盆"；镇平白土窑村一带产瓷土，"土人用以为烧制粗笨瓷碗及磁盆之原料，惟无正式瓷厂之烧制"。②

纸是民间日常生活必需品，学校教育、食品包装、祭祀活动都需要大量的纸，促进了纸业的发展。如林县"林淇、东山、曹旺、水捻、上野、猪泉诸村居民用楮皮制成棉纸，运往东三省，销路颇畅"。③ 密县的麻纸"全系农人于闲时为之，乃家庭工业之一种"，主要产地在县城东南第五区，"其制户最多者，为纸坊、大庙、窑沟、观寨四村，小余沟、罗湾、铁匠沟、黄庄等次之"。据抗战前统计，该县从事麻纸生产的"有男女童工人六千名"。④ 可见，密县麻纸生产的规模很大。

皮毛加工业在一些地方颇具特色。如长葛农家"多于农隙之时，以棉线作经，以羊毛作纬，织成布匹。再以鹿角水洗之，外表泽阔。持与羊羔皮比较，颇相类似。名之曰刷绒"。⑤ 这项手工业兴起于康熙年间，当时"制品行销口外，旗俗有服制者多衣之"。⑥ 因此，"此项出产，前此颇旺"。⑦ 林县"全县绒毛行无虑数十家，以羊毛、羊绒制成绒帽、毡毯等，运销汉

---

① 车云修、王攀林纂《禹县志》卷7《物产志》。
② 《河南矿业报告》，第146~147页。
③ 王泽薄、王怀斌修，李见荃等纂《重修林县志》卷10《风土·生计》。
④ 《本省手工业概况》，《河南政治月刊》第7卷第3期，1937年3月，本文第5页。
⑤ 《河南工业概况》，《中国建设》第5卷第4期，1932年4月，第66页。
⑥ 《本省手工业概况》，《河南政治月刊》第7卷第3期，1937年3月，本文第4页。
⑦ 《河南工业概况》，《中国建设》第5卷第4期，1932年4月，第66页。

口、京津，获利颇巨，故绒毛业为豫北冠"。① 孟县回民的家庭手工业以生产羊皮被为主；② 沈丘的羊毛毡，孟县的羊皮袄，陕县、卢氏之牛羊皮都是当地的特色家庭手工业。③

草帽辫业是河南新兴的农村手工业。如荥阳"麦场收割后，民人以麦草编辫。工有粗细，细者光洁可爱，每年所得数十万斤"。④ 郾城手工业以草辫业为主，而且草辫业在农家生活中占有重要的地位，郾城"无论乡村集市，老妇少女皆以编草帽辫为业。以麦秸极贱之物，编成辫即可售卖。每斤粗者数十钱，细者百余钱。勤而速者，终岁所得值自给衣服且有赢焉"。⑤ 汜水的草帽辫业比以前有所改进，"民国年间，邑令梁友庚倡办传习所数处，改良编法，习者甚众。嗣因款绌停办，以致毕业女生散归无用。惟梁庄张之铭子相曾赴广东学制草帽，近年在家收辫制帽，行销甚广，若再加扩充，辫业发达，可操左券矣"。⑥

除了以上有一定特色的家庭工业外，各县程度不同均有一些家庭手工业。如洛阳农家农闲时从事轧棉棉织、毛织、制革、造篦、造笔墨、做豆腐、染工、木工、铁工等手工业；⑦ 永宁县以生产竹器为特色；⑧ 等等。除了具有一定县域特色的家庭工业外，各县手工业大同小异，此不赘述。

在机器工业的带动下，家庭工业生产技术也有了比较大的进步，包买商人在家庭工业生产中发挥着一定的作用。如安阳轧花技术有了改进，"旧式轧车已不经见，而织布之布机亦间有用新式者"。⑨ 新乡土布业"近年以来，陡然进步，机具尽用新式，办法仿效高阳。有许多布行，散放纱线于民间，令其织成，再以相当工资交换。此种办法在布行无成立工厂之设施，及应付工人之痛苦。在民间无虑资本之缺乏，及出品之推销。其放线、收布、发工

---

① 王泽溥、王怀斌修，李见荃等纂《重修林县志》卷10《风土·生计》。
② 时经训：《河南地志》，第84页。
③ 《河南工业概况》，《中国建设》第5卷第4期，1932年4月，第66页。
④ 时经训：《河南地志》，第79页。
⑤ 徐家璘修、杨凌阁等纂《商水县志》卷5《地理志·物产》。
⑥ 田金祺修、赵东阶等纂《汜水县志》卷7《实业志》。
⑦ 《洛阳农村社会之一瞥》，《河南农村合作月刊》第1卷第8期，1935年1月，第2页。
⑧ 时经训：《河南地志》，第86页。
⑨ 方策、王幼侨修，裴希度、董作宾纂《续安阳县志》卷7《实业志·工业》。

资等手续,有以村委单位者,有织户直接向布行立帐者。以村委单位者,布行将线撒给其村长,立一总账,由村长分散各织户,至年底结帐,视织布之多寡,及营业之损益,双方对于村长均有相当之报酬"。① 鄢陵布行"亦仿效新乡办法,乡间织机,不下千余张"。② 土布业这种经营方式的出现,一方面说明禹县、新乡、鄢陵等地农村土布生产形成了规模,家庭工业在农村经济中占有重要的地位;另一方面说明土布生产不仅仅是为了满足家庭消费,更是为市场而生产,上述各种家庭手工业产品不仅行销省内,而且通过铁路、水路运输到汉口、上海、京津商业都市进行销售,甚至行销到国外,说明尽管机器工业对手工业有很大的冲击,但农村手工业依然有一定的生存空间。

五　矿藏与矿业

(一) 矿产资源调查

河南进行矿产调查始于1923年,成立了河南省地质调查所,但因"当时以事属创办,组织方面,既欠健全,计划方面,亦鲜实现。且益以历年军事发生,事业进行,受其影响。以故该所成立,虽负有七八年之历史,而工作成绩,迄鲜优良"。③ 1930年10月,以刘峙为主席的新河南省政府成立后,随着政局稳定,一切建设事业逐渐展开。这样,1931年5月,再度成立河南省地质调查所,由事务部、调查部、钻探部、编辑部、鉴定部、化验部和制图部组成,配备了"五年以来设所需要之测绘仪器、代验仪、药品、岩石印片机、显微摄影器、金刚石钻探机,及化验室、试金室、磨片室,均经先后设置,日见完备"。④ 地质调查所的成立和设备的完善,为河南矿藏

---

① 《河南工业概况》,《中国建设》第5卷第4期,1932年4月,第66页。
② 《河南工业概况》,《中国建设》第5卷第4期,1932年4月,第66页。
③ 《河南省地质调查所恢复计划及进行情形》,《中国建设》第5卷第4期,1932年4月,第1页。
④ 张静愚:《河南建设之回顾与前瞻(续)》,《中国建设》第13卷第2期,1936年2月,第78页。

的调查与鉴定奠定了基础。地质调查所成立后，陆续对河南各地的矿产资源和矿业展开了调查。通过这次调查，基本上摸清了河南矿藏的种类和分布范围。矿藏分为金属矿和非金属矿两种，河南的金属矿藏主要有金、银、铅、铜、铁；非金属矿藏有煤、硫磺、盐、碱、硝、瓷土、石墨、石棉、玉石、大理石、石印石、砚石、水晶、钢砂、柘榴石、石膏、云母、氟石、石灰岩以及各种建筑石材等。除盐、碱、硝等产于豫东的开封、兰封等 15 县外，"其他各种矿产，多产于豫北西部沿太行山一带、豫西及豫南之有山各县。而重要矿场，又多在平汉路以西"。① 下面就各种矿藏分布及储量分别进行论述。

各种金属矿藏的分布状况。（1）铁矿。分布在武安县的红山及矿山，修武县的红砂岭、凤凰岭一带，内乡的太平镇段树崖及东沟，巩县的泉张沟、高尖，卢氏峨峪岭、鱼库沟，伊阳的龙王沟，新安的核桃园，渑池的贾家凹等地，其中以安阳、武安、信阳、内乡等 4 县"所产者，尚有开采价值"，其总储量 480 万吨，含铁量 190 万吨。②（2）金矿。分布在嵩县的高都里及德亭里，卢氏的范蠡镇，洛宁的小池镇及南阳村，淅川的金豆沟及柳林湾，其中嵩县与卢氏县的金矿为最佳。（3）铅银矿。该矿产地较多，据地质所调查和本地乡民报告，有 23 县有铅银矿藏，③ 有一定开采价值的有临汝的仙人堂，巩县的郑家岭及大桃花峪，密县的田种湾，卢氏的白沙洞、黑雀庵、试剑石沟、四棵树、磨沟、流水沟等处，伊阳的马庙镇、阳平镇，洛宁的七里坪，鲁山的大王朵山、晒衣山，南召的曹店、东方家冲及马市坪，其中以临汝、巩县、卢氏等县为最佳。④（4）铜矿。分布在济源的莽山、秦岭，南召的九里山，就矿藏有无开采价值而言，"济源县铜矿之成分，含铜多少虽各处不同，大致尚佳，其最富者，约含百分之二十八以上，确有采炼之价值"。⑤

---

① 《河南建设述要》，第 51 页。
② 《河南矿业报告》，第 276 页。
③ 《河南矿业报告》，第 7 页。
④ 张静愚：《河南建设之回顾与前瞻（续）》，《中国建设》第 13 卷第 2 期，1936 年 2 月，第 79 页。
⑤ 《河南矿业报告》，第 23～24 页。

第七章 现代化进程中的工业

各种非金属矿藏的分布状况。（1）煤矿。据地质所调查，河南有八大煤田，即①安阳煤田，位于豫北，在平汉铁路线以西，包含安阳、武安、汤阴、林县、汲县及淇县与辉县一带，南北长约 300 里，中夹河北省磁县煤田，其中安阳境内最多。煤质有烟煤和半无烟煤，总储量 309400 万吨。②修博煤田，位于豫西北，东起修武县西北部，向西延伸，到达博爱、沁阳县北部，东西长约 100 里。煤质为无烟煤、半无烟煤，总储量 275400 万吨。③新渑煤田，位于豫西南，东起济源、新安，西迄陕县，包括济源、新安、渑池、陕县等 4 县，东西长 300 余里，煤质为烟煤、半有烟煤，总储量 128800 万吨。④禹密煤田，位于禹、密两县境内，并包括郏县北部，南起三峰山，北至王寨河，长约 100 里。煤质为烟煤、半有烟煤，总储量为 154563.5 万吨。⑤宜洛煤田，位于陇海铁路线以南，经洛阳、偃师、巩县、汜水等县南境，到达荥阳县东南，东西延绵 250 里。煤质为烟煤、半无烟煤，总储量 56500 万吨。⑥南召煤田，位于南召县境内西南的广阳店、兴隆店、留山、李青店、杨树沟，到达县城东的罗沟一带，长 70~80 里。煤质为烟煤、无烟煤，总储量 3500 万吨。⑦汝宝煤田，位于临汝之南，宝丰之西，鲁山之北。南北长约 10 里，宽约 3 里，煤质为烟煤、无烟煤，总储量 26342.5 万吨。⑧商固煤田，在商城及固始两县境内，东西长约 6 里，宽约 2 里。煤质为烟煤、无烟煤，总储量 250 万吨。① 根据河南省地质调查所调查，河南煤炭的总储量达到 954756 万吨。（2）硫磺矿。主要分布在新安的狂口东沃村一带，博爱的小岭寺后茶棚一带，伊阳的华沟，内乡西北小水村、丁河店等地。其中以博爱、新安的硫磺矿最佳，储藏量约 210 万吨，按含量 40% 计算，可产硫磺 80.4 万吨。② （3）石膏矿。主要分布于陕县大安村及郭家沟，淅川李家营及杨伙村。其中以陕县石膏最佳，总计储量约 186.7 万吨。③ （4）石棉矿。据地质所调查，河南石棉矿藏主要分布地包

---

① 张人鉴：《河南矿产概况》，《河南政治月报》第 7 卷第 1 期，1937 年 1 月，本文第 2~3 页。
② 《河南矿业报告》，第 127 页。
③ 张静愚：《河南建设之回顾与前瞻（续）》，《中国建设》第 13 卷第 2 期，1936 年 2 月，第 80 页。

括：内乡的黄龙寨、青竹扒，淅川的寺湾村、阎沟，卢氏的陶湾镇，其中内乡、卢氏的石棉矿最佳，藏量分别为 75 万吨和 6.5 万吨。① （5）石墨矿。全省有 5 处产石墨，即商城的马鞍山及二道沟，镇平的凉水泉及菩提寺，内乡的独树岭、虎寨龙兴寺及黄龙寨等地，信阳的椅子坑、卢家镇，确山的新店及三山地，探明全省储量 539.94 万吨，②"其中以独树岭为最佳，足值开采，共储量约有五五四〇〇吨"。③ （6）盐、碱、硝。河南境内产盐、碱、硝之地很多，据地质所调查，就含量而言，以夏邑所产者成分最高，开封所产者次之；就产地而言，以沿黄河故道两岸大堤一带，产量最丰富；制硝之地以"开封城内及城东之杜梁寨，城南之朱仙镇，与商丘之朱集、徐隆集、潘口、谢集，及宁陵县属之柳河、孔集、赵村等处为最盛，他如夏邑、睢县、永城、柘城、鹿邑、考城等县各地，亦均产硝"。④ 据 1930 年代调查，河南每年约产盐 21.8 万担，碱 200 万斤以上，硝 127 万斤。⑤ （7）瓷土。据调查，全省瓷土矿主要产于禹县神屋镇、扒村，巩县钟岭，镇平白土窑以及修武、博爱、新郑、邓县、汤阴等地，"其质之适合于最上等粗瓷原料者，以禹县神屋镇一带所产者为最佳，陕县瓷土次之。其余若密县、新郑、安阳、武安、安阳等县之瓷土，仅可用为制造粗瓷之原料，至若修博之李河、柏山一带之瓷土，亦为制造粗瓷之原料"。⑥ （8）其他非金属矿藏。大理石主要分布于豫南南阳一带，有镇平的灶爷庙花纹大理石，南阳县蒲山大理石；石印石在内乡的马武山，南阳的蒲山；砚石主要分布在济源和内乡；水晶主要分布在沁阳、南召、南阳、淅川、确山、方城等县；钢砂主要分布在镇平、内乡；柘榴石主要产于武安；石膏主要产于淅川，在陕县也有发现；云母分布在镇平菩提寺、龙山北坡，南召及洛阳；氟

---

① 张静愚：《河南建设之回顾与前瞻（续）》，《中国建设》第 13 卷第 2 期，1936 年 2 月，第 80 页。
② 《河南矿业报告》，第 152 页。
③ 张静愚：《河南建设之回顾与前瞻（续）》，《中国建设》第 13 卷第 2 期，1936 年 2 月，第 80 页。
④ 《河南矿业报告》，第 138 页。
⑤ 张人鉴：《河南矿产概况》，《河南政治月报》第 7 卷第 1 期，1937 年 1 月，本文第 5 页。
⑥ 《河南矿业报告》，第 141 页。

石在新安、光山一带有发现；石灰岩在河南分布极广，沿太行山东麓，武安、涉县、林县、安阳、浚县、辉县、修武、博爱、济源等县，均产石灰岩。①

从河南地质调查所1930年代的调查来看，河南的矿藏以平汉铁路以西的地区分布最多，产量最丰富。就矿藏的性质而言，金属矿比较少，仅有4种，即金矿、铅银矿、铜矿和铁矿；而非金属矿有20种之多，其中煤矿最为重要，也最有经济价值，其次为硫磺矿，再次为硝及瓷土、石墨、石棉，其余除建筑材料外，储量很少。就分布面积而言，煤1734平方公里；盐碱硝1500平方公里；其次为铁矿105公里，硫磺矿8平方公里，合计3347平方公里。②

中原大战后，河南政局逐渐稳定，加之政府积极提倡，使河南矿业有了比较快的发展。据统计，1933~1934年两年内，"各县矿业呈请案，计二百余起。手续完备转部发照者，四十余处"。以矿区论，截至1934年终，共70个，比前增加40余个；以矿区面积论，截至1934年终，共计123.2万亩，在近两年中增加者约40.1万亩。③ 说明河南矿业开采在1933~1934年有较快的发展。

河南矿业开采主要是煤（下文专门论述）、铁矿等。铁矿开采始于光绪二十四年（1898），创办宏豫公司，④ 筹办炼铁工厂。该公司筹办虽久，但采用新法炼铁始于1924年5月6日，因"公司经费窘匮，加以熔化炉不堪适用，所出之铁逐渐减少，铁质亦劣，又值铁价跌落，销路不畅"，所以开工仅3个多月，于同年8月16日停炉，到1930年代地质所调查时尚未复工。⑤ 1919年商人李晋在武安创办红山铁矿公司，在六河沟煤矿附近设冶炼厂进行炼铁，每年炼铁数千吨至数万吨，如1931年炼铁4072吨，1932年以后每年炼铁近2万吨。⑥ 此外，尚有一些地方沿用传统方法土法炼铁，如

---

① 《河南矿业报告》，第157~163页。
② 《河南矿业报告》，第171页。
③ 《河南建设述要》，第52~53页。
④ 关于宏豫公司的沿革可见《河南矿业报告》第277页。
⑤ 《河南矿业报告》，第279页。
⑥ 刘世永、解学东主编《河南近代经济》，第41页。

豫南信阳、商城、光山等县有炼铁的传统。这里"铁矿皆出自河流槽床，其出产恒无定区，全视河流之方向而定，故不能规定矿区，每遇夏秋雨水繁盛之季，河流大水，则铁矿聚集即富，多由农民淘取之，售于炼铁炉，土法冶炼之。此类土法冶炼炉，恒无定则，所收得铁砂多者，则多炼之，不得铁砂则停工"。而且完全沿用传统方法，如采矿完全靠天采取，"每于大雨之后，皆由本地农民，临时觅探，每一寻见铁砂之聚集丰富，即以木制淘砂槽板淘取之，其形状大体为箕形，长四尺五寸，向水流一端，宽约二尺六寸，顺水流一端，宽约一尺六寸，两壁高约七八寸，向水流一端，置有直立之板一道，高约三寸，淘砂时，引水入槽，较宽之一端，以铁锄取含铁质混砂，放入槽中，并搅动之，则白砂随水流去，铁砂因比重较大，且有直立板之阻，均留于槽板中，再加淘洗，则白砂完全去尽，而为纯净黑色铁砂，售于附近小炼铁炉，每斤可售价一分二厘"。可以看出，豫南的土法炼铁没有固定的矿区，炼铁者并不开采铁矿砂，完全依赖暴雨过后农民获得铁砂才开炉炼铁。炼铁也是沿袭旧法，炼铁炉分生铁炉与熟铁炉两种，用木炭炼铁，生铁炉每一昼夜可炼生铁1200斤，约需木炭4200斤，铁砂3000斤；熟铁炉每炉约需生铁80斤，木炭及木柴约30斤，可锻制熟铁50斤。豫南所出产的生铁，"多制为铸器，如铁锅、铁壶及农家一切用具，而熟铁则售于乡间铁匠，可做各种铁器。据数年前调查，豫南信阳、商城、光山等县一带之小铁炉，每年可产生熟铁，共八千余吨，除销售于附近各县外，尚能行销于湖北、安徽各省"。[1] 豫南土法炼铁说明，在新式工业没有发育成熟之前，传统手工业仍然有较大的生存空间。据1930年代初的调查，河南铁矿面积105平方公里，合计105万公亩，当时探采铁矿面积仅有896公亩，约占铁矿总面积的0.085%。[2] 此外，其他各矿也有了不同程度的开采，限于篇幅，不再赘述。据1930年代调查，河南各矿开采情形如表7-13。

---

[1] 《河南矿业报告》，第285~286页。
[2] 《河南矿业报告》，第171页。

第七章　现代化进程中的工业

表7-13　1930年代河南全省矿产种类及其开发情形调查

矿产名称		现时已否开采情形
金属矿产	金矿	于产金之地，现时仅有土法淘洗者
	铅银矿	林县1935年12月建成大成铅矿，承领面积2795公亩；罗山县1936年7月承领7824公亩，开采铅银
	铜矿	尚未试探开采，亦无土法采炼者
	铁矿	于产铁矿之地，有土法采炼者，新法炼铁之宏豫公司已停办；武安红山铁矿公司开采
非金属矿产	煤矿	于各煤田内，均有新法大矿开采，及土法小矿开采
	硫磺矿	产地均有土法冶炼硫磺炉，由官磺局监督收买。1936年10月新安商人马云卿承领5577公亩开采硫磺
	土盐	于产盐之地，土法制造者颇盛
	土碱	于产碱之地，土法制碱者颇盛
	土硝	于产硝之地，土法制硝者颇盛，开封设有财政部炼硝厂
	瓷土矿	于产瓷土之地，皆为粗瓷工业之制造
	石墨矿	产地甚多，而仅于商城县境有土法开采者，误以之代煤
	石棉矿	尚未试探开发，仅间或有土人采为制火炉之用，非为石棉之正当用途
	玉石矿	已开采甚盛，玉石作坊工业颇形发达
	大理石	已有人开采，但未见大盛
	石印石	昔年已开采，现停办
	砚石	已经土人任意采取，无矿业可言
	水晶矿	昔日已有私采，今多弃置
	钢砂	本地居民亦有淘取者
	柘榴石	尚未见采用
	石膏	1936年4月，陕县商人刘芝田承领大营庄郭家镇3445公亩，投资15万元试探石膏矿
	云母矿	尚未调查详细，未有土法开采者
	氟石矿	尚未调查详细，未有土法开采者
	石灰岩	已经有人开采，各地石厂甚多
	建筑石材	于出产石材之处，现有开采者

资料来源：《河南矿业报告》，第169页；刘世永、解学东主编《河南近代经济》，第42页。

河南矿藏除了煤炭、铁矿用机器开采外，其他矿藏如金矿、土盐、土碱、土硝、瓷土、石棉以及各种石质矿藏，均为土法开采。就河南经济发展本身而言，矿业开采较之以前有了很大的进步，但就当时中国的矿业发展水平而言，还有很大的差距。

（二）煤矿的开采与经营

在上述河南的八大煤田中，以安阳、修博、新渑、禹密四大煤田为最重要，"为河南产煤丰富之区，亦即矿业发达之区"。① 河南煤炭开采始于晚清时期，到南京国民政府时期已有30年的历史，据河南地质调查所1930年代的调查，河南煤矿分布面积为1734平方公里，合1734万公亩，当时已经领照开采者，为64.9万公亩，约占4%。② 截至1934年底，全省领照开采煤矿大小共有69处。③ 表7-14是1930年代对河南部分煤矿公司的调查。

表7-14 1930年代河南煤业公司调查

公司名称	所在地	矿质种类	矿区面积	每日产量	营业状况
中福煤矿公司联合办事处	修武县焦作	无烟煤	21957公顷	2500吨	前少亏累，近已发达
六河沟煤矿公司	安阳县西北观台	有烟煤	1178.23公顷	1500吨	受时局影响，营业已不如前
益安煤矿公司	安阳西夏堡	半有烟煤	74.48公顷	170吨	每日销售50吨
大昌煤矿公司	安阳水冶镇	无烟煤	128.73公顷	80吨	因经济支绌，出煤已不如前
大成煤矿公司	武安县招贤村	无烟煤	9322公亩	300吨	营业甚佳
鼎盛煤矿公司	武安县胡峪村	无烟煤	10953公亩	—	1932年被水淹，至今未开工
新屺煤矿公司	汤阴县小寺湾	有烟煤	109.43公顷	300吨	营业不振
九华煤矿公司	汤阴县鹤壁镇	烟煤	95.33公顷	50吨	营业不振
厚生煤矿公司	汤阴县窑头	有烟煤	—	—	初办，正在招股

---

① 张静愚：《河南建设之回顾与前瞻（续）》，《中国建设》第13卷第2期，1936年2月，第79页。
② 《河南矿业报告》，第171页。
③ 《河南建设述要》，第51~52页。

续表

公司名称	所在地	矿质种类	矿区面积	每日产量	营业状况
民有煤矿公司	博爱县侯新庄	无烟煤	11.11公顷	500吨	日销售200吨
振兴煤矿公司	济源县磕井村	无烟煤	88.36公顷	旧存煤约5万吨	日销售80吨
民生煤矿公司	陕县观音堂	有烟煤	30320.5公亩	三四百吨	营业甚佳
协盛煤矿	宜阳县东南柏坡	有烟煤	6公顷9公亩	80吨	营业尚佳
中华煤矿	宜阳东南杏树坪	有烟煤	10公顷33公亩	70吨	营业尚佳
大东煤矿	巩县东南马沟	无烟煤	14公顷96公亩	60吨	全年可销尽，现无煤停采
福聚煤矿	巩县西南圣水村	无烟煤	16公顷65公亩	60吨	日销售40吨，营业尚佳
三峰山东峰煤矿	禹县西南三峰山	有烟煤	66公顷9公亩	220吨	全年可售尽，营业甚佳
济众煤矿	禹县西南赵村	有烟煤	32815.1公亩	—	正在打水，未出煤
范家庄煤矿	密县超化镇	半无烟煤	1378.4公顷	200吨	全归包商收买销售
豫丰煤矿	密县梨树窝	半无烟煤	14公顷61公亩	300吨	全归包商收买销售
同心煤矿	密县东南小李寨	半无烟煤	14公顷75公亩	200吨	可尽数销售，营业尚佳
德茂煤矿	密县西关外	半无烟煤	5公顷44公亩	140吨	悉数作价，售予包商
民生煤矿	密县城北	半有烟煤	14公顷70公亩	100吨	悉数作价，售予包商
统舆煤矿	登封县陈楼村	半无烟煤	8公顷31公亩	270吨	该矿每年冬季始开工

续表

公司名称	所在地	矿质种类	矿区面积	每日产量	营业状况
统庆煤矿	登封县白梨坪	半无烟煤	23公顷79公亩	180吨	该矿冬春两季开工
豫庆煤矿	渑池县义马村	有烟煤	8方里270亩	200吨	年可销售4000吨
邱沟煤矿	新安县邱沟	半有烟煤	267公顷50公亩	旧存煤约3000吨	现正打水,未出煤
崔庙煤矿	荥阳县崔庙镇	半有烟煤	47公顷62公亩	4吨	年出约1440吨,营业不佳
正谊煤矿	灵宝县西张坝桥	有烟煤	137公顷98公亩	60吨	因交通不便,每日仅销售10余吨

资料来源:河南省政府秘书处编《五年来河南政治报告》,1935,"建设",第36~38页。

从上面分析看,河南省煤炭储藏量丰富,但国内企业除了中原公司、六河沟煤矿公司外,均为小煤窑,以土法开采为主,生产面积小,产量和销售量都比较低。

第八章
财政制度、赋税与农民负担

一　财政机关的演变

南京国民政府成立后,在行政院下设各部门分别主管国家各项事业。财政部是国民政府管理监督全国财政财务行政的总机关。1927年5月,南京政府财政部成立,根据1928年5月颁布的《修正国民政府财政部组织法》,财政部直隶国民政府,"管理全国库藏、税收、公债、钱币、会计、政府专卖储金、银行暨一切财政收支事项,并监督所辖各机关及公共团体之财政"。"财政部对于各地方最高级行政长官之执行本部主管事务有监督指示之责。"[①] 即国民政府财政部是全国最高的财政机关,而且有权监督地方财政机关。国民政府在地方设有财政部特派员公署,1929年1月,国民政府颁布了《修正财政特派员暂行章程》,在地方设特派员是为了"处理各该管区域内国税及中央财政事务"。主要职责是:"一、执行部令指导所管区域内之中央直辖税收机关。二、接管各省财政厅代管之一切国税及其机关。三、保管国税税款。四、支拨及汇解国库款项。五、稽核及所报所管区域内一切国税之帐目及情况。六、计划所管区域内一切国税之整理办法。"同日颁布的《财政部财政特派员公署组织办法》规定财政特派员公署直隶于国民政府财政部,其职责是"承财政部长之命,管理及指导该管区域内部令

---

① 《中华民国史档案资料汇编》第5辑第1编《财政经济》(1),第111页。

指定之各种国税事宜"。① 根据相关规定，中央在河南省设立了财政部特派员公署。②

南京国民政府时期，省级财政主管机关是财政厅。河南省财政厅设立于1927年6月，行政长官为厅长，职责是"主管全厅应行事务，依据预算，发给各机关经费、薪俸，监督全省财政及所属各机关职员"。下设3科，第一科下设机要、统计、交代、公债官产、会计庶务、监印校对、收发等股，第二科下设田赋、捐税、契税、杂税等股，第三科主管支付、审核、库务等股。各科设科长、秘书主任等职，职责是"秉承厅长之命，督同科员、办事员等，掌理本科及本股事务"。③ 尽管此后财政厅机构设置不断变化，但均是以此为基础的变革。1935年1月，河南省政府各厅、处实行合署办公，财政厅仍设秘书室、第一科、第二科、第三科、第四科和视察专员、金库。秘书室掌管缮校、监印、任免、核拟稿、机要、收发、管卷等，第一科掌管田赋、滩地、官产，第二科掌管税务、公债、杂税、旧欠，第三科掌管临时开支、账务、预决算，第四科掌管县款、交待、保管、票照、总务。④

南京政府时期的县级财政机关是由公款局演变而来的，经历了公款局—财务局—财政局—财政科几个阶段。公款局成立于宣统年间，南京国民政府建立后，认为"河南省各县公款局章程，原颁定于旧政府时代，条文甚疏，防范难密，以致弊端百出，控案纷然。现值革命之时，正政治刷新之会，为统一全省财政计，为整理地方公款计，为补助地方建设增进民众幸福计，均需加以改革，以应时宜"。⑤ 因此，根据1927年11月19日国民政府第872号训令颁布了《河南各县地方财务局暂行章程》，规定了县级财务局的组成和职责等。县级财务局"正副局长及董事，均由地方选举，均以二年为任期"，被选人须为"本县年满二十五岁以上曾在中等学校毕业，或具有同等

---

① 《中华民国史档案资料汇编》第5辑第1编《财政经济》（1），第116～117页。
② 陆仰渊、方庆秋主编《民国社会经济史》，第225页。
③ 刘景向总纂《河南新志》卷14《职官》中册，第855～857页。
④ 陈成名、牛中岳：《民国时期河南省级行政机关历史沿革（二）》，《河南文史资料》2005年第1辑，第40页。
⑤ 天倪：《河南省各县地方财务行政机关之沿革》，《河南政治月刊》第6卷第10期，1936年10月。

第八章　财政制度、赋税与农民负担

学力而操守廉洁孚众望者，即可当选"。财务局的职责是掌管地方财务，"除有特别机关管理者不计外，均负有收支及保管整理之责"。1929年3月，根据省政府第7285号通令，对财务局进行了改组。改组后的县财务局职责有了变化，财务局设局长1人，下设事务征收会计3处，每处设主任1人。规定"各县财务局成立后，所有该县国家款、省地方款、县地方款之收支登记事宜，均归该局管理，以专责成"。局长"秉承财政厅长之命令，县长之监督指挥，掌管征税募债、管理公产及其他地方财务，并全局用人行政事项"。为了便于管理，按照征丁、漕粮数量的多寡，将全省县级财务局分为三等，"年征丁漕额在十五万元以上者，列为一等，共有五县。在十五万元以下，八万元以上者，及开封、郑县两县虽粮额不及八万元，因其地当冲繁，均列为二等，共有二十五县。其在八万元以下者，列为三等，共有八十二县"。为了解决县财政收支不分离的状况，在这次县级财务局的改组中，还设立了县金库，根据省金库设立办法，县金库附设于财务局。①

1931年4月1日，根据财政部、省政府指令，将财务局改组为财政局。改组后的财政局，将原来的3个等级划分为5个等级，即每年额征丁漕在12万元以上者为一等局，共11县；12万元以下8万元以上者为二等局（开封、郑县因系省会级商埠提列为二等），共20县；8万元以下4万元以上者为三等局，共48县；4万元以下2.5万元以上者为四等局，共计21县；2.5万元以下者为五等局，共计12县。财政局长人选也进行了改革，由原来县选举荐呈请省财政厅核委改为"由厅选荐呈请省政府核委"。② 可见县财政局在地方事务中的重要地位。

县级财政局成立后，"即以经费不足，推行极感困难"。在这样的情况下，1931年8月省财政厅提出提案："现在豫省财政收不敷支，极感困难，必须实行缩减政策，以资救济。按照部颁组织法规定，公安、财政、建设、教育各局，如有缩小范围之必要时，得改局为科，附设县政府内。兹拟将各县

---

① 天倪：《河南省各县地方财务行政机关之沿革》，《河南政治月刊》第6卷第10期，1936年10月。
② 天倪：《河南省各县地方财务行政机关之沿革（二）》，《河南政治月刊》第6卷第11期，1936年11月。

财政局，除开封、郑县外，凡年征丁漕额，折合银元额在十万元以下者，均改归县政府第二科承办。……其年征丁漕额，折合银元在十万元以上者，仍照旧设局办理。兹二十一年度实行，以资节省，而利进行。"该提案经省政府115次政务会议决议通过。为此，11月26日省政府通过了《河南各县财政局改科办法》，规定"各县财政局，改为县政府第二科"。根据裁局改科办法，全省有89县将财政局改为科，有21县仍为财政局。裁局改科后，原县财政局所掌事务，全部归县政府二科办理；原财政局制度及金库制度仍然适用于二科；除科长由省财政厅遴选委任外，其余职员全部由县长委任，但"须呈报财政厅备查"；第二科包括科长在内所有职员的薪俸由县政府内务费开支。[①] 通过变革，加强了地方财政管理和县政府的权力，有利于地方事业的推行。

二 财政制度改革

（一）中央财政制度的变革

由于长期的军阀割据和战乱，南京国民政府成立时全国财政处于一种混乱状态，表现在全国财政不统一，地方财政乱收乱支。据财政部1928年度会计报告："溯自十七年夏，北伐军回复北平后，形式上全国既臻统一，事实上某种行政权亦已统一，但依国家方面财政观察……仅五省财政受中央之支配。"[②] 河南省在冯玉祥的控制之下，其财政亦不属中央管理。针对这种局面，1927年7月，南京政府财政部长古应芬提出了《划分国家收入地方收入暂行标准案》及《划分国家支出地方支出暂行标准案》。在此基础上，1928年6月，新任财政部长宋子文提出了修正方案，即《划分国家收支地方收支标准案》，其实质是实行国家与地方的分税制。列入国家财政收入的包括盐税、海关

[①] 天倪：《河南省各县地方财务行政机关之沿革（三）》，《河南政治月刊》第6卷第12期，1936年12月。

[②] 秦孝仪主编《中华民国经济发展史》第1册，台北：近代中国出版社，1983，第381~382页。

第八章　财政制度、赋税与农民负担

税、内地税、常关税、烟酒税、卷烟税、煤油税、厘金及一切类似厘金之通过税、邮包税、印花税、交易所税、公司及商标注册税、沿海渔业税、国有资产收入、国有营业收入以及其他属于国家性质的现有收入。列入地方收入的有田赋、契税、牙税、当税、屠宰税、内地渔业税、船捐、房捐、地方财产收入、地方营业收入以及其他属于地方性质之现有收入。在关于国家与地方的支出中，国家支出包括中央党务费、中央立法费、中央监察费、中央考试费、政府及所属机关行政费、海陆军及航空费、中央内务费、中央外交费、中央司法费、中央教育费、中央财务费、中央农矿工商费、中央交通行政费、蒙藏事务费、中央侨务费、中央移民费、总理陵墓费、中央官业经营费、中央工程费、中央年金费、中央内外各债偿还费等项。地方支出包括地方党务费、地方立法费、地方行政费、公安费、地方司法费、地方教育费、地方财务费、地方农矿工商费、公有事业费、地方工程费、地方卫生费、地方救恤费、地方债款偿还等项。[①] 通过划分中央与地方收支，在一定程度上改善了财政混乱的局面。

1934年，为了解决国家与地方财政问题，财政部长孔祥熙提出了《财政收支系统法》交第二次全国财政会议通过。该法规定关税、货物出产税、货物出厂税、货物取缔税、印花税、特种营业行为税、特征营业收益税为中央税，但中央税应以10%～20%分给省，20%～30%分给市、县。遗产税为中央税，但以15%和25%分别分给省与市、县。土地税为市、县税，"除中央因地政机关整理土地需用经费时得先于纯所收入总额内提取百分之十外，在市、县以其余纯所收入总额百分之十五至百分之四十五归省，在直隶于行政院之市，以百分之十五至百分之四十五归中央"。并规定营业牌照税、使用牌照税、行为取缔税为市、县税。[②] 可见，该法明确规定了中央税给省与市县的划分比例，规定了市、县征收的税种。《财政收支系统法》的颁布和实施，使民国时期的财政系统由过去的中央与省地方二级财政改变为中央、省、市县三级财政制度，这种变化提高了市县的财政地位，扩大了地方的自主权，有利于地方事业的进行。

---

① 陆仰渊、方庆秋主编《民国社会经济史》，第345～346页。
② 《财政收支系统法》，《中华民国史档案资料汇编》第5辑第1编《财政经济》(1)，第144～145页。

（二）省级财政改革与完善

随着南京国民政府财政制度的变革，河南省也相应采取了一系列措施，建立和完善省级财政制度。主要表现在以下几个方面。

（1）制定会计章则和培养会计人才。为了完善财务制度，防止各种财务上的不轨行为的发生，省财政厅颁布实施了《河南省财政厅会计规程》和《河南省各机关会计通则》，各级会计报表均依据学理，参照事实制定。1933年又规定了各县政府及财务委员会会计报表，由财政厅印制，从此"各县会计事项，当更为整齐划一"。会计制度的建立，为建立完善的财务制度奠定了基础。建立完善财务制度，培养熟练的会计人才是关键。为此，1931年1月，省财政厅设立了会计人员训练班，第一期1月开办4月结束，训练30余名；第二期7月开办10月结束，训练40余名，"所有训练几个人员，先后分发各县财政局，充当会计主任"。[①]

（2）建立预算决算制度。南京政府建立后，针对当时财政混乱的状况，财政部长宋子文指出："如果没有某种方式的预算，无论它是多么不完善。一切彻底的财政计划，均将无法实现，而且也不能为公开宣布财政状况提供依据，以便博取公众信任，并取得对征税工作的道义认可。"[②] 因此，在1928年召开的全国经济会议和全国财政会议都通过了设立全国预算委员会，厉行预决算制度的提案。据此，财政部先后颁布了《民国十八年预算章程》（1929年2月）、《民国十九年度试办预算章程》（1930年2月）、《民国二十年度预算章程》（1931年2月）等。1931年11月2日国民政府公布了《预算章程》，规定"凡各级机关年度预算除法令有特别规定者外，悉依本章程办理"。[③] 另外，颁布了《办理预算收支分类标准》，该标准以1928年公布的划分国家地方收支标准为依据。根据以上预算法规，自1932年以后，所有国家预算和地方预算，均依照预算章程及收支分类标准办理。[④] 国民政府

---

① 李文浩：《三年来之河南财政》，《河南政治月刊》第3卷第10期，1933年11月。
② 〔美〕杨格：《一九二七至一九三七年中国财政经济情况》，陈泽宪、陈霞飞译，中国社会科学出版社，1981，第69页。
③ 《中华民国国民政府公报》（56），南京国民政府，1931。
④ 陆仰渊、方庆秋主编《民国社会经济史》，第248页。

第八章 财政制度、赋税与农民负担

的财政预算制度在全国得到贯彻,"自民国二十年以后每年都有预算,不但中央有预算,现在连各省也都有了……像江苏、浙江、湖北、河南各省,不但有省预算,而且县预算也成立了"。① 根据中央有关预算法规,河南省也建立了预算制度。1931年,河南省预算分为第一级、第二级两部办理。第一级概算由各机关编造,第二级概算由财政厅根据各第一级概算汇编。但是1931~1933年各第一级概算"均未送到,第二级概算,纯属代办,二十三年度仍不齐全"。从1935年开始,预算开始走上正轨,逐渐完善,据记载"二十四年度,二级概算,大半根据一级概算汇编;迄二十五年度,二级概算之编制,则完全根据一级概算变成"。同时,县级财政也开始建立预算制度,1935年5月,河南省召开全省第一次财政会议,提出了县财政预算的原则:"(一)必须切实裁减各县地方非必要之支出,确定维持现有事业最低限度之经费。(二)禁止各县之临时摊派。"在此原则下,将各县预算草案修正进行。关于河南预算制度的确立,如时人所言:"如果说二十三年以前为预算制度试办时期,则二十四年至二十五年便可说是预算制度确立时期。这实在是河南财政史上最可欣喜的一件事。"② 预算制度的建立是财政现代化的主要标志,尽管当时河南预算制度并不十分完善,但对推进河南财政现代化起了主要作用。

(3) 整理财政法规。法规是维护财政制度和规范财政运行的必要手段。为了加强财政管理,1933年2月,河南省财政厅对本省财政法规进行整理,"适者因之,不适者革之,残缺者补以创制"。③ 经整理后重新颁布的财政法规包括组织法、考核奖励、田赋、营业税、契税、官产、滩地、银行与金融、公债、交代、会计、金库、地方财政等。④ 另外,1930年代河南省在财政方面还实行了裁撤厘金、整理田赋、改进牙屠税、创办营业税、清理官产和滩地、发行公债等措施。这些措施在增辟财源和规范财政管理上都起了重要作用。

---

① 卫挺生:《国民政府成立以来财政制度之整理》,《社会经济月报》第2卷第3期,1936年2月。
② 尹任先:《河南财政之现况》,《河南政治月刊》第7卷第1期,1937年1月。
③ 李文浩:《三年来之河南财政》,《河南政治月刊》第3卷第10期,1933年11月。
④ 详细内容见河南省财政厅编《河南省财政法规汇编》,1933。

三　田赋及其整理

（一）田赋及其附加

田赋是中国传统税种最古老的一种，包括地丁、漕粮、租课、附加等。民国时期在田赋征收上基本沿袭了清朝的地丁与漕粮征收制度。1933年废两改元后，次年本省规定丁漕一律改征银元。地丁征收税率除了汲县、洛宁、新安、偃师4县分别大小粮，每大粮银1两折征银元2元2角，小粮银1两折征银元2元外，其余各县按地丁每正银1两折征银元2元2角；漕粮每石折征银元2元零8分7厘至5元。① 漕粮与地丁同为地赋，不同的是地丁征银，漕粮征粮。河南111个县除经扶外，有54县不纳漕粮，为"无漕县份"，有56县纳漕粮，为"有漕县份"。租课是指官地所纳之租，全省官地分滩地（归财政厅征收）、学田（由河南教育款产管理处征收）、营田（由县地方机关占用或划作县立学校校产）等。② 1935年，将地丁、漕粮、租课合并征收，改称"田赋"。

南京国民政府建立后，田赋附加名目繁多。据农村复兴委员会调查，河南省田赋附加有42种，即补助捐、民团捐、警察附捐、地方捐、教育捐、地付款、教育附加捐、串票捐、串票警捐、县串票附捐、教育附捐、附加捐、一元附加捐、一五附加捐、三五地亩捐、特别捐、教育捐、自治捐、公安捐、慈善捐、公益捐、补助捐、粮秣捐、串票保安费、保安维持费、农村临时费、马捐、农村临时支应费、剿匪费、补助费、教育费附捐、建设费、公安费、自治费、警政费、保安队费、地方公款费、中学及乡村教育亩捐、保安队亩捐、自治亩捐及保卫团训练费。③ 辉县百泉乡1930年摊派项目有

---

① 河南省地方史志编纂委员会编《河南省志》第45卷《财政志》，河南人民出版社，1994，第29页。
② 帖毓岐：《河南田赋概况》，萧铮主编《中国地政研究丛刊：民国二十年代中国大陆土地问题资料》，第10457～10458页。
③ 刘世仁：《中国田赋问题》，第175～176页。

第八章　财政制度、赋税与农民负担

兵差、谷草、支应费、小麦、军事捐、木柴、马鞍、看秋、剿匪勇、买壮丁、运动差人、付差人费、麦捐、区公所经费、剿匪罚款、兵捐、毒品捐、印花、钞票烟土、印花又、买驿马驴、车费、车上用具、车户脚费等近30种，共计26万余元，全乡370户，平均每户负担706元。① 上蔡县1933年"田赋附捐超过正税五倍……其征收名目，计有14种之多"，包括：每两丁银征正税洋2.20元，剿匪费0.50元，补助费0.30元，教育捐0.44元，建设费0.25元，公安费0.20元，自治费0.15元，政警费0.15元，保安费0.30元，地方公款费0.30元，中学及乡村教育亩捐1.125元，保安队亩捐0.45元，自治亩捐0.225元，保卫团训练经费4.385元，合计10.975元。② 可见田赋附加成为1930年代最沉重的苛捐杂税，给民众生活和社会经济发展带来了严重影响。

（二）田赋整理

1930年代，河南田赋整理主要包括两个方面的内容，一是土地清丈，一是土地陈报。1933年9月1日，河南省成立了土地清丈办事处，决定先在开封县试办，并制定了《河南省试办土地清丈办事处细则》《河南省试办土地清丈办事处会议规则》等法规文件。③ 南阳县自己组织清丈，共清丈出无粮地100万亩，并按照土地肥瘠和产量多少划分为9等，每顷一等赋税银元6.6元，二等5.72元，三等4.4元，四等3.52元，五等2.64元，六等1.76元，七等1.32元，八等0.88元，九等暂免征。④

1934年5月，国民政府召开第二次财政会议，通过了《办理土地陈报纲要》，并拟定了办理土地陈报纲要要点说明书。根据中央政府要求，河南省会同财政部委员分赴杞县、兰封、商丘、陕县、汜水、洛阳等地实地考察，"按照考察结果，会商择定陕县为试办县份"。1935年7月，拟具了《河南省土地

---

① 《田赋附加赋税及摊派·河南省》，《农村复兴委员会会报》第12号，1934年5月20日，第160~161页。
② 《河南上蔡田赋捐超过正税五倍》，《中行月刊》第6卷第5期，1933年5月，第59页。
③ 《河南省政府年刊（1933年）》，第10页。
④ 《河南省志》第45卷《财政志》，第30~31页。

陈报章程》《河南省土地陈报施行细则》等，10月1日，成立了河南省土地陈报处。第一期土地陈报在陕县试办，"越时七月，各项工作先期完成"。①陕县原有粮地21.7万亩，陈报后地亩为90.1万亩（其中荒地2.1万亩，荒山5.8万亩，耕地及宅基地82.2万亩）；陈报前田赋实收数是155692.476元（其中省款53726.202元，县款101966.274元），陈报后实收199959.54元（其中省款59987.86元，县款139971.68元），陈报后收益多出44267.064元。②可见，土地陈报后，不仅土地数量有了很大的增加，而且增加了政府的财政收入。在试办的基础上，1936年8月，正式颁布了《河南省土地陈报章程》《河南省土地陈报章程施行细则》等文件，择定商丘、汝南、淮阳、灵宝、太康、陈留、禹县等8县进行第二期土地陈报，结果"各县查出土地，均有增加"，8县共溢出土地5489409亩。③1937年在鹿邑、方城、襄县、叶县、沈丘、项城、柘城7县办理陈报。从1935年10月到抗战前夕，河南省共举办3期土地陈报，共有16个县办理，陈报结果共有粮地2982.9万亩，比陈报前增加1149.7万亩；陈报后赋额为424.8万元，比陈报前增加56.6万元。④

（三）废除苛捐杂税

第二次全国财政会议拟定了田赋税则及附加章程6项，主要内容是：（1）在各县办理土地陈报后，所报地价可资按价征税之依据者，即照地价税率1%征税为原则，附税名目一律取消，其所收税款之分配，以省得40%，县得60%为标准。（2）在地方办理清丈以前，各县田赋不能按陈报地价征收者，附加税不得超过原有正税总额，其在原科则轻征之区，以正附并计不得超过1%为原则。（3）自二十三年度（1934）起，不得以任何急需、任何名目再增田赋附加。（4）各县区乡镇之临时亩捐摊派，严加禁止。（5）附加带征期满，或原标的已不复存在者，应即予废除。（6）田赋附加

---

① 《河南省政府年刊（1936年）》，第240页。
② 邵蘅：《河南省政府合署办公后整理赋税概述（一）》，《河南政治月刊》第7卷第3期，1937年3月。
③ 《河南省政府年刊（1936年）》，第240页。
④ 《河南省志》第45卷《财政志》，第31页。

现已超过正税者，应限期递减。①

根据第二次财政会议决议，河南省制订了减轻田赋计划。（1）第一步于1934年度内完成如下计划：①绝对禁止私擅自派款；②减轻田赋附加，规定"各县田赋附加，按照附加数目之多寡，分别核减，除保安费暂定正税二元五角附加一元五角另案办理外，凡正附合计数目在七元以上者减三成，六元以上七元未满者，减二成，五元以上六元未满者，减一成，五元未满者，不减。各县根据减定数目，编造岁出概算，呈送核准实行。不必要之机关，不急需之事业，分别裁撤停办，再减事业费，务须量入为出，以苏民困"。（2）第二步于1935年度开始，各县田赋附加连同保安经费通盘计算，"再为核减，以减至不超过正税为原则，其有特殊情形者，正附税合计不得超过六元"。② 为了实施这一计划，财政厅召集民政厅、教育厅、建设厅、保安处、高等法院商讨消减附加税的问题。③ 河南省废除苛捐杂税计划逐步得到了贯彻，据1934年7月财政厅报告，第一批废除的苛捐杂税有14种，田赋附加37种。④

四　工商税的演变

工商税是民国时期河南省主要的税收种类，也是财政收入的主要构成部分，包括以下几个方面。

（一）厘金及其裁撤

厘金又称厘捐或厘金税，开征于清朝咸丰时期，是一种旧的商业税，因初定税率为1厘，即抽货值的百分之一，故称厘金。厘金是民国时期河南财

---

① 《中国经济年鉴续编》，商务印书馆，1935，第6章"土地"，（F）第279页。
② 《各省田赋正附税概况及减轻附税计划·河南省》，《农村复兴委员会会报》第2卷第1号，1934年6月20日。
③ 《豫省府核减丁地附加税》，《中行月刊》第8卷第5期，1934年5月。
④ 《废除苛捐杂税之推行·河南省》，《农村复兴委员会会报》第2卷第4号，1934年9月26日。

政收入的主要来源,据统计征收17个种类,1013个品种。[①] 1928年,河南有厘卡32个,[②] 1931年1月在裁撤厘金时全省涉及征收厘金有27个征收局,分局卡360余处。[③] 原定厘金税率为1%,实际上许多地区都高达5%～10%,还实行"遇卡完纳制",即每经过一个关卡,就要缴纳厘金一次。[④] 铁路运货也要缴纳厘金,如平汉铁路跨河北(直隶)、河南、湖北三省,每经过一省都要征收厘金,[⑤] 货物每过一卡都要缴纳厘金,尤其长途贩运的货物要通过数省,缴纳厘金税率往往增至15%～20%。[⑥] 因此,厘金不仅加重了商人的负担,而且不利于商品流通,影响了社会经济的发展。

因此,国民政府决定裁撤厘金,1928年7月,南京政府第一次全国财经会议上决定由财政部组织全国裁厘委员会,先在南京政府可以控制的部分省份实行裁厘。1930年10月,国民政府行政院根据财政部的报告决定1931年1月1日起,"全国厘金及类似厘金之一切税捐"一律裁撤。[⑦] 次年4月行政院又严令:"各省政府如尚有对于前此之裁厘命令阳奉阴违,或巧立名目,擅自征收各类类似厘金之税捐等情事,应责成监察院派员实地查明,呈候惩处,以重公令而肃纲纪。"[⑧] 根据财政部和行政院的训令,河南省决定自1931年1月15日"将全省厘局,及类似厘金之捐税,一律裁撤"。裁撤的项目有牛羊、杂皮、油行、面行、石灰、砖瓦、猪皮、瓜子、钱摊、棉花包等10种公益捐,猪牛附捐、牛骨捐、营业牌照捐、鸡子捐、桐木捐、枣捐、菜捐、杂货行捐、白米行捐、骡马捐、肉行捐、起卸捐等22种杂捐,开封杂货业捐以及"棉花捐、火车货捐、邮包捐税等类似厘金之正附各税,

---

[①] 《河南省志》第45卷《财政志》,第62页。
[②] 《中国年鉴》,1928,第574页。
[③] 李文浩:《三年来之河南财政》,《河南政治月刊》第3卷第10期,1933年11月。
[④] 陆仰渊、方庆秋主编《民国社会经济史》,第275页。
[⑤] 王振先:《中国厘金问题》,商务印书馆,1917,第47～48页。
[⑥] 陆仰渊、方庆秋主编《民国社会经济史》,第275页。
[⑦] 《行政院关于务于1931年1月1日实施裁厘训令》(1930年10月11日),《中华民国史档案资料汇编》第5辑第1编《财政经济》(2),第315页。
[⑧] 《行政院饬财政部严厉惩处擅自征收类似厘金之捐税令》(1931年4月6日),《中华民国史档案资料汇编》第5辑第1编《财政经济》(2),第317页。

亦均停止征收"。① 另据报告截至 1931 年 3 月河南省共裁撤各种杂捐 76 种，其中裁撤厘金 300 余万元，类似厘金 100 余万元。② 同时，平汉铁路沿线各种苛捐杂税也在 1933 年 10 月裁撤。③

尽管南京政府一再要求裁撤厘金及类似厘金的各种捐税，在河南省具体执行过程中，一些地方还继续征收厘金和类似厘金的捐税。如南阳除货捐、统税撤销外，"余如卷烟特税、烟酒公卖、厘金、屠宰税、硝磺税、牲税、帖税以及地方之船捐、车捐、斗捐等，共十余种，仍旧收税。尤以卷烟特税及烟酒公卖为最重，卷烟每包约值一元左右者，收税三角二分，已经完税之烟，甲局运入乙局，每包收查验费一角，谓之验讫钱，如各地互相购运数次，税即超过价值。烟酒公买税，最低烟叶，每百斤收税二元四角，白酒每百斤收税四元，烟坊糟坊，尚有照牌月捐等费。郑州距源潭百余里，烟叶以完关税，价昂一倍。源潭至樊城二百四十里，白酒报河南、湖北两税，价加三倍"。④ 可见，南京政府的裁厘政策在河南并没有完全贯彻。

（二）推行货物统税

为了弥补裁厘所带来的财政损失，财政部仿照欧美资本主义国家的成例，改征货物统税。对国内工业品按照一物一税的原则，进行一次性征收后，即可通行全国，不再征收捐税。河南开办的货物统税税种包括卷烟、麦粉、棉纱、火柴、水泥、熏烟叶、啤酒、进口酒、火酒、饮料、糖类、茶类、竹木、皮毛、陶瓷、纸箔、化妆品等，按照不同产品采取不同税率，从价征收。此外还有特税（主要对煤油、香烛、麦粉、土烟叶等征收）、出厂税（1927 年开征，1929 年列为特种消费税）、特种消费税（1929 年举办，1931 年举办统税时停征）。⑤

---

① 罗从豫：《裁厘后各省财政概况》，《中行月刊》第 2 卷第 8 期，1931 年 2 月。
② 河南省财政厅：《办理河南财政报告书》，《民国日报》1931 年 3 月 14 日。
③ 《中华民国工商税收资料选编》第 5 辑《地方税及其他税捐》（下），南京大学出版社，1999，第 2943~2944 页。
④ 《豫省南阳杂税》，《中行月刊》第 2 捐第 9 期，1931 年 3 月。
⑤ 《河南省志》第 45 卷《财政志》，第 69 页。

(三) 营业税

营业税是南京国民政府成立后开征的新税。1928年第一次全国财政会议决定创办营业税,1931年1月,颁布了《各省征收营业税大纲》,6月行政院颁布了《营业税法》。营业税作为地方收入,其课税标准分为三种。(1) 以营业总收入额为标准,征收其2‰至10‰。(2) 以营业资本额为标准者,征收其4‰至20‰。(3) 以营业纯收益额为标准者,其税率如下:①纯收益额不满资本额15%者,征收纯收益额2%至不满5%;②纯收益额合资本15%,至不满25%者,征收纯收益额5%,至不满7.5%;③纯收益额合资本额25%以上者,征收纯收益额7.5%至10%。营业税以营业总收入额为课税标准时,其营业总收入额,年计不满1000元者免税;以营业资本为课税标准时,其营业资本不满500元者免税;以营业纯收益额为课税标准时,其营业纯收益额不满100元者免税。①

根据南京政府关于征收营业税的相关规定,河南省开征营业税,从机关到制度不断完善。1931年厘金裁撤后,各县设立征收处,县长为正主任,财政局长为副主任,后又任商会主席为副主任。当年除了予借23.87万元外,征解数为20.41万元。1932年3月,改组了征收机关,将全省划分为40余区,各区分设专员,但效果不明显。于是11月,取消专员制度,设立营业税总局,划全省为21区,每区设一分局,分局之下各县设征收所。1933年7月,将总分各局一律裁撤,按照行政区域划分为11区,每区设局,负责办理营业税,由财政厅负责督征,各县仍设征收所。在征收中,"对于各种大宗营业,如药材、花生、棉花、粮食、皮革、牲畜等项,责成各征收机关,切实调查,遵章征税,俾无隐漏,并派员分赴各县,临时视察,则要抽查,以杜流弊"。②通过几次变革,河南的营业税征收逐渐规范。

1931年9月,河南省根据中央政府颁布的《营业税法》颁布了《河南

---

① 王孝通:《中国商业史》,商务印书馆,1936,第290~291页。
② 李文浩:《三年来之河南财政》,《河南政治月刊》第3卷第10期,1933年11月。

省征收营业税细则》，共计 34 条。规定了营业税征收的类别、课税标准、税率（如表 8-1）以及免征营业税的行业。1932 年 6 月，财政部核准了《河南省营业税征收章程》，共计 32 条，关于税类与税率（第六条）规定："物品贩卖业、转运业、交通业、包作业、电汽业、租赁物品业、照相业、交易所之经纪人业、镶牙业，以上各业均暂照营业额总收入课税千分之十。印刷出版及书籍文具教育用品业、制造业、货栈业、钱庄业、保险业，以上各业均暂照营业资本额课税千分之十。"与《河南省征收营业税细则》相比，营业税率呈准一律改征 10‰。营业税率普遍有了提高后，"商民纷纷请减，经提交评议委员议决：拟按营业额向征千分之二者，改千分之四；向征千分之五者，改千分之六；向征千分之十者，仍旧。按资本额向征千分之四者，改千分之五；向征千分之五及千分之六者，均改千分之六；向征千分之十者，仍旧；向征千分之十二及千分之二十者，均改千分之十"。经行政院同意对第六条进行了修改，"征收营业税税率，以营业总收入额为课税标准者，自千分之四至千分之十；以营业资本额为课税标准者，自千分之五至千分之十"。[①] 1933 年 3 月 31 日，河南省再次修正了《河南省营业税征收章程》，规定了营业税征收的类别、课税标准和税率（如表 8-1）。

表 8-1 河南省营业税征收类别、课税标准及税率变化

类别	课税标准	1931 年税率	1932 年税率	1933 年税率
物品贩卖业	营业额	2‰~10‰	10‰	2‰~10‰
饭馆面馆业	营业额	—	—	4‰
转运业	营业额	2‰	10‰	4‰
酒席酒菜业	营业额	—	—	4‰
交通业	营业额	2‰	10‰	4‰
旅栈业	营业额	—	—	4‰
包作业	营业额	2‰	10‰	4‰
电汽业	营业额	2‰	10‰	—

---

① 《中华民国工商税收资料选编》第 5 辑《地方税及其他税捐》（下），第 2906~2918 页。

续表

类别	课税标准	1931年税率	1932年税率	1933年税率
理发业	营业额	—	—	4‰
浴业	营业额	—	—	4‰
租赁物品业	营业额	5‰	10‰	6‰
娱乐场所	营业额	—	—	10‰
镶牙业	营业额	10‰	10‰	10‰
照相业	营业额	10‰	10‰	10‰
交易所经纪人业	营业额	—	10‰	—
印刷出版及书籍文具教育用品	资本额	4‰	10‰	5‰
制造业	资本额	4‰~20‰	10‰	5‰~10‰
货栈业	资本额	5‰	10‰	6‰
钱庄业	资本额	10‰	10‰	10‰
保险业	资本额	20‰	10‰	10‰

资料来源：《中华民国工商税收资料选编》第5辑《地方税及其他税捐》（下），第2906~2918页；《河南省单行财政法规汇编》，第67页。

从表8-1来看，营业税开征后税种和税率都有一定的变化。税种由1931年初征时的13种增加到18种。税率从初征时期到1933年营业税章程修正期间有了比较大的变化，初征时除了保险业20‰，钱庄业、照相业、镶牙业为10‰，物品贩卖业和制造业不同行业有较大浮动外，其他行业税率在2‰~5‰。据1932年颁布的营业税章程，部分行业实行10‰统一税率，但商民均认为税率过高，经过呈请南京国民政府行政院批准税率有所降低，一些高收入和奢侈性行业如保险业、钱庄业、娱乐场所、镶牙业、照相业税率为10‰，物品贩卖业在2‰~10‰、制造业在5‰~10‰浮动，其他行业税率在4‰~6‰。

（四）改进牙税、屠宰税

牙税是向牙行或牙商征收的税收，起源比较早，屠宰税是民国以后开办的新税。1930年以前，河南牙税由县政府经征，牙帖分为三等：上等帖帖捐30元，年税24元；中等帖帖捐26元，年税20元；下等帖帖捐20元，年税15元。屠宰税的税率为三项：宰牛1头，收税2元；宰猪 1 头，收税 3 角；宰羊 1 头，收税 2 角。① 1931 年营业税开征后，将牙帖和屠宰税划归营业税，《河南省营业税征收章程》第 13 条规定牙帖、屠宰税等"原有与营业税性质相同之各项捐税，均暂照原定税率分别改征营业税"。② 在征收方法上也进行了改进，采取招商投标承办的办法进行征收，尽管也有弊端，但"办理数年，税收日有起色"。如 1931 年 5～12 月，牙税标出 73 县，得标额 61.52 万元；屠宰税标出 93 县，得标额 30.22 万元。1932 年，牙税标出 98 县，得标额 83.94 万元；屠宰税标出 107 县，得标额 35.7 万元。1933 年 1～9 月，牙税标出 107 县，得标额 98.87 万元；屠宰税标出 109 县，得标额 35.64 万元。可见，通过承包制收到比较明显的效果，如时人所言"税率仍旧，收入倍增，改进之效，不为不著矣"。③

除了以上主要税种外，南京国民政府时期征收的工商税种还有烟酒类税，包括烟酒捐（1915 年开征）、卷烟洋酒税（1927 年 7 月开征，1931 年改征统税）、土酒土烟税（1933 年开征）、烟酒牌照税（1927 年开征）、营业牌照税（1914 年开征）、临时商业税（1931 年开征）、个人所得税（1921 年开征，后停征，1928 年复征）、私营企业所得税（1937 年开征）、契税等，④ 限于篇幅，不再赘述。

五　公债与公产

公债发行。1931 年，河南省裁撤厘金，偿还预征田赋，豁免盐斤食户捐、煤油燃户捐等，使省财政收入突减 800 万元，导致省库亏空，财政拮据。为解决财政问题，经南京国民政府核准，以营业税作为抵押，决定发行善后救济公债 300 万元。为规范公债募集和解决相关问题，河南省颁布了一

---

① 李文浩：《三年来之河南财政》，《河南政治月刊》第 3 卷第 10 期，1933 年 11 月。
② 《中华民国工商税收资料选编》第 5 辑《地方税及其他税捐》（下），第 2914 页。
③ 李文浩：《三年来之河南财政》，《河南政治月刊》第 3 卷第 10 期，1933 年 11 月。
④ 以上各种税种的征收概况参看《河南省志》第 45 卷《财政志》第 55～108 页相关内容。

系列相关法规文件，如《河南省民国二十年善后公债条例》、《河南省民国二十年善后公债发行简章》、《劝募公债办法》（1933年3月31日修正）、《募解善后公债办法》（1933年3月31日）、《善后公债发领债票及支领本息办法》、《河南省二十年善后公债第一次还本办法》等。① 在这些办法的规范下，募集公债取得了一定的成效。如1931年8~12月，募集1104156元。1932年，募集598350元，比上年减少的原因一是"地方多故，金融枯竭"；二是上海发生了"一·二八"事变，"征发军粮，募集救国捐，公债劝募之进行颇受影响"。1933年，重新制定了劝募办法，取消了以前"强迫摊派，及经募人侵占之积习"，在数月之内就募集到441099元。② 尽管资料不足，无法对这次公债募集情况做全面的了解，但从还款的情况来看，当时募足了300万元。③

河南省的公产收入主要来自官产和滩地。河南官产主要来源于清末裁撤绿营后腾出来的营房。④ 1930年，中原大战后组建的新河南省政府开始对官产进行清理，颁布了《河南省清理官产暂行章程》（1933年3月修正）、《河南省清理官产暂行章程施行细则》（1933年3月修正），根据章程和细则对官产进行调查。"先后根据各县查报者，计有开封等一百零五县，可处分之土地约有七十余顷，房屋三百余间，共估价银六万数千元。"官产主要通过地价和出租等方式增加财政收入，如1930年10月至1931年12月，"查明五十一处，收入地价银二万四千四百余元，又租地收入银三千余元"。1932年"查明处分者二十三处，收入地价银五千六百余元，又地租收入银六百余元"。1933年前期"查明处分者二十六处，收入地价银四千三百余元，又地租收入银二千三百余元。未标出者共四十余处，计土地十一顷余，房屋五十余间，约标价银二万六千余元"。⑤ 以上合计实际收入3.7万余元。

---

① 《河南省财政法规汇编》，第115~121页。
② 李文浩：《三年来之河南财政》，《河南政治月刊》第3卷第10期，1933年11月。
③ 《河南省政府年刊（1936年）》，第158页。
④ 《河南省志》第45卷《财政志》，第143页。
⑤ 李文浩：《三年来之河南财政》，《河南政治月刊》第3卷第10期，1933年11月。

流经河南省境内的主要河流有黄河、沁河、洛河、漳河等，这些河流两岸有大量的滩地。这些滩地是传统的官产，早在清朝时期"每年冬月，由各该县查勘实报，按亩征租，塌则豁免，故亩数无定"。[①] 即这些滩地在传统上属于政府，由政府出租给附近农民耕种，若滩地塌陷则地租豁免。1930年，河南省财政厅为了整理税收，专门设立了清理滩地处（1933年撤销），各县也成立了分处，"责成各县长负责办理"滩地清理事宜。[②] 为了清理滩地，颁布了《河南省财政厅清理滩地暂行章程》（1933年3月修正）、《河南省财政厅清理滩地暂行章程施行细则》（1933年3月修正）、《河南省各县清理滩地注意事项》（1933年3月修正）。[③] 1931年至1933年，河南省进行了3次滩地清理，1931年报勘滩地2630余顷，收款银6.3万余元；1932年报勘滩地3270余顷，收款银10.3万余元；1933年由各县县长继续清理，1~9月，报勘滩地900余顷，收款银1.02万余元。[④] 除了上述各种公产收入外，还有其他各农林试验场、没收款、各种罚款、中央补助款、长途汽车等收入。

六 财政收入与支出

（一）河南财政收入状况

前文我们比较系统地列举了河南财政收入的各种来源，下面我们再看各种来源在财政收入中的地位和财政支出状况等问题。表8-2是1930~1934年河南省各种财政收入状况统计表。

[①] 帖毓岐：《河南田赋概况》，萧铮主编《中国地政研究丛刊：民国二十年代中国大陆土地问题资料》，第10428页。

[②] 帖毓岐：《河南田赋概况》，萧铮主编《中国地政研究丛刊：民国二十年代中国大陆土地问题资料》，第10428页。

[③] 《河南省财政法规汇编》，第103~106页。

[④] 李文浩：《三年来之河南财政》，《河南政治月刊》第3卷第10期，1933年11月。

表8-2 1930~1934年河南省省库收入实况统计

单位：元，%

科目		1930年	1931年	1932年	1933年	1934年
总计		6376837.32	9813796.25	15060459.85	13752551.99	14543307.24
田赋	占财政收入的比例	54.55	49.91	45.43	50.60	47.85
	共计	3478549.38	4898528.37	6842164.74	6958153.79	6958514.13
	地丁	2691707.71	3902188.04	5371767.66	5375102.85	5288429.95
	漕粮	231181.30	452904.61	669040.16	710195.47	716513.07
	补助捐	477965.85	457050.81	618277.52	772251.35	799634.33
	串票捐	69479.36	66616.57	78423.67	96409.77	151680.95
	租课	8215.16	19768.34	104655.73	4194.35	2255.83
契税	占财政收入的比例	17.14	19.77	13.29	14.90	16.3
	契税	1093143.00	1939715.00	2001190.00	2049639.00	2370956.00
营业税	占财政收入的比例	5.08	12.60	9.57	12.48	11.76
	共计	323780.24	1236659.09	1441417.86	1715938.44	1710861.76
	牙税	235066.13	450876.03	697646.78	802952.08	821187.71
	屠税	88714.11	230528.04	289888.28	307327.09	320042.34
	营业税	—	555255.02	453882.80	605659.27	569631.71
地方营业	占财政收入的比例	—	0.59	2.58	2.97	0.03
	共计	—	57635.56	388398.55	407841.03	4520.01
	银行官股红利	—	—	—	63751.85	4520.01
	长途汽车营业	—	57635.56	218398.55	135089.18	—
	中原公司红利	—	—	170000.00	209000.00	—
地方财产	占财政收入的比例	—	—	0.006	0.12	0.13
	共计	—	—	830.68	16360.93	18573.67
	房租	—	—	590.68	6413.59	12044.07
	营业租金	—	—	240.00	1074.34	—
	河务局课租	—	—	—	8873.00	6529.60
地方事业	占财政收入的比例	—	0.005	0.01	0.005	0.13
	共计	—	464.94	16251.45	648.10	18328.85
	农林试验场收入	—	—	16251.45	—	18328.85
	地方事业收入	—	464.94	—	648.10	—
盐税	占财政收入的比例	—	2.39	10.12	6.0	7.08
	共计	—	235000.00	1524000.00	825000.00	1030000.00
	盐税附加	—	235000.00	1164000.00	825000.00	1030000.00
	芦商积欠	—	—	360000.00	—	—

续表

	科目	1930年	1931年	1932年	1933年	1934年
其他收入	占财政收入的比例	0.51	2.30	0.88	1.63	5.01
	共计	32773.21	225351.70	133051.28	224813.38	728509.24
	地方官款缴还	11880.03	208383.17	34120.01	21611.45	293721.56
	官产变价	20157.15	9037.41	4363.88	23231.82	60435.97
	官产生息	136.34	132.32	—	—	20458.15
	没收及罚款	336.26	648.31	7428.20	1200.00	—
	滩地款	—	—	70183.97	9908.75	11239.40
	公安局杂捐	—	—	10756.11	150413.99	93122.62
	牙屠税保证金利息				17851.87	
	国家款缴还	263.43	7150.49			
	县款结余			6199.11	595.50	
	飞机场款					224496.53
	公务员储蓄款					25035.01
杂项收入	占财政收入的比例	9.09	0.46	3.27	8.33	8.21
	共计	579444.50	44910.11	491850.90	1145286.53	1194480.36
	棉业交易手数料	33963.60	4094.50	—		3802.95
	中原公司矿业准备金					11081.95
	保安费	110616.83	40427.73	281.07		
	民团经费	3445.90	—	31.01	396.35	
	其他杂税	3914.44	—	1434.59		1355.90
	长途电话附捐			13220.27		
	剿匪补助费	—	—	458518.61	1144890.18	1178116.60
	厘税	212138.95	258.94	18240.19		
	包裹税	20339.31	93.87	31.11		122.96
	花生税	34092.87	—			
	火车货捐	120287.10				
	花捐	22484.83				
	斗捐	18160.66	35.06	94.05		
特别收入	占财政收入的比例	13.63	11.98	14.75	2.97	3.50
	共计	869146.99	1175531.41	2221304.39	408870.79	508563.22
	善后公债	—	—	1620327.45	387652.47	420131.74
	烟酒牌照税					83716.40
	禁烟罚款	379146.99	925531.41	388979.23	13972.53	4253.58
	救国捐			26997.71	7245.79	461.50
	中央协助	490000.00	250000.00	185000.00	—	—

资料来源：河南省政府秘书处统计室编《河南省政府五年来施政统计（财政）》，1935，第25～27页。

从表8-2来看，第一，如果以1930年财政收入的指数为100，那么1931年为153.9，1932年为236.2，1933年为215.7，1934年为228.1。可见，中原大战后，河南省财政收入处于上升趋势。第二，田赋收入占全省财政收入半数左右，如1930年占财政总收入的54.55%，1931年占49.91%，1932年占45.43%，1933年占50.6%，1934年占47.85%，说明田赋在财政收入中占主要地位。同时，在1930年河南省财政收入大幅度上升中，田赋所占比例反而有所降低，反映除田赋外，其他收入有了一定程度的增加，如契税、盐税、营业税都有不同程度的增长。

（二）河南财政支出状况

河南省财政支出主要有党务费、行政费、司法费、公安费、财务费、教育费、实业费、卫生费、建设费、抚恤费、预备费、偿还债务费、建设专款费、军事补助费、杂项支出、垫支国家款、协助费等。表8-3是1930年至1934年河南财政支出统计表。

表8-3　1930~1934年河南省省库支出实况统计

单位：元，%

科目	1930年	1931年	1932年	1933年	1934年
总计	6708717.10	9726041.37	14641991.33	13636134.25	13929697.86
党务费	380578.01	628001.57	448342.37	125742.89	120090.70
占总支出比例	5.67	6.46	3.06	0.92	0.86
行政费	2088517.16	2667457.03	2416428.08	2831660.46	2510016.11
占总支出比例	31.13	27.43	16.5	20.77	18.02
司法费	612871.72	728152.08	842178.28	968026.01	961719.55
占总支出比例	9.14	7.49	5.75	7.1	6.90
公安费	824134.25	2091330.16	1684024.95	1942536.28	1796381.51
占总支出比例	12.28	21.5	11.5	14.25	13.0
财务费	500178.69	648171.70	715220.13	652270.82	380182.12
占总支出比例	7.46	6.66	4.88	4.78	2.73
教育费	1093143.00	1939715.00	2001190.00	2049639.00	2370956.00
占总支出比例	16.29	19.94	13.67	15.03	17.02
实业费	—	—	—	25425.00	242831.00
占总支出比例	—	—	—	0.19	1.74

续表

科目	1930年	1931年	1932年	1933年	1934年
卫生费	—	—	—	26340.93	38130.19
占总支出比例	—	—	—	0.19	0.27
建设费	212842.85	834519.65	173124.80	234911.60	73281.46
占总支出比例	3.17	8.58	1.18	1.72	0.53
抚恤费	—	—	—	26390.00	11122.24
占总支出比例	—	—	—	0.19	0.08
预备费	—	—	651045.93	538309.21	543046.46
占总支出比例	—	—	4.45	3.95	3.9
偿还债务费	—	—	260962.64	542837.36	705003.56
占总支出比例	—	—	1.78	3.98	5.06
建设专款费	—	—	996035.88	976306.02	959435.10
占总支出比例	—	—	6.8	7.16	6.89
地方营业支出费	—	—	—	—	250000.00
占总支出比例	—	—	—	—	1.79
协助费	—	—	—	—	707493.92
占总支出比例	—	—	—	—	5.08
其他各费	—	—	—	84500.00	1375825.51
占总支出比例	—	—	—	0.62	9.88
军事补助费	—	—	959922.59	1375832.59	—
占总支出比例	—	—	6.56	10.09	—
杂项支出	20486.20	40241.28	2921149.51	1235406.08	884182.43
占总支出比例	0.31	0.41	19.95	9.06	6.35
垫支国家款	975965.23	148452.90	572366.17	—	—
占总支出比例	14.55	1.53	3.91	—	—

资料来源：《河南省政府五年来施政统计（财政）》，第28页。

从表8-3来看，第一，河南省财政支出项目逐年增加，如1930年和1931年均为9项，1932年增加到13项，1933年增加到16项，1934年增加到17项。增加的项目主要是公共事业和社会福利支出，如卫生、抚恤等。第二，在各项支出中，行政费基本一直居于首位，教育费居于第二位，杂项、军事补助逐年增加，党务费逐年减少。

第九章
新旧并存的金融业

一 传统金融业的延续

(一) 钱庄

钱庄作为中国传统金融机构历史悠久,到明清时期日臻完善。在河南传统经济系统中,钱庄是最主要的金融机构,在社会经济发展中起着重要的作用。在河南新兴金融机构建立之前,钱庄"不失为各业融通资金之枢纽,举凡食粮、烟叶、棉花之采购、运销、存贮,农村生产消费等货物之供给、分销,农工商资金之借贷、汇兑、存储,实无不利赖之。是故十数年前,无论开封、郑州、许昌、洛阳、安阳、新乡、汲县、焦作市、周口市等处俱为银号业荟萃之所,即穷乡僻壤之小邑,亦多见密布也"。[①]

郑州是河南新兴的商业与金融中心,据1930年代初调查,该地有银号10余家,如信昌、同和裕、源和胜、振豫、华兴、中权、自立泰、信孚、晋和等,资本1万至五六万元不等,主要从事经营、存放、汇兑等业务,"尤以吸收存款转贷商号为主……举凡郑埠之大小商号,率多与银

---

① 常文熙:《河南农村金融之调查》,《社会经济月报》第2卷第11、12期合刊,1935年12月,第61页。

号订有透支业务"。① 1930年代，河南各地钱庄衰落时，唯独郑州的钱庄业有增无减。

洛阳是豫西、陕东、晋南货物的集散地，据中央银行1930年代调查，"民元以前，洛市大小钱庄约计三十余家，自辛变改革后，地方秩序纷乱，各钱庄立脚不住，均告停业。嗣后市面兑换银钱，均改为钱摊，现在经营钱摊者，大概资本甚微，其额数百元至数十元而已，均附设于杂货铺内，或借街头巷口屋檐下者，每隔一二十家店铺，即有一两个钱摊之摆设，统计不下四五十处"。② 又据地方志记载，洛阳仅1921年就开设了10家银号，开展的主要业务有存款、放款、汇兑与铸造元宝，这些银号在1928年前后大多数倒闭。1930年，中原大战结束后，洛阳又有10家银号开张，1937年，洛阳尚有银号16家，其中2家开设于1921年，8家开设于1930年，6家开设于1937年。③

还有一些新兴的商业市镇，有一定数量的钱庄。据1932年调查，驻马店有钱庄6家；④ 漯河有钱庄11家，"资本底子厚者四五万元，薄者一二万元"。⑤ 豫东商丘"有同和裕及信昌银号二家，钱庄六七家，金融赖以流通"。⑥ 还有一些商行兼营钱庄业，如唐河1921~1932年曾有10余家商号发行"商号币"，⑦ 经营钱业。表9-1是对1933~1935年河南部分市镇钱庄开业时间、资本额的调查。

据表9-1统计，1933年，郑州有银号11家，洛阳有10家；1935年开封有10家，许昌有9家，驻马店有3家，漯河有2家，陕县有1家，共计46家（包括总号和分号）。在统计的46家银号中，其中民国时期新开业的42家，占91.3%；开设于1920~1935年的则有36家，占78.3%。

---

① 张荣珍：《郑州金融与商业概况》，《交行通信》第3期，1933年。
② 《各地方金融机关·洛阳》，《中央银行月报》第2卷第2、3号合刊，1933年2月，第288页。
③ 《洛阳市志》第10卷，第336页。
④ 《河南驻马店市面情形一般》，《中行月刊》第5卷第4期，1932年10月，第22页。
⑤ 《漯河商务调查报告》，《中行月刊》第5卷第5期，1932年11月，第22页。
⑥ 《二十一年度陇海铁路全路调查报告》，出版年不详，第105页。
⑦ 《唐河县志》，第471页。

表 9-1 1933~1935 年河南省部分市镇钱银业调查一览

市县	庄号名称	开设时间	资本数（元）	营业数（元）	业务种类
郑州①	同和裕银号	民国四年(1915)	—	500000	做汇兑、存放兼办储蓄(营业尚佳)
	信昌银号	民国九年(1920)	—	300000	同上(营业尚佳)
	中权银号	民国十八年(1929)	50000	—	汇兑、存放(营业尚佳)
	源和胜银号	民国五年(1916)	10000	—	做汇兑、存放、土产业务(营业稳健)
	自立泰银号	民国十八年(1929)	—	200000	做汇兑、存放兼作棉业(营业尚佳)
	信孚银号	民国廿一年(1932)	50000	—	做汇兑、存放,亦经理美孚油
	振豫银号	民国廿年(1931)	—	200000	做汇兑、存放(营业尚佳)
	厚生福银号	民国十二年(1923)	10000	—	做汇兑、土产(营业尚佳)
	晋和银号	民国廿年(1931)	30000	—	主做六河沟矿款交易(营业平淡)
	信泰银号	民国廿一年(1932)	30000	50000	汇兑存放兼售南阳卷烟(营业平平)
	义利永银号	民国廿一年(1932)	30000	100000	存放汇兑兼营大中火柴(营业平平)
洛阳②	荣泰长银号	民国八年(1919)	10000	公积金 70000	汇兑、储蓄兼作棉花、面粉、潞盐
	益晋银号	民国十三年(1924)	10000	公积金 50000	汇兑、储蓄兼作棉花、面粉、潞盐
	庆泰银号	民国十七年(1928)	15000	公积金 3000	汇兑、储蓄兼作棉花、面粉、潞盐
	义泰银号	民国二十年(1930)	30000	—	专做汇兑
	聚丰银号	民国十八年(1929)	15000	—	专做汇兑
	中汇银号	民国二十年(1931)	20000	公积金 7000	专做各处汇兑
	协通银号	民国十七年(1928)	10000	—	专做汇兑
	汇丰银号	民国廿一年(1932)	30000	—	专做各处汇兑
	振豫银号	民国廿一年(1932)	3000	—	专做本埠同业汇款汇兑
	同和裕银号	民国廿一年(1932)	5000	—	专做储蓄各种汇兑
陕县③	兴源银号	民国四年(1915)	50000	40000	
	中权银号	民国十九年(1930)	50000	20000	
	华兴银号	民国廿一年(1932)	200000	60000	
开封③	乾元恒银号	光绪九年(1883)	40000	70000	
	振豫银号	民国十年(1921)	150000	60000	
	谦□银号	民国十五年(1926)	50000	80000	
	万兴银号	民国廿一年(1932)	40000	10000	
	大德恒银号	嘉庆三年(1798)	1000000	160000	
	德生祥钱庄	民国廿二年(1933)	30000	—	
	同和裕银号	民国元年(1912)	200000	15000	
	信昌银号	民国十一年(1922)	50000	150000	

第九章 新旧并存的金融业

续表

市县	庄号名称	开设时间	资本数（元）	营业数（元）	业务种类
许昌③	宏康银号	民国十八年（1929）	100000	200000	
	福兴公银号	光绪十六年（1890）	50000	100000	
	丰泰祥银号	民国七年（1918）	30000	150000	
	隆和银号	民国十九年（1930）	10000	100000	
	福懋银号	民国廿二年（1933）	20000	70000	
	谦康银号	民国廿三年（1934）	30000	100000	
	德昌银号	民国廿二年（1933）	30000	30000	
	永亨银号	民国十三年（1924）	50000	100000	
	济生银号	民国十七年（1928）	200000	40000	
漯河③	德恒祥银号	光绪卅十年（1904）	30000	100000	
	振豫银号	民国二十年（1931）	50000	160000	
驻马店③	福记庄	民国九年（1920）	20000	80000	
	振豫银号	民国廿一年（1932）	100000	30000	
	振兴银号	民国二十年（1931）	30000	40000	

资料来源：①《郑州金融机关》，《中央银行月报》第2卷第11号，1933年11月，第1944~1945页；②《各地方金融机关·洛阳》，《中央银行月报》第2卷第2、3号合刊，1933年2月，第288~289页；③中国银行经济研究室《全国银行年鉴（1935年）》，汉文正楷印书局，1935，(L)第32~33页。

1930年代以来，河南的银钱业开始走向衰落。最根本的原因是新式银行、农村信用合作社等新式借贷关系的建立。1933年10月，在华北具有最大影响力的开封信昌银号倒闭，"同时还动摇了大银号同和裕"。信昌银号"就是为当地新设的许多新式银行所轧倒"。① 另如"许昌之钱庄业，过去甚盛，现因银行之竞争，农村之破产，只余十数家，尚苟延残喘，朝不保夕；修武县钱庄前亦颇多，现只存一二家；新乡县位居平汉、道清两路线间，因交通便利，钱庄昔亦不再少数，今亦只有一二家；其他如杞县、太康等水路交通不便之地方，钱庄业早已告绝迹；淮阳虽有大成厚、谦丰、老福泰两三家，尚系新设，其衰落凋敝之况于此可见"。② 由此可见，由于新式银行与

---

① 孙怀仁：《中国金融业之危机与其前途》，《申报月刊》第4卷第3号，1935年3月15日。
② 常文熙：《河南农村金融之调查》，《社会经济月报》第2卷第11、12期合刊，1935年12月，第58页。

合作社的设立，传统银钱业逐渐衰落，从各种统计资料也可以看出，到1930年代中期只有比较大的商业市镇和都市有钱庄，各县钱庄已消失殆尽。

（二）当铺

1930年代河南农村面临金融枯竭，政府做出了一些努力，如创办合作社等，仍难解决问题。因此，人们提倡恢复当铺，以缓解农村金融枯竭面临的各种问题，"各处除组织合作社以资调剂外，对于典当之提倡，亦大有人在"。[①] 同时，在政府层面上也给予了大力支持，1931年河南省政府给国民政府内政部咨文说："典当业调剂平民金融，实有筹设必要。……本省为内地区域，人口不甚繁密，以衣饰而求通融者，为数较少。若营业区域，仍如以前之广大，非由雄厚资本，不足以资周转，若仿外埠情形，多多开设，则营业不振，无利可图。有力之商人，未必愿投资经营。是私营典当，一时恐不易实现，自以公营为宜。"[②] 可见，即使在1930年代各种现代金融机构逐渐渗入河南的时期，从政府层面来看，传统典当业依然在社会经济中是不可或缺的。随后，河南省政府以财字第73号通令，酌定以最低税率，要求各县政府督同商会筹办，"以策进行"。[③] 典当业在河南绝迹后，1930年代河南典当业再次恢复起来。表9-2是金陵大学农业经济系关于1935年本省典当业状况的调查。

在金陵大学农业经济系调查的典当业中，私营当铺很少，主要是农民借款所。农民借款所是一种新兴的小规模的农村金融机构，由中国农民银行主办，"其营业方式，与旧式典当大致相同，而其营业方法，则变更甚多。盖其营业宗旨，在于救济农村，并在推行期间，冀其影响所及连带减低当地一般放款习惯上所取之高利率。故取利即轻，陋规亦免。其他旧式典当不便之

[①] 常文熙：《河南农村金融之调查》，《社会经济月报》第2卷第11、12期合刊，1935年12月，第58页。
[②] 宓公干：《论典当》，商务印书馆，1936，第240页。
[③] 《河南省政府年刊（1936年）》，"工作报告"，第250页。

第九章　新旧并存的金融业

表9-2　金陵大学农业经济系关于河南各种典当业的调查

类别	地点	典当名称	成立年月	以往有无典当,如有,则曾上架至若干元
典质	安阳	农村典	1934年3月	有典2家,曾上架30万元
	安阳	协记典	1934年4月	同上
	武陟	德成典	1933年12月	有典当2家,曾上架15万元
	新乡	第一农民贷款处	1934年9月	—
农民借款所	禹县	公营当铺	1935年1月	—
	辉县	农借处第二代转所	1935年1月	有典当1家,上架10余万元
	获嘉	农借处第十代转所	1935年3月	有典当2家,上架15万元
	获嘉	农借处第八代转所	1935年3月	有小押店
	修武	农借处第一代转所	1935年3月	有小押店
	修武	农借处第六代转所	1935年3月	有小押店
	新乡	农借处第三代转所	1935年3月	有小押店
代质	沁园	宏利代当	1933年12月	有典1家,上架9万元

资料来源:《豫鄂皖赣四省之典当业》,第4~5页。

办法,亦全部豁除"。[1] 因此,1933年9月,四省农民银行与新乡振豫银号合作创办了河南省第四区第一农民贷款处(当铺),"专管第四区各农民衣服、被物、金银首饰、农具等之典当及农产品之抵押放款"。总资本20万元,农民银行出四分之三,振豫银号出四分之一。第一农民贷款处还在第四区所属各县创办了12个代转所,即第一焦作代转所(字号旭升东)、第二辉县代转所(无字号)、第三小冀代转所(字号豫记)、第四阳武代转所(字号永记)、第五延津代转所(字号振记)、第六修武代转所(字号利民)、第七武陟代转所(字号德成)、第八元村驿代转所(字号源昌号)、第九封丘代转所(字号德发恒)、第十获嘉代转所(字号澜兴裕)、第十一原武代转所(字号益泰生)、第十二汲县代转所(字号德记),这些代转所"犹如旧日当铺下之转当铺"。[2] 现代银行资本以这样的方式走入农村,说明传统借贷习惯在民间仍有很大的生存空间。

---

[1]《豫鄂皖赣四省之典当业》,第3页。
[2] 常文熙:《河南农村金融之调查》,《社会经济月报》第2卷第11、12期合刊,1935年12月,第58~59页。

（三）押当铺

南京国民政府建立后，为了限制高利贷的盘剥，1930年5月，公布并实施有关借贷规定，"约定利率超过百分之二十者债权人对于超过部分之利息无请求权"，即规定最高年借贷利率不得超过20%。[1] 一些商人或高利贷者为了避免追究，进行黑市经营，不设门面，资本很少，当息月息一般在7%~10%，满当为3个月，当品只估原价的十分之二三，"开封小押铺清末民初时最多，一直延续到抗日战争时期"。[2] 又据1930年代调查，"河南纯粹高利贷之押当铺，为数亦不少，有开设营业门面与不开设门面而暗中营业者两种"。滑县是豫北商业通道，大集镇较多，商业发达，故经营"押当以业无处无之"。据该县公安局调查，"全境押当铺登记之数不下二百余家，至于不登记及暗中营业者尚不在内"。"业主多为地主或城镇小商及高利贷者，规模不大，组织简单，随时设立，随时关闭。"这些地下当铺"资本有限，多则五六千元，少则千元以至数百元。利息既高，最少月利四分五分，多则有加一加二，期限又短，约一个月至七八个月，逾期不赎即将抵押品拍卖"。此外，修武押当铺也颇为流行，"计全城不设门面暗自敲诈者，不下十余家，抵押品率多值百押三十，月利五分，押期三月，逾期不赎者以绝赎论"。郑州亦有押当铺，"押当期限更为短促，少则十天二十天，多则一两个月，利息四分五分以至于七八分不等"。[3] 可见，押当铺以当铺名义从事高利贷经营活动，主要分布在商业和交通比较发达的市镇。

（四）其他传统融资组织

除了以上各种金融组织外，河南还有一些传统的不以计息为目的的私人传统融资组织，这些组织各县均有，而且在民国时期继续存在。

摇会。摇会是合会的一种，[4] 黄河南北，"无论农村或城市，均盛行所谓拢

---

[1] 李金铮：《近代中国乡村社会经济探微》，人民出版社，2004，第482、483页。
[2] 《河南省志》第46卷《金融志》，第11页。
[3] 常文熙：《河南农村金融之调查》，《社会经济月报》第2卷第11、12期合刊，1935年12月，第60页。
[4] 钱世经：《乡村金融组织的现状与将来》，《中国建设》第11卷第2期，1935年2月，第11页。

第九章 新旧并存的金融业

摇会之事。……如某人经济枯竭,无法周转,而平素品行端正确实可靠,信用素著,即可发贴请其亲友随会。贴式与普通请客贴大同小异,惟须附明'随带会洋△元',或'随带会钱△千文'而已"。① 摇会是民间最流行的传统融资组织,如"开封市上,有许多无产阶级或者小资产阶级人们,他们为了想做一点事业,或买卖因为没有资本,或金钱不凑手的时候,就往往随一根'摇会'准备应用……据说,发起'摇会'的意思,是积少成多,集腋成裘,含有储蓄性质的"。②

放账店。放账店是有钱人独立或邀请二三人合办的一种民间借贷机构。据调查,河南省放账会比较发达,原因是"年来因捐税负担特重,钱业衰落,而各业停滞,投资无利,有资者群以此为谋利之门径,故放账店之开设如雨后春笋"。如修武县城,有放账店多至十四五家,滑县有100余家。放账店期限短,利息高,条件苛刻,普通以1个月至3个月为限,最长不超过5个月;月息3~4分,放款除需要中人担保外,还须以土地作抵押,"逾期不还勒令丢地"。③

除"摇会"外,河南各地还存在多种私人融资组织,如开封有"化会""十贤基金会""老人会""场会"等。化会与摇会大同小异,均为私人融资组织,其方法"不以骰子摇,而以纸条画数码,每次以画的数码大者一人得会,其数码则多有限制,如一元会,最多不得画三角,三毛以内可以自由出入(即任意画);五元会,至多不得画一元五毛,一元五毛以内可以自由出入"。④ 另外,"十贤基金会"是由会员10人和会首1人积成500或1000元的整数,轮流使用,是一种适合中产阶层的储蓄组织。"老人会"是一种"类似人寿保险的储蓄会","场会"为零卖商人或其他经纪人销售货物的一种办法,方法是"分期支付货价"。据调查,以上几种会1930年前后在开封"最为发达"。⑤

另外,其他各县也有同样性质的民间传统融资组织。如郑县有"用具购买会","农人有因共同需要时,即联络若干人组织一会,每会员出麦二升、三升、四升不等,亦有出钱者,至一定时期,购置竹篮、提斗或布袋等

---

① 擎天:《摇会的内容与取缔》,《河南政治月刊》第5卷第6期,1936年6月。
② 《开封摇会概况》,《河南统计月报》第1卷第7期,1935年7月,第128~129页。
③ 常文熙:《河南农村金融之调查》,《社会经济月报》第2卷第11、12期合刊,1935年12月,第60页。
④ 《开封摇会概况》,《河南统计月报》第1卷第7期,1935年7月,第128~129页。
⑤ 张宜兰:《开封的私人储蓄会》,《中国经济》第5卷第7期,1937年7月,第95页。

用具，共同使用"。① 南召县民间有"白布会""老老会"，是为老人后事做准备工作的，"入会人须缴纳同等数量的白布和粮食等物"；"转圈会"是民间传统的互助借贷组织，"凡入会者均缴纳一定会费，利用这笔会费去救济生活极度贫困户"。② 虞城县除了"摇会""孝会"外，还有"盖房会"、"储金会"（又称兑会）、"鸡蛋会"、"大带子会"、"手帕会"、"年会"、"喜会"等，③ 都是为了解决某项事情而成立的筹集资金的组织。淮阳的行孝会类似于南召的"老老会"和虞城的"孝会"，是家有老人的一种经济上的互助组织，"遇有会员遭遇丧事，会首可通知其余会员准备送给面粉、木材、现金等物（数量不定），以供应用，信义坚定，绝无爽约。此时会员骤得此种物款，丧事自易顺利进行。此后如遇他会员有丧事，余会员与前同样资助，直至各会员丧事均办完为止，但其经济权利，每会员只能过用一次"。④

除了上述各种名目繁多的会外，还有粮食行和花行从事金融业务。一些资本充裕的粮食行从事农村贷款与吸收存款，"农用孔急时则放出债款，至新谷登场，催农民到行粜粮偿债，即可招徕主顾，吸食'行佣''杂粮'，又可生息取利；农用有余，粮行亦可随时吸收无息存款"。豫西产棉区的"花行"也有从事借贷的功能，和粮食行不同的是，"花行自身资金少，所放之'籽花帐'，多替花客贷放，从中剥削而已。如花客向大花行放款为十四五元一百斤，大花行转放给小花行则变为十二三元一百斤，小花行放给棉农，只有七八元一百斤。在农村未组织合作社之前，农民既无低利借贷之融通，又乏当铺钱庄之挹生，'花籽帐'虽然于农民利多害少，亦未始非死中之一条活路也"。⑤ 民国时期，河南各地各种各样的传统私人互助组织，尽管有些属于高利贷性质，对农民"害多利少"，但不可否认这些组织的存在，为民众提供了融资渠道。

---

① 常文熙：《河南农村金融之调查》，《社会经济月报》第 2 卷第 11、12 期合刊，1935 年 12 月，第 62 页。
② 《南召县志》，第 810 页。
③ 《虞城县志》，第 310 页。
④ 蔡衡溪：《淮阳乡村风土记》，1934，第 117 页。
⑤ 常文熙：《河南农村金融之调查》，《社会经济月报》第 2 卷第 11、12 期合刊，1935 年 12 月，第 63 页。

二 河南农工银行

南京国民政府建立后，进一步推动了中国金融现代化的进程。在中国金融现代化进程中，河南省建立了自己的新式银行——河南农工银行。

1927年6月，武汉国民政府北伐军与冯玉祥国民军在郑州会师后，10日召开郑州会议，冯玉祥被任命为政治委员会开封分会主席，指导陕甘豫三省事务，兼任河南省主席。为了维持军费和地方财政，决定建立新金融机构——河南省农工银行。一是要避开信誉扫地的河南省银行名称；二是北伐期间，提倡扶助农工，以趋时尚。1928年3月16日，河南农工银行在开封成立，计划总资本额为500万元。该行系官商合办，但开业之初，仅收到商股30万元，至1929年总资本才达到35万元。至于官股则以财政困难，"不仅未拨交分文，且历任财政当局，又以银行为弥补财政不足之工具，任意亏欠，至十八年终积欠达十二万余元，几占所有资本之半"。[1] 在此期间，冯玉祥国民军统治河南，该行又并入西北银行（成立于1925年3月，总行设在张家口），1929年3月又恢复原名。在中原大战之前，河南农工银行尽管在上海、汉口、天津等大埠和本省新乡、郑州、洛阳、许昌、商丘、安阳、焦作、陕县、信阳等地设有13个分支机构，但经营惨淡，加之被财政所累，"所余资金及不动产不足二十万元，营运十分困难"，[2] 濒临倒闭的境地。

中原大战结束后，刘峙主豫期间，河南农工银行有了较大的发展。"先后曾拨款巨万，充实资力。本行根基渐获稳定，数年之间对于调剂各地金融，补助工商各业，发展薄具成效，社会信仰与日俱增。独惜商股股本，迭经设法催缴，迄少增加，为求本行基础稳固报部注册，计政府不得已于二十四年元旦，依然将商股悉予退还，收归官办。"[3] 因得到河南省政府主席刘峙的支持，河南农工银行发展开始走上正轨。

---

[1] 李凌阁：《河南农工银行概况》，《金融知识》第2卷第2期，1943年3月。
[2] 梁鑫：《河南农工银行与李汉珍》，《开封文史资料》第4辑，1986，第90页。
[3] 李汉珍：《河南农工银行一年来之回顾与前瞻》，《河南政治月刊》第7卷第1期，1937年1月。

（一）制度建设

为建立健全银行管理制度，颁布了《河南农工银行章程》，规定该行资本总额为300万元，先由省政府拨足150万元，余额由省政府陆续拨足。"将来如有增加资本必要时，经董事会决议，呈请省政府核准增拨，转咨财政部备案。"业务主要包括："一、收受各种存款；二、有确实保证及担保品之各种定期活期放款；三、办理国内汇兑及货物押汇；四、国库、省库证券及商业确实票据之买卖贴现；五、代人保管各项贵重物品及代理收解款项；六、与国家银行及各官商银行订立特约事项。"具有募集与经理本省公债还本付息、代理公有事业款项的收付、办理其他奖励与发展的事业和受省政府委托代理金库等特权。不得从事有损本行经营的业务，如团体借垫或担保、买卖或承受各公司的股票与债票、无抵押贷款以及以银行名义的担保。设立董事会、监察人、总经理与行务会议进行银行管理。有关银行资本增加、业务方针、预算决算、分支机构的设立与裁撤、各种规则的制定、盈余的分配、重要职员的进退等重大事项，经董事会决议由董事长交总经理执行；监察人的职责包括账目的稽核、库存现金及证券的检查、预决算的审核等；行务会议的范围包括营业计划的拟订、各种规章制度的审查、办事权限的争议等事项。[①] 另外，还制定了《河南农工银行存款规则》《河南农工银行放款规则》等。1933年9月，根据章程成立了董事会与监察人会，并进行了两次人员培训，提高员工现代银行管理知识与业务水平。

（二）增加资本与分支机构

李汉珍掌银行后，为了提升农工银行在河南金融市场的竞争力，极力增加银行资本，一方面呈请省政府增拨官股，另一方面催缴民股。从1930年12月至1934年底，省政府先后增拨官股126.3万元。[②] 同时，除了整理原有的分支机构

[①]《河南农工银行章程》，南阳地区金融志编辑室编《南阳地区金融史料》第3辑，1986年油印本，第19~24页。
[②] 李凌阁：《河南农工银行概况》，《金融知识》第2卷第2期，1943年3月。

外,将郑州、许昌办事处改为分行,信阳办事处改为支行,陆续增加了南京、南阳、漯河、潢川、道口等办事处。1935年改为官办以来,随着银行业务的扩大和"营放农贷抵押,设置农业仓库",河南农工银行先后在郑县、许昌设立分行,在彰德(安阳)、陕县、洛阳、归德(商丘)、漯河、南阳、信阳、潢川、博爱、太康、汤阴、汝南、禹县、杞县、灵宝、淮阳等地设立办事处(参看表9-4)。① 这些办事处的设立,表明现代金融机构逐渐向乡村伸展。

(三) 由官商合办改为官办

在农工银行资本招募过程中,除1929年募集的商股外,商股招募十分困难,1934年河南省政府委员会决定,归还商股,完全改为官股。收回商股办法"以公债换回旧商股,以现金发还新商股"。② 根据省政府的决定,1935年1月,依照规定进行改革,"发还商股,改为完全官办"。新的董事会由财政厅长尹任先、建设厅长张静愚、教育厅长李敬斋、省府秘书长方其道、省府委员张广舆为董事,尹任先为董事长;省党部委员萧洒、省府委员张善兴为监察人;董事会推举李汉珍为行长。③ 实现由官商合办到官办的转变后,1936年2月,呈报财政部注册,12月获准注册,并规定了河南省农工银行业务范围:(1)收受各种存款;(2)有确实保证及担保品之各种定期活期放款;(3)办理国内汇兑及货物抵押;(4)国库、省库证券及商业确实票据之买卖贴现;(5)代人保管各项贵重物品及代理收解款项;(6)与国家银行及各官商银行订立特约事项。④ 由于进行了各项改革,农工银行业务有所增进,资产总额由1934年的778.7万元增至1935年的879.3万元,净增加100.6万元;1936年资产总额为1255.9万元,比上年增加376.6万元,比1934年增加477.2万元。⑤

---

① 李汉珍:《河南农工银行一年来之回顾与前瞻》,《河南政治月刊》第7卷第1期,1937年1月。
② 《河南省政府年刊(1935年)》,第164页。
③ 《河南农工银行二十四五年份营业报告》,《河南政治月刊》第7卷第4期,1937年4月。
④ 中国银行经济研究室:《全国银行年鉴(1937年)》,台北:文海出版社,1988年影印本,(C)第29页。
⑤ 《河南农工银行二十四五年份营业报告》,《河南政治月刊》第7卷第4期,1937年4月。

河南农工银行的业务以存款、放款、汇兑和发行（1935年之前）为主。表9-3是1935～1936年各种业务的办理情形。

表9-3 1935～1936年河南农工银行业务统计

项目		1935年				1936年			
		户数	占比(%)	金额(元)	占比(%)	户数	占比(%)	金额(元)	占比(%)
存款	代理金库存款	28	2.77	536468.66	13.52	37	3.16	1892431.66	38.47
	各机关存款	276	27.27	1659965.73	41.8	417	35.6	2209187.83	44.93
	商号存款	260	25.96	526482.56	13.27	271	23.14	153447.05	3.12
	私人及机关团体存款	448	44.27	502083.80	12.66	446	38.1	269364.16	5.47
	其他存款	—	—	741524.20	18.68			393801.16	8.02
	合计	1012	100	3966524.95	100	1171	100	4918231.86	100
放款	信用放款	—	—	1381361.33	45.6			2071652.92	47.05
	抵押放款			1647901.29	54.4			2331484.34	52.95
	合计			3029262.62	100			4403137.26	100
汇兑	普通汇款			20733887.27	83.61			17436105.33	73.64
	代理金库汇款			4063479.00	16.39			6240952.00	26.36
	合计			24797366.27	100			23677057.33	100

资料来源：《河南农工银行二十四五年份营业报告》，《河南政治月刊》第7卷第4期，1937年4月。

从表9-3来看，1935、1936两年农工银行的各项业务有增有减，存款数由396.7万元增加到491.8万元，放款额由302.9万元增加到440.3万元；汇兑由2479.7万元减少为2367.7万元。1936年6月，根据农工银行代理金库章则，制定《河南省财政厅委托省立银行收付保管各县田赋正附各款暂行办法》，规定凡农工银行设有分行或办事处各县的田赋正附各款及营业税款，由该行收付保管。7月，由开封总行、郑州分行试行，代收营业税；10月，许昌、归德（商丘）、洛阳、陕县、彰德（安阳）等开始代收田赋等款；12月，该行所有分支机关均实现代理金库业务。因此，此项业务从1935年占存款业务的13.52%上升到38.47%。在放款业务中，主要有信用与抵押两种贷款，两年之中变化不是很大。但从1936年银行开始放款给地方经济建设，如在兰封县治理滩地中，省

第九章 新旧并存的金融业

政府要求银行"以低利贷放滩户",年终兰封办事处此项放款20572元;当年该行与中、中、交3行共同担负本省公路建设,第一次以盐税收入为担保贷款240万元,第二次以全省营业税收入为担保贷款400万元;为了稳定商业市场,省商会与该行订立信用贷款办法,1935年旧历年终贷款54990元,次年终贷款39800元。① 这些都说明农工银行的业务逐渐发生了转变。

除了河南农工银行外,抗战前一些国家、地方银行也在河南境内的主要交通、工矿业和商业比较发达的市镇设立了分支机构。据1935年统计,河南省有总行1家,各银行的分支机构有49家,占全国的3.72%。② 中央银行③、中国银行(1912年由大清银行改名)、交通银行(1908年成立)、农民银行被称为国民政府时期的四大银行,在河南均设有分支机构。1931年6月,中央银行在郑州设立支行,次年6月在洛阳设立办事处,1933年7月,开封支行成立。北洋政府时期,中国银行曾在河南设有分支机构,中原大战结束后,1932年中国银行重返河南,截至1937年中国银行在郑州设有支行,在开封、安阳、许昌、漯河、驻马店设有办事处,在新乡、灵宝、陕县设有寄庄。交通银行也在中原大战后返回河南,1932年7月,交通银行在郑州、开封分行复业,1934年设立陕县支行。1936年1月,交行在郑州设立管辖分行,统一管理河南、陕西的交行分支机构,包括开封、陕县、安西、渭南4个支行,洛阳、灵宝、彰德(安阳)、潼关、咸阳、朝邑、泾阳7个办事处。鄂豫皖赣四省农民银行(1933年4月1日成立,1935年4月改名中国农民银行)成立后,1933年12月,在潢川设立办事处,这是农民银行在河南设立的第一家分支机构。次年在郑州成立分行,随着农贷的发放,在开封、新乡、洛阳、漯河等地成立了分支机构。

表9-4是抗战前本省的银行设立状况统计。

---

① 《河南农工银行二十四五年份营业报告》,《河南政治月刊》第7卷第4期,1937年4月。
② 远涵:《中国银行之分布》,《浙江财政月刊》第9卷第5期,1936年7月15日。
③ 南京政府成立后,1928年10月5日颁布《中央银行条例》,根据该条例,11月1日成立中央银行,作为国家银行享有发行兑换券、铸造及发行货币、代理国库等特权与职责。

表9-4 1912~1937年河南各地新式银行设立状况一览

市县	银行名称	机构性质	设立时间
太康①	河南农工银行	办事处	1936年9月
永城①	河南农工银行	办事处	1936年10月
永城①	中国银行	办事处	1913年12月
永城①	交通银行	办事处	1936年9月
安阳①	河南农工银行	办事处	1928年6月
安阳①	上海商业储蓄银行	临时办事处	1934年1月
安阳①	金城银行	办事处	1937年3月
汝南①	河南农工银行	办事处	1936年9月
沁阳①	河南农工银行	办事处	1936年10月
杞县①	河南农工银行	办事处	1932年6月
武安①	河南农工银行	办事处	1929年9月
洛阳①	中央银行	办事处	1935年4月
洛阳①	交通银行	办事处	1936年5月
洛阳①	中国农民银行	办事处	1928年5月
南阳①	河南农工银行	办事处	1932年6月
信阳①	河南农工银行	办事处	1929年9月
修武①	金城银行	办事储蓄处	1935年5月
禹县①	河南农工银行	办事处	1936年9月
陕县①	中国银行	寄庄	1924年6月
陕县①	交通银行	办事处	1934年10月
陕县①	河南农工银行	办事处	1928年10月
陕县①	上海商业储蓄银行	办事处	1932年1月
	中国银行	寄庄	1923年6月
	中国农民银行	办事处	1937年3月
新乡	中国农民银行	农贷所	1935年11月
新乡	河南农工银行	办事处	1928年4月
汤阴①	金城银行	办事处	1935年5月
滑县①	河南农工银行	办事处	1936年9月
滑县①	中国银行	办事处	1936年10月
鄢城①	河南农工银行	办事处	1913年12月
潢川①	中国农民银行	办事处	1937年3月
潢川①	河南农工银行	办事处	1932年10月
潢川①	河南农工银行	办事处	1933年2月
	中央银行	分行	1933年8月
郑县①	中国银行	支行	1931年6月
郑县①	交通银行	支行	1921年11月
郑县①	中国农工银行	分行	1913年2月
郑县①	中国农民银行	支行	1934年1月
郑县①	河南农工银行	支行	1928年5月
郑县①	陕西省银行	办事处	1931年4月
郑县①	大陆银行	支行	1933年10月
郑县①	上海商业储蓄银行	分行	1929年8月
郑县①	中孚银行	办事处	1935年9月
郑县①	北洋保商银行	分行	1933年12月
郑县①	金城银行	分行	1934年7月
郑县①	浙江兴业银行	支行	1932年10月

续表

市县	银行名称	机构性质	设立时间
淮阳①	河南农工银行	办事处	1936年9月
许昌①	中国银行	办行	1933年12月
	河南农工银行	分行	1928年5月
	金城银行	办事储蓄处	1934年11月
商丘①	河南农工银行	办事处	1930年12月
	徐州国民银行	办事处	1934年2月
鹿邑①	河南农工银行	办事处	1936年10月
开封①	中央银行	分行	1933年7月
	中国银行	办事处	1913年4月
	交通银行	支行	1909年10月
	中国农民银行	办事处	1934年2月
	河南农工银行	总行	1928年3月
	上海商业储蓄银行	支行	1931年4月
	金城银行	办事储蓄处	1933年6月
博爱①	河南农工银行	办事处	1936年9月
叶县②	河南农工银行	办事处	1935年11月
确山①	中国银行	办事处	1920年6月
凌县①	河南农工银行	办事处	1935年12月
	金城银行	办事储蓄处	1936年10月
兰封①	河南农工银行	办事处	1936年10月
灵宝①	中国银行	寄庄	1935年4月
	交通银行	办事处	1936年1月
	河南农工银行	临时办事处	1936年9月
	上海商业储蓄银行	分理处	1934年11月
漯河②	浙江兴业储蓄银行	办事处	1934年10月
	中国银行	办事处	1933年8月
驻马店②	河南农工银行	办事处	1932年10月
	中国银行	办事处	1920年6月
道口②	金城银行	办事处	1935年10月

资料来源：①《全国银行年鉴（1937年）》，(J) 第80~84页；②中国银行经济研究室《全国银行年鉴（中华民国二十五年）》，1936，(M) 第57~60页。

从表 9-4 来看，截至 1937 年，有 13 家银行在本省的 33 个市县建立了 77 个新式金融机关。其中河南农工银行 30 家，占 39.0%；中国银行 11 家，占 14.3%；金城银行 8 家，占 10.4%；中国农民银行 7 家，占 9.1%；交通银行 6 家，占 7.8%；上海商业储蓄银行 5 家，占 6.5%；中央银行 3 家，占 3.9%；其余浙江兴业银行 2 家，陕西省银行、徐州国民银行、大陆银行、中孚银行、北洋保商银行各 1 家。在 77 家银行中，办事处（包括临时办事处、办事储蓄处）58 家，占 75.3%；分行 7 家，占 9.1%；支行 6 家，占 7.8%；其余寄庄 3 家，总行 1 家，农贷所 1 家，分理处 1 家。就时间分布而言，1927 年以前设立的只有 10 家，占 13%，南京国民政府建立后设立 67 家，占 87%，说明南京政府时期是河南金融机关现代化的主要时期。就空间分布而言，在陇海线上的商丘、兰封、开封、郑县、洛阳、陕县、灵宝和平汉线上的安阳、汤阴、新乡、许昌、郾城、漯河、驻马店、确山、信阳有银行 58 家，占 75%。除了铁路沿线地区外，新式银行在平汉铁路以东平原地区各县和豫北道清铁路沿线有零星分布，而平汉铁路以西、陇海铁路以南的广大相对落后地区只有禹县、叶县、南阳有银行设立。可见，本省金融机构现代化主要发生在铁路沿线交通和商业比较发达的市镇。

三 信用合作社

近代中国金融近代化的过程中，合作社是南京国民政府"扶农"资金"下乡"，建立现代农村金融网络的主要形式。[①] 河南省农村合作社是在中国农民银行和省政府的推动下建立和发展起来的。1930 年，蒋介石在武汉设立鄂豫皖三省"围剿"总司令部，"围剿"鄂豫皖红军。在随后"围剿"红军过程中，蒋介石吸取了前次失败的教训，采取"三分军事，

---

① 游海华：《农村合作与金融"下乡"——1934～1937 年赣闽边区农村经济复苏考察》，《近代史研究》2008 年第 1 期。

七分政治"的策略。① 在农村建立合作社,恢复农村经济是其"七分政治"的主要内容之一。1932年10月,蒋介石以国民党军事委员会鄂豫皖三省"剿总"名义发布训令,要求在四省农民银行尚未开办之前成立农村金融救济处,在指定地区各县办理农村放贷事务,组织农村预备合作社转贷于农民。② 1932年至1934年,又先后颁布了《剿匪区内各省农村合作社条例》《剿匪区内各省农村合作委员会组织规程》《剿匪区内各省农村合作社条例施行细则》等法规文件,要求在"剿匪"区各省设立农村合作委员会,大力推广农村合作运动。

鄂豫皖农村金融救济处成立后,设立了"鄂豫皖赣四省农村合作社指导人员训练所",通令各省招收学员进行培训,以从事农村合作事业。1932年冬季,河南省建设厅招收100余名学员到武昌受训4个月,"结业后,于1933年复组织全体学员赴江西南昌实习。因江西合作社开展较早,学员分发各县后,随其工作人员同赴农村,实地见习其组织合作社方法步骤与业务开展的实际,约两个月后,各返原籍候职"。③ 1933年4月1日,四省农民银行在汉口成立,该行成立后,即在河南的潢川、光山、商城、经扶(今新县)建立农村合作预备社。④ 这是河南合作运动的肇始。

1934年1月,四省农民银行郑州分行成立,"始开始为农业合作事业之倡导",⑤ 开始筹备在河南发展合作事业,如进行人员选任,各关系方面的接洽,各种章则与表格的拟订,宣传训练材料的编写等,经过一个多月的准备,确定开封、郑县、新乡、辉县、安阳、洛阳、陕县、灵宝、许昌、禹县、南阳、汝南、淮阳、商丘等14县为试办区。6月1日,即派遣指导员,

---

① 参看黄道炫《张力与界限:中央苏区的革命(1933~1934)》(社会科学文献出版社,2011)第197~211页相关内容。
② 中国人民银行金融研究所编《中国农民银行》,中国财政经济出版社,1980,第16页。
③ 茅寄生:《民国年间的河南农村合作社事业》,《河南文史资料》1993年第1辑,第80页。
④ 《中国农民银行之沿革及其推行农村合作之概况》,《农村合作月报》第1卷第12期,1936年7月5日,第81页。
⑤ 《中国经济年鉴续编》,(R)第43页。

分赴各试办县份，实施宣传、调查、组织、训练诸工作。① 这年4月，河南省农村合作委员会（下文简称合委会）成立，在其指导和帮助下，河南省农村合作社如雨后春笋般建立起来。在上述14县举办合作社后，其他各县"纷起请求派员莅县指导"，后又在广武、荥阳、滑县、沁阳、襄城、镇平、阌乡、新郑、密县、兰封、温县、孟津、渑池、杞县、陈留、潢川、民权、汲县等创办合作社。② 截至9月，河南共建立合作社202所，其中信用合作社154所（包括兼营28所），占全部合作社的76.2%；合作社社员8189人，其中参加信用合作社6468人，占全部社员的79%。③ 另外还有利用社、运输社、供销社等。

在一些交通和经济作物种植比较发达的地区合作社建立尤为迅速，如郑州1934年6月本省派合作运动指导员后，至11月，成立合作社29所，参加社员871人，已交股金1927.5元，未交股金825.5元。④ 陕县不仅是京陕公路和陇海铁路必经之地，"邮电亦甚便利，各区镇均通电话"，而且是豫西的棉花交易中心，有4家新式银行机构。因此，该县"推行合作，较为迅速，并以信社颇多，组织手续，颇为简便，不如利社之复杂，故进行顺利，计已登记之正式成立者有一百多社"。⑤ 据统计，1935年8月，全省建立合作社1283所，社员63690名，股金21.04万元。⑥ 1936年河南新增加合作社401所，其中信用社362所，社员17171人。⑦ 1937年，据

---

① 河南省农村合作委员会：《河南省农村合作事业报告》（1934年9月），《合作月刊》第6卷第11、12期合刊，1934年12月，第63页。
② 张静愚：《河南农村合作运动的回顾与展望》，《农村合作》第1卷第1期，1935年8月，第24页。
③ 河南省农村合作委员会：《河南省农村合作事业报告》（1934年9月），《合作月刊》第6卷第11、12期合刊，1934年12月，第63页。
④ 《郑州农村合作社发达》，《农村复兴委员会会报》第2卷第6号，1934年11月，第300页。
⑤ 牛宝祥：《陇海路上之三县农村经济》，《中国农民银行月刊》第1卷第2期，1936年2月，第113、114页。
⑥ 张静愚：《河南农村合作运动的回顾与展望》，《农村合作》第1卷第1期，1935年8月，第24页。
⑦ 《民国二十五年全国合作事业调查》，《农情报告》第5卷第2期，1937年2月15日，第46、80页。

第九章 新旧并存的金融业

本省 57 县报告,全省登记在案的合作社 3484 所,社员 152759 人。[1] 可见,合作社作为一种新型的调剂农村金融的机关,民众对其接受程度比较高。

欧美国家办理合作社的贷款资金来源主要是合作社本身的资金,如股金、储蓄金和余利等,但中国农村经济贫困,合作社资金不足,仅仅依靠合作社自身的资金难以完成救济农村金融的使命,因此银行贷款是弥补合作社资金不足的主要方法。南京政府时期,与河南农村合作社建立贷款业务的主要是中国农民银行、中国银行、上海商业储蓄银行(主要做棉产运销合作社的贷款)。1934 年,在河南棉产改进所指导下,太康、杞县、洛阳、灵宝成立了棉花产销合作社,并向上海银行团接洽,截至 10 月底共贷款 108500 元。[2] 中国银行 1934 年向河南合作社放款 21 万元,1935 年为 80 万元,1936 年 6 月前为 50 万元。[3] 按照中国农民银行《农村合作放款章程》的规定,农民银行是各种合作社资金的主要来源之一。[4] 中国农民银行给本省合作社放款 1934 年为 15 万元,[5] 1935 年与中国农民银行发生贷款关系的有 1495 所,贷款额 79.1 万元,[6] 1936 年 6 月前与中国农民银行发生贷款关系的合作社 1154 所,贷款额为 92.89 万元。[7] 以 1935 年为例,我们来分析中国农民银行与合作社发生贷款的情况(如表 9 - 5 所示)。

---

[1] 《民国二十六年十六省合作事业调查》,《农情报告》第 6 卷第 12 期,1938 年 12 月 15 日,第 151 页。
[2] 莫洛耕:《中国农产运销的新趋势》,《中国农村》第 1 卷第 4 期,1935 年 1 月,第 13 页。
[3] 常文熙:《河南农村金融之调查》,《社会经济月报》第 2 卷第 11、12 期合刊,1935 年 12 月,第 65 页。
[4] 章有义编《中国近代农业史资料》第 3 辑,三联书店,1957,第 214 页。
[5] 常文熙:《河南农村金融之调查》,《社会经济月报》第 2 卷第 11、12 期合刊,1935 年 12 月,第 65 页。
[6] 中国农行:《中国农民银行民国二十四年度各省之农村合作事业》,《农村合作月报》第 1 卷第 6 期,1936 年 1 月 31 日,第 130 页。
[7] 《中国农民银行之沿革及其推行农村合作之概况》,《农村合作月报》第 1 卷第 12 期,1936 年 7 月 5 日,第 83 页。

表 9-5　1935年中国农民银行河南省各县合作社贷款概况

单位：所，元

县别	合作社数	信用 借款数	信用 还款数	利用 借款数	利用 还款数	运销 借款数	运销 还款数	供给 借款数	供给 还款数	总计 借款数	总计 还款数
郑县	82	71415.0	20687.5	6645.0	888.33	—	—	—	—	78060.0	21575.8
荥阳	6	7180.0	1580.0	—	—	—	—	—	—	7180.0	1580.0
广武	18	18527.0	2000.0	4200.0	—	—	—	—	—	22727.0	2000.0
洛阳	91	49460.0	1094.9	3994.0	—	—	—	—	—	53454.0	10949.0
闵乡	30	13210.0	900.0	3550.0	—	—	—	—	—	16760.0	900.0
陕县	217	129647.0	40770.0	—	—	—	—	—	—	129647.0	40770.0
灵宝	97	109761.0	32340.0	—	—	—	—	—	—	109761.0	32340.0
许昌	103	37272.0	2400.0	—	—	—	—	—	—	37272.0	2480.0
新乡	29	16215.0	—	4920.0	—	17566.0	8489.0	—	—	21135.0	9679.0
襄城	94	1190.0	1190.0	—	—	—	—	—	—	18756.0	—
南阳	62	23070.0	1472.5	—	—	—	—	—	—	23070.0	1472.5
温县	1	1375.0	—	—	—	—	—	—	—	1375.0	—
沁阳	43	17238.0	—	—	—	—	—	—	—	17238.0	—
安阳	77	5210.0	895.0	4739.0	—	—	—	—	—	9949.0	895.0
辉县	43	4048.0	660.0	—	—	—	—	—	—	4048.0	660.0
镇平	70	11072.0	—	196.0	—	—	—	—	—	11268.0	—
密县	42	16980.0	—	—	—	—	—	—	—	16980.0	—
新郑	29	3680.0	—	—	—	—	—	—	—	3680.0	—
汲县	5	1614.0	—	—	—	—	—	—	—	1614.0	—

第九章　新旧并存的金融业

续表

县别	合作社数	信用 借款数	信用 还款数	利用 借款数	利用 还款数	运销 借款数	运销 还款数	供给 借款数	供给 还款数	总计 借款数	总计 还款数
陈留	1	—	—	3200.0	—	—	—	—	—	3200.0	—
兰封	34	7400.0	—	4500.0	—	—	—	—	—	11900.0	—
杞县	26	5140.0	—	6260.0	—	—	—	—	—	11400.0	—
淮阳	44	5502.0	3239.9	1465.0	194.8	—	—	—	—	7232.0	3564.8
开封	64	13321.0	6325.0	43706.0	4782.0	—	—	—	130.0	57027.0	11107.0
商丘	49	23282.0	4680.0	4945.0	1405.0	—	—	—	—	28227.0	6085.0
汝南	69	51045.0	10915.0	15480.0	270.0	—	—	400.0	200.0	66925.0	11385.0
民权	7	3440.0	—	3730.0	—	—	—	—	—	7170.0	—
滑县	61	1980.0	—	2406.0	600.0	—	—	—	—	4389.0	600.0
潢川	39	9751.0	270.0	—	—	—	—	—	—	9751.0	270.0
禹县	54	—	—	—	—	—	—	—	—	—	—
汤阴	19	—	—	—	—	—	—	—	—	—	—
太康	26	—	—	—	—	—	—	—	—	—	—
光山	17	—	—	—	—	—	—	—	—	—	—
孟津	8	—	—	—	—	—	—	—	—	—	—
渑池	42	—	—	—	—	—	—	—	—	—	—
商城	7	—	—	—	—	—	—	—	—	—	—
合计	1706	659025.0	131419.8	113936	8140.1	17566.0	8489.0	665.0	330.0	791195	158313.1

资料来源：中国农行《中国农民银行民国二十四年度各省之农村合作事业》，《农村合作月报》第1卷第6期，1936年1月31日，第129~130页。

— 343 —

表9-5反映，1935年本省有36个县创办了1706所合作社，除了禹县、汤阴、太康、光山、孟津、渑池、商城7县的173所合作社与中国农民银行未发生贷款外，其余1533所合作社与中国农行发生关系，占89.9%。农行的放款总额为79.12万元，平均每合作社放款516.1元。在银行对各种合作社的放款中，信用合作社放款65.9万元，占83.3%；利用社放款11.4万元，占14.4%；运销放款1.76万元，占2.2%；供给放款只有0.07万元。可见，在合作社运动中，信用合作社是实现农村金融现代化的主要机构，也是银行资本走向农村的主要方式。

合作社的种类主要有信用、利用、运销、供给等，而每种合作社既有专营也有兼营。1936年，在一次对本省949个合作社的调查中，专营合作社389个，占41%，兼营合作社560个，占59%。其中，687个为信用合作社，占合作社总数的72.4%，其中专营340个，占49.5%，兼营347个，占50.5%；215个为利用合作社，占合作社总数的22.7%，其中专营10个，占4.7%，兼营205个，占95.3%；运销合作社45个，占总合作社数的4.7%，其中专营38个，占84.4%，兼营7个，占15.6%；供给合作社2个，仅占总数的0.2%，专营与兼营各1个。[①] 就合作社的分布而言，铁路、公路沿线和县城周边的农村较多，而偏远乡村则比较少，如阌乡主要分布在县城周围，距城较远村庄"请求组社者甚多"，但合作社指导人员过少，顾不过来，远离县城的乡村合作社无法开展。[②] 再从表9-5来看，合作社数量比较多的县主要分布在陇海、平汉铁路线沿线及其两侧。由此可以看出，河南合作社推进有3个特点，一是信用合作社占主导地位；二是合作社的经营方式以兼营为主；三是就一县而言以县城为中心呈环状分布，距离县城愈近分布越多，就全省而言呈带状分布，陇海、平汉两铁路沿线分布密集，距离铁路愈远分布愈疏。

---

① 常文熙：《河南农村金融之调查》，《社会经济月报》第2卷第11、12期合刊，1935年12月，第64页。
② 牛宝祥：《陇海路上之三县农村经济》，《中国农民银行月刊》第1卷第2期，1936年2月，第112页。

农业仓库也是民国时期现代金融机关向农村延伸和救济农村的方式之一，其在金融方面的作用主要是抵押放款。1933年5月，国民政府行政院农村复兴委员会第一次大会时，决议农民银行须在各县设立农业仓库；实业部1933年度的农业计划首条是筹办农业仓库。① 因此，在此前后，河南省陇海铁路沿线开办了一些农业仓库。郑州有中国银行仓库（1931年8月）、上海银行仓库（1933年10月）、兴业银行仓库（1933年3月）、河南农工银行仓库（1935年8月），郑州仓库主要储存棉花、杂货与五金；开封有中国银行仓库（1933年10月），金城银行通成货栈（1922年11月），主要储存香烟、棉布、棉纱；商丘有徐州国民银行仓库（1935年9月），主要储存小麦、芝麻、黄豆、花生、小米和高粱等。② 与新式银行和合作社相比，农业仓库在河南尚不发达，只有在陇海路沿线三个城市设立，其他市镇尚未建立农业仓库。

河南金融机关现代化兴起于晚清民初时期，而得到较快发展是在1920~1930年代，尤其是中原大战后南京国民政府实现了对河南的控制，推动了本省各种新式金融机关的建立和发展，到抗战前夕，河南有新式银行77家，合作社3400余家（据57县报告），农业仓库8家。不管是新式银行还是合作社和农业仓库均主要分布在以郑州为交会点的陇海、平汉铁路沿线的商业都市和两侧的市镇里，说明金融现代化的进程与交通和商品经济发达与否有着直接的关系。

四　货币流通的变迁

以上的论述说明，1912~1937年中国金融业处在一个新旧交替的时代，一方面传统金融体制继续延续，另一方面现代金融体制在不断延伸。在这种体制下，河南货币流通处于一种混乱状态。1930年代，中央银行对河南货币流通做了调查，货币流通状况如下：

---

① 《农村破产中农民生计问题》，《东方杂志》第32卷第1号，1935年1月1日。
② 《全国银行年鉴（中华民国二十五年）》，（M）第61页。

(一) 河南市面流通的各种硬币

（1）银元。中国近代以来，银元版本甚多，在河南市面流通的银元大致有15种之多，如总理像、袁像、开国纪念币、大清银元、光绪、宣统、北洋、江南、湖北、湖南、广东、四川、站人、鹰洋、1934年铸造新币等，其中总理像、袁像和北洋造三种在全省各县均可流通，其余各有侧重。（2）银角。本省流通的银角有七个版本，分别为广东省造单双角、光绪年造单双角、袁像单双角、袁像半元。其中广东、光绪、袁像单双角全省111个县都通行，袁像半元仅固始一县行使。（3）铜元。本省流通的铜元有当十、当二十、当五十、当一百、当二百等五级，版本有各省造当十、当二十，光绪当十、当二十，五色旗当十、当二十，四川省造当五十，河南省造当五十、当一百、当二百等数十种。在流通方面，当十仅有少数县市面有留存，"虽有每银圆一元兑换二百枚左右之兑换率，然实际上属于有行无市"；当二十在临汝县用途较广，并在约半数县市面有流通。本省制造的当五十、当一百、当二百铜元流通最为广阔。（4）制钱。只有临汝"尚有少数制钱存在，但亦无大用途矣"。在国民政府币制改革前，银元和银角是流通最普遍的硬币。

(二) 河南市面流通的各种纸币

（1）银元票。本省流通的银元票有中央、中国、交通、河南农工、中国实业、中国农工、中南及河北、湖北两省银行兑换券，地方金融流通券，农民借贷所及四十五师三民合作社的发行券等10余种，面值有10元、5元、1元三级，均系十足通用，以中央、中国、交通、河南农工等四行之流通券"流通最广，几遍全省各县"。中南银行票在全省79县流通，四省农民银行票在43县流通，其他各行及地方发行银元券流通范围有限。（2）银角票。本省通用的银角票比较繁杂，既有中央、中国、交通、四省农民、河南农工、中国农工、中南、河北、湖北等银行发行的辅币，也有镇平县农民借贷所的发行券，长葛、固始两县各商号及四十五师三民合作社发行的银角票,面值分1角、2角、5角三等。其流通情形与银元票大致相同。(3)铜元票。河南的铜元票最为混乱,除河南农工银行发行的铜元票通行全省外,发行该票的很多,有商会、银号、商号、借贷所、政府部门,甚至基层行政部门也发行铜元票,有七八种。如汲县、唐河、荥阳、新野、内乡等县流通的是商会票、地方流通券及临时流通券;镇平流通的是农民借贷所流通券;方城、唐河、沁阳、修武、固始等县流通商号流通券;浙川八区办公处、教育局发行票流通于当地,沈丘流通的是省政府发行券。各种铜元票面值分铜元十枚、二十枚、五十枚等数级,"与现铜元等值,人民感携带便利,颇为乐用"。(4)制钱票。在本省流通极少,洧川商号发行,"票面值虽以制钱为单位,而实际上确系代替铜元之用,并非单纯之制钱票"。[1] 从国民政府中央银行的调查来看,经过整顿后货币流通情况比原来有所好转,但是在双元经济体制下的河南货币流通依然十分混乱,有银元、银角、铜元、制钱的硬币与纸币,发行货币的金融机构则五花八门,一是外省的铜元在本省仍有少数地方行使,二是商会、银号、商号、借贷所、政府部门发行的票券在一些交通不便的地方仍有流通。

1935年11月,国民政府币制改革政策发布后,河南的货币流通有了哪些新的变化?南京政府币制改革法令颁行后,1936年1月,河南省政府遵照财政部兑换法币办法颁布了《河南省兑换法币实行办法》,规定各县政府负责在各县内设法币兑换所一处,"由县布告商民一体周知","晓谕民众,使知新货币政策之意义,并纠正其重现心理"。并在新式银行尚未建立的县份,设立法币兑换所,收兑现金。在政府的推行下,法币兑换工作在河南迅速展开,取得了较好的成效,"计各县政府及河南农工银行共收一百一十三万元,中(央)、中(中国)、交(通)及其他各行,约共收兑六百万元,合计共收兑银币约达七百余万元之谱"。[2] 币制改革后,在交通发达的地区,法币开始在河南大部分地方金融市场流通,至少在一些县现洋与法币同时流

---

[1] 《河南省通用货币概况》,《中央银行月报》第5卷第8号,1936年8月,第2119~2123页。
[2] 《河南省政府年刊(1936年)》,第217~218页。

通。从 1937 年的社会调查来看，货币流通市场已经有了很大改观。如考城县"金融以现金为最多，通行纸币为河南农工、中央、交通银行钞票。此外，无地方或私法人发行之兑换券与其他种纸币"。① 淇县"市面金融流通，均用现洋，即有时使用纸币，亦必以中国、交通、中央等银行纸币始能通行。此外，无地方或私法人发行之兑换券与其他种纸币"。② 渑池"县内无银钱业，其流通情形全视外境之畅滞而异，纸币通行者，为河南农工银行、中国、中央、中南、交通等行钞票。此外，无地方或私法人发行之兑换券与其他种纸币"。③ 以上几个县交通便利，法币推行较快，传统金融机构发行的各种票券基本绝迹。

但法币并未完全占领河南全部金融流通市场，尤其是交通闭塞、商业落后之地，新式银行尚未渗透到这些地方，地方发行的商号、银号币或铜元仍在流通，如唐河"近年各地商业萧条，交易滞窒，所产农作物，无处运销，以致谷价惨跌，现金缺乏，而日用品必须之商品如食盐、布匹等，尤须辇现金出境，赴各处购买，为数甚巨，他如税款之解报，纸烟鸦片之输入，亦为现金出口之大宗，长此以往，现金有出无进，农作物不能向外倾销，金融枯竭，可立而待，以故私行纸币日见充斥，现金日缺，银价飞涨，已成不可挽回之势。至发行兑换券与他种纸币情形，地方政府未发行纸币，其发行纸币者，皆系资本缺乏之小商，借图周转，不愿挤兑，稍有挫折，票等废纸"。④ 唐河金融市场有出无进，金融市场枯竭，流通的主要是当地小商发行的"商号币"。1936 年，中国农民银行在阌乡"贷款约一万余元，该县因属偏僻，故对推行本钞，较为困难，而合作事务所亦觉不便，幸与县政府金库接洽，向其兑换一部分现洋，使农民不致感觉苦痛"。⑤ 说明，在法币推行过程中，受传统习惯的影响，农民依然相信现洋，而不喜欢使用法币。因此，币制改革后，河南的货币流通有两种情

---

① 《河南各县社会调查·考城》，《河南统计月报》第 3 卷第 1 期，1937 年 2 月，第 89 页。
② 《河南各县社会调查·淇县》，《河南统计月报》第 3 卷第 3 期，1937 年 4 月，第 119 页。
③ 《河南各县社会调查·渑池》，《河南统计月报》第 3 卷第 4 期，1937 年 5 月，第 86 页。
④ 《河南各县社会调查·唐河》，《河南统计月报》第 3 卷第 1 期，1937 年 2 月，第 84 页。
⑤ 牛宝祥：《陇海路上之三县农村经济》，《中国农民银行月刊》第 1 卷第 2 期，1936 年 2 月，第 112 页。

形：一种是交通与商业比较发达的地区，新式金融机关已经建立，法币得到了较好的推行；另一种是交通不便的边远地区，"乡民无知，仍视硬币为奇货"，[1] 法币尚未占领金融市场。可见，在币制改革后，河南的双元金融体制仍在延续。

---

[1] 《河南省政府年刊（1936年）》，第218页。

第十章
现代交通通信事业的发展

一 陇海铁路河南段的建设

南京国民政府建立后,确定经济建设以铁路建设为重点的政策,因此1928年10月,把铁路的行政管理从交通部划出,另行设立铁道部,负责办理全国铁路的修筑计划及铁路行政事宜,任命孙科为铁道部长。[①] 次年1月26日,中国国民党中央政治会议通过了孙科提交的《庚关两款筑路计划提案》,"规定十年内平均每年建筑铁路二千英里,共计二万英里"。其中与河南铁路建设有关的是第一组的陇海线,第三组的道(口)济(南)线。[②] 关于贯通河南东西的陇海铁路建设,1930年11月,孙科提出了"确定俄国庚款全部三分之二完成陇海铁路工程……以利铁道建设案"。提案指出:俄国的庚子赔款,"自民国十九年(1930年)起至二十九年(1940年)止,预计有一千三百十二万余元;以此项庚款三分之二按年所得余额,拨充基金,筹发公债,完成陇海铁路,自属最为便利。职部迭经审慎筹议,除拟将应拨铁道建筑经费之十九、二十两年俄庚款余额约九百五十万元,直接拨充二十年陇海工程之用外,拟以二十一年以后之俄庚款全部三分之二为基金,发行公债六千七百万元,假定九五,实收六千三百六十五万元,及历年庚款

---

① 陆仰渊、方庆秋主编《民国社会经济史》,第432页。
② 宓汝成编《中华民国铁路史资料(1912~1949)》,第731~732页。

付还上项公债本息余数约一千七百万元,一并充作完成陇海铁路全线工程之用。其余不敷之款,计三千三百八十九万元,除以截至民国十八年止积存俄庚款余额拨补外,并拟将来再就陇海路本身发行公债,或请由政府另拨国帑补助"。① 孙科的提案被国民党三届四中全会通过,为修筑陇海路解决了资金来源问题。

陇海铁路是贯通河南东西的一条铁路线,自光绪三十一年(1905)动工兴建,以郑县车站为起点,分东西两个方向陆续分段建筑,到1927年11月,"全线完成东自海州之大浦,西至河南灵宝,计长五百零九英里"。南京政府建立后,铁道部开始筹划展拓陇海路西段。国民党三届四中全会通过孙科提案后,陇海路西段"灵宝至潼关一段计长四十三英里筹备兴工,十九年底着手进行,由政府指拨美金二百万元,一部分用比(利时)庚款,二十一年八月竣工"。② 灵潼段竣工通车,陇海铁路河南段全部贯通。

随着陇海铁路贯通河南,河南铁路交通框架基本建立起来,即平汉铁路、陇海铁路构成了河南铁路基本框架,河南境内铁路除了南北大动脉平汉铁路和东西大动脉陇海铁路外,还有道清铁路及其支线等,三条铁路总长度为1326公里。③ 另外,1933年10月,国民革命军第二十路军总指挥张钫曾致电铁道部,建议修建自河南许昌起,经过襄城、叶县、方城、南阳、邓县至湖北光华县的铁路,全长600余华里。④ 该提议没有结果。因此,从上面的论述来看,南京国民政府前10年,河南在铁路建设上虽有较大动议,但成绩仅限于陇海线灵潼段通车。

二 路政机关与管理法规

南京国民政府成立时,设交通部主管全国交通运输与通信事宜,其下分

---

① 宓汝成编《中华民国铁路史资料(1912~1949)》,第742~743页。
② 张嘉璈:《中国铁道建设》,商务印书馆,1946,第37页。
③ 刘世永、解学东主编《河南近代经济》,第256页。
④ 宓汝成编《中华民国铁路史资料(1912~1949)》,第752页。

路、电、邮、航四政，1928年交通部将路事移交铁道部。① 根据《铁道部组织法》，国道事务划归该部主管。② 1929年2月，铁道部设立了国道设计委员会，国道设计委员会"以铁道部委员三人，各省建设厅荐请铁道部委派每省各一人组织之"；其任务为"规划建筑国道筹款计划、兵工建设计划、经营国道运输事业计划、建筑国道机关之组织及其他有关国道之重要问题"；"国道设计委员会设计完竣时裁撤以后，继续设计事宜由铁道部建设司办理之"。③ 由此可见，国道设计委员会只是一个业务咨询机构，不是行政主管部门，但应是中央正式设置公路设计机构的开始。1931年6月，国民政府为进行全国的农业、水利、交通、卫生等项建设，向美国借款，成立"全国经济委员会"统筹全国经济建设。经济委员会下设公路处，下设工务科、交通科、计划科。工务科主要办理事项为："一、公路建设处发展计划之审核；二、公路建设的发展计划应需经费之审核；三、公路工程之督察考核；四、特定公路工程之直接实施；五、公路养护及改善事项之督促；六、公路工程实施状况之调查统计及报告；七、公路工程法规及技术标准之拟订；八、其他关于公路工务事项。"交通科的主要职责为："公路车务设施及联运事业上之统筹及监督；二、公路卫生安全事项之设施及训练；三、公路警卫事项之统筹及监督；四、公路车辆及其燃料之考核及审查；五、公路交通运输实施状况之调查统计及报告；六、公路交通管理及运输法规之拟订；七、其他关于交通管理及运输事项。"计划科主要职责为："一、公路建设或发展计划之设计；二、公路研究资料之调查与统计；三、筑路养路材料及其用费之研究；四、车务车辆及燃料之研究；五、公路技术人员之登记及训练；六、公路试验工程之设计建筑及研究"等。④ 1933年，经济委员会"为审议公路专门事项"设立了公路委员会，职责为关于公路建设计划的审议、公路建设经费的核议、公路法规及工程标准之审核以

---

① 张心澄：《中国现代交通史》，1931，第54页。
② 《铁道部组织法》，中国第二历史档案馆编《中华民国史档案资料汇编》第5辑第1编《财政经济》（9），江苏古籍出版社，1994，第1页。
③ 《国道设计委员会组织规程》（1929年1月7日），《中华民国法规大全》第4册，商务印书馆，1936，第5190页。
④ 本刊资料室：《公路机构沿革概略》，《交通建设季刊》创刊号，1941年1月。

及其他有关公路事项。① 全国经济委员会下属的公路处与公路委员会是中央政府设立的主要公路主管机关。

南京国民政府建立后，将交通建设放在经济建设的首位，在交通建设中，"铁路之交通，尤当以汽车公路之为辅，且其建筑亦较铁路为易举。故吾人今后，必须以全力提倡公路之开辟"。南京政府将全国公路建设分为三个层次，即国道、省道和县道，"国道由中央筹划经营之；省道由各省政府自行建筑；县道则由地方人民合力举办"。② 根据南京国民政府有关规定，河南省政府加快了全省路政与公路建设的步伐。

河南省现代路政机关设置比较晚，而且建置变化频繁。1927 年 6 月，河南省政府成立时，交通与路政归建设厅管理，没有独立的路政机关，交通为建设厅第四科掌管。如时人所言："路政进行，尚无具体计划，机关设立，虽有汽车路局，及开郑路局；然权限既不统一，办事既多隔膜。"③ 1928 年，成立了隶属于省政府的省道办事处，建设厅遂将筑路事宜移交省道办事处管理。至此，河南省才有了负责道路规划与修筑的专门管理机构。④ 1929 年 6 月，根据国民政府划一全国行政机构的指示，河南省取消了省道办事处，设置公路局，陈汝珍为首任局长。公路局设有总务课、公务课和营业部，业务范围"除修路外，兼营汽车运输业"。⑤ 1930 年中原大战期间，公路局的工作几乎处于停滞状态。10 月，战事结束后，"豫省政府改组一新，建设厅感于路政进行，亟不容缓，乃拟具恢复公路局方案，提请省务会议决议通过"。12 月 15 日，根据省政府的决议组建了新的公路局。公路局设局长 1 人，秘书 1 人，下设机构有工程科、总务科、汽车营业部，每月预算经费为 24510 元。⑥ 1933 年 8 月，张静愚出任河南省建设厅长后，撤销公路局，将原来

---

① 《全国经济委员会公路委员会暂行组织条例》，《中华民国史档案资料汇编》第 5 辑第 1 编《财政经济》(9)，第 11 页。
② 朱子爽：《中国国民党交通政策》，国民图书出版社，1943，第 52 页。
③ 《河南公路局恢复之经过》，《中国建设》第 5 卷第 2 期，1932 年 2 月，第 13 页。
④ 刘常凡：《南京国民政府时期河南公路法规研究（1927～1937）》，《三门峡职业技术学院学报》2008 年第 4 期。
⑤ 王力仁：《民国年间的河南省公路局》，《河南文史资料》1993 年第 4 辑，第 197 页。
⑥ 《河南公路局恢复之经过》，《中国建设》第 5 卷第 2 期，1932 年 2 月，第 13～14 页。

公路局掌管之事分权与建设厅各个部门执掌。设立工务处,主要负责"省办公路铁路之实施修筑事宜"。① 而全省"道路之计划审核事项"由建设厅第三科负责办理;② 原汽车营业部"保留原建制,改由省建设厅直接领导"。③

除了上述路政机关外,河南省还在豫南设立专门的筑路机关。豫南是中共领导的鄂豫皖根据地的主要组成部分,也是国民党"围剿"红军的重点地区,因此,1932年8月,河南省成立了"豫南匪区筑路委员会",旋即改称特区筑路委员会,隶属国民政府驻豫绥靖公署,并受省政府指挥监督。10月,从行政区划上豫南属于河南省第九行政区,该委员会改名为河南省第九区筑路处,隶属公路局。"其主要使命,在完成全国经济委员会所规定七省联络线之在第九区范围以内者。"④ 也就是说主要负责国民党军队"围剿"大别山地区红军所需要修建的公路。随着豫南战事结束(主要是红四方面军和红二十五军先后撤离大别山地区),1934年6月,第九区筑路处奉令撤销。

三 国道、省道与县道

1927年冯玉祥治下的河南省政府对全省公路进行了规划,以交通部制定的国道计划为指导,制定了《修治全省道路计划大纲》,分全省道路为省道、县道、里道三类。省道以省府开封为起点,连接各县道;县道以县治为起点,连接省道与里道;里道以乡镇为起点,连接县道与相邻里道。计划修建以开封为中心的3条纵干线,即南北干线、东南干线和西南干线,另外计划修建3条横干线,即豫南、豫中和黄河南堤干线。⑤ 到1928年底,已修成的公路有8条:(1)开郑汽车路,由开封北门起,北行至黄河柳园口上堤,顺黄河西行至花园口下堤,南行直达郑州北关;(2)开周汽车路,由

---

① 《河南省建设厅工务处组织章程》,《河南省建设厅法规汇编》,河南省建设厅,1934,第11页。
② 《河南省建设厅办事细则》,《河南省建设厅法规汇编》,第17页。
③ 杨克坚主编《河南公路运输史》第1册,第138页。
④ 张静愚:《河南第九区筑路工程进行概况》,《河南政治月刊》第3卷第7期,1933年8月。
⑤ 《道路月刊》第23卷第1号,1927年9月。

开封起，经陈留、杞县、太康、淮阳直达周家口；（3）开考汽车路，由开封起，经兰封、考城，与山东汽车路相衔接；（4）开许汽车路，由开封起，经尉氏、洧川直达许昌；（5）许南汽车路，由许昌起，经襄城、叶县、方城直达南阳；（6）陕潼汽车路，由陕县经灵宝、阌乡抵达潼关；（7）信固汽车路，由信阳起，经罗山、潢川抵达固始；（8）新辉汽车路，由新乡起，经辉县抵达苏门山百泉。①

1928~1929年，河南公路主要利用旧官道和河堤整修而成，通车里程为1396公里。② 1929年7月，省公路局成立后，在《修治全省道路计划大纲》的基础上，又制订了《河南省分期整修公路计划》，计划从1929年到1931年全省整修公路15条，总长度3560公里。③ 但该计划因蒋冯大战、中原大战而没有落实。

1931年，河南省公路局制订了《河南省修筑省道第一期计划》，计划修筑6条省级公路干线，即（1）考（城）邓（县）线，自山东省界，经考城、兰封、开封、尉氏、洧川、许昌、襄城、叶县、方城、南阳，达湖北省界之老河口，计长920里；（2）安（阳）商（城）线，自河北省界，经丰乐镇、安阳、汤阴、浚县、道口、封丘、开封、陈留、杞县、太康、淮阳、襄城、新蔡、潢川、商城，达湖北省界，计长1280里；（3）陕（县）三（河尖）线，自山西省界，经陕县、卢氏、荆紫关、（陕西省界）淅川、邓县、新野、桐柏、信阳、罗山、潢川、固始，达三河尖安徽省界，计长1870里；（4）永（城）叶（县）线，自安徽省界，经永城、商丘、鹿邑、淮阳、周家口、郾城、舞阳，至叶县属之保安驿，接考邓线，计长840里；（5）郑（县）南（阳）线，自郑县，经密县、登封、临汝、鲁山、南召，至南阳，接考邓线，计长640里；（6）洛（阳）许（昌）线，自洛阳经陕县、禹县，达许昌，接考邓线，计长490里。全长3035公里，工程计划分两年完成，第一年（1931年3月~1932年2月）应完成3180里，第二年

---

① 刘景向总纂《河南新志》卷12《交通》中册，中州古籍出版社，1988，第771~773页。
② 《河南公路史》第1册，第184~185页。
③ 《河南公路史》第1册，第187页。

(1932年3月~1933年2月)完成2890里。并对征地、工程标准等做了规定。① 该计划是近代以来河南省规模最大、计划最完整的公路建设计划。该计划实施后,到1933年内完成1330公里,砖渣路面3.6万平方米,大小桥梁161座,涵洞407道,水管433道;尚在修筑中的公路潢商、方潢、沙经、易陡、固方、固三等6条公路。② 1933年通车公路情况如表10-1所示。

表10-1 河南省1933年可通汽车公路统计

路线名称	始终点及经过地	长度(公里)	备注
汴粤干线潢小段	自潢川仁和集、梨树棚、沙窝至豫鄂交界的小界岭	65	通行汽车
京陕干线信潢段	自信阳,经五里店、罗山,至潢川	102	全路已通行汽车
京陕干线商叶段	自商城,经小方家集,至豫皖交界之叶家集	504.3	全路已通行汽车
开宛干线开保路	自开封经朱仙镇、尉氏、洧川、许昌、襄城、叶县至保安驿	240	已通汽车
宛亳支线宛保路	(甲)宛保段:自南阳经博望、方城至保安驿	140	已行驶汽车,须添建桥涵
	(乙)舞鹿段:自舞阳经郾城、商水、周口镇、淮阳至鹿邑	265	已行汽车
道濮段	道口至(河北)濮阳	50	暂可通行汽车
罗宣路	自罗山经周党坂至宣化店,为豫南主要支线	57.2	已通行汽车
潢经路	自潢川,经光山虎湾至经扶	64.45	已通行汽车
经项路	自经扶至豫皖交界之项家河	19	通行汽车
商沙路	自商城至潢小路至沙窝	33.05	通行汽车
潢商军用路	自潢川经十里头、傅流店、和凤桥至商城	50	路基已由兵工完成
潢固军用路	自潢川经官渡、桃林铺、阳关铺至固始	70	已通行汽车
固霍军用路	自固始经分水亭、泉河镇至安徽霍邱		在豫境内50公里已完成
固叶军用路	自固始经张老人埠、梨家集、长兴集至叶家集	70	已通行汽车
合计		1780	

资料来源:《河南省政府年刊(1933年)》,第84~87页。

从表10-1来看,截至1933年,河南省公路第一期计划完成1780公里(包括军用路)。通过第一期修路计划,河南以开封为中心的公路体系具有

---

① 《河南省修筑省道第一期计划》,《中国建设》第5卷第2期,1932年2月。
② 《河南省政府年刊(1933年)》,第84页。

了雏形。完成的公路中，只占第一期计划的57.7%，相差甚远。"自督促办理以来，实施工程，较之原定计划相差甚远，推原其故，实因经费过少，不足以策进行。盖在第一年省道修筑经费，经省政府核准者为二百四十六万八千六百元，而实领得数仅三万元，杯水车薪。"① 因此，经费不足，导致第一期修路计划没有完成。

1930年代早期，中共在鄂豫皖地区领导了一系列军事暴动，在大别山区建立了根据地。为了"围剿"红军，军事需要成为国民政府修建公路的主要意图。1932年6月，国民党在庐山召开"五省清剿会议"，决定"以修筑公路为主"。② 同年11月，为发展中部各省公路，国民政府在汉口召开七省（河南、湖北、安徽、江西、江苏、浙江、湖南）公路会议，"与会者除全国经济委员外，有七省建设厅长，豫鄂皖三省剿匪总司令暨参谋本部人员"。河南省建设厅长张静愚、公路局长王力仁、第九区筑路处处长朱光采出席会议。主要议题是议定七省联络公路干支各线，并规定公路工程标准、公路工程概算标准、公路工程预算最高标准单价及督造办法。12月，将原来苏浙皖三省道路专门委员会改组为七省公路专门委员会。1933年2月，七省公路委员会召开会议，规定各省拟修筑联络公路，干线11条，长1.2万公里；支线63条，长1万余公里。"所有干支各线，拟按事势需要之先后，分为五期兴筑，预订三年内全部完成。"③ 其中拟定的11条干线中，通过河南省的干线公路5条，即京陕线、汴粤线、洛韶线、归祁线、海郑线；63条公路支线中，属于河南省的有9条，即临汝太和线、洛阳潼关线、开封曹州线、新乡濮阳线、南阳鹿邑线、鹿邑商丘线、罗山宣化店线、潢川经扶线、商城山河尖线，共计长度3521公里。④ 截至1934年12月，七省公路河南段的建设已经有了进展，据统计当年已修成通车干线167公里，支线

---

① 张静愚：《三年来之河南建设》，《河南政治月刊》第3卷第10期，1933年11月，第11页。
② 秦孝仪主编《中华民国重要史料初编——对日抗战时期》第6编《傀儡组织——叁、汪伪政权》，台北：中国国民党中央委员会党史委员会，1981，第580页。
③ 全国经济委员会：《十年来公路建设》，《中华民国史档案资料汇编》第5辑第1编《财政经济》(9)，第254页。
④ 《河南公路史》第1册，第191~192页。

448公里，正兴筑干线122公里，未兴工者343公里，支线57公里。① 可见，当时公路建筑进度比较缓慢。

七省会议拟定因军事需要修筑的公路，在河南境内主要在豫南，即属于第九区筑路处施工范围的路段有：京陕干线信阳至叶家集段，长196.95公里；汴粤干线潢川至小界岭段，长65公里；罗山至宣化店支线，长57.2公里；潢川至经扶（今新县）支线，长64.45公里。以上四条公路均是通往中共领导的鄂豫皖根据地的重要交通路线，总长为383.61公里。② 第九区筑路处采取征工、雇工、兵工、包工、赈工五种主要办法进行施工，从1932年10月开始至1934年6月第九区筑路处奉令撤销，豫南公路通车里程总计为472.04公里。③ 随着红四方面军和红二十五军转移离开大别山区，豫南战事结束，河南将修筑公路的重点移到豫西地区。

豫西公路修建是这一阶段河南省公路建设的又一个重要任务。就在第九区筑路处奉令撤销的同时，河南省建设厅接南京军事委员会蒋介石令，1934年6月成立了豫西筑路办事处，主要负责豫西洛（阳）潼（关）公路、洛（阳）临（汝）公路的建设。④ 截至抗战前夕，在豫西修建了8条公路，即洛潼路，南线长315公里，北线长247公里；洛绍干线洛阳至叶县段，长176公里；京陕干线信阳至界碑段，长366公里；海郑干线永城至郑县段，长306公里；归祁干线商丘至集宁段，长38公里；临汝至太和支线临汝至界首段，长412公里；开封至南阳公路，长295公里，⑤ 总计长度为2155公里。随着河南公路建设的全面铺开和公路修建计划的逐步实施，1936年河南省把公路建设的重点放在提高公路质量、改善行车条件方面。省建设厅、财政厅贷款400万元，用于9条主要公路的路面铺筑工程。同时，随着日本发动侵华战争意图的日益明朗，国民政府在军事上也做了一些应变的准备。在公路建设方面，1937年1月两次拨款268.51万元，改建了孟县至新乡、

---

① 《七省公路建筑统计》，《中行月刊》第9卷第6期，1934年12月，第109页。
② 《河南公路史》第1册，第193页。
③ 《河南公路史》第1册，第198页。
④ 《一月来之建设·公路》，《河南政治月刊》第4卷第7期，1934年7月。
⑤ 《河南公路史》第1册，第202页。

洛阳至叶县、开封至许昌、开封至道口、洛阳至博爱、开封至永城、郑县至登封、偃师至登封、洛阳至巩县等国防公路。①

自七省会议以来，河南公路建设取得了较大的成绩，原计划在河南建设的公路干线、支线基本完成。至抗战前夕，河南完成了14条公路干、支线的修筑工作，如表10-2所示。

表10-2　1932~1937年河南省兴建公路统计

公路名称	途经河南境内城镇	河南境内里程（公里）
京陕干线	由安徽六合叶家集进入河南境内,经方家集、商城、仁和集、潢川、罗山、信阳、桐柏、平氏镇、唐河、南阳、镇平、内乡、西峡至豫陕交界的界碑,通往西安	592
汴粤干线	以省会开封为起点,南经陈留、杞县、太康、淮阳、周口、项城、新蔡、潢川、仁和集、沙窝至豫鄂两省交界之小界岭,通往湖北麻城	446
洛韶干线	以洛阳为起点,南经临汝、宝丰、叶县、方城、南阳、邓县至豫鄂交界孟家楼,进入湖北境内的老河口（其中叶县至南阳段114公里与省道开封至南阳段重复）	268（实际修筑里程）
海郑干线	由江苏萧县进入豫省永城,西经商丘、宁陵、睢县、陈留至开封,沿黄河大堤至郑县	306
归祁干线	以商丘为起点,至豫皖交界之宋集,通往安徽亳县	38
洛潼公路（南线）	以洛阳为起点,沿西偏南方向经宜阳、洛宁、长水至卢氏,转向北行抵达阌乡,再向西至豫陕交界的潼关	315
洛潼公路（北线）	以洛阳为起点,沿崤山北坡西行经新安、渑池、观音堂、陕县、灵宝、阌乡等城镇,抵达潼关	247
洛郑公路（北线）	以洛阳城东为起点,沿陇海铁路南侧东行,经偃师、巩县、汜水、荥阳抵达郑县	140
洛郑公路（南线）	在偃师高庄与北线分岔,向南经登封、密县、郭店至郑县	171
开南公路	北起开封,经朱仙镇、尉氏、洧川、许昌、襄城、叶县、保安驿、方城至南阳	295

---

① 《河南公路史》第1册，第203页。

续表

公路名称	途经河南境内城镇	河南境内里程(公里)
开安公路	由开封往北,于柳园口过黄河,经封丘、滑县、道口、浚县、汤阴、安阳抵豫冀交界的丰乐镇,至河北磁县	166
临界公路	自临汝东行,经郏县、禹县、许昌、鄢陵、扶沟、西华、周家口等城镇,沿沙河堤东行,过槐树店至豫皖交界之界首出河南省,通往安徽太和县	302
洛博公路	自洛阳起,从孟津白鹤渡过黄河,经孟县、沁阳至博爱接道清铁路	94
孟新公路	起自孟县,经温县、武陟、获嘉至新乡	119

资料来源:根据《河南公路史》第1册第204~215页相关内容编制。

从表 10-2 看出,到抗战前夕河南已经形成了以省会开封、郑县、洛阳为中心的公路网络系统,其中南北干支线 6 条,东西干支线 8 条,连接县城、集镇 50 余个,说明河南省公路交通初具规模。据国民政府交通部统计,可通车公路里程 1933 年为 3056 公里,1934 年 3064 公里,1935 年 3478 公里,1936 年 5773 公里,1937 年 5929 公里。[①] 抗战前夕河南省可通车公路里程是 1929 年(1396 公里)的 4.2 倍。

县道是"衔接省之支线,不独可以增进省道之效能,而县与县间彼此之联络更为重要"。[②] 因此,刘峙主政河南后,不仅重视国道与省道的修筑,也重视县道的修筑,认为"修筑县道,是训政工作之中心,亦为各县建设局之主要职责"。因此,1931 年春出台了《河南省各县县道修筑计划及进行情形》,规定了计划程序、选线标准、工程准则、筹款征工、征收用地、施工方法、修筑期限、保养路基、行车营业、盈利保管等 10 个方面。[③] 在拟具的各项计划中,"令饬各县分为二期督饬施行,第一期自二十年七月起至廿一年六月止,每县至少应完成二百里;第二期自廿一年七月起至廿二年六月止,至少应完成三百里"。计划全省县道修筑 7962 公里,限于 1935 年 3

[①] 《交通部历年各省可通车公路里程表 (1933~1937)》,《中华民国史档案资料汇编》第 5 辑第 1 编《财政经济》(9),第 291 页。
[②] 《河南建设概况 (1933 年)》,"交通",第 9 页。
[③] 《河南省各县县道修筑计划及进行情形》,《中国建设》第 5 卷第 2 期,1932 年 2 月。

月底以前一律完成。①

为了切实落实县道修筑,省政府规定各县政府对修路情况每月呈送一次工程进行状况表,省建设厅派员分区考察,作为考功叙绩之依据。并规定4条办法:(1)各县政府首先完成县际的道路,并由本厅按月考核及派员抽查,即以筑路成绩之优劣作为考核县长成绩之依据,分别呈请给奖或议处。(2)应由县长详察当地情形,对颁发的公路图,如有变更或需增减之处,须呈明理由。(3)各县县长从速绘具全县道路图,将县道、乡道起讫地点,经过城镇,山川地形分别标出,连同道路概括调查表于4月25日前呈厅。(4)各县县道,已开工者,应加紧进行。未开工者,应即日兴修,对县际的县道路基工程,尤应及早完成,通行汽车,其桥涵工程,限于1935年3月底以前竣工。②在政府的督导之下,各县县道先后开始修筑,据现有资料记载,各年进展情况是,1932年对63个县进行统计,有21个县动工,修筑县道98条,长1627公里。③1934年全省各县呈报县道达到8249.6公里。民国时期河南有111个县,有86个县呈报了县道修筑状况,占77.5%;其中,修筑里程在100公里以上的县29个,占呈报县的33.7%。④ 1935年10月统计,全省完成县道153条,长6872公里,正在兴建的84条,长4892公里,⑤合计11764公里,比原计划多出3800余公里,平均每县建设县道106公里。这些资料都说明河南省县道建设取得了较好的成绩。

南京国民政府前10年是河南公路建设的鼎盛时期,公路建设取得了前所未有的成就,在河南公路建筑史上有重要的意义。第一,河南现代公路交通网络初具规模。"本省公路建设,造端于民国18年,盛兴于民国22年,迨抗战前夕,已完成通车路线计有信潢等44线,总延长达5200余公里,其中信潢等13线均经加铺路面,宽3公尺,其余31线暂

---

① 张静愚:《四年来之河南建设》,《河南政治月刊》第4卷第10期,1934年10月。
② 《河南建设季刊》第3期,1934年7月。
③ 《河南省各县县道修筑计划及进行情形》,《中国建设》第5卷第2期,1932年2月。
④ 张静愚:《四年来之河南建设》,《河南政治月刊》第4卷第10期,1934年10月。
⑤ 《河南公路史》第1册,第217页。

由土路通车。"① 据抗战前统计，苏浙皖赣鄂湘豫七省及西北各省之联络公路，由经济委员会督造者，截至1937年4月底通车路段24496公里，② 其中河南干支线可通车者5200余公里，说明河南通车里程占七省及西北通车里程的21.2%；当时全国公路可通车里程约11万公里，③ 河南省公路通车里程占全国的4.7%。说明通过十年建设，河南公路里程处于全国前列。河南省公路干线、支线以省会开封以及陇海平汉铁路交会的郑州、洛阳等中心城市为中心，将全省中心城市、县城与主要城镇连接起来，到抗战前夕，全省除了少数边远山区县还没有通公路外，"大部分县城都通了汽车，使自古以来的驿道、官道的面貌焕然一新"。④ 而县道不仅加强了县与县之间的联系，而且使一些村庄被连接起来。另外，通过七省公路建设，河南省与周边省份如安徽、江苏、湖北、河北、陕西等省公路连通，加强了与外界的联络。因此，十年的公路建设，使河南形成了国道、省道和县道相互交映的公路交通网络。

第二，开启了河南公路建设的现代化历程。（1）公路建设有了一定的标准，即不论是在国家层面上还是在地方制度层面上，都制定了公路建设标准（见前文）。（2）公路建设中进行比较严密的科学规划和管理。在制订计划时对路线、修筑期限、所需经费预算、施工、工程标准等都有严格的规定；⑤ 在修建之前进行路线勘察，如在建筑考邓线前，公路局派技术人员对沿线进行勘察，勘察的主要内容是"土质如何，河流状况，桥梁位置等"，并将沿路"各县应做土工方数，应征民工数目，及应添设涵洞水管等工程经费，计算清楚，分别列表，分发各县办理。查此路经过故黄河道，贾鲁河，双伯河，颍河，汝河，汝粉河，沣河，湛河，昆河，三里河，泽河，马子河，砚山铺河，潘河，赵河，白河，潦河，湍河，夏家河等河流，尚无正式桥梁，除原有桥梁二十九座尚属可用外，应添筑坚固桥梁二十三座。全线

---

① 《河南公路专刊》，1947年6月。
② 《各省联络公路之现况》，《交通月刊》第1卷第1期，1937年7月。
③ 赵祖康：《我国近年来公路建设之概观》，《交通月刊》第1卷第1期，1937年7月。
④ 《河南公路史》第1册，第236页。
⑤ 《河南省修筑省道第一期计划》，《中国建设》第5卷第2期，1932年2月。

应添设及修理之涵洞，共六十八处。并应添设洋灰水管五十七道。全路应作土工方数九十九万三千一百余工方"。不仅进行了勘察，还进行了实际测量，在考邓线修建前，公路局派员测量路线和桥梁的准确位置。① 通过勘察和测量，达到科学施工和管理的目的。（3）公路技术含量得到了提高。一方面，为了便于行车，提高行车速度和保护公路路面，部分路面进行了铺石，抗战前夕，全省铺石路面有13条公路，即许昌至南阳（175公里）、洛阳至巩县（60公里）、偃师至郑县（134公里）、洛阳至博爱（94公里）、开封至许昌（120公里）、孟县至新乡（119公里）、洛阳至叶县（176公里）、永城至郑县（306公里）、商丘至宋集（38公里）、开封至柳园口（12公里）、洛阳至潼关（南线，315公里）、信阳至潢川（102公里）、潢川至三河尖（135公里），路面铺石的公路长共计1786公里。② 占全部干支线公路的30.1%，也就是说将近1/3的公路路面做了技术处理。另一方面，这期间最体现公路修建技术含量的是修建公路桥梁。过去的道路桥梁有的是木质的，有的是石质的。1932年，河南在公路建设中开始兴建大中型钢筋混凝土桥梁，使河南公路建设进入了一个新的技术阶段。据统计1930年代初至抗战前河南省修建的公路桥有750座，总长度22773米，其中大中型桥梁31座，长度4568.18米。桥梁的技术含量有了很大的提高，如跨度达8~12米，设计载重达5~12吨，行车道宽5~6米。③ 公路桥的修建不仅大大改善了行车途径，而且反映了河南公路桥技术达到相当高的水平。（4）传统公共设施建设的方式逐渐改变。在中国传统社会中，不论是在国家层面还是在民间社会，公共设施如道路的修建主要通过征发劳役来完成，而这期间修筑公路采取了征工、雇工、赈工和包工四种方式，特别是修建公路桥梁技术含量较高，采取了招标发包的方法进行施工，如当时河南最长的公路桥竹竿河桥梁就是采取招标发包的方式修建的。这些都说明，在民国时期河南公路的修筑中，包含了许多现代化因素。

---

① 《河南省道进行概况》，《中国建设》第5卷第2期，1932年2月。
② 《河南公路史》第1册，第226页，括号内为铺石路面公里数。
③ 《河南公路史》第1册，第228页。

同时，河南公路建设也存在严重不足，主要是公路技术含量不达标，如按照国民政府规定，国道宽度在 10 公尺以上，省道宽度在 8 公尺以上，县道宽度在 5 公尺以上。但在修筑过程中许多公路没有达到所规定的标准，[①]因此，某些路段的工程质量并不高。如据《桐柏县志》记载："民国二十五年（1936 年）有信（阳）南（阳）公路穿县境东西，但修筑质量较低。"[②]永（城）叶（县）省道"因征工、筹款困难，此路多处未达到设计标准，加之雨水冲击，完工后一直未正常使用"。[③] 一些公路，如遇雨天，路面积水，泥泞难行。如 1931 年 7 月上旬大雨连日，开封至周口线在"太康至周家口一段，路上积水汪洋，汽车难以行驶"。[④] 公路桥梁的修建中，钢筋混凝土桥梁比较少，大多数是木质桥梁，如京陕干线修建桥梁 85 座，钢筋混凝土桥梁只有 4 座，仅占 5%，可见由于经费所限，绝大部分公路桥还是木质的。一些木质桥梁一遇洪水便被冲垮，民国信阳地方志记载，1932 年，"蒋总司令及交通部先后电河南省政府，令特区筑路委员会，派员会同信、罗两县征发工料，各区分别摊认，限期修造金关铺木桥一道"，该桥当年 10 月竣工，但次年"夏河水涨，桥倾圮过半"。[⑤] 从这些零星的记载中可以看出，在当时的建设条件下，因经费、材料、技术等限制，河南公路建设并没有达到设计质量的初衷。

四　汽车运输业的建立

随着河南公路的兴修，汽车客货运输事业也日趋发展。河南的汽车运输业肇始于北洋政府时期。1910 年，意大利传教士怀履光带进开封一辆小汽车，作为传教交通工具；1916 年，袁克诚带进开封一辆福特牌小汽车，供

[①] 《河南公路史》第 1 册，第 240 页。
[②] 《桐柏县志》，第 450 页。
[③] 《永城县志》，第 167 页。
[④] 《河南省道路进行概况》，《中国建设》第 5 卷第 2 期，1932 年 2 月。
[⑤] 方廷汉等修、陈善同纂《重修信阳县志》卷 7，河南省信阳县志总编室点校本，1985，第 154 页。

第十章　现代交通通信事业的发展

其本人专用。① 1920 年直系军阀吴佩孚进驻洛阳，洛阳随之有了汽车。② 从此河南商人开始组建汽车公司从事公路运输，"十年以来，虽屡有商人组织汽车公司，然皆以营利为目的，并未培筑道路，仅就原有之官大道，略加平治，即便行车"。③ 据现有资料记载，1920～1925 年大约有 10 家汽车公司，开辟了开封—漯河、方城保安—灵邑铺、开封—周家口、漯河—周家口、怀庆（今沁阳）—济源、怀庆—清化镇（今博爱）、潢川—光山—固始—罗山—信阳、太康—扶沟—鄢陵—许昌—禹县、开封—陈留—杞县、长水—洛阳、归亳朱集—安徽亳县等客运线路。④ 当时河南汽车运输刚刚起步，一方面规模还比较小，表现在汽车数量、运输路线都十分有限；另一方面，汽车行驶主要借用原有官道、河堤，如河南较大的汽车公司，清济黄校汽车公司原来借用官道和黄河、沁河两河河堤作为行驶路线。北洋时期汽车运输业的肇兴开启了河南运输业的现代化进程。

冯玉祥主政河南期间，汽车运输业有一个短暂的复兴，时河南省建设厅"为便利交通起见，始竭力提倡，除厘定章程，鼓励商民办理长途汽车公司外，并向各洋行，定购汽车八辆，由公路局办理官营汽车事业，借资倡导，开驶未久，即因政局改变，停止营业，所有汽车损失殆尽，仅余破车两辆，亦皆不能行驶"。⑤ 中原大战结束后，河南政局趋于稳定，河南建设厅呈请省政府拨款 6 万余元，在汉口安利洋行定购雪佛兰汽车 20 辆，重建河南汽车运输业。1931 年 5、6 月，第一批 11 辆汽车到货后，开通了开封至许昌、开封至周家口、开封至曹州等线路。新车投入运营后，开许线"营业颇佳"，仅 6 月 9～30 日，运送乘客 645 人次，营业收入 2023.79 元。⑥ 汽车运输业重新建立后，汽车运输线路不断增多，如据 1932 年 7 月统计，有开禹

---

① 开封市交通史志编纂委员会编《开封市交通志》，人民交通出版社，1994，第 72 页。
② 《洛阳市志》第 3 卷，第 381 页。
③ 刘景向总纂《河南新志》卷 12《交通》中册，第 770 页。
④ 杨克坚主编《河南公路运输史》，第 113～114 页；漯河市地方史志编纂委员会编《漯河市志》，方志出版社，1999，第 504 页；河南省沁阳市地方史志编纂委员会编纂《沁阳市志》，红旗出版社，1993，第 333 页；商丘县志编纂委员会编《商丘县志》，三联书店，1991，第 182 页；《开封市交通志》，第 97 页。
⑤ 《河南省道路进行概况》，《中国建设》第 5 卷第 2 期，1932 年 2 月。
⑥ 《民国十九年度河南建设概况》，第 118 页。

线 173.86 公里，开周线 201.6 公里，开菏线 138.24 公里，开项线 175.02 公里，许南线 227.52 公里，商保线 121.06 公里，开道线 108.87 公里，合计客运里程 1146.17 公里。1933 年 2 月，又开通了许临线 138.24 公里；3 月，开通了信潢线 138.24 公里；5 月开通周颖线 125.71 公里，9 月，开通潢麻线 138.24 公里；12 月，开通潢经线 47.88 公里。1934 年 1 月，开通潢叶线 69.12 公里；12 月，开通周颖线 161.28 公里，潢三线 69.12 公里。从 1932 年 8 月至 1934 年 12 月，共开辟汽车运输线路 8 条，计 33 站，运营里程 914.83 公里，① 即 1934 年 12 月，河南长途汽车运输里程增加到 2061 公里。1934 年 6 月，河南省建设厅对汽车运输业进行了整顿，整顿后又增添潼洛线之洛长段，洛韶干线之洛宝段，京陕干线之南西段，洛博线之洛铁段的运营线路，使河南汽车运输线路增加到 2271.72 公里，运营线路 19 条，年营业收入达到 118.1 万元。② 表 10 – 3 是 1936 年 12 月河南省汽车运营线路统计表。

表 10 – 3　河南省长途汽车各路长度统计（1936 年 12 月调查）

路段	里程（公里）	站数
开禹路	173.86	7
开周路	201.60	9
开项路开周段	175.02	8
开道路	108.87	7
许南路	227.52	8
周颖路	161.28	8
洛潼路洛长段	109.86	6
南荆路南西段	711.00	4
许临路	138.24	5
商保路周舞段	121.06	5
周驻路洛驻段	125.71	4
许鲁路	137.86	6

---

① 张静愚：《河南省建设述要》，河南省政府，1935，第 9～10 页。
② 《河南省政府年刊（1936 年）》，第 364 页。

续表

路段	里程（公里）	站数
开菏路	138.24	5
洛韶路洛宝段	125.80	5
信潢路	102.00	5
潢经路	64.50	4
潢叶路潢商段	63.00	3
潢三路潢固段	69.12	3
潢麻路	138.24	3
洛孟路	22.78	3
合计	3115.56	108

资料来源：《河南省长途汽车各路长度统计表》，《河南统计月报》第3卷第2期，1937年3月，第27页。

据表10-3统计，截至1936年12月，河南省汽车运营线路达到了20条，运营里程达到了3115.56公里，汽车站点达到108个。到1937年抗战爆发前夕，河南开辟汽车运营线路22条，运营里程达2800多公里，设置车站110多处。① 也就是说，河南省大部分县城和重要市镇开通了汽车运输。

五　现代通信事业

邮政、电报、长途电话是近代兴起的三大通信事业。河南近代通信事业兴起于晚清时期，经过民初到1920～1930年代，各项通信事业都有了一定的发展。

（一）邮政

近代邮政事业开创于清朝末年，光绪三十二年（1906），清政府设立邮传部，"专管邮政事宜"。② 英国人希乐思任邮务局长，在开封设立邮局，开始了河南省的邮政事业。民国建立后，邮政业务归属于交通部，设邮传局，

---

① 杨克坚主编《河南公路运输史》，第141页。
② 张樑任：《中国邮政》上卷，商务印书馆，1935，第37页。

民国三年改设邮传司，各省设邮务管理局，在开封设"河南省邮务管理局"。据1926年调查，河南省除了全省邮务管理局外，另设有一等分局1所，二等分局86所，三等分局46所，邮寄代办所732家，代售邮票处18家，邮务信柜546架，邮站1886处，全境邮路共长55224里。① 从上述统计来看，以当时河南省114县、54.43万平方里计算，② 平均每县设邮局1.2所，每个邮局覆盖面积4092平方里，也就是除了各县城设立邮局外，一些较大的市镇也设立了邮局；平均每县有代办所6.4个，每个代办所覆盖面积743.6平方里；每县有邮务信柜4.8个，邮站16.5个，邮路484里。在南京国民政府成立前，河南的邮政网络已经覆盖到每个县城和乡镇。

1927年6月，南京国民政府成立后，设立邮政司，管理全国邮务。河南的邮政事业有了一定的发展，据1933年统计，河南全省设立邮局、所808处，其中自办邮政机构132处（邮政管理局1处，一等邮局1处，二等邮局56处，三等邮局74处），邮政代办所676处。1936年，中华邮政河南邮区设置邮政局所913处，其中自办邮政机构152处（包括邮政管理局1处，一等邮局1处，二等邮局56处，三等邮局80处，邮政支局14处），委办机构代办所761处。③ 当时河南有111县，每个县平均有邮政局所8.2个，每个局所平均覆盖面积为596.2平方里。可见，河南邮政系统1936年比1926年有了较快的发展。又据1930年代中期调查，河南的邮政系统基本上深入了各个乡镇。如唐河县邮局2处，"一在县城，一在源潭镇，城镇乡市均通汇兑，或小汇兑"。而且"邮政尚发达，县镇如井楼、毕店、祁宜、胡阳、汉龙、谭苍、苔郭、滩上、屯桐、柴铺、大河屯、涧岭店均有邮寄代办所"。④ 上蔡"各区公所所在地，设有代办所"。⑤ 孟县"三等邮局一处，附属邮寄代办所十二处，乡村信柜六处，每月售邮票五六百元，汇入款约二千

---

① 刘景向总纂《河南新志》卷12《交通》中册，第733页。
② 刘景向总纂《河南新志》卷1《舆地》上册，第19页。
③ 河南省地方史志编纂委员会编《河南省志》第39卷《邮电志》，河南人民出版社，1993，第51页。
④ 《河南各县社会调查·唐河》，《河南统计月报》第3卷第1期，1937年2月，第75页。
⑤ 《河南各县社会调查·上蔡》，《河南统计月报》第3卷第2期，1937年3月，第160页。

第十章 现代交通通信事业的发展

元,汇出款约七八千元"。① 限于篇幅,不再一一列举。从当时的调查来看,平汉铁路、陇海铁路沿线和交通、经济比较发达的地方,邮政系统比较密集,而远离铁路和交通、经济不发达的地方如林县、卢氏等邮政系统欠发达。

河南省邮件投递方式最初为步班和马班,但20世纪初,随着新式交通工具的出现,邮递方式也在发生变化,如平汉、陇海铁路通车后,相继出现由火车代运邮件,截至1933年,河南境内平汉铁路550公里,陇海铁路564公里,道清铁路148公里,② 合计铁道邮路达到1244公里。随着汽车运输的出现,有了委办汽车邮路,由邮局派员押运,沿站交换邮件。1921年,安徽邮界与华北汽车公司签订包运契约,开辟亳州至朱镇(今商丘市)运送轻班邮件,该邮路长67.5公里,是河南第一条汽车邮班。1930年,开通了西安至灵宝委办自押汽车邮路1条,长290公里(该邮路在陇海铁路展至西安后停运)。1933年时,本省有委办汽车邮路12条,长1464公里,1935年增加到15条,长1584公里。③ 1925年5月,郑州与洛阳通航后,曾试图代运邮件,但没有成功。1932年经过河南的航空邮路有南京—洛阳—西安和北平—洛阳两条,1934年5月停办。同年,河南航空邮件交换点转移至郑州,邮路有北平—郑州—汉口—长沙—广州,上海—南京—郑州—乌鲁木齐。④ 1928年,省会开封邮局信差贺巨川首先使用自行车投递快信,随后较大的城市相继使用自行车投递信件,⑤ 但当时自行车投递邮件仅限于市区而已。新式邮路的出现,说明河南形成了立体邮件传递。

尽管各种新式交通工具出现,有了飞机、火车、汽车、自行车等先进、快速的邮路,但在当时的条件下,邮路仍以步班、马班等传统交通工具为主。如1933年,开封配马3匹,以马车接送火车邮件,其他邮件接送多以地方配备独轮手推车为主。当年,本省步班邮路总长度12536公里,其中逐

---

① 《河南各县社会调查·孟县》,《河南统计月报》第3卷第3期,1937年4月,第103页。
② 《河南省志》第39卷《邮电志》,第41页。
③ 《河南省志》第39卷《邮电志》,第32页。
④ 《河南省志》第39卷《邮电志》,第47页。
⑤ 《河南省志》第39卷《邮电志》,第29页。

日昼夜兼程邮路37条，2956公里，占23.6%；间日昼夜兼程邮路3条，316公里，占2.5%；逐日班邮路22条，891公里，占7.1%；间日班邮路48条，3196公里，占25.5%；每三日及三日以上班邮路39条，2869公里，占22.9%。另有乡村邮路63条，2308公里，占18.4%。[①] 从1933年邮路的性质来看，比较繁忙的邮路（逐日班以上的邮路）占全部邮路的33.2%，乡村邮路比较少。据1930年代的统计，河南全省邮路15364公里，其中步班占81.6%，铁道、公路邮路只占18.4%。说明1930年代，河南邮路虽然增加了现代化的成分，但仍然以传统的步班为主。

（二）电报与电话

中华民国建立后，河南长途报话线路形成了交通部和省政府两个建设体系，即部办长途报话和省办长途电话。1912年以来，国民政府交通部在河南架设了洛阳—潼关，许州—南阳，许州—禹州（禹县），荆紫关—老河口，叶县—临汝，驻马店—正阳，开封—铜山（徐州）等电报线路；整修了郑州—洛阳线路；加挂了西安—荆紫关，郑州—石家庄，郑州—汉口，开封—铜山，郑州—铜山，洛阳—西安，许州—老河口等线条，共计电报线路2799.1公里。通过线路的架设、修整和加挂，1930年，本省各地通电报达40余处。1931~1934年整修线路1501公里。至此，全省共有报话线路2452.5杆程公里（按电杆的路程计算），6278.5线条公里（单根线的长度称线条公里），电杆27567根。[②] 通过电报线路的建设，河南各地建立了电报网络，如方城"电报通豫南二十七处，有电报局以管理之"。[③]

1932年，交通部开始在河南办理长途电话，当时没有另外架设线路，利用电报线兼作电话线，在开封、郑州、周家口、漯河、许昌、禹县、新乡、安阳、汲县、道口等地开通长途电话。为了适应远距离通话，1934年交通部筹建苏、皖、鄂、湘、粤、鲁、豫、冀、浙九省长途电话线路。该线路在河南境内的郑州—徐州、信阳—汉口、郑州—西安线路1936年建成。

---

① 《河南省志》第39卷《邮电志》，第23~24页。
② 《河南省志》第39卷《邮电志》，第69~70页。
③ 《河南各县社会调查·方城》，《河南统计月报》第2卷第9期，1936年9月，第174页。

第十章 现代交通通信事业的发展

随着九省长途线路的建成,到 1937 年,郑州、开封、许昌、洛阳、陕县、新乡、安阳均可与邻省各大城市互通长途电报、电话。① 在交通部的主持下,部办河南报话加入了全国的电信网络。

河南省办长途电话始于 1922 年,以省会开封为中心架设开封至郑州、新乡、洛阳、许昌、商丘等地的长途电话。1929 年前,河南电话线路架设通话者已达"七十余县,各地方遇有要事,均能以电话传递消息。设分局八处,支局五处,分所十三处,支所十二处,分任管理。并于各繁盛区市设立长途电话零售处,一般商民颇称便利。惟当时限于经济,电线尽用铁线,而且太细,电杆均系杂木,大小不匀,后因时间仓猝,急于求效,设置多不完善,故话音每欠清晰。殆自军兴以来,长途电话破坏几尽,即此不良之线路存留者,亦寥若晨星"。② 从这段资料来看,南京国民政府建立前,河南长途电话已经有了一定程度的发展,但质量不高,线为铁线,杆为杂杆,通话效果不好。而随着时局动荡,中原大战时,以前建立起来的长途电话系统"破坏殆尽,各县不能通讯者,竟有数月之久"。③ 中原大战结束后,河南省首先对原有的电话线路进行了恢复。建设厅拟具了《河南省长途电话计划》,分两期进行,第一期"先架设沿陇海、平汉、道清各铁路及南阳、周口等处各重要干线、支线共十线计长二千二百一十里(华里)"。第二期"架设各重要支线暨各县联络支线共计五十三线,计长四千九百三十九里"。共计 7149 华里。在实施计划中,首先恢复开封、郑州等中心城市到周边主要城镇的干线 1180 里;支线 1225 里,豫北原有干支线 1665 里,共计可通话线路达到 4070 里。共计恢复通话县份达 60 余县,"均属畅通无阻",在恢复原有线路方面取得了应有的成绩。同时,新建开封至许昌、许昌至郾城、许昌至南阳、洛阳至阌乡等干线;开封至陈留、洛阳至伊阳、洛阳至洛宁、洛阳至登封、荥阳至密县等支线。④ 通过一年的建设,1931 年本省有电

---

① 《河南省志》第 39 卷《邮电志》,第 70 页。
② 《民国十九年度河南建设概况》,第 127 页。
③ 《河南全省长途电话整理计划及进行情形》,《中国建设》第 5 卷第 3 期,1932 年 3 月。
④ 《河南全省长途电话整理计划及进行情形》,《中国建设》第 5 卷第 3 期,1932 年 3 月。

话线路 64 条，3290.5 公里，遍及 60 余县。①

1932～1936 年是河南省电信事业发展比较快的时期，基本上实现了县城、乡镇通电话。1932 年，为了加快省内电信建设，提高通话质量，省建设厅电话管理局"将电杆长度及电线种类、号数分别规定，通令各县筹摊价款，以备更换。其未经架设县份，并责其关系重要者，令饬克日筹款，交由电话局派员架设，以便通信"。② 在省建设厅的督促之下，河南电话线路不断发展，到 1935 年底，全省有干线 17 条，支线 59 条，长度为 9115 华里。1936 年，长途电话线路已达 11320 华里，"通话之县份，已及一百余县，全省电话网大致构成，至各县环境电话，亦多已普遍架设，本年复在开封黑岗口安设横过黄河之水底电缆，自此大河南北，已可直接通话，无须接转之稽滞矣"。③ 也就是说通过六年的建设，河南电信事业有了长足的发展，不仅实现了中心城市到县城的通话，而且一些商业繁盛的乡镇也实现了通话。如桐柏县城设总机一处，"可通各机关，各重要市镇"。④ 方城有"长途电话东北至叶县，西南至南阳，设电话局以管理之"。⑤

在长途电话不能架通的乡镇，省建设厅责令和帮助架设环境电话。1932 年 8 月，河南省建设厅"迭经令饬各县政府，于万难之中，设法筹款，尽量架设环境电话，使长途电话不能通之处，以环境电话联络之，借利交通"。建设厅还拟定了《各县架设环境电话规则》，"指定架设程序，及电料种类，通令各县遵照。并饬电话管理局，对于各县架设环境电话，技术上予以协助"。据统计，从 1932 年 8 月至 1934 年底，本省 80 余县架设环境电话线路 13269 公里。⑥ 环境电话的架设，建立起乡镇与城镇之间的电话网络联系，也便利了乡村社会的对外交流。如遂平"城内各机关，及各区公所，主要城镇，有好几电话之设"。⑦ 唐河"环境电话甚便利，凡各区区公所所

---

① 《河南省志》第 39 卷《邮电志》，第 71 页。
② 张静愚：《三年来之河南建设》，《河南政治月刊》第 3 卷第 10 期，1933 年 11 月。
③ 涂自强：《豫省电话之概况与展望》，《河南政治月刊》第 7 卷第 1 期，1937 年 1 月。
④ 《河南各县社会调查·桐柏》，《河南统计月报》第 2 卷第 8 期，1936 年 8 月，第 186 页。
⑤ 《河南各县社会调查·方城》，《河南统计月报》第 2 卷第 9 期，1936 年 9 月，第 174 页。
⑥ 张静愚：《河南省建设述要》，第 27～28 页。
⑦ 《河南各县社会调查·遂平》，《河南统计月报》第 2 卷第 8 期，1936 年 8 月，第 200 页。

第十章　现代交通通信事业的发展

在地，及重要乡镇，均架设可通话，县内并有河南电话局之营业所，能通电信于全省"。[1] 方城有"环境电话，系由县城通至各区，及重要各乡镇长"。[2] 西平开设环境电话后，"各区公所，及较大集镇，联保办公处等二十八处，均可通电话"。[3] 可见，通过建设环境电话，到抗战前夕河南省各乡镇、区公所均可通话。

长途电话的发展带动了市内电话的建设。河南省市内电话改良和发展主要在省会开封，本市电话以前为磁石式话机，该话机"程式复杂，应用不灵"。张静愚任建设厅长后，筹划进行改良。1933年2月，向上海中国电器公司（西门子洋行）购买共电式总机话机及其他设备，9月开始改装，次年4月改装竣工，"本市装户增至四百余户，成效远胜昔年"。[4] 其余如新郑、许昌、漯河、驻马店、南阳各城镇也有市内电话，但因经费不足，尚不完备。

---

[1] 《河南各县社会调查·唐河》，《河南统计月报》第3卷第1期，1937年2月，第75页。
[2] 《河南各县社会调查·方城》，《河南统计月报》第2卷第9期，1936年9月，第174页。
[3] 《河南各县社会调查·西平》，《河南统计月报》第2卷第9期，1936年9月，第204页。
[4] 张静愚：《河南省建设述要》，第27页。

第十一章
豫东南苏区的经济（上）

一 苏区的建立

豫东南苏区是1927年国共合作破裂后中国共产党建立的鄂豫皖革命根据地的重要组成部分。在国共十年内战期间，鄂豫皖革命根据地是中共创建并领导的规模较大、坚持时间最长的革命根据地，位于湖北、河南、安徽三省交界的大别山区，在最鼎盛时期其统辖地域达20余县，游击区域40余县，人口350万，红军主力4.5万人。河南东南部的商城、光山、罗山、固始、潢川、信阳、息县等县属于鄂豫皖根据地的统辖区域。

1927年，中共八七会议确定了开展土地革命和武装反抗国民党的总方针。11月，中共领导鄂东北黄安、麻城地区农民起义，起义军组成工农革命军鄂东军，揭开了鄂豫皖边区土地革命的序幕。经过半年的艰苦转战，1928年5月建立了地处湖北、河南两省交界的柴山堡游击根据地。7月，鄂东军改称中国工农红军第十一军三十一师。1929年，红三十一师粉碎国民党军队三次"会剿"，并乘势扩大根据地，建立了鄂东北革命根据地。1929年5月，豫东南举行了商（城）南起义，11月，皖西举行了六（安）霍（山）起义。在这两次武装起义的基础上，又分别创建了工农红军第十一军三十二和三十三师，开辟了豫东南和皖西两块革命根据地。

根据鄂、豫边界地区革命形势的发展，为了统一鄂东北、豫东南根据地党政军的领导，1929年9月下旬，中共中央决定将鄂东北特委改组为鄂豫

第十一章　豫东南苏区的经济（上）

边特委，管辖黄安、麻城、罗田、黄陂、商城、光山、罗山、黄冈 8 个县。11 月 20 日，中共鄂豫边区第一次代表大会在光山县柴山堡召开，大会选举产生了中共鄂豫边特委，书记徐朋人。会议还讨论通过了《政治任务决议案》等八项决议案，对根据地的各项工作进行了部署。12 月 27 日，鄂豫边第一次工农兵代表大会在光山县召开，大会制定了《鄂豫边革命委员会政纲》和《鄂豫边革命委员会土地政纲实施细则》，并选举产生了鄂豫边革命委员会。这两次大会的召开，以及中共鄂豫边特委和鄂豫边革命委员会的成立，标志着鄂东北、豫东南根据地的统一和鄂豫边革命根据地的形成。1930 年 2 月，根据中共中央决定，又建立了中共鄂豫皖边区特委，河南的潢川、固始、商城、光山等县，划归鄂豫皖边特别区。[①] 为便于集中组织、统一指挥，红三十一师、红三十二师、红三十三师合编为红一军。[②] 随后，乘中原大战之机，红一军不断出击，鄂东北、豫东南、皖西三块根据地基本连成一片。6 月下旬，鄂豫皖边区第一次工农兵代表大会在光山县召开，成立了鄂豫皖边特别区苏维埃政府。至此，鄂豫皖边特别区有了统一的苏维埃政权，标志着鄂豫皖革命根据地正式形成。

　　1931 年 1 月中共六届四中全会召开后，中共中央派沈泽民、张国焘、陈昌浩等先后抵达鄂豫皖根据地。5 月中旬，根据中共中央决定，中共鄂豫皖中央分局和新的鄂豫皖革命军事委员会在光山县新集镇[③]正式成立，张国焘任分局书记兼军委主席。接着，又成立中共鄂豫皖省委，由沈泽民任书记，下辖鄂东北、豫东南、皖西北三个特委。为了统一红军指挥，1931 年

[①] 《中共中央关于组织鄂豫皖边特委的决定》（1930 年 2 月 25 日），《鄂豫皖革命根据地》编委会编《鄂豫皖革命根据地》第 1 册，河南人民出版社，1989，第 75 页。
[②] 《中共中央给鄂豫皖边特委并转红军三十一、三十二、三十三师师委及全体同志信》（1930 年 3 月 18 日），《鄂豫皖革命根据地》第 1 册，第 78 页。
[③] 现为新县。新集镇当时是光山县南部的一个重要集镇。1931 年 5 月 12 日，中共鄂豫皖中央分局和鄂豫皖革命军事委员会在新集镇成立。1932 年 10 月，红四方面军主力撤离鄂豫皖革命根据地后，南京国民政府为了加强统治，把光山县南部和麻城、黄安县北部各一部分，以当时河南省政府主席刘峙之字"经扶"为名，增设"经扶"县，以新集为治所。1947 年 8 月，刘、邓大军千里跃进到达大别山区，12 月召开经扶县首届工农兵代表大会，决定改经扶县为新县，仍以新集为治所。参见《新县志》编纂委员会编《新县志》，河南人民出版社，1990，第 1、71 页。

11月7日，当年年初由红一军、红十五军合编而来的红四军和10月成立的红二十五军共同编成了中国工农红军第四方面军，总指挥徐向前，政治委员陈昌浩，政治部主任刘士奇，全军近3万人。与此同时，鄂豫皖苏区的党和政府领导人民进行了轰轰烈烈的土地革命运动和政治、经济、文化教育等各项建设。从1930年冬至1932年夏，鄂豫皖苏区军民还粉碎了国民党先后集结大约60万兵力对苏区的三次"围剿"。到1932年夏，鄂豫皖苏区达到了它的极盛时期，拥有6座县城和26个县的苏维埃政权，总面积约4万平方公里，人口达350万。红四方面军下辖两个军，共计4.5万余人，地方武装在20万以上。1932年秋，由于鄂豫皖苏区未能粉碎敌人的"围剿"，10月，红四方面军主力被迫西征。

在红军主力离开后，1932年11月，鄂豫皖苏区又在异常艰难的情况下，重建了红二十五军。该军长期在大别山区开展游击战争，不仅粉碎了敌人的多次大规模划区"清剿"，有力配合了其他苏区的反"围剿"斗争，而且部分地恢复了丧失的苏区，开辟了一些新区。两年后，红二十五军奉命北上长征。1935年2月，鄂豫皖苏区重建了红二十八军，又在革命斗争中建立了以开展地方工作为主的便衣队。这些武装力量星罗棋布地分布在各地，根据敌我力量对比，采取集中与分散相结合的机动灵活的战略方针，广泛地开展游击活动，在大别山地区坚持了三年革命斗争。抗日战争全面爆发后，红二十八军及便衣队奉命改编为新四军第四支队开赴抗日前线。

二　地权分配与剥削关系

在土地革命之前，豫东南地区与全国各地大体一样，土地占有情况极不合理，而且大地主较多，一些地方地主占有土地的比例大大高出全国平均数。在鄂豫边区，"北部土地多集中在大地主手内（大地主有地一千余顷），（佃）农种地主土地，房屋、农具都是地主的"；"中部地主不甚集中，大地主较少，中小地主、富农较多"；"南部人烟较密，土地较少，不敷农民耕

第十一章 豫东南苏区的经济（上）

种，同时多集中在地主阶级手内，农民很少有土地"。① 光山县殷区 90% 以上的土地被 20 户地主占有；罗山县地主刘楷堂占有土地 25000 亩；商城县银山畈一带，90% 的土地被地主占有。② 在新县，占全县总人口 6.6% 的地主、富农，占有土地 108374 亩，为全县土地总数的 45%，而占全县人口 70% 的贫农，仅有土地 28478 亩，占全县土地总数的 11.8%。③ 新县箭厂河地区，大革命前总人口 17274 人，耕地总面积 75435 亩，其中占总户数 1% 的地主，占有耕地总数的 82%，而占总户数 60% 的贫农，却只占耕地总数的 1%。④ 大革命时期商城汤家汇附近的 8 个村，共有 6300 余亩田，其中地主、富农占有 75%，一廖姓地主又占有其中的 1/3；祠庙田占 22.5%；自耕农和半自耕农仅占有 2.5%。⑤ 固始县陈淋子地区土改前共有土地 35120 亩，人口不到 9% 的地富占土地 27800 亩，合全区土地总数的 79.2%。⑥ 土地革命前，罗山县有可耕土地 115 万多亩，27.2 万人口，其中近 20 万农民无土地，3 万多农民有少量土地，而少数地主却占有 70% 以上的土地。⑦

地租是地主剥削农民的主要方式，豫东南地区的地租有定租、分租、押租等。地主凭借对土地的占有权，每年都要向佃户索取租种土地收获量的一半以上。有的佃农每年收入除"留一部分吃的外，其余都交给地主"；有的地方"租课制度地主、佃户各得一半"。⑧ 如新县箭厂河南程家河贫苦农民方志清，租种大地主石子谦 3 亩 5 分地，每年交租子 1500 斤，几乎占总产

---

① 《中共鄂豫边特委综合报告》(1930 年 11 月)，《鄂豫皖革命根据地》编委会编《鄂豫皖革命根据地》第 2 册，河南人民出版社，1990，第 114~115 页。
② 中共河南省委党史研究室、中共安徽省委党史研究室编《鄂豫皖革命根据地史》，安徽人民出版社，1998，第 327 页。
③ 中共新县县委党史资料征编委员会办公室：《新县土地革命情况简述》，中共信阳地委党史资料征编委员会编《中共信阳党史资料汇编·丰碑》第 13 辑，1986，第 89 页。
④ 新县文管会编写组、河南大学编写组编《鄂豫皖根据地首府新县革命史》，河南人民出版社，1985，第 4 页。
⑤ 中共商城县委党史资料征编委员会编《商城革命史》，河南人民出版社，1988，第 115 页。
⑥ 中共固始县委党史资料征编委员会编《蓼城风云：固始党史资料》第 2 辑，1986，第 26~27 页。
⑦ 中共罗山县委党史资料征编委员会办公室：《罗山县土地革命的开展》，《中共信阳党史资料汇编·丰碑》第 13 辑，第 103 页。
⑧ 《中共鄂豫边特委综合报告》(1930 年 11 月)，《鄂豫皖革命根据地》第 2 册，第 114 页。

量的90%。卡房贫农吴长青于1924年租种大地主黄吉安山谷梯田1石8斗，照租约每年交租20石。那时山间梯田常年产量每斗田（半亩）只能产1石谷（丰年稍多一些），而黄家的租额是按丰年确定的。遇上大旱年，1石8斗田只收了6石4斗谷，但黄家却硬要20石租，结果逼得吴家倾家荡产也只能交上18石谷。① 除了地租剥削，地主还进行其他各种名目和形式的经济剥削，例如索取押板金（又叫羁庄费、批礼等），即在出租土地时要佃户先付押板金，其金额一般占地价的一半左右。豫东南地区一般每年来一次批佃，重交押板金，佃户交不起即"夺佃转庄"。还有出租土地"充田亩"，即将八分地充为一亩，以榨取更多的押金和地租；大斗进小斗出，即收租用的是加一的大斗，贷粮用的是减一的小斗。

高利贷也是豫东南农村十分普遍的剥削方式。高利贷分粮、钱两种，"农民向地主借粮，以年为期，借一石，利息一石，甚至一石五斗；以月为期，利息两斗。借款利息更重，过期不还，利息转本。如借石子谦一元钱，月息一角，一年连本带利要还二元二角。当年不还，第二年要利转本。这样，农民负的债越滚越多，群众气愤地叫它'驴打滚'利"。② 每年当麦子尚未收获的时候，农民借豪绅地主所放高利贷以维持生活，"有所谓'桃禾账'，借一斗高粱一月后还一斗高粱外再还一斗的利钱或加一千或二千钱，利息有的在五六倍以上，农民含痛喝地主的毒汁以维持他们的生活，等到粮食收了，粮价即刻低落下来，他们又不能（不）把他们维持生命的原料送到市场里去，转瞬几十天以后，又要用重价去买他们贱价售去的粮食"。③

在农村各种严酷的剥削关系中，农民的土地不断流失，生活日益贫困破产。据调查，信阳县从1921年到1926年，自耕农由占总农户的39%下降到32%，佃农则由40%增加到52%。光山县"大半的自耕农不得不另外租种别人的田地变

---

① 中共新县县委党史资料征编委员会办公室：《新县土地革命情况简述》，《中共信阳党史资料汇编·丰碑》第13辑，第89页。
② 《鄂豫皖根据地首府新县革命史》，第4页。
③ 《中共中央巡视员郭树勋关于巡视豫南工作情况给中共中央的报告》（1929年10月22日），《鄂豫皖革命根据地》编委会编《鄂豫皖革命根据地》第3册，河南人民出版社，1990，第148页。

为半自耕农,最不幸的甚至于积债累身,逼到卖掉自己所有的田地,还清债以外,剩余的只够租种地主田产的押金,而变成完全的雇农"。①

南京国民政府建立后,国民党政府沿袭了北洋军阀时期的预征制,在豫东南,"任应岐完粮从十七年完到二十一年,冯玉祥来后又从十年到二十年,蒋到后又从十八年完起,此外还预借"。②另外,苛捐杂税名目繁多,如在商城,"有所谓牲畜税、枪会捐(驻兵收)、城隍捐(修城××)、百货卡子捐、皮货捐、花生税、屠宰税、预征(二十四五年)陋规剥削,衙门差役及各项无名捐、杂捐……苛捐杂税,弄得一般劳苦群众应接不暇"。③

地主残酷的经济剥削,政府沉重的苛捐杂税,加上土匪溃兵的抢掠骚扰,使豫东南农村经济濒临破产。一遇自然灾害和军阀混战,农村更是粮食恐慌,农民生活难以为继,挣扎在死亡线上。1928年秋,河南农村"无饭吃的已占40%","年底将增至70%"。④ 1929年春,"罗山有70%,商城、固始有一半以上没有粮食吃,整个东南是在饥荒的威胁中"。⑤

三 土地政策及其实施

(一) 土地政策的制定

1927年,中共八七会议确定了开展土地革命的总方针,并初步制定了关于土地革命的政策,指出"现时主要的是用'平民式'的革命手段解决

---

① 曾鉴泉:《各地农民调查——光山》,《东方杂志》第24卷第16号,1927年8月25日。
② 《中共鄂豫边特委综合报告》(1930年11月),《鄂豫皖革命根据地》第2册,第117~118页。
③ 《皖西北特区苏维埃政府给鄂豫皖特区苏维埃政府的工作报告》(1931年6月),《鄂豫皖革命根据地》第3册,第493页。
④ 《河南省委关于河南目前工作方针决议案》,中央档案馆、河南省档案馆编《河南革命历史文件汇集(1928年)》甲3,内部发行,1984,第393页。
⑤ 树勋:《冯玉祥统治下的豫省东南部》,《红旗》第14期,1929年2月21日。

土地问题",① 要"没收大地主及中地主的土地","没收一切所谓公产的祠族庙宇等土地",分给佃农和无地的农民,"对于小田主则减租,租金率由农民协会规定之"。② 这些规定推动了全国各革命根据地土地改革运动的兴起。八七会议后,中共河南省委决议,把河南省分为豫南、豫北、豫东、豫西四个区域发起暴动,提出"暴动抗捐抗税抗租抗粮",进而"没收豪绅大中地主一切反革命派及祠庙公产的土地财产分给农民和兵士"。③ 1928年7月,中共鄂东党组织召开尹家咀会议,讨论关于没收、分配土地的原则和办法,决定在光山、罗山、黄安(今湖北红安)、麻城(属湖北省)四县的部分地区,普遍发动群众开展抗租抗债抗捐抗税抗粮(简称"五抗"),进而没收地主的土地财产分给贫苦农民。会后,以光山县柴山堡为中心,光山、罗山、黄安、麻城等县部分地区开展了轰轰烈烈的"五抗"斗争,商城县也开展了分粮、抗租、反捐税斗争。8、9月间,鄂豫边特委召开了松树岗会议,着重讨论了没收和分配土地问题,由于没有成规和经验可循,一时难以确定具体的政策和方法,会议经过讨论提出了"谁种的田归谁收去"的政策,并提出了土地分配的原则和办法:没收豪绅地主反动派的土地财产,按人口分给贫农、雇农;自耕农的土地不动;富农的好土地没收;不反动的小地主分给坏土地等。④ 由于当时局势不稳,这次会议的精神,除了"谁种的田归谁收去"的政策外,其他均无法实际执行。11月,中共河南省委根据中共六大精神,提出在农民运动中,要"以贫农雇农为中心,联合中农,使富农中立",要"领导算账、抗租、抗税抗捐、分粮吃饭等斗争"。⑤ 据此,中共信阳中心县委向商城县委具体提出,"在农村斗争中主要的动力是贫农,中农是同盟者,富农使其守

---

① 《中国共产党中央执行委员会告全党党员书》,中共中央党史资料征集委员会、中央档案馆编《八七会议》,中共党史资料出版社,1986,第18页。
② 《最近农民斗争的议决案》,《八七会议》,第39页。
③ 《河南目前政治与暴动工作大纲决议案》,中央档案馆、河南省档案馆编《河南革命历史文件汇集(1925~1927年)》甲2,内部发行,1984,第111、113页。
④ 侯志英主编《豫东南土地革命战争史稿》,河南人民出版社,1990,第123~124页。
⑤ 《河南省委关于河南目前工作方针决议案》,《河南革命历史文件汇集(1928年)》甲3,第396页。

第十一章 豫东南苏区的经济（上）

中立","今后必须坚决的执行对小商人、自耕农的正确政策，相当的保护他们的利益"。① 此后，根据地不断巩固和扩大，开展土地革命的条件日益成熟。

1929年5月30日至6月9日，中共鄂东北特委与红三十一师师委召开了联席会议，根据中共六大通过的《土地问题决议案》的精神，结合一年来地方工作实际，讨论通过了《临时土地政纲》，就没收土地的范围和分配方法做出了规定，凡地主、豪绅及有反革命行为者的土地一律没收；凡有下列情形之一者，其土地无论已佃未佃不得没收：（1）孤寡；（2）无生产能力又无反革命行为者；（3）诚意悔过的反动嫌疑分子（地主豪绅除外）。没收的山场、竹园、鱼塘等财产，归当地苏维埃处理；凡没收的土地，如果是已经佃出的，就拨归原佃农耕种；如果是没有佃出的，拨归当地无地的农民、失业工人及退伍兵士耕种；红军与赤卫队现役的军官、兵士其家属无生产能力而愿耕种者，须分给土地并得雇人耕种。② 另外，会议还通过了《中小商人和富农问题》《公积祖积问题》《纳租与还债问题》《没收反革命派财物处理问题》等。在《中小商人和富农问题》中规定：中小商人得享有其资本企业，有营业自由权；富农得享有其土地，有自由耕种权。在《公积祖积问题》中规定：公积祖积的土地归所在地的区苏维埃处理，或由苏维埃支配给当地乡苏维埃处理。③ 这些规定，比中共六大以前各地的规定大大前进了一步。如在没收范围上，明确了没收所有地主的土地的政策。在分配对象上，明确将没收未佃的土地分给无地的农民等，在较大程度上满足了农民的土地要求。但其中也有缺陷，如对没收的土地没有规定分配标准；已佃的土地仍归原佃农耕种，仍然没有突破"谁种谁收"的思想框架，存在多佃多得、少佃少得的不合理现象。尽管存在一些不足，但《临时土地政纲》是鄂豫皖根据地的第一部土地政纲，仅晚于1928年12月颁布的《井

---

① 《信阳中心县委关于下达"给商城县委的指示信"向中央的报告》，中央档案馆、河南省档案馆编《河南革命历史文件汇集（1927~1934年）》甲8，内部发行，1986，第189页。
② 《鄂东北各县苏维埃临时政纲》，湖北省档案馆、湖北省财政厅编《鄂豫皖革命根据地财经史资料选编》，湖北人民出版社，1989，第398~399页。
③ 《鄂东北各县苏维埃临时政纲》，《鄂豫皖革命根据地财经史资料选编》，第399页。

冈山土地法》半年。

1929年12月2日,中共鄂豫边第一次全区代表大会做出《群众运动决议案》,强调要注意"农村无产阶级在农民运动中的领导作用",指出要"正确的运用联合中农的策略","联合中农是土地革命胜利的保障",并对如何"正确的运用党对富农的策略"做了较为详细的规定,例如在开始斗争的地方,"宣传土地革命的对象是地主阶级,同时极力宣传豪绅地主对富农的压迫","对富农可酌量情形实行减租、减息,但在宣传上仍是抗租债","禁止对富农罚款勒捐"等。在斗争发展的地方,即苏维埃区域,"分配富农剩余的土地"等。[①] 这些规定已非常接近全国各革命根据地在1931年春基本形成的依靠贫农,联合中农,限制富农,消灭地主阶级的土地革命路线。

12月下旬,鄂豫边根据地在光山县召开第一届工农兵代表大会,成立了临时政权——鄂豫边革命委员会。大会进一步讨论了鄂豫边的土地问题,并通过《鄂豫边革命委员会土地政纲实施细则》。其内容包括没收、分配和附则3部分共21条,具体规定了土地的没收范围、分配范围和分配标准等。在没收范围上,除规定没收豪绅地主的土地之外,又增加了没收祠堂、庙宇、教堂、祖积公积的土地及一切公产、官地,以及那些经革命政府肃反委员会宣布没收财产的反革命分子的土地。在分配对象上,改变已佃的土地仍归原佃农耕种的政策,规定将没收的土地统一分配给无地少地的农民、愿安家耕种的雇农、愿耕种的工人、红军的官兵等;凡鳏寡孤独、残疾及无力耕种者,酌量分给土地,使其雇人耕种或由当地农委会负责帮助或代耕;在分配土地上男女有同样的权利。在分配标准上,以全家人每年需要多少粮食吃为主要条件,此外,当地如有宽余土地,得依照耕种能力分配之;分配土地不可以土地面积为标准,须以出产多少为标准;每家所得的土地以同冲、同畈为好,不可把大块田地划细;人烟稠密的乡,得由上级机关酌情迁移一部分人民到人烟稀少的乡;毗连的乡中土地宽裕者,酌情拨一部分土地给土地

---

① 《中共鄂豫边第一次全区代表大会文件·群众运动决议案》(1929年12月2日),《鄂豫皖革命根据地》第2册,第28页。

第十一章 豫东南苏区的经济（上）

缺欠的乡；没收的柴山、竹园、池塘，由当地乡农会管理；由乡土地委员会讨论分配土地方案，经乡农代大会通过，交区农会批准施行。在对待中农政策上，规定中农在别乡的土地交别乡分配，本乡得以同量的土地分配给该中农，如无土地调换别乡不能分配。①

《鄂豫边革命委员会土地政纲实施细则》在土地的没收与分配方面对《临时土地政纲》做了许多重要修订和补充，并统一了分配标准。不过，它仍有不足之处，如规定"发给得分土地者土地使用证"，"得分土地之人，如若死亡或不愿耕种时，须将土地退还该乡农会另行支配"。这即是说，农民只有土地使用权，而没有所有权；以粮食需要量作为分配土地的主要标准以及根据耕种能力分配宽余的土地等规定也不太合理，明显存在理想主义的色彩，在实际执行中难以操作。另外，由于怕"引起白色区域的富农反动"，所以"对富农土地没有在政纲上规定"，②而仅仅提出"凡富农愿将土地拨出归公者，当地乡农会得接受分配之"。③尽管存在这些不足，但《土地政纲实施细则》仍是当时历史条件下比较完善的土地政纲。

由于具体情况不同，虽然各地划分阶级成分一般是根据土地财产的多少、剥削程度的高低，经群众大会讨论而定，但划分成分的标准以及分配方法也略有差异。如新县黄谷畈的划分标准是各村人口和土地多少：一点田没有的是赤贫；人均一斗六七升田划为贫农；人均二斗田的划为中农，中农又根据生活条件不同分上下等；人均五斗田，又有三种剥削（土地出租、请雇工、放高利贷）的为富农；人均够五斗田，但无三种剥削，生活条件差的为破产富农；平均超过五斗田，而且有鱼塘、竹园、柴山，大型农具齐全，又有三种剥削的为地主；土地多，也有鱼塘等，但生活条件差，无三种剥削的为破产地主。④光山县柴山保地区（今属新县），具体划分标准稍有

---

① 《鄂豫边革委会土地政纲实施细则》，《鄂豫皖革命根据地》第2册，第47～49页。
② 《中共鄂豫边特委关于成立鄂豫边革命委员会经过的报告》，《鄂豫皖革命根据地》第2册，第44页。
③ 《鄂豫边革委会土地政纲实施细则》，《鄂豫皖革命根据地》第2册，第49页。
④ 《鄂豫皖根据地首府新县革命史》，第85页。

不同:每人平均拥有六斗至八斗田以上、有剥削的为地主;六斗田左右,没有剥削,自己耕种者为中农;不超过三斗田的为贫农;一无所有的为赤农;平均每人合六斗田但无人耕种,靠少量土地出租或放高利贷为生,有一定财产者为经济富农。具体的分配方法是"中间不动,两头分平",每人平均三斗田。军烈属、贫农分好田,地主富农分坏田或离村较远的田。[①]

(二) 土地革命的曲折进行

1930年6月以后,鄂豫皖革命根据地开始贯彻"立三路线",在土地政策上主要表现为强调反对富农和兴办集体农场等,使土地革命出现了曲折。

一是把富农统统划为打击对象,发动反富农斗争。早在1929年6月7日,共产国际执委在发给中共中央的关于农民问题的信中,就对中国的富农做出了"在大多数情形之下,都是小地主"的定性,指出把富农当作无产阶级的同盟者是"最重大的错误",认为"联合富农,这无论在什么条件之下都是不容许的"。[②]信中还指示中共中央,如果"不能加紧反对富农的路线,它就不能领导贫农底阶级斗争,就必然会削弱贫农群众底积极性,而帮助中国乡村里的富农剥削者"。[③]据此,中共中央决定,"必须坚决的反对富农,才能彻底完成土地革命"。[④]与全国大多数苏区一样,鄂豫皖苏区也受到这些指示的直接影响。1930年9月,中共鄂豫边特委发出通告:"以雇农为基础,与贫农结成巩固的同盟,稳定中农的动摇,坚决的反对富农。"[⑤]由此,苏区普遍开展了反富农斗争,"在政治上,向群众揭发富农反革命的阶级基础与反革命的前途,并且驱逐富农出群众团体以外,加紧雇农、贫农的联盟,领导中农作反富农的斗争;在经济方面,实行农村各种集体的经济组织和征收累

---

① 《鄂豫皖根据地首府新县革命史》,第85~86页。
② 《共产国际执委给中共中央关于农民问题的信》,中央档案馆编《中共中央文件选集》第5册,中共中央党校出版社,1983,第168~169页。
③ 《共产国际执委给中共中央关于农民问题的信》,《中共中央文件选集》第5册,第172页。
④ 《中国共产党第六届中央执行委员会第二次全体会议文件·政治决议案》(1929年6月),《中共中央文件选集》第5册,第216页。
⑤ 《中共鄂豫边特委通告第十六号——组织贫农委员会》(1930年9月18日),《鄂豫皖革命根据地》第2册,第100页。

第十一章 豫东南苏区的经济（上）

进税，以打击富农在经济上的发展，在必要时向富农征发；在思想方面，加强无产阶级的教育，反对富农思想"。其中，"向富农征发，把富农家内什么东西都拿来了"，"各乡农会或苏维埃，把征发当做了中心工作，并且在征发中有许多又侵犯了中农甚至贫农，并将农村整个革命战线动摇了"。① 因为当时对于如何界定富农与中农没有明确的标准，"党的决议上曾写过'富农是农民每年收入有剩余的'，于是至少有一点剩余的中农，也不敢存在了"，② 这样，"反富农就反到中农，有一点剩余也是富农，也要反对的"。分配土地的时候，许多农民"深怕多要了土地或财产就是富农"。③ 因为贫农分得土地后第二年"收入多了"，就"说他是富农"。这些贫农说："我过去原是贫农，你们要分这些土地给我，今年又说我是富农，我的土地依旧退还苏维埃。"富农也纷纷把自己的田交出来，他们说"收入多了反不利，不如不要"。④ 结果造成"许多生产是荒芜了，木子［梓］无人收，山林无人禁，什么菜与麦地也很少的人种，农民都好象懒起来了。雇工没有分配土地，有一些在农场中，有大部分失业"。⑤ 反富农的政策，明显挫伤了农民的生产积极性。

二是大办集体农场。1930 年 5 月，在李立三主持下，中共中央在上海召开全国苏维埃区域代表会议，通过的《土地暂行法》规定，组织大规模集体农场，实行集体生产。⑥ 7 月，共产国际做出《关于中国问题的决议案》，其中指出，党应该宣传土地国有这个中心口号；把土地国有的实行，与全中国工农革命民主专政的胜利联系起来。⑦ 根据这些指示精神，当年

---

① 《中共鄂豫边特委综合报告（续）》（1931 年 1 月 8 日），《鄂豫皖革命根据地》第 2 册，第 146~147 页。
② 《中共鄂豫皖特委曾中生给中共中央的报告》（1931 年 2 月 10 日），《鄂豫皖革命根据地》第 2 册，第 184 页。
③ 《中共鄂豫皖特委曾中生给中共中央的报告》（1931 年 2 月 10 日），《鄂豫皖革命根据地》第 2 册，第 171 页。
④ 《中共鄂豫边特委综合报告（续）》（1931 年 1 月 8 日），《鄂豫皖革命根据地》第 2 册，第 157 页。
⑤ 《中共鄂豫皖特委曾中生给中共中央的报告》（1931 年 2 月 10 日），《鄂豫皖革命根据地》第 2 册，第 183 页。
⑥ 赵增延、赵刚编《中国革命根据地经济大事记 1927~1937》，中国社会科学出版社，1988，第 36 页。
⑦ 赵增延、赵刚编《中国革命根据地经济大事记 1927~1937》，第 39 页。

秋，鄂豫皖苏区决定"从乡苏维埃到区、到县都努力办农场"。① 中共鄂豫皖特委提议，黄安办5个，麻城、黄陂、光山各办3个，罗山办1个，农场规模以20石田为起码，经费由苏维埃政府提供。② 在"实行社会主义革命"的口号下，农场实行工资制加供给制和八小时工作制，设有党、团、工会、行政、自卫队等组织机构，一般实行"共耕的办法"，数十家合在一起耕种，过集体生活，吃大锅饭。这种超越历史发展阶段的"左"倾政策，执行的最终结果是"农场自然耕不好，农民的生产与收获也减少了"。③

三是不少地区在分配土地时犯了严重的错误。如商城"不是没收豪绅地主、富农的土地与平均分配一切土地，而实是没收一切土地，实行平均分配一切土地"。有的地方"把能劳动者分少些，不能劳动者分多些（能劳动者分一斗五，不能劳动者分一斗九）"，理由是"能劳动者自己能够生产，并且可以兼别的职业，生活问题容易解决；不能劳动者分得土地要雇用人或佃耕种，要消耗一部分收获，不能养活自己"。由此"形成了田地荒芜，形成了奴役人民的普遍代耕"。而且，"雇农、手工业者在商城是没有分土地，分配土地不准他加入工会，不准他做工，没收他的农具"。④ 所以，在商城无论中农、贫农、雇农、手工业者对土地革命都不满意。另外还有的乡村"无论富农中农贫农，机械的每人分一亩田"，⑤ 剩下的归苏维埃。这些做法造成了在赤白交界地区和边远地方一些田地荒芜，无人耕种。

1930年9月底，中共六届三中全会结束了"立三路线"在党中央的统治。1931年初，在粉碎国民党军队第一次"围剿"取得决定性胜利之后，鄂豫皖根据地积极贯彻以曾中生为书记的中共鄂豫皖特委新制定的土地政策，坚决纠正"左"的错误，转变"地主不分田，富农分坏田"的"左"

---

① 《中共鄂豫皖特委曾中生给中共中央的报告》（1931年2月10日），《鄂豫皖革命根据地》第2册，第182~183页。
② 《中共鄂豫边特委综合报告（续）》（1931年1月8日），《鄂豫皖革命根据地》第2册，第157页。
③ 《中共鄂豫皖特委曾中生给中共中央的报告》（1931年2月10日），《鄂豫皖革命根据地》第2册，第183页。
④ 《皖西北特区苏维埃政府给鄂豫皖特区苏维埃政府的工作报告》（1931年6月），《鄂豫皖革命根据地》第3册，第498页。
⑤ 《鄂豫皖边区劳苦群众的奋斗》，《红旗周报》第15期，1931年9月7日。

第十一章　豫东南苏区的经济（上）

倾做法，对地主家属依然分给土地，对富农只没收剩余的土地，并停止向富农"征发"；对所有没收的土地"按照人口劳动力的标准来重新分配"，废除单纯以粮食需要为标准的原则；撤销所有的集体农场，"农场的土地（不少）除了实在无人要的土地归苏维埃来经营外，其余一律分配给农民，分配是平均分配为原则"；"除大森林与水利外，其余山林等都由农民志愿要分配，就分配给他们"。① 这些规定，不仅纠正了"左"的错误，而且进一步完善了土地政纲。

在进行土地分配的过程中，各地根据上级的有关政策规定，结合当地的实际情况，制定了具体的分配方案，如1931年2月，固始县代店乡苏维埃政府制定的"土地实施细则"，凡3章14条，把原有21条的《鄂豫边革委会土地政纲实施细则》进行了压缩和简化，分别对无地农民、红烈家属、退伍士兵、豪绅地主以及鳏寡孤独等不同对象的分配标准做了比较具体的规定。② 在分配方法上，"根据土质好坏、水源条件、离村远近、产量高低和户主人口多少等情况，进行瘦肥搭配，写上册子，然后土地委员带领群众到田间具体说明哪些田地分给谁家（叫做'踩田'）。若无异议，插上牌子，注明分得土地的户主、数量和田界，随即张榜公布，征求各家意见。在大家认为可行后，即当众定案"。段集乡的窑沟、青峰岭、夏楼3个村的310户农民，1200多人口，采用这些方法把土豪王少怀、王兰台、易贯生等人的1000多亩土地进行了分配。③ 分配土地时各家实际的食粮需要量也是一个重要条件，如贫农张仁未全家5口人，应分土地1石2斗，由于他参加了赤卫队，另多分土地2斗。而同村赤卫队员王洪仁则因弟妹小，吃粮少，只分到土地的平均数，没有得到补助。④ 另据调查，固始县一区当时有土地35120亩，人口17500人，人均应为2亩，但由于地形条件和人口多少不同，各地所分土地数量并不相同。详见表11-1。

---

① 《中共鄂豫皖特委曾中生给中共中央的报告》（1931年2月10日），《鄂豫皖革命根据地》第2册，第183~184页。
② 中共固始县委党史资料征编委员会编《固始县革命史》，河南人民出版社，1991，第80~81页。
③ 中共固始县委党史资料征编委员会办公室：《固始县土地革命概况》，《中共信阳党史资料汇编·丰碑》第13辑，第98~99页。
④ 《蓼城风云：固始党史资料》第2辑，第30页。

表 11-1　固始县一区部分乡土地分配情形

乡别	地形	姓名	全家人口	分得土地（亩）	人均（亩）
三乡（凉亭）	湾地	刘金信	7	14.9	2.1
九乡（大营）	丘陵	李大江	10	55	5.5
七乡（徐楼）	畈田	王大汉	6	12	2
八乡（汪岭）	山地	华祖山	6	8	1.3

资料来源：孙克新《二战时期固始县的土地革命》，《蓼城风云：固始党史资料》第 2 辑，第 31 页。

这一时期，由于各地苏维埃政府执行了基本正确的土改政策，调动了广大农民的生产积极性，根据地得到巩固和发展。

但是不久，"王明路线"又开始在苏区贯彻，其极左的土地政策使豫东南的土地革命再次出现曲折。1931 年 5 月 6 日，被"王明路线"统治的党中央要求鄂豫皖省委"立刻没收封建地主、军阀官僚豪绅寺院的土地及一切生产工具。经过苏维埃分配给雇农、贫农与红军士兵。这些剥削者的土地被没收后，不能再取得任何土地。富农的土地也同样的没收，一般的当他们自己愿意耕种土地时，可以分得较坏的土地"。① 5 月 24 日，中共鄂豫皖区中央局书记张国焘在给中央的报告中指责"皖西土地分配得一塌糊涂，最坏的是商城"。② 据此，中共商城县委于 6 月 26 日发出了《为重新分配土地告商城工农劳苦群众书》，完全否定了过去土改的成绩，认为"过去分配土地，不仅富农偷取了土地的利益，而且小地主也分配了土地"，"这样正使富农及豪绅地主的残余得以阴谋破坏和阻碍土地革命的深入，损害了农村的基本群众的利益"，所以"必须要彻底地重新来分配"。怎样重新分配呢？它强调："豪绅地主及其家属、反动派以及一切不是靠自己耕种土地过生活的人，都没有分配土地的权利"；"分配土地的时候是以乡为单位"，"以出产量来计算"，"按人口和劳动力（就是有耕种能力的人）混合比例的方法来分配所有的土地"。③ 当时商（城）固（始）特区基本上按照上述办法分配了土地，"没收地主豪绅的全部财产和最坏富农的全部土地，以乡

---

① 《中共中央关于鄂豫皖省委的决议》，《鄂豫皖革命根据地》第 1 册，第 119 页。
② 《张国焘关于鄂豫皖区情况给中央政治局的综合报告》，《鄂豫皖革命根据地财经史资料选编》，第 276 页。
③ 《商城革命史》，第 119~120 页。

村为单位实行平分土地，照顾军烈属、贫苦农民，地主不分田，富农分坏田，分得田地发给土地证"。① 商（城）光（山）边特区也照此政策进行土地分配并发了土地证，如：

土地分配证

兹将本会没收商城县安区乡地主冯润亭房屋十间，稞一石，分给商光边区二乡六村农会会员刘运亭耕种。此证

商光边区革命委员会（印）

一千九百三十一年九月七日发证②

1931年7月14日，中共鄂豫皖中央分局还专门就"反对富农问题"发出通告，其中规定："富农的土地亦应没收，没收后在用自己的劳动力耕种条件之下，可分得较坏的'劳动份地'"；"富农之粮食，在饥荒状况之下可以征发"；"富农多余的牛和耕具房子可以没收"。③ 鄂豫皖军委总政治部也于10月11日印发《关于怎样分配土地的宣传材料》，指责"过去解决土地问题多不正确，鄂豫皖革命委员会所通过的土地没收细则和鄂豫皖边苏维埃第一代表会后所颁布的土地暂时法，犯了许多机会主义的路线"，提出"地主阶级和富农土地应全部没收过来，地主阶级土地被没收后，不能取得任何丝毫土地；富农如果要种田地，可分给以较坏的劳动份地，但必须自己劳动去耕种"，"地主就不分土地给他，要他做苦工，富农分坏的土地给他"，要"彻底平分一切土地"。④ 平均分配土地的方法是以乡为单位，召开全乡群众大会，"选举观念正确的农民、工人为土地委员，每乡选举十七八至二十一人组成土地委员会。由土地宽裕之乡开始，到某一村把锣一打，号召当地民众各家多［都］派人同土地委员一路去踩田地、山场。首先把红军的

---

① 《常毅谈五区苏维埃活动情况》（1979年8月20日），转引自《商城革命史》，第120页。
② 原件存中国国家博物馆。见《商城革命史》，第120页。
③ 《中共鄂豫皖中央分局通告第七号——反对富农问题》（1931年7月14日），《鄂豫皖革命根据地》第1册，第322、323页。
④ 《鄂豫皖军委总政治部关于怎样分配土地的宣传材料》（1931年10月11日），《鄂豫皖革命根据地》第2册，第511~515页。

田分好,红军公田提起来,再把远近好坏的田地、山林、池塘、竹园等作一总的计算,兼配得好好的,按人口与劳动力混合划分。划分时以各家跟着分田的大多数群众意见为主。划分清楚后,立刻宣布长名单,贴在大路旁墙上征求各家的意见,无人修改作为通过"。① 这种"左"的土地政策,给土地革命带来了危害,造成乡村社会秩序一时极为混乱。如当时固始一区按新政策重新分配了土地,将原来分给地主的土地又没收过来分给贫雇农,富农分得的好田又换为坏田。第十乡第三村(快活岭)地主李小连原分过3亩好田,乡苏维埃主席丁朝贵开会宣布予以没收,重新分给贫雇农。②

不给地主分土地,"要他做苦工","富农分坏的土地给他",以及通过"教育"和"宣传鼓动"让中农把土地"自动的拿出来平分"等"左"的做法,造成苏区大批地主、富农逃亡,或上山为匪,下山抢掠,并配合国民党军进攻根据地;不少在土地革命后经济上升的中农、贫农被当作富农受到了打击,搞乱了农村阶级阵线。还有一些地方"许多土地荒着未曾耕种。农民不敢多耕种土地,因为多种了土地,怕成为富农,因为富农是在被反对之列"。③ 不过,"左"的土改政策,也并非在所有地区都得到了全面贯彻,如光山县的弦东、弦西、弦南,"大部分地方只在1930年进行过一次土改,没有在1931年再打乱平分"。④

(三) 土地革命的成效

土地制度的改革是中国共产党在新民主主义革命时期的主要任务之一,也是动员农民参军参战、支持革命战争的重要基础。尽管豫东南苏区的土地革命受到两次"左"倾错误的危害,但仍取得了巨大的成果。自1929年夏至1930年2月,商城县南斑竹园等地开始打土豪、分田地,全县有20个乡实行土地改革,1.5万余农民分得5.6万余亩土地。1931年,又有11个乡

---

① 《鄂豫皖军委总政治部关于怎样分配土地的宣传材料》(1931年10月11日),《鄂豫皖革命根据地》第2册,第512页。
② 孙克新:《二战时期固始县的土地革命》,《蓼城风云:固始党史资料》第2辑,第32页。
③ 《鄂豫皖边界苏区概况》,河南省税务局、安徽省税务局、湖北省税务局、河南省档案馆编《鄂豫皖革命根据地工商税收史料选编》,河南人民出版社,1987,第131页。
④ 《鄂豫皖根据地首府新县革命史》,第111页。

1.26万人分得3.75万亩土地。1932年,再有27个乡3.16万人分得4.02万余亩土地。至1932年底,全县(不包括划归安徽省金寨县的和、乐两区)先后有103个乡12万多农民分得23.95万余亩土地。① 光山县18个区苏维埃政权和相当于县区级的4个市苏维埃所辖范围中,共计有188个乡苏维埃政权实行了土地改革。其中,今属光山县境的殷区、白雀、双轮、砖桥、泼河、望城、夏清、杨帆、文殊、陈棚10个区苏维埃政权,在下辖的102个乡中,有93个乡实行了土地分配,② 有100238人分得了土地,分别占当时乡苏维埃政权和所管辖人口总数的91.2%和88.78%。③ 到1932年秋,光山县土改开始较早的白雀、砖桥、泼河、双轮等区的大部分乡,收获了5季庄稼,其他地区有的收获4季,有的只收获2季或1季。④ 据不完全统计,今属新县的10个区苏维埃、64个乡苏维埃、500多个村苏维埃也都进行了土改,全县共有197700人参加了土地分配,共分得土地202720亩,人均1亩多。⑤ 固始县6个区43个乡在占苏区面积85%的土地上,进行了土改。⑥ 其中1930年夏第一批土改的二道河、青峰岭、长江河、张店子等乡到1932年连续收获了5季庄稼,随后进行土改的段集、祖师、刘楼、钱老楼、武庙等乡收了4季庄稼。⑦ 罗山县18个乡(镇)281个行政村,有15个乡(镇)212个行政村进行了土改,所分土地数占全县总面积的76.8%。土改后,一、二、三、四区各收了2季麦、1季稻,五区、周党、青区等地大部分只收了1季麦。⑧

---

① 商城县志编纂委员会编《商城县志》,中州古籍出版社,1991,第155页。
② 刘德忠:《光山县土地革命的发展》,《光山党史资料》1986年第1期,第137页。
③ 中共光山县委党史资料征编委员会办公室:《光山县的土地革命运动》,《中共信阳党史资料汇编·丰碑》第13辑,第87页。
④ 中共光山县委党史资料征编委员会办公室:《光山县的土地革命运动》,《中共信阳党史资料汇编·丰碑》第13辑,第84页。
⑤ 中共新县县委党史资料征编委员会办公室:《新县土地革命情况简述》,《中共信阳党史资料汇编·丰碑》第13辑,第92~93页。
⑥ 《固始县革命史》,第84页。
⑦ 中共固始县委党史资料征编委员会办公室:《固始县土地革命概况》,《中共信阳党史资料汇编·丰碑》第13辑,第97页。
⑧ 中共罗山县委党史资料征编委员会办公室:《罗山县土地革命的开展》,《中共信阳党史资料汇编·丰碑》第13辑,第104~105页。

土地改革是当时农村最主要的社会改造,满足了农民群众对土地的热切渴望,解放了农村生产力,极大地调动了农民发展生产的积极性,推动了农业生产的发展,提高了农民的生活水平。如固始县贫农何白银全家10口人,土改前佃种土地80亩,每年定额课租40石。交了课租之后,所剩无几,两个兄弟在外帮工,父亲和其余人在家种田,常年不得一饱。土改时分得土地63亩,1931年收粮食80余石,全家吃不完,过年还杀了头百十斤的猪。[①] 土地革命也激发了广大农民支援革命战争、保卫和建设苏区的热情。红军攻打潢川仁和集时,光山县白雀区男女老少齐上阵,用背驮肩担的办法,从几十里远的后方给红军送饭,解决了红军和光山赤卫师近万人的吃饭问题。[②] 罗山县进行了土改的地区,按规定每斗田交20斤红军粮,一、二区所交的红军粮送到罗南宣化店红军仓库,其他几个区送到杨店陈祠堂红军仓库。在交粮时,许多户都自愿超标准交了红军粮。[③] 商城县土地革命后,农民"拥护苏维埃和红军""在皖西区数第一"。[④] 1931年冬,固始县一区第八乡汪岭村一次报名参军就有80多人。[⑤] 光山殷区先后有3批共计110多名青年参加了红军。[⑥] 由于兵源充足,主力红军和地方武装在战斗减员的情况下仍不断壮大。红一军由组建时的2100余人发展到1万人以上,其中"贫农约占全数70%"。[⑦] 1931年商城赤卫军共编5个团,"大都是得着土地的农民"。[⑧] 土地革命使豫东南苏区的面貌发生了巨大变化。

---

① 《蓼城风云:固始党史资料》第2辑,第33页。
② 中共光山县委党史资料征编委员会办公室:《光山县的土地革命运动》,《中共信阳党史资料汇编·丰碑》第13辑,第87页。
③ 中共罗山县委党史资料征编委员会办公室:《罗山县土地革命的开展》,《中共信阳党史资料汇编·丰碑》第13辑,第104~105页。
④ 《张国焘关于鄂豫皖区情给中央政治局的综合报告》,《鄂豫皖革命根据地财经史资料选编》,第276页。
⑤ 孙克新:《二战时期固始县的土地革命》,《蓼城风云:固始党史资料》第2辑,第33页。
⑥ 中共光山县委党史资料征编委员会办公室:《光山县的土地革命运动》,《中共信阳党史资料汇编·丰碑》第13辑,第87页。
⑦ 《鄂豫边苏区的实况》,《鄂豫皖革命根据地财经史资料选编》,第256页。
⑧ 《中共皖西北特委报告之六》(1931年6月),《鄂豫皖革命根据地》第3册,第448~450页。

（四）红军公田制度

红军公田制度是苏区实行的重要的土地政策之一，也是中共在整个新民主主义革命过程中仅在土地革命时期实行的一种土地制度。这一制度实际上涉及两大问题，一是要不要给红军战士分配土地，二是分配土地如何进行耕种。

国共合作破裂后，中国共产党开始独立创建红军和建立农村根据地。红军战士作为"苏维埃的支柱，土地革命的先锋队"，[1] 如何使他们没有后顾之忧从而能够积极作战，使他们及其家属的生活得到保障，同时激发广大农民参军参战的积极性，争取革命战争胜利，是中共面临的一项重要课题。因为红军的主要任务是打仗，没有太多时间从事生产劳动，而且部队通过供给制已解决了他们基本的生活问题，所以中共党内最初对是否应该给他们分配土地是有分歧的。1927年11月，中共中央临时政治局只要求将没收的公有土地留一部分分给"退伍的兵士耕种"。[2] 到1929年，中共中央仍只规定：要"保障退伍兵士的生活"，使他们"有田耕，有工做，有衣食"，而"红军现役军官有家属者，他本身也可得一份，分得的土地，得雇人耕种"。[3] 直到1930年中共党内对是否分田给红军耕种仍然没有取得一致意见。[4] 随着革命形势的发展，中共中央逐渐认识到，为动员农民参军并激励红军官兵英勇战斗，就必须在分给农民土地的同时也分给红军战士一份，但要考虑红军的土地如何耕种。为此，1930年8月中共中央革命军事委员会在《苏维埃土地法》中明确规定："现役红军官兵夫及从事革命工作的人，照例分田，并由苏维埃派人帮助其家属耕种。"[5] 同年，全国苏维埃代表大会也决

---

[1] 《鄂豫皖苏维埃政府通令第十五号——为红军公田问题》（1931年11月5日），《鄂豫皖革命根据地财经史资料选编》，第552页。
[2] 《第二次国内革命战争时期土地革命文献选编（1927～1937）》，中共中央党校出版社，1987，第49页。
[3] 中国人民解放军政治学院党史教研室编《中共党史参考资料》第5册，人民出版社，1979，第612～613页。
[4] 参见王志龙《土地革命时期的红军公田研究》，《中共党史研究》2011年第5期。
[5] 中央档案馆编《中共中央文件选集》第6册，中共中央党校出版社，1983，第223页。

定分配土地给红军官兵并让其家属耕种，同时规定"如耕种上有困难时，由乡苏维埃政府解决之"，① 甚至"尽可能动员群众以义务劳力帮助之"。② 对于外地来参加红军或家住白区的红军的土地问题，中共中央也规定："红军是维护苏维埃政权推翻帝国主义统治的先进战士，无论其本地是否建立了苏维埃，或尚为反动统治，均须分得土地。在未退伍以前，其土地由家属或由当地苏维埃另行处理。"③ 这样，外来红军官兵在当地同样享有一份土地。

在鄂豫皖苏区，自土地革命初期，红军战士就享有分配土地的权利。1929年6月，中共鄂东北特委制定的《临时土地政纲》规定："红军与赤卫队现役之军官、兵士其家属无生产能力而愿耕种者，须分给土地并得雇人耕种。"④ 当年12月下旬，鄂豫边根据地第一届工农兵代表大会通过的《鄂豫边革委会土地政纲实施细则》也规定，"红军的官兵"与"退伍的兵士"须分得土地。⑤ 不过，在鄂豫皖苏区贯彻"立三路线"时期，红军战士获得土地的权利暂时搁置，《土地暂行法》规定："红军士兵已分有土地者照旧，尚未分有土地者，俟全国苏维埃政府成立时，再行决定分与土地。"⑥ 1931年中共鄂豫皖中央分局成立后，在中共中央的指示下，鄂豫皖苏区正式实行"红军公田制度"："每乡留一石至五石为红军公田，分给红军中由白色区来的贫苦农民和俘虏哗变加入红军的士兵。"⑦ 1931年10月，鄂豫皖中央分局要求："坚决实行土地政纲，检查有那个红色战士没分到土地的，就要分给他土地。"⑧ 此后，鄂豫皖根据地相继颁布了《鄂豫皖军委总政治部关于怎样分配土地的宣传材料》（1931年10月11日）和《鄂豫皖区苏维埃政府通知第十七号——统计和分配红军公田等》（1931年10月12日）、《鄂豫皖苏

---

① 《第二次国内革命战争时期土地革命文献选编（1927～1937）》，第320页。
② 《第二次国内革命战争时期土地革命文献选编（1927～1937）》，第350页。
③ 《土地法草案》（1931年2月），《红旗周报》第1期，1931年。
④ 《鄂东北各县苏维埃临时政纲》，《鄂豫皖革命根据地财经史资料选编》，第399页。
⑤ 《鄂豫皖革命根据地》第2册，第48页。
⑥ 《土地暂行法》，《红旗》1930年6月4日。
⑦ 《中共鄂豫皖中央分局关于鄂豫皖区情况给党中央的报告》（1931年10月9日），《鄂豫皖革命根据地》第1册，第425页。
⑧ 《中共鄂豫皖中央分局欢迎红四军凯旋宣传大纲》（1931年10月），《鄂豫皖革命根据地》第1册，第463页。

第十一章 豫东南苏区的经济（上）

维埃政府通令第十五号——为红军公田问题》（1931年11月5日）等文件，进一步对红军公田制度进行了规范和完善。

红军公田制度的主要内容包括红军公田的分配原则、耕种管理及收获产品的分配等。

对于红军公田的数量、质量乃至田地的位置苏区都做了具体的要求，如1931年10月，鄂豫皖军委总政治部规定："以乡为单位，按照乡内土地多少，留一石至五石。不要山地，顶好路边的好田，做一个石碑或木牌，上面写'红军公田'几个字"，而且在分配土地前就要"首先把红军的田分好，红军公田提起来"。① 11月5日，鄂豫皖苏维埃政府再次发出通令强调，"以乡为单位，提起一石至五石不等的土地作为红军公田"，并且"要按现在没有分田的红色战士指名分配，其余的随时增加，随时分配"。② 商（城）光（山）边区安区所属第二乡苏维埃，在土改时即首先提取好田三石亩（约三亩）作为红军公田，并在田埂中间插上二尺高的木牌，上面写有"红军公田"四个字。③

红军公田的耕种管理主要由各苏维埃政府具体负责，组织动员农民根据实际情况进行代耕。1931年10月鄂豫皖军委总政治部发布的《关于怎样分配土地的宣传材料》指出，各地在分配红军公田后，"由当地群众开会讨论代耕法，顶好由代耕人公举一二人经常负看管责任"。④ 11月，鄂豫皖苏维埃政府又发出通令规定："红军公田的耕种，应由乡苏维埃负责召集当地群众举行会议讨论代耕办法。耕田的耕具、耕牛、种子，由苏维埃负责帮助（如苏维埃帮不够得借用一部）。水道、禾稼、肥料要有专人负责料理。"⑤

---

① 《鄂豫皖军委总政治部关于怎样分配土地的宣传材料》（1931年10月11日），《鄂豫皖革命根据地财经史资料选编》，第545~546页。
② 《鄂豫皖苏维埃政府通令第十五号——为红军公田问题》（1931年11月5日），《鄂豫皖革命根据地财经史资料选编》，第552页。
③ 余世田：《余集公社红阳大队原"红军公田"情况》，中共信阳地委党史资料征编委员会编《中共信阳党史资料汇编·丰碑》第15辑，1987，第86页。
④ 《鄂豫皖军委总政治部关于怎样分配土地的宣传材料》（1931年10月11日），《鄂豫皖革命根据地财经史资料选编》，第546页。
⑤ 《鄂豫皖苏维埃政府通令第十五号——为红军公田问题》（1931年11月5日），《鄂豫皖革命根据地财经史资料选编》，第552页。

红军公田要优先耕种，如1931年10月，中共鄂豫皖中央分局规定"要趁这秋收之后，把代耕的红军和家属的土地、红军公田首先完成秋耕和犁（耙），转过来待明年耕种"。① 在苏区，只有红军的土地享有农民代耕的权利，其他任何人的土地包括脱离生产的苏维埃、共产党负责人都"绝对禁止要农民代耕"。② 在各地方党和苏维埃政府的组织动员下，鄂豫皖苏区出现了大量专为红军公田服务的代耕队、耕牛队等生产组织，积极从事耕种。③ 据商城县伏山乡农民李振华回忆，1930年，他随独立团转战光山，家里分了6亩田，无人耕种，割稻时他回去探家，正好碰上村苏维埃主席带领少先队员和附近群众组成的代耕队帮他家割稻，管饭也不吃。④ 可以看出，红军公田耕种管理基本上采取地方苏维埃政府管理、动员群众义务代耕的方式。

关于红军公田出产物的分配，苏维埃政府最初采取的是"代耕人得十分之三，红军得十分之七，苏维埃负责保存，由红军自己支配"。⑤ 后来随着反"围剿"斗争日益艰巨，为了进一步动员群众为保卫根据地而英勇战斗，鄂豫皖苏区对于红军公田收获物的分配政策也做出相应调整，确保公田收入能最大限度地发到红军战士的手中，要求"红军公田的出产品已经指明分配了的，除应留少数借用的耕牛、种子费外，其余完全交给该红色战士。没有分配的公田出产品，由当地苏维埃负责，作为救济红军家属和抚恤伤亡红色战士和中农、贫农土地的数量"。⑥ 不过，由于战争需要，一些红军公田的收获产品也可能并没有交给红军本人，而是挪作红军用粮或救济用

---

① 《中共鄂豫皖中央分局欢迎红四军凯旋宣传大纲》（1931年10月），《鄂豫皖革命根据地》第1册，第463页。
② 《鄂豫皖军委总政治部关于怎样分配土地的宣传材料》（1931年10月11日），《鄂豫皖革命根据地财经史资料选编》，第549页。
③ 参见谭克绳等主编《鄂豫皖革命根据地财政经济史》，华中师范大学出版社，1989，第80页；《鄂豫皖革命根据地财经史资料选编》，第549页。
④ 中共商城县委党史委办公室：《土地革命战争时期商城县苏区经济建设概况》，《中共信阳党史资料汇编·丰碑》第15辑，第18、87页。
⑤ 《鄂豫皖军委总政治部关于怎样分配土地的宣传材料》（1931年10月11日），《鄂豫皖革命根据地财经史资料选编》，第546页。
⑥ 《鄂豫皖苏维埃政府通令第十五号——为红军公田问题》（1931年11月5日），《鄂豫皖革命根据地财经史资料选编》，第552页。

粮。如商光边特区红军公田"收的粮食晒干扬净后送交商光边区粮食仓库，作为红军用粮"。①

红军公田制度的推行，丰富了土地革命的内容，也是中共扩大革命影响、发展壮大红军队伍、调动战士的积极性的重要举措。商城县太平山村佃农漆成水一家6口人，土改前种地主7斗田（约合5亩），每年收稻谷11石，交租7石，根本无法维持全家最基本的生活。土改后，他家分得1.5石田（约合10亩），兄弟二人参加红军，由代耕队代耕，每年收稻谷20石，交1石农业税，家里4口人粮食吃不完。②李集区黄平塘乡蔡杰成一家3口人，分得一等田9亩多，由于3口人都在外面打游击，村苏维埃组织赤卫队员代耕，每年收粮5000多斤，够吃有余。③红军官兵"都从农村中来，他们家中都分得有好田，有很好的代耕制度，从白色军队哗变和俘虏来参加红军的士兵，都有红军公田去担保他们的生活，他们得到了革命的好处，所以忠于革命"。④红军公田制度有力地推动了鄂豫皖革命根据地的迅速发展。

四　灾荒与救灾

（一）灾荒与社会经济问题

1927年后，豫东南地区由于战争频繁、水旱灾害不断、农业生产力低下等，农村普遍出现饥荒现象，农村经济破败到"不可形容的状况"。1928年，豫南大旱。1929年，农民的收成不及平时的四五成，有的粮食吃不到年底，能吃到次年2月的更少，再加上高利贷的盘剥，造成贫苦农民在9月

---

① 余世田：《余集公社红阳大队原"红军公田"情况》，《中共信阳党史资料汇编·丰碑》第15辑，1987，第86页。
② 《商城革命史》，第121页。
③ 中共商城县委党史委办公室：《土地革命战争时期商城县苏区经济建设概况》，《中共信阳党史资料汇编·丰碑》第15辑，第82页。
④ 《鄂豫皖中央分局关于土地分配问题给鄂豫边特委信》（1931年11月24日），《鄂豫皖革命根据地财经史资料选编》，第554页。

初已开始逃荒。① 1930 年 11 月，中共鄂豫边特委给党中央报告边区经济情形时说："总计北、中、南三部农产品的收入，北中部除够当地吃的以外，每年还有剩余的，但剩余的都是地主的，农民所得甚少，所以农民生活最苦。中部农民收入虽然较多，但全年用费都是仰给农产品去换，所以剩余也较少，农民生活也较苦。南部农产品收入固然不够，但是商业收入较多，地主剥削较轻，有一部（份）农民生活较好一点。但其余一部份未参加商业的农民，因为地主□收入少，生活仍然很苦。"一般农民生活非常困难，"特别盐的缺乏，盐价涨到二串钱一斤，农民成整月没吃盐的居多"。②

自 1929 年商城起义后，国民党军队不断进行军事"会剿"和"围剿"，豫东南苏区生产力遭到进一步破坏，一部分田地荒芜，煤矿、铁棚等停办，集镇生意冷清。苏区军民日用生活品极度缺乏，粮食问题更加严重。1929 年底，"黄、麻、光、罗等县赤色区域，因匪军'围剿'，斗争激烈，工作上的错误，形成了赤白对立的现象。土豪劣绅带领土匪军队、清乡团压迫民众，组织红枪会、联庄会、铲共会，时常向革命区域进攻，将革命区域界边民众的房屋、柴草、谷米、衣服等烧得干干净净"。正因此，"跑反的革命民众成千上万的不能归家，甚至有五、六个月之久的，吃饭、穿衣、居住……都成了严重的问题。现在各地所存的公谷业已分发告竣，冬天的棉衣，更其无办法"。③ 1930 年 5 月后，"反动统治对赤区更实行严厉的烧抢政策，赤白界边的农民房屋、粮食、衣服被烧的在三万家以上，都是靠赤区救济，并且无家可归"。④ 1931 年 8 月 10 日，鄂豫皖苏维埃政府颁发的《粮食储藏收集暂行条例》中也谈道："去年苏区的谷子可以算得丰收，因为国民党军阀豪绅地主种种破坏，苏区谷子损失数十万担以上，演成今年的粮食的

---

① 《中共中央巡视员郭树勋关于巡视豫南工作情况给中共中央的报告》（1929 年 10 月 22 日），《鄂豫皖革命根据地》第 3 册，第 144 页。
② 《中共鄂豫边特委综合报告》（1930 年 11 月），《鄂豫皖革命根据地》第 2 册，第 115～116 页。
③ 《中共鄂豫边第一次全区代表大会文件》（1929 年 12 月 2 日），《鄂豫皖革命根据地》第 2 册，第 33～34 页。
④ 《中共鄂豫边特委综合报告》（1930 年 11 月），《鄂豫皖革命根据地》第 2 册，第 116 页。

第十一章 豫东南苏区的经济（上）

恐慌。"① 由于敌人的疯狂摧残和经济封锁，丰收之年也变成了荒年。可见，兵灾匪患也是造成苏区经济困难的重要原因。

低水平的生产力和生活状态，加上连年的战争和社会动荡，大大降低了农民抵御各种自然灾害的能力。1931年鄂豫皖地区发生百年不遇的大水灾。6月中旬后，江淮流域洪水泛滥，豫、皖等省首先受灾。7月初、7月中和8月初，又出现了3次大规模持续降雨，造成罕见的洪灾，全国16个省份受灾，灾民达7000余万。② 其中，河南省是受灾最为严重的省份之一。据当年7月26日《大公报》报道："今年入夏以来，各地淫雨为灾，区域广大。……平汉南段，迭以水而停开……中原方面，自六月四日水雹肆虐，淫雨兼旬，沙、颍、淮、漯等河，到处溃溢，至今豫省报灾之县，几达全省之半。"③ 9月4日，鄂豫皖区苏维埃政府发出《执行中央分局水灾斗争纲领，发动和领导灾民斗争》的通令，对当时的灾情也有较为具体的描述："今年的水灾特别厉害，灾情重大，为六十年来所没有的现象，现在过水灾生活之群众已达到六千万之众，并且还在继续增加……鄂豫皖等省城市乡村被水淹没，几乎无法统计清楚。城市工人、贫民许多遇到房里[屋]倒塌破产失业，乡村农民房屋被浸倒，牲畜、农具、家具被冲走，田地被淹没打坏。这些工人、农民、贫民现在都是无衣无食，无家可归，脱离境外，过逃荒的生活！"④ 严重的水灾淹没了庄稼，直接破坏了农业生产，使农业收成减少甚至绝收。由于农田土质被破坏，或沙化，或碱化，许多耕地变得日益贫瘠。据统计，河南7县受灾农田达2356340亩，灾荒造成粮食歉收，产量锐减，棉产量损失18%，高粱和小米损失39%。水灾还造成农村劳动力锐减，出现田地大量抛荒的局面。据统计，河南8县受灾人数达1124477人，每县平均140560人。⑤ 水灾严重破坏了农业生产力，加上大灾之后农民缺乏种子和其他生产资料，生产完全陷于停滞。

---

① 《鄂豫皖革命根据地工商税收史料选编》，第240页。
② 中国第二历史档案馆：《民国以来历次重要灾害纪要（1917~1939年）》，《民国档案》1995年第1期。
③ 《速赈东南水灾》，天津《大公报》1931年7月26日。
④ 《鄂豫皖区苏维埃政府通令第十号》（1931年9月4日），《鄂豫皖革命根据地》第2册，第494页。
⑤ 岳谦厚、段彪瑞编著《媒体·社会与国家——〈大公报〉与20世纪初期之中国》，中国社会科学出版社，2008，第149~151页。

天灾人祸使整个鄂豫皖农村社会生产力衰退，经济濒于破产。根据地人民群众衣不蔽体，食不果腹，生活陷入极端困难的境地。据1931年初中共鄂豫皖特委给中共中央的报告，商城"因多山，向来不是产粮食地方，去年又是遭了大的失败，茶、药等物又未运出，故生活也起了最大恐慌"，"罗山、光山赤区农民已发生了严重的饿荒"，①罗山县宣化区群众"甚至于连菜根也找不着"。② 1931年春夏之交，正是青黄不接之时，商城苏区"粮食问题更是困难到十万分，农村生活痛苦"。③鄂豫皖中央分局通告第二号也指出，"各处粮食缺乏已成最严重问题"。④ 1931年6月中共鄂豫皖中央分局发出的通知指出："罗山报告：每日靠运输度日约一万人。"⑤当时，国民党为了配合其军事"围剿"，对根据地实行粮食破坏和封锁，更增加了根据地的粮食困难。在主力红军撤离鄂豫皖区后，边区粮食缺乏的困境有增无减，1934年6月，鄂豫皖区交通员健民给中央的一份报告就谈道："最困难的问题就是三区八、九、六、七、一、二等乡的群众，去年秋收时粮食都被敌人烧毁了，到现在把米无存。去冬因无耕牛、农具、种子，未种麦子。到东西两处去同武装一路到白区去分粮，因隔大山，路远不便利，无人力的孤老、残废、幼小无办法，目前吃野菜树皮，买粮食手中无钱。"⑥灾荒不仅造成了贫困，也在客观上导致革命危机的加剧。天灾人祸造成的饥荒贫困，使大批革命民众面临严重的生存危机，"长此以往，不但民众革命情绪不能维持，而且事实上亦无法救济"。⑦面对群众低落的情绪，中国共产党不但

---

① 《中共鄂豫皖特委曾中生给中共中央的报告》（1931年2月10日），《鄂豫皖革命根据地》第2册，第171~172页。
② 《中共鄂豫皖中央分局通知第三号》（1931年5月17日），《鄂豫皖革命根据地》第1册，第221页。
③ 《皖西北特区苏维埃政府给鄂豫皖特区苏维埃政府的工作报告》（1931年6月），《鄂豫皖革命根据地》第3册，第494页。
④ 《中共鄂豫皖中央分局通告第二号》（1931年5月29日），《鄂豫皖革命根据地》第1册，第248页。
⑤ 《中共鄂豫皖中央分局通知第七号》（1931年6月10日），《鄂豫皖革命根据地》第1册，第253页。
⑥ 《鄂豫皖革命根据地工商税收史料选编》，第355页。
⑦ 《中共鄂豫边第一次全区代表大会文件》（1929年12月2日），《鄂豫皖革命根据地》第2册，第34页。

要积极加以引导教育，更为重要的是还必须采取切实的措施帮助群众摆脱困境。

（二）救济措施

中国共产党领导下的苏维埃政府非常重视社会救济，早在1929年6月9日，鄂东北区第二次联席会议通过的《苏维埃问题决议案》就指出："目前苏维埃之支出，除办公费、赤卫费、教育费、平粜费外，应开始筹办养老、救苦、济贫等事。"① 12月2日鄂豫边第一次全区代表大会又专门通过《救济问题决议案》，对苏区的救济问题进行了部署。1931年，面对国民政府军事"围剿"和水灾的双重威胁，苏区党和政府把军事反"围剿"和救灾两项斗争结合在一起来对待。当时，苏区内有许多穷人因谣言跑在外面不敢回来，苏维埃政府认识到，如果根据地没有坚强的领导，水灾将会被敌人利用来打击苏区和红军；而如果根据地能够采取正确的救灾措施，尽最大可能解决灾民的一些生产和生活困难，将为巩固和发展苏区打下良好的群众基础。为此，1931年9月，鄂豫皖党团中央分局发出通告，要求"党与团要把加紧并扩大水灾斗争当为中心工作之一"，并规定要乘这次水灾时机广泛号召"欢迎跑反的穷苦群众回家割谷""救济被灾群众""苏维埃银行低利的借贷灾民"，动员跑走的穷苦群众回家，扩大苏维埃群众基础。② 为了帮助根据地民众克服天灾人祸所造成的生产和生活困难，鄂豫皖苏维埃政府采取了一系列救济措施，以稳定边区政权建设和经济建设。

1. 设立粥厂

设立粥厂进行布施，这种中国传统的救灾方式，也是根据地救灾的重要举措。1931年5月29日，鄂豫皖根据地发生严重春荒后，中共鄂豫皖中央分局发出《关于举行粮食运动周》的专门通知，要求在粮食委员会领导之下，各乡苏维埃须募集粮食，立即设立粥厂，救济没有饭吃的工友和农友，

---

① 《鄂东北各县第二次联席会议文件》（1929年6月9日），《鄂豫皖革命根据地》第3册，第81页。
② 《鄂豫皖党团中央分局联字通告第六号——动员广大群众加紧救灾，巩固和发展苏维埃区域》（1931年9月1日），《鄂豫皖革命根据地》第1册，第366~367页。

特别是对红军家属,必须至少担保每天有三顿粥吃,等等。① 限于史料,尚未见到设立粥厂情况的具体记载。

2. 开展群众互济活动

民间互济对于民众自救具有重大意义。为了推动救济工作,根据地要求民众开展互济工作,号召"一切同情革命分子来赞助或参加济难运动(办平粜、开仓……)"。② 1929年12月中共鄂豫边第一次全区代表大会通过的《救济问题决议案》,要求"扩大民众互相救济的宣传"。③ 随后,各级苏维埃政府建立了互济机构,但也曾出现一些流弊,如负责人吃喝现象,在群众中造成了不良影响。后来罗山、潢川等县建立了互济会组织,不过参加会员不多,没有起到应有作用。④ 1931年6月10日,鄂豫皖中央分局又发出通知,"党必须实际的进行鼓动广大群众对于已经饥饿没有办法的群众的阶级同情而自动的捐助粮食给他们,这也就是党转变过去形式的互济会工作到建立实际的互济会的好机会"。⑤ "对于贫穷的农民,苏维埃政府除帮助他们以耕具外,还设立了救济委员会来救济他们。"⑥ 在各地成立分会的基础上,1932年5月,在鄂豫皖革命互济会代表大会上成立了全省互济会机关,统一领导边区的互济工作。与此同时,边区政府还十分重视社会募捐,积极组织开展募捐活动,尤其是要求党团员发挥模范带头作用,强调"应做到每个同志、群众(将)一个铜板、一把米都拿来,帮助红军家属及饥饿民众"。⑦

3. 减免税收以及"没收"等手段

为了减轻灾民的经济负担,苏维埃政府颁布了一系列减免灾民税收

---

① 《中共鄂豫皖中央分局通告第二号》(1931年5月29日),《鄂豫皖革命根据地》第1册,第248页。
② 《鄂东北各县第二次联席会议文件》(1929年6月9日),《鄂豫皖革命根据地》第2册,第57页。
③ 《中共鄂豫边第一次全区代表大会文件》(1929年12月2日),《鄂豫皖革命根据地》第2册,第34页。
④ 《鄂豫皖革命根据地》第2册,第153页。
⑤ 《中共鄂豫皖中央分局通知第七号》(1931年6月10日),《鄂豫皖革命根据地》第1册,第253页。
⑥ 《鄂豫皖边界苏区概况》,《鄂豫皖革命根据地工商税收史料选编》,第132页。
⑦ 周质澄、吴少海:《鄂豫皖革命根据地财政志》,湖北人民出版社,1987,第121页。

第十一章　豫东南苏区的经济（上）

的法令。1930 年 11 月，鄂豫皖特区苏维埃政府发布《为粮食累进税的征收问题》通令，规定："遇着意外灾害（蝗虫、水灾）的纳税群众得免收或减收。"① 在特殊时期，苏维埃政府还号召采用"没收"以及抗租抗税等"革命"的手段为贫困灾民筹集日用必需品。如 1931 年 9 月 1 日，鄂豫皖党、团中央分局联合发出《水灾斗争纲领》，规定：没收帝国主义的银行、工厂、矿山、轮船、铁路、企业，以其收入救济灾民；没收租界房屋财产，由灾民居住享用；不还一切外债，拿来救挤灾民；没收军阀地主豪绅房屋、财产、船只，分配给灾民；没收地主粮食，分配给灾民；没收地主土地，分配给贫苦农民；灾民组织起来，割当地地主的谷子；不还租，不纳税，不完粮，不交租；将当铺中一切东西没收，无代价地发还和分给贫民；等等。② 该纲领中有关不向地主还租、交租等，是有可能执行的。

4. 筹集粮食

灾荒时期，灾民最缺乏的就是粮食。粮食问题成为根据地面临的最严重的问题之一。为此，苏维埃政府成立了粮食委员会，并动员各方力量想尽一切可能的办法筹集粮食。一是实行平粜和限卖政策。1929 年 6 月 9 日，鄂东北各县第二次联席会议提出《苏维埃问题决议案》，关于粮食问题，指出："粮食缺乏时，区苏维埃和乡苏维埃粮食委员会必须办平粜。（一）剩余粮食之家，应以公平价格粜（给）穷苦民众。（二）粮食缺乏时，剩余粮食之家，不得运到非苏维埃区域粜卖。"③ 二是实行征粮和借粮制度。起初，苏维埃政府实行"征发"制度，即征收农民多余的粮食，但实际上农民基本没有什么多余粮食可以征收，而且强征也影响到军民关系。后来，政府改为"借粮制"，由农民自愿将多余粮食借给政府，对富农采取征收制。在灾荒之年，农民手中已没有多少粮食可借给政府，为此又改为"余粮收集制"。1931 年 8 月，鄂豫皖苏维埃颁布《粮食储藏收集暂行条例》，规定按照余粮多寡征收不同数额的余粮。征收标准是：每人收谷 4 担以内者不收集，全户余粮 1 担以上者按比例

---

① 《鄂豫皖革命根据地工商税收史料选编》，第 289 页。
② 《鄂豫皖党团中央分局联字通告第六号——动员广大群众加紧救灾，巩固和发展苏维埃区域》（1931 年 9 月 1 日），《鄂豫皖革命根据地》第 1 册，第 367 页。
③ 《鄂东北各县第二次联席会议文件》（1929 年 6 月 9 日），《鄂豫皖革命根据地》第 3 册，第 78 页。

收集，余 1~3 担者收集 8%，4~7 担收集 13%，8~10 担收集 22%……富农每人 3 担以内者不收集，每人 3~4 担收 8%，人均 4 担以上者按照上面标准再增收 5%，例如余粮 4~7 担应收集 18%。① 三是调运外地粮食。由于国民党对苏区实行粮食封锁，苏区难以从外部进口粮食，所以常常采取革命性措施"搬运"粮食。如 1929 年 12 月初中共鄂豫边第一次全区代表大会通过的《救济问题决议案》指出："红军游击，可提（挑）青年农民组织运输队，搬运土豪劣绅的粮食、衣服来救济"；"白色区域所抢劫革命民众的食粮，尽量设法搬运转来救济"。② 四是要求一切党政军机关工作人员开展节省粮食的运动。为节省粮食，接济群众，以减轻群众痛苦和尽可能保障前线战士的需要，1931 年 5 月中旬，中共鄂豫皖中央分局曾由规定"无论什么机关，每天吃稀饭一次"改为规定"吃稀饭两顿"。③ 为强化苏区各机关领导的节约意识，更广泛地动员民众参与到节约运动中，5 月 29 日，鄂豫皖根据地特举办粮食运动周，再次规定在粮食运动周内，党和苏维埃机关每天吃两顿粥一顿干饭，后方军事机关每天一顿粥两顿干饭，只有红军和前方战士每天须担保有三顿干饭，要求将检查结果报告鄂豫皖中央分局，凡不能实行的，就要受到严厉处罚。④

1931 年水灾发生后，秋收前苏区粮食极度恐慌，苏维埃政府曾"用互济组织割麦队割谷队到白区夺取豪绅反动的，没收赤区地主富农的，节省（机关吃稀饭等，红军仍吃干饭），加紧生产（种瓜豆荞麦等）"等多种办法，⑤ 以渡过难关。

五 农业生产

根据地开展的救灾工作，在当时战争频繁、财政窘迫的情况下最大限度

---

① 《鄂豫皖革命根据地工商税收史料选编》，第 240~241 页。
② 《鄂豫皖革命根据地》第 2 册，第 34 页。
③ 《鄂豫皖革命根据地》第 1 册，第 220、221 页。
④ 《中共鄂豫皖中央分局通告第二号》（1931 年 5 月 29 日），《鄂豫皖革命根据地》第 1 册，第 249 页。
⑤ 《中共鄂豫皖中央分局关于鄂豫皖区情况给党中央的报告》（1931 年 10 月 9 日），《鄂豫皖革命根据地》第 1 册，第 425 页。

地救济了灾民，并赢得了广大民众对中国共产党的广泛认同，激发了边区军民的革命积极性。但是，最根本的救灾工作还是要靠生产救灾。豫东南边区是一个农业和家庭手工业相结合的自然经济占绝对优势的农业区，根据地军民生活、革命战争和各项建设都要依赖农业生产。由于粮食困难是当时最严重的问题，"反对粮食恐慌，是革命中重大任务之一"，① 所以，恢复和发展农业生产尤其是粮食生产，是根据地经济建设和渡过灾荒的基本途径，是根据地民众生活所赖，也是红军物资供给的根本来源。为此，根据地各级党委和苏维埃政府，采取有力措施，持续开展了以增产粮食为核心的农业生产运动。

（一）开展生产互助，解决农业生产资料不足的问题

豫东南苏区原本就是较为落后的农业区，再加上敌人的军事"围剿"和经济封锁以及种种破坏活动，造成耕牛、农具、种子、肥料极其缺乏，如1931年上半年商城八区"全区共计只有牛七十余条"。② 为解决缺少生产资料的困难，苏区党和政府大力发动群众开展互助互济。

1931年6月4日，中共鄂豫皖中央分局发出通告，要求"各级党部、团部全体动员，向群众作广大的宣传，说明耕牛、秧种互相帮助的必要，同时，要每个乡苏维埃负责动员农人，将有余力的牛组织成耕队，有组织的到别的乡去帮助春耕"；号召农民"惜秧如惜米"，把多余的秧"统统交给苏维埃政府，由粮食委员会转送给缺秧的地方去插田。关于春耕中其他的杂粮种子，都要同样的办理"。各县、区委和县、区苏维埃政府应共同调查各地耕牛、秧种等情况，"动员多余的县区耕牛、秧种去帮助缺乏的县区"。③ 7月，鄂豫皖区第二次苏维埃代表大会进一步号召广大

---

① 《鄂豫皖区第二次苏维埃代表大会文件·粮食问题决议案》（1931年7月），《鄂豫皖革命根据地》第2册，第434页。
② 《皖西北特区苏维埃政府给鄂豫皖特区苏维埃政府的工作报告》（1931年6月），《鄂豫皖革命根据地》第3册，第500页。
③ 《中共鄂豫皖中央分局通告联字第一号》（1931年6月4日），《鄂豫皖革命根据地工商税收史料选编》，第149~150页。

群众"站在阶级立场上,阶级同情的观点上,在自愿的原则实行粮食互济"。① 苏维埃政府还在各地专门设立了种子和耕牛调剂站、农具和牲畜经理处,具体组织种子和耕牛的调剂。1931 年 10 月 11 日,鄂豫皖军委总政治部发布的《关于怎样分配土地的宣传材料》明确指出,农民缺少农具、耕牛时,除没收地主的农具和没收富农多余的农具给予帮助外,同时"由农民合股或苏维埃负责办农具牲畜经理处,帮助无农具的人种田耕地",也可暂时"借用,或用人力换牛力等办法来解决困难"。②

在党和政府大力提倡和组织下,农具、耕牛、种子等生产资料的互济互助运动广泛开展。如商城二区四乡苏维埃在谢祠堂组织了一个生产工具合作社,有 20 多人,分木工、铁工、篾工、织布等小组,生产出来的产品,只算成本,不加利润,只售给贫雇农,不售给地主、富农,资金困难户还可申请借款。③ 这在一定程度上解决了部分农民因缺乏生产资料而无法耕种的问题,为恢复和发展农业生产创造了必要条件。

由于国民党实行残酷的屠杀政策,加上一些反动民团经常入境骚扰威胁,苏区劳动力锐减。如鄂豫皖革命根据地创建时期,"由于地主民团百般威胁,宣称那一个不逃离苏区的就杀无赦,因此,除很少的老年人留在家里看家以外,以万计的农民都逃到这里北面的白区了",特别是"新集沙窝两区的人民大半为民团威胁走了,土地荒芜了,粮食也没有了"。④ 而且,由于长期的革命战争,大批青壮年男子参加了红军和支前工作。因此,解决苏区农业劳动力不足的问题,便成了恢复和发展农业生产的关键。根据地各级党委和苏维埃政府通过采取以下措施,在很大程度上缓解了劳动力缺乏的困难。

第一,动员各级党政机关工作人员在农忙季节参加生产。1931 年 6 月 4 日,中共鄂豫皖中央分局发出通告,规定"党团员、守备队、少先队、童子团以及在当地休息的红色战士组织栽秧队,在苏维埃指导之下去帮助农人

---

① 《鄂豫皖区第二次苏维埃代表大会关于粮食问题决议案》,《鄂豫皖革命根据地财经史资料选编》,第 581 页。
② 《鄂豫皖革命根据地》第 2 册,第 516 页。
③ 《商城革命史》,第 134 页。
④ 张国焘:《我的回忆》(下),东方出版社,2004,第 225、208 页。

栽秧",除了"各机关重要工作人员不能分身的以外,其余一概动员到附近地点去帮助农人栽秧"。① 红军战士也利用战斗间隙,帮助农民抢收抢种。

第二,发动妇女参加生产。1931 年 7 月,鄂豫皖区第二次苏维埃代表大会号召"妇女儿童应用尽可能的力量参加耕田"。② 同月,鄂豫皖苏维埃政府粮食委员会又发出通令,要求"加紧发动青年和妇女来参加生产,加紧生产,要反对有些青年和妇女忽视生产的错误观念"。③ 8 月,中国共产主义青年团鄂豫皖区中央分局第一次扩大会议也要求"宣传与鼓动全体青年妇女来参加生产"。④在党和政府的组织下,苏区各县的妇女普遍参加了生产,除了犁地等重活外,割麦、插秧、送粪、担柴等农活都能干,特别是放了脚的 20 岁左右的女子,挑粪、担柴几乎像男子一样。她们还"组织代耕班,替代农民种田"。⑤

第三,鼓励农民实行多种形式的劳力互助。在农业生产的关键季节,苏维埃政府鼓励农民以组织生产队、共耕队等形式开展互助。一些田少的区、乡在基本完成耕种、收割之后,即组织劳动力去帮助田多的区、乡生产。在自愿互利的前提下,一些地方以村为单位组织变工、换工、换耕,实行劳力互助,调剂余缺。如在商城二区,农民"自动组织共耕队,互相帮助耕种"。⑥

(二)开展生产运动

为解决粮食恐慌问题,每到耕作和收获季节,苏维埃政府都要发出指示,组织生产运动和开展生产检查。1931 年 5 月 29 日,刚成立不久的中共鄂豫皖中央分局在取得第二次反"围剿"胜利后立即指出,"粮食的种植依靠天时,一再蹉跎,就要酿成不可挽救的饥荒,现在播种时期已快过去",因此决定"立即举行粮食运动周",要求全体动员,凡是后方工作人员或普

---

① 《中共鄂豫皖中央分局通告联字第一号》(1931 年 6 月 4 日),《鄂豫皖革命根据地工商税收史料选编》,第 150 页。
② 《鄂豫皖区第二次苏维埃代表大会关于粮食问题决议案》,《鄂豫皖革命根据地财经史资料选编》,第 581 页。
③ 《鄂豫皖苏维埃政府粮食委员会通令第一号》,《鄂豫皖革命根据地工商税收史料选编》,第 194 页。
④ 《中国共青团鄂豫皖区中央分局第一次扩大会议决议》,《鄂豫皖革命根据地》第 1 册,第 546 页。
⑤ 《中共鄂豫边特委综合报告(续)》(1931 年 1 月 8 日),《鄂豫皖革命根据地》第 2 册,第 151 页。
⑥ 《中共皖西北特委方英的报告》,《鄂豫皖革命根据地工商税收史料选编》,第 162 页。

通公民都必须参加这一运动,"每个党员、团员至少必须种五棵瓜藤(最好是南瓜)或等量其他杂粮",种了以后必须负责照料,直到收获;而且还要做好宣传工作,"要使每个老婆婆、每个小孩子都至少种一棵瓜藤,细心培养,更多更好"。① 6月4日,中共鄂豫皖中央分局针对部分同志存在"只有扩大苏区才可以解决粮食问题"的片面认识,特发出通告,指出"苏区粮食主要的来源乃在米谷之种植",目前在苏区能够做到的实际工作,就是"做春耕运动来解决粮食问题",这就要做到"使苏区内每亩耕地都能栽上秧"。② 20日,中央分局为检查粮食运动周工作,加紧生产运动,又发出通知强调,现在"种〔插〕秧的时期还未完全过去,一斗水田(也)不要让他荒掉","可种植的山地,同样不可让它空了,包谷、芋薯、瓜菜等等,必须普遍的种植"。通知要求"动员一切苏区男女老少的群众,甚至各县的警卫营、游击队也来普遍的参加这一生产运动";"在各县新发展的苏区,同样须动员群众执行对粮食运动的任务"。③ 7月,鄂豫皖区第二次苏维埃代表大会又发出"不荒芜一寸土地"的号召,号召苏区的妇女儿童"用尽可能的力量参加耕田,特别是要多种瓜菜杂粮,以及短期间可以收获的食物,如热水萝卜等,进行生产比赛"。④ 8月1日,鄂豫皖党团中央分局针对各县特别是光山、罗山还有田地荒着未种,大雨又冲淹坏了许多田地的情况,要求"继续宣传鼓动群众,动员党团员参加,加紧种各种杂粮的运动,种红薯还不迟,种绿豆、荞麦更是正当其时",要"坚决执行一寸苏区的土地不要荒着的口号"。秋收之后还必须紧接着领导秋耕运动,早日购买种子。⑤

由于党和苏维埃政府高度重视,措施得力,粮食恐慌问题得到了很大程

---

① 《中共鄂豫皖中央分局通告第二号》(1931年5月29日),《鄂豫皖革命根据地》第1册,第248~249页。
② 《中共鄂豫皖中央分局通告联字第一号》(1931年6月4日),《鄂豫皖革命根据地工商税收史料选编》,第149页。
③ 《中共鄂豫皖中央分局通知第十四号》(1931年6月20日),《鄂豫皖革命根据地》第1册,第271页。
④ 《鄂豫皖区第二次苏维埃代表大会文件·粮食问题决议案》(1931年7月),《鄂豫皖革命根据地》第2册,第434页。
⑤ 《鄂豫皖党团中央分局联字通告第二号》(1931年8月1日),《鄂豫皖革命根据地》第1册,第336~337页。

度的缓解。如在春耕中要求每人种5棵瓜,"收得了很大的成功,瓜出来了,以后许多群众都是吃瓜度日,对苏区粮食给了很大的帮助"。[1] 1930年,在已经进行了土地革命的地区,粮食亩产一般都增产二三成,特别是1931年"在空前的水灾中,鄂豫皖区因分了田和群众努力生产,获得了大大的丰收,冲过了饥荒的难关"。[2] 面对1931年同样的水灾,"苏区却未受过白区群众那样水灾的痛苦"。[3] 粮食问题的解决,使根据地内外的粮价产生了很大差异,甚至达到苏区"粮食比白区贱三四倍以至于贱十倍"。[4]

(三)武装保卫农业

由于根据地处于敌人包围和分割之中,其农业生产特别是赤白交界地区的农业生产,在农作物播种和收获季节,经常遭到国民政府军队和一些地方反动武装的破坏和抢掠。对此,苏区党和政府实行全体工农武装总动员,开展春耕夏收、秋收秋耕运动,尽量减少因敌人破坏和自然灾害而造成的损失。

根据地党和政府指导各乡、村组织生产护卫队,配合地方武装保障农业耕种与收获的顺利进行,同时改善收藏粮食的办法,以防敌人抢夺或破坏。1931年8月1日,在秋收即将到来之际,鄂豫皖党团中央分局发出通告,要求组织和发展赤卫军,"保护秋收落到我们自己手里",组织男女老少都参加割谷队,"用竞赛的方法,看谁割最多最快,自己的割完还要帮助人家割"。[5] 3天后,中共鄂豫皖中央分局又就"武装保护秋收问题"专门发出通知,决定"各区至少成立铁厂一所专门采买铁及铁器,并赶紧打造各种便利的刀矛武器。至少要使每个机关工作人员、每个党员、每个团员以及群众的武装赤卫军等都要有一支锐利的武器,这样普遍的武装起来,才能实际

---

[1] 《CY鄂豫皖中央分局给团中央的报告》,《鄂豫皖革命根据地》第1册,第561页。
[2] 《中共鄂豫皖中央分局关于鄂豫皖区情况给党中央的报告》(1931年10月9日),《鄂豫皖革命根据地》第1册,第424页。
[3] 《鄂豫皖区苏维埃政府通令第十号》(1931年9月4日),《鄂豫皖革命根据地》第2册,第494~495页。
[4] 《中共鄂豫皖特委曾中生给中共中央的报告》(1931年2月10日),《鄂豫皖革命根据地》第2册,第171页。
[5] 《鄂豫皖党团中央分局联字通告第二号》(1931年8月1日),《鄂豫皖革命根据地》第1册,第337页。

的保护秋收"。① 25 日，鄂豫皖区苏维埃政府又发出通令，指出应采取"积极进攻先发制人的策略"，"在割谷前一星期，即须以秋收斗争的口号在赤区周围白区作广大的宣传"。同时，组织成千上万的割谷队，"主要的是割苏区边界的谷子，割白区豪绅地主自耕田（先查清树起标志以免错误）的谷子"。② 正是由于苏区发起了群众性秋收秋耕运动以及武装保卫农业播种与收获的斗争，苏区的农产品能够避免敌人侵犯，保障了苏区军民的生活所需，并在1931年发生大水灾的情况下，当年的"丰收不曾给敌人破坏"。③

1932年下半年红四方面军主力撤离后，国民党军队对尚存的小块革命根据地不断进行"围剿""清剿"，实行经济封锁，禁止各类物资进入苏区，苏区军民面临着更加严重的经济困难。鄂豫皖边区的党和红军一面坚持游击战争，一面积极发展生产，利用战争间隙帮助农民耕种和武装保卫庄稼收割。11月12日，中共鄂豫皖省委在第一次扩大会决议案中提出，"游击战争要密切联系到保障农村生产与工农切身利益"。④ 12月30日，在省委临时紧急会议决议案中又重申"坚决把游击队的战争同群众的切身利益密切联系起来，加紧领导群众冬耕，改善藏粮食的工作"。⑤ 1933年4月14日，中共鄂豫皖省委发出的第一〇六号通告又强调："加紧扩大游击战争，配合红军巩固苏区，不让敌人来破坏我们的春耕春收。"⑥

（四）制定合理的农业税收政策

各级苏维埃政府为了扶持农业的恢复和发展，在信贷政策上，"取消一切债

---

① 《中共鄂豫皖中央分局通知第十八号》（1931年8月4日），《鄂豫皖革命根据地》第1册，第339页。
② 《鄂豫皖区苏维埃政府通令第九号》，《鄂豫皖革命根据地财经史资料选编》，第593~594页。
③ 《中共鄂豫皖中央分局欢迎红四军凯旋宣传大纲》（1931年10月），《鄂豫皖革命根据地》第1册，第462页。
④ 《中共鄂豫皖省委第一次扩大会决议案》（1932年11月12日），《鄂豫皖革命根据地》第2册，第226页。
⑤ 《中共鄂豫皖省委临时紧急会议决议案》，《鄂豫皖革命根据地》第2册，第232页。
⑥ 《中共鄂豫皖省委通告第一〇六号》（1933年4月14日），《鄂豫皖革命根据地》第2册，第261页。

务，明定法律，禁止高利贷，设立银行，以低利或无利借款给农民流通经济"。①在粮食价格上，纠正一些经济公社、合作社限制甚至降低粮食价格的错误做法，以免谷贱伤农，规定"苏维埃政府非必要时不必限制粮食价格"。②

1930年9月后，鄂豫皖革命根据地开始实施农业累进税制度，使贫苦农民享受免税和减税的待遇。9月17日，鄂豫边特委发布通告规定："对雇农绝对不征收"；"对贫农也绝对不能征收"。③ 鉴于一度出现"贫农、中农每人粮食在四石以外的得按普通群众抽税"的做法，鄂豫皖区苏维埃政府于1931年10月专门发出布告，强调指出："贫农应完全免税；过去粮食累进税的布告上对贫农抽税一条应立即取消；已收了的要退还；未收的决不收"；"中农应收很少数的累进税"。④ 11月2日，鄂豫皖区苏维埃政府又发布通令规定："除开雇农贫农宣布免税外，牺牲的红色战士家属完全免税。遇着意外灾害（蝗虫、水灾）的纳税群众得免收或减收，初得到土地革命的利益而农器家具，事事缺乏，只多余少数粮食之家不收税。其他耕牛、农具、种子等需要都有而粮食又有多余之家，均得按照累进税的收集原则征收很轻的税。"⑤ 上述财政税收政策的制定和执行，不仅帮助农民解决生产资金缺乏的困难，而且在收获后尽量减轻农民负担，遇到自然灾害时更进一步降低农民的负担，因而极大地调动了农民的生产积极性，促进了农业生产的迅速恢复与发展。1931年秋，固始县农业收成增加了2至3成。⑥

农业生产的发展，加上苏维埃政府以农民实际收获量为标准实行累进税，"凡农民每一人每年收入五石谷以内的免征。五石以外的，每石多抽五升"，除此之外，没有"其他如国民党所征收的苛捐杂税"，⑦ 使农民生活得到很大改善，革命积极性也大为提高。1931年2月，鄂豫皖特委给中央的

---

① 《鄂豫皖区第二次苏维埃代表大会文件·大会宣言》，《鄂豫皖革命根据地》第2册，第426~427页。
② 《鄂豫皖区第二次苏维埃代表大会文件·粮食问题决议案》（1931年7月），《鄂豫皖革命根据地》第2册，第435页。
③ 《鄂豫边特委边界通告第十四号》，《鄂豫皖革命根据地财经史资料选编》，第731页。
④ 《鄂豫皖区苏维埃政府布告第十九号》，《鄂豫皖革命根据地财经史资料选编》，第784页。
⑤ 《鄂豫皖苏维埃政府通令第十四号》，《鄂豫皖革命根据地工商税收史料选编》，第289页。
⑥ 《固始县革命史》，第84页。
⑦ 《鄂豫边苏区的实况》，《鄂豫皖革命根据地财经史资料选编》，第255页。

报告谈道:"赤区的工农生活的确改善了,肃清了苛捐杂税,得到了土地,一切政治上自由平等都确定了,他们热烈起来拥护苏维埃与红军,精神上物质上农民都能志愿的来帮助红军与政权。"① 农民除了交轻微的粮食税外,经常自愿给红军各种物资的支援,如1931年初鄂豫边报告所说:"差不多苏维埃大部分力量都集中在帮助红军"上,"一般群众对红军的认识,都认红军是自己的武装,所以红军到某一处,群众结队成群去慰问,送东西、鞋子到红军的异常热烈","红军在赤区吃饭,都是苏维埃内农民负担"。② 1931年6月至8月,苏区人民捐献给红军的粮食就有411.01石,大洋225.5元,纸币1112180元,鞋子40448双(内有一部分是袜底),其他还有肉、鸡蛋、面粉和饼干等无法统计。③

---

① 《中共鄂豫皖特委曾中生给中共中央的报告》(1931年2月10日),《鄂豫皖革命根据地》第2册,第169页。
② 《中共鄂豫边特委综合报告(续)》(1931年1月8日),《鄂豫皖革命根据地》第2册,第160页。
③ 《CY鄂豫皖中央分局给团中央的报告》,《鄂豫皖革命根据地》第1册,第554页。

第十二章
豫东南苏区的经济（下）

一 工业

豫东南地区是商品经济极不发达的农业社会，没有工业城市，没有较大规模的工矿企业，只有许多个体手工业作坊和普通商店，工业生产十分落后。据1930年调查，当地"大工厂很少，仅有几个蛋厂，有一矿山，有一贫民工厂，现在均倒闭，工人失业，即一般手工业工人，亦很少人雇用"。① 在国民党严密的经济封锁下，为支持长期战争与解决人民生活所需，苏区党和政府依靠群众，自力更生，因陋就简，创办和建设了一些必需的军需和民用工业，取得了明显的成就。

豫东南苏区的工业，起步最早、成绩最大的是修配枪支、制造子弹的军需工业。早在1928年根据地开创之初，军需工业就在光山柴山保兴办了起来。1931年初，中共鄂豫皖特委党团扩大会议提出要"特别注意军事工业的发展"，"加强与充实兵工厂的内容，并切实加以扩大"，并"想法扩充技术人材"，一方面派人学习，一方面请求上级选派好的技术人员到苏区帮助军工生产。② 此后，兵工厂、被服厂等军工业发展更快，分布于包括光山、

---

① 《若臣关于信阳、广水工作情况给中共中央的报告》，《鄂豫皖革命根据地》第3册，第192页。
② 《中共鄂豫皖特委曾中生给中共中央的报告》（1931年2月10日），《鄂豫皖革命根据地》第2册，第196、190页。

商城、固始等 10 余县的鄂豫皖边区。

鄂豫皖边区军事委员会兵工厂是鄂豫皖革命根据地第一个兵工厂。1928年，鄂豫边党组织和红军在光山县柴山保一带组织当地的铁匠、铜匠、银匠，在熊洼、箭河、陈冲等地建立了几个修造组，利用简单的生产工具为红军修理枪支，制造刀矛。1929 年春，各修造组扩大为修造所，制造枪支和修配红军缴获的武器。1930 年春，中共鄂豫边特委将几个修造所集中起来，迁到光山县柴山保的佛尔寺，正式命名为"鄂豫边军事委员会兵工厂"，不久改名为"鄂豫皖边区军事委员会兵工厂"。当时，全厂有工人 60 多名，党委书记是阮德成。1931 年 4 月，厂址由佛尔寺迁到熊家嘴，并在湖北黄安等地设立了 4 个分厂。5 月，中央调来朱淑平任厂党委书记，熊明灼任厂长。9 月，红军攻下光山民团在打油尖山寨的一个小型造枪局，缴获了一批机械和器材，又接收了 24 名技术工人，工厂扩大为两个车间，工人增加到 100 余人。1932 年 4 月，总厂又由熊家嘴迁到柴山保王湾。到红四方面军主力转移时，这座兵工厂总计生产了"撇把子枪"3500 余支，"汉阳造"步枪 800 余支，此外还有大量的子弹和大刀、长矛等。[1] 该厂生产的武器由军部经理处供给红军各部使用。此后，兵工厂大部分人员也随军转移，只留下少量工人继续为红军修理枪支，制造弹药。

商城县苏维埃政府在该县佛堂坳、余子店、瓦屋基、汤家汇都建立过兵工厂或造枪局。1930 年 2 月，在汤家汇附近的高家山创建了造枪局，有 10 余名工人，最初仅能修理一些老式步枪，后来能制造子弹和土枪、土炮。1932 年春，造枪局迁入县城周氏祠（今城关粮管所），[2] 9 月分散转移。该局工人最多时曾达 300 余人，[3] 下设修配、兵工、手榴弹、子弹、装配等几个组，生产的军火供应主力红军和地方武装。

1931 年，总厂位于湖北黄安紫云区的鄂豫皖缝纫厂（也叫被服厂），在光山县聂家河和光山县城分别开办了一分厂和四分厂，主要生产衣、被、

---

[1] 中共河南省委党史研究室、中共安徽省委党史研究室编《鄂豫皖革命根据地史》，安徽人民出版社，1998，第 433 页。
[2] 《商城县志》，第 170 页。
[3] 《商城革命史》，第 136 页。

第十二章 豫东南苏区的经济（下）

鞋、帽、绑腿等军用品。此外，商城县新湾、光山县新集、固始县王新屋南院等地，也在不同时期先后建立过兵工厂、修械所或造枪局。这些军事工业，性质上全是国营经济，直接服务于革命战争需要。

民用工业也是豫东南苏区工业的重要组成部分，主要集中于造纸、印染、印刷、纺织、五金制造、木器、竹器、陶瓷、榨油、炼铁、采煤等行业，其中最大的是五一模范工厂和红日印刷厂。

1931年5月1日，鄂豫皖边区省工农民主政府把原位于光山县柴山保龙佛寺和紫云区的黄谷畈被服厂200多名工人和100多部缝纫机，集中到新集城北洞下坪的一座地主大院里，扩建为一座综合性工厂。由于工人大部分是红军家属和各级苏维埃政府推荐来的积极分子，又是在"五一"国际劳动节那天开业，故被命名为"五一模范工厂"。它是鄂豫皖根据地规模较大的综合性工厂，下设缝纫、织布、弹花、染坊等车间，共有厂房60多间，设备比较简陋，大部分靠手工操作。有职工300多人，其中女工占2/3，主要生产土布、洋布、咔叽布和纱布，专门供应红军。1932年4月，因敌人"围剿"，该厂秘密迁到箭河乡的黄畈村，由方南祥任厂长，工厂由原来的40多部机子发展到100多部，厂房200多间。[1]

1929年12月商城解放后，苏维埃政府在该城设立红日印刷厂。该厂是在周雁宾的"文明石印馆"的基础上建立的，由周雁宾任厂长。最初仅有8名工人，老式石印机3部，手工劳作，后来工人增加到20多名，增设了活字拼版印刷，比石印既快又好。除按期印刷各种报刊，还要印刷苏区党政机关和红军的文件、宣传品、列宁小学课本等。1930年3月，国民党军进占商城，印刷厂随县党政军机关转移到商城南溪山区，先在吴氏祠，后迁至禅堂庙，1932年2月返回商城原址。10月，印刷厂部分工作人员随红四方面军西征，留下的人员再次撤到商城南乡山区，为便于游击战争，将石印版等器械沉入水塘，至1933年春印刷厂解体。[2]

另外，1930年，商城县苏维埃政府还曾在苏仙石区邓楼村一家一户小

---

[1]《中国工会运动史料全书》总编辑委员会、《中国工会运动史料全书》河南卷编委会编《中国工会运动史料全书·河南卷》（上），中州古籍出版社，1999，第336页。

[2] 杨琼、杨喜雪：《商城革命史迹》，《商城文史资料》第3辑，1995，第167页。

纸棚的基础上，集中两架纸槽，借用 32 间民房办起造纸厂，有工人 60 多名，生产的拈帘纸，供应红日印刷厂印刷报刊文告、课本表册等。1931 年 6 月该厂改为鄂豫皖造纸厂，归鄂豫皖区苏维埃政府领导。造纸厂以稻草、竹子为主要原料，生产一种长 4.2 尺、宽 1.8 尺的拈帘纸。厂里配有 10 多支长短枪，以武装保卫生产。① 两年多时间共生产 180 万张拈帘纸。② 此外，商城还有煤窑、铁厂、锅厂等民用工业 10 余处。

根据地工业原料缺乏，是发展军需、民用工业的最大困难。为此，苏区党和政府想出了各种办法，主要有从民间收购，没收地主、土豪劣绅的财物，以及向富农征发、从战场缴获战利品和派人到白区暗购等。为了解决造纸原料缺乏问题，根据地还特别注重回收利用，中共鄂豫皖中央分局曾要求"各县党须即动员苏维埃收集废物、废纸、报纸以及各机关不要或已经用过的信封、残纸，统交由各县县苏保存"，以备将来使用。③ 鉴于一些同志在战争中"见着工业和军用（用）具仍然不是破坏，就是忽视之"，分局还规定："凡夺获或抢着的一切工业用具，特别是军用品（电话、电线、汽车、汽油、枪械等等），必须很快的送到上级政府或军事委员会来。"④

豫东南苏区的军事工业，是适应革命战争需要而创办和发展起来的；民用工业则是在不断遭到敌人破坏的情况下不断恢复或重新开办的。如 1930 年 11 月至 1931 年 5 月，在敌人两次"围剿"和"封锁"以后，商城等县的小市镇"完全倒闭了，屋宇烧毁得特别的多"，因为物资不流通，生产大多停滞。商城过去生产少量的铁和煤（非机器生产）、纸、黄丝、漆等，"纸棚苏维埃开办有两所，私人开有数处，有些纸棚停顿未做；铁棚原有二十余所，现都停办；煤矿亦未进行开采，只有陈煤，每日可卖数十元；盐场集在四区官［关］王庙甚热闹，

---

① 《商城革命史》，第 136 页。
② 《商城县志》，第 170 页。
③ 《中共鄂豫皖中央分局通知第二十九号》（1931 年 9 月），《鄂豫皖革命根据地》第 1 册，第 376 页。
④ 《中共鄂豫皖中央分局通知第十一号》（1931 年 6 月 18 日），《鄂豫皖革命根据地》第 1 册，第 266 页。

内面出产不易出售，因此，使许多货弃于地无人过问"。① 为了恢复生产，苏维埃政府曾拨五六十支枪的兵力保护煤矿的开采。由于暂时无力建立纸棚、铁棚，苏维埃政府决定"开合作社的形式或批给私人经营"，并"在各地尽量招致外面客商到苏区来购买我们的出产品"。②

二　商业的恢复和发展

豫东南地区主要是农业区域，交通极其不便，工业不发达，商业活动主要是对外输出土特产品如茶、漆、竹、木、茯苓、黄丝、木炭、麻等，以从外部换取食盐、油料、布匹、药品、日用百货等商品，土特产多卖给平汉线上信阳的客商。从事商业活动的，一是分布于各集镇的小商号，二是走街串巷推车或肩挑叫卖的小商贩，三是季节性的小商小贩。自1929年后，国民政府在连接苏区的关津卡隘、水陆交通要道驻扎大批武装，截断商路，禁止军用品、工业品、生活必需品等重要物资流入苏区，苏区剩余农产品和土特产品也很难向外输出换回商品，偷运一点商品进来价格非常昂贵，给苏区经济带来了严重困难。特别是食盐极度缺乏，"盐价涨到二串钱一斤，农民成整月没吃盐的居多"。③ 1931年和1932年，"箭河等地用一石谷只能买二、三斤盐"。④ 由于敌人的封锁，加上根据地内部曾经出现的"左"的错误，根据地商业一度极其萧条。1930年，豫东南地区"城市商业，亦日益凋零，无不亏本者；乡村市镇商业更苦甚至有全市停业者"。⑤ 1931年2月，鄂豫皖特委给中央的报告也谈道："经济政

---

① 《皖西北特区苏维埃政府给鄂豫皖特区苏维埃政府的工作报告》（1931年6月），《鄂豫皖革命根据地》第3册，第493～494页。
② 《皖西北特区苏维埃政府给鄂豫皖特区苏维埃政府的工作报告》（1931年6月），《鄂豫皖革命根据地》第3册，第502页。
③ 《中共鄂豫边特委综合报告》（1930年11月），《鄂豫皖革命根据地》第2册，第116页。
④ 《鄂豫皖根据地首府新县革命史》，第112页。
⑤ 《若臣关于信阳、广水工作情况给中共中央的报告》，《鄂豫皖革命根据地》第3册，第192页。

策的错误，敌人的封锁……使生产率减低，经济不流通，金融枯涩，内外商业停滞"，"对外贸易政策是没有的，故丝、药（茯苓）、六安茶、木梓、花生、谷都是无法运出的。"①

为了打破敌人的经济封锁，沟通内外贸易，开展物资交流，保障军民物资供应，苏维埃政府积极创办国营性质的经济公社和集体性质的合作社两种形式的商业，同时鼓励和扶持私营商业发展。

经济公社是苏维埃政府开办的一种特殊的国营商业组织，为苏区商业的领导力量。其资金由苏维埃政府筹集，主要来源于打土豪筹款以及自身所得利润的积累。经济公社经营与国计民生息息相关的大宗货物，特别是那些被敌人封锁的物资。它负责组织物资的进出口，把苏区的各种土特产品如花生油、桐油、茶叶、竹木、木梓油等收购集中起来，转运出口，换进布匹、蓝靛等苏区紧缺的商品，把输入的商品批发给合作社出售。特区和县经济公社以经营军需物资为主，区经济公社则以经营民用商品为主。

1931年初，鄂豫皖苏维埃政府在根据地首府光山县新集成立了经济公社总社。经济公社总社受财政经济委员会和人民委员会双重领导，其主要负责人一般由财政经济委员会主席兼任。当时，经济公社总社约有资金十几万元，工作人员50余人。除经济公社总社外，信阳、罗山、息县、商城、固始、光山、潢川等县、区也都先后设立了分社，各乡设立代办所。由于各级经济公社是随着苏维埃政权的建立而兴办起来的，因此，建立时间先后不一。如1929年3月，中共光山县委和县工农民主政府成立，随后设立了县、区经济公社，其中影响较大的有白雀园、泼陂河、南向店、砖桥、晏河等区经济公社；9月，罗南（指罗山县南部苏区）工委发动宣化店起义，成立罗南革命委员会，建立了鄂豫皖经济公社第八分社，有工作人员5人；1930年10月，潢川县苏维埃政府在仁和集成立，所辖7个区均设有经济公社。潢川县经济公社由江梦霞担任经理，工作人员10余人。②

在国民政府的经济封锁和军事"围剿"下，经济公社冲破敌人的重重

---

① 《中共鄂豫皖特委曾中生给中共中央的报告》（1931年2月10日），《鄂豫皖革命根据地》第2册，第171、195页。
② 信阳地区金融志编纂委员会编《信阳地区金融志》，河南人民出版社，1989，第78~79页。

第十二章 豫东南苏区的经济（下）

围困，千方百计地解决根据地对生产资料和生活用品的需求，活跃了苏区的经济，有效地支援了革命战争。如鄂豫皖经济公社第六分社商城县经济公社成立后，开始"主要是经营管理从不法反动地主、豪绅、恶霸、反革命手中没收的工厂、商店。对私营的工厂、作坊、商店、小贩也管。当时，经济公社新组建，组织不健全，问题不少，但工作的开展还是比较快的。接管的有二十多个工厂和商店，有职工近千人，社部只有十几人，缺乏规章制度"。在苏维埃政府的关怀和领导下，特别是在红军接连打胜仗的鼓舞下，经过一个多月的工夫，经济公社就打开了局面，"每天要收购些土特产品，例如毛竹、杉木、茶叶、木梓、中草药、竹器等，经常还要派人到河风桥、上石桥、樊店以及潢川、固始方向的集市采购食盐、西药、细白布、染料、鞋、袜、草帽、烟叶、蜡烛、黄豆、红糖（那时，市场上还没有白糖）等各种百货，供应红军和合作社批发之用。省财政经济委员会对赤白区，规定有进出口的物价政策，使商人获得正当收益"。在经济公社的努力下，"苏区土特产的交易推销得比较好，红军和苏区的食盐、医药和日用品，基本上能得到满足"。[①] 商城县王楼区、李集区等也都设有经济公社，并在赤白交界地带设立了接头处，如王楼区在余子店，李集区在峡口黄泥巴店子，专门负责赤区与白区的贸易工作。固始县经济公社坐落在县委所在地桥头店，有房屋15间，资金数千元，[②] 主任由柯柳桥担任，职员20余人，设有采购和营业两个处，批发、经销日用百货、布匹、食盐等，收购山区土特产茶叶、桐油、竹木制品、中药材，到白区换取苏区军民需要的物资。该县财经委员会还在与安徽叶集毗邻、水陆交通方便的陈淋子办了一个经济公社，由曾仲民任主任，会计刘光耀，全社30余人，流动资金约3万元，开办有染坊、盐站、布百店、杂货店等。[③] 经营方式是批发与零售相结合，凡乡办的消费合作社均可到此批发货物，大大方便了群众生活。

经济公社除经营工厂、商店，促进物资交流外，还代理银行工作，负责

---

① 傅家选：《在鄂豫皖苏区财经学校学习》，《鄂豫皖革命根据地》编委会编《鄂豫皖革命根据地》第4册，河南人民出版社，1990，第173页。
② 《固始县革命史》，第89页。
③ 《蓼城风云：固始党史资料》第2辑，第8页。

协助工农银行兑换货币、发放农业及小商贩的低息贷款，并协助政府发放救济粮、调剂苏区内部粮食和举办粮食平粜等。这对发展生产、活跃经济、稳定物价、支持战争起到了积极作用。1932年10月，红军撤离根据地后，各级经济公社相继停止了活动。

合作社是群众集资兴办进行商品交易的集体性质的商业经济组织，由当地苏维埃政府和经济公社领导。鄂豫皖苏区的合作社主要是消费合作社，另外还有少量专业性的合作社，如耕牛合作社、粮食合作社、药材合作社等，不少合作社还兼营农副产品加工和农具制造等，边生产边销售。

合作社大多数是由社员自愿入股集资，或向银行借贷，少数由苏维埃政府给予资助。社员入股，每股1元至数元不等，入股社员可按期分红。如固始县二区六乡合作社长刘瓜匠规定每股一串二至一串六百文，沈白荣入2股，张西山入1股，赵明安家中比较困难，卖了一个小褂子，得四串钱入股。该合作社每10天分一次红，入股农民可以分到油盐和其他生活用品。[①] 商城县王楼区十乡在岗头办了一个合作社，农民葛德忠家入了2股（1块银元1股），参加分红2次，得了3块银元。[②]

合作社主要业务是一方面从农民手中收购农产品特别是土特产品交给经济公社输出，另一方面再从经济公社批发各种生活用品，以低廉的价格卖给群众。苏区普遍建立有合作社，各区、乡甚至一些村都建立了合作社。1929年，紫云区三乡（现为新县箭厂河乡）苏维埃政府，在箭厂河河埂上办了个消费合作社，取名"十美公杂货店"，开始是集资入股，金额不限，每个社员发一购买证，主要经营柴、米、油、盐、糖、烟、纸张、茶叶、布匹、豆腐、猪肉等，还设有粉坊、染坊，销售课本文具。[③] 当时一乡苏维埃政府在南岗，二乡苏维埃政府在杨畈，也都办过这种消费合作社。[④] 固始县陈淋一区七乡在江家油坊开办了消费合作社，社长徐丙恒，八乡在后冲办了消费

[①]《固始县革命史》，第89~90页。
[②] 中共商城县委党史委办公室：《土地革命战争时期商城县苏区经济建设概况》，《中共信阳党史资料汇编·丰碑》第15辑，第80、92页。
[③]《新县志》，第136~137页。
[④]《鄂豫皖根据地首府新县革命史》，第115页。

第十二章 豫东南苏区的经济（下）

合作社，社长金玉村，社里出售布匹、食盐、杂货，开有油坊、屠宰场。武庙二区五乡在迎水寺、三乡在武庙集、八乡在双竹园、十一乡在杨庙均分别建立了消费合作社。其他各地如东部的长兴集、西部的瓦庙集也都建有合作社。① 商城县李集区经济公社建立后，邵北湾、黄平塘、团山、邱老坊4乡农民集资分别办起了4个合作社，主要经营日用百货，组织副业生产如榨油、杀猪、开牛行、磨豆腐等。王楼区九乡合作社为控制紧缺商品，防止哄抬物价，还自制纸币，盖上九乡苏维埃政府公章，本乡农民拿着这样的纸币，可以买到合作社的所有商品。② 这些合作社对推动苏区内部的物资交流起到了积极作用。

苏区的商业不断遭到敌人的破坏，合作社当然也不例外。特别是敌人对鄂豫皖苏区进行的第一、二次"围剿"，不仅造成苏区的商业萧条，也使很多合作社名存实亡。如商城苏区的几个小市镇，"只有丁家埠稍有点生意，南溪、汤家汇生意甚冷落，余子店已被敌人破坏得人烟绝迹，苏区一切用品甚感困难，合作社虽然四乡都有，但都名是而实非"。③ 除了战争环境对合作社造成的破坏外，合作社在管理上也曾出现一些问题。1931年8月，鄂豫皖区人民委员会发出布告指出："现在的合作社有这样的毛病：（1）苏维埃随便扯合作社的钱；（2）合作社的人员机关主义倾向；（3）成本太少，地方主义浓厚（如每村一个几十元的本不愿合）；（4）营业不得法，特别是没注意到工农群众的需要转变的方针。"④ 鉴于合作社发展状况不良，1931年初，中共鄂豫皖特委党团扩大会议就曾提出："加紧发展农民消费合作社与贩卖合作社，逐渐做木工铁等的生产合作社。"⑤ 8月，鄂豫皖区人民委员会又指出："只有把合作社发展起来，才能大大的打消工农群众买贵卖贱的

---

① 《蓼城风云：固始党史资料》第2辑，第8~9页。
② 中共商城县委党史委办公室：《土地革命战争时期商城县苏区经济建设概况》，《中共信阳党史资料汇编·丰碑》第15辑，第80、90~91页。
③ 《皖西北特区苏维埃政府给鄂豫皖特区苏维埃政府的工作报告》（1931年6月），《鄂豫皖革命根据地》第3册，第493页。
④ 《鄂豫皖区人民委员会布告第十二号》（1931年8月），《鄂豫皖革命根据地》第2册，第471页。
⑤ 《中共鄂豫皖特委曾中生给中共中央的报告》（1931年2月10日），《鄂豫皖革命根据地》第2册，第195~196页。

现象","应该是把组织扩大起来,改造负责人的成份,要使各地的合作社取得联系,要训练大批合作社的人才,并且合作社的发展就是反对投机商业的有力武器"。① 到 1931 年下半年,合作社"各乡都有,不过范围很小,而且组织不好"。为此,中共鄂豫皖中央分局又决定于 9 月初召开合作社的代表会议,"改变私人谋利的企图",坚持"为群众谋利益的方针"。② 为鼓励发展合作社,在税收方面,苏维埃政府给予合作社一些优待条件,规定"工人、农民所办之消费合作社及其作一切合作性质之营业,由财政经济委员会酌量具体情形,给与减轻税收或完全免税"。③ 这些措施促使合作社更加普遍地发展起来,到 1932 年秋,仅光山县就有消费合作社 121 个。④

私营商业也是根据地商业的重要组成部分,苏维埃政府准许自由贸易。鄂豫边区在 1929 年就明确规定:"中小商人有营业自由权。"⑤ 1929 年 12 月,中共鄂豫边第一次全区代表大会通过决议又明确规定:"保护中小商人利益,取消苛捐杂税,实行统一的累进税。"并且指出,当店东与店员发生矛盾和冲突时,"不可故意引起店员对店东的斗争";"今后各县的党应极力防止乡村群众无原则的侵犯中小商人的利益"。⑥ 为了正确处理反对封建土地所有制与保护工商业的关系这一问题,大会还决定"豪绅地主的商店不没收,采用估价罚款的办法";"攻下城市时,对大的商店只估计他的资本罚款……绝对禁止(向)大商人摊派";"对中小商人和富农的经济,绝对不能妨害"。⑦

1930 年秋,由于受李立三"左"倾错误的影响,中小商人的利益一度受到侵害,但错误很快被纠正。1931 年初,鄂豫皖特委党团扩大会

---

① 《鄂豫皖区人民委员会布告第十二号》(1931 年 8 月),《鄂豫皖革命根据地》第 2 册,第 471 页。
② 《中共鄂豫皖中央分局关于鄂豫皖区情况给党中央的报告》(1931 年 10 月 9 日),《鄂豫皖革命根据地》第 1 册,第 425 页。
③ 《鄂豫皖区苏维埃政府关于商业累进税之规定》,《鄂豫皖革命根据地》第 2 册,第 528 页。
④ 周质澄、吴少海:《鄂豫皖革命根据地财政志》,第 31 页。
⑤ 《鄂东北各县第二次联席会议文件·苏维埃问题决议案》(1929 年 6 月 9 日),《鄂豫皖革命根据地》第 3 册,第 78 页。
⑥ 《中共鄂豫边第一次全区代表大会文件·群众运动决议案》(1929 年 12 月 2 日),《鄂豫皖革命根据地》第 2 册,第 26 页。
⑦ 《中共鄂豫边第一次全区代表大会文件·军事问题决议案》(1929 年 12 月 2 日),《鄂豫皖革命根据地》第 2 册,第 22 页。

第十二章 豫东南苏区的经济（下）

议决定："完全允许自由贸易，低利私人借贷亦不禁止，惟以银行的借贷与之竞争……"① 中共鄂豫皖中央分局成立后，为了推动对外贸易的开展，提出"要奖励农民产物出口，不到万不得已（不）执行干涉政策。我们要准许商人的自由贸易，只要他服从苏维埃的法律"。② 尽管后来由于执行"王明路线"，根据地对富农曾有一些过火的政策，但仍对富农从事商业经营加以保护，如规定"富农的钱不能随便没收"，"他做生意小贩，只要遵照苏维埃的法令税章，也不得没收其资本"。③ 这些政策的实施，对调动中小商人的积极性，活跃根据地的商业经济起了重要作用。

苏维埃政府还在税收与货源等方面对私营商业活动采取保护、扶助政策。在税收方面，对中小商人实行低税政策，规定对中小商人征收的税金，根据他们营业额的多少，实行累进制。佣金税"凡每日营业二十元以下者完全免税"；营业税"每月营业额不到百五十元者完全免税"；"凡粮食、棉布、药材、棉花等类货物，输入苏区内部往来通运发售完全免税"。④ 这种政策，不仅对苏区的中小商人有利，能够调动他们的积极性，而且吸引了不少白区的中小商人到苏区经商。在货源方面，面对敌人严密经济封锁的困难局面，为解决中小商人的货源问题，各级苏维埃政府统一领导经济公社从自己设法购入的货源中拿出一部分批发给中小商人经营。另外，特别鼓励商人开展对外贸易，规定"放任对外贸易并设法专门帮助丝、茶、药等物之运出"，⑤ 还通过采取免税、贷款、武装护送等各种优惠政策和有力措施，鼓励小商贩利用各种关系从白区购入食盐、布匹、军用品等苏区紧缺物资，规

---

① 《中共鄂豫皖特委曾中生给中共中央的报告》（1931年2月10日），《鄂豫皖革命根据地》第2册，第195页。
② 《中共鄂豫皖中央分局第一次扩大会议文件·政治报告》（1931年6月），《鄂豫皖革命根据地》第1册，第279页。
③ 《中共鄂豫皖中央分局通告第七号——反对富农问题》（1931年7月14日），《鄂豫皖革命根据地》第1册，第323页。
④ 《鄂豫皖区苏维埃政府关于商业累进税之规定》，《鄂豫皖革命根据地》第2册，第525～528页。
⑤ 《中共鄂豫皖特委曾中生给中共中央的报告》（1931年2月10日），《鄂豫皖革命根据地》第2册，第196页。

定对"原料与药品及军械要建立特别的组织来输入"。① 固始县苏维埃政府在赤白交界处的打纸铺（今段集乡柳林村）交易所，就设有岗哨，组织武装护送商贩出入苏区边境等。② 为使苏区的产品能大量向白区出售，1931年7月，鄂豫皖区第二次工农兵代表大会曾做出决定，要求各地苏维埃政府"派遣专门经商人材，到非苏区去召致商客"。③

在苏维埃政府经济（后为财政经济）委员会的具体指导下，以上三种商业经济形式共同发展，互相配合，经营军需物资以及人民生活日用品和生产资料，在苏区逐步形成由国营、集体、私营三种经济成分构成的商业网络，使苏区的内外贸易日益扩大，经济由萧条冷清变得繁荣起来。

三　财政与问题

（一）财政税收机构

1928年1月，豫南革命委员会成立，它是苏维埃政权的一种临时组织形式，下设财政部，李鸣岐任部长。1929年11月下旬，鄂豫边第一次党代表大会通过的《军事问题决议案》规定："由革命委员会组织一个财政机关，统一各县财政。"12月下旬，鄂豫边第一次工农兵代表大会召开，正式成立了鄂豫边革命委员会。决定在革命委员会下设立财政、经济委员会，直接领导鄂豫边革命委员会所辖各县的财政部和经济部的工作，分别由郑行瑞、郑新民担任主席。

鄂豫皖根据地统一后，县以上各级苏维埃政府或革命委员会内设财政委员会，负责管理财政经济事项，区、乡苏维埃则配备专职委员。1931年7月，鄂豫皖区苏维埃政府成立，下设有财政经济委员会，郑位三任主席。10月，鄂豫

---

① 《中共鄂豫皖特委曾中生给中共中央的报告》（1931年2月10日），《鄂豫皖革命根据地》第2册，第196页。
② 《固始县革命史》，第90页。
③ 《鄂豫皖区第二次苏维埃代表大会文件·给皖西北特苏的指示信》（1931年7月），《鄂豫皖革命根据地》第2册，第447页。

皖区苏维埃政府颁发了《关于各种委员会工作概要说明》，规定财政经济委员会下设6个部门：会计科、建设科、设计科、税务局、银行和经济公社。其中会计科负责管理财政的收支，余款则存放银行，审查各地财政账目，规定预算、决算要特别注意节省；建设科办理苏维埃经济建设事项，如培植森林、豢养牲畜（猪、鸡、鹅、鸭、牛、羊、鱼等）；设计科负责制订各种财政经济的计划和条例等；税务局按章征收统一累进税；工农银行和经济公社，也按相关条例办事。其中税务局、银行和经济公社除受财经委员会指挥外，还要受人民委员会的指挥和监督。① 至此，鄂豫皖根据地的财政经济管理体制初步形成。

为了扩大财源，苏区相继建立了各级税务机构。1931年7月，鄂豫皖苏区税务总局在新集成立。总局设正、副局长各一人，工作人员若干人。之后，罗山县在宣化店（今属湖北大悟）、光山县在泼河镇、商（城）光（山）边区在独山镇都相应设立了税务分局；② 不具备设立分局条件的地方，则设立税务特派员，各区一般设立有税所。税务局按照财政经济委员会发出的布告和章程征收统一累进税。鄂豫皖区苏维埃政府财政经济委员会规定，鄂豫皖区税务"总局受特苏财委会指导，与各县财委会发生横的关系；分局受总局的指挥，与各县财委会发生横的关系；各特派员按地方之近远，责任之轻重，分别由总局、分局指导。在工作上以当地县财委会指导为主，当然同时又受税务局指导，其款项仍与税务局发生关系。税务特派员须与当地区苏财政特派员发生亲密的关系。在税务局开始进行工作之时，一切地方情形当然不熟悉，各级财政机关应负重要责任与税务工作人发生密切的关系"。③

（二）财政收入

1. 没收、征收与缴获

苏区财政的中心任务是保障革命战争的物资供给，解决军队和政府的给

---

① 《鄂豫皖苏维埃政府各种委员会工作概要说明（节录）》，《鄂豫皖革命根据地工商税收史料选编》，第286页。
② 周质澄、吴少海：《鄂豫皖革命根据地财政志》，第26页。
③ 《鄂豫皖区苏维埃政府财政经济委员会通令第二号——税务局的组织系统》（1931年8月1日），《鄂豫皖革命根据地财经史资料选编》，第760页。

养，为苏区各项建设积累资金。在根据地初创时期，红军的军需粮秣供应主要来源于3个方面，"一是在苏区行动或修整时由各县、区、乡就地筹集解决；二是到白区打土豪的物资除了分给贫苦农民以外，红军也适当地分用一部分；三是在战斗中缴获敌人的军需物资补充部队"。① 也即是说，财政来源主要是依靠特务队、赤卫队没收地主财产、征收富农的资财以及打土豪和战争缴获。1929年9月，中共鄂东北特委给中央的报告中说："全区经费都取之于豪绅地主"，并且"主要是赤卫队（黄安、黄陂、孝感[以上3县均属湖北——引者注]、光山）、游击队（麻城[属湖北——引者注]）、特务队（特委、红军）和红军自己去进行"。② 战争缴获和打土豪筹款，以及向富农、商人征收，是解决当时财政困难的主要途径。

值得注意的是，在根据地统一之后，并没有停止战争缴获和打土豪筹款的办法，只不过不再以此作为财政收入的主要来源。如1930年底，鄂豫边特委综合报告中曾指出："一军军需问题，因为没有取得中心城市，所以只是靠特务队到处下款，提豪绅地主财产解决军需问题。"③ 1931年下半年，鄂豫皖中央分局给中共中央的报告也曾谈到，苏维埃政府的财政来源除累进税外，"由保卫局所指挥的特务队（税局各县分局都有一队短枪便衣）捉了白区豪绅缴款"。④ 1931年初，红军第一次打下新集后，"抓住了大地主曾寿喜的儿子，要他交了几十挑（担）白洋（银元），同时，还收缴了当铺的衣服（旧的）不少，都用来装备了部队"。⑤ 1932年2月在商（城）潢（川）战役中，缴枪2000余支，⑥ 使红军在武器和装备方面得到了极大的补充。

2. 税收

在根据地稳定时期，由于工作范围扩大，财政来源"完全建立在'打

---

① 傅家选：《在鄂豫皖苏区财经学校学习》，《鄂豫皖革命根据地》第4册，第171页。
② 《中共鄂东北特别区委员会代表何玉琳给中央的综合报告》（1929年9月8日），《鄂豫皖革命根据地工商税收史料选编》，第41～42页。
③ 《中共鄂豫边特委综合报告（续）》（1931年1月8日），《鄂豫皖革命根据地》第2册，第165页。
④ 《中共鄂豫皖中央分局关于鄂豫皖区情况给党中央的报告》（1931年10月9日），《鄂豫皖革命根据地》第1册，第426页。
⑤ 周质澄、吴少海：《鄂豫皖革命根据地财政志》，第41～42页。
⑥ 谭克绳等主编《鄂豫皖革命根据地财政经济史》，第132页。

第十二章　豫东南苏区的经济（下）

豪儿'上面"，"已不能供给苏维埃政府的需要"，① 所以财政收入逐渐转移到累进税的征收上。早在1929年6月9日，鄂东北各县第二次联席会议在《苏维埃问题决议案》中就提出"取消军阀政府一切捐税，实行统一的累进税"，并规定苏维埃的收入包括："（1）苏维埃所有土地之租课。（2）没收反革命之财物。（3）肃反委员会之罚金。（4）富农自耕农所有土地之租课。（5）商人之累进税。"除以上数种外，"不得另外征取"。② 鄂豫皖根据地统一以后，为了统一税制，1930年9月17日，中共鄂豫边特委发布通告，决定开始实行农业累进税。对于征收累进税的税率，通告指出："累进税则与普通税则不同，边界现在所要实行的累进税则，就是要规定以若干数量的农产品为纳税物的单位级数，并规定其所纳的税，以上则除上一级应缴税外，再加本级大于单位级数若干倍的单位级数的应征税。"③ 也即是说，按每年主要生产的收获量多寡为标准制定统一累进税则，收入越高则纳税的税率也越高。通告还规定，对雇农、贫农"绝对不征收"；对中农、富农的收入，均是"除去全年自己必需要的供给外，有剩余的按税则征收"。④ 鉴于这种累进税还是"把农民多余的粮食'累'去得太多，使群众得不到丰收的好处"，所以，1931年，第二次鄂豫皖苏维埃代表大会又制定了新的财政经济政策，决定"对于工人、贫农不抽税，中农稍出一些税，只有富农要多出税"，以使"每家农民都可以有粮食的积蓄"。⑤ 此后，鄂豫皖区苏维埃政府鉴于农民"所种之杂粮多半耗工夫甚多收成又薄，为奖励生产起见概不收集"。⑥

---

① 《中共鄂豫皖中央分局给鄂豫边特委信》（1931年11月24日），《鄂豫皖革命根据地》第1册，第499页。
② 《鄂东北各县第二次联席会议文件·苏维埃问题决议案》（1929年6月9日），《鄂豫皖革命根据地》第3册，第78、81页。
③ 《中共鄂豫边特委通告第十四号》（1930年9月17日），《鄂豫皖革命根据地》第2册，第94页。
④ 《中共鄂豫边特委通告第十四号》（1930年9月17日），《鄂豫皖革命根据地》第2册，第93页。
⑤ 《中共鄂豫皖中央分局欢迎红四军凯旋宣传大纲》（1931年10月），《鄂豫皖革命根据地》第1册，第462页。
⑥ 《鄂豫皖苏维埃政府通令第七号》（1931年8月10日），《鄂豫皖革命根据地工商税收史料选编》，第241页。

鄂豫皖苏维埃政府在考察中发现各县执行粮食累进税"仍然弄不清楚",遂于1931年11月2日发出通令,对征收粮食累进税做出补充规定,其中规定:富农的粮食累进税应以户口计算,除掉全家每人三石以外的粮食,须按普通税率加5%征收;其他革命群众的税务征收,应按人口计算,按每人除开四石以外的多余粮食个别征收;除雇农、贫农免税外,牺牲的红色战士家属也"完全免税";遇有意外灾害(如蝗虫、水灾)的纳税群众"得免收或减收";"初得到土地革命的利益而农器家俱,事事缺乏,只多余少数粮食之家不收税。其他耕牛、农具、种子等需要都有而粮食又有多余之家,均得按照累进税的收集原则征收很轻的税"。①

1931年10月,鄂豫皖区苏维埃政府又做出《关于商业累进税之规定》,其中规定了佣金税、营业累进税、进口累进税和特种税这4个税种的税率及征收方法。商业累进税的征收对象主要是:(1)对猪行、米行、茶行以及一切以商业中间交易人的佣金收入,由苏维埃政府抽取佣金税;(2)对开设一定铺面贩运各种货物的商店按月征收营业累进税;(3)对无固定铺面的商贩,其货物进口须纳进口累进税;(4)对烟、酒、各种麻醉药品以及奢侈类的丝绸、肉类等征收特种税;(5)对"工人、农民所办之消费合作社及其作一切合作性质之营业,由财政经济委员会酌量具体情形,给与减轻税收或完全免税"。②

累进税政策是苏维埃政府根据"争取广大群众,动员暴动,建立自己的领导的策略及鼓动生产的原则"而决定的。③ 由于农业累进税与商业累进税的实行,鄂豫皖苏区的税收工作取得了较好的成绩。1932年2月2日,鄂豫皖省委给中央的报告说:"税务局全苏区已经建立,去年十一月份收得最多。有五千元之谱,整理一下一定可以收入到一万元。"④ 由于取消国民党

---

① 《鄂豫皖苏维埃政府通令第十四号》(1931年11月2日),《鄂豫皖革命根据地财经史资料选编》,第612页。
② 《鄂豫皖区苏维埃政府关于商业累进税之规定》,《鄂豫皖革命根据地》第2册,第525~528页。
③ 《中共鄂豫皖边特委通告第十四号》(1930年9月17日),《鄂豫皖革命根据地》第2册,第93页。
④ 《中共鄂豫皖省委给中共中央的报告》,《鄂豫皖革命根据地》第2册,第214页。

统治时期的一切苛捐杂税，农民只向苏维埃政府交公粮，按劳动的收获量征收农业统一累进税，"农民的负担比分土地以前减轻二分之一或三分之二，对收获量少于口粮的减免交纳公粮，对缺粮的困难户实行救济"。① 这样，"一般农民还感太轻，说苏维埃靠此用费不敷，这是大多数农民的感觉"。②

（三）财政支出

1. 红军军费

保障红军的军费，是根据地财政最主要的支出项目，也是财政支出的首要任务。其基本原则是前方人员高于后方人员，作战部队高于非作战部队。

2. 党政机关费用

党政机关费用也是苏区财政支出的基本项目。苏区对各级苏维埃政府的办公费用和政府工作人员的供给额度进行了严格规定。对办公费用，规定"每村每月不得超过五元，区不得超过二十元"。对各级政府工作人员的供给限额规定："个人生活费的规定，村无；乡区县在本乡本区工作，每月不得超过三串；外来工作人员，每月不得超过一元五角；本地的人不经过上级批准，外来工作人员不经过会议通过不得私制衣服。各区苏维埃工作人员平时生活（水平），不得超过普通群众的生活（水平）。"③ 1931年8月13日，鄂豫皖区苏维埃政府财政经济委员会发出通知，统一了各机关开支及个人生活费的标准，规定各机关经费只能按规定数目每月分三期开支；"各人员生活（费）每天不得超过一角"；"各人员鞋袜、手巾、牙粉、纸烟等等，每人每月一元五角，不得随便在公项下开支"。④

3. 扶植农业、工商业的发展费用

尽管财政极端困难，但为发展经济、保障供给，苏维埃政府仍然千方百

---

① 傅家选：《在鄂豫皖苏区财经学校学习》，《鄂豫皖革命根据地》第4册，第172页。
② 《中共鄂豫边特委综合报告（续）》（1931年1月8日），《鄂豫皖革命根据地》第2册，第158页。
③ 谭克绳等主编《鄂豫皖革命根据地财政经济史》，第163~164页。
④ 《鄂豫皖区苏维埃政府财政经济委员会通令第一号》（1931年8月1日），《鄂豫皖革命根据地财经史资料选编》，第766页。

计地挤出一批又一批资金作为农业贷款,帮助农民恢复和发展生产;同时挤出资金兴办军事工业和民用工业,发展交通、邮电,创办经济公社和合作社,支持小商小贩恢复和发展商业贸易。例如经济公社的资金即是由政府直接拨给或者由银行贷款;合作社的资金也有一部分是政府拨款资助的。1931年7月30日,鄂豫皖苏维埃政府粮食委员会发出通令,要求"各县须设立平粜局办理平粜事宜","办平粜的成本或由苏维埃财政项下开支,或由合作社中借一部分,或由银行借若干,或由群众自动借去零星款子,借的款子不可损折一文,平粜完后即如数归还"。①

4. 文化教育费用

苏区重视发展文教事业,并努力从财政上给予支持。鄂豫皖区第二次苏维埃代表大会曾规定:"为广大建立苏区文化教育工作,苏维埃按照自己的财政状况作出预算,划出一定款项来作文化教育工作。"② 但由于财政状况极端困难,1932年5月,鄂豫皖省文化委员会又做出新的决定:"对入学儿童,仍要征收相当学费,对中农家的子弟得按照全校人数收学校用费的一部分;贫农及贫民子弟得收中农子弟的十分之六;对富农子弟必须征收中农子弟两、三倍以上的学费。"③ 为保障教师基本的生活所需,以使其安心工作,苏维埃政府还适当提高教师的工资待遇。1931年,鄂豫皖区文化委员会专门发出了十二号通令,规定:初级小学以上的教师,不分本地外地,一律发给工资,工资数额每人每年在250串上下,教师外出开会学习,口粮由苏维埃政府供给,教师的医药费均由政府给予补助。④

5. 优待抚恤及社会救济

1931年7月,鄂豫皖区苏维埃政府颁布了《红色战士伤亡抚恤条例》,对抚恤对象和抚恤金额做了明确规定:红军、赤卫军、警卫军、教导队、特

---

① 《鄂豫皖苏维埃政府粮食委员会通令第一号》,《鄂豫皖革命根据地工商税收史料选编》,第192页。
② 《鄂豫皖区第二次苏维埃代表大会关于文化教育政策》,《鄂豫皖革命根据地财经史资料选编》,第754页。
③ 谭克绳等主编《鄂豫皖革命根据地财政经济史》,第168页。
④ 谭克绳等主编《鄂豫皖革命根据地财政经济史》,第168页。

务队、游击队、保卫队等武装组织内的战士，因战争牺牲的，除"苏维埃负责安葬外，得向苏维埃领取一次抚恤金，数额照家（庭）状况决定之"；"凡苏维埃创办之学校，其子弟有免费入学的权利（如无力教育由苏维埃负责）"等。[1] 社会救济是苏维埃政府为了帮助根据地人民克服战争、自然灾害、其他意外事件所造成的生活困难以及对鳏寡孤独给予救助的一项支出。如1931年，鄂豫皖根据地发生严重春荒，鄂豫皖中央分局专门发出通知，指示粮食委员会和各乡苏维埃政府募集粮食，设立粥厂，救济没有饭吃的工友、农友，尤其对于红军家属必须至少保障其每天三顿粥吃等。[2] 有的地方，苏维埃政府还拨出一部分经费救济群众，解决生产和生活上的困难。

（四）财政管理

在根据地初建阶段，财政管理是不规范的。1931年2月10日，鄂豫皖特委给中央的报告曾谈到过去财政管理上的混乱状况："财政上无计划的，就来源说是来一点用一点，就现金说是现金恐慌，其实现金是很多，农民都埋着了。就收入支出说，丝毫没有预算与决算。"[3] 随着根据地的巩固和扩大，财政来源途径渐渐稳定下来，各项财政支出也不断增加，这在客观上要求苏区建立严格的财政管理制度。为此，鄂豫皖根据地党和苏维埃政府主要采取了如下措施。

1. 统一财政管理，建立财务制度

在根据地初创时期，各级苏维埃政府的财政经济工作和军需供应工作处于分散的、各自为政的、自筹自用的局面。为克服财政混乱现象，保障军需民用，苏维埃政府决定采取有力措施，使全区党政军民的财政收支向统一筹划、统一管理的供给制过渡。为统一管理征收的粮食和税款，1930年9月17日，鄂豫边特委明确规定："各县所征收的累进税，应集中县政府，以便

---

[1] 《鄂豫皖区红色战士伤亡抚恤条例》，《鄂豫皖革命根据地财经史资料选编》，第756页。
[2] 《中共鄂豫皖中央分局通告第二号》（1931年5月29日），《鄂豫皖革命根据地》第1册，第249页。
[3] 《中共鄂豫皖特委曾中生给中共中央的报告》（1931年2月10日），《鄂豫皖革命根据地》第2册，第195页。

统一支配，各县各级经济委员，应直接管理累进税一切事宜。"① 1931 年 8 月 1 日，鄂豫皖区苏维埃政府财政经济委员会又发出通令，指出："一切财政事项必须统一在财政经济委员会，反对各自为政的现象。没有法令上的规定，财委会的委托，个人或组织不得随时开支或取款领款。"为统一和集中财政，通令还决定采取以下措施：清算以前的账目；制定新的预算；规定决算制度；培养工农干部和改进簿记方式。② 1931 年夏，鄂豫皖区苏维埃政府财经委员会在新集创办财经学校。该校定期举办干部培训班，培养了一批财经人才。

2. 建立预决算制度

根据地刚刚建立时，由于财政收入有限，又不稳定，各种开支只有一些短期的预算，而且并不经常。1929 年 9 月 8 日，中共鄂东北特别区委员会代表何玉琳在给中共中央的报告中说："所有经费总的开支入帐都未清算审查过，最近的预算决算毫未实行。"③ 1929 年 12 月，中共鄂豫边第一次全区代表大会通过的《军事问题决议案》强调："革命委员会所属各部队、各机关，应实行预算、决算。"④ 此后，为了加强财政收支的管理，鄂豫皖区苏维埃政府多次发出指示，要求各机关团体所需费用，每月造具预算和决算，严格审批权限和手续。1931 年 8 月 1 日，财政经济委员会发出通令指出："过去的预算形式上虽然有，但其内容缺乏实际基础，特别蒙蔽敷衍这样的毛病非常之深。我们重新制定预算，须有一种斗争的观点、刻苦的精神、精明的考查、事实的基础，一切消耗的物品或事务，一定要考查到实际上是否需要？需要几多？各级都要重新制定预算，交上级批准。"同时，通令还指出，对决算工作也必须加以充分注意，"各级决算须向上级审查和批准，监委会之监查"。⑤ 经过整顿，预决算制度逐渐走上规范化。1931 年 10 月 9

---

① 《中共鄂豫边特委通告第十四号》（1930 年 9 月 17 日），《鄂豫皖革命根据地》第 2 册，第 95 页。
② 《鄂豫皖区苏维埃政府财政经济委员会通令第一号》（1931 年 8 月 1 日），《鄂豫皖革命根据地财经史资料选编》，第 758~759 页。
③ 《中共鄂东北特别区委员会代表何玉琳给中央的综合报告》（1929 年 9 月 8 日），《鄂豫皖革命根据地工商税收史资料选编》，第 43 页。
④ 《鄂豫皖革命根据地》第 2 册，第 22 页。
⑤ 《鄂豫皖区苏维埃政府财政经济委员会通令第一号》（1931 年 8 月 1 日），《鄂豫皖革命根据地财经史资料选编》，第 759 页。

第十二章　豫东南苏区的经济（下）

日，中共鄂豫皖中央分局在给中共中央的报告中说："苏维埃各机关党部用费原定每月都有预算决算，都很严格的执行。"① 这样，就克服了过去财政开支无计划的现象。

3. 开展节约运动，反对铺张浪费

为使有限的财力发挥更大的作用，根据地党和苏维埃政府始终坚持节省的方针。中共鄂豫皖中央分局成立后，鉴于"敌人正在加紧其封锁经济的手段，加以数万红军在前线的需要，跑反群众的救济和青黄不接"等各种粮食问题，提出"必须尽量节省，减去糜费"，"无论什么机关，每天吃稀饭一次"。② 次日，改为苏维埃政府机关每天吃两顿稀饭，在前线作战的红军每天仍吃三顿干饭。并指出这样决定"不是党和苏维埃政府机关食粮的供给已经到了万分困难的地步"，而是因为"领导群众的共产党及代表工农群众自己谋利益的苏维埃革命政府，定要尽力刻苦自己，节省粮食，接济群众，以减少民众的痛苦和尽可能的供给前线革命战士的需要"。③ 1931年8月，鄂豫皖区苏维埃政府又向全区各级苏维埃政府机关发出了开展以反对浪费、反对贪污腐化为中心的节约运动的号召，规定"禁止用油光纸糊墙，非必要时禁止用洋烛等……应该以革命纪律来帮助这种法令的执行，绝对反对浪费金钱"。④ 财政经济委员会也发出通令，要求各机关"无论任何大小事情，不得妄行消耗"。如再发生浪费行为，"定以革命纪律施行之，同时罚及该机关内主要负责人员"。⑤ 为避免开支无范围无原则的现象，1931年8月13日，鄂豫皖区苏维埃政府对各机关开支和个人生活费做出了统一规定，指出若有违反，"一面由管理经济人员负责，另一方面呈请工农监察委

---

① 《中共鄂豫皖中央分局关于鄂豫皖区情况给党中央的报告》（1931年10月9日），《鄂豫皖革命根据地》第1册，第426页。
② 《中共鄂豫皖中央分局通知第二号》（1931年5月16日），《鄂豫皖革命根据地》第1册，第220页。
③ 《中共鄂豫皖中央分局通知第三号》（1931年5月17日），《鄂豫皖革命根据地》第1册，第221页。
④ 《鄂豫皖区苏维埃政府布告第十二号》，《鄂豫皖革命根据地财经史资料选编》，第773页。
⑤ 《鄂豫皖区苏维埃政府财政经济委员会通令第三号》，《鄂豫皖革命根据地财经史资料选编》，第765页。

员会查办";"各办事处每月账簿必须交财政委员会审查,再交工农监委会作最后审定"。①

4. 举办"财政经济政策运动周"

为了让群众熟悉苏区各项财政税收政策,提高干部与群众贯彻执行政策的自觉性,并加强群众对财政工作的监督,鄂豫皖苏区人民委员会曾于1931年8月26日起至9月3日止,举办"财政经济政策运动周"。主要开展以下工作:一是各级苏维埃、各革命团体,要把苏维埃累进税的意义、税收章程讲给工农群众听,使"广大群众起来拥护苏维埃征收累进税","并随时帮助税收人员进行税收",发现有投机商人随时报告税务局或革命法庭。二是"郑重的向广大工农群众宣告,政府、革命团体的东西你们应该清查,你们看见哪个有腐化舞弊、肥私为己的情形,应随时报告监察委员会或革命法庭"。三是"各政府机关、各革命团体特别要举行节省运动","绝对反对浪费金钱"。四是普遍和深入地宣传苏维埃的经济政策,反对投机取巧、谋取暴利,很好地解决群众买贵卖贱和借贷不便等困难,发展有利农民的生产事业。五是组织扩大合作社,"训练大批合作社的人才","使各地的合作社取得联系",使合作社成为"反对投机商业的有力武器"。六是普遍深入地宣传银行的作用、银行的章程、存款放款的手续等,"引起广大群众起来帮助银行的工作,使银行时常有人存款,时常可以放款"。②

经过党和苏维埃政府的不懈努力,苏区的财政管理制度逐渐健全起来。1931年10月9日,中共鄂豫皖中央分局在给党中央的报告中说:"特苏财政经济委员会正在集中的工作,机关用费多半在累进税中开支,每人零用费都有严格的规定,苏维埃中有些贪污帐目不清的事情,现都在整理……各乡各区苏维埃的帐目可由群众参加组织清算委员会,专门清算,不过还未普遍实行,经常还有工

---

① 《鄂豫皖区财政经济委员会通知第一号》(1931年8月13日),《鄂豫皖革命根据地》第2册,第459~460页。
② 《鄂豫皖区人民委员会布告第十二号》(1931年8月),《鄂豫皖革命根据地》第2册,第469~472页。

农监察委员会考查。"① 由于建立了一套较为完善的财政管理方法，苏维埃政府克服了敌人经济封锁所造成的严重困难，保障了红军的给养，支援了革命战争，改善了人民的生活，为根据地的各项建设奠定了良好的物质基础。

四　金融业

鄂豫皖根据地刚刚统一时，根据地内流通的货币非常混乱，既有南京国民政府四大银行的货币，又有一些地方县的"流通券纸票"，以及一些大的商号发行的"号票"、富绅印发的"堂票"。这些货币，除银元外，币值都很不稳定，有些还无法兑换，严重影响了商品交换和群众的日常生活。

为了消除根据地内金融紊乱的状况，便利商品交换和市场贸易，苏维埃政府决定建立苏维埃银行，开办铸币厂、印钞厂，发行苏维埃货币。早在1930年10月，鄂豫皖特区苏维埃银行就在湖北黄安（今红安县）七里坪北街成立，行长由特区财经委员会主席郑位三兼任。银行是特区苏维埃政府八大机构之一，归属财经委员会和人民委员会双重领导。由于受李立三"左"倾路线的影响，加上缺乏经营银行的经验，该银行业务发展并不顺利。为此，1931年2月上旬，中共鄂豫皖特委召集扩大会议就建立银行问题做了专门讨论，决定"建立银行，确定基础并制定集股与低利借贷的简章。先由特委通知各级党部及支部。在群众会议提出讨论，决议要求政府建立银行，经过群众路线的宣传鼓动，再由政府来布告"，"逐渐统一金融与集中现金（用各种群众路线的办法）"。②

1931年初，红军攻克光山县新集后，鄂豫皖特区苏维埃银行随同特区政府一起迁到新集，5月15日，在新集开始营业。同时，在新集成立鄂豫皖苏维埃经济公社总社，在各县、区设立经济公社分社，未设立银行的地方

---

① 《中共鄂豫皖中央分局关于鄂豫皖区情况给党中央的报告》（1931年10月9日），《鄂豫皖革命根据地》第1册，第426页。
② 《中共鄂豫皖特委曾中生给中共中央的报告》（1931年2月10日），《鄂豫皖革命根据地》第2册，第195页。

由经济公社分社代理银行业务。1932年1月10日，鄂豫皖区苏维埃银行与皖西北特区（道区）苏维埃银行合并，改称鄂豫皖省苏维埃银行，行长郑义斋，全行干部共9人。1月21日，又使用"鄂豫皖省工农银行"名称。鄂豫皖省苏维埃银行发行五角一种、一元三种银币券；鄂豫皖省工农银行发行二角两种、五角一种银币券。1932年6月，国民政府军队对鄂豫皖根据地发起第四次"围剿"，银行随军转战大别山区。是年冬到达安徽西界岭，银行奉命将银元、纸币交给红军经理处带走，将白银（银锭）埋藏在檀树岗附近，鄂豫皖省苏维埃银行就此结束。①

1931年5月15日，皖西北特区苏维埃银行在皖西金家寨成立，辖本区的固始、商城两县，受鄂豫皖特区苏维埃银行领导。两行合并后，皖西北苏维埃银行停止货币发行。

赤城（今商城）县苏维埃银行是鄂豫皖革命根据地时期的县级银行之一。鄂豫皖省苏维埃银行发行的货币由于交通运输困难而供应不上，为适应经济发展和市场流通的迫切需要，1932年春，赤城县苏维埃银行在城关南大街胡义兴商号处（现县审计局院内）组建成立，主要办理信贷、兑换和存款等业务，并铸造发行鄂豫皖省苏维埃银行的银币和铜辅币。其铸造发行的银币，由城关银匠唐元昌及南门几家银匠铸造。在主力红军西征和根据地其他银行停止业务之后，该行一直坚持到1934年5月才停止业务。② 其间还在其管辖的区、乡设立了信用社，开展货币兑换工作，办理小额信用贷款。

除了赤城县苏维埃银行，赤南县苏维埃银行也是当时的县级银行之一。1932年夏，豫东南道委和道区苏维埃将原赤城县分为赤城县、赤南县两个县。③ 赤南县苏维埃银行随即建立，隶属鄂豫皖省苏维埃银行领导。行址设在汤家汇小街姚氏祠内，其业务主要是办理信贷、货币兑换。该行到1932年10月结束金融业务活动。④

---

① 《信阳地区金融志》，第78页。
② 胡菊莲主编《鄂豫皖革命根据地货币史》，中国金融出版社，1998，第38~39页。
③ 赤城县下辖城关、苏仙石、李集、柴中营子、杨堰、顾畈、安北、安复、汪楼9个区，县委和县苏维埃驻城；赤南县下辖银沙畈、汤家汇、南溪、吴家店、白沙河、余子店、汤泉池7个区，县委和县苏维埃驻银沙畈。见《商城县志》，第55页。
④ 胡菊莲主编《鄂豫皖革命根据地货币史》，第39页。

第十二章 豫东南苏区的经济(下)

苏维埃银行的主要任务是统一货币制度,发行货币,调节货币流通;吸收存款,筹集资金,代理金库;发放贷款,扶持工农业生产和商业贸易,繁荣经济,打破经济封锁,支援革命战争。

鄂豫皖苏区银行名称屡有变更,其货币名称亦随之改变。1931~1932年,先后以鄂豫皖特区苏维埃银行、鄂豫皖省苏维埃银行、鄂豫皖省工农银行、皖西北特区苏维埃银行名义发行二角、五角、一元、五元券10多种。根据经济发展兼顾财政的需要,"当时,苏维埃政府银行发行的货币主要有两种。一种是用白细布印制有列宁头像的布币或纸币,一种是印制有列宁头像的银币,多为一元、五角、二角。以上两种货币,在苏区通用,畅通无阻;在新区或赤(苏)白交界的灰色区也半公开使用,有不信任者可到苏区买货或兑换。旧纸币或银币(即孙中山的头像或袁大头)禁止在苏区通用,只收不出。所有收入的旧币,一律上交作外汇(到白区买东西用)。旧铜板、铜钱允许作辅币通用。铜板有三种,即五枚、十枚、二十枚,每枚值铜钱五文,一千文价一串铜钱(折二十文的铜板五十枚)。苏区的货币发行和财政收支基本做到平衡,利润按计划上交。虽然也强调控制货币发行,但有时也突破计划,不得不向银行透支。入不付出时,红军和地方上党政工作干部每人每月一元津贴费就暂停发放,或号召节省开支以弥补亏空"。①

鄂豫皖苏维埃经济公社为便利市场交易找零,从1931年5月开始发行铜币券,至1932年停止发行。光山县的泼陂河、白雀园,新县的箭河、郭家河,潢川县的仁和集等地经济公社,都使用铜币券找零,并负责发行、收兑苏区银行的货币。② 1932年10月红军主力转移后,经济公社为适应市场需要,1933年又发行了油布币。这主要是因为当时斗争环境恶劣,纸张缺乏,所以流通券用白布印制,刷以桐油,晾干后发行。1935年红二十五军撤离鄂豫皖根据地北上抗日后,油布票停止发行。③ 该币用浸油白土布做成,三寸长,半寸宽(大的有二寸宽)。④

---

① 傅家选:《在鄂豫皖苏区财经学校学习》,《鄂豫皖革命根据地》第4册,第174页。
② 《信阳地区金融志》,第58页。
③ 《信阳地区金融志》,第58页。
④ 《河南省志》第46卷《金融志》,第85页。

1930年鄂豫皖特区苏维埃银行成立后，即发行兑换券。苏维埃兑换券与银元的比价是1∶1，一元苏维埃的票子可以兑换六串六百文铜钱，与中国银行、交通银行币的比价为1∶0.6～0.7。①

票子的印刷由苏维埃政府石印科负责。该科原设于湖北黄安箭厂河的杨家畈（今属新县）。当鄂豫皖特区苏维埃银行迁新集后，石印科亦随迁于新集附近的一个小山村杷棚畈，为苏维埃银行印制各种面额的银币券以及鄂豫皖苏维埃经济公社二串文的铜币券。另外，设在安徽金寨附近的麻埠造币厂承担银币、铜币的铸造。皖西北苏维埃银行所属的印刷局，负责印刷皖西北区苏维埃银行发行的二角券、一元券、五元券等纸币。在鄂豫皖省苏维埃政府建立后的两年多时间中，苏区银行共印制了15种纸币、2种银币、2种铜币和1种由经济公社发行的一串文的油布票。②

中共鄂豫皖中央分局向中央的报告提到，到1931年10月初短短的时期内，苏维埃银行就发行了面额为一元的纸币6万元，还有相当数量的面额一串文的小票。而且"这些票子在农村中颇有信用，群众感觉比较往日便利多了"。皖西银行发行的纸币在商城曾"被改组派造谣一时不用，现在揭破通用无阻"；"国民党'交通'、'中央'等纸钞在苏区一概九六折扣，对现洋出口也有限制"。③

鄂豫皖苏维埃银行积极开展吸收存款、发放贷款等工作。1931年8月，鄂豫皖区苏维埃政府发布布告指出："工农银行是供给群众低利贷的机关，它于群众的利益应该是非常之大。银行的作用如果大起来了，工农群众的借贷就特别方便，苏区经济更易于发展……我们现对于银行工作必须有一个普遍、深入的宣传，引起广大群众起来帮助银行的工作，使银行时常有人存款，时常可以放款。宣传的材料应说明银行作用、银行的章程，存款放款的手续，等等。"④ 苏维埃银行的存款，主要是财政存款和机关企业存款。鄂

---

① 《河南省志》第46卷《金融志》，第85页。
② 《信阳地区金融志》，第77页。
③ 《中共鄂豫皖中央分局关于鄂豫皖区情况给党中央的报告》（1931年10月9日），《鄂豫皖革命根据地》第1册，第425页。
④ 《鄂豫皖区苏维埃政府布告第十二号》，《鄂豫皖革命根据地财经史资料选编》，第774页。

豫皖区苏维埃政府财政经济委员会中的会计科，其职责就是"管理金钱的收支，有多的款子则存放银行"。① 苏维埃银行为推动根据地工农业生产的发展，也积极发放贷款进行扶植。如修造枪械弹药的鄂豫皖边区军事委员会兵工厂、专门供应红军服装的鄂豫皖边区"五一模范工厂"等都曾得到苏维埃银行的贷款扶助。对于农业，鄂豫皖区第二次苏维埃代表大会宣言曾强调，要"设立银行，以低利或无利借款给农民流通经济"。② 不过，由于根据地形势不稳定，银行存在的时间也不是很长，所以工农业生产贷款并不是十分普遍。

苏区银行的建立及其业务的初步开展，为支援革命战争，稳定苏区金融，活跃经济，打破敌人的经济封锁做出了重要贡献，从根本上为武装斗争和各项建设提供了财政经济保障。

---

① 《鄂豫皖区苏维埃政府关于各种委员会工作概要说明》，《鄂豫皖革命根据地》第2册，第520页。
② 《鄂豫皖区第二次苏维埃代表大会文件·大会宣言》，《鄂豫皖革命根据地》第2册，第427页。

第三编 抗日战争时期

第十三章
国民党统治区的经济（上）

一 农业与农村经济

农民占中国人口的绝大多数，农业为中国经济之骨干。"河南是以农业为主要的省份，人民十分之九以务农为主，耕地面积共达一万一千二百六十九万亩。"[①] 农业资源丰富，人口众多，生产潜力巨大，极有利于农业生产。抗战时期国民党政府对农业生产较为重视，但由于战乱不断，人力、畜力遭到极大破坏，农村经济达到崩溃边缘。

（一）农业改良政策及措施

在八年抗战中，尽管国民党当局认为"战时经济建设，以军事为中心"，但并未放弃发展生产，"注意改善人民生活"。[②] 农业是经济的基础，军事成败的关键。抗战爆发后，国民政府和河南省政府为促进农业生产，采取了一系列措施。

1. 农业机构的调整

抗战爆发至1940年2月，河南省农业机构仍沿用原机构名称农林局，

---

① 玉章：《豫省灾情志略》，《新华日报》1942年12月1日，第2版。
② 中国第二历史档案馆编《中华民国史档案资料汇编》第5辑第2编《财政经济》（5），江苏古籍出版社，1997，第36页。

没有任何改变，该机构"规模狭小，人力财力，均感不敷，全年经常及事业费，仅四万九千零六十八元，进行极为困难"。抗战爆发后，为增进农业生产，河南省政府曾有改组农林局为农业改进所拟议，经拟具改组计划及组织规程，提交河南省政府第 819 次委员会讨论通过实行，于 1940 年 2 月 1 日正式成立河南农业改进所，代行农林局职权。农业改进所成立后，经费较以前大幅增加，原定常年经费 208255 元，省库担任 108255 元，中央补助 10 万元，后因中央财政困难，仅下拨经费 3 万元，常年经费定为 138255 元。组织方面正副所长之下，置农艺、蚕丝、园艺、森林、畜牧、兽医、病虫害、农艺化学、农业经济、农业推广等 10 系，由各技正分兼系主任。① 所长路宝斋、副所长王鸣岐。后因经费不足，农业改进所下暂设农艺、蚕丝、园艺、森林等 4 系，办公地点在洛阳农林场安乐窝。该所作业场所有洛阳农林场、南阳农林场、邓县农林场、登封林场、郑县园艺场、尉氏农场、偃师苗圃、新安苗圃、登封苗圃等。②

农业机构调整后，内部较为充实，事业逐渐开展。为推行农业改良政策和优良品种、增产增收，农业改进所成立不久，经省政府委员会讨论通过，在其内部附设农业推广处，置主任 1 人，视导员 2 人，专负全省农业推广事宜。③

2. 兴修水利

河南水利工程之设计实施，"原设有水利处，以专责成，往者常受组织经费两重限制，抗战军兴，范围缩小，工作效能，因以减低"。1939 年 11 月，经与农本局会商合组农田水利贷款委员会，代行水利处职权，所有贷款及兴修水利工程等事项，均由农田水利贷款委员会负责。④ 并决定"先由豫省府派员就漂河、滔河、和济、永济、赵河各区从事查勘"。⑤ 之后，由农

---

① 《河南建设述要》，张研、孙燕京主编《民国史料丛刊》第 377 册，大象出版社，2009，第 67 页。
② 《河南省政府二十九年度行政总报告》，张研、孙燕京主编《民国史料丛刊》第 121 册，第 30~31、278~279 页；《河南建设述要》，张研、孙燕京主编《民国史料丛刊》第 377 册，第 67 页。
③ 《河南建设述要》，张研、孙燕京主编《民国史料丛刊》第 377 册，第 67~68 页。
④ 《河南建设述要》，张研、孙燕京主编《民国史料丛刊》第 377 册，第 108 页。
⑤ 《中华民国史档案资料汇编》第 5 辑第 2 编《财政经济》(5)，第 149 页。

本局、农业银行、中国银行先后给河南水利贷款，据统计，1939 年农本局与河南省政府协商，约定水利贷款 86 万元，订定数额 50 万元。① 从 1940 年至 1945 年，河南省利用银行贷款分别为 1050 元、72814.86 元、2851630.26 元、13619408.65 元、12483000 元和 6482591.35 元。先后修建了中和渠、民乐渠、公兴渠、湍惠渠、永新渠、白惠渠等。② 由此可知，抗战时期国家对河南水利贷款呈逐年上升趋势，且增长幅度较大，1944 年、1945 年因日军发动豫湘桂战役建渠停工，才使贷款下降。尽管国民政府及河南省政府对农田水利的投入不多，但还是起到了积极作用，利用贷款和政府拨款所修水利工程有邓县湍惠渠〔预计受益田地（下同）24 万亩〕、伊川公兴渠（25000 亩）、伊川永济新渠（4000 亩）、鲁山中和渠（8580 亩）、鲁山民乐渠（3 万亩）、宜阳永济渠（3 万亩）、惠济渠（6 万亩）、镇平赵河渠及严积渠（38000 亩），③ 其中"鲁山中和渠已于三十年十二月完成放水，可溉田九千亩。伊川永济新渠三十一年完成，共可溉田一万二千五百八十亩"。④

除上述大型水利工程外，一些小型水利工程亦先后竣工，使国统区部分田地受益。据统计，1938~1945 年，各地修建的小型水利工程有柳泉铺渠（镇平）、蒿平渠（淅川）、东岳庙渠（淅川）、柳泉村渠（镇平）、灌河石堤和别公堰（内乡）、下集渠（淅川）、土山渠（邓县）和淇河渠（镇平）等，受益田亩分别为 600 亩、3200 亩、4000 亩、4200 亩、7000 亩、3000 亩、40000 亩和 9000 亩。⑤

凿井溉田比修渠灌溉更省钱省力，效率亦高。河南原有凿井班 120 班，因战争影响，一再裁减，至 1939 年，仅余 3 班。为发展国统区水利事业，

---

① 《本局所办农田水利贷款概况表》（二十八年十二月止），中国第二历史档案馆编《中华民国史档案资料汇编》第 5 辑第 2 编《财政经济》(8)，江苏古籍出版社，1997，第 90 页。
② 据《河南大型农田水利贷款》表计算得出，河南省统计学会等合编《民国时期河南省统计资料》下册，1986，出版机构不详，第 56 页。
③ 《中中交农四行局各省农田水利贷款已完工程一览表》、《中中交农四行局各省农田水利贷款未完工程一览表》，中国第二历史档案馆编《中华民国史档案资料汇编》第 5 辑第 2 编《财政经济》(4)，江苏古籍出版社，1997，第 145、148 页；《各省农田水利工程实施工作统计表》，《中华民国史档案资料汇编》第 5 辑第 2 编《财政经济》(5)，第 213~214 页。
④ 《中华民国史档案资料汇编》第 5 辑第 2 编《财政经济》(8)，第 449 页。
⑤ 《河南省历年完成水利工程》，《民国时期河南省统计资料》下册，第 55 页。

省府决定召集旧有技工，补充凿井班，到 1940 年凿井班恢复到 13 班，分赴各地，指导凿井。据统计，从 1939 年 11 月至 1940 年 6 月，13 个凿井班在洛阳、南阳、新野、内乡等地指导凿井 184 眼，其中自饮水井 64 眼，灌溉井 138 眼。① 1942 年底，中、中、交、农四联总处核定河南小型农田水利工程，贷款 1000 万元，办理郑县、广武、荥阳、汜水（今属荥阳）、巩县、偃师、新郑、密县、登封、禹县、郏县、鲁山、宝丰、叶县、方城、许昌等 20 县凿井工程，及嵩县、宝丰、鲁山、南阳、新野、南召、唐河等 10 县渠塘工程。② 另据河南省建设厅统计，1937～1944 年，河南省历年新法凿井共 3449 眼。③ 河南省政府主席卫立煌总结 1940 年水利建设成绩时讲，1940 年共开成新渠 8 处，灌田 10 余万亩，凿井 4000 余眼，有力推动了河南水利建设的发展。④ 显然，抗战后国民政府及河南地方政府都注意到了农田水利建设，且取得了一定成绩，但相对于全省 112690000 亩耕地来说，实属微不足道，河南农业仍然无法改变靠天吃饭的局面，所以，1942 年大旱灾造成赤地千里、饿殍遍野的局面也就不足为怪了。

3. 培育优良品种

培育优良品种，可增加粮棉产量，河南省政府对此较为重视，且做了一定努力。小麦改进方面，1939 年，农本局与河南省政府协商，贷款 50 万元用于推广改良麦种，为推广优质麦种起到了积极作用。⑤ 1939 年，农林局承中央农业试验所补助推广优良小麦种子基金 3 万元，"专办推广优良小麦种子之用，自二十九年农业改进所成立后，仍继续进行，择定叶县、方城、宝丰、许昌、南阳、洛阳、伊阳、宜阳、临汝、偃师、鲁山等十一县，举办小麦示范农田一万九千九百八十亩"。开封金大 124 号小麦是当时小麦优良品种，河南农业改进所积极推广，"三十年动用农林部补助棉麦推广费二万元

---

① 《河南建设述要》，张研、孙燕京主编《民国史料丛刊》第 377 册，第 133 页，第 134～140 页《凿井情况表》。
② 貊菱：《河南省战时金融》（上），《河南文史资料》1996 年第 2 辑，第 198 页。
③ 《民国时期河南省统计资料》下册，第 57 页。
④ 《豫主席卫立煌谈豫省一年政绩》，《新华日报》1941 年 1 月 5 日。
⑤ 《农本局所办食粮及一般农业生产贷款概况表》，《中华民国史档案资料汇编》第 5 辑第 2 编《财政经济》(8)，第 91 页。

第十三章 国民党统治区的经济（上）

及推广小麦基金二万四千余元，在许昌收购一二四号小麦二二三石，叶县收购七〇石，鲁山收购二六九八石，临汝收购一〇石，宜阳收购四六九六石，南阳收购一〇〇石，又向农行贷款十六万元，广为收购，运至宝丰、方城、襄城、舞阳、镇平、禹县、伊川、嵩县等县贷放农民，及时种植"。[①] 1941年，河南省建设厅指定南阳、方城、叶县、许昌、洛宁、宝丰、鲁山、临汝、偃师、伊阳、宜阳、洛阳等13县为小麦示范区，示范农户2965户，供应麦种19.1万公斤，播种47832亩，总产343.9万公斤，较农家种约增产20%。[②] 到1942年，优良小麦品种已推出50余种，特别是"金大开封一二四号小麦与陕农七号小麦之在黄河流域一带，颇受农民欢迎"。[③] 1944年，河南省农业改进所南阳农林场王修栋育成小麦新品种宛1-486，经试验示范较农家种增产15%，1950年代曾推广于南阳各县。[④]

为实现棉花丰收，中央农业试验所协助河南进行棉作试验，推广美棉良种，使优良棉种在河南得以推广。[⑤] 1940年，"前农林局移交农业改进所之斯字棉三号棉种三千七百八十四斤，即由该所在偃师、洛阳等县推广三百三十六亩，产量较普通农家所种者增加百分之二十以上，二十九年度农产促进委员会补助推广棉种费九千元，特选购上项棉种五万余市斤，推广棉田一万亩，并代新野、镇平、嵩县、舞阳等四县购办一万零七百五十斤，播种二千一百五十亩，三十年度农产促进委员会又补助推广棉种费一万九千元及挪用造林费节余二千三百九十元，合计二万一千三百九十元，划定新安、巩县、郑县、伊川、偃师、宝丰、临汝、登封、邓县、洛阳、西平、许昌、扶沟、新郑、广武、伊阳、叶县、长葛等十九县为推广区域，计推广三号斯字棉种一〇一八五〇斤，推广面积为一八〇二〇市亩"。[⑥] 1943年3月，"河南省农业改进所推广美棉三号斯字棉种，择定鲁山县推广区"。[⑦] 水稻品种改良方

---

① 《河南建设述要》，张研、孙燕京主编《民国史料丛刊》第377册，第70页。
② 《河南省志》第25卷《农业志》，第69页。
③ 《中华民国史档案资料汇编》第5辑第2编《财政经济》(8)，第299页。
④ 南阳地区农牧局编《南阳地区农业志》，中州古籍出版社，1992，第18页。
⑤ 《中华民国史档案资料汇编》第5辑第2编《财政经济》(5)，第90页。
⑥ 《河南建设述要》，张研、孙燕京主编《民国史料丛刊》第377册，第71页。
⑦ 鲁山县史志编纂委员会编《鲁山县志》，中州古籍出版社，1994，第66页。

面，1937年，内乡县从浙江引进浙大3号（九月寒）和淮町（老龙须）稻种，米质优良，在内乡西北地区大面积播种，直至1960年代。① 河南省农业改进所及各地农业改进所在推广良种方面起了重要作用。

4. 推广农业技术

早在1929年河南省政府就在开封设立农业试验场，县设农事试验场。到1937年，全省111个县有90个县建立推广所，11个县建立繁殖场，共有农业推广指导员97人，经费103803元，农场耕地4237亩，苗圃6782亩，桑园542亩。这些农事试验场的技术人员、工人，实与今天农科所相同。1940年，先后成立河南省农业改进所、河南省粮食增产总督导团、河南农业促进委员会，各县农业推广所，从组织层面建立起农技推广的机构。为使农业技术的推广落到实处，省府给一、二等县下拨农业技术推广经费年3600元，三等县年经费3000元，四、五等县年经费2400元，全省的68个完整县份中，有一等推广所的（一、二等县）19县，有二等推广所的（三等县）19县，有三等推广所的（四、五等县）30县。县县都有农业技术推广所。1941年2月省政府通令各县成立乡级农会从事农技推广工作。当年各县乡农会已呈经建设厅转咨农林部备案的有尉氏、伊阳等县农会。乡农会在省已备案的有鲁山县8个乡、西平县3个乡、新野县1个乡、上蔡县2个乡、伊阳县6个乡，邓县、光山县各35个乡，计90个乡。② 各地农业技术推广机构的建立，为河南国统区优良品种及农业技术的推广起到了积极作用，如前所述，国统区各地小麦、棉花等优良品种的推广即由上述农业技术推广机构完成。

5. 发展合作事业

建立合作社，除发展工商业外，最主要是帮助农村经济的发展，这对战乱中的农民显得尤其重要。抗战爆发后，国民政府经济部指令农本局督饬暨协助各省推广合作事业。在河南省政府的大力推动下，河南合作事业得到长足发展，1937年底，河南57县有合作社3454个，社员259082人，联合社

---

① 《南阳地区农业志》，第17页。
② 《河南省志》第25卷《农业志》，第334~335页。

社数 8 个，在后方各省居第三位，紧随江西、湖南之后，是 1932 年 26 所合作社的 133 倍强。① 以后逐年增加，1938 年 4009 个、1939 年 4407 个、1940 年 7386 个、1941 年 9747 个、1942 年 9827 个、1943 年 12872 个、1944 年 14233 个、1945 年 14287 个。一直在全国名列前茅。② 合作社人数随着社数增加而增加，到 1945 年，河南共有合作社社员 1386000 人，占全国社员总数的 8.0%，列第三位。③

河南各地合作社建立后，在资金方面给予农民一定帮助，据 1943 年农本局主计处"关于各省合作贷款统计"，1942 年 6 月底河南省合作贷款共计 12082105 元，其中农业生产贷款 9022084 元，占贷款总额的 74.6% 强。④ 另外，各省市每年还向社员借款，以帮其资金急需时所用。据统计，河南省每年借款给社员平均数为：1940 年 6.6 元、1941 年 17.5 元、1942 年 19.6 元、1943 年 19.7 元、1944 年 19.2 元、1948 年 18.9 元。借款数额基本呈逐年增加之势，⑤ 尽管河南省合作社社员总数不高，借给社员资金数额有限，但这对急难之时的社员来说，无异于雪中送炭，起到了积极作用。

除以上措施外，河南省政府还实施了防治兽疫、调剂农产品等措施，以促进农业之发展。河南省府当局对促进农业生产所做的努力，对农业生产的发展起到了积极作用，但效果并不明显，如兴修水利，所开十多道小灌溉渠的现金开支，全靠中国农业银行水利贷款。这些渠道，对少数受益地亩，尚能起到微小作用，而在全省范围来说，则是杯水车薪，微不足道。再如"关于农业增长，设有督导机构，置了几个技术人员，但研究设备全付缺如，技术水平，亦很低弱，仅仅推广了若干石斤 124 号小麦和斯字棉籽，对

---

① 《各省市区合作社统计（26 年底）》，《中华民国史档案资料汇编》第 5 辑第 2 编《财政经济》（8），第 117 页。
② 《历年各省市合作社社数发展情况》，郭铁民、林善浪：《中国合作经济发展史》（上），当代中国出版社，1998，第 192~193 页。
③ 郭铁民、林善浪：《中国合作经济发展史》（上），第 197 页。
④ 《主计处关于各省市合作贷款统计》，《中华民国史档案资料汇编》第 5 辑第 2 编《财政经济》（8），第 130 页。
⑤ 《各省市历年每社员借款平均数》，郭铁民、林善浪：《中国合作经济发展史》（上），第 160 页。

于全省的粮棉增产,起不了多大作用,实际等于装点门面,虚应故事"。①张仲鲁对河南农业改良举措的评价,基本符合事实。另外,河南省发展农业生产的措施,最明显的不足是对基层农业技术人员的培养不够,或者说没有进行农业技术人才的培养工作。

(二) 粮食作物的种植

农作物总产量、单位面积产量和人均占有粮食数量是衡量粮食作物产量增长的主要指标。以此指标观察,抗战时期河南国统区粮食作物的产量经历了由缓慢增长到急剧下降和逐步恢复的过程。1942年的大灾荒,使河南农村赤地千里,饿殍遍野,是农业生产走向衰败的分界线,该年粮食作物产量大幅下降,以后虽有恢复,但始终未达到战前水平,具体情况见表13-1。

表13-1　1936~1945年河南省农作物种植面积及产量

年度	全年粮食作物 种植面积	产量	产额	夏收粮食作物 种植面积	产量	产额	秋收粮食作物 种植面积	产量	产额
1936	135210	211045	156	78673	135815	173	56537	75230	133
1937	123514	147363	119	63215	48088	76	60299	99275	165
1938	57439	105880	184	30697	54473	177	26742	51407	192
1939	58841	101205	172	32180	52437	163	26661	48768	183
1940	58373	100080	171	32940	53290	162	25433	46790	184
1941	57909	79260	137	32648	39966	122	25261	39294	156
1942	59210	46856	79	33337	31167	93	25873	15689	61
1943	53056	61940	117	27808	32805	118	25248	29135	115
1944	60601	90373	149	36523	56400	154	24078	33973	141
1945	60667	102563	169	36592	54494	149	24075	48069	200

注:面积(千市亩),产量(千市担),产额(市斤/市亩)。

资料来源:《河南省历年农作物种植面积及产量》(一)、(三),《民国时期河南省统计资料》下册,第18、20页。

由表13-1可知,(1) 抗战时期河南省国统区粮食种植面积基本保持稳定,且略有增长。抗战时期河南省国统区粮食种植面积从1938年起在

---

① 张仲鲁:《一九四二年河南大灾的回忆》,《河南文史资料》1995年第1期,第195页。

53056 至 60667 千亩之间徘徊，除 1943 年外，其余年份均高于 1938 年。1937 年粮食种植面积 123514 千亩，比 1936 年略有减少，为 1938 年的 2.15 倍强，造成此种结果的原因是 1937 年除豫北安阳、内黄等极个别地方沦陷外，其他地区仍在国民政府掌控之下，1937 年应为全省粮食种植面积。1938 年豫北、豫东 40 余县相继沦陷，而豫北、豫东又为河南粮食主产区，故 1938 年粮食种植面积大幅下降。另据河南省农业改进所调查，1940 年河南国统区 65 县小麦种植面积 26200084 市亩、大麦 4499592 市亩，59 县豌豆种植面积 2515932 市亩，58 县谷子种植面积 5074441 市亩、高粱种植面积 3845836 市亩，43 县玉米种植面积 4386925 市亩，60 县黄豆种植面积 3043562 市亩，59 县黑豆种植面积 2015985 市亩。[①] 与表 13-2 统计的小麦、大麦、豌豆、谷子、高粱、玉米、大豆的种植面积 24983 千市亩、4720 千市亩、3237 千市亩、4895 千市亩、4719 千市亩、5059 千市亩、4915 千市亩比较，玉米、黄豆出入较大，考虑到表 13-2 大豆应包括黄豆与黑豆，河南农业改进所的调查统计反而高于表 13-2 统计的种植面积，玉米虽出入甚大，但仅为对后方 43 县的统计，按后方 65 县计算，相差 22 县，如加上 22 县种植面积，应相差无几。其他作物种植面积虽有差别，但不是太大。上述情况说明 1938 年以后的粮食种植面积、年产量及夏、秋粮食种植面积、产量（表 13-2、表 13-3 与之相同）等是对国统区的统计。所以，考察河南省粮食种植面积、粮食产量、亩产量等应以 1938 年为基点。由此看来，抗战时期河南国统区粮食种植面积并未减少，还略有增加，国统区并未因战乱出现土地荒芜的情况。

（2）抗战初期粮食产量基本稳定，平均亩产量比 1936 年稍有增加。在抗战初期的 4 年中，1938 年达到高峰，1939 年、1940 年比 1938 年略有下降，亩产分别为 119 市斤、184 市斤、172 市斤和 171 市斤。1938 年、1939 年和 1940 年的粮食亩产量比 1937 年分别增长 65 市斤、53 市斤、52 市斤，比 1936 年分别增长 28 市斤、16 市斤、15 市斤。1937~1940 年 4 年粮食平均亩

[①] 《河南各县二十九年度食用作物统计表》，《河南建设述要》，张研、孙燕京主编《民国史料丛刊》第 377 册，第 72~73 页。

产量为 161.5 市斤，比 1936 年增加 5.5 市斤。上述情况说明，抗战初期河南国统区粮食亩产量总体呈缓慢增长态势，且 4 年平均亩产量超过民国时期经济发展最好的 1936 年，证明抗战初期河南国统区的农业生产还在上行中。

(3) 秋收粮食作物好于夏收粮食作物。在抗战初期的 4 年里，夏、秋粮食作物亩产于 1938 年达到高峰，1939 年、1940 年基本保持稳定，比 1938 年略有下降，比 1937 年有较大幅度增加，整体呈增长趋势。其中夏收粮食作物平均亩产量 144.5 市斤，秋收粮食作物平均亩产量 181 市斤，秋收粮食作物好于夏收粮食作物。

(4) 粮食作物的产量经历了由略微增长到急速下降再逐步恢复的过程。从表 13 - 1 可知，1941 年全年粮食作物总产量和亩产量分别为 79260 千市担和 137 市斤，比前三年出现较大幅度的下降。1942 年河南出现百年不遇旱灾，全年粮食总产量 46856 千市担、亩产 79 市斤，不到 1938 ~ 1940 年粮食总产量、亩产量的 50%，粮食总产量和亩产量都跌入低谷，此后呈逐年上升趋势，但 1941 ~ 1945 年的全年粮食平均亩产量仅为 130.2 市斤，比 1937 ~ 1940 年平均亩产量减少 31.3 市斤，比 1936 年平均亩产量减少 25.8 市斤，1940 年后粮食作物产量始终未达到战前和抗战初期的水平。总体观察，抗战时期粮食作物的生产，初期稍好于 1936 年，1941 年后逊于 1936 年。如以 8 年抗战期间河南国统区全年平均亩产量与 1936 年相比，稍逊于 1936 年。至于抗战期间人均占有粮食数量，由于战乱影响，人口变动大，很难做出准确判断。

另外，从抗战时期夏、秋主要农作物小麦、大麦、大豆、玉米、高粱和甘薯等的种植面积、亩产量也可窥见国统区农业生产情况，具体情况见表 13 - 2。

表 13 - 2　河南省 1936 ~ 1945 年主要粮食作物种植面积及产量

年度		1936	1937	1938	1939	1940	1941	1942	1943	1944	1945
小麦	种植面积	61425	49071	22651	24105	24983	25083	25753	27808	28774	29355
	产量	105414	37444	42186	39204	41800	31599	24708	32805	44938	44497
	产额	172	76	186	163	167	126	84	118	156	152
大麦	种植面积	10491	8831	4645	4728	4720	4619	4666	—	5114	4604
	产量	19047	7391	8521	8218	7355	5589	4438	—	7783	6576
	产额	182	84	183	174	156	121	95	—	152	143

续表

年度		1936	1937	1938	1939	1940	1941	1942	1943	1944	1945
豌豆	种植面积	6648	5278	3401	3347	3237	2946	2918	—	2635	2633
	产量	11284	3223	3766	5015	4135	2778	2021	—	3679	3421
	产额	169	61	111	150	128	94	69	—	140	130
玉米	种植面积	9760	9768	4804	5067	5059	5102	5359	5350	4974	4684
	产量	9084	13603	8052	—	—	—	1559	3320	5352	7722
	产额	93	139	168	—	—	—	30	62	108	165
谷子	种植面积	13406	15384	5332	5320	4895	4893	5034	4932	4631	4376
	产量	16416	20994	8540	8757	7968	7355	2601	2975	5301	7859
	产额	123	136	160	165	163	150	52	60	114	180
大豆	种植面积	10811	10769	4880	4988	4915	4598	4324	3757	3144	3133
	产量	10304	15908	7083	6665	6576	5324	1256	3729	2954	3838
	产额	96	148	145	134	133	116	29	99	94	123
甘薯	种植面积	4664	4609	2678	2798	3051	3261	3387	3827	4232	4897
	产量	33305	52277	35207	27871	18819	31611	16229	39781	39781	65354
	产额	714	1134	1315	996	1272	969	479	1120	940	1335
高粱	种植面积	12347	14130	5235	5216	4719	4644	4644	4365	4066	3862
	产量	22509	25279	9278	10244	8189	6665	2837	5782	5202	7371
	产额	183	179	177	196	174	15	61	132	128	191
糜子	种植面积	2108	1969	187	147	138	138	133	135	120	117
	产量	1680	1737	249	143	192	152	40	81	100	148
	产额	80	88	133	97	139	110	30	60	83	126

注：种植面积（千市亩），产量（千市担），产额（市斤/市亩）。
资料来源：《各省种植面积、产量及产额（河南省）》，许道夫《中国近代农业生产及贸易统计资料》，第19~22、163页。

表13-2统计资料再次证明，（1）抗战时期河南国统区粮食作物的产量经历了抗战初期增长到下降、恢复之过程和秋季粮食作物的生产好于夏季粮食作物的生产。（2）夏、秋粮食种植面积基本保持稳定，不同农作物的种植面积波动较大。小麦、大麦、玉米略有增加，甘薯增加较快，其他作物略有减少，糜子种植面积大幅下降。（3）抗战初期秋季粮食作物产量高于战前。因甘薯在新中国成立前后的相当长一段时间里为河南人民的日常主要食物之一，我们亦将甘薯列入秋季粮食作物的统计范围。由表13-2可知，秋季粮食作物玉米、谷子、高粱、大豆、甘薯、糜子等产量，在抗战初期的

4年中增长明显，4年平均亩产量分别为153.5市斤（1939年、1940年无资料，以1937年、1938年两年的产量计算）、156市斤、181.5市斤、140市斤、1179.25市斤和114.25市斤，除高粱平均亩产量比1936年略低1.5市斤外，玉米、谷子、大豆、甘薯、糜子等分别增长60.5市斤、33市斤、44市斤、465.25市斤和34.25市斤。说明抗战初期河南国统区粮食作物的产量并未因战争的影响而衰退，而是沿着战前的上升趋势在惯性增长，特别是秋季粮食作物生产表现得更加明显。

（三）经济作物的种植及商品化

抗战初期河南国统区经济作物的生产情况与粮食作物的生产情况基本相同，同样经历了由抗战初期的缓慢增长到1941年的明显下降、1942年跌入低谷，之后恢复的过程。抗战时期经济作物除烟草外商品化率不高，这与战争造成的交通中断、政府对主要农产品的管制有密切关系。河南经济作物以棉花、烟草、花生、芝麻等为大宗，其产量在全国占有较大份额，具体生产情况见表13-3。

表13-3 1936~1945年河南省经济作物种植面积及产量

年度		1936	1937	1938	1939	1940	1941	1942	1943	1944	1945
棉花	种植面积	8553	9241	2006	1967	2415	2435	2315	2013	2199	2463
	产量	2455	1512	296	470	708	557	301	363	370	698
	产额	28	16	15	24	29	23	13	18	17	28
烟草	种植面积	947	916	1010	880	818	821	908	913	—	—
	产量	1107	1353	1720	1136	521	964	1418	1332	—	—
	产额	117	148	170	129	64	115	156	146	—	—
花生	种植面积	3386	2451	581	594	683	661	634	634	687	704
	产量	5087	4437	1333	1513	1837	1455	591	1190	1543	1424
	产额	214	181	229	255	269	220	93	188	225	202
芝麻	种植面积	5687	5869	3573	3949	4201	3991	3708	3859	4120	4335
	产量	3794	4467	1760	3422	3455	3144	1104	2626	3032	3737
	产额	67	76	49	87	82	79	30	68	74	86

注：面积（千市亩），产量（千市担），产额（市斤/市亩）。
资料来源：《河南省历年农作物种植面积及产量》，《民国时期河南省统计资料》下册，第23、24页。

由表13-3可知，（1）抗战时期河南国统区不同经济作物种植面积与战前相比差别甚大。在棉花、烟草、花生和芝麻中，烟草、芝麻种植面积与战前相比差别不大，烟草在818至1010千市亩之间徘徊，1937～1943年年平均种植面积895.143千市亩，约为1936年种植面积的94.52%。芝麻1937～1945年年平均种植面积为4178.333千市亩，约为1936年种植面积的73.47%。棉花、花生种植面积与1936年相比下降幅度很大，花生1937～1945年年平均种植面积847.667千市亩，约为1936年种植面积的25.03%，棉花年平均种植面积3006千市亩，约为1936年的35.15%。国统区经济作物的种植之所以出现上述情况，主要因为棉花产额以安阳为最多，太康、尉氏、汤阴、新乡、洛阳、偃师、登封、灵宝等次之。花生主产区分布于豫东、豫北地区，其他地区也有种植，1920年通许40%、陈留县50%的耕地种植花生。① 据统计，抗战前安阳"棉田约占耕地百分之四十五，分布普遍"。临漳县（今属河北省）棉田种植"有二十一万一千余亩，占耕地百分之二十八强"。新乡县棉田"约占耕地十分之三强"。② 说明豫北、豫东为棉花、花生的主产区，1938年豫北、豫东大部沦陷，故造成国统区棉花、花生种植面积锐减。而许昌地区为烟草主产区，其次为南阳、洛阳等，芝麻以漯河、驻马店为最多，上述地区多未沦陷，故烟草、花生的种植面积未受大的影响。

（2）经济作物总产量和亩产量在抗战初期有一定增长且灾后恢复较快。除烟草1938年达到高峰，1940年跌入低谷外，棉花亩产由1937年的16市斤上升至1940年的29市斤，花生亩产由181市斤升至269市斤，芝麻由76市斤升至82市斤，皆有不同程度的增长。棉花、烟叶、花生、芝麻1937～1940年的平均亩产量分别为21市斤、127.75市斤、233.5市斤和73.5市斤，除棉花亩产量比1936年减少7市斤外，烟草、花生、芝麻的平均亩产量比1936年分别增加10.75市斤、19.5市斤和6.5市斤，皆高于战前水平。另外，经济作物于1942年跌入低谷后，之后恢复较快，如棉花、芝麻亩产

---

① 《河南省志》第25卷《农业志》，第146、162页。
② 张研、孙燕京主编《民国史料丛刊》第551册，第39、41、53页。

量1945年赶上或超过1936年水平，烟草1943年超过1936年水平，花生1944年超过1936年水平，而粮食作物的亩产量1942年后大都未恢复到1936年的水平。

（3）不同经济作物的年均产量在全国所占比重有升有降。在上述4种经济作物中，烟草、芝麻抗战期间的年平均产量在全国所占比重有不同程度的上升，棉花、花生有不同程度下降。据统计，全国棉花、烟草、花生、芝麻等经济作物抗战期间年平均产量分别为7812.778千市担、9518.086千市担、20409.444千市担和7895.556千市担，1936年全国棉花、烟草、花生、芝麻的总产量为16975千市担、12673千市担、52622千市担和17300千市担。① 抗战期间河南国统区棉花、烟草、花生、芝麻等的平均年产量分别为597.889千市担、1203.714千市担、1702.556千市担和2971.889千市担（根据表13-3统计资料计算得出，烟草止于1943年）。1936年河南省棉花、烟草、花生、芝麻的产量约占全国总产量的14.46%、8.74%、9.67%和21.93%，抗战期间河南国统区棉花、烟草、花生、芝麻的年均产量约占全国的7.65%、12.65%、8.34%和37.64%。抗战期间棉花、花生在全国所占比重与1936年在全国所占比重相比下降明显，棉花下降6.81个百分点，花生下降1.33个百分点，烟草、芝麻与1936年相比有不同程度的上升，分别上升3.91个百分点和15.71个百分点。

关于抗战时期河南国统区主要经济作物的商品化，就收集到的资料观察，烟草在主要经济作物中商品率最高。据统计，许昌烟叶交易市场1936年、1937年、1939年、1941年的交易量分别为2267万公斤、3174万公斤、6765万公斤和5680万公斤。② 1936年、1937年、1939年、1941年河南国统区的烟草产量分别为1107千市担（每担100市斤）、1353千市担、1136千市担和946千市担，即110700000市斤、135300000市斤、113600000市

---

① 棉花、花生、芝麻平均产量根据《民国8至36年各省棉花产量》（只计算1937至1945年产量，下同）、《民国20至35年油料作物产量》计算得出；烟草平均产量根据《民国22至35年烟草产量》计算得出。罗元铮主编《中华民国实录》第5卷上册《文献统计》，吉林人民出版社，1998，第4863、4865页。
② 《1915~1949年许昌烟草市场交易情况考察表》，《许昌烟草志》编委会编《许昌烟草志》，河南科学技术出版社，1993，第98页。

斤和94600000市斤。许昌烟叶交易市场烟叶年交易量约为河南全省或河南国统区烟草产量的40.96%、46.92%、119.10%和120.08%，许昌市场交易量在河南烟草交易市场中所占比重逐年增加，1939年、1941年许昌烟叶交易市场的烟叶交易量超过河南国统区烟叶总产量，这种情况出现，可能是由于邻近沦陷区的烟叶有部分在许昌出售，另外说明烟叶商品率很高，应接近100%，且都在省内销售。

抗战时期，河南国统区棉花主产区在洛阳，棉花产量锐减。由于国民政府限制棉花输往沦陷区，国统区棉花只能就地销售，由农户织成土布在市场销售或自用。所以，战时"农村中的手工业逐渐繁殖起来，而土产的代替品也应时而生了（如桐油代替煤油，土布代替洋布，柴灰代替肥皂等）"。[1] 据统计，河南土布产量1937～1945年分别为5342500匹、5998400匹、6384700匹、6463500匹、9038000匹、4905700匹、7857800匹、9848000匹和5139000匹。[2] "回郭镇布业公会的呈文所说，在未被统制以前，全部每日约能收买六、七千匹土布。"1939年实行统制后，由官方机构按官价收购，由于官价低于市场价，收购锐减，到1941年，"回郭镇每日至少可收二千匹"。[3] 在南阳镇平，1944年，"县内主要棉织品产地贾宋、杨营等地的16个自然村，有织机2000多台，从业3486人，年产白棉布40万匹，条格棉14万匹"。另外，还"年产毛巾60万打（每打12条），袜子50万双"。[4] 抗战时期河南国统区在棉花产量锐减的情况下，土布产量却逐年增加，说明国统区棉花主要由自己消耗，棉花商品率较低。芝麻和花生的销售也不理想，商品率不高。

（四）战时土地政策与地权变动

抗战爆发后，国民党对土地政策进行较大的调整。主要是遏制土地兼并，扶植自耕农。1941年12月，国民党五届九中全会通过并公布《土

---

[1] 时事问题研究会：《抗战中的中国经济》，中国现代史料编辑委员会翻印，1957，第85页。
[2] 《河南省历年重要工业产量》，《民国时期河南省统计资料》下册，第74页。
[3] 彭泽益编《中国近代手工业史资料》第4卷，中华书局，1962，第423页。
[4] 镇平县地方史志编纂委员编《镇平县志》，方志出版社，1998，490页。

地政策战时实施纲要》，规定：（1）要求各地限期完成土地整理，私有土地应由所有人申报地价，照价纳税（税率为1%至2%，累进至5%），其土地的自然增加，对其征收土地增值税。（2）实行田赋征实政策。（3）农地以归农民自耕为原则，嗣后农地所有权转移，其承受人均以能自为耕作之人民为限。（4）私有土地出租者，其地租一律不得超过报定地价10%。（5）鼓励垦荒，对于私有荒地，由政府征收高额地价，并限期使用。国民党五届九中全会还根据蒋介石的提议，在行政院设立地政署，主管地籍地价及土地使用事宜。[①] 国民党《土地政策战时实施纲要》欲通过降低地租、限制非耕种者购买土地等措施，遏制土地兼并，通过鼓励垦荒、土地整理等方法，增加土地数量，最终实现耕者有其田，以减少地权变动，增加政府财政收入。

抗战时期，随着战争的持久与灾荒的严重，国统区地权变动频繁，土地集中的状况日趋明显。表现在租佃关系上，为佃农的增加与自耕农的减少，关于农佃历年消长趋势的情况见表13-4。

表13-4 中国农佃历年消长趋势

单位：%

年份	佃农	自耕农	半自耕农	年份	佃农	自耕农	半自耕农
1912	28	49	23	1935	29	47	24
1931	31	46	23	1936	30	46	24
1932	31	46	23	1937	37	37	26
1933	31	45	23	1938	38	35	27
1934	29	46	25	1939	38	35	27

注：1937~1939年仅系后方15省平均数。
资料来源：《中国农佃历年消长趋势》，章柏雨、汪荫元《中国佃农问题》，商务印书馆，1946，第21页。

由表13-4可知，1912年自耕农占49%，佃农、半自耕农占51%。1931~1936年，自耕农略有减少，减少幅度在2~4个百分点，佃农与半自耕

[①] 成汉昌：《中国土地制度与土地改革——20世纪前半期》，中国档案出版社，1994，第257~258页。

农略有增加。抗战爆发后，自耕农大幅减少，达10个百分点以上，佃农增加也达10个百分点，这一情况说明，失去土地的自耕农在逐渐增加，土地日趋集中，地权变动明显。这种变动虽不是河南一省的情况，但包括河南省。

在南阳地区，富农经营副业赚钱后，开始不断购买土地。"去年（1939年——引者注）清明时节（此地土地的买卖书）土地的购入以富农为多。且土地的价格（去年约百元上下）并不较前贵多少，所以富农在土地方面也在扩大其面积的数量。"而"宛南因为近年来土地集中化，所以中农在比例率上较少"。① 中农数量的下降，直接造成贫雇农数量的上升，这也是农村经济衰退的表现。据统计，在后方15省（包括河南），从事长工、短工的人数，自抗战爆发后，呈逐年增加趋势。"民国二十六年（1937年）计约九百三十万人，每百户农家中的雇佣二五．四人；民国二十七年共计约九百五十万人，每百户农家中约雇佣二五．九人；民国二十八年共计约九百七十万人，每百户农家中约雇佣二六．四人，呈逐年增加趋向。雇佣长工之农家：民国二十六年共计约六百七十万户，占总农家百分之一八．三；民国二十七年共计约六百九十万户，占总农家百分之一八．八；民国二十八年共计约七百万户，占总农家百分之一九．一，亦呈逐年增加趋向。以上雇佣长工之农家每家平均雇佣之长工一．四人。""雇有短工（日工或月工）之农家：国民二十六年共计约一千五百六十万户，占总农家百分之四二．七；国民二十七年共计约一千六百二十万户，占总农家百分之四四．二；国民二十八年共计约一千六百八十万户，占总农家百分之四五．九；每年增加约六十万户。"② 在雇佣短工的农家中包括雇佣长工的农家，因有些地主除雇佣长工外，还临时雇佣短工。从后方各省情况看，各省的贫雇农都在增加中，河南也不例外。长、短工的逐年增加，从侧面反映了农村土地的日渐集中。

1942～1943年河南的特大旱、蝗灾害，使农村土地集中的趋势加快，农村经济加速破产。据南阳《前锋报》特派员李蕤亲往河南灾区调查后记载，他汜水（今荥阳）老家的土地200元一亩，"农人们卖一亩地，换十几

---

① 君平：《宛南农村经济的现状》，《新华日报》1940年7月15日。
② 沈宪耀：《我国之农工》，《新经济》半月刊第3卷第7期，1940年4月1日。

斤粮食，而这些巨商富贾，拿出十几斤粮食，麦收后换到的是一百多斤的收成，而且白赚了土地所有权"。这使大量农民在灾荒之年失去土地所有权。①据当时驻河南的国民党第五十五军七十四师二二〇团团附靳士伦回忆：在襄城、郏县、禹县、叶县、密县、许昌、舞阳、鄢城等地，"地亩价很贱，一亩地价仅十几元，后来掉到五、六元。军部一个军需买了一百多亩，军部一个直属营长买了二百多亩"。② 在临颍，1942 年麦收 8 成，属很好的收成，但由于官府催粮追款，"群众没有办法，只好卖土地。有些地主乘机贱价买地，少者几十亩，多者达一二百亩。有一个贫农，两亩地只换得一斗小麦。……有的农民地卖不出去，把土地文书交给保长，自己带着孩子老婆出外逃荒。有一个保长，以代群众纳粮的名义，收了群众一百多亩的土地文书"。③ 在鲁山县沙庄村（含 9 个小自然村），有 72 户人家，其中典当、出卖土地的 19 户，占全村总户数的 26.39%。④ 土地在灾荒的延长中日趋集中，正如李蕤在当时的报道中所说："灾荒，灾荒！灾荒的时间多延长一天，穷人便失去更多的田地、食物、性命，而那些富而不仁的人们，则恰好相反，灾荒的时间越长，情景越重，他们就越能更多地、更廉价地把穷人的一切卷到他们的手里。"⑤

据中共太行区党委对博爱县前连村调查，该村 5 个武装恶霸，抗战前 5 家共有 33 亩旱地，17 亩竹园，战后则变为 197 亩旱地，160 亩竹园。另据对获嘉张巨村 8 户特务、土匪的调查，战前 8 户人家共有土地 199 亩，战后则变为 550 亩，"其大者为刘明德、王德林等，则更是数百亩的兼并农民土地"。⑥ 恶霸、特务、土匪等强势群体在战乱中通过各种手段将土地据为己有，加速了地权的变动。另据中共太行区委对辉县、修武、安阳、汲县 4 县

---

① 李蕤：《无尽长的死亡线——一九四二年豫灾剪影》，《河南文史资料》第 13 辑，1985，第 25 页。
② 靳士伦：《唐河"人市"》，《河南文史资料》第 13 辑，第 58 页。
③ 张洛蒂：《难忘的一九四三年》，《河南文史资料》第 13 辑，第 59 页。
④ 李玉霞：《庐山蝗灾的片断回忆》，《河南文史资料》第 25 辑，1988，第 184 页。
⑤ 李蕤：《无尽长的死亡线——一九四二年豫灾剪影》，《河南文史资料》第 13 辑，第 26 页。
⑥ 《中共太行区党委关于老区冬季工作的指示》，中共河南省委党史工作委员会编《河南解放区的土地改革》，河南人民出版社，1991，第 194 页。

11村调查，1943年，在中共势力未到之前，地方地主豪绅、官僚等，"凭有钱有势，从地租高利贷中兼并土地作投机生意，贩卖枪支，把粮食囤积居奇，大荒年大量贱卖土地"。如汲县正面村110户有8家地主，其中一户地主阎玉德有地477亩，完全出租。辉县盘下焦全营村地主赵祝山有地160亩，雇长工3人。南平罗地主赵景文，利用灾荒大量购地，"未分家时有地23顷，除雇工种数十亩外，都出租"。① 1943年春，商水灾情严重的时候，"村村卖地，户户无粮。初起，地还有人买，每亩换粮八斗（36斤：应为每斗36斤——引者注）、六斗、四斗、二斗，逐步降低。最后为了活命，一斗五升也咬着牙卖掉了"。作者张衡石当时为国民党机关中的一名干事兼商水县颍水镇放粥场场长，为生活卖掉家里的15亩地和存书，才勉强活命。而地主豪绅则大量收买土地，"如城南刘某，当过国民党县长……在他附近各村大量收买土地。还有城西张庄魏某……拥有良田千亩。他趁着严重的灾荒，民不聊生之机，在张庄附近各村，购买灾民的土地"。② 再次证明战争与灾荒加速了农村地权的变动。

夏明方博士在研究灾荒与土地兼并时得出结论："当土地在自然灾害的袭击之下暂时失去了其价值增值的机能而其主人又被自然灾害剥掘得一干二净的时候，生存第一的原则将会压倒一切习俗的束缚和观念的限制，出卖土地便成为人们求取一息生机的最无奈的手段了。当成千上万不堪重压的饥民纷纷竞卖土地造成土地供求关系严重失衡的时候，土地的价格自然一落千丈。"③ 抗日战争时期河南地权即是在战争与灾荒的双重重压下频繁变动的，关于地权变动的具体情况，我们虽没有找到具体的统计数字，但地权集中情况超过战前当是不争的事实。有人估计抗战结束时，大后方土地"十分之六以上，而且都是比较肥沃的一部分，全在占全人口不到百分之三的地主手里"。④ 另据吴文晖推测，抗战时期，中农、贫农、雇农及其他小土地所有

---

① 中共太行区党委：《新老区四年来土地改革初步研究》，《河南解放区的土地改革》，第228、229、230页。
② 张衡石：《难忘的民国三十二年——商水灾荒纪略》，《商水文史资料》第3辑，1989，第63、66页。
③ 夏明方：《民国时期自然灾害与乡村社会》，中华书局，2000，第223页。
④ 成汉昌：《中国土地制度与土地改革——20世纪前半期》，第25页。

者占农村总户数的90%，占有耕地占耕地总面积的47%。① 如果说《群众》杂志的时人估计地主占有土地过高的话，那么，吴文晖的推测基本属实。

（五）国统区的畜牧业

抗战时期，河南国统区不仅人力损失严重，畜力损失也非常巨大。在花园口决堤中，河南被淹20县虽无牲畜损失的具体统计，但肯定不在少数。泛区中心的广武、郑县、扶沟、太康、洧川（尉氏西南）、尉氏等县有60%~91%的村庄被淹毁，人员损失巨大，牲畜亦不能幸免。② 在扶沟，黄河水到来之时，"树倒房塌，人被洪流卷去，霎时村庄、田野，陷入一片汪洋。水面上漂着箱柜、梁檩、牲口、猪羊、麦垛、尸体……顺着水浪起伏漂流。有些箱柜、麦垛、门板上还趴着人，呼喊救命之声，惨凄欲绝，不忍目睹！"③ 在洪水到来时，人员死亡甚重，但他们尚能爬在麦垛、门板上求救，牲畜不可能做到这些，只能听天由命，损失更加巨大，当属无疑。关于抗战时期河南黄泛区之畜牧业，可从沈丘县的牲畜损失统计窥见其一般状况，具体情况见表13-5。

表13-5 抗战时期沈丘县历年牲畜损失情况

单位：头

年份		1938	1939	1940	1941	1942	1943	1944	1945
兴隆乡	原有	—	34588	—	—	33657	26720	—	—
	损失	—	931	—	—	6937	1080	—	—
莲池乡	原有	—	31891	—	—	31302	30653	—	—
	损失	—	589	—	—	649	765	—	—
槐店乡	原有	10964	10709	10029	8529	8129	7209	5319	4668
	损失	195	740	1500	400	920	1890	651	142
皂庙镇	原有	4275	4088	3568	3227	3053	2553	1493	1046
	损失	187	520	341	174	500	1080	427	164

---

① 吴文晖：《中国土地问题及其对策》，商务印书馆，1943，第128页。
② 《河南省各县房屋、村落统计》，徐有礼、朱兰兰：《略论花园口决堤与泛区生态环境恶化》，《抗日战争研究》2005年第2期。
③ 扶沟县志编纂委员会编《扶沟县志》，河南人民出版社，1986，第91页。

续表

年份		1938	1939	1940	1941	1942	1943	1944	1945
纸店乡	原有	—	12247	11518	10913	10079	9606	3535	2233
	损失	—	729	605	834	473	6071	1302	270
广德乡	原有	20010	19480	19082	17341	16661	15281	3281	1472
	损失	530	398	1741	680	1380	12000	1809	490
驿路乡	原有	3285	3243	3004	2554	1926	1216	181	83
	损失	42	239	450	578	760	1035	95	70

注：牲畜包括牛、驴、马、猪等。
资料来源：《沈丘县历年黄灾损失统计表》，《沈丘县志》，第120、122页。

由表13-5可知，地处黄泛区的沈丘县7个乡镇，在抗战时期原有牲畜117820头，损失53928头，[1] 损失占原有牲畜数的45.77％强，其中兴隆乡、莲池乡为3年损失统计，如果加上其他5年的损失，损失数量还会增加。从历年损失情况观察，呈逐年递减的趋势，直至抗战结束，其中1942年、1943年损失最大，这与严重的自然灾害有关。黄泛区牲畜数量逐年递减的趋势，说明该区畜牧业的衰落与生产力的下降。

1942年旱灾，全省111个县，国统区有72县，夏粮收成最好的为正常年份的6成，仅有潢川、固始二县，最少的广武县仅为0.5成，其余大多为正常年份的2~3成。[2] 秋季几乎绝收。在这次灾荒中，灾民们为讨活路，开始由一日三餐改为两餐，后吃谷皮、麸皮，吃平时饲养牲畜的东西，再后"宰杀了他们平时爱如生命的鸡，宰杀了他们相依为命的耕牛"。[3] 另外，河南驻军数十万，大多在西北以抵御日军之侵略，而产粮区又在豫南及豫西南，每年约有120万包需运往豫西北，来往月余。由于运输队伍结连数里，"往往为敌机轰炸目标"，再加上长途劳累，人畜死亡于

---

[1] 《沈丘县历年黄灾损失统计表》，《沈丘县志》，第120、122页。
[2] 见《1942年河南各县麦收灾情统计表》，《中华民国史档案资料汇编》第5辑第2编《财政经济》(8)，第265~274页。
[3] 李蕤：《1942年豫灾剪影》，转引自文芳《黑色记忆之天灾人祸》，中国文史出版社，2004，第128页。

路途者甚多。① 战争、灾荒和政府对畜力的征用无度，使河南畜牧业备受摧残。关于抗战期间河南牲畜损失具体情况见表 13-6。

表 13-6 抗战期间河南省牲畜损失情况

单位：头

	共计	牛	驴	骡	马
总计	1166153	567508	335586	151558	121501
1937 年	4697	2032	1504	788	373
1938 年	152414	80324	39495	17358	15237
1939 年	87611	36783	39941	11244	9643
1940 年	91331	40818	28237	12311	9965
1941 年	109825	51457	32142	14383	11843
1942 年	128227	66199	35629	16153	10246
1943 年	158910	80536	45451	20305	12618
1944 年	218015	104187	58487	29340	26001
1945 年	215123	105172	54700	29676	25575

资料来源：根据建设厅资料编制《抗战时期河南省牲畜损失情况》，《民国时期河南省统计资料》下册，第 51 页。

由表 13-6 可知，河南牲畜损失数量在抗战期间除 1938 年外，呈逐年增加之势，特别是日军发动豫湘桂战役后损失甚巨，这一方面说明日军入侵给河南畜牧业造成巨大破坏，另一方面告诉我们战争的消耗与畜牧业的损失成正比。河南省建设厅牲畜损失统计资料与中农所的估计基本一致。据中农所估计，河南在战时共损失牲畜 2106 千头，其中水牛减少 43 千头、黄牛 240 千头、马 207 千匹、骡 299 千匹、驴 422 千头、山羊 512 千只、绵羊 383 千只。② 这高于河南省建设厅统计的损失数字，而河南家畜数量也随着战争的延长锐减，具体情况见表 13-7。

---

① 卢郁文：《田赋改征实物后河南省粮食储运及征购》，《河南政治》7 月号，1942 年 10 月 17 日，第 35~36 页；马彬主编《南阳地区粮食志》，第 75~76 页。
② 汪万春：《改进河南畜牧事业之商榷》，《河南农讯》第 2 卷第 3 期，1948 年 4 月，第 6 页。

表 13-7 抗战时期河南省家畜数量统计

单位：千头

年度	水牛	黄牛	马	驴	骡	山羊	绵羊	猪
1936	86	3245	684	2377	902	2400	1310	3457
1937	192	3139	487	1900	676	1529	889	3187
1942	34	1481	146	776	137	566	351	1568
1943	20	1351	139	712	149	691	366	1067
1944	34	1405	118	722	131	539	264	1169

资料来源：《河南省历年家畜统计》，《民国时期河南省统计资料》下册，第50页。

由表 13-7 可知，天灾人祸使河南省国统区牲畜数量大量减少。1937年，因河南只有极少县份被日军占领，减少数量不多。1942~1944 年，各种家畜呈逐年递减趋势，与 1936 年相比，减幅多超过 50%。另据战后行政院善后救济总署统计，战后河南役畜与战前之比为：水牛 17.59%、黄牛 63.87%、马 22%、骡 23.21%、驴 50.17%。[①] 行总统计与表 13-7 统计基本一致，再次证明抗战期间河南国统区畜牧业损失惨重与畜牧业的衰落。

二 工矿业

（一）主要工矿业的他迁

我国近代工业多集中在东南沿海及沿江大中城市，抗战爆发后，"近代工业生产区域多沦暴敌，交通运输则多被封锁，工厂机械则处处破坏，人工原料、及熟练技术，几于荡毁无余"。[②] 河南工矿业遭受损失与全国大体相同，不同的是河南地处战争前沿，政府不仅不愿在此投资生产，相反一些规模较大的工矿企业内迁他处。1937 年 12 月 1 日，国民政府派陈世桢等到郑

---

① 马黎元：《行总之食粮赈济》，行政院善后救济总署，1948，第 7 页，转引自曾磊磊《试论战后"联总"对华耕畜援助》，《中国矿业大学学报》2009 年第 3 期。

② 《中华民国史档案资料汇编》第 5 辑第 2 编《财政经济》（6），第 80 页。

州，视察豫丰纱厂工作状况及机器情形。3日到开封，会同河南建设厅厅长张静愚视察河南农工器械制造厂，并电约郑州豫丰纱厂经理郑人魁、汲县华新纱厂经理董嘉会来汴商洽，同时督促河南农工器械制造厂拆卸机器，以备装运。12月8日、9日，豫丰、华新两纱厂负责人先后到汴，共商迁移事宜。① 后随战事日紧，豫丰纱厂开始拆卸机器、纱锭等，运往武汉，溯江而上，运抵重庆，路上损失近半，如该厂1936年有纱锭57000锭，占当时全省纱锭总数109300锭的52.15%强，复装时仅得纱锭二三万锭而已。② 河南农工机械制造厂系当时省营大型机械工厂，河南省只同意迁往信阳，后因日军进攻豫南而迁往湖南。③

焦作中福公司是当时河南最大的煤矿企业，1936年有职工9108人，约占全省煤炭企业总人数20958人的43.46%，年产煤1250000吨，约占全省总产量2427300吨的51.50%。中福公司准备迁移更早些，1937年7月，"大规模拆迁机器开始"。1938年3月，所有中福拆迁机器先集中到汉口丹水池煤场，后由民生公司运到四川。④ 巩县孝义兵工厂始建于民国元年，是当时河南最大的军工企业，有工人10000多人，七七事变后，该厂成为日机轰炸的主要目标，1937年9月开始拆运机器设备，陆续搬运至湖南长沙，1939年7月迁移到四川鲤鱼滩。⑤ 河南不仅未得到国家的扶助，反而使国统区大型骨干企业他迁，技术人员流失，无疑会对河南工矿业的发展产生消极影响。

（二）战时工业政策

为解决军需和民众对工业品之需求，国民政府及河南省政府制定一系列法令和条例，鼓励工业生产及矿藏的开采，主要政策如下。

---

① 《中华民国史档案资料汇编》第5辑第2编《财政经济》（6），第415~416页。
② 《河南省战前纺织工业基本情况》（1），《民国时期河南省统计资料》下册，第68页；《中华民国史档案资料汇编》第5辑第2编《财政经济》（9），第196页。
③ 《中华民国史档案资料汇编》第5辑第2编《财政经济》（6），第416页。
④ 孙越崎：《中福煤矿的坎坷道路》，《河南文史资料》1996年第4辑，第153、157页。
⑤ 路宏杰：《巩县孝义兵工厂的概况与变迁》，《中州今古》1984年第2期。

1. 国家政策

国民政府为适应战时工业需要，于 1937 年 12 月 22 日公布《战时农矿工业管理条例》，规定凡"（一）燃料金属及其制品，酸碱及其化合品，水泥酒精及其他溶剂，橡胶及交通器具，电器及动力器材，及其他续经指定之重工业品；（二）植物油棉毛丝麻制品，纸及其制品，印刷教育文化品，药品，糖，酿造品，油漆，火柴，陶瓷，砖瓦，及其他续经指定之轻工业品，均归军事委员会予以管理"。这种军管政策的实施，基本符合抗战初期的实情和利于西迁运动的进行。1938 年 10 月 6 日，国民政府再公布《修正非常时期农矿工商管理条例》，将上述重工业品、轻工业品生产的管理权，归由经济部执行。①

另外，国民政府为统筹各战区经济事项，设立战区经济委员会，指导和管理战区所辖省份的工矿业的生产与销售。1940 年 4 月 20 日，第一战区经济委员会成立，郑震宇任主任委员，会址设在洛阳。② 河南省隶属第一战区，受第一战区经济委员会指导。经济委员会成立后，关于工矿业方面，主要做了以下几件事情。（1）对工矿业进行调查，先后考察了豫省陇海线区各地煤矿产销情形以及陕县南山铜矿、洛阳机械制造业及郑州豫康机器制革厂、洛阳造纸业等。（2）查清工矿业的具体情况，仅 1940 年 9 月至年底，"业据查报到会者，计有荥阳县万福、兴太两煤矿，宜阳县普益煤矿，巩县永顺公司等二十四矿，及陕县观音堂、民生煤矿"。（3）对困难工矿企业给予帮助。如给予荥阳、新安、宜阳、渑池、陕县等处煤矿技术指导，且先后呈请贷给资金。协助陇海路局为陕县观音堂煤矿公司贷款 40 万元，为宜阳普益煤矿洽办 20 万元。（4）拟订举办工矿生产事业计划，对河南各地工矿生产事业，拟订下列各种生产事业计划："（1）机器制造厂；（2）造纸厂；（3）纺织厂；（4）火柴制造厂；（5）面粉制造厂；（6）开采龙门或宜阳煤矿。"③ 第一战区经济委员会对工矿业兴办的努力，特别是对河南工矿业的

---

① 陈禾章、沈雷春、张韵华编著《中国战时经济志》，世界书局，1941，第四章，第 58～59 页。
② 《中华民国史档案资料汇编》第 5 辑第 2 编《财政经济》（5），第 434 页。
③ 以上所引资料见《中华民国史档案资料汇编》第 5 辑第 2 编《财政经济》（5），437～440 页。

派员指导、资金帮助和拟订建设计划，促进了河南工矿业的发展。

1938年6月7日，国民政府公布《工业奖励法》和《特种工业保息及补助条例》。《工业奖励法》规定凡中华民国国民所办工业合于下列各款情况之一者："（一）应用机器或改良手工制造货物，在国内外市场有国际竞争者；（二）采用外国最新办法，首先在本国一定区域内制造者；（三）应用在本国享有专利权之发明，在国内制造者。"可享受以下奖励："（一）减低或免除出口税；（二）减低或免除原料税；（三）减低国营交通事业之运输费；（四）给予奖励金；（五）准在一定区域内享有五年以上之专制权。"①《工业奖励法》奖励对象包括机器生产、对手工制品的改造、采用专利或新方法进行生产的工业品等，奖励范围广泛，享受奖励事项较多。《特种工业保息及补助条例》规定，凡中华民国人民所办企业为"制造各种原动力机""制造各种电机""制造各种工作机器""冶制各种金属材料""采炼各种液体燃料""制造各种运输器材"等重工业产品者，实收资本额在国币100万元以上，可依该条例呈请保息或补助。保息及补助办法如下："（一）保息之限度，实收资本年息五厘，债票年息六厘，至多以七年为限；（二）补助以各种品类每年生产费及市价为标准，酌量给予现金。"② 主要奖励重工业生产。

1938年11月25日立法院通过《非常时期工矿业奖助暂行条例》，于12月1日由国民政府颁布实施。条例规定，凡中华民国人民在后方所办有关国防民生之重要工矿业，实收资本达到必要数额，需要协助者，可得如下奖助："（一）保息，以实收资本年息五厘，债票年息六厘为限度，期限至多五年；（二）补助，以出品每年生产费及市价为标准，酌量给予现金。"其他奖励与《工业奖励法》中可享受的奖励大致相同。③ 另外，国民政府、经济部等机关还公布了《奖励工业技术暂行条例》（1939年4月6日）、《奖励工业技术暂行条例实施细则》（1939年9月11日）、《经济部小工业贷款暂行办法》（1939年2月25日）、《修正矿业法》（1938年7月22日）、《修

---

① 陈禾章、沈雷春、张韵华编著《中国战时经济志》，附录一，"工矿业"，第1页。
② 陈禾章、沈雷春、张韵华编著《中国战时经济志》，附录一，第9～10页。
③ 陈禾章、沈雷春、张韵华编著《中国战时经济志》，附录一，第14页。

正矿业法施行细则》（1938年9月30日）等法令法规，对在工业生产中有发明创造、技术革新者给予3～5年不等的专利使用权，要求各地发展工业教育，培养工业技术人才；对于从事纺织工业、制革工业、造纸工业、金属冶制业、化学工业、陶瓷工业、农林产品制造业等企业（实际多为农村手工业），资本总额在5万元以下1万元以上，其实收额已达50%以上者，即可据《经济部小工业贷款暂行办法》向经济部呈请贷款；对于申请开采矿山的单位和个人，给予及时审批。① 从这些法规、细则和实施办法中可以看出，政府对团体、个人开办工厂、开采矿山是大力支持的。

政府在大力提倡发展工矿业的同时，也要求各省市发展农村工业，并订定改进方针5项。第一，从技术上积极加以改良，以增生产。第二，尽量筹设小型铁工厂，以供制造各项生产工具。第三，由农本局尽量举办手工业贷款，以利发展。第四，扶导组织农村手工业合作社，调整产销。第五，动员民众，从事农村手工业生产。② 为解决农村手工业生产资金上的缺乏，1939年2月25日，经济部公布《小工业贷款暂行办法》，对于开展小工业或农村手工业者，给予贷款之优惠，借款分年摊还，以5年为限，利息暂定为周息3厘至5厘，高于工矿业等大企业贷款利息。③ 国民政府实施的奖励工矿业之举措，为后方各省发展工矿业提供了政策保证。

2. 河南省政策

河南地处战争前沿，时常遭日机轰炸，巩县孝义兵工厂即因屡遭日机轰炸而他迁，故不宜建立大型工矿企业。但河南地处前线，军队大量驻扎，机关、学校等内迁，军民云集，形势要求河南省生产大量工业品，以供军需民用。如"洛阳为豫陕交通中枢，军民云集，燃料为日用重要必需物品，各地煤矿因种种困难，产量供不应求，且运输不便，时有缺乏之虞"，致使洛阳出现煤荒。工业用品也时感缺乏。④ 鉴于此，河南省政府根据中央政府发展工业的精神，制定了符合河南实际的发展工业措施。

---

① 陈禾章、沈雷春、张韵华编著《中国战时经济志》，附录一，第2～9、17～19、22～35页。
② 陈禾章、沈雷春、张韵华编著《中国战时经济志》，第60页。
③ 陈禾章、沈雷春、张韵华编著《中国战时经济志》，附录一，"工矿业"，第9～11页。
④ 《河南建设述要》，张研、孙燕京主编《民国史料丛刊》第377册，第246页。

(1) 推广棉纺

河南素为产棉区域，手工纺织遍及各地，"惟自抗战以还，吾国各主要产棉区域，先后沦陷，各地纺织工厂，或被敌机轰炸，或远迁后方各省，棉纱来源，渐形短绌；军民衣被所需，非常迫切，供求悬殊，物价飞涨"。由此，抗战爆发后，河南省政府首倡棉纺业的发展。推广棉纺业的措施主要有四。第一，推广人员的培训及向各地的委派。推广棉纺，在倡导人民采用新式纺机，增加棉纱产量，而新式纺机的推广，应先培养推广指导人员。为此，河南省政府于1939年和农产促进委员会协商，补助河南纺织开办费10000元，在南阳、新野等县，开办手纺训练所5处，培训纺织推广人员。培训内容有二：一是"使受训人员，明了纺织机构造之原理，并有安装使用修理之技能"；二是"讲授合作法规及组织棉纺合作社应行注意之点，使受训人员，皆有指导组织合作社之常识"。① 随后，河南省政府令国统区68县每县选送合格学员1名，到手纺训练所培训，自1939年2月1日起，至5月底止，每期1个月，分4期完成。② 手纺训练所学员毕业后，经省府分期委定为各县手纺推广指导员，到各地指导棉纺工作。在实施过程中，除镇平已有培训计划未派人培训、经扶县派员迟缓没能培训外，其他66县都派员参加了河南省政府组织的棉纺训练班，因病及其他原因辞职者3人，且都找到了替代人员，培训后技术不过关者仅王庆武一人，③ 手纺训练所培训棉纺指导员的目标基本达到，为分期开办各县手纺流动传习班奠定了基础。

第二，开设各县流动传习班。依照河南省棉纺业计划书的计划，省手纺训练所培训棉纺指导员结束，各县选定培训地点，筹办手纺流动传习班，每传习班时间为15天，每县传习等18班，为各县培训手纺推广员。④ 各县流动传习班原定7月1日开办洛阳等15县，8月1日开办陕县等18县，10月1日开办郑县等35县。⑤ "各县手纺流动传习班自二十九年七月一日起，开

---

① 《河南建设述要》，张研、孙燕京主编《民国史料丛刊》第377册，第141页。
② 《河南建设述要》，张研、孙燕京主编《民国史料丛刊》第377册，第142页。
③ 《河南省各县手纺指导员一览表》，张研、孙燕京主编《民国史料丛刊》第377册，第156~160页。
④ 《河南建设述要》，张研、孙燕京主编《民国史料丛刊》第377册，第148页。
⑤ 《河南建设述要》，张研、孙燕京主编《民国史料丛刊》第377册，第160页。

班传习县份十五县,传至三十年九月底止,每县传习二十班,每班学生二十名,二十班学生四百名,十五县学生六千名。""廿九年八月一日开班传习之十八县,传至三十年九月底止,每县传习十八班,每班学生二十名,共学生三百六十名。十八县合计学生六千四百八十名,三十五县合计一万一千二百名。"另外委托禹县慈幼院代为培训手纺推广员21名。以上3期开办各县手纺流动传习班及禹县慈幼院,总计传习23781名。① 各县纺织推广员的培训,为各地棉纺推广提供了较强的技术支撑。

第三,购发手纺机械。因传习班学员要明了纺织机构造之原理,并有安装使用修理之技能,故每个传习班必须有新式纺织机器供学员操作。于是,河南省政府分别向洛阳行都慈幼院、禹县慈幼院(慈幼院内设有纺织器械厂)、南阳农工器械制造厂等处,订购机具,分配各县。共订购16支锭单脚踏纺纱机312部,脚踏弹花机62部,畜力弹花机1部,单脚踏弹花机5部,44支锭双脚踏纺纱机96部,18支锭双脚踏纺纱机109部,18支锭快式双脚踏纺纱机25部,打弦机、框纱机、切花机各82部。② 这些纺织器械分别分配河南国统区各县纺织传习所使用,从分配情况看,各县分得单脚踏纺纱机4~5部,快式纺纱机、双脚踏纺纱机、弹花机各1部,打弦机、框纱机、切花机各2部,另配手摇纺纱机各2部。③ 各地传习班纺织器械的配置虽然不多,但为学员学习纺织机械原理及使用新式纺织机具起到了积极作用。传习班学员学到技术后被派往各乡村,有力地推动了新式纺织器械的应用,据统计,传习班学员到各地后推动各地自动购械6501部,其中禹县购械最多,达2672部,其次为襄城、内乡和镇平,分别为770部、549部和400部。④

第四,建立手纺合作社。手纺合作社主要解决各县棉纺品的产销问题。

---

① 《河南建设述要》,张研、孙燕京主编《民国史料丛刊》第377册,第169~170页。
② 《订购纺纱机具种类数目标》,《河南建设述要》,张研、孙燕京主编《民国史料丛刊》第377册,第143页。
③ 《分发各县纺纱机具种类数目表》,《河南建设述要》,张研、孙燕京主编《民国史料丛刊》第377册,第143~147页。
④ 《各县推广纺机数目表》,《河南建设述要》,张研、孙燕京主编《民国史料丛刊》第377册,第175~176页。

自推广棉纺后,河南省建设厅即"迭经令饬合作事业管理处,及各县手纺指导员,积极推进合作,辅助进行,以期普遍"。经过各方努力,1940~1941年,"各县组成纺织合作社者,据调查所得已有六十处,社员人数一千五百六十三名"。[①] 合作社股数2897股,每股金额2~10元不等,共筹集股金19214元。[②] 总之,河南省政府大力培训手纺技术人员和组建纺织合作社,有力推动了河南国统区棉纺业的发展。

(2) 改进各县民生工厂

战前河南省有县立民生工厂53处,抗战爆发后在后方各省者仅有30厂,其中因接近战区及财力有限停工者,计有襄城、汝南、西平、上蔡等县。河南省政府令各县在1941年内一律恢复工作,首先恢复纺织工厂,印刷、造纸、缝纫、竹木、机械、肥皂等次第恢复。为加强各厂技术力量,留住技术人员和工人,从1940年起提高厂长、技师、工人工资,厂长由原来每人每月至多不过20元提高到30元,技师、事务员由15元左右分别提高到25元、20元,工徒伙食费由原来3~4元提高到8~12元。另外,办公费照原数增加1/4。对于不称职的厂长,及时撤换。[③] 经过整顿,后方各县工厂先后开工。

(3) 协助矿商办理领照手续

河南矿产蕴藏丰富,"惟自抗战军兴,豫北划为游击区,依法成立治矿厂公司,悉遭摧残,而豫西矿厂公司,多系土法采掘,规模较小,加以雇工购料运输困难,不能尽量开采,影响甚巨"。[④] 为此,河南省政府多次派员指导,督促办理,要求停工矿场恢复生产,鼓励商民投资兴办矿业。由于商民对领照手续不明且缺乏矿学常识,在办理采矿执照时,"致往返驳斥,费时耗材",河南省政府参照经济部战时开办煤矿办法,拟订《协助矿商办理领照应备附件办法十一条》,咨准经济部备案。"凡

---

① 《河南建设述要》,张研、孙燕京主编《民国史料丛刊》第377册,第177页。
② 合作社股数及股金数根据《各县手纺传习毕业学生组织纺织合作社调查表》(张研、孙燕京主编《民国史料丛刊》第377册,第117~182页)数字计算得出。
③ 《河南建设述要》,张研、孙燕京主编《民国史料丛刊》第377册,第203页。
④ 《河南建设述要》,张研、孙燕京主编《民国史料丛刊》第377册,第248页。

领照应备呈件，如各项呈请书、矿床说明书、煤质分表、合办契约及公司组织章程等，均可由本厅（建设厅——引者注）尽量协助。"① 省府鼓励开采矿藏的政策及建设厅对投资商的大力协助，激发了人们投资开矿的热情，"领照开采者，甚为踊跃，两年来（1939年、1940年）经核准进行者，有大矿一百七十五处，小矿四十三处，较前约增多百分之八十"。② 使后方矿业较战前有较大发展。

（三）工矿业

1. 工业

在政府的大力提倡和支持下，河南国统区工业有不同程度的发展。据不完全统计，1937年河南工厂分布情况如下：许昌11厂、郑州14厂、开封10厂、新乡6厂、陕县2厂、灵宝3厂、洛阳2厂、安阳11厂、汲县2厂、郾城8厂、获嘉2厂、商丘3厂、临颍2厂、确山2厂，陈留、武陟、孟县、博爱、沁阳、彰德、夏邑、鄢陵、通许、方城、西平、延津、尉氏、汝南、禹县、信阳、密县、唐河、武安、上蔡、浚县各1厂。③ 1938年底，35个县市尚在国统区的有郑州、许昌、陕县、灵宝、洛阳、郾城、上蔡、鄢陵、通许、方城、西平、确山、汝南、禹县、密县、唐河、临颍、上蔡等18县。④ 这18个县市共有工厂53个，基本反映了国统区主要工业的面貌。

据国民政府经济部统计，至1942年，河南国统区共有工厂88家，其中公营40家、民营48家，资本总额2932324元，其中公营1102824元、民营1829500元，工人总数2479人，其中公营1241人、民营1238人，动力设备合计823匹马力，其中公营698匹马力、民营125匹马力，另有2家工厂资

---

① 《河南建设述要》，张研、孙燕京主编《民国史料丛刊》第377册，第274页。
② 《河南建设述要》，张研、孙燕京主编《民国史料丛刊》第377册，第248页。
③ 《1937年中国工厂分布表》，罗元铮主编《中华民国实录》第5卷上册《文献统计》，第4902~4903页。
④ 《抗日战争时期各主要县市沦陷时间表》，罗元铮主编《中华民国实录》第5卷上册《文献统计》，第4222~4236页。

本数不清,未计资本总额内。① 这88家工厂,占后方工厂总数的2.34%,其中公营为1.06%、民营1.28%;资本额占后方工业资本总额的0.151%,其中公营占0.057%、民营占0.094%;工人占后方工人总数的1.02%,其中公营、民营各为0.51%;动力设备占动力总量的0.57%,其中公营为0.49%、民营为0.08%。从1938年所统计的工厂数与1942年统计的工厂数可知,一是抗战爆发后河南国统区的工业有所发展,由原来国统区主要县市的53家工厂,发展到88家,比原来工厂增加了66%。二是河南国统区工业与整个大后方工业相比还十分落后,这不仅表现为绝对数量少,特别表现在资金少、动力设备不足和技术落后上。说明河南工厂大多没有步入工业现代化的行列。

关于河南各地工业的发展情况,从其他资料看,比国民政府经济部的统计要乐观些。据工业各部门统计,1942年河南国统区电力、机器制造、化工、纺织等行业工厂数为168家,其中公营78家、民营90家,是前述经济部统计88家工厂的1.91倍,具体情况见表13-8。

表13-8 1942年河南工业概况统计

工业类别	厂数(家)		资本(元)		工人数		动力设备(匹)	
	公营	民营	公营	民营	公营	民营	公营	民营
电力工业	1	1	320000	60000	51	23	670	125
机器制造	1	4	10000	222500	35	110	—	—
化学工业	2	29	27000	784000	172	470	—	—
酒精厂	2	28	27000	584000	—	351	—	—
造纸厂	—	1	—	200000	—	35	—	—
饮食品工业	—	12	—	743000	—	578	—	—
面粉厂	—	1	—	20000	—	20	—	—
卷烟厂	—	10	—	52300	—	408	—	—
纺织厂	36	2	745024	20000	363	—	—	—

---

① 《后方工业厂数资本工人及动设备统计》(下文河南国统区工厂数、工人等占后方厂总数比例等的计算,也根据此表中后方工厂情况计算得出),《中华民国史档案资料汇编》第5辑第2编《财政经济》(6),第338~339页。

续表

工业类别	厂数（家）		资本（元）		工人数		动力设备（匹）	
	公营	民营	公营	民营	公营	民营	公营	民营
棉纺厂	34	1	180872	10000	639	37		
毛纺织厂	1	—	294152	—	210	—		
丝织厂	1	—	270000	—	134	—	8	—
麻纺织厂	—	1		10000		20		

注：机器制造、化学工业、酒精厂、造纸厂、饮食品工业、卷烟厂、纺织厂、棉纺厂、毛纺织厂、麻纺织厂等栏的动力设备不明，均未列入。

资料来源：《水电工业厂数资本工人及动力设备统计》、《机器制造工业厂数资本工人及动力设备统计》、《化学工业厂数资本工人及动力设备统计》、《酒精厂厂数资本工人及动力设备统计》、《造纸厂厂数资本工人及动力设备统计》、《饮食品工业厂数资本工人及动力设备统计》、《面粉厂厂数资本工人及动力设备统计》、《卷烟厂厂数资本工人及动力设备统计》、《纺织工厂厂数资本工人及动力设备统计》、《棉纺厂厂数资本工人及动力设备统计》、《毛纺织厂厂数资本工人及动力设备统计》、《丝织厂厂数资本工人及动力设备统计》、《麻纺织厂厂数资本工人及动力设备统计》、《后方工业概况统计》，张研、孙燕京主编《民国史料丛刊》第570册，大象出版社，2009，第32、62、101、109、119、132、136、145、148、160、163、162、164页。

由表13-8可知，河南国统区工业在政府的大力提倡下，较抗战初期有较大发展，其中纺织业有工厂76家，约为后方工厂总数的45.24%，化学化工业61家，约占36.31%，饮食品工业12家，约占7.14%，其他工业约占11.31%。这种以纺织、化工等轻工业为主的工业格局，是河南省政府推广棉纺业、发展轻工业政策的结果。168家工厂资本共4569848元，每家工厂资本平均约为27201.48元，其中，电力工业2家，资本38万元，造纸1家，资本20万元，毛纺业1家，资本294152元，丝织业1家，资本27万元，5家工厂之资本为1144152元，每家工厂资本平均约为228830.4元，约为168家工厂资本平均数的8.41倍，上述5家工厂应为当时较大的工厂。而棉纺业35家工厂，仅有资本190872元，每厂资本平均约为5453.49元，说明虽发展较快，但规模小、资金少，应为小型工厂。

另外，第一战区经济委员会在《1940年度工作报告》中说，根据委员会"就近调查洛阳机械制造业现况……据报当地现有铁工厂六家，翻砂厂二家，电镀厂一家，纺织机制造厂一家，铁炉坊三家"。洛阳造纸业，"计有振中合作社、光华造纸厂、河洛日报（原文为河浴日报，疑有误）造纸部、行都日报造纸部四处"。① 这比1937年所统计洛阳两家工厂的情况有巨大的发展。在巩县回郭镇，1938年赵学锡、张维舟筹资30万元，从上海请来技师，并购回两部卷烟机，在回郭镇开办兴华烟厂，在当时来看，已有相当规模。1944年3月日军侵占回郭镇后，被迫停业。1940年王天一等人在回郭镇开办的新裕烟厂，1941年邵瑞聊、杨桃令等四人集资12.5万元开办的利民烟厂，虽没有兴华烟厂规模大，但都实行机器生产，有一定规模。②

在南阳赊旗镇（今社旗县），1942~1945年，织布业"处于兴盛阶段，曾有织布机14台，工人30名，并有专业技师2人"。③ 在唐河县，"抗日战争期间，工业出现畸形高速发展，最为兴盛的是卷烟、酿酒、纺织三业。其中卷烟厂70余家，从业14000余人，年产2万余箱；酒厂45家，从业1125人，年产白酒40万斤；纺织厂百家，手速机130台，从业约700人，年产细布1400万尺"。④ 在这些畸形发展的工业行业中，尽管绝大多数为个体手工业工场，但也有一小部分用机器生产的近代化工厂。

2. 矿业

河南矿业在政府提倡兴办而又不愿大量投资的情况下，艰难前行着。而开矿的主力则是民营矿业，据经济部统计，后方各省民营矿区数截至1939年10月底，共有2069个，1940年6月15日发展到2197个，河南由1939年10月底的148个矿增加到1940年6月15日的150个矿，8个月增加2矿，进展缓慢。⑤ 这些被开采的矿藏，"其中以煤矿占半数，锡、金两种矿质次之"。⑥ 另据经济部1939年底统计，河南共有各种矿区数149个，到

---

① 《中华民国史档案资料汇编》第5辑第2编《财政经济》(5)，第438页。
② 《河南省志》第44卷《烟草工业志》，第36页。
③ 社旗县地方志编纂委员会编《社旗县志》，中州古籍出版社，1997，第247页。
④ 唐河县地方史志编纂委员会编《唐河县志》，中州古籍出版社，1993，第358页。
⑤ 《后方各省民营矿权推进表》，《中华民国史档案资料汇编》第5辑第2编《财政经济》(5)，第186~187页。
⑥ 《中华民国史档案资料汇编》第5辑第2编《财政经济》(5)，第186页。

第十三章 国民党统治区的经济(上)

1940年底增加到151个。① 据有关资料统计，1939年11月至1941年8月，1年9个月内河南国统区呈领矿产企业共218家，比经济部统计的151家多出67家。② 尽管经济部的统计时间截至1940年底，但其统计包括1940年底以前呈领的所有矿企。因此，抗战进入相持阶段后，河南国统区矿业得到了较快的发展。在218家矿企中，有215家为煤炭开采企业，约占总数的98.62%，铅矿、土磁、水晶各1家，约占1.38%，表明河南矿业以煤炭开采为主。218家矿企中，私人呈领者217家，即民营企业约占99.95%，公营企业1家，即陇海铁路管理局承办的煤矿，约占0.05%，表明国统区矿业以民营企业为主，这与河南省政府的鼓励私人开矿政策和政府资金匮乏的情况有关。已开采矿185家（其中21家未标明是否开采的未计入），约占总矿数的84.86%，正在勘探的12家，约为5.50%。如果将未标明是否开采的21矿也按已开采矿和正勘探矿的比例分配，那么，已开采矿企为204家，正在勘探矿企14家，可知绝大多数矿企都在生产中。从矿企开办时间看，1940年开办121家（其中26家未注明开办时间者未计入），约占总数的55.50%，1941年开办63家，约为28.90%，说明抗战初期河南省政府制定的鼓励商人投资开矿的政策对河南矿业的发展起到了积极的作用。

如从抗战时期整体情况观察，河南国统区矿企数量要多于218家，据河南省政府统计，1938~1941年全省呈请开矿案百分比情况为：1938年6.9%、1939年17.2%、1940年24.1%、1941年51.7%。③ 1941年呈请开矿案超过半数，而表13-9中1941年开办的矿企约为总数的28.90%，不到1/3，说明1941年8月以后大量呈请开矿者还未统计，因政府鼓励个人投资开矿，一般情况下，大多呈请开矿者均能获批，故1941年或1942年应有不少于1940年的矿企获批并投入生产，据此推测，抗战期间矿企数量要远远多于218家，是基本成立的。

---

① 《分省推进表》，《中华民国史档案资料汇编》第5辑第2编《财政经济》(5)，第234页。
② 《河南建设述要》，张研、孙燕京主编《民国史料丛刊》第377册，第248~262页。
③ 《四年来呈请案比较图百分比》，张研、孙燕京主编《民国史料丛刊》第377册，第264页。

在这些民营矿业中，不管是抗战前建立还是抗战后建立，都有一定发展。如宜阳中华煤矿公司，1944年工人增加到2700人，最高日产量达到700吨；普益煤矿公司，1944年共有工人1400人，最高日产过500吨。陕县观音堂民生煤矿公司，拥有工人2700人，日产最高达700吨。在洛阳地区，"至一九四三年底，全区共有大小煤矿十九个，矿井四十二口，工人数达六千零一十三人，日产原煤高达二千三百吨"。① 据建设厅调查，煤矿产量"近两年（从原书第267~271页表可知，近两年应为1940年、1941年——引者注）来较往年增加产量甚巨，除供本省需用外，尚可运销陕皖诸省并供给陇海铁路行车及沿线各大工厂之用"。② 由此可知，到抗战中期，河南国统区的煤炭已有盈余，彻底改变了抗战初期洛阳出现煤荒的局面。除民营煤矿外，河南省地方政府还开办了一些煤矿，如1941年，国民政府第一战区经济委员会与河南省建设厅在洛阳龙门先后开凿立井3个，斜井1个。③ 1942年1月陇海铁路局成立"英豪煤炭管理处"，该处日产煤300吨。④ 由于河南煤炭储量丰富，河南省及各地政府对煤炭开采投资最多，效益也较为明显。

另外，1938年后河南煤炭产量逐年递增之趋势，也反映河南国统区矿业的发展。据国民政府经济部统计，1938年河南国统区煤炭产量为40万公吨（1公吨等于1吨）、1939年40万公吨、1940年43万公吨、1941年46万公吨、1942年698900公吨、1943年70万公吨、1944年30万公吨、1945年5万公吨。⑤ 除1937年外，1938~1943年，国统区煤炭生产逐年增加，至1943年达到顶峰。河南省建设厅的统计数字比经济部的统计结果更加乐观，仅陕县、渑池、新安、宜阳、巩县等10县73矿1941年产矿即达1840790吨，具体情况见表13-9。

---

① 洛阳地区地方史志总编辑室：《洛阳地区概要》，1985，第234~235页。
② 《河南建设述要》，张研、孙燕京主编《民国史料丛刊》第377册，第273页。
③ 河南省地方史志编纂委员会编《河南省志·煤炭工业志》，河南人民出版社，1991，第72页。
④ 《洛阳地区概要》，第235页。
⑤ 《民国26至36年上半年全国煤产量》，罗元铮主编《中华民国实录》第5卷上册《文献统计》，第4960页。

第十三章　国民党统治区的经济（上）

表 13-9　国统区各矿产量

县别	数目	年工作日数	日产量（吨）	全年产量（吨）	备考
陕县	4	320	1042	333440	该县民生煤矿较大，每日产 400 余吨
渑池	2	245	330	80850	
新安	10	240	330	79200	小矿业权 7，且沿河各矿多已停工
宜阳	4	330	340	112200	
巩县	6	320	445	142400	
荥阳	2	240	370	88800	
密县	22	220	1020	224400	小矿业权 8，大矿业权 14，多系时做时停
登封	9	170	960	163200	小矿业权 16（原文如此），多系民间采运
禹县	9	320	1400	448000	
临汝	5	340	495	168300	
总计	73	—	6732	1840790	

原注：本年度新成立矿及金矿产量尚未据报，不能统计列入，特此注明。

注：原注中的"本年度"应为 1941 年，根据前述表格观察，皆统计到 1941 年，第五章"矿业"最后有下年度计划为"31 年度拟定计划"，由此推测"本年度"应为 1941 年。

资料来源：《各矿产量表》，《河南建设述要》，张研、孙燕京主编《民国史料丛刊》第 377 册，第 273~274 页。

由表 13-9 可知，国统区 10 县 73 矿的年产矿量为 1840790 吨（统计时间应为 1941 年），如果按 1940 年 218 矿计算，产量还会增加，即便如此，也是经济部统计 1941 年产煤 46 万公吨（1 公吨等于 1 吨）的 4 倍多。尽管经济部的统计仅为煤矿，但考虑到后方矿企中煤企占近 99%，表 13-9 中的矿产量 95% 以上为煤炭产量当属无疑，故我们推测河南省建设厅统计的煤炭产量是经济部统计数量的 4 倍应该能够成立。据此观察，从 1938 年至 1942 年，河南国统区矿业得到了较快发展。

河南工矿业的衰败起于 1942 年，之后由于日军发动豫湘桂战役，1944 年迅速走向衰落。"自三十一年起，随着全国工业的不景气，河南的工业也在风雨飘摇中。"如"洛阳一地三十年前，有大小制革厂八十余家，到去年年底（1943 年）就只剩二十几家了，而开工的只有十几家"。[①] 1943 年的洛阳制革业比 1941 年大幅度下滑。再如南阳赊旗卷烟厂到 1944 年得到极大发

---

① 《河南工商业在风雨飘摇中》，《新华日报》1944 年 2 月 21 日。

展,利用机器卷烟的工厂就有9家,1944年随着日军发动河南战役,豫南各地先后陷落,大批工厂倒闭,至1945年,"赊旗镇9个卷烟厂除光中厂外,其余8个厂家都因亏赔严重而倒闭"。① 其他行业也和卷烟业一样走向衰落。在唐河,卷烟、纺织业在抗战时期都有发展,可唐河在1945年"日军一度占领县城"后,"县城工业遭破坏",② 走向衰落。矿业方面,1944年由于日军发动河南战役,"所有煤矿几乎全部停产",③ 至1945年煤炭产量骤降至5万吨。许涤新在考察后方国统区工业发展的历程中得出结论说:"1942年后,民营工业处于日益困难状态。"④ 与河南国统区的工业生产情况基本相同。

(四) 手工业

抗战爆发后,河南国统区手工业迅速发展起来,并走向繁荣。关于河南手工业的发展情况,当时报纸杂志的报道与经济部、河南省建设厅的统计多有出入,据经济部统计,1942年,河南有民营工厂48家,其中酒精厂28家,卷烟厂10家。河南手工业发展缓慢,技术落后,资本额小,在河南的48家工厂中,5000元以下的21家,占工厂总数的43.75%,10万元以上的4家,占8.33%。在这些工厂中,仅有1家在抗战前建立,其余均建在战时,"因为这些工业,大多是在战争中建立,尤其是在面临最前线的区域内,投资于工业的人,不敢冒险求其发展,所以因陋就简,不能与后方各省民营工业相提并论"。⑤ 河南地处战争前沿,正是其手工业规模小、资金少的关键所在。

与彭泽益编《中国近代手工业史资料》的统计不同,河南省建设厅的统计显示,抗战时期河南国统区手工业得到较大发展,纺织、土酒、制革、卷烟、机械等行业迅速走向繁荣。纺织业是河南省政府大力推广的行业,抗

---

① 《社旗县志》,第236页。
② 《唐河县志》,第358页。
③ 《洛阳地区概要》,第235页。
④ 许涤新、吴承明主编《中国资本主义发展史》第3卷下册,人民出版社,2004,第558页。
⑤ 彭泽益编《中国近代手工业史资料》第4卷,第307页。

战期间成绩尤为突出,据河南省建设厅的统计,后方各县基本都建立了民生工厂,从事纺织生产,具体情况见表13-10。

表13-10 河南国统区各县民生工厂一览

县别	固定基金(元)	流动基金(元)	每月经费(元)	出品种类	工徒数目
鄢陵	270	4147.4	115.2	布匹、毛巾	16
禹县	564	2877.6	207	布匹、套帽、毛巾、缝纫品	25
密县	1000	2700	97	布匹、毛巾、线机、带子	12
商水	1160	2435	89.1	布匹、毛巾	10
项城	500	608.134	104	布匹、毛巾、线机	16
许昌	1023	8374	195	布匹、毛巾、线机、缝纫品	20
临颍	900	1100	134	袜子、布匹、毛巾	15
襄城	1000	1200	120	布匹、毛巾、石印品、缝纫品	12
长葛	936	3180	104	布匹、毛巾	15
荥阳	200	600	110	布匹、毛巾	10
南阳	1963	10186	96	布匹、毛巾、麻纸、印刷品	26
唐河	250	2200	100	唐席、木竹器、布匹、缝纫品	—
新野	304	1486	56.8	布匹、毛巾、线机	10
淅川	600	1100	112	布匹、印刷品、缝纫品	20
方城	452.4	988.9	374.4	布匹、毛巾	12
舞阳	935.6	6445.9	144.2	布匹、毛巾	19
叶县	1517	8708	311.5	布匹、毛巾、线机、印刷品、麻纸	25
汝南	2335	5200	152.5	布匹、毛巾、肥皂	20
上蔡	1653	7800	251	布匹、毛巾、线袜、印刷品	35
新蔡	600	2000	194	布匹、毛巾	15
西平	1000	2600	138.8	毛巾、地毯、线袜、被单、各种布匹	11
遂平	696.95	1520	79.3	布匹、毛巾	8
固始	113.4	1100	100	布匹、毛巾、肥皂	15
巩县	1224	4027	162.4	布匹、毛巾	25
偃师	920	945	61	布匹、毛巾、缝纫品	20
登封	250	1686	90	布匹、毛巾、竹木器	10
灵宝	264.7	3209	120	布匹、毛巾	13
临汝	600	400	20	布匹、毛巾	18
郏县	339	2392	104	布匹、毛巾、线袜	12
陕县	400	4300	169	布匹、毛巾	20

资料来源:《各县民生工厂一览表》,《河南建设述要》,张研、孙燕京主编《民国史料丛刊》第377册,第204~206页。

由表 13-10 可知，后方各县民生工厂产品以纺织品为主，有少部分工厂在生产纺织品的同时，还生产竹木器、印刷品、麻纸等其他产品，故可基本确认大多民生工厂实为纺织工厂。各厂固定基金最多者为汝南，有基金 2335 元，最少者为固始，有基金 113.4 元，流动基金最多者为南阳，有基金 10186 元，最少者为临汝，仅有 400 元，每月经费最多者为方城，月经费 374.4 元，最少者为临汝，仅有 20 元，每厂工徒数目除唐河未统计外，最多者为上蔡，有工徒 35 人，最少者为遂平，仅有 8 人，其他多在 10~15 人。说明各县民生工厂规模小、资金少、经费不足，多为手工作坊式生产。

河南土布业最称发达，散布于农村中，具有广大深厚的基础。"抗战以来，内外货退潮，乃更扶摇直上，一时颇有蓬勃气象。"[①]"查大多土布，多由农户利用旧式木机织造，更多用女工纺织，商营工厂纺织者无多。"[②] 关于各地土布生产情况见表 13-11。

表 13-11　各县土布产销调查统计（1940 年度）

县名	地址	资本（元）	布机种类	数量	工人数	产量（匹）	销量	销售区域
商城	1、2、3、4、5、6、7区	4830	木机	61	123	21960	随制随销	商城潢川固始
渑池	1、2、3区	132300	木机	1890	3484	38570	同上	本市
荥阳	全县各保	无定数	木机	1190	妇女充任无定数	11900	同上	本县
方城	全县各保	21420	木机	98	155	35280	同上	本地及客商
确山	各乡村镇	无定数	木机	155	155	24760	同上	本地及客商
鄢陵	各乡村镇	1000	木机	820	830	208800	同上	洛阳西安
许昌	商营工厂	无定数	木机	3518	7024	139585	同上	本地及驻陕军需局
郾城	商营工厂	无定数	木机	262	390	28036	同上	洛阳漯河
经扶	商营工厂	无定数	木机	25	25	1786	同上	本县光山
临汝	商营工厂	5535	木机	42	56	4559	同上	本县
广武	商营工厂	33600	木机	1120	2240	5000	同上	洛阳郑县

---

① 彭泽益编《中国近代手工业史资料》第 4 卷，第 415 页。
② 《河南建设述要》，张研、孙燕京主编《民国史料丛刊》第 377 册，第 221 页。

续表

县名	地址	资本(元)	布机种类	数量	工人数	产量(匹)	销量	销售区域
镇平	商营工厂	无定数	木机	2000	2000	30000	同上	洛嵩卢等县
内乡	商营工厂	126770	木机	2143	2734	65022	同上	西安老河口
尉氏	商营工厂	6500	木机	109	无定数	1635	同上	本县
嵩县	商营工厂	8386	木机	155	172	1872	同上	本县
禹县	商营工厂	无定数	木机	745	450	110914	同上	本县市行
伊阳	商营工厂	无定数	木机	900	910	7415	同上	本县
宝丰	商营工厂	40100	木机	143	287	3739	同上	本地
济源	商营工厂	无定数	木机	3260	无定数	18620	同上	本县
汝南	商营工厂	无定数	木机	6000	6000	20000	同上	本县
西平	商营工厂	2690	木机	1232	1625	55614	同上	本县
遂平	商营工厂	700	木机	4	4	290	同上	本县
临颍	商营工厂	无定数	木机	173	180	30476	同上	本县
南召	土布工厂	2000	木机	11	18	40300	同上	本县
孟津	商营工厂	2000	木机	4	6	14400	同上	本县
灵宝	商营工厂	11000	木机	9	26	1800	同上	本县
叶县	商营工厂 民生工厂	15160	木机	17	34	1022	同上	本县
舞阳	各工厂 救济院	18000	木机	39	78	5500	同上	本县
南阳	本城	1100	木机	8	13	1140	同上	本市
邓县	救济院 商营工厂	1400	木机	22	52	5000	同上	本县
郑县	救济院 商营工厂	3370	木机	17	41	1140	同上	本县
巩县	各乡镇	7300	木机	33	62	8200	同上	本县
项城	各乡镇	15940	木机	92	118	4185	同上	本县
淅川	各乡镇	2700	木机	28	82	3796	同上	本县
郑县	各乡镇	5423	木机	140	158	14584	同上	本县
固始	各乡镇	24600	木机	214	268	33030	同上	本县
武陟	各乡镇	4793	木机	175	345	2357	同上	本县

资料来源：《各县土布产销调查统计（民国29年）》，《河南建设述要》，张研、孙燕京主编《民国史料丛刊》第377册，第221~223页。

表13-11是对河南国统区37县1940年度土布纺织的不完全统计，许昌、郾城、经扶、临汝等24县，仅统计了商营工厂、土布工厂、救济

院所办工厂等，并非全部乡村的土布生产情况，所以，后方各县土布生产数量要大大超过此统计数字。布机种类全是木机，说明各地仍在采用原始器械进行土布生产，生产技术十分落后。37县共生产土布1002287匹，每县平均年产土布27088.84匹，其中鄢陵产量最高，达208800匹，约占全部产量的20.83%，遂平产量最低，为290匹，约为总产量的0.03%，这与统计范围大小有关，鄢陵是对各乡镇的统计，遂平仅为商营工厂的生产量，可见鄢陵的统计数字才能反映后方各县的基本生产情况。从销售情况看，绝大多数县份的土布在本地销售，只有产量较高的县份，如鄢陵、许昌、内乡等县的土布才销往附近县市或外省，可以说后方各县的土布生产以自产自销为主。

另外，河南省政府1941年制订计划，"今后正拟加强各县民生工厂组织，与推广织业，力图大量生产，以供社会需求，明年产量，必大有可观"。① 所以，1941年度及以后的土布产量应高于1940年。如巩县土布在政府进行统制后，直到1942年，仍有较大发展。"据回郭镇布业公会的呈文所说，在未被统制以前，全部每日约能收买六、七千匹土布。"1939年，政府开始对土布进行统制，由官方机构按官价收买，到1941年，"回郭镇每日至少可收二千匹布"。1942年，政府成立"采购处"，限价收购，洛阳土布业受到沉重打击。"'采购处'成立后，每日只能收买十几匹了。这个数字也许稍微有点夸张，即对于过去数字估计得太高，对于现在的数字估计得太低。但无论如何，土布的销售量的激剧减少，都是铁一般的事实。"② 巩县回郭镇1941年一天2000匹的采购量，为1940年度巩县各乡镇土布生产量（8200匹）的24.39%，巩县如无大量的土布生产，回郭镇无法每天收到2000匹土布，由此可见，1941年、1942年，巩县的纺织业应有较大发展。

再如镇平棉纺业在抗战时期也得到长足发展。到1944年，"县内主要棉织品产地贾宋、杨营等地的16个自然村，有织机2000多台，从业3486人，

---

① 《河南建设述要》，张研、孙燕京主编《民国史料丛刊》第377册，第221页。
② 彭泽益编《中国近代手工业史资料》第4卷，第423页。

年产白棉布 40 万匹，条格棉 14 万匹"。另外，"贾宋的李慎动、黑龙庙等地有毛巾机 1000 余台，织袜机 900 余台，年产毛巾 60 万打（每打 12 条），袜子 50 万双"。① 在唐河，1937 年后，"县城织布机发展到 1500 多台，产品由白布发展到格子布、条子布、蚊帐布，远销襄樊、武汉、重庆等地"。② "纺织厂百余家，手遝机 130 台，从业约 700 人，年产细布 1400 万尺。"③ 镇平的棉纺织业比巩县回郭镇更加繁荣，且持续时间长，直到 1944 年仍在发展中，这与洛阳地区有所不同。

卷烟是河南的主要工业，抗战时期烟草业迅速兴起，手工工场数目犹多。抗战爆发后，由于英美烟草公司早已撤离，南洋公司于 1938 年迁入后方，过去被挤垮的河南本地烟厂、烟行和转运公司纷纷开业，面临沦陷区，背靠大后方的河南烟叶生产、卷烟制造和烟草机械生产迅速发展起来。据《河南省志·烟草工业志》记载："抗日战争时期，河南省广大农村严重短缺卷烟，手工卷烟又发展起来。到 1944 年以后，手工卷烟已成为烟区农民一种副业，几乎遍及烟区农村。"④ 如"巩县回郭镇抗日战争以后机器卷烟厂家发展最多的一个镇。该镇从 1938～1945 年共开业 31 家"。⑤ 在许昌，"1937 年许昌城区大小烟行达百余家，转运公司 30 多个，搬运工人近千人"。在抗战期间，"全国烟商云集烟行，许昌已有'烟都'之称"。⑥ 河南卷烟业进入"第二个鼎盛时期"。⑦ 河南卷烟厂主要集中于许昌、南阳的部分县市及洛阳的巩县，其他县市烟厂较少。这些烟厂"设备简陋，厂房多利用民房或简易公房，设备除卷烟机、切丝机外，全部靠手工操作"。⑧ 显然，这些注册的卷烟厂也以手工操作为主，大多为手工作坊式工厂。

河南手工卷烟业的大衰退主要是由日军入侵所造成。1944 年日军发动

---

① 《镇平县志》，第 490 页。
② 《唐河县志》，第 375 页。
③ 《唐河县志》，第 358 页。
④ 河南省地方史志编纂委员会编《河南省志》第 44 卷《烟草工业志》，河南人民出版社，1995，第 34 页。
⑤ 《河南省志》第 44 卷《烟草工业志》，第 2 页。
⑥ 《河南省志》第 44 卷《烟草工业志》，第 20 页。
⑦ 《河南省志》第 44 卷《烟草工业志》，第 2 页。
⑧ 《河南省志》第 44 卷《烟草工业志》，第 54 页。

豫湘桂战役，河南西部、南部沦陷，"许多工厂歇业。到1945年日军投降时，郑州市卷烟户为20家，从业人员100余人，资金折合小麦1.3万公斤"。① 在临颍，1944年春，"全县大小烟厂10余处，卷烟工人700余名"。后由于"日军入侵，工厂破产"。② 在唐河，抗日战争期间，"最为兴盛的是卷烟、酿酒、纺织三业。有卷烟厂70余家，从业14000余人"。1945年夏，"日军一度占领县城，县城工业遭破坏"。③ 日军再次发动战争，是河南手工卷烟业衰落的直接原因。

纺织业的兴盛带动了纺织机械制造的发展。河南制造纺机厂所，原仅有洛阳行都慈幼院及禹县慈幼院两处，均规模狭小，产量不多。孟津县纺机制造厂虽已成立，但以销路迟滞，无形停闭。自河南省建设厅推广手纺以来，各县纺机需求量大增，除上述3县纺机工厂外，各县踊跃建厂，新兴工厂，计有南阳22县。④ 纺织机械制造业在抗战时期得到了较快的发展，由战前的3家（其中孟津县纺织机械厂停产）增加到25家，为战前的8.3倍强。25厂资产共计244330元，平均每厂资金为9773.2元，其中内乡县纺纱机具制造厂资本15万元，约为25厂总资本的61.39%，南阳合作社纺机制造厂22000元、巩县仙凫纺机工厂12000元，分别占总资本的9.00%强和4.91%，有7家工厂资产在200~600元，1000~5000元者16家，除极个别工厂外，大多工厂资金缺乏。各工厂所使用的机器，多为传统的锯、钻、刨、虎头钳子及旋床等木匠、工匠所用器械，没有先进机器设备，25家工厂中，有22家工厂每家仅有1个技师，2家每厂2个技师，1家3个技师，说明后方绝大多数纺机厂技术落后、设备简陋，急需资金投入、技术人才培养和设备更新。尽管如此，25家工厂每月可生产851部纺织机、弹花机等纺织机器，在一定程度上推动了后方棉纺业的发展。

河南"造纸全系家庭手工业，属农村副业之一种，其较发达区域，为嵩县、南召、鲁山、禹县等处"，但所造纸质粗糙，面不平滑，不适于印

---

① 《河南省志》第44卷《烟草工业志》，第36页。
② 《临颍县志》，第360页。
③ 《唐河县志》，第358页。
④ 《河南建设述要》，张研、孙燕京主编《民国史料丛刊》第377册，第170页。

刷，且产量有限。"抗战以来，外纸既不易输入，国内纸业复多受敌人摧毁，致到处纸贵供不应求，值此抗战期中，若采新式制造法，财力既所不许，机器亦难购置，惟有就原有手工纸业，加以改良，使产量增加。"关于改良措施，一是在造纸厂集中区域，提倡农民种稻，广育稻苗，利用废纸，以期造纸原料增加。二是派造纸督导员到各县造纸厂进行技术指导，常为驻厂指导制造，以改良纸质，增加产量。三是要求各县筹措基金，设立民生工厂，普遍推广造纸事业。① 在政府提倡下，后方造纸业得到一定发展，1940年，通过对国统区密县、禹县、南召、鲁山、郏县、伊阳、嵩县、内乡、郾城、南阳等10县的调查，有工厂1023家、工人5535人（因鲁山没有工厂统计数量，工人亦未计入），每家工厂平均有工人5人，故各造纸厂应为手工作坊式生产。1023家（南召、鲁山没有统计，未计入）手工作坊，共生产草纸743500斤（粗草纸按草纸计，郾城生产草纸、麻纸7000斤，皆按一半计算）、麻纸3500斤又40147.5捆（南阳产麻纸15万张，每捆800张，合187.5捆）、火纸210000斤、粗纸30000斤、报纸50000刀，② 所产纸张非办公、印刷用纸，且生产数量有限，很难满足后方各地的需求。由此可知，发展造纸业，改良造纸工艺，提高纸张质量，是河南省政府亟须解决的问题。

制革业在政府的推动下也有较大进展。据统计，在国统区20县，共有制革厂179家，资本125995元，每家约合703.88元。用硝鞣、熏制、泡制等方法生产牛羊皮等48182张，平均每家约合269张，与纺织、造纸等行业相比，更显得资金少、规模小、生产效能不高，正如河南省建设厅所言，河南皮革制造厂多"资本微小，设备简陋，十之八九均无厂名，近似家庭工业性质"。③

土酒生产。抗战以来，因铁路中断，后方交通全靠公路维持，"每年消耗燃料为数至巨，而汽油之来源困难万分，故急应力谋代汽油之制造，以资救济而利抗战。豫省出产土酒甚丰，可作酒精原料"。在河南省政府的提倡

---

① 《河南建设述要》，张研、孙燕京主编《民国史料丛刊》第377册，第201、200、202页。
② 《河南建设述要》，张研、孙燕京主编《民国史料丛刊》第377册，第201~202页。
③ 《河南建设述要》，张研、孙燕京主编《民国史料丛刊》第377册，第219页。

下，土酒制造在国统区 51 县迅速兴起，每年产量共 7365060 市斤，约合 30 万加仑，各县产量，以南阳为首位。①

另据《新华日报》报道："抗战以来，河南工商业的发展虽然比不上大后方，但丝绸、卷烟、造纸、土布、皮革等业，在二十八年到三十一年间，也曾有过飞黄腾达的黄金时代，自三十年起，随着全国工业的不景气，河南的工业也在风雨飘摇中了。"1942 年灾荒与物价飞涨，为河南手工业由繁荣走向衰落的转折点。如"洛阳一地三十年前，有大小制革厂八十余家，到去年（1943 年——引者注）年底就只剩二十几家了，而开工的只有十几家了"。② 上述报道中说的工业，应该以手工业为主。仅洛阳一地的大小制革厂就接近国民政府经济部统计的 48 家工厂的 2 倍。

抗战爆发后，河南国统区手工业迅速发展起来，究其原因，主要有以下几个方面。首先，是国民政府与河南省政府的提倡和支持。1939 年 1 月，国民党五届五中全会通过的《提倡并奖助手工业生产以裕战时国民生计案》指出：在后方"努力于我国原有之各项手工业，或家庭营为，或由作坊攻治，举凡日常生活必须之品、及公私各项代用物品，均大量奖励其生产。一方提倡使用，著为今程，先求可以自给自足，再进而为选择改良"。③ 1939 年 2 月 15 日，经济部公布小工业贷款暂行办法，"对于经营纺织、制革、造纸、金属冶制、化学、陶瓷、农林产品等工业资本在一万元至五万元之间者，可呈请经济部贷款"。④ 表明国民党及其政府对后方手工业生产的提倡和支持。1940 年 7 月，第一战区经济委员会拟定小工矿业暨家庭手工业贷款办法与贷款契约草案，对第一战区手工业"拟由事业资金内拨款一百万元，办理贷款，予以资助"。⑤ 另外，河南省政府也采取措施，支持各县手工业生产，为河南手工业的发展起到了积极作用。

其次，帝国主义商品倾销消失，为后方手工业生产创造了条件。抗战爆

---

① 《河南建设述要》，张研、孙燕京主编《民国史料丛刊》第 377 册，第 206~207 页。
② 《河南工商业在风雨飘摇中》，《新华日报》1944 年 2 月 21 日。
③ 《中华民国史档案资料汇编》第 5 辑第 2 编《财政经济》(6)，第 80 页。
④ 《中华民国史档案资料汇编》第 5 辑第 2 编《财政经济》(6)，第 135 页。
⑤ 《中华民国史档案资料汇编》第 5 辑第 2 编《财政经济》(5)，第 439 页。

发后，河南三面受敌，战斗不断，英、美等国纷纷撤资他处，中日两国为交战国，日货除走私外不可能大量倾销敌后，而民众对工业品的需求仍然存在，所以，"曾经被国外资本主义浪潮所摧毁的农村手工业，各地都采着自发的姿态重行［新］振兴起来"。① 河南情况与之相同。"由于帝国主义的商品受了战时的军事封锁而不能大量的运销到这里，手工业的或半机器制的代用品的需要便增大起来，于是纺纱、织布、造酒、做油、制烟、造纸、制革等各种经营便增加起来，例如沿唐河两个商业中心赊旗镇和源潭，二年来都有巨大的贸易额，前年（1938年——引者注）年关结帐，赊旗镇商人的盈余总计约在三百万元上下，就是源潭也在百万元以上，其他市镇大小不同，盈余也约略与该二地成比例"，但"自去年（1939年——引者注）春天，豫东界首集成为敌货输入的中心以后，此地投机的商人东去贩运敌货的颇多，如果让它发展下去，则刚刚发达的小规模工业，一定遭受打击的"。② 此段材料告诉我们，唐河各地商业贸易的盈余主要来源于本地手工工场生产的产品；河南部分地区的手工业在抗战开始后发展迅速，1938年即发达起来；自1939年后，唐河已发展起来的手工业不同程度地受到走私日货的冲击。河南手工业在无帝国主义产品倾销的情况下迅速发展起来。

三　商　业

（一）战时主要日用品专卖制

专卖制即把若干重要消费品由政府独占经营的制度，是为了满足国家实现其职能的需要，以国家为主体，以政治权力为依托，利用价值形式或实物形式参与社会产品的分配与再分配，控制产品生产、收购、运输、销售等产销过程的全部或若干环节，是一种综合性的财政经济手段。专卖制具有强制

---

① 《抗战中的中国经济》，第86页。
② 《抗战中的中国经济》，第87页。

性、无偿性、固定性三大特征。① 专卖制于1942年1月1日起实施,其目的在于促进生产,改良制造,调剂供需,稳定物价,以奠定改善社会经济之基础。②

关于主要日用品专卖的主张,抗战前即有人提出。九一八事变后盐税的巨大损失给南京政府财政敲响了警钟,在抗战前的一二年时间,马寅初、千家驹、何廉、杨荫溥、萧淑宇等专家学者,曾纷纷发表文章,阐明自己的战时财政主张,其中,千家驹就提出"实行食盐公卖"的主张。③ 抗战爆发后,国民政府紧急筹划食盐专卖,主要日用品专卖制提上日程。1939年1月,国民党五届五中全会通过《对于财政经济交通报告决议案》,关于食盐方面规定:"食盐引岸制度,流弊滋多,在战时尤不适用,应按前定五年计划决定的,以'民制官收官运商销'为原则,彻底废除引岸制度。"④ 此后,国统区食盐官收官运规模日益扩大,政府对食盐的销售控制日趋加强,盐政虽无专卖之名,却多有专卖之实。由此可知,抗战时期主要日用品专卖制始于食盐专卖。

在国民党五届八中全会上,由孔祥熙等人提交的关于"筹办盐糖烟酒等消费品专卖,以调节供需平准市价"的提案于1941年4月1日通过,"提案"拟定如下专卖办法:"一、政府专卖拟先从盐、糖、烟、酒、茶叶、火柴等消费品试办;二、政府专卖物品,以统制产制、整购分销为初步实施办法。其零售业务仍利用现有商店经营,但须经政府登记,给予特许营业证,并须按照政府规定办法经营买卖;三、政府专卖,以使人民得公平享受、公平负担为宗旨。专卖物品,寓税于价,实行专卖以后,不在对物课税;四、专卖事业有全国普通一致之性质,应归中央统一办理,地方不得对于专卖物品课征捐税;五、财政部专卖事业设计委员会,对于专卖事业之一切制度、章则及其他必要事项,应于四个月内计划完成,即筹设主办机关

---

① 董振平:《抗战时期国民政府盐务政策研究》,齐鲁书社,2004,第187页。
② 财政部财政年鉴编纂处《财政年鉴》3编(下),第7篇"盐政",1948,第1页。
③ 千家驹:《中国的平时和战时财政问题》,《东方杂志》第34卷第1号,1937年1月,第81页。
④ 程悠等编《中华民国工商税收大事记》,第246页,转引自董振平《抗战时期国民政府盐务政策研究》,第190页。

实施专卖。"① 该提案的提出与通过，为主要商品专卖制的实施奠定了基础。

根据国民党五届八中全会的精神，1941年5月26日，国民政府财政部成立国家专卖事业设计委员会，由财政部部长孔祥熙兼任委员会主任委员，刘振东任秘书主任。委员会分为委员及秘书两部，秘书处又分为六组，其中第一组掌管盐专卖的设计。② 1942年1月1日，专卖制开始实施，盐仍由盐务总局主办，"各产销区域，如川康、川北、川东、湖南、江西、两浙、福建、粤东、粤西、云南、贵州、河南、陕西、西北等十四区，则各设管理局……三十四年二月，财政部盐政司与盐务总局合并，改称盐政局，是年十二月二十二日，复奉令准改称盐政总局，内部各单位亦与裁并"。1945年初，"盐政顺应时事所趋，亦由'民制官收官运商销'改为'民制民运民销'，停止专卖，改行征税"。③ 1942年1月，财政部成立卷烟专卖筹备处，负责筹设机构，并计划专卖业务。5月1日筹备处撤销，正式成立烟类专卖局，掌管全国烟类专卖事宜，烟类专卖局成立后，各省区先后办理烟类专卖，河南省于1942年12月10日起开始实行。1945年1月，政府调整税制，烟类专卖取消。④ 财政部于1942年4月成立火柴专卖公司，自5月1日起开始专卖，派员分赴川康黔等省筹设分支机构，以次推及于各区，至各区内未及实施专卖之处，则仍有税务机关课征统税。从"各区火柴专卖举办先后"表看，河南属"未及实施专卖之处"。火柴专卖于1940年1月26日结束。⑤ 糖类专卖采取分区实施之原则，"川康区于三十一年二月实施，粤桂及闽浙两区于同年八月及九月先后实施，分别设立食糖专卖局，以司其事。……三十二年，滇黔两省食糖亦实施专卖，由该区烟类专卖局兼办"。1944年8月16日，糖类专卖取消。⑥ 专卖实行最久者为盐，约为3年时间，其余商品皆在两年半左右。

---

① 南开大学经济研究所经济史研究室编《中国近代盐务史资料选辑》(4)，南开大学出版社，1991，第40~41页。
② 董振平：《抗战时期国民政府盐务政策研究》，第192页。
③ 《财政年鉴》3编(下)，第7篇"盐政"，第1、8页。
④ 《财政年鉴》3编(下)，第8篇"货物税"，第3~4页。
⑤ 《财政年鉴》3编(下)，第8篇"货物税"，第23~24页。
⑥ 《财政年鉴》3编(下)，第8篇"货物税"，第27页。

关于专卖方式，有完全专卖及局部专卖两种。"所谓完全专卖，即产制运销皆由政府经营，在此种制度之下，成本与销售价之差，即为专卖收入，自不必征专卖利益。至于局部专卖，则系生产制造，个人仍可自由经营，仅由国家管制运输，无论政府是否收购，必须征收专营利益，以达到增加国库收入之目的。"① 以食盐专卖言，采取民制官收官运商销办法，看似生产、销售皆有个人经营，实则不然。在民制方面，"规定盐为国有，人民经政府依法给予许可，得以制造，制造人对于政府规定产额，必须遵照产足，以及制法、盐质、分配，暨其他有关产制事宜，亦均由政府统制管理"。关于民销，"规定销务以商营为原则，其原有公家设立之官销机构，如川康、川东两区之战时食盐购销处，及湖南区之官销所，均一律取消，移转于公卖店或依法组织之合作社承办"。② 在河南，"专卖期间，本区销务，悉由各商及合作社组设食盐公卖店办理。各店销额，由盐务机关统筹核定，填注于销盐许可证购盐折内，以资购销。一面由各分支机构，遵照本区食盐公卖店管理规则之规定，对于辖区各店之销数售价随时稽考管制。历经调整补充，全区食盐公卖店数目，最多时曾达一千四百余家，以当时销区六十九县，平均计算，每县即有二十余家，已属相当普遍"。③ 食盐专卖店基本能满足各地民众的食盐需求。

关于烟类专卖方式，"凡已登记合法之厂商，得自行设厂制造，不由政府经营，至各厂商已制成之各牌烟件，由该区烟业同业公会组织之评价委员会，参酌产制成本及品质，加以合法利润，依原条例第十九条之规定，拟订收购价格呈请财政部核准公布。……惟战时政府财政困难，未能立即筹措巨款，从事全部收购，特由专卖局将已核定收购价格之各牌卷烟，按照各承销商号平均配售，由各承销商照配售卷烟牌名数量，向制造厂商缴价承购，并向专卖局照收购价格，机制卷烟缴纳专营利益百分之百，手工卷烟及雪茄烟缴纳专卖利益百分之六十"。④ "战时举办火柴专卖，以不收购为原则，产制

---

① 《财政年鉴》3编（下），第8篇"货物税"，第2~3页。
② 《财政年鉴》3编（下），第7篇"盐政"，第1、4页。
③ 《财政年鉴》3编（下），第7篇"盐政"，第43页。
④ 《财政年鉴》3编（下），第8篇"货物税"，第3页。

方面只处于监督辅助地位，系属局部专卖性质。"食糖专卖与火柴专卖同，且仅在川康、粤桂、闽浙等区域实施专卖，"至未实施专卖省县，仍由税务机关征收统税"。① 由此看来，盐的专卖，从产出到销售，皆在官方掌控之中，个人毫无自主之权，应属完全专卖。火柴、烟、糖的专卖，政府仅加强流通环节的管理，系采局部专卖方式。另外，政府未动用国库钱财，却掌控了烟、糖、火柴等产品的销售，获得巨额财政收入，实属一举多得。

国民政府在抗战时期将盐和部分主要商品改为专卖，是适应战争形势的举措，对坚持抗战及取得抗战的最后胜利起到了积极作用。首先，专卖制的实施，使财政收入大幅增加。国民政府通过专卖所得的收入在一段时间内给国家财政以有力的支持，具体情况见表13-12。

表13-12 1942~1945年国民政府专卖收入及其与税收比较所占百分数

单位：百万元

年度	盐专卖	糖专卖	烟类专卖	火柴专卖	其他专卖*	合计	与税收之比
1942	1180	—	—	—	177	1357	48.5%
1943	1823	359	888	95	—	3165	25.8%
1944	1089	470	1707	238	—	3504	11.4%
1945	1781	7	393	89	—	2270**	—

注：*烟、糖、火柴三项专卖的总数，该年国库收支表未予分列。

**本年度2月起废止专卖，恢复征税。本数字只包括1月收入及补缴上年度余额，故不能与该年度税收比较。

资料来源：《1942~1945年度国民党政府专卖收入及其与税收比较所占的百分数》，杨荫溥《民国财政史》，中国财政经济出版社，1985，第127页。

从表13-12可见，1942年专卖收入与该年度税收比较约为48.5%，可知其在1942年度岁入中地位之重要，以后虽大幅递减，但在财政收入中的重要性仍不可抹杀。另外，实施专卖后，四项专卖商品总收入逐年递增，对于缓和国民政府严重的财政赤字起到了较为明显的作用。

其次，通过专卖，国民政府掌握了主要日用品的货源，以其调剂供销，基本保证了军需民用。在实施专卖的4项日用品中，食盐最为重要，为日常

---

① 《财政年鉴》3编（下），第8篇"货物税"，第24、27页。

生活不可或缺。国民政府盐专卖实行完全专卖制，使其掌握大量食盐，基本保证了国统区的军需民食，正如一些研究者所述："如果以当时西南、西北总人口为1亿人（西南7200万，西北2800万），加上军队630万人，加上其他未被日寇占领地区的人口，估计为2亿左右，以每人每年用10斤盐计，需要2千万担左右。这一数字和实施专卖时期盐的产制数、运销数、配销数大体相符。"① 据统计，河南1943年、1944年、1945年运盐和销盐数量分别为2393242.32担、1812043.77担、634375.70担和2369242.32担、960109.06担、435803.58担。② 1943年、1944年河南人口为2595万人、2471万人。③ 1944年日军发动河南战役前，沦陷区人口有8938000人，河南战役后沦陷区人口占全省总人口64.8%，④ 如按此计算，1943年、1944年国统区人口应为17012000人、8697920人，1945年河南几乎全部沦陷，国统区人口虽无统计，人口当更少无疑。由此观察，河南国统区运销盐的数量，每人每年平均合盐数量可达10斤有余，即便加上河南驻军，也能满足河南国统区民众用盐的基本需求。可见，专卖制度的实施，基本保证了军需民用，对后方社会的稳定和持久抗战起到了一定的作用。

另外，由于专卖产品的收购价格往往落后于这些产品的生产成本，对有关生产者的打击也是严重的，故专卖制又在很大程度上阻碍了专卖产品的生产。如1944年3月四川井盐的收购价格为每斤8元，仅为实际成本价格每斤20元的40%～45%。再如食糖，1943年6月间，国民政府在川康区专卖机构核定收购价格为每万斤144000元，仅及成本价186043元的77%。⑤ 在这种情况下，生产者不堪重压，或停工歇业，或减

---

① 抗日战争时期国民政府财政经济战略措施研究课题组编写《抗日战争时期国民政府财政经济战略措施研究》，西南财经大学出版社，1988，第163页。
② 《三十二年度各区运盐统计表》、《三十三年度各区运盐统计表》、《三十四年度各区运盐统计表》、《三十二年度各区销盐统计表》、《三十三年度各区销盐统计表》、《三十四年度各区销盐统计表》，《财政年鉴》3编（下），第7篇"盐政"，第62～65页。
③ 《河南省民国时期的人口发展变化情况》，林富瑞：《河南人口增长与控制》，河南教育出版社，1994，第14页。
④ 《国民党丧失河南地区面积、人口统计》，陈传海、徐有礼等编《日军祸豫资料选编》，河南人民出版社，1986，第68页。
⑤ 杨荫溥：《民国财政史》，第131页。

少生产，以盐为例，"卅一年之实产数为二一七六八二二五．三六担，卅二年实产数为二五〇八〇一六八．四〇担，卅三年实产数为一六六〇五二六八．〇四担，卅四年实产数为一三二三四九〇一．九〇担"。① 除专卖初期盐产量有一定增长外，其后开始大幅下降，专卖的副作用开始显现。再如火柴，在贵阳，专卖制实行后，火柴厂10家就马上倒闭了3家。广西火柴厂过去每天能产80箱，到1943年8月减为20箱，9月减为17箱。四川火柴产量1941年30252箱，到1943年减为13787箱，2年间下降了50%以上。② 专卖制严重阻碍了专卖产品的发展。但总体观察，对部分商品实行专卖，是利大于弊的。

（二）官营商业

抗战爆发后，国民政府为免致物资资敌和平抑物价，曾对贸易实行统制。如1939年夏秋，河南部分县遭受水灾，粮价高涨，省政府为安定民心，维持军民食宿，制定《封购食粮办法》，由政府所属机构统一购销粮食，并以紧急命令形式通饬各县、区遵行。共封户数234443户，查封各种粮食谷物219186担（每100斤为1担）。1943年1月，根据国民政府实行的限价、专卖和统购统销政策，省政府制定管制办法，规定限价以1942年11月30日各地原有价格为标准，要求做到同一地区、同一时间、同一物品只有一个价格；同年2月，省主席李培基制定"计口授粮"等粮食管理三原则，通饬各县办理。③ 在战争年代，政府对粮食、棉花等大宗商品实施统制，利于物价稳定和维持军需民用。为更好平抑物价，河南省政府于1940年"拟定各县平价委员会组织通则，办事细则，并制定委员名单式样，及指定应行平价之日用必需物品表式，通饬各县政府设立平价委员会，切实平定物价"。且各县平价委员会均于该年完成组织，其中"计部准备案者，有郑县等五十九县，章则尚合，业经送部，不准咨复者有郾城等二县，章则不合，令饬更正，尚未呈复者，有尉氏等十一县"。省政府要求各县平价委员会自1940

---

① 《财政年鉴》3编（下），第7篇"盐政"，第2页。
② 杨荫溥：《民国财政史》，第131~132页。
③ 《河南省志》第16卷《政府志》，第272~273页。

— 495 —

年9月起，按月将查核之物价变动情况，送交上级主管部门，并咨转经济部查考。① 河南省政府平抑物价的措施及贸易统制政策，在抗战初期起到了积极作用。

为使统购统销政策落到实处，1938年秋，河南省战时贸易局成立，由河南省农工银行拨足50万元为营运基金，"目的在以经济政治力量，收购运销人民生活必须之物品，调剂供求，平抑物价，安定战时人民生活，并购销土产，使经后方出口，既免资敌，更以充实外汇基金，稳定金融；而抢购战区物资，接济后方需要，亦为该局主要任务之一"。1939年8月，河南省战时贸易局改建为河南省战时贸易委员会，资本增为100万元。1942年，贸易委员会改为河南省贸易公司，资本扩充至200万元。1944年5月豫中各县沦陷，省贸易公司组织扩大，将省平价购销处和省物价管制委员会之物资购销部分均归并于其内，资本增至5000万元，后河南大部沦陷，该公司由南阳仓促迁至西安，贸易停止。②

河南省战时贸易委员会及其他官营贸易机构成立后，利用特权及雄厚资金，收购各地土特产及日用品。据河南省战时贸易委员会统计，从1940年5月至12月，该委员会"计共收购牛皮二十二万三千余斤，除一部售予商民供给制革需要外，计先后售予委员会洛阳办事处约十一万九千六百余斤，猪鬃共收购一千六百余斤……桐油共收购二十七万八千八百余斤，已分别运销各县"。为平抑物价，该委员会还"购食粮约二百三十余万斤，香油九万一千余斤，食盐约三万三千余斤，煤约一百七十五万斤，木炭约二十万斤"。"向各地收购棉花约二十七万斤、土布约九千匹、药材约九万余斤、烟叶约二万五千斤、山家丝约四千余斤，均经配销各地，以资调剂。"③ 另外，河南省政府在1940年度行政报告中，也叙述了1940年5月至12月的物资购销情况，数字与省战时贸易委员会统计略有出入，但大体相当，具体情况见表13-13。

---

① 《河南建设述要》，张研、孙燕京主编《民国史料丛刊》第377册，第242、245页。
② 貊菱：《河南省战时金融》（下），《河南文史资料》1996年第4辑，第173页。
③ 《河南省战时贸易委员会二十九年度五月至十二月工作概况》，1941，第3页。

表13-13 1940年5～12月河南省战时贸易委员会购销物资情况

品名	购量（斤）	购价（元）	销量（斤）	销价（元）	受货人	备考
牛皮	218551.5	139295.737	50000	85000	财部贸委会、军政部军需局等	中央统销出口货品之一种
桐油	278800.5	94708.43	279334.5	216426.92	字不清	同上
猪鬃	1234	—	—	—	财部贸委会	中央出口品
食粮（小麦、大米）	2182172	—	—	—	配发省政府各机关	
食盐	33144	20177.28	30629	15355.18	本省各地	
香油	91443				分销各地	
土布	8250匹又3247斤	58630.42	8750匹266	57366.68	军需局等	
木炭	18756	30597.18	149778	24967.99	省政府及各机关	
棉花	257537	264405.6	128420	237479.34	本省各地	
茶叶	5491	3717.65	2918	19572.05	各机关	
总计	3169036 8250匹又3247斤	649532.297	641345 8750匹	656186.16		

资料来源：《河南省政府二十九年度行政总报告》，张研、孙燕京主编《民国史料丛刊》第121册，第264页。

由河南省战时贸易委员会统计和表13-13可知，省战时贸易委员会所购货物分三类，一是专卖产品食盐、烟叶等；二是统购统销产品，如桐油、猪鬃、牛皮、茶叶等；三是一般商品，如木炭、棉花、香油、粮食等。省战时贸易委员会不仅可购统购统销产品，且可购买专卖产品，说明其享有相当特权。从其购买产品的销售情况看，主要为满足河南军政机关，并非为赚取高额利润，如购入最多的粮食，配发给省府机关及各团体，猪鬃上缴财政部贸委会，牛皮、茶叶、木炭、土布，或售予政府，或供给军需局，只有部分商品销售民间。从省战时贸易委员会的收益看，除配发给省府的粮食外，部分商品利润相当可观，如茶叶购买时每斤约为0.68元，卖出价约为每斤6.71元，卖出价格为买入价格的近10倍；桐油购买价每斤约为0.34元，卖出价为每斤0.77元，卖出价约为买入价的2.28倍；棉花购入价约为每斤1.03元，卖出价约为每斤1.85元，利润在80%左右，可见官营商业利润可观。但销往全省各地的食盐，却有所赔累，购买时每斤约为0.61元，卖出价却约为每斤0.50元，此举对抑制盐价起到了一定作用。由此观察，战时贸易委员会的贸易，具有一定的垄断性，其职能在于用赚取的利润保证政府机关人员日常生活用品的需要，至于平抑物价的作用，并不明显。

属官营性质的商业机构还有河南省合作供销系统。1940年成立河南省合作事业管理处，开始筹建合作物品供销处，到1943年底各县已成立合作物品供销分处43所。省、县物品供销处，为独立经营机构，自成系统，其货物销售的唯一对象为各级合作社。该系统经营货物以日用工业品为主，共分服用、日用、食用、药用及文具等51类。[1] 供销社由政府组织，由社员参股，大权掌握在官绅手中。抗战时期卢氏县于1939年成立合作金库，其业务以放贷为主，附设有供销社，经营食盐及日用杂货，并在各大集镇设有盐店，多为官绅把持。1944年日军攻陷卢氏后，供销社解体。[2] 整体观察，官营商业对平抑国统区物价、支持抗战有一定的积极作用，但更多的是阻碍了商业贸易的正常进行和工业的发展。

（三）私营商业

抗战时期河南国统区私营商业，总的观察，1942年前非常繁荣，1942年后大部区域开始走向萧条。1944年，日军在豫湘桂战役中大举西进、南下，豫中、豫西及豫南沦陷，河南商业在日军的烧杀抢掠下趋于衰落。

抗战爆发后，郑、汴船只移往洛阳，洛阳一时成交通枢纽，周围诸县货物只能先运洛阳，再运往西北及其他各处。如"洛阳南关为水旱码头，有煤厂、竹木行、盐行、棉麻行、猪行、山货行为60余家"。大批货物之运销，带动洛阳商业迅速发展。[3] "商号猛增为4000余家，市场骤然畸形繁荣。"[4] 貂菱在谈到战时洛阳商业时讲，"洛阳亦百货商行林立，大非战前可

---

[1] 河南省地方史志编纂委员会编《河南省志》第42卷《供销合作社志》，河南人民出版社，1993，第36页。
[2] 卢氏县志委员会总编辑室编《卢氏县志（初稿）》《商业·工商物价》，1981，第5页。
[3] 河南省交通厅史志编审委员会编《河南航运史》，人民交通出版社，1989，第184~185页。
[4] 《洛阳市志》第10卷《财政·税务·金融志》，第336页。

第十三章 国民党统治区的经济（上）

比"。① 另据史料记载，在日货走私猖獗之时，洛阳各商店、市场，日货充斥，无所不包，从侧面反映了洛阳商业繁荣。如在文具方面，"最近洛市文具商店与南纸抄庄，各家货架上所有敌国出品之各色油光纸张，光彩夺目，并有象牌、鹤牌铅笔亦曾夹杂于文具盒中。又奸商运来之三角牌，三环牌各色油墨，虽不敢明目张胆，公开发售，但石印局或铅印所商人，均能设法购到"。在布料方面，"最近洛市各百货商行所新到之大批布匹，在门市上观之，阴丹士林与各种'安安'蓝色洋布约百分之七十（安安色布多系上海日新昶织染厂出品），各色花标布，白洋布，及哔叽呢、斜文等类布匹则在百分之三十，而在各商行后室中，又可看到敌货之各种麻葛等类，无不应有尽有，近来洛市布匹行市日益锐落，计数日前'安安'色布每尺价格常在五十七八元左右，麻葛每尺涨至卅七八元左右，近则每匹跌落十元，可见仇货之充斥"。颜料方面，"洛阳市经销颜料之商店，将近百家，其所售之货色，多系德国颜料公司出品，次则为美国，再次为敌国虎牌快靛，近来各颜料商店与百货商行中存货甚多，但均系改换牌号，企图混淆主顾之耳目，就目前观之，要以敌货元青颜料一种为多"。其他方面，"各杂货店内之白糖，皮鞋店内之礼服呢，百货店内之白蓝香皂，诸如此类之仇货"，在商店随处可见。② 上述洛市商业材料告诉我们，抗战初期洛阳各类商店货物充足，可以说琳琅满目，商店林立、商业繁荣，仅专卖颜料之商店即达近百家之多，从侧面反映了洛阳商业的繁荣。另外，各种商铺中日货随处可见，且大量充斥的情况，间接告诉我们当时河南走私的猖獗。1942 年旱灾后，据报载："洛阳粮价飞涨，中等麦每斗价约 80 元左右，百货也呈有行无市之象。"③

除洛阳市外，该地区其他诸县，也都出现了商业繁荣的景象。"1938 年以后，日寇大举内侵，中断了京汉路，陇海路常有警报，人们逃难，经商多辗转于陆道，故洛阳、新安商业若回光返照，骤然兴盛起来，本县商人多骑自行车到洛阳、漯河等地跑生意，饭馆、旅店也纷纷兴起。1941 年后，战

---

① 貊菱：《河南省战时金融》（上），《河南文史资料》1996 年第 2 辑，第 173 页。
② 秦孝仪主编《中华民国重要史料初编——对日抗战时期》第 6 编《傀儡组织——叁、汪伪政权》，第 1109 页。
③ 耿占云、任书安：《抗战时期的洛阳》，内部资料，2005，第 35~36 页。

— 499 —

争日紧,旱蝗交加,商业逐渐凋敝。新安沦陷后,商业遭受严重摧残,城中生意多为小摊,门面坐商寥寥无几。"① 在渑池,"抗日战争爆发后,国民党在渑池设军运代办处,八路军也在渑池设立兵站,往中条山输送军需物资,渑池商业又畸形的繁荣起来,出现了明月楼、亚西园及金城旅社(妓院)等20多家大的饮食服务业。据统计,1939年渑池共有商号308家,且业务兴旺。1941年,中条山失守,军运减少,加之敌机轰炸,商户骤减为127家,1944年渑池沦陷,商业惨遭践踏,商户逃亡殆尽"。② 在巩县回郭镇,1942年土布被统制前,交易量大,布商"每日约能收买六、七千匹土布",以此计算,全年土布交易量在2190000~2555000匹之多,足见土布交易之繁荣景象。1942年后,由于灾荒和政府的统制政策,回郭镇的"纺织业是趋于破灭了",布店也变得冷冷清清。③

在禹州,以药材为主的商品交易日益昌盛,进入禹州近代商贸的黄金时期。"1938年,开封、郑州相继沦陷,药商自郑返禹,商业再度繁荣。翌年,陕、甘、宁、青等省区商人来禹抢购手工卷烟和白布。布行骤然增至30户,每天都有手工卷烟和禹布络绎西运。""抗战初期,禹税收额仅次于洛阳,居全省第二,由此可窥禹商业之繁盛。其商品之百分之八十是在许昌购货,较大的商号则直接从全国各大商埠或产地进货,商品流向旁及邻县。"④ 禹州俨然成为当时豫中的产品交易中心。1942年,"禹境受旱、蝗等灾,市场凋敝。部分商号从外购进大米施舍汤粥。1944年,日军侵禹,部分商号因乱停业"。⑤ 在郑州,"在没有沦陷、没有旱灾之前",商业"还有相当的繁荣,商店有一千七百多家"。但自从1942年旱、蝗灾起,商业十分萧条,"鼎鼎大名的大同路,德华街,福寿街,都成了荒场。冷冷清清的长街,有时走半天遇不到一个行人,高大

---

① 新安县地方史志编纂委员会总编辑室编《新安县志·经济编(修改稿)》(下),1986,第1~2页。
② 渑池县地方史志编委会总编辑室编《渑池县志(修改稿)》第21篇《商业》,1987,第1~2页。
③ 彭泽益编《中国近代手工业史资料》第4卷,第423页。
④ 《禹州市志》,第454、455页。
⑤ 《禹州市志》,第455页。

第十三章 国民党统治区的经济（上）

的市房，有的用砖把门实封着；有的住宅敞着，里面什么东西都没有；有的被敌机炸得东倒西歪，有的被灾民拆去了梁柱。好多门额上还有没剥落的招牌，但实际上已成了任人便溺的地方。全市开门的商店，不及二百家"。① 开业商店仅为灾荒前十分之一。

上述资料反映了抗战时期豫西、豫中部分地区的基本状况，各地的共同之处是抗战初期商业骤然繁荣，且快速向前发展。商业由繁荣走向萧条的转折点是1942年旱、蝗灾荒，而最终使河南商业走向衰亡的是日军对豫西、豫中的占领。豫西、豫中之商业无一例外地走过了由繁荣到萧条之路。

在南阳地区，沦陷区人口的大量内迁使商业迅速走向繁荣。"1938年，郑州②、开封相继为日本侵略军占领，国民党河南省政府机关及郑、汴一些学校曾一度迁至南阳，人口陡增，一时南阳又成为南北、东西货物集散地，商业呈现短暂的兴旺时期。布匹、食盐交易数量巨大，粮食贸易更加活跃，南阳城关粮行由8家增至19家，年销粮食700多万公斤。"③ 另外，"比较兴盛的行业，为时装、杂货、文具、纺织、卷烟、食盐等，仅县城内就有30个行业，687户。百货业利润大增，'经纶百货行'每日留住外地客商百人以上，日均成交额12.75两黄金（合法币30亿元）。其它盐行、粮行、服务业也生意兴隆。民国34年（1945年）日军侵宛后，富商外逃，市场萧条"。④《新华日报》在报道中也说：在豫南地区，"自抗战以后，因为商业的利润率加大，有一部分地主投资于商业资本的经营中"，使商业出现畸形繁荣。⑤ 粮食外销方面，1931～1937年，"宛属地方创办自治，治河改地，推广良种，亩产粮百多市斤，垦地近1800万亩，年产量10亿多公斤，市粮充裕，粮价下跌，粮食走销湖北襄樊、汉口"。"1938～1945年的抗日战争

---

① 李蕤：《无尽长的死亡线——一九四二年豫灾剪影》，《河南文史资料》第13辑，1985，第28～29页。
② 此处有误，1938年日军未占郑州，但由于日机对郑轰炸不断，行政机关、学校等公职人员大批南迁或内迁。
③ 南阳县地方志编纂委员会编《南阳县志》，河南人民出版社，1990，第335页。
④ 《南阳县志》，第336页。
⑤ 君平：《宛南农村经济的现状》，《新华日报》1940年7月15日。

— 501 —

时期，武汉被日本侵略军占领，南销粮受阻。鄂西北和陕东南、豫西南结成粮食市场，商人云集南阳，陆运到舞阳北舞渡码头洪河，经周口、界首、蚌埠，年东销沪宁粮食1500万公斤上下。"南阳已然成为粮食贸易的集散地。"1945年3~8月，日军侵占宛属各县，在南阳县城解放路设裕丰贸易公司，并在南阳县瓦店镇、赊店镇和镇平县城设三个招讨使署掠夺粮食。其它县城和较大集镇，由汉奸供日军粮食。"南阳及周边各县的粮食贸易不复存在，粮贸市场顿时萧条下来。①

在南阳地区的其他各县，商品交易都比战前增加，出现了商业空前繁荣的局面。被誉为中国四大中药材集散地之一的内乡县马山口镇，不仅药材贸易兴盛，其他行业亦俱兴旺发达。抗战前，内乡当地药材、山货和柞丝等物品，大都"经汉口运往上海"，抗战爆发后，"东北、华北、华东相继沦陷，外省迁驻马山口的经商者，仅经营药材行店的就有三十多家。这以来，马山口市场上货物吞吐量大大增加。也是商业旺盛时期"。②

马山口每年农历正月十九和五月十三，举办大型交易会，盛况空前。"会期一到（半个月——引者注），每天都有几万多人参加。各药材行、山货行、木料行、扁担行、拆货店的院内、房内、棚子内外货物堆集如山。交易从早上七点至下午四五点，行店所有人员忙得连饭也顾不上吃，这些大宗上市产品有：山茱萸三十万斤，杜仲四十万斤，葛根二十万斤，山楂五十万斤，连翘六十万斤，桔梗二十余万斤，柴胡二十万斤，辛夷五万斤，苍术二十万斤，二花五万斤，合首乌三万斤，黄芩二十万斤，全虫三千斤，土元五千斤，大黄五万斤，蜈蚣十万条，金钗三百斤，麝香三至五百包。山货有桐油二十万斤，生漆十万斤、漆油十万斤、蜂蜜三万斤、胡桃仁三万斤、花椒五万斤、橡壳三十万斤、栓皮十万斤。皮类有：豹、狼、狐、水獭、獾、黄鼠、野猫、牛羊等千余张。竹木类有：柱、梁、檀、椽万余根，扁担、叉把二三十万条，柴草一二百万斤，芦苇二十万斤、竹杆五十万斤、荆条十万斤、葛条二十万斤、木炭四十万斤。菌菜类有：猴头、鹿茸、羊肚、蘑菇、

---

① 马彬主编《南阳地区粮食志》，中州古籍出版社，1991，第275页。
② 孔亨、伟志：《马山口中草药集散地史迹》，《内乡文史资料》第5辑，1987，第7、8页。

木耳等三万余斤,荃菜三万斤。工业品有:铁锅两万口、犁铧五十万张、箩头、簸箩五千只、条篓十万只、苇席八百捆、火纸两千捆、白棉纸十万把、桑皮纸万余斤、草纸五万斤。土布有:花格、花条、白、蓝、黑等五千尺。食盐千余包,再加上蒸馍、油馍、火烧馍、锅盔等四百多担。全集镇日成交额可达五十至六十万元。"半月会期可达750万~900万元。① 马山口交易会,不仅是药材交易会,实际上已成为百货博览会,其繁荣程度,至今罕见。

据统计,在抗战时期,马山口"有工商业528家,其中'行业53家,药店27家,丝行9家,京广杂货店102家,产业有:锅炉7家、火纸6家、犁铧厂5家、炼铁厂6家、百货日杂32家、小手工业103家,牛、羊、猪、粮行、柴草行、木炭行等105家,固定地点的摊贩卖馍饭等饮食行业67家。非农业人口达2570人之多'"。② 抗战时期的马山口,可谓百业兴隆。当时人所唱的山歌,也可反映时人对马山口的向往和马山口商业的繁荣。时人常唱的民谣中这样写道:"月亮走,我也走,我跟月亮赶牲口。赶到哪?赶到马山口。吃牛肉,喝烧酒,大戏、故事样样有;药材行里有金钗,山货行里卖猴头。买来布匹缝衣裳,买来铁锅下汉口。买条绵苇好席子,买条扁担软溜溜。赶罢大会往回走,赚得钱来好糊口。不枉一路多辛苦,不亏来到马山口。"③ 1945年3月,马山口沦陷,各商号损失惨重,如同庆堂药铺仅丁香一项即损失价值十六七万元,再加上日伪军在马山口周围之骚扰、抢劫及偷盗的日益频繁,"马山口商业和集散地陷于衰落时期"。④

在唐河一带,"沿唐河两个商业中心赊旗镇和源潭,二年来都有巨大的贸易额,前年(1938年——引者注)年关结帐,赊旗镇商人的盈余总计约在三百万元上下,就是源潭也在百万元以上,其他市镇大小不同,盈余也约略与该二地成比例"。⑤ 商人们的盈余,反映了唐河商业的利率之高和繁荣。

---

① 孔亨、伟志:《马山口中草药集散地史迹》,《内乡文史资料》第5辑,第10页。
② 孔亨、伟志:《马山口中草药集散地史迹》,《内乡文史资料》第5辑,第13页。
③ 孔亨、伟志:《马山口中草药集散地史迹》,《内乡文史资料》第5辑,第1页。
④ 孔亨、伟志:《马山口中草药集散地史迹》,《内乡文史资料》第5辑,第14页。
⑤ 《抗战中的中国经济》,第87页。

唐河沦陷后，日军的抢掠、官府的苛捐杂税及物价暴涨，使唐河商业遭到沉重打击，"外地商人被迫回原籍，当地商人也不能安业，一些商号倒闭歇业，仅存的也只能勉强维持现状，只有极少数有权势的绅士及大商人以食盐、杂货、纸烟等垄断市场，捞取横财"。① 从南阳地区的商业经营情况看，该地区在抗战时期商业繁荣，交易发达，1942年大旱灾对其是有影响，但没有豫西严重。1944年日军发动豫湘桂战役及对该地区的进占和抢掠，是南阳地区商业由盛到衰的主要原因。

河南私营商业之所以迅速发展，主要原因有以下几点。首先，非农业人口的大量增加，促进了河南国统区大小城镇的勃兴，带动了商业的繁荣。关于河南国统区有多少人口，没有精确的统计，但战时迁入后方之人员不在少数，主要有以下几类。第一类为驻军和民工。抗战时期，河南三面临敌，因此驻军超过其他省份。相持阶段到来后，河南战场相对平静，据1944年豫湘桂战役前统计，"中国第1战区在汜水、广武、郑州、中牟、尉氏河防一线和许昌、遂平之平汉铁路沿线以及密县、临汝、襄城、洛阳等纵深地区，部署有8个集团军共17个军"。② 如按正规部队编制每军3个师3万余人计算，17个军共有51万多人，即使编制不够，亦应有40多万人。龚古今、唐培吉主编的《中国抗日战争史稿》认为，抗战时期，国民党在河南驻有40万军队。③ 由此看来，国民党在河南的正规部队当在40万~50万人。另外，由于战争的需要，河南省政府还征有大批民工，据统计，"抗战期间，国民党在全国征募壮丁14050521人，其中在河南征募1898350人，数量居全国第二"。④ 这189万多被征募的壮丁，大部分留在河南，以为抗战服务。第二类为河南政府机关、学校、文艺科研单位等官员、师生、技术人员和文艺工作者，在抗战爆发后陆续迁入国统区。第三类是由于灾荒和不忍日伪军政当局虐待而逃出河南沦陷区的民众。据善后救济总署调查处统计，仅河南黄泛区20县抗战中逃离家园的即达

---

① 《唐河县志》，第421页。
② 军事科学院军事历史研究部编《中国抗日战争史》下卷，解放军出版社，1994，第465页。
③ 龚古今、唐培吉主编《中国抗日战争史稿》（下），湖北人民出版社，1984，第291页。
④ 申志诚：《河南抗日战争纪事》，河南人民出版社，1995，第454页。

631070 人，滞留河南境内。① 这样算来，仅上述三类人员在国统区即达 300 万左右，如再加上国统区原有之官员、科研、教育等非农业人口，河南国统区当有 350 万左右的非农业人口。

非农业人口的剧增，使国统区的购买力陡然加大，这是商业迅速繁荣的主要原因。如"抗战时期，省内有几十所学校迁内乡，笔墨纸砚会盛极"。② 内迁的学校是内乡文化用品贸易发达的直接动因。西峡县的夏馆，因 1939 年春河南省立三校（女师、高中、初中）的同时迁入，形势的变化，人口的激增，而商业兴隆，有"夏馆即是小开封"的美称。③ 此外，如前所述，南阳、渑池也因政府机关、学校等的迁入短暂繁荣。上述三地商业的迅速发展或因学校的迁往，或因政府机关及军队在该地的办公、驻扎。许涤新在总结抗战时期大后方商业繁荣的原因时说："非农业人口的剧增……驻军地区和新的行政、文化点的形成，大小城镇勃兴，都成为新兴市场"，加速了商业的繁荣。④ 抗战时期河南商业发展的原因与许涤新对大后方商业发展原因的总结基本吻合。

其次，从市场供给方面观察，抗战前 4 年，河南后方工业和手工业都有所发展，特别是手工业迅速走向繁荣，为河南商业的快速发展打下了基础。另外，河南主要农产品的亩产量，在 1941 年前，承接战前的发展趋势缓慢增长，为后方提供较多的农产品。所以，战后的通货膨胀与物价的上升，在物资充裕的情况下，反而增加了购买倾向，造成商业繁荣。如在豫南地区，"自从抗战以后，因为商业的利润率加大，有一部分地主投资于商业资本的经营中"，从而促进了该地区商业的发展。⑤ 在洛阳，由于物价上升太快，"工业利润赶不上商业利润"，聪明的工厂主都"以商养工"，勉强支持工

---

① 《近代史资料》编辑部、中国人民抗日战争纪念馆编《日军侵华暴行实录》(1)，北京出版社，1995，第 619 页。
② 内乡县地方史志编纂委员会编《内乡县志》，三联书店，1994，第 486 页。
③ 张道明：《夏馆手工业、商业历史概论》，《内乡文史资料》第 5 辑，第 108 页。
④ 许涤新、吴承明：《新民主主义革命时期的中国资本主义》第 3 卷，人民出版社，2003，第 583 页。
⑤ 君平：《宛南农村经济的现状》，《新华日报》1940 年 7 月 15 日。

业,在工厂大批倒闭的情况下,商业却依然在发展着。①

最后,由于抗战时期河南分国统区与沦陷区两部分,国统区成了日货进入西北后方市场和后方货物倾销沦陷区的集散地之一,成为敌我双方货物贸易的前沿,此为河南商业快速发展的又一原因。前述抗战时期内乡县马山口商业的空前繁荣和洛阳日货的充斥,可为最好例证。总之,物资的充裕与非农业人口的增加等原因,促成了抗战前期商业的繁荣,而1942年大灾荒造成的物资极度匮乏与1944年日军对河南的再次入侵,使河南商业逐步走向衰落。

(四) 走私贸易

河南商业繁荣的地方,多与走私紧密相连,而伪军头目、日伪政府官员与国民党军政要员往往是最大的走私贩,河南省伪省长陈静斋和伪军头目张岚峰就是靠走私贩运谋取暴利的。在走私过程中,"敌人以劣货倾销被占地区并以多方设法侵入内地,其目的在尽量吸收法币,套取外汇及抢夺我物资,故所倾销之货物多为匹头、杂货、奢侈品及毒品等类"。特别是毒品,日军及日伪头目在豫北、豫东设有毒品加工厂,强迫陷区农民种烟苗,故"烟土一项在沦陷区非常便宜,每两价格五、六元,但运至界首、周口、漯河一带每两可卖二十五元。因此不良军人及情报人员多贩运烟土白面,甚至武装包运。据调查敌开封特务机关近有大规模之组织专以毒品向我方运送,据多方调查只周口一处每日输入海洛因即不下七八万元,其他各口输入数量亦极巨大"。日伪在向后方倾销产品的同时,以较高价格在接近国统区的地方收买粮食、棉花、漆、桐油、大麻、牲畜、猪鬃、木材等。如1941年"二三月间周口以八百元(单位百斤)之猎(应为猪)鬃运到商邱可以售四千八百元,用以换取二百四十盘盘纸再运回周口,可以卖至九千六百元"。为此,敌伪对陷区走私多有安排,"对我奸商(国统区商人——引者注)携带法币购运敌货者即指定与敌商筹办之行栈代为接洽并向敌伪发给良民证任意通行"。"敌人'维持会'、'宣抚班'及'特务机关'对奸商亦极联络,

---

① 《河南工商业在风雨飘摇中》,《新华日报》1944年2月21日。

如有提供我方情报者即减轻货价或给予资金以示鼓励。"① 日军及日伪机关对走私多予方便，促成了周口及新黄河两岸据点走私猖獗和商业的畸形繁荣。

抗战初期，敌人为吸收法币，换取外汇，将大批日伪货走私到大后方，而河南邻近战区，成为走私的前沿阵地，"自二十八年春起，大批敌货即由界首、漯河走私内销，郑州亦输入一部，汇经洛阳源源内运。据大公报估计，在二十八年敌货倾销后方者，达五万万元以上，其中由豫、晋侵入，达于陕、甘者，约为三千六百万元"。走私在使日伪向后方倾销大量商品、套取法币、打击敌后民族工业发展的同时，也造成了敌我交界之城镇商业畸形繁荣。"据河南农工银行二十九年营业报告书记载：仅界首（豫皖交界城镇）一地在二十八年七月交易盛时，平均每日各种货物之交易额在二百万元以上；郑州在二十八年春，每月亦有三百万元以上之输入口。""漯河在战前虽为一小市镇，但在战时因当沦陷区货物内输之孔道，客商云集，已为一大商埠。"在此设立的金融机关有河南农工银行分行及中央、农民两行办事处，"尚有豫生厚（总号在洛阳）、德泰祥（总号在西安）等银号，经营存放款及汇兑等业务，亦多兼营商业"。② 至"三十三年五月豫中各县沦陷后，南阳一变而为过去之界首，商行林立"，商业极其繁荣。③ 三处皆因处敌我交界而迅速繁荣。可见，敌我交界之市镇界首、漯河、皂庙、郑州、南阳等商业的繁荣，与走私有着密不可分的联系。

在走私的过程中，"豫东之开封商邱等地为走私之最大集散地点，陕洛一带商人络绎不绝。仅开封某一处每日法币之流入即在五万元左右，查流入之法币，完全为中央、交通、中国等三行之小额新钞，往往号码相连，以购买海盐、布匹、碎货及鸦片海洛因等为多"。④ 前述洛阳所卖日货，有部分即由开封走私过去。伪河南省省长陈静斋经常派出人

---

① 陈传海、徐有礼等编《日军祸豫资料选编》，第 268～269 页。
② 貉菱：《河南省战时金融》（上），《河南文史资料》1996 年第 2 辑，第 173、219 页。
③ 貉菱：《河南省战时金融》（上），《河南文史资料》1996 年第 2 辑，第 176 页。
④ 陈传海、徐有礼等编《日军祸豫资料选编》，第 249 页。

员到上海、天津、北平等地,"以采购伪省公署公用物品为名,购买大批各种轻工业品,包括烟卷、布匹、纸张等等。这些商品,普通商人贩运,没有日军特务机关许可证,铁路上不给装运,商人申请许可,很难批准,即能免强领到,在运输时,常受到种种刁难和敲诈勒索。因而开封、新乡、安阳等地商人,视从外地购货为畏途,货源不畅,开封等地各种工业品,较京津等地市价,高出一倍以上"。陈静斋以伪政府名,大肆购货,"既不用报税,又可优先运输",运来货物,供应开封、新乡、安阳等地的商人,陈还"设法打通关节,派其卫队长用伪省署大卡车把货物运到朱仙镇一带新黄河岸,售与抗战区官商,获利更多"。开封绥靖主任孙良诚、庞炳勋等都与汤恩伯派来的人员有联系,在沦陷区收购各种轻工业品及毒品,运到朱仙镇卖给汤恩伯,换取抗战区的粮食及副食品。① 故在走私的带动下,国统区与沦陷区相接的主要集镇,往往出现商业畸形繁荣的景象。

沦陷区部分地区商业繁荣虽不能说皆因走私所为,但与走私有密切联系。如盘踞豫东的伪军头目张岚峰在商丘城内复兴街十九号,设有豪华的招待所,接待来自京、津、青、沪的中日商人,且与汤恩伯联系密切。"张以采办军用品为名,在沦陷区各大商埠购买大量轻工业品,与汤恩伯在抗战区收刮的各种农副产品互换,转手之间,利益倍增。一九四二年,猪鬃在抗战区,每斤不过七、八元,到天津每斤价五十元以上,一般商人因黄河无法通过,不能经营,张岚峰和汤恩伯,利用其军事力量,得以任意贩运,大发横财,其他商品大都如此。"另外,日本商人"大都是通过张岚峰和汤恩伯的渠道进行的"。1946 年人民武装第一次解放柘城,在张岚峰老家的住宅中,搜出黄金 400 多斤,鸦片毒品甚多,都是张经商发财所得。"在沦陷区,张岚峰是最大的军阀资本家。"② 由于军阀间走私之便利,与张联系密切的汤恩伯,日本商人及其他达官显贵,纷纷在商丘开厂设店,进行贸易经商,一时间商丘商业出现极其繁荣的

---

① 邢汉三:《日伪统治河南见闻录》,河南大学出版社,1986,第 175~176 页。
② 邢汉三:《日伪统治河南见闻录》,第 174~175 页。

景象。

另外，一些商人将许多棉织品由豫东走私到国统区，"由豫运陕之布匹，多系改牌之敌货，不论四十码或三十码之有色洋布、斜纹布、哔叽呢、直贡呢，多系改换牌号运来，改换地点，多在蚌埠商丘两处"。① 与此同时，豫西商家将大批棉花东运游击区，销往豫东沦陷区。如巩县、洛阳各棉商多在豫西阌乡、灵宝等地，采购大量棉花，分批运往鄢陵、扶沟、郾城、界首等处，转往游击区出售，据统计，1940 年前两个月，洛阳瑞丰祥、公正祥、庆盛和、裕泰、长记、永源、义成、广盛泰、昌记等商号分别东运棉花 245 包、98 包、82 包、198 包、94 包、218 包、134 包、85 包、124 包。这些棉商只知个人谋利，"不顾国家民族利害，将棉花源源资敌，当局亦不予制止，殊堪痛恨"。② 另据《巩县周报》报道，1940 年 3 月 13 日夜，巩县东站镇商号义聚丰等不顾国家法令，将 20 余车棉花偷运密县，途中被查获。③ 由此看来，抗战初期，国统区对私运棉花资敌，既禁止，又不甚严格。

综上所述，河南走私贸易主要在国统区与沦陷区军政大员中进行，贸易地点多为敌我交界之城镇，且贸易数额巨大，如前所述，1939 年春，郑州每月有 300 万元以上的进出额，按此推算，年贸易额在 3600 万元以上。关于贸易产品，日伪以输出制成品及毒品为主，致使洛阳商店中日本制造品充斥，国统区以出口农副产品为主，主要输出原材料。此种走私方式，对国统区多有不利。国民政府虽颁布法令、成立缉私机构，但效果并不明显，如沿新黄河各口岸的走私活动，"直到一九四四年四月日军大举西犯，隔河经商的局面才有改变"。④ 1944 年 5 月，豫中各县沦陷，南阳成为沦陷区与国统区交界地后，"后方客商来此采购货物，多携带大批黄金，在南阳出售，然后再购买其他货物运回后方"。黄金为国民政府

---

① 秦孝仪主编《中华民国重要史料初编——对日抗战时期》第 6 编《傀儡组织——叁、汪伪政权》，第 1260 页。
② 《由洛阳东运棉花统计表》，秦孝仪主编《中华民国重要史料初编——对日抗战时期》第 6 编《傀儡组织——叁、汪伪政权》，第 1135~1136 页。
③ 巩县通讯《奸商取利，不顾公令》，《巩县周报》1940 年 3 月 16 日。
④ 邢汉三：《日伪统治河南见闻录》，第 176 页。

明令禁止运往伪区物品,商人们的交易,应多在私下进行。"三十四年四月豫西南阳、内乡等县失守后,不肖奸商偷运黄金改由陕县东至洛阳出售资敌,并刺激后方金价上涨。"① 据此观察,抗战时期的河南走私贸易从未停止过。

---

① 貊菱:《河南省战时金融》(上),《河南文史资料》1996 年第 2 辑,第 176 页。

第十四章
国民党统治区的经济(下)

一 财政与税收

抗战爆发后,国民政府仍然执行原来的财税政策。在财政收入锐减,1940年农业歉收,通货膨胀加剧的情况下,国民党政府于1941年4月的国民党五届八中全会和6月的全国财政会议上制订了战时财政改革计划,对抗战时期财税政策进行改革,确立了战时财政体系。河南省政府根据中央政府的精神进行了财税改革,组建了新的税务组织,确立了河南战时财税体系,同时,也使原本就沉重的税收变得更加繁重。

(一)战时财政体系的确立

河南战时财政体系确立主要表现在战时税务政策的制定和税务组织的建立。

税收为理财之本,也是财政是否健康的标志。战前,"关税、盐税、统税为南京政府的三大支柱。抗战爆发后,三税税源大部丧失,国民政府陷入财政危机"。[1] 当时的有识之士和经济学家为适应战时之需要,曾提出战时财政政策,开征战时利得税等意见。但"政府当局大都倾向于保守地继续实行其举借内、外债的传统办法。政府对于财政问题掉以轻心"。[2] 1938年

---

[1] 许涤新、吴承明:《新民主主义革命时期的中国资本主义》第3卷,第475页。
[2] 张公权:《中国通货膨胀史(1937~1949)》,杨志信译,文史资料出版社,1986,第79页。

3月制定的《抗战建国纲领》，号召抗战与建设并重，而对于如何筹措经费，并无办法。"政府迁重庆后，后方物价本低，又连年丰收，大量发行钞票竟未引起大的骚动，对于财政仍是'掉以轻心'。"1940年农业歉收引起物价和财政赤字猛涨，国民政府才于1941年制订战时财政改革计划，实施战时财政政策。①

1941年财政改革的主要内容如下。第一，改变征课标准，货物税（原统税）改从量征收为从价征收。1941年9月，按照新开办课税标准，糖类、汽水、统税及烟酒税税率，一律改用从价征收，这在通货膨胀中等于提高税率。第二，试办专卖，实行盐、烟、火柴、糖的专卖制。第三，扩大课税范围。如1939年将原征汽水税扩大课征范围，改为饮料品统税，麦粉推广征收及半机制。1940年加课手工卷烟税。1941年加课水灰税，并入原有水泥税课征范围。1942年4月开征茶类统税。1943年3月开征竹木、皮毛、瓷陶、纸箔等统税。② 原只征大宗商品的统税，加征于各种物品。第四，地方财政方面，"省级财政并入国家财政，自治财政则以县市为单位，并包括县以下各级地方自治团体"。③ 由原来的中央、省、县三级财政收支划分为中央财政与自治财政两大系统，于1942年1月1日开始实施。确定县级收入为：①土地税，中央分给25%；②营业税三成至五成；③契税附加；④遗产税三成五；⑤印花税三成；⑥土地改良物税；⑦屠宰税；⑧营业牌照税；⑨使用牌照税；⑩筵席及娱乐税等。④ 1941年财政体制改革及同时进行的田赋征实政策，标志着战时财税政策的实施，即战时财政体系的确立。国民政府战时财税体系的确立，增加了税源和税收，同时也加重了工、商、农业的负担。

地处抗战前线的河南，饱受战火危害，财政收入减少幅度与国民政府相比有过之而无不及，"河南省的税收收入主要靠洛阳周围地区"。⑤ 财政常常

---

① 许涤新、吴承明：《新民主主义革命时期的中国资本主义》第3卷，第476页。
② 《财政年鉴》3编（下），第8篇"货物税"，第1页。
③ 《财政年鉴》3编（下），第12篇"地方财政"，第1页。
④ 《财政收支系统改制前后县（市）级税课比较表》，《财政年鉴》3编（下），第12篇"地方财政"，第2~3页。
⑤ 《洛阳市志》第10卷《财政·税务·金融志》，第295页。

入不敷出，如1938年、1939年、1940年三年的收支状况是：财政收入分别为3267.9万元、2616.5万元、1006.3万元，支出为3838.6万元、2894.2万元、1069.9万元。① 由三年财政收支情况看，每年财政收支差额分别为570.7万元、277.7万元和63.6万元。具体到实际收支情况，恐怕比统计的收支状况会更加严重。如1941年河南省财政收支预算皆为1434.7713万元。② 而实际情况是当年财政收支相抵，"不敷五百万元"。③ 在财政入不敷出的情况下，河南财税系统执行1941年中央财政改革计划，逐步完善河南战时财政体系。

1942年6月3日，河南省公布《河南省各县自治税捐征收处组织规程》，要求各县设立自治税捐征收处暂管各县自治税捐的征收，自治税捐主要有土地改良物税即房捐、屠宰税、营业牌照税、使用牌照税、筵席及娱乐税、特赋收入、财产收入（即公房房租公田学田课租）。其中房捐、筵席及娱乐税、特赋收入等是新设税种，专为战时所开。④ 9月12日，《河南省各县市筵席及娱乐税征收规则》公布，规定"各县市原有之行为取缔税及其他娱乐税捐无论已往原用何种名称一律改为筵席及娱乐税征收"。征收范围及征收率为："筵席按原价百分之二十"，"以营利为目的之电影、戏剧、书场、球房及其他娱乐场所按原价百分之五十"。⑤ 1943年11月18日公布《河南省各县市房捐征收细则》，规定"凡未依土地法征收土地改良物税之各县市政府所在地及其他商务繁盛或住民聚居在一百户以上确有纳捐能力之地区，其房屋均征收房捐"。征收比率为"营业用房出租者为其全年租金百分之二十，自用者为其房屋现值百分之二"，"自家用房出租者为其全年租金百分之十，自用者为其房屋现值百分之一"。免征房捐的居民需具备以下

---

① 《民国时期部分年份河南省财政收入统计》、《民国时期部分年份河南省财政支出统计》，《河南省志》第45卷《财政志》，第14、160页。
② 《各省所属县市及特别市地方收入分类预算表》（二）、《各省所属县市地方支出分类预算表》（二），《中华民国史档案资料汇编》第5辑第2编《财政经济》（1），第571、581页。
③ 《中华民国史档案资料汇编》第5辑第2编《财政经济》（1），第499页。
④ 河南省政府秘书处编《河南省政府公报》复刊第3期，1945年12月21日，第11页。
⑤ 河南省政府秘书处编《河南省政府公报》复刊第3期，1945年12月21日，第22页。

两条,"居民自住之房屋每户不超过一间者","毁坏不堪居住房屋"。① 这样看来,基本上所有住户都要交房捐。1944年2月公布《河南省各县市屠宰税征收细则》,规定凡屠宰牛、猪、羊等牲畜者,均按牲畜时值价格征收"牛百分之五、猪羊百分之四"的屠宰税。② 11月6日,公布《河南省各县市营业牌照税征收细则》,规定凡在各县市境内经营娱乐业、奢侈化妆、装饰、古玩品业、迷信业、各种杂货售卖、典当业、理发浴室业等,均征收营业牌照税。税务征收时按投入多少,从30万元至2000元划分12等,征收1500元至10元不等的营业牌照税。③ 与此同时,在组织上河南省国统区实行了二级财政体制和田赋征实的政策。这样,河南省就在1941年中央财政改革后,制定了一系列的税务法规,且根据中央精神,征税时将原来的从量征收改为从价征收,将河南财税体系纳入中央战时财税体系。

在战时财税政策实施的同时,河南税务组织系统逐步完善,在原财政组织系统的基础上,将原属河南省财政厅管辖的省所得税办事处更名为河南省直接税局,同时设货物税局。局下设科,分税务科、会计科和总务科。科下设股,如税务科下设稽查、审核两股。省局下设分局,变为直接税与货物税两局,共有洛阳分局、郑州分局、郾城分局、禹县分局、许昌分局、沈丘分局、灵宝分局、临汝分局、潢川分局等。各分局下辖利得税、遗产印花税、营业税、总务四股。各县设税务查征所,由分局直接管辖。各地税务系统于1941年后建立。1943年财政部为紧缩开支,调整税务机构,将直接税局与货物税局合并,省级设税务管理局,由原来的税局下设科改为设七科二室,各地分局与县税务查征所做相应调整。这样,从组织层面建立了更为完整的河南税务征收系统。税务组织系统的设立与完善,为增加河南税收、支持河南抗战起到了积极作用。④

---

① 河南省政府秘书处编《河南省政府公报》复刊第3期,1945年12月21日,第17页。
② 河南省政府秘书处编《河南省政府公报》复刊第3期,1945年12月21日,第15页。
③ 河南省政府秘书处编《河南省政府公报》复刊第3期,1945年12月21日,第19~20页。
④ 薛兆棠:《抗战前后河南直接税点滴回忆》,《开封市志资料选辑》1983年第1期,第25~26页;光山县税务局税务志编辑室编《光山县税务志》,1986年12月,第25~26页;《洛阳市志》第10卷,第315页;《卢氏县志(初稿)》《财税·金融》,第55页。

（二）财政收入与支出

抗战时河南财政收入主要由两部分组成，一部分为工商税收，如货物税和直接税、房捐等，另一部分为田赋（1941年改为田赋征实，由向政府交钱改为征收小麦、大米或杂粮等实物）、田赋附加及征购和征借。财政支出主要有行政、保安、教育、建设等多项。从财政收支情况看，1941年前入不敷出。1941年以后，河南省财政预算收支是平衡的，且实际收入远高于预算收入，具体情况见表14-1、表14-2、表14-3。

表14-1 1938~1940年河南省财政收支统计

单位：法币万元

年份	1938	1939	1940
收入	3267.9	2616.5	1006.3
支出	3838.6	2894.2	1069.9

资料来源：《民国时期部分年份河南省财政收入统计》、《民国时期部分年份河南省财政支出统计》，《河南省志》第45卷《财政志》，第14、160页。

表14-2 1941~1945年河南省战时赋税收入统计

单位：法币元

年份	1941	1942	1943	1944	1945
货物税	28802537	78897153	63198042	86810641	1788229201
直接税	2593790	60736785	221369056	325478901	—
消费税分关收入（洛阳）	—	—	38294576	51089297	16107889
田赋征实折法币数	158287600	245140000	415105500	426047500	—
合计	189683927	384773938	737967174	889426339	1804337090

注：1945年洛阳关战时消费税仅为部分收入，1946年补收的未列入。

资料来源：《战时货物税分区收入（民国26至34年）》、《战时直接税分区收入（民国26至34年）》、《战时消费税分关收入（民国32至34年）》、《战时各省市田赋征实征购征借及折合法币数额》，罗元铮主编《中华民国实录》第5卷下册《文献统计》，第5152、5154、5155、5156~5157页。

表 14-3　1941~1945 年河南省财政预算收入统计

单位：法币元

年　份	1941	1942	1943	1944	1945
预算收入（1）	30523897	86410359	401267740	552233542	4693450190
预算收入（2）	14347713	69702309	156777911	429244375	—

注：预算收入（1）为国民政府会计处根据各年度预算书、决算书会计总报编制，包括追加及追减预算在内；预算收入（2）为财政部统计处根据地方财政司之材料编制，不包括追加及追减预算。

资料来源：罗元铮主编《中华民国实录》第 5 卷下册《文献统计》，预算收入（1）根据第 5126~5127 页《民国 26 至 36 年度各省预算》所得；预算收入（2）根据第 5129~5130 页《民国 26 至 35 年度各省县预算》所得。

由表 14-1 可知，抗战爆发后，河南省财政收入 1938~1940 年分别为 3267.9 万元、2616.5 万元和 1006.3 万元，三年间财政收入减少 69.2%，且年年入不敷出。表 14-2 中的货物税系指内地货物税而言，抗战时期征收者，即有统税、国产烟酒税及矿产税 3 种。列入统税范围者，计有卷烟、熏烟叶、洋酒啤酒、火柴、糖类、棉纱、麦粉、水泥、茶叶、皮毛、锡箔及迷信用纸、饮料品、化妆品等 13 种。[①] 直接税包括印花税、所得税、利得税、遗产税与营业税 5 种。[②] 再加上消费税分关和田赋。上述四项税收基本可代表河南的主要税种，由之可窥见河南省战时财税体系确立后财政收入之全貌和赋税之苛重。根据国民政府财政改革精神，实行田赋征实和税收从价征收政策，使财政收入逐年递增，且远超财政预算收入，以 1943 年和 1944 年两个财政年度计算（因为该两年度税收齐全），3 项税收和田赋征实折合法币分别为 737967174 元和 889426339 元，高出表 14-3 预算收入（2）581189263 元和 460181964 元，高出预算收入（1）336699434 元和 337192797 元，这些巨额收入是在灾荒与战祸连绵不断的情况下取得的。1941 年后的高财政收入，一方面因为通货膨胀的影响，但更重要的是财政改革后，税收从价征收和田赋征实所造成。

另外，表 14-2、表 14-3 还告诉我们：第一，1941 年后，财政预算收入大幅增加，1944 年与 1940 年相比，按未追加预算的预算收入（2）计算，

[①]《财政年鉴》3 编（下），第 8 篇"货物税"，第 1 页。
[②]《财政年鉴》3 编（上），第 4 篇"直接税"，第 1 页。

第十四章　国民党统治区的经济（下）

亦增加 40 倍以上；第二，各项税收数额超过财政预算收入，以 1943 年和 1944 年两个财政年度计算（因为该两年度税收齐全），3 项税收和田赋征实折合法币分别为 737967174 元和 889426339 元，分别为表 14 - 3 预算收入（2）的 4.71 倍和 2.07 倍强，为表 14 - 3 预算收入（1）的 1.84 倍和 1.61 倍强；第三，从财政收入来源看，田赋所占份额巨大，1941~1944 年，田赋占四项税收份额分别为 83.45% 弱、63.71% 强、56.25% 弱和 47.90% 强，整体观察，田赋占各项税收的 60% 以上，说明河南国统区财税收入的不合理和工商业的不发达；第四，田赋在各项税收中占比逐年递减，说明 1941 年后战时税收政策产生了明显效果和工商业税收的苛重。

财政支出主要指国家对军事、行政、教育及经济建设的开支。关于战时河南省财政支出的详细资料，由于战争原因很难搜集齐全，但从 1941 年和 1942 年的预算支出情况及 1938~1942 年河南实业费支出情况可窥见基本轮廓。具体情况见表 14 - 4、表 14 - 5。

表 14 - 4　河南省 1941~1942 年财政支出预算

单位：法币元

	1941 年	各项支出占总支出比例（%）	1942 年	各项支出占总支出比例（%）
总计	14347713	100	69706309	100
政权行使支出	164880	1.149	—	—
行政支出	5433943	37.873	12052680	17.292
教育文化支出	3411864	23.780	20382808	29.243
经济建设支出	383682	2.674	4559107	6.541
卫生及治疗支出	201960	1.408	485400	0.696
保育及救济支出	197582	1.377	236780	0.340
保安支出	1013260	7.062	8876362	12.735
财务支出	272856	1.902	1953716	2.803
普通补助及协助支出	1453628	10.131	298531	0.428
社会事业支出	—	—	479000	0.687
其他支出	7583	0.053	8501989	12.198
预备金	1806475	12.591	11879936	17.044

资料来源：《各省所属县市地方支出分类预算（30 年度）（二）》、《各省所属县市及特别市地方支出分类预算（31 年度）（二）》，《中华民国史档案资料汇编》第 5 辑第 2 编《财政经济》（1），第 581、585 页。

由表 14-4 可知，1941 年支出占比前 5 位的为行政支出、教育文化支出、预备金、普通补助及协助支出和保安支出，前 5 项共约占财政总支出的 91.44%，而经济建设支出仅占 2.67% 强。1942 年支出占比前 5 位是教育文化支出、行政支出、预备金、保安支出和其他支出，前 5 项支出占财政总支出的 88.505%，经济建设支出为 6.54%。说明河南财政支出主要用于行政事业和保安开支，经济建设支出微不足道。但这种极不利于经济建设和医疗卫生建设的财政支出预算是基本符合战时情况的。从实际财政收入与财政支出预算看，据不完全统计，1942 年财政收入为 384773938 元（见表 14-2），财政支出预算总额为 69702309 元（见表 14-3），财政收入约为财政支出预算总额的 5.52 倍，说明战时财政体系确立后，河南财政收入应能满足财政支出。

另外，从 1938~1942 年部分年份的实业支出情况，亦可看出当时河南省财政支出中经济建设费用少得可怜，具体情况见表 14-5。

表 14-5　1938 年（1~6 月）至 1942 年河南省实业费支出统计

单位：万元

年份	财政总支出	实业费	占财政总支出(%)	建设费	占财政总支出(%)
1938	3838.6	14.3	0.373	84.9	2.212
1939	2894.2	13.3	0.460	77.1	2.664
1940	1069.9	43.9	4.103	—	—
1942	1020.2	—	—	94.8	9.292

资料来源："财政总支出"一栏来源于《河南省志》第 45 卷《财政志》第 160 页《民国时期部分年份河南省财政支出统计》，"实业费"和"建设费"两栏来源于《河南省志》第 45 卷《财政志》第 168~169 页《民国时期河南省部分年份实业费支出统计》。

表 14-5 中的建设费支出包括建设厅、河务局、林场和农工场经费，修筑公路费，船舶管理处经费，推行农村合作事业费，农业倡导委员会和工业倡导委员会经费以及建设专用费，基本涵盖了经济建设的方方面面。[1] 由表 14-5 可知，建设经费支出占财政总支出比例基本徘徊不前，1942 年建设

---

[1] 《河南省志》第 45 卷《财政志》，第 169 页。

费支出最高为94.8万元，将这94.8万元用于修路、合作事业等方方面面，可谓杯水车薪。这样的财政支出显然无法推动河南经济的发展和提高人民的生活水平，同时也可从侧面看出河南财政收入的不足与资金的匮乏。

（三）田赋征实

1. 田赋征实政策的制定及实施

田赋征实即田赋以国币征收改从实物征收。1940年7月，福建省财政厅厅长严家淦提出一个田赋征实计划，呈报蒋介石核准后，开始在全省63县试办，然后推广于全国。① 1940年12月，孔祥熙提出《拟请准各省田赋酌征实物，其征率分别专案核定案》，该案经国民党国防最高委员会第47次常会决议通过。该提案认为："查吾国田赋现实以国币征收，本为顺应时代之进步办法。无如年来粮价飞涨，以昔年所定制税率，征此粮价飞涨后之田赋，按之收益税之原则，粮价税率显不相同。当各省以粮价高涨之故，感于收支不敷，纷纷以现征之钱数，照民三或民国二十五年之粮价折成粮额，照现实粮价折成国币征收，反复折算，手续繁复，且恐难期公允，殊非所宜。"故提出因地制宜，在粮价过高地区，可实施田赋征实。② 由此观察，实施田赋征实的原因，主要为应付粮价增长过快，保证政府有足够的财政支出及减少来回折算粮价之手续。

1941年3月，财政部向国民党五届八中全会提出《建议田赋暂归中央接管提案稿》，从物价上涨过快、增加税收、保证军需民用、为田赋征收公平等方面论述了田赋征实的必要性，并建议"中央先设整理田赋筹备委员会，筹划全国田赋之整理事宜"，为田赋征实做准备。③ 为此，国民党五届八中全会于4月1日通过了《为适应战时需要，拟将各省田赋暂归中央接

---

① 魏宏运主编《中国现代史》，高等教育出版社，2002，第378页。
② 中国第二历史档案馆编《中华民国史档案资料汇编》第5辑第2编《财政经济》(2)，江苏古籍出版社，1997，第175～176页。
③ 《中华民国史档案资料汇编》第5辑第2编《财政经济》(2)，第176～178页。

管，以便统筹而资整理案》，决议将各省田赋暂归中央接管，并斟酌战时之需要，依各地生产交通状况，将田赋一部或全部征收实物。6月16日，财政部召开第三次全国财政会议，通过《遵照第五届八中全会田赋暂归中央接管整理之决议，制定接管步骤、管理机构及各项实施办法案》，决定1941年下半年中央接管各省田赋。全国除辽宁、吉林、黑龙江、热河4省及河北、察哈尔因沦陷，新疆情形特殊，暂缓办理外，其余各省，一律改征实物，由财政部于各省县设置田赋管理处主持其事。县以下征收机构，采用经征经收分立原则，经征由田管机关负责，经收由粮食机关负责。① 1943年下半年，湖南、江西、福建等13省田赋管理处与省粮政局合并，改组为田赋粮食管理处，各县市田赋管理处与县市政府粮政科合并，改组为县市田赋粮食管理处，县以下原设征收处，改称乡镇办事处，仍设收纳仓库。1944年，河南、陕西、云南3省，省田粮机构合并，改组为省县田赋粮食管理处。1945年，四川、贵州、两广4省的省县田粮机构亦合并改组为省县田赋粮食管理处。各县经收业务，仍由原设征收处办理。②

为更好实施田赋征实，1941年7月行政院颁布《田赋征收通则》16条，规定："战时田赋一律征收实物，其有特殊情形地方，经呈准后，得将应征实物按照当地市价折纳国币。"正式以法律条文形式将田赋征实政策确定下来，所谓可折纳国币的特殊地方，应为不便运输的敌我交界区域。田赋征收单位为县（市）田赋管理处，征收时采取征、收分立办法，"凡粮食机关成立，其经收实物事宜，由粮食机关办理。又设立公库地方，经收款项事宜，由公库办理，至于粮食机关或公库未成立地方，经征与经收应行分立，各专责成，以便互相牵制"。③ 关于赋额折征标准，规定："各省田赋征收实物依30年度省县正附税总额每元折征稻谷2市斗（产麦区得征等价小麦，产杂粮区得征等价杂粮）为标准。"④ 田赋征实于1941年开始，全年额征数

---

① 陈雷：《抗战时期国民政府的粮食统制》，《抗日战争研究》2010年第1期。
② 《财政年鉴》3编（上），第5篇"土地税"，第1页。
③ 《中华民国史档案资料汇编》第5辑第2编《财政经济》（2），第179页。
④ 陈雷：《抗战时期国民政府的粮食统制》，《抗日战争研究》2010年第1期。

第十四章 国民党统治区的经济（下）

为 2300 万石。① 与此同时，行政院还颁布《田赋征收实物考成办法》和《田赋催征通则》，对各省县粮食经征官进行考评，考核分数以额征数匀作 10 分计算，凡各省县经征官努力征收工作，按时或超额完成任务者，分别给予记功、记大功、优奖、特奖等奖励；凡不能按时完成经征任务者，根据实情分别给予记过、记大过、降级、免职等处分。对任何不能按时上缴田赋的公共团体及个人，进行催征，"凡有恃势抗完，业经传追无效，而其欠粮总额已达三年应完赋额以上者，除传追外，得移交司法机关查封拍卖其欠赋财产"，② 以便通过奖惩及催缴等办法，使政府得到更多粮食。

1942 年 7 月，行政院公布《战时田赋征收实物暂行通则》25 条，对 1941 年颁布的《田赋征收通则》内容略有增删，规定"战时田赋一律征收实物"，"征收实物就各省主产稻谷或小麦征收之，不产稻谷或小麦之地方，得折征杂粮"。再次明确战时田赋以征实为主及征实的主要品种。关于赋额折征标准，规定："各省田赋征收实物依三十年度省县正附税总额每元折征稻谷四市斗或麦二斗八升为标准，其赋额较轻或较重之区域，由中央酌为增减。"赋率较 1941 年之规定，有一定增加。该通则还规定："征收实物概以市石为计算单位，其尾数至合为止，合以下四舍五入。""田赋每年征收一次"，开征日期由省主管田赋机关参照征实物收获日期呈请核定。田赋开征前一个月，征收机关应将征收日期布告各地，"并即发通知单分送纳赋人"。纳赋人在开征 3 个月后仍不缴纳者，"分别予以滞纳处分"。"业户如有短匿粮额情事，准有人民告密，经查属实后"，对短匿者课以 2 倍处罚，其罚额半数奖给告密人。③ 1942 年通则比 1941 年《田赋征收通则》更加具体、全面。由于赋率增加，1942 年田赋额征数可达 3000 万石，但当时全国军队及公务人员约为 1500 万人，年需粮食估计为 7500 万石，两者相差甚巨。④ 国

---

① 《抗战时期之粮政概述》，秦孝仪主编《革命文献》第 110 辑，台北：中央文物供应社，1987，第 33 页。
② 《中华民国史档案资料汇编》第 5 辑第 2 编《财政经济》(2)，第 180~182 页。
③ 《中华民国史档案资料汇编》第 5 辑第 2 编《财政经济》(2)，第 193~195 页。
④ 《解放日报》1941 年 11 月 2 日。

民政府"乃在粮产丰富及有余粮地区,给价收购,至三十一年改为随赋征购"。1943年继续办理征购,但为减轻国库负担,政府决定酌加征实数,酌减征购数,其中河南、湖北、湖南等8省,征购配额谷麦合计为13470000市石。征购价款,绥远、青海两省全付法币,贵州半数付法币,河南、湖南两省3成付法币,7成搭粮食库券。在办理征购的同时,四川、浙江两省为抑制通胀,减少支出,开始实施征借,并推广至除新疆外的所有国民党统治区。1944年"全国各省一律举办征借"。① 田赋征实演变为田赋征实、征购、征借的田赋三征。1943年是河南大灾之年,政府征实、征购、征借并进,且7成以上征购粮搭配粮食库券,可见田赋三征并非只在产粮丰富或有余粮的地区进行,而是涵盖所有国统区。另外,为解决各省保安、警察及公务人员的粮食问题,在田赋三征的同时,经中央批准,从1942年起,各省分别实施了带征县级公粮制。② 田赋征实种类增多。

国民政府田赋征实的最初目的主要是调剂各省军需民食,故开始征实种类仅为稻谷、小麦及部分杂粮等粮食食物,而中国幅员辽阔,物产不同,一些种植经济作物的地区,不产粮食作物或仅产少量粮食,如自贡的产盐区,河南、陕西、湖北、湖南等省的产棉区。以河南为例,纯产棉区棉田约占耕地70%乃至90%,其余10%种小麦,次产棉区,一般棉田也占耕地40%~50%。③ 政府只征粮食的结果,使陕、豫、鄂、湘等产棉区域,多卖棉买谷,以完纳田赋,粮户多感不便。于是,1943年开始,"对于各该产棉区域田赋一律改征棉花,归物资管理机关负责经收"。④ 棉田征实政策在产棉区开始实施,田赋征实范围进一步扩大。

1941年,田赋征实开始,根据田赋征实政策,各省县田赋粮食管理处均增设经收科及技术人员,主管经收和修建仓库事宜。河南地处抗战前线,

---

① 《财政年鉴》3编(上),第5篇"土地税",第11~12页。
② 《财政年鉴》3编(上),第5篇"土地税",第15页。
③ 马寅初:《财政学与中国财政:理论与现实》(下),商务印书馆,1948,第381页,转引自郝银侠《抗战时期国民政府棉田征实制度研究》,《抗日战争研究》2010年第2期。
④ 《中华民国史档案资料汇编》第5辑第2编《财政经济》(2),第201页。

第十四章 国民党统治区的经济（下）

田赋征实后先后遭遇旱蝗灾害，可田赋征实数额却逐年递增，人民负担愈来愈重。关于河南田赋征实情况见表14-6。

表14-6 1941~1944年河南田赋征实、征购、征借统计

单位：市石

征实种类		1941年	1942年	1943年	1944年
预计数	征实	1385900	1000000	1500000	723300
	征购	—	1380000	1500000	—
	征借	—	—	—	682175
	累进征借	—	—	—	50000
	合计	1385900	2380000	3000000	1455475
征起数	征实	1582876	1009329	1523413	742510
	征购	—	1442071	1499100	—
	征借				732070
	累进征借				
	合计	1582876	2451400	3022513	1474580
征起数与预计数百分比(%)		114	103	101	101

注：1. 河南征收实物种类为小麦。
2. 征借从1943年开始，1944年在全国实行，并以征借代替征购。
3. 1943年征实一栏内包括征棉305321斤，折合麦17095石。
资料来源：《各省市田赋征实数额（30年度）》、《各省市田赋征实征购数额（31年度）》、《各省市田赋征实征购征借数额（32年度）》、《各省市田赋征实征购征借数额（33年度）》，《中华民国史档案资料汇编》第5辑第2编《财政经济》（2），第238~245页。

除1945年河南因战争免于征实、征借外，由表14-6基本可窥见河南田赋征实之全貌，1941~1944年，不管是战争或灾荒，河南田赋征实数量逐年递增，且每年都超额完成征实任务，1944年征实、征借共1474580石，与1943年相比减少51.21%，但该年自河南战役后，"能征粮县份，仅南阳等二十四县，其中泌阳、桐柏、方城、南召、灵宝、阌乡、卢氏、项城、罗山等九县，或一度沦陷，或局部仍被敌占，或接近敌区，时遭窜扰，损失至巨，势难如额征足，其余南阳、唐河……内乡等十五县，虽未被敌扰，然或因旱蝗灾重，收获锐减，或以陈报错误，实有赋

额较册载赋，相差甚巨"。① 以土地并不完整的 24 县，完成原 68 县近半数的田赋征实数额，24 县实际征实数量远高于 1943 年的田赋征实数额。因河南省政府及省田管处征实努力，1942 年度国民政府给予河南省田管处处长记大功 2 次、副处长记大功 1 次的奖励；1943 年度给予省田管处处长记大功 1 次、副处长记功 2 次的奖励。② 河南人民在 1942 年饿死 300 万灾民的情况下，仍按时完成当年田赋征实任务，为抗日战争的胜利做出了巨大贡献。

田赋征实后，按田赋征实通则，各地不得再以土地为对象，"带征或摊派"。但因物价飞涨，各县市地方，皆感入不敷出，"于是县市各自为政，纷纷自行摊派食粮，以维各级公教团警人员之生活。中央鉴于各省县摊派公粮，漫无标准，必须控制，乃决定自三十一年度起，实行随赋带征县级公粮"。③ 本应禁止的各省县摊派公粮，从 1941 年起，被国民政府合法化为"带征县级公粮"。根据国民政府规定，1943 年，河南省按田赋征实额 3 成带征县级公粮，共带征县级公粮 45 万市石；1944 年按各县实情核配带征数额，共带征 479186 市石。④ 各省"带征县级公粮"的实施，是田赋征实的又一衍生品种，它虽解决了各县公教团警人员的生活问题，对支持抗战起到了积极作用，但进一步加重了人民负担，1940 年代河南每遇灾荒，灾民便饿殍遍野，死亡枕藉，与国民政府田赋征实数额不断增加不无关系。

2. 成效及评价

关于田赋征实的作用和影响，学术界主要有两种代表性的看法。一种观点认为，田赋征实是一项可靠、有力的财政措施，对保证军队、公务人员的粮食供应，解决国家财政困难，缓解通货膨胀的压力起到了积极作用，对支持持久抗日具有重要意义。⑤ 另一种观点认为，田赋征实政

---

① 《财政年鉴》3 编（上），第 5 篇"土地税"，第 37 页。
② 《财政年鉴》3 编（上），第 5 篇"土地税"，第 8~9 页。
③ 《财政年鉴》3 编（上），第 5 篇"土地税"，第 15 页。
④ 《三十二年度各省带征公粮数额表》、《三十三年度各省带征公粮数额表》，《财政年鉴》3 编（上），第 5 篇"土地税"，第 15~17 页。
⑤ 抗日战争时期国民政府财政经济战略措施研究课题组编《抗日战争时期国民政府财政经济战略措施研究》，西南财经大学出版社，1988，第 66、77 页。

第十四章 国民党统治区的经济（下）

策的实施，是对人民的残酷掠夺，给广大农民带来了沉重的额外负担和说不尽的苦难。① "国民党的征实、征购或征借，口口声声是为抗战筹措粮饷而举办的，人民激于保家卫国、免作亡国奴的一片赤诚，开头不仅不持异议，而且还积极响应。后来，当局不顾人民的负担能力，大搞竭泽而渔，加上采取横征暴敛的手段，累犯弄虚作假、贪赃枉法的罪行，招来啧啧怨言。有的州县，把人民逼上梁山，引起暴乱。"② 消极作用是巨大的。

应该说，上述两种看法都有一定的合理性，但又不够全面。我们认为评价田赋征实问题，应当从抗战的角度来观察，其是否对抗战起到积极作用，应为评价的主要标准。当然也要看到国民政府及国统区各地政权在执行该政策时的缺点与不足。纵观田赋征实政策的实施，对抗战做出了卓著的贡献。首先，田赋征实的实施，保证了军队粮食的供应，起到了安定军心的作用。为保证军粮供应无缺，国民政府本着"预算从宽，支用核实"的军粮拨付原则，宽为预备。③ 1941年度（1941年10月1日至1942年9月底）全国军粮预算，共为米10073000大包，麦7529870大包。实际拨交数为米9629836大包、麦7019843大包。1942年度（1942年10月1日至1943年9月底）军粮预算按628万人用量配备，核定总额为米12267688大包，麦7277612大包。其实拨数为米11039656大包、麦7019843大包。由于本着"预算从宽"的原则拨付军粮，虽然各地军粮不能如期如数拨付，但军队给养未感匮乏，且有一部分年度终了后交拨的军粮，可作屯备之用。④ 1943年度全国军粮配额以600万人计算，并决定90%配备现品，10%发代金。总计该年度现品部分配米10428875大包，麦7051439大包；代金部分计米659000大包，麦1305000大包。1943年度由粮食部实拨军粮现品米3998141大包，麦6594891大包。1944年度

---

① 杨荫溥：《民国财政史》，第121~123页。
② 刘仲麟：《也谈1942年田赋征实的税率与税负问题——兼与朱玉湘同志商榷》，《近代史研究》1987年第4期。
③ 《中华民国史档案资料汇编》第5辑第2编《财政经济》（9），第368页。
④ 《中华民国史档案资料汇编》第5辑第2编《财政经济》（9），第368页。

— 525 —

全国军粮按615万人配备，最终核定配拨军粮数量现品部分为米9839500大包，麦5957576大包；代金委购部分米1102000大包，麦1430000大包。① 截至1945年4月，各省已拨军粮数，现品部分米5524000大包，麦3883000大包。② 河南"驻军大都集中西北沿河各地，而产粮主要区域则偏于东南西南二角，故驻军各地产量不敷需要，大部粮食需由豫西南二区运来，所运数量，每年约在一百二十万包以上"，这些粮食皆由南阳民众从豫南运到豫西地区，以保证军粮供应无缺。③

据何应钦《日本侵华八年抗战史》一书统计，抗战期间，历年军队受粮食补给人数，1941年度425万人、1942年度512万人、1943年度546万人、1944年度681万人。④ 以1942年度、1943年度、1944年度拨付军粮情况观察，前两年接受军粮配额人数分别比军队接受粮食补给人数多出116万人、54万人，1944年少66万人，总体3个年度军粮配额人数比军队接受粮食补给人数多104万人，也就是说3年间多给军队拨发了104万人的粮食，600多万军队能够按时得到粮食补给，对于安定军心，坚持持久抗战，具有重要的意义。

其次，田赋征实，为政府平价或免费配发公教人员食粮奠定了基础。为保障后方政府机关、学校等公务机关的正常运转及社会稳定，在田赋征实的同时，1941年7月，国民政府颁布《非常时期改善公务员生活办法》，规定凡中央公务员及其眷属（本人及眷属以5口人为限）每人每月可领购平价米2市斗，每市斗收平价款6元。⑤ 从1942年5月起，各省省级公教人员照中央公务员例配给平价米，每斗收基本价6元。1943年1月起，改按中央公务员同等待遇，一律免费发给公粮，并按各省实有员工人数核计应需数列入预算，在各该省征粮项下划拨。县级公务人员1942年前，由各省自行筹办，无统一规定。1943年，"实行随赋带征县

---

① 《中华民国史档案资料汇编》第5辑第2编《财政经济》（9），第369~370页。
② 陈雷：《抗战时期国民政府的粮食统制》，《抗日战争研究》2010年第1期。
③ 卢郁文：《田赋改征实物后河南省粮食储运及征购》，河南省秘书处编译室印《河南政治》7月号，1942年10月27日，第35页。
④ 何应钦编著《日本侵华八年抗战史》，台北：黎明文化事业公司，1982，"附表十三"。
⑤ 《中华民国史档案资料汇编》第5辑第2编《财政经济》（9），第370页。

级公粮",其带征额以不超过实征额30%为限。据不完全统计,"配发给中央及省县各级公教员工食粮,除平价购领和折发代金者外,1943~1945年免费配发现品部分,共拨谷5920万市石,麦828万市石;其中属于随赋带征县级公粮者,谷2808万市石,麦502万市石;其他专案批准价拨者尚未计算在内"。① 带征公粮大多无偿拨发给了河南国统区的公教人员。另外,如此巨额的粮食免费配发给各级公教人员,只有在田赋征实的情况下才能做到,对稳定后方人心,坚定人们的抗战信念,影响甚巨。

再次,有利于增加财政收入,缓和通胀压力。自1941年开始,后方粮价高涨,据统计,战时后方重要粮食市场价格指数1930~1936年平均为100,1937~1945年(1945年1~8月)重庆市粮食市场价格指数分别为140、110、121、703、3591、6854、12856、48501、109555;南阳市粮食市场价格指数分别为151、149、220、352、1259、5852、24493、23701、42413。② 其他城市粮食价格增长情况与重庆市、南阳市大体相同,都是经历1938年、1939年的小幅回落后开始上涨,1941年大幅上扬,从此一发不可收拾,直至抗战结束。在粮价一路攀升的情况下,部分商人及大户囤积居奇,军粮民食,均感困难。此时若以法币购买军粮和支付公务人员工资,必将进一步加大货币投入,造成更严重的通货膨胀。田赋征实后,1941~1944年全国谷麦征起数分别为25560297市石、66175687市石、64780678市石和57094427市石,河南小麦征起数分别为1582876市石、2451400市石、4131653市石和3873903市石。③ 政府掌握了数量巨大的粮食,并在此基础上实施粮食配给,不仅使后方军警、公务人员生活得到保障,而且减少了货币的发行,无形中缓和了通货膨胀的压力。正如一些学者所言:"抗战后期的各项经济统制政策,以粮食统制及其配给制最富成

---

① 陈雷:《抗战时期国民政府的粮食统制》,《抗日战争研究》2010年第1期。
② 《战时后方重要粮食市场价格指数统计表》,罗元铮主编《中华民国实录》第5卷下册《文献统计》,第5055~5056页。
③ 《战时各省市田赋征实征购征借及折合法币数额》,《中华民国史档案资料汇编》第5辑第2编《财政经济》(2),第236~237页。

效。"① 粮食统制和配给制实施的基础是政府掌握了大量粮食,而大量粮食的取得得益于田赋征实政策的实行。

另外,田赋征实的实行,使政府的财政收入急剧增加。田赋原应列作税项,但自田赋征实后,国民政府财政部并未把它折成法币列入财政收支之内。它成了国民政府税收外甚至预算外的一种增加财政收入的重要手段,如将征实物资折成法币约数与同期税项收入做一比较,便可知田赋征实对增加税收的作用。关于税项收入与田赋征实等所得实物折合法币约数的比较见表14-7。

表14-7　1941年7月至1945年6月各年度税项收入与
田赋征实等所得实物折合法币约数比较

年度	调整后的税项收入 (百万元)	田赋征实等折合法币约数 (百万元)	征实等合税收的 百分数(%)
1941	1160	5114	441
1942	5928	14169	239
1943	18396	49628	270
1944	35894	100976	281

注:1941年度的调整后的税项收入是这样得出的:以上年度收入的2/3,与下年度收入的1/3相加,即667百万元×2/3+2807百万元×1/3=1160百万元。以后各年度计算相同。在急剧通货膨胀下,以年度后半期作2/3计算,对估计膨胀因素,还是不足,但比较各自折半计算,要接近事实一些。
资料来源:《1941年7月至1945年6月各年度税项收入与田赋征实等所得实物折合法币约数的比较》,杨荫溥《民国财政史》,第120页。

由表14-7可知,国民政府通过田赋征实等所得实物折成法币,其数额逐年增加,1944年度约为1941年度的19.75倍。特别值得注意的是田赋征实等所得实物折成法币的数额,每年都大幅超过调整后的税项收入,高年度近3.4倍,低的年度亦近1.4倍,平均则为2倍多。如河南新野县,田赋征实后,田赋正税由过去的41579元增加到123578元,为过去

---

① 朱英、石柏林:《近代中国经济政策演变史稿》,湖北人民出版社,1998,第554页。

的297.2%。① 田赋征实等所得实物，虽未折成法币列入财政收支之内，却是最富成效的财政经济措施，国民政府通过征收实物获得相当于调整后税项收入数倍的战略物资，变相增加了财政收入，对坚持持久抗战做出了卓越的贡献。

田赋征实使国民政府获得大批战略物资的同时，也加重了农民的负担。主要表现在：第一，田赋征实种类愈来愈多，数额不断增加。如由开始的田赋征实，逐步发展为征购、征借及县级公粮带征等。田赋征实等数额1941年25560297市石，1942年、1943年、1944年分别为66175687市石、64780678市石、57094427市石。② 即便征实大幅减少的1944年，也是1941年的2.23倍强，这还不包括县级公粮带征的粮食。1944年征粮数额较前两年有较大幅度的减少，这与日军发动豫湘桂战役，河南、湖南、广西、广东等省土地沦陷，大部产粮区域被日军占领不无关系。河南地处三战之地，田赋征实开始后，出现罕见旱蝗灾荒，田赋征实等数额不仅没有减少，反而逐年增加，征实数量由1941年的1582876市石，到1943年增加为3022513市石（见表14-6）。

第二，各级粮政官员的舞弊行为，进一步加重了农民的负担。田赋征实后，粮食的征收、仓储、运输、配拨的每一环节，均有大量贪污舞弊现象。在征收中，经征人员故意将粮户通知单上的赋额"误"写（大多是写多，而不是写少），以便收取"包袱"（即粮户为要求更正所送的红包）。经收人员往往故意刁难粮户，挑剔粮户谷物小麦质量，强行将粮食过风车处理，风出的粮食与谷糠不许粮户带走。验收时又普遍以大斗浮收，常使粮户准备的粮食不足缴纳的数额。③ 在运输过程中，粮政官员将农民应得的粮食运输费用据为己有，使农民无偿负担运粮费用。根据政府规定，被征用车辆，"每日发给七元五角，但就过去经验，往往被人中饱，中央实惠，不能及民，故

---

① 李青志主编《南阳地区财政志》，中州古籍出版社，1995，第235页。
② 《战时各省市田赋征实征购征借及折合法币数额》，《中华民国史档案资料汇编》第5辑第2编《财政经济》（2），第236~237页。
③ 郝银侠：《抗战时期国民政府粮政研究——田赋征实弊失分析》，《历史档案》2010年第2期。

民众所出军粮，常自负运费，此项运费赔累，本省总计在一万万元以上"。"若不幸牲口死亡，赔累数目，必要增大（运输军粮车辆，结连而行长达数里，往往为敌机轰炸目标，人畜死亡于此者甚多），人民爱国心切，自无怨尤，但长此消耗民力，殊有碍抗战前途。"① 其实，运送军粮的农民，比卢郁文所介绍的还要艰难和悲惨。如南阳人民运送军粮到老河口、叶县等地，路途绝无运往豫西北远，但运粮车"路上遭受押车士兵敲诈勒索，稍不如意，即遭毒打，赶快车，拉死牛，拉坏车，弄得车坏牛死，倾家荡产"。② 比运往老河口、叶县远几倍路程到豫西北的运粮农民，命运肯定更加悲惨。

另外，在仓储和配拨过程中，粮政官员也往往大做手脚，如粮食储存期间，在未得到上级配拨命令以前，仓储人员多以劣质掺混优质或提优质谷物另外囤积，再用劣质应付充数，将优质谷物私贷获利或盗卖。等上级要求配拨时，另买其他劣质谷物充数，或将谷物发潮掺水掺糠掺壳以充数。粮食出仓时又多以小斗交接，多收的粮食被经收与仓储人员瓜分，美其名曰"吃仓余"。拨平价谷米时，他们将原来较好的米卖掉，而买回劣质米冒充，或直接在米中添加沙砾或谷糠，把多余粮食盗卖。③ 粮食部督导室视察袁逸之在《关于粮食征购储运加工舞弊扰民建议改善办法报告》中说："局部粮政贪污，已为人民司空见惯之事"，各地经办人员浮收冒斗勒派等现象相当普遍，"如未身临各地者，几难置信"。他认为，"确有十分之五、六的人民受痛苦，而各地仓余全被侵占，至少在百分之十至百分之二十五"。"一切人力概系勒派人民负担，致使人民普遍受害，渐怨及政府征购政策。"④ 实际情况可能比袁逸之报告中所言更加严重。如在长葛，1944 年，地方政府明确规定收粮时加收 15% 的损耗。⑤ 在光山，农

---

① 卢郁文：《田赋改征实物后河南省粮食储运及征购》，河南省秘书处编译室印《河南政治》7 月号，1942 年 10 月 27 日，第 35 页。
② 马彬主编《南阳地区粮食志》，第 76 页。
③ 郝银侠：《抗战时期国民政府粮政研究——田赋征实弊失分析》，《历史档案》2010 年第 2 期。
④ 《中华民国史档案资料汇编》第 5 辑第 2 编《财政经济》(2)，第 195~196 页。
⑤ 长葛县志编纂委员会编《长葛县志》，三联书店，1991，第 425 页。

民除"要耗人力运费送交实物"外，政府"又以低价征购'余粮'。嗣后又实行'超年度征借'，农民辛勤劳动一年，除上交地租、田赋及其税款外，所剩无几"。① 正如林约樵在上呈粮食部的文书中所言："粮食业务，国脉所关，政府征实，原非得已。然观粮政中下级各执事人员，视为利薮，连朋引类，凭奸弄宄，一意污行。即间有自爱，而环境恶劣，势迫力逼，应付困难。欲全位置，且减障碍，遂不惜同流合污，转化一气。"② 田赋征实这一有利抗战的财政经济措施，逐渐成为掠夺农民的苛政，压得人民喘不过气来。

（四）工商税

工商税主要指工业产品所缴的统税及商业经营中的营业税等，即前述货物税和直接税。抗战时期货物税包括统税、国产烟酒税及矿产税3种。列入统税范围者，计有卷烟、熏烟叶、洋酒啤酒、火柴、糖类、棉纱、麦粉、水泥、茶叶、皮毛、锡箔及迷信用纸、饮料品、化妆品等13种。③ 以后统税范围不断扩大，如1939年麦粉税推广征收及半机制。1940年加课手工卷烟税。1941年加课水灰税，并入原有水泥税课征范围。1942年4月开征茶类统税。1943年3月开征竹木、瓷陶等统税。④ 统税范围已扩大至手工业生产，再加上矿产税，抗战时期的货物税基本涵盖工矿业税收。直接税为直接向纳税人的收入或其财产价值征收的税，包括印花税、所得税、利得税、遗产税与营业税5种。⑤ 1941年烟类、火柴、糖类、盐类改为专卖，从统税中剥离，另行计算。另外，地方税收中的房捐、屠宰税、营业牌照税、筵席娱乐税等也应属于地方工商税收。据此统计，抗战时期河南工商税收入见表14-8。

---

① 光山县税务局税务志编辑室编《光山县税务志（1545~1985）》，内部发行，1986，第26~27页。
② 中国第二历史档案馆藏《各省对于粮政问题各项建议暨有关文书》，转引自郝银侠《抗战时期国民政府粮政研究——田赋征实弊失分析》，《历史档案》2010年第2期。
③ 《财政年鉴》3编（下），第8篇"货物税"，第1页。
④ 《财政年鉴》3编（下），第8篇"货物税"，第1页。
⑤ 《财政年鉴》3编（上），第4篇"直接税"，第1页。

表 14-8 抗战时期河南工商税收

单位：法币元

年份	1938	1939	1940	1941	1942	1943	1944	1945
货物税	1228735	2567995	7794684	28802537	78897153	63198042	86810641	1788229201
直接税	11396	174208	1682796	2593790	60736785	221369056	325478901	—
消费税分关收入（洛阳）	—	—	—	—	—	39284576	51089297	16107889
烟类专卖收入	—	—	—	—	—	518132158	715691579	—
盐类专卖收入	—	—	—	—	42683126	66154886	23078195	10799892
火柴专卖收入	—	—	—	—	—	11700662	131205904	—
房捐	—	—	—	—	—	1575174	5306562	—
屠宰税	—	—	—	—	—	7675081	22802997	—
营业牌照税	—	—	—	—	—	2589172	13022208	—
筵席及娱乐税	—	—	—	—	—	1626658	2278043	—
使用牌照税	—	—	—	—	—	2519051	6296411	—
总计	1240131	2742203	9477480	31396327	182317064	935824516	1383060738	1815136982

注：1. 1945 年洛阳关战时消费税仅为部分收入，1946 年补收的未列入。

2. 火柴专卖收入原表为陕豫分公司收入，应为两省专卖收入，列表时以豫陕两省各占 50% 计算。糖类专卖未在河南实施，应包括在商业税收中。

3. 表中所列时间从 1938 年开始，因河南 1937 年除安阳等极个别县沦陷外，基本保持完整，1938 年豫北、豫东、豫南等县沦陷，1938 年及以后的税收数字才能更真实地反映国统区的税收实情。

资料来源：《战时货物税分区收入（民国 26 至 34 年）》、《战时直接税分区收入（民国 26 至 34 年）》、《战时消费税分关收入（民国 32 至 34 年）》，罗元铮主编《中华民国实录》第 5 卷下册《文献统计》，第 5151～5152、5153～5154、5155 页；《战时烟类专卖利益分区收入（31～34 年）》、《战时食盐专卖利益分区收入（31～34 年）》、《战时火柴专卖利益分公司收入（31～34 年）》，《中华民国史档案资料汇编》第 5 辑第 2 编《财政经济》(2)，第 170～171、172～173、174 页；《民国 32～35 年各省县市房捐收入表》、《32～35 年各省市县屠宰税收入表》、《32～35 年各省市营业牌照税收入表》、《32～35 年各省市筵席及娱乐税收入表》、《32～35 年各省市使用牌照税收入表》，《财政年鉴》3 编（下），第 12 篇"地方财政"，第 6～16 页。

由表 14-8 可知，首先，河南工商税收从 1938 年开始逐年增加，而 1941 年是工商税收增加的转折点，此后税收幅度加大，1941 年税收是 1940 年的 3.31 倍强，1942 年约为 1941 年的 5.81 倍，1943 年为 1942 年的 5.1 倍强，1944 年约为 1943 年的 1.5 倍，1945 年在缺少直接税等税收统计的情况下，仍为 1944 年的 1.31 倍强，1945 年工商税收约为 1938 年的 1463.67 倍。1941 年及以后税收增加主要是由于战时财政体制的确立。其次，在工商业税收中，专卖收入所占份额巨大。1943 年烟类、食盐、火柴 3 种专卖品收入为 595987706 元，约为当年工商税收的 64.69%，其中烟类专卖收入约占工商税收的 55.37%；1944 年 3 种专卖品收入 869975678 元，约占当年工商税收的 62.90%，其中烟类专卖收入占 51.75% 弱。这一方面说明国民政府专卖政策在税收方面颇见成效，另一方面说明河南工商税收的不甚合理及卷烟业的发达，盐类专卖收入独占工商税收的 51% 以上。再次，货物税税收 1942 年后增加缓慢，1945 年大幅增长，与 1942 年实施专卖制及 1945 年取消专卖制有关，再次证明卷烟、食盐等工业是河南税收的主要品种。最后，直接税收入开始很少，1942 年开始大幅增加，1943 年、1944 年超过货物税收入，此种情况的出现，与利得税、所得税等新税种的开辟，营业税、印花税由从量征收改从价征收有密切联系。河南 1943~1945 年直接税各税种统计见表 14-9。

表 14-9　河南直接税各税种收入统计

单位：法币元

税种	1943 年	1944 年	1945 年
所得税收入	—	—	6771026
利得税收入	69289468	79188714	—
遗产税收入	—	—	3742082
印花税收入	13237585	26057707	—
营业税收入	91045187	158223014	—

注：所得税、遗产税收入原表为豫鄂两省，列表时以两省各占 50% 计算。

资料来源：《历年所得税收入分区统计表（民国 32~35 年）》、《历年利得税收入分区统计表（民国 32~35 年）》、《历年遗产税收入分区统计表（民国 32~35 年）》、《历年印花税收入分区统计表（民国 32~35 年）》、《历年营业税收入分区统计表（民国 32~35 年）》，《财政年鉴》3 编（上），第 4 篇"直接税"，第 8~19 页。

表14-9反映抗战后期国民政府直接税各税种的征收情况。由此可见，利得税、所得税等新税种的开办，确为河南增加了不少税收，特别是战时财政体制确立，直接促使直接税收入的增加。工商税收的增加对抗日战争的胜利起到了积极作用，但也加重了工商业的负担，不利于工商业的健康发展。

二　金融业

经济为战争决胜之条件，金融为经济之中枢。战时河南金融，为全国战时金融之一环，而此时河南近半沦陷，已成战争之前沿，金融备遭日伪破坏，与后方其他省份相比，困难尤多。为因应战争和发展生产事业，河南省财政金融当局，根据中央金融政策，从容运用，逐步建立起各县银行、合作金库，河南农工银行在战火中也有一定发展，从而使河南金融网点得以建立。战时河南金融的发展，一方面"在行政完整区内，发展生产事业，充裕战时军民之需要"，起到了积极作用；另一方面对"打击敌伪金融阴谋，抵制伪钞，维持法币价值，并抢购物资，争取沦陷区经济权益"等，"实有不少贡献"。①

（一）金融网的建立

抗战爆发后，河南地方金融有所发展，故战时河南金融网点，主要由河南省农工银行及其在各地建立的分行、各县银行及合作金库构成。各行所用货币仍为法币，法币地位无可撼动。抗战前，"豫省境内之金融机关有河南农工银行总分行处四十处，中央、中国、交通、农民、浙江兴业、金城、上海商业储蓄、大陆、北洋保商等银行分支处三十六处，及钱庄、银号等四十余家，对于该省金融勉能调剂"。从金融机构所设网点观察，可以说，河南省内、省外银行（包括四大银行）及钱庄、银号在河南三分天下。"抗战起

---

① 貊菱：《河南省战时金融》（上），《河南文史资料》1996年第2辑，第169~170页。

后，金融感应敏锐，各省银行在豫之分支机构为策安全，首先紧缩信用，收回放款，将资金调拨后方，迨战事沿平汉线延展至河南安阳时，则竞先撤退。及二十七年秋，在河南之省外金融机关之分支机构仅余中央银行及中国农民银行之分行处三处而已，当时河南之金融惟赖河南农工银行总分行处之支撑耳。"① 1939年后，河南战局渐趋稳定，中央银行、中国银行、中国农民银行开始在豫增设办事处，但亦不如战前，仅在洛阳、郑州、许昌、漯河等地设立办事处。而河南农工银行却"积极增设分行处，谋业务之发展"。1941年后"各县县银行设立，省合作事业管理处指导各县积极筹设联合金库"。② 河南金融网在国统区逐步建立起来。

七七事变后，由于省外银行纷纷撤离河南，国统区的金融业务主要由河南省农工银行和各县银行、合作金库承担，所以，河南农工银行在抗战时期所设分行处不仅没有减少，反而有所增加。据统计，战前河南省农工银行共有省内外分行处37处。七七事变后，"首先将天津、南京、徐州三处撤退"，后将豫北、豫东新乡、安阳、归德、永城等18处行处撤到国统区。1939年后，随着局势的日趋稳定，河南省农工银行在豫西、豫西南大力扩充业务，建立分行和办事处。"截至三十二年（1943年）底止，该行除总行设在鲁山外，分行处达四十一处之多。在省内者三十六处，其中洛阳、许昌、漯河、南阳、鲁山等五处为分行，郑州、陕县、周口、襄县、禹县、潢川、汝南、镇平、西峡口、叶县、临汝、洛阳西工、宝丰、临颖、洛宁、商城、皂庙、灵宝、新郑、偃师、郏县、唐河、嵩县、新蔡、舞阳、西平、渑池、卢氏、巩县、方城、邓县等三十一处为办事处，分布普遍，业已构成全省金融网。在省外之重庆、西安、宝鸡、成都、上海等五处为办事处，可使豫省金融与后方金融相互沟通，并与沦陷区金融联系。"③ 该行在河南国统区建立36行处，比原来在全省建立的行处还多，使其业务触及河南行政完整之县份。河南农工银行的业务扩展，"远胜于抗

---

① 貊菱：《河南省战时金融》（上），《河南文史资料》1996年第2辑，第193页。
② 貊菱：《河南省战时金融》（上），《河南文史资料》1996年第2辑，第193页。
③ 貊菱：《河南省战时金融》（中），《河南文史资料》1996年第3辑，第198~199页。

战以前"。① 河南金融网的建设基本完成。

如果说河南省农工银行各地分行处基本构成了河南金融网，各县银行和县合作金库的建立，是对河南金融网的补充和完善。为调剂地方金融，发展经济，协助地方政治建设，1940 年 1 月，国民政府颁布县银行法，令各省积极筹设县银行。1940 年 2 月，财政部颁布县银行总行章程，"规定在国都设立县银行总行，各省省会设立办事处，以为指导监督各省各个县银行业务之中枢"。② 河南省政府根据中央法令，拟定《河南省设立县银行计划》，要求各县根据计划，于 1941 年 2 月 1 日一律成立县银行。省政府还针对金融人才匮乏之状况，开办了银行人员培训班，令各县银行筹备处派员参加培训，为各县银行的成立储备人才。③ 合作金库为合作社自身独立运用之金融机构，专以调剂合作事业资金为宗旨。河南省关于合作金库之筹设，"自民国二十六年即已开其端倪，至二十九年元月，业经成立登记者，计有南阳、镇平、卢氏、禹县、内乡等五县。自改组以来，经重新厘定办法，积极筹设，截至现在（1941 年 2 月——引者注）止，本省县合作金库已设有镇平、禹县、卢氏、内乡、南阳、陕县、阌乡、灵宝、洛阳、新安、新野……临汝等三十一所，较前增加二十六所，共计资金总额三百一十七万八千七百五十元"。④ 在中央的三令五申下，河南省各县银行和合作金库先后建立，在一定程度上促进了河南地方金融的发展。

河南省县级银行第一期成立 47 县，实收资本总额 4134309.77 元，第二期成立 20 县，资本数额尚未上报。1942 年 12 月统计，河南省县银行开业 32 家，未领照而开业者 19 家，筹备中有 13 家，共计 64 家。在第一期成立的 47 县银行中，实收资本最多者为洛阳县银行，为 36 万元，其次为伊阳 20 万元。在 10 万元至 15 万元之间者有 12 县银行，5 万元至 10 万元者 26

---

① 貊菱：《河南省战时金融》（中），《河南文史资料》1996 年第 3 辑，第 181 页。
② 貊菱：《河南省战时金融》（上），《河南文史资料》1996 年第 2 辑，第 201 页。
③ 《河南省政府二十九年度行政总报告》，张研、孙燕京主编《民国史料丛刊》第 121 册，第 264～265 页。
④ 《河南建设述要》，张研、孙燕京主编《民国史料丛刊》第 377 册，第 381 页。

县银行，5 万元以下 2 万元以上者有叶县、襄县、上蔡、舞阳、沈丘、长葛、洧川等 7 县银行，① 由此可见各县银行资本之微薄。但 40 家银行符合县银行法规定的县银行"资本总额至少须达五万元"的要求。大多不符合省政府后来下令各县银行资本总额最低增至 10 万元的标准。作为一县金融重心的县银行，"以调剂农村金融、扶助地方经济建设为主要任务"，而"以现实物价之高，其资本总额仅在十万元左右，欲完成任务，贯彻中央金融政策，实属困难"。② 河南省有 52 县合作金库实收已缴股金 2067268 元，每县平均 39755.15 元，③ 与"各县合作金库之资本最低额为十万元"的要求，相差 60% 多，且仅有洛阳、新郑、密县、宜阳 4 县完成了认购 100000元股份的要求，故各县合作金库的资本还没有各县银行充足，更不能完成中央交给的支持农村经济建设之任务。尽管如此，河南省农工银行及 36 家各地分行处、64 县县银行、52 县合作金库，再加上中央、中国、中国农业 3家银行在主要城市设立的分行或办事处，从组织层面构成了河南省地方金融网络，对河南农工商业的发展起到了积极作用，但这一金融网是以河南地方金融机构为主构成的。

另外，钱庄、银号在抗战前全省约有 40 余家，抗战爆发后，因受战局影响，倒闭停业者甚多，据河南农工银行调查，在 1944 年以前，"河南之银号、钱庄散在各地者尚有二三十家之多，但其中经财政部正式注册者，则无一家。在各家钱庄、银号中，多以汇兑为主要业务，其对于豫省金融固不能谓无调剂之作用，但多兼营商业，则不免有囤积居奇、促进物价上涨之嫌"。④ 抗战时期的钱庄、银号，在金融业已处无足轻重的地位。

（二）金融业与社会经济

战时金融业与河南社会经济息息相关，如存、放款及汇兑业务，不仅方

---

① 貊菱：《河南省战时金融》（上），《河南文史资料》1996 年第 2 辑，第 204～206 页。
② 貊菱：《河南省战时金融》（上），《河南文史资料》1996 年第 2 辑，第 203、208 页。
③ 貊菱：《河南省战时金融》（上），《河南文史资料》1996 年第 2 辑，第 213～214 页。
④ 貊菱：《河南省战时金融》（上），《河南文史资料》1996 年第 2 辑，第 216、219 页。

便群众生活，而且促进了河南社会经济的发展，但货币发行的不断增加，又带来严重的通货膨胀，对国统区社会经济产生不利影响。

1. 存款、放款及汇兑

经营存款、放款、汇兑等业务是金融业的主要职责。河南地处中原，自民国以来，"战乱频仍，地方残破，百业凋敝，民生困窘，储蓄存款自有未逮。抗战起后，海口封锁，物资输出输入皆感困难，人民生计更见艰苦，存款尤属不易；二十九年以后游资加多，然以物价高涨，币值跌落，人民虽有余资，甚少存储银行"。① 即从民元开始至抗战时期，河南存款甚少，银行存款业务进行并不顺利。为吸收民间资金，河南农工银行根据中央颁布的"节约建国储金条例"精神，拟定章程，呈准财政部，并设立节约建国储金部，拨基金 50 万元，由该部独立营运，积极推进储蓄业务，规定储金分定期及活期两种：活期储金，每次至少存入法币 1 元，最高额不限，可随时存入，周息 8 厘，满 3 年后，存户可随时提取本息；定期储金，分整存整付、整存零付、零存整付和存本付息等 4 种。储金利息由 6 厘至 1 分不等。建国储蓄运动开展的结果不尽如人意，截至 1944 年底，河南农工银行共收储金 157895.48 元。其中定期存款整存零付为 6010 元、整存整付 25942 元、零存整付 4923 元，活期存款为 121020.48 元。② 活期存款约占存款总额的 76.65%。存款不多，且以活期为主。

利用存款资金发放贷款是金融业获取利润，服务社会经济的重要手段。从对河南放贷的数量看，中国银行、农民银行、农本局等国家行局及河南农工银行起到了主力军的作用。据不完全统计，1939 年底，中国银行在河南放贷 260 余万元，1940 年内贷款 703301 元，1941 年贷出 5166534 元。到 1942 年 7 月，中国银行共在河南放贷 1250 余万元。1942 年 7 月以后，中央、中国、交通、中农四行实行专业化，所有农贷业务统归中国农民银行办理，由中国银行主办的陇海沿线实验区奉令结束，并将全部农贷余额转由中国农民银行接受。③

---

① 貊菱：《河南省战时金融》（中），《河南文史资料》1996 年第 3 辑，第 185 页。
② 貊菱：《河南省战时金融》（中），《河南文史资料》1996 年第 3 辑，第 191～192 页。
③ 《河南省志》第 46 卷《金融志》，第 21 页。

第十四章　国民党统治区的经济（下）

中国农民银行对河南的农贷始于 1934 年，截至 1939 年底，该行在豫贷出累计 500 余万元，结余额为 260 余万元。1940 年内共贷出 1886906.60 元。1941 年，河南省政府与四联总处①洽商农贷合约，洽定分配河南省普通区农贷 1200 万元，农田水利贷款 400 万元，战区农贷 500 万元。其中中国农民银行放贷 426 万元。② 但该年战区、农田水利、农业推广、垦殖等贷款并未贷出，仅贷出农业生产普通贷款 877 万元。③ 另据中信局、中国银行、交通银行、农民银行四行局统计，1941 年 1~12 月对河南农贷贷出款额分别为 59 千元、5460 千元、62 千元、3189 千元，合计 8770 千元。④ 可见 1941 年的 877 万元为中、中、交、农四行贷出。1942 年，河南省各种农贷亦系省政府与四联总处订约办理。该年度内"四行局在河南办理农贷，放出额达二千四百余万元"。1943 年，因灾情加重，中国农民银行"除一般农贷外，无息贷借河南一万万元办理平粜"。⑤ 另据四行局统计，1942 年 1~12 月对河南农贷贷出额分别为 602 千元、2087 千元、766 千元、200 千元、66 千元、1185 千元、1679 千元、1804 千元、808 千元、9384 千元、2683 千元、2429 千元，合计 23693 千元。⑥ 与貊菱的统计基本一致。与此同时，农本局 1939 年为河南农田水利贷款 50 万元、推广改良麦种贷款 50 万元、食粮运销贷款 50 万元、邓县垦荒贷款 24000 元，共计 1524000 元。⑦ 由此可见，中国银行、农民银行、交通银行、中信局及农本局等国家行局之贷款，主要为农业贷款和灾荒救济贷款，这些贷款对战时农业生产及社会救济起到了积极作用。

另外，河南省农工银行、河南省各县银行及各县合作金库也放出大量贷款，支持河南社会经济建设，见表 14-10。

---

① 四联总处即中央银行、中国银行、交通银行、中国农民银行联合办事总处。
② 貊菱：《河南省战时金融》（上），《河南文史资料》1996 年第 2 辑，第 197 页；《河南省志》第 46 卷《金融志》，第 24 页。
③ 《中华民国史档案资料汇编》第 5 辑第 2 编《财政经济》（4），第 139 页。
④ 《中华民国史档案资料汇编》第 5 辑第 2 编《财政经济》（4），第 59~60 页。
⑤ 貊菱：《河南省战时金融》（上），《河南文史资料》1996 年第 2 辑，第 198~199 页。
⑥ 《中华民国史档案资料汇编》第 5 辑第 2 编《财政经济》（4），第 206~207 页。
⑦ 《中华民国史档案资料汇编》第 5 辑第 2 编《财政经济》（8），第 90~92、94 页。

表 14-10　河南农工银行 1940~1942 年各项放款比较

放款种类	1940 年 金额（元）	百分比（%）	1941 年 金额（元）	百分比（%）	1942 年 金额（元）	百分比（%）
同业放款	73571396.30	82.80	154278263.13	79.60	440727134.37	89.73
活期放款及透支	11022403.42	12.41	29517777.02	15.23	29063505.50	5.92
贴现及押汇	274380.00	0.28	3166680.00	1.63	14004500.00	2.85
定期放款	1805228.23	2.02	2949909.00	1.52	4717287.00	0.96
合作事业放款	655580.05	0.74	1678260.61	0.87	1461484.57	0.30
小营工商放款	1548210.00	1.74	2203440.00	1.□4	1185760.00	0.24
总计	88877198.00	100.00	193794329.76	100.00	491159671.44	100.00

资料来源：《河南农工银行二十九、三十、三十一等三年各项放款比较表》，貊菱《河南省战时金融》（中），《河南文史资料》1996 年第 3 辑，第 189 页。

从表 14-10 来看，河南省农工银行的放款种类中以同业放款为最多，原因是"豫省中央银行分行代理国库，支付军政经费，款额巨大，又甚急切；但以交通不便，款项调拨与供应每感困难，该行为协助抗战财政，扶助同业，贷款融通，自属义不容辞"。① 即河南省的军政经费拨付由中央银行分行委托河南农工银行代理，是同业放款占所有放款 8 成以上的主要原因。1941 年 6 月，全国财政划分为国家与地方两大系统，河南农工银行代理省库业务结束，但旋又与中央银行订立代理国库支库契约，中央银行拨付军政经费之业务，仍由河南农工银行根据所订契约的规定办理。② 1941 年战时财政体制确立后，河南农工银行办理军政拨款的业务照常进行。其次为活期放款及透支。定期放款、小营工商放款、合作事业放款、贴现及押汇等项放款在总额中所占比重甚小。可见河南省农工银行的放款主要为军政事业服务，但对工农业生产的发展、商业的繁荣也起到了一定作用。

汇兑是汇款人委托银行将其款项支付给收款人的结算方式，单位和个人的各种款项的结算，均可使用汇兑。抗战时期河南国统区与沦陷区及后方各省的汇兑数额，历年以来，均有增加。关于抗战时期河南汇兑情况见表 14-11。

---

① 貊菱：《河南省战时金融》（中），《河南文史资料》1996 年第 3 辑，第 188 页。
② 貊菱：《河南省战时金融》（中），《河南文史资料》1996 年第 3 辑，第 194~195 页。

表 14-11　河南省银行历年汇出汇款期终余额

单位：法币元

年度及期别	汇出汇款	年度及期别	汇出汇款
1940 年度上期	1469300.56	1943 年度上期	59482547.99
1940 年度下期	3361983.74	1943 年度下期	166121639.28
1941 年度上期	6119284.87	1944 年度上期	124618251.36
1941 年度下期	10598506.77	1944 年度下期	252056038.74
1942 年度上期	12702801.81	1945 年度上期	281775945.50
1942 年度下期	37523222.20	1945 年度下期	952841827.13

资料来源：《河南省银行历年存放款汇出汇款期终余额》，《民国时期河南省统计资料》下册，第 127 页。

由表 14-11 来看，河南省银行历年汇出汇款余额从 1940 年开始到抗战结束，每年都有所增加，表明河南银行接受来往汇款数量逐年增多。由于抗战时期河南省国家银行金融网点减少甚多，外省银行纷纷撤离，河南省银行的汇款情况基本反映了河南汇兑的实情，即河南的汇兑并未因战争减少，而是年有递增。如前所述，抗战爆发后，在国家银行金融网点减少、外省银行撤离河南的情况下，河南农工银行在河南国统区的办事处不减反增，故河南汇兑业务应以河南农工银行为主。据河南农工银行统计："大抵接近沦陷区之行处，因沦陷区物资内输，汇入多于汇出；而后方各地，则以战区物资之输入，汇入恒少于汇出。在二十九年该行郑州、许昌、漯河、周口、汝南、新蔡、潢川等七分行处，汇入总额为三五三〇九三八三.〇六元，汇出总额为一六三一二六二〇.九五元，汇入为汇出之二倍强。洛阳、西安两处汇出总额为五四二〇〇八四四.九〇元，汇入总额为二九一五一六九九.八〇元，汇出为汇入之二倍。三十年仅郑州、许昌、漯河、洛阳（后方客帮多在此处购货，豫省客商购运沦陷区物，多在此地脱售）四分行处之汇入额，即达八一八九二千余元，占汇兑总额百分之五十以上；洛阳一处汇出数额即达九四二六八千余元，几占汇兑总额百分之六十。"[①] 说明河南汇兑业务主要服务于商业流通。

---

① 貊菱：《河南省战时金融》（中），《河南文史资料》1996 年第 3 辑，第 190~191 页。

另外,"邮政储蓄汇业局之分支机构,较任何金融机关分布均为普遍。河南各县乃至各县之较大市镇无不有邮政局之分局或代理处,且几皆代理储汇局之汇兑业务,汇款数额不论大小,均行办理,利民便民。较大分局如洛阳、许昌等地分局且代收储蓄存款,并发行节约建国储蓄券。在抗战初期尚可与沦陷区域通汇,便利公务人员赡养沦陷区家属,于三十二年伪方接收沦陷区邮政局后,此项业务始行停顿"。① 邮政储蓄汇业局的业务,在储蓄、汇兑及便民的同时,还部分解决了沦陷区公务人员家属的赡养问题。总之,河南金融业的存款、放款及汇兑,在方便国统区与沦陷区民众存储、资金来往的同时,对促进国统区工、农、商业的发展,河南国统区与沦陷区商品的流通及便利河南人民生活起到了一定作用。

2. 金融业与河南经济建设

战时河南金融资金微薄,不可能为河南发放多少信贷,但各地金融网点的建立及对农、工、商业的贷款,对河南经济发展仍起到了积极作用。从对河南放贷的情况看,国家行局对河南的贷款,主要集中于农业贷款,支持河南农田水利、垦殖及良种推广等方面。1939 年程理逊在《关于战时农业金融恐慌及解救办法的报告》中说:"近数年来,我国农业之衰败,农村经济之破坏,几成为全国普遍之现象,至此种衰败与破产之造成,当然有许多内在及外来的原因,但其中最重要之因素,厥为农业金融之枯竭。"故其竭力主张建立农业金融制度、支持农村经济建设。② 财政部在拟订的"1941 年度工作计划"中,要求各地金融机构,举办农贷,"以发展农业生产"。同时兼顾农、工、商业。③ 河南地处战争前沿,不是国家金融重点支持对象,贷款额度亦不如四川、甘肃、陕西等大后方省份多,但还是有一定额度的农贷和救灾贷款等。对此,河南第一战区经济委员会于1940 年要求在洛阳设立中中交农四联分处,落实河南金融计划纲要,促进河南经济发展。④

---

① 貊菱:《河南省战时金融》(上),《河南文史资料》1996 年第 2 辑,第 200 页。
② 《中华民国史档案资料汇编》第 5 辑第 2 编《财政经济》(8),第 39 页。
③ 《中华民国史档案资料汇编》第 5 辑第 2 编《财政经济》(1),第 117 页。
④ 《中华民国史档案资料汇编》第 5 辑第 2 编《财政经济》(5),第 445 页。

另外，河南省农工银行与各县银行、合作金库，也都发放贷款，有力支持河南经济建设。河南农工银行自抗战后至1942年，"营放竭力审慎，放款总额约近五千余万元。除存放同业四千万外，一般放款不过一千余万元。生产放款三百余万元，其他商业放款约八九百万元"。① 在所放款项中，工商放款占比重很小，如1940～1942年3年共发放小额工商业贷款4937410元，占各类放款总额的1.0%。② 此后，随着通货膨胀加剧，河南省农工银行还协助中央银行代理支付军政经费、融通工商等，放款数额迅速增加，1943年仅放款余额即达333314936.31元、1944年735722512.75元。③ 至于各县银行，也有不同数额的放款，以支持农工商业之发展。据统计，到1942年底，洛阳等47县银行放款总余额为14099060.15元，"内以小额放款为最多，贴现及抵押放款为数甚少"。④ 各县合作金库放款数额更少，据统计，1940年初，禹县、卢氏等5县合作金库贷款累计数为51万余元，至1940年，禹县、卢氏、南阳等16县合作金库再贷出164万余元，1941年由禹县、卢氏、南阳、洛阳等40县合作金库贷出243万余元，1942年禹县、卢氏、南阳、洛阳等52县合作金库贷出205万余元，以后贷出款项没有详细数字，"但必［比］较前增多"。⑤ 地方金融机构的放款数额虽没有国家金融机构多，但河南地方金融机构的放款与国家放款一样，是有利于河南经济建设的。

3. 金融业与社会救济

抗战时期，河南战乱与灾荒频仍，灾民数量巨大，国家救灾款项的拨放，对国统区灾荒救济起到了积极作用。1938年黄河决口及1939年初水灾

---

① 《中华民国史档案资料汇编》第5辑第2编《财政经济》（4），第657页。
② 3年贷款数字由《河南农工银行二十九、三十、三十一等三年各项放款比较表》合计得出，貊菱：《河南省战时金融》（中），《河南文史资料》1996年第3辑，第189页。
③ 《河南农工银行各年放款比较表》，貊菱：《河南省战时金融》（中），《河南文史资料》1996年第3辑，第188页。
④ 《河南农工银行各年放款比较表》，貊菱：《河南省战时金融》（上），《河南文史资料》1996年第2辑，第209页。
⑤ 《河南农工银行各年放款比较表》，貊菱：《河南省战时金融》（上），《河南文史资料》1996年第2辑，第215～216页。

发生后，河南省政府经向中央呼吁，"先后贷拨赈款一百零一万五千元，派员在豫设立事务所主持办理，此款陆续施放，于本年（1940年——引者注）元二月间前施放完竣"。1940年，河南省政府又拟订冬赈计划，拟再贷款150万元办理冬赈。河南省政府将上述贷款及国家拨付的赈灾款，配置各县，安辑难民共102270人。① 邓县垦区建成后，共开垦荒地43000亩，"先后收容难民几近万人"。② 建立邓县垦区，"共用移垦费三十五万元，归耕贷款费六万元"。③ 归耕贷款对邓县垦区的开发、安辑泛区难民起到了较大作用。1942年旱灾惨重，麦种缺乏，急待救济。经四联总处核定贷款500万元，发放给遭受旱灾最重的洛阳、孟津等33个县份。④ 后又追加普通农贷合约1600万元。⑤ "总计三十一年度内四行局在河南办理农贷，放出额达二千四百余万元。"1943年，因灾情加重，中国农民银行"除一般农贷外，无息贷借河南一万万元办理平粜"。⑥ 银行救济贷款虽不能解决河南3000万灾民的吃饭问题，但对减轻河南灾荒和灾民的痛苦有一定的积极作用。

4. 战时金融与物价波动

抗战时期，河南国统区物价与金融联系紧密，整体呈上涨趋势。从七七事变起，至1938年底，河南因受战争影响，"资金逃避，金融紧缩"，加之河南各地金融网点尚未建立，"金融至为枯涩"，"故在抗战初期，各种物品虽需要增加，供给减少，而物价并不见涨，反有跌落之现象"。⑦ 这与"自抗战以来，各地物价大都上涨"的局面有所不同，如重庆、成都、桂林、上海等城市即是如此。⑧ 以开封为例来看河南物价问题，见表14-12。

---

① 《河南省政府二十九年度行政总报告》，张研、孙燕京主编《民国史料丛刊》第121册，第201~202页。
② 《中华民国史档案资料汇编》第5辑第2编《财政经济》（4），第224页。
③ 《河南省政府二十九年度行政总报告》，张研、孙燕京主编《民国史料丛刊》第121册，第201、203页。
④ 貂菱：《河南省战时金融》（上），《河南文史资料》1996年第2辑，第198页。
⑤ 《中华民国史档案资料汇编》第5辑第2编《财政经济》（4），第54页。
⑥ 貂菱：《河南省战时金融》（上），《河南文史资料》1996年第2辑，第198~199页。
⑦ 貂菱：《河南省战时金融》（中），《河南文史资料》1996年第2辑，第200页。
⑧ 陈禾章、沈雷春、张韵华编著《中国战时经济志》，第七章"中国战时的社会生活"，第11页。

表 14-12 抗战初期开封批发物价指数（1937年7月：100）

时间	食料类	衣料类	金属及建筑材料类	燃料类	杂项类	总指数
1937年7月	100.0	100.00	100.00	100.00	100.00	100.00
8月	104.35	101.28	106.25	107.78	106.66	104.88
9月	106.47	103.34	113.54	111.51	124.30	109.27
10月	102.92	100.11	114.63	117.31	130.33	108.46
11月	99.44	96.67	109.61	134.02	129.33	106.69
12月	90.91	97.22	116.24	136.24	131.17	102.55
1938年1月	91.12	100.43	107.83	144.79	139.31	105.76
2月	97.47	101.10	105.81	149.91	162.90	110.42
3月	97.95	106.83	102.11	174.19	187.58	113.91
4月	99.84	121.68	99.90	163.56	169.31	115.36

资料来源：貊菱《河南省战时金融》（中），《河南文史资料》1996年第3辑，第200页。

由表14-12可知，抗战第一年的开封物价，除开战后两个月内略有上涨，10月以后反趋跌落，食料类表现最为明显，衣料类次之，此种情况出现，乃"银行紧缩信用，金融枯涩之表现"。1938年1月以后又趋上涨，因战争持续，各种货物来源不畅。燃料、杂项类上涨较快，且一直持续下去，"显系因交通阻塞，黄河北岸之煤及沪、汉输入之煤油、纸烟、纸张等物输入困难，供不应求之原因。设非银行撤退、金融紧缩，其上涨之程度，当不至于此也"。① 银行紧缩信用、金融枯涩为抗战之初物价不涨反跌的主要原因。

1939年后，抗日战争进入相持阶段，河南战局与全国一样，渐趋稳定，"河南农工银行在后方行政完整之县，积极增设分行处，通畅汇兑，举办小额工商放款，中央、中国农民两国家银行协力为资金之调剂，河南金融得以渐转活泼"。加之日伪政权利用所得法币到后方高价收购物资，使后方物价不断抬高。"在二十八、九年间，本省桐油、漆、棉花、牛羊皮、蛋黄白等均有奸商偷运至沦陷区域之事情。"另外，为防止日军西进，河南驻军大增，另有大批机关工作人员及科教人员、学生西撤国统区，因此，政府支出

---

① 貊菱：《河南省战时金融》（中），《河南文史资料》1996年第3辑，第201页。

膨胀，社会游资逐渐加多，"遂使物价逐步上涨，惟尚未越出常规也"。① 太平洋战争爆发，特别是1942~1943年的旱蝗灾荒，使国统区物价迅猛上涨，一发不可收拾。关于河南物价上涨情况通过洛阳物价指数可有所管窥，具体情况见表14-13。

表14-13 抗战时期洛阳市零售物价指数（1937年6月：100）

时间	总指数	食物类	衣着类	燃料类	杂类
1938年1月	121.0	117.3	124.0	112.8	136.1
1939年1月	186.1	174.3	185.8	166.6	240.8
1940年1月	342.4	291.2	395.8	274.9	542.1
1941年1月	800.0	697.2	1019.2	601.7	1185.9
1942年1月	2118.3	1971.2	2607.8	1583.0	2812.2
1943年1月	8741.3	9291.7	8807.6	6247.7	10628.3

资料来源：《中华民国史档案资料汇编》第5辑第2编《财政经济》（9），第251页。

由表14-13可知，洛阳物价1938~1940年相对平稳，除燃料类外，直到1942年1月，食物类物价一直低于其他类别的物价。1941年开始物价上涨加速，直至1943年1月，且食物类物价上涨猛烈，高于除杂类物品的其他类别之物价。此种情况出现与1941年、1942年灾荒有关。从1938年至1940年6月，洛阳物价逐月上涨，每月物价上涨幅度在5%以内，物价运行无大幅波动，为河南省金融平稳时期。1940年1月至6月，洛阳物价虽有明显上涨，但尚属温和。在半年时间里，总指数仅涨至111.61。7月以后较前6个月上涨迅速，迨1940年12月，总指数即涨为195.23，且食品类、衣着类涨幅居前，直接影响到人民生活。从1940年6月开始，物价打破每月5%以内的增长幅度，多数月份增长幅度保持在10%以上，部分月份甚至增至20%。② 与抗战初期相比，1940年1月至1941年1月为河南国统区物价迅速上涨时期，特点是食料类价格领涨。另据君平报道，南阳肉类价格，

---

① 貂菱：《河南省战时金融》（中），《河南文史资料》1996年第3辑，第201页。
② 貂菱：《河南省战时金融》（中），《河南文史资料》1996年第3辑，第202~203页。

第十四章　国民党统治区的经济（下）

"战前每斤不过一角左右，直延长到二十七年冬，猪肉每斤还不足一角，可是现在（1940年7月——引者注）渐渐涨到六七角钱一斤"。① 猪肉价格战后第一年没有上涨，之后逐年上涨，至1940年7月，已渐渐上涨了六七倍。此种状况，正如时任河南农工银行经济室主任、研究员的貉菱所言："物价上涨，相反的即为货币价值跌落，此种现象为各种金融经济病态之总表现。"②

太平洋战争爆发后，河南物价呈跃进式上涨。1942年6月以前，每月平均涨幅在20%左右，粮价尚未超越一般物价。7月以后，上涨更甚，在1942年12月以前，平均每月上涨30%上下。1943年开始，物价已成脱缰野马，突飞猛进，平均每月上涨达40%以上。1943年5月以后，小麦上市，粮价稍见回落，而一般物价的上涨则更加迅猛。具体情况，比统计数字更加糟糕。如南阳《前锋报》记者的李蕤文章中所写："在灾区，粮食会一分钟一个价钱。"③ 据张光嗣调查，1943年春，河南粮价进一步飞升，各县人民家家断粮，而食物多仰外运，造成粮价日益增高。以小麦为例，战前每市斗价0.6元余，1942年麦收前每市斗20余元，1943年春则涨至300余元，比战前上涨500倍左右，比1942年上涨15倍余。④ 小麦收获一般在6月，麦前应为5月，为公平起见，春天也按春末5月计，1942年5月洛阳小麦价格指数为2228.39，1943年5月小麦价格指数为16653.44，1943年春是1942年麦收前的7.47倍强。⑤

1944年入春以后，"一般物品继续猛涨，粮价落后，一般人士均有谷贱伤农之叹"。至1945年春，宛西各县因物资短缺与需求增加，加之商人操纵，一般物价又上涨3倍以上，粮价虽上涨迟后，亦达2倍强。⑥ 即物价不

---

① 君平：《宛南农村的经济现状》，《新华日报》1940年7月15日。
② 貉菱：《河南省战时金融》（中），《河南文史资料》1996年第3辑，第204页。
③ 李蕤：《无尽的死亡线——一九四二年豫灾剪影》，《河南文史资料》第13辑，1985，第5页。
④ 卫国华：《1938~1945年河南灾荒对农村经济的影响》，《忻州师范学院学报》2010年第1期。
⑤ 貉菱：《河南省战时金融》（中），《河南文史资料》1996年第3辑，第207页。
⑥ 貉菱：《河南省战时金融》（中），《河南文史资料》1996年第3辑，第208页。

仅上涨，且形成了农产品与工业品的剪刀差，此种情况对农民更加不利。在内乡，这种剪刀差更加明显，1943～1945年，全县市场物价上涨速度甚快，"农产品与工业品差价明显悬殊，一斗小麦（25公斤）换1斤食盐，250公斤小麦换士林布15市尺，1公斤棉花换一盒火柴。1943年100元法币买1只鸡，1945年买2个鸡蛋"。① 物价上涨一直持续到抗战结束。

河南国统区物价逐年上涨，且上涨幅度越来越大，究其原因，首先，物资供求失调。抗战以来，国统区人口增加（前已有叙述），其中以军队、政府工作人员、科教工作者、学生等为主，需要大量物资供给。而"自二十九年八月敌寇在上海实行物资垄断之后，较前减少三分之一"。② 1938年豫北、豫东粮食产区的先后沦陷，河南各地的连年灾荒，尤其是1942～1943年的旱蝗灾害，使原本即物资供应不足的后方，物资缺乏更加严重，各种物价的攀升更日甚一日。另外，集中后方的上述人员，"具有相当购买力者，占大部分"，③ 致使支出膨胀，货币流通数量增加，推动物价进一步上涨。

其次，囤积居奇的影响。商人本以牟利为目的，"在战时，鉴于货物来源稀少，势必居奇抬价；但在现状之下，囤积居奇者，不以商人为限，可以分别三种人物：一为一般所谓之奸商，奸商的囤积居奇，本来以资力雄厚的批发商居多数，在最近，零售商人的囤积居奇已呈普遍现象。……二为本非商人，鉴于物价的继续上涨，也跟踪着批购货物，待价而沽。他们的行为，本与奸商并无差别；但他们的资力，常在一般零售商人之上。三为稍有积蓄的消费者，鉴于物价飞涨不已，于是纷将日用必需品等，事先购备"。④ 凡有钱者，皆加入囤积居奇之行列，物价焉能不涨。貊菱在分析河南物价上涨原因时亦言："牟利奸商囤积居奇，消费者亦皆争购，储备将来需用，火上加油，物价上涨益甚。"⑤ 稍有资金者即囤积物资，成为物价上涨的重要推手。

---

① 内乡县地方史志编纂委员会编《内乡县志》，三联书店，1994，第602页。
② 貊菱：《河南省战时金融》（中），《河南文史资料》1996年第3辑，第204页。
③ 陈禾章、沈雷春、张韵华编著《中国战时经济志》，第30页。
④ 陈禾章、沈雷春、张韵华编著《中国战时经济志》，第30页。
⑤ 貊菱：《河南省战时金融》（中），《河南文史资料》1996年第3辑，第205页。

第十四章 国民党统治区的经济（下）

再次，货币发行量的增加直接推动了物价的上涨。法币的发行量，在战时为国家机密，战后才有学者根据四联总处及中央银行发行局等的相关资料，整理出抗战时期法币发行数额。"法币发行额由抗战初期的十四亿元，一年后为十七亿元，二年后的一九三九年六月达二十九亿元，成长一倍左右，平均每月增加8.79%，通货膨胀的速度并不激烈。之后发行量大增，一九四〇年六月的数目是六十亿元（日本估计为四十亿元），较前期平均每月增加14.24%。一年半之后发行额成长近六倍，在一九四二年十二月的数目达三百四十四亿元（日本估计为二百二十亿元），较前期平均每月增加31.52%。一九四三年十二月的数目又加倍，成为七百五十四亿元，一九四四年十二月再度增为一千八百九十五亿元，至抗战结束前的一九四五年八月，法币发行额为五千五百六十九亿元，较战前成长近四百倍，通货膨胀的情况已然形成。"[1] 如前述，洛阳物价从1940年6月开始，打破每月5%以内的增长幅度，多数月份增长幅度保持在10%以上，部分月份甚至增至20%。河南物价上涨，1942年6月以前，每月平均在20%左右，粮价尚未超越一般物价。7月以后，上涨更甚，在1942年12月以前，平均每月上涨30%上下。1943年开始，物价更突飞猛进，平均每月上涨达40%以上。[2] 物价上涨幅度与法币发行额增加数量基本一致，说明货币发行量的增加直接导致物价上涨。

李安在分析河南物价时，认为物价上涨原因主要有以下几点。一是生产量少，物未能尽其用。二是生产者少，人未能尽其才。即"因兵员之大量补充，可以从事生产者之人数日渐减少，而其有生产能力且有生产技术之人民，亦多以无组织无资本而不能或不得从事生产工作，食之者众生产者寡"，故物价高涨。三是奸商囤积，货未能畅其流。四是实施统制，缺乏基层机构。由于无基层组织，"以致所谓统制者，仅及于城市，而未达乎广大农村，物价不特不能因统制而平抑，且反因统制而益行高涨"。[3] 李安的分

---

[1] 林美莉：《抗战时期的货币战争》，台北：台湾师范大学历史研究所，1996，第37页。
[2] 貊菱：《河南省战时金融》（中），《河南文史资料》1996年第3辑，第206页。
[3] 李安：《物价高涨声中合作组织之推进问题》，《河南政治月报》1942年8月号，第37~38页。

析与以上总结大致相同。总之，货币增加与物资减少是推动物价上涨的主因，战争破坏及持币者加入囤积货物的行列，加速了物价的上涨，各种促使物价上涨之因素交互激荡，终使物价步入上涨的不归路。

（三）对日伪破坏法币的反击

中日货币战是由日伪政权破坏法币、走私货物、套取外汇开始的。中日货币战先后在华北、华中、华南展开，而地处中原的河南显得尤为激烈。

1. 限制法币外流与防止法币内流

针对日本对大后方金融的攻势，国民政府及河南省当局在太平洋战争爆发前后采取了不同的防范措施，太平洋战争爆发前，以限禁法币外流为主，之后，主要限制法币内流，尽力促使法币流入沦陷区，以购买物资，平稳后方物价。抗战爆发后，国民政府为防止国内资金外流和外汇基金的耗损，相继出台了一系列法令与措施。1938年1月，国民党第五届中常会通过《国民经济绝交办法》，规定禁止与沦陷区的法币经济往来，对日实行经济绝交。3月，公布《中央银行办理外汇请核办法》，要求"各银行因正当用途于收付相抵后需要外汇时，应填具申请书送达中央银行总行"，"中央银行总行接到申请书，应即依照购买外汇请核规则核实后，按法币汇价售予外汇"，限制外汇购买。[①] 6月，财政部公布《限制携运钞票办法》，规定"凡运输内外各种通用钞票，由中国国界口岸前往国内外各口岸，必须先将数量用途及起运到达地点，呈由财政部核准，发给准运护照，方得起运"。旅客由中国口岸携钞赴香港，以200元为限；携钞至其他国界口岸，以500元为限。[②] 1939年7月先后颁布"《非常时期禁止进口物品办法》、《出口货物结汇领汇价差额办法》及《进口物品申请购买外汇规则》"等三项办法，加强对进口外汇与出口外汇的控制，期以防止套取、减少入超，稳定汇率"。由此可知，禁止法币外流，不仅稳定汇市，还有防止日货大量输入后方，避免

[①] 郭家麟等编《十年来中国金融史略》，中央银行经济研究处，1943，第110页。
[②] 陈禾章、沈雷春、张韵华编著《中国战时经济志》，附录一"中国战时经济法规"，第30页。

第十四章 国民党统治区的经济（下）

入超及破坏民族工业之意。① 根据上述三项办法，在限制携带钞票的数额上，有了明确规定："个人旅客若赴港、澳等地，国内通用钞票只限携带二百元，赴外洋者以五百元为限。商号运钞至不通汇地点，数额在五百元以上三千元以下者，应向领钞银行取得证明书，其在三千元以上者，须向财政部请领护照，方准报运。"②

关于河南省政府禁止法币外流取得的效果如何，我们尚未见具体材料，但成效应该不很理想。一是执行上有诸多困难。就大后方和战区法币流通情况看，"中央发给各部队军费往往是法币，如每一军士饷银以十五元计，二百万人每月就需三千万元。战地党政机关及派往战地工作人员经费每月约需一百万元，再加上零星生活费约二十万元，每月即约有法币三千一百二十万元流入战地，由于经济封锁未臻严密，敌货未根绝，以十分之一流入敌伪金库，已是最低估计"。③ 河南地处战争前沿，常驻军队在40万左右，还有战区游击部队，因为河南粮棉区在豫北、豫东之沦陷区，后方粮食缺乏，故驻河南部队所得之法币，更易流入沦陷区。如1941年汤恩伯曾电委到敌占区的挺进部队，到河南考城、民权、永城、商丘、夏邑、太康岗子李及睢杞边境、汴尉地区、淮鹿边境等地征购小麦19849200市斤，到安徽收购6554112市斤，以供军队急需。④ 所购军粮粮款当然为法币，上述地区又多在陷区，故法币流入敌手，在河南更不易禁止。二是人民私自携带超过定额法币，虽有没收充公之处罚，但往往是被查获充公者少，逃避成功者多。三是在河南后方与沦陷区犬牙交错，走私猖獗，走私地从开始的界首、周口及郑州等沿黄河各口岸，到后来转移至南阳，政府屡禁不止。在走私过程中，又有不少法币流入沦陷区，落入敌手。所以，河南国民党军政当局虽严厉限制法币外流，但效果并不明显。

另外，限制法币外流，促使法币内输之措施，原因是政府唯恐大后方资

---

① 黄如桐：《抗战时期国民党政府外汇政策概述及评价》，《近代史研究》1987年第4期。
② 林美莉：《抗战时期的货币战争》，第131～132页。
③ 章长赓：《怎样进行战地的法币封锁》，《战时经济》第1卷第5期，1941年5月1日，第11～12页。
④ 《本月份政务纪要》，《河南政治月报》1942年8月号，第73页。

金外流，日伪政权以法币套购外汇。虽执行效果不佳，但总体上抑制了法币积极向沦陷区与战区流动，从而使法币在沦陷区与战区筹码不足，周转困难，恰好为日伪货币抢占流通地盘提供了便利。于是，日伪之华北联银券与汪伪政权发行之中储券乘虚而入。同时，大后方亦需要从沦陷区购买物资，以供后方之用，限制法币流通则无法及时抢购到物资，这种状况对国统区显得越来越不利。"及太平洋战争发生，情势转变，法币流入沦陷区域反为有利，财政部即于三十一年一月呈请将'限制携带钞票办法'废止，豫省亦即遵令对法币流入沦陷区不加限制。"①

实际上，1940年初，四联总处已注意到"现在流通于游击区法币，华北约三亿，华中约十亿，华南约二亿，共计十五亿，占目前流通总额三分之一。……为避免后方通货膨胀，必须保持法币原有流通区，勿使流回后方，予敌伪滥发钞票机会"。这是战时货币机构首次提出应维持大后方货币稳定，勿使流回后方的看法，但因与当时避免法币外流政策相违，后方通货膨胀亦不严重，故未引起当局重视。②

太平洋战争爆发后，日伪无法再从沪、港外汇市场用法币套取外汇，转而将法币运抵后方套购战时必需物资。河南地跨华北、华中两区，又居抗战前线，日伪从该地流入后方的法币较其他区更多，造成河南通货膨胀更加严重。如1942年南阳粮食价格指数为24493，位居后方主要城市之首，是后方22个城市平均粮食价格指数（13079.9）的1.87倍强。③所以，河南是防止法币流向后方的主要区域之一。为防止日伪用法币到后方购买物资，河南省政府规定：由沦陷区运法币来后方者，应由后方收受人先行将数目、用途、起卸地点专案报部核准，方得入。④"关于出口物品，也重新加以调整，旨在应付敌伪之物资战。"⑤ 1942年11月，财政部公布加强防制法币内流办法，规定："沦陷区人民因不堪敌伪压迫倾诚来归者，每人携带法币数

---

① 貊菱：《河南省战时金融》（上），《河南文史资料》1996年第2辑，第178页。
② 林美莉：《抗战时期的货币战争》，第134页。
③ 《战时后方重要粮食市场价格指数统计表》，罗元铮主编《中华民国实录》第5卷下册《文献统计》，第5053~5054页。
④ 黄立人、林威熙主编《四联总处史料》（上），中国档案出版社，1993，第508页。
⑤ 张锡昌：《战时的中国经济》，科学书店，1943，第193页。

目在一万元以内者,由海关验明放行,在一万元以上,应即缴存海关,由海关询明其携运最终目的地,代为觅定银行承汇至该项地点,并以汇款总数百分之七十作为一年以上定期存款,百分之三十作为活期存款,此项活期存款并规定每月准提取百分之三十作为生活费用。至由沦陷区运法币来后方者,应由后方收受人先行将数目、用途、起卸地点专案报部核准方得入口,未经报准者以私运论。"1943年4月,财政部明令禁止法币流回后方。① 在物资政策方面,国民政府于1942年5月颁布《战时管理进出口贸易条例》,规定进口货物,不论敌友,凡军用物品和日用必需品,均予弛禁。不论物资来自何国或国内何地,均准予进口。该条例颁布后,以前公布的《查禁敌货条例》和《禁运资敌物品条例》均被废止。"关于出口物品,也重新加以调整,旨在应付敌伪之物资战。"② 河南各地遵此规定,严禁法币进入后方购买黄金、白银及日用必需品等,才使黄金等物品"东流沦陷区域之风为之稍杀"。③

2. 收兑黄金白银

金银是稳定法币地位的基础。针对日伪通过走私、高价收兑等非法手段攫取大后方金银等硬通货的行为,1938年10月21日,财政部公布《限制私运黄金出口及运往沦陷区域办法》,规定:"黄金及任何形状之金饰,除经财政部给照特准者外,一律禁止携运出洋或往沦陷区域。"旅客"所携金饰,其所含纯金总量,不得超过三七．九九四公分"。④ 1939年8月和10月,财政部公布《取缔收售金类办法》与《取缔金融业典当业质押金类办法》,所指金类"包括矿金、沙金、金条、金叶、金块等生金,及一切金器、金饰、金币"。规定金类之收购,"专由中中交农四行收兑金银办事处指定四行之分支行处,及其以书面委托之各地金融机关、银楼、典当、邮电局所办理。未受委托之任何团体机关个人,均不得收购金类,违者没收"。凡委托收兑金类之机构,账簿应随时接受委托行及当地政府检查。自《取

---

① 林美莉:《抗战时期的货币战争》,第138页。
② 张锡昌:《战时的中国经济》,第193页。
③ 貊菱:《河南省战时金融》(上),《河南文史资料》1996年第2辑,第179页。
④ 陈禾章、沈雷春、张韵华编著《中国战时经济志》,第20~21页。

缔收售金类办法》公布之日起,"各地银楼业,原存造制器饰之金料及制成品与半制品",一律上交中中交农四行,其附近未设四行地方,由当地最高行政长官查点封存,不得有丝毫隐匿。并规定各地金融业(银钱行号)、典当业自1938年10月1日起,"不得再行质押金币、金质器饰、或生金"。①上述两项法令,等于宣布禁止黄金自由买卖及以黄金产品质押借贷。不久,国民政府于1939年9月宣布黄金收归国有,"且颁布禁令,严加限制,不许自由买卖"。②

河南当局为增厚法币准备,充实外汇基金,亦做出了一些应对措施,如令河南农工银行积极收兑银币,汇交中央银行。并饬令各县切实遵办,"列为县长工作重要考绩"。③ 实际上,为防止日伪高价吸收金银,1938年冬,河南省军政当局制定了限制私运黄金出口及运往沦陷区域的措施,规定"旅客携带金饰,每人以含纯金不超过一关平两为限,以免资敌"。1939年秋,河南省政府对禁止金银私运有了更加严厉之规定:"金银非经财政部特许领有护照不得搬运;金制品旅客携带,其含纯金量不得超过一关平两;银制品商号转运须向财政部领取护照,旅客携带每人以五关平两为限。"④ 河南省当局的严格限制金银流入陷区措施,对阻止物资外流,政府收兑黄金、白银等贵重物品起到了一定的作用。据中央银行统计,1938年1~6月,该行洛阳办事处共用资金27723.78元收购生金132.018市两,每市两为210元。1939年中央银行洛阳、郑州、开封办事处分别收购生金2307.762市两、208.799市两、221.453市两,分别动用资金658823.21元、72112.27元、76473.10元,每市两分别约为285.48元、345.37元、345.32元。⑤ 洛阳生金半年时间每市两价格上涨35%以上,且沦陷区及接近沦陷区的地方生金价格明显高于国统区,此种情况对国统区极为不利。1938年中国银行

---

① 陈禾章、沈雷春、张韵华编著《中国战时经济志》,第21~23页。
② 李荣廷:《我国后方战时金融》,朱斯煌主编《民国经济史》(上),台北:文海出版社,1985,第427页。
③ 貊菱:《河南省战时金融》(上),《河南文史资料》1996年第2辑,第178页;曹仲植:《一年来河南金融》,《银行通讯》第1卷第12期,1940年4月21日,第5页。
④ 貊菱:《河南省战时金融》(上),《河南文史资料》1996年第2辑,第179页。
⑤ 《中华民国史档案资料汇编》第5辑第2编《财政经济》(3),第294、292~293页。

郑州、洛阳、开封办事处分别动用资金 111083 元、177935 元、306254 元收购白银；1939 年动用资金的数量大幅减少，分别为 2150 元、5403 元、205300 元。① 至于河南省金融机构，"计自抗战发生之日起，至近日（1940年 4 月）止，本省共兑进硬币约五百万元"。对民间黄金等硬通货买卖自做出取缔令后，从 1939 年 9 月开始至 1940 年初，在民间"尚未闻再有高价收兑及资敌事情"。② 另据河南省政府报告记载，截至 1940 年底，河南金融机构"计已收兑黄金在五百两左右"。③ 经过各方共同努力，日伪在豫省大量吸收金银等硬通货的行为得到了一定程度的遏制。

但是，1943 年秋，中央为谋法币回笼、稳定物价计，将《取缔收售金类办法》废止，恢复黄金自由买卖，并由美国借来大批黄金，"委托中国农民银行及中国国货银行在市面抛售黄金"。由于沦陷区黄金价格远高于国统区，如"以一九四四年十一月金价为例，西安黄金每两价法币二万五千元左右，开封竟高达十二万元"，于是，牟利奸商即由重庆运黄金经西安至南阳转入沦陷区，再加上 1944 年河南战事烽起，政治未入常轨，南阳就成了走私集散地，"一时黄金经南阳流入沦陷区之风日炽"，"致使黄金东流，多为日伪吸收，而法币内流，又加深了后方通货膨胀"。④ 在此情况下，河南省当局"即严厉查禁，并在南阳禁止黄金买卖"。⑤ 河南省当局通过收兑金银和不断打击黄金、白银走私，在一定程度上遏制了黄金、白银经由河南大批流入陷区的势头，同时对阻止法币大量内流也起到了一定作用。

3. 成立贸易机构，利用法币抢购物资

运用手中法币购买战区或后方物资，不论是中央还是地方，早就有所认识。在 1938 年 3 月召开的国民党临时全国代表大会上曾决议："接近敌区之金融机构，应以保全物资，便利战地军民为唯一之任务。故应预将各种财政

---

① 《中华民国史档案资料汇编》第 5 辑第 2 编《财政经济》（3），第 295~296 页。
② 曹仲植：《一年来河南金融》，《银行通讯》第 1 卷第 12 期，1940 年 4 月 21 日，第 5 页。
③ 《河南省政府二十九年度行政总报告》，张研、孙燕京主编《民国史料丛刊》第 121 册，第 263 页。
④ 貊菱：《河南省战时金融》（上），《河南文史资料》1996 年第 2 辑，第 179 页；《日本帝国主义在开封的金融掠夺》，陈传海、徐人礼等编《日军祸豫资料选编》，第 251 页。
⑤ 貊菱：《河南省战时金融》（上），《河南文史资料》1996 年第 2 辑，第 179 页。

及与抗战有关日常需要之物资尽量运往后方安全地带。"① 说明国民党中央早已意识到在接近陷区的地方抢购物资之必要，只不过没有太平洋战争爆发后的紧迫感而已。蒋介石于1940年4月4日下发《机密甲等二七三二号手令》，命令军事委员会运输统制局局长何应钦"制定沿江大小各口岸之防制、与政府进出口货物在各口岸有计划有系统之秘密运输办法，如能将其走私人员工具等组织起来，能为政府整个来利用更好，望与交通部切实办理为要"。即要求何应钦会商财政、交通等部，利用走私人员及工具进行走私，抢购沦陷区物资。这是政府决定将法币流往沦陷区以抢购物资策略的基础，后来国民政府财政、运输等部门研究，将"利用走私"改为"特种运输"，并在各地实施。② 第一战区经济委员会在拟订的《1940年度工作总报告》中，亦有在1941年"抢购沦陷区域主要物资"的方案，"拟就豫省划分三区，各区设站分别办理抢购事宜。拟行抢购之物资计有：小麦、大米、杂粮、食盐、棉花、土布、汽油、药材、机器及工具铁、铜、钢及五金材料（弹壳、铜币、废金属均包括在内）等十类"。且有抢购奖励办法。③ 由此可见，1940年后，从中央到地方皆意识到运用法币购买物资的重要性胜过限制法币外流，但碍于限制法币外流的诸项法令，不能大张旗鼓进行抢购。如农本局福生庄于1939年在陕豫晋购进218007市担棉花，价值9734848元。在豫、陕、晋、湘、鄂、粤、桂、浙江等省购进400328市担，价值18171872元。④ 农本局所购棉花是作为战略物资储备的，购买区域有国统区也有沦陷区，且以豫陕晋为主。1938年秋，河南省战时贸易局成立，由河南农工银行拨足50万元运营基金，后增加至5000万元。1939年8月，该局改组为河南省战时贸易委员会，"而抢购战区物资，接济后方需要，亦为该局主要任务之一"。1942年后，"抢购战区物资、调剂供求为其主要业务"。⑤ 河南省从一开始成立战时贸易机构，就有抢购战区物资之目的。

---

① 秦孝仪主编《中华民国重要史料初编——对日抗战时期》第4编，台北：中国国民党中央委员会党史委员会，1988，第127页。
② 林美莉：《抗战时期的货币战争》，第139~140页。
③ 《中华民国史档案资料汇编》第5辑第2编《财政经济》（5），第441页。
④ 《中华民国史档案资料汇编》第5辑第2编《财政经济》（8），第95页。
⑤ 貊菱：《河南省战时金融》（上），《河南文史资料》1996年第2辑，第173页。

第十四章 国民党统治区的经济（下）

对于用法币抢购物资，以政策明令各地，始于财政部1942年10月5日拟订的《抢购与封锁之实施意见》，该意见要求："前后方进出口物资，均须细密规定，前方抢购范围不妨稍宽，除毒品与奢侈品外，概许输入，盖因法币外运，于我无害，物资内运，究于我有利也。后方封锁自应严格处理，虽许不必要之物资对外运销，终宜限于交换，以做到以物易物为上策，否则以我物资易我法币，仍于我有害无益。"① 由此可以看出政府最希望看到的方式是以法币换物资，使法币流入战区。1942年11月16日，蒋介石对抢购沦陷区物资也做出明确指示："1. 抢购物资机构之设置；2. 利用商民在各地之已成组织，或由官商合组，加强其抢购力量；3. 运输障碍之祛除与监察网之设立；4. 尽量鼓励需要物资自沦陷区走私内运，对于后方之必须物资外流之走私，应严厉查缉取缔。"② 1943年4月，由财政部成立战时货运管理局，"专司争取物资及管制沦陷区物资之输出输入，一方以管制法令限制输出，保存资源，一方鼓励商民由沦陷区抢购物资内运，以期增加供应，并以政府之资直接从事抢购抢运，以补商民力量之不足"。③

河南省当局根据中央精神，采取行动，1942年将省战时贸易公司资本由原来的50万元增加到200万，1944年增加到5000万元，用以抢购战区物资、购销土产，对抢购战区物资起到一定作用。④ 农本局在"三十二、三两年（1943、1944年）在陕、豫、鄂、湘、川各省共统购棉花一百二十四万五千余担"，"现款收购豫南、鄂北土布共一八二八二○二匹"。⑤ 1944年由于河南战役之发动，豫中、豫西、豫南大部沦陷，农本局在河南收购之棉花、土布，大都应来自沦陷区。驻豫军队高级指挥官汤恩伯派其军需处长胡静如及驻洛阳办事处长韦鲁斋，在界首设有抢运物资大做生意的机构。汤联合大汉奸张岚峰、庞炳勋等，武装走私、抢运，没有去不到的地方。后期与

---

① 转引自林美莉《抗战时期的货币战争》，第140页。
② 秦孝仪主编《中华民国重要史料初编——对日抗战时期》第4编，第269页。
③ 《中华民国史档案资料汇编》第5辑第2编《财政经济》（1），第463页。
④ 貊菱：《河南省战时金融》（下），《河南文史资料》1996年第4辑，第173页。
⑤ 《中华民国史档案资料汇编》第5辑第2编《财政经济》（1），第466页。

戴笠配合，抢购陷区大批物资，大发横财。戴曾说："汤长官与我配合得妙，我原以为他只会打仗，料不到也长于抓钱。孔财神原来看不起我这个老戴，一到财源滚滚而来，又在老头子面前说我能。"[①] 该文传神之描述，虽未道出从战区购物赚钱之数量，但数量不少应是可信的。上述事例告诉我们，河南军政当局在抗战后期为抢购战区物资做了极大努力，也收到一定成效。

（四）农村借贷关系

1. 借方与贷方

借贷，在法律意义上，是指由贷方与借方成立一项"借贷契约"，贷方将金钱或物资所有权转给借方，到期时由借方返还同额的钱或货物，并付给贷方一定利息。农村借贷在近代中国极为普遍，借贷时间长短，利率高低，对农村经济和农民生活有重要的影响。在农村借贷中，借方一般为贫苦的农民，贷方则有私人、银行、合作社、钱庄、典当等多方。贫苦农民的借贷与自然环境、社会环境密切相关，在风调雨顺、社会稳定时，借贷者较少，反之则多。据中央农业试验所统计，1938~1945年，现金借贷农家占农户总数的比例分别为59%、55%、50%、51%、55%、61%、59%和57%。[②] 抗战初期，社会动荡，借贷比例较高；1940年、1941年，后方相对稳定，且连年丰收，借款比例有所下降；1941年后，货币发行增加，后方多省区灾荒，借贷比例再拾升势。但不管怎样，农民现金借贷比例始终在半数以上。另据当时的研究者统计，1934年，全国农民借贷者中，借钱者（平均数）占56%、借粮者为48%，河南借钱者为41%、借粮者占43%。[③] 河南农民借贷比例低于全国平均数，且与全国情况相反，借粮者多于借钱者，说明河南经济欠发达。抗战时期社会动荡，灾害频仍，农民借贷比例应高于社会相对稳定的1934年。根据

---

① 沈醉、文强：《戴笠其人》，中国文史出版社，1980，第216页。
② 《现金借贷（民国27至35年）》，罗元铮主编《中华民国实录》第5卷上册《文献统计》，第4885页。
③ 孙本文：《现代中国社会问题》第3册《农村问题》，商务印书馆，1946，第107~108页。

抗战时期农户现金借贷比例，如加上粮食借贷的农民，几乎每家皆有借贷情况发生。

河南农户的借贷比例，虽无具体统计数字，但根据报刊报道和时人记述，可略知一二。据李树青在《中国农村社会的分析》一文记述，1937年和1938年，"宛南的佃农，十有七八在麦熟前四、五个月没有东西吃，所以在那两年大多数佃农负了一身的债，或把农具牲畜卖出一部分以维持他们每日两餐稀米粥或黑面、菜叶汤的需要"。[①] 抗战初期南阳地区的佃农即有十之七八在麦熟前四五个月没有食物可吃，背负一身债务，其他贫农，即便略好于佃农，也不能都保证在四五个月里都有饭吃，当有借贷者应属无疑。抗战的持久与灾荒的不断，使农家借贷比例更高，地处战争前沿的河南农民更难逃脱借贷的命运。"太平洋战争发生以后，河南物价上涨尤为猛烈。加以三十一年豫省全境大旱，灾情惨重，农家十九借贷为生，利率更高。"在借贷者中，1942年河南农村中借粮农民占41%。[②] 农民借贷比例明显高于1937年与1938年。抗战时期河南农民借贷比例虽无准确统计数字，但应不低于全国平均水平。上述情况告诉我们，战时河南农民负债具有普遍性，贫雇农阶层绝大部分为负债户，在借贷中，现金借贷与粮食借贷兼而有之，且大致相当。

关于农村放债者，即农村借贷来源的情况，据中央农业试验所统计，以私人放款最高，银行放款比例增加最快，具体情况见表14-14。

表14-14 抗战时期农村现金放款统计

年份	放款主体(%)						
	银行	钱庄	典当	商店	合作社	合作金库	私人
1938	8	3	13	14	17	2	43
1939	8	2	11	13	23	2	41
1940	10	2	9	13	26	2	38
1941	17	2	9	11	30	4	27

---

① 时事问题研究会：《抗战中的中国经济》，第78页。
② 貊菱：《河南省战时金融》（上），《河南文史资料》1996年第2辑，第189页。

续表

年份	放款主体(%)						
	银行	钱庄	典当	商店	合作社	合作金库	私人
1942	19	2	8	10	34	6	21
1943	22	2	7	8	32	5	24
1944	21	3	8	13	27	4	24
1945	22	4	9	18	19	3	25

资料来源：罗元铮主编《中华民国实录》第5卷上册《文献统计》，第4885页。

表14-14反映了抗战时期国统区现金放款情况，由该表可知，银行、合作社、合作金库放款比例呈上升趋势，其中以银行的上升速度最快，1945年为1938年的2.75倍，合作社次之，但放款比例大于银行，合作金库放款比例也有所增加，但放款数额有限。商店放款有增有减，变化不大。私人放款大幅下降，1945年的放款比例仅为1938年的58.14%弱。钱庄、典当放款亦呈下降趋势，但降幅不明显。说明银行、合作社等新式金融机构在抗战时期发展迅速，成为农村放款机构的主体。据统计，1934年农村借款来源中，银行、合作社、典当、钱庄、商店、地主、富农、商人等放款比例，全国平均分别为2.4%、2.6%、8.8%、5.5%、13.1%、24.2%、18.4%、25.0%；河南分别为1.7%、1.3%、6.3%、6.5%、15.7%、28.8%、16.6%、23.1%。[①] 银行、合作社在放款中所占的比例，全国平均为5%，河南为3%；私人放款（包括地主、富农、商人）全国平均67.6%，河南为68.5%。私人放款为放款来源的主体。与1934年相比，战时现代金融机构的放款比例明显高于私人放贷，表明新式金融资本有了较大发展。

河南深处内地，经济向不发达，金融事业尤其落后。农民的贷款来源主要是私人，银行、合作社等现代金融机构较少。如前所述，中国银行、中国农民银行及农本局等给河南农业的贷款，主要集中在水利建设、良种培育、救济灾民等方面，这些款项不对个人，只对政府、地方金融机构及团体，农

---

① 章有义编《中国近代农业史资料》第3辑，第373页。

民很难得到国家银行的贷款。河南的金融机构有河南农工银行、县银行、由合作社管理的县合作金库等。河南农工银行的放款主要为同业放款,根本没有农业贷款。各县银行,原本"以调剂农村金融、扶助地方经济建设为主要任务",可"资本短少,存款无多,不能对农、工、矿等大规模生产事业,作巨额长期贷款"。即便农村小额贷款,也很难贷给一般农民。"据省政府根据各县县银行之报告,统计在三十一年底洛阳等四十七县银行放款总余额为一四○九九○六○.一五元,内以小额放款为最多,贴现及抵押放款为数甚少。此等放款以手续及抵押品与保证人之关系,在事实上贫苦农民难以借贷,大部分不免为地主土劣所利用,其去扶助地方生产事业、调剂农村金融之目的实甚远也。"① 在上蔡县,县银行于1941年5月成立,放款对象多为官绅和富商。② 可见县银行的小额农贷流入一般农民手中的甚少。各县合作金库也面向农村放贷,如至1940年底,禹县、卢氏、南阳、陕县、洛阳、襄县等16县合作金库贷出164万余元,每县平均10余万元。1941年内禹县、南阳、阌乡、洛阳、扶沟、新郑、光山、登封等40县合作金库贷出243万余元,每县平均60750余元。1942年禹县、南阳、洛阳、郑县等52县合作金库贷出205万余元,每县平均约为39423元。③ 以上合作金库的贷款,平均到每县逐年减少,而"县合作金库放款以该区内信用合作社及各种合作社联社为范围,但信用放款,以信用合作社及信用合作社联社为限"。④ 即县合作金库所放款项,并不面对农民个体,至于有多少贫苦农民能得到这不多的农贷款,就不得而知了。故此,金融业一向落后的河南,农民贷款的主要来源应为私人。

2. 借贷方式及利率

抗战时期的借贷分现金借贷与粮食借贷两种。关于抗战期间现金借贷与粮食借贷放款利率、方法、期限等情况见表14-15和表14-16。

---

① 貊菱:《河南省战时金融》(上),《河南文史资料》1996年第2辑,第208~209页。
② 上蔡县地方史志编纂委员会编《上蔡县志》,三联书店,1995,第464页。
③ 貊菱:《河南省战时金融》(上),《河南文史资料》1996年第2辑,第215~216页。
④ 貊菱:《河南省战时金融》(上),《河南文史资料》1996年第2辑,第215页。

表 14-15　抗战期间现金借贷情况统计

年份	放款利率（月利%）						放款期限（%）				
	信用	保证	抵押	合会	合作社	私人	1~3月	4~6月	7~9月	10~12月	13月以上
1938	2.1	2.2	2.3	2.0	1.2	2.7	9	19	2	59	11
1939	2.0	2.3	2.3	2.0	1.2	2.9	10	19	2	58	11
1940	1.9	2.1	3.1	1.9	1.2	2.6	5	16	8	65	6
1941	1.8	2.1	2.2	2.0	1.2	2.8	11	23	1	59	6
1942	2.0	2.3	2.4	2.3	1.3	3.1	13	22	1	58	6
1943	2.6	3.0	3.3	2.9	1.5	4.6	19	20	1	55	5
1944	4.6	5.2	5.8	4.9	2.8	7.6	25	19	2	51	3
1945	7.5	8.3	9.1	8.1	3.9	10.6	43	19	1	36	1

资料来源：罗元铮主编《中华民国实录》第5卷上册《文献统计》，第4885页。

表 14-16　抗战期间粮食借贷情况统计

年份	借贷方法(%)			借粮还粮利率(%)		6个月借钱还粮利率(%)
	信用	保证	抵押	3个月	6个月	
1938	25	39	36	28	42	39
1939	22	38	40	27	42	44
1940	29	33	38	26	41	47
1941	34	31	35	25	41	50
1942	30	41	29	26	41	67
1943	27	30	43	31	51	104
1944	31	27	42	38	63	151
1945	29	29	42	35	59	192

资料来源：罗元铮主编《中华民国实录》第5卷上册《文献统计》，第4886页。

从表14-15看，在抗战时期全国现金借贷的利率不断升高，借贷周期越来越短，放款方法包括信用、保证、抵押、合会、合作社、私人等多种。在放款利率方面，合作社放款利率最低，月息在1.2%~3.9%；私人放款利率最高，在2.6%~10.6%，超过合作社放款利率的2倍；信用、保证、抵押、合会等贷款差别不大，最低月息1.8%，最高9.1%。上述各种放贷利率，如按年利率计算，最低14.4%，最高127.2%，利率之高相当惊人。同时，短期放款比例呈增加趋势，长期放款则相反。如1~3月放款，

1938年占9%，1945年占43%；13个月以上放款，1938年占11%，1945年下降到1%。就放款期限的总体情况看，10~12月的放款所占比例最大，在36%~65%，平均约为55.13%。分析表14-16可知，粮食借贷方法有信用、保证、抵押3种，不如现金借贷方法灵活多样。3种借贷方法，抗战期间其所占比例虽有变化，但变化不大。其中抵押借贷所占比例最高，平均约为38.13%，保证借贷次之，平均为33.5%，所占比例最低的是信用借贷，平均约为28.38%。粮食借贷偿还时，分借粮还粮和借钱还粮两种，利率高于现金借贷利率，且呈增加趋势，其中以借钱还粮利率最高，6个月利率1938年为39%，1945年为192%。究其原因，应与通货膨胀有关。

至于河南的借贷方式与方法，与全国其他地区基本相同，但所占比例不同，据中农所调查，河南"借款方法，信用占百分之二十六，保证占百分之二十五，抵押占百分之四十九"。① 抵押贷款几占所有贷款的半数，明显高于全国平均比例的38.13%。关于河南放贷的利率，与全国情况相同的是利率呈增长趋势，不同的是增速高于全国的增长速度。如1940年夏，"全省各地之借贷利率，普通均在月息二分至三分之间"。1940年秋季后，物价上涨剧烈，"一般在月息三分以上。及三十年春青黄不接之时，利率有高至五分、六分者。迨三十年冬，普通利率月息在四分左右，有高至七分以上，乃至加一者"。② 1941年上蔡县民间放款利率更高达月息1角1分4厘。③ 1940年全国现金贷款，合作社放款利率最低，月息1.2%，抵押放款利率最高，为3.1%；1941年，合作社放款利率最低，月息1.2%，私人放款利率最高，月息2.8%（见表14-15）。如果说1940年河南农村借贷利率与全国大体相当，那么，1941年河南农村放贷利率在4分至7分之间，乃至加一及1角1分4厘，是全国现金放贷利率的3倍多。

太平洋战争发生后，河南物价上涨猛烈。加以1942年全省大旱，灾情惨重，农家十九借贷为生，利率更高。据中央农业试验所调查："河南农村

---

① 貊菱：《河南省战时金融》（上），《河南文史资料》1996年第2辑，第190页。
② 貊菱：《河南省战时金融》（上），《河南文史资料》1996年第2辑，第189页。
③ 《上蔡县志》，第464页。

信用贷款利率最高者为十分，普通者二分三厘，最低者为四厘；保证贷款利率最高者为十分，普通者为二分五厘，最低者为五厘；抵押贷款利率最高者为十分，普通者为二分八厘，最低者为五厘；合会利率为二分五厘；合作社利率为一分三厘；至于农村私人借贷款月利率最高者十分，普通者三分八厘，最低者一分。"① 如将最高、最低、普通放贷利率平均计算，河南农村信用、保证、抵押、私人放款的月利率分别约为 4.23%、4.33%、4.43%、4.93%。在禹县，1942 年，因货币贬值，物价飞涨，放贷人改为借粮还粮，或借钱还粮，贷款期限也随之缩短，"利率高至 20 分、30 分不等。还有的见集（农村多是隔日一集）翻一番，名曰'集番儿'，所谓'驴打滚'、'青麦钱'等在当时应有尽有，造成了许多农户家破人亡"。② 据南阳《前锋报》记者李蕤走访豫西、豫西南各县后记述，河南放款，"最普通的利息，是一百块钱麦收后缴一斗八升课租。如果贫人现在借五百块法币，按现价可以购粮一斗半多一点，麦田便要付九斗的利息，本钱还不在其内。九斗麦以现值计，便需二千五百钱左右（每市斗二百七十元），五百块钱借三个月出二千五百元的利息，这是一个何等骇人听闻的利率"。③ 而 1942 年全国现金贷款月利率最低 1.3%，最高 3.1%，其他多为 2.3%（见表 14 - 15）；粮食放贷 3 月息 26%、半年息 41%（见表 14 - 16），河南现金借贷利率高出全国放贷利率近 1 倍，借粮还粮利率按禹县情况看，或与全国相当，或高出甚多。如以李蕤的调查与全国借粮还粮利率比较，河南利率为全国的近 20 倍。

1943 年灾害严重之时期，"私人间款项借贷，利率有高至二十分以上，乃至三十分者，借贷利率尤高。据可靠之调查，襄城在三十二年二月下旬（旧历）揭洋七十元，至麦收后还麦一斗（二十八斤）。按当时当地小麦市价每斗五百元计算，放出小麦一斗，麦收后即可收回七升，利率合六百分"。临汝县城附近 1943 年 2～3 月间的借贷利率在 "一百五十分至四百

---

① 貊菱：《河南省战时金融》（上），《河南文史资料》1996 年第 2 辑，第 189～190 页。
② 禹县市志编纂委员会编《禹州市志》，中州古籍出版社，1989，第 528 页。
③ 李蕤：《无尽的死亡线——一九四二年豫灾剪影》，《河南文史资料》第 13 辑，第 25～26 页。

之间"。伊阳上店2月借贷利率"在一百分左右"。宝丰大营一带2月上旬借贷,"利率在三百分至四百分之间"。此外,在临汝等县又有所谓"神仙圈"者,"即揭洋一千元,麦收后交麦二斗,秋收后交绿豆二斗,再将一千元本钱如数缴回"。在物价高涨的荒年,此种借贷,放款人可稳收厚利而无任何损失。[1] 1943年全国现金放款利率合作社月息1.5%、私人4.6%、其他3%左右;全国粮食放贷借粮还粮利率,3月息31%、6月息51%,借钱还粮利率6月息104%(见表14-15、表14-16)。襄城农历二月下旬借款70元,麦收后还款折法币500元,时间应在3个月左右,利率为600%以上,临汝的"神仙圈"利率更高,伊阳在各县中借款利率最低,为100%。由此可知,不论是现金放贷还是粮食放贷,1943年河南农村放贷利率,远远高于全国放贷利率。似此于短短两三个月之时间内,放款人或放粮人获利数倍,利率之高,实为罕见。此种借贷,应属高利贷无疑。

3. 农村借贷的影响

抗战时期河南农村借贷,"盖在贫苦农民借入资金时,不问利率高至如何程度,而其生活得以暂时维持;在高利贷者认为系对贫农之救济。即在债务者本身,虽受重利盘剥,亦认为系受人恩惠,应有之报偿"。[2] 即农村借贷无论利率高低,均有让贫苦农民渡过暂时难关之积极作用,借贷人也予以认可。但事实上,贫农借贷之后,往往用尽其血汗劳力,将所获之结果,全部付给放贷人,亦难清偿债务之本息。如此结果,对农村经济及农民生活产生不良影响。

首先,土地集中加剧。农民在高利息的重压下,无力清偿债务。在地主、商人、富农等放贷者的催逼下,不得不卖出仅有的土地给地主、富农。其借款时,以土地为抵押者,至债务不能履行时,债权人,即地主、商人、富农等便直接没收其土地。如偃师农民郭三,1943年借朱子璋棉花100斤,大加一算,1个月归还,因到期无法履约,把自己的土地几乎卖完。[3] 临颖

---

[1] 貊菱:《河南省战时金融》(上),《河南文史资料》1996年第2辑,第190~191页。
[2] 貊菱:《河南省战时金融》(上),《河南文史资料》1996年第2辑,第192页。
[3] 《洛阳市志》第10卷《财政·税务·金融志》,第423页。

地主趁战乱与灾荒,以 500% 以上的高利贷剥削农民,以二三十斤粮食买 1 亩地,致使土地财产大量集中。① 在南召,1941 年旱灾,春季农民向地主借 1 斗粗粮(玉米),麦收后归还 1.2 斗、1.5 斗、2 斗的细粮(小麦),还不上时,有的被迫给地主当雇工或出卖耕地。② 1942 年,李蕤在走访灾区后发现,当时河南后方米价每市斗 3330 元,土地每亩 200 元,农民卖 1 亩地,换十几斤粮食。而当时借 500 元 3 个月出 2500 元利息,农民往往因灾荒中借债而把土地卖掉或抵押出去。他这样描述灾荒中高利贷给农民带来的影响:"灾荒的时间多延长一天,穷人便失去更多田地、什物、性命,而那些富而不仁的人们,则恰好相反,灾荒的时间越长,情景越重,他们就能更多地、更廉价地把穷人的一切卷到他们的手里。"③ 灾荒与借贷加速了农村土地的集中。貉菱在分析高利贷对农村的影响时说:"三十一年以来,豫省灾荒严重,农村中高利贷特别盛行,土地之集中趋势,亦大见显著。"④ 由此可见,农民借贷中的高额利息,对农村土地集中起到了推波助澜的作用。

其次,粮食日趋集中。农村借贷,分现金借贷与粮食借贷两种,即借钱还钱,借粮还粮。因通货膨胀严重,农村借贷时,不仅借粮还粮,借钱者也"有以实物偿还本息"。特别是 1942～1943 年,"豫省灾荒严重,物价高涨,农村中实物(粮食)借贷之事,尤为普遍,利息之高,在短短三两个月内有超过本金数倍者"。⑤ 农民本无粮食,才在青黄不接时告贷,麦收或秋收后加倍偿还,使其粮食大多还给了地主、富农等放贷人,造成粮食日趋集中。如在南阳,1937～1938 年水灾,1939 年虽收成较好,但因佃农负债要还,"所分得的一点粮食还债以外已余无几"。⑥ 抗战初期尚且如此,1942～1943 年灾荒,借贷后农民的生活状况更加令人担忧。在临颍,许多农民灾荒时因借贷将土地卖掉,1943 年,"小麦熟了,收成还不错。逃荒的人回来

---

① 临颍县史志编纂委员会编《临颍县志》,中州古籍出版社,1996,第 38 页。
② 南召县史志编纂委员会编《南召县志》,中州古籍出版社,1995,第 412 页。
③ 李蕤:《无尽的死亡线——一九四二年豫灾剪影》,《河南文史资料》第 13 辑,第 25～26 页。
④ 貉菱:《河南省战时金融》(上),《河南文史资料》1996 年第 2 辑,第 192 页。
⑤ 貉菱:《河南省战时金融》(上),《河南文史资料》1996 年第 2 辑,第 192～193 页。
⑥ 君平:《宛南农村的经济现状》,《新华日报》1940 年 7 月 15 日。

第十四章 国民党统治区的经济（下）

了，眼看着自己的土地上生产的麦子流入地主和保长的粮仓，自己还仍然啃着草根树皮"，大家结伙上告，要求索还土地。官司打了一年多，临颍县政府才下令凡荒年卖出的土地，一律由卖主原价收回。至于执行情况，就不得而知了。① 放贷人通过收购土地间接将粮食集中到自己手中。貊菱在分析抗战时期河南农村借贷对粮食集中的影响时说："此项高利贷者，多为农村富有粮食之地主，乘灾荒时期农民之困厄，重利盘剥。地主本占有大部分之土地，粮食多为所有，再加此项实物高利贷本息收回，粮食更集中于地主之手，增加战时粮食管理之困难，与灾荒严重之程度。"② 战乱与灾荒，促使农民借贷，借贷中的高利率，加深农民的贫困，使财富更进一步集中于少数人手中。

再次，破坏社会稳定。农村借贷中借方多为贫苦农民，生活本已艰苦，战时负担加重，又逢灾荒不断，借得高额贷款虽可维持一时，但因受高利之重压，其生活益陷痛苦之深渊。如南召农民借债后，因还不上，"有的被迫给地主当雇工或出卖耕地、房宅等抵债，不少农民为此倾家荡产，流落异乡讨饭度日"。③ 1942年，因借贷无法偿还，禹县许多农户家破人亡。④ 李蕤在沿洛河一带采访时遇见一老汉，告诉他春天借100元，麦天还老斗1斗麦（45斤）的利息，而当时每市斗（新斗，每斗20斤）麦270元。乡下普遍情况是，借100元钱每天出3元的利息，也有的是麦前借1斗麦，麦收时还3斗。面对农村的高额借贷，他愤怒地说："在今天，在广漠的河南一百多县中，被奸商和高利贷者活剥皮的，岂止这一个老头子，高利贷者又何止千百个？"⑤ 这些被农村高额借贷逼得无法生存的农民，"虽有道德思想，但因受生活之逼迫，不免铤而走险，打家劫舍，使农村社会秩序不安"。⑥ 农村借贷已成农村不稳定的根源之一。

---

① 张洛蒂：《难忘的一九四三年》，《河南文史资料》第13辑，第59~60页。
② 貊菱：《河南省战时金融》（上），《河南文史资料》1996年第2辑，第193页。
③ 《南召县志》，第412页。
④ 《禹州市志》，第528页。
⑤ 李蕤：《无尽的死亡线——一九四二年豫灾剪影》，《河南文史资料》第13辑，第11~12、25页。
⑥ 貊菱：《河南省战时金融》（上），《河南文史资料》1996年第2辑，第193页。

三　交通运输业

(一) 铁路交通线河南线的停运

河南省军政当局为防止日军的长驱直入，对河南境内的平汉、陇海铁路实施破坏。如1938年2月18日，郑州黄河铁路大桥被炸，平汉线无法完全通车。平汉线北平至新乡段，仅1940年，即"被破坏约一千次"。[①] 沦陷区平汉线屡遭破坏，运行不畅。除此以外，日本侵略者还于1938～1939年间，将道清铁路新乡至道口一段路轨及新焦线的三里湾经道口至游家坟段的71.4公里路轨拆除，[②] 使道清路无法通车。抗战期间，安阳至黄河以北沦陷7年半，信阳以南沦陷近7年，郑州至信阳荒芜5年多沦陷1年多，全线设备损失殆尽。抗战胜利后，平汉线除郑州站残存少数股道、10个小站破坏较轻外，其余站、段、厂几乎全毁，全线仅有货车520辆、客车1辆、可用机车14台；安阳至汉口的524座桥梁，被破坏的占75%。其中全部破坏的占13%，破坏程度在一半以上的占29%。经国民党交通部组织抢修，勉强维持通车。[③] 河南国统区所辖的平汉线，在抗战期间几乎完全停运。

1938年6月，开封失守，国民党军队炸开花园口大堤，陇海线中牟、白沙、古城3个车站被黄水淹没，铁轨被冲垮。1939年，国民党军队将郑州至洛阳间118公里轨道、器材和10余座桥梁（桥墩炸毁）拆除西运。[④] 另据国民政府交通部记载："抗战以来，潼关以西始终保持通车，自潼关以迄郑州三百五十七公里之间，廿七年敌陷郑州之际，惧以路料资敌，经我将

[①]《华北经济掠夺》，第498页。
[②] 河南省地方史志编纂委员会编《河南省志》第37卷《铁路交通志》，河南人民出版社，1991，第42页。
[③]《河南省志》第37卷《铁路交通志》，第15页。
[④]《河南省志》第37卷《铁路交通志》，第24页。

郑洛间一百十八公里之轨道桥梁，自行拆除西运（此段已由日人于卅三年将洛陕间轨道拆移铺设，惟杂有十六公斤轻轨约三十三公里）。洛阳灵宝间一百九十三公里之路轨桥梁，则于卅三年中原战事失利时，除遭铁骑拆毁外，我复于撤退时，将重要遂道及高架桥梁自动爆破。灵宝至阌底镇间五十八公里之轨道，亦于同时拆毁西运。至沿线各站房屋及给水设备，亦均破坏殆尽。"① 其中，"陇海线开封以东破坏较轻，郑州以西特别是洛阳至潼关间224公里破坏最重"。② 陇海线河南段开封以东破坏较轻，经日军修复，可勉强通车，开封以西或因黄水淹没，或因国民政府破坏，多年停运。国民政府及军队对铁路的破坏，虽不利于交通运输，但对阻止日军的侵略起到一定作用。

（二）后方公路网的建立

公路运输，于铁路沦陷以后，更见迫切之需要。七七事变爆发后，国民党中央"因感战时交通重要性之不亚于军事，于是积极沟通西南国际路线"、西北国际路线及修复已被破坏的公路。③ 故此，抗战时期，国民政府大力发展公路交通运输业，1937～1945年修建公路14331公里，改善公路108246公里，超过战前全国公路里程13.3%，使国统区交通运输业取得了长足发展。④ 第一战区经济委员会认为"省际交通运输，对于前方军需接济，与后方物资流通，关系甚巨。河南省阌底镇至陕西省华阴间交通，自陇海铁路被毁后，火车中断，客车来往，惟恃民有架车骡驮运转"，亟须修筑公路，以供前后交通往来。⑤ 河南省政府根据第一战区经济委员会对战时交通的要求，于1939年11月将工务处与汽车管理处合并，组成河南省公路管理局，委刘兆宾、汤治中为正、副局长，并设立总工程师。局内设总务课、工务课、车务课、会计课和秘书室四课一室。课、室下设股，职工100

---

① 《中华民国史档案资料汇编》第5辑第3编《财政经济》(7)，第303～304页。
② 《河南省志》第37卷《铁路交通志》，第25页。
③ 《中华民国史档案资料汇编》第5辑第2编《财政经济》(10)，第148页。
④ 许涤新、吴承明主编《中国资本主义发展史》第3卷《新民主主义革命时期的中国资本主义》，第536页。
⑤ 《中华民国史档案资料汇编》第5辑第2编《财政经济》(5)，第448页。

余人。① 河南省公路管理机构的组建，为河南公路的修建与养护提供了有力保障。

1941年初，河南省政府制订《河南省特别建设计划》，要求省公路局新修公路4条，长190公里。省公路局接此任务，在任务紧、工程费不足的情况下，只得降低施工标准，从1939年至1943年，完成了省政府交给的任务。这4条公路修建情况如下。（1）卢氏至西坪公路。卢氏县经朱阳关至淅川县的西坪镇，全长120公里。全线隐蔽在深山区，是第一战区通往第八战区的重要军事联络线之一。1939年4月成立监工处，由卢氏、淅川两县征集民工施工，6月竣工。（2）鲁山至赵村公路。由鲁山县经耿村、下汤、朱家坟至赵村，长50公里。1943年河南大灾，征工不易，只得采取工赈及雇工方式将此路修通，路基宽7.5米，桥梁采用临时式，1943年冬完成。（3）阌底至华阴交通沟。为避日炮在黄河北岸炮轰我运输车辆，省府决定修筑起自河南阌底镇，向西可通至陕西华阴县的阌华交通沟。该线河南境内长18公里，工程艰巨，路堑底部宽度为4~6米。1940年成立监工处，招商承包，次年2月竣工。（4）大东马至铁沟口公路。阌乡县大东马至铁沟口，原为人马行道，改筑成军用公路，长2公里。路线虽短，但土方工程量达5万立方米。1940年12月下旬征工修筑，1941年2月完工。② 上述4条公路都隐蔽深山密林和深沟之中，以军用为主，当然民间亦可通行，故可称之为军用公路。

河南铁路公路，多经战火破坏，"其尚存在者又多毗近战区，时受敌军威胁，不克随时充分利用"。再加上河南汽车不多，运输货物多用板车和架子车，第一战区经济委员会根据实际情况，主张多修人马便道，即辅助道路，这样既节省人力物力，又可临时通行。1940年，第一战区经济委员会曾提出修筑洛白车马便道（由洛阳起，经嵩县、西坪、荆紫关及湖北郧西至陕西白河，与汉白公路衔接）300公里。③ 河南省府西迁后，洛阳、南阳成为河南交通中心，两地所属各县多在伏牛山区，当地公路运输力量极其薄弱，当时情况，不论人力、物力和时间，皆不允许修筑大量标准化公路，而

---

① 《河南公路史》第1册，第258页；杨克坚主编《河南公路运输史》第1册，人民交通出版社，1991，第181页。
② 《河南公路史》第1册，第259~261页。
③ 《中华民国史档案资料汇编》第5辑第2编《财政经济》（5），第449页。

山区民众素有驮运之习惯，所以，开辟车马便道（人马行道或驮运道），使其与公路贯为一体，互成网络，既节时省钱，又便于人行、军需器材的转运和物资集散。于是，在河南省公路管理局的规划、建设与督察下，一些辅助性的人马便道在伏牛山区逐渐开辟建成，其中有便道10条，长达596公里。主要有：（1）南召嵩县人马行道。南嵩道起自南召，经李青店、车村到达嵩县，长230公里，比走公路绕洛阳，节省146公里。1939年夏初开工，夏末竣工。（2）卢氏至嵩县人马行道。卢嵩道起自卢氏，经范蠡、潭头、大章、蛮峪到达嵩县，长250公里。1939年4月修筑，8月完工。[①]（3）卢雒（今洛南县）人马行道。卢雒道由卢氏至五里川，向西经双槐树、官坡、火焰沟，至豫陕交界之铁锁关，再向西至雒南县，豫省境内长51公里。1939年10月动工，1940年1月15日竣工。（4）栾川至西坪人马行道。栾坪道由卢氏县栾川镇（今栾川县）起，经陶沟、太平、桑坪，抵达淅川西坪镇，全长64.5公里。1941年1月调卢氏、淅川两县民工修筑，3月底完成。战时修筑的人马便道多在崇山峻岭之间，虽然道路仅2～4米宽，却是山里人通向外界的主要通道，也是豫南和豫西的主要交通线及军事联络线。[②]

在修筑军事通道与人行便道的同时，河南省军政当局花费了最多财力、物力与人力，修复后方被破坏的公路，改善公路运输状况。抗战时期，河南省公路管理局共改善后方公路11条，长1937公里，其中主要的见表14-17。

表14-17 抗战时期河南省改善公路情况

路线名称	里程(公里)	参加施工的单位	完成数量	实用工款（万元）
郑登公路	91	登封、密县、郑县	—	—
洛南公路	296	洛阳、伊川、临汝、宝丰、叶县、方城	桥梁35座，涵洞48道，过水路面2处	39.6
南坪公路	172	南阳、镇平、内乡、淅川	桥梁57座，涵洞56道，过水路面6处，船3只	24.10

---

① 《河南公路史》第1册，第271～272页。
② 《河南建设述要》，张研、孙燕京主编《民国史料丛刊》第377册，第298～299页。

续表

路线名称	里程(公里)	参加施工的单位	完成数量	实用工款（万元）
洛潼南线	315	洛阳、宜阳、洛宁、卢氏	桥梁26座，涵洞23道，过水路面1处，渡船10只	33
洛潼北线	247	新安、渑池、陕县、阌乡、灵宝	桥梁4座，涵洞4道，过水路面3处，土方5.9万立方米	7.4
张华公路	142	阌乡、陕县、灵宝（征调）	挖护沟7575米，土方12万立方米	—
洛界公路	420	临汝、宝丰、叶县、漯河、周家口	—	—
洛嵩公路	80	洛阳、嵩县	涵洞2座，爬坡1道	—
许南公路	61	叶县、许昌	—	—
南洛公路	51	方城、洛阳	—	—
南邓公路	67	南阳、邓县	—	—
漯叶公路	80	漯河、叶县	—	—

注：除洛南、南坪、洛潼南线、洛潼北线4线有翔实资料，洛嵩、张华公路2线有较翔实资料外，其他6线仅根据文中叙述整理而成，由于完成数量、工款等方面无资料，故空下未填，其中洛界、洛嵩、许南、南洛、南邓、漯叶等公路的施工单位是根据上述公路经过哪县由哪县调工之原则，由作者视其经过县份得来。

资料来源：洛南、南坪、洛潼南线、洛潼北线4条公路资料来源于张研、孙燕京主编《河南公路史》第1册，第265页《河南省豫西四线改善工程情况表》；郑登公路、洛嵩公路资料来源于张研、孙燕京主编《民国史料丛刊》第377册，第303页；其他公路资料来源于《河南公路史》第1册，第262~264页中的资料。

由表14-17可知，河南省公路的修复，基本依靠河南民工无偿劳动而完成。另外，在豫西、豫西南改善公路1937公里，新建军用公路190公里，修筑人马行道596公里，在国统区基本构画了一个各县相互连接的公路网，为军事调动、物资运输和人员往来提供了便利。

（三）水路交通

在新修、改善国统区公路网的同时，第一战区经济委员会还意识到了河南河流运输的重要性，在调查中发现，河南"境内河流纵横，多通无楫"。在以前"铁路公路运输便利，水路交通尚不重要，现在陆运不敷，亟应发

第十四章 国民党统治区的经济（下）

展航运，以资补救"。① 于是，河南军政部门积极筹划，于1942年8月，由国民党第三十一集团军汤恩伯部在安徽省界首一带，以"沙河为豫皖水上交通要道"，成立"鲁、苏、皖、豫边区总司令部沙河船舶管理处"，并在河南境内沙颍河沿河的水寨，周口、漯河、襄城、淮河上游沿河的三河尖、乌龙集和洪河的新蔡等港口设立"船舶管理所"。船舶管理处"对西自襄县东迄正阳关沿沙河内所有船舶有统一指挥管理之权"，不论军运商运概归该管理处统筹分配调度。1943年，河南省在三河尖、乌龙集、潢川、新蔡等地设立水运段，专事征集民船、民艄为国民党军队运送军粮。② 同时，河南省还在周口至界首一段航线开办轮船客运，运价规定轮船官舱运价按烟篷定价加1/3，上水运价按下水加1/2。从周口至界首180华里，全程客运价人下水为120元，上水为200元。③ 汉口航运局对湖北张湾至南阳，樊城至赊旗镇和青山港至商县的航运段也进行统一定价。④ 在洛阳地区的伊河、洛河的水运也都得到加强，使该地之航运迅速发展，洛阳一带的航运一度呈现繁荣景象。在河南军政当局的努力下，通过对航运的加强管理，因战争一度中断的豫南水运得以恢复，豫西河运逐渐兴旺起来。

抗战爆发后，"各路渡口，或因原有渡船不敷应用，或因桥梁损坏不能通过，势须添造渡船，修筑码头，方可维持交通"。各渡口旧有渡船，"因风雨侵蚀，洪水冲击，时有损坏，必须洪水季节以前加以整修，方能使用"。⑤ 鉴于此，省公路管理局择其重要渡口和渡船码头进行整修，对主要公路渡口渡船普遍进行一次修缮。如将南阳至西平公路的老灌河渡口，南阳至洛阳公路的白河渡口，洛阳至潼关公路南线的关帝河渡口、范蠡渡口等处的码头、渡船分别进行整修。又分别将洛河、伊河、唐河、白河、澧河、洪河、汝河、老灌河等河流上的公路渡口、渡船普遍进行一次修缮。⑥ 据统计，1941年新建渡船计有洛阳洛河渡口3只，临汝汝河渡口3只，黑石关

---

① 《中华民国史档案资料汇编》第5辑第2编《财政经济》(5)，第448页。
② 河南省交通厅交通史志编审委员会编《河南航运史》，人民交通出版社，1989，第194页。
③ 《河南航运史》，第197页。
④ 《河南航运史》，第198页。
⑤ 《河南建设要要》，张研、孙燕京主编《民国史料丛刊》第377册，第302页。
⑥ 《河南公路史》第1册，第270~271页。

洛河渡口添造大型渡船1只，长水渡口1939年未完成渡船，继续建造并完成。南洛路叶县澧河之35孔洋灰桥，当宛洛要冲，于1941年2月被敌人窜扰破坏，一到雨季，无法通行，在该桥处设渡口，添造大渡船4只。修缮渡船计有洛潼路长水渡口3只、关帝河渡口1只、范蠡渡口1只、黑石关渡口1只、南洛路白河渡口3只、南坪路卷□（一字不清）河渡口1只。① 另据河南省建设厅统计，1941年各路渡口渡船数目如下：新洛潼路长水、□（一字不清）县、关帝河、范蠡等渡口分别有渡船3只、3只、2只、2只，南洛路白河、汝河等渡口有渡船5只和3只，南坪路老灌河有渡船4只、洛巩路黑石关有渡船1只、偃登路杨村有渡船1只，共有24只渡船。② 渡口的整修、新造渡船的添加及旧船的修缮，不仅加强了渡口摆渡能力，也增强了水路运输的运力。

（四）交通运输业的恢复与衰落

1. 陆路交通运输业

在公路、河运及渡口得到修筑、改善后，因战争一度遭到破坏的航运业得以恢复，在某些方面还有所发展。在陆路交通方面，1937年冬，根据军事委员会的统一布置，成立军事委员会河南省汽车总队，河南省公营汽车除留下车况不好的外，全部编入汽车总队。1938年台儿庄大战前，汽车总队的汽车全部开赴山东抗日前线，参加台儿庄战役的运输，为台儿庄大捷贡献了力量，但运输车辆也大部毁于战火。③ 由于河南长途汽车营业部的汽车几乎完全毁于战火，公路运输主要依靠商车。当时，沦陷区的商车纷纷逃往后方，如开封在1936年有20余辆商车，1938年日军占领开封前夕，私营汽车全部离汴，各自择地经营。④ 因各地车辆纷纷逃往后方，后方商车骤增，1939年仅洛阳就有车40多辆，漯河20余辆、南阳10余辆，凡靠公路的县

---

① 《河南建设述要》，张研、孙燕京主编《民国史料丛刊》第377册，第302页。
② 《三十年度各路渡口渡船数目及船夫工资表》，《河南建设述要》，张研、孙燕京主编《民国史料丛刊》第377册，第339页。
③ 杨克坚主编《河南公路运输史》第1册，第180页。
④ 开封市交通志编纂委员会《开封市交通志》，人民交通出版社，1994，第97页。

城都有一些汽车,共120余辆。① 另外,河南省公路管理局于1940年初成立后,接收省汽车管理处汽车22辆,到1940年底,增至36辆。1941年从河南农工银行贷款35万元,派员赴重庆购道济新车5辆,省公路局车辆达41辆。② 河南公营运输车辆在遭破坏后得以逐渐恢复。据河南省公路管理局统计,1940年经发统一牌照的汽车有自用客车34辆、营业客车30辆、货车86辆,共150辆。1941年1月至9月,河南省公路局再下发汽车统一牌照,计有自用客车5辆、货车24辆,共计29辆。③ 由此可知,河南国统区汽车数量在逐年增加。

在整顿后方汽车运输的同时,河南省公路管理局努力开辟运营线路,先将南坪、南老、南许3线交通恢复,次第增设洛郑线、叶界线、洛潼线等,至1941年9月,河南公路行车线路达1588.64公里。④ 具体情况见表14-18。

表14-18 河南后方营运通车路线（1940年至1941年9月）

起站	迄站	公里	起站	迄站	公里
南阳	洛阳	348.12	洛阳	郑县（南路）	165.00
南阳	西坪	229.00	漯河	周口	69.00
南阳	老河口	138.00	洛阳	长水	107.00
许昌	南阳	227.52	叶县	周口	87.00
洛阳	郑县	126.00	总计		1588.64
叶县	漯河	92.00			

资料来源:《营运通车路线表》,张研、孙燕京主编《民国史料丛刊》第377册,第315页。

除表14-18所列河南后方通车营运线路外,还有洛阳—界首（属安徽省）324公里,途经临汝、叶县、舞阳、漯河、周口,是通往沦陷区的主要

---

① 杨克坚主编《河南公路运输史》第1册,第181页。
② 《河南建设述要》,张研、孙燕京主编《民国史料丛刊》第377册,第312~313页。
③ 《河南省公路管理局经发统一牌照统计表（29年度）》、《河南省公路管理局经发统一牌照统计表（30年度元月至9月）》,张研、孙燕京主编《民国史料丛刊》第377册,第330~331页。
④ 《河南建设述要》,张研、孙燕京主编《民国史料丛刊》第377册,第314页。

交通线。洛阳—潼关253公里,途经新安、渑池、灵宝、阌底镇,为通往大西北后方的主要交通线。洛阳—老河口(属湖北省)398公里,途经临汝、宝丰、叶县、方城、南阳、邓县、孟楼,是通往大后方的另一条交通线。信阳—潢川102公里,途经罗山、寨河,为通往豫东南的交通线。① 这样,就形成了以洛阳为中心的后方公路交通网。其中洛阳—南阳、洛阳—界首、洛阳—潼关等3条线路能正常通车,而以洛阳至界首线路因走私猖獗,运输相对其他线路显得尤为繁忙。

由于东南沿海沦陷,沿海海口被封锁,一贯仰赖进口的汽车、汽油及其零配件奇缺,国内汽车运力不足,运输十分紧张,为此,国民政府组织民间运输工具,积极开展战时驿运。1939年1月1日,驮运管理所在重庆成立,2月4日起开始营业。1940年7月15日,军委会在重庆召开全国驿运大会,河南等15个省市参加。会议决定设立各省驿运管理处,主管各省行政业务的实施。1941年1月1日,河南省根据行政院《各省驿运管理处组织通则》的规定,成立驿运管理处,隶属建设厅领导。处长刘家庆、副处长田桂林,下设总务、运输、业务、技术4科和会计室。全处包括雇员共74人。另外,省驿运管理处在驿运线上设支线驿运总段,根据支线驿运总段的需要设驿运分段,分段下设驿运站。驿运总段设总务股、业务股、运输股、会计室3股1室。② 驿运管理机构的建立,为河南驿运的开展奠定了基础。

河南省驿运管理处成立后,为使各界了解驿运开办情况,推动驿运工作的开展,于1941年3月29日在洛阳东北体育场举行驿运宣传大会。向参加大会的2万余各界人员,发放多种宣传小册子,对人们了解驿运运输业务起到了积极作用。同年6月,驿运管理处呈请省政府拨款购置胶轮大车20辆,组成运输队,驿运处开始有了自己的运输队伍和运输工具。后又呈请政府拨款10万元,购置架子车220辆及各种配件投入运输,使运输队伍进一步扩大。③ 省驿运处根据军商运输之需要,先后开辟了南阳至西坪镇、洛阳至叶县、叶县至界首、许昌至南阳、洛阳至郑州、郑州至漯河、洛阳至卢氏等7

---

① 杨克坚主编《河南公路运输史》第1册,第182页。
② 杨克坚主编《河南公路运输史》第1册,第185~187页。
③ 杨克坚主编《河南公路运输史》第1册,第188页。

条驿运线路。并在陕西、安徽跨省路线上开办了西坪至西安、阌底镇至华阴、叶县至界首的驿运路线。为便于驿运队伍的休整，在驿运路线上设有站点，主要有洛阳、南阳、宝丰、叶县、周口、方城、许昌、襄县、舞阳、漯河、郑州、西峡口、卢氏、界首、皂庙等十几个站点。驿运队伍的组建、驿运路线的开辟，有力促进了驿运业务的开展，如阌底镇至华阴驿运支线，因陇海铁路中断，运输瘫痪，陕豫之间的军需、民用物资滞积如山，这些物资在驿运线开辟后，由驿运车辆运至所需的地方，为解决后方军需、民用物资起到了一定作用。再如叶县至界首驿运线，由于运输繁忙，运输工具有胶轮大车 25 辆、铁轮大车 35 辆、胶轮架子车 600 余辆、手推车 495 辆、挑夫 269 名、驮畜 25 匹、轿子数顶。另外，陕西的食盐也多由驿运车辆运至河南。① 由此可见，各条驿运线路上的运输规模应超过河南省驿运管理处所辖的运输队伍，说明有民间或其他驿运组织的运输队参加了河南省的驿运业务。

2. 水路运输业

由于河南省军政当局重视，内河航运业也得到了恢复和发展。1938 年 6 月，开封沦陷，开封、郑州等黄河沿线地区的木帆船部分船只逃到洛阳一带。由于战争缘故，洛阳周围县市的粮食、布匹、山货等须先运往洛阳，再销往陕西、甘肃等后方，或运往界首、周口等地销往陷区，故连接洛阳之洛河、伊河运输尤为繁忙。伊河沿岸栾川、嵩县、伊川的粮食、竹木、山杂、土特产等，顺流自龙门上岸，转运至洛阳集散，洛阳南关水旱码头，热闹非凡，有煤场、竹木行、盐行、棉麻行、山杂货行等行店 60 余家，接收各地运来物品，运销他处。洛阳至巩县间乃洛河主航道，去程多为日杂百货，回程装载巩县煤炭，每天来往船只，多达数百只。与此同时，淮河的部分航路，沙河、颍河、唐河等航路也都恢复通航。②

3. 交通运输业的衰落

河南交通运输业的衰落与抗战时期的战事密切相关。1942 年日军进攻

---

① 韦光周：《界首一览》，1944，转引自杨克坚主编《河南公路运输史》第 1 册，第 188~191 页。
② 《河南航运史》，第 184~185、197~198 页。

中条山，洛阳吃紧，河南省政府于4月28日由洛阳迁至鲁山，公路局随之迁到宝丰。私人汽车因战乱一部分由洛潼线流入西北，一部分由南阳经老河口流入陕南和四川。公路局所属10多辆汽车也大多转入南阳等地，以洛阳为中心的汽车运输已大不如从前。1944年日军发动豫湘桂战役，河南连失县城38座。这时河南仅限南阳一隅之地，汽车运营线路只有三四百公里，与1941年的近2000公里的运营线路相比，相差甚远。商用汽车在1944年大都转移南阳一地，由于战局不稳而时运时停。1945年春，日军继续西进，南阳、内乡等地相继沦陷，公路局迁至陕西龙驹寨。至此河南长途汽车营运线路丧失殆尽，公私车辆跑到陕西户县为军队修飞机厂运石头。① 河南汽车运输的一切繁荣都毁于战火。

  河南驿运的终结主要因为运价过低。驿运的创办原以办理军运为主，承运任务多为军粮田赋。军粮运输均按军运规定付价，运价很低，且无地区差价，缺乏伸缩性，而力夫和驿运工具大半来自民间，由驿运机关组织承运，所收费用不敷维持力夫与牲畜口粮，民间对承运军粮皆望而生畏，率相逃匿，使驿运无法进行。如驿运军需物资运价经1940年、1941年两次修订后，仍低于商运运价的60%。随着物价飞涨，至1942年仅为商运运价的25%，根本无法维持车船马夫的最低生活水平。而军政部门强迫运输，不运即封车扣人，驿运机关处于为难之中，只好听之任之，河南驿运至1944年宣告结束。② 内河航运业在战争中亦每况愈下。曾经盛极一时的洛阳伊、洛河水运，1944年5月在日军占领洛阳后一蹶不振，船只幸存者寥寥无几。淮河及其支流运输在1941年曾有所恢复，但因河道淤积无人清理和战争影响，商运萧条而处于停航与半停航状态。唐河、丹江航运因日军对主要港口的狂轰滥炸及对渡船的焚毁，几度中断，民船航运骤减。③ 河南交通运输业与战争息息相关，在战局稳定时有所恢复乃至繁荣，在战争到来后走向完全停顿。

---

  ① 杨克坚主编《河南公路运输史》第1册，第184页。
  ② 杨克坚主编《河南公路运输史》第1册，第194~195页。
  ③ 《河南航运史》，第185、188、192页。

第十五章
抗日根据地的社会

一 各敌后抗日根据地的建立

在敌后建立根据地、开展游击战争是抗日战争时期中国共产党最主要的战略任务。早在全面抗战爆发前夕，中共就极其重视加强对河南抗战的领导工作。1937年5月，中共中央决定重建河南省委，任命朱理治担任河南省委书记。7月，朱理治在陕西三原办了一个训练班，召集"河南的一些同志来受训"，为组建河南省委进行准备。9月，朱理治到达开封，成立了中共河南省委，朱理治任书记，委员有刘子久（宣传部长）、吴芝圃（豫西特委书记）、沈东平（负责西华豫东特委）、刘文、郭子化、林凯（3人不久离开河南），后来增加了彭雪枫（军事部长）、陈少敏（组织部长）、危拱之、王国华（豫南特委书记）。① 中共河南省委成立后，即在各地基层建立中共党的组织，还着手在沦陷区各地发动民众，为建立敌后抗日根据地做准备。1938年5月徐州失守后，中共中央根据当时中原战况，十分重视河南的工作，当月"指示河南省委，动员平汉、陇海两铁路线上所有中心城市的大批学生、工人、革命分子到乡村中去，组织与领导群众，准备与发动游击战争，组织游击队，建立游击区。省委目前即应将河南省划为二个主要区域：以津浦线、陇海线、平汉线、浦信公路中间的豫东与皖西北为一个区；以陇

---

① 中共河南省委党史研究室编《纪念朱理治文集》，中共党史出版社，2007，第457~459页。

海线以南、平汉线以西为一个区。省委负责人首先应分一部分到豫皖边工作,并建立豫皖边工作委员会,以统一领导,准备将来成立省委。省委另一部分准备即向豫西移动,加强豫西工作,将来与鄂豫边特委在一起,即以鄂豫边为根据地,领导豫皖边工委、鄂豫边特委及整个河南省的工作"。① 根据中共中央指示,在中共河南省委具体领导下,各地中共基层组织先后建立。到1938年10月,全省已有9个特(工)委、1个市委、12个中心县委和一些县委、区委、支部,黄河以南69个县有64个县建立了中共组织,发展党员8000余人(不包括豫北),是抗战初期的50倍。② 与此同时,河南省委开始筹建游击队,为建立根据地做准备。在豫东地区,以西华、商丘、睢(县)杞(县)太(康)、陈(留)鄢(陵)4个地区为中心,组建游击队。③ 豫北地区也建立了中共领导下的游击队,活动在平汉铁路两侧。这些游击队的建立,为八路军、新四军主力进入河南开辟抗日根据地奠定了基础。

(一) 豫皖苏抗日根据地

1938年9月,周恩来、叶剑英指示河南省委将工作重心转向豫东沦陷区。④ 10月,广州、武汉失陷后,抗日战争进入相持阶段。为了加强对中原地区抗战的领导,中共中央成立了中原局,胡服(刘少奇)、朱瑞、朱理治、彭雪枫、郑位三为委员,胡服兼任书记,"所有长江以北河南、湖北、安徽、江苏地区党的工作,概归中原局指导"。⑤ 中共豫皖苏抗日根据地和豫鄂边抗日根据地就是在中原局的领导下先后建立起来的。1938年9月,根据中共中央的指示,河南省委在竹沟建立新四军游击队,彭雪枫任司令

---

① 《中央关于徐州失守后华中工作的指示》(1938年5月22日),中央档案馆编《中共中央文件选集》(10),中共中央党校出版社,1985,第514页。另见《中央关于徐州失守后华中工作给长江局的指示》,中央档案馆编《中共中央文件选集》(11),中共中央党校出版社,1991,第518页。
② 中共河南省委党史研究室编著《河南抗战简史》,河南人民出版社,2005,第41页。
③ 中共河南省委党史工作委员会编《抗战时期的河南省委》,河南人民出版社,1988,第67~69页。
④ 张震:《豫皖苏抗日根据地综述》,中共河南省委党史资料征集编纂委员会编《豫皖苏抗日根据地》(1),河南人民出版社,1985,第2页。
⑤ 《中央政治局关于中原局委员会的通知》(1938年11月9日),《中共中央文件选集》(10),第722页。

兼政委，张震任参谋长。9月底，游击队在彭雪枫的率领下挺进豫东，到达西华县杜岗后，与先期在豫东活动的吴芝圃、萧望东等领导的游击队胜利会师，统一整编为新四军游击支队，彭雪枫任司令员兼政委，下辖3个大队，1000余人，确定的发展目标是"向柘城、鹿邑、亳县、夏邑、永城、涡阳、蒙城一带前进，积极打击敌伪，消灭汉奸武装，发展人民抗日力量"。1939年11月，游击支队奉新四军军部命令将活动在豫皖苏边区的各路游击队组建为新四军第六支队。随着游击战的开展，先后在睢县、杞县、太康、鹿邑、商丘、亳县等地建立了小块根据地。1940年，中共中央指示中原局"有计划地在豫东、皖北、苏北建立民主政权；与八路军密切协同，将整个华北直至皖南、江南打成一片"。为了完成这一战略目标，第六支队的具体任务是"确实掌握新黄河以东、淮河以北、陇海路以南，西起开封，东到海边。将这个地区建成巩固根据地，坚决肃清反动势力，坚决建立民主政权"。根据中央指示，第六支队进行了扩大根据地的工作，一是充实了已建立的县政权，巩固各阶层民众组织，建立了边区最高行政机关"豫皖苏边区联防委员会"；二是在豫皖苏地区开辟新的游击区，扩大根据地；三是充实武装力量，建立了永城、肖县（即萧县，今属安徽省）、宿县（今宿州市，属安徽省）独立团；四是建立"中国人民抗日军政大学第四分校"，培养初级军政干部。到1940年7月，形成了以永城县为中心的豫皖苏抗日根据地，建立了5个县政权，淮上办事处和5个县办事处，津浦路以东的皖东北和新黄河以东的睢杞太两个地区、新四军第六支队发展到19500余人。① 到1941年，根据地发展到30余县，人口1000多万，豫东的睢县、杞县、太康、西华、夏邑、陈留、通许、民权、考城、商丘、鹿邑、柘城、宁陵、夏邑、永城等县属于豫皖苏根据地。

1941年1月皖南事变后不久，国民党军队疯狂向各根据地进攻，进犯豫皖苏根据地的国民党军队达10多万。豫皖苏根据地处于敌、伪、顽夹击的严峻形势下。当时已改编为新四军四师的官兵在师长彭雪枫领导下与边区民众一起经过3个多月的艰苦斗争，在成功阻击东犯之敌后奉命做战略转

---

① 《豫皖苏抗日根据地》（1），第2~6页。

移,于1941年5月撤离了豫皖苏地区,转至津浦路东,与先前已在皖东北开展抗日活动的张爱萍部会合,开创了淮北抗日根据地。1944年8月新四军四师主力重新挺进津浦路西,收复了原豫皖苏根据地区域后,建立了淮北第二专员公署和8个县的政权,53个区和315个乡的政权。[①]

(二) 豫鄂边抗日根据地

豫南在土地革命战争时期是鄂豫皖革命根据地的一部分,抗战前夕豫鄂边省委领导的一支红军游击队活动在信阳、确山、桐柏、沁阳一带。抗战爆发后,这支游击队改编为新四军第四支队第八团,并消灭占据确山竹沟镇的土匪武装,成立第八团竹沟留守处,1938年5月底中共河南省委由开封迁往竹沟。从此,竹沟成为中共在中原地区领导敌后抗战的中心。武汉失守前后,中共中央在延安召开了扩大的六届六中全会,决定撤销长江局,成立以周恩来为书记的南方局和以刘少奇为书记的中原局。随后,中原局根据中原地区的形势和特点,决定撤销河南、湖北两省委,成立豫鄂边、鄂豫皖、豫西、豫皖苏、鄂中和鄂西北等省委。1938年12月(一说1939年1月初),豫鄂边省委(或称豫南省委)在竹沟成立,书记朱理治,领导豫西南、竹沟、豫中、豫东(西华)等地委。[②]1939年11月,朱理治、李先念、陈少敏、任质斌等在信阳县西南的四望山开会,根据党中央和中原局指示精神,决定统一豫南、鄂东、鄂中党的领导和整编部队。12月初,中共豫鄂边区党委正式成立,陈少敏代理书记,隶属中原局领导。边区党委领导信应、鄂东、随枣、天汉4个地委,其中信应地委领导信南、信西、信随、信罗、应山等县委。1940年1月,以李先念为司令员的新四军豫鄂挺进纵队成立,在豫鄂边区开展游击战争。为统一边区领导,3月,边区党委邀请基本区内各县政权负责人和开明绅士开会,成立了以陶铸为主席的豫鄂边宪政促进会。9月,举行了边区第一次军政代表大会,按照"三三制"原则选举产生了豫鄂边区军政联合办事处,这是边区最高政权机构,也是一个具有过渡性

[①] 《豫皖苏抗日根据地》(1),第15页。
[②] 《豫鄂边抗日根据地综述》,中共河南省委党史资料征集编纂委员会编《豫鄂边抗日根据地》,河南人民出版社,1986,第53~54页。

质的政府，下设民政、财政、教育、人事、建设、公安、司法等处，设立了包括豫南在内的5个专员公署。皖南事变后，新四军豫鄂挺进纵队整编为新四军第五师，李先念任师长兼政委。1941年4月，边区召开了第二次军政代表大会，会议根据《豫鄂边区各级代表大会组织条例》和《豫鄂边区行政公署组织条例》，选举产生了豫鄂边区行政公署，标志着豫鄂边区抗日民主政府正式建立。① 此后，豫鄂边区不断发展，到抗战结束时，其地域东起皖西宿松、太湖、江西的彭泽，西至湖北宜昌，南到洞庭湖畔，北抵河南中部的叶县、舞阳，在鄂、豫、皖、湘、赣5省交界的50多个县，建立了7个专员公署39个县政权，面积9万多平方公里，人口1300万人，正规军5万余人，民兵达30余万人。②

（三）晋冀豫抗日根据地

抗战爆发后，八路军主力开赴华北敌后展开了游击战争。1937年11月，太原失守后，根据中共中央的战略部署，八路军总部命令一二九师创建以太行山脉为依托的晋冀豫抗日根据地，八路军三八六团韩东山部到豫北修武、武陟、获嘉一带活动。次年初，一二九师与中共冀豫晋省委多次召开会议讨论建立根据地的问题。6月中旬，八路军三八六旅在陈赓的率领下挺进漳河以南、道清铁路以北的豫北地区，展开游击战，将日伪势力赶到铁路沿线地区。9月，陈再道等率部活动在汤阴、淇县、林县等地，发动群众，组织抗日武装，在林县、辉县山区建立了抗日根据地，道清铁路两侧的平原地区成为游击区。1939年，豫北先后建立了林北（原林北行政办事处）、安阳、涉县抗日民主政府。1939年7月，日军以重兵打通白晋路（从祁县白圭至晋城），在沿线建立据点，把晋冀豫区分割为两个区域。1940年1月，经中共中央批准，白晋路以东为太行区，以西为太岳区，并在南面建立了晋豫区。8月1日，在涉县成立了冀南、太行、太岳行政联合办事处，简称冀太联办，下设行政委员会，杨秀峰任主任，领导上述3个行政区。其中太行

---

① 张影辉：《豫鄂边区的战略地位及其历史作用》，《武汉大学学报》1984年第6期。
② 中共河南省委党史资料征集编纂委员会编《河南抗战史略》，河南人民出版社，1985，第117页。

区下辖 5 个专署 36 个县，其第五专署即漳北办事处，主要辖豫北林北、安阳、涉县、武安等 6 县。① 1941 年 7 月，晋冀鲁豫边区临参会选举成立边区政府后，统一了冀南、太行、太岳、冀鲁豫 4 个区域。太行区辖 6 个专署 41 个县。1943 年春季，国民党军庞炳勋、孙殿英部投敌，他们所占领的太南、豫北成为敌占区。8 月，八路军向太南、豫北地区的日伪军发动进攻，解放了这两个区域，太北、太南连成一片。12 月，太行直辖区发展到 8 个专署 54 个县。新增的第七专署辖林县、辉县、汲县、淇县、汤县、获嘉、新乡、原阳、修获武，共 9 个县，第八专署辖陵川、陵高、晋（城）东、修武、沁博、修陟、温陟、温孟、博爱，共 9 个县。1945 年 2 月 15 日，晋冀鲁豫边区决定调整行政区划。太行区辖 53 个县，其第四、六、七、八专署均涵盖有豫北的一些地区。② 由于日军的"蚕食"、"扫荡"、封锁，根据地的面积时大时小，1942 年最小，只有 22000 余平方公里，1944 年扩大为 350000 平方公里。

（四）冀鲁豫抗日根据地

1937 年底至 1938 年初，豫北失守后，中共直南③特委成立，组建游击队开展游击战争，在清丰、南乐、濮阳、内黄、滑县、大名等地展开了抗日救亡运动，建立了各界救国会、抗敌后援会、妇救会、农救会、青救会和儿童团等，当时直南区有组织的群众达到 30 万人。同时迅速建立各级党组织，到 1938 年下半年，上述数县相继建立起县级中共组织。在中共领导下，直南各县建立了抗日游击队。④ 群众的发动、中共党组织和游击队的建立，为抗日根据地的建立创造了条件。徐州会战期间，华北日军控制比较薄弱，伪政权尚未建立起来，给中共建立敌后根据地提供了机会。1938 年 4 月，八路军一二九师主力和三四四旅一部由太行山区东进冀南和豫北平原，开展平原游击战争。5、6 月间，一一五师六八八团也到达冀南和冀鲁豫边区。

---

① 《河南抗战简史》，第 109～111 页。
② 魏宏运、左志远主编《华北抗日根据地史》，档案出版社，1990，第 340～345 页。
③ 河北省原称直隶省，因而位于其南部的南乐、清丰、濮阳、长垣、东明五县，习惯上被称为直南五县。
④ 郭传玺：《冀鲁豫边区抗日根据地的开辟》，《近代史研究》1985 年第 4 期。

1939年，一一五师主力一部进入鲁西地区，先后建立了县级抗日民主政权。到1939年底，八路军冀鲁豫支队迅速扩大到1.7万余人，并组织了豫北大队和若干县区武装，为开创冀鲁豫抗日根据地奠定了基础。① 经过与日伪艰苦的斗争，1940年春，直南地区扩大为无敌伪地区，并建立了大名、清丰、南乐、濮阳、东明、长垣、内黄、滑县等抗日政权，成立了冀南专员公署。1941年1月，成立了冀鲁豫边区行政公署，选举产生了冀鲁豫边区临时参议会。冀鲁豫边区下辖3个专员公署，一专署辖南乐、清丰、卫河、内黄、顿邱、尚和6县，二专署辖昆吾、濮阳、滑县、卫南、高凌5县，三专署辖菏泽、曹县、东垣、考城4县。② 1941年冬，为加强领导，原属豫皖苏区的睢杞太地区由冀鲁豫边区代管。1943年元月，中共中央决定睢杞太地区（此后该地区统称为水东地区）归属冀鲁豫边区党委领导。③ 在八年抗战中，冀鲁豫抗日根据地控制了东起津浦路，西至平汉路，南至新黄河，北至德石路，横跨河北、山东、河南三省纵横千余里的广大地区，人口超过2000万，是华北敌后最主要的根据地之一。

（五）晋豫边区抗日根据地

日军占领豫北之后，中共北方局成立了晋豫特委，领导晋豫边区人民开展抗日斗争。关于晋豫边区抗日斗争，1938年3月6日，毛泽东发出指示："晋豫边甚重要，望有计划地部署沁水、翼城、曲沃、垣曲、济源、博爱、晋城地区的游击战争，配合主力在西北两面之行动。"④ 根据毛泽东的指示，晋豫特委组建了晋豫边游击队。6月，一一五师六七八团南下沁阳、济源一带，帮助地方党组织开辟晋豫边区，建立抗日民主政权。1939年2月，晋豫特委改称晋豫地委，建立了以山西阳城和河南济源为中心的晋豫边游击根

---

① 《冀鲁豫边区抗日根据地河南部分概述》，中共河南省委党史资料征集编纂委员会编《冀鲁豫抗日根据地》(1)，河南人民出版社，1985，第4~6页。
② 《冀鲁豫抗日根据地》(1)，第77~81页。
③ 《党在睢杞太地区的革命斗争综述》，睢杞太党史编写组编《睢杞太地区史料选》（中），河南人民出版社，1985，第7~8页。
④ 毛泽东：《关于开展晋豫边游击战争的指示》，中央档案馆编《中国共产党抗日文件选编》，中国档案出版社，1995，第229页。

据地。这一根据地地跨河南、山西两省,处于太行、太岳两大山脉南麓之间的梯形地带,包括豫北西部的济源、沁阳、孟县、温县、博爱等县和晋南10余县。1942年10月,中共中央决定晋豫区和太岳区合并,晋豫边成为太岳区的一个组成部分。太岳区河南部分是华北通往中原的门户,战略地位十分重要。

(六) 豫西抗日根据地的建立

1944年夏季,日军为了打通大陆交通线发动了"一号战役"。在日军的进攻下,国民党河南正面战场失利,郑州、许昌、洛阳等平汉铁路以西大部分地区沦陷。在这样的背景下,1944年5月11日,中共中央发出《关于敌进攻河南情况下对河南工作方针的指示》,指出:"河南地方党员在目前情况下应该起来参加与领导河南人民抗战,应该组织抗日游击队及人民武装,建立根据地保卫家乡。"[①] 根据中央指示,北方局和八路军总部决定组建八路军豫西抗日游击队,司令员为皮定均。9月,豫西游击队从济源西南渡过黄河,越过陇海路,进入豫西嵩山、箕山地区活动,在豫西建立了4个县抗日政权和伊洛区办事处(后改为五专署),初步在郑州以西、洛阳以东打开了抗日局面。10月,中共中央在延安成立了中共河南区党委、河南军区和八路军河南人民抗日军,统一领导豫西的抗日斗争,戴季英任区党委书记兼军区政委,王树声任军区司令员,刘子久任副书记兼副政委,熊伯涛任参谋长,吕振球、曾传六分任政治部正、副主任。11月,北方局和八路军总部决定由两个主力团组建豫西抗日游击支队(第二支队),渡河后在新安、渑池、陕县建立了根据地。1945年初,为了进一步开辟豫西,中共中央决定将驻守陕甘宁边区的三八五旅七七〇团和警备四旅二团组成豫西游击第三、第四支队和地方工作团,在宜阳以南嵩县以北开辟了根据地,建立了3个县抗日政权。到抗战胜利时,豫西根据地建立了6个军分区(专署)20多个县政权。见表15-1。

---

① 中央档案馆编《中共中央文件选集》(12),中共中央党校出版社,1986,第485页。

表 15-1　河南（豫西）根据地行政区划分概况

专署	专员	所辖县政权
一专署	范惠	伊川、洛阳、偃师、巩县、汜水、荥阳、广武、登封
二专署	贺澍三	新安、陕县、洛宁、渑池、孟（津）县
三专署	欧阳景荣	确山、遂平、西平、舞阳、叶县、泌阳
四专署	刘晋	密县、禹县、新郑
五专署	张剑石	嵩县、宜阳
六专署	孔祥祯	临汝、郏县

资料来源：《王树声、戴季英、刘子久关于河南行政区划分问题给军委、集总的报告》（1945年9月19日），中共河南省委党史工作委员会编《河南（豫西）抗日根据地》，河南人民出版社，1988，第40页。

1941年7月，太行、太岳、冀南、冀鲁豫四个区域统一，成立了晋冀鲁豫边区政府，豫北和豫东部分县归晋冀鲁豫边区。[①] 总之，经过艰苦的努力，河南周边一些地区从抗战初期在中共领导下的游击区发展成为巩固的抗日根据地。整个抗战期间，八路军和新四军在河南省及与邻省交界地区建立了6块根据地，在豫北有分属于晋冀豫（后改名太行）、冀鲁豫、晋豫边（后并入太岳）根据地的区域，豫东、豫南有分属于豫皖苏、豫鄂边根据地的区域。1944年日军"打通大陆交通线"战役期间，又建立了豫西抗日根据地，该根据地的区域范围全在河南省境内。据不完全统计，到1945年4月，各抗日根据地河南部分的总面积达7.6万平方公里，占全省总面积的44.9%；人口1325余万人，占全省总人口的39.4%。[②] 河南成为中共领导敌后抗战的战略前沿，各根据地也成为敌后抗日根据地的主要组成部分。

[①] 河南省财政厅、河南省档案馆会编《晋冀鲁豫抗日根据地财经史料选编（河南部分）》（1），档案出版社，1985，第616~617页。

[②] 《河南抗战简史》，"序言"，第2页。

二 女权运动

抗日战争时期，河南各敌后抗日根据地制定了一系列旨在破旧立新，移风易俗，推动社会民主、平等、文明的社会政策，其中在妇女解放、婚姻家庭、社会教育、科技卫生等方面的社会改造，不仅有力地进行了政治动员，支持了抗日战争，而且在开启民智、传播科学与民主观念、破除陋习、改善民生等方面对于推动河南社会从传统向现代变迁起到了重要作用。同时在严重的灾荒面前，根据地政府进行了广泛的救灾动员，通过生产救灾不仅使根据地民众顺利渡过了灾荒，而且为抗日战争的坚持和胜利，打下了坚实的物质基础。

（一）实行男女平等，保障妇女权益

抗战爆发后，中共河南党组织和各抗日根据地政府十分重视妇女工作，成立了各种妇女组织。中共河南省委下设有妇女部，专门领导妇女抗日救亡运动和妇女解放事业。各边区也成立有各级妇女抗日救国组织，如冀鲁豫边区妇女抗日救国总会于1938年12月在濮阳县成立，下设组织、宣传、生活改善3个部。随后，边区所属各县、区、村妇救会组织普遍建立。1943年，中共晋冀豫区党委、区妇委决定在县级以上建立妇女委员会，以更好地领导妇女工作。

实行男女平等政策，保障妇女权利，是中国共产党的一贯主张。早在苏维埃革命时期，1934年颁布的《中华苏维埃共和国宪法大纲》就规定："在苏维埃政权领域内，工人、农民、红色战士及一切劳苦民众和他们的家属，不分男女、种族（汉满蒙回藏苗黎和在中国的台湾、高丽、安南人等）、宗教，在苏维埃法律前一律平等，皆为苏维埃共和国的公民。"[1] 这就以国家基本法的形式宣告了在根据地内男女平等的地位。抗战爆发后，各敌后

---

[1] 中共中央文献研究室、中央档案馆编《建党以来重要文献选编（1921～1949）》第11册，中央文献出版社，2011，第160页。

抗日根据地相应地制定了落实男女平等的具体的措施。如1941年4月5日《中共中央北方局对晋冀豫边区目前建设的主张》中规定保障女权，实行男女平等。（1）女子在社会上、政治上、经济上与教育上，完全享有与男子同等的权利。（2）实行一夫一妻制和自由婚姻制，严禁蓄婢、纳妾、童养媳、租妻、合娶、买卖婚姻、强迫嫁娶及早订婚等恶习，并防范沦陷区敌人所制造之淫风侵入根据地。（3）保护孕妇，保育儿童，严禁溺婴。（4）禁止缠足，禁止虐待及侮辱妇女。① 1941年9月颁布的《晋冀鲁豫边区政府施政纲领》规定："女子在社会上、政治上、经济上与教育上，完全享有与男子同等权利"；"保护产妇，保育儿童，严禁打胎及溺婴"；"禁止缠足，禁止虐待及侮辱妇女"。② 这就从法律文本上再次强调了女性有着与男性同等的社会地位。

各根据地还对女工权益、女子参政权、女子财产继承权等做出了具体规定。如关于女工权益，《晋冀鲁豫边区政府施政纲领》规定："保护青工，女工，童工，不得令其担负足以妨碍其健康发育之工作，并实行同工同酬。"③ 晋冀鲁豫边区于1941年11月公布的《劳工保护暂行条例》，又根据女工的生理特点和实际情况具体规定：女工每日工作时间须较成年男子减少半小时至1小时；工厂、作坊中的女工不得做夜工；在矿场与运输业中之女工不得做地下与各种负重之工作；女工如与一般工人做同样工作且效能相等者，应给以同等工资；女工在月经期间应给以例假1日，工资照发；女工在分娩前后应给以两个月之休假，工资照发；女工在哺乳期每日应给以适当之哺乳次数与时间。④ 1945年5月，冀鲁豫行署颁布的《关于子女继承等问题的决定》对女子继承财产问题给予了专门规定："遗产继承女子与男子有平等之权利"；"配偶双方之遗产有相互继承权，有子女者与子女共同继承，无子女者由一方全部继承，如男方死时尚未继承者，寡妇与子女均有代位继承权"；寡妇再嫁，"无子女者，其在男

---

① 《晋冀鲁豫抗日根据地财经史料选编（河南部分）》（1），第21~22页。
② 《晋冀鲁豫抗日根据地财经史料选编（河南部分）》（1），第119页。
③ 《晋冀鲁豫抗日根据地财经史料选编（河南部分）》（1），第117页。
④ 《晋冀鲁豫抗日根据地财经史料选编（河南部分）》（1），第148页。

家所继承之财产,准根据具体情况带去一部或全部";"如在男家或娘家均未取得继承财产者,得要求男方给予一部妆奁费";离婚妇女无子女者其私产可以全部带走。① 各根据地还特别重视妇女的政治权利,如豫鄂边区规定"凡18岁以上男女均有选举权与被选举权",并强调在民主选举中妇女应占一定比例。②

在男尊女卑的社会,妇女常常像商品一样成为买卖的对象,灾荒年间更是如此。这种现象在抗日根据地也时有发生,不仅严重影响了根据地民众间的正常关系和社会秩序的安宁,也是对妇女人格的侮辱。1944年10月冀鲁豫行署颁布的《关于处理因灾荒买卖人口纠纷的规定》规定,"凡因灾荒出卖自己的女儿做人之婢妾者""因灾荒未经妇女本人及其丈夫之同意,被婆家或娘家卖出者""因灾荒将自己之子女卖出做养子女者"等情况,其买卖关系均无效。另一方面,尊重被卖女子的自由选择:被卖为童养媳者"如男女双方已到结婚年龄,甘愿结婚者,政府亦不加干涉";出卖尚未出嫁的女儿,已与买主成为正式夫妇者,如男女双方均到法定结婚年龄,"在双方同意下得保持其夫妇关系,双方家庭不得妄加干涉";对于丈夫出卖妻子"其去留由妇女自择"。③ 这些规定从法律上否定了买卖女性行为的合法性,又最大程度保护了女性的权益。

男女平等关系的确立,无疑是中共在广大农村进行的一场成效显著的社会变革运动,极大地推进了妇女解放事业,提高了她们的政治、经济和社会地位,调动了她们抗战和生产的积极性。

(二) 改革婚姻家庭制度,保障婚姻自主

在河南省广大农村,相沿成习的传统婚姻家庭礼俗与规范,对青年男女

---

① 河南省妇联妇运史研究室编印《河南省妇运史资料选编》第1集,内部资料,1986,第157~158页。
② 河南省地方史志编纂委员会编《河南省志》第24卷《妇女运动志》,河南人民出版社,1993,第114页。
③ 《冀鲁豫行署关于处理因灾荒买卖人口纠纷的规定》,中共冀鲁豫边区党史工作组办公室、中共河南省委党史工作委员会编《中共冀鲁豫边区党史资料选编》第2辑《文献部分》(下),河南人民出版社,1988,第330~331页。

有着强大的约束力，其主要表现为：（1）"父母之命、媒妁之言"的包办式婚姻。（2）普遍流行早婚。很多家庭都习惯在子女10岁左右时为其订婚，有些在还未出生时已考虑订婚问题。（3）买卖婚姻严重。买卖婚姻不仅指公开的买卖，也包括用财礼、聘金等变相的买卖。很多人非常看重婚姻所能带来的经济效益，通常的情况是女方家向男方家索要巨额财礼。在河南武陟县，"贫家议婚多索聘金数十百千不等"。① 在1941年中共晋冀豫区党委关于妇女工作的指示中，就较为明确地指出，"根据最近几个地区的初步调查，不仅买卖婚姻极为普遍，即童养媳、转卖妇女、租借老婆、抢婚、家庭独占婚等，甚至高利贷押妻的现象，都或多或少地存在于各地。正是由于这种婚姻的严重不自由与非人待遇，离婚再婚的现象才非常严重地发生于各地，纠纷不断发生"。② （4）妇女在婚姻关系上处于被压迫的地位。传统的父权家长制的家庭格局在广大农村根深蒂固，妇女被视为单纯的生育机器和料理家务的工具。在家庭生活中，夫妻间是不平等的，妇女没有独立的经济地位，丈夫往往是家中起决定作用的人，而妇女则完全依赖丈夫生活。

各抗日民主政权建立后，都非常重视对传统婚姻制度的改造，颁布了一系列新婚姻条例。婚姻法规对旧婚姻制度的改革重点在以下几个方面。

第一，保障婚姻自由。婚姻自由强调婚姻当事人双方在自愿基础上缔结或解除婚姻，不受第三者干涉。从婚姻自由角度看，一切强迫、包办等婚姻恶习均系非法，属于被废除之列。1942年晋冀鲁豫边区政府颁布的《晋冀鲁豫边区婚姻暂行条例》明文规定："结婚须男女双方自愿，任何人不得强迫"；男女双方订婚、结婚、离婚，根据平等自愿原则，任何人不得干涉；禁止重婚、早婚、纳妾、蓄婢、童养媳、买卖婚姻、租妻及伙同娶妻。③

---

① 史延寿修、王士杰纂《续修武陟县志》卷5，1931，第13页。
② 中共河南省委党史资料征集编纂委员会编《太行抗日根据地》（1），河南人民出版社，1986，第120页。
③ 中华全国妇女联合会编《中国妇女运动历史资料（1937~1945）》，中国妇女出版社，1991，第615~616页。

在离婚问题上,各根据地婚姻法规强调离婚要双方自愿,同时又详细、具体地规定了一方要求离婚的条件。如《晋冀鲁豫边区婚姻暂行条例》规定:夫妻感情恶劣至不能同居者,任何一方均得请求离婚。夫妻之一方有下列情形之一者,他方得请求离婚:(1)未经离婚即与他人有订婚或结婚之行为者;(2)虐待压迫或遗弃他方者;(3)妻受夫之直系亲属虐待至不能同居生活者;(4)生死不明已逾三年者;(5)患花柳病、神经病及不可医治之传染病等恶疾者;(6)被处三年以上之徒刑者;(7)充当汉奸者;(8)吸食毒品或有其他不良嗜好经屡劝不改者;(9)不能人道者。离婚后,女方无职业、财产或缺乏劳动力不能维持生活者,得由男方给以相当之赡养费至再婚时为止,倘确实无力支付此项费用者不在此限。① 当然,在保障离婚自由的同时,也反对轻率离婚。各边区婚姻法规都规定,对于离婚请求者,必须经乡或市政府进行考查,经审查属实后,方可依法离婚。1941年,中共晋冀豫区党委关于妇女工作的专门指示强调:"对于离婚问题,除违法婚姻为当事者极端反对与卫生条件决定应赞助其离婚外,一般的应注意说服调解双方和睦团结,研究其离婚的动机与离婚的条件,依政府婚姻条例,考虑男方或女方的具体问题,根据具体情形,加以适当解决,不应寻找离婚或一有不睦稍有口角即挑动离婚。"②

第二,反对早婚。鉴于早婚的危害,各边区婚姻法规都明确规定反对和禁止早婚。1940年,中共豫皖苏边区党委在永城召开三八妇女节纪念大会,会议通过了取缔早婚的法令。③《晋冀鲁豫边区婚姻暂行条例》规定:"男不满18岁,女不满16岁者,不得结婚。"考虑到当地沿袭已久的婚姻习惯,该条例对订婚年龄也进行了明确规定,禁止过早订婚:"男不满17岁,女不满15岁者,不得订婚。"④ 可以看出,无论是订婚年龄还是结婚年龄,该条例所做的限制性规定与当时普遍流行的早婚年龄相比,均有所推迟,这对保障青年男女的身体健康,养育具有良好身体素质的下一代,以及贯彻婚姻

---

① 《中国妇女运动历史资料(1937~1945)》,第616~617页。
② 《太行抗日根据地》(1),第120页。
③ 《三八节在永城》,《河南省妇运史资料选编》第1集,第267页。
④ 《中国妇女运动历史资料(1937~1945)》,第615~616页。

自由原则都有积极意义。

第三，禁止买卖婚姻。各抗日根据地均禁止买卖婚姻，规定在婚姻关系建立过程中，除了纯系纪念性质的物品交换外，男女双方均不得索要金钱或其他财物。对于一些地方事实上存在的带有买卖性质的纳妾、蓄婢、童养媳、租妻、卖活人妻等不合理的怪现象，一律严厉禁止。如晋冀鲁豫边区公布的《婚姻暂行条例施行细则》规定："在边区婚姻暂行条例施行前，所纳之妾，可随时向对方要求离去，并得要求生活费用"，"在边区婚姻暂行条例施行前所蓄之婢，得随时要求离去，主方不得索还身价"；在边区婚姻暂行条例施行前之童养媳，"其自愿选择配偶者，得随时请求解除婚约"。对于兼祧之妻，"得随时要求去"。凡以上"经女方提出解除婚约后，如与他方订婚结婚，仍有买卖事情者，任何人均得告发，并应从重处罚"。① 这些规定无疑是对买卖婚姻的一种有力否定和打击。

第四，保护妇女权益。抗日根据地建立以后，根据地的广大妇女成为抗战的重要人力资源，"动员妇女参战，是奠定保护妇女切身利益的基础，保护妇女切身利益，又是深入广泛动员妇女参战的必要条件"。② 因此，各边区政权颁布的婚姻法规都注重保护妇女权益。1943 年，晋冀鲁豫边区政府颁布了《妨害婚姻治罪暂行条例》，其中规定：贩卖妇女、霸占他人妻女、煽动抗日军人家属离婚或退婚成为事实、勒索财物妨害寡妇再嫁、虐待妇女有据、抢亲、蓄婢、纳妾、重婚者，凡有以上行为之一者处 1 至 5 年徒刑，罚金 1000 元；对买卖婚姻者、勒索财物妨害婚姻者、妨害寡妇再嫁者等，处 1 年以下徒刑，罚金 300 元。③

以上婚姻法规、条例的规定体现了尊崇自由平等、保障个人权利的立法精神。婚姻自由原则成为各敌后抗日根据地处理婚姻家庭问题的基本原则。它们的颁布和实行，从法律上否定并冲击了旧的婚姻家庭制度，保障了广大妇女的婚姻自主权，使根据地旧的婚姻观念逐渐被打破，买

---

① 《中国妇女运动历史资料（1937～1945）》，第 618～619 页。
② 张琴秋：《动员妇女参战与保护妇女切身利益的关系》，《中国妇女运动历史资料（1937～1945）》，第 570 页。
③ 《河南省妇运史资料选编》第 1 集，第 134～135 页。

卖婚姻、包办婚姻、虐待妇女等现象逐渐减少，青年男女开始从自身情感出发，自主地处理自己的婚姻问题。据1942年8月31日晋冀豫区妇救总会《关于"反对买卖婚，争取自由婚"的初步总结》载，自从婚姻条例颁布后，出现了大批的离婚案子，从1941年6月到1942年5月，据不完全统计，该区解决的离婚案子有1694件，这说明"群众已开始觉悟并起而打击旧制度"；买卖婚姻虽没有彻底消灭，但在部分地区已失去合法地位；寡妇再嫁也已成为理直气壮、光明磊落的事情，不再为人们所歧视。①

但应该指出的是，作为关系到诸多社会因素、聚焦着多种社会矛盾的婚姻家庭制度，其变革的基础包括经济、政治、文化条件等多方面的因素。婚姻自由原则的实现显然不是单靠行政命令或单纯观念的更新来促成的。在抗日根据地，婚姻自由并不是民众的自发要求，而是靠政治强制力量自上而下地推行的。在很长时期内，婚姻自由受到传统习俗、经济条件、政治环境、干部素质等诸多现实问题的束缚。诚如有学者所言："尽管革命政策的威力巨大，但事实上仍受到民间传统力量的制约。"② 特别是在经济状况极为贫困的社会条件下，要改变"穷人多男大而无钱娶妻，穷家小女多因无力养活而被出卖"的实际问题，必须靠经济的发展。1943年4月彭德怀在一次讲话中就曾指出："假如今天在冀鲁豫边区，太行山之五、六分区正是大的灾荒的时候，不首先解决群众的饥饿问题，而去宣传'婚姻自由'，必然遭遇群众的反对。"③ 所以，从根本上动摇传统婚姻存在的基础，彻底实现婚姻自由原则是一个长期复杂的社会变革过程。1943年2月，中共中央发布《关于各抗日根据地目前妇女工作方针的决定》，调整了工作重点，改变了单纯强调男女平等、婚姻自由、妇女解放等容易导致男女两性对立的工作方式，开始把发展妇女参加生产作为变革婚姻家庭的主要内容。该决定指出，"动员妇女参加生产是保护妇女切身利益最中心的环节"，"提高妇女的政治

---

① 太行革命根据地史总编委会编《群众运动》，山西人民出版社，1989，第419~420页。
② 李金铮：《革命策略与传统制约：中共民间借贷政策新解》，《历史研究》2006年第3期。
③ 彭德怀：《在晋冀鲁豫四区党委妇委联席会议闭幕时的讲演》，《中国妇女运动历史资料（1937~1945）》，第681页。

地位、文化水平、改善生活，以达到解放的道路，亦须从经济丰裕与经济独立入手"。① 这就缓解了不顾当时社会历史条件的局限性而倡导婚姻自由带来的社会矛盾，同时也可谓找到了变革旧式婚姻家庭的根本途径。

（三）动员妇女参加生产

在中国传统社会中，农业生产主要由男子承担，家庭生活问题主要依靠男人，女子依附于男子，女性角色主要是"照顾小孩、准备食物、洗全家人的衣服以及从事其它所有的家庭劳务"，她们很少从事户外活动，只有在"家庭缺乏男劳力，家里太穷无法雇人帮忙的情况下，北方的妇女才到地里干活，而且认为这是羞耻的事"。"30年代在华北进行的调查表明，所有的农活中，只有5％的活是由妇女干的。"② 女性的弱者地位与依附形象逐渐成为社会生产力发展的桎梏。抗日民主政府认识到："发动妇女参加生产，从生产中广泛组织妇女，是领导妇女解放及妇女组织工作中一个基本趋向。因为妇女在家庭中和社会上没有地位，正是由于妇女在经济上不能独立与没有地位，要从政治上社会上提高妇女，同时就必须从经济上提高妇女。"③ 这就从政治上明确了妇女参加生产劳动的重要性。根据地党和政府通过各种政策和相关法律规定，极力强调妇女要从事生产活动。特别是在劳动力不足和粮食缺乏的情况下，提出把生产自救和提高女性社会地位的观念相结合，充分利用所有能够加以利用的劳动力资源参与农业生产。在青壮年男人参军或参战支前时，就组织妇女耕地播种，收秋收麦。新婚姻法规的贯彻实施，进一步促使妇女转变了观念，使她们认识到积极参加生产才能获得解放的深刻道理。她们与丈夫同样参加生产劳动，成了家中不可忽视的财富创造者。

在根据地党和政府的组织领导下，抗战期间，河南各抗日根据地的广大

---

① 中共中央文献研究室、中央档案馆编《建党以来重要文献选编（1921~1949）》第20册，中央文献出版社，2011，第126~127页。
② 〔瑞典〕达格芬·嘉图：《走向革命：华北的战争、社会变革和中国共产党（1937~1945）》，赵景峰等译，中共党史出版社，1987，第277页。
③ 《太行抗日根据地》（1），第117~118页。

妇女积极生产支前，勇敢参军参战。在极端艰苦的环境中，她们组织起来互帮互助，开荒种地，养猪养蚕，大力开展生产自救以支援抗战。对于广大妇女来说，除了参加农业生产外，主要是发挥女性自身优势，因地制宜，积极广泛地从事纺织、制衣、制鞋等。如1944年，太行区妇女参加纺织者15万人，共织布120万斤。① 1945年2月至5月，林县10个区参加纺织的妇女达7.15万人，百日内共生产布匹29.85万公斤，可换小米89.355万余公斤，获利406.47万元（冀南券）。② 据统计，抗战期间，信阳、长垣、内黄、滑县、沁阳、偃师、林县、范县等地的妇女共捐鞋子近6万双，棉衣万余套，棉被1000多条，布匹1300多米。③ 各抗日根据地的女性在党和政府的领导下，通过参加生产劳动大大缓解了根据地劳动力资源匮乏的局面，有力地支援了前线抗日斗争，同时在劳动中也收获了自信，提高了社会地位，重塑了自己的主体性。

三　教育

根据地的教育事业是根据地文化建设的重要内容。抗战全面爆发后，由于日军的入侵，大片国土沦陷，河南许多地方的校舍被破坏或占用，教学设施被毁坏，大批教师和学生流离失所，学校教育一片混乱或陷于停顿。据晋冀鲁豫边区统计，抗战八年中该区文化教育事业受敌人摧残损失的有初级小学46567座，高级小学1000座，县立中学及教育馆400座，省立中学50座。④ 其中太岳区受敌人摧残损失的有省立中学及师范8处，县立中学及师范47处，高级小学122处，初级小学4750处，民众教育馆15处。⑤

---

① 《太行区大发展》，《解放日报》1944年12月21日，第1版。
② 《河南省志》第24卷《妇女运动志》，第59页。
③ 《河南省志》第24卷《妇女运动志》，第61页。
④ 《晋冀鲁豫边区八年抗战中人民遭受损失调查统计表》，《晋冀鲁豫抗日根据地财经史料选编（河南部分）》(1)，第676页。
⑤ 《太岳区八年来敌灾损失初步统计材料》，中共河南省委党史工作委员会编《太岳抗日根据地》，河南人民出版社，1990，第203页。

中国共产党领导开辟各敌后抗日根据地后,积极恢复和发展各项教育事业。

(一) 学校教育

各敌后抗日根据地创建后,积极恢复因各种原因被破坏的中小学校,并改革教育方针、教学方法、教学内容,培养师资力量,还根据抗战形势和现实需要,兴办了一大批新的学校。

1941年9月,晋冀鲁豫边区政府在施政纲领中强调:"实行普及免费义务教育,建立和健全正规学制,大规模地举办各种学校。"① 与此同时,边区政府采取各种有力措施保证群众和儿童能参加学习。在这样的方针指导下,根据地学校教育恢复和发展迅速。太行区1942年全区有学校1237所,1943年发展到1718所,1944年就增加到2532所了。入学儿童也逐年增加,1942年是52885人,1943年为68168人,1944年发展到125556人。从学校数量与行政村数比较来看,差不多一个行政村有一个学校。② 在教学内容上,学校均注重与生产、家庭、社会需要相结合,在小学中增加了珠算、应用文等课目,教给学生实用的农业知识,向学生灌输劳动观念,鼓励学生帮助家庭劳动,因此农民均愿意送子弟入学。

1944年5月,太岳四专区根据该区的具体条件,制定了新学制,规定:(1)小学教育以培养青年儿童劳动生产、参加战争工作为主要目标,其中少部分可培养为将来的村级干部;(2)学校教育与设备都使与战斗生产相结合,生产课侧重农业与手工业,政治课侧重村行政、政策法令、反特务汉奸教育,文化课侧重写信、打算盘、适用教育等,并实行"小先生制",让包括儿童在内的每个学到知识的人都又成为知识传授者;(3)开办豫晋中学,招收18岁以上青年入学,并附设小学师资轮训班,调在职高小校长、主任、教职员、联合校长、中心小学校长入学,这样既可解决小学师资训练之困难,又可使中学教育与小学教育相结合;(4)照生产季节放假,春假

---

① 《晋冀鲁豫抗日根据地财经史料选编(河南部分)》(1),第118页。
② 《太行区教育大发展》,《解放日报》1945年4月29日。

15 天，暑假半月到 20 天，秋假 1 月，并规定旧历年节到元宵节放拥政爱民拥军节假。① 自实行新教育方针后，太岳区各地学校获得了大发展，到 1945 年 6 月，全区有中学 4 处，师范学校 2 处，小学 400 处，学生 10 万人，占全区学龄儿童的一半。民办小学也有 130 所。② 1945 年 6 月 7～28 日，太岳区召开教育工作座谈会，到会各中小师范教职员等 100 余人。会议再次强调，"教育内容，要和战斗、生产、及家庭教育相结合。教育管理上，要发扬民主作风"。对教育工作方针会议再次进行了明确："初小是教儿童识字和计算的能力，培养儿童劳动的习惯（主要协助家庭生产），及参加解放区各种社会活动的习惯；高小是培养初级干部及一部分升学学生及一些农村青年积极分子。成人教育，主要是识字，消灭文盲，及提高计算能力，交流经验，解决生产上工作上的各种问题。"③

1944 年 11 月，为改进普通教育，中共冀鲁豫分局特发布《关于普通教育改革的指示》，强调教育要与生产、家庭、社会相结合，以成人教育、培养农村干部为中心，规定教育内容为生产和社会所需要的东西，如战争、农业、工商常识与政府法令等，使学生为社会、为战争、为家庭服务。④ 在实施教育内容密切结合现实需要的方针上，范县袁庄小学最为典型。该校两个高级班每周的课程中，国文占 6 小时、社会（包括法令、工作常识、军事常识）6 小时、算术 4 小时、生产常识 1 小时，时事、音乐、美术各占 1 小时，其余社会活动及自习时间均未列入课表内。教育方针是"遇着什么讲什么，学生需要什么讲什么"，使学生解决实际问题，例如传授关于写信的一般知识、课余带领学生参观本村榨花生油的油坊等，以使学生得到实际的生产知识。至于工作常识，则是请外边工作的同志定期来校讲话。全校师生每天下午课余出外拾粪，以此从事生产并锻炼体力。⑤

1940 年 7 月，豫皖苏边区政府在永城曹梁余村召开了有各县教育科长、

---

① 《太岳四专区创立新学制》，《解放日报》1944 年 6 月 22 日。另见《太岳抗日根据地》，第 211 页。
② 《太岳举行教育工作座谈会，研讨各级教育方针与目的》，《解放日报》1945 年 7 月 15 日。
③ 《太岳举行教育工作座谈会，研讨各级教育方针与目的》，《解放日报》1945 年 7 月 15 日。
④ 《中共冀鲁豫分局公布改革普通教育的指示》，《解放日报》1944 年 11 月 15 日。
⑤ 《范县袁庄小学实行新教学方针》，《解放日报》1944 年 12 月 20 日。

各区文教区员及教师代表参加的教育行政工作会议,讨论了边区学校教育的指导原则、学制、课程设置、教材编写等。会后,边区出现了办学热潮,各区乡都办起了初级小学,有的还办起了高级小学,改良了原有的私塾教育,农民子弟入学率大大提高。其中永城、夏永砀县的教育工作做得比较突出,如永南三区以裴桥为中心先后办起了7所小学,永北以芒山为中心办起了30多所小学,永东以葛店为中心办起了20多所小学。据统计,从1939年夏至1941年春,永城县共办小学150多所,在校学生有6000余人。① 夏永砀县委和县政府在极端困难的情况下,还集中本县教师和部分知识青年,由新四军第六支队第一总队武装警戒,在三区程楼进行了为期一周的师资培训。② 1944年底淮北二专署和各县抗日民主政府建立后,虽然当时战斗频繁,物资匮乏,干部和师资十分缺乏,但仍把发展教育事业摆到了重要位置。专员彭笑千主抓教育,专署和县政府设置了教育科,区政府配备了教育区员,努力进行学校的恢复、建立和整顿工作。并规定了"实行生产教育、民主教育和社会教育相结合"的教育方针,"在生产教育方面要求学生参加积肥,冬季每班种半亩地,自己动手创作简单的教具,学生要帮助家庭生产等。民主教育方面,要求学校绝对废除体罚,提倡学生自治。社会教育方面,要求各校要办好墙报,宣传政府政策、法令,举办群众冬学等"。③ 新的教育方针的制定和实施,大大推动了边区中小学教育的发展。经过各县的努力,原有学校得到了恢复和整顿,教师队伍得到了充实加强。到1944年12月,达到了县设1所中学,区设1至2所完小,每个保或乡设有1至数所初小。据当年年底的不完全统计,永城县有中学1所,学生228人,教员7人;完小5所,初小290所,在校学生达6011人。夏邑县有中学1所,完小5所,初小20所,在校学生2500余人。④

在豫鄂边区的信南县,除先后创建了信南中学、豫鄂边区第一小学

---

① 中共河南省委党史研究室编《豫皖苏边区革命史》,河南人民出版社,2001,第135~136页。
② 《豫皖苏边区革命史》,第136页。
③ 《豫皖苏边区革命史》,第228页。
④ 《豫皖苏边区革命史》,第229页。

外，信南一区还在乡公所协助下，建立了 21 所国民小学，其中有 5 所中心小学。该县对学校实行学区制管理办法，由中心小学领导各保小学。另外，还成立教师学会，每月由中心小学校长召集各保小学教师开会一次，检查汇报教学工作，讨论教学问题。① 这些措施无疑有利于提高教师素质和教学质量。

（二）干部培训

各敌后抗日根据地的开辟和发展需要大批干部，然而，很多干部文化素质和政治思想素质都比较低，所以各根据地都十分重视干部的培养和教育，创办了"抗大"分校、各级党校和各级各类干部学校，以培养各级党政军干部。

豫皖苏边区培养干部的学校最主要的有"抗大"四分校、抗日联中、区党校等。早在 1938 年 11 月，新四军游击支队在开辟豫皖苏抗日根据地的时期，为了培养抗日骨干力量，在杞县傅集成立了新四军游击支队随营学校，由彭雪枫任校长，吴芝圃、萧望东、刘作孚分别任副校长、政治部主任和教育长。学校对学生实行军事建制，随部队一起活动。后来随着根据地的发展，随营学校渐渐不能适应形势的需要，为培养抗日军政干部，解决干部缺乏问题，根据中共中央和抗大总校的指示，1940 年 3 月，在新四军游击支队随营学校的基础上，创办了中国人民抗日军政大学第四分校（简称"抗大"四分校）。学校面向社会公开招生，条件为："政治坚定，思想纯洁，愿为民族解放事业奋斗到底，并具有初中、高中、大学程度或同等学历，年龄在 18 岁以上，30 岁以下，体格健，无隐疾及不良嗜好之男女青年，一律招收。"② 3 月 18 日，"抗大"四分校在永城县麻冢集正式开学。学校内设校务、训练、政治三部，对学员实行军事化管理，开展军事教育、政治教育和文化教育，注重学以致用。③ 9 月中旬，第一期学员毕业。10 月，继续招生 900 名学员。在日趋严峻的战斗形势下，学校经常处于流动状态，但学员们始终保持着顽强斗志和乐观精神，团结一致，边战斗边学习。

---

① 参见《河南抗战史略》，第 238 页。
② 《豫皖苏边区革命史》，第 131 页。
③ 陈锐霆：《抗大四分校一年来的管理教育》，《豫皖苏抗日根据地》（1），第 446~450 页。

1941年5月中旬，四分校全体教职员工随部队转移至津浦路东，9月间第二期学员毕业。之后，该校在路东继续招生，一直坚持到抗战胜利。"抗大"四分校是"抗大"总校在新四军中创办较早的一所学校，仅在永城的一年多时间中，就为豫皖苏根据地培养了2000多名党政军干部。① 抗日联合中学于1939年11月在永城创办，由边区党委和政府直接领导。第一期招生430余人，第二期招生400余人，重点进行政治军事教育。1941年4月，鉴于形势恶化，战斗频繁，边区党委决定该校停办，年龄较大的学生分配到边区机关和部队工作，年龄较小的30余名学生由校长任崇高带领转移至津浦路东。"抗日联中"在创办一年多时间中，培养了800余名学生。② 除了"抗大"四分校、"抗日联中"外，豫皖苏边区还于1940年5月成立了区委党校，由吴芝圃担任校长。

晋冀鲁豫边区创办有"抗大"六分校以及抗战建国学院、鲁迅艺术学院分院、抗日联合中学等。1942年3月，晋冀鲁豫边区政府将行政干校与太行抗战学院正式合并，仍名太行抗战学院，正副院长分别由杨秀峰主席、王振箕委员兼任。该院共分干训部、师范学校及研究班三部门，干训部以训练高级行政干部为目的，专门轮训县级以上在职干部，为冀南、太岳区训练专员、县长，为太行区训练科长以上干部及编余干部；师范学校以培养小学教员为目的；研究班以吸收敌后知识分子，培养干部及中等学校师资为目的。③ 1945年，为了适应抗战形势的需要，培养大批实际工作干部，太行区又决定成立各专区中学，确定其任务为培养干部。5月初旬，边区召开中学校长会议，拟定中学暂行案，教育方针是"根据干部的实际斗争经验，进行思想教育，确定为人民大众服务的人生观，从总结工作经验中，学习政策业务，提高干部文化水准，加强自学能力"。因各学校目标是培养县区干部，故吸收学生，以现任干部为主。其次再招收一部分高小毕业生、区乡知识分子及沦陷区知识青年，课程有太行区建设、算术、自然常识。于7月正

---

① 《豫皖苏边区革命史》，第131～134页。
② 《豫皖苏边区革命史》，第134～135页。
③ 《晋冀鲁豫太行学院改组》，《解放日报》1942年3月16日，第3版。

式开学,有1500余名干部入校学习。①

豫鄂边区也创办了"抗大"十分校、边区党校、行政干部学校、建国公学、洪山公学等。1944年10月至次年2月,豫西一、二分区和豫鄂边区四分区分别建立了豫西抗日军政干部学校、豫西公学和豫南军政学校。

此外,各根据地还不断根据需要,举办周期短、形式多样的各种短期培训班,如1940年5月底,豫东地区各县举办各种培训班40多期,培训各类干部4400多人。② 这些干部学校为各抗日根据地输送了大批党政军干部和根据地各项建设的骨干力量。

(三) 社会教育

社会教育是抗战时期中共在敌后抗日根据地实行的一项重要的社会政策,是一种区别于学校教育的非定式教育。实施这一政策最普遍的方式,是以乡村社区为单位,利用一切可以利用的时间、场所和能够被民众接受的方法,举办冬学、民众学校、夜校、半日校、识字班、黑板报、读报组以及民众教育馆、秧歌队、剧团、展览会等,以消除文盲,提高边区民众的文化水平,与此同时,对民众灌输民族意识、国家意识和中共所主张的意识形态和道德观念,激发民众参与政治的热情。为开展民众社会教育,各边区均有统一部署,如1942年4月24日,晋冀鲁豫边区政府教育厅召开各专署教育科长会议,规定了扫除文盲的具体任务和办法。(1) 每一公民,必须认识1000字,每年认250字,以4年完成。(2) 民众学校的组织,分识字政治班两种。识字班参加者为15岁以上25岁以下的男女青年。政治班参加者为全体公民。(3) 课程分识字课、国民常识、珠算。(4) 上课时间除年假20日,麦假半月,秋假1个月外,男子隔日一次或3日一次,女子每日一次或隔日一次。③

民众学校和冬学运动是社会教育中规模最大、成绩最突出的形式。民众学校的举办,根据季节而定,以不影响群众生产为原则,一般是在

---

① 《太行各专区成立中学,一千五百干部将入校学习》,《解放日报》1945年7月16日,第2版。
② 河南省新四军华中抗日根据地历史研究会编《中原抗战论丛》,河南人民出版社,1992,第276页。
③ 《晋冀鲁豫边府召开教育会议》,《解放日报》1942年5月17日,第2版。

春季设午校，冬季办夜校和冬学，时间是全年性的。冬学一般只在每年 11 月到次年春耕期间的农闲时间举办，各边区均设有冬学委员会，各县、乡、村也都设有相应的领导机构。民众学校由专任校长负责，冬学则由村民教委员或临时组成的冬学委员会具体主持，分全日制、半日制和夜校三种。

民众学校和冬学的教学形式和教学内容比学校教育有更大的灵活性，在实际教学中，以识字教育为中心，注重把政治教育、文化教育和生产劳动密切结合起来，使民众既学到了文化知识，又接受了抗日道理。如 1941 年 10 月，冀鲁豫行署通令各县，于当年冬大量开展冬学运动，决定从 11 月起至次年 2 月底止，每村至少设立冬学 1 处，务使男女文盲认识 300～500 字。[①] 在教群众识字的同时，往往以适应群众实际需要为原则，教怎么锄地、怎么沤粪等；向群众讲解抗日的重要性，提高群众的政治意识，讲述战争常识、政府法令等；讲授卫生知识等。妇女的冬学侧重于讲述妇女思想解放、女性卫生、家务常识、放足、纺织技术等内容。这些内容适应了抗战需要，也密切服务于群众生活实际。在教学方式上，多采用群众喜闻乐见的灵活多样的形式。比如 1945 年，林县 174 个行政村办冬学 313 个，冬学小组 512 个，学习人数有 16.5 万多人。冬学运动中，村头建立识字岗，在树上或墙上挂块小黑板，上面写一些生活中的常用字，过往行人先识字，后出入。当地群众为识字岗编了一首快板："识字岗，到处有，不识字，不让走。想一想，念一念，写一写，看一看。也会写，也会念，放你过去把活干。"[②] 这种方式简单易记，生动有趣，无疑能够得到群众的积极参与。

为保证社会教育的任务顺利完成，提高教员积极性和工作效率，晋冀鲁豫边区政府专门颁布了义务教员奖励办法，规定太行、太岳两区民众学校的义务教员，凡符合下列四项条件之一可评为模范教员：每日按照课程表上课从不缺席者；动员学生超过本村文盲 70% 以上且能经常到校上课；民众学校毕业学生测验成绩及格率占入学学生 40% 以上者；能克服各种困难，善

---

① 《晋冀鲁豫：文化团体通力合作，社会教育日益进步》，《解放日报》1941 年 10 月 14 日，第 3 版。
② 侯志英主编《中共河南党史》（上），河南人民出版社，1992，第 511 页。

于应付战争，坚持冬学者。对模范义务教员，政府分别发给奖状与奖金，或通令褒扬。如有特殊成绩，则另予以特殊奖励。此外，民众学校义务教员本人一律不服征役。①

在抗日根据地，冬学也是部队参加地方工作的重要任务之一。如晋冀鲁豫边区政府、太行军区司令部于1943年11月30日颁布了关于开展冬学运动的联合指示，要求：（1）各级政府应迅速开始筹备冬学，各部队也应积极参加与帮助自己驻村的冬学运动，纠正过去忽视冬学运动及认为冬学运动与部队工作无关的错误观念；（2）政府方面应根据边府关于冬学运动的指示，在干部会中具体讨论实施办法，在各系统中推行动员与布置，具体解决教员、教材、校舍及灯油的困难，并协同本村驻军、群众团体特别是青救，完成一切准备工作；（3）部队应"主动帮助驻村的村政权，恢复或成立冬学，向群众宣传冬学的好处，劝导大家踊跃参加。应让出适量的房子，作为冬学的校舍，解决其困难，并指定一定的干部长期担任冬学中的时事教育及文化活动"；（4）联队驻军在驻地三天以上，就应帮助驻村冬学工作。②

总之，社会教育不但进行了文化教育以扫除文盲，也成为开展抗日民主运动的一种良好形式，大大提高了根据地军民的基本文化素质。以太行区为例，到1945年春，全区共有冬学4836处，义务教员4643人，入学人数415965人。抗战前太行区文化非常落后，据1939年几个地区的调查，战前全区文盲占全区人口95%～98%，到1945年春则减少到85%。③在冬学中农民不但提高了文化水平，而且普遍提高了政治觉悟。正如有学者所言："事实上，抗日根据地的社会教育既是群众性的扫盲运动，又是中共在根据地进行的一场全面深入的政治动员，而后者显得更突出、更重要。"④

---

① 《奖励冬学模范义务教员》，《解放日报》1941年10月20日，第3版。
② 《晋冀鲁豫边府、太行军区司令部联合指示开展冬学运动》，《解放日报》1943年12月3日。
③ 《太行区教育大发展》，《解放日报》1945年4月29日。
④ 黄正林：《社会教育与抗日根据地的政治动员——以陕甘宁边区为中心》，《中共党史研究》2006年第2期。

四　公共卫生事业

抗日战争时期，河南各敌后抗日根据地除了要面对日军的侵扰、封锁和掠夺等严峻的战争形势外，还遭受着各种严重的疾疫困扰。根据地多位于几个省交界地区，交通不便，土地贫瘠，粮食物资极为缺乏，群众营养不良，身体抵抗力弱，再加上医疗卫生条件非常落后，封建迷信思想盛行，疾病得不到及时和有效医治，疾疫和死亡时常威胁着广大群众的生命健康。在抗战爆发后的动荡社会环境中以及自然灾害的不断侵袭下，根据地医疗卫生状况更加恶化。疟疾、痢疾、天花、伤寒、流行性感冒、回归热、麻疹等都是根据地多发的流行病。据统计，抗战八年，晋冀鲁豫边区因天灾及敌人放毒得传染病而死者86万人；患病者1200万人，占边区总人口2800万人的42.86%；日军奸淫中国妇女36.3万人，其中12.2万人被奸后患上传染病。到抗战结束时，全边区仍有135万人患传染病。[①]

严重的疾疫流行不仅导致根据地大量的人口伤亡，而且造成根据地劳动力的减少和生产力的普遍下降，甚至影响到根据地部队的战斗力。抗战后期晋冀鲁豫根据地因一些农村居住条件差，部队住在农民家，一个土炕上睡一个班，两三个人盖一床被子，造成了疥疮传播的条件，不少人合并感染，尤其是大腿内侧发生脓疮，无法行军，以致大批减员。六纵在一次战斗中7天战斗减员200人，而因疥疮不能参战的竟达3000人之多。[②] 据太行军区八年疾病分类统计，疟疾发病占第一位，高达各类疾病的25%，个别连队发病竟达70%。[③] 1944年太岳部队回归热流行，造成不少减员，不得不停止操课进行卫生整顿。[④]

[①] 《晋冀鲁豫边区八年抗战中人民遭受损失调查统计表》，《晋冀鲁豫抗日根据地财经史料选编（河南部分）》(1)，第674、676页。

[②] 《新中国预防医学历史经验》编委会编《新中国预防医学历史经验》第1卷，人民卫生出版社，1991，第123页。

[③] 朱克文、高恩显、龚纯：《中国军事医学史》，人民军医出版社，1996，第235页。

[④] 朱克文、高恩显、龚纯：《中国军事医学史》，第236页。

疾病流行使根据地的卫生防疫工作显得十分重要和急迫。因此，从抗战初期开始，根据地政府和部队领导广大卫生工作人员以宣传卫生知识、防治疾病、保障军民健康等为中心，极力发展根据地的卫生事业，积极开展各种防病治病工作。如1941年9月晋冀鲁豫边区政府颁布的《施政纲领》规定："建设卫生行政，减少人民疾病死亡。"纲领还规定了具体措施："（一）逐渐建立民众医院，增进医务设备，对贫苦抗属及人民实行免费或减费治疗，奖励私人医院之建立。（二）利用各种土产药材，改良自制药品。（三）欢迎与培养医务人才，并给予优待。（四）加强人民的卫生教育，提高人民的卫生常识，注重公共卫生。"① 1942年《豫鄂边区施政纲领》中提出："提倡民众体育卫生运动，推广卫生行政，欢迎医务人员到边区来发展卫生工作，解决医药困难，奖励中药之改善，举行医生登记，禁止巫医，以增进抗日部队及国民之健康。"②

当时，河南各抗日根据地都制定了相应的发展卫生事业的政策和措施，具体来说，大致有以下几个方面。

1. 建立各级医疗卫生机构

医疗机构和医生是承担医疗卫生工作的主要力量。因此，建立相应的医疗卫生组织，加强对医生的培养，是根据地医疗卫生工作的主要内容。在抗日战争的特定环境中，根据地的卫生防疫工作主要是由各根据地军区卫生部（处）统一领导的。随着战争形势的发展变化，各地卫生组织或有所增减，但其服务根据地卫生建设、保障军民健康的基本任务未变。如在豫皖苏边区，1938年10月，彭雪枫率部东征时，新四军游击支队仅有一个10多名医务人员的卫生队，到1939年，卫生队即扩大为军医处了。为大力发展边区的医疗卫生事业，军医处举办了医务人员培训班，招收曾学过医术或具有初中以上学历、16岁至23岁的男女青年100多名，进行8个月的培训，给边区的医疗卫生事业增加了骨干力量。③ 后来，随着部队的不断壮大，从事

---

① 《晋冀鲁豫抗日根据地财经史料选编（河南部分）》（1），第119页。
② 马洪武等编辑《新四军和华中抗日根据地史料选》第5辑，上海人民出版社，1982，第454页。
③ 《豫皖苏边区革命史》，第136页。

医疗卫生工作的人员也不断增多。1940年1月，睢杞太地区建立了独立团卫生院，主要收治在与敌、伪、顽、匪战斗中负伤的指战员。初建时院址设在杞县的张凹村，后迁至龙曲，建成地下医院，有2名医生、1名护士。1940年下半年，医护人员扩大到20余名，医院每次可接收伤病员数十人。[①] 1943年，新四军第四师全师共有卫生人员390人，到1944年发展至566人。[②] 在部队卫生事业大发展的同时，边区各县也开始创办医疗机构。1939年秋，永城县抗日民主政府开办了医疗所，年底，医护人员由20人增至50人，1940年初，医疗所扩大为卫生所。[③] 地方医疗卫生机构的建立，为根据地卫生防疫工作的顺利进行提供了基础，也使根据地群众有了基本的医疗保障。

发展地方卫生事业需要大量的人才，各部队卫生机关均普遍而主动地为地方培养和训练卫生人员。新四军"积极帮助地方的卫生建设。包括培训医护人才，管好民间游医，打击江湖骗子和假医假药。同时为群众防病治病，扑灭流行疾病，保障人民生命和健康"。[④] 新四军的各种医疗培训机构，医学院、卫生学校积极协助地方培养卫生人员。"为了培训部队和地方急需的卫生工作干部，军部军医处先后举办了6期医护人员培训班，每期培训3至8个月，采取讲课和临床实习相结合，共培训了近300名卫生干部。"[⑤] 这些培训班的开办，为根据地群众的医疗卫生工作提供了人员保障。

2. 充分发挥中医、中药的作用

自晚清西学东渐以来，医学界和新式知识分子中普遍存在崇尚西医、排斥中医的现象。抗日战争期间，根据地普遍缺医少药，特别是日军的军事封锁阻断了根据地与外界正常的药物贸易通道，防病治病见效快的西药很难买到。为此，根据地除了想方设法从外界购买急需的西药外，还极其重视中西医结合进行防病治病，既注重吸收和发挥西医的优势，又充分利用中国传统

---

① 《豫皖苏边区革命史》，第136~137页。
② 《豫皖苏抗日根据地》（1），第361页。
③ 《豫皖苏边区革命史》，第136页。
④ 马洪武主编《华中抗日根据地》，当代中国出版社，2003，第585页。
⑤ 马洪武主编《华中抗日根据地》，第583页。

医学的作用。晋冀鲁豫根据地野战卫生部在1941年卫生工作指示中，明确提出要团结中西医药人员。指示认为中医有丰富的经验，能治好许多西医无法治疗的疾病，必须反对轻视中医的思想，在部队中中西医应有同等地位。在西医西药来源困难的情况下，根据地各级卫生人员要自采自制中草药，征集民间药方，发展中药制造。① 1942年7月晋冀鲁豫根据地野战后勤部杨立三部长在卫生处长以上干部会议的讲话中强调，必须"转变崇拜西药鄙视中药的思想，而要切实地研究中药，实验中药，大大地发挥中药的效能，来代替西药"，以克服医药的困难。② 在上述思想指导下，晋冀鲁豫根据地充分利用当地中医中药资源进行了防病治病，取得了明显成效。当1942年根据地疟疾流行时，抗日军政大学的医务人员即尝试使用中草药治疗，其办法是用中药常山、柴胡、砒石、黄芩、花椒等制成疟疾丸内服，供应当地疫区军民，效果不错。③ 1945年4月，太行根据地组织了社会卫生展览，"土产药材展览室陈列的几百种成品药剂，从粉片、酊剂到贵重的针药，都是太行区医药界的心血创造。这些药剂有的比外来药品的功效还好，都是用本区的药材，部分用外来原材料造成的。这些药品的制造，就是西药和中医结合的具体形式，敌人封锁了奎宁，我们从中药的研究中制造柴胡注射液、大众疟疾丸，我们自造了预防伤寒霍乱的疫苗，特别是我们制造了'克梅儿'注射剂来向花柳病进攻，可以代替外来的六〇六"。④ "土药"的生产缓和了药品匮乏的状况，为有效控制疾病流行起到了重要作用。

3. 积极开展卫生防疫宣传和教育以及广泛的群众性卫生运动

根据地的疾病流行，一方面是由于日军的侵略、灾荒等因素，另一方面则是由于根据地广大农村经济文化发展水平落后，各种迷信、愚昧思想盛行，以及老百姓缺乏良好的卫生习惯。因此，针对这些情况，广

---

① 《新中国预防医学历史经验》第1卷，人民卫生出版社，1991，第124页。
② 何正清主编《刘邓大军卫生史料选编》，成都科技大学出版社，1991，第30页。
③ 钱信忠：《一二九师及晋冀鲁豫军区的卫生工作》，中国人民解放军历史资料丛书编审委员会编《后勤工作回忆史料》(1)，解放军出版社，1994，第648页。
④ 《太行区的医药卫生工作》，太行革命根据地史总编委会编《文化事业》，山西人民出版社，1989，第671页。

大卫生工作人员采取了多种形式向民众宣传卫生知识，以改善环境、移风易俗、促进健康、减少疾病。1941年3月，冀太联办指示各级部门加强卫生防疫工作，要求在广大群众中普遍深入开展卫生防疫宣传教育，使群众了解防疫的重要性及其预防方法，同时指示各地利用春耕前的农闲时节进行清洁扫除工作。① 针对农村中封建迷信思想盛行的情况，晋冀鲁豫根据地特别指示各级卫生机关配合地方各级妇女会等组织，利用编写妇幼卫生教材、举办妇婴卫生训练班、制订卫生公约等各种形式，对群众进行广泛的妇幼卫生常识教育，普及科学知识。② 这些结合实际的卫生防疫宣传和教育，对于普及卫生知识、启发当地农民的觉悟、消除封建迷信等，有着积极的作用。

1943年2月，晋冀鲁豫根据地一二九师政治部召开卫生工作会议，讨论决定各单位各村即时成立卫生委员会，直接领导各单位各村的卫生工作，并定2月25日至3月3日为宣传周，从事动员；4、5两日各地进行大扫除，展开热烈的卫生运动；6、7两日各机关部队互相派人参观，检查总结。③ 一二九师同时并责成各地驻军医务人员协同群众进行卫生防疫工作，尽量排除室内外垃圾，并用火烧土埋等办法彻底根绝细菌潜伏地。④ 受部队卫生运动热潮的影响，华北各地也掀起了广泛的群众性卫生运动。

在八路军的大力帮助下，晋冀鲁豫太行区开展了群众性的卫生运动，包括向群众宣传卫生知识，讲解疾病成因，培训卫生干部和医务人员，推广中西医结合、以中医为主的治病方法。到1945年，太行各县普遍建立了防疫机关。当年，各村普遍开展了清洁运动，成立卫生所等。林北县一区除调查各村的病人情况并请医生诊治外，各村还配备卫生员，配合小学学生三天检查一次卫生。⑤ 林北等县还利用庙会，举行卫生展览，并组织医生给群众看病。⑥ 1945年7月13～23日，太岳区召开了卫生干部会议，对前两年全区

---

① 《冀太区联办指示各级加强卫生防疫工作》，《新华日报》（华北版）1941年3月3日。
② "人民教育"社编《老解放区教育工作经验片段》，上海教育出版社，1958，第121页。
③ 《一二九师政治部等机关、部队开展卫生运动》，《新华日报》（华北版）1943年3月3日。
④ 笑河：《一二九师指示所属协助群众防疫》，《新华日报》（华北版）1943年3月9日。
⑤ 《太行各地注意防疫》，《解放日报》1945年5月6日，第2版。
⑥ 《太行各地开展卫生工作》，《解放日报》1945年7月31日，第2版。

卫生工作举行了检讨和总结,并确定了今后的发展方针:除了决定加强部队卫生教育与战场救护、降低伤病员死亡率、培养医务人员以及健全部队医院建设等之外,还决定"推广社会卫生运动,打破部队医生中的某些'分工主义'。每一分区建立一个医药合作社,以为人民服务为原则,由公办民助做到民办公助";"成立中西医药研究会,团结全区中西医生";"提倡制土药品和奖励发明"。①

在豫皖苏边区,新四军第四师不仅在军队中开展卫生运动,而且积极动员驻地群众讲卫生、防疾病。第四师卫生部部长齐仲桓指出:"抗大、三分区、师卫、泗南休养所,均能动员老百姓搞卫生,因而各驻地群众也减少疾病之发生。"②部队以丰富多彩的形式对群众进行卫生教育,如进行卫生演讲、写卫生标语、出卫生墙报、上卫生课、举办卫生展览等。例如在三八妇女节展览会中,"开辟妇婴卫生展览室,展览产妇与婴儿应用衣物之样式,以经济、简单、卫生为条件,同时印刷《妇婴卫生常识》手册,在大会中分发,内容为产妇与婴儿疾病、预防与饮食起居、身体发育各项"。③卫生展览以农村常见病、多发病为内容,以漫画、图片、统计表等形式,配以通俗易懂的讲解词,向群众宣传简单的卫生常识,收到了较好的效果。

每遇自然灾害发生时,各边区都极其重视灾后防疫。如在太行区,灾荒发生时,边区利用该区多山多中药材的自然资源,发动群众刨药材,既可卖钱换粮,又能防病治病。在1943年灾荒严重、疾病蔓延时,边区政府曾拨出3万元医药费用于防治瘟疫,军队和政府还组织了医疗队、卫生队,前往灾区宣传卫生知识,就地治病救人,并推广简易的中药避瘟方、消肿方、急救措施等,④这些药方被群众大量采用,既经济又有效。1945年太行第五专署发生旱灾,五分区防旱备荒委员会立即号召全分区党政军民各级领导抓好

---

① 《太岳召开卫生会议,要减少伤病员死亡率,推广社会卫生运动》,《解放日报》1945年8月2日,第2版。
② 《新四军第四师一年来的卫生工作总结》,《豫皖苏抗日根据地》(1),第353页。
③ 《新四军第四师一年来的卫生工作总结》,《豫皖苏抗日根据地》(1),第355页。
④ 《太行区四二、四三两年的救灾总结》(1944年8月1日),《晋冀鲁豫抗日根据地财经史料选编(河南部分)》(2),第155~156页。

卫生防疫，"多注意大村镇卫生，创造卫生模范村"，并对有的医院开展的用一个老鼠换 20 粒仁丹的做法给予了肯定。[①] 群众性卫生运动的开展，对根据地及时有效地预防和消灭疾病起到了重要作用。

在敌后极端困难的条件下，河南各抗日根据地通过推行一系列切实可行的防治疫疾措施，使根据地的医疗卫生状况得到了改善。根据地医疗卫生事业从无到有，从小到大，在一定程度上保障了根据地民众的健康和生命安全，保障了敌后抗日战争的正常进行。同时也在一定程度上转变了根据地民众的卫生观念和习惯，破除了民众落后的封建迷信思想。

五　灾荒与荒政

（一）灾荒概况

八年抗战期间，各抗日根据地不仅不断遭受日本侵略者的蹂躏，而且旱灾、水灾、蝗灾等各种自然灾害接踵而来，频繁发生。晋冀鲁豫边区"一半时间在灾荒中"可谓边区灾情的真实写照。[②] 特别是 1942～1943 年的大旱灾，给根据地带来了巨大的灾荒。

1942 年，当抗战进入最艰苦的阶段时，河南省发生了空前旱灾，"全省 110 县全部遭灾"，[③] "全年收成不及十分之一二"，[④] 当年全省灾民有 1000 万，到了 1943 年则增至 3000 万，两年死亡 200 万～300 万。[⑤] 河南各敌后抗日根据地也未能幸免。以太行区为例，1941 年冬到 1942 年春，太行区雨雪很少，直到 1942 年 7 月上旬以后，部分地区才开始落雨，而大部分地区始终未有落透，以致麦收仅有三四成，秋禾虽然勉强种上，谷子、玉茭长的

[①] 《第五分区防旱备荒委员会关于当前具体任务的号召》（1945 年 5 月 31 日），《晋冀鲁豫抗日根据地财经史料选编（河南部分）》（3），第 157 页。
[②] 吴宏毅：《从灾荒中站起来》，《解放日报》1944 年 8 月 29 日，第 4 版。
[③] 张高峰：《豫灾实录》，天津《大公报》1943 年 2 月 1 日，第 2 版。
[④] 王天奖等：《近代河南大事记》，河南人民出版社，1990，第 404 页。
[⑤] 李文海等：《中国近代十大灾荒》，上海人民出版社，1994，第 347 页。

仅有尺把高，有些始终没有出穗，平均秋收亦不过两成左右。① 又因为连年荒旱，山货柿子、核桃、花椒等收成都不好。1942年秋，麦子完全没有种上。1943年，旱灾超过以往任何一年，受灾面积包括太行的几乎全部、太岳的大部和冀鲁豫的一部分，而以太行区四、五、六专区，冀鲁豫沙区等地最为严重，成为百年来最为严重的一次旱灾。太行区从5月中旬开始旱了两个半月多，80多天没有一滴雨，所有早种玉茭、豆子、南瓜、蔬菜以及一部分谷子，大部分枯死了。在晋冀鲁豫灾区，整个暑天"赤日炎炎，如灼如烤，水井和溪流干涸了，人畜的饮水都发生了恐慌。焦渴的土地上，布满了纵横的大裂纹，掘地三尺看不到一点湿气。茎叶上满是尘埃的禾苗，由萎黄而干枯，几乎一个火星就可以引起燎原大火。燥热得简直要燃烧起来的空气中，飞扬着尘沙，使人窒息。田野，山林，一切都成了赭色，如果不是那恼人的炎热，人们会认为季节已经进入衰杨荒草的深秋了"。② 由于连年干旱，6月中旬，安阳、林县等地发生了蝗灾。到了9月，又出现了连绵大雨，把许多田地的禾苗都毁坏了。仅清、浊漳河两岸，大水就冲了15000多亩好地。③ 受灾最重的第五专署，先是遭受干旱，后又秋雨连绵，河水泛滥，"田禾淤漂，随流淹没，数年筑堤修滩之功，毁灭一顷，垂将收获之稻禾，损失何止万石"。④ 1943年，虽然安阳、林北等县因补种秋菜，秋收稍比1942年好一点，但就全区来说，灾区面积扩大了，有灾民35万以上。⑤

"旱生蝗虫潦生鱼"，⑥ 紧随干旱而来是严重的蝗灾。1943~1944年，整个

---

① 《太行区四二、四三两年的救灾总结》（1944年8月1日），《晋冀鲁豫抗日根据地财经史料选编（河南部分）》（2），第136页。
② 齐武编著《一个革命根据地的成长》，人民出版社，1957，第156页。
③ 《太行区四二、四三两年的救灾总结》（1944年8月1日），《晋冀鲁豫抗日根据地财经史料选编（河南部分）》（2），第153页。
④ 《第五专署关于林县一九四三年度公粮减免数字的命令》（1943年10月10日），《晋冀鲁豫抗日根据地财经史料选编（河南部分）》（3），第64页。
⑤ 《太行区四二、四三两年的救灾总结》（1944年8月1日），《晋冀鲁豫抗日根据地财经史料选编（河南部分）》（2），第153页。
⑥ 《冀鲁豫行署关于扑灭蝗灾抢救秋禾的指示》（1943年7月13日），魏宏运主编《抗日战争时期晋冀鲁豫边区财政经济史资料选编》第2辑，中国财政经济出版社，1990，第351页。

河南省又出现了严重的蝗灾。在晋冀鲁豫太行区，蝗虫"一个突袭，就使安阳等县损失了他们秋季收成的三分之二"。① 1943 年 3 月，林北县蝗卵多得"一脚能踏住 45 个，严重的地方团成馒头大的大蛋"。② 1944 年，太行区豫北各县又普遍遭受严重蝗灾，其中林北、安阳、林县、汲县、辉县受灾情况如表 15-2。

表 15-2　1944 年豫北部分县受灾统计

单位：亩

县名	吃光麦苗	吃坏麦苗	吃光秋田	吃坏秋田
林北	6079	9294.6	3230	4599.2
安阳	5061	9639	550.25	550.25
林县	—	—	15276	53090
汲县	—	—	33000	30000
辉县	—	—	24000	39000

资料来源：贾林放《太行区一九四四年生产建设的一般情况》（1945 年 5 月 30 日），《晋冀鲁豫抗日根据地财经史料选编（河南部分）》（2），第 636 页。

冀鲁豫边区也未能逃脱空前未有的蝗灾。1944 年 7 月在陇海路以北边区纵横数百里的广大土地上，几无一县幸免，沙区最为严重，"飞蝗飞来，遮天蔽日，落地则大地变色，危急形势，有如黄河决口"。③

1945 年，太行第五分区又遭受大旱和蝗灾、虫灾、雹灾等各种自然灾害，边沿地区还不断遭到敌人侵扰。当年麦收，"坡地每亩不过一斗，平地不过三斗，水地也只能收上五斗"，"秋苗、坡地植谷顶好的抓住三分之一，晚种的均未出土。棉花担水种的出的不多，早种的也未出全。柿子、花椒落了很多。瓜菜也多被黑婆、黄蝇害虫吃了"。④

据解放区救济总会晋冀鲁豫分会的统计，抗战时期，边区历年因旱灾损毁的田禾，计达 5490 万亩，共减产 1317600 万斤。⑤ 冀南、冀鲁豫历年被淹

---

① 齐武编著《一个革命根据地的成长》，第 159 页。
② 张同乐：《1940 年代前期的华北蝗灾与社会动员》，《抗日战争研究》2008 年第 1 期。
③ 《冀鲁豫边区的剿蝗斗争》，《解放日报》1944 年 11 月 25 日，第 3 版。
④ 《第五分区防旱备荒委员会关于当前具体任务的号召》（1945 年 5 月 31 日），《晋冀鲁豫抗日根据地财经史料选编（河南部分）》（3），第 156 页。
⑤ 齐武编著《一个革命根据地的成长》，第 157 页。

的土地，累计 114583170 亩，共减产粮食 526300 万斤。① 庄稼普遍歉收，"其中 1942～1943 年的大旱灾，农业收成只达常年产量的二至四成"。② 整个晋冀鲁豫边区需要救济的灾民有一百五十万人。③

自然灾害给根据地带来了严重的灾难。而自 1941 年开始，日本对华北敌后抗日根据地的"扫荡"加剧，边区战争形势也日渐严重。"在日本侵略者连年的烧杀破坏下，解放区的一些防灾设备荒废了，其疯狂的掠夺，又严重地削弱了抗灾的能力，因而加深了解放区的自然灾害。"④ 由于根据地经济本身就比较落后，物资匮乏，再加上日军的多次"扫荡"和严密封锁，敌祸天灾交织，根据地的困难局面更加严重。

灾荒给根据地造成了严重的经济困难，如 1942 年灾荒发生后，太行五、六分区"约近半数人民已无粮可食，饿死者日有所闻，春耕已陷停顿"。⑤ 伴随严重经济困难的还有大量社会问题的出现。首先，连绵不断的自然灾害，给普通民众心理投下了巨大的阴影，灾区社会人心浮动，很多群众惊慌失措，丧失了应对灾荒的信心和能力。加上敌伪和特务破坏分子的趁机造谣煽动，更使灾区人民悲观失望，无心生活，社会上普遍产生了各种消极的心理。有的认为天旱、蝗灾等是"天定劫数"，绝望地去祈雨求神；有的认为灾荒一再发生，政府也无能为力了；有的认为与其等将来饿死，不如现在尽其所有，大吃大喝，饱餐一顿；有的贱价卖掉农具和牲畜，或者宰杀牲畜吃掉了之等。不少灾民卖地、卖树、卖家具，把家里所有值钱的东西都卖掉，以换点粮食吃。1943 年，冀鲁豫沙区"一座房子只能卖一斗小米，但能买起一斗小米者很少。花籽掺糠为群众主要食品"。⑥ "地价是一斗谷可换一亩到三亩。枣树劈柴每元十五斤。桌子、纺车

---

① 齐武编著《一个革命根据地的成长》，第 158 页。
② 赵秀山：《抗日战争时期晋冀鲁豫边区财政经济史》，中国财政经济出版社，1995，第 167 页。
③ 戎子和：《晋冀鲁豫边区财政简史》，中国财政经济出版社，1987，第 37 页。
④ 清庆瑞主编《抗战时期的经济》，北京出版社，1995，第 580 页。
⑤ 《晋冀鲁豫边区政府命令》（1943 年 3 月 25 日），《晋冀鲁豫抗日根据地财经史料选编（河南部分）》(1)，第 265 页。
⑥ 《任村德兴货栈报告——一九四三年三月份敌我友区经济动态总结》，《晋冀鲁豫抗日根据地财经史料选编（河南部分）》(3)，第 243 页。

每个可换枣一升到二升。"① 据沙区 16 个村统计，灾荒中贫农失掉土地的占 41%，卖掉的牲口占 60%~80%。②

其次，灾荒对抗日根据地的人口产生了重大影响。据不完全统计，抗战八年间整个太岳区因水灾蝗雹死亡人口有 102900 人。③ 除了大量的人口死亡，逃荒、离婚和买卖人口的现象经常发生。在豫北一些毗邻敌占区和游击区的地方，当旱涝灾荒开始袭击时，不少村民因饥不择路而逃离。太行区林北县芦寨村只是灾情一般的村庄，可以代表该县灾情的状况。该村共有农家 703 户 3668 人，据 1943 年 5 月底的调查，逃亡的有 82 户，"卖儿女者九人（每人高价三斗米，现不到二百元），送去当和尚者一人，童养媳十人，新增加十八个，共为二十八人。乞丐原为二十余人，现在已到四十三人。老年人因灾荒而致病者四十一人，因吃槐叶而肿脸者一百三十人，强嫁迫娶者二十七户（与过去相反），解除婚约者六户。从去年（指 1942 年——引者注）十一月到现在共死六十二人，多为病死，但病之由来多与灾荒有关"。④ 冀鲁豫区的清丰县 1941~1942 年遭遇旱灾、寒流、虫害影响，秋粮歉收，麦季绝收，全县共饿死 27000 余人。据八区（含柳格、双庙两乡等）统计，"被生活所迫出卖人口的 1500 余户，卖掉男孩 429 人，妇女 1121 人，合计 1550 人，占总人数的 4.4%，廉价出卖土地 12536 亩"。⑤ 据南乐县梁村乡宋庄村的调查，"1941 年初，该村计有 900 口人，在 1942 年大灾荒中饿死 79 口，卖掉儿女 47 人，夫妻离散 27 对，外出逃荒 177 户"。⑥ 1943 年冀鲁豫边区持续大旱，沙区遭受了巨大的损失，农民迫于无奈卖地、卖人、逃荒的现象极为普遍。至 1943 年 3 月初，逃荒人口在重灾区——清丰西南、濮阳西北的沙滩和濮阳西约占 40%，逃走青壮年男子约占男人的 50%；轻灾

---

① 《徐达本关于沙区救灾工作的通信》（1943 年 3 月 9 日），《晋冀鲁豫抗日根据地财经史料选编（河南部分）》（4），第 137 页。
② 徐达本：《财经工作报告》，《中共冀鲁豫边区党史资料选编》第 2 辑《文献部分》（下），第 128~129 页。
③ 《太岳区八年来敌灾损失初步统计材料》，《太岳抗日根据地》，第 202 页。
④ 《林北救灾委员会工作总结及今后方针与作法》（1943 年 6 月 2 日），《晋冀鲁豫抗日根据地财经史料选编（河南部分）》（3），第 335 页。
⑤ 《濮阳文史资料》第 4 辑，1988，第 66~67 页。
⑥ 《濮阳文史资料》第 13 辑，2002，第 60 页。

区的小槐村原有1072人,有307人因灾逃走。① 据1943年5月统计,沙区卖掉小孩、妇女1万人,高内县井店镇卖人收入即达300万元。内黄县井店的王麦香就是用几个馍馍和烧饼为身价卖到山西的。② "人贩子成了支持我市场货币的东西。"③ 当时"桑阿镇附近的大花园头村,原有90多户,400多口人……32名青年妇女改嫁他乡,6个不满14岁的女孩子被父母卖掉",④ 占总人口的近1/10。沙区桑村有一家"原有十三口人,两个媳妇跑了,其他逃了,只剩父子俩"。⑤ 1943年,冀鲁豫沙区"外逃者占三分之二或三分之一"。⑥ 逃荒、死亡和买卖人口,也造成了无数家庭的残缺和破裂。"有将自己女孩卖出做婢做妾做童养媳者;有把自己男孩卖出做养子者;有把自己的老婆卖出做妾做婢或与别人为正式夫妻者;也有的妇女未经自己及其丈夫允许被婆家或娘家卖出者;还有的妇女自愿离开家庭,到非灾区逃荒另找了配偶的。"⑦ 受灾最严重的村庄,妇女大都被卖到了河西,"每村卖到几个到十几个,有小孩也有大人。每人从二斗豆到二千八百元,成沙区重要出口品了"。⑧ 甚至人吃人的现象在沙区也偶有发生,"有父母杀食其子者,有食人肉者,残闻甚多"。⑨ "死亡者沙区有1万余人,有老头自焚,甚至吃

---

① 《徐达本关于沙区救灾工作的通信》(1943年3月9日),《晋冀鲁豫抗日根据地财经史料选编(河南部分)》(4),第137~138页。
② 范世钧主编《巾帼群英——冀鲁豫边区妇女运动史纲》,内部资料,中共冀鲁豫边区党史工作组河北联络处,1991,第60页。
③ 徐达本:《财经工作报告》(1943年12月),《中共冀鲁豫边区党史资料选编》第2辑《文献部分》(下),第128页。
④ 《中共冀鲁豫边区党史资料选编》第2辑《专题部分》,河南人民出版社,1987,第573页。
⑤ 《徐达本关于沙区救灾工作的通信》(1943年3月9日),《晋冀鲁豫抗日根据地财经史料选编(河南部分)》(4),第137页。
⑥ 《任村德兴货栈报告——一九四三年三月份敌我友区经济动态总结》,《晋冀鲁豫抗日根据地财经史料选编(河南部分)》(3),第243页。
⑦ 《冀鲁豫行署关于处理因灾荒买卖人口纠纷的规定》,《中共冀鲁豫边区党史资料选编》第2辑《文献部分》(下),第330页。
⑧ 《徐达本关于沙区救灾工作的通信》(1943年3月9日),《晋冀鲁豫抗日根据地财经史料选编(河南部分)》(4),第137页。
⑨ 《任村德兴货栈报告——一九四三年三月份敌我友区经济动态总结》,《晋冀鲁豫抗日根据地财经史料选编(河南部分)》(3),第243页。

人现象。"①

灾荒使民众生活水平大大降低，造成人口身体素质下降，灾民劳动能力大大减弱。因为人吃不饱，牲口喂不饱，生产效能大大降低。如太行区第五专署"劳力日渐衰弱，甚至赤贫阶级与少数贫农的劳力已日渐失去效用"，有的地方"五个人顶战前两个人的劳力"。②林北县"男子挑粮往年可挑 80 斤，今年（指 1943 年——引者注）只挑 50 斤～60 斤，往年锄地可锄一亩多地，今年只锄半亩地。工作没有休息时长，劳力强度普遍降低百分之五十～六十，妇女往年纺织比今年多一倍"，因营养不够，有的妇女纺织出现"车子一转，头即昏晕"现象。③

另外，灾荒还造成灾区粮价飞涨，工人与工匠大批失业，乞丐与流浪者随处可见，犯罪现象增多。1943 年 6 月林北县关押的 24 个犯人中即有 13 人是偷盗公粮，2 人是土匪犯。④

（二）救灾举措

空前的天灾和敌祸几乎给河南各抗日根据地带来了毁灭性打击。边区各抗日政府和党委以高度负责的态度、最大的努力投入抗灾斗争，在几乎没有外援的情况下，发扬自力更生的精神，全面调动起党政军民的积极性和创造性，摸索出了一系列行之有效的防灾救灾措施。

1. 建立救灾领导机构，稳定民心，提高灾民信心

针对严重灾情，根据地从边区政府到县区基层单位，普遍成立了救灾委员会，制定标本兼治的救灾措施，统一领导救灾工作。如 1942 年

---

① 徐达本：《财经工作报告》（1943 年 12 月），《中共冀鲁豫边区党史资料选编》第 2 辑《文献部分》（下），第 128 页。
② 《第五专署春季农业生产计划》，《晋冀鲁豫抗日根据地财经史料选编（河南部分）》（3），第 74 页。
③ 《林北救灾委员会救灾工作总结及今后救灾工作的方针与具体作法》（1943 年 6 月 2 日），中共河南省委党史工作委员会编《太行抗日根据地》（3），河南人民出版社，1989，第 11 页。
④ 《林北救灾委员会工作总结及今后方针与作法》（1943 年 6 月 2 日），《晋冀鲁豫抗日根据地财经史料选编（河南部分）》（3），第 335 页。

11月，太行救灾委员会在各地次第建立，"它是党政军民的联合权力机关，包括了各县有威望的人士，以全力领导生产救灾运动"。① 1945年，当旱灾发生时，太行第五分区立即成立了防旱备荒委员会，专门领导抗旱斗争。

由于边区连续遭受灾荒，敌人又趁机造谣惑众，部分干部和灾民产生了消极和悲观失望的情绪，社会秩序动荡，人心浮动，这不仅不利于救灾，而且严重影响着边区社会的稳定。要发动群众起来救灾，首先要稳定民心，让灾民对战胜灾荒充满信心。为此，边区政府急民众所急，认真了解各地灾情，分析灾因，积极采取切实的救灾措施，提高灾民的信心。

1943年，中共中央北方局下达了关于救灾工作的指示，指出救灾首先要从思想上打破群众中出现的悲观失望情绪，打破一味依赖政府军队的心理；抗日政府只能替民众想办法出主意，而不可能帮助每个人来生产，大家必须依靠自己动手才能自救；反对"坐以待毙""听天由命"的宿命论思想，鼓励群众与灾荒做斗争的勇气。② 为此，太行区在干部和群众中进行了广泛深入的思想教育，号召克服悲观失望情绪，指出"灾荒是自然造成的，要战胜灾荒，须与旱灾作斗争，担水浇苗，修整和合理使用水利，开小渠"，"祈雨求神是不济事的，只要自己生产努力，政府一定全力帮助克服困难。而大吃大喝只是自杀作孽的办法，政府是不救这种颓废人的"。③ 1945年，太行第五分区防旱备荒委员会也提出："对灾荒恐怖与麻痹都是极有害的。必须克服等下雨、碰侥幸，及依赖政府（群众）依赖上级（干部）的错误思想。也反对干部包办救灾（事实上是不可能的）。基本上是人定胜天，群众自救的路线，也即打通思想，领导骨干与广大群众相结合的群众路线。"④ 可以看出，救灾的指导思想就是走群众路线，大家一起自己动手，生产自救，充分调动边区军民的积极性和创造力，不悲观，不迷信，不

---

① 吴宏毅：《从灾荒中站起来》，《解放日报》1944年8月29日，第4版。
② 《晋冀鲁豫抗日根据地财经史料选编（河南部分）》（1），第23页。
③ 《太行区四二、四三两年的救灾总结》，《晋冀鲁豫抗日根据地财经史料选编（河南部分）》（2），第155页。
④ 《第五分区防旱备荒委员会关于当前具体任务的号召》（1945年5月31日），《晋冀鲁豫抗日根据地财经史料选编（河南部分）》（3），第158页。

依靠。

2. 减免负担和进行急赈

对灾民减免负担和进行急赈，帮助灾民解决燃眉之急，是救灾渡荒的首要工作。

第一，减免灾民负担。为了减轻灾害给灾民带来的困难和损失，边区政府除了执行减租减息法令外，还根据各地受灾轻重，分别减轻灾区负担。在劳力负担上规定少支差少开会，在公粮负担上也给群众减负。如太行区在1942年秋收后，给五、六两专区减免公粮45000石；在1943年麦收时，又减免一、五、六3个专区公粮15500石，前后共减免公粮60500石，灾区负担面平均在50%以内，"这对灾民说来，是释了一个很大的重负"。① 太行区1943年公粮数目总体上比1942年减少了近20%。② 在1943~1944年两年中，太行区政府因灾减免公粮共有140500石，"据边区历来财政岁入计算，每人每年负担平均不超过三市斗小米"。③ 1943年，因林县连遭旱、蝗、水灾，第五专署专门发文指示，决定对林县该年度"所派公粮秋屯数内减一百石"。④

第二，赈济灾民。在减免灾区负担的同时，边区政府还在财政极端困难的情况下，拨粮拨款赈贷灾民。如1944年初，太行区政府拨2000石公粮救济赤贫灾民，另外又拨2000石公粮无利借给灾民，要求在麦收后归还一半。⑤ 政府直接用于赈济的粮款，相对于当时边区的财政收支状况而言，数目是相当大的。如1943~1944年两年中，太行区"实际用于救灾的各种贷款有两千万元"，不算减免粮食、部队机关和地方上零星赈贷，赈贷的粮食总计有38.6万石，"如以太行区三百万人口计算，平均每人可以得到一斗三

---

① 《太行区四二、四三两年的救灾总结》，《晋冀鲁豫抗日根据地财经史料选编（河南部分）》（2），第138页。
② 《太行救济灾荒减轻民负豁免公粮五分之一》，《解放日报》1943年10月24日，第1版。
③ 齐武编著《一个革命根据地的成长》，第168页。
④ 《第五专署关于林县一九四三年度公粮减免数字的命令》，《晋冀鲁豫抗日根据地财经史料选编（河南部分）》（3），第64页。
⑤ 《太行区增加生产贷款 今年发放六千万元边府通令各专署春耕时布置救灾》，《解放日报》1944年2月17日，第1版。

升粮食"。而边区每人每年负担平均不超过3市斗小米，也就是说"两年中人民负担的百分之二十一，都用于直接的赈济了"。① 另据统计，1940～1945年上半年太行区冀南银行发放的低利贷款和救济款一共4817050.8元。② 对灾民进行急赈，使灾民的困难暂时得到了缓解。

第三，开展民间募捐活动。为了应对灾荒，边区政府还多方面动员民间力量积极参与救灾，开展广泛的群众募捐运动，集中全社会的物力财力，解决灾民的生活困难。1941年，为救济冀鲁豫区因日军"扫荡"造成的灾民，太行区成立了各界救济冀鲁豫敌灾委员会，号召全区民众进行募捐，冀太联办捐款2万元，一二九师捐款2万元。③ 在1942～1943年大灾荒中，太行区提出非灾区"要打破地域的本位主义及落后封建思想，关怀灾区同胞"；在灾区要"急公好义，仗义疏财，富济贫，有济无，亲戚帮助，邻里互济，开展全区'一把米''一升糠'及某些地区的'一个窝窝'的运动"。在政府的号召下，所有机关、军队、民间剧团都参加了救灾公演，各界有名望的人士也日夜为募集救灾粮款而奔走。太行救灾委员会在数月内就接到根据地内军队、机关、各界捐款187217元，小米235万斤，杂粮4382斤，副食品439斤。④ 据不完全统计，太行三专区各县共募捐小米690石，糠30万斤；四专区各县募捐小米300石；一专区各县捐米350石，糠20万斤。这些米和糠，在1943年春分别支援了五、六专区。⑤ 林北县救灾委员会发挥社会互助，推动士绅与各村救灾委员会劝募工作也收到了不小成绩，到1943年5月，共募捐小米2189.5斤，小麦2769.5斤，豆子376.5斤，谷子10.01石，玉茭135.12斤，炒面1939.12斤。另外还有大量的糠面、干菜、木料子、杂粮等。⑥ 1944年4月16日，林县任村召开商人大会，号召捐款捐粮

---

① 齐武编著《一个革命根据地的成长》，第168页。
② 《太行区历年来财政经济统计资料》，《晋冀鲁豫抗日根据地财经史料选编（河南部分）》（3），第689页。
③ 《晋冀豫各界救济冀鲁豫灾民已捐款四万余元》，《解放日报》1941年6月24日，第2版。
④ 吴宏毅：《从灾荒中站起来》，《解放日报》1944年8月29日，第4版。
⑤ 《太行区四二、四三两年的救灾总结》，《晋冀鲁豫抗日根据地财经史料选编（河南部分）》（2），第149页。
⑥ 《林北救灾委员会救济工作总结及今后救灾工作的方针与具体作法》（1943年6月2日），《太行抗日根据地》（3），第8页。

第十五章　抗日根据地的社会

救济灾民，当场各商号就捐款 30 万元，东岗各商号也捐款 15 万元。① 1945 年上半年，为救济灾民，太岳机关部队共捐出粮食 2230 斤左右，洋 2733 元，此外部队节约粮食 3000 石，政民节约粮食 1000 石。②

第四，发起节约运动。面对 1942～1943 年大灾荒，晋冀鲁豫边区政府发起了节食节用运动，规定"县以上各机关，每日每人节约小米半两，县以下各机关，听其自便。节约之数，每月结报一次"；"严禁剩饭喂猪，各级机关驻在地，于灾民返乡过往者，应注意将剩余之米饭锅粑招待为要"。③ 太行区开展了"一把米一斗糠"运动，党政军领导下的各系统、各单位、工厂、学校、报馆、书店、剧团、商店、教员、学生等都自动厉行节约，救济灾荒，少则 2 个月，长则有 8 个月。"节约方式很多，有冷食一日，省得柴火费救灾者，有的糠食三日，拿余米救灾者，有的以野菜顶食，挪出粮食救灾者，有节省锅巴接济灾民者。"据不完全统计，集总某科就节约粮食 587 斤，边区一级党政军民及直属单位，共节省小米 23401 斤，杂粮 2470 斤。各专区也都节省了大量粮食。④ 太行军队全力节约助赈，总共节约救灾物资，折合小米 1414000 多斤。⑤ 1945 年太行第五专署发生旱灾，五分区防旱备荒委员会立即号召全分区党政军民各级领导"应严禁剩饭喂猪，漏粉、造酒醋，严禁贪污，翻晒公粮，避免耗损，减少应酬与招待，并向群众宣传减少庙会，节省花婚丧费用。动员妇女纺织得利入合作社。预防灾荒中大吃大喝现象（尤其新麦下来时）"。⑥ 除了党政军等各系统、各单位开展节约运动外，太行区还提出开展群众性社会节约运动，"反对大吃大喝，劝止了迷信摆贡及祭礼，提倡了婚丧等事的节俭朴素。在灾荒严重时，并下令取缔了

---

① 《林县各界捐款捐粮，救济被敌蹂躏灾胞》，《解放日报》1944 年 4 月 25 日，第 1 版。
② 《晋冀豫、冀鲁豫两区军队怎样帮助人民救灾》，《解放日报》1945 年 6 月 30 日。
③ 《晋冀鲁豫边区政府指示——关于节约救灾》，《晋冀鲁豫抗日根据地财经史料选编（河南部分）》(1)，第 267 页。
④ 《太行区四二、四三两年的救灾总结》，《晋冀鲁豫抗日根据地财经史料选编（河南部分）》(2)，第 148 页。
⑤ 《晋冀豫、冀鲁豫两区军队怎样帮助人民救灾》，《解放日报》1945 年 6 月 30 日。
⑥ 《第五分区防旱备荒委员会关于当前具体任务的号召》(1945 年 5 月 31 日)，《晋冀鲁豫抗日根据地财经史料选编（河南部分）》(3)，第 158 页。

大道两旁一些大村庄集镇肉铺和饭铺,禁止了卖油条、肉包、羊汤、杂烩等"。① 节约运动的开展,不仅把节约下来的物资用于支援灾民,帮助他们渡过难关,而且减轻了群众的负担。

第五,调剂粮食。灾区的主要困难是粮食问题。1942年灾荒发生后,各地灾民普遍没有粮食可食,仅太行五、六分区就分别缺粮3.5万石、7万石。② 因此,晋冀鲁豫边区政府发布命令,限期完成粮食吸收调剂工作,救济灾区,保证春耕。为此,各地普遍建立了粮食调剂所,"有组织有计划的取得粮食,保护粮食,分配粮食"。③ 据不完全统计,太行区从1942年10月到1943年6月,除了运12万石出口调剂敌占区和游击区灾民,换回必需品外,调剂内地灾区粮食共有89133石,本地零星调剂共6657石,加起来共有95790石小米,另外还调剂糠面18万斤,以及山药蛋和油饼等副食。④

粮食调剂是一项非常复杂的工作。调剂粮价格一般比市价低,有时甚至比市价低1/3。为做到让灾民公平合理地购买调剂粮,晋冀鲁豫边区制定了严格的调剂粮购买纪律:"(甲)调剂所合作社及村调剂委员等干部不得有取巧多买贱买、偏袒亲友,或斗秤克扣、贪污换粮、掺和沙土,或拒绝零购等行为;(乙)未持调剂粮证者不得购买调剂粮;(丙)不得以调剂粮走私;(丁)从事生产之勤苦人民有购买之优先权。违犯纪律者从严加倍处罚。"⑤至于如何分配购粮证,灾区各村先是成立评议会,在群众的监督下,评议会详细计算每家的收支状况、购粮状况,经过民主方式把村民分为有粮户、够吃户、有钱买粮户、没钱买粮户四种,哪村需要粮多,哪村需粮少,谁家需多买、少买或不买都弄清楚了,经村民大会讨论通过后,把三种不同的购粮证(市价粮、贱价调剂粮、救济粮),分别发给不同户。粮食调剂所按购粮证出售粮食。

---

① 《太行区四二、四三两年的救灾总结》,《晋冀鲁豫抗日根据地财经史料选编(河南部分)》(2),第149页。
② 吴宏毅:《从灾荒中站起来》,《解放日报》1944年8月29日,第4版。
③ 吴宏毅:《从灾荒中站起来》,《解放日报》1944年8月29日,第4版。
④ 《太行区四二、四三两年的救灾总结》,《晋冀鲁豫抗日根据地财经史料选编(河南部分)》(2),第138~139页。
⑤ 《晋冀鲁豫边区政府命令》,《晋冀鲁豫抗日根据地财经史料选编(河南部分)》(1),第266页。

以上这些措施，在一定程度上缓解了灾区群众粮食极度短缺的困难，对灾民渡过灾荒起到了积极作用。但1942年太行区也因出口粮食过多，影响了根据地内的调剂，在1943年的4、5月间，出现了调剂困难。另外由于组织不健全，在粮食购买上有强制倾向，出现了应进行调剂的少数缺粮户没有调剂到，而不该调剂的却买上粮食甚至做投机生意的现象。①

3. 生产救灾

上述急赈救灾措施只是权宜之计，只能解灾民一时之难，用生产来克服灾荒，才是战胜灾荒的根本途径。只有把救灾与生产相结合，给灾民充足的物质基础，才能渡过长期的灾荒。在边区救灾初期，多偏于消极的救济工作，如放急赈、减负担、贱卖粮食等。长期这样，不仅政府压力过大，还容易使灾民坐吃山空，养成依赖心理。后来，边区政府逐渐意识到，救灾"从组织人民进行生产，才是长远的办法"。② 因此，逐渐把救灾重点放在了生产救灾、以工代赈上，相继出台了一系列鼓励生产的政策和措施，号召边区群众努力生产战胜灾荒。

第一，帮助解决灾民生产困难。农业生产是生产渡荒的基本内容。为鼓励和支持灾民进行农业生产，晋冀鲁豫边区政府提出保证不增加负担，停止支差两个月，并迅速拨发救济贷款和救济粮，专门救济有劳动能力而无法春耕的灾民，号召"一切贷款、贷粮、募粮、借粮……都使用到工具、种子、劳力的解决上去"。政府还提出口号，号召灾区"不荒一亩地！""今年的产量要和往年一样！"③

为解决灾民在耕作中的实际困难，各边区政府颁布农业贷款办法，贷款的用途包括购买农具、种子、耕畜，开渠，修滩和购置水车等。晋冀鲁豫边区1942年发放低利农业贷款130万元，第二年发放300万元，对于无资金

---

① 《太行区四二、四三两年的救灾总结》，《晋冀鲁豫抗日根据地财经史料选编（河南部分）》(2)，第139页。
② 《太行区增加生产贷款　今年发放六千万元边府通令各专署春耕时布置救灾》，《解放日报》1944年2月17日，第1版。
③ 吴宏毅：《从灾荒中站起来》，《解放日报》1944年8月29日，第4版。

— 623 —

和工具的农户，利息仅为 7 厘，并可分年还清。政府还代垫公粮 20 万斤，又贷棉花 30 多万斤，并协助群众解决肥料、种子及农具的困难，筹办了大批农具，购买了 29 万元的种子，又从公粮中贷麦种 1000 石。① 1943 年，冀鲁豫边区为发展灾民合作事业，特制定《灾民贷款办法》，发放两种贷款：灾民合作社贷款和灾民小贩贷款。前者为定期无息贷款，后者为短期低利贷款，月息不超过 1 分。② 1943～1945 年上半年冀鲁豫边区向灾区发放贷款 1 万万元，沙区、重灾区村庄，每家平均即有 2400 元。③ 1944 年，为解决逃亡外地的群众返乡后的种麦困难，冀鲁豫行署水东联合办事处特贷发麦种 25 万斤。④

在灾荒严重时，各边区还通过"组织起来"开展生产运动，实行变工互助，以解决劳动力缺乏问题。据 1943～1945 年初冀鲁豫边区 7 个专区的不完全统计，参加变工队的有 10540 人，组成 1250 个队。参加互助组的 90658 人，组成 16585 个组。在合作社方面，七、八、九、十专区共有 1000 多个，在解决农民生活问题上，起了很大作用。⑤

为了缩短灾期，各边区进行了大面积的种麦。1943 年，太行区提出了大量种麦计划，并想方设法解决群众种麦面临的麦种、肥料、劳力三大困难，取得了明显的成绩。"在灾情严重的五、六两专区，几乎每家都种有麦子，现在已经收割完毕，家家户户，都吃上白面，只有极少数户口吃不到秋收的，加上瓜菜，一般可以赶上了。"⑥

为了减轻灾民的负担，军队在厉行节约、精兵简政的同时，在战争间隙

---

① 黄醒：《晋冀鲁豫的生产建设》，《群众》第 9 卷第 3、4 期合刊，1944 年 2 月 25 日，第 126 页。
② 《晋冀鲁豫抗日根据地财经史料选编（河南部分）》（4），第 300 页。
③ 《行署主任孟夫唐在冀鲁豫临参会上作政府工作报告》，《晋冀鲁豫抗日根据地财经史料选编（河南部分）》（4），第 544 页。
④ 《水东群众喜得种麦》，原载《冀鲁豫日报》1944 年 10 月 18 日，《睢杞太地区史料选》（中），第 96 页。
⑤ 《行署主任孟夫唐在冀鲁豫临参会上作政府工作报告》，《晋冀鲁豫抗日根据地财经史料选编（河南部分）》（4），第 544 页。
⑥ 《太行区四二、四三两年的救灾总结》，《晋冀鲁豫抗日根据地财经史料选编（河南部分）》（2），第 166 页。

第十五章 抗日根据地的社会

也开展生产运动,并帮助群众生产。军队开辟了大片荒地,取得了很大的成绩。"生产卓著的某团,每人开荒三亩,要自给两个月的粮食,菜蔬几乎全部自给。"① 1944年太行部队开荒10万多亩,产粮512万斤,山药菜蔬1266万斤,做到自给粮食3个月和全年的菜蔬,还依靠自己生产来贴补油盐,计算起来,减轻人民10万石公粮的负担,如把办公杂支和节约统统计算起来,减轻人民负担达20万石公粮。② 他们在自己生产的同时,还帮助民众进行生产。在冀鲁豫边区,"军队、机关的牲口都组织起来,到灾区助耕"。③ 到1945年上半年,太行区部队在灾荒期间帮助群众耕种、锄地、收割合计达42900亩,其他帮工5万个。④

第二,准备代食品与抢种补种。灾荒造成粮食极度缺乏,要渡过严重灾荒,大量准备代食品如野菜、树叶等是一项重要的工作。尤其在豫北"半年糠菜半年粮"的山区,这项工作更加重要。于是,灾荒时期边区党政军民都投入采集野菜的热潮,太行区在采挖野菜过程中,发现了100多种植物可以代作食物。⑤ 与此同时,为保存食料,渡过灾荒,在灾荒时期政府对可供食用的货物的出口也进行了限制。如1943年,太行区第五专署特发出命令,要求各县限制副食品出口,规定:"一、各种猪羊及猪羊肉,一律禁止出口。二、山药蛋、豆腐、粉条、干粉、瓜条、干豆角、榆皮、地榆皮、糠炒面、各种植物油饼,一律禁止出口。三、大麻籽、芝麻、麻籽、木料籽,一律禁止出口。已制成之油仍许出口。四、核桃仁、柿子、红枣、黑枣、栗子,凡可充作军民食用者,在原则上应采取节制出口。"⑥

---

① 黄醒:《晋冀鲁豫的生产建设》,《群众》第9卷第3、4期合刊,1944年2月25日,第128页。
② 《晋冀豫、冀鲁豫两区军队怎样帮助人民救灾》,《解放日报》1945年6月30日。
③ 吴宏毅:《从灾荒中站起来》,《解放日报》1944年8月29日,第4版。
④ 《晋冀豫、冀鲁豫两区军队怎样帮助人民救灾》,《解放日报》1945年6月30日。
⑤ 《太行区四二、四三两年的救灾总结》,《晋冀鲁豫抗日根据地财经史料选编(河南部分)》(2),第164页。
⑥ 《第五专署关于限制副食品出口以渡荒年的命令》,《晋冀鲁豫抗日根据地财经史料选编(河南部分)》(3),第44页。

大量补种菜蔬,也是"渡过四三年严重灾荒一个决定的环节"。① 1943年夏,太行区经过两个多月的干旱之后,到7月底8月初终于下了雨。由于地里的玉茭、谷子、豆子、南瓜等大部分已经枯死,必须进行改种或补种。太行区立即指示,争取10天突击进行晚熟庄稼及菜蔬的抢种、改种、补种和多种,办法是凡玉茭、谷子已枯死之地,无收成希望者,一律改种;部分无收成者,进行补种;地少的贫苦群众及党政军民学机关团体则利用一切地边渠堰道旁废地实行多种。边区政府还命令党政军民学机关等团体,在自己生产之外,节约办公时间,将剩余人力畜力帮助群众突击补种。在军民共同努力下,全区的抢种补种工作在10天内基本完成。补种的晚庄稼有荞麦、小糜、小黍、小玉茭、六十日还仓谷等,秋菜有红萝卜、蔓菁、油菜、菜根等。结果"凡种菜蔬的大部得了丰收",五专区全区共收秋菜1亿1900万斤,全区灾民从年冬到次年春,"几乎家家都靠吃菜过活"。② 林北芦寨村经政府号召突击种菜,并得政府帮助菜籽30余斤,全村共种菜772亩,后来雨多地湿,蔬菜大丰收,每亩最好可收2500斤,至少也要收1100斤。③ 该村"收菜一百六十七万一千二百斤,全村共二千七百人,每人每日可有三斤菜吃,解决了全年全部三分之一食用"。④ 冬荒可以顺利渡过,大大安定了群众的情绪。

1945年8月2日,太行第五专署部分地区遭受雹灾,林北县"冰雹大者如馒头,小者如鸡蛋",受害村以南凹、桑耳庄最严重,庄稼全部打完,其他村打毁庄稼1/3或2/3,庄稼"凄凉景象目不忍睹",群众悲观失望情绪极其普遍。根据这种情况,专署立即指出悲观失望是无补于事的,一定要克服等着种麦子的错误思想,号召群众迅速补种晚庄稼如荞麦等,如不能补种晚庄稼,要迅速补种菜蔬,如蔓菁、菜根之类。为解决群众补种的种子困

---

① 《太行区四二、四三两年的救灾总结》,《晋冀鲁豫抗日根据地财经史料选编(河南部分)》(2),第161页。
② 《太行区四二、四三两年的救灾总结》,《晋冀鲁豫抗日根据地财经史料选编(河南部分)》(2),第160页。
③ 《林北芦寨菜蔬丰收可渡冬荒》,《解放日报》1943年10月28日。
④ 《太行区四二、四三两年的救灾总结》,《晋冀鲁豫抗日根据地财经史料选编(河南部分)》(2),第160~161页。

难，专署要求各县区"组织有菜籽村去灾村卖，组织合作社到有种籽村去买"。为此，专署专门给林县拨小米100石，"暂借与合作社统一兑换种籽，中农可随时按市价收回，贫农秋后再还，克服政府直接发给，养成群众的单纯救济观点"。① 通过组织群众及时进行补种，使群众克服了悲观情绪，有了维持生活的基本食物保障。

由于日军侵略和自然灾害，边区每年青黄不接时都会程度不同地发生春荒。为渡过春荒，每年政府都号召各地大量种春菜，以缓解群众的粮食困难。如1944年春，太行区政府通令各专署发动种春菜运动，要求各地按土质、气候条件，在不影响秋庄稼下种的情况下，请有经验的农民具体研究布置种春菜的办法，积极帮助群众解决菜籽。② 林北县要求全县每人种一分春菜，并帮助群众解决种子困难，德兴货栈设法买到了1万斤种子。在政府组织发动下，据统计，林北县一区种2208亩，二区种2416.8亩，七区种195.8亩，全县合计种4820.6亩，虽然这个数字可能有虚报的成分，③ 但大量种植春菜，在一定程度上帮助根据地群众顺利渡过了每年粮食最困难的时期。

第三，组织运输。灾荒期间，大量的调剂粮、赈济粮及其他救灾物品向灾区的拨发，根据地土特产品的出口等都需要运输，运输费是一个极其可观的数字。组织灾民运输既可解决战争环境下用于运输的人力、物力之不足，又可让灾民赚得运输费以维持生活。因此，组织灾民运输成为边区以工代赈、生产救灾的重要措施之一。1942年12月，晋冀鲁豫边区发布了《总局关于保证灾民运输赚钱的通令》："凡已发动起来之运输队、脚夫或挑夫，确证其为灾难民者，每人每日必须保证要赚一斤米。除运输粮食之外，可设

---

① 《第五专署关于遭受雹灾的村庄补种问题的紧急指示》，《晋冀鲁豫抗日根据地财经史料选编（河南部分）》(3)，第206~207页。
② 《太行区增加生产贷款 今年发放六千万元边府通令各专署春耕时布置救灾》，《解放日报》1944年2月17日。
③ 以任村为例，该村上报共种春菜84.3亩，正好合每人1分。但检查后发现，有的种上棉花，报的是春菜；有的报的多种的少；有的把地整好，报说种的春菜，实际没有种上。见《第五分区生产工作报告》，《晋冀鲁豫抗日根据地财经史料选编（河南部分）》(3)，第79~81页。

法使之运输其他货物，务使不发生无货可运之现象"。① 边区普遍在重灾区各县组织了灾民运输队，灾民以所得之脚价，维持本人及家人的生活。据统计，仅1942年10月至次年1月，太行区五专区由平顺虹梯关至林北任村、涉县河南店至磁武两叉口两条运输线，参加运输的灾民共赚脚价701710斤小米。② 1942年，太行区从西线购回粮食20万石，组织灾民运输，共赚小米35000石，救活了53000人。③ 林北县有39个村组成手担队及特别运输队，由抗属及受灾特别严重者组成，手担队参加人数共1910人，牲口56头；运输队参加人数共916人，牲口575头。从10月18日到12月5日，共赚脚价50多万元，其中仅任村镇一地，参加运输队22人，手担队87人，牲口104头，即赚脚价61395元，帮助抗属和灾民改善了生活。④

为了更好地组织灾民运输，1943年3月23日林安县在任村成立了林安运输总站，另在南苇底、东岗设立有分站，任务是"管理公私商品运输事宜，特别是组织灾民集体运输"。⑤ 1943年4月，林安运输总站参加运输的灾民有1096人，运粮94778斤，共赚脚价36013元。⑥ 6月，运输总站参加运输的灾民有2104人，牲口20头，运货8495斤，赚脚价224021元；南苇底分站6月1～20日，参加运输的灾民有195人，牲口20头，运货312462斤，赚脚价14173元。⑦ 7月1～25日，运输总站参加运输的灾民有831人，运输花椒、麻、盐、布等货物58170斤，赚脚价49444.5元。⑧ 由于救灾工

---

① 《晋冀鲁豫抗日根据地财经史料选编（河南部分）》（1），第524页。
② 《一年来太行区救灾工作》，《晋冀鲁豫抗日根据地财经史料选编（河南部分）》（2），第109页。
③ 《太行去年生产成绩伟大——记该区生产展览会》，《解放日报》1945年1月2日。
④ 《太行筹划春耕，注意进行冬耕拾粪，林北山蚕业渐恢复》，《解放日报》1942年12月28日。
⑤ 《任村德兴货栈报告——一九四三年三月份敌我友区经济动态总结》，《晋冀鲁豫抗日根据地财经史料选编（河南部分）》（3），第246～247页。
⑥ 《任村德兴货栈报告——一九四三年四月份敌我友区经济动态总结》，《晋冀鲁豫抗日根据地财经史料选编（河南部分）》（3），第265页。
⑦ 《任村德兴货栈报告——一九四三年六月份敌我经济动态总结》，《晋冀鲁豫抗日根据地财经史料选编（河南部分）》（3），第294元。
⑧ 《任村德兴货栈报告——一九四三年七、八月份敌我经济动态总结》，《晋冀鲁豫抗日根据地财经史料选编（河南部分）》（3），第309页。

作暂告一段落，运输站于当年 8 月结束，运输工作对于解决灾民生计起到了一定作用，同时也为边区渡荒做出了贡献。

第四，组织纺织。在敌占区工厂倒闭、布匹缺乏的情况下，纺织品的销路旺盛，很多灾民向政府借来贷款，纺花织布，向敌占区推销，换回了大批的粮食。在晋冀鲁豫边区政府贷款扶助和合作社具体组织之下，许多灾区妇女参加了纺织工作，从而使妇女也成为战胜灾荒的重要力量。太行区 1942 年秋开始开展妇女纺织救灾运动，到冬季和 1943 年春大规模开展起来。为鼓励和组织妇女纺织，太行区规定由公家贷花贷粮，每斤花纺成线，发工资米 2 斤，线织成布，发工资米 1 斤。"一个平常妇女三天可纺一斤棉花，每天即可赚十一两米，足可维持自己的生活。"① 至 1943 年 6 月，五专区各县参加纺织的妇女有 23968 人，纺织 166090 斤棉花，得工资 386255 斤小米；六专区各县参加纺织的妇女 20599 人，纺花织布 150412 斤，得工资 114681 斤小米，225698 元钱。总计五、六专区，仅靠纺织工资即可解决 8130 人半年的生活问题。②

1943 年 3 月 5 日，太行区第一纺织救灾中心指导所在林安县任村正式成立，内设正副主任及会计、出纳、保管、工务等股，另有技师 2 人负责改良工具及担任技术指导。在第一纺织救灾中心指导所下，还设有两个纺织救灾指导所，一处设在东岗，一处设在安阳的黄家坡。指导所负责组织灾民纺织，办法是把灾民 8~10 人编为一个小组，每领 1 斤花，交 1 斤布（脱称不得超出半两），发工资 3 斤小米。每天每个纺织工人可得工资 5 两到 10 两小米。纺织指导所还对纺织机进行了技术改良，制造了 2 架手拉木织机，供群众参观学习。3 个纺织救灾指导所到 3 月底共发下棉花 29836.2 斤，组织灾民 3535 人参加纺织。③ 根据每领 1 斤花，交 1 斤布，发工资 3 斤小米的办法，共可得小米 89508.6 斤，平均每人可得 25 斤多小米。4 月，任村和东岗两个纺织指导所共组织灾民 5417 人，纺花 5805.5 斤，发米 33809 多斤，

---

① 吴宏毅：《从灾荒中站起来》，《解放日报》1944 年 8 月 29 日，第 4 版。
② 《晋冀鲁豫抗日根据地财经史料选编（河南部分）》（2），第 110、143 页。
③ 《任村德兴货栈报告——一九四三年三月份敌我友区经济动态总结》，《晋冀鲁豫抗日根据地财经史料选编（河南部分）》（3），第 246 页。

弹花费 8355.52 元。① 6 月，任村中心指导所共组织 6627 人纺织，收布 4289.3 斤，发放弹花工资 7982 元，浆面 2881.8 斤，小米 8754.2 斤，玉茭 29397.3 斤。②

妇女通常是灾荒的最大受害者。通过组织妇女纺织，在一定程度上缓解了灾荒，而且出现和培养了不少生产英雄，激发了妇女的生产热情，提高了妇女的纺织技术，在纺织过程中加强了妇女的组织工作，从政治和经济上都大大提高了妇女的社会地位。林北县桑耳村灾民桑汉堂家里 4 口人，未纺织前讨饭吃，参加纺织后，每天有 2 斤小米的收入，吃后还能剩半斤，从 1943 年 2 月到 5 月底共纺花 120 斤，得米 240 斤，除吃外共剩米 60 斤，能吃到 7 月底，一家的灾荒渡过了。③ 1944 年林北县的救灾工作，除了部队机关借出一个月粮食和调剂粮 900 石外，妇女的纺织起了很大作用。据当年 4 月底统计，全县组织起 1980 个纺织互助组，有 4028 户 8561 个妇女参加纺织，共出产 60594 斤布，得到工资 204260 斤小米。按每人每天半斤米计算，从正月到麦收四个半月，可以养活四五千人。④

不过，纺织救灾中也曾出现一些问题，例如林北县在组织纺织中就曾出现以下几种现象。其一，棉花供不应求。由于战争原因以及外汇缺乏等，1943 年林北县所购棉花不敷分配，出现花少人多的问题。其二，在灾情严重、棉花量少的情况下，没有把棉花完全分给灾民纺织。如豹台村有贫农 52 户，169 人，领棉花 220 斤，这些人全部是灾民。但中农 52 户，239 人，领棉花 169 斤，其中只有 7 户 39 人是灾民；富裕中农 20 户，125 人，领棉花 75 斤，均不是灾民；富农 3 户，18 人，领棉花 12 斤，均不是灾民。在一区某村，参加纺织的有 92 户，共纺花 928 斤，其中灾民 41 户，共纺花 376 斤。可见，参加纺织的灾民户仅占全村纺织户的 45% 弱。这说明棉花没

---

① 《任村德兴货栈报告——一九四三年四月份敌我友区经济动态总结》，《晋冀鲁豫抗日根据地财经史料选编（河南部分）》（3），第 266 页。
② 《任村德兴货栈报告——一九四三年六月份敌我经济动态总结》，《晋冀鲁豫抗日根据地财经史料选编（河南部分）》（3），第 293 页。
③ 《太行区四二、四三两年的救灾总结》，《晋冀鲁豫抗日根据地财经史料选编（河南部分）》（2），第 143 页。
④ 《林北组织两千个纺妇组》，《解放日报》1944 年 6 月 4 日，第 1 版。

有真正用到救灾上。其三，个别纺织代表有舞弊等现象。一区后峪村富裕中农王廷祥、王廷俊，分到棉花42斤，预领麦子63斤，麦子磨成面后，面和麸子共得796元，买21斤布花735元，可赚61元和21斤棉花。出现这种现象的原因仍是棉花没有真正用到救灾上。①

在1944年、1945年的救灾中，太行第五专区"曾采用发花换米收布的办法"，由于干部的恩赐观点，忽视对布的质量的把关，滋长了群众的依赖心理，群众的积极性得不到发挥，"织成的布质量很坏，军用不能穿，市面上亦推不出手"，使纺织一度"成了停滞状态"，并造成根据地难以计算的经济损失。② 后来政府采取措施，如按照布的质量好坏定价，好布商店高价收买，坏布尽量压低价格；改造纺织工具，发展手拉梭机，训练技术员等，使群众所织之布的质量有了保障。

第五，兴修水利，以工代赈。面对水旱灾害造成的饥荒和经济损失，各边区政府积极组织民众大力发展水利事业，以抗灾救灾，发展生产。边区政府成立了水利局作为水利建设的统筹组织机关，各县、村成立了水利委员会，以组织灾民兴修水利。政府还从资金上大力扶植，如太行区发放的水利贷款，1942年为40余万元，1943年为461万余元，1944年为617万余元，1945年上半年为40余万元。③ 兴修水利多采取以工代赈的方式。在1942年秋到1943年6月救济灾荒过程中，太行区共拨水利贷款235万元，粮食20万斤米，大多用于开渠。据林县、涉县、磁武等县不完全统计，各地自己举办的水利事业以及小规模的修滩、磨面等，共付工资242129斤米，能解决3668人半年的吃饭问题。④ 涉县漳南大渠全长26里40丈，渠宽5～7尺，堰高8尺，共用工115005个，开支款280万元，粮食56000斤。开渠石工

---

① 《林北救灾委员会工作总结及今后方针与作法》，《晋冀鲁豫抗日根据地财经史料选编（河南部分）》（3），第340～341页。
② 《第五专区扩大财经委员会会议总结》，《晋冀鲁豫抗日根据地财经史料选编（河南部分）》（3），第162页。
③ 《太行区历年来财政经济统计资料》，《晋冀鲁豫抗日根据地财经史料选编（河南部分）》（3），第689页。
④ 《一年来太行区救灾工作》，《晋冀鲁豫抗日根据地财经史料选编（河南部分）》（2），第110页。

工资每日平均 2 斤半至 3 斤小米，仅林县一县工人，即赚工资 218520 斤米。① 为了防旱抗旱，1943 年晋冀鲁豫边区还发放打井贷款，组织起打井队，当年冀鲁豫边区打了 8000 眼井，水地面积大大增加。② 虽然各根据地进行水利建设的物质和技术条件比较落后，而且时常遭到日伪袭扰，但根据地大规模的兴修和整治水利工作，仍取得了巨大成绩，不但预防了水患，扩大了灌溉面积，提高了抵御自然灾害的能力，为农业发展奠定了良好的基础，而且通过以工代赈救济了灾民。

4. 开展大规模灭蝗运动

针对蝗灾给边区农业生产带来的巨大危害，根据地政府实行全民动员的治蝗方针，发动了大规模的群众性打蝗运动。领导上，各边区从专署到县、区、村各级都成立剿蝗指挥部或剿蝗委员会，实行统一指挥。在冀鲁豫区，清丰县由附近相邻的十个八个自然村组成临时中心村，县区干部分散在各中心村亲自领导。每个中心村为一个独立打蝗作战单位，可以互相援助，随时集中力量到最严重的地方去打。其他各县采取联防组织办法，也收到同样的效果。各村指挥部或捕蝗委员会，由村长、合作社主任、小学教员、开明士绅等人组成，男女老少分别组成不同的分队、小队，民主选举队长，制定规约，每天起床、吃饭、集合上工都以吹哨、鸣鼓、敲锣为号，大家过着军事化和集体化生活。一切可以动员的人都被吸收到剿蝗队伍中，特别是一向被轻视的妇女和儿童。③

1943 年太行区各地遭受了蝗灾和水灾，太行区党委号召全体党政军民一起动员，不分地区、不分昼夜、不分男女老少，展开大规模的灭蝗运动。5 月 10 日，林北县焦家屯蝗蝻猖獗，剿蝗指挥部组织 1.5 万人的灭蝗大军增援焦家屯。11 日，林北县四区太平庄、南山创造了打蝗的辉煌战绩。13 个村调动 3000 多人，一天活捉蝗蝻 4.2 万多公斤，打死 6000 多公斤。18 日，林县、安阳 5000 人联合大战于石岩沟，十几个大队分五路围剿半天时

---

① 《太行区四二、四三两年的救灾总结》，《晋冀鲁豫抗日根据地财经史料选编（河南部分）》（2），第 145 页。
② 吴宏毅：《从灾荒中站起来》，《解放日报》1944 年 8 月 29 日，第 4 版。
③ 《冀鲁豫边区的剿蝗斗争》，《解放日报》1944 年 11 月 25 日，第 3 版。

第十五章 抗日根据地的社会

间，打了4条大沟，抢救16顷麦苗。19日，林县、安阳联合剿蝗指挥部在两县边境摆下"罗圈阵"，大圈里面套小圈，把蝗蝻围得风雨不透。有的敲锣鼓，有的掌火把，有的手执鞋底噼噼啪啪打。往上蹿的蝗蝻被烧死，往下窜的被打死。掩埋队把烧死、打死的蝗蝻扫向沟里掩埋。5月中旬，蝗蝻基本被消灭了。① 1944年太行地区又遭受蝗灾，据10个县的统计，受灾耕地面积222417亩，其中庄稼被吃光的有175584亩。林县、林北、安阳、淇汲县、辉县、修武等县都是重灾区。自2月末到9月初太行区共动员25万群众在南起黄河北岸的修武、沁博，北讫正太路南，东连平汉路，西达太行山的23个县份开展了灭蝗斗争，捕获蝗虫18350000斤。② 在打蝻与捕蝗方面，1944年，林北县打蝻捕蝗数为5700000斤，安阳县180625斤，林县15265斤，这些数字仅是各地已经过秤后的可靠数字，未能过秤统计的还很多。③ 打蝗工作动员了大量人力，据太行五分区统计，1944年，林北县全县人口的184907人，参与打蝗人数最多时达每天80000人，占全县人口的43.3%；安阳县全县人口22731人，最多时每天有10000人参加打蝗，占全县人口的44%，这真可谓"一件伟大的人力动员与组织工作"。④ 由于发起了全民性的捕蝗运动，保护了庄稼，群众从打蝗行动中认识到了"人能胜天"的道理。

在治蝗工作中，各地群众获得了丰富的捕蝗经验，归纳出了露捕、围歼、火诱、网捕、毒杀等一套行之有效的治蝗方法。太行区总结出扑打方法，即把群众组织成队，一块一块地包围消灭；清早时露水未干，蝗虫翅膀潮湿飞不动，扑打容易，雨天更好；一遇冷天，蝗虫寻找暖处，将干的柴草放在田中或地边，等蝗虫到柴草底下，再用火烧；黑夜点灯，把灯放在地里或地边，在灯火周围放数盆冷水，蝗虫飞捕灯光即掉在水里，或因灯影射到

---

① 参见张同乐《1940年代前期的华北蝗灾与社会动员》，《抗日战争研究》2008年第1期。
② 《太行减蝗成绩统计表》，华北人民政府农业部编《华北农业生产统计资料》，内部资料，1949，第126页。
③ 贾林放：《太行区一九四四年生产建设的一般情况》，《晋冀鲁豫抗日根据地财经史料选编（河南部分）》（2），第639页。
④ 贾林放：《太行区一九四四年生产建设的一般情况》，《晋冀鲁豫抗日根据地财经史料选编（河南部分）》（2），第637~638页。

— 633 —

水中，蝗虫即向水光处飞落淹死；捕打蝗虫时，用八九尺长的竿子，把一头绑上鞋底或毡片，将谷穗上的蝗虫向一处赶。另外还有毒杀法：（1）用大片麦麸皮 15 斤，糠 1 斤或锯末 10 斤，砒霜或砒酸铅 1 斤，1 煤油桶水，混合拌；（2）用新鲜马粪 50 斤，砒霜或砒酸铅 1 斤，花椒油 2 两，加水混合到潮湿，但不能太稀。这两个药方要配制均匀，每亩用 5~10 斤，在黄昏或拂晓时，撒播在田禾叶上，阴雨天不撒，注意药液不要沾手，这样毒死的蝗虫也不能吃。① 冀鲁豫边区也根据蝗虫的生活习性和活动规律，结合以往扑蝗经验，归纳出"坑杀法""扑杀法""打杀法""诱杀法""禽杀法"等灭蝗办法。②

为鼓励群众打蝗并补助群众因打蝗而耽误生产的损失，边区政府采用政治与物质奖励相结合的激励机制。冀鲁豫边区奖励模范的办法，是各村每天总结一次，选出捕蝗英雄，奖励 3 斤小米。连队和远征队每天也提出前 3 名给予奖励。太岳行署规定"1 斤蝗卵换 1 斤小米。自己捕蝗积极并能组织推动他人捕蝗确收实效者，给予千元以上万元以下之奖金，并赠予捕蝗英雄的称号"。③ 在长时间捕蝗运动中，很多的贫苦群众生活无法维持，各边区政府规定以蝗换粮办法，以作为救灾补助食料，解决他们的生活问题。1943 年 2 月初，太行区实行了挖掘蝗卵的换米办法，1 斤蝗卵换 1 斤小米。据不完全统计，"安阳挖两万八千斤……林县二区挖一百四十石，一区五十石，三区三十斤，五区五千斤"。④ 这样不仅消灭了蝗虫，而且补充了灾民的食粮，可谓一举两得。在冀鲁豫边区，1944 年濮县郭庄过去每天只打十来斤蝗虫，规定以蝗换粮办法后，两天内打了 800 斤，参加人数占全村 60% 以上。刚从敌人手中解放出来的内黄城区附近，也组织了剿蝗委员会，城内商人自动停市，学生停课，一致参加组织了 1300 人的捕蝗队，8 天之内，将

---

① 《太行区四二、四三两年的救灾总结》，《晋冀鲁豫抗日根据地财经史料选编（河南部分）》（2），第 157~158 页。
② 《冀鲁豫行署关于扑灭蝗灾抢救秋禾的指示》，《晋冀鲁豫抗日根据地财经史料选编（河南部分）》（4），第 214 页。
③ 《太岳行署紧急号召立即组织剿灭蝗卵》，《解放日报》1945 年 4 月 5 日，第 1 版。
④ 《太行区四二、四三两年的救灾总结》，《晋冀鲁豫抗日根据地财经史料选编（河南部分）》（2），第 158~159 页。

第十五章 抗日根据地的社会

蝗虫全部消灭。①

在各地打蝗运动中,边区政府还坚持治蝗与治愚、破除迷信同步进行,消减自然灾害与社会改造并举。大规模蝗虫袭来时,政府号召群众坚决打蝗,但各地群众中普遍存在天灾不可治、蝗虫是"神虫"的迷信观念,不少群众在田间磕头烧香,给"神虫"上供,对蝗虫不敢扑打,以为越打越多,对剿蝗缺乏足够的信心和勇气。如1944年安阳有些老太婆白天把蝗虫捉回,晚上又偷偷放出来(放生行好),有的一面打一面祷告道:这不是我要打你老人家,是人家(政府)叫我打你的。② 冀鲁豫边区政府在总结1944年剿蝗经验时也说,当蝗蝻铺天盖地而来时,不少群众"束手无策,悲观失望,有的抱头痛哭,有的悬梁自尽,跳井自杀,造成严重的社会问题"。③ 这种封建迷信思想和悲观失望情绪给剿蝗斗争带来了巨大困难。在这种情况下,边区政府坚决反对迷信和听天由命的思想,号召灾民积极采用扑打和毒杀等办法消灭蝗虫。党和政府一方面组织积极分子,开展捕蝗运动保护秋苗,用具体事实证明"烧香不顶用,不打真不中"。同时发挥干部的模范带头作用,派干部走乡串户,动员说服群众停止烧香拜神,丢掉愚昧思想,确立长期打蝗观念。扑打死的蝗虫是可以吃的,为了打破群众迷信起见,干部带头吃蝗虫,并向大家宣传吃蝗虫可以渡荒。这在一定程度上解除了群众的疑虑,渐渐出现了老人、儿童到地里拾烧死的蝗虫,晒干磨成面做成各种食品以渡饥荒的现象。后来群众发明了多种吃法,首先把蝗虫的头和翅膀去掉,有的煮熟积存起来当干粮吃,有的炒着吃,有的掺到米、玉荄、糠里,烙饼或蒸窝窝吃。④ 经过广泛的宣传与事实的证明,最终把有迷信观念的群众也引导到了剿蝗斗争的行列中来,克服了群众的迷信思想。

针对群众中存在有蝗虫不到自己地里不愿去打,各顾各的思想,边区政

---

① 《冀鲁豫边区的剿蝗斗争》,《解放日报》1944年11月25日,第3版。
② 参见张同乐《1940年代前期的华北蝗灾与社会动员》,《抗日战争研究》2008年第1期。
③ 《冀鲁豫边区的剿蝗斗争》,《解放日报》1944年11月25日,第3版。
④ 《太行区四二、四三两年的救灾总结》,《晋冀鲁豫抗日根据地财经史料选编(河南部分)》(2),第158页。

府提出了很多通俗易懂、入情入理的动员口号,例如"蚂蚱会跳,哪里都到,各顾各打,大家糟糕";"人不打蚂蚱,蚂蚱就要吃人。要得好收成,一齐打蝗虫";"东村有蚂蚱,西村躲不下";"坚决消灭在本地,反对一哄了事"等,这些口号唤起了民众的互助意识,推动他们打破区、村、户的界限,都加入打蝗队伍,各地自动组织增援,甚至尚未发生蝗灾村庄的村民也赶到几十里外有蝗虫的村子进行打蝗挖沟。边区子弟兵也加入到打蝗队伍中。在蝗灾面前和群众性打蝗斗争中,根据地变成一个大家庭,群众变得更加团结。

河南各抗日根据地群众性的灭蝗救灾斗争取得了辉煌的胜利,根据地政府把打蝗救灾与政治动员和社会改造结合起来,正如有学者指出的:"敌后抗日根据地的民众剿蝗运动,冲破了以往历史上以政府赈济为主导的治蝗模式,发展为边区政府领导的、组织有序的大规模群众性治蝗运动,这预示着中国救灾体制正由传统向现代化转型,其意义和价值远远超越了边区治蝗运动本身。"[①] 大规模灭蝗运动不仅保护和巩固了根据地军民生存的经济基础,拯救了数百万群众的生命,而且通过剿蝗斗争,根据地民众得到了一次政治洗礼,社会得到了改造,群众中落后、迷信、自私等恶习得到了一定程度的克服。

总的来看,根据地政府和党委实行的一系列防灾救灾措施,取得了巨大的成效。空前的天灾人祸并没有把根据地压垮,相反,在救治灾荒的过程中,根据地日益壮大起来。以冀鲁豫边区为例,从1943年到1945年上半年,两年中边区扩大了1/2,建立了12个专署,116个县政府,542个区公所,有39993个村庄,人口约2000万。[②] 随着边区生产救灾活动的大规模展开,不仅绝大多数逃荒的民众不久就纷纷返回,而且边区作为抗灾救灾的模范区,成为大量逃荒灾民的目标,特别是在1942~1943年中原大饥荒中,以其为中心形成了一种从周边沦陷区、游击区以及国统区向其聚拢的人口流动态势。当时逃往晋冀鲁豫边区的外来灾难民,仅太行区有5万,太岳区有

---

① 张同乐:《1940年代前期的华北蝗灾与社会动员》,《抗日战争研究》2008年第1期。
② 《行署主任孟夫唐在冀鲁豫临参会上作政府工作报告》,《晋冀鲁豫抗日根据地财经史料选编(河南部分)》(4),第543页。

20万。半个月的时间,从沦陷区、国统区逃往根据地,经过林北县杨耳庄难民招待所的有1492人。① 边区实行的救灾措施不但使灾民顺利渡过了灾荒,维持了社会稳定,而且抗灾救灾中的社会动员和社会改造,以及灾后生产的迅速恢复,为抗日战争的坚持和胜利,打下了坚实的物质和精神基础。

---

① 吴宏毅:《从灾荒中站起来》,《解放日报》1944年8月29日,第4版。

黄正林　张艳　宿志刚　著

民国河南社会经济史

（下）

社会科学文献出版社
SOCIAL SCIENCES ACADEMIC PRESS(CHINA)

目　　录

第十六章　抗日根据地的经济（上） 639
　　一　土地问题 639
　　二　农业政策 665
　　三　农贷与农业 671
　　四　农业互助运动 676
　　五　农业技术改良 679
　　六　大生产运动 681

第十七章　抗日根据地的经济（下） 689
　　一　工业 689
　　二　商业与贸易 699
　　三　合作社 717
　　四　财政与税收 728
　　五　金融业 740

第十八章　沦陷区的经济 749
　　一　农业生产 749
　　二　工矿业 776
　　三　交通运输业 794

四　商业……805

　　五　财政……816

　　六　金融……832

第四编　解放战争时期

第十九章　国共力量在河南的消长……849

　　一　国民党政权的重建……849

　　二　社会政策……853

　　三　善后救济……862

　　四　国民党政权的败亡……886

第二十章　国民党统治区的经济（上）……892

　　一　农业……892

　　二　畜牧业的消长……907

　　三　农村经济……913

　　四　农村借贷关系……932

　　五　农村副业……935

　　六　开发河南黄泛区……940

第二十一章　国民党统治区的经济（下）……954

　　一　国民政府的经济接收……954

　　二　工矿业与手工业……960

　　三　商业……968

　　四　交通运输业……972

　　五　财政与税收……982

　　六　金融与通货膨胀……998

第二十二章 解放区的经济（上） ……………………………… 1020
    一　减租减息和土地改革 ……………………………………… 1020
    二　农业生产 …………………………………………………… 1038
    三　农村副业的发展 …………………………………………… 1058

第二十三章 解放区的经济（下） ……………………………… 1063
    一　工商业的破坏、恢复与发展 ……………………………… 1063
    二　财政与税收 ………………………………………………… 1117
    三　金融业 ……………………………………………………… 1142

参考文献 …………………………………………………………… 1171

索　引 ……………………………………………………………… 1205

后　记 ……………………………………………………………… 1215

第十六章
抗日根据地的经济（上）

一 土地问题

（一）地权与租佃关系

抗战时期中共领导的河南敌后根据地主要分布在濮阳、安阳、新乡、商丘、开封、周口、信阳等地至少50多个县的广大农村地区。这些地区都程度不同地存在地权分配不均的问题。据抗战前对河南农村的调查，豫中、豫北多中小地主，豫西、豫南大地主相对较多，参见表16-1。

表16-1 河南各区百亩以上的地主比较（1933年）

地点	100～499亩 户数	100～499亩 百分比	500～999亩 户数	500～999亩 百分比	1000亩及以上 户数	1000亩及以上 百分比	总数 户数	总数 百分比
豫北[1]	1560	96.24%	50	3.08%	11	0.68%	1621	100%
豫中[2]	1544	96.68%	48	3.01%	5	0.31%	1597	100%
豫西、豫南[3]	330	84.18%	46	11.73%	16	4.08%	392	100%

注：[1]修武、新乡，[2]许昌、临颍、郾城，[3]镇平、信阳。
资料来源：张锡昌《河南农村经济调查》，《中国农村》第1卷第2期，1934年11月。

在调查中，以100～499亩为小地主，500～999亩为中地主，1000亩及以上为大地主。从表16-1可见，豫中诸县中小地主占99.69%，大地主仅占0.31%；豫北诸县中小地主占99.32%，大地主占0.68%；豫西和豫南大

— 639 —

地主占 4.08%。河南一些地方有占有良田上万亩的大地主，如内乡蒲塘有罗姓大地主四五家，拥有土地五六万亩；信阳城内最大的地主有好水田12000 亩；固始东乡有一个大地主，"从他的家乡走进城里所经过的 120 里的路程，可以不用踏到人家的土地一步"。① 漳河下游的安阳东部和内黄县等地，60%～70%的土地掌握在 5%～7%的地主手里，安阳东部豆管营全村有 60 顷土地，其中 1 户地主就占有 40 顷，② 占 66.7%。豫北辉县土地也比较集中，有一贾姓地主，占有稻田 1060 亩，占所调查 4 村总土地面积的 12.83%，几乎占所有地主土地的一半。③ 据对 4 个村各类农户的调查，地主 19 家，占总户数的 4.39%，有土地 2272 亩，占 27.5%；富农 35 家，占户数的 8.08%，有土地 1702 亩，占 20.6%；中农 107 家，占户数 24.71%，有土地 2803.5 亩，占 33.94%；贫农 239 户，占户数的 55.2%，有土地 1473 亩，占 17.83%；雇农 12 户，占户数的 2.77%，无耕地。④ 也就是说，在被调查的 4 个村庄中，地主、富农只占农户的 12.47%，却占有全部土地的 48.1%。就每户平均拥有耕地而言，地主为 119.58 亩，富农为 48.63 亩，中农为 26.2 亩，贫农为 6.16 亩。安阳县占总户数 6.6%的地主，拥有全县土地的 42.8%；富农、地主合计占户数的 9.7%，占有全部土地的 51.2%；其余中农以下占总户数的 90.3%，只拥有全部土地的 48.67%。有的村庄地权十分集中，如该县马头涧 5%的地主，占有全村土地总数的 62%；4%的富农占有全村土地的 10%，地主、富农的户数合计只占 9%，却占有全村 72%的土地；占总数 30%的贫农，仅占全村土地的 5%，另有 5%的户数没有土地。⑤ 安阳六区地主及经营地主 124 户，占有土地 4791.7 亩。八区地主占人口的 1.4%强，占有土地 4.7%；富农占人口的 8%弱，占有土地 15%强；中农占人口的 31%强，占有土地 40%；贫农占人口的 40%弱，占有土地 20%。⑥ 1944 年，太行区对包括河南林县在内的 22 个县 159 个村庄

---

① 张锡昌：《河南农村经济调查》，《中国农村》第 1 卷第 2 期，1934 年 11 月。
② 冀鲁豫边区革命史工作组：《冀鲁豫边区革命史》，山东大学出版社，1991，第 334 页。
③ 《河南省农村调查》，第 7 页。
④ 张锡昌：《河南农村经济调查》，《中国农村》第 1 卷第 2 期，1934 年 11 月。
⑤ 太行革命根据地史总编委会：《土地问题》，山西人民出版社，1987，第 158 页。
⑥ 《晋冀鲁豫抗日根据地财经史料选编（河南部分）》(3)，第 575 页。

的调查显示，占总户数 2.1% 的地主，占有土地 119753 亩，占土地的 24.3%。汤阴县有地主 160 户，平均每户拥有土地 1545 亩，占总人口 1% 的地主占有全县土地的 23.83%。① 林北县任村镇总人口 860 户 3785 人，土地 5679 亩。其中，地主 5 户 26 人，占有土地 650 亩，人均土地 25 亩；富农 16 户 122 人，占地 1300 亩，人均 10 亩多；上中农 46 户 230 人，占地 750 亩，人均 3 亩多；贫下中农 698 户 2992 人，占地 2979 亩，人均不足 1 亩；赤贫者 95 户 415 人，没有房地，依靠扛长工维持生活。② 冀鲁豫的长垣县某村共有土地 10 顷 10 亩，973 人，每人平均占地仅有 1.65 亩。但地主 9 户 30 人，占总人口的 3.1%，却占地 353.3 亩，户均 39.3 亩，人均 11.8 亩，占有全部土地的 22%；富农 11 户 41 人，占全村人口的 4%，却占有土地 241 亩，每户平均 21.9 亩，每人平均 5.88 亩，占全部土地的 15%；中农 38 户 136 人，占人口的 14%，有土地 440 亩，每户平均 11.6 亩，人均 3.2 亩，占全部土地的 27%；贫农 121 户 633 人，占人口的 65%，有地 569.58 亩，户均 4.7 亩，人均 0.9 亩，占全部土地的 36%。③ 豫皖苏的永城太平集大地主李百元家有 27 口人，有耕地 1500 亩，人均 55.6 亩。④ 这些都说明河南地权分配是不均的。

另外，从农户比例也可以看出地权分配不均的问题。如太康地主占 24%，自耕农占 26%，半自耕农占 30%，佃农占 20%。⑤ 商水地主占总农户的 3%，自耕农占 55%，半自耕农占 32%，佃农占 10%。⑥ 鄢陵地主 1019 户，占总户数的 2%；自耕农 11726 户，占 23%；半自耕农 3569 户，占 7%；佃农 34667 户，占 68%。⑦ 林县地主与自耕农 46200 余户，约占 70%，半自耕农 13200 余户，约占 20%，佃农 6600 余户，约占 10%。⑧ 桐

---

① 齐武编著《一个革命根据地的成长》，第 101、103 页。
② 《太行抗日根据地》(2)，第 341 页。
③ 《中共冀鲁豫边区党史资料选编》第 2 辑《文献部分》（中），第 151~152 页。
④ 《永城县志》，第 123 页。
⑤ 《各县社会调查·太康》，《河南统计月报》第 2 卷第 4 期，1936 年 4 月。
⑥ 《各县社会调查·商水》，《河南统计月报》第 3 卷第 6 期，1937 年 6 月。
⑦ 《各县社会调查·鄢陵》，《河南统计月报》第 3 卷第 6 期，1937 年 6 月。
⑧ 《各县社会调查·林县》，《河南统计月报》第 3 卷第 1 期，1937 年 2 月。

柏县地主、自耕农占 10%，半自耕农占 20%，佃农占 70%。① 就河南全省而言，自耕农占 55.6%，半自耕农占 22.1%，佃农占 17.2%，雇农占 5.1%。② 在各种农户中，半自耕农是耕地不足的农户，佃农是没有土地的农户。从以上调查来看，凡是佃农所占比例高的地方地权相对集中，地权集中导致一部分农家耕地不足或没有耕地。

在地权分配不均的情况下，无地或少地的农家只有通过与地主建立租佃关系，租种地主的土地维持生活。如林北任村镇地主剥削农民的手段有 6 种："第一种，依靠封建势力，组织'十堂兄弟'。不但统治了任村区，也统治了东岗区。任村还有'四老'，就是张老坤、王老义、岳老真、江老年。第二种，利用会道门统治人民，剥削人民。第三种，放高利贷，出门一月利，驴打滚，本作利，利作本。第四种，出租土地，并放高利贷。第五种，雇工剥削。第六种，制造、贩卖毒品。"③ 可见出租土地和放高利贷属于河南农村最主要的剥削方式。范县的租佃关系大致有 5 种状况。（1）大种地。即地主只把土地交给佃户耕种，耕畜、农具、种子、肥料和农业税均由佃户负担，佃户将收获粮食的一半交给地主，或者根据土地肥瘠情况缴纳固定斤数。（2）出租地。地主出租土地，其他均由佃户负担，租额分夏秋两季缴纳，数量由双方议定。（3）三堆地。地主出耕地、农具、种子、肥料并负担农业税，佃户出劳力和锄、镰、锨等小工具，收获粮食 2/3 归地主，1/3 归佃户。佃户劳动期间吃自己所分的粮食，并负担给地主打水、饲养牲口、磨面、修房、拉土、拉粪等。（4）三七地。地主出耕畜、农具、种子、肥料并负担农业税，佃户出劳力和锄、镰、锨等小工具，收获粮食地主得七成，佃户得三成。佃户给地主做磨面、修房等零活时，地主管饭。有的地方佃户只是秋粮分三成，而麦子只分二成，即所谓秋三七、麦二八。（5）麦九一、秋二八。即耕畜、农具、种子、肥料及农业税全部由地主承担，佃户负责耕作、收打完毕，小麦地主得九成，佃户得一成；秋田地主得

---

① 《各县社会调查·桐柏》，《河南统计月报》第 2 卷第 8 期，1936 年 8 月。
② 《河南农林统计引言》，《河南统计月报》第 2 卷第 8 期，1936 年 8 月。
③ 《太行抗日根据地》（2），第 342 页。

八成，佃户得二成。① 从中可以看出，在范县的租佃关系中，地主对佃农的剥削是很重的。永城的租佃关系主要有3种。（1）课地。地主把土地租给农民，牲畜、农具、种子、肥料和其他投资全部由佃户负担，不论丰歉均按定额交租，一般每亩交夏秋粮各1斗，赋税由地主负担。（2）把牛地。又叫三七地、二八地或合股经营地。一般是佃农出劳力，地主出土地、耕畜、农具、种子、肥料等，收成按三七或二八分成，地主负担赋税。（3）分手地。地主投资土地，农民投资耕种，收获物与赋税双方各占一半。②

各地租佃关系的建立均需要一定的手续，如淮阳"佃农租田，除与地主有特殊关系者外，须先请中人向地主说合，经地主同意后，乃召佃农会同说合人协议一切，并由佃农立一租约，经说合人签押后，交地主收执，作为凭证"。③ 辉县"农民赁租方法，由中人说合。其手续，佃户于田主出有租契纳租，每亩出麦若干，或出秋若干，亦有出洋若干元者，其纳租之多寡，均视地之肥瘠而定"。④ 方城佃户租地手续，"首先央人向地主说合，俟两方同意，即立契约，其租期最低限度为一年，以旧历八月十五日为主佃成交之期，俟约成立后，即发生主佃之关系，佃户行为之好坏，地主应负担保之责任，地主倘有婚丧大事，佃户多任劳役"。⑤ 佃农与地主之间建立租佃关系，大多数需要中人从中说合，订立契约，写明租期和租额。

河南各县最盛行的租佃形式有"定额谷租"和"分租"两种，钱租很少。如辉县稻田乡定额租占60%，分租占40%；安庄定额租占33%，分租占67%；大史村定额租占20%，分租占80%；杨家庄钱租占8%，定额租占77%，分租占15%。新乡一区钱租占10%，定额租占70%，分租占20%；淇县一区侍景村全为分租制；汲县一区钱租占1%，定额租占1%，分租占98%；汲县新华乡钱租10%，定额租10%，分租80%；修武六区四寨乡钱租30%，分租70%；滑县一区珠照寨均为定额租，九区东明店则均

---

① 杨怀钧：《从减租减息到土地改革》，《范县文史资料》第3辑，1987，第4~6页。
② 《永城县志》，第124页。
③ 《豫鄂皖赣四省之租佃制度》，金陵大学农业经济系印行，1936，第24页。
④ 《各县社会调查·辉县》，《河南统计月报》第2卷第2期，1936年2月。
⑤ 《各县社会调查·方城》，《河南统计月报》第2卷第9期，1936年9月。

为分成租。① 因此，分租是河南最流行的一种租佃制度。

在租佃关系中，地租率不仅反映业佃双方所获得的报酬，也反映地主对农民的剥削程度。分成制中，有对半分、四六分、三七分、二八分等几种。分成办法"以地主个人之意思，及其对于佃户供给资本之多寡"为转移。②最流行的分租办法是地主和佃农平分生产物，种子各出一半，肥料对分，牲口由佃户出，牲口的粪上田。如"淇县的侍景村，种子须过一斗才对分，否则全由佃户出"。在辉县的大史村、新乡近城区、修武西寨乡等地实行四六分成，"好地则地主得六成，坏地则佃户得六成"，如果佃户负担种子的全部，可以多得一成粮食。在辉县二区、新乡土门村、滑县东明店等地，流行三七分成或二八分成，"一切成本都有地主出，佃户只要带了自己的锄、镰等简单的农具，往地主田里工作，饭仍是自己吃的。收获的粮食，麦是二八分，秋是三七分，副产全归地主"。③ 又据抗战时期调查，"豫北一带地少人多，地主占有土地不一定很多，但是剥削较厉害，地租最重"。④ 如林县的地租率一般都在 65%～75% 及以上；⑤ 新乡有一种佃户俗称"揽活"，其收获物分配方法十分特别，地主的牲口也要 3 头当 1 人，麦收后，"地主先分去八成，其余二成由长工、揽活、牲口三者再来平均分配"。⑥ 从租佃关系中不同形式的分配来看，地主对农民的剥削率是比较高的，大多数在 50% 左右，极个别如新乡的"揽活"达到 90% 以上。

佃农除了缴纳地租外，还要受到各种额外的剥削。据对晋冀鲁豫的调查，地主对农民的额外剥削主要有大斗收租、租地以少顶多、要佃户"送工"（即帮地主干额外的活）、地主收租时要招待好、转嫁负担、预收地租等。因此，农民租种地主的土地，缴纳地租外已所剩无几，地主对农民的剥削是很严重的。

---

① 《河南省农村调查》，第 66 页。
② 《豫鄂皖赣四省之租佃制度》，第 53 页。
③ 《河南省农村调查》，第 71 页。
④ 中共晋冀豫区党委：《太行根据地土地问题材料初集》，山西省档案馆编《太行党史资料汇编》第 5 卷，山西人民出版社，2000，第 605 页。
⑤ 齐武编著《一个革命根据地的成长》，第 195 页。
⑥ 《河南省农村调查》，第 71 页。

（二）各根据地的减租政策

减租减息政策的提出可以追溯到第一次国共合作时期。1926年7月，中共召开四届三中全会，在对广东农民运动决议案中提出了减租25%，利率不超过二分，同年9月，国民党联席会议决定"减轻佃农田租25%"和"禁止重利盘剥，最高利率年利不得超过20%"。[①] 这就是"二五减租"的最早提出。南京国民政府建立后，在颁布的《土地法》中也提出过保护佃农的问题，规定"地租不得超过正产物收获总额的千分之三百七十五，约定地租超过千分之三百七十五者，应减为千分之三百七十五"。[②] 这一政策虽然在当时没有得到贯彻执行，但375‰成为抗战时期各根据地减租的依据。

减租减息是中国共产党在抗战时期推行的基本的土地政策，在抗战初期中共颁布的《抗日救国十大纲领》里就提出实行减租减息的政策。抗日战争进入相持阶段后，地主减租减息、农民交租交息成为中共领导的抗日根据地解决农村土地问题的主要政策。为了彻底贯彻减租政策，1942年1月28日，中共中央政治局通过了《关于抗日根据地土地政策的决定》，提出了抗日根据地土地政策的三项基本原则：

（一）承认农民（雇农包括在内）是抗日与生产的基本力量。故党的政策是扶助农民，减轻地主的封建剥削，实行减租减息，保证农民的人权、政权、地权、财权，借以改善农民的生活，提高农民抗日与生产的积极性。

（二）承认地主的大多数是有抗日要求的，一部分开明绅士并是赞成民主改革的。故党的政策仅是扶助农民减轻封建剥削，而不是消灭封建剥削，更不是打击赞成民主改革的开明绅士。故于实行减租减息之后，又须实行交租交息，于保障农民的人权、政权、地权、财权之后，又须保障地主的人权、政权、地权、财权，借以联合地主阶级一致抗日。只是对于绝对坚决不愿改悔的汉奸分子，才采取消灭其封建剥削的政策。

---

① 杜润生主编《中国的土地改革》，当代中国出版社，1996，第116页。
② 陆仰渊、方庆秋主编《民国社会经济史》，第396页。

(三) 承认资本主义生产方式是中国现时比较进步的生产方式,而资产阶级,特别是小资产阶级与民族资产阶级,是中国现时比较进步的社会成份与政治力量。富农的生产方式是带有资本主义性质的,富农是农村中的资产阶级,是抗日与生产的一个不可缺少的力量。小资产阶级,民族资产阶级与富农,不但有抗日要求,而且有民主要求。故党的政策,不是削弱资本主义与资产阶级,不是削弱富农阶级与富农生产,而是在适当的改善工人生活条件之下,同时奖励资本主义生产与联合资产阶级,奖励富农生产与联合富农。但富农有其一部分封建性质的剥削,为中农贫农所不满,故在农村中实行减租减息时,对富农的租息也须照减。在对富农减租减息后,同时须实行交租交息,并保障富农的人权、政权、地权、财权。一部分用资本主义方式经营土地的地主(所谓经营地主),其待遇与富农同。[①]

以上三项基本原则,是中国共产党在抗日战争时期土地政策的出发点。根据上述原则,中共中央制定了《关于若干特殊土地的处理问题》的三个附件。《关于地租及佃权问题》规定减租以减低原租额的25%(即二五减租)为原则;地租一律在产物收获后缴纳;多年欠租,应予免交;公粮公款,按累进原则,由业佃双方负担;土地税由土地所有者承担。《关于债务问题》规定,抗战前的债务,"应以一分半为计息标准。如付息超过原本一倍者,停利还本,超过原本二倍者,本利停付"。对于抗战后的息额,"应以当地社会经济关系,听任民间自行处理,政府不应规定过低利额,致使借贷停滞,不利民生"。"债权人不得因减息解除借贷契约,债务人亦不得在减息后拒不交息,债权人有依法诉追债务之权。""凡抗战后成立的借贷关系,因天灾人祸及其他不可抗拒之原因,债务人无力履行债约时,得请求政府调处,酌量减息,或免息还本。"《关于若干特殊土地的处理问题》对不同的土地规定了不同的政策。汉奸的土地"应予没收,归政府管理,租给农民耕种";被迫汉奸的土地"不应没收,以示宽大,争取其悔过自新";

[①] 《中共中央文件选集》(12),第11~12页。

第十六章　抗日根据地的经济（上）

族地和社地由本族或本社人员管理；学地用作教育经费，由政府或本地人员管理；宗教土地"均不变动"；公荒由政府分配给抗属、难民、贫农开垦，并归其所有；私荒应先尽业主开垦，如业主无力开垦，由政府招人开垦，而"土地所有权仍属原主，但开垦者有永佃权"。① 三个附件为执行土地政策和解决土地问题提出了具体的解决办法。

为了落实中共中央的减租减息政策，河南各根据地也颁布相应的政策法规。1940年8月，冀太联办在《施政纲领》中规定实行二五减租，利率不得超过1分，此后，又颁布《减租减息暂行条例》等法规。1941年4月5日，晋冀豫区规定："（一）切实实行减租减息，减租一般以二五为原则，减息减至一分半为标准。（二）减租减息后，佃户应按期如数交租，债户应按期如数交息，不得再行拖延和减免。"② 5月10日，晋冀鲁豫区颁布《晋冀鲁豫边区减租减息暂行条例》，规定减租后地租率不得超过千分之三七五；关于分成制地租，"出租人对于佃户耕作上必须之农具种籽、肥料、牲畜完全供给，佃户只出劳动力者二五减租后，地主所得不得超过耕地正产物收获总额二分之一，超过者应减为二分之一，不及二分之一者，依其原约定"。针对一些地区预收地租和押租，规定"出租人不得预收地租并不得收取押租"。③ 9月1日，《晋冀鲁豫边区政府施政纲领》再次强调："切实实行减租减息，减租一般以二五为原则，减息减至一分半为标准。"地主实行减租减息后，"佃户应按期如数交租，债户应按期如数交息"。④ 1942年10月1日，晋冀鲁豫边区政府又发布关于减租减息的布告，主要内容如下：

（一）一切地租（包括活租地半种地在内），原租额一律执行二五减租，原租额不及千分之三七五者，亦照减。减租后低于千分之三七五者，照减后租额，但此标准视土地硗瘠肥沃可做合理之伸缩，如特别硗

---

① 《中共中央文件选集》（12），第14~18页。
② 《晋冀鲁豫抗日根据地财经史料选编（河南部分）》（1），第20页。
③ 《中国的土地改革》编辑部、中国社会科学院及经济研究所现代经济史组编《中国土地改革史料选编》，国防大学出版社，1988，第55~56页。
④ 《晋冀鲁豫抗日根据地财经史料选编（河南部分）》（1），第118页。

瘠土地之租额，得低于千分之三百。（二）地主非依法不得收回土地，遇有争执，可由政府与农会会同双方协议解决。（三）减租后须订立新约，为使承租人安心生产，租地应订立较长之契约。（四）出租人因租约期满，收回之租地，再行出租时，非有特殊情形（如土质变好、产量增加）不得增租。原承租人有依同等条件承租之优先权。（五）出租人出卖或出典有永佃权或租约期限未满之土地，新地主不得另出租他人或收回自种。（六）出租人出卖或出典土地时，承租人均有优先权，出租人须于一月前通知承租人。如承租人有特殊情况，由村公所证明，可提早一个月通知。（七）普通欠租，在二年以内者，按二五减租计算，不得计算利息，于五年内分期偿还，二年以外之欠租，一律免缴。（八）本区减租减息条令，系于民国二十九年十月二十五日颁布，自该条令颁布以后，多收之租额一律退还，二年以外之欠租，一律免缴。（九）庙地、社地、祠堂地等公地出租之租额，须较普通租额地租额为低，应不超过租地正产物租额的千分之二百五十。①

该布告规定了减租率、土地租期、减租和免租以及土地租佃中一些纠纷问题的解决办法等，不仅体现了中共抗战时期的土地政策，而且体现了地方特色，如关于庙、社、祠堂土地出租的问题。10月11日，边区政府又公布《晋冀鲁豫边区土地使用暂行条例》，对土地所有权、租地与永佃权、典地与押地、汉奸土地、逃亡地主土地、公地、荒地、非法地等问题做了进一步的规定。如为使承租人安心生产，新条例在"租地与永佃权"问题上规定，过去已享有永佃权者，仍保留之，"无永佃权者，应由双方协议定立较长期之契约，例如五年以上，遇有特殊情形时，得由双方协议经村或区政权批准，可以缩短年限"。②

根据晋冀鲁豫边区的减租政策，各区、县制定了具体实施办法。如1942年颁布的《晋冀豫区农总农民土地斗争纲领》规定："不论租地、半种

---

① 《晋冀鲁豫抗日根据地财经史料选编（河南部分）》（1），第186~187页。
② 《晋冀鲁豫边区土地使用暂行条例》，《晋冀鲁豫抗日根据地财经史料选编（河南部分）》（1），第193页。

地和活种地，凡未执行四一减租及明减暗不减者，一律按抗战前租额减少四分之一。减租后掌握土地法上的标准租额，确定应交租粟，重新订定租约，争取在租约上订定五年以上的租佃年限。如地主出卖或出典租地，应在一月前通知佃户，佃户有典买优先权。游击区依据抗战以前租额，分别减租百分之二十、百分之十五、百分之十。"关于债务规定："旧债已交利息，超过原本一倍者，停利还本；超过原本两倍者，本利免交，因欠旧债被地主管押的土地，每年收获，按已交利息计算，已交利息未超过原本一倍，或根本未交利息者，可根据双方情况调解清理，或更换契约继续付利息，或押地变成买卖关系。其已税契者不算老帐，未税契者，按债务关系解决。"[1] 1943年，太行根据地颁布《土地使用暂行条例太行区施行细则草案》，规定："凡已依照土地使用暂行条例执行减租后的土地，应将原契约作废，另订新契约。""未经依法减租之一切地租，一律减少百分之二十五。"[2] 同时颁布了《太行区租佃契约订立规则》，规定"执行二五减租后，即行订立租佃契约"，新契约的主要内容包括承租人、出租人的姓名及地址，出租土地的面积及范围（四至），租种期限，地租种类、数额和租率，交租时间和地点，租地费用、资本、负担分配，参与人（主佃双方、中证人）签字及日期。租佃契约必须经所在地区公所检验没有违背租佃法令后，才能生效。[3]

1942年7月6日，晋豫区党委召开扩大会议，布置在解放区发动群众，开展减租减息，实行合理负担的相关事宜。8月20日，豫晋联办颁布《减租减息暂行条例》，对"减租"与"减息"问题分别做了具体规定。其中关于减租的规定有："出租土地人其出租土地之租额，不论租佃半种及其它不同名称之同类收益，一律照原租额减少25%"；"二五减租后，凡承租人在按时交清租额与不减低租地原有生产力者情形下得享有永佃权，继续承租，出租人不得无故收回租地一部或全部，已收回者再退交原承租人。承租人不得将租地一部或全部转租他人，已转租者其转租之约定为无效"。[4] 11月25

---

[1] 《太行抗日根据地》（1），第221页。
[2] 《晋冀鲁豫抗日根据地财经史料选编（河南部分）》（2），第124页。
[3] 《晋冀鲁豫抗日根据地财经史料选编（河南部分）》（2），第129页。
[4] 《豫晋联办减租减息暂行条例》（1942年8月20日），《太岳抗日根据地》，第122~124页。

日,豫晋联办颁布施政方针,再次强调:"保障地主土地所有权及债主之债权,实行二五减租,分半减息,保证地租不得超过收获总额375‰,超过者改为375‰,不及者听之。利息不得超过一分半,超过者改为一分半,不及者听之。租息减后保证佃户、债户按期交租交息,以此加强农村阶级之团结。"[1]

豫皖苏根据地颁布了《淮北苏皖边区减租交租条例》,对不同性质租佃制度的减租做了明确规定:"一、分租:原来对半分者改三五、六五分(收粮一石佃东分三斗五升,佃户分六斗五升);四六改三七分;三七改二五、七五分。原租不到三七分者不减。二、包租:一律减二五(照原租减去二成五,原租四斗减一斗),满收满交,半收半交,不收不交。三、钱租改粮租,由东佃双方协议,根据土质好坏,商定粮租,但不超过三七分租为原则。"[2] 这些政策随着根据地的巩固和扩大,被援引到各地。如豫皖苏路西各县在减租中,一般是二成减租,提出"满收满交,半收半交,不收不交";保护佃农的佃权,地主若卖地,佃户有优先权;地主卖地,佃权仍归佃户所有。在减息方面,提出"利息半减"的政策。[3]

1942年3月,鄂豫边区颁布《鄂豫边区施政纲领》,明确规定了减租减息的基本原则。[4] 根据施政纲领所确定的原则,根据地在1942年至1945年4年每年都颁布有减租办法,具体规定减租减息的标准及其操作方法,并根据各地执行中出现的问题进行政策上的调整。如《鄂豫皖边区一九四四年度减租办法》规定:"凡一九四三年度已实行减租,并根据减后租额订定新租佃契约者,今年除因歉收减成外不再减租。但新契约不符二五减租之数目时,须协议重订符合二五减租的新契约。"[5] 根据边区党和政府的减租政策,豫鄂边区各县也出台了相应的政策,如信南中心县委制定了《1942年度减

---

[1] 《豫晋联办施政方针》(1942年11月25日),《太岳抗日根据地》,第128~129页。
[2] 《豫皖苏抗日根据地》(1),第191页。
[3] 中共河南省委党史资料征集编纂委员会编《河南抗战史略》,河南人民出版社,1985,第230页。
[4] 《鄂豫边区举行参议会通过施政纲领草案》,《豫鄂边抗日根据地》,第191页。
[5] 《鄂豫皖边区一九四四年度减租办法》(1944年7月20日),《豫鄂边抗日根据地》,第200页。

第十六章 抗日根据地的经济（上）

租减息办法》，规定了四六分和二五减租的政策。①

豫西根据地建立后，1945年6月，河南区党委颁布《减租条例草案》，规定："份种原来对半分者，改为二五、七五分"，即收获物地主得25%，佃户得75%；"课种（死）出租人之土地每年收入不论现金或实物，一律照减租额，不得超过耕地正产物收获总量千分之三百七十五（即八分之三），超过者，应减为千分之三百七十五，不及者，其约定满收满交，半收半交，不收不交"。关于灾荒年的交租问题也有相应的规定："若因天灾人祸致收成减少或毁泽时，承租人得商请减付或免付应交租额。"减租后，规定"承租人应依照本条例所定减租额交租，不得短少，其有力交租而故意不交者，出租人有请求政府依法追交之权"。关于借贷利息规定："利超过本一倍者停息，还本超过两倍者，本利停付。"②

根据地一些县根据各自的实际情况也制定了适合本地的政策，如1943年12月，安阳县政府规定："（一）一般小种地（半种地），地主半部供给肥料粮食，不必免租。而主佃双方互出种子肥料者，可在一年以下免租。（二）小种地（半种地）、大种地（租种地）今年（指1943年——引者注）的减租标准应该不同，一般小种地谷地每亩收获物在三斗以下的可按百分之三十交租，在三斗到五斗的可按百分之三十五交租，在五斗以上的可按百分之四十交租。"由于1942~1943年豫北发生了灾荒，安阳县政府还规定了灾荒年免租额的标准，即租种地（大种地）每亩正产量不足2斗的可免租，2~3斗的可按20%交租，3~5斗的按25%交租，5~7斗的每亩按30%交租；半种地（小种地）每亩收获不足1斗的免租，1~3斗的可按20%交租，3~5斗的可按25%交租，5~7斗的可按30%交租；主佃双方互出种子、肥料、牲口、农具的，每亩收获物不足1.5斗的可免租，1.5~3斗的可按20%交租，3~5斗的可按25%交租，5~7斗的可按30%交租。③ 安阳县关于减租减息的具体办法，体现了主佃、主债双方的利益。

---

① 中共河南省委党史研究室编著《河南抗战简史》，河南人民出版社，2005，第189页。
② 中共河南省委党史工作委员会编《河南（豫西）抗日根据地》，河南人民出版社，1988，第26~27页。
③ 《晋冀鲁豫抗日根据地财经史料选编（河南部分）》（3），第538~540页。

总之，减租减息是抗战时期中共在抗日根据地实行的一项土地政策，河南各根据地依照本身的特殊情况，在中共中央政策的指导下，颁布了一些减租减息政策法令，成为具体实施"双减"运动的指南针，对推动运动的大规模开展起了主要作用。

（三）减租运动的开展

随着减租政策与法规的颁布，各根据地程度不同地开展了减租运动。晋冀鲁豫根据地是河南各根据地中建立最早的一块，也是较早实施减租减息的根据地。该根据地减租减息经历了一个长期的迂回曲折的发展过程，大致可分为四个阶段：一是酝酿发动阶段（1938～1939 年）；二是初步开展阶段（1939～1941 年）；三是普遍开展阶段（1942～1943 年）；四是深入查减阶段（1944～1945 年）。[①] 1939 年冬至 1940 年春，太行等根据地开展了减租减息、借粮和增加工资的斗争，但由于日伪军的"扫荡"和政策执行上的偏差，减租没有形成群众性的运动。[②] 1942 年 1 月中共中央颁布《关于抗日根据地土地政策的决定》后，大规模的减租减息群众运动才在河南各敌后根据地开展起来。但 1942 年和 1943 年，中原地区连续遭到大灾荒，许多地区需要集中力量救灾渡荒，这也严重影响了各边区减租减息的深入开展。同时由于整个河南省抗日根据地与沦陷区、国统区犬牙交错，有的根据地开辟早，有的开辟晚，政权的稳固程度以及群众发动的程度也不相同，所以各地采取的减租方法和形式也有差别。如晋冀鲁豫"在基本区是坚决实行减租减息的政策，切实贯彻合理负担。在沿边区或游击根据地，主要是帮助人民减轻对敌负担，通过组织群众性的对敌斗争，如反维持、反掠夺等，寻找机会，适当减轻封建剥削。新收复区，人民在敌寇汉奸恶霸统治下，受过难以想象的苦痛，往往就从清算历史仇恨入手，反汉奸、反恶霸，然后转入减租减息"。[③]

减租减息运动是一项极其复杂而艰苦的工作，绝不是政府下道命令，或群众团体召开个大会就可以顺利完成。不了解当事者双方的心理和表现，或

---

① 李永芳：《晋冀鲁豫抗日根据地的减租减息运动》，《中国社会经济史研究》2005 年第 4 期。
② 齐武编著《一个革命根据地的成长》，第 117～118 页。
③ 齐武编著《一个革命根据地的成长》，第 120 页。

第十六章 抗日根据地的经济（上）

者只了解到一方的要求，而忽略另一方的态度，或者不研究斗争策略，不注意斗争方式方法，都很难顺利推行这一政策。

对于地主来说，他们是被减的一方，是利益受到损失的一方。虽然一部分地主深明大义，愿意放弃自己部分的利益，服从团结抗战的需要，拥护政府减租减息法令，但很多地主一开始是不情愿减的，对减租减息政策，采取了种种抵制和破坏办法。根据调查，冀鲁豫根据地濮县的地主在减租增佃运动中就出现了十多种破坏行为，如"对工作人员采取孤立与威胁，监视其行动，不许接近群众，又加以威吓"；"威胁与欺骗佃户"；"联合反抗，互相标榜，打击起模范作用的，一致不遵行政府法令"；"对佃户采取精神封锁，不分配工作做，终日又不采不理，冷淡待之"；"利用村中落后村干部，进行捣乱破坏，不替召集会议"；"采取拖延办法"；"制造谣言攻势"；等等。① 高元贵也总结了冀鲁豫区三个县地主反对减租增佃的办法，他指出，在实行减租增佃前，地主的反对办法主要有："一、威胁与镇压佃户"；"二、麻醉与欺骗佃户"；"三、以谣言惑众"；"四、反对起模范作用"；"五、不彻底减，互相扯皮"；"六、掌握村级干部"；"七、对上层干部拉拢，对下层干部不理"；"八、先发制人，预先辞掉佃户"。在实行减租增佃后，地主的反对办法主要有："一、收回自耕"；"二、里打一股"；"三、雇用雇工耕种"；"四、假当假卖收回土地"；"五、变小种地为大种地"；"六、实行分家，收回自耕"；"七、故意找佃户错误，辞退佃户"；"八、不理佃户，对佃户实行精神封锁"；"九、威胁佃户家属和亲戚使佃户自行退地"。② 可见，地主为维护自己的既得利益，是不会轻易地实行"双减"的。

减租减息政策的重要目的之一，是改善农民的生活，调动农民抗日与生产的积极性。对于长期受地租和高利贷剥削的贫困农民来说，这当然是一件能够带来较多物质利益的好事。然而这一政策并非一开始就得到农民的广泛

---

① 刘正文：《地主阶级在减租增佃中的各种表现》，《晋冀鲁豫抗日根据地财经史料选编（河南部分）》（4），第510～511页。
② 高元贵：《地主反对减租的办法和我们的对策》，《晋冀鲁豫抗日根据地财经史料选编（河南部分）》（4），第513～523页。

支持、拥护和积极参加。李金铮等学者的研究指出，就结果而言，减租减息无疑得到了广大农民的热烈欢迎，但事实上，当减租减息政策刚在一个地区推行时，大多数农民往往是胆小怯懦、顾虑重重、不愿和不敢积极响应和执行的。① 这是因为，首先，农民的被剥削感和阶级意识最初是淡薄的。他们长期固守着世代相袭的传统思想观念，认为"那块地该交多少租是老规矩，说减就减，有点亏心"，"富贵贫贱由命定，减了的也发不了财，不减的也不一定就吃亏"。② 1942 年，在冀鲁豫区范县的减租增佃运动中，农民"认为老辈子就这样，减租不见得合理"。③ 甚至在不少农民看来，不但不应该仇恨地主，反而应该感谢地主："地是人家地主的，人家不租给咱地，咱怎么能活呢？"所以他们对于减租"并不是理直气壮的"。④ 其次，佃户与地主有着本家同姓、亲戚或邻里的血缘地缘关系，让佃户起来斗争地主，他们拉不开情面。1942 年范县的减租增佃运动表明，"有些佃户与地主是一家一户，是亲戚邻居，说到减租，真有点不好意思"。佃户"是不敢出头减租的。经我们鼓动后，他们虽然认为是应该的、合理的，但还不愿意自己出头，希望工作人员办好，省的自己得罪东家"。⑤ 再次，农民还担心减租减息后地主不再租地放债给他们。如上所述，地主以不租地不借债对抗减租减息政策的现象确实发生过。1942～1944 年，冀鲁豫区的地主就使用各种办法抵抗减租，如辞去佃户、收回自耕、雇工耕种等，使佃户的生活受到严重威胁。⑥ 另外，当农民面对中共对地主、高利贷者的革命政策时，还有一层心病，即对中共的前途捉摸不定，怕中共势力不能坚持长久，担心将来中共

---

① 参见李金铮《土地改革中的农民心态：以 1937～1949 年的华北乡村为中心》，《近代史研究》2006 年第 4 期；张泰山《抗日战争时期鄂豫边区农民对减租减息的心态》，《华中科技大学学报》（社会科学版）2005 年第 2 期；等等。
② 《土地问题》，第 25 页。
③ 高元贵：《冀鲁豫区范县一、二、三、四区减租增佃工作初步总结》，魏宏运主编《抗日战争时期晋冀鲁豫边区财政经济史资料选编》第 2 辑，第 607 页。
④ 若愚：《四四年冬季以来减租运动总结》，《晋冀鲁豫抗日根据地财经史料选编（河南部分）》（2），第 441 页。
⑤ 高元贵：《冀鲁豫区范县一、二、三、四区减租增佃工作初步总结》，魏宏运主编《抗日战争时期晋冀鲁豫边区财政经济史资料选编》第 2 辑，第 607 页。
⑥ 《冀鲁豫、冀南行署关于减租增佃几个问题的决定》（1944 年 7 月），谢忠厚、张圣洁主编《冀鲁豫边区群众运动资料选编》，河北人民出版社，1991，第 483 页。

走了,地主反攻倒算,他们就倒霉了。同时,他们又怕自己富裕后,遭到地主或中农一样的命运。太行区林北县一个中农锄麦子时讲:"不知给人家谁锄呢?"① 1945年冀鲁豫区范县也出现"中农恐慌不安,对生产消极"的现象。② 冀鲁豫区第八至十分区,因"社会长期波动,各阶层(特别是广大农民)生产情绪降低,产生大吃二喝浪费挥霍的风气"。③ 总的来看,在"双减"中,既"盼望"又"犹豫"尤其是"害怕"的矛盾心理时常困扰着农民群众。

针对农民的消极态度,中共除了在农村建立起农民可以倚重的政权机构、群众组织,动员和领导农民起来斗争,还不断强化农民的阶级意识,使农民认识到对地主、高利贷者的斗争是合乎情理的,认识到自己生活困苦不是命中注定的,而是地主阶级的剥削造成的。1944年冬太行区减租运动"一般的作法,是引导农民结合自己亲身经历的痛苦生活,抓住最痛苦的一点,进行反省(特别是最受剥削最受痛苦的群众反省),即所谓'访痛苦'、'腾肚子',提出'穷人是怎样穷的','地主是怎样富的',这样来找到穷根子。使农民了解,只有劳动者才是世界的主人,不是农民靠地主吃饭,而是地主靠剥削农民吃饭;穷是被剥削穷的,富是因剥削别人而富,不是命运决定,有些顽固地主曰'良心',却拼命剥削农民,这是骗人的把戏;然后引申到减租不但是合法的,而且是合理的,应该的。当农民从思想上根据自己切身经验解决了这些问题之后,阶级觉悟提高了,了解应该减租了,自然和地主划清界限"。④ 冀鲁豫区也是"以佃户个人与其家属的受冻受饿的悲惨情形去激动他们"。⑤ 对于确实因减租斗争而失掉土地,生活无法维持

---

① 姚广:《林北县一九四四年冬减租运动总结》,魏宏运主编《抗日战争时期晋冀鲁豫边区财政经济史资料选编》第2辑,第664页。
② 《冀鲁豫分局关于纠正执行大胆放手中的偏向的指示》(1945年2月),谢忠厚、张圣洁主编《冀鲁豫边区群众运动资料选编》,第542页。
③ 高元贵:《农民发动起来,要迅速坚决的转入生产运动》(1945年5月),谢忠厚、张圣洁主编《冀鲁豫边区群众运动资料选编》,第55页。
④ 新华社:《太行区一九四四年冬季减租运动的基本经验》(1945年),魏宏运主编《抗日战争时期晋冀鲁豫边区财政经济史资料选编》第2辑,第691页。
⑤ 高元贵:《地主反对减租的办法和我们的对策》(1942年12月31日),《晋冀鲁豫抗日根据地财经史料选编(河南部分)》(4),第514页。

的佃户，边区政府规定，"重新处理各地区的公地、庙地、社地、族地、逃亡地主的土地和已经被没收的大汉奸的土地"，给失掉土地的佃户耕种。[1] 这样就可给佃户增加一层保障，激发他们更大的积极性。尽管农民心中对减租减息存有各种各样的心理，但随着运动在边区持续深入开展，组织起来的农民逐渐尝到了这一政策的甜头，开始积极地参与到运动中来。

对于地主，抗日民主政府一般是区别对待，如对其中的开明者进行鼓励赞扬，树立榜样；对中小地主，对其所有出租地进行深入检查，耐心处理；对于大体减租，积极经营生产或以牲口参加互助的地主，进行适当照顾，以奖励其发展生产；对于阴谋抵制的地主的种种表现则分别进行揭发与打击。例如有些地主本身并无参加生产的能力或稍有能力，为了辞掉佃户并补偿减租增佃的损失，实行"里打一股"（或称"里打一劈"），参加部分劳动或辅助劳动如喂牛、打水、送饭等，甚至让自己未满15岁的子孙或年过60岁的老翁参加部分劳动，但分粮时却与佃户同样分一股。工作人员采取的对策是，对群众讲明"里打一股"是不合理的，一般应加以反对，但因地主参加了部分劳动，对根据地的建设也是有利的，所以应把"里打一股"变为"破股"，即多出力多分粮，少出力少分粮，出一分力分一分粮，出五分力分五分粮。对于在减租增佃前地主就实行"里打一股"的，为了不过于刺激地主增加减租工作的阻力，则先实行二五增佃，等群众有了某种程度的发动，再提出反对"里打一股"，改为"破股"。[2] 对于顽固抵制的地主，政府则号召群众对其开展有力的斗争，"以杀灭其惯于统治的恶劣气焰，鼓励群众勇气，克服狡赖和抵抗企图"。[3] 一般通过召开群众大会的形式进行斗争，群众大会又称"说理会"或"诉苦会"。1944年滑县在减租减息运动中召开的诉苦会颇有代表性。会上，群众以说理的形式斗争地主，但这种说理，是在农民占绝对优势、地主处于绝对劣势下进行的。"很明显的，不是

---

[1] 高元贵：《地主反对减租的办法和我们的对策》（1942年12月31日），《晋冀鲁豫抗日根据地财经史料选编（河南部分）》（4），第524页。

[2] 高元贵：《地主反对减租的办法和我们的对策》（1942年12月31日），《晋冀鲁豫抗日根据地财经史料选编（河南部分）》（4），第519页。

[3] 《中共太行区委关于贯彻减租运动的指示》（1944年11月17日），《太行抗日根据地》（1），第383页。

第十六章 抗日根据地的经济（上）

这样的形势，地主当然不会允许农民来和他说理的。因此，说是斗理，又是斗力，理和力结合的非常明显非常具体。农民是讲理，但因自己有了力量就不能允许地主不讲理，不允许地主的强词夺理，当他恶理强辩时，群众就要以力量威胁之，'反对乱鸟理'（滑县土语）的口号就会普遍会场。群众的愤怒、威风，会迫使地主不得不低下头来。参加斗争的群众，对出面说理诉苦的农民以有力的支持，群众的齐声呐喊、表决，群众性的对证，处处给地主以力量的威胁，平日会花言巧语、没理能说三分理的地主，在这种情况下，也竟目瞪口呆了。"① 通过群众集体斗争的方式，"从气势上形成农民斗争的政治优势"，② 使地主完全孤立起来，最终不得不屈服。当然，在斗争方式上，根据地政府强调坚持"民主说理，培养密切联系群众而又会依法说理的积极分子，避免打人骂人徒招反感并无实惠的许多刺激地主的方式"。③

林北县在减租初期，一些干部"表面上接受了减租决定，实际在思想上却存在问题，未彻底解决。在开始发动时，对减租的决心就不大"。④ 发现干部存在的问题后，首先解决干部思想问题，提高干部减租决心，其次发动群众进行减租斗争，特别是把减租斗争与反恶霸结合起来，斗争了一些地主，使减租运动开展起来，而且取得了较大的成效。如六区在减租前自耕地2051.75亩，租地1554.43亩，租额914.716石；减租后自耕地2171.06亩，租地1315.8亩，租额438.045石，复佃地38.85亩，返租568.418石。减租后最大的变化在于地租比原来减少了476.67石。同时，在减租和反霸运动中也有一些村庄没有发动起来，如贯彻租佃关系比较差的村庄有36个，占16%强；贯彻反恶霸的村庄41个，占19%弱；未掀起运动的村庄有30个，占14%弱。⑤ 又据其他资料统计，林北县9个村减租佃户有284家，租

---

① 赵紫阳：《滑县群众是如何发动起来的》（1944年10月），中共河南省委党史资料征集编纂委员会编《冀鲁豫抗日根据地》（2），河南人民出版社，1993，第144页。
② 李雪峰：《李雪峰回忆录——太行十年》（上），中共党史出版社，1998，第142页。
③ 《中共太行区委关于贯彻减租运动的指示》（1944年11月17日），《太行抗日根据地》（1），第383页。
④ 《晋冀鲁豫抗日根据地财经史料选编（河南部分）》（3），第417页。
⑤ 《林北县一九四四年冬减租运动总结》，《晋冀鲁豫抗日根据地财经史料选编（河南部分）》（3），第423、426页。

— 657 —

地 1418.8 亩，退租谷 422.9 石，订新约者 170 户，地 847.8 亩，内有恢复佃权者 37 家，租地 181 亩。① 从以上资料来看，林北县减租运动有了一定的进展。卫辉县狮豹头村在农会的组织下也实施了减租。1945 年 1 月，农会事先把佃户组织起来，向开明地主要求退租，结果退了 3 石。通过这种办法激发起佃户的减租积极性，农会立即决定召开群众减租大会，会议向地主和佃户提出了具体要求，佃户要求地主"第一，执行政府法令，减租退租；第二，订立契约，不能夺地。第三，做零活要给工资"。佃户也向地主保证："一、要种好地，多打粮食；二、按时交租，交好粮食。"会议还迫使一些落后地主向佃户退了租。② 晋冀鲁豫区通过减租，地租率明显下降，如林县、辉县、汲县的 302 个村，地租率由原来的 50%～60%，降为 15%～40%。③

在豫皖苏根据地，经过群众性的减租运动后，到 1945 年初，"各县都已经大部或局部的实行了减租，初步的改善了民生。肖、永、宿已大部发动了减租运动，其余各县已经局部据点式的发动了减租"。减租取得了较大的成绩，据统计共减租 1643254 斤，从经济利益上算，可以解决将近 10 万人 1 个月的最低程度的生活问题。减租的佃户共 18444 户，地主 3008 户。但是，减租还不够深入和普遍，"估计减租者还不能占全地区的三分之一"。④ 豫鄂边区的信南县（今分属信阳和湖北广水）是开展减租运动的试点地区，1942 年 4 月，根据豫鄂边区施政纲领的要求，工作团对减租减息进行检查。在检查过程中，对不法地主、富农进行斗争，并处理了对减租减息工作有抵触情绪的干部，推动了减租减息工作的进行。据信南县太平乡上天梯村的统计，全村 50 户居民，在减租减息运动中受惠的 21 户，减租谷 32 石，共计 13440 斤，减息 150 余元。⑤

总的来说，位于河南的晋冀鲁豫、豫鄂边区、豫皖苏、豫西根据地为执

---

① 谢丰：《贯彻减租与扶持群众运动》，《边区政报》第 46 期，1945 年 2 月 6 日。
② 《豫北卫辉狮豹头减租》，《解放日报》1945 年 1 月 26 日。
③ 《河南抗战简史》，第 190 页。
④ 吴芝圃：《路西地区的群众工作》，《豫皖苏抗日根据地》（1），第 459 页。
⑤ 《河南抗战史略》，第 232 页。

第十六章 抗日根据地的经济（上）

行中共中央的减租政策，颁布了既符合中央的减租政策又适合当地特点与习惯的政策与法令，保证了减租政策的顺利进行，各个根据地先后都进行了减租减息运动，不过，由于各个根据地面临的政治与军事斗争形势不同，根据地开辟的时间早晚也不同，所以有的地方减租进行得比较好，有的地方还不够深入和普遍。

减租减息运动推进了河南农村的社会经济变迁。第一，在一定程度上调整了农村各阶级、各阶层的关系，从经济上团结了农村各个阶级、阶层，加强了抗日民族统一战线，为坚持长期抗战奠定了人力和物质基础。减租减息政策要求地主、债主适当地减租减息，减轻农民的生产生活压力，同时又要求农民适当地交租交息，使地主也能过活。对农民而言，减租减息减轻了地主对他们的剥削，改善了他们的生活，提高了他们生产的积极性。减租后的农民，纷纷参加互助组织，认真经营土地和进行副业生产，增置农具、购买牲畜、增加肥料、深耕细作，成为普遍现象。对地主而言，减租减息保证了他们的财权，虽然减少了剥削数额，"但改善了和农民的关系，增强了团结和抗日力量"。[1]

第二，改变了农村的土地关系和阶级结构。减租减息深入开展后，广大贫苦农民的收入增加，生活有了改善，逐步具有购买土地的经济能力；地主的地租和利息收入减少，促使其向经营地主和富农经营以至工商业转化。这样，根据地土地开始从地主、富农手中转移到自耕农手中。如据冀鲁豫区濮县温小屯村1945年的调查，通过开展减租减息运动，6户地主、富农占全村土地由原来的21%降低为15%，94户雇佃贫农占全村土地由8.6%上升为13.6%。据滑县70个村的调查，从1944年4月到1945年1月，原1066个佃户人均地1.5亩，增加到人均地2.4亩；原809户贫农中，有227户上升为中农。[2] 另据1945年5月对包括林北县丁冶村在内的太行区12个县15个典型村的调查统计，1942年5月减租前与1944年查减后各阶层的土地变化情况为：地主（包括经营地主）从原来占全部户数的3.25%下降为

---

[1] 中共冀鲁豫边区党史工作组财经组编《财经工作资料选编》（上），山东大学出版社，1989，第141页。

[2] 谢忠厚、张圣洁主编《冀鲁豫边区群众运动资料选编》，第23页。

1.98%，所占土地从24.63%下降为4.22%；富农从原来占全部户数的7.25%下降为5.99%，所占土地从18.68%下降为17.18%；中农从原来占全部户数的37.8%上升为55.2%，所占土地从37.02%上升为68.85%；贫雇农从原来占全部户数的50.83%下降为33.82%，所占土地从19.23%下降为17.19%。① 又据对太行区的20个典型村的调查，到抗战胜利前中农已经占到全部户数的64.08%，② 这说明农村中农化的趋势非常明显，地主与贫雇农两极已大大缩小。减租减息给根据地农村社会阶级结构带来了极大的变化。

第三，通过减租减息，农民传统的思想观念发生了巨大变化，其中最重要的是阶级意识的产生。在开展减租减息之前，农民普遍认为"地主的封建统治是当然的、合理的"。他们头脑中只有穷富观念，而且"把贫富贵贱都看作是'命运'决定，不能由人"，③ 穷是因为自己"命穷"。在减租减息中，通过引导农民"结合自己的亲身经历，进行反省：'穷人是怎样穷了的？地主是怎样富了的'？'地主是怎样压迫咱们的'？"围绕着这些问题，群众渐渐找到"穷根子"，农民从内心深处认识到他们的贫困并不是命定的，而是地主阶级的剥削造成的，由此，剥削和被剥削的意识产生。通过"访痛苦""倒肚子""诉痛苦"等形式的引导，"特别是经过最受剥削最受痛苦的群众的反省，群众的阶级觉悟便会大大提高，和地主之间的阶级界限便会明显的划分开"。④ 有些地方提出了"天下穷人是一家""农民是一家人""一条心""大家都是穷朋友"等口号。⑤ 这种阶级意识的产生，使农村阶层分化为剥削阶级和被剥削阶级，弱化了农民的家族认同，消解了传统农村社会宗族与宗族、村与村之间的矛盾。农民有了阶级认同感和归属感，其政治觉悟、革命斗争意识和组织程度也不断增强。经过减租减息运动，根

---

① 《土地问题》，第16~17页。
② 齐武编著《一个革命根据地的成长》，第128页。
③ 魏宏运主编《抗日战争时期晋冀鲁豫边区财政经济史资料选编》第2辑，第690页。
④ 若愚：《四四年冬季以来减租运动总结》，《晋冀鲁豫抗日根据地财经史料选编（河南部分）》（2），第441页。
⑤ 若愚：《四四年冬季以来减租运动总结》，《晋冀鲁豫抗日根据地财经史料选编（河南部分）》（2），第445页。

据地农民纷纷参加农救会、青救会、妇救会等抗日救亡组织。如1944年滑县黄庄205户925人中，有92人参加农救会，9人参加工救会，22人参加青救会，137人参加妇救会，65人参加儿童团，67人参加姊妹团，267人参加合作社，13人参加民兵。① 到1944年4月，晋冀鲁豫根据地民兵发展到40万，其中太行、太岳、冀南有30多万，冀晋豫近10万。②

总的来看，减租减息运动是中国共产党从经济的层面对农民进行政治动员的过程。在这一过程中，不仅农民的生活得到了改善、农村的阶级结构发生了变化，农民的思想观念也发生了巨大变迁。

（四）灾后赎地工作

河南各根据地在进行减租的同时，还开展了赎地工作。在1942~1943年的大灾荒中，许多农民迫于生存，不得不卖掉土地，失去了地权。在灾情最严重的地区，"地价是一斗谷可换一亩到三亩"③，"有的几个窝窝即换地1亩"。④ 这种地权转移显然是不正常也是不合理的。有的农民在逃荒之前变卖自己的土地和家产，灾后返乡回家，但因丧失了土地，无法进行生产，生活仍无着落。为了保护贫苦农民不失掉土地，拥有维持生活生产的基本资料，各根据地在抗战后期一般都开展了赎地（当时也称为倒地）工作，并形成了广大的群众运动。如豫东地区，1943年麦收后，"政府张贴布告对于在1942年冬~1943年春灾荒期间，凡是被迫贱价出卖的土地，可以按原卖价赎回，这一措施得到了广大农民的拥护"。⑤ 通过赎地，农民重新获得地权。豫西根据地的农民在减租运动中纷纷要求倒地，即把在大灾荒时期卖给地主的土地从地主手中收回。于是，1945年6月，中共河南区党委制定了

---

① 谢忠厚、张圣洁主编《冀鲁豫边区群众运动资料选编》，第23页。
② 齐武编著《一个革命根据地的成长》，第133页。
③ 《徐达本关于沙区救灾工作的通信》（1943年3月9日），《晋冀鲁豫抗日根据地财经史料选编（河南部分）》（4），第137页。
④ 《冀鲁豫、冀南行署关于赎地问题的决定》（1944年8月10日），《中共冀鲁豫边区党史资料选编》第2辑《文献部分》（下），第318页。
⑤ 中共河南省委党史工作委员会编《豫皖苏抗日根据地》（2），河南人民出版社，1990，第174页。

《河南灾期卖地倒还条例》，规定："凡民国三十一年五月到三十二年底，因灾荒所卖之地，一律准许倒回原卖主"，"倒地时必须另换契约"。① 该条例的颁布，使倒地有了法律依据。同时，在根据地的中心县和有条件的县，地方工作委员会发出告示："坚决支持群众的要求，实行'倒地运动'！"在倒地时，"卖户和买户当面协商，群众当场评议，政府干部当场作出裁决：该倒多少地，以前几元几角卖去的，现在还是用几元几角赎回来！"② 这样，"大部分贫苦农民的土地都倒回到自己手中"，③ 农民的土地所有权问题得到了解决。在偃师县缑山区庙前村，县农会主席李英亲自到村主持，并组建了以村农会主席郭石站为首的倒地领导小组。根据上级政策，倒地的原则主要有3条：一是因灾荒穷人卖给富人的土地一律倒回，赎地仍按卖地时的原价不变；二是贫不倒富，即穷人买富人的土地不倒；三是买卖者双方贫富相当者协商解决。偃师县缑山、景阳、浮山、德高4个区，也都开展了倒地运动。据不完全统计，这4个区共倒回土地11450多亩，5200户贫困农民重新得到自己失去的土地，并且麦苗随土地转移，当年即获得收成。④ 1945年，豫西渑池县在开展倒地运动之前，中共渑池县委先在杨庄办了个训练班，通知各村贫苦农民派代表参加学习，这个训练班共办了十多天，集中讲解了为什么要开展赎地运动，赎地的方法、步骤等问题，这些学员回去后成为发动群众开展赎地斗争的骨干。紧接着，中共渑池县委又在乐村和天坛两个村开展试点，摸索积累经验，然后赎地运动才推广到全县。⑤

冀鲁豫沙区在1943年春耕生产时就在政府领导下开展了赎地运动。沙区各县都制定了赎地的具体条款，高内县还特别制定了"十条赎地法"。据统计，高内县仅硝河东西区就赎回土地2400亩。⑥ 结合各地开展赎地运动

---

① 《河南（豫西）抗日根据地》，第28页。
② 《河南（豫西）抗日根据地》，第123页。
③ 《河南（豫西）抗日根据地》，第94页。
④ 郭来福：《简忆庙前村倒地运动》，《偃师文史资料》第17辑，2005，第77~81页。
⑤ 陈冰之：《1945年渑池工作的回忆》，中共三门峡市委党史地方史志办公室编《崤函抗战》，河南人民出版社，2005，第420页。
⑥ 《中共冀鲁豫边区党史资料选编》第2辑《专题部分》，第567页。

第十六章 抗日根据地的经济（上）

的经验，1944年8月11日，冀鲁豫行署与冀南行署发出《关于赎地问题的决定的联合训令》，对灾荒时期的土地买卖与典当的回赎做了原则规定。训令共14条，其内容有："本决定适用于民国三十二年以后灾区灾期土地之买卖及典当关系，以前之土地买卖及典当关系，不得使用"；"同等阶层富力相等买卖之土地得改为典当关系"；"地主富农买中农之土地，准由卖主按原价赎回；如买主尚未耕种一季者由卖主按卖价四分行息归还之"；"中贫农买地主富农之土地不得赎回；如卖主生活实难维持者，按双方富力情形进行调解"；"中农买贫农之土地，准贫农赎回一半，一半改为典当"；"贫农买中农之土地，准中农赎回一半，一半改为典当"。训令还对改为典当关系的年限、负担办法等做了详细规定，要求各专县根据本地情形，对灾区范围、灾荒期限等进行具体划定，并根据地区性质如基本区、工作薄弱区、接敌区等制定相应的执行办法，如个别地区仍未摆脱严重灾荒可缓期执行。①1944年8月南乐县在全县开展赎地运动，中共南乐县抗日民主政府颁发赎地章程，派出工作队，各村建立赎地委员会，有组织、有领导地开展赎地工作。根据实际情况规定：（1）不管买主同意与否，凡经评议后，认为可以赎回的土地，必须赎回；（2）卖主失掉土地，无法维持生活者，可以赎回，但买主系中、贫农，省吃俭用买得土地，被赎回后无法维持生活，可以不赎回；（3）地主、富农买得的土地，必须赎回，卖地户逃亡了，其有明确继承权者可代为赎回；（4）1942年12月至1943年9月底灾荒期间所有买卖的庄基、土地，均按赎地章程办理。②卫河六区大黄滩村在1943年灾荒期间，穷人出卖土地达300亩。当时有的群众卖1亩地50元法币，而粮食500元1斗，卖1亩地只买1升粮食，地卖光了，家里依旧有人饿死。该村解放后，经过召开说理大会，买地户终于同意了回地。顿邱二区也进行了回地。到1944年9月已开展回地运动的村庄有：曹藩生回出地53亩，改当期（3年）44亩1分；梁庙回出81亩3分，改当期7.7亩；扣藩生回出109.3亩，

---

① 《冀鲁豫、冀南行署关于赎地问题的决定的联合训令》，《财经工作资料选编》（上），第634~635页。
② 南乐县地方志编纂委员会编《南乐县志》，中州古籍出版社，1996，第413页。

— 663 —

改当期 359.9 亩；西王家回出 35.1 亩，改当期 15.3 亩。①

由于各地建立抗日民主政权的时间不同，具体情况不同，所以赎地运动开展的时间先后、解决的彻底程度等也都不同。不少地区赎地运动到抗战结束以后还在进行。如 1945 年 7 月，八路军冀鲁豫军区八分区八团在鄢陵、扶沟交界处建立水西抗日根据地后，立即领导群众向地主开展赎地斗争，仅 9 月一个月时间就在鄢陵胡中区周围的牛集、和寨、河岗、刁河等 20 多个村庄，赎回因 1942 年灾荒被迫卖出的土地 2 万多亩。② 太行区的温县在 1945 年 12 月开展反奸反霸运动期间又开展了退霸产和赎地运动，县委印发了温群字第一号《工作手册》，其中规定："凡灾荒年（四三年至四四年春）贱价（低于平时价格三分之一以下）典当之土地、房产，应付原价赎回，但买主系中农以下之农民，可酌情加价或让其赎回一部。此事，除贫苦人民赎富有者外，一般不予变更"；"农民赎回土地房产时，如实无钱付价，可按原地价转作债务关系，分期交纳，但原卖当之交约必须抽回"。③ 在冀鲁豫解放区，鉴于战争环境和其他条件，一些地区没有开展赎地运动，或者虽然开展了但土地纠纷还没有得到合理解决，特别是有的地方汉奸恶霸敲诈勒索群众的田产造成了很多土地问题，冀鲁豫行署于 1948 年再次颁发《冀鲁豫行署新修赎地办法》，根据各地开展赎地运动积累的经验和新的实际情况对赎地的具体办法进行了更为详细的规定，其中指出："凡在民国三十二年一月一日（阴历三十一年十一月二十五日）至三十三年七月三十一日（阴历六月十二日）所买卖及典当之土地，无论税契与否，可以赎回。"同时又强调："以前之土地变动不得援用"此办法，但"敌伪顽等或依恃敌伪顽等所买之土地不为此期所限"。另外，该条例对在灾荒期间被转卖的土地的赎回办法进行了详细规定。④

赎地运动是减租过程中，在根据地政府的支持下，通过和平购买的方式

---

① 《卫、顿解放区掀起回地运动》，《冀鲁豫日报》1944 年 9 月 9 日。
② 鄢陵县土地房产管理局编《许昌市土地志·鄢陵卷》，中州古籍出版社，1999，第 142 页。
③ 温县县政府：《温群字第一号〈工作手册〉》（1945 年 12 月 10 日），中共温县县委党史征编委员会办公室编《中共温县党史资料征编通讯》第 5 期，1985 年 7 月，第 18 页。
④ 《财经工作资料选编》（上），第 743 页。

使土地的所有权发生流转。其具体办法一般是双方协商，群众评议，政府审批。协商解决不了的，由县政府司法科判决。冀鲁豫行署与冀南行署制定的《关于赎地问题的决定的联合训令》就规定赎地工作的基本精神"是以调解方式进行工作，如调解不成立时，由政府负责处理"。[①] 但在具体执行中，由于涉及地主富农的切身利益，特别是把灾荒期间低价买来的土地原价返回，由于物价上涨这对买主是不利的，所以遭到不少地富的阻扰和破坏，有的托人求情，有的躲而不见，有的寻衅闹事，甚至围攻赎地干部。因此，有的地方是在经过说理斗争后，迫使地主恶霸将地倒出的。另外，赎地工作中也涉及其他很多复杂的问题，比如不少土地在灾期经过了多次转卖，这些土地如何赎回；赎地后，雇佃农面临失业的威胁，雇佃农的利益如何保护；等等。对这些问题，根据地政府均根据实际情况，进行了耐心细致的工作，大多得到了妥善解决。

很明显，赎地运动是关乎根据地灾后重建、灾后社会稳定的重大问题。各地制定的赎地章程总的原则是赎富不赎贫，帮助贫苦农民解决土地问题，所以对贫苦农民有利，也照顾了抗战时期的统战原则。根据地开展的灾后赎地运动，受到了广大贫苦农民的热烈拥护，不但解决了几年来贫苦群众因天灾敌祸失掉的土地，而且把群众发动和组织了起来，稳定了社会秩序，激发了农民的生产积极性，也为进一步全面开展减租减息运动铺平了道路。

二　农业政策

抗战时期，根据地各级政府成立了专门管理农业的机构。晋冀鲁豫边区政府于1941年9月1日公布的《晋冀鲁豫边区政府组织条例》规定，建设厅执掌"关于农林、畜牧、水利、工业、商业、矿业之计划、管理、监督、保护、奖进等事项"。[②] 行署、县政府均设有同类机构，管理农业生产，如

[①] 《财经工作资料选编》（上），第635页。
[②] 山西大学晋冀鲁豫边区史研究组编《晋冀鲁豫边区史料选编》第1辑，内部教学参考用书，1980，第432页。

冀鲁豫"专署和县设立建设科,区设助理员(一般由副区长兼),村设生产委员会"。① 此外,各级政府还设有各种领导和管理农业生产的委员会,如太行区各县、村均设有春耕委员会。② 鄂豫边区各县有生产建设委员会,是"全县春耕生产的领导机关";乡、村、保各级则设有春耕委员会,有明确的职责,如乡春耕委员会的职权是:"1. 处理全乡一切春耕中纠纷。2. 处理各保春耕委员会解决不成之纠纷。3. 办理关于全乡性质的春耕生产。"③ 除了上述各种农业管理机关外,一些地方还成立有多种服务农业生产的机构,如合作社、农业贷款委员会等。这些农政机构的设立,对执行根据地农业政策和推动农业发展发挥了重要的作用。

农业是各敌后抗日根据地赖以存在的经济支柱,也是根据地优先发展的产业。如晋冀鲁豫制定了"以农业为主、手工业为副,发展公营和私营兼顾的方针"。为什么要以农业为主?首先,因为抗日根据地建立在农村,90%以上的居民为农民,农村有广阔的土地,根据地的各种"生活资料依靠农业生产,农业生产搞好,边区的主要问题就解决了"。其次,农业是手工业的基础,"边区手工业皆以家庭副业形式出现。农民一般生活又决定于农业生产。农业生产坏了,手工业亦不能维持。农业糟了,粮价就上涨,手工业品价(格)就要下降,群众的手工业必然遭到破坏。另一方面手工业者大都靠农产品、副产品而予以加工制造,农业坏了,手工业就缺乏原料,就得垮"。④ 因此,农业生产在抗日根据地十分重要,也是根据地政府发展根据地经济的中心工作。1940年9月,彭德怀在北方局党的高级干部会议上谈到根据地经济政策时指出:由于华北敌后根据地处于敌人层层包围、封锁,与后方隔绝的艰苦战争环境中,如果"没有自力更生艰苦奋斗的经济建设,就不能自给自足,支持长期战争。一切经济建设都须作长远打算"。他指出,达到自给自足的最基本方法,就是增加生产,其

---

① 《财经工作资料选编》(上),第161页。
② 《晋冀鲁豫抗日根据地财经史料选编(河南部分)》(1),第259~260页。
③ 鄂豫边区财经史编委会等编《华中抗日根据地财经史料选编——鄂豫边区、新四军五师部分》,湖北人民出版社,1989,第392页。
④ 《财经工作资料选编》(上),第133~134页。

第十六章　抗日根据地的经济（上）

中增加农业生产的措施有："（1）消灭熟荒，开垦生荒，规定垦荒应享权利，如五年不定粮，不送租，保持永佃权，保障租粮不过一定百分数等。（2）提倡和奖励农业副产——猪、羊、牛、鸡、蔬菜、棉、麻、造林，按照具体情形，定出具体要求和增加的数目字。（3）对于熟地须具体规定增加生产量及增加生产办法，如解决肥料、改良种子、深耕、多锄、增加水田等办法。（4）如欲使生产品增加达到具体要求，必须有深入的政治动员工作，使广大人民了解增加生产的意义，提高男女老少的生产热忱，尤须有具体的分工与精密的组织工作，同时事先必须有充分的具体准备。"①晋冀豫边区对于增加农业生产规定："政府应实行低利借贷，救济贫苦人民，并应以没收之汉奸土地，分配或租给贫苦抗属及贫苦人民耕种"；"发展农村生产事业，扩大耕地面积，开发水利，改良种子、肥料、农具，开办农业试验场，提高生产技术，提倡农业副产物"。②豫晋联办把"实行春耕、秋耕、麦收之动员，解决贫农之土地、种子、农具、肥料之困难，兴办水利，奖励增产，并有计划消灭荒地"作为发展农业的施政方针。③鄂豫边区把农业作为"经济建设事业基本的基本"，认为农村生产事业最关键的问题是"兴修水利，防止天旱与水涝，广泛的进行修坝、修塘、筑堤、挖堰等……各县真正造成一个兴修水利运动"。其次是"谷种之准备，肥料的收集，提倡精耕，开垦熟荒，防止再荒等"。④增加耕地数量，发展农村副业，改进农业技术和动员组织农民积极生产成为根据地发展农业最基本的政策。

春耕、秋收、秋耕是农业生产最主要的环节，而坚强有力的组织领导又是做好这些工作的先决条件。因此，每年春耕、秋收、秋耕到来时节，根据地几乎都要发布相关政策以推动农业生产。如1938年2月，冀豫晋省委关于春耕工作指出："应该利用春节召集各种集会，发动人民，并帮助人民要求减租减息，放仓解放［决］春荒，办理低利借贷，组织临时合作社，解

---

① 《晋冀鲁豫抗日根据地财经史料选编（河南部分）》（1），第12~13页。
② 《晋冀鲁豫抗日根据地财经史料选编（河南部分）》（1），第20页。
③ 《豫晋联办施政方针》（1942年11月25日），《太岳抗日根据地》，第128页。
④ 《华中抗日根据地财经史料选编——鄂豫边区、新四军五师部分》，第251~252页。

决牲畜耕具，开荒地，利用庙宇祠堂各种公地及逃亡地主的土地扩大耕地面积，使春耕能够广泛进行。"① 1940 年 1 月，晋冀豫区党委在关于春耕的指示中指出：（1）春耕准备工作。要求做好五个方面的准备工作，即调剂粮食，荒地分配，劳动力的组织，修地修路，调剂牲口、农具和种子。（2）春耕宣传。通过剧团、报纸等媒体宣传春耕的重要性和具体办法；各县要举行春耕动员大会，各村举行春耕座谈会，召集士绅会议，取得地方乡绅的支持。（3）组织工作。县、村设立春耕委员会，专门负责荒地、劳动力、农具、种子、牲口使用等的调剂问题，并建立严格的汇报制度。② 2 月 12 日，晋冀豫区党委再次发出指示，要求：（1）在春耕中注意解决技术问题，如扩大耕地，消灭熟荒和修复河滩地等。（2）在人事关系与劳动力方面，注意改善人民生活，调整生产关系，调动农民积极性；必须彻底实行减租减息和处理土地纠纷；劳动力的组织化，提高劳动效率；动员一切劳力参加春耕。（3）武装保卫春耕。1940 年的春耕是在日伪的"扫荡"中进行，因此要武装保卫春耕，稳定群众的春耕生产情绪。③ 不仅布置春耕工作，而且要进行春耕检查，3 月，该边区在春耕检查后认为"春耕准备工作，经过春运检查和检查队的实力帮助，已经大体上完成了"。④ 太行根据地在《一九四一年的战斗纲领》中指出："必须完成 1941 年的生产计划。特别是立即准备春耕，从扩大与改良土地与生产技术方面，如水利、垦荒、牲口、农具、种子与肥料方面加以准备，从调整阶级关系，鼓动群众生产情绪方面，如减租减息，解决土地纠纷方面加以准备。"⑤ 1942 年底，太行根据地不仅发放第二年春耕贷款，还奖励买羊，并通令各县估计种子和农具需要，以便农林局和工商管理局设法调剂补充；对节省民力，也做出了具体规定。⑥ 1944 年春耕时，第五专署春耕的总方针是："在现有的物质基础上，组织一

---

① 山西省档案馆编《太行党史资料汇编》第 1 卷，山西人民出版社，1989，第 126 页。
② 《晋冀鲁豫抗日根据地财经史料选编（河南部分）》（2），第 256～264 页。
③ 《晋冀鲁豫抗日根据地财经史料选编（河南部分）》（2），第 265～274 页。
④ 山西省档案馆编《太行党史资料汇编》第 3 卷，山西人民出版社，1994，第 116 页。
⑤ 山西省档案馆编《太行党史资料汇编》第 4 卷，山西人民出版社，1994，第 4 页。
⑥ 《太行各界准备明年春耕，边府贷款三百万提前发放》，《解放日报》1942 年 11 月 28 日，第 2 版。

切力量，多开荒、多修滩、多种菜、多上粪，深耕细作，逐渐改良生产技术，增加生产，渡过春荒，做到自给。"并制订了实施计划，在施肥方面，"要求平均百分之八十的土地上粪，并要求百分之五十的土地每亩上粪二十五驮。地边、堰边多种大麻、眉豆角，做到寸土不露"。在开荒修滩方面，给各县布置了具体指标，开荒林北县2000亩，安阳县300亩；修滩林北县1000亩，安阳县200亩；植棉林北县5000亩，安阳县3000亩。在生产组织与管理方面，"一、贯彻劳动英雄会议的精神。首先帮助每个劳动英雄定出生产计划，把劳动英雄的村子，当作推动生产的基点，领导干部应经常检查督促，有组织的传播经验。二、切实组织人力、畜力互助与组织变工……三、掌握春耕贷款，调剂耕具、种子。四、掌握救济粮与低贷粮，解决赤贫农民的生活问题，保持现有劳动力的效用。五、组织群众灭蝗卵……"[1] 这些具体政策为春耕顺利进行提供了保障。1944年9月，《新华日报》（太行版）连续三次发表社论，号召全区全力保卫秋收，开展大规模的秋收、秋耕运动。[2] 可以看出，各根据地对春耕、秋耕、秋收等是十分重视的，这些也正是推动根据地农业发展的主要措施。

根据地各县也出台了一些有利于农业生产的政策。如1941年春耕时，林北县制定了春耕政策："1. 作春耕生产准备，解决生产中困难问题。2. 发放贷款。3. 正经检查彻底村或个别户，订安家计划，组织互助生产。4. 解决群运遗留问题，同群众当前生产相结合，发展互助起来……"[3] 1942~1943年河南发生大灾荒后，1943年林北县的春耕方针是："通过救灾，稳定群众情绪，经过群众运动与正确的解释法令，提高群众生产热忱，安定地主情绪。"在具体工作中，组织春耕委员会，审查与增发农贷；组织劳动互助，制订春耕计划，帮助抗属代耕，解决土地、雇工问题；在沿漳河各村庄，计划修建河滩地；发动春耕竞赛，培养劳动英雄。[4] 1943年8月，安阳县政府发布了关于加紧生产的布告：要求各村严格检查荒地与秋苗，对

---

[1] 《晋冀鲁豫抗日根据地财经史料选编（河南部分）》（3），第74~76页。
[2] 《太行新华日报号召实行秋耕消灭蝗卵》，《解放日报》1944年9月27日。
[3] 《晋冀鲁豫抗日根据地财经史料选编（河南部分）》（3），第326~327页。
[4] 《晋冀鲁豫抗日根据地财经史料选编（河南部分）》（3），第482~484页。

因干旱而死的耕地抢种糜子、荞麦、绿豆、萝卜、菜根,对于"无力购买种子者,可进行互助或向地区公所请求贷种贷款";各村外出村民由村长或邻里通知立即返回从事生产,"如不会来者,由该村组织力量代其耕种,无使好地荒废";严防敌伪破坏生产,"加强民兵组织,严密岗哨,保卫生产";严密保护禾苗。① 1944 年 1 月,安阳县制订了当年的农业计划,对春耕中开荒、打井、修滩、积肥、组织劳动力等都做了详细周密的布置。② 这些措施对农业生产的顺利进行起了重要作用。

豫鄂根据地对春耕也十分重视,1943 年 1 月,豫鄂边区颁布了《豫鄂边区一九四三年度春耕生产紧急动员条例草案》,对春耕的各项工作从法律上给予规范。规定:"在春耕期间,凡边区公民均有按优抗条例以劳力、耕牛、肥料、种子、农具优抗之义务";对于春耕中做出突出贡献的给予奖励,对于破坏春耕者给予惩罚。还明确规定了春耕期间水利的兴修、水权的管理和使用;在种子方面规定"应实行种子互助,有种子者保证按时借出,缺种子者要保证秋收后归还,并以百分之二十年息计算";在耕牛使用上规定"耕牛由政府登记,春耕期内,除自用外,应合理出租,牛主不得拒绝,租用人亦不得劳伤耕牛……春耕期间严禁耕牛出口或宰杀,违者从重处罚";关于农具规定"水车或其他农具,除自用外,不得拒绝出借,其故意拆毁或偷藏零件致不能使用时",给予严厉处罚;在春耕管理方面规定乡、村、保成立春耕委员会,县成立建设委员会,均为领导春耕的机构。③ 该条例非常具体地规定了豫鄂根据地春耕动员中应遵守的规范,为春耕期间种子、耕牛、农具、灌溉水的使用提供了保障。

不违农时是根据地发展农业的一个主要政策。抗战时期,根据地不违农时主要表现在两个方面,一是在生产上不违农时,即每到春耕秋播、夏收秋收时期,边区都要做广泛的动员,督促农民积极播种和收获,如前文所述的春耕动员就是属于这一类。二是在农忙时不增加群众负担,毛泽东指出:"我们的第四项农业政策就是不违农时,即在农忙时允许农民停止一切无关

---

① 《晋冀鲁豫抗日根据地财经史料选编(河南部分)》(3),第 535 页。
② 《晋冀鲁豫抗日根据地财经史料选编(河南部分)》(3),第 572~575 页。
③ 《华中抗日根据地财经史料选编——鄂豫边区、新四军五师部分》,第 385~392 页。

农业的开会与动员。"① 在晋冀鲁豫根据地,"农忙时节,禁止向农民要粮、要款和动员参军……把各种任务都尽可能挪到农闲时间去完成"。例如为了不影响农民正常的耕种和收获,征收工作放在农闲时间进行,"每年夏秋两季征收,一般在八月和十一月两月进行。征收前要将各项准备工作做好。什么时候开征由县掌握,力争在半月二十天以内完成任务,再拿七八天时间,进行扫尾工作。至于动员参军工作,在一个村内,争取在一个星期内完成任务,一般在五月和十二月进行"。② 在支差问题上,"在春耕期间一般不准支差,除非有战斗的必须时"。③ 不违农时的农业政策,保障了农民从事农业生产的时间,有利于根据地农业发展。

三 农贷与农业

农贷是抗战时期各根据地的一项重要农业政策。在制定农贷政策时,各根据地十分注意农贷对象和农贷用途。1942年3月,晋冀鲁豫边区政府颁布了农业贷款办法,规定"农业贷款主要包括春耕贷款与水利贷款。春耕贷款,月息七厘,水利贷款年息七厘";春耕贷款用途"只限于购买农具、种籽、耕畜三项",水利贷款用途"包括开渠、修滩、购置水车之用";贷款的主要对象为"贫苦农民""抗属""受灾重之农民";贷款期限春耕贷款"为八个月,由阳历三月十五至十一月十五日",水利贷款因款额较大,可"分年偿还,但至多不得超过四年"。④ 为了渡过1943年春荒,冀鲁豫根据地颁布了《冀鲁豫区春耕掘井种植早苗种子贷款办法》,规定:掘井贷粮"由政府贷给灾民合作社社员,作为掘井之用",非合作社社员贷粮要经过县级以上政府批准;贷给标准是"无论轻重灾区,每掘土井一眼贷给谷子

---

① 毛泽东:《经济问题与财政问题》,《毛泽东选集》卷5,东北书店,1948,第770页。
② 戎子和:《晋冀鲁豫边区财政工作的片段回忆(八)》,《中国财政》1984年第8期。
③ 《晋冀豫区党委关于春耕运动的指示》,《晋冀鲁豫抗日根据地财经史料选编(河南部分)》(2),第258页。
④ 《晋冀鲁豫抗日根据地财经史料选编(河南部分)》(1),第164页。

三十斤","在重灾区每掘砖井一眼,贷给谷子三百斤,轻灾区每村砖井一眼,贷给谷子二百斤"。早熟种子贷款办法是:"(1)重灾区早熟种子贷款,每眼土井得贷给十至二十亩地的早苗种子,砖井则每眼贷给三十至五十亩的早苗种子,但单户灾民掘井所贷早苗种子酌量减少,所贷给早苗种子一律按市价给款,由各灾民自行采购早苗种子。(2)早苗种子贷款数目,一般的平均每家能贷到种二亩早苗为度。且要注意贷款必须以确无早苗种子而又无力购买及无处借贷者为限。"① 显然,这次贷款是为解决大旱之后农田水利和粮食种植问题而进行的,贷款的主要对象为无力购买种子的农民。1943年9月,为解决农民麦种问题,冀鲁豫根据地又颁布《冀鲁豫区低价换贷麦种办法》,规定"凡合作社社员及无合作社地区之农会会员,与经村公所同农会介绍之农民有秋粮而实无麦种者,"可"以秋粮换取低于市价百分之十五之麦种"。如果是灾区或歉收地区的农民,无麦种而又无秋粮兑换者,由政府以月息6厘贷给合作社,再由合作社以8厘贷给社员。② 该办法解决了根据地农民秋播中麦种的问题。

在太行根据地,1942年11月,为准备第二年春耕,边区政府决定发放春耕贷款300万元,并指定"主要应用购买农具、牲畜及制造肥料"。③ 1943年9月秋播到来之际,太行区银行又决定发放农业贷款900万元,该贷款用途"确定为肥料(包括揽羊卧地)、农具(包括农具工厂作坊)、牲口、种籽等四项,一概不作它用"。并规定贷款的原则:"1.农业贷款以帮助贫农为主,及缺乏牲口之中农,贷款对象不可分散,决定贷款要经过评议,贷款必须求实际效果。贷款必须订契约。2.羊群、耕牛及大型农具(如耧)等,可贷款给合作社,结合合作社股金购买,给社员低贷代价使用,或发展其他种形式的集体贷款,如模范的互助组、小份羊等。3.贷款期限一律不得超过一年,尽可能作六个月、八个月、十个月等短期贷款,以增加农贷之活动运转。"④ 1944年,太行第五专署在春耕贷款发放过程中指

---

① 《财经工作资料选编》(下),第29～31页。
② 《财经工作资料选编》(下),第42页。
③ 《太行各界准备明年春耕,边府贷款三百万提前发放》,《解放日报》1942年11月28日。
④ 《晋冀鲁豫抗日根据地财经史料选编(河南部分)》(2),第116～118页。

示：农贷对象"主要是贫苦农民（包括抗属、干部、荣退军人）"；在发放方面，"我们应参考延安的办法，真正把贷款用到农业生产上去"。① 这些规定，在根据地财政十分紧张的情况下，保证了贷款真正能贷给需要的人，并真正用到生产上。

在贷款发放中，边区政府还根据物价浮动情况减免还款数量，如1944年太行区发放农业、水利贷款时，正是物价高涨时期，但贷款到期时，"粮价大跌，而群众的贷款，都是为增加粮食生产而贷的，现在只有粜出粮食才能归还借款。但因粮食跌价的结果，使群众必须粜很多粮食，才能还足原来的贷款数。这样一来，群众劳动一年的成果因为还债而又被剥夺净尽。计算起来是得不偿失的"。因此，太行区政府和银行为了解决贷款因粮价下跌给农民带来的损失，决定"农业、水利两项贷款，仅收贷款原本百分之五十……其下剩百分之五十免收，退还该贷款人"。② 这一举措不仅减轻了农民的负担，大大鼓舞了农民的生产积极性，而且反映了抗日民主政权的确是本着为群众服务、为增加生产而发放贷款的。

在根据地农贷政策的引导下，农贷活跃了农村金融。据统计，1940年至1945年6月太行根据地各种农业贷款合计达到58665436元（冀南银行币），见表16-2。

表16-2　太行区冀南银行农贷统计

年份	1940年	1941年	1942年	1943年	1944年	1945年1~6月
公营农业	—	5723915.38	17089.00	5840200.00	6105200.00	—
私营农业	100500.00	683925.50	2256038.79	6793305.14	17114459.16	14030803.17
合计	100500.00	6407840.88	2273127.79	12633505.14	23219659.16	14030803.17

资料来源：《晋冀鲁豫抗日根据地财经史料选编（河南部分）》(3)，第688页。

抗战期间，太行区的公营农业贷款为17676354.38元，占贷款总数的30.13%；私营农业贷款为40989081.76元，占贷款总数的69.87%。可见，

---

① 《晋冀鲁豫抗日根据地财经史料选编（河南部分）》(3)，第67页。
② 《晋冀鲁豫抗日根据地财经史料选编（河南部分）》(2)，第551~552页。

私营农业是边区投资的主要方向，说明根据地农贷政策是向私营农业倾斜的。在太行根据地的各种贷款中，历年农贷所占比例为：1940年11.1%，1941年29.9%，1942年8.6%，1943年15.7%，1944年25%，1945年1～6月6.4%，平均13.3%。农业贷款占第三位（第一位是特种贷款，占50.1%；第二位是商业贷款，占23.4%）。① 豫北的根据地各县获得了一定数量的农贷，如1943年春耕生产时，分配给林县的农贷18万元，安阳县5万元。② 1944年春耕农业贷款林北县34万元，安阳县15万元；③ 水利贷款林北县20万元，安阳县10万元。④ 这些贷款在某种程度上解决了农业生产资金的需要。农业贷款不仅帮助农民解决了生产上的困难，也调动了农民的生产积极性，使其成为中共领导下的抗日民主政权的坚定拥护者。如1945年春季濮阳县委提出"积极生产多打粮，支援前方有力量"的口号后，政府对缺少牲畜、农具、种子的农户，发放了无息贷款，各村农会领导农民组织互助组，坚持"劳武结合"，"一手拿锄，一手拿枪"，⑤ 积极进行劳动生产和保卫抗日政权。

1943年9月冀鲁豫区颁布低价换贷麦种办法后，顿邱（今属清丰）从10月初开始实施，"各村动员个别的亦以民主方式进行了村户贷换数目的评议工作。十月十一号决定低于市价百分之十五，换出麦种三万二千七百九十斤，换回谷子四百三十三石五"。后因日军"扫荡"停了两日，为了不误农时，在日军"扫荡"期间"重新做了布置，执行了一斤麦二斤秋的指示，并决定先发麦后收秋的办法，在全县总动员下，五昼夜完成了整个任务"。具体情况是：换麦总户数为6373户，合计换麦149610斤，其中贫农3752户，占58.9%，换麦69378斤，占46.4%，平均每户18.5斤；中农2132户，占33.5%，换麦60969斤，占40.8%，平均每户28.6斤；富农489户，占7.7%，换麦19263斤，占12.9%，平均每户39.4斤。在换麦贷款

---

① 《晋冀鲁豫抗日根据地财经史料选编（河南部分）》(3)，第691页。
② 《晋冀鲁豫抗日根据地财经史料选编（河南部分）》(3)，第34页。
③ 《晋冀鲁豫抗日根据地财经史料选编（河南部分）》(3)，第66页。
④ 《晋冀鲁豫抗日根据地财经史料选编（河南部分）》(3)，第69页。
⑤ 濮阳县地方史志编纂委员会编《濮阳县志》，华艺出版社，1989，第48页。

中，贫农所占户数比例最大，但平均每户所换麦最少，只有18.5斤；富农所占户数最少，每户换麦最多，为39.4斤，是贫农的2.1倍。贷麦种总户数为4509户，共贷麦39277斤，其中贫农3765户，占户数的83.5%，贷麦种33375斤，占总数的85%，平均每户8.86斤；中农为677户，占户数的15%，贷麦种5766斤，占总数的14.7%，平均每户8.5斤；富农17户，占户数的0.4%，贷麦种176斤，占0.4%，平均每户10.4斤。从上面的各种比例来看，与中农、富农相比，对贫农的利益照顾不够，尤其是换麦中，地主、富农比贫农多出许多，说明根据地在发放农贷中存在一些问题。尽管如此，这次贷换麦种对小麦秋播还是发挥了重要作用，全县共贷换麦种188887斤，按每亩5斤折合，共种麦子37777.4亩，[①] 解决了群众的播种问题。

根据边区每年的政策，发放的农业贷款主要用于农业生产，在帮助农民购买农具、种子等方面发挥了应有的作用，参见表16-3。

表16-3 1945年林县、沁博农业贷款用途统计

林县				沁博			
用途	数量	款数（元）	百分比	农具	件数（个）	种子	数量（担）
牲口	140头	172310	82.60%	大锄	862	玉茭	16.04
锄	547把	32515	15.60%	小锄	470	麻籽	6.96
镢	48把	460	0.22%	镢头	246	黑豆	4.61
铁木锹	26把	800	0.38%	铁锹	107	高粱	3.52
镰	31把	788	0.36%	铁耙	40	棉籽	13.21
犁	5张	990	0.46%			南瓜籽	0.30
耧	3张	790	0.37%				
扁担	1根	16	0.01%				
合计	—	208669	100%	共计	1725	合计	44.64

资料来源：《晋冀鲁豫抗日根据地财经史料选编（河南部分）》（3），第694~695页。

从表16-3来看，各地贷款用途有很大的差别，林县1945年的农贷82.6%用于牲口贷款，只有17.4%用于购买农具，而仅购买锄头就占了15.6%。在沁博地区，贷款主要用于购买农具和种子。

---

① 《财经工作资料选编》（下），第54~55页。

河南各抗日根据地的农贷也存在一些问题。如从政策上来看，农贷只允许用于农业生产，如购买耕牛、修水井和农具，规定的太死，"民众不能活用，解决不了问题"。① 更重要的问题是有的地方村干部营私舞弊，真正需要贷款的贫苦农民贷不到款（包括麦种），贷款没有按照政策规定的范围来使用，有的用于还账，有的将麦种卖掉或吃掉等。如在麦种贷换及牲口贷款中，顿邱"某村将换麦种领走后，班长私自卖去，还了个人外债……某村富的多分。某模范班分二十五斤。某村干平均六升，其他户二升。某村干将牲口贷款贷给自己近家。某农会主任吃空名，自己独裁发贷"。不能很好地把握政策，不能全面照顾到各阶层利益。群众贷换的麦种有的没有用到种麦上，"个别卖掉，有的吃掉"。② 这虽然不是普遍现象，但与农贷发放的初衷有一定的距离。

四　农业互助运动

1943年11月29日，毛泽东在中共中央招待陕甘宁边区劳动英雄大会上发表了"组织起来"的演讲，他指出："在农民群众方面，几千年来都是个体经济，一家一户就是一个生产单位，这种分散的个体生产，就是封建统治的经济基础，而使农民自己陷于永远的穷苦。克服这种状况的唯一办法，就是逐渐地集体化；而达到集体化的唯一道路，依据列宁所说，就是经过合作社。"③ 因此，建立以个体经济为基础的农业互助组织，"即农民的农业生产合作社，就是非常需要了，只有这样，生产力才可以大大提高。现在陕甘宁边区的经验：一般的变工扎工劳动是二人可抵三人，模范的变工扎工劳动是一人可抵二人，甚至二人以上。如果全体农民的劳动力都组织在集体互助劳动之中，那末现有全边区的生产力就可提高百分之五十到百分之一百。这办法可以行之于各抗日根据地，将来可以行之于全国。将来的中国经济史

---

① 《财经工作资料选编》（上），第174页。
② 《财经工作资料选编》（下），第56～57页。
③ 《毛泽东选集》第3卷，人民出版社，1991，第931页。

第十六章 抗日根据地的经济（上）

上，是要大书特书的"。① 中共中央所在地陕甘宁边区实行了劳动互助组织，并取得了明显成效，这不仅为其他根据地提供了经验，而且为各根据地所效仿，成为抗日根据地农业生产中颇为盛行的一种劳动组织形式。

互助运动以农业生产为主，是建立在个体经济基础上的集体劳动，也是解决劳力、畜力、农具等不足的有效途径。劳动互助既有临时性的，也有常年性的；在组织形式上除了传统的各种变工形式如"工队""工合""成工组""拨工"等之外，还创造了新的形式，如"开荒队""互助小组"等，"其中最进步的一种就是干部参加以劳动英雄或积极的劳动者为中心，以户为单位的互助组，每组三户至五户。牲畜缺乏的地方，则以牲口为中心，以自愿结合、等价交换、自由变工为原则。这种互助小组，是从下种和锄苗中才以更好的组织广泛发展起来，有许多已经逐渐巩固结合为全年的互助小组"。② 1944年春耕期间，太行区组织的互助组主要有：（1）"临时性的互助组"。规模可达二三百人，适合开荒、修滩等较大的工程。（2）"拨工组"。人数不多，最初三五人，慢慢发展，自愿结合，有核心人物，参加的人以男劳力为主；办法是工换工，等价交换。这是常年性的互助组。（3）"包工队"。人数不太多，10人左右，以穷人为主，种完自己的地就做包工活。③

在太行区林北县，1944年春耕时期，二区的12个村庄将村子全劳力的25%～30%组织到互助组中，有的村子达到了80%。一区有的村只有6%的全劳力参加互助组，有的则有90%的劳力参加了互助组。④ 据1945年初对太行根据地31个县的不完全统计，有2.3万个劳动互助组织，21.9万个全劳力、半劳动力参加劳动互助，占全区总人口的5%，约占劳动力人口的20%。⑤ 据1945年上半年的统计，太岳根据地全区共有能经常进行劳动互

---

① 毛泽东：《论合作社》，《毛泽东选集》卷5，东北书店，1948，第889页。
② 《晋冀鲁豫抗日根据地财经史料选编（河南部分）》（2），第88~89页。
③ 《晋冀鲁豫抗日根据地财经史料选编（河南部分）》（3），第86页。
④ 《晋冀鲁豫抗日根据地财经史料选编（河南部分）》（3），第86页。
⑤ 《太行区三年来的建设和发展》，《晋冀鲁豫抗日根据地财经史料选编（河南部分）》（2），第202页。

— 677 —

助的互助组1.2万个，人数近11万，约占全区人口的5%，占劳动人口的20%。[①] 劳动互助组还吸收了一部分妇女，改造了一批懒汉二流子。劳动互助组织提高了劳动效率和生产热情，有的提高了30%，有的提高了15%。[②] 在豫鄂边区，由于农业遭到日伪军的摧残，耕畜严重不足，抗日民主政权就在农村组织了变工队，或以工换工，或以人力换畜力，通过组织劳动互助来解决耕畜的不足。1942年秋播期间，豫南一些地区耕牛不足，边区政府一方面购买了一批耕牛支援该地区的农民，另一方面还从山南区动员群众支援信（阳）罗（山）边辛店乡耕牛40多头，劳力60多个，帮助种麦。[③] 这些办法对保证农业生产的顺利进行起到了一定作用。

在根据地的一些地区，由于灾荒、征兵等原因，男劳动力很少，当地政府就组织妇女参加农业生产。如林北新区"有好些村庄，只剩下些妇女小孩和十几个上年纪的老头子，如段家庄，全村七十二户，五百八十多亩地，去年（指1943年——引者注）种麦时，全村只有二十个男人，九个牲口，现在（指1944年——引者注）只剩下六个男人，组织互助组是以女人为主，男人参加"。[④] 在这里，妇女成了根据地农业互助和生产的主力军。通过参加紧张的生产运动，有关妇女的社会舆论导向和妇女在家庭中的地位都发生了很大改变。

"组织起来"是"一个社会的革命"，[⑤] 提高了农业劳动效率和群众的生产热情，在根据地农业生产中发挥了一定的作用，也使社会的阶级关系发生了新的变化，吸收了一部分妇女，改造了一批懒汉。据对太行区调查，"互助对每个阶层都是有利的，只要我们组织的好，公道合理，穷富就都能沾光。在互助中我们解决了多数贫苦农民的生活与生产中的困难问题，在组织起来之后他们是得利最多的一个阶层，这也是组织起来的必然结果，大部赤贫与贫农改变了面貌，得到很快的上升，这就是由于组织起来能够解决了

---

① 《太岳农工副业发展》，《解放日报》1945年7月16日，第2版。
② 《晋冀鲁豫抗日根据地财经史料选编（河南部分）》（2），第202页。
③ 《河南抗战史略》，第218页。
④ 《晋冀鲁豫抗日根据地财经史料选编（河南部分）》（3），第85页。
⑤ 《太行抗日根据地》（2），第82页。

春荒，又有了集体相互间的劳动互助，所以就办到了过去从来办不到的事"。① 毛泽东也对华北、华中敌后根据地的劳动互助给予了很高的评价，他说："我已得了华北华中各地的材料，这些材料都说：减租之后，农民生产兴趣大增，愿意组织如同我们这里的变工队一样的互助团体，三个人的劳动效率抵过四个人。如果是这样，九千万人就可以抵过一亿二千万人。还有两个人抵过三个人的……这种生产团体，一经成为习惯，不但生产量大增，各种创造都出来了，政治也会进步，文化也会提高，卫生也会讲究，流氓也会改造，风俗也会改变；不要很久，生产工具也会有所改良。到了那时，我们的农村社会，就会一步一步地建立在新的基础的上面了。"② 通过劳动互助，根据地的社会发生了较大的变化。

五　农业技术改良

根据地多位于交通、信息封闭之农村，农业耕作方法原始，技术人才缺乏。为提高劳动生产率和粮食的单位面积产量，根据地政府积极鼓励、扶持和推广新技术、新品种，并改进农具，号召和组织农民广泛积肥，改进耕作方法。每年春耕、秋耕时节到来时，各根据地都要发布指示，积极进行组织，并在技术方面做出具体要求。如1940年2月，晋冀豫区党委在关于春耕的指示中要求"在春耕中注意解决技术问题"，如扩大耕地，消灭熟荒和修复河滩地；突击水利，开渠、筑河、打井等；解决肥料，不仅要拾粪，还要利用烧掉的房子的"烧土"；补充牲口和农具；选择种子。③ 1941年，太行根据地发出《一九四一年的战斗纲领》，指出"必须完成1941年的生产计划。特别是立即准备春耕"，并特别强调要"从扩大与改良土地与生产技术方面，如水利、垦荒、牲口、农具、种子与肥料方面加以准备"。④

---

① 《晋冀鲁豫抗日根据地财经史料选编（河南部分）》(2)，第660页。
② 《毛泽东选集》第3卷，第1017页。
③ 《晋冀鲁豫抗日根据地财经史料选编（河南部分）》(2)，第265~274页。
④ 《太行党史资料汇编》第4卷，第4页。

为鼓励农业技术革新,根据地政府制定了奖励生产技术改良与发明的措施,如1941年10月15日,晋冀鲁豫边区颁布了奖励生产技术办法,其中规定,"(一)对工农业生产工具或方法有所改良与发明者。(二)以本边区之原料制成代替仇货及舶来品者。(三)对各种日用必需品之制造有所发明与改良者。(四)首次引用其他地区进步之工农业工具或方法者",凡符合上列条件之一者,除发给奖状外,并给予10~2000元的奖金;如有重大发明,对于根据地贡献极大者,则给以特别奖金。另外,"有正确计划而无力试验者,可将其计划以书面详细说明,请求政府给予试验费或试验场所,试验成功后,仍得受本办法之奖励"。① 1944年,太岳行署规定,"对农工业生产工具或方法有所发明与改良者","不论集体的或个人的,政府均按其实用成效之大小,给以二千元以上、五万元以下之奖金,并给以奖状";"首次引用本区以外其他地区进步之农、工业工具或方法者",给予500元以上1万元以下之奖金。②

根据地还非常重视农业技术人才的培养以及农业技术的研究和推广指导。有的根据地成立了专门的农业指导和研究机构。如晋冀鲁豫根据地在一些县成立有农业指导所,其职责为:"(一)组织特约农家;(二)协助县长训练生产委员会;(三)负责农业指导;(四)选择农业种子;(五)做小规模示范工作;(六)据具体情况担任特殊任务。"③ 为做好1943年春耕工作,太行区农林局于1942年底在左权、涉县、武乡、邢台、平顺等县设立了农业指导所,训练村级生产干部,研究进行春耕准备工作的具体办法。边区农林局还汇集早熟春麦种子及防旱种子,准备在全区大量推广。农林局还"开设水车厂,专制轻便手力汲水车,每具可提高水位四尺至五尺,每日只需四个人工,即可灌地十六亩。现清漳河沿岸各村,已纷纷至该局定购水车,并送熟练工人前往该厂,一面工作一面学习,准备将来回到各村,扩大

---

① 《晋冀鲁豫边区积极改良生产技术颁布奖励办法》,武衡主编《抗日战争时期解放区科学技术发展史资料》第2辑,中国学术出版社,1986,第41页。
② 《太岳行署颁发太岳区奖励生产技术发明与改良条例》,山西省农业科学院编写组编《太岳革命根据地农业史资料选编》,山西科学技术出版社,1991,第40页。
③ 《晋冀鲁豫边区史料选编》第1辑,第354页。

制造"。① 1943年9月，太行区决定拨给农林局10万元，作为水车推广基金。② 1945年上半年，晋冀鲁豫边区政府在太行区建立了一所农业中学，专门培养农业技术指导所技士、技术员、推广员等。③

为提高农产量，边区在调选和推广农作物优良品种上也做了很多努力。晋冀鲁豫根据地从敌占区引进美国"金皇后"玉米、"169"小麦。1944年，太行区在推广这些优良品种上获得了很大成绩。"金皇后"玉米播种272亩，可选纯种85000斤，1945年推广到35000亩地。据统计，"金皇后"玉米每亩可产452斤，而土玉米每亩仅产289斤，每亩多打163斤，增加产量56%。在推广"169"小麦上，1944年播种1211亩，根据几个地区试验结果，比一般小麦多打30%。1945年可推广24000亩。④ 1945年，太行区还计划把从敌占区引种过来的西红柿"大大推广到群众中去"。⑤

边区原本肥料就十分缺乏，抗战期间，因牲畜等减少，加上战争频繁，更是影响了群众的日常积肥。很多农田过去还能勉强上粪，此时不上或者少上了，致使农产量大大降低。为此，根据地政府号召和组织农民采用多种办法广泛积肥，如除了奖励多养牲口外，还号召改变家畜无圈的习惯，修圈积肥；提倡压绿肥，即把青草割下，埋入土中经腐化变成肥料；还提倡割蒿沤粪、熏粪、扫街土、拆炕土或利用敌人烧毁之房土等进行沤粪积肥。这些对提高农产量起到了一定作用。

六 大生产运动

1939年抗日战争进入相持阶段后，日军和国民党政策上的变化，给中

---

① 《太行筹划春耕，注意进行冬耕拾粪，林北山蚕业渐恢复》，《解放日报》1942年12月28日。
② 《太行确定明年度生产建设贷款千九百万元》，《解放日报》1943年9月21日。
③ 《太行区成立财经干部学校》，《解放日报》1945年7月2日。
④ 贾林放：《太行区一九四四年生产建设的一般情况》（1945年5月30日），《晋冀鲁豫抗日根据地财经史料选编（河南部分）》（2），第668页。
⑤ 《太行群英会上戎副主席报告今年生产方针，逐步做到生产自给》，《解放日报》1945年1月5日。

共领导的敌后抗日根据地带来了巨大的困难。为了克服严重的经济困难和减轻农民负担,各个抗日根据地普遍开展了大生产运动。

1941年1月,冀鲁豫行政公署成立后,提出了"人无闲人,地无荒地"的口号,动员群众开展生产运动,并发放贷款10万元,帮助群众开垦荒地,扩大春耕面积,实行水利灌溉,推广玉米、谷子等作物的优良品种,提倡植棉,碱地种植苜蓿,植树造林和种菜等。① 1943年11月,冀鲁豫边区党委根据中共中央和北方局的指示召开高干会议,决定大力发展生产,克服困难,渡过灾荒,为大反攻做好物质准备。会后全区军民很快掀起了以农业为中心的大生产运动。② 豫皖苏根据地在《豫皖苏边区联防委员会一九四〇年五六月份工作计划大纲》中规定:区乡以下的工作人员,至少每人种地1亩至3亩,到秋后要做到自给;各级工作人员,自己动手种菜,要在两个月内做到不买菜吃。③ 1943年2月,《华中局关于春季工作的指示》要求华中各抗日根据地参考陕北和华北各地生产经验,加紧生产运动,"各级军政机关应迅速作深入的动员与定出各部各种生产计划……凡是军队机关所需用一切东西都设法自己动手。各级党政机关及群众团体应立即有计划有组织发动群众开展生产运动,采取各种妥善与积极的方法帮助贫苦群众解决种子、耕具与肥料问题,鼓励群众多生产军需有关的东西,多开办制造农具与纺纱织布等小规模生产合作社"。④ 1945年春,晋冀鲁豫边区政府颁发布告,号召全区人民进一步组织起来,为达到耕三余一,自给自足,展开更大规模的生产运动。为鼓励生产,布告规定:第一,"今年全区负担绝不再增加","土地产量已经评议公道的地方,其收入如超过应产量时,仍按原产量征收,超过的部分不再负担"。第二,对于贫苦农民在农具、种子等方面的困难问题,各级政府必须设法及早解决。春荒严重地区,政府须用各种办法"保证不饿死一个人,并要从积极方面组织群众生产自救。特别要求我全区人

---

① 《财经工作资料选编》(上),第321~322页。
② 《财经工作资料选编》(上),第321~323页。
③ 李占才:《豫皖苏边抗日民主根据地的经济财政建设》,《铁道师院学报》(社会科学版)1995年第3期。
④ 江苏省财政厅等编《华中抗日根据地财政经济史料选编》第2卷,档案出版社,1986,第9页。

民，要组织起来自己解决自己的困难"。①

大生产运动兴起后，推动各根据地的农业取得了一定的成绩，主要表现在开垦荒地、兴修水利、灭蝗以及植棉等方面。开垦荒地，增加耕地面积，发展家庭副业和经济作物种植是农业大生产运动的主要内容，并取得了明显的成绩。1941年，豫鄂边区在自给自足的口号下，信（阳）应（山）地区"大众都积极的活跃起来，朝着这个共同的目标而努力于开荒运动。仅信南地区已有了如下的成绩：1. 开荒田五十余石，按田的土质种了茶、棉花、豌豆、芝麻。2. 增加新麻园二十余块。3. 建立一个新林场，植树百余株，栗子树大批接枝，一乡就接了七百多株，葡萄树也种了五十多株……农民群众并且学会采卵法，还大力提倡近村副业——养猪养鸡等等。现在每家（不靠近敌区）有猪两口强，鸡子在中心区平均每人一只强"。② 1944年，豫鄂边区又决定展开全边区大生产运动，"做到每亩全年增产粮二斗至三斗，每人种菜六百斤。普遍发动互助，培养劳动英雄"。③

豫东地区收复后，"水东④地委为了带领群众返回黄泛区重建家园，首先由党、政、军各机关带头进黄泛区开荒生产，群众逐步跟随返回家园"。对返回家园的群众政府给予支持和帮助，领导他们开荒恢复生产。⑤

在太行根据地，1941年开荒33760亩，1943年前半年开荒9450亩，⑥该年秋季和1944年春季共开荒33万亩（包括部队、机关、民兵开荒），增加细粮16万石。⑦ 1944年，太行区群众开生荒达209725.8亩，消灭熟荒30358.4亩，共计240084.2亩，占6个分区耕地面积的10%左右。如果根

---

① 《晋冀鲁豫边府号召全区今年展开大生产运动》，《解放日报》1945年4月8日。
② 《豫鄂边抗日根据地》，第138页。
③ 《豫鄂边抗日根据地》，第208页。
④ 水东地区即以睢、杞、太为中心的豫东地区，在黄河改道后的黄水以东，故称水东。
⑤ 《豫皖苏抗日根据地》（2），第175页。
⑥ 中国社科院经济研究所中国现代经济史组编《革命根据地经济史料选编》（中），江西人民出版社，1986，第237页。
⑦ 《太行抗日根据地》（2），第6页。

据不同的荒地和不同的地区每亩以平均 5 斗细粮计算,则可增产 96000 石细粮;全区党政军开荒 95801.8 亩,每亩以 4 斗细粮计算,可产粮 4 万石。① 在当年的大生产运动中,太行区第五专署计划春季开荒 6300 亩,修滩地 5270 亩,修渠 52 条,植棉 12000 亩。其中林北县计划开荒 3000 亩,完成 3176 亩(只统计 2 个区),修滩地 300 亩。因春雨很好,植棉"一般都超过计划"。② 1945 年春耕中,林北县开生荒 5875 亩,安阳县开生荒 160 亩。③ 在亩产量短期内不能大幅提高的情况下,耕地面积的增加,对粮食增产起了决定性的作用。不过,在开荒过程中,也存在重量不重质的问题,造成了一些不必要的损失。有的荒地选择不慎,没有认真划定哪里该开,哪里不该开,造成山洪暴发时,一些田地被冲毁,如据统计 1944 年林北县冲毁 3313.15 亩旱地,另外,林北县被水淤冲毁的庄稼有 4592.2 亩。④

水利是农业的命脉。根据地发展农田水利事业主要集中在开渠、整修旧渠、建筑防洪堤以及修河滩地、水利灌溉等方面。抗战爆发后,农田水利被日伪顽破坏或因失修冲毁者不少,如太岳区济源县的广济、广惠、利丰、永利等 10 条大小渠及太行的丹河、广济河原可以灌溉 73 万亩,后来仅可灌溉 20 余万亩,占原浇地 27.4%,另外水井被破坏约占 12%,水车破坏约占 31%。⑤ 由于根据地多地瘠民贫,肥料缺乏,因此引洪放淤、改良土壤又为重要环节。为增加耕地面积和扩大水田,改变根据地农业完全靠天吃饭的局面,各根据地政府都极其重视发展水利事业。如 1942 年,豫鄂边区把水利建设作为当年农业生产的重要工作来抓,决定在各县"真正造成一个兴修水利运动",以做到"无论天旱雨涝都能收成,并尽量争取生产增加"。为有组织地开展水利建设,区党委要求"各县党、政、军、民共同组织水利

---

① 贾林放:《太行区一九四四年生产建设的一般情况》,《晋冀鲁豫抗日根据地财经史料选编(河南部分)》(2),第 675~677 页。
② 《晋冀鲁豫抗日根据地财经史料选编(河南部分)》(3),第 81~83 页。
③ 《晋冀鲁豫抗日根据地财经史料选编(河南部分)》(2),第 675 页。
④ 贾林放:《太行区一九四四年生产建设的一般情况》,《晋冀鲁豫抗日根据地财经史料选编(河南部分)》(2),第 677~678 页。
⑤ 《华北农业生产统计资料》,第 89 页。

第十六章　抗日根据地的经济（上）

委员会，动员公义士绅参加，具体制订计划，各县作到一定的修坝、挖堰之数目"。①

在资金筹集上，冀鲁豫根据地采取"充分发动群众，动员私资打井，政府予以帮助"的政策。② 1943 年 1 月，太行区政府颁布《太行区兴办水利暂行办法》，指出凡兴办所规定的水利事业者，"得向政府请求水利贷款，年利七厘，贷款额度较大者，得分年偿还"。该办法对开渠、修滩等各种水利工作的贷、还款办法都做了具体规定，如对于修滩，规定"凡较大之防洪堤其工程费用较大，民办不能举办者得斟酌情形由政府垫款兴修，此项垫款分于三年至五年内向河滩地及防洪堤所保护之土地所有人，视其收益之程度，征收水利款偿还之"。③ 1943 年 9 月，太行区银行决定发放水利贷款 300 万元，"以开小渠，打小井，造水车，小规模修滩等为主"。④ 12 月，给林北县 20 万元、安阳县 10 万元贷款，主要用于"今冬及明春开渠、修滩、打井、修水车等事"。⑤ 1944 年春，太行区又发放水利贷款 700 万元。⑥

在政府的大力支持下，根据地兴修了很多水利工程，如豫鄂根据地豫南各县积极兴修水利，普遍整修堰塘。1942 年，中共信（阳）罗（山）边辛店乡组织 500 余人，投入 4.5 万多个工，建成 2 里多长的引水工程和天鹅湖堰坝，灌溉农田 2000 余亩。⑦ 1943 年春，豫鄂边区又进行了精密组织，动员党政军民集中突击水利工作。虽然环境动荡，但都坚持完成或超额完成了计划。根据 8 个县的不完全统计，水利工程分为塘、圩（音围）、堨、沟、闸 5 种，8 个县共挖了 265 口塘，修建了 7482 口，共 7747 口；新建了 42 座圩，修补了 1064 座，共 1106 座；新筑了 27 条堨，补修了

---

① 《华中抗日根据地财经史料选编——鄂豫边区、新四军五师部分》，第 251~252 页。
② 《财经工作资料选编》（上），第 135 页。
③ 《太行区兴办水利暂行办法》（1943 年 1 月 5 日），焦作市档案馆藏，1-5-218。
④ 《太行确定明年度生产建设贷款千九百万元》，《解放日报》1943 年 9 月 21 日，第 2 版。
⑤ 《晋冀鲁豫抗日根据地财经史料选编（河南部分）》（3），第 69 页。
⑥ 《太行区增加生产贷款　今年发放六千万元　边府通令各专署春耕时布置救灾》，《解放日报》1944 年 2 月 17 日，第 1 版。
⑦ 《豫鄂边抗日根据地》，第 60 页。

126条，共153条；新开了57条长沟；新建了27个水闸，补修了180个闸，共207个。这五项工作，共做了（石工除外）1363308个工，受益田亩140余万亩，使全边区水利灌田亩数达到280万亩。全边区征收的田赋是500万亩，所以即便是遇到大的旱灾，也可保证一半以上的收成。①

太行根据地的农田水利事业也取得了巨大成就，该区1941～1943年开渠打井等增加灌溉农田面积情况见表16-4。

表16-4　1941～1943年太行区农田水利建设增加灌溉农田数统计

单位：亩

年份	1941	1942	1943
开渠打井	29500	1000	14800
修渠	12300	10600	4100
淤滩	5000	5700	100
合计	46800	17300	19000

注：1942年开渠打井增加亩数系涉县（今属河北省）数字。
资料来源：《太行区1941～1943年农田水利情况统计表》，《华北农业生产统计资料》，第90页。

1942年以后，太行区旱灾严重，全区普遍开展了修渠、造积水池、挖水窖、凿水井及开山引水运动。据赞皇、内邱、武安、涉县、林县等17个县统计，1942～1944年新修了能灌溉55000余亩的大小渠、旱渠118条。② 1945年春季，林北县开渠12条，可灌溉515亩；林县开渠1条，可灌溉500亩。③ 博爱南蒋沟大渠原可灌溉数百顷田地，但在1938年间，国民党军将沁河河堤掘开，使沁河河水大量涌入该渠，从此每当夏秋之交沁河河水暴涨时，该渠之水也随之泛滥，把水渠两旁的数百顷良田全部淹没，附近四五十个村庄尽成泽国，人民财产损失巨大。1945年春八路军占领该地后，为

---

① 《鄂豫边大兴水利，灌田百余万亩》，《解放日报》1943年12月18日。
② 《太行水利建设成绩显著》，《冀鲁豫日报》1948年8月14日，第3版。
③ 《晋冀鲁豫抗日根据地财经史料选编（河南部分）》（2），第669页。

第十六章 抗日根据地的经济(上)

根绝水灾,为民除弊,中共博爱县政府立即成立水利委员会,发动和组织当地群众,日夜赶修该渠,每日参加修渠的群众均在万人以上,工程完工后受益田地达4万多亩。①

在大生产运动中,八路军、新四军和党政机关为了自给的需要,也积极参加到农业生产中来。1941年,八路军总直属队帮助春耕42次,参加473人,牲畜25头,耕地130亩,担水640担,担炭450担;帮助夏收,共割麦360亩,驮麦65亩,参加986人,牲畜18头;帮助秋收参加1527人,牲畜68头,割谷937亩。② 1944年春,太行各机关部队掀起开荒热潮,"一般是首长负责,亲自组织领导",到4月,开荒近7000亩。③ 1944年全年太行军区八路军开荒1251395亩,收获杂粮(七分区未计)5121202斤,除交公粮及消耗外实得粮315万斤,减轻人民负担粮食10万石。另外,八路军代群众耕地1518.5亩,锄地5327亩,修地2644.3亩,担粪127040亩,收割24658.4亩。政民机关共种地10332亩,收细粮1400石,菜150万斤,每人自给粮食平均超过2个月,蔬菜全年自给。④ 1943年,太岳军区的八路军开荒6362亩,产粮1677石,产蔬菜839446斤;1944年,开荒58052亩,产粮25409石,产蔬菜4031360斤。⑤ 冀鲁豫根据地也进行了大生产运动,如濮阳发动部队(包括地方部队及临时驻扎的八路军)、机关学校以及广大群众掀起了大生产运动,"到处垦荒种地,经营多种副业。武寨抗日高小师生百余人,开荒40多亩,还搞了制盐、造纸、肥皂等多种副业。1944年秋,收棉花千余斤,高粱40石,不但解决了学校修建费用及办公用品,而且还解决了部分困难学生的问题。濮阳从1943年开始,取得连续两年的农业丰收,部队、机关、学校达到全部或部分自给,减轻了人们负担,改善了人民生活"。⑥ 豫皖苏根据地的新四军第四师1943年春夏开荒4655亩,种植小麦、水稻、玉米、山芋、黄豆等粮食作物和蔬菜。收小麦14900余斤,

---

① 《博爱重修蒋沟大渠》,《解放日报》1945年6月18日。
② 《对敌贸易统制,对内贸易自由》,《解放日报》1942年1月28日。
③ 《太行全区开荒热潮》,《解放日报》1944年4月25日。
④ 《太行去年生产成绩伟大——记该区生产展览会》,《解放日报》1945年1月2日。
⑤ 齐武编著《一个革命根据地的成长》,第188页。
⑥ 《濮阳县志》,第48页。

— 687 —

合洋 74500 元；收稻子 1500 斤，合洋 7500 元；玉米、黄豆 34138 斤，合洋 170690 元；红薯 5000 斤，合洋 7500 元；蔬菜 252465 斤，合洋 252465 元；菜籽 500 斤，合洋 5000 元；收麻 7350 斤，合洋 73500 元。[1] 1944 年，豫鄂边区的八路军和行政机关也开展了以农业为主的大生产运动。[2] 八路军、新四军和党政机关的农业大生产运动，开垦荒地，增加粮食生产，不仅满足了部队的部分需要，也减轻了人民的负担。

---

[1] 《豫皖苏抗日根据地》（1），第 375 页。
[2] 《豫鄂边区部队机关开展生产节约运动》，《解放日报》1944 年 5 月 25 日。

第十七章
抗日根据地的经济（下）

一　工业

（一）工业政策

抗日战争爆发后，中国的民族工业遭受巨大损失，大凡日军炮火所及地区，生产均遭破坏，被迫停顿，大量工人流失。我军收复失地后，由于日军占据了城市和交通要道，对根据地实行经济封锁，因而根据地的军用物资和军民日用生活品极为困难。"根据地内必需的工业品，如做不到迅速的发展与适当的解决，不能做到出入口平衡，就不能最终打破敌人的封锁，打断城市统治乡村的链子。"① 因此，从抗战初期开始，中共中央便要求各级政府、机关、学校、军队尽一切努力恢复生产，打破敌人封锁。整个抗日战争时期，保护和发展工商业成为抗日根据地一项重要的经济政策。

根据中共中央的指示，各敌后抗日根据地制定了"自力更生发展经济"的方针，采取保护工商业和鼓励私人资本主义发展的政策，对私人能发展的工业，鼓励私人经营，私人不能经营的，则采取公私合办。1940年9月，彭德怀在北方局高级干部会议上阐述了华北各根据地发展工业的基本原则：

---

① 太行革命根据地史总编委会编《财政经济建设》，山西人民出版社，1987，第124页。

"第一，有计划的集中领导，分散建设；第二，敌后是艰苦斗争的环境，发展工业，必须军政民互相帮助，帮助别人，就是帮助自己；第三，技术工具要适合环境，工厂要就原料；第四，改良手工业工具，是目前增加工业生产的重要工作之一。"这次会议还制订了晋冀豫根据地1941年工业生产建设计划，以做到棉织品、食盐的自给，在太行山区建设大规模制药厂、模范纱厂、模范织布厂，尽快发展肥皂、制革、造纸、火柴等厂，以满足根据地的需要。并计划开办硫酸厂、酒精厂、硫磺厂。① 从计划中看，根据地工业发展以满足军事需要的工业为主。1942年2月，华中抗日根据地（包括豫鄂边和豫皖苏）为了达到自给，工业发展以生产日用品为主，指出："纺织业为今日工业生产之突击中心。在敌后环境下，应以发展农村手工纺织、组织手工纺织生产合作社为主要方式，俾能普遍生长，日寇无法扫荡。""半机械之工厂纺织虽为次要方式，亦应努力促其生长。尤须动员工商业家与地方资金经营此种工场纺织。""造纸、制皂、制蜡烛及文具制造（如浆糊、墨水、练习薄等）等必需品之小工业生产，亦应努力提倡，以改良手工工场生产为主要方式。在这方面，应多多利用旧式手工业及手艺工人，以谋改良。"② 1942年11月，豫晋联办颁布施政方针，其中关于发展工业的规定是"着重恢复发展手工业，并欢迎私人投资，保护私人企业和资本，改善工人生活，提高劳动纪律，增加劳动生产率"。③ 豫皖苏边区对于私人工商业也采取保护和鼓励发展的政策，1941年1月边区党委在《关于强化边区各县政权问题的指示》中指出："奖励生产保护商旅。为了使边区在经济上能自给自足起见，对于各县原有之家庭手工业、小规模的工厂手工业，政府则尽量予以帮助与奖励，使之发展。"④ 这些政策调动了群众生产的积极性，推动了根据地工业的发展。

各根据地还不断改变管理体制，除军工和其他一些私人无力举办的工业由政府统一兴办外，鼓励私人投资，并特别提倡群众生产，鼓励成立生产合

---

① 《晋冀鲁豫抗日根据地财经史料选编（河南部分）》(1)，第13~15页。
② 《革命根据地经济史料选编》（中），第129页。
③ 《豫晋联办施政方针》（1942年11月25日），《太岳抗日根据地》，第128页。
④ 豫皖苏鲁边区党史办公室、安徽省档案馆编《淮北抗日根据地史料选辑》第2辑第1册，内部发行，1985，第15页。

作社。通过合作经营的形式，把分散的、个体的小生产经营的手工业组织起来，走上了集体经济的道路。这样，根据地的工业发展形成了以公营工业为龙头，私营工业、家庭手工业和合作社手工业协同发展的局面。特别是手工业生产的合作社形式，在实践中显示出了巨大优越性：经营比较灵活，产销挂钩；管理比较民主，社员可以资金或劳力入股；社员成为股东，生产、销售、分配都经社员大会民主讨论决定执行。此一组织形式，逐渐发展到部队、机关、工厂，各种合作社纷纷成立，有的地区还出现了"军民合作社"、"工农合作社"及"劳动资本合作社"等。这种以合作经济为主要形式的手工业生产，在发展民用工业方面具有强大的生命力，为保障军需民用发挥了重要作用，同时安置了大量失业工人和农村劳动力。[1]

为扶植与发展工业，各根据地在资金非常困难的情况下仍注重对工业的投资。如1943年9月，太行区银行发放手工业合作贷款400万元。[2] 太岳区政府从1944年下半年到1945年上半年一年中，投资公营工厂700万元，私营工厂1500万元，部队手工业工厂1000万元，运输贷款300万元。[3] 除了发放大量工业贷款，边区还对从沦陷区来的投资者实行优待政策。1945年，晋冀鲁豫边区政府颁布了优待沦陷区人民来解放区投资存款的命令与暂行办法，鼓励沦陷区人民来解放区投资经营生产运销事业。该办法规定，凡向各县政府呈请来解放区经营农、林、工、矿、运输、商业者，经登记备案后，边区政府即予以种种实际帮助，扶植其事业的发展。"（一）沦陷人民投资农、工、商业之资本（包括合作社股金），在冀南银行或合作社之存款，一律免除负担；（二）经营生产事业，如感资金不足，或遇战争损失时，得呈请政府予以贷款帮助；（三）工业所需原料，得受政府减免负担之优待，成品推销困难时，得商请公营商店协助之；（四）投资存款之利润，可随时汇回沦陷区。"[4]

---

[1] 陈恒文主编《晋冀鲁豫边区（河南部分）工人运动简史》，河南人民出版社，1991，第59页。
[2] 《太行确定明年度生产建设贷款千九百万元》，《解放日报》1943年9月21日。
[3] 《太岳农工副业发展》，《解放日报》1945年7月16日，第2版。
[4] 《晋冀鲁豫边府颁布优待沦陷区人民来解放区投资存款》，《解放日报》1945年6月7日。

根据地还颁布了奖励生产的各种办法，以推动根据地工业的健康发展。1941年10月，晋冀鲁豫边区颁布奖励生产技术办法，规定凡对工农业生产工具或方法有所改良与发明者、以边区原料制成代替仇货及舶来品者、对各种日用必需品之制造有所发明或改良者以及首次引用其他地区进步之工农业生产工具或方法者，边区均给予奖励。① 当月，晋冀鲁豫边区还颁布《工业奖励办法》，规定对"一、大量制造或开采军用品及原料者。二、制造输出品货物者。三、使用土货原料制造代替仇货及舶来品者。四、从事制造经政府特别指定之日用必需品者。五、应用机器或改良手工业制造各种工具及日用品者。六、其他开办各种工厂作坊及各种流动手工业者"予以奖励。②

对于农业、造林、牧畜和农村副业、冶金、采矿、水利、无线电制造、制药以及其他工业部门的科技工作者，根据地采取优待政策。如1941年11月颁布的《晋冀鲁豫边区优待专门技术干部办法》规定对于大学毕业有丰富学识并曾任技术指导工作者，抗战前曾任工程师、技师及曾有发明创造者，每月给津贴40~50元；对于大学专门毕业或大学肄业二年以上并有实践经验及技术指导能力者，或曾在工程、农业、医药、金融界服务多年有一定技术能力者，每月津贴30~40元；另给专科或具有相当学历的技术人员每月给津贴20~30元。除了生活上的优待外，要给予研究、实验的机会与便利条件，供给必需的图书仪器及工具，免除其背粮和机关生产的任务。③该办法体现了中共在抗战时期重视、重用和保护科技人员的政策。

对于一些重要的关乎根据地民生的工业部门，根据地采取管制办法。如1943年鄂豫边区颁布了《管制榨油业作坊暂行办法》，认为"榨油业为战时边区主要之民需物资生产事业，悉应加以保护，加强其管理，以增高其生产，适应边区民食之需要"，因此决定对榨油业实行管制。管制办法是：(1) 对榨油业进行资金、原料来源、产品数量及销路等方面的调查登记，发给营业许可证。(2) 实行原料配给制。榨油业"所需原料，按月实行发

---

① 《晋冀鲁豫边区积极改良生产技术颁布奖励办法》，武衡主编《抗日战争时期解放区科学技术发展史资料》第2辑，第41页。
② 《晋冀鲁豫抗日根据地财经史料选编（河南部分)》(1)，第129页。
③ 《晋冀鲁豫抗日根据地财经史料选编（河南部分)》(1)，第151~152页。

配，其产品以在内地营运为原则，不准运往敌区"，并要在物资统制局申领内地运销证。（3）在供给方面，在有合作社之地区，"应指定每月供给消费合作社及运销合作社之数量，产品价格，应以生产所需成本加百分之二的利润计算，不得以超额利润经营，违则停止其营业"。对于集镇的油盐店、杂货铺或保甲群众办的合作社，"应规定各榨坊供给之数量，每月按数量供给"。① 这种管制是战时经济体制下的一种民生工业的管理方式，在当时的条件下，只有通过这种办法，才能既不使食用油流出根据地资敌，又可保证根据地对食用油的需求。

（二）军事工业

河南各敌后抗日根据地一般地处两省或数省交界的偏远农业区或山区，交通闭塞，运输困难，工业基础极其薄弱。如豫皖苏边区"工业无基础，除有点手工业如织布、纺毛、织手巾、袜子等，家庭副业如畜牧、养鸡等，但这些并不发达，此外，别无其它工业"。② 位于中心区的永城等地区，工业几乎是一张白纸。其他各抗日根据地也大体如此。解决军需民用的工业品成为根据地建设的当务之急。

1939年9月，新四军游击支队（新四军第四军前身）刚到豫东时，为适应战争需要，就在永城县白庙建立了制造所和修械所，专门修理枪支和制造弹药，11月制造出第一枚手榴弹。1940年，将其扩建为军工厂，增加员工，能够制造子弹、步枪和刺刀。由于设备落后，用干模浇铸手榴弹壳，一次只能生产1个，后来改进工艺，一次能生产6个，爆破率提高到95%以上，炸片提高到20余片。③ 新四军将在战场上与日伪交战时所缴获的刨床、钻床、柴油发动机等交给兵工厂，提高了生产能力，炸弹厂每月可生产木柄手榴弹3000枚，同时兵工厂也由原来单一的手榴弹生产发展到能制造枪榴弹、迫击炮弹、平射炮弹、子弹、地雷、轻机枪、马刀、刺刀、大刀、水壶

---

① 《华中抗日根据地财经史料选编——鄂豫边区、新四军五师部分》，第454页。
② 谭友林：《豫皖苏边区的情况汇报》，《豫皖苏抗日根据地》（1），第29页。
③ 《豫皖苏边区革命史》，第125页。

等多种军用产品。① 为保证部队被服供应，1939 年春，新四军游击支队在当时的司令部所在地永城县书案店建立了被服厂，有缝纫机多部，勉强可以满足机关工作人员和部队指战员所需服装、被褥。另外，在睢杞太地区的龙曲镇外也设立有被服厂、枪械修理所等。②

据 1942 年初统计，冀鲁豫军区军火、纺织、皮革等工厂合计 17 个。③ 其中冀鲁豫边区布鞋厂于 1941 年从山东东平县迁移到河南省范县，工厂有 60 余人，分为 5 个班组：打格布 5 人，缝鞋帮 5 人，绱鞋 7 人，纳底 17 人，女工排 25 人（捻麻线、搓线等）。产品主要是黑土布圆口布鞋，日产单鞋 70 余双，有时也做少量棉鞋和皮底鞋。1944 年春夏之交，皮革厂从布鞋厂分出后，布鞋厂人员充实到近百人，日产布鞋 300 余双，每月可向部队提供 1 万双布鞋。皮革厂分出后厂址设在范县榆林头村，有 30 余人，分刮皮、泡皮、鞣制、上光、裁划、缝制等生产工序。1945 年又搬迁到该县高菜园村，工人增加到 50 余人，皮源充足，生产能力和生产规模都有了提高，主要产品有皮腰带、枪背带、手枪套、机枪衣、公文包以及车马炮装具等。④ 1942～1945 年，冀鲁豫军区八分区兵工厂设在范县陈庄乡杨庄村，总厂下设 5 个所，其中一所是修械所，制造枪炮子弹；二所是炸弹所，专造地雷、手榴弹；三所是再造所，负责维修武器，用废弹壳再造子弹。⑤ 1944 年冬，冀鲁豫军区兵工一厂在清丰县单拐陈家祠堂建立，全厂 220 余人，设备有车床 15 台，冲床 1 台，插车、龙门刨各 1 台，牛头刨 2 台，卧铣 1 台，立铣 2 台，立式锅炉 1 台，15 马力柴油机 1 部，主要业务是修理各种轻重机枪和缴获的各种炮如迫击炮、九二式、一三式、四一二式、美式无坐力炮、榴弹炮等，还试制成功了冀鲁豫兵工史上的第一门九二式步兵炮。⑥

到 1945 年抗战胜利时，晋冀鲁豫全边区较大的兵工厂有 14 个，职工总

---

① 《豫皖苏抗日根据地》（2），第 224～226 页；《豫皖苏抗日根据地》（1），第 29 页。
② 《豫皖苏边区革命史》，第 125 页。
③ 冷水：《介绍晋冀鲁豫边区》，《解放日报》1942 年 3 月 23 日。
④ 《财经工作资料选编》（上），第 529～530 页。
⑤ 杨修齐：《一个老解放区的兵工厂》，《濮阳文史资料》第 2 辑，1986，第 64 页。
⑥ 《单拐兵工厂》，《清丰文史资料》第 1 辑，1987，第 39 页。

第十七章 抗日根据地的经济（下）

数达4900多人。其中将近一半的工厂分布在豫北地区。① 太行区有各种小型军工厂不下10个，② 可以制造枪弹、火药、地雷、手榴弹等。抗战时期"太行的军工产品是华北各根据地最多的。大批修造的武器、弹药，除补充本区使用外，还源源不断地运往外区"。③

豫西根据地尽管开辟时间晚，但也在很多县创办了小型军事工厂。如1944年9月豫西抗日先遣支队（后改为第一支队）开进豫西后，根据军队需要，在群众支持下，曾在巩县创办制鞋厂、被服厂、手榴弹厂、修械所、电池工厂等。④ 1945年4月，在抗日军第二支队的领导下，新安县黑扒村附近建立了一个小兵工厂，有工人近百人。到抗战胜利时仅几个月时间，就生产出长枪、短枪150多支，修理枪支数百支。在该县袁山附近的丁庄村还建有军用缝纫厂，主要加工军装、饭包、子弹袋等。⑤ 这些军工厂直接服务于军队的需要，为军队战胜物资困难做出了积极贡献。

（三）民用工业

为了实现自给，各敌后根据地大力扶植和发展民用工业。在晋冀鲁豫根据地，1941年8月，太行、太岳根据地的工业计划是："（一）制造代用品从基本上达到自力更生。1.纸全区军政民需要的三分之二。2.榨油供给军政点灯用的二分之一。3.熬盐。4.肥皂的自给自足。5.毛笔自给自足，墨自给自足。6.火镰二十万个。7.植物油灯一万盏。8.开展纺毛运动纺车二千架。（二）改良技术制造工具。改良技术目前主要是改良现有的工具，使现有的生产方法，更进一步的克服劳动力缺乏之困难，发展生产。1.纺纱机研制成功，做到能纺洋纱。2.抓毛机研制成功。3.造纸技术改进作到两面光。（三）健全公营工厂。1.要求普遍提高生产量百分之二十。2.公营工厂每个至少发展到六十个生产小组。3.严格执行各种制度。4.减低成本

---

① 陈恒文主编《晋冀鲁豫边区（河南部分）工人运动简史》，第53页。
② 齐武编著《一个革命根据地的成长》，第191页。
③ 田西如：《太行抗日根据地研究综述》，《党史通讯》1987年第7期。
④ 卢曙天：《难忘的巩县》，《河南（豫西）抗日根据地》，第317~320页。
⑤ 李之放：《新安人民在抗战的日子里》，《河南（豫西）抗日根据地》，第375页。

一般上要求百分之十。"① 这些计划的执行，推动了根据地工业的发展。

抗战时期太行根据地在日用品生产方面，发展了榨油、造纸、肥皂、制烟、文具、纺织、火柴等工业，几乎每个县都有小型工厂，据1940年不完全统计，全区有军事工厂100个，纺织工厂55个，毛织厂8个，煤炭工厂145个，被服工厂12个，文具制造厂11个，其他工厂15个。② 到1941年太行区建立工厂200余个，涉及棉花、毛纺、服装、印刷、铁器等各个类别。③ 到1942年，太行区生产的手巾、纸烟、肥皂、俄国式毛毯等产品，"不仅可以自足，并已开始输出"。④ 到1945年初，油、纸张、肥皂、烟、茶及一些文具，均可自给，并有一部出口。除食盐以外，其他如棉花、布匹、颜料、火柴，大部均能自织自造，或寻得代替品了。尤其是民间纺织业和造纸业有了很大的发展。据1943年冬到1944年春统计，太行根据地约有20万纺妇，"纺花织布有一百三十万斤"，"布和手巾、袜子都可自织"，一些地方还推行了新式织布机。⑤ 林北县民间纺织业有了较好的发展，魏家河一带毛纺织技术最高，"专门纺各色毛头绳出口，销路很好"。⑥ 1944年春季，该县原计划第一、二、三、五、七5个区组织8300个纺妇，织布83000斤，纺线2700斤，纺毛线10000斤。到4月底已经超额完成任务，全县共组织了1952个纺织小组，4025户，8561人，纺织线、布、毛线共60594斤，得工资204282斤米。"如三个人一天按半斤米计算，从正月到麦收可养活一万个人。"纺织重点在老区（一、二、七区），纺织妇女5487人，得工资1000多石米。⑦ 1944年太行区临城、赞皇、林北等7个县纺妇人数有29548人，共纺花195216斤，织布304216斤，赚玉茭30800斤，小米41386斤。当年该区生产展览会展览了全区（包括豫北）各地送来的芝麻呢、竹子呢、人字布等94种花布。⑧ 民间

---

① 《晋冀鲁豫抗日根据地财经史料选编（河南部分）》（1），第445~446页。
② 冷水：《介绍晋冀鲁豫边区》，《解放日报》1942年3月23日。
③ 《太行革命根据地史料丛书之六：财政经济建设》，第46页。
④ 《太行区工厂日用品产量大增》，《解放日报》1942年9月16日。
⑤ 《太行抗日根据地》（2），第8~9页。
⑥ 《革命根据地经济史料选编》（中），第248页。
⑦ 《晋冀鲁豫抗日根据地财经史料选编（河南部分）》（3），第91页。
⑧ 《太行去年生产成绩伟大——记该区生产展览会》，《解放日报》1945年1月2日。

第十七章 抗日根据地的经济（下）

纺织业的发展，不仅解决了经济上的困难，而且解决了一些社会问题，如当年4月以后，林北县离婚案、小偷等"没有了"。①

造纸也是太行根据地豫北地区的重要工业之一。据1944年底统计，太行区全区有599个造纸池，② 产纸除自用外，还有大量出口。林县、汤阴、安阳是该区造纸中心。1942年建立了林汤纸厂，有职工22人，池子3个，资本30万元，年产仿油光纸600块。③ 除了公营纸厂外，造纸还是当地农家的主要副业，据1945年调查，有相当数量的农家从事造纸业，合漳区10个村，共836户，其中造纸467户，占55.9%；林县淇东区6个村，840户，其中造纸325户，占38.7%；安阳区7个村，770户，其中造纸250户，占32.5%。其中据1945年1月对合漳区10个村庄调查，全部人口为3006人，从事造纸业的有1166人，占38.8%。在经营方式上，造纸户以合作社经营为主，如据1939年对淇东4个村227家造纸户的调查，合伙经营168家，占74%；雇工经营31户，占13.7%；半雇工经营16户，占7%；独资经营12户，占5.3%。1942年林漳区将军墓造纸公司分厂以30000元资金投资，扶植群众办起了合作社，并收买群众过去久存无法销售的小绵纸，予以推销。据1944年12月调查，林汤区8个村子有87个造纸池，其中合伙经营的51个，占58.6%；独资经营的14个，占16.1%；其他12个，占13.8%，另有10个停工。据1945年5月对林汤区调查，全年产纸4765甲（当地计算纸的单位），可换小米3426.1石。④ 1945年5月11日，太行区造纸手工业代表会议在涉县（今属河北）弹音召开。会议总结了抗战以来造纸业的发展状况，提出了1945年造纸工业计划，决定在一年内做到纸自给，并贷款550万元培植群众造纸作坊，⑤ 进一步推进了造纸业的发展。可见，抗战时期根据地形成了具有地域特色的产业经济。

除纺织业和造纸业外，其他工业也有了一定的规模，据1945年初统计，

---

① 《晋冀鲁豫抗日根据地财经史料选编（河南部分）》（3），第91~92页。
② 《太行区大发展》，《解放日报》1944年12月21日，第1版。
③ 《晋冀鲁豫抗日根据地财经史料选编（河南部分）》（3），第710页。
④ 《晋冀鲁豫抗日根据地财经史料选编（河南部分）》（3），第705~709页。
⑤ 陈恒文主编《晋冀鲁豫边区（河南部分）工人运动简史》，第59页。

油坊，林北有 40 个，安阳有 23 个；煤窑，林北、安阳各有 4 个。另外，林北的染坊、纺毛线，安阳的赶毡子、织袜子等都是太行根据地主要的手工业。① 1944 年 8 月，博爱收复后，抗日政府"用最大力量作了安抚救济、贷款等工作"，使该县小岭村磺矿 9 月就开始恢复生产，"由四孔窑增加到十孔，每孔窑三张炉，共三十张炉，每日出磺三百斤。参加工作有二百零八个工人，一百六十二个全工，四十六个半工，假如连上寨上二孔，寺后二孔，爬沟二孔，黄岭四孔，共合二十孔窑，每日可出六七百斤磺"。磺矿的开采，不仅成为根据地工业的主要组成部分，而且成为当地群众农业生产之外的一项主要收入来源，"在灾荒年群众生活多依靠它来维持，常年时也解决群众半年食用的开支，如棉布、食盐、麻等"。②

其他各根据地的民用工业也有恢复和发展。如豫皖苏根据地为达到战时军需民用的自给，创办了一些军工工厂和小型民用工厂，其中被服厂生产的被服可以满足根据地机关和部队的需要；肥皂厂每月产量达 10000 余条；另外，还办有毛巾厂、织袜厂等。③ 在鄂豫边区，各县均注意提倡手工纺织业，一些地方还采用了新式织布机和新式纺纱机，另外，信阳的造纸业也得到了改良。④ 在太岳区，到 1940 年下半年，建立起小工厂 550 个，其中公营工业主要是煤矿、铁厂、纺织厂、造纸厂。⑤ 到 1945 年上半年，太岳区造纸每月能出 3000 捆，已做到自给自足。其他如毛巾、袜子、皮革、肥皂，也做到了自给。⑥ 在冀鲁豫边区的濮阳、范县，1943 年组织有纺织、硝盐、草帽辫、榨油、制碱等各种生产合作社 130 个，贷款百万元，社员 15000 人。⑦ 濮阳办有纺织厂、造纸厂、肥皂厂、石印厂、铁木机器厂等。纸厂每月产纸 100 刀，纺织厂每月产布 1200 尺、毛巾 400 打，肥皂厂每月产肥皂

---

① 《晋冀鲁豫抗日根据地财经史料选编（河南部分）》（3），第 132～133 页。
② 孙武：《沁博小岭磺窑的复活》，《晋冀鲁豫抗日根据地财经史料选编（河南部分）》（3），第 684～687 页。
③ 李占才：《豫皖苏边抗日民主根据地的经济财政建设》，《铁道师院学报》（社会科学版）1995 年第 3 期。
④ 《华中抗日根据地财经史料选编——鄂豫边区、新四军五师部分》，第 126 页。
⑤ 中共山西省委党史研究室编《太岳革命根据地简史》，人民出版社，1993，第 97 页。
⑥ 《太岳农工副业发展》，《解放日报》1945 年 7 月 16 日，第 2 版。
⑦ 陈恒文主编《晋冀鲁豫边区（河南部分）工人运动简史》，第 58 页。

19000条，石印厂每月生产3200版，全年得利225万元。① 清丰县某区陈庄，兼营帽头、板铺、作柱、草帽辫等手工业产品，销往济南、天津等地；② 长垣县某村，有手工业者7户，其中木匠3户，泥水匠、铁匠各2家。③ 总之，根据地的工业建设，一方面支持了八路军、新四军的敌后抗战；另一方面满足了根据地民众生活的需要，并增加了民众的经济收入。

二　商业与贸易

（一）商业政策

抗战时期，除了军事战争外，日伪与根据地也进行着商业贸易上无硝烟的战争。"敌人在贸易上，向我输出，采取二种办法：我所不急需之消耗品之类如香烟、洋布、化妆品等等，大量向我区运输；对我急切需要之东西，采取封锁政策。向我输入，是吸收我日常必需之物，如米、粮是也。"④ 针对这种情形，根据地采取的商业贸易政策总的来说就是"对敌实行统制贸易，根据地实行自由贸易"。⑤ 对外贸易统制，即控制日用必需品的输出和消耗品的输入。具体要做到："第一，我根据地内之出口品，必须有计划的收集，向外输出，换回抗日根据地之必需品，商人运货出口，亦须换回根据地之必需品。第二，破坏敌人操纵农业品，原料出口由我统制，使敌经济势力无法侵入。"对内贸易自由是指"根据地内准许自由贸易，但不能贩卖毒品及其他违禁物品"。⑥ 对于如何执行对外贸易统制、对内贸易自由的政策，

---

① 陈恒文主编《晋冀鲁豫边区（河南部分）工人运动简史》，第59页。
② 《中共冀鲁豫边区党史资料选编》第2辑《文献部分》（中），第146页。
③ 《中共冀鲁豫边区党史资料选编》第2辑《文献部分》（中），第149页。
④ 夏忠武：《法币低落与边区经济建设》，《华中抗日根据地财经史料选编——鄂豫边区、新四军五师部分》，第294页。
⑤ 《晋冀鲁豫抗日根据地财经史料选编（河南部分）》（1），第117页。
⑥ 彭德怀：《财政经济政策》（1940年9月25日），《晋冀鲁豫抗日根据地财经史料选编（河南部分）》（1），第13~14页。

1941年9月颁布的《晋冀鲁豫边区政府施政纲领》中指出："（一）在晋冀鲁豫边区内只收一次出入口税。（二）发展交通运输，发展对外贸易，活跃根据地内市场，加强各根据地内物质资源与必需品的流通。（三）抵制仇货，但除政府规定之违禁品外，一律不得没收。（四）公营贸易机关，应以调剂市场，平衡物价，安定金融，改善民生为原则，不得操纵垄断。（五）商人得自由加入联合会，并允其自由退出。"① 豫鄂边区规定："一切贸易通过贸易局，由贸易局整个处理。"② 实行对外贸易统制和对内贸易自由的政策，使根据地通过贸易统制的方式与日伪进行经济战，打击了日伪对根据地的经济封锁；同时，对内贸易自由保护和促进了根据地商业的发展。

为了发展根据地的工商业，根据地鼓励私人投资工商业，并采取保护政策。如豫皖苏边区党委1941年1月在《关于强化边区各县政权问题的指示》中指出："对于在边区之商行、行商，除了政府所设之税收机关按法征收营业税与出入口税外。过去反共政下的一切烦杂苛难手续一概废除，并一律加以保护（贩运违禁品及借作商业之掩护专门来边区进行阴谋间谍之活动者当然除外）。"③ 晋冀豫边区规定："（一）一切抗日人民不问其属于任何党派任何阶层，均有其土地与财产之所有权，任何个人、团体或机关，不得加以干涉与侵犯。（二）一切人民均有营业与营利之自由（除政府规定的违禁品外），任何个人、团体或机关，不得操纵、限制与没收。（三）欢迎海外人士向根据地投资，发展生产事业，并保障其安全。"④ 冀太联办贸易总局也明确规定："凡抗日人民不分阶级，不分党派，不分信仰，不分居处均可向各级贸易局入股。"⑤

根据地政府还颁布了各种法规、条例，以规范根据地工商业的发展。如1943年8月20日，冀鲁豫颁布《冀鲁豫区工商业登记暂行办法》，规定为了促进根据地工商业的正常发展，实行登记制度，"凡本区之工厂作坊、店

---

① 《晋冀鲁豫抗日根据地财经史料选编（河南部分）》（1），第117页。
② 《华中抗日根据地财经史料选编——鄂豫边区、新四军五师部分》，第294~295页。
③ 《淮北抗日根据地史料选辑》第2辑第1册，第15页。
④ 《中共中央北方局对晋冀豫边区目前建设的主张》（1941年4月5日），《晋冀鲁豫抗日根据地财经史料选编（河南部分）》（1），第19、21页。
⑤ 《太行革命根据地史料丛书之六：财政经济建设》，第857页。

铺、行商及经营京广杂货土产等之摊贩",必须先依法登记,然后才能开张营业。办法是:"凡请求登记之商人,须向县工商管理局(简称县局)或委托之机关请求发给商人登记申请书、调查表、保证书等,由该商人按照规定确实填写,并须觅县委实保人或铺保在保证书上加盖印章,呈缴各该县局审核请求登记。"县局接到商人申请书、保证书和调查表后,"须迅速审核对保,如无不合者应即准予发给营业许可证,俾凭证营业"。并规定停止营业或营业许可证丢失后补报等事项。[①] 工商业登记制度的建立,一方面保护了商人的合法权益,另一方面有利于根据地工商业的管理和发展。

进出口贸易是与敌伪进行经济斗争的主要内容,一方面要输出根据地剩余的土产,另一方面要进口根据地的必需品,因此各地都制定了进出口贸易管理的政策法规。如1941年6月,《冀太区贸易暂行条例》规定,凡本区内地贸易运销一律自由并予免税,"但如通过敌人封锁线时,须取得起运货物地点区级以上抗日政府之证明,违者即以出入口贸易处理"。对于敌占区贸易,按照各种货物对根据地利害之轻重分为免税出口货物、许可输出入口货物、限制出入口货物、禁止出入口货物4种,鼓励非必需品出口和必需品入口;凡根据地需要的重要工业原料,禁止出口;凡非人民生活必需品有害于根据地经济者,均禁止入口。具体规定是:"凡非根据地所必需之大批土产,或消费有余之土产均免税奖励出口。凡军用品及人民重要必需品不能以土产代替者均免税奖励入口。""凡于根据地人民生活有利,于抗日经济无害或非供给敌人侵略战争之重要用品者,均课以较轻之税,许可出入口。""凡非根据地所必须之货物,输入过多有害者课以较重之税限制入口。凡为根据地所需之货物,输出过多有害者课以较重之税限制出口。""凡主要工业原料,为根据地所需,且为供给敌人侵略战争之重要用品者均禁止出口。凡非人民生活必需品有害于根据地经济者,均禁止入口。"[②]

在对外贸易中,根据地对一些重要物资采取专卖政策,如为了防止日伪对粮食的掠夺,抗日政权控制了粮食的买卖权,实行粮食专卖。"因为粮食

---

① 《财经工作资料选编》(下),第252~253页。
② 《晋冀鲁豫抗日根据地财经史料选编(河南部分)》(1),第77~78页。

是敌寇掠夺的主要对象，它在今天根据地内，是带有半货币性质的一种商品，粮食价格的升降，往往成为各种商品物价变动的主要因素之一，在货币巩固上，也起着巨大的杠杆作用。"同时，日伪的"粮食政策，一方面是严格限制群众必要的消费，以欺骗强迫方法收归公仓；另一方面是定出官价，用极低廉的价格收买粮食，残酷的剥削农民，以造成敌寇掠夺的有利条件"。为此，边区政府在根据地设立粮食专卖行，其特权是："（一）凡经设立粮食专卖行之地区，其粮食交易，均须经过专卖行，始能进行交易。（二）受政府委托办理粮食购运证，及代发登记核付事项。（三）凡沿平汉线之粮食专卖行于有利时，得组织粮食之出口。"粮食专卖政策是在根据地内部"实行自由交易"。为了平衡物价，实行专卖时，"卖者多，买者少，专卖行则以市价收买。买者多，卖者少，则由专卖行卖存粮以平衡市价"。通过专卖，控制粮食价格，"使粮价不致暴涨暴落"。[①] 1943年11月，为了掌握市场，帮助缉私，了解粮食变动情况，晋冀鲁豫根据地决定在主要集市设立粮食交易所，凡"粮食之交易，均须经交易所进行之"，只有"非大的集市，或人民无通过经纪人成交之习惯者，可暂不组织"。在有公营商店的集市，交易所由公营商店组织办理，无公营商店的集市由工商局委托合作社或另行组织机构。[②] 粮食交易所的设立，有利于边区政府控制粮食价格和粮食贸易。鄂豫边区将谷米、大麦、小麦、高粱、黄豆、芝麻、菜籽等粮食作物列为统制物资，实行管制出口。[③] 这些措施，有利于边区政府控制粮食价格和粮食贸易。

除粮食外，晋冀鲁豫边区还把核桃仁、花椒、羊绒、羊皮、麻、麻子、柿饼、黄花菜、药材、枣仁、杏仁、栗子、瓜子、草帽、草帽辫、木材、席子等列为特种出口货物，对它们也实行统制，规定"凡向敌占区运输特种出口货时，须开具出口货清单及等价之入口货清单，申请工商管理局（县为贸易局）核准许可后，发给出境兑货证始得凭证输出"。"凡凭证输出之货物，必须于出境兑货证规定期限内，购回原批准之货物。"如果未兑回规定的入口货物，"须按原定期限将售货之敌伪票据，经原批准出口机关审查

---

① 《晋冀鲁豫抗日根据地财经史料选编（河南部分）》（1），第481~482页。
② 《晋冀鲁豫抗日根据地财经史料选编（河南部分）》（1），第590页。
③ 《华中抗日根据地财经史料选编——鄂豫边区、新四军五师部分》，第450页。

第十七章　抗日根据地的经济（下）

并具外汇保证书，向银行登记按汇价兑取冀钞，并撤回其处境兑货保证书"。① 边区对特产实行统制，目的就是要换回根据地的必需品。1942~1943年，华北发生了特大灾荒，为渡过灾荒保存食料，1943年8月，晋冀鲁豫边区政府发出了《关于限制副食品出口的通知》，规定各种猪羊及猪羊肉类，山药蛋、豆腐、粉条、干粉、瓜条、干豆角、榆皮、地榆皮、糠、炒面、各种植物油饼、大麻子、芝麻籽、麻籽、木料籽等"一律禁止出口"。核桃仁、柿子、红枣、黑枣、栗子等，"凡可充作军民食用者，在原则上应采取节制出口"。并要求"以上各种禁止出口货，由工商局迅速转令各级工商局，于令到边境之日起实行，其已经办理手续者撤销其手续，立即停止出口，公营商店亦同，今后并不再予保留以上各物品之专卖出口权"。② 为渡过饥荒，还取消了对外贸易的专卖政策，禁止原来规定的专卖物品出口。在鄂豫边区，各种油料如清油、皮油、梓油、桐油、生漆以及棉花、板炭、烟叶、土布、土纱、捆麻、牛皮、杂皮、蓖麻籽、五倍子等由物资统制局掌管，商人运输出口时，必须经请示物资统制局，领到出口特许证后方能出口。③

另外，纸烟专卖也是各个抗日根据地一项重要的工商业政策。纸烟是一种消耗品，消费人群和数量比较多，对根据地财政经济影响颇大。1942年1月30日，晋冀鲁豫边区政府颁发命令："决定本区纸烟实行专卖，由工商管理局办理，所有私人经营之纸烟工厂作坊，限于二月二十日前一律停工，原料工具、制成品及半制成品，可由工商管理局收买，自二月二十日起，如有继续制造纸烟者一经查获，一律没收，并依法治罪。"④ 林北县任村镇是边区纸烟生产和买卖的主要市场，因此，关于纸烟专卖施行办法，特规定"任村、索堡、河南店等三地，经工商管理局之检查后，指定私人纸烟厂数家特许其继续制造纸烟，但其成品，须由工商局定价全部收买，不得自行销售，除特许者外，其他各纸烟作坊工厂一律限于本月二十日停工"。⑤ 纸烟

---

① 《晋冀鲁豫抗日根据地财经史料选编（河南部分）》（1），第141~142页。
② 《晋冀鲁豫抗日根据地财经史料选编（河南部分）》（1），第327页。
③ 《华中抗日根据地财经史料选编——鄂豫边区、新四军五师部分》，第450~451页。
④ 《晋冀鲁豫抗日根据地财经史料选编（河南部分）》（1），第471页。
⑤ 《晋冀鲁豫抗日根据地财经史料选编（河南部分）》（1），第472页。

专卖政策的实施对增加财政收入起到良好的作用。

为了团结商人与日伪进行经济斗争，协助政府进行物资统制，在实行物资进出口管制的同时，根据地还组织商人团体——商会及同业公会。1943年，豫鄂边区颁布了《组织商会同业公会暂行办法》，规定商会同业公会以地区各种行业为单位进行组织，"（一）同业公会同一性质之行业，只许成立一个公会，采委员会制，选举委员五人至七人组成之……（二）商会以集镇为单位，分团体会员与个人会员，由同业公会联合组织之"。作为商人与商业组织，商会与同业公会的职责是："（一）指导同业员出口物资交换。（二）登记及清查同业员之业务并代其办理出口特许证。（三）需要物品之调剂。（四）经常登记出货进货，取缔高抬物价，及物资逃避，取缔同业员违法事项，经常平定物价。（五）管理外汇，兑换通货，代替建设银行，进行兑换法币及敌伪钞事宜。（六）担保同业员向银行借款事项。"[1] 商会与同业公会的成立，把商人团结和组织起来，为实现根据地物资统制奠定了基础。

总之，各根据地不仅制定了保护工商业的政策，而且制定了相关法规，规范工商业的发展，这对推动根据地工商业的发展是有积极意义的。

（二）公私商业

各抗日根据地均建立有专门管理商业贸易的机构。1939年，太行根据地建立后，开始筹建太行贸易总局，次年3月，又在各个专署建立贸易分局，在各县主要集镇设立公营商店和货栈。[2] 1940年10月，冀鲁豫行署成立统制贸易局，次年10月改为晋冀鲁豫工商管理总局冀鲁豫工商办事处。1943年春，又改名为冀鲁豫边区工商管理局，下设6个分局，各县设立支局，[3] 各分局、支局都设有公营商店。

公营商店是各根据地工商局直接领导下的商业企业，它既是根据地经营商业的主导性力量，又具有领导和管理商业发展的职责。它的主要任务是：

---

[1] 《华中抗日根据地财经史料选编——鄂豫边区、新四军五师部分》，第456页。
[2] 刘世永、解学东主编《河南近代经济》，第397页。
[3] 《财经工作资料选编》（下），第218页。

组织内地物资交流，调剂供求，稳定物价，保证军民生活资料的供应；保证根据地发行的货币的信用，开展对敌经济斗争；组织土特产品的输出，并从敌占区采购根据地军需民用的必需品；扶植群众生产，进行生产救灾。① 在经营方式上，公营商店采取"分散建设，集中领导"的方针，即"资金是分散的，干部也是分散的，货物更是分散的，一切设施都是分散的"。公营商店不仅经营商业，而且有领导其他商业的职能和任务，"不论各处的代卖代销者也好，公私和合营也好，内地的也好，分布在外线的也好，领导上必须统一于公营商店"，公营商店"机关的基本干部，平时可以根据工作需要活动于适中区域及经营工作薄弱区，战时即可分散行动于各公私合营企业中或外线"。②

到抗战胜利前后，冀鲁豫边区组建的公营商店有20个，其中位于今河南省辖区的有7个，见表17-1。

表17-1 冀鲁豫抗日根据地（河南部分）公营商店统计

商店名称	成立时间	所在地址	经理	副经理	监察委员*
德兴隆商店	1942年夏	高陵县井店镇	马一之	李忠、左纬之	
德润恒商店	1942年冬	范县	崔润南	郭济川	郭月斋
德兴长商店	1943年春	顿邱县顺河	张复南		翟肇基
德丰商店	1943年春	滑县八里营	冯汇川		张欣如
吉盛祥商店	1943年夏	濮县杨集	吴裕华	宋维吾	方皋
同丰辫庄	1945年冬	清丰县仙庄	武光华	郝廷	赵殿臣
德丰玉商店	1945年冬	滑县道口镇	范仰民	马一之	

注：*监察委员负责"商店对党和政府的方针政策贯彻执行情况的监督检查和本店职工的政治思想工作"。见宋克仁《冀鲁豫边区公营商店概况》，《冀鲁豫边区工商工作史料选编》，第406页。

资料来源：宋克仁《冀鲁豫边区公营商店概况》，《冀鲁豫边区工商工作史料选编》，第397~398页。

---

① 《综述》，《冀鲁豫边区工商工作史料选编》编委会编《冀鲁豫边区工商工作史料选编》，内部发行，1995，第12页。
② 《财经工作资料选编》（下），第240页。

除了上述主要商店外，根据地还设有若干中小商店，如 1944 年在滑县瓦岗集成立的德泰商店和濮阳县城成立的德昌商店。

以上这些商店中，德兴隆商店在冀鲁豫边区影响最大。该商店成立于 1942 年 8 月，隶属冀鲁豫行署第四工商分局。由马一之任经理，1945 年马一之调走后，由冯汇川接任经理。在经理室下，先设有会计、营业、保管、总务 4 股，1943 年夏末又增设了专门负责对敌占区工作的交际股。1944 年后，商店还专门成立了"卫河航运队"，有船十多只。① 随着形势的发展和需要，德兴隆商店下设有若干粮所、商店等，如 1942 年冬，为了稳定粮食市场，防止私商哄抬粮价，在井店东街成立了济众粮店；1943 年春，又在井店东街路北成立了利丰粮店。为了扶植农民生产救灾，1943 年春，商店先后在路州、梁庄等地成立了"沙区救灾调剂所"。同时，为扼住卫河渡口，加强对河西敌占区贸易往来，商店在卫河边的后苇草坡设立了德益恒商店；1944 年东庄解放，又在东庄集设立了德兴隆分店，以开展对卫河以西楚旺、豆公等敌占区集镇的贸易活动。1942～1943 年，德兴隆商店还先后在井店、梁庄、顺河、亳城等集镇建立了许多棉布换购点，以方便群众换购。

德兴隆商店成立的时间，正是根据地遭受日军"扫荡"和连年旱灾的困难时期，救灾渡荒成了德兴隆商店的首要任务。为解决粮食问题，商店做了大量艰巨、复杂和危险的工作。当时救灾粮食的来源，一部分是冀鲁豫行署由濮县、范县、观城等地筹集，调拨给商店的，约 200 万斤；另一部分是德兴隆商店采购来的，其中有的是在根据地内采购，有的是利用各种关系，从卫河西敌占区的五陵、任固、汤阴、安阳等地套购或用土布、硝、盐从太行根据地换购的，这一部分也有 200 多万斤。把从外地调剂和采购到的粮食运到沙区是一项异常艰巨的任务，不仅路途遥远，还要冲破敌人设置的层层封锁线；此外，当时缺乏便利的交通工具。为此，商店组织了几百名农村青壮年劳力，成立了红车（木制独轮车）运输队，由商店工作人员负责指挥，

---

① 温民法、柴廷岭：《"德兴隆"商店综述》，中共内黄县委党史资料征编委员会办公室编《抗战时期内黄沙区的经济斗争》，1986，第 2 页。

第十七章 抗日根据地的经济（下）

利用各种关系，费尽艰辛通过敌占区，运回井店。另外，商店还从卫河以西安阳、临漳一带产棉区购进棉花。然后把调剂和采购的粮食、棉花用以工代赈的方式组织群众生产自救，帮助沙区群众战胜灾荒。商店通过各村政权，有组织地把棉花贷给沙区妇女。妇女把领到的棉花进行纺线加工，织成土布，再卖给商店。商店收购土布时，按数量发给粮食作为报酬。3 年时间，商店共采购棉花 200 多万斤，收购土布 50 多万匹，这些土布一半以上用于做军队服装，剩余的运往卫河西销售，再换回棉花等物资。此外，商店还利用沙区产硝盐的优势，资助受灾群众修建盐池、硝场，大量收购和推销硝盐、皮硝和土碱。几年中，共购销硝盐 20 多万斤，皮硝 10 多万斤，土碱 10 多万斤。[①]

除了采购大量粮食、棉花等物资帮助群众生产自救渡过灾荒，德兴隆商店还肩负着沟通与敌占区的经济联系，采用各种办法购进敌占区物资，保证根据地军需民用的供应，粉碎敌人经济封锁的任务。商店工作人员利用商人身份拉关系、拜朋友，相继同安阳、邯郸、临漳、菜园、任固、五陵等地的商号、货栈以及地方伪匪武装建立了联系，通过这些关系，商店购买了大批根据地军民所必需的物品，如枪支、弹药、药品、盘纸、油墨等。而且通过与敌占区建立的商业和统战关系，疏通了冀鲁豫与太行根据地的经济往来。各公营商店同位于太行区林北县的公营商店任村"德兴货栈"遥相呼应，互通有无，相互支援，在长达百余里的敌占区顺利穿行。

位于晋冀豫三省交界处的林北县任村是太行根据地的商业中心，是豫北和晋东南山货的集散市场，"抗战开始后，任村由于地理环境关系及平汉路观台支线车皮多，装卸货较方便，军工器材入口较易，商业突告繁荣"。[②] 1941 年，冀南银行在任村设办事处，公营商店除了德兴货栈外，还有一些盐店、粮店以及各部队、机关商号等。其中德兴货栈是任村这一商业中心的中心，与其他边区的公营商店一样在根据地商业贸易中发挥着重要作用。表 17 - 2 是 1942 ~ 1944 年德兴货栈粮食统计。

---

① 温民法、柴廷岭：《"德兴隆"商店综述》，《抗战时期内黄沙区的经济斗争》，第 5~6 页。
② 邹楷之：《任村集市调查报告》，《晋冀鲁豫抗日根据地财经史料选编（河南部分）》（3），第 598 页。

表17-2　1942~1944年德兴货栈粮食统计

单位：斤

	1942年(新秤)			1943年(16两秤)			1944年(16两秤)		
	调剂数	出口数	合计	调剂数	出口数	合计	调剂数	出口数	合计
小米	4144436	—	4144436	1446712	288644	1735356	581424	121500	702924
麦子	299718	—	299718	169001	9688	178689	75872	46116	121988
杂粮	662373	2187096	2849469	517130	123611	640741	1009	—	1009
总计	5106527	2187096	7293623	2132843	421943	2554786	658305	167616	825921
月平均	567280	312442	879722	266605	105486	372091	94044	23945	117989

原注：(1) 1942年，出口粮食安阳方面为1067123斤，是11、12月等四个月的材料；林北任村方面为1119973斤，是4、5、6月三个月的材料；调剂粮起自3月至12月止，中缺7月资料。(2) 1943年，粮食调剂所7月结束，该月调剂小米10011斤，8、9、10、11月四个月无调剂，12月接收交易所，调剂杂粮3430斤（黑豆）；出口粮数系1、2、3、4月等四个月的，以后无出口。(3) 1944年，调剂粮系1~7月的数字，麦子为5、6、7月三个月数字，小米调剂数内有纺织调剂数280912斤；粮食调剂系政府拨交各村政权调剂的，不是交易所调剂，交易所1~4月共成交175710斤；麦子出口数字系1、2、7月三个月的数字，其他月未出口。
资料来源：《晋冀鲁豫抗日根据地财经史料选编（河南部分）》(3)，第760~761页。

从表17-2来看，据不完全统计，根据地通过任村德兴货栈1942年调剂和出口粮食729.4万斤，1943年为255.5万斤，1944年为82.6万斤。这说明公营商店在根据地粮食交易中起到了重要作用。同时，在根据地的进出口贸易中，公营商店也充当着重要角色，我们从1943年3月任村德兴货栈的进出口货物可以看出根据地公营商店的进出口贸易状况（表17-3、表17-4）。

表17-3　1943年3月德兴货栈的出口货物统计

普通出口统计				特种货物出口统计			
品名	单位	数量	金额（元）	品名	单位	数量	金额（元）
肥皂	条	17455	43637.5	花椒	斤	113443	404835.3
黄丝	斤	2838	198660.0	党参	斤	57290	182765.1
毛毡	条	52	7800.0	黄油	斤	28726	110873.3
其他	—	—	50940.8	白麻	斤	15295	70357.0
				其他			36848.0
合计	—	—	301038.3	合计			805679.0

资料来源：《晋冀鲁豫抗日根据地财经史料选编（河南部分）》(3)，第247~248页。

表 17-4　1943 年 3 月德兴货栈的进口货物统计

普通入口统计				特种货物入口统计			
品名	单位	数量	金额（元）	品名	单位	数量	金额（元）
食盐	斤	239897	671711.6	盘纸	盘	100	40000.0
棉花	斤	105678	951102.0	拖纸胎	令	100	16000.0
土布	斤	211027	464259.4	钢丝	磅	40	24000.0
烟叶	斤	13580	40740.0	火酒精	磅	10	700.0
洋钱	捆	925	18500.0	油墨	筒	60	3000.0
其他	—	—	256596.0	其他	—	—	16175.0
合计	—	—	2402909.0	合计	—	—	99875.0

资料来源：《晋冀鲁豫抗日根据地财经史料选编（河南部分）》(3)，第 248~249 页。

表 17-3、17-4 不仅反映了公营商店在对外贸易中的作用，即出口边区的特产和进口边区需要的粮食等必需品，而且反映了边区进出口贸易的结构。根据地普通出口主要是手工业品，价值约 30.1 万元，特种出口主要是根据地特产，价值约 80.6 万元，合计约 110.7 万元，如以冀钞 2 元折合伪币 1 元计算，[①] 各种出口货物可换回外汇约 55.4 万元。从表 17-4 来看，普通入口主要为食盐、棉花、土布等日用品和奢侈品，价值约 240.3 万元；特种入口近 10 万元，共计约 250.3 万元。结合两表数字可见，1943 年 3 月，任村出口市场共计入超 139.6 万元。为什么出现入超？一是食盐、棉花、土布等日用品进口数量大，仅这三项就达 208.7 万元，约占普通入口的 86.8%；二是特种入口中消费品所占比例过高，如盘纸、拖纸胎就达 5.6 万元，占特种入口的 56%。

在当时的战争环境下，公营商店的工作条件是极其艰苦的，但商店紧紧依靠群众，顺利完成了经营任务。比如有些商店年经营粮食达几百万斤、棉花几十万斤、土布几千捆，这些商品都要分散保存于群众家中。"为了防止日寇扫荡抢掠，基本上埋藏于地下。挖一个坑只能存粮千斤左右，棉花几百斤。这么多粮、棉、布，须要挖多少深坑，而且多数挖在群众屋内。每逢雨季，还要翻出凉晒，防止霉变，这么大的工作量，是靠群

[①] 《晋冀鲁豫抗日根据地财经史料选编（河南部分）》(3)，第 248 页。

众对共产党的爱戴和抗日热情完成的。"① 另外，商品的运输基本上也是靠群众的小车队。可以看出，做好群众工作、密切联系群众是商店存在和开展工作的重要条件。

从上述公营商店可以看出，公营商店对活跃根据地的内外贸易、粉碎敌人的经济封锁、发展根据地的生产、繁荣经济、改善人民生活、支援抗日战争起着重要作用。

除了公营商业，根据地的私营商业也相当繁荣，在活跃市场、繁荣经济上有着不可替代的作用。表17-5是1942年4月关于林北县任村的商业调查统计。

表17-5 1941~1942年林北县任村商业分类调查统计

商号分类	1941年数量		1942年4月调查数		1941年登记资本		1942年4月估计资本	
	数量	比例(%)	数量	比例(%)	资本额(元)	比例(%)	资本额(元)	比例(%)
山货行	22	15.2	29	19.5	38369	31	2500000	73.7
粮行	13	9	2	1.3	25796	20.8	182000	5.4
杂货行	20	13.8	17	11.4	37385	30.2	67892	2.0
杂货铁铺	2	1.4	2	1.3	600	0.5	18000	0.5
药铺	5	3.4	6	4	3750	3	390000	11.5
杂货烟铺	3	2.1	5	3.4	2600	2.1	38000	1.1
烟厂	23	15.9	23	15.4	8750	7.1	110000	3.2
饭铺	27	18.6	37	24.8	3494	2.8	25600	0.8
染房	4	2.8	4	2.7	285	0.2	24000	0.7
醋铺	1	0.7	0	—	200	0.2	—	—
文具商店	1	0.7	0	—	500	0.4	—	—
修理钟表	1	0.7	0	—	50	0.04	—	—
弹花机	3	2.1	3	2	42	0.03	10000	0.3
石印馆	1	0.7	0	—	150	0.1	—	—

---

① 宋克仁：《冀鲁豫边区公营商店概况》，《冀鲁豫边区工商工作史料选编》，第408页。

续表

商号分类	1941 年数量		1942 年 4 月调查数		1941 年登记资本		1942 年 4 月估计资本	
	数量	比例（%）	数量	比例（%）	资本额（元）	比例（%）	资本额（元）	比例（%）
油坊	1	0.7	1	0.7	80	0.06	10000	0.3
铁匠	6	4.1	7	4.7	110	0.09	3500	0.1
煤厂	2	1.4	2	1.3	100	0.08	150	0.004
店房	10	6.9	11	7.4	1600	1.3	11000	0.3
共计	145	100	149	100	123861	100	3390142*	100

注：*原表为 4132142，疑有误。
资料来源：《晋冀鲁豫抗日根据地财经史料选编（河南部分）》（3），第 598~599 页。比例由笔者计算。

根据 1942 年 4 月对任村市场的调查，尽管公私店铺比 1941 年只增加了 4 家，但资本的增加量很大。1941 年 145 家店铺资本约为 12.4 万元，平均每家 854.2 元；1942 年 4 月，149 家店铺资本增加到 339 万元，是上年的约 27 倍，每家平均资本增加至 22753 元，是上年的约 27 倍。豫北及太行山区是根据地山货出产的集中地，因此山货行数量和资本都有较大的增加，1941 年占总商铺数的 15.2%，占总资本的 31%；1942 年占总商铺的 19.5%，资本的 73.7%。降幅最大的是粮食行，由 1941 年的 13 家减至 2 家，资本虽然增加了，但从原来占总资本的 20.8% 降至 5.4%。原因是根据地实行粮食专卖，"粮店大都改作山货、布匹、海盐"生意了。在调查中发现，私人商店资本共计 203.2 万元，[①] 占资本总额的 59.9%。可以得知，由于实行对外贸易统制，公营商店在对外贸易中虽处于主导地位，但私营商业在根据地的地位也是很重要的。

在一些新解放的城市，根据地政府积极组织商人恢复正常经营，在资金、技术、管理等各个方面为他们发展业务提供支持和便利。如濮阳是豫北比较大的工商业城市，是冀鲁豫根据地的主要贸易中心之一。日伪统治时期，工商业十分萧条。1944 年 11 月 1 日，八路军收复城关后，采取了一系

---

① 《晋冀鲁豫抗日根据地财经史料选编（河南部分）》（3），第 598 页。

列措施恢复工商业,"决定团结大商人,帮助不必要的洋货商号改行转业,扶植小商人,扶植小工业"。一些商人参加了抗日政府召开的商号大会后,消除了对中共商业政策的疑虑,各行业相继复业。如"天聚药栈,因为敌伪几次调换,吃了很大的亏。这次本来已经打算关门",参加了商号会议后,"不但继续营业,还决定扩大经营"。许多商号与天聚药栈一样,参加商号会议后,开始复业,"起初有六十八家关门的商号,十几天全开门恢复营业的就有二十几家,其余的也正筹备开门"。在日伪统治时期歇业的花行、布行,在商号会议后"仅仅廿余天的工夫,就添了十三家花行,一天要上四、五千斤棉花"。其他如粮行、油行、烟店等营业"也都兴盛起来"。除了城市坐商外,为了推进濮阳商业的进一步发展,工商局的工作人员"分头找关系人,找技术工人,找小贩。调查小贩的营业情形、生活状况,挨门到各户商号谈话,看他们有什么意见,有什么要求"。通过调查了解,政府对小商贩给予了极大的帮助,决定"由公家拿出一部分粮食,召集他们开了一天会,每人给他们二十升粗粮,以补偿他们因开会所受的损失,并准备拨一百万元救济他们,把他们组织起来,成立起合作社,供给他们低价的货物,使他们少受些剥削"。① 濮阳收复后在恢复工商业方面做了大量工作,为根据地收复城市的恢复和发展树立了典范。另外,随着抗战反攻的胜利进行,河南一些县城和商业市镇相继收复,如道口、牛屯、封丘在收复后,积极开展工商业工作,积累了城市工商业管理的经验。②

在抗日民主政权建立后,政府采取多种措施恢复和发展工商业,河南各个根据地的商业得到了很快的恢复和发展。但总的来看,因连年敌匪破坏与扰乱,战争与灾荒交相侵袭,旧的市场多数停顿,新的市场还在慢慢建立,所以根据地的商业仍多表现为肩挑贸易,大的商号和固定的商场非常缺乏,谈不上有什么大而稳定的商业市场。

(三)集市与庙会

传统集市和庙会是根据地农村主要交易市场,发挥了活跃经济、调剂余

---

① 安铁:《濮阳城关收复后的工商工作》,《解放日报》1945年1月10日。
② 卫明:《关于新解放城市工商工作的几点经验》,《冀鲁豫日报》1945年9月24日。

第十七章　抗日根据地的经济（下）

缺和支持抗战的重要作用。各根据地对集市贸易的管理都很重视。1941年6月，晋冀豫边区颁布《晋冀豫边区取缔牙行办法》规定"各种牙行斗行及非坐庄行店之经纪人"一律取消。另根据市场需要在集市地点设立交易员若干人，"执行牙行业务"，按交易额向卖者收取1%的手续费。[①] 冀鲁豫根据地也颁布了一系列与集市贸易相关的管理办法，如1942年8月颁布的《冀鲁豫区管理集市暂行办法》规定每集市设置管理员1人，受各县工商管理局及各区公所领导；各集市应按照市场需要，就牲口、粮食、棉花、布匹各项交易中择要设置；各项交易征收手续费标准为：（1）牲口（牛、驴、骡马、猪羊）按交易价额征收1‰；（2）粮食每市斗（合小米15斤）1斗征收1角；（3）棉花按交易价额征收5‰；（4）布匹每丈（市尺）征收1角，不足1丈不收；（5）柴草、材料按交易价征收1%。[②] 1943年，冀鲁豫区又颁布《冀鲁豫区集市交易所暂行办法》，规定各集市设立集市交易所，以加强集市管理，其职责是："一、管理集市交易员；二、检查各种交易证件；三、向公营商店报告行情；四、在公营商店委托下进行商品交易。"交易所设立粮食、牲畜、棉花、土布四行，每行设交易员若干人。集市交易费征收标准有所变化，粮食、棉花、土布按交易额征收5‰，牲口（包括牛、驴、骡、马）按交易额抽1%。征收的手续费20%归政府，10%归交易所，70%归各行人员分配。[③] 此后，根据地负责管理市场的基层机构就是交易所，也是工商局领导下的最基层组织，负有组织、管理市场，推动集市物资交换，保护集市安全，打击敌伪掠夺等责任。一般情况下，交易所设主任1人，总会计1人，粮食、棉花、土布、牲口等各行管理员若干。

抗战时期，太行根据地恢复了31个集市，新建38个集市。[④] 作为豫北较有影响的集散市场，林北县任村镇的庙会和集市都很有名，农历二月二日龙王庙会，会期半月，商品为林苗、荆货等；三月三日大会，会期数日，商

---

① 《晋冀鲁豫抗日根据地财经史料选编（河南部分）》（1），第80页。
② 《财经工作资料选编》（下），第228~229页。
③ 《财经工作资料选编》（下），第253~255页。
④ 山西省档案馆编《太行党史资料汇编》第7卷，山西人民出版社，1989，第190页。

— 713 —

品以农具、布匹、夏货为主；十月大会期间，京、津、彰德一带商贾均来贸易，约占全年交易总额的 1/4。① 任村镇旧历单日为集市，表 17-6 是对该集市商贩数量的调查。

表 17-6 任村镇逢集商贩家数调查（1942 年农历正月十七日至二月十一日）

	正月十七日	正月十九日	正月二十一日	正月二十三日	正月二十五日	正月二十七日	正月二十九日	二月一日	二月三日	二月五日	二月七日	二月九日	二月十一日
干柴	18	12	11	32	21	19	35	26	5	14	36	48	63
杆草	—	—	23	34	8	7	14	9	2	5	52	31	35
小摊	9	6	6	5	7	12	8	8	13	14	15	14	12
菜类	16	20	13	14	25	17	24	47	27	27	31	34	30
花布	4	6	9	5	14	16	33	32	33	27	39	53	43
杂货	2	4	5	5	6	5	4	5	2	4	6	5	6
麻绳	5	10	6	7	13	7	7	7	7	6	6	4	4
食盐	6	6	7	6	22	11	22	26	28	30	35	37	37
杂摊	13	8	11	7	12	9	17	12	12	15	21	17	28
总数	73	76	91	115	128	103	164	172	129	142	241	243	258

资料来源：邹楷之《任村集市调查报告》（1942 年 4 月 16 日），《晋冀鲁豫抗日根据地财经史料选编（河南部分）》（3），第 607 页。

按照中国北方习俗，正月十五过后年节就算结束了，各种社会经济活动都开始复苏，集市也一样。从表 17-6 的调查来看，从农历正月十七日开始到二月十一日，任村镇集市商贩逐渐增多，从 73 家增加到 258 家，增长指数（以正月十七日为 100）为 353.4。活跃在集市上的坐商主要有：（1）粮食、山货商人及其他出口业商人。这类是比较正规的商行，"资本多万元上下，少数资本在四、五万元以上，多由三至七人合资而成"，主要从事山货、药材、植物油的出口贸易。（2）杂货及入口业商人。这类商人资本在 20 万元上下，主要经营京广杂货，除贩卖布匹、碱面、火柴、文具、仇货、估衣及奢侈品外，主要经营电池、军工器材、医药、磅纸等入口业务。（3）药商。

---

① 《晋冀鲁豫抗日根据地财经史料选编（河南部分）》（3），第 597 页。

第十七章 抗日根据地的经济（下）

任村药铺6家，资本在40万元以上的有4家，专运党参、大黄等药材出口，并做山货投机。（4）其余商人。如纸烟厂20余家，工人约50人，资本约11万元；油坊1家，资本万元；饭馆30家，染坊4家，店房11家，均为小本经营。除了坐商外，还有大量小商贩和肩贩。肩贩主要经营"粮食与山货之零星走私，运盐及必需品入口。此类小肩贩以林县人居多，本地人次之，临敌区人更次之。总数旺月每集不下三百余人（每集两日）。他们的资本多在数百元至千元，敌区小贩资本有至万元者。另一种小贩为由任村担颜料、布匹、食盐等，至北平一代〔带〕出售，换回山货"。任村镇集市"十一月至腊月数小摊贩最多，八、九、十月次之，农忙时则甚为萧条……在去年（指1941年——引者注）年底，此种小摊贩约二百五十家，每日交易额，旺月每集约二万元上下，其中盐摊多。林县之小摊贩，柴草、菜蔬来四乡，其余多本村及周围村庄人"。①1942年下半年，每逢集市该镇"日间市上人马拥挤，主顾应接不闲，晚上灯火辉煌，数十家买卖交易直达半夜。该市物价平稳，各商号货物充实。每日全镇贸易总额，常在六七万元以上"。②可见任村镇集市之繁荣景象。

冀鲁豫根据地"通过集市调剂物资，掌握物价，支持本币。供给群众生产必须的粮食、棉花，收买成品"，③推动了集市的繁荣。如1941年对长垣县周村的调查，该村有一集市，每逢农历单日为集期。由于集期密集，该村除农民、手工业者外，平时有商人46家，其中食品9家，粮食5家，菜铺2家，染坊1家，榨油1家，烧酒1家，菜馆1家，蒸酒1家，卖羊肉9家，颜色挑子3家，猾子皮2家；逢集期增加卖馍1家，花生篮2家，布摊3家，推车卖棉油1家，布摊杂货1家，花绒经纪2家。④可见该集市是当地一个比较繁荣的农村集市。据抗战胜利后统计，冀鲁豫第四专署城镇集市达到126处，其中县城有6处，大集市40处，中集市40处，小集市40

---

① 《晋冀鲁豫抗日根据地财经史料选编（河南部分）》（3），第604~606页。
② 《晋冀鲁豫工商业进展，太行区集市繁荣》，《解放日报》1942年12月11日，第1版。
③ 《财经工作资料选编》（下），第258页。
④ 《冀鲁豫区党委的工作总结》（1941年9月20日），《中共冀鲁豫边区党史资料选编》第2辑《文献部分》（中），第149页。

— 715 —

处。① 冀鲁豫每集交易额"淡季五万到一百万鲁钞（鲁钞十元一斤米），旺季一百万到七百万，最大集市交易额达三千万元"。② 交易的主要商品为粮食、棉花、土布、牲口、山货等。

在游击根据地，由于集市时常面临敌人"扫荡"、摧残的威胁，很难稳定。焦儿寨是濮阳游击根据地的中心集市，在沙东 15 里，东北离濮阳城 20 余里，在贸易上是濮、昆两县往白道口走私的要道和汇合点。濮、昆粮食往西北走私以及白道口的大盐、纸烟等，都要经过这个集市交换，然后分散各地。焦儿寨逢二、四、六、八、十成集。集上有粮行 25 家，每集从东南来粮，上市有 500 石左右，销往梁庄、井店各集，但大多数转向白道口走私出境；有花摊 6 个，每集由西北来棉花，上市 2000 余斤；牲口行每集上市 200 余头，一半销往东南换回粮食；干果行每集上市枣子 25 石左右。③

为防止敌人的突袭，游击区还创造了移动集市，也就是把集市从集镇移到小村庄，如冀鲁豫沙区著名的集市井店，一、三、五、七、九成集，粮食上市时每集平均上 600 石至 700 石，最多时上到 1000 石左右；棉花每集平均上市 1 万斤至 2 万斤，最多上到 3 万斤左右；牲口每集平均上市 100 头至 200 头；枣子每集平均上市 60 石至 70 石。"市场不分遇、背集的，经常繁荣，各行交易所日日成交，昼夜忙碌。"④ 为缩小目标，减少汉奸特务的趁机混入，后来这一集市移动到附近村庄，虽然"移动集市较原来集市繁荣差些"，但保护了集市上的商民利益，也保证了物资交流的顺利进行。人们由此赞叹："八路军想的点真巧呀！集亦会游击。"⑤

---

① 《财经工作资料选编》（下），第 323 页。
② 《财经工作资料选编》（上），第 164 页。
③ 《冀鲁豫工商第十九分局第五期经济通报（摘录）》（1943 年 11 月 9 日），《晋冀鲁豫抗日根据地财经史料选编（河南部分）》（4），第 456 页。
④ 《冀鲁豫工商第十九分局第五期经济通报（摘录）》（1943 年 11 月 9 日），《晋冀鲁豫抗日根据地财经史料选编（河南部分）》（4），第 465 页。
⑤ 《冀鲁豫工商第十九分局第五期经济通报（摘录）》（1943 年 11 月 9 日），《晋冀鲁豫抗日根据地财经史料选编（河南部分）》（4），第 458~460 页。

三 合作社

(一) 合作社政策与法规

合作社是抗战时期敌后根据地的主要经济组织形式之一,"是群众性的经济组织,是群众生产、运销经济结合组织,也是动员广大群众参加对敌经济斗争的组织……它在生产上可以吸收许多闲散劳动力,可以把零星生产和集中运销结合起来,把分散生产组织起来;在商业上可以抵制一部分行会和前资本主义商业资本对农民的严重吮吸;在金融上,可以吸收游资,办理小款的存放,与银行密切结合,变成银行在群众中的基础,抵制高利贷残酷剥削。总的来讲,它可以把自然经济和小商品经济、生产、金融等,经过群众自己,统一结合起来,是目前刺激农村小商品生产和健全商品流通机构,活动金融的最好形式"。[①] 同时,合作社又是统一战线性质的,"所有农民、工人、地主、资本家都可以参加合作社,它是政府领导,各阶层人民联合经营的经济、文化及社会公益事业的组织"。[②] 合作社的任务是适应根据地"农村的经济条件、政治条件、地理条件、历史条件、社会条件等,以改进农村副业,发展手工业,组织羊毛、羊皮、铁煤、麻纸、药材、苇席、山货等特产的经营为目的,达到:(1)改善群众生活,提高抗战情绪;(2)动员和组织群众参加对敌经济斗争战线;(3)动员和组织群众进行生产,供给军民需用;(4)以经济力量团结群众,从而使之更便于政治领导"。[③] 因此,合作社在抗日根据地普遍受到重视,毛泽东曾要求"各地同志注意提倡合作社的生产"。[④]

为促进和规范合作社经济,1939年,中共中央颁布《各抗日根据地合作社暂行条例示范草案》,主要内容如下。(1) 合作社的类型。合作社为法

[①] 戎伍胜:《开展合作社》,《财经工作资料选编》(下),第559页。
[②] 《毛泽东谈合作社业务》,《解放日报》1944年7月4日。
[③] 《晋冀鲁豫抗日根据地财经史料选编(河南部分)》(1),第565页。
[④] 《毛泽东选集》卷5,第891页。

人,按其责任分为有限责任、保证责任、无限责任3种。按合作社的业务范围划分则有消费、生产、信用、运销等几种类型。并规定:"合作社之业务及责任应于名称上标明之。"(2)合作社设立的程序。合作社必须至少有7人以上发起方可设立;发起人应负责召集成立大会,在大会上通过章程,选举并组成理事会;合作社章程必须载明合作社的名称、宗旨、社址、业务种类、社员、社股、组织及会议、盈余、职责及其他应载明的内容。(3)社员的条件及权利与义务。凡抗日根据地"居民除汉奸卖国贼外,不分阶级、职业、性别、信仰,均可入股为合作社社员";合作社社员享有选举、罢免、表决、提议、出社自由、分红等权利;有交纳股金、遵守社章和执行决议、发展社员及推广业务的义务。(4)社股及股票。合作社社股一律1元,社员"少则认购一股,至多不得超过股金20%",但在选举表决时限每人一权,"不得按股份多少计算";社员股金必须一次交清,由合作社发给股票,社员认股既可为现金,也可为粮食、土产等折价代付股金;合作社股票为有价证券,可"为债务之抵押品"。(5)盈余分配。合作社盈余必须按规定比例进行分配,公积金30%,公益金10%,救济金5%,奖励金5%,红利50%。(6)合作社的组织与会议。合作社由社员大会(或代表大会)、理事会和监事会组成。① 该法规成为各敌后抗日根据地合作社法规的范本。

1941年10月,晋冀鲁豫根据地颁布《晋冀鲁豫边区合作社条例》,规定了4种合作社及其主要职责:"一、生产合作:系社员经营种植、饲养、农田水利、牧畜、造林、纺织、酿造及各种工具日用品之制造等事业者。二、运销合作:系经营工农业生产品及山货联合运销者。三、消费合作:系供给农村日用品者。四、信用合作:系经营农工业生产之放款及农村储蓄者。"按照合作社的责任分有限、保证、无限责任3种。抗日民主政府对合作社采取优惠政策:"一、贸易局及公营机关,对合作社之生产品,减收手续费,代理推销。二、贸易局及公营商业机关之货物,合作社有优先购用之权。三、贸易局对生产合作社供给原料减收手续费。四、有向政府及银行低

---

① 《抗日战争时期陕甘宁边区财政经济史料摘编》第7编《互助合作》,陕西人民出版社,1981,第514页。

利贷款之优先权。五、合作社股金一律免除资产负担。"另规定了社股、盈余的分配等事项。① 1943年4月7日，鄂豫边区也颁布了《合作社组织规程》，规定合作社的宗旨是"改善军民生活，帮助战时物资统制"。合作社以群众自动组织为原则，其业务包括：采办与供给当地民众、军队与政府机关所需之各种重要物资如油、盐、米、布等；收买与运销当地各种重要农工业产品；举办各种农产制造业及军民必需之日用品制造业；代理边区建设银行办理生产贷款、农工商业投资及兑换边币。②

根据地还颁布了关于合作社的管理法规，以规范其运行。1942～1943年华北发生了特大灾荒，为了救济灾民，在根据地普遍建立灾民合作社。1943年1月，冀鲁豫区颁布了《冀鲁豫区灾民合作社暂行简章》，规定灾民合作社的设立"以一村一社为原则"；"凡贫苦灾民具有生产能力者均得为社员"，"灾民如系抗属有优先入社权"；股金以1元为1股，一次交纳，社员每人至少交纳1股；主要经营生产、运销、供给、信用4种业务。③ 根据地积极建立和发展农村合作社，目的"在于鼓励与组织生产，改善广大群众生活，加强对敌的经济斗争"。因此，冀鲁豫边区在合作社推行委员会第二次会议决议中指出："在广大群众已发动起来的地区或村庄，即应及时的组织合作社，以便把广大农民群众吸收到合作社中来。"④ 为此，1943年12月，冀鲁豫边区颁布《冀鲁豫边区农村合作社章程草案》，以规范农村合作社，规定农村合作社"以行政村组织一社为原则"，合作社"以社员间经济上之互助与联合活动，扶助社员农业生产和手工业生产，与改善社员日常生活，促进农村生产，加强对敌斗争为宗旨"。合作社兼营的业务有："一、生产业务：甲、社员农业生产品之加工制造（如打油轧花等）。乙、社员生产上及生活上必需品之制造（如制盐、制造农具、造纺纱工具等）。甲乙两点以社员个人或小组无力经营者为限。丙、为推动农村之副业经营倡导性之

---

① 《晋冀鲁豫区合作社条例》，《晋冀鲁豫抗日根据地财经史料选编（河南部分）》（1），第123～126页。
② 《华中抗日根据地财经史料选编——鄂豫边区、新四军五师部分》，第444页。
③ 《财经工作资料选编》（下），第557页。
④ 《财经工作资料选编》（下），第572页。

生产（如改良各种农村副业，可由社内经营倡导）。二、运销业务：各社员之生产品或物品之委托运销或收买运销。三、供给业务：各社员生活上生产上必需品之采购供给（如原料、工具、肥料、食料、燃料等）。四、信用业务：经营各社员之存款贷款，如吸收农村游资与鼓励农村储蓄及办理非社员之存款。"① 1945 年 4 月，冀鲁豫边区又根据各地区农村合作社发展的实际情况和实际需要，正式颁布了《冀鲁豫边区农村合作社组织简章》，对合作社的设立、合作社的业务经营、权力机关、社员的权利义务、账目管理、利润分配等都做了更加详细也更加灵活的规定。如对于合作社的利润分配，章程草案规定"每半年分配一次。其分配之标准如下：一、百分之二十为合作社基金。二、百分之五为职员奖金。三、百分之十为股金利息（简称股息）。股息按款数之多少、日期之久暂分配之。四、百分之五十五，按各社员之交易额分配……五、百分之十为公益金"。② 在新颁布的组织简章中则规定："合作社之利润，每半年分配一次。如因营业范围较大，为了扩大股金，可斟酌缩短时间。其红利分配，除百分之十或三十作为职员提奖外，其余均为股息（即按股分红）。如在社员自愿的原则下，可扣一部分公益金与公积金，数目由社员大会或社员代表会临时决定。如合作社与社员或社员小组合股经营时，可根据业务性质、所需劳力多少、用资本之多少、经营时间之长短，双方协同规定分红办法。"③ 可以很明显地看出，前者对合作社的利润分配比例规定得很死，而后者则注意把利润分配的权力下放到各个合作社，这样，合作社就可以根据自身经营的实际情况灵活进行利润分配，无疑更有利于合作社的发展。

根据地的合作社得到了抗日民主政府的大力支持。为了推进合作社的发展，使合作社真正成为扶助农业和手工业发展的组织，1942 年 8 月，冀鲁豫工商管理总局发出关于优待合作社的指示信，规定优待办法是："代购原料或工具除运费外，酌收百分之二至百分之五手续费"；"代销成品及土产

---

① 中国人民银行金融研究所等编《冀鲁豫边区金融史料选编》上册，中国金融出版社，1989，第 238 页。
② 《冀鲁豫边区农村合作社章程草案》，《财经工作资料选编》（下），第 605 页。
③ 《冀鲁豫边区农村合作社组织简章》，《财经工作资料选编》（下），第 628 页。

品（如山货），除运销上应需运费外，酌收手续费百分之二至百分之五"；"合作社有向粮店购买粮食之优先权"；"食盐、布匹、火柴、颜料等日用必需品按售价减收百分之二至百分之五"。① 为了激励群众积极参加合作社和扶助合作社发展，在办理合作社贷款上，工商管理总局要求"贷款手续和条件要力求简便，切忌要求过于严格，致群众望而生畏，不敢贷款组社"。为此，总局规定了合作社贷款办法：

（一）不用抵押品作贷款保证条件，因农民可作抵押品的东西只有房屋、土地。这是他们的生命线，要他们以此担保，他们认为是全家生活的最大威胁，应甘穷困，也不敢贷款组社。并且敌占区来的工人和根据地内的穷苦工人，会因无抵押品受到限制。（二）在业务范围内不限制贷款用途，因合作社业务复杂，若限制其用途，业务上将受到限制。如不许转贷限制了信用业务之类。（三）合作社如遭受不可抵抗之损失，而非抢救不力，经调查属实许可延期还款，并协助其恢复业务。（四）还款期为半年，经审查到期无力归还时，可交息转期。（五）村政权亦可担保，但村长改选时应重新换约。（六）县局及贷款之商店有监督检查合作社业务与财产之权。②

鄂豫边区也十分重视合作社，认为"我们的农村经济是一种非常散漫落后的经济，要想真正做到发展生产自给自足，统制贸易，打破封锁，不经过合作社的道路，是走不通的"。所以，该边区把建立合作社看作根据地经济建设的主要任务，1940年8月边区最高政权机构"豫鄂边区军政联合办事处"成立之前，各县就已开始提倡合作社，并成立了边区总合作社。办事处成立后，更加有目的有计划地提倡合作事业，"以运销供给性质的合作社为主，生产性质的合作社次之；同时注意整理边区总合作社，使其成为边区合作事业之总枢纽，并号召各种群众团体帮助推行，以求普及"。③ 总之，

---

① 《财经工作资料选编》（下），第555页。
② 《财经工作资料选编》（下），第556页。
③ 《华中抗日根据地财经史料选编——鄂豫边区、新四军五师部分》，第127页。

根据地制定了符合合作社发展的政策和规范合作社运行的法规，推动了合作社的发展。

(二) 根据地的合作事业

抗战时期，河南各根据地先后建立了各种合作社。据不完全统计，1940年太行区30个县建立消费合作社257个，生产合作社90个；冀鲁豫区建立消费合作社38个，生产合作社19个。① 1942年灾荒期间，太行区组织救灾合作社，贩卖灾民食品，当时这种合作社占灾区合作社的70%。② 太行根据地鼓励发展民办工业，边区工业管理局曾组织合作总队，并派各分队到各专署地区组织群众合作运动，到1942年10月，总计各分队在太北各县共成立合作社20多个，社员1000余人，股金共3万余元，其中第二分队在林县组织了1个合作社。③ 1943年9月，太行区银行决定发放手工业合作贷款400万元，④ 用于发展该区的手工业合作社。煤炭、运销、铁木、磨坊及各种手工业合作社先后兴旺起来。⑤ 1944年12月，太行根据地合作社达到1197个，社员250507人，股金30200799元。其中林北县有合作社27个，社员7559人，股金228007元；安阳有合作社6个，社员1265人，股金69295元。⑥ 在冀鲁豫根据地，截至1943年9月，有15个合作社开始营业，其中濮县⑦有14个；开始组织或已组织起来尚未营业的合作社9个，其中濮县5个，范县2个；共计合作社24个，社员2800余人（其中男社员2000余人，女社员800余人），吸收私人资本5万余元，政府贷款16万多元。⑧ 到1944年上半年，冀鲁豫沙区建立了110个合作社，是以"灾民为对象的全民组织"，运输、纺织、晒盐、熬硝，都在合作社的组织下发展着。⑨ 豫皖苏边

---

① 冷水：《介绍晋冀鲁豫边区》，《解放日报》1942年3月23日。
② 《太行去年生产成绩伟大——记该区生产展览会》，《解放日报》1945年1月2日。
③ 《太行合作社奖励民办》，《解放日报》1942年10月18日。
④ 《太行确定明年度生产建设贷款千九百万元》，《解放日报》1943年9月21日。
⑤ 吴宏毅：《从灾荒中站起来》，《解放日报》1944年8月29日，第4版。
⑥ 《晋冀鲁豫抗日根据地财经史料选编（河南部分）》(3)，第720页。
⑦ 抗战时期根据地成立的县，县城即今范县的濮城镇。
⑧ 《财经工作资料选编》（下），第577页。
⑨ 吴宏毅：《从灾荒中站起来》，《解放日报》1944年8月29日，第4版。

第十七章 抗日根据地的经济（下）

区政府1940年开办合作训练班，每乡抽调1人受训，培养"合作干部"。并要求1940年5、6月广泛建立合作社，条件成熟的区、乡建立了一些试验性的合作社。① 但后来因日伪"扫荡"和摩擦，合作社没有完全建立起来。

随着合作社在各根据地的普遍建立，合作社在组织民众进行经济建设方面发挥了应有的作用。如太行区林北县组织的山蚕合作社十分典型。林北县有110个自然村，8700余口人，"散居在西山后漫长五十里的大山上，山坡上尽是蚕坡。群众对顶'半个秋'的山蚕养放，情绪很高。但养山蚕需要很大的资本，连年灾荒群众养放不起，又因断绝了十七年，信心都不高，再加地区零星不好组织"。1944年，在政府提倡下，经过群众研究讨论，决定组织合作社来经营，政府发放贷款20万元进行扶植帮助。② 据当年统计，在林北县的春蚕养殖中，有918户农户参加了山蚕养放合作社，股数600股，其中富农84户，股数59.1股，分别占9.2%和9.9%；中农391户，264.7股，分别占42.6%和44.1%；贫农443户，256.2股，分别占48.3%和42.7%。在秋蚕养放中，参加合作社的农户1234家，总股数为1422股，其中富农128户，200.2股，分别占10.4%和14.1%；中农517户，449.45股，分别占41.9%和31.6%；贫农589户，442.35股，分别占47.7%和31.1%。③ 1944年秋季加入合作社的农家比春季多了316户，股数增加了822股，说明合作社对群众有很大的吸引力；从加入合作社的农户来看，主要是中农和贫农。以林北县西乡坪为例还可看出林北县山蚕养放合作社的组织和经营状况。合作社股金分为两种：一种是固定股金，每股50元，凡认购1股或1股以上者即为社员，共计1800个社员（以户为单位），募集股金57000元；一种是放蚕股金，每年分春夏两季集股，秋冬两季分红，每1股小米10斤，钱200元左右。春蚕共集米股2518斤，钱股157271元。到秋季连同春股、春季盈余和秋蚕新增股金米股11400斤，钱股525099元。合作社通过民众选举设理事5人，下设消费经营股和山蚕丝茧股，另聘技术指

---

① 李占才：《豫皖苏边抗日民主根据地史略》，河南大学出版社，1988，第88页。
② 《晋冀鲁豫抗日根据地财经史料选编（河南部分）》（3），第392、382页。
③ 《晋冀鲁豫抗日根据地财经史料选编（河南部分）》（3），第717～718页。

导 1 人，专管春蚕熏筐和检查指导事宜。把加入合作社的群众按照自然村（10~12 户）划分社员小组。①

林北县合作社不仅组织群众养放山蚕，还组织社员从事家庭手工业生产、运输和消费，也获得了丰厚的利润。如合作社消费股帮助群众购买盐油、火柴、小烟等，从 1944 年 2 月到 8 月合作社共获利 5 万元左右；再如组织社员采集山楂、花椒、药材、茶叶等山货，1944 年社员采集了万余斤茶叶，卖给合作社后换回食盐 400 余斤；德兴货栈需买生熟铜、破纸头，"只给合作社一个通知，就集合了一大堆，换回一千五百余斤米，又照原价调剂给社员"。春天，没有丝缫，妇女们闲着没事做，合作社就到德兴货栈领棉花 500 斤，供妇女纺织，换回小米 1400 余斤。合作社还组织了运输队，给德兴货栈运输货物 95500 斤，获得脚费 123751 元，买米近 3 万斤。② 可见，林北县合作社不仅组织群众养放山蚕，还组织社员从事家庭手工业生产、运输和消费，是典型的综合性合作社。

濮县一区中心镇合作社在冀鲁豫根据地合作社中很有代表性。该镇合作社成立于 1942 年 11 月，共参加男女社员 1662 人，入 4890 股，每股 50 元，共计股金 24.45 万元。同时合并了交易员合作社，并转来政府贷款 25.3 万元，县合作社为创造经验，扶植群众生产，也贷给该合作社 16 万元。由于合作社在群众中建立了威信，1943 年合作社有了很大的发展，又增加股金 18 万元，社员增至 2143 人，除了中心镇 10 个村外，周边的 7 个行政村的群众也加入了该合作社。合作社经营有生产、消费、信用、运销 4 项主要业务。生产业务包括毛巾作坊、织袜子作坊、铁匠作坊、木工作坊、毡帽作坊、柳条作坊和家庭妇女纺织等。织毛巾作坊有 4 人（包括学徒 1 人），2 张织机，每天可生产毛巾 3~4 打，可得净利润 890 元，按三七分红，社员得 623 元，社内得 267 元。为了解决贫苦社员生活问题，作坊还雇用了 20 多个女社员弹花、纺线、络线等，解决了这些贫苦妇女的生活问题。袜子作坊有 1 个工人，1 个学徒，每天织袜子 2 打，可获净利润 420 元。铁匠作坊

---

① 《晋冀鲁豫抗日根据地财经史料选编（河南部分）》(3)，第 388~395 页。
② 《晋冀鲁豫抗日根据地财经史料选编（河南部分）》(3)，第 388~395 页。

13人，主要制造镰刀，供给社员生产使用，在1943年夏收快到时，"一般贫苦社员都到合作社来赊镰，很方便"。木工作坊有木匠2人，主要生产木织布机、纺花车、镰把等。另外，合作社还扶植家庭妇女纺织，主要以棉花换棉布，即合作社先借给妇女棉花，每斤棉花换8市尺布，从合作社建立至1943年2月，参加纺织的妇女有800余人，共借出棉花4200余斤，妇女赚58万余元，合作社也赚了6万余元。为了奖励生产和提高质量，合作社还对生产多、质量高的社员，提出一部分红利给予奖励。消费业务主要供给社员生产原料和日用品，以及一部分机关的用品。信用业务一是发放小额贷款。中心镇是濮县的中心市场，每天有半天是集市，集市上主要是贫农兼商贩，主要从事食品、山货、粮食等小本生意，资本不足。合作社对他们进行小额贷款，根据他们的业务需要，每人最多贷2000元，少的500元，自合作社成立到1943年2月，先后贷款给112人（其中无产者58人，贫农54人），共贷出10万余元。据82户借贷者两个月统计，共贷款5.7万余元，获利91260元。二是吸收存款。主要吸收社会游资，规定社员与非社员在合作社存款都按月利1分生息，10天按半月计算，20天按一个月计算，存款户存款取款自由。运销业务是组织运输队，主要是运输公粮，参加的社员271人，运输方式"有的几个人一组集体运，多数是共同批粮食个体运，集体行动"。从合作社成立到1943年2月共运输小麦9.2万余斤，谷子3.6万余斤，共获得利润35万余元，另捎回许多日用品，"有的捎回日用品比粮食赚钱还多"。[①] 濮县一区中心镇合作社"在群众面前信仰很高，群众进一步依靠合作社，所以在这短时间内发展很快，已形成全区性的联合社。如走到合作社门口，就可听到织袜子声、打铁声、木匠拉锯声、织毛巾的机声，也可以看到妇女拿布换花的，运输队批粮食的，小商贩批货的，还账的，来来往往忙的合作社干部连饭也没空吃，真象回事"。[②] 从业务来看，濮县一区中心镇合作社也是一个典型的综合性合作社，真正起到了组织群众生产，改善群众生活，发展农村经济的作用。

---

① 《财经工作资料选编》（下），第561~570页。
② 《财经工作资料选编》（下），第561~570页。

在濮县，除了一区中心镇合作社外，芝麻刘庄和大芦寨（均在今范县）合作社是当时办得比较好的村合作社，合作社业务有生产、消费、运输、信用等四个方面。在手工业生产方面，芝麻刘庄纺织合作社有 19 个妇女社员，一个月织布 246 尺，市价 2950 元，获纯利润 1476 元，每人平均每日可得 2.6 元，可买小米 2 两余。两村合作社还分别组织两个打油小组，芝麻刘庄 20 人参加，大芦寨 7 人参加，两个月内（轮流生产每人实际工作日为 10 天）生产食用油 2170 斤，市价 84630 元，获利润 10120 元，每人获得 367 元，按当时粮价每人每日所得红利可买小米 2.5 斤。在农业生产方面，实行种子借贷，如春耕时大芦寨一村曾贷种子款 4000 多元，对象是"三人以上五亩地以下的贫苦社员人家，并规定每家不得超过二亩地的种子"。小麦收获后，芝麻刘庄给社员借贷豆种款 2100 元，共贷给贫苦社员 9 家 21 亩地。通过种子借贷，使贫苦社员及时播种，"提高了生产情绪"。为了解决春荒，根据地号召民众种菜，合作社在掘井和肥料上给社员大力帮助，如大芦寨 10 家菜园借贷肥料款 8000 元，盛辛店 6 家借贷 3000 元，王辛店 11 家借贷 2200 元。在消费方面，每个村社都供给一般社员比市价便宜的油、盐、火柴、棉花、粮食等，比如麦子市价每斤 12 元，社员购买是每斤 11 元。在信用、运输方面，村合作社"围绕着生产进行了运输，如运棉花、粮食等，其办法是由社内自己规定。其信用贷款如种子、肥料、棉花，一般的都不生息（主要是为了刺激生产）"。[①]

南乐县三区的小孔庄合作社也是当时办得比较成功的一个合作社。抗战前小孔庄有 50 多户，190 多口人，680 多亩地，日子虽然不富裕，但也勉强过得去。经过 1940 年日军占领南乐后的"扫荡"，再经 1942 年后的自然灾害，该村群众饿死 40 多口，死绝 10 多户，剩余的群众携儿带女，四散逃荒，小孔庄一片荒凉。1944 年春，八路军占领小孔庄，立即四下组织逃荒群众返乡，并贷粮、贷种，进行救灾，组织生产互助，开展群众大翻身运动。在 1945 年 3 月间，小孔庄在县区合作社建议和协助下，以互助队为主，正式成立合作社，"全力来组织社员从事生产，会啥干啥，需要什么干什

---

① 《财经工作资料选编》（下），第 575～580 页。

第十七章 抗日根据地的经济(下)

么,来发挥每个成员的一技之长,来利用每一个哪怕是很小的有利条件。起初只有二石豆子、二盘磨,后来逐渐扩大,组织淋盐、拾粪、养猪、种菜、互助耕种,进而把妇女组织起来,贷花纺织"。在管理上,合作社实行民主管理,精确计工,等价交换,按工分红。自从有了合作社,小孔庄各方面都起了很多变化,"他们在政治上打垮了企图压制他们的人,在组织上团结了全村百分之八十以上的人,经济上保障了八十四口人的生活"。[1] 在很短的时间内,小孔庄景象一新,群众生产情绪高涨,形成了广泛的生产运动,群众生活有了保障和明显改善。

除了集镇、农村建立合作社外,部队、机关也建立合作社,发展合作经济。如在豫皖苏根据地,1945年冬,新四军第四师某部在永城县城东关创办了军需合作社,经营油、盐、酱、醋及日用杂品,兼营养鸡、养兔、缝纫等业务。[2] 从以上这些合作社来看,根据地的合作社以综合社为主,即生产、消费、运销和信用为一体,在组织群众进行生产和经济建设方面发挥了应有的作用。

不过,在各地合作社的工作中,也曾出现过各种各样的问题,如村干的包办和不民主现象、囤积货物现象、与敌占区交易政策禁止的货物等,[3] 也有少量合作社因粮食、棉布、食盐等外来物品的价格变动,再加上经营不善,出现赔钱问题或资金周转不开。[4] 经过深入的调查研究,各根据地不断地完善合作社政策,健全领导机构,整理和巩固旧的合作社,研究、推广先进经验,使合作社越来越朝着健康方向发展,从而成为抗战时期根据地组织民众进行经济建设的主要方式之一。

总之,合作社经济代表了抗日根据地比较先进的生产组织方式,其实质"在于把经济上处于劣势的群众,用合作社的形式组织起来,以集体的力量,经过共同经营的方法,同经济上占优势的相竞争,取得群众自己经济上

---

[1] 《财经工作资料选编》(下),第629~638页。
[2] 《永城县志》,第209页。
[3] 《中心区的合作社工作》,《财经工作资料选编》(下),第582~583页。
[4] 《太行区三年来的建设和发展》,《太行抗日根据地》(2),第9页。

之发展"。① 在艰苦的抗日战争大环境中,合作社在经济落后的乡村,在贫困的山区、沙区等,有着广泛的社会基础,因为它有利于把分散的私人资本和小生产者的个体经济组织起来,在整个经济建设中发挥作用。在政府的倡导和帮助下,各根据地建立了不同的合作社,从事手工业、农业生产和运输、消费以及信贷活动,对救灾渡荒、组织生产、繁荣经济、保障供给起了十分重要的作用,正如毛泽东所说,边区"在发展生产上,又来了一个革命,这就是用合作社方式,把公私劳动力组织起来,发动了群众生产的积极性,提高了劳动效率,大大发展了生产"。②

四 财政与税收

(一) 财政与税收制度的建立

抗战时期,根据地的财政制度随着根据地的扩大和巩固而不断健全。八路军最初挺进敌后时,执行的是有钱出钱、有力出力的财政政策。抗日民主政权建立后,在专署和县政府开始设立财政机构如财政科或粮食科,专门统筹党政军机关所需要的经费与粮食、柴草的供应。随着根据地的扩大和抗日民主政权的巩固,各种财政制度开始建立健全。如冀鲁豫根据地各级政府建立了财政系统,行署一级有财政委员会,专署、县政府设立财政科,区设财粮助理员,村设财粮委员;在制度建设上,建立了会计制度、预决算制度、供给制度、审计制度、金库制度等。③ 还制定了一系列规范财政的法规和制度,如《本区财政统筹统支办法》《各级政府机关、部队、群众团体每月经费支出预算办法》《各级审计委员会组织条例》《本区会计与审计的暂行办法》《村级经费制度草案》等。1945年1月,晋冀鲁豫边区颁布《晋冀鲁豫边区暂行财务行政制度》,进一步规范了根据地财政计量单位、财务行政

---

① 《中心区的合作社工作》,《财经工作资料选编》(下),第575页。
② 《毛泽东选集》卷5,第889页。
③ 《财经工作资料选编》(上),第534~535页。

机构的设立及其职权、粮食管理、审计等方面的制度。[1]

华中局各根据地也逐步建立了一套比较完善的财政制度，包括：(1) 实行分税制，划分省款和县款，省款主要来源于货检税、盐税和特税的全部，田赋、契税的50%；县款主要来源于牙税、屠宰税和烟酒税的全部，田赋、契税的50%。(2) 建立统筹统支，实行预决算制度。(3) 建立会计制度。(4) 建立审计制度，各块根据地都设立了审计委员会或审计处，各县设立了审计科。(5) 建立了金库制度。[2] 1940年，豫鄂边区设立了财政经济委员会，1941年豫鄂边区行政公署成立时，下设有财政处，其职责包括税务、预决算、金库收支、公款管理、金融监督等事宜。[3] 豫皖苏要求在执行财政制度中，"要建立廉洁奉公的、量入为出的新秩序，要使干部视制度如生命，要严格预决算制……要严格建立审计制度，上下级、平级及群众要予以严格监督"。[4] 通过各种措施，根据地建立了比较完善的财政制度，以各种财政制度的严格执行，保障了根据地财政经济工作的正常运行。

税收是根据地财政的主要来源，也是根据地经济工作的主要组成部分。为了加强税收管理，各根据地都制定了税收政策。晋冀鲁豫根据地规定"征收统一累进税，依资产及收入之多寡，规定纳税的比例。除百分之二十极贫苦人民得以免税外，其余百分之八十的人民，都有纳税的义务，但最高不得超过全年收入百分之三十为标准"。[5] 征税的范围包括农业和工商业，"农业以人口为计算单位，以户为征收单位"；"工商业计算和征收均以户为单位"。农业和工商业征收的对象包括："甲、农业、地租、林木、果树、山货、蒲苇、竹园之收入。乙、房租、利息和其它租息之收入。丙、私营或公私合营之公司、商店、行栈、作坊、工厂、矿业之收入（公私合营之机关生产在内）。丁、个人经营之小贩和小手工业作坊（雇工或合伙经营）之收入。戊、属于临时经营事业之收入。己、自由职业和从事各业者薪给报酬

---

[1] 《晋冀鲁豫抗日根据地财经史料选编（河南部分）》(1)，第345页。
[2] 财政部财政科学研究所编《抗日根据地的财政经济》，中国财政经济出版社，1987，第254页。
[3] 《华中抗日根据地财政经济史料选编——鄂豫边区、新四军五师部分》，第153~154页。
[4] 《豫皖苏抗日根据地》(1)，第486页。
[5] 《晋冀鲁豫抗日根据地财经史料选编（河南部分）》(1)，第118页。

之收入。庚、机关生产之租地、典地、买地均按其收入百分之五纳税（租地以扣除租额后计算）。"免税的对象有：脱离生产的抗日军人、民政人员以及教职员、医生等生活费收入；雇工及工人、艺匠的工资收入；家庭副业及牧畜收入；合于法定的合作社收入；抗战军人家属补助及抚恤金；公营事业及机关生产的工商业收入。① 豫鄂边区的税收政策是："实行合理负担，减轻中等及贫苦农民之负担，居民中除极贫者应予免税外，逐渐作到按财产等第或所得多寡为标准之统一累进税则，务使负担捐税者占全体人口百分之八十以上。非经边区代表大会通过，政府不得任意增加捐税。"②

1943年，各抗日根据地开始采取统一累进的原则进行征税。累进税制有以下几个特点。第一，适合各阶层实际情况与合理负担的原则。第二，资产负担面缩小了，除土地外"其他存粮存款一律不负担，这是奖励节俭储蓄的"。第三，对奖励生产大有好处。通过累进原则，"农业收入负担弄明确了，各种不同性质的收入，地租、自耕、佃耕、工资，都有明确的折合与减免的规定"。第四，累进税"税级距之间不是阶梯式的跃进的，而是一线平升的，这对于各个不同人口的负担上，是更加合理的"。第五，照顾了不同经济部门的情况。"工商业、农业税率是分别累进的，这是照顾了农工商的不同，而且优待了工商业，特别是便利了工业的发展，这对于工商业的繁荣上，也有很大的鼓励。"③ 从这些特点来看，统一累进税的原则，既有利于统一战线，也有利于经济发展。如豫鄂根据地执行"合理负担的原则，减轻了人民的负担，而且增加了政府的收入，减少了月月征收的麻烦及种种舞弊的机会"。④

（二）"合理负担"

全面抗战爆发前夕，中国共产党就提出了抗战时期"有钱出钱"的财

---

① 《晋冀鲁豫抗日根据地财经史料选编（河南部分）》(1)，第382～383页。
② 《华中抗日根据地财政经济史料选编——鄂豫边区、新四军五师部分》，第303页。
③ 戎伍胜：《统一累进税的精神与特点》，《晋冀鲁豫抗日根据地财经史料选编（河南部分）》(1)，第302～303页。
④ 吴祖贻：《目前边区土地登记工作中的主要问题》(1942年8月)，转引自刘跃光、李倩文主编《华中抗日根据地鄂豫边区财政经济史》，武汉大学出版社，1987，第26页。

第十七章 抗日根据地的经济(下)

政政策,毛泽东指出:抗日的"财政政策放在有钱出钱和没收日本帝国主义者和汉奸的财产的原则上,经济政策放在抵制日货和提倡国货的原则上,一切为了抗日"。[①] 抗战爆发后,为了动员全国人力、物力进行抗战,中共提出了"合理负担"的主张,毛泽东接受英国记者贝特兰访问时指出:"政府的财政应该放在合理负担即有钱出钱的原则上。"[②] 八路军开赴华北敌后战场后,把"合理负担"政策作为坚持敌后抗战的主要财政政策。中国共产党在晋察绥成立了民族革命战争总动员委员会,其工作纲领中的第二条原则是"实行真正合理负担,改善人民生活"。具体内容包括:"一、在动员中,坚决的实现有钱出钱,大家拼命的原则。二、实行减租减息并救济失业或灾民。三、改善工农劳苦大众的劳动条件及生活待遇。四、免除过去一切摊派,剔除中饱。五、坚决的实行合理的负担。六、坚决实行已颁布的优待抗战军人家属条例。"[③] "合理负担"政策最早在晋东北执行,后来在华北、华中各根据地传播开来。[④]

"合理负担"的核心内容就是"有钱出钱",即按照财产的多少负担抗日经费,其基本精神就是富者多负担,贫者少负担,极贫者不负担。在抗战初期,根据地处于初创时期,由于群众还没有发动起来,旧政权还没有得到彻底改造,"合理负担"的财政政策实际上在很大程度上是向富户募捐抗日经费。如晋冀鲁豫边区在抗战初期直接提出"减轻劳动人民的负担,把负担加在有钱人身上,口号是'有钱出钱'";"取消过去一切捐税和摊派,重新规定统一的累进税。对于不劳而获的收入(地租、房租和放款利息)课以重税";"向富户征收救国捐";"发动群众自愿捐助抗日经费和战争中的需要品"。[⑤] 在冀鲁豫根据地,"八路军没有挺进敌后以前,我党的工作人员及其领导的游击队,是自己带衣被,住在群众家里,吃村里的派饭,向殷实的富户募捐"。八路军开赴华北后,经费主要依靠地方负担,由地方负责募

---

① 《毛泽东选集》第 2 卷,人民出版社,1991,第 348 页。
② 《毛泽东选集》第 2 卷,第 376 页。
③ 洛甫:《把山西变成为北方游击战争的战略支点》,《解放》第 25 期,1937 年 11 月 27 日,第 6 页。
④ 魏宏运:《论华北抗日根据地的合理负担政策》,《历史教学》1985 年第 11 期。
⑤ 《财经工作资料选编》(上),第 786 页。

— 731 —

集和借款，如 1939 年向清丰、滑县等县筹借了 53 万元。① 在豫西根据地的开辟过程中，1944 年底，中共豫西地委曾在偃师、伊川、登封"依中央指示原则，得一万五千至二万人，征半年粮食，赤贫户不负担，按一般村百分之二十（三十）户不负担"。② 次年初，中共豫西二地委成立后，也曾在新安、陕县、洛宁、渑池、宜阳、洛（宁）南 6 县派下 1 万人（完全脱离生产）的半年粮食，派下 1 万余套单衣的布。③ 从征收经过来看，合理负担募集的方法有所不同，未建立政权前，主要通过抗日战争总动员委员会来实现，如清丰县成立了分会，下设动员分配部，主要管征粮、征草、要布、要鞋等。④ 建立政权后主要通过政权的力量来实现，如滑县政权建立后，"筹款筹粮的工作，一直坚持进行。先是农田的银两征款，后来由于行使政权的地区不断缩小，又进一步按有力出力，有钱出钱的政策，根据专署的指示向地主富户搞了借款"。⑤

随着根据地的不断扩大，抗日武装和党政群组织不断发展壮大，所需经费增多，必须建立一个统一和日趋合理的征收制度，"合理负担"政策才真正在各根据地展开。1940 年，冀鲁豫边区党政军民每月支出约需 25 万元，正规军每月需 19 万元；党政军民每月需要粮食 262.5 万斤。关于经费，边区决定向根据地各县实施借款 150 万元，其中南乐 25 万元，清丰 30 万元，濮阳 45 万元，滑县 25 万元，内黄、长垣各 5 万元。在经历了日伪的"大扫荡"后，根据地范围缩小，7 月 20 日决定借款减为 98 万元，其中濮阳 25 万元，滑县 15 万元，内黄 3 万元，南乐、清丰不变。借款的原则与办法是："第一，以政府名义，用政治动员方式，向富有者借款，不向中农阶层以下借款，由县政府出给正式收据。第二，根据富力大小在公开会议上决定借款数目。第三，借款以田赋及政府收入作担保。第四，借款一律不付利息，分

---

① 《财经工作资料选编》（上），第 533 页。
② 《皮定均、徐子荣关于豫西敌、伪、顽情况和工作部署向集总的报告》，《河南（豫西）抗日根据地》，第 52 页。
③ 《韩钧、刘聚奎关于豫西发展情形给中央军委的报告》，《河南（豫西）抗日根据地》，第 63 页。
④ 《冀鲁豫抗日根据地》（1），第 238 页。
⑤ 《冀鲁豫抗日根据地》（1），第 295 页。

第十七章 抗日根据地的经济（下）

8期归还，每期3个月。"关于粮食，边区决定囤积麦子10万石，其中南乐15000石，清丰20000石，濮阳35000石，滑县20000石，内黄3000石，长垣2000石，东明5000石。以合理负担的办法来囤积公粮，原则是："A.每人平均在半亩地以下不出公粮。B.公粮负担最高额不得超过净收入30%。C.根据各村地亩的数量来分配该村负担数字，然后以村公平负担办法分摊之。"① 借款和粮食主要通过"合理负担"的办法分摊给当地民众。1942年，中共晋冀豫边区党委根据当年财粮负担总量，本着扶助贫农、中农，奖励富农，削弱与联合地主的方针，并照顾再生产和生活消费，提出地主负担比例应占其收入的40%左右，富农25%，中农14%，贫农5%，全区负担面应到80%。② 豫皖苏根据地征收公粮也"采取冀鲁豫老根据地的合理负担办法，即：人均一亩以下免征；军烈属、鳏、寡、孤、独在免征点以上的减征；对土地多者实行累进办法。为了解决部队穿衣问题折征了布匹，从而建立了地方财政。所有部队停止了直接向群众派粮、款而由地方政府统一供给"。③

各根据地执行"合理负担"是一个摸索前进的过程。各地在执行"合理负担"时，由于受到当时各种条件的限制，也曾出现这样那样的问题，如有的根据地没有对民户进行全面的调查和评估，出现了简单摊派的做法，有的没有认真地对土地进行丈量登记，出现了很多隐瞒土地的现象，有的把负担完全加在地主、富农身上，如冀鲁豫在1940年的征粮中，就出现了地主、富农的负担超过30%的情形。④ 还有的怕破坏统一战线，执行"合理负担"政策时摇摆不定，如豫鄂边"征收时，又走地主路线，未能实行合理负担，将负担加在中农、贫农身上，致使供给五师六个月粮食的计划完全破产"。在五师粮食发生困难时，又开始采取急救措施，"动员向地方富户借粮二十万石，以田赋做抵，供给五师当前需要"。⑤ 就上述晋冀豫边区的情况来看，1942年实行"合理负担"中，提出地主负担比例应占其收入的40%左右、富农

---

① 《中共冀鲁豫边区党史资料选编》第2辑《文献部分》（上），第341~348页。
② 《晋冀豫区党委关于执行负担政策的指示》，《晋冀鲁豫抗日根据地财经史料选编（河南部分）》（2），第320~321页。
③ 《豫皖苏抗日根据地》（2），第173页。
④ 《中共冀鲁豫边区党史资料选编》第2辑《文献部分》（上），第346页。
⑤ 《豫鄂边抗日根据地》，第172页。

— 733 —

25%明显是比较重的。

针对"合理负担"执行中存在的问题,各根据地进行了政策的调整。1942年中原局在解决五师面临的财粮困难时做出指示,要求在募集方法上"力求公道合理,以免除地主、富农对我们的疑惧和不满。因此,向地主、富农借募粮之口号,似乎以改作向有余粮、剩粮者借募粮为较妥,虽然事实上有粮剩余者,多为地主、富农,但也应向剩粮之中农及屯粮之粮商酌量借募,以示公道"。① 1942年,冀鲁豫边区颁布了《冀鲁豫边区合理负担暂行办法草案》《冀鲁豫边区合理负担暂行办法实施细则草案》,重新厘定了"合理负担"征收办法,"以富力大的多负担,富力小的少负担,极贫苦的不负担。负担最高额以不超过每人全年总收入百分之三十。负担人口以县为单位,应达到百分之八十左右为原则"。"合理负担"以人、户为负担计算单位,计算负担的土地"以每亩年收入一石二斗至一石四斗之土地为标准",土地自耕者"一亩仍按一亩计算",土地出租者在实行二五减租与二五增佃后,不同租佃关系有不同的计算方法,"一、大种地与定额租之土地,每亩地主按六分,佃户按四分计算负担。二、小种地原三七分者,增佃后每亩地主按八分,佃户按二分计算负担;原二八分者,增佃后每亩地主按九分,佃户按一分计算负担;原一九分者,增佃后每亩地主按九分五厘,佃户按五厘计算负担"。如尚未实行二五减租或二五增佃,"地主应按自耕地计算负担,佃户不负担"。负担征收以"一亩为累进级,以超过免征点起至二十亩为累进终止点,共分为二十级";"以一点一为累进率"。如有以下情形不负担:"一、因土质恶劣,每亩年收入在二斗以下之土地。二、新开垦之生荒地在五年以内者。三、公营事业及官产之收入。四、土地副产物及家庭副业之收入。五、脱离生产之抗日军人、政民工作人员、教职员所得之生活费收入。六、因抗战伤亡所得之抚恤金收入。七、抗属优待之收入。"另外,创办中的对根据地经济建设有帮助的工商业、遭受重大损失(如天灾、敌祸)、无生产能力者(如鳏寡孤独老幼病残)、因不堪日伪欺压逃入根据地并无收入的短期居住者等"可呈请政府减免其负担之一部或全部"。县、

---

① 《豫鄂边抗日根据地》,第171页。

区、村均设组织评议委员会对民户的土地、财产进行调查评议,并"备案成为征收各种公项之依据"。还规定了处罚的内容,如对民众不能在限期内登记报告财产者处以 1~10 元的罚金,对虚报财产与人口者处以 5 元以上 200 元以下罚金等。① 与原来的政策相比,新合理负担不同点在于:第一,原政策地主负担重,新合理负担从统一战线原则出发减轻了地主的负担;第二,原折合土地简单,新政策折合土地比较精细,便于把握和评估;第三,原政策动产不负担,新政策动产也负担,资本 500 元折中等地 1 亩。1943 年,冀鲁豫行署颁布《简易合理负担暂行办法》,规定"负担人口以县为单位应达到全人口百分之八十。负担最高额以不超过民户土地每年收获量百分之三十为原则"。② 政策调整的目的是要达到 80% 以上的民众负担抗日经费。因此,这次颁布的合理负担办法更加完善,"比较过去的各种合理负担办法是要更合理些"。③

在执行"合理负担"政策时,各地挑选办事公道的贫农、中农、开明士绅等组成评议小组,进行调查评议,确定应负担数额,避免高评、低评、隐瞒等不良现象,做到户与户、村与村、区与区的负担公平,比较好地解决了根据地的财政问题和民众负担不均的问题。

(三) 农业税

农业税主要是征收田赋和救国公粮。在根据地建立初期,田赋征收主要依据旧的账册来进行,各地征收年份与数额不一致。如南乐每两田赋征收正赋与附加 4.9 元,清丰是 5.13 元,滑县是 4.7 元,内黄是 12 元,濮阳每顷地征收 21.5 元。1940 年 7 月,冀鲁豫专署下令统一清理田赋,主要是"清理现征年度及旧欠",清理的办法是"已预征(民国)三十年度的继续预征完毕,现征(民国)二十九年度的限期征完。(民国)二十七年旧欠一律豁免,(民国)二十八年旧欠一律续征"。④ 为了肃清以前"有地无粮,有粮

---

① 《冀鲁豫边区合理负担暂行办法草案》,《晋冀鲁豫抗日根据地财经史料选编(河南部分)》(4),第 18~24 页。
② 《晋冀鲁豫抗日根据地财经史料选编(河南部分)》(4),第 155 页。
③ 《冀鲁豫行署关于推行合理负担的指示信》,《晋冀鲁豫抗日根据地财经史料选编(河南部分)》(4),第 194 页。
④ 《中共冀鲁豫边区党史资料选编》第 2 辑《文献部分》(上),第 345 页。

无地，地多粮少，粮多地少"的积弊，1941 年 9 月，冀鲁豫根据地颁布《冀鲁豫行署关于整理田赋地亩暂行办法草案》，主要内容包括：第一，规定地亩大小，"地亩面积均应以二百四十方步"为 1 亩的标准来计算；第二，根据每亩收获量的多少和土质的肥瘠，将田地划分为 5 等 11 级，作为征收田赋的依据；第三，规定了土地登记的具体办法。① 该办法规范了田赋和地亩整理。1943 年秋，冀鲁豫根据地取消了田赋，一律按照合理负担的办法，把田赋并入秋季公粮"统一征收"，征收数量为每亩增加 1 斤小米。② 鄂豫边区田赋征收办法中规定：拥有土地在"五亩以上者征收二分之一，五亩以下之抗属全免，绅商富户抗日月捐，要在三十亩以上者，才每月出捐一元"。③

救国公粮按照统一累进的原则征收。鄂豫边区规定公粮按收成多少，田赋按土地多少，实行"累进计征"。④ 冀鲁豫边区根据土地肥瘠程度分为若干等级，不同等级评估不同的收获量，实行累进征收。具体是将土地分为 5 等 11 个等级，最高产量为 2 石 5 斗以上，最低产量为 2 斗以下。其累进率以 1 亩为免征点，在免征点以上者进行累进征收，"超过免征点二十亩以上之土地不再累进，每一亩按一亩九分计算负担"。⑤ 这一规定照顾到了各阶层的利益，既有负担起征点，也有累进最高点，即负担最高额。水东地区征收抗日公粮，"对每口人只有 1 亩地的贫农免征公粮。1 亩以上，地少者少征，地多者多征。对每人只有 1 亩至 2 亩地农户，每亩征收粮 2 斤，而每人有 3 至 4 亩的农户，每亩地征公粮 4 斤，如果每人拥有 10 亩地，则每亩就征 15 斤或更多，以此类推"。⑥ 累进原则体现了"合理负担"和统一战线的理念，既免除了贫苦阶层的负担，也照顾了富有阶层的利益。

对根据地的边缘地区，各根据地也规定了统一累进的征收办法。如 1942 年 10 月初晋冀鲁豫边区政府颁布游击区、接敌区财产累进负担暂行办

---

① 《财经工作资料选编》（上），第 787~790 页。
② 《关于本年秋季公粮柴草征收的决定》，《财经工作资料选编》（上），第 861 页。
③ 《华中抗日根据地财政经济史料选编——鄂豫边区、新四军五师部分》，第 236 页。
④ 《抗日根据地的财政经济》，第 322 页。
⑤ 《晋冀鲁豫抗日根据地财经史料选编（河南部分）》（4），第 157~158 页。
⑥ 杨宏猷：《关于水东地区抗日民主政权建设的回忆》，中共河南省委党史资料征集编纂委员会编《冀鲁豫抗日根据地》（2），河南人民出版社，1993，第 389~390 页。

第十七章 抗日根据地的经济（下）

法，办法中"以人为计算单位，以户为征收单位，以土地产粮为基准，向财产所有人直接征收。免征点为平均每人全年收入两石谷（二百七十斤），过免征点五斗以上为第一等，每斗以三毫计算。超过免征点三十石以下为第七等，每斗以七厘六毫计算。三十石以上，不再累进。粮食类以外的工商业、副业、房租及其他临时收入，按实价折谷计算。自耕农、佃农的土地收入，按八折计算。各种资财，则一律免征"。①

救国公粮的征收主要依靠政治动员来完成。1943年8月，冀鲁豫根据地公布了《关于本年秋季公粮柴草征收的决定》，规定"每合理负担亩最高征收小米十五斤，烧柴三十六斤，马草四斤"，要求在9月20日以前完成准备工作，10月20日以前必须全部完成。② 为了完成这年的秋征任务，冀鲁豫行署进行了动员，指出："宣传我们要完成抗战胜利更加接近，即敌人灭亡前对粮食的掠夺与破坏将日益加紧与凶恶，教育人民认识粮食是我们支持战争和争取胜利的最主要的资源"；发展群众性的集体自交运动，在基本区"组织以村为单位的集体自动交纳。把这种方式发展成为我们征收工作上的主要方式"；在敌占区和接敌区"亦应尽量提高群众交纳公粮的自觉性，提高村干部积极性，做到由村自动的收集，自动送交，改变过去单纯的催征办法"。③ 为动员群众缴纳公粮，根据地召开各种形式的会议，如"干部会议，联保主任、保甲长会议，地方开明士绅会议，村民大会等，讲清征收抗日公粮的必要性和累进税法的意义，宣布各村各单位的任务数字，进行爱国主义教育，号召大家积极交纳公粮，交好粮"。④ 这些办法保证了征收工作的顺利完成。

在抗战时期的财政收入中，农业税占主要地位。如晋冀鲁豫根据地1941年政府收入2661.26万元，除了入口税和公营事业收入外，直接取之于民者2381.35万元，占全部收入的89.5%。⑤ 在豫皖苏根据地，据1940年统计，田赋每年收入8400万元，其他税收如烟酒税、屠宰税、契税、进

---

① 《晋冀鲁豫边区临参会闭幕》，《解放日报》1942年10月10日，第4版。
② 《财经工作资料选编》（上），第862～864页。
③ 《冀鲁豫行署关于秋征工作的指示》，《财经工作资料选编》（上），第855～856页。
④ 《冀鲁豫抗日根据地》（2），第390页。
⑤ 《晋冀鲁豫边区副主席报告财政建设》，《解放日报》1941年8月9日。

出口货物税以及公产收入 500 余万元，① 合计 8900 余万元，其中田赋占 94.4%。1939 年冬，永城县共捐输救国公粮 1000 万斤。② 在豫鄂根据地，财政收入包括农业税、关税、地方税，据现有资料统计，1941 年，田赋为 120 万元，救国公粮 18 万石，关税为 240 万元。1942 年，田赋公粮为 20 万石，占总收入的 70%；关税收入 2700 万元，占 25%；地方税 540 万元，占 5%。1943 年，田赋公粮为 50 万石，关税约 1.9 亿元。1944 年，田赋公粮为 65 万石，关税 2.5 亿元，地方税 0.9 亿元。③ 这些资料都说明农业税是根据地的主要税收，占到财政收入的 70% 以上。

（四）工商税

工商税是根据地财政收入和调节内外贸易的主要手段，各个根据地都十分重视。抗战时期，为加强对工商税收的管理，各根据地都成立了税务管理机构，并颁布了相关法规。1941 年 10 月，《晋冀鲁豫边区税务局组织规程》规定税务局的任务是："一、征收出入境货物税和内地烟产税。二、查验登记出入境货物。三、查缉禁止出入境及一切违章走私之货物。四、处理没收禁止之出入境货物之一切漏税违章事件。五、核发特许出入境货物凭证。"各分局、各县设立支局和稽征所，在产烟县份设立专门的烟产税征收员。④ 1941 年 6 月，鄂豫边区建立了税务总局，在豫南设立税务分局，在平汉路两侧根据地控制的地方设立税务机构，"控制敌我区之间的物资交流，征收进口货物税和大后方与敌占区物资交流的过境税"。⑤ 根据地在各区、乡都设有税收员，专门负责工商税的征收。⑥

抗战时期，根据地实行的是对外贸易统制政策，对输入和输出根据地的货物进行严格控制，以出入境税对对外贸易进行调节。如《晋冀鲁豫边区征收出入境税暂行条例》（1941 年 10 月颁布）规定，对于奖励出入境货物，

---

① 彭雪枫：《豫皖苏边区财经情况》，《豫皖苏抗日根据地》（1），第 67 页。
② 彭雪枫：《豫皖苏边区财经情况》，《豫皖苏抗日根据地》（1），第 67 页。
③ 刘跃光、李倩文主编《华中抗日根据地鄂豫边区财政经济史》，第 26 页。
④ 《晋冀鲁豫抗日根据地财经史料选编（河南部分）》（1），第 132 页。
⑤ 《抗日根据地的财政经济》，第 321 页。
⑥ 周联奎口述《我在信南县从事税收工作的回忆》，《信阳文史资料》第 2 辑，1986。

第十七章　抗日根据地的经济（下）

一律免税；征税出入境货物，征收 5%～50% 的出入境税。① 1943 年豫鄂边区制定了《关税税则》和《关税税率》。《关税税则》规定"实行合理的出入境税制"，"后方物资通过我区出境与边区物资出境视为出境货，只征一次出境税；敌货输入边区及通过边区到后方者同视为入境货，只征一次入境税"。根据抗战及民生需要，税率在 2%～30% 不等。入境方面，必需的工农业产品如粮食、食盐、五金电料、机器等 30 余种物资、奖购物资以及专营物资，免收入境税；人民生产、生活等日常用品如糖类、肥皂、西药、毛巾等，税率为 2%～10%；非必需品如人参、钟表、呢绒等，税率为 15%；消费品如烟、酒等，税率为 20%；迷信品税率为 20%～30%。出境方面，为了鼓励土产输出，土布、黄花等土产只征 2%～5% 的出境税；边区统制物资如粮食、棉花、油等，征收 15%～20% 的出境税；如运往国统区，征收 10% 的出境税；耕牛、金、银、铜、硫磺、硝等，禁止出口。② 根据地的进出口税在两个方面发挥了重要作用，一是配合了根据地对日伪的贸易斗争，二是增加了根据地的财政收入。

除了出入境税外，根据地还征收营业税、屠宰税、烟酒税、契税等。如冀鲁豫根据地在初创时期各县就"开征屠宰税、田房契税、交易税、烟酒税、印花税、榨油税及进出口等税"。③ 营业税一般是向工商业征收的经营税，豫鄂根据地营业税的征收办法是税务人员对商人进行宣传，由商人申报营业额，再经过商会或小组进行评议，确定应纳税额，然后由税务员按税率给予审查、核实和征收。屠宰税是对屠宰猪、牛、羊等牲畜征收的税，鄂豫边区不少地方规定每杀 1 头猪抽税 1 元。④ 烟酒税是对于烟酒的生产与销售征收的税。1941 年，冀鲁豫边区制定了《冀鲁豫区酒税征收暂行办法》，酒税包括出境税，税率为 5%；产酒税，税率为 20%。⑤ 1941 年，冀太区规定征收烟类产销税，土产水烟、旱烟从价征收 10%，土产卷烟从价征收 20%；

---

① 《晋冀鲁豫抗日根据地财经史料选编（河南部分）》（1），第 136 页。
② 刘跃光、李倩文主编《华中抗日根据地鄂豫边区财政经济史》，第 32～33 页。
③ 《财经工作资料选编》（上），第 534 页。
④ 刘跃光、李倩文主编《华中抗日根据地鄂豫边区财政经济史》，第 37 页。
⑤ 《财经工作资料选编》（上），第 552～553 页。

外来水烟、旱烟、烟叶"只收入境税一次",烟叶征收 10%,水烟、旱烟征收 20%;凡制烟工厂、作坊等均须向当地政府登记领取许可证,凭证营业并缴纳营业税。① 豫鄂边区按烟的等级征 20% ~ 50% 的税收。② 契税是土地、房屋交易、典卖中征收的一种税。冀鲁豫边区关于契税的征收办法规定:"(一)买税契率按房田买卖价格百分之六征税。(二)典契税率按田房典当价格百分之三征税。(三)买典正契契纸费一律每张五元,契约纸(即草契纸)费由各专署按照各地情形统一规定。"政府办理契税的时间为每年 1 ~ 4 月和 11 ~ 12 月。③ 尽管上述税收在根据地的财政收入中不占重要地位,但对规范根据地的商业贸易和经济发展,以及支援抗战都起了重要作用。

在豫皖苏边区,1939 年秋季开始在已建立政权的永城、肖县、宿县、夏邑 4 县设立税收局,征收烟酒、屠宰、出口、进口等税,到次年 2 月,征收仅数月,每月已可收入 8000 元以上。④

整个抗日战争时期,各解放区的农业税收入占财政总收入的绝大部分,间接收入(出入境税、烟税、契税、公营事业收入、公产收益等)仅占一小部分,不过呈不断增长的趋势。如 1941 年前,晋冀鲁豫抗日根据地农业税占财政总收入的 90% ~ 95%,间接收入占 5% ~ 7%。1942 年实行纸烟专卖后,税收大增,间接收入占 10%。1944 年酒专卖,间接收入达到 15%。⑤

五 金融业

(一)金融机构的建立及其业务

抗战时期,为了建立独立自主的经济体制,稳定金融秩序,各根据地都

---

① 《晋冀鲁豫抗日根据地财经史料选编(河南部分)》(1),第 418 页。
② 刘跃光、李倩文主编《华中抗日根据地鄂豫边区财政经济史》,第 38 页。
③ 《晋冀鲁豫抗日根据地财经史料选编(河南部分)》(4),第 342 ~ 343 页。
④ 彭雪枫:《豫皖苏边区财经情况》,《豫皖苏抗日根据地》(1),第 67 页。
⑤ 《晋冀鲁豫边区的财政经济工作》(1947 年 5 月),桂世镛编《戎子和文选》,中国财政经济出版社,1991,第 162 页。

建立了自己的金融部门,并开展了各种业务。

1. 冀南银行

冀南银行是晋冀鲁豫根据地建立的金融机构。1938年夏季,晋豫根据地在沁县建立了上党银号。1939年10月15日,冀南银行在山西省黎城县西井成立,次年秋季日军对根据地大扫荡时,上党银号合并到冀南银行。冀南银行成立后,在根据地各专署设立有分行,在各县设立有支行,支行以下设立兑换所。太岳区行于1943年春设立后,在王屋(今属济源)、孟县、济源3县设有支行。太行区行于1944年10月15日成立后,下设5个分行,其中四分行设于焦作,五分行设于林北县。在博爱、沁阳、修武、武陟、安阳、林县、汤阴、汲淇①、辉县、林北、获嘉、新乡设立县支行。1940年6月,冀南银行在冀鲁豫边区6县专署驻地清丰建立了冀鲁豫办事处,秋季开始发行冀南农民合作社兑换券角分票。② 冀南银行的业务包括:(1)发行货币冀南银行券即冀南币,从成立到1948年,共发行56种货币。(2)办理存款。办理活期、定期和储蓄3种存款业务。1944年储蓄存款分3月期、6月期、1年期3种,月息分别为20‰、25‰和28‰。③(3)放款业务,即支持根据地工农业生产和商业贸易的发展,办理工、农、商业贷款。1943年7月,林县、辉县、汲县、淇县、汤阴、获嘉支行共发放手工业贷款57万元,纺织贷款40万元。同年11月,林北县支行以20万元、安阳县支行以15万元,发放当年冬季、次年春季的种子、肥料、农具贷款;林北县支行以20万元、安阳县支行以10万元,发放兴修水利贷款。贷款利率农业月息12‰,手工业12‰~15‰。鉴于1943年11月至1944年春粮价高、物价涨,农民领到贷款购买物资减少,1944年粮食收成好,粮价贱,农民粜粮还款减少收入,河南境内的冀南银行对此期间发放的农业贷款和兴修水利贷款豁免原本金的50%。④ 据统计,冀南银行在抗日战争中,共发放农、工、商业贷款达20亿元,其中农业贷款44965万元,占22.22%;商业贷款63524万

---

① 汲淇联合县抗日民主政府于1944年建立,1947年分为汲县、淇县。
② 《冀鲁豫边区金融史料选编》上册,第3页。
③ 《河南省志》第46卷《金融志》,第40页。
④ 《河南省志》第46卷《金融志》,第39~40页。

元，占31.38%；工业贷款69579万元，占34.37%；救济贷款481万元，占0.24%；水利贷款1159万元，占0.57%；合作贷款（此为太行区不完全统计）447万元，占0.22%；其他贷款22285万元，占11%。①（4）兑换业务，兑换邻近根据地的货币以及法币和外国币。（5）汇兑业务，办理根据地区内及区际的汇兑。1940年规定汇兑有票汇、信汇、电汇3种。办理汇兑收取汇水和手续费。1943年冬，各县支行与本区各级行都能通汇。②（6）代理金库，办理根据地各级政府机关款项的收解与保管。③

2. 鲁西银行

鲁西银行是冀鲁豫边区的银行，1939年八路军创建鲁西根据地后，成立了鲁西军政委员会，为了解决抗日经费，统一根据地货币，1940年5月成立了鲁西银行，并发行鲁西银行币。1941年7月，鲁西根据地与冀鲁豫根据地合并后，冀南银行冀鲁豫办事处并入鲁西银行，冀南农民合作社兑换券停止发行。从此，鲁西银行成为冀鲁豫根据地的银行。1939~1941年，鲁西银行主要业务是发行货币，支持财政和扶持根据地农业、工商业的发展。截至1941年7月，共发行鲁钞483.74万元，其中用于财政透支的有441.57万元，农业贷款18.2万元，救济贷款2万元，水利贷款15.5万元，商业贷款6.45万元。④其中财政透支占91.3%，说明银行在建立初期主要是服务财政的。从1942年开始，扶持根据地经济建设成为该银行的主要业务，如农业贷款，包括水利、耕牛、救济、春耕、掘井、麦种、运输、纺织等方面，1943年发放2500万元，1945年发放5500万元；工业贷款，包括军事工业和民用工业，1941~1945年发放24500万元；商业贷款，大多是扶持公营商业，1941年春至1942年发放600万元。⑤另外，还从事根据地汇兑、金银外汇等业务。

---

① 郭晓平：《太行根据地的金融货币斗争》，《中共党史研究》1995年第4期。
② 《河南省志》第46卷《金融志》，第40页。
③ 姜宏业主编《中国地方银行史》，湖南出版社，1991，第794页。
④ 《冀鲁豫边区金融史料选编》上册，第3页。
⑤ 姜宏业主编《中国地方银行史》，第809~810页。

3. 鄂豫边区建设银行

1941年，鄂豫边区建设银行在湖北京山小花岭建立，直属鄂豫边行政公署财政处，资本定为100万元，来源于①发行救国建设公债50万元；②招募民股20万元；③政府在税收项下拨款30万元。总行下设会计、出纳、业务、秘书科和3个印钞厂。1941～1945年发行5角、1元、2元、3元、5元、10元6种面值的建设币。1942年夏鄂豫边区建设银行信南分行成立，行长聂跃三。该行以信阳、罗山两县为主开展业务活动。鄂豫边区建设银行的主要业务是："（1）发行法币兑换券一百万元；（2）代理各县之金库收支事项；（3）贷放各种生产事业上必须之资金；（4）对各有利于人民抗战事业进行投资；（5）办理边区汇兑；（6）代理边区行政公署救国建设公债之发行及其还本付息之事项。"① 在各种业务中，财政透支占主要地位，1945年，中共鄂豫边区委书记郑位三在向中央的报告中提到，发行边币1.5亿元，一半做了财政开支；在平汉路两侧及新四军第五师驻地附近发行约1亿元，其中七八千万元是1944年春荒后的财政发行。② 1946年6月，新四军撤出鄂豫边区，银行随之停业。

除了以上各根据地建立的银行并以银行名义发行货币外，在豫皖苏根据地，则通过建立"地方银号"来发行纸币。豫皖苏根据地位于河南、安徽、江苏三省边界地区，战略位置极其重要。边区政权建立后，这里成了敌人军事封锁的重要地区，财政经济十分困难。1939年，中共豫皖苏省委和新四军游击支队政治部共同决定，由边区各县印制发行流通券。7月，处于豫皖苏根据地中心区的永城县抗日民主政府印制发行流通券12万元，面额有5分、1角、2角、5角、1元5种，开始作为边区货币，购买货物。1940年2月夏邑县也印制发行了流通券。这种流通券，以各县抗日民主政府名义发行，各县自行印制，"各县流通券一般只在本县境内流通，邻近县也有相互流通的。各县政府采取行政和经济手段，如规定各项税收和贸易一律通用，

---

① 刘跃光、李倩文主编《华中抗日根据地鄂豫边区财政经济史》，第61、64页。
② 姜宏业主编《中国地方银行史》，第836页。

以保持其信誉和正常流通"。①1939年下半年到1940年上半年，根据地流通券的市场信用超过了法币。此后，豫皖苏根据地面积空前扩大，各地分散的小块根据地已基本连成一片，逐渐具备了统一发行货币的条件。为满足市场货币流通的需要，1940年10月，豫皖苏边区党委决定停止发行各县流通券，边区建立了"地方银号"，由边区联防委员会统一印制发行豫皖苏边地方银号币，在全边区流通并兑换收回各县流通券。豫皖苏边地方银号币时称"抗币"，面额有1角、2角、5角、1元、2元5种，印刷厂设在永城县南曹梁余村，厂长陈建平。边区流通券发行后，各县流通券遂停止发行。②皖南事变后，国民党军队向各根据地大举进攻。1941年5月，彭雪枫率领新四军四师撤出豫皖苏抗日根据地转至津浦路东，开创了淮北抗日根据地。豫皖苏边区沦入敌伪手中后，中共地方武装仍继续展开对敌斗争，各县党组织划归新成立的淮北苏皖边区党委领导。1942年5月，淮北苏皖边区行署筹备成立了淮北地方银号并发行淮北地方银号抗币。1944年8月新四军四师挺进津浦路西收复了原豫皖苏根据地区域，第二次发行纸币，名称仍为"豫皖苏边地方银号币"。"抗币"在流通中深受群众欢迎，为防堵伪币流入，粉碎敌人的经济封锁，维护群众利益，支持革命战争发挥了积极作用。

从以上各银行、银号的情况来看，各根据地的金融机构是在根据地开创初期，为了建立独立的经济体系和寻求解决财政困难的办法而建立的。银行、银号的建立，使根据地形成了独立的金融体系，同时，保障了抗战经费的需要，也推动了社会经济的发展。支持财政和发展社会经济是银行、银号的主要业务，而财政性发行是根据地金融机构业务的共同特点。

（二）货币斗争

尽管各个根据地都发行了自己的货币，但根据地与国统区和沦陷区

---

① 安徽省钱币学会编《华中革命根据地货币史》第2分册，中国金融出版社，2000，第108页。
② 《豫皖苏边区革命史》，第124页。

第十七章 抗日根据地的经济（下）

犬牙交错，因此根据地内货币流通十分复杂，有日伪的货币，如"储备票"和"联合币"，有"中央""中国""交通""中国农民"四行的法币，有根据地自己发行的各种货币，历史上遗留的各种银元、铜元和制钱也在民间流通。例如抗战时期豫南，征收的税款货币种类就很多，"有我们的边币，国民党的纸币，日本币，银元，还有储备银行发行的伪币等"。[1] 不同货币在根据地流通，不利于根据地经济建设和金融市场的稳定。另外，日伪在华北进行金融统制，企图建立以日本为中心的金融体制，对中国金融市场和经济都产生了深刻的影响。[2] 日伪在其占领区禁止使用国民党法币，致使法币大量流入抗日根据地，造成物价上涨，法币贬值。1940年9月，彭德怀在北方局高级干部会上提出了货币斗争的方针："1.发行单一的地方本位币（以战略根据地为单位），因地方本位币无外汇，敌不能利用之以夺取外汇。2.严禁法币流通，使敌不易吸收……3.严禁敌伪币之流通及保存……4.取缔一切杂钞。在一个战略区内，只准当地最高政府发行一种地方本区币，下级政府及私人企业一概不准发行钞票。"[3] 冀鲁豫行署也指出，"统一市场货币，排除法币，加强对敌货币斗争，实为目前重要任务之一"。[4] 因此，根据地货币斗争以维护边币的本位币地位，保护法币，打击日伪杂钞及禁止金银流通和出口为主要内容。

确立根据地银行货币本位币的地位。在豫北地区，冀钞发行后，1941年2月冀太联办发出布告，指出"为了稳定金融，保护法币，打击伪钞，统一货币，决定以冀票为本位币，彻底清收杂钞"，"凡本区内一切贸易，一律以冀南银行钞票为本位币，不得再以法币、银币交易施行。如持有法币及白银者，须向银行兑换冀钞行使"。[5] 鲁西银行成为冀鲁豫根据地的银行后，1942年9月，冀鲁豫行署规定，"凡本区内一切公私交易各款，一律以

---

[1] 周联奎口述《我在信南县从事税收工作的回忆》，《信阳文史资料》第2辑。
[2] 《冀鲁豫边区金融史料选编》上册，第135页。
[3] 中国人民银行金融研究所等编《中国革命根据地货币》下册，文物出版社，1982，第48页。
[4] 《冀鲁豫边区金融史料选编》上册，第166页。
[5] 《中国革命根据地货币》下册，第49页。

鲁西银行钞票（以下简称鲁钞）为本位币，所有法币其他杂钞，一律停止流通"。要求民众在规定的时间（10月11日至11月10日）停止使用法币，"凡人民持有法币者，可一律按七折自动兑成鲁钞后行使"；田赋缴纳"必须持法币到银行或代兑所兑换成鲁钞，再行交纳"；对于违反禁令使用法币者，根据情节不同给予惩处。① 在豫南，鄂豫建设银行币发行后，规定：（1）确定边币为根据地的本位币，并大量发行，提高币值，"对伪币以边币市价为准打折使用"；（2）禁止日伪钞票在根据地基本区流通，凡持日伪钞票者应自动到建设银行兑换边币；（3）实行贸易统制，以边币兑换到的伪币到沦陷区购买货物，以充实边区的物质基础；（4）根据实际情况投放和回笼边币。② 为了巩固边币在根据地本位币的地位，根据地政府还采取了诸如巩固边币的信用和购买力，做到进出口贸易平衡，设立兑换所以方便群众等一系列的措施。在豫东，为促进根据地经济发展，也"禁止伪币流通，用一定比价兑换之，以边币及法币为唯一流通工具，提高巩固边币信用。发现伪造边币时……追究逮捕之"。③

实行对法币的保护措施。根据地发行货币后，法币是当作外汇使用的，因此虽然曾"严厉禁止行使法币"，④ 但为了防止日伪吸收套取和不法商人走私，根据地对法币采取了保护措施。1941年7月，晋冀鲁豫根据地颁布《晋冀鲁豫边区保护法币暂行条例》，规定凡携带法币到日伪区或离开根据地，必须有县级以上政权机关和县级以上贸易机构出具证明文件，否则"经查获后，一律以走私资敌论处"。⑤ 豫鄂根据地对于法币也是采取保护措施，"在游击区则抵制其内流"。⑥ 通过这些措施，既取缔法币在根据地的流通，又限制其流出根据地。

对日伪杂钞和假币采取严厉措施进行打击。1941年5月，冀太联办颁布《晋冀豫区禁止敌伪钞暂行办法》，规定"敌伪钞与伪汇票绝对禁止在本

---

① 《冀鲁豫边区金融史料选编》上册，第107~108页。
② 刘跃光、李倩文主编《华中抗日根据地鄂豫边区财政经济史》，第66~67页。
③ 刘瑞龙：《在财经会议上的报告》（1945年4月），《豫皖苏抗日根据地》（1），第487页。
④ 《晋冀鲁豫抗日根据地财经史料选编（河南部分）》（1），第53页。
⑤ 《冀鲁豫边区金融史料选编》上册，第88页。
⑥ 刘跃光、李倩文主编《华中抗日根据地鄂豫边区财政经济史》，第67页。

第十七章 抗日根据地的经济（下）

区域内行使与保存"，凡商民存有日伪钞票，"限于五月底以前向所在抗日县政府申请贬价兑换冀钞，不得再行使用与保存"，违反者"一经查获，准送交该管抗日县政府按法处理，所有查获之伪钞"由抗日县政府没收。① 1942年9月，晋冀鲁豫根据地规定"为巩固根据地金融，保护抗日本币"，一切"敌伪发行之钞票，在本区内绝对禁止携带、保存与行使"，如有违反，情节严重者，"送司法机关按破坏抗日金融从重治罪"；公务人员如有包庇者"按贪污渎职从严论处，民众按诈财治罪"。② 抗战期间，日伪制造大量假币投放到根据地，以破坏根据地经济，如1943年日伪济南银行伪造了大量5元、10元假鲁钞，利用奸细在根据地周围贩卖，破坏根据地金融和套买物资。③ 针对这一情况，冀鲁豫行署颁布《冀鲁豫行署查禁假鲁钞暂行办法》，对制造和贩卖假边币给予严厉处理。④ 豫鄂根据地对伪造边币扰乱金融秩序者，根据情节不同处以死刑或10年以上有期徒刑；对于使用假钞者，处以劳役或罚款。⑤ 与此同时，各边区还通过工商局掌控着大批物资，随时抛出，以平抑物价，打击伪钞。各工商局、商店、交易所、合作社组成一条经济战线，打击敌伪奸商的囤积居奇。这些措施打击了日伪货币及假币在根据地的流通，保护了边钞的地位，打破了敌伪到根据地来吸收物资的阴谋计划。

为保护边币本位币的地位，还禁止金银在根据地流通。如1943年《晋冀鲁豫边区保护现银禁使银币暂行办法》规定："凡本边区内之一切交易行使，一般以冀南银行钞票为本位币，其他银币、现银、现金均在禁止行使之列"；凡民间收藏银币、现银、现金，可以兑换冀钞，不愿兑换也不流通使用，"政府不得干涉或没收"；但凡查获私自买卖及行使者，"送当地政府依法处理"，查获的银币、现银、现金依法没收；"凡查获私运银币、现银、现金前往敌占区，且有资敌情事者"，除没收外，按汉奸

---

① 《晋冀鲁豫抗日根据地财经史料选编（河南部分）》（1），第74~75页。
② 《晋冀鲁豫抗日根据地财经史料选编（河南部分）》（1），第175~176页。
③ 《冀鲁豫边区金融史料选编》上册，第183页。
④ 《冀鲁豫边区金融史料选编》上册，第186页。
⑤ 刘跃光、李倩文主编《华中抗日根据地鄂豫边区财政经济史》，第67页。

罪论处。①

　　总之，由于处于战时状态，以上措施尽管不能使边币完全占领根据地的金融市场，但在一定程度上维护了边币本位币的地位，稳定了根据地的金融秩序，为战争胜利提供了重要的物资保障，促进了根据地经济建设的顺利开展。

---

① 《冀鲁豫边区金融史料选编》上册，第181~182页。

第十八章
沦陷区的经济

一 农业生产

(一) 日伪农业政策的演变

日本侵略者对于河南占领区的农业政策,前后略有不同。太平洋战争爆发前,日本对华北之农业"系采'中日满农业一元'政策,即谓中日满因地理条件之不同,应各守独立立场,建立适当之分业关系"。"于北〔此〕方针下,则华北应以增产棉花及羊毛为中心,尤以棉花为主要增产对象。至华北所需粮食,则计划自伪满及华中补充。"[1] 在此阶段内,日本侵略者为了更多地掠夺棉花和农副产品,用时任伪河南省公署宣传处处长邢幼杰(邢汉三)的说法,采取了"养鸡取卵"的办法,发展农业生产,主要措施有:首先,成立农业管理机构。成立伪河南省立农林试验场,隶属伪河南省公署,承省长之命由建设厅长指挥监督之。该厂设场长、副场长各一人,下设事务科、种艺科、园艺科、林务科、农艺化学科和测候所,主要从事农作物育种、土壤肥料之改良实验、作物病虫害防治、农产品加工、农业技术推广、农具改良及优良农具的普及、农业气象及林业发展等事项。[2] 为使农业

---

[1] 陈传海、徐有礼等编《日军祸豫资料选编》,第222~223页。
[2] 《河南省立农林试验场组织规则》,《河南省政府公报》第322号,1942年9月2日,第5~9页。

技术推广更好进行,又设立伪河南省农林试验场豫东、豫北分场,场址分别设于商丘、辉县,隶属伪河南省立农林试验场,主要业务与伪河南省立农林试验场同,但更直接面向农村推广技术。① 为发展棉产事业,成立河南棉花改进会,"改进发展河南沦陷区的棉花生产"。② 1941年春季,华北棉花改进会在河南"收购四五〇〇四市斤"优良棉籽,发放给棉农,以利棉花之增收。③

其次,兴修水利、开渠凿井。伪省建设厅在豫北地区建设引黄入卫工程。"经过半年多的紧张施工,沿河开了一些水渠,利用河水浇灌农田。因收水费定价过高,招致民怨,伪豫北道公署也提出了不少意见,历时三年,费力不少,收效不大。"④ 在凿井方面,"原计划以豫东各县为主。由于豫东各县农民,对水利不大重视,豫北各县农民比较积极"。故凿井也主要在豫北进行。"按建设厅规定,打井分机井、砖井、土井三种。机井以村为单位,土井以户为单位,砖井以小组为单位,个人也可以自己打。每打机井一眼,给予补助费五十元,砖井十元,土井三元,每年冬春季为打井季节。实施结果,豫北各县成绩较多,豫东仅打些土井,夏季又多塌陷,砖井为数不多,机井每县一两眼,打井收效虽不大,但较开渠见好。"⑤ 而在豫北效果较佳。据1941年11月华北棉花改进会统计,豫北凿井情况进展如表18-1。

表18-1 豫北第一、二期凿井进行状况

县 别	第一期				第二期				
	凿井预定数	着工数	竣工数	竣工率(%)	凿井预定数	着工数	竣工数	未竣工	竣工率(%)
新乡县	224	224	224	100	171	171	32	139	19
获 嘉	20	20	20	100	40	40	18	22	45
汲 县	11	11	11	100	40	40	28	12	70

---

① 《河南省立农林试验场组织规则》,《河南省政府公报》第322号,1942年9月2日,第10~13页。
② 邢汉三:《日伪统治河南见闻录》,第121页。
③ 华北棉产改进会编《华北棉产汇报》第4卷第3、4期合刊,1942年4月15日,第37页。
④ 邢汉三:《日伪统治河南见闻录》,第123页。
⑤ 邢汉三:《日伪统治河南见闻录》,第123页。

第十八章　沦陷区的经济

续表

县　别	第一期				第二期				
	凿井预定数	着工数	竣工数	竣工率(%)	凿井预定数	着工数	竣工数	未竣工	竣工率(%)
彰德县	210	210	210	100	49	49	16	33	33
汤　阴	20	20	20	100	60	60	39	21	65
临　漳	20	20	20	100	40	40	28	12	70
总　计	505	505	505	100	400	400	161	239	40.3

资料来源：华北棉产改进会编《华北棉产汇报》第4卷第3、4期合刊，1942年4月15日，"华北第一期凿井进行状况表"，河南部分为第42、44页。

从表18-1来看，第一期6县505眼井全部竣工，第二期400眼井竣工40.3%，余下正在进行中。这些水井虽与日本在华北"打井20万眼的增产计划"相去甚远，[1]也无法完成到1942年5月在沦陷区打井15000眼的计划，[2]但对农业生产起到一些积极作用。

再次，防止病虫害。"日伪时期历年蝗灾严重，妨害农作物生长，伪省建设厅对防止蝗灾，花了不少力气。每年冬季，高价收买蝗卵，夏季蝗蝻发生时，伪建设厅会同新民会、合作社等有关单位，组织灭蝻督查团，分往各县会同伪县署大力灭蝻，但多未能根除蝗害四处蔓延。"[3]据豫北淇县合作社联合会记载，1944年上半年组织采蝗卵41斤，捕杀蝗蝻336005公斤，收购蝗卵41斤，收购蝗蝻145000公斤。[4]开封县县长1944年率合作社成员等到各地灭蝗，计收集蝗蝻26060公斤，蝗卵计90公斤。[5]

尽管日伪统治者想尽办法增加粮棉生产，但他们的目的并非改善人民生活，主要是更多搜刮沦陷区农产品。正如日军华北当局在"华北资源价值

---

[1] 日本防卫厅战史室编《华北治安战》（下），天津市政协编译组译，天津人民出版社，1982，第59页。
[2] 《河南省第四次治安强化运动实施计划书》，《河南省政府公报》第322号，1942年9月2日，第39页。
[3] 邢汉三：《日伪统治河南见闻录》，第123页。
[4] 淇县合作社联合会：《民国三十四年度业务施行状况报告书》，开封市档案馆藏，旧3-1-148，第20页。
[5] 滑县合作社联合会：《民国三十四一月常务理事会议咨询事项、报告事项、联络事项报告书》，开封市档案馆藏，旧3-1-148，第48页。

的概况总结"中所说:"华北今日已不再是欧美的殖民地,现在正与日满共同经营着统一的经济,其资源的开发得以委之于最善于利用者之手。""棉花、麻、羊毛、羊皮等衣着原料,通过增产和原料供应地区的扩大,为了日华的自给自足,使华北成为原料供应基地,是不困难的。"① 道出了日本侵略者掠夺沦陷区农产品的目的。由于战争不断、资金匮乏及日伪政府发展农业生产以掠夺更多农产品,农民生产积极性不足,上述日伪政府发展农业生产的措施,直到1944年还未产生应有的效果。②

太平洋战争爆发后,日本"因国内食粮不足,而南阳[洋]运输又极感困难",对"中日满农业一元"政策进行调整,"在侵占区之农业政策由分工合作而改为自给自足,由特产物之增产,而改为粮食增产"。③ 即过去以增产棉花为主的政策改变为在注重棉花生产的同时,重点关注粮食之增加。其实,在太平洋战争爆发前夕,日军已感到粮食供给方面的压力,1941年9月,日本政府制订的"对满华贸易计划"指出:"由我国供给的物资数量,在不影响我国战时经济弹性的范围内,尽可能地出口",而"由满华向我国提供的物资数量,为加强自给体制,基于日满华一体的立场,通过提高满华的生产率,最大限度地向日本进口"。④ 话虽说得转弯抹角,说穿了就是从中国尽可能多地掠夺,然后运回日本,而日本尽可能少地提供物资,如果不富余,可以不提供。11月,日本政府制定了有关占领地方针,"其中首要任务是'迅速获取重要资源和作战部队保证自行谋生'",明确提出了强化掠夺的方针。⑤ 1941年末,根据日本政府指令,驻华日军指示其所属部队进行全面的"就地谋生","在粮食方面,部分主食(实际是主要部分)和全部副食面就地筹集。被服由当地纺织厂和毛纺厂自行生产。全部日用品(纸张、文具、消耗品、肥皂、火柴、香烟、小卖部经营的商品等)和部分

---

① 《华北治安战》(下),第115页。
② 《河南省各县劝农场实施要纲》,《河南省政府公报》第448号,1944年6月14日,第9页。
③ 陈传海、徐有礼等编《日军祸豫资料选编》,第223页。
④ 中央档案馆、中国第二历史档案馆、吉林省社会科学院合编《日本帝国主义侵华档案资料选编:华北经济掠夺》(以下简称《华北经济掠夺》),中华书局,2004,第206页。
⑤ 《华北经济掠夺》,第206页。

皮草、麻类、金属类的武器维修材料，以及部分药品也使用当地产品"。这就改变了1941年前，"日军的军费是作为临时军费和经常预算由日本政府财政支出，以日本国民的负担进行筹措"的方针。① 过去，"驻华北日军的经费，日本政府以日元支付，汇给中国联合准备银行，而联合准备银行则将这部分军费换成联银券交付给日军。这些联银券是按照日本政府拨来的日元数量增印的。1939年以前，还曾从日本运来与之相抵（即便不是百分之百，大体相当）的物资，所以增印的联印券还可以保值。换言之，就是以日本国民的负担作为联银券增发部分物质保证"。② 故太平洋战争爆发前，沦陷区物价相对平稳，各地伪政府及合作社也实行所谓"公平"的收购。太平洋战争爆发后，日军采取的全面"就地谋生"政策，等于从沦陷区人民经济生活中掠走部分物资，以充军用，因为"就地谋生"，并非日军通过自身的劳动重新创造财富而进行消费。创造这部分财富所需要的劳动始终是由中国人民付出的，日本军只是凭借武装镇压机构和不兑换纸币将财富据为己有。所以，"日本军开始实施就地谋生，立即造成物价暴涨，联银券贬值"。③

日军控制下的河南沦陷区伪政权，从太平洋战争爆发后，注重粮食生产，加强经济统制，对人民进行疯狂掠夺。首先，设置产粮重点县，每县各设五重点乡村，以增加粮食生产。河南省设有26个粮食生产重点县，分别是：长垣（当时属河北省）、彰德、武安、临漳、汤阴、获嘉、镇县（原文如此，恐有误）、汲县、辉县、封邱、阳武、修武、武陟、新乡、沁阳、商丘、鹿邑、杞县、开封、陈留、通许、柘城、睢县、宁陵、于（虞）城、清化（1938年至1945年，日军侵占时改博爱县为清化县）、中牟。④ 并在沦陷区开展增产运动，推行设立示范农家、训练农业指导员、种子选择和消毒播种、防除病虫害等措施，如1944年淇县日伪政权为防治病虫害，于大麦、小麦播种期间，对二麦实施种子消毒，计消毒面积51576亩，消毒种子量257880公斤。⑤ 滑县1944年

---

① 《华北经济掠夺》，第207页。
② 《华北经济掠夺》，第207~208页。
③ 《华北经济掠夺》，第207页。
④ 陈传海、徐友礼等编《日军祸豫资料选编》，第223~224页。
⑤ 淇县合作社联合会：《民国三十四年度业务施行状况报告书》，开封市档案馆藏，旧3-1-148，第20页。

度共消毒小麦种子 250000 公斤，消毒面积为 50000 亩，收获量增长 50%。大麦种植面积 10000 亩，消毒种子配付量为 30000 公斤。蓖麻种子配付量 1865 市斤，种植面积 376 亩。[①] 但由于日伪政权发展生产以掠夺为目的，人民生产积极性不高，农业反而大幅衰退。

其次，加强对农产品的统制。河南沦陷区日伪政权对粮食、棉花等农副产品之统制，十分严密。关于粮棉之收购，规定必须由伪县政府、合作社来进行。1943 年 11 月，伪河南省政府制定《河南省棉花收买要纲》，规定各地棉花收购责任人"为各级行政长官"，收买机构为各地合作社及棉业团，合作社负责收购，棉业团担负外运业务，且军警负责运输安全，而其他个人和商贩不得收购。[②] 在《民国三十二年河南省油料收买要纲》中规定豫东实行行政收买负责制："为各级行政长官，道尹对所辖各县知事，县知事对所辖各区保甲长，各令其分担所分配之责任供出量"，层层负责，不得有误。实际到各地收买者仍为合作社。[③] 豫北实行合作社与河南省油料组合收买，"合作社担任县城及重要集市之集货"。"油料组合于前项地点收买合作社所收集之油料后担任输送至沿线交货。"[④] 并对功绩显著之行政长官及收买机关实施随时褒赏。对"因不正行为或怠慢不能尽责者，免职或严重处罚"。[⑤] 另外关于毛革类、粮食类的收购，与棉花、油料的收购基本相同。

再次，在掠夺时，极尽苛索之能事，采取杀鸡取卵、竭泽而渔之方式。华北为日军兵站基地，日军各种军需包括粮食在内的各种物资，取自华北者不断增多。河南为华北的主要粮棉产区之一，每年在河南掠夺数量，随之增加。"一九四三年以前，每年秋后伪省署作粮棉分配方案时，把农民需要列为一项，给予最低的消费数，然后再及其他。至一九四三年秋，把这项不管不顾了，除军用额必须交足外，运往北京、天津及省县伪组

---

① 滑县合作社联合会：《民国三十四一月常务理事会议咨询事项、报告事项、联络事项报告书》，开封市档案馆藏，旧 3－1－148，第 48 页。
② 《华北经济掠夺》，第 810～812 页。
③ 《华北经济掠夺》，第 830 页。
④ 《华北经济掠夺》，第 831 页。
⑤ 《华北经济掠夺》，第 834 页。

织需用的,尽力征购。其后由于棉粮价高涨,改为预征实物,河南各地农民生活,更是没法维持了,这是当时杀鸡取卵的实情。"① 如在商丘永城县,1942年和1943年两年天旱歉收,"每亩平均只收小麦五十斤,今被敌伪征去四十四斤",且第二期征收小麦又派下,"全数为八十万斤,如此巨额,民众即变卖田产,亦难使其满足。……人民倍感此种双重压迫下,生活无法维持,扶老携幼,四处逃之"。② 豫北修武日军,"唆使伪组织勒令人民每亩附纳小麦一石之多",③ 而当时河南小麦亩产一般在100斤左右,1石在200斤以上。这种竭泽而渔的抢掠方式,导致沦陷区大量土地荒芜,农民出逃。

(二)合作社的建立

抗战时期的日伪合作社,是日本对中国进行经济掠夺的主要工具。日伪华北合作社是由南京国民政府成立的华北合作事业委员会改组而成。1934年7月,华北合作事业委员会成立,负责指导冀、察两省的合作社。1937年卢沟桥事变后,日军占领华北,"立即改组了原华北农业合作事业委员会,由日本人石井俊之任顾问,把合作社改组成为日侵略者服务的工具"。1941年12月,伪华北合作事业总会成立,形成总会—省联合会—县联合会—乡村合作社的体系。在合作社中,各级联合会的理事长由汉奸担任,且大多为伪省长、县知事兼任,日本人担任副理事长、常务理事,负责重要部门的工作。实权掌握在副理事长手中。1943年起,为贯彻"以华制华"的侵略方针,副理事长、常务理事及日本人在合作社的职务,一律改为顾问,从表面上看,各级合作社由中国人管理,实际上大权仍集中在"顾问"手中。④

具体到各省、市县伪合作社,是随着各地沦陷逐步建立起来的,故伪省合作社往往迟于伪市县合作社成立。如1938年6月6日开封沦陷,

---

① 邢汉三:《日伪统治河南见闻录》,第124页。
② 《苏北运河沿岸敌伪通贴诱降标语》,《解放日报》1943年8月30日。
③ 《修武之敌横征暴敛》,《河南民国日报》1943年9月19日。
④ 郭铁民、林善浪:《中国合作经济发展史》(上),第438~440页。

6月下旬，伪开封市合作社的牌子，便在徐府街西头路北与伪开封市新民会的招牌同时挂出，在社内设有门市部，销售日用工业品。"合作社成立之初，负责人全部是日本人，只招收十多名具有中等文化水平的失业男女青年，分任售货员及勤杂工作。后为与各伪组织联络方便，任用淮阳人李万箱为社内营业科的科长，其后人事组织无大变动。"而伪河南省合作社联合社到1940年才宣告成立，委员长由伪河南省省长兼任，伪省新民委员会次长（日本人）为副委员长，伪省府各厅长及伪报社社长均为委员。① 由此可见，河南伪合作社组织，是县设立伪市县合作社联合社，然后再成立伪省合作社联合社的，且伪省合作社联合社规格很高。据统计，到1941年，仅华北沦陷区河南部分，计有县联合社20个，乡村合作社1555个，社员154171人。② 根据区域划分，豫北为华北区域，豫东陇海路以南为华中区。据伪河南省公署统计，1941年伪省署下辖县份有获嘉、武陟、彰德、汤阴、淇县、修武、滑县等20县。③ 以此推算，豫北各县每县都成立了伪县联合社。从淇县伪县联合社组织系统表可知，伪县联合社设顾问1人（由日本人担任），顾问之下为理事长，然后为副理事长、常务理事、理事、监事，合作社下设指导系、金融系、事业系、庶务系、生产指导系等，各系由系主任负责。伪县联合社下有伪乡村合作社，为合作社基层机构。④ 在沦陷区农村大部分乡村设有伪乡村合作社，据统计，1944年，淇县有自然集成村167个、伪乡村合作社数123个，农家总户数14600户，社员数5968名。⑤ 伪乡村合作社数约为自然村总数的73.65%，考虑到农村参加合作社者多为每户户主，社员数应为参加户数，参加户数约为总户数的40.88%。加入伪合作社的户数与总户数之比少于伪乡村合作社与自然村之比，说明大多农户并

---

① 邢汉三：《日伪统治河南见闻录》，第31~32页。
② 《华北沦陷区合作社发展概况》，郭铁民、林善浪：《中国合作经济发展史》（上），第440页。
③ 《河南省现管县市人口调查表》（1941年4月30日），《河南省政府公报》第194、195合订号，1941年7月15日，文字之后附表。
④ 《淇县合作社联合社组织系统表》，开封市档案馆藏，旧3-1-148，第8页。
⑤ 《社员出资会金》，开封市档案馆藏，旧3-1-148，第19页。

第十八章 沦陷区的经济

不愿意加入伪合作社组织。1944 年，在开封县有伪乡镇合作社 49 社，参加人数 118899 人。① 据伪河南省公署统计，1941 年开封县总人口 193516 人。② 参加人数约为开封县总人口的 61.44%。因抗战时期河南人口呈逐年下降趋势，1944 年加入伪合作社的社员比例应高于 61.44%，开封县民众加入伪合作社的人员比淇县更加普遍些。由上述情况可知，河南沦陷区伪合作社系统在 1940 年已建立起来，合作社实权掌握在日本人手中。

伪河南省合作社的成立及转变经过，大致可分为三个阶段。"自沦陷初期至一九四二年夏是第一阶段，在这段时间里，合作社的业务经营，以县市为主，省合作社虽有这个名称，谁也不知设在哪里，日本陆军特务机关政治部经济组中有几个日本人，兼管省合作社。这时省合作社，只是对县、市合作社传达日军头目的指示和要求，向日军头目汇报各县、市合作社情况。"在这一时期，伪合作社除在沦陷区搜刮物资外，还为改进农业生产方法，培训技术人员，投入了一些人力物力。③ 从 1942 年至 1944 年下半年，是伪河南省合作社发展的第二阶段，在这一阶段，日伪合作社组织大量低价收购沦陷区农产品。由于太平洋战争爆发，合作社中年轻的日本人，逐步应征入伍，送到太平洋或印支战场，到 1944 年夏，市县合作社的日本人，剩下的多是老弱妇女，合作社每况愈下，多少带了一些伪组织的味道。从 1944 年下半年开始至日本败亡为第三阶段。在此阶段，"日本侵略者在河南沦陷区收购物资，完全使用强盗抢劫方式，合作社难以插手……河南省的合作社已是名存实亡了"。④ 伪河南省合作社系统在沦陷区存在的 7 年时间里，是河南沦陷区物资收购、分配的主要执行者之一，抢夺走沦陷区很多物资，为日伪政权的重要帮凶，给河南人民造成了极大的危害。

---

① 《开封县合作社联合会社员出资资金状况表》，开封市档案馆藏，旧 1 - 1 - 48，第 3 页。
② 《河南省现管县市人口调查表》（1941 年 4 月 30 日），《河南省政府公报》第 194、195 合订号，1941 年 7 月 15 日，文字之后附表。
③ 邢汉三：《日伪统治河南见闻录》，第 155 页。
④ 邢汉三：《日伪统治河南见闻录》，第 156 页。

（三）日伪统治者对农产品的劫夺与榨取

1. 进占中的抢劫与破坏

敌人对沦陷区农产品的抢掠主要分进占时的抢劫和日伪政权的强征、强收两部分。对占领区财物的抢劫主要是军队的武装抢掠。日军的抢劫，愈到后期，愈加严重。在豫北，1938年日军盘踞温县间，常四处抢掠，"（乡间）所有鸡子，尽被杀吃一空，所到之处，房屋愈破烂，则搜索愈严，入室翻箱倒箧，除不要衣服被褥外（城内则尽情狂掠），金银首饰，无不一扫而空"。[1] 侵入孟县的日军，"近更在济源、孟县等地勒索粮秣谷草，运往沁阳"。[2] 1938年4月，日军侵略滑县、浚县、道口时，放任军马吃麦苗，致使当地"麦收绝望"。[3] 1937年，日军占领清丰县城仅三天时间，即杀害居民1096人，"所有贵重物品抢劫一空，日用杂具全部摔毁，牲口家禽被杀食干净"。[4] 盘踞济源之日军，四处搜抢粮食，"凡敌经过之处，房舍为墟……敌人近日变本加厉搜掠民间粮食，运往后方"。[5] 1938年6月6日，沁阳日军到乡间抢掠，抢劫财物装"汽车三十余辆"，运回沁阳。[6] 1942年农历三月，日本侵略者以清查抗日军民为名，纠集浚、滑、淇、汲四县日伪军4000余人，向浚县草店、枋城一带进行"扫荡"，共涉及东西枋城、草店、来庄等七八个村庄，所到之处，鸡犬不留，房舍为空，这次共抢粮70余万斤。[7] 据不完全统计，日军在侵占辉县的7年多时间里，共抢掠金属24.4万公斤，折款0.96亿元；粮食511万公斤，折款4.1亿元；棉花2.1万公斤（应为21万公斤），折款0.252亿元；纱布140万尺，折款2.8亿元。[8]

---

[1] 陈传海、徐有礼等编《日军祸豫资料选编》，第76页。
[2] 《豫北民众武装歼敌》，《新华日报》1938年3月2日。
[3] 陈传海、徐有礼等编《日军祸豫资料选编》，第82页。
[4] 陈传海、徐有礼等编《日军祸豫资料选编》，第123页。
[5] 《盘据济源暴敌搜抢粮食》，《河南民国日报》1938年4月19日。
[6] 陈传海、徐有礼等编《日军祸豫资料选编》，第209页。
[7] 刘世永：《日本侵略者对河南沦陷区的经济掠夺》，《河南大学学报》（哲学社会科学版）1988年第1期。
[8] 辉县市史志编纂委员会编《辉县市志》，中州古籍出版社，1992，第316页。

在豫东，1938年6月19日，商丘"驻朱集的日本骑兵在集西徐庄村烧杀，杀村民12人，烧房180余地间，财物亦被抢劫一空"。① 1941年3月，"日伪查封县城货栈，将存货抢劫一空"。②

日军在抢掠的过程中，有意破坏河南农民赖以生存的土特产品，使当地的土特产品遭受难以恢复的打击。如豫东柘城盛产"柘丝"，"光润鲜艳，细长均匀，拉力强度大，畅销国内外，历史上有'柘丝为最'的美称。1931年，全县有高大乔木桑5万余棵，年产蚕丝10万公斤以上"。据1934年《申报年鉴》记载："19世纪20年代，柘城家家植桑，户户养蚕。"当地群众流传说："赖纺棉、勤养蚕、四十五天得茧钱。"种桑养蚕缫丝是柘城农民生活的主要来源。1938年，日军侵占柘城后，"大量桑树被砍伐，蚕业生产遭到严重破坏"，③ 使柘城养蚕业一蹶不振。

河南内黄县和当时新划县高陵、顿邱、卫河（现三县已撤，当时均属河南），被称为沙区，盛产枣和花生，尤其内黄小枣，以核小肉多而闻名，是沙区之特产，"沙区人民是依靠这两种特产来活跃经济生活的"。日军深知此意，在1941年"大扫荡"时，带来很多钢锯，逼迫随同他们前来沙区的河西群众砍伐枣林。敌人还把砍伐枣林看作一种劳役，被抓住的老百姓，很多是强迫锯了几天枣林之后再打死的。可惜沙区枣林的损失没有详细统计，只知道千口（地名）被砍林3349棵；破车口（地名）的枣林被砍光；城堡东街17户中，被砍枣林即达46亩；从丁村往西直到桑村，绵延十数里，各村枣林残留无几；桑树枣林，损失在十分之八以上。④ 侵华日军陆军少佐本田义夫在手记中描述了他有目的砍伐濮阳县以李家庄为中心枣林的情况："这一带光是大枣的产量，用我这个外行人的眼力来估计，也能达到12吨到30吨的样子。这时节沉甸甸的枣树刚刚冒芽……枣树林是有15町步大小，经过农民二、三十年来亲手培育的2500棵枣树，枝条上挂满蓓蕾，棵棵长得茂盛。""于是我命令各小队之间，开展砍枣树的竞赛，特别是对农

---

① 商丘县志编纂委员会编《商丘县志》，三联书店，1993，第33页。
② 《商丘县志》，第35页。
③ 以上资料见柘城县志编纂委员会编《柘城县志》，中州古籍出版社，1991，第362页。
④ 陈传海、徐有礼等编《日军祸豫资料选编》，第172页。

民出身的士兵，稍一怠慢就要得到斥责。"并将一位前来劝他不要再砍伐沙区人民赖以生存的枣树的王老汉杀死。① 日军有预谋破坏河南经济的目的昭然若揭。正是这种破坏，给河南沦陷区某些土特产带来至今仍无法恢复的后果。

2. 伪合作社组织对农产品的掠夺

(1) 强迫民众入社，强收社员股金

各级伪合作组织建立后，为增加资金和便于掠夺陷区人民财产，大力发展合作社社员，但开始并不顺利。"一九三九年时，曾以半骗哄半强迫方法，勒令城市及乡村广大人民，每户交纳两元股金，加入合作社……当时从外地运到沦陷区的工业品，大都掌握在合作社之手，群众为便于购买生活用品，有一部交股金入社。"后来，由于未入社群众购买物品不便，甚至被合作社"带上不拥护新政府，思想不良等帽子，群众为着少惹是非，又有不少加入了合作社"。② 据统计，1941 年，河南省县联会 20 个，乡村合作社 1555 个，社员 154171 人。③ 随着时间推移，入社人员不断增加，资金被剥夺更多，据开封县合作社统计，1944 年和 1945 年开封县入社人数大为增加，具体情况见表 18 - 2。

表 18 - 2　开封县合作社联合会、社员出资金状况

1944 年度末		1945 年度计划增加额		1945 年度上半年进行状况	
社数	49	社数	—	社数	50
社员数	118899 人	社员数	90000 人	社员数	121899 人
出资股数	2217 股	出资股数	17000 股	出资股数	2222 股
出资金额	66510	出资金额	510000	出资金额	66660

资料来源：《开封县合作社联合社报告书（1944~1945）》，开封市档案馆藏，旧 1 - 1 - 48，第 3 页。

---

① 陈传海、徐有礼等编《日军祸豫资料选编》，第 108~109 页。
② 邢汉三：《日伪统治河南见闻录》，第 155 页。
③ 《华北沦陷区合作社发展概况表》，郭铁民、林善浪：《中国合作经济发展史》（上），第 440 页。

从开封县合作社情况看，1945年上半年社员人数比1944年有一定增加，由1944年末的118899人增加到121899人。而出资股数和出资额数却增加甚少，说明陷区人民大都被迫加入，人们并不愿意把资金投入合作社，也可能是人民到了赤贫的程度，无资金加入。

在豫北淇县，据对167个自然村统计，共成立合作社123个，成立合作社的村占73.65%强，具体情况见表18-3。

表18-3 淇县合作社、社员出资金情况

乡村合作社		社员		出资		
自然集或村数	社数	农家总户数	社员数	股数	出资金额	已缴金额
167	123	14600户	5968名	1828股	54848元	49794元

资料来源：《社员出资会金》，开封档案馆藏，旧3-1-148，第19页。

这些被迫加入合作社的社员，实际上遭受了日伪统治者的掠夺，他们被配给的日用品，不及他们上缴棉粮之一二，他们所交之股金，"不但每年未发给股息，逐年分红也未提及，购买物品的便利，也未完全兑现"。社员入社所交股金，好像交的捐税一样，没有任何回报，随着日军的败亡而一无所有。[①]

（2）强购粮、棉、油等

粮食为农产品中最重要者，为人们日常必需之物，日伪对粮食的强购特别重视。在豫东，"敌在泛东各县大量收购小麦、杂粮、花生等食粮，按伪钞给价并不时赴四乡清查户口，凡大户粮食均强迫抽三分之一充公，并由该出粮大户送往敌指定地点以备敌他运"。开封"敌军营养不足"，派大批人员"分赴各乡村强迫购买民间粮食，以补充敌军给养"。"又强购豆类食物如黄豆、青豆等充作食品。敌规定价格黄豆每市斗二元四角，青豆每市斗三角五分，较市价低廉二分之一，民众恨之刺骨。"[②] 在柘城，仅1944年合作社即"强行征购小麦一千万斤"，强行征购小麦的价格，每斤0.09元，低

[①] 邢汉三：《日伪统治河南见闻录》，第155页。
[②] 陈传海、徐有礼等编《日军祸豫资料选编》，第211页。

于市场价格将近一半（市场价格每斤 0.15～0.16 元），这次强购，从市场价格上即榨取数十万元的高额利润。强购杂粮"总数量也是一千万斤。派购价也远远低于市场价格，如谷子派购价每斤为 0.0625 元，市场价格每斤为 0.09～0.1 元，其它谷物虽不详其每斤具体价格，但均低于市场价格"。"大量杂粮实物，残遭掠夺，农民十室九空，哀鸿遍野。"① 宁陵县 1945 年小麦总产量为 1200 万斤，日伪合作社一次即征去 200 万斤，留下不足 50 万宁陵人民不到一月的口粮。②

在豫北，日军统治辉县的 7 年间，合作社共套购"粮食 1374.9 万公斤，折款 6.95 亿元"。③ 1943 年，敌伪在"豫北各县平均征粮七百吨。"④ 1943 年河南省联合社共收买小麦 15355 吨，支用金额 14680000 元，约合每市斤 0.478 元；收买杂谷 24529 吨，支用金额 10000000 元，约合每市斤 0.204 元。⑤ 而 1943 年正是大灾之年，物价飞涨，无粮可食，"街市上的应时商品，则为榆皮面馍，四元一斤"。⑥ 在彰德，1943 年 3 月 3 日小米每斗（21 斤）78 元，两天后涨至 105 元。⑦ 即 3 月 3 日小米每斤约 3.71 元，5 日涨至每斤 5 元。林县 3 月 5 日小米价格每斗 160 元，15 日涨至 185 元。⑧ 如按每斗 21 斤计算，林县小米价格，3 月 5 日每斤约为 7.62 元，15 日每斤约为 8.81 元。因灾荒不断，通货膨胀加剧，粮价上涨趋势未改，故 3 月以后彰德、林县的小米价格应高于 3 月的价格，当属无疑。在豫中漯河，1943 年每市斤小麦 25 元、谷子 20 元、高粱 10 元、大豆 22 元。⑨ 而日伪合作社 1943 年小麦收购价格为每市斤不到 0.5 元，杂粮每市斤不到 0.21 元，这与空手抢劫无多大区别。

另外，建立农业仓库，也是日伪政权和合作社统制粮食，进行配给掠夺

---

① 陈传海、徐有礼等编《日军祸豫资料选编》，第 217～218 页。
② 《河南省临时参议会第三届第四次大会汇编》，出版情况不详，河南大学图书馆藏，第 179 页。
③ 《辉县市志》，第 316 页。
④ 《华北经济掠夺》，第 765 页。
⑤ 《华北经济掠夺》，第 764～765 页。
⑥ 王子官：《一九四二年大旱灾之汜水》，《河南文史资料》第 19 辑，1986，第 161 页。
⑦ 《晋冀鲁豫抗日根据地财经史料选编（河南部分）》（3），第 234 页。
⑧ 《晋冀鲁豫抗日根据地财经史料选编（河南部分）》（3），第 239 页。
⑨ 《长葛县志》，第 466 页。

第十八章 沦陷区的经济

农产品的重要手段。"敌伪自三十（1941）年起……在其侵占区内将各县分若干区，建筑农业仓库，由合作社担任出纳，强迫民众将所获食粮除各家人口两个月生活必须量外，悉数送存仓库，必要时再予发给。若接近中共及国军地区，则将乡民所有食粮强迫尽数送存仓库，美其名曰保护，而实际私运平津，供作敌粮。"[①] 关于农民需要时的配给，"每月按人口配给，先行拨给配给券，人民凭券由合作社或新民会领取米麦香油煤烛火柴医疗用品及纸张"[②]。配给数量为"成人每日1斤，6岁以下儿童、56岁以上老人，或根本不发给，或每日数两，使其永远处于半饥饿状态"[③]。

日伪在沦陷区修建农业仓库不遗余力，以便控制更多粮食，为其侵略战争所需。淇县合作社于1942年在淇县车站建有农业仓库24间，容量达500吨，职员5人看管。在1944年又在该地建仓库8间，以利不断从各地搜刮来的粮食的调运。[④] 在开封县，开封县合作社联合社自筹资金217000元，于1942年共建成收容量达1200吨的农业仓库。[⑤] 日伪合作社在大量收缴农民多余粮食的同时，给予农民之配给少之又少，且在配给时，须请求上级配发。开封市档案馆所存的合作社材料中有杞县合作社1944年三次申请货物清单，情况如下：第一次请求洋火240包、白糖50市斤、仁丹500包、洋烛100包；第二次请求书，请求白糖12市斤、洋火12包、仁丹60包；第三次请求书请求洋火5包、白糖5市斤、食盐10斤。[⑥] 可见日本对日用品控制之严格，发给人民生活必需品之少。在淇县，购入配给品本来就少，合作社还不把配给品完全配发给农户。如1944年购入配给品价值847094.62元，配给群众的物品价值702165.37元，余144929.25元。配给商品种类包括无烟煤、洋火、盐、棉布、土布、各种纸烟、白糖、面粉、粗布、各种豆粉和

[①] 陈传海、徐有礼等编《日军祸豫资料选编》，第186页。
[②] 陈传海、徐有礼等编《日军祸豫资料选编》，第187页。
[③] 刘世永、解学东主编《河南近代经济》，第348页。
[④] 《淇县业务实施状况报告书》，开封市档案馆藏，旧3-1-148，第22页。
[⑤] 《开封县合作社联合社》，《开封县合作社联合会报告书（1944~1945）》，开封市档案馆藏，旧1-1-48。
[⑥] 杞县合作社联合会：《请求书》，开封市档案馆藏，旧3-1-148，第1~3页。

杂粮及各种日用品。①淇县敌伪合作组织从配给过程又掠得部分产品，且配给品烟类很多，细粮甚少，农民以农产品换工业品，无疑又受一层剥夺。

在开封县，1944年县联社交割给日伪政府的农产品有大麦、小麦等，具体情况见表18-4。

表18-4 开封1944年重要物资搜集状况（截至6月7日）

品名	大麦	小麦	杂谷	棉花	蓖麻	杆类	苇席
割当量	300吨	900吨	500吨	7700吨*	100吨	250吨	10000条
供出量	300.6吨	1635.8吨	259.785吨（小麦）241.584吨	387465斤	24654斤	42434斤	4089条

注：*此处吨疑有误，应为担。
资料来源：开封市档案馆藏，旧3-1-148，第42页。

农民交出了他们的小麦、棉花，仅能留下粗粮糊口。而伪政府、合作社"褒奖"给他们的日用品却少得可怜。如1944年，开封县合作联社"褒奖"的物品有布403尺，火柴20箱22包，货币545947元，其中近一半的物品和款项给了伪县政府，有4万余元被合作社留用，②真正到人民手中的物资就不得而知了。总之，日伪政权通过建立农业仓库，实行配给，最大限度地把农民的物资控制起来，更便利地掠夺沦陷区人民，就连日伪合作社也承认："以少数褒奖物资配给外"，县联社再无他物，农民几一无所获。③伪河南省政府宣传处处长邢幼杰也说："合作社在沦陷区存在七年，前六年活动猖狂，抢掠走沦陷区物资很多，为日伪政权当了大帮凶，最后一年虽名存实亡，但它的残渣余孽仍继续为非作歹，这个名伪实日的组织，是河南沦陷区人民的吸血鬼，它给予人民的危害是笔墨难尽述的。"④

---

① 淇县合作社联社：《民国三十四年度业务施行状况报告书》，开封市档案馆藏，旧3-1-148。
② 《开封县合作社联合会报告书（1944~1945）》，开封市档案馆藏，旧1-1-48，综合第12页、第13页表中数据所得。
③ 滑县合作社联合会：《民国三十四一月常务理事会议咨询事项、报告事项、联络事项报告书》，开封市档案馆藏，旧3-1-148，第42页。
④ 邢汉三：《日伪统治河南见闻录》，第156页。

第十八章 沦陷区的经济

棉花、油料、皮毛等既为生活必需品，又具有一定的军事用途。河南不仅是棉花的主要产区，豫东、豫北还盛产花生等油料作物，故日伪对河南棉、油等物品的强购，不亚于对粮食的兴趣。在伪河南省政府制定的《河南省棉花收买要纲》（1943年11月25日）、《民国三十二年度河南省油料收买要纲》、《河南省政府民国三十二年度甘薯干收买要纲》等文件中，明确规定："担任收买者为合作社及棉业团"，"合作社担任县城及重要集市之集货"。"棉花团……担任输送至沿线，并交货。"① 关于甘薯干"集货之操作并处理，完全由合作社施行之"。② 合作社实为棉油等的收购机构。据"收买要纲"记载，1943年，河南省计收棉花豫北道213921担，豫东道4776担；棉籽豫北道142574担，豫东道3184担。③ 1944年，开封县交割棉花即达7700吨（原表如此），共计387465斤。④ 合作社虽未记载1943年棉花搜刮数量，当不会没有。另据《河南省志·商业志》记载：1943年日军即劫夺河南棉花14616吨，制革用羊皮38.3万张。⑤ 劫夺棉花数量是日伪统计数量的2倍。伪河南省政府宣传处处长邢幼杰称："四三年一年，日伪侵略者掠夺河南沦陷区皮棉，约计三十万担以上。"⑥ 应该比较接近日伪掠夺的真实数字。

1941年，华北棉花改进会还通过运销合作社在豫北收购大量棉花，具体情况如下。新乡运销点，运销量为：一等棉92323.50市斤，二等棉38689.50市斤，三等棉7528.50市斤，四等棉2814.00市斤，计141355.50市斤。获嘉运销点，运销量为：一等棉33613.50市斤，二等棉5323.00市斤，计38936.50市斤。彰德运销点，运销量为：一等棉41092.00市斤，二等棉7106.00市斤，三等棉587.50市斤，计48785.5

---

① 《华北经济掠夺》，第810～811页。
② 《华北经济掠夺》，第842页。
③ 《华北经济掠夺》，第813页。
④ 滑县合作社联合会：《民国三十四一月常务理事会议咨询事项、报告事项、联络事项报告书》，开封市档案馆藏，旧3-1-148，第42页。
⑤ 河南省地方史志编纂委员会编《河南省志》第42卷《商业志》，河南人民出版社，1993，第54页。
⑥ 邢汉三：《日伪统治河南见闻录》，第173页。

市斤。汤阴运销点，运销量为：一等棉105977.50市斤，二等棉3823.00市斤，三等棉1294.00市斤，计111094.50市斤。临漳运销点，运销量为：一等棉106381.00市斤，计106381.00市斤。仅上述5个县即被掠夺走棉花446553.0市斤。这些由华北棉产改进会收购的棉花并不包括在合作社收购的棉花之内。①

油料、皮毛等，伪合作社亦大量收购。如1943年河南省通过合作社共收买花生米、芝麻25000吨，对供出油料者配给棉布、砂糖、盐、纸、火柴、蜡烛、海带等交换物资。"交换物资配资配给额不问油或原料皆一律100公斤7元。"② 这无疑是对陷区油料产品的大掠夺，因为配给物以糖、盐、纸、火柴等日用品为主，数量很少，而收走的却是25000吨，即50000000斤花生和芝麻，而每百斤仅7元，这种收购价格与掠夺没有什么区别。

另外，日伪政府及合作社1943年还在河南搜集"羊毛（净重）264000公斤、山羊绒（净绒）32000公斤、骆驼毛1000公斤、牛皮55000张、豚皮4000公斤、马皮12000张、羊毛皮350000张、猫狗皮70000张、兔毛皮30000张、制革用羊皮393000张"。③ 收购甘薯干6000吨。④ 同年，日伪政府要求豫东各县上缴油料20000吨。⑤ 敌人从粮食、油料到皮毛，搜集物资无所不包，收购价格又非常低廉，且要求各县必须完成。这样，日伪统治者在武装抢劫后，又对陷区农产品进行了一次大搜刮。

（四）抢占土地与人力损失

1. 掠夺土地

日军为掠夺中国土地，在华北设立"土地调查委员会"，强迫占领区居

---

① 《华北棉产改进会三十年度十一月份工作概要》，《华北棉产汇报》第4卷第3、4期合刊，1942年4月15日，第39~40页。
② 《华北经济掠夺》，第830~832页。
③ 《华北经济掠夺》，第838页。
④ 《华北经济掠夺》，第841页。
⑤ 《华北经济掠夺》，第837页。

第十八章　沦陷区的经济

民实行登记，凡敌所需，任意掠之。济源原拥有土地 624000 亩，因日军修沟、墙、碉堡占地 245000 亩。仅 1943 年日军在城内建立大据点，在城周围修墙围沟即占全城面积的十分之一，耗民工 3 万个。① 日军占领期间强占的土地约为济源原土地总量的 39.26%。在铁路两侧挖沟，既需陷区人力，又占去大量土地。如在平汉路两侧（包括豫北段），"民国三十年沿线已挖掘护路沟，宽一丈，深二丈许，并每隔五里修筑一炮楼，敌兵数名守候，凡接近护路沟者，经敌发觉，即行枪杀"。② 在陇海线两侧，挖"宽一丈，深七八尺"护路沟，并于 1942 年完成。对 103 公里长的汴新铁路，日伪管理亦非常严格，"在黄河铁桥外围，挖深宽各一丈之壕沟，并架设铁丝网，置地雷，在路线两侧挖之路沟，则宽深各二丈余，以防袭击"。③ 日伪在铁路两侧挖封锁沟、修碉堡，虽无占用土地的统计数字，但其占用的数量应相当可观。由于接近护路沟者，往往被日伪军枪杀，护路沟附近的土地，农民也不敢去种植庄稼，又有不少土地白白浪费而不能耕种。

另外，日军所到之处，还强占不少河南沦陷区的农场、田地和民居。1923 年浚县县政府在县城在西北所建的朱庄小农场，1938 年被日军强占，并被改为浚县农事试验场。④ 华北棉产改进会还在河南强占农民土地，建立自营棉花种圃。据不完全统计，彰德采种圃占地 4006 市亩，临漳（今属河北省）975 市亩，新乡 2588 市亩，获嘉 887 市亩。⑤ 因为上述棉花采种圃面积仅是华北棉产改进会收获棉花面积的统计，故其总面积应该更大。而敌人在强占土地上采摘的棉花，悉归己有。1944 年，伪河南省政府公布《河南省各县劝农场实施要纲》，规定各县必须设立劝农场，即农场，农场面积一等县 200 亩、二等县 180 亩、三等县 150 亩，土地由各伪县政府负

---

① 《日军侵华暴行实录》(1)，第 276 页。
② 《华北经济掠夺》，第 499 页。
③ 《华北经济掠夺》，第 501 页。
④ 浚县地方史志编纂委员会编《浚县志》，中州古籍出版社，1990，第 343 页。
⑤ 《华北棉产改进会三十年度十一月份工作概要》，《华北棉产汇报》第 4 卷第 3、4 期合刊，1942 年 4 月 15 日，第 34~36 页。

— 767 —

责划拨。① 实际变相由伪政府强占陷区农民土地。再如日军1938年4月占领商丘朱集后，于10月间"把九德里、青云街，全部划为日本居留民住区，所有商店住户，均强迫迁出"。1940年，日伪又在朱集进行都市规划，凡被划入规划内之"民间土地，全部给价强迫收买"。实则强行霸占。②

2. 人力损失

（1）征派劳力

日军占领河南后，四处掠夺人力为其修路、挖沟、开矿或送往关外乃至日本，且愈到后期，掠夺人力资源愈加猖狂。据国民党中央党史会库藏史料记载，仅1939年3、4两月即有大批农民被抓被征。"三月养日小冀敌征夫二千余修筑汴新路。""敬日敌征工万余赶修汴新路。""宥日阳武原武之敌，抓夫二千余修筑公路。同柏乡敌迫每保派夫三十名赶修沁济公路。""感日安阳敌强令每保派壮丁二十名护路。""俭日伪安阳第十区强征壮丁三百名。""艳日峪河簿壁（获嘉西北）之敌强征壮丁一二〇名编组协力队。""四月光日鹿楼敌迫每保派壮丁三名枪三支成立伪维持会。微日新乡敌强令每里派壮丁三十名护路。鱼日沁阳敌征夫八〇〇名修路，并将内中二〇〇青年运往西向补充兵额。焦作敌征夫千余修筑焦博公路。真日杨垒敌（温县西北）抓夫二百余向崇义修筑公路。四月一日至四日汴敌抓夫甚多，闻抓足万人后即运天津。巧日西向敌借召开会为名将该镇十八岁至二十五岁青年八九十人悉数捕往沁阳。皓日西向敌强令男女壮丁各五名，限即日交齐，违则治罪。"③ 济源在日军占领期间，民众被派各种差役达290余万个，等于1000多人风雨无阻地劳作8年！④ "修铁路服苦役的群众，身不自主，被鬼子头打破，牙打掉，腰打伤，腿打断者，随处可见。"⑤

---

① 《河南省各县劝农场实施要纲》，《河南省政府公报》第448号，1944年6月14日，第9~10页。
② 《朱集市发展史略》，陈传海、徐有礼等编《日军祸豫资料选编》，第241页。
③ 秦孝仪主编《中华民国重要史料初编——对日抗战时期》第6编《傀儡组织——叁、汪伪政权》，第1013~1014页。
④ 王天奖主编《河南通史》第4卷，第440~441页。
⑤ 陈传海、徐有礼等编《日军祸豫资料选编》，第132页。

第十八章　沦陷区的经济

1939年，"元月伪安阳新民会强选青年二十余名送往北平受训。二月庚日淮阳敌掳幼女十余名运送开封。汴敌强征民夫七八千修筑三刘寨河堤。23日詹店敌勒索每保派壮丁二十名赶修詹店以北铁路及通木栾店公路。……据报有日敌并关令汲、辉等县征壮丁一万二千人，限三日交齐。沁阳敌迫令每保每月派夫一名"。① 1941年7月，日伪在博爱"抓壮丁六千余名，经道清路转平汉路北运。……因时疫和气闷生病死亡者数千人"。②

在豫东虞城，仅1942年就有"上千人被日军运往关东或日本充当苦工，绝大多数被摧残致死"。③ 1945年3月，日伪"在开封附近征壮丁几千名，运往关外充作苦力"。④ 这些被征召的青壮年劳动力，不仅不能参加生产，且有部分因被日军殴打而伤残，永远丧失了劳动能力。有些被运往他处，死在异国他乡。敌人抓丁征夫，使许多劳动力无偿劳作在修路、筑墙、挖沟等工地及工厂、矿山，是河南人力资源的极大损失。

（2）强征青壮年参加伪军

为维持沦陷区秩序、防止人民的反抗斗争和对根据地"扫荡"等需要，日伪政府迫使大批青年参加伪军。安阳沦陷后，日伪于"7月初下征兵令，迫使我十八岁以上二十五岁以下同胞入伍服役，准备发动新冒险。现征兵之风，仍蔓延各村（治安区）。大批青年冒险突破封锁墙逃出"。对此，日伪政府采取非常恶毒之办法，规定"家有青年如不报或少报，即惩办其家长，并没收其全部家产"。家有"兄弟二人者，须有一人应征；有兄弟三人者，须有二人应征。同时又规定：凡被征的壮丁，如有逃跑者，则惩办其家长，并将其家产充公"。⑤ 据修武5个区的统计，"占全区人口的百分之十，占全部青壮军的百分七十到八十"，被强征加入伪军。⑥

在豫东各县，日军"强令伪组织代为强征十四岁至五十岁男丁入伍，

---

① 陈传海、徐有礼等编《日军祸豫资料选编》，第242～243页。
② 《博爱敌捕壮丁六千余》，《解放日报》1941年9月5日。
③ 《虞城县志》，第393页。
④ 《敌寇在开封强征壮丁，运到关外去作苦工》，《新华日报》1945年3月7日。
⑤ 《豫北敌又强征我青年入伍》，《解放日报》1942年9月1日。
⑥ 陈传海、徐有礼等编《日军祸豫资料选编》，第241页。

而经费则限令由各县分别担负"。① 在日伪政权的强迫下，大批青年加入伪军。河南伪军中，以张岚峰、庞炳勋、孙良诚三部势力最大。张部有七八万人，庞、孙两部各3万多人。② 张部驻豫东、庞驻开封、孙驻豫北，这些伪军，不少即是强迫入伍的河南农家子弟。淮阳县日伪政权，由于青壮劳力不足，竟"组成童子军四大队，共计三百七十六名"，参加"清查户口，肃清匪共"的活动。③ 大批青壮年农民被强征参加伪军，不仅使他们在进攻同胞时充当炮灰，还使农村失去大批劳动力，直接影响到农业生产，同时日军达到了"以华制华"之目的。

（3）对劳动力的屠杀

日军所到之处，挥舞着浸透武士道毒液的军刀，大批陷区民众被屠杀。1938年3月，日军攻占浚县，"杀害我同胞4500余人，占当时县城人口的四分之一"。④ 3月，日军进攻孟县许镇，杀居民330余人，许镇西北角一处20家，只剩6人，灭门绝户的不在少数。⑤ 3月，2000余敌军进占封邱，杀居民500余人，年轻妇女多被强奸，致死者300余人。⑥ 济源的高庄、承留、孔庄、大社村等村庄，1938年4月有千余民众被日军屠杀。在孟县，县城东西关被杀500余人，东西马莲、许庄、尚庄、封门口、虎岭等村被杀千余人。⑦ 在日军占领新乡县的7年间，因屠杀伤亡人口达27142人，占全县总人口的10.79%；终身伤残和流离失所者74010人，占全县人口的29.44%。⑧

1938年4月29日，日军攻占商丘刘家店，一天惨杀175人。⑨ 与此同时，日军占毛固集，"仅北街大队统计，就死绝31户"。屠杀过后，"毛固

---

① 《敌在豫东强征壮丁》，《解放日报》1943年6月19日。
② 邢汉三：《日伪统治河南见闻录》，第208页。
③ 陈传海、徐有礼等编《日军祸豫资料选编》，第312页。
④ 《浚县志》，第729页。
⑤ 陈传海、徐有礼等编《日军祸豫资料选编》，第76页。
⑥ 《豫北民众武装歼敌》，《新华日报》1938年3月2日。
⑦ 中央社洛阳电：《孟沁济源三县敌屠杀焚烧》，《新华日报》1938年7月1日。
⑧ 陈传海、徐有礼等编《日军祸豫资料选编》，第232页。
⑨ 陈传海、徐有礼等编《日军祸豫资料选编》，第85页。

第十八章 沦陷区的经济

集成了没有人烟的庄户，野犬出没，荒草芜棵，谁也不再去赶集了"。① 1940年日军驻扎扶沟江村8个月，"杀人七百多口，杀绝七户，强奸妇女二百多人"。② 日军侵占虞城期间，该县人民被摧残致死者达15000余人。③ 据韩启桐估计，1937～1943年沦陷区共伤亡123952人，其中死亡94132人，受伤23565人，被掳6255人。④ 1944年日军发动豫湘桂战役，对中国人民屠杀更加残酷，死亡亦不在少数。上述仅是摘其要者叙述日军对中国民众集体屠杀之数字，平时被零星枪杀、虐待致死的应不低于集体屠杀的人口。因日军的屠杀、征兵和劳役，加之天灾人祸，沦陷区人口迅速减少。据浚县"1943年8月统计，全县44435户，195763人，比1936年减少11.7万人"。其中"日伪军屠杀逾万、外逃数万、饿死近2万"，因劳役、征兵累死、战死亦不在少数。⑤ 据桐柏人口统计，在日军进攻桐柏期间，人口锐减，与日军屠杀不无关系，具体情况见表18-5。

表18-5 抗战时期部分年份桐柏县人口统计

年份	户数	人数	年份	户数	人数
1937	18067	103204	1941	15079	79183
1938	19706	123684	1942	15001	79110
1939	19333	117788	1943	14193	76262
1940	16257	85376	1946	26324	128491

资料来源：桐柏县地方史志编纂委员会编《桐柏县志》，中州古籍出版社，1995，第140页。

由表18-5可以看出，1940年是桐柏县人口锐减的开始，此后逐年递减，1943年人口约为1938年的61.66%。而桐柏县1939年7月26日沦陷，从此桐柏为敌我交战之前线，虽不能说人口锐减全为日军屠杀所为，但与此不无关系。即使逃亡也与日军侵略有关。

---

① 陈传海、徐有礼等编《日军祸豫资料选编》，第87页。
② 陈传海、徐有礼等编《日军祸豫资料选编》，第102页。
③ 《虞城县志》，第393页。
④ 陈传海、徐有礼等编《日军祸豫资料选编》，第70页。
⑤ 《浚县志》，第200页。

据辉县《明、清以来人口演变情况表》记载，抗战时期是该县明清以来人口减少最多的时期，1935年，辉县人口为279687人，到1941年减至185807人，6年减少93880人，每年减少15646人。① 减少原因主要是战争。另由中共太行区人口损失统计表可知，豫北博爱、武陟、温县、修武、陵川（今属山西省）、焦作、沁阳、修获武（新建县）8个县，在抗战期间平均损失人口占总人口的28.89%，其中修武县损失最大，占总人口的74.67%，陵川最少，占5.02%，被杀死者20797人，被俘9935人，负伤3036人，病饿及被敌逼死者278949人。② 虽病饿非日军所杀，但与日军侵略有直接联系。因此，沦陷区在战争中损失近1/3的人口，应基本属实。

（五）农业生产的衰退

由于生产力惨遭破坏，河南沦陷区土地大量荒芜，粮棉等农作物普遍减产。华北是中国的主要产棉区，棉花是该区的主要经济支柱之一，但自抗战爆发后，种植面积和产量大幅萎缩。据华北棉产改进会估计，1939~1940年河南、河北、山东、山西棉花收获平均数应在2137千担，③ 但1939年，"华北棉花收获实数为一百二十八万零二千担……较事变前五年的平均数，减收百分之六十八强"。④ 据华北日伪当局统计，华北从1936年至1941年棉花产量大幅下降，具体情况见表18-6。

表18-6 1936~1941年华北四省棉产统计

年份		河北	山东	河南	山西	合计
1936	亩	10430954	6111054	6068064	2074667	24684721
	担	2539524	1790227	1367226	536489	6233466
1937	亩	9551309	5574667	6462611	2287141	23875728
	担	2881773	1630357	1357522	629049	6498701

---

① 《辉县市志》，第158页。
② 《日军侵华暴行实录》（1），第338页。
③ 《1939~1940年华北棉产收获估计》，《华北经济掠夺》，第789页。
④ 《华北经济掠夺》，第790页。

续表

年份		河北	山东	河南	山西	合计
1938	亩	6181792	2878345	2585044	457428	12102609
	担	1691390	815179	543009	125810	3175388
1939	亩	2570093	1761933	919390	362100	5613516
	担	654729	463580	246421	69752	1434482
1940	亩	3858554	1425639	1193713	330671	6808577
	担	1070897	336408	320255	69262	1796822
1941	亩	5225893	3540747	1571062	575111	10912813
	担	1344045	1094675	443363	153639	3035722

注：该表1936年面积合计有误，合计应为24684739亩，该表为24684721亩。
资料来源：《华北四省二十五年至三十年棉花统计表》，《华北经济掠夺》，第819~820页。

由表18-6可知，1936年和1937年是华北四省棉花种植面积和产量的最高值，1938年以后急剧下降。河南减少更为严重，1939年的种植面积和产量仅为1936年的15.2%和18%强，以后虽有增加，仍不及1936年的1/3。出现上述状况，是因1936年、1937年为河南全省种植面积和产量的统计，1938年及以后的统计为沦陷区的统计。即便如此，沦陷区棉花种植面积和产量也出现了大幅下降。考虑到豫北、豫东为河南棉花主产区，棉花种植面积和产量更不应该有60%以上的下降。

关于粮食作物的生产，沦陷区各县出现了不同程度的衰退。据兴亚院调查，河南省北部42县[①]抗战前小麦产量969千吨，1939年827千吨，1940年855千吨。[②] 由此推算，1939年、1940年河南陷区小麦产量与战前相比分别下降约14.65%和11.76%。1941年，据日伪小麦收购机构华北小麦协会调查，新乡地区比上一年减产约50%，开封地区比上一年减产20%~25%。另据华北小麦协会调查资料，1941年华北各省小麦估算数字为平均

[①] 原表所列为河北省北部42县，我们认为有误，应为河南省北部42县。因为原表第一栏已有河北省抗战前、1939年、1940年产量，华北诸省只差河南省产量，故此处表中所列42县应为河南沦陷区各县，仅河南省沦陷区北部没有42县。

[②] 《华北小麦产量变化表》，王士花：《华北沦陷区粮食的生产与流通》，《史学月刊》2006年第11期。

每亩产量84斤。① 徐秀丽认为，1920年代至1930年代（至1937年），河南小麦每市亩单产136市斤。② 不论总产与单产，1941年小麦都较以前有不同程度下降。1942年后，随着战争的持久，消耗增加，河南连续旱蝗灾荒，不论日伪如何重视粮食生产，都没有实施的基础和能力。"因此，1941年前后应该算是日伪在沦陷区统治的盛期，之后华北沦陷区粮食的生产更是走下坡路。"③ 而河南陷区因重大灾荒的到来，1942年、1943年较以前年份大幅减产，故比华北其他省份粮食生产所走的下坡路，来得更快、更加猛烈。

至于各地农业生产的具体情况，比日伪调查资料所显示的还要糟糕。如在抗战的7年里，新乡县"由于日寇侵略，历年旱灾、蝗灾面积分别达80%和86%"，损失农作物约11690顷，损失粮食58450吨。④ 据新乡县老道井、峙山堡、分将池、潞王坟、金灯寺、五陵、李士屯等7个村的统计，1938～1945年，田地荒芜面积占耕地总面积的22.6%，粮食产量下降72.9%。⑤ 浚县1930年有耕地133.6万亩，日军侵占浚县后，民不聊生，大片土地荒芜。1945年，耕地减少至80万亩。⑥ 1945年耕地面积较1930年减少约41.12%。耕地的大幅下降，势必造成总产量的减少。1938年日军进占汲县后，烧杀抢掠，无恶不作，遭劫后的乡村一片荒凉，如汲县大司马村，"六百多人的村庄，最后只剩下了几户人家。土地荒芜，村内杂草丛生，一片凄凉景象"。⑦ 一位根据地新闻记者报道了豫北的悲惨情景："初到豫北的人，如果登高一望，会看到一片片油绿绿田地，觉得秋禾还不错啊！但是走近一看，原来并不是什么苗，而是高达六尺的黄蒿，从田野长到村街中，长到房院中，到处都成了黄蒿世界。院里是青青的，房子是空空的，没有了门

---

① 王士花：《华北沦陷区粮食的生产与流通》，《史学月刊》2006年第11期。
② 徐秀丽：《农业自然资源和粮食生产》，从翰香主编《近代冀鲁豫乡村》，中国社会科学出版社，1995，第323页。
③ 王士花：《华北沦陷区粮食的生产与流通》，《史学月刊》2006年第11期。
④ 陈传海、徐有礼等编《日军祸豫资料选编》，第232页。
⑤ 陈传海、徐有礼等编《日军祸豫资料选编》，第231页。
⑥ 《浚县志》，第269页。
⑦ 《日军侵华暴行实录》（1），第280页。

窗，也没有了家俱，碗锅锄耙一无所有，房子的角落里不时发现死人的骨头。据乐埠姓王的老乡说：他的亲兄弟三月出门被人拉走剥吃了。玉皇庙某家女人把自己女儿送人剥了，自己分了一条腿吃。观沟十四岁小孩马全林一家八口饿死七口，只剩他一人。"①根据地新闻记者对豫北农村的描述，反映了豫北农村土地荒芜、民不聊生的状况。

在开封，黄水泛滥使大片良田毁坏，"以致开封现辖五县的荒沙地高达302余万亩，盐碱地高达170万亩，水、旱、风、沙、蝗灾几乎年年发生"。加之日伪搜刮，农业衰败不堪。②根据日伪华北当局的1939年农产品减收状况（与平年比）表统计，开封地区当年农产品减产5成，是当年华北各地区减产比重最多的。③商丘地处豫东，"素为产粮之区，全县人口达七十万，除农业外，别无谋生途径，历年以来，农村凋敝，迭经兵燹，已觉满目疮痍"，1939年秋季干旱，秋粮减产，1940年麦收不及3成，造成哀鸿遍野，人心浮动。④1941年和1942年，"飞蝗蔽日，其声如雨，谷苗几乎全部吃光"，秋粮几乎绝收。⑤1943年，旱灾。1944年，夏秋旱、蝗灾。1945年，旱、蝗二害交织。⑥3年灾荒，粮食产量与以前相比，应不会有好的收成。

豫东黄河泛区（开封、通许、尉氏、扶沟、太康、商丘、鹿邑、杞县、柘城、睢县等地）到处是沙地和芦苇、柳丛，直到1947年，"依然是柳苇成林，杂草丛生"，"就是西华到城里和扶沟城北的一片地，依然是水留不泄，被淹着呢"。⑦说明豫东诸县受损严重，大片土地到战后仍然荒芜。

据韩启桐估计，河南沦陷区农业1937～1943年受损面积巨大，减产数

---

① 《日寇劫后的豫北》，《解放日报》1944年9月14日。
② 开封市地方史志编纂委员会编《开封简志》，河南人民出版社，1988，第148页。
③ 《华北地区昭和14年农产品减收状况（与平年比）》，《华北经济掠夺》，第947页。
④ 《河南省公署公函民生字第2275号》，《河南省政府公报》第83号，1940年8月9日，第8页。
⑤ 《商丘县志》，第122、35页。
⑥ 《商丘县志》，第80页。
⑦ 《河南善救分署周报》第100期，1947年12月31日，第2页。

额惊人。具体情况如下：沦陷区原辖耕地总面积694155千公亩，受损面积348639千公亩，其中夏季作物212011千公亩，冬季作物136628千公亩。损失数量49268千公石，其中夏季作物（小米）26077千公石，冬季作物23191千公石。① 农作物减产估计，原辖耕地总面积694155千公亩，受损作物面积390247千公亩，损失数量57561千公石，损失总值466244千元。② 农作物减产面积超过耕地总面积的1/2。由此观察，抗战时期河南沦陷区土地大量荒芜，农作物产量下降，农业生产严重衰退应是不争的事实。

原伪河南省省长萧瑞臣在向伪华北政务委员会呈文中说："查河南地居中州，绾毂南北，事变爆发，转战经年，党、政府横征暴敛，敲骨吸髓，我黎庶千疮百孔，十室九空，加之土匪跳梁乘机倾轧，民同惊弓之鸟，户乏净土之居。田园荒废，收获毫无。"③ 除去对国民政府的污蔑谩骂之词，基本道出了河南沦陷区土地荒芜、粮食减产的事实。

二 工矿业

河南是以农业为主的内陆省份，工矿业向不发达，"拿产值来说，加上煤矿，在高峰的1936年，总值在全省工农业总产值中所占比重不过3.2%（一说4.8%），在国民经济总收入中所占比重不到1%"。④ 河南工厂为数有限，且主要集中在郑州、安阳、开封、许昌等城市。据1935年统计，使用马达和工人在30人以上的工厂有8厂设在郑州，7厂设在安阳，4厂设在开封，4厂设在许昌，另8厂分别设在商丘、汲县、武陟、孟县、太康、陕县和灵宝（每处1厂）。⑤ 其他多为家庭手工作坊，主要满足本地或邻近县区的需要。就是如此薄弱的河南工业，在日军进占的过程中又遭受了战火的破

---

① 陈传海、徐有礼等编《日军祸豫资料选编》，第228~229页。
② 陈传海、徐有礼等编《日军祸豫资料选编》，第230~231页。
③ 《河南省政府公报》第1号，1938年12月30日，第15页
④ 王天奖主编《河南通史》第4卷，第573页。
⑤ 王天奖主编《河南通史》第4卷，第574页。

坏和摧残，之后多数工矿企业被日本侵略者霸占和掠夺，重压之下的河南工矿企业或停滞不前，或关停倒闭，尤以民族工业和手工业最为严重。

（一）日伪对工矿业的统制政策

日本对华北工矿企业的统制政策，早在七七事变前即有明确规定。1936年2月，中国驻屯军（即所谓天津军）司令部制定《华北产业开发指导纲领》，将华北企业分为一般、禁止、统制3类，并确定对不同种类企业采取不同政策。一般企业为"不需要大资本的开发比较容易的部门，使中国方面自行开发，根据需要由日本方面给以知识与技术的援助，但严禁排挤中国方面资本独占营利事业的态度"。禁止企业，一种为一般的禁止企业，即社会政策上弊害过大的企业，一种为对日本人的禁止企业，即在对华政策上使日本人在处理关系方面不适宜的企业。对禁止企业一禁止新设，二采取渐减方针。统制企业指与国防有关和其他重要企业需要多额资金者，如"矿业（铁、煤炭、石油及其他特别指定者）；交通业（铁路、港湾、汽车、航空及其他特别指定者）；通信业（邮便、电报、电话、广播）；工业（发电、送电及电灯、制铁、其他指定的冶金业、盐业、碱工业、硫胺工业、水泥业、造纸业、矿物冶炼业等）"。由于"棉纺织业信赖日本纺织联合会，排除统制企业"。对于统制企业，要"促进其仰赖日本方面的积极投资"。[①] 由此可知，七七事变前，日军虽未给出一般企业经营范围，但根据其未将纺织业列入统制范围，我们推测一般企业应包括大部轻工业企业，且允许中国人对一般企业投资，日本方面可根据具体情况给予知识和技术帮助，借此实现中日合作。禁止企业，更难具体判定，应为日本人认为对其不利之企业，均可列入，对禁止企业，采取逐渐消灭的方法，使其灭亡。统制企业范围很大且较为具体，包括矿业、交通运输、通信、化学化工、冶炼等多个部门，这些企业应由日本人控制。以此推之，华北工矿业基本为日人掌控。1936年8月，日本政府在《有关各省共同决定的第二次华北处理要纲》中，再次规定统制企业的范围，与中国驻屯军司令部的规定基本一致，并

---

① 《华北经济掠夺》，第25~26页。

要求日军特务部门与日本企业合作，利用特殊资本，迅速实现对统制企业的控制。①

为了更好控制中国企业，"开发"华北资源，1935年日本政府、陆军省、关东军、满铁等讨论建立兴中公司，由其控制华北工矿企业，认为关于华北"开发"，应避免军队直接插手，即便天津驻屯军亦然。"而应依靠有关机关的支持和兴中公司的直接经营，以其达到预期目的为宜，否则军方直接同国内某些企业投资者打交道，反而不会收到良好的效果。"②1935年12月20日在大连市东公园町30号南满铁道株式会社内召开了兴中公司成立大会，社长十河信二。③兴中公司资本暂定1000万元，先交四分之一，由满铁承受。业务目的"为首在介绍斡旋中、日、满相互间之输出入贸易，并对于满洲及华北经济的各企业通融投资，从事关联于以上其他附带各项事业，以及一切业务，并谋大豆、高粱等满洲特产物对华北之输出，积极打开其梗塞"。④实际上，兴中公司成了满铁的子公司，主要通过投资控制华北企业，并进行一些关内外农产品贸易业务。该公司的人事、财务、投资皆听满铁指挥。⑤而满铁承认兴中公司的一切重要事项以前，必经政府承认（对满事务局在承认以前，应就财务上的重要事项同大藏省协商，就变更章程、任免董监事问题同外务省协商）。⑥兴中公司实为一个根据日本政府及满铁意旨，代其统制华北工矿企业，掠夺华北资源的企业。

七七事变后，日本政府以将华北包含在其经济圈内为目标，把企业分为统制企业和自由企业。统制企业包括"重要矿产资源的开发及其原料的加工企业；主要交通事业；主要发送电事业；盐田及其它认为有必要企业统制的事业"。该种企业"照应日满两国的产业计划，根据日、满、华北为一体的计划制定计划"，由国策会社进行综合性管理经营。关于自由企业，中国资本可自由进出，在努力利用当地资本的同时，由日本指导其技术，与之合

---

① 《华北经济掠夺》，第41页。
② 《华北经济掠夺》，第52页。
③ 《华北经济掠夺》，第53~54页。
④ 《华北经济掠夺》，第66页。
⑤ 《华北经济掠夺》，第63~64页。
⑥ 《华北经济掠夺》，第51、60页。

作，使其"仰赖帝国"。① 七七事变后日本政府将工矿企业分为统制企业和自由企业两类，排除了禁止企业，与以前略有变化。统制企业由日军或日军委托之企业管理，中国人不得插手，自由企业中日双方合办，实际上也为日人控制。1937年12月，日本内阁制定《关于华北经济开发的根本方针》，规定"就铁路、港口、治水、盐业、矿山、通讯、电力等重要产业，新设特殊的株式会社，由其下属的子公司从事开发。其他开发对象，诸如棉花、羊毛、纺织等，在一定规划下实行自由投资，允许民间资本积极投入"。"结果，成立特殊会社，将华北的重要产业，全部纳入日本手中，进行垄断性的掠夺。紧随在军队的进攻之后，将矿山、工厂全部封存，进行强制掠夺。"② 日本内阁制定的华北"开发"方针，与以前不同的是改变了只对自由企业范围定性描述之方法，明确指出棉花、羊毛、纺织等轻工业均为自由企业，且允许民间资本积极投入。执行结果，并非如日本政府所言，而是除统制企业外，许多自由企业被日军查封，成为日军委托兴中公司的军管企业，如彰德广益纱厂、彰德轧棉厂、豫安纱厂、彰德打包场、大寒集操棉工厂、新乡通丰面粉厂、汲县华新纺织公司、武陟巨兴纱厂、开封天丰面粉、德封面粉、益丰面粉等。③ 这些纺织、打包、面粉等轻工企业，按规定应属民间自由投资企业，事实上也都是民营企业，却大多成了日军的军管企业，也即是说，抗战爆发后的数年间，日军对华北企业不分统制企业与自由企业，进行军管理，实施严格控制。

所谓军管理工厂，就是军部基于作战需要置于自己支配下的中国的工作与事业场的总称。军管理的目的在于完成作战。军管理的对象不问是敌产或是民有资产，只要军部认为有必要，就可以实行军管理。在军管理期间，军部对该管理财产享有绝对支配权，原权利人无任何发言权。但在不需要军管时，一般解除军管而交还原有人。兴中公司自七七事变以来就奉军部命令参与了作战上必要的种种事业，其中最主要的是军管工厂的受托经营。兴中公司从1937年11月7日奉军部命令接收井陉煤矿作为军管理工厂并受委托以

---

① 《华北经济掠夺》，第155~156页。
② 《华北经济掠夺》，第178页。
③ 《华北经济掠夺》，第305~311页。

来，到 1939 年 4 月①为止已受托经营煤矿、铁矿、制铁所、电灯厂、制盐厂、苏打工厂、打包工厂等 56 个工厂。② 其中河南有六河沟煤矿、凭心煤矿、焦作煤矿、新乡电灯厂、彰德电灯厂、开封电灯厂③及上述之纺织、打包、制粉等企业。

  日军将沦陷区的中国工厂占据军管后，初并无交还之意，从 1940 年开始，日军为表示与陷区伪政权的合作，给中国人民还企业于中国人之假象，着手将军管工厂还给伪政权。1938 年 9 月，日军决定逐步撤销兴中公司，在兴中公司基础上建立华北"开发"会社。9 月 9 日，在《日本内阁关于处理兴中公司的决定》中规定，随着华北"开发"会社和华中振兴会社的成立，将兴中公司做如下处理："属于由开发会社和振兴会社投资或融资的兴中公司直营事业和受托经营事业，在两会社设立前按照以下各项处理。"即两社"设立前所设立的有关子会社事业，转让给当该子会社或向其投资"。两社设立后，"属于满铁全部所有的兴中公司，开发会社设立后即一并转让之。在上述转让期内，经满铁担保的兴中公司债务，转归由开发会社担保"。"属于应由开发社或振兴会社投资或融资的兴中公司直营事业和受托经营事业，转让给开发会社子会社或振兴会社子会社。""兴中公司所有土地、房屋、家具等财产……原则上转让给开发会社和振兴会社。"兴中公司的职员，原则上由承受事业、土地、股份、债权等会社接受之。④ 而华北"开发"会社及其子公司，绝大部分都是以掠夺中国原有的企业为基础的，一般都打着"日中合办"的招牌，规定"中国"出资 45%，日本出资 55%。⑤ 这样，军管的中国工厂就由兴中公司转让到了华北"开发"会社和华中振兴会社手中。

  1940 年 8 月 5 日，根据日军参谋部第四课《紧急处理兴中公司事业纲要（草案）》之规定，"在日中合办的正式公司诞生之前，应新设立合作机

---

① 由此时间据《兴中公司关系事业现状》，《华北经济掠夺》，第 238 ~ 269 页。
② 《华北经济掠夺》，第 233 页。
③ 《华北经济掠夺》，第 241 ~ 242、249、252、254 页。
④ 《华北经济掠夺》，第 362 ~ 363 页。
⑤ 陈真等编《中国近代工业史资料》第 2 辑，第 442 页。

构（即六个煤矿矿业所与两个炼铁矿业所）作为临时机构，使之代替兴中公司经营军方管理的企业"。"上述合作机构设立后，应采用措施将军方委托兴中公司管理的企业委托各个矿业所管理。""兴中公司解散后，其清理工作由华北产业开发会社派员进行。"[1] 再次强调兴中公司的继承者仍为日本主办的公司。之后不久，焦作煤矿矿业所、六河沟煤矿矿业所等成立，主管者仍为日本军队。关于华北军管工厂一事，自1940年3月伪华北临时政府以七七事变四周年为期，实行第一次交还，至1941年7月6日，共交还工厂40家，内有电业10所、纺织7所、打包操棉6所、棉布16所、溶解1所。其中河南有电灯3所，即安阳、新乡、开封电灯厂；纺织4所，即豫安纱厂、广益纱厂、新华纱厂、巨兴纱厂等；打包3所，为中绵压榨工厂（彰德）、大塞村制棉工厂（彰德）、彰德打包公司；面粉工厂5家，即晋润制粉（彰德）、通丰面粉、天丰面粉、益丰面粉、美聚慎面粉等。[2] 由交还工厂情形可知，日军所交还的企业多为原来并不在统制企业内的轻工企业，包括矿业、冶炼、化工等工矿企业并未交还原企业主。其中河南沦陷区交还的各类企业共15家，占交还工厂总数的37.5%，说明河南沦陷区大多轻工企业成了日军的军管工厂。

到1942年，经过对沦陷区工业解除军管理，表面上把部分权益归还中国，形成"日中合办"的局面，实际上工厂的管理权仍在日本人手中，中方仍处于无权地位，只不过更具有欺骗性罢了。如华北"开发"会社所属的华北棉花会社，有日本棉花会社等参加，济南棉花打包场、彰德棉花打包场及仓库等，皆归其统制；有东亚电力等公司参加的华北电业会社，管理冀鲁豫各地华商电灯电力厂；有满铁参与的华北交通会社，统管陇海、平汉、道清等铁路及公路、水路运输；面粉业在沦陷区有36家，计被日本制粉会社所经营者有太原、保定、开封、彰德、新乡、六河沟等17家。[3] 可见沦陷区大多数企业，尤其是规模较大的工矿企业，仍在日本人的掌控之中。正如毛泽东所指出："日本帝国主义在占领武汉后，知道单用武力不能屈服中

---

[1] 《华北经济掠夺》，第365页。
[2] 《华北经济掠夺》，第311~313页。
[3] 陈传海、徐有礼等编《日军祸豫资料选编》，第233~234页。

国,乃着手于政治进攻和经济引诱……所谓经济引诱,就是所谓'合办实业'。……在华北,日寇允许中国资本家投资百分之四十九,日资占百分之五十一。日寇并允许将各中国资本家原有产业,发还他们,折合计算,充作资本。这样一来,一些丧尽天良的资本家,就见利忘义,跃跃欲试。"① 实际上仍然是"一切被日本帝国主义所独占"。②

综上所述,日本对华北(包括河南)的工矿业统制政策,前后略有不同,七七事变前将企业分为禁止、统制、自由三种形式,不同形式的企业采取不同对策,但控制华北的企业不多,涉足河南的企业更少。七七事变后,日本政府把华北企业分为统制企业与自由企业两类,事实上日军在侵占华北的过程中,不分统制、自由企业,将其多数查封,交由兴中公司经营,实施军管理,河南多数工矿企业被日军强占。1941年,日军虽交还了部分自由企业,但仅是掩人耳目而已,大多交还企业仍在日本人的统制下,如河南的电灯、制粉、纺织等许多企业,直到抗战结束,还在日本的掌控中。

(二) 日军对民族工业的破坏与强占

日军在进攻河南的过程中,不仅对河南和平居民无端杀戮,对财产进行掠夺,同时也给工业造成了严重破坏,主要表现在以下几个方面。首先,许多工厂因被占被炸而停产。在豫北,日军"将民间纺棉织布各种器具,也百法搜集,进行销毁",使豫北棉纺业遭到毁灭性打击。③ 日宪兵队长通口次郎部将军队驻进开封天丰面粉公司,使其无法生产。④ 新民制蛋厂因"日军侵占开封时,占用该厂地址驻兵",被迫停工。⑤ 大昌制蛋厂在抗日战争时因遭日军轰炸而停产。⑥ 开封工茂汽车修配厂,在日军进占开封后,"厂被日寇洗劫一空,除了体积较大的车床没有拉走外,其它如新汽车轮胎、弓

---

① 《毛泽东选集》第2卷,第684页。
② 《毛泽东选集》第2卷,第631页。
③ 《豫北棉织遭殃,毁于日寇统制政策》,《新华日报》1944年10月15日。
④ 冯华熙:《兽蹄下的开封》,《新华日报》1938年9月26日。
⑤ 开封工业志编辑室编《开封工业拾遗》,内部资料,1986,第54页。
⑥ 《开封工业拾遗》,第56页。

第十八章　沦陷区的经济

子、电瓶等零件全被抢光",且开工后常遭日伪军及政府的敲诈。① 其他如景文洲丝绸店、开封老宝泰等手工业也都遭到不同程度的破坏。1941 年 1 月,日军第一次进占郑州,将郑州电灯场的所有机器部件、废铁等装卡车 30 辆、大车 40 辆运走,使"电灯场只剩下一个空架子"。② 日军的抢掠、驻军,给河南工业造成巨大损失,据河南建设厅统计,日军进攻中受害的 51 个县市,在不到一年时间里,工业损失达 1079 万元,矿业损失 1889 万元。③ 另据韩启桐估计,1937~1943 年,河南沦陷区工业损失总计：资产总额 23989 千元,其中损失较重部分 23801 千元、较轻部分 188 千元；损失估计 9558 千元,损失较重部分 9520 千元、较轻部分 38 千元。④ 由此可知战争对河南工业破坏的严重。

其次,日军对河南沦陷区主要民族工业强行霸占,对民族工业造成巨大损失。日本侵略者占领豫北、豫东等地后,首先以武力控制陷区关系国计民生之电力、交通、化工、纺织等重要行业的主要工厂,对其实行统制经营。其经营方式开始主要是进行"军事管理""委任经营""中日合办""收买"等,但以"军事管理"为主。在被委托经营企业的日本公司中,以兴中公司为主。据不完全统计,在华北,兴中公司受委托经营的工厂共 54 家,包括煤矿、电力、化工、棉花加工等行业。⑤ "军事管理的工厂……至（民国）二十八年底共九十七厂,其中分布地域……河南河北各十四厂。"⑥ 关于抗战时期河南沦陷区被劫夺工厂的资产数额,没有准确的统计,但从沦陷区被霸占纱厂的纱锭数可有所窥见,具体情况见表 18-7。

---

① 李文清自述草稿,晨风、吴凯整理《工茂汽车修配厂及其创始人李文清》,《开封文史资料》第 7 辑,1988,第 62 页。
② 管维明：《从漯河到郑州》,《河南民国日报》1941 年 11 月 13~14 日。
③ 《敌人侵豫后一笔血债》,《河南民国日报》1938 年 8 月 18 日。
④ 韩启桐：《中国对日战事损失之估计（1937~1943 年）》,第 33 页,转引自陈传海、徐有礼等编《日军祸豫资料选编》,第 205 页。
⑤ 张祖国：《二十世纪上半叶日本在中国大陆的国策会社》,《历史研究》1986 年第 6 期。
⑥ 陈传海、徐有礼等编《日军祸豫资料选编》,第 248 页。

表18－7　日本对河南沦陷区纱厂的掠夺（1936～1938）

被掠夺之纱厂	纱锭数（1936年）	掠夺者	掠夺方式
卫辉华新	22400	东洋纺织会社	军管理
安阳广益	25824	钟渊纺织会社	军管理
彰德豫安	50000*	钟渊纺织会社	军管理
武陟巨兴	6592	丰田纺织会社	军管理

注：*内有5000枚为1937年抗战爆发前批添数。

资料来源：陈传海、徐有礼等编《日军祸豫资料选编》，第206页。

由表18－7可知，日军强占河南沦陷区主要纱厂4家，纱锭104816锭，如减去1937年新添的5000锭，为99816锭。1936年河南纱厂纱锭数共10.93万锭。[①] 被日军强占的纱锭数占河南纱锭总数的91.32%强，河南纺织业基本为日军所控制。关于日军强占沦陷区工厂的数量，实际上要多于兴中公司在河南受委托的14家军管工厂，具体情况见表18－8。

表18－8　日军强占陷区工业统计

部门	原名称	委托经营者	所在地	受托年月日	容量或产量	军管理名称
电气	新乡电灯厂	兴中公司	新乡	1938年4月28日	980	军管河南第九厂
	新乡电灯厂	兴中公司	彰德	1938年2月23日	150	军管河南第五厂
	开封电灯厂	兴中公司	开封	1938年6月	980	军管河南第十七厂
纺织	豫安纱厂		彰德			军管河南第二厂
	广益纱厂		彰德			
	新华纺织公司		汲县			
	巨兴纱厂		武陟			
	大寒集操棉工厂	兴中公司	彰德			
	彰德打包工厂	兴中公司	彰德			
	彰德轧棉厂	兴中公司	彰德			

---

① 《河南省战前纺织工业基本情况》（1），《民国时期河南省统计资料》下册，第68页。

续表

部门	原名称	委托经营者	所在地	受托年月日	容量或产量	军管理名称
面粉	通丰面粉公司	兴中公司	新乡			
	天丰面分公司	兴中公司	开封			
	益丰面粉公司	兴中公司	开封			
	德丰面粉公司	兴中公司	开封			
	美聚慎面粉公司	兴中公司	六河沟			
	大寨村制面工厂	兴中公司	彰德			

资料来源：《华北经济掠夺》，第 305～311、313 页。

由表 18-8 可知，日军对沦陷区工厂军管的数量为 16 家，且多数委托兴中公司管理，如加上矿业，被日军军管的企业更多，这些工矿企业为日军毫无代价地强行霸占。

(三) 企业的建立

现有关于日伪政权对河南统治的专著或论文中，很少详细论述日伪军人、政府创办企业的具体情况，如刘世永等《河南近代经济》与王天奖主编的《河南通史》第 4 卷都论述了日军对陷区工业的掠夺，并未叙述日伪创办的企业。谢忠厚《日本侵略华北罪行史稿》（社会科学文献出版社，2005）、居之芬《日本对华北经济的掠夺和统制》（北京出版社，1995）等著作中对日本掠夺河南的情况有所提及，但着墨更多的是河北、山东和山西。

日伪统治者在河南沦陷区建立政权后，利用其政治优势，建立起了与军事、交通等相关的企业，一方面为军事侵略服务，另一方面攫取高额利润。在商丘，日军责令朱集伪商会（会长张筱斋）出面，强迫朱集居民集资，于 1939 年冬创建商丘电厂，1940 年 3 月开始发电。第一台机组装机容量 145 千瓦蒸汽轮发电机。电厂投产后日军命名为"华北电业株式会社开封支电商丘发电所"，电厂全部经营权都由日本人掌握。1942 年日军为增加经济收入，又从北京石景山电厂拆来一台 1000 千瓦汽轮发电机组，改造成 750 千瓦机组，建成后两台机组并列运行。电厂供电范围由原来仅供朱集车站，逐步达到商丘县城，且有一些伪工厂及一些商店开始用电生产、照明。电厂工人90余人。①

1940年，日伪第四方面军军官李文彪在商丘城内创办面粉厂，用机器磨面，日产面粉2500公斤，供给伪军张岚峰部，改变了商丘县面粉加工用人推畜拉石磨的状况。但机制面粉主要供军用，并不普及。② 1939年，李文彪在商丘开办第一家被服厂，全厂100多人，生产皮鞋、军衣，供给日伪第四方面军。张从中获利丰厚。1944年秋，日伪第四方面军在商丘县创办豫东制药厂，加工当地中草药，并生产疮药膏、药水、清凉油、药片、针剂等30余种。日伪军或强迫居民集资或用他们搜刮来的钱财创办工厂，不仅是对当地人民的一次掠夺，也使他们在垄断经营中获取丰厚利润。③ 1943年，张岚峰于天津创办的印刷厂迁商丘城内东马道文昌庙。④

1939年10月，日军在新乡市卫河北岸中兴街80号（今供电局），新建火电厂一座，以供市内用电。⑤

在开封，日商兴办华北烟厂，伪军第二方面军还开设有金城烟厂，⑥产品在开封周围销售。1938年，日伪华北交通株式会社在开封小南门里设立汽车营业所，修配火车机车。1943年迁开封南关演武厅大中火柴厂旧址，属日伪开封铁路局。⑦ 总之，日伪军及其政府依靠政治势力，先后建立一些与军事、交通有关的企业，尤其是在商丘建立工厂较多，压迫、剥削中国人民，榨取了高额利润。

（四）民族工业的破产

与日伪企业的垄断、有利润保障不同，大批民族工业在日伪的抢掠、破坏下，在日军统制政策的束缚下纷纷倒闭。对于未被日人劫夺的小型民族工

---

① 陈传海、徐有礼等编《日军祸豫资料选编》，第206页。
② 《商丘县志》，第169页。
③ 《商丘县志》，第172页。
④ 《商丘县志》，第172~173页。
⑤ 新乡市地方史志编纂委员会编《新乡市志》上册，三联书店，1994，第32页。
⑥ 《开封简志》，第50页。
⑦ 《开封简志》，第85页。

业及手工作坊，日伪华北当局采取统制政策，限制中国民族工业发展。1943年，伪华北政务委员会在《棉花搜集促进纲要》中规定："禁止自行消费以外之生产加工及买卖，但对从来出产土布之地区，为保治安维持及民生之安定，未便立即禁止其生产者，务于日本军方面及领事馆取得联络后，容许其最少限度之生产，但此种情形下之制品，亦须使其向华北纤维协会缴纳之。"①1944年，日伪当局竟在豫北新乡、获嘉等产棉区，"将民间纺棉织布各种器具"，"百法搜集进行销毁"。②沦陷区主要行业纺织业被日统制政策所困，无法生产。1943年《毛革类搜集促进要纲》规定："对于军方及协会（华北皮毛统制协会——引者注）配给品以外之羊毛，禁止加工及硝制，违者从严处罚。"且"各县屠宰场所生产之原皮、原毛，均须向华北皮毛统制协会供出之"。③在伪河南省政府发布的棉花、毛类等"搜集促进要纲"中也有类似规定，必须把棉、毛、皮等物上交各地合作社，规定"对于军方及协会配给以外之羊毛禁止加工并硝制，违者从严处罚"。④

在日伪当局的工业统制和破坏下，河南工业除个别勉强支撑外，大多倒闭歇业。在柘城，1937~1940年，除先后建立豫东、义兴、华中卷烟厂，有148名职工进行半机械生产外，再无别的工业。⑤在商丘，1935年"县城内有丝织厂3家，丝绸作坊40家，棉织厂5家，丝织厂和棉织厂已采用机器"。1938年日军侵占商丘后，丝织作坊、丝行被迫停业。尔后不久，部分丝织作坊开业。至1942年，城内仅有聚光隆、仁合、合盛公3家丝行和10余家丝绸作坊。1935年，"全县有棉织厂5家，棉织作坊45家，其中，城内20家，日产棉布70万米"。商丘沦陷后，"县城内棉织厂停业，一年之后，个别棉织厂开业"。⑥制蛋业方面，天津商人郑捷三于1938年在县城建

---

① 陈传海、徐有礼等编《日军祸豫资料选编》，第261~262页。
② 《豫北棉织遭殃，毁于日寇统制政策》，《新华日报》1944年10月23日。
③ 陈传海、徐有礼等编《日军祸豫资料选编》，第266页。
④ 《华北经济掠夺》，第810~812、838~841页。
⑤ 《柘城县志》，第268页。
⑥ 《商丘县志》，第160页。

— 787 —

德华打蛋厂,在日伪政府的搜刮下,至1942年停产。① 卷烟业方面,1937年徐松蒲在博爱16街创建豫鲁烟厂,日产卷烟19万余支。后小型卷烟厂发展到数十家,但商丘被占后,"多数小卷烟厂几经兴衰,有的停办,有的转产"。②

在豫北,浚县县城及道口镇工商业尚可,特别是道口镇,在1930年代初,先后"建立美华铁工厂,生产轧花机、弹花机、面条机和铁锅,资金3万余元(银元)。不久,又相继建成振丰、泰源、中兴打蛋厂,提取蛋黄、蛋白,经卫河运销天津。日军侵占后,工厂大部关闭。之后,浚县一直处于战争状态,工业一蹶不振"。③ 在新乡,由于日货大量涌入,民族工业遭严重破坏,"原有几家蛋厂,仅剩7家,职工由3000人减至250人;小铁工厂、针织厂只剩4家"。④ 在辉县,"20世纪30年代,辉县开始出现染织、线袜、毛巾等新型手工业","日军侵占辉县后先后停业"。⑤

开封市除普临电灯厂,永丰、天丰面粉厂等被日军管理外,其他行业皆生存艰难,难以为继。如纺织业在"抗日战争前发展到40余家,织机200多架,日产绸、绫4000尺左右。日军侵占开封后,生产萧条,仅剩7家"。针织业有80多家,织布工业有织机200多架,在"日伪统治时期遭破坏"。⑥ 制革业最盛时达175户,产品除销售本省外,还销往北平、兰州等地。"开封沦陷后,皮革生产处于半停顿状态。"⑦ 重工业方面,"抗战前机器翻砂制造工业发展到15家。开封为日军侵占后,在日本残酷的经济掠夺下,大多数营业户破产倒闭,该行业很快萧条下去"。⑧ 这些工业行业的停滞或破产,除因日伪政府的统制政策束缚、战争不断和物价飞涨外,与日伪

---

① 《商丘县志》,第171页。
② 《商丘县志》,第173页。
③ 《浚县志》,第382页。
④ 《新乡市志》上册,第33页。
⑤ 《辉县市志》,第447页。
⑥ 《开封简志》,第49页。
⑦ 《开封简志》,第50页。
⑧ 《开封简志》,第56页。

军及政府的掠夺关系甚大。如开封新民制蛋厂，由于日军进驻该厂，根本无法复产。① 大昌制蛋厂遭敌机轰炸而停顿。② 开封工茂汽车修配厂，1938年开封沦陷时"被抢劫一空，幸存无几"。至1942年才通过关系恢复生产，尽管曾有一年多兴隆时间，但1944年在日伪军的多次勒索下逐渐衰落下去。③ 开封丝绸、汴绣誉满中外，1938年在日军占领期间大多停滞或歇业，如景文洲公记、景文洲德元号商店（实为手工作坊）等先后停业，其他也都经营惨淡。④ 沦陷区工业的经营惨淡、倒闭歇业，反映了沦陷区经济的萎靡和衰退。

另据伪河南省公署调查，至1942年5月，开封市、兰封、淇县、通许、考城、阳武、内黄、永城、原武、宁陵、陈留、武陟、开封、封丘、获嘉、虞城、中牟、延津、滑县、鹿邑、淮阳、夏邑、柘城、孟县、沁阳、杞县、太康、温县、临漳等县，没有设立工厂。商丘、汲县、清化、济源、浚县、睢县等6县填送了现有工厂，但"查附送各工厂调查表登记凭单号数栏内，多误列商会证、营业执照暨采矿执照等项，似均为办理工厂登记"。⑤ 即6县所填报工厂多属误填，并非真正建立的工厂。由此可知，直到1942年5月，沦陷区34县市仍无新工厂建立。抗战胜利后国民党政府接收河南区30家企业，资产仅为373万元，为所有接收区中工矿业资产最少的接收区，不及上海接收区的1/10，青岛区的1/7。⑥ 这从侧面反映了沦陷区工业的萎缩、停滞和破败。

（五）煤炭业

日本侵略者在掠夺农产品和工业品的同时，对河南煤矿也进行霸占和掠夺。我国煤炭储藏丰富，"据二十五年（1936）地质调查所调查，计有二千

---

① 《开封工业拾遗》，第54页。
② 《开封工业拾遗》，第56页。
③ 李文清：《工茂汽车修配厂大事记》，《开封文史资料》第7辑，第84~85页。
④ 王华农：《"景文洲"与开封汴绸业》，《开封文史资料》第7辑，第114~118页。
⑤ 《河南省公署训令》，《河南省政府公报》第299、300合订号，1942年5月31日，第9页。
⑥ 《南京政府接收敌伪产业的估值（1945~1947）》，许涤新、吴承明主编《中国资本主义发展史》第3卷（下），第616页。

三百九十亿吨,其中华北占有一千六百七十九亿吨之多,约百分之七十",河南有7800百万吨。① 日本对河南煤矿的强占与掠夺是从七七事变后开始的。抗战爆发后,日军侵略军在豫北先后强占六河沟、焦作、鹤壁等煤矿,进行军事管理,具体情况见表18-9。

表18-9 河南省失陷煤矿一览

性质	名称	地址	资本(元)	年产额	备注
中国	中原煤矿公司	修武	4000000	525606	
英国	福公司	修武	1242822	7000000	资本单位磅
商办	天河沟煤矿公司	安阳	8000000	505355	同上
	大成煤矿公司	武安	150000	58000	同上
	冠华煤矿公司	武安	80000	—	同上
	金台煤矿公司	武安	50000	—	同上
	鼎盛煤矿	武安	25000	—	同上
	福兴煤矿	武安	25000	—	同上
	合众煤矿公司	武安	10000	—	同上
	中兴煤矿公司	武安	15000	—	同上
总计	10家		13597822	8088961	

注：武安县时属河南,今属河北。
资料来源：陈传海、徐有礼等编《日军祸豫资料选编》,第204页。

上述10矿除焦作福公司煤矿未被日军立即强夺外,其他各矿先后被日军劫夺,实行军事管理。但福公司所属之煤矿在日军占领焦作后一直无法正常生产,日军于1939年春唆使汉奸李希德（润身）等人,以"华人要求收回矿权"的名义,制造了所谓"华人排英"事件,"把英人驱出焦作,于一九三九年八月五日发布第11号'通令',完全

---

① 《华北经济掠夺》,第424~425页。

第十八章 沦陷区的经济

侵夺了焦作煤矿"。① 除上述矿外，还有一些煤矿为日军所占，如鹤壁宝善煤矿公司、宝裕煤矿有限公司、时利和煤矿、九华煤矿公司、原生煤矿、新记煤矿公司等6公司在日军占领汤阴后全部停产，被日军占领后于1940年开始生产。② 1944年，日军还强夺了禹县三峰山的煤矿开采区。③

日军占领河南沦陷区煤矿后，为维持其长期侵华战争的需要，使原来停工的煤矿先后恢复生产，且增加人员，对沦陷区煤炭进行疯狂掠夺。如在焦作煤矿，除李河等焦作东矿井被水淹，经多方想法不能恢复开采外，日军"专事经营西部的王封、李封、凭心三个矿，同时在常口、王封、阎河一带开凿了许多土窑"，④ 进行开采。至1943年，煤矿工人人数由1935年的10282人增加到11821人，是解放前工人人数的最高峰。⑤ 在鹤壁，日人派技术人员对已停工的煤矿进行调查，1940年9月使其重新生产，以剥削中国煤矿工人，掠夺煤炭资源。⑥ 在开采的过程中，日本侵略者恢复了封建的"包工制"，甚至"不顾矿工的死活，残暴推行'以人换煤'的血腥政策"。且"从事拉筐的多是一些十一、二岁的童工，有的年仅八、九岁"。从童工身上攫取更加高额的利润。⑦ 在日本侵略者的残酷剥削下，源源不断的陷区煤炭被运往平、津及日本。据统计，仅1941年、1942年两年，日本侵略者共从焦作炭矿矿业所掠走煤炭2557728吨。⑧ 具体情况见表18-10。

---

① 河南省地方史志编纂委员会、河南省地方史志协会编《抗日战争时期的河南》，内部发行，1985，第229页。
② 中共河南省委党史工作委员会编《淇水滔滔》，河南人民出版社，1991，第96~98页。
③ 陈传海、徐有礼等编《日军祸豫资料选编》，第205页。
④ 河南省总工会工人运动史研究室编《焦作煤矿工人运动史资料选编》，河南人民出版社，1984，第345页。
⑤ "焦作煤矿1904~1949年工人约数"表，《焦作煤矿工人运动史资料选编》，第108页。
⑥ 《淇水滔滔》，第98页。
⑦ 《焦作煤矿工人运动史资料选编》，第345~346页。
⑧ 《焦作煤矿工人运动史资料选编》，第439~440页。

表 18-10　1937~1945 年河南煤矿煤炭产量

单位：万吨

年份	中福公司	中原煤炭公司	六河沟煤矿公司	民生煤矿公司	新安煤矿公司
1937	109.86	中福组合	59.70	6.29	2.04
1938	南迁	南迁	24.64	—	2.04
1939	16.34	—	34.05	—	
1940	72.12	—	34.97	3.50	
1941	121.22	—	34.34	9.50	
1942	136.64	—	52.37	11.00	
1943	57.86	—	30.68		
1944	42.54	—	24.35		
1945	30.00	—	—		

注：中福公司于1933年由英国福公司与中原矿业公司合并重组而成。中方推选一人任总经理，福公司推一人任总代表。年产量和运销量均超过100万吨，盈利超过100万元，是河南省政府的重要财源。日军占领焦作后，将中福公司改名为焦作炭矿矿业所。

资料来源：《1911~1948年河南煤矿煤炭产量》，《河南省志》第31卷《煤炭工业志》，第290页。

据表18-10统计，1940年、1942年、1943年中福公司煤炭产量分别为72.12万吨、136.64万吨、57.86万吨，与《焦作煤矿工人运动史资料选编》大事记所记载之3年的煤炭产量基本吻合，说明此表的统计数字应该属实。由此可知，河南沦陷区煤炭业从1939年至1942年，产量呈平稳增长趋势，直到1943年，才逐步走向衰落。以此计算，仅焦作福公司与六河沟两矿，1938~1945年，日军就掠去原煤712.12万吨，这还不包括鹤壁、武安等地煤矿出产的煤炭。大量煤炭的生产是建立在对矿工生产价值剥夺基础上的，据当时统计，一个采煤工平均每天至少要挖2吨煤，其价值约4钱银子，折1980年代的人民币10元左右（不包括成本等其他费用）；可是一个矿工每天最多只能得到200钱，合人民币6角钱；一般矿工在一百五六十钱，合人民币4角钱左右，其生产价值的95%左右被日本资本家侵吞。[1] 河南煤炭业的恢复与增产，建立在对矿工

---

[1] 《焦作煤矿工人运动史资料选编》，第347页。

的无情剥削之上。

河南沦陷区矿工，在日伪政府的统治下始终在死亡线上挣扎，生活在水深火热之中。如焦作矿区的工人每天工作12小时，由于住地离矿区远，每天准备、走路、候班与工作所需时间十五六个小时，最长竟达20小时。"既使如此拼命的干，也不能让全家人吃上饱饭。"特别是在矿上拉筐的童工，"出的力相当于成人，但工资不到成人的一半，还经常要挨日寇、监工、把头的拳打脚踢"。① 在汤阴县鹤壁炭矿，"日本人为了强制逼迫矿工卖命，在炭矿四周筑了5华里长的围墙，设置了7个碉堡，雇用50余名矿警，日夜站岗巡逻，对矿工实行严密监视。……矿工们拼命干活，累断筋骨，流尽血汗，但所得到的报酬却少得可怜，开始每人每天发给2市斤谷子，后来只发给麸皮过半的戊（五）等面1.5市斤，每月发给的汪伪'中国联合准备银行'币20元，仅能买5个烧饼"。② 1942年河南发生灾荒，物价飞涨，收入微薄的矿工生活更加困苦，"当时，焦作矿区的树皮、草根都吃光了，以至吃雁屎、蚂蚱、石头面（观音土），甚至发生人吃人的现象……矿区的矸石山上，到处都躺着饿死的无人掩埋的尸体，其景象惨不忍睹，至今想起仍毛骨悚然"。③ 然而更为可怕的是当时的煤矿毫无安全保障，矿难事故不断，造成巨大的人员伤亡。据不完全统计，1940～1945年的5年时间里，焦作炭矿矿业所共发生瓦斯爆炸6次，死100余人，伤36人。日伪统治的汤阴炭矿，1944～1945年间，即发生瓦斯爆炸1次，死4人，伤10人，透水事故2次，死100人，特别是1944年汤阴固新（城）煤矿透水，矿方不救，造成一次死70人的重大事故。④ 矿工们被饿死及遇难的生命，正是日本推行"以人换煤"的血腥政策的写照，可以说在日人运走的每吨煤炭中，都有陷区矿工工人的冤魂在呻吟！

---

① 《焦作煤矿工人运动史资料选编》，第346页。
② 《淇水滔滔》，第98～99页。
③ 《焦作煤矿工人运动史资料选编》，第347页。
④ 《河南省志》第31卷《煤炭工业志》，第195～196页。

三 交通运输业

(一)"焦土抗战"与交通的破坏

七七事变后,日军铁蹄迅速侵入豫北、豫东大地,为有效抵御日军的迅速进攻,国民党军政当局采取"焦土抗战"政策,在破坏铁路的同时,对公路的破坏做出如下规定:"在路基行车方向挖沟,沟深 1.3 米至 1.6 米,宽 2.5 米,改作大车道使用,并隔相当距离挖一错车道供车往返行驶。阻止日军战车通过。""路基土质坚硬、挖沟困难地段,可在路中每间隔 16 米至 30 米挖纵沟,深、宽各 1.3 米至 1.6 米,每段长 7 至 10 米。""桥梁及涵洞的破坏或拆除,应视为破坏的重点。""路面挖出的碎石和拆除桥涵的砖木石等材料,应运至隐蔽处存放,或深埋地下。""钢筋混凝土桥梁及大型石拱桥、钢桥,民工无力破坏者,或时间紧迫、民力有限者,可呈请第一战区长官司令部派工兵共同破坏。""破坏桥梁任务,由当地政府进行。"① 根据上述规定,豫北、豫东及以后河南战役中豫南、豫西等地,在军事撤退的过程中对铁路、公路和桥梁进行了不同程度的破坏。在豫北,在日军进犯安阳、新乡、焦作等地的过程中,有 17 个县镇及城市陷落。从 1937 年 11 月至 1938 年 3 月,国民党军队和各地政府先后破坏道口至濮阳公路 44 公里,新乡至孟县、焦作至晋城、洛阳至博爱等公路 250 公里,黄河铁桥被炸,其中较大桥梁均被炸毁或拆除,这是抗战以来河南首批被毁的公路。② 在豫东,从 1938 年 5 月至 6 月,国民党军在撤退之前,将商丘至砀山、商丘至亳县、郑州至永城、开封至汤阴、开封至考城、开封至周家口、开封至许昌、尉氏至许昌、开封至郑州等 9 条公路,进行彻底破坏,计长 1153 公里。③ 与此同时,1930 年代早期兴建的几座大型钢筋混凝土桥如寨河桥、三

---

① 《河南公路史》第 1 册,第 251 页。
② 《河南公路史》第 1 册,第 250 页。
③ 《河南公路史》第 1 册,第 251 页。

里桥、竹竿河桥、林森桥、龙门桥先后被全部炸毁，另有狮河桥、湍河桥等部分被炸，河南公路"元气"大伤。1938 年 9 月，在日军侵占豫南的过程中，国民党军相继撤离潢川、信阳等地，又对豫南信阳至潢川、信阳至南阳、潢川至小界岭、潢川至项家河、潢川至叶家集、潢川至三河尖、罗山至宣化店、商城至经扶、周家口至潢川等 10 条公路进行破坏，长 1013 公里。①

1944 年，日本帝国主义发动豫湘桂战役，河南在 37 天中连失 38 座县城，公路也遭受大量破坏，计有许昌至禹县、襄城至鲁山、临汝至襄城、鄢陵至周家口、叶县至界首、洛阳至嵩县、洛阳至叶县、洛阳至潼关南线、洛阳至潼关北线、洛阳至巩县、郑州至登封等 23 条公路，长 2780 公里。② 另外，国民党军政当局为阻止日军西进，采取"决堤拒敌，以水代兵"之策，致使黄河改道，形成从西北至东南，长约 400 公里，宽 30~80 公里的黄泛区，黄泛区之公路、铁路全部被淹。据统计，河南 49 条主要路线计 5890 公里长的公路几乎全部遭到不同程度的破坏，仅有 37 公里完好无损的线路。且有 818 座桥梁、4014 处涵管、18 处渡口、37 支渡船被毁，河南公路损失殆尽。另据国民政府交通部统计，至 1944 年，河南共有公路里程 6858 公里，沦陷或破坏里程 6408 公里，现有通车里程 450 公里，如将 1945 年破坏的公路计算来看，能通车之里程更短。③ 与其他省份相比，河南是公路破坏最严重的省份之一。

与此同时，河南境内的平汉、陇海铁路也都遭到不同程度的破坏。如 1938 年 2 月 18 日，郑州黄河铁路大桥被炸，平汉线无法完全通车。据陈赓日记记载，从 1938 年 6 月 11 日至 9 月 28 日，陈赓率领八路军一二九师三八六旅转战豫北期间，对平汉路、道清路进行多次破坏，其中在道清路就实施了 6 次大破坏。在 100 多天的时间里，共计破坏铁路 22.9 公里又 7 米、炸毁铁路桥 12 座、砍电杆 253 柱、烧毁枕木 6740 余根、拆除铁轨 645 条又

---

① 《河南公路史》第 1 册，第 252 页。
② 《河南公路史》第 1 册，第 255 页。
③ 《中华民国史档案资料汇编》第 5 辑第 2 编《财政经济》(10)，第 149 页。

700多米、割电线620余斤又5公里,其他如道钉被拔无法计算。① 在陈赓部的破坏下,道清线、平汉线豫北段的运力下降,据各地报告,"被敌修复之铁路所用枕木全系临时凑成之木板或乱七八糟之木头,勉强支持,每隔一米五,才设一枕木;铁轨接合部之夹铁亦系临时制成,每一接合部原有道钉六个,现仅一至二个,最多三个,被掘毁之路基用石头勉强填补,凌乱不堪,敌之困难可想而知"。② 平汉线北平至新乡段,仅1940年,即"被破坏约一千次"。③ 抗战期间,安阳至黄河以北沦陷7年半,信阳以南沦陷近7年,郑州至信阳荒芜5年多、沦陷1年多,全线设备损失殆尽。抗战胜利后,平汉线除郑州站残存少数股道、10个小站破坏较轻外,其余站、段、厂几乎全毁,全线仅有货车520辆、客车1辆、可用机车14台;安阳至汉口的524座桥梁,被破坏的占75%。其中全部破坏的占13%,破坏程度在一半以上的占29%。④

陇海路"亦不时被我游击队破坏",日军对开封至兰封防守犹为严密。⑤ 1938年5月,日军侵占兰封、内黄,拆毁铁路,劫夺滞留于东段的机车79台、车辆1200余辆。6月,开封失守后,"国民党军队扒开黄河花园口大堤,陇海线中牟、白沙、古城3个车站被黄水淹没。1939年国民党军队将郑州至洛阳间全部铁轨、器材和60余座桥梁(桥墩被炸毁)拆除西运入陕"。其中,"陇海线开封以东破坏较轻,郑州以西特别是洛阳至潼关间224公里破坏最重"。另外,道清线被日军于1939年初拆除71.4公里。⑥ 国民党军队及政府、群众对铁路、公路的破坏,虽不利于交通运输,但对阻止日军的侵略起到一定作用。

因遭破坏,沦陷区黄河航运中断。淮河"三河尖以下至正阳关一段航

---

① 以上数字根据陈赓日记3个多月的破路记载计算得出,计算时凡有50余根、100多米等数字者,皆按50根、100米计算。在计算铁轨时,文中所言根、条、节等单位,皆按条计算。陈赓:《转战豫北的日日夜夜》,《河南文史资料》1995年第2辑,第1~35页。
② 陈赓:《转战豫北的日日夜夜》,《河南文史资料》1995年第2辑,第31~32页。
③ 《华北经济掠夺》,第498页。
④ 《河南省志》第37卷《铁路交通志》,第15页。
⑤ 《华北经济掠夺》,第482页。
⑥ 《河南省志》第37卷《铁路交通志》,第24~25、42页。

道浅滩重重，最浅处仅0.5米，三河尖以上的淮河干支流，亦多因商运萧条而处于停航与半停航状态"。① 卫河航运"在日本侵略军的大肆破坏下，更是濒于崩溃边缘"，如日军侵略安阳，航运业遭到严重破坏，大批民船被日伪焚烧，有些民船拆散或沉坠河底。② 新乡日军不许船民运煤、粮等，只准在卫河运军需品，结果"民船运货很少，被迫转业捕鱼，做短工"。③ 日军占浚县后，"卫河航运惨遭破坏，船只损坏80%以上，幸存者也被迫停航"。④ 河南沦陷区水运几乎陷于停运状态。

（二）日伪对交通线的修复

由于国民党军队撤退仓促，虽对交通进行了破坏，但"交通之破坏不重"。⑤ 如陇海线开封以东破坏较轻，而郑州以西因时间充裕而破坏非常严重。⑥ 所以，日军占领河南大片领土后，铁路、公路得以迅速恢复，如日军占领安阳以西40里的水冶镇后，1938年1月拟实行西犯计划，赶修由安阳至水冶镇轻便铁路，以利军运。由安阳至梅元庄一段约10余里，业已修竣。⑦ 同月，"平汉线敌方票车，已直达安阳"。军车每日亦向南开一两次。⑧ 不久，"盘踞安阳之敌约千余人，水冶之敌约二百余人"，拟向林县赶修汽车路线。⑨ 1938年日军侵占商丘，年底即有16条汽车运输线通车，计1762公里，其中有开封至商丘150公里，商丘至柘城50公里，商丘至亳县65公里。⑩ 据不完全统计，日军占领豫北、豫东后，除恢复平汉铁路（北平至新乡段）、陇海铁路（连云港至开封段）外，还新修了汴新铁路（开封至新

---

① 《河南航运史》，第188页。
② 《河南航运史》，第189页。
③ 《新乡市志》上册，第676页。
④ 《浚县志》，第451页。
⑤ 《华北经济掠夺》，第479页。
⑥ 《河南省志》第37卷《铁路交通志》，第257页。
⑦ 陈传海、徐有礼等编《日军祸豫资料选编》，第188页。
⑧ 《盘踞安阳敌军布置坚固工事》，《新华日报》1938年1月26日。
⑨ 《豫北我克新乡车站，敌偷渡涵谷关被歼》，《新华日报》1938年4月10日。
⑩ 《商丘县志》，第180页。

乡，1939年5月初通车）；另外，修复豫北旧有公路10余条。① 抗战初期，豫北主要公路线已基本修复，铁路也开始通车，豫北交通运输逐步恢复。

在豫东，日军对交通特别重视，到1940年，商丘县至四面八方的公路有12条，即"商永（城）、商柘（城）、商鹿（邑）、商宁（陵）、商曹（县）、商考（城）、商单（县）、商民（权）和商马（牧集）公路。商亳公路铺筑过灰沙卵石路面，其余是土面公路"。② 可以说豫东公路已基本恢复。与此同时，1938年开封至商丘（195公里）、开封至濮阳（163公里）等地的公路亦先后恢复通车，并开始试办公路旅客运输。③

在恢复旧有公路的基础上，1939年春，伪河南省政府建设厅指令豫北、豫东伪县政府，强迫村民无偿为其修建公路，并限期完成对路基的培修、桥梁的修复。至1941年5月，恢复公路1593公里。其中国道712公里，由"伪建设总署拨款修建"；省道881公里，由"伪河南省公署修建"。④ 此外，日伪政权还新修了一些线路，主要有焦作博爱线、修武焦作线、水冶观台线、安阳临漳线、安阳水冶线、安阳楚旺线、黎豫公路（由黎川至河南）。⑤ 另外，各县修复县道1982公里。至此，沦陷区公路大致达到战前各区公路的通车水平。⑥ 这样就在河南沦陷区形成了四通八达的铁路、公路网，把河南与河北、山东、平津、安徽、江苏等省市连为一体，以便将河南沦陷区的劳动力及物资外运。

（三）日本对交通运输业的掌控

日军占领豫北、豫东及豫南部分地区后，局势稍一稳定，即分别对交通严加管理。关于铁路，"作战期间军方管理的铁路，委托满铁经

---

① 陈传海、徐有礼等编《日军祸豫资料选编》，第192页；《修复旧有公路表》，《华北经济掠夺》，第486～487页。
② 《商丘县志》，第180页。
③ 《开封市交通志》，第87页。
④ 《河南公路史》第1册，第280页。
⑤ 《新修之公路》，《华北经济掠夺》，第489页。
⑥ 《河南公路史》第1册，第279页。

营"。① 华北交通公司成立后交由华北交通公司经营,"铁路定为公司所有",但"得由中华民国临时政府及日本方面之适当机关行使必要之监督权",②监督华北交通公司的运营情况。根据1939年4月14日《关于设立华北交通公司谅解事项》之规定,华北交通公司对河南境内的"京汉线干线及其支线""陇海路干线及其支线"拥有管辖权。③ 1939年4月17日,日人成立华北交通株式会社,开始了华北铁路、公路、水路的运营,华北交通的经营权大部掌握在华北交通株式会社手中。④ 1940年,华北交通公司在开封设铁路局及水运部、汽车部,掌握河南沦陷区之铁路、公路、水运,"使水陆运输连成一气,并分别缓急,以统制货运"。⑤ 在各主要部门,"日人均为机要职务,如各部首领司机及工程电气等技术人员"。⑥ 沦陷区交通运输实为日人掌握。

与华北交通公司并存的还有河南交通管理部门,开始为伪河南省政府建设厅,1940年8月,伪河南省公路管理处在开封成立,作为沦陷区公路管理的领导机关。内设总务课、工程课、养路所、材料厂、运输所等部门。但交通的具体经营由华北交通公司独自进行,建设厅仅负责公路的养护、维修等,建设厅成了华北交通公司的"总务处",⑦ 日人不仅得以通过交通掠夺陷区财富,还达到了"以华治华"之目的。

日军在占领河南的过程中,将沦陷区铁路、公路等据为己有,从七七事变至1941年7月,敌人先后占有的铁路有平汉路(北平前门至小冀间及附带线在内)815余公里、道清路184余公里、陇海线502余公里。⑧ 日军在豫东强占的公路有20余条路线,主要有开封淮阳线、开封菏泽线、开封通许线、永城杞县线、永城夏邑线、夏邑砀山线、夏邑商丘线、商丘砀山线、

---

① 《华北经济掠夺》,第455页。
② 《华北经济掠夺》,第457页。
③ 《华北经济掠夺》,第458页。
④ 《华北交通株式会社》,《华北经济掠夺》,第462~472页。
⑤ 陈传海、徐有礼等编《日军祸豫资料选编》,第194、197页。
⑥ 陈传海、徐有礼等编《日军祸豫资料选编》,第194页。
⑦ 《河南公路史》第1册,第278页。
⑧ 陈传海、徐有礼等编《日军祸豫资料选编》,第194页。

商丘亳县线、商丘鹿邑线等。①

在日伪控制了铁路、公路等运营权后，1939年4月起，"日本商人先后在归德、开封、新乡、彰德四城市开办了日新运输公司，北支运输公司、华北交通株式会社等，在各地设立自动车营业所，都拥有大批汽车，除经营民间客货运输业务外，更重要的是为日军作战和经济掠夺提供大量的交通工具"。② 如1939年4月，日本商人在归德开办日新运输公司，除经营民间客货运输业务外，还为日军作战和经济掠夺服务。不久，朝鲜商车队和伪军张岚峰部汽车队也在商丘成立。"朝鲜商车队有汽车10余辆，客货均运，主驶县城至邻近各县线路。"张岚峰伪军车队主要是军运和走私。③ 在新乡，日本侵略军于1938年设立汽车营业所，"经营3条线路：新乡至浚县，长100公里；新乡经阳武至封丘，长80公里；新乡经延津至封丘，长65公里，客货兼营"。④ 日军占领开封后，曾以载货汽车试办公路旅客运输，运行线路有二，一是开封至商丘，全程195公里；二是开封至濮阳，全程163公里，均为单开，两日往返一次。由于战事频发，路断人稀，前后运营不及1年。⑤ 至1939年底，"华北汽车运输路线共16条，计1762公里，其中开封至濮阳138公里，开封至商丘150公里，陈留至通许25公里，杞县至考城60公里，清化镇至沁阳20公里，安阳至楚旺25公里，安阳至水冶33公里，新乡至浚县100公里，安阳至汤阴22公里，新乡至封邱65公里，新乡至辉县20公里，修武至武陟22公里，杞县至商邱159公里，商邱至柘城50公里，封邱至新乡80公里，商邱至亳县65公里。此外，开封、商邱城内还办了市内公共汽车，营业18公里"。⑥ 除汽车运输外，日伪政权还经常组织民间运输力量来为侵华战争服务。"1938年已开始组织马车跑开封到濮阳、东明、商邱、通许、中牟等路线。1940年伪省府建设厅对豫北豫东28个县的运输工具统计，共有载重汽车29辆，大客车5辆，小客车4辆，骡马大

---

① 《敌伪强占河南路线表》，陈传海、徐有礼等编《日军祸豫资料选编》，第196~197页。
② 陈传海、徐有礼等编《日军祸豫资料选编》，第201页。
③ 《商丘县志》，第182页。
④ 《新乡市志》上册，第660。
⑤ 《开封市交通志》，第87页。
⑥ 陈传海、徐有礼等编《日军祸豫资料选编》，第201页。

第十八章 沦陷区的经济

车 60315 辆,骡马轿车 927 辆。"① 其中开封市"常年参加长途货运的汽马车已有三四百辆之多"。②

(四) 新开铁路

新开铁路,又称汴新铁路,自开封东南越黄河,经荆隆宫、王庄、谷岭集、阳武、李庄、小冀而至新乡,全线共长 103 公里(一说 102.91 公里)。③ 沿线车站除新乡为平汉路之车站,开封为陇海路车站外,另设有小冀镇、吕庄、阳武县、太平镇、齐亦集、荆隆宫、大马庄 7 站。7 站侧线总延长 6.94 公里,全线总延长为 109.94 公里。新开线于 1938 年 10 月动工修建,1939 年 5 月 7 日建成通车,至 1945 年 8 月 15 日日本投降,历时 6 年零 100 天。建成通车之日,伪《新河南日报》1939 年 5 月 7 日第 3 版头条发表题为《新开路今日通车——在太平镇车站举行通车典礼》的报道,略述了建路过程。1947 年 3 月,随着花园口堵口合龙,黄河主流引归古道,新开铁路陆续拆除。④

日伪之所以修建新开铁路,"其主要目的在接通平汉陇海两路,经连云港出海,既便军运,在经济上亦有重大之价值"。⑤ 1938 年 2 月 18 日,新编第八师蒋在珍部奉命炸毁郑州北黄河铁路大桥,平汉线交通中断。6 月 6 日,开封沦陷,9 日,蒋在珍部又奉命炸开花园口黄河大堤,使陇海路无法通行。陇海、平汉两路在中牟一带和新乡以南黄河大桥处中断,两大交通线运输受阻,日军鉴于花园口决口一时难于修堵,黄河铁路大桥亦不可能修通,汴郑难于通车,为沟通陇海、平汉交通动脉,决定修建新开铁路,以便加强河南沦陷区的联系及向外运送物资。另外,开封到新乡,所经之处全是平原,虽有旧黄河阻隔,但河道早已干涸,在河道内架木桥即可通行,桥梁易于修建,工程量不大,"无论算政治账或算经济账,对他们都有利,因此

---

① 陈传海、徐有礼等编《日军祸豫资料选编》,第 201 页。
② 《开封市交通志》,第 95 页。
③ 《华北经济掠夺》,第 483 页;陈传海、徐有礼等编《日军祸豫资料选编》,第 191 页。
④ 《新乡市志》上册,第 585 页;邢汉三:《日伪统治河南见闻录》,第 185~186 页。
⑤ 《华北经济掠夺》,第 483 页。

就决定投入一些人力物力，兴修这条铁路"。① 新开铁路正是在日军认为花费不大、收效不小的情况下，动工兴建的。

兴修新开铁路的全部技术工作由日军铁道兵担任，伪河南省建设厅负责按照日本原定计划，在日本人的监督下实施。按日本原定计划，使用民工，由沿路各县伪政府征调，民工工资，由铁道兵团送由伪政府转发，民工组织，按伪政权区乡建制，由伪区、乡、村长带队督工。② 工程用料方面，除部分购买外，为加快进度，日军于1939年将道清线三里湾经道口至游家坟计长71.36公里的铁路拆除，路料移铺于新开线。③ 但在修建的过程中，各县伪政府及区乡头目督工不力，加之强制征工，工资发放不及时，且正值春荒时节，民工生活困难，消极怠工，致使工程进度缓慢，达不到预定计划。伪建设厅厅长岳迹樵向日军头目建议，"改征工为雇工，改固定工资为计工包干，改由各县伪政府负责为筑路工程处直接负责。民工可自愿结合，承包某段某项工程，先支领一部分生活用费，完工后如数支发"。日军头目采纳岳的建议，结果施工进度进展甚速，原定7月7日通车的新开铁路，提前2个月于5月7日通车，岳迹樵受到日军头目尽情表扬，并发给了不少奖品。新开铁路通车后，旅客往来或货物运输，均进行严格限制，没有日本军事机关许可，不能乘用，直到1939年冬，才发售客票，正式运营。④

在新开线运营的6年多时间里，破坏此路与保护该线，是抗日军民与日军斗争的焦点之一。在通车后的6年中，停车时间约占正常运营时间的十分之一，由此可见敌我双方斗争的激烈。⑤ 日伪政权为使铁路畅通，华北交通公司内设爱路课，各铁路局内设爱路科，各主要站设爱路系。主要站四周及沿线两侧10里以内之地带，均划为爱护区，各站长为爱护区区长，下设干事若干人，担任该段铁路保护暨该区行政各事宜。爱护区由爱护村组成，村设村长，村长由华北交通公司指派，不隶属普通行政机关系统。各村逐日派

---

① 邢汉三：《日伪统治河南见闻录》，第184页。
② 邢汉三：《日伪统治河南见闻录》，第184~185页。
③ 《新乡市志》上册，第583页。
④ 邢汉三：《日伪统治河南见闻录》，第185~187页。
⑤ 邢汉三：《日伪统治河南见闻录》，第187页。

第十八章 沦陷区的经济

出看路夫,分段日夜看守。如发觉企图破坏路线者,立即报告村本部及当地日伪军,若隐匿不报或因此遭受事变者,除该看路夫受严厉处分外,各该村长亦连带负责。① 日军对新开铁路防卫极严,除爱护村看路夫看管铁路及与其他线路同样布置外,沿线铁路警备队之数额特别多,日夜巡逻。在黄河铁桥外围,挖有深宽各 1 丈之壕沟,铁路两侧所挖路沟宽深各 2 丈,以防袭击。② 日伪对新开铁路的防范,更甚于其他铁路,可见该路对河南沦陷区十分重要。日伪兴修新开铁路,对日军在河南进行殖民统治,掠夺河南物资起了相当作用,在 6 年时间中,日本通过该线运出煤炭即达 500 万吨之多,即是佐证。③ 另外,汴新线的开通,对于方便河南陷区民众的通行起到了一定作用。

(五) 利用交通对沦陷区物资的掠夺

在日伪统制交通的过程中,河南沦陷区大批劳动力和粮棉油及煤炭等物资被外运,沦陷区交通成为掠夺人民的主要工具。首先,强占铁路、公路以营利。抗战初期,河南沦陷区交通运输受战争破坏、日军烧杀抢劫及自然灾害影响严重,据华北交通株式会社经营情况记载,"在创业的 14 年度(昭和 14 年,1939 年,下同——引者注)因受大水影响,出现相当的赤字,但因 15 年度、16 年获得利润,弥补了前一年的损失,从 17 年度起实行 4 分分红,尽管环境条件恶劣,业绩还是很大。18 年度,由于黄河流域旱灾,搬家的难民旅客和因物价上涨外出采购的旅客异常增加,从 8 月中旬起发生霍乱,收入减少,但旅客收入还是增收;货物方面,由于霍乱发生、粮食缺乏,重要物资特别是煤炭和铁矿石等运输减少,收入下降,但从营业全局来看,尽管因物价上涨经费增加,还是取得相当成绩,实行了 5 分的分红"。④ 由此可见,华北交通株式会社这个华北交通的主要经营者在 1939 年局势稳定下来后,获益甚丰,尽管获益是对整个华北来说,但作为交通枢纽的

---

① 《华北经济掠夺》,第 497 页。
② 《华北经济掠夺》,第 501 页。
③ 《新乡市志》上册,第 585 页。
④ 《华北经济掠夺》,第 466 页。

河南也应有不少利润。如铁路运输1940年比1939年货物收入增加5.42倍，旅客收入增加5.9倍，杂收入增加5.23倍。公路运输1941年度比1940年度旅客收入增加2.06倍，货物收入增加2.22倍，杂收入增加43.5倍。以后虽然增幅减缓，但也保持在50%以上的增幅。[1] 铁路、公路运输收入激增，一方面说明相持阶段到来后局势相对稳定，交通运输量大幅增加，另一方面说明日本从华北陷区掠夺财物速度加快。另外，铁路运输货运收入除1943年度外皆高于旅客收入，且超过运输总收入的50%，公路运输旅客收入超过货物运输，超过运输总收入的60%，说明铁路以货运为主，主要用于掠夺陷区物资，公路以客运为主，亦不放弃对物资的掠夺。

其次，对沦陷区物资和人力资源的掠夺。在日伪统制交通的过程中，河南沦陷区大批劳动力和粮棉油等物资被外运。如日军占领安阳不久，设"北支棉花协会"，"将汤阴、林县、临漳棉花集安阳，火车运天津；另集新乡，火车运天津"。[2] 据华北日伪当局派遣宪兵队调查，1942年8月以前，仅从开封火车站运出的收缴物资即有主食品（粮食等）11288吨、盐9814吨、燃料品（汽油等）2400公斤、军需品632吨、日用品2520吨。[3] "日军占领商丘后，粮食会社一年收买小麦21400吨，杂谷1600吨，花生、芝麻、大豆共1500吨，大都被运往日本。"而这些粮食主要通过陇海铁路及其他交通工具运出。[4]

另外，日本侵略者还通过铁路和公路，将大批沦陷区劳动力运到日本或东北等地做苦工。在豫北，"博爱敌七月份抓壮丁六千余名，经道清铁路转平汉路北运"。[5] 开封日军于1945年初强征壮丁几千名，运送关外充作苦工。[6] 在豫东虞城，仅1942年就有上千人被日军运往关东或日本充当苦工，

---

[1] 《华北经济掠夺》，根据第469~470页表格计算。
[2] 陈传海、徐有礼等编《日军祸豫资料选编》，第201页。
[3] 《收缴物资一览表》，《华北经济掠夺》，第1103~1106页。
[4] 李可亭等：《商丘通史》上编，河南大学出版社，2000，第250页。
[5] 《博爱敌捕壮丁六千余》，《解放日报》1941年9月5日。
[6] 《敌寇又拉壮丁，运到关外去作苦工》，《新华日报》1945年3月7日。

第十八章　沦陷区的经济

"绝大多数被摧残致死"。① 据悉1944年8月至1945年8月，伪华北政务委员会下达分配劳工动员计划，其中河南省豫北道8000人，豫东道3000人，共11000人，有3000人被分配去日本。这些劳工大多通过铁路运往华北、东北和日本。② 总之，日伪政权在统制河南陷区交通的过程中，通过铁路、公路、水运等将沦陷区大批物资和劳动力运往日本或其他地区，对河南沦陷区工农业生产造成了极大的破坏。

四　商业

（一）日军对商业的抢劫与破坏

日军从入侵河南那一刻起，就开始了对占领区商品的抢劫、商店的焚毁、店员乃至店主的杀戮，河南沦陷区商业遭遇了历史上罕见的抢掠与破坏。1938年3月，日军占领孟县后，将粮坊小麦搜集50余石，"给三十块纸币，说是公买公卖"，车载而去。"古董、字画、雕刻物、艺术品，又不知载去若干件，城内商家住满了兵。"③ 在长垣，"城内布庄之绸缎，金店之首饰以及富家之财物，多被敌人抢掠一空……凡有价值之物品，皆被敌故意予以破坏"。④ 日军占领安阳后，一面屠杀我同胞2000人左右，"一面抢劫、纵火，从小西门至北马道街等处，大火三天未熄"。大多商店在大火中化为灰烬，安阳商业蒙受巨大损失。⑤ 在汲县，日军向粮行索钱，粮行拿七八十元，日军又二次索要，某粮行学徒表示没有时，日军即将其杀死，另一店员重伤。⑥ 日军过后，店内空空如也，大都关

---

① 《虞城县志》，第393页。
② 《华北政务委员会各省市动员劳工计划表》，居之芬：《1933.9~1945.8日本对华北劳工统制掠夺史》，中共党史出版社，2007，第306页。
③ 《孟县沦陷两月记》，《河南民国日报》1938年5月16~17日。
④ 光华：《长垣县沦陷纪实》，《河南民国日报》1938年4月3日。
⑤ 申志诚：《河南抗日战争纪事》，河南人民出版社，1995，第54页。
⑥ 詹田螺：《沦陷后的汲县》，《河南民国日报》1938年6月14日。

门大吉。

　　日军入侵开封后将"所有马道街、鼓楼街、相国寺后街等等的商店，完全洗劫，凡是绸缎布匹鞋袜帽子，都搬运到河大操场，付之一炬……殷光来说，他还替敌人背了三天门窗绸缎，也给敌人烧过饭，但是没有吃到他们的一粒米，整整饿了三天。他说，那一天上河南大学送绸缎门窗，在书店街看到敌正在焚烧书籍、文具，由绥靖公署至河大，经过各街都是门窗毕露，随意出入"。① 1938年6月5日，日军"由开封东门、北门分别侵入城内，盘踞各城门大肆骚扰，任意洗劫，商店住房，均无幸免，各商店绸缎布匹，鞋袜帽子悉搬运至河大操场，付之一炬。各住户之门窗桌凳、箱柜什物，以及各书店之书籍文具，亦被敌焚烧殆尽"。② 日军在抢劫过程中，更多是故意破坏，以造成中国人无法生存之窘境，用经济手段打垮中国人抵抗之意志，彻底屈服于日本。

　　再如积蓄雄厚的开封老宝泰酱园，1937年达到发展的最高峰。自从1938年日军进攻开封后，先是5月火车站泰记分店焚毁于炸弹之下，"房产货物损失净尽"。后是6月间"日军进入城内，掠夺三天，损失不小"。冬被迫开业，总的算起来，"都是赔钱"。③ 另据沈安卿回忆，日军进攻开封时，"老宝泰的三个门市部和酱、果两作坊无一幸免，总计损失的商品、现金、成品和其他原料等约计1.5万元"，占其资金总额6万元的1/4。④ 开封名店晋阳豫，"在一个月内惨遭日军数次抢劫。……经过这三番五次折腾，财物损失殆尽"。⑤ 开封王大昌茶庄，在日军侵占期间，不仅遭到抢劫，且"日寇占用店房，王大昌被迫迁至二道胡同原做仓库之处"，无法正常营业。⑥ 三友实业社开封经理处，"开封沦陷后，日本侵略军把经理处的货物，抢掠一空，满满地运走三大载重汽车，门

---

① 《沦陷后的开封惨状》，《河南民国日报》1938年6月17日。
② 《寇军在开封肆虐》，《新华日报》1938年7月2日。
③ 白晴峰：《开封老宝泰酱园纪闻》，《河南文史资料》1996年第3辑，第176页。
④ 沈安卿：《宝泰号酱果店二百五十年简史》，《河南文史资料》1998年第3期，第212页。
⑤ 王静波口述，沈毅整理《开封晋阳豫南货庄简史》，《河南文史资料》第20辑，1986年，第130页。
⑥ 寇华亭：《记开封王大昌茶庄》，《开封文史资料》第7辑，第157页。

第十八章 沦陷区的经济

窗家俱悉数捣毁,剩下的零星货物也不能幸免,有的拉上粪便,有的用刺刀戳破,狼藉满地"。① 可以说日军所到之处,商店无一不被抢劫和破坏。

1941年春节,日军在"遂平盘踞8天,大火整整烧了八天八夜。白天浓烟腾空;夜晚火光冲天。……中学前街短短200米范围内,竟烧掉房子170余间。城隍庙后至北城墙根整个2里长西北后街,从南海至南门一里长的南海街,一片焦土"。火烧之下大批商店化为灰烬,商业遭受无法弥补的损失。② 1938年5月,敌机轰炸后的驻马店"市区烈焰熊熊,浓烟滚滚,成为一片火海。从西南寨门至火车站,由火车站至北大街、菜市街南段,除洋街仅剩一间倾斜欲倒的小楼外,其余房屋荡然无存,洋街及与毗邻的自由街、长寿街全部变成废墟,化为焦土。……洋街最大的胡永茂金店,三间楼房炸飞,室内变成巨大弹坑,其家人和佣人近二十口全炸飞,后仅找到其妻的一个手臂"。昔日繁闹的商业城市,变得冷冷清清。③

1940年11月24日,"日军在商丘城内大肆搜刮,将五家商号封门,货物被抢劫一空"。④《新华日报》报道:"盘踞开封、商丘等地之敌,近大肆搜刮,将所有商店查封,并将开封巨资绸缎庄十余家、商丘五家之货物一并没收,企图自明,商民衔恨刺骨。"⑤ 1938年旧历四月至十月,日军在占领朱集期间,把九德里、青云街前商业街划为日本居留民住区,所有商店住户,均强迫迁出,自此道南商业,一蹶不振。⑥ 据河南省政府建设厅对受害的51县调查,51县在侵略者的劫掠下,一年内共损失约3亿元,其中商业损失约25645万元,占损失总额的80%以上。⑦ 由此可见沦陷区商业损失之

---

① 王雨台、苗雨田:《三友实业社开封经理处(苗兴盛百货商店)始末》,《开封文史资料》第7辑,第171页。
② 陈传海、徐有礼等编《日军祸豫资料选编》,第103~104页。
③ 陈传海、徐有礼等编《日军祸豫资料选编》,第156页。
④ 《商丘县志》,第355页。
⑤ 《开封商丘敌人大肆搜刮》,《新华日报》1940年11月25日。
⑥ 陈传海、徐有礼等编《日军祸豫资料选编》,第241页。
⑦ 《敌人侵豫后一笔血债》,《河南民国日报》1938年8月18日。

— 807 —

巨大。据统计，抗战期间"因战争破坏，全省商业公私财产直接损失约48亿元（私营商业损失约45亿元），市场凋零"。[①] 而这48亿元商业损失主要是在沦陷区。在日军的抢劫、有意破坏下，沦陷区商业遭受严重打击，许多商店停止营业，这是河南商业史上所罕见的。

（二）日伪政权的商业统制政策

日军为掠夺更多的物资以支持战争，在占领区内实行严密的贸易统制，对华北抗日根据地和国民党正面战场实行贸易封锁。1940年7月，日本在华北实行商品输入许可证制，严控华北的进出口贸易。1941年6月20日，伪华北政务委员会颁布《一九四一年度经济封锁要领》，加强对各种商品的统制，"同时对物资之搜集及配给机关之整理及运用等，应加以援助而促进之"，以使统制政策起到良好效果。[②] 封锁任务由日伪军警、新民会等完成，商业统制、商品配售、农副等产品搜集主要由合作社完成。对"在封锁地内及邻近被封锁地区之居民施行配给票制度，配给下列各种生活必需品之最大限度。（1）盐，（2）石油、蜡烛、火柴、医疗药品"。[③] 实际上所给配给品仅能维持居民最低之需求。对私自贩卖违禁物品者，给予严惩。如"开封一般穷苦妇女，近由城内秘密贩盐至城外售卖，每人一次可带数斤，借获微利。连日被敌查获，均被敌装于麻袋用汽车运至城外刺死，并有用绳绑缚，供其豢养之犬咬死者"，残暴行为，世所仅见。[④] 1942年，曹县、单县、成武等县的盐贩到柘城贩卖禁品食盐，"先后3次被杀害74人"。[⑤]

1942年1月，伪河南省公署颁布《河南省物资封锁暂行条例》，规定米粟、小麦及麦粉、高粱、玉米、大豆及杂谷、饮食料品、饲料、牲畜、被服卧具及其材料、麻及麻制品、棉及棉制品、毛及毛制品、纸类文具及印刷用

---

① 《河南省志》第42卷《商业志》，第2页。
② 陈传海、徐有礼等编《日军祸豫资料选编》，第255页。
③ 陈传海、徐有礼等编《日军祸豫资料选编》，第258页。
④ 中央社讯：《汴敌暴行——贩盐妇变作敌狗嘴内肉》，《河南民国日报》1941年1月11日。
⑤ 《柘城县志》，第304页。

品、皮革及皮革制品、药品及其他卫生材料、汽车及其他搬运具、煤薪及木炭、食盐酒类烟糖油及火柴、燃料及液体燃料、洋灰及建筑材料、五金类及金属制品、其他有利后方及根据地的一切物资等皆为封锁对象，凡上述物资以不正当对价及条件而贩卖者，处3年以下有期徒刑，并科以5倍罚款。凡以上物资无官方许可而输送后方或根据地者，一经发现，处死刑或无期徒刑并没收其财产。① 伪河南省公署的物资统制条例比伪华北政务委员会的封锁要领更加严厉，等于禁止了绝大多数日用品的买卖，势必影响商品流通和商业繁荣。

1943年12月13日，伪华北政务委员会在关于配合日军侵华战争所拟之重要物资等搜集对策要纲饬各省市政府遵照办理的密训令中，要求河南省搜集192337担棉花，饬令各地对土布土线加以限制，"禁止自行消费以外之生产加工及买卖"，"禁止一切土布土线向县外搬出，其储存产品经所有者向各县公署或华北纤维协会声请登记后，由协会收买之"。"棉花、棉籽、杂棉，由华北棉产改进会，土布、土线、被褥、旧衣及其他棉制品由华北纤维协会发给移动许可证，无许可证之铁路输送、轮船输送、汽车输送、小包邮寄等概行禁止。"② 在麻类、植物油、皮毛等要纲中，亦有类似之规定。1944年2月，伪河南省政府公布《修正河南省食粮输送统制暂行规则》（秘企字第24号令公布），规定小麦、面粉、大麦、麸、小米、谷子、小米面、高粱、高粱米、高粱面、玉米、玉米面、荞麦、黄米、秫子、花生、花生油等30多类农产品，禁止在省内外移动和搬运。旅行者如携带食粮，其数量不得超过5公斤，油料不得超过1公斤。③ 3月21日，伪河南省政府下发"建经字第350号"训令，令各道、市、县署，严查各地土布、土线制造及贩卖，"各商号如存有土布、土线者，应将实存数量向临近纤维协会办事处申报登记，由纤维协会按照公定价格收买，听候官厅配给，民用尚有隐匿不

---

① 《河南省物资封锁暂行条例》，《河南省政府公报》第257号，1942年1月21日，第24~26页。
② 陈传海、徐有礼等编《日军祸豫资料选编》，第261~262页。
③ 《修正河南省食粮输送统制暂行规则》，《河南省公报》第455~457期合刊，1944年7月11日，第4~5页。

报情事,一经查出,定予严惩不贷"。① 上述规定,将粮食、食盐、皮毛、棉花及纺织品、医疗器械等均列入禁止自由买卖之列,且愈到抗战后期,禁止愈加严厉。

当时的河南沦陷区,工矿企业很少,又多是军管,而农产品比较丰富,尤其重要的是棉花,其次为油料、皮毛等。伪河南省政府成立后,即加紧棉粮、油料等统制,统一由各道、县政府与各地合作社来完成收买任务。在伪华北政务委员会饬令各省搜集战略物资的同时,1943年11月,伪河南省政府先后颁布《河南省棉花收买要纲》《民国三十二年度河南省油料收买要纲》《民国三十二年度河南省毛革类搜集促进要纲》等文件,规定棉花由合作社收买之,各地政府给予全面支持,棉业团及各地军警负责运输。"棉花、棉籽收买所需交换物资之配给,应以合作社一元的办理原则。"② 如前文所言,关于油料之收买,由各地合作社与河南省油料组合来完成,合作社主要负责收购,油料组合主要负责运输。而在收购与配给的过程中,收购是最大化,配给是最小化。合作社集买方与卖方于一身,实际统制了粮食、棉花、油料配给品的贸易,广阔的农村市场也就无商业可言。日伪商业统制政策的实施,带来河南沦陷区大多区域商业的萧条。

(三) 各地商业状况

根据伪河南省政府的规定,在各地实施经济封锁,主要生活、生产用品统归各地政府及合作社配给。据伪河南省政府主席陈敬斋报告书称:鹿邑县"对于购货办法,分区由联保主任出具证明书,其输出者,均由县公署作成证明书,请求驻地之日本军队许可,方为有效"。在柘城,"派经济警察对各商家之存货数目及贩卖数,切实调查。该县人民对于经济封锁均甚明了,尚能协力"。在虞城,"该县商家无几,仅于警察所设有经济警察班,加紧训练,对于奸商之行幼〔动〕侦查尚属严密,实施以来,颇收实效"。在夏邑,"查该县商务萧条,均系小本,并无大商巨贾,关于经济封锁工作,警

---

① 《河南省政府训令建经字第350号》,《河南省政府公报》第421、422号,1944年3月28日,第3页。
② 《华北经济掠夺》,第810~811页。

第十八章 沦陷区的经济

察所及各区均成立经济班,每日分赴各乡严密彻查。惟该县日用品稍感缺乏,物价较为昂贵,一般民众深明封锁成功,自然充实,故均能努力协助"。[1] 宁陵县"自经济封锁以来……民众之日用品全由县合作社廉价配给,尚属得当"。睢县在"封锁时期物资缺乏,购买不便,现物资合作社次第成立,对民众用品较前购买便利,亦民众明了真意,极为协力"。[2] 在民权县,凡商号购物,均须经贩卖公司许可,"经卖各货,须按月呈报清单,限制甚严,商民均感痛苦,因此停业者日有所闻"。在无商品可交易的情况下,日伪组织"令各联保成立合作社一所,县城设合作总社,一切运销商品均由该社经营,禁止社员购用,民众深感不便"。[3] 在杞县,"凡物资搬出输入,必有经济委员会及宪兵队之许可证,民众因日用物资本不缺乏,均极协助"。[4] 由伪河南省长的报告可知,豫东沦陷区大多县乡,日伪政权对商品控制极严,主要生活用品基本由合作社配给,商品流通性不够,商业萧条。

豫北日军"极力统制当地煤盐米油等物资,每保每月仅能买煤十吨至十六吨,米盐等统制数尚待查"。[5] 河南浚县伪府奉日军令统制该县及滑县境内物资,设物价特别委员会,凡搜集和运出物品,须经该委员会许可,各地"每十日前须将主要生活用品物资存储量及供给量详细报告"。根据配给额配给各地居民。在新乡成立豫北地区物资统制委员会,凡物资如无该委员会许可,"不得随便贩运,如贩卖价格超过规定者由该会论处"。[6] 豫北物资被物资统制委员会掌管,由各地政府、合作社配给各区乡村村民,几无商品流通可言。如自日军入侵范县后,"城镇重要商行相继关闭,市容冷落"。[7] 浚县道口镇(当时属浚县,今属滑县)商业发达,有"小天津"之称,"二

---

[1] 陈传海、徐有礼等编《日军祸豫资料选编》,第315页。
[2] 陈传海、徐有礼等编《日军祸豫资料选编》,第316页。
[3] 秦孝仪主编《中华民国重要史料初编——对日抗战时期》第6编《傀儡组织——叁、汪伪政权》,第1390页。
[4] 陈传海、徐有礼等编《日军祸豫资料选编》,第316页。
[5] 秦孝仪主编《中华民国重要史料初编——对日抗战时期》第6编《傀儡组织——叁、汪伪政权》,第1233页。
[6] 秦孝仪主编《中华民国重要史料初编——对日抗战时期》第6编《傀儡组织——叁、汪伪政权》,第1385~1386页。
[7] 范县地方史志编纂委员会编《范县志》,河南人民出版社,1993,第223页。

十六年'七七'事变后,道清、道楚铁路被毁",再加上日军对商业的控制,使道口市场遭到摧残,"商业一蹶不振"。① 在辉县,1937年,全县有商户、手工作坊680余家,农商兼营410家,从业2000余人。"日军侵占县城后,商户停业者甚多,勉强开业300余家,从业380余人。"商户及从业人员,比战前锐减2/3以上。② 在汤阴,"一九三九至一九四五年,日军侵汤期间,侵略者对棉花进行掠夺性强制收购,对食盐、煤炭、煤油等日用必需品,实行限量配给"。除极个别有政治靠山的大商号"生意一度兴腾"外,"大多数中小商人,在大商号挤压和各种苛捐杂税重压下,只能勉强撑持铺面"。③

关于物品的配给,一般由各地合作社完成。在乡村,由县合作联社领取配给物品后,分配给各区、乡合作社,最后到村里。在分配的过程中,由于各级克扣,到达居民手中时已所剩无几,根本无法保障民众的生活需求。在游击区,日伪的统制更严,配给也更少,居民拿日伪发给的配给券领取日用品,"每人每月从保合作社购买4两洋油(煤油),每天5支洋火(火柴),其它物资一点也不能转运,靠经营小生意过活的大都失业"。④ 其实,日本之统制政策是对沦陷区人民的又一次大掠夺,日伪政权督饬合作社"设立日用品配给所,以收买小麦一千公斤为单位。配给农民相当于百三十元的物品,配给的物品为砂糖、纸烟、罐头、医疗品、蜡烛、火柴、纸制品。失掉食粮的农民,再罄其所有以承受消耗品,很明显又是一层残酷的榨取。从各方面榨取,所有食粮最后集中于敌伪手中,于分配方面虽设有食粮配给社从事分配工作,但食粮在回到百姓手中时,数目是极微小的"。⑤

在豫东柘城,由于日军"实行经济掠夺和封锁,商业受到严重摧残。……地方产品,销不出去,外地产品,运不进来,商店倒闭,市场萧条"。⑥ 虞城商业原不发达,日军占领县城后,1940年初,"日本人在县城建立'株式会社',店主奥村青一,从商丘运进日货,批给坐商",商品多

---

① 《浚县志》,第488页。
② 《辉县市志》,第529页。
③ 汤阴县志编纂委员会编《汤阴县志》,河南人民出版社,1987,第183页。
④ 刘世永、解学东主编《河南近代经济》,第348页。
⑤ 闫东超:《敌伪搜刮物资概论》,《河南民国日报》1944年1月8日。
⑥ 《柘城县志》,第304页。

寡，全赖日人供给，很难谈得上市场的繁荣。① 永城县 1937 年县城各业经商人数达 770 余人。"1938 年 5 月县城沦陷后，城内多数商户有的外逃，有的停业，农民买卖不敢进城，多在东关交易。……1945 年，县城从商人员 240 人"，不及战前的 1/3。②

开封商业，经过日军的抢劫和战乱，同时因"日伪'统制'而倍受打击，营业冷落萧条"，③ 主要商店多难以经营，每况愈下。如沦陷前繁荣兴旺的开封模范商场（原名国货商场），"开封沦陷后，商户多被洗劫，国货商场也在劫难逃。商场内商户被全部驱逐，变为以经营鸡鸭鱼肉和食品为主的菜市场"。④ 百年老店"马豫兴"，战前产品远销上海、广州、武汉等地，五香牛肉干还出口美国。日军进犯中原，开封被占，"马豫兴鸡鸭店也遭摧残，生意萧条，名师王保山被迫离店另谋生路，马豫兴鸡鸭店又一次濒临倒闭的境地"。⑤ 开封王大昌茶庄，1938 年日军将其商店当作营房，王大昌被迫迁至背街二道胡同原作仓库之处，"营业额顿时下落，开始赔累"，直到 1945 年才迁回原址。⑥ 三友实业社开封经理处，1940 年、1941 年两次被日伪特务机关以"私通河西"的罪名勒索近万元，"日伪特务拿货不给钱，敲一、二百元已成经常的事了"。"以至经理处穷于应付，岌岌不可终日。"⑦ 开封纸店，原有数十家，由于日本人的统制、掠夺，经营者"散的散，逃的逃，市内的南纸店就只剩下几家了"。⑧ 省城开封以饮食为盛，抗战前"有大型饭店 19 家，饭菜馆 177 家，小型饭铺 303 家。另有番菜馆、油茶铺、包子铺、各色风味饼食店 392 家，酒馆、卤肉店、茶馆 423 家。25 万人口的省会，饭店对峙，小吃满城，饮食业占商业总户的 18.2%，全国屈

---

① 《虞城县志》，第 248 页。
② 《永城县志》，第 205 页。
③ 《开封简志》，第 107 页。
④ 《开封简志》，第 137 页。
⑤ 《开封市第二商业局志》编辑室：《百年老店"马豫兴"》，《开封文史资料》第 7 辑，第 133 页。
⑥ 寇华亭：《记开封王大昌茶庄》，《开封文史资料》第 7 辑，第 157 页。
⑦ 王雨台、苗雨田：《三友实业社开封经理处（苗兴盛百货商店）始末》，《开封文史资料》第 7 辑，第 172 页。
⑧ 高秀峰：《开封的文具业与京古斋》，《开封文史资料》第 7 辑，第 175 页。

指可数"。抗战时期,饮食业衰萎,抗战胜利前,开封有门面的大小饮食店铺仅剩207家,不及战前的1/5。① 饮食业的衰落可谓开封商业萧条的缩影。

与大多县乡商业萧条不同的是部分城市商业的畸形繁荣。如商丘的商业繁荣是抗战时期河南陷区的一大景观,商丘东关有"小上海"之称,以致商贾云集,热闹非凡。"据民国三十年统计,全县经营商业的达4860户、105916人;从事工业及手工业的达2730户、62709人,二着［者］相加,占全县总人口52万的百分之三十。同时,日本在县城、朱集两镇,大开洋行、商店,抛售日货,采买药材、粮食及轻工原料。据《归德华人日本商工名鉴》载,当时日本人在县城和朱集开设的洋行就有四十多处,设店开馆一百六十多家,经营粮食、杂货、油脂、土产、药材、饮食、旅店等业。本地商人在城内开设的杂货业门面七十九处,绸缎布匹庄五十八处,卷烟土膏业三十七处,货栈二十九处,内及其他门面更多。"特别值得关注的是县城东关,更是万商云集,生意兴隆,热闹异常。东关商业街是1938~1940年在一片荒芜达百年的盐碱地上建成,约1里多长。在此街上,"商片、商店各挂醒目招牌,各路商品水陆并阵……中洋皆名,粮行、油行、杂货行、皮行、粉行、干果行、柴草、油漆、药材行等一百三十多家挤居在三条大街两旁。东关'小上海'名声大震"。② 商丘、朱集一时间商业繁荣,吸引日本大仓等七大洋行均来投资,河南实业银行、日商济南银行等纷纷在商丘设立办事处和出账所,1941年,仅河南实业银行在商丘放款即超过千万元。③ 外地商品纷纷从朱集车站运入,据统计,"民国27年(1938)日军侵占商丘后,由于商业畸形发展,从朱集车站下火车的包裹每天一般是200袋左右,多时一次卸下3火车皮。所进包裹多系商品包裹"。而在1937年"每天可收寄包裹10件左右"。④ 这从侧面反映商丘商业的繁荣。

"漯河在战前虽为一小市镇,但在战时因当沦陷区货物内输之孔道,客商云集,已为一大商埠。"在此设立的金融机关有河南农工银行分行及中

---

① 《河南省志》第42卷《商业志》,第197~198页。
② 陈传海、徐有礼等编《日军祸豫资料选编》,第238~239页。
③ 陈传海、徐有礼等编《日军祸豫资料选编》,第239页。
④ 《商丘县志》,第188页。

央、中农两行办事处,"尚有豫生厚(总号在洛阳)、德泰祥(总号在西安)等银号,经营存放款及汇兑等业务,亦多兼营商业"。"皂庙与安徽界首隔沙河相对,但战前仅为沈丘县属之一小村。自二十八年以后,敌区货物由该地内输,商业繁盛,已为豫东重镇。因商贾云集,款项调拨繁巨,故在该地除河南农工银行办事处外,尚有西安德泰祥银号之分号及信义、豫丰、豫中等银号数家,多以汇兑、托收为主要业务"。[①] 至"三十三年五月豫中各县沦陷后,南阳一变而为过去之界首,商行林立",商业极其繁荣。[②] 三处皆因敌我交界而迅速繁荣。

商业繁荣的背后,是日本对河南人民的物资掠夺。他们将工业品乃至毒品高价卖给沦陷区和国统区的民众,廉价收购国统区和沦陷区的农副产品,以发横财。如商丘沦陷后,日本国内有不少垄断资本家派人来商丘,其中有名的财阀三井、三菱、日棉均在此设立机构。仅1944年,"在商丘的日本各粮食会社掠夺收购小麦21400吨、花生300吨、芝麻800吨、大豆400吨、杂谷1600吨,为战争服务。……另外,日本侵略者还在朱集设置了60多家公司,涉及粮食、油料、油脂、兽皮、五金、铜材、矿油、土产、特产、运输各方面。他们通过这些公司、洋行、会社,不仅操纵着豫东的国计民生,而且把豫东的财物搜刮一空"。[③] 据统计,1942年一年,仅日伪淮阳吸收物资收购所,就收购桐油500吨,生漆120吨,药材不详。[④] 据统计,在河南沦陷区豫北、豫东各县,日本侵略者搜刮运往外地的各种物资,除日军直接管理的各企业及直接征购、征用数目不计外,"约有棉花一百五十万担,花生米十万吨,芝麻五万吨,羊皮二百万张,牛皮、猪皮、各种杂品应有尽有。小麦、大麦、杂粮、木材、竹材、竹器等物,为数亦极可观。这些物资,约有半数是日本人以商业方式收购的"。[⑤] 这再次证明沦陷区日伪商业活动的主要部分,是对沦陷区的物资掠夺。

[①] 貊菱:《河南省战时金融》(上),《河南文史资料》1996年第2辑,第219页。
[②] 貊菱:《河南省战时金融》(上),《河南文史资料》1996年第2辑,第176页。
[③] 李可亭等《商丘通史》上编,第249页。
[④] 《华北经济掠夺》,第1090页。
[⑤] 邢汉三:《日伪统治河南见闻录》,第183页。

五 财政

(一) 沦陷区的财政体系

任何政府的存在和运行,都必须建立自己的财政税收体系。抗战爆发后,河南沦陷区财税体系遭受破坏,亟须建立新的财政机构,以保障伪河南省军政机构的开支。1938年4月20日,伪华北临时政府下发临时政府第176号、177号令,任命萧瑞臣署理伪河南省省长,并任命各厅厅长,建立伪河南省公署,其中于继昌(后为吕东荃、郭璈蕴、应润潜)被任命为伪河南省公署财政厅厅长。[①] 厅下设科,各科设科长。各道、县公署设财政科,主管各道、县财政。[②] 伪省财政厅及各道、县财政科的先后组建,为日伪财政体系的建立奠定了基础。

财政收入,由税务部门完成,各地必须建立完备的税务系统,方可建立完整的财政体系。为了界定国家、地方税务系统,伪华北临时政府于1939年6月颁布《划分国家收入地方收入标准》,将盐税、海关税、内地税、常关税、烟酒税、卷烟税、煤油税、厘金及一切类似厘金之通过税、邮包税、印花税、交易税、公司及商标注册税、沿海渔业税、国有财产收入、中央行政收入等收入划为"国家收入",即国税。将田赋、契税、牙税、当税、屠宰税、内地渔业税、船捐、房捐、地方财政收入、地方营业收入、地方行政收入、其他属于地方性质之现有收入等划归"地方收入",即地税。[③] 在河南沦陷区,属于国税收入系统的机构有河南统税局,由言雍然任局长,任职达6年之久;河南盐务局,征收盐税,盐税收入超过统税局收入;河南禁烟

[①] 《河南省省长萧瑞臣、河南省公署呈秘字第544号》,《河南省公报》第1号,1938年12月30日,第5~6页。
[②] 《伪临时政府地方组织系统表》,郭贵儒等:《华北伪政权史稿——从"临时政府"到"华北政务委员会"》,社会科学文献出版社,2007,第176页。
[③] 《政府公告》第83号,1939年6月16日,转引自郭贵儒等《华北伪政权史稿——从"临时政府"到"华北政务委员会"》,第255页。

第十八章 沦陷区的经济

局,实为烟税征收局和鸦片专卖局,"河南禁烟局在豫东商丘、豫北新乡都设立了办事处,重要县设了县禁烟局,一般县设禁烟所,主管鸦片烟馆的开设与销售"。以上三局属国税系统,直接归伪华北临时政府管辖,收入也上缴伪华北中央政府。① 我们可将之称为伪华北中央住河南的国税税收机关。

关于省、县地方税收机构,从资料分析,开始应为税捐局,1939 年 7 月改为地区税务局,1940 年底改称地方营业税征收局。1939 年 7 月 8 日,伪河南省公署下发"秘人字第 51 号"令,"彰临汤税捐总局局长乌宗孟调省另行任用,原局改为彰德地区税务局,直辖彰德、武安、临漳、内黄、汤阴、淇县、林县、涉县各税务所,其局长一缺以财政厅理财科长冯世选调充,并兼任彰德县税务所所长"。"新乡税捐总局局长白玉璋调省另行任用,原局改为新乡地区税务局,直辖新乡、汲县、辉县、滑县、延津、封丘、阳武各税务所,其局长一缺以清化税捐总局局长黄希均调充,并兼任新乡县税务所所长。""清化税捐总局局长黄希均调出原局,改为清化地区税务局,直辖清化、修武、获嘉、沁阳、济源、武陟、温县、孟县、原武各税务所,其局长一缺以教育厅社教科科长吴绍桢调充,并兼任清化县税务所所长。"② 可知 1939 年 7 月伪河南省公署对各地税务机构、人员进行了调整和调动,并将原税捐总局改为地区税务局。1940 年 11 月,伪河南省公署下发"财征字第 0638 号"令,令各地区税务局、税务所、税务分所,经详加审核后,"所有地区税务局所名称改为营业税征收局所"。其各局所内部机构均一仍如旧。③ 根据"0638 号"令,在河南省沦陷区共设有开封、归绥区、彰德区、新乡区、清化区、卫辉区、睢淮区 7 个营业税征收局,下辖开封、兰考、陈(留)通(许)、商(丘)虞(城)、宁陵、夏(邑)永(城)、彰德、武安、临(清)内(黄)、新(乡)阳(武)、辉县、延(津)封(丘)、清化、获(嘉)原(武)、修武、沁(阳)济(源)、汤(阴)淇(县)、汲县、浚县、睢(县)民(权)、鹿邑、柘城、淮阳、杞(县)太

---

① 邢汉三:《日伪统治河南见闻录》,第 33~35 页。
② 《河南省公署令秘人字第 51 号》,《河南省公报》第 19、20 号合刊,1939 年 7 月 7 日、14 日,第 3~4 页。
③ 《河南省公署训令财征字第 0638 号》,《河南省公报》第 126 号,1940 年 12 月 18 日。

(康) 等 24 个营业税征收所及 29 个营业税征收分所。① 至此，伪河南省地方税务系统进一步完善。

1943 年 2 月 22 日，伪河南省公署公布《河南省营业税征收局所组织条例》，将各市县营业税征收局以税收之多寡分为一、二、三、四、五、六 6 等，直隶于省财政厅。其等级标准如下：每年税收在 30 万元以上者为一等局；每年税收在 20 万元以上者为二等局；每年税收在 10 万元以上者为三等局；每年税收在 8 万元以上者为四等局；每年税收在 2 万元以上者为五等局；每年税收在 2 万元以下 1 万元以上者为六等局。每年税收在 1 万元以下 5000 元以上之县份设营业税征收分所，隶属附近县局。每年税收在 5000 元以下县份暂归县署兼办。营业税局局长秉承财政厅长之命，总揽全局事务，并监督指挥所属职员及所属各分所。② 河南沦陷区省、道、县财政机构的成立及国税、地税组织系统的完善，标志着沦陷区财政体系组建的完成。

（二）农业税

按伪华北中央政府的划分，农业税属于地方税收，主要应为田赋及田赋附加。《河南省各县局解缴税款暨造送报表暂行办法》第 10 条规定，"各县局每月造送田赋、契税、官产等项"。并要求各县每旬上交报表，按时将田赋、契税等税收上缴省库。③ 按此规定，田赋应由各地营业税局上缴。但据伪河南省公署宣传处处长邢幼杰记载："田赋由各县政府设柜征收，沦陷前每丁银一两，收正税二元二角，沦陷后一开始就增为五元，四二年时又加增五元，充作县保安队经费。"④ 1942 年 6 月，伪河南省公署公布《河南省各县征收田赋考成暂行条例》，明确规定田赋由各县经征。⑤ 另据 1941 年 4 月

---

① 《河南省各区营业税征收局所名称表》，《河南省公报》第 126 号，1940 年 12 月 18 日。
② 《河南省营业税征收局所组织条例》，《河南省公报》第 350 号，1943 年 3 月 17 日，第 31~32 页。
③ 《河南省各县局解缴税款暨造送报表暂行办法》，《河南省公报》第 309、310 合订号，1942 年 6 月 30 日，第 19 页。
④ 邢汉三：《日伪统治河南见闻录》，第 108 页。
⑤ 《河南省各县征收田赋考成暂行条例》，《河南省公报》第 309、310 合订号，1942 年 6 月 30 日，第 14 页。

和 1942 年 1 月河南省各县实征赋税统计表可知，地丁及地丁省附加皆由各县征收，① 而 1942 年 1 月河南省各区营业税征收局所经征税捐统计表，却无地丁收入。② 由此可知，田赋应为各县政府设柜征收，而解缴省库由各地营业税局完成。

关于农业税征收，除田赋外，还有田赋附加及其他许多捐税，且数额也不断增加。据统计，开始日伪政府所收田赋每年每亩 4 元（最低数），③ 到 1940 年每亩地纳赋税即在七八元以上。此外，农民承担的苛捐杂税多达数十种，有牲畜捐、屠宰捐、粮捐、斗捐、棉捐、木石捐、煤捐、牙贴、苦力捐、津汁捐、报捐、资本捐、营业税、盐税、统税。"斗捐"是买卖粮食过斗须纳之捐，"牙贴"是牙税，"苦力捐"是专让劳动者纳的，挑运水、土、青菜等，须纳"苦力捐"，"津汁捐"是粪捐，"报捐"更普遍，强迫每家订报 4 份，计 10 元以上。④ 农民所纳的苛捐杂税远高于赋税。随着战争的持续，日伪政权根据需要不断增加税种，如 1940 年 8 月，伪河南省财政厅因豫东各地种花生较多，令各地税务局所开征花生税。⑤ 1940 年 12 月，鉴于战乱，民众房契、田契多有丢失，"财政厅拟订规章，令行各县契税局查验人民房地产官契，凡有产无契者，不论房屋宅基农田，一律按买卖产业税率补税"。如不按时补缴，加倍处罚。⑥ 同年 12 月 26 日，伪河南省公署令各道、县、开封市公署，原随粮代征每两丁银附收 0.5~1.5 元的事业维持费，准予提高至 1~5 元随粮代征。⑦ 由此可知，河南沦陷区农业税除田赋外，各种苛捐杂税甚多，征收税捐比率不断提高，征收数额也应逐年增加。

---

① 《三十年四月份各县经征赋税一览表》、《河南省各县三十一年一月份实征赋税统计表》，《河南省公报》第 203 号第 28 页后附表（1941 年 8 月 9 日），《河南省公报》第 285、286 号合订号附表（1942 年 4 月 18 日）。
② 《河南省各区营业税征收局所三十一年一月经征税捐统计表》，《河南省公报》第 290 号附表，1942 年 4 月 30 日。
③ 陈传海、徐有礼等编《日军祸豫资料选编》，第 187 页。
④ 顾秋：《铁蹄下的安阳》，《新华日报》1940 年 1 月 26 日。
⑤ 《河南省公署财政厅训令》，《河南省公报》第 88 号，1940 年 8 月 24 日，第 4 页。
⑥ 《河南省公署训令财征字 690 号》，《河南省公报》第 134 号，1941 年 1 月 12 日，第 13 页；邢汉三：《日伪统治河南见闻录》，第 111 页。
⑦ 《河南省公署训令》，《河南省公报》第 251、252 合订号，1942 年 1 月 6 日，第 6~7 页。

关于农业税税收数量，限于资料，难以将每年税收数额全面展现给读者，但从一些相关材料分析，也可管窥一二。抗战初期，河南沦陷区农业税税收有限，各地伪政府入不敷出。如1938年5、6月间，沦陷区"总计田赋、契税、税捐各项，每月共收10万有奇，加以每月承中央政府补助15万元，合计每月共收入25万余元，而每月平均支出则约为32万元以上"。①而各种税收中，以农业税最高，以1941年1~6月为例，半年时间，共实征各种农业税2220702.39元，②征收各种工商税收1041762.51元。③以此推算，各种农业税收约为农业、工商税收总额的68.07%，工商税约为31.93%。1941年1~6月税收比例虽与1938年5、6月间不同，但各税种所占比重应该不会相差太大。如以此推算，1938年每月田赋收入应为68070元左右，全年田赋收入应在816840元上下。另外，由于战争初期局势不稳，财政收入的大部来自伪华北中央政府补贴，且收入与支出间有7万元左右的缺口。

随着局势的稳定、日伪政权及税收机构的建立，陷区税收也逐步增加，据统计，1941年1~6月，豫北、豫东各市县共实征税赋2220702.39元，上缴省库1461472.961元，上缴省库数约为实征数的65.81%。④沦陷区各县市所征省税的主要税种，必须解省，各县市不得留用。地丁、漕粮、地丁省附加为土地出产物税收，契税及契税附加为土地、房屋买卖时向交易者所征税种，从当时各县市营业税征收局所主要征营业税、牙贴营业税、烟酒牌照税、屠宰税等税种由各区营业税征收局所征收。

农业税以田赋即地丁、漕粮、地丁省附加为主，3项税收共计1788891.503元，约为农业税总数的80.56%。在各地农业税收中，整体观

---

① 转引自郭贵儒等《华北伪政权史稿——从"临时政府"到"华北政务委员会"》，第256页。
② 《河南省各县市民国三十年一至六月份征解赋税统计表》，《河南省公报》第231号最后附表，1941年11月3日。
③ 《河南省各局所民国三十年一至六月份经征营业各税统计表》，《河南省公报》第232号最后附表，1941年11月6日。
④ 《河南省各县市民国三十年一至六月份征解赋税统计表》，《河南省公报》第231号第20页以后附表，1941年11月3日。

察，豫北税收多于豫东，其中彰德税收最多，为220911.43元，几近所有税收的1/10，且全部上缴省库，其次为汤阴和浚县，分别为187891.545元和135457.405元。① 另外，1941年上半年每月平均实征农业税370117.065元，较1938年5、6月平均每月田赋、契税、税捐各项税收共10万有奇，增加近2.7倍，一方面说明日伪税收系统的建立及局势的相对稳定，有利于税捐的增收，另一方面说明日伪政府对陷区农民税收的苛重。另据统计，1942年1月，河南沦陷区各县地丁、漕粮、地丁省附加、契税及契税省附加共征收371886.733元，② 与1941年前6个月税赋平均数370117.065元基本一致，可知日伪统治区在相持阶段到来后税收基本稳定，且稍有增加。但1942年以后，因太平洋战争爆发和灾荒严重，日伪政府借口物价上涨，税率不断提高，"到一九四四年春，财政厅每月收到税款，超过两年前的五倍，总计在二千万元以上"，③ 是1941年上半年农业税每月平均370117.065元的54倍多，由此可知，愈到抗战后期，人民税赋愈重。

其实，日伪政权所收捐税数额，要远远高出上述统计数字。如敌酋小田，1939年3月2日"强拉各保长会议，规定城乡土地每亩月征款六元，违者土地充公，业主枪决"。④ 而1940年小麦价格每100斤仅35元左右，大麦每100斤19.95元。⑤ 另据开封物价统计部门统计，1940年每斗小麦3.72元。⑥ 而在正常年景，河南省小麦平均亩产81公斤。⑦ 据豫北浚县记载，由于战争摧残，技术落后，"好年景亩收3斗（每斗30斤），遇灾年则大幅度减产或绝收"。⑧ 因粮价上涨，1940年粮价应高于1939年。敌酋小田

---

① 《河南省各县市民国三十年一至六月份征解赋税统计表》，《河南省公报》第231号第20页以后附表，1941年11月3日。
② 《河南省各县三十一年一月份实征赋税统计表》，《河南省公报》第285、286合订号最后附表，1942年4月18日。
③ 邢汉三：《日伪统治河南见闻录》，第110页。
④ 《(敌)在豫北苛征》，《新华日报》1939年3月9日。
⑤ 《日本占领区的开封民国二十九年粮食》价格统计，陈传海、徐有礼等编《日军祸豫资料选编》，第235页。
⑥ 王天奖主编《河南通史》第4卷，第438页。
⑦ 《1914～1947年河南小麦生产情况表》，《河南省志》第25卷《农业志》，第71页。
⑧ 《浚县志》，第269页。

要每亩每月征税 6 元，即使把地里所产全部交出亦不够此数。

获嘉县日伪公署"除强征正、附税外，还加征粮食和其他物资，其苛捐杂税共设九十三项之多"。据财政局有关资料记载，在 1943 年获嘉"中和东小吴村，共有土地 2069 亩，人口不到 800 名，就要负担粮食 38049 斤，现款 281 万，柴草 37215 斤，棉花 147 斤，鞋袜 21 双，白布 2458 尺，椅子 4 个，枕木 54 根，柳枝 1450 斤，差车两辆，民工 128 名，壮丁一名，步枪一支，子弹 10 排，原木 5 根，修中和寨墙 50 丈，桥脚一根等繁重的费用支出。如稍有短欠一时拿不出来，就抓人捆人，强行交纳，一些伪保长更是为虎作伥，从中加码，以入私囊，致使广大农民饥寒交迫，纷纷逃离家园，无法逃跑者，只有坐以待死"。[1]

在安阳，"苛捐杂税之重亦如杀戮一样可怕"。如在敌人占领的仅有 300 人的东纲治村，"从今年（1941 年——引者注）一月至七月上，敌人强派路费一百元，修寨费七百元，筑封锁沟费八百元，青年受训费一百五十元，强迫给伪军婚丧送礼一百元，居住证费五十元，二年田赋都要重征，共二千八百八十元，马鞍费三十元，长期受训一人费用一百三十元，敌雇工招待费一百二十元。以丰年计算，约共一万零二百八十元，平均每人员负担三十四元二角。至于临时开支，临时捐款等等，尚不计算在内"。[2] 在浚县，日伪政府在 1944 年 7 月，1 日内派征 7 次，每亩征粮达 25 斤。1945 年麦后，每亩征额高达 70 斤。[3]

自 1938 年"日本侵入商丘后，日伪政府重税虐民，苛刻农民，联防队员的吃喝费、服装费、办公费、枪钱、弹钱等等开支随时摊派，都由农民负担。日伪当局还向农民征收青谷子、青豆子、柳树根皮等喂日本军马，为日本人效劳"。[4] 军马亦成害人之物。在永城，"自麦收后，敌伪屡次骚扰，武装收买小麦，第一期付法币五角一斤之官价。同时规定每亩田赋缴伪联银钞十五元，违抗或少缴者，则全家逮捕。……日前伪方二期征收小麦，又已派

---

[1] 获嘉县粮食局编《获嘉县粮食志》，内部资料，1985，第 41 页。
[2] 豫北通讯：《敌占区成人间地狱，安阳：横征暴敛》，《解放日报》1941 年 9 月 11 日。
[3] 《浚县志》，第 557 页。
[4] 《商丘县志》，第 259 页。

下，全数为八十万斤"，而永城两年来"天旱歉收，每亩平均只收小麦五十斤，今被敌伪征去四十四斤，伪钞十五元折合小麦 17 斤……如此巨额，民众即变卖田产，亦难使其满足"。① 据河南省政府建设厅调查，从抗战爆发到 1938 年 8 月，沦陷区农业损失约为 9202500 元。② 另据韩启桐估计，1937~1943 年，河南沦陷区农户资产损失总额 481869 千元（法币），其中不动产 220177 千元，动产 261692 千元。③ 按战前预算估计陷区 43 县 1937~1943 年正常收入 14236 千元，日伪攫取数额估计为 15802 千元。④ 日伪的攫取高于农民的收入。

综上所述，日伪政府农业税收，在抗战初期征收较少，入不敷出。战事相对稳定后，农业税收稳定，且稳中有增。太平洋战争爆发后，税率迅速提高，税收大幅增加。而农民所缴正式赋税远低于苛捐杂征，在税赋及苛捐的双重挤压下，沦陷区农民生活在水深火热之中。

（三）工商税

工商税是日伪政府税收的主要税种，税收数额仅次于农业税。为使工商税收有章可循，伪华北政务委员会及伪河南省公署等先后颁布法令，要求税收部门按章收税，各纳税单位或个人按时缴税。1941 年下半年，伪华北中央政府税务署公布《华北区域征收印花税暂行办法》，规定："现行印花税法第十六条税率表第一目至第三十五目所定之税率一律加倍征收。例如现行税率应贴一分者改贴二分，应贴一角者改贴二角，每百元应贴二分者改贴四分，以此类推。""现行印花税法第十六条税率表第一目、第二目、第三目税率，除每件货价或金额满三元以上及十元或百元以上应照前条加倍征收外，其每件货价或金额一元以上未满三元者，并应征贴印花一分。""现行印花税法第十六条所定每件凭证所贴印花之最高额不得超过二十元一句，应暂予删除。"该办法的公布及实施，等于印花税加倍征收，无形中加重了工

---

① 《苏北运河沿岸敌伪通贴诱降标语》，《解放日报》1943 年 8 月 30 日。
② 《敌人侵豫后一笔血债》，《河南民国日报》1938 年 8 月 18 日。
③ 陈传海、徐有礼等编《日军祸豫资料选编》，第 230 页。
④ 陈传海、徐有礼等编《日军祸豫资料选编》，第 231 页。

商业者的负担。对于不能及时上缴税款者,处罚亦较过去加倍,由原来的罚款10倍以上30倍以下改为20倍以上60倍以下。① 作为华北伪政权的辖区,河南沦陷区必须执行《华北区域征收印花税暂行办法》,说明河南沦陷区的印花税税率也成倍提升,这与伪河南省公署宣传处处长邢幼杰所言1942年后税率不断提高的事实基本吻合。②

1942年底,伪河南省公署公布《河南省征收营业税暂行办法》,自1943年1月1日起实施。该办法规定:"本省各市县所产棉花、油类、药材、山货、花生、鸡鸭卵等货物,依本办法征收营业专税。"税率如下:棉花、油类以买价3%征收;药材、山货、花生、鸡鸭卵等按买价4%征收。③ 即河南沦陷区营业税按3%或4%从价征收,使税收不受物价上涨的影响。1931年7月,国民政府财政部颁发《营业税法》,规定营业税征收标准:以营业总收入额为标准者,征收2‰~10‰;以营业资本额为标准者,征收4‰~20‰;以营业收益为标准者,按收益额占资本额的比例分别使用税率2%~20%。④ 按国民政府财政部所颁"营业税法"之规定,营业总收入额征收标准与伪河南省公署公布之"暂行办法"一致,以此推算,河南沦陷区营业税率是1931年的3~40倍。除营业税外,还有其他苛捐,如各商店在上缴营业税的同时,须按全年营业额计算作比,以12个月平均按月缴纳铺捐,上缴捐率按每月营业额1.5万元以上至3万元——100元以上至200元分11等,月捐分别为30元、20元、15元、10元、8元、6元、4元、2元、1元、0.5元、0.2元,每月营业额超过3万元者,每超过营业额5000元加收铺捐2元,不足5000元者按5000元计算。⑤ 车捐,骡马车、洋马车、人力车、人力架子车每月缴车捐0.3元、1元、0.02元。不按时缴纳者,逾

---

① 《华北区域征收印花税暂行办法》,《河南省公报》第210号,1941年8月31日,第3~4页。
② 邢汉三:《日伪统治河南见闻录》,第110页。
③ 《河南省征收营业税暂行办法》,《河南省公报》第339号,1942年12月30日,第3页。
④ 开封市税务局编《开封市税务志》,中州古籍出版社,1993,第69页。
⑤ 《开封市公署铺捐征收暂行规则》,《河南省公报》第258号,1942年1月24日,第11~12页。

10日处以应纳捐1倍罚款，逾20日加2倍，余递加。① 房捐，除公务机关、兵营、学校等纯以公益为目的之处所，按甲、乙、丙3级每间每月收捐0.15元、0.1元、0.05元。② 娱乐捐，对不同娱乐场所，按级别征收。其中特等一级、二级、三级每月征收100元、80元、60元，1~5级每月征收40元、30元、20元、15元、10元。③ 妓女牌照费，按一、二、三等分别征收1元、5角、2角不等牌照费，且每季换照一次。④ 妓女捐，按一、二、三等每月征收6元、3元、1元。⑤ 另外还有烟酒税（每季每家20~30元）、牲口税（按值抽11%）、电灯捐（每户3元，不管用不用）、车牌税（推车每季2元，洋车每季5~10元）、屠宰税（不论大小，每杀一头猪2元、羊1元）、婚贴税（每张8元）、猪狗牌照税（一年换4次，每次抽税8角至1元）、门牌捐（每户4角，每月三四次不等）、良民证（每月换1次，每张1元）、人头税（每月每头2角）等。⑥ 日伪政权所收捐税达数十种之多，所收数额要远远高出上述所列之数字。

河南省沦陷区工商税的征收部门为各地区营业税征收局所，其中，盐税、大型工矿企业税收由河南盐务局、河南统税局经征，税收上缴华北伪中央政府。营业税、牙税、花生税、屠宰税及其他苛捐，由各地营业税征收局所征收。工商税征收数额，抗战初期甚少，如按前述各种农业税收约为农业、工商税收总额的68.07%，工商税约为31.93%推算，1938年5、6月每月营业税及其他税捐等收入应为31930余元，全年收入应在383160余元。随着战争相持阶段的到来，局势较以前相对稳定，各区营业税征收局所先后建立，工商税收也不断递增，如1941年1~6月，各地营业税征收局所共征收营业税、牙贴营业税等1041762.51元，每月平均征收

---

① 《开封市公署征收车捐暂行办法》，《河南省公报》第258号，1942年1月24日，第13~15页。
② 《开封市公署征收房捐暂行规则》，《河南省公报》第258号，1942年1月24日，第16页。
③ 《开封市公署征收娱乐场捐暂行规则》，《河南省公报》第259、260号合订号，1942年1月31日，第3~4页。
④ 《开封市公署妓女登记给照收费暂行规则》，《河南省公报》第261号，1942年2月3日，第5~6页。
⑤ 《开封市公署征收妓女捐暂行章程》，《河南省公报》第261号，1942年2月3日，第7页。
⑥ 陈传海、徐有礼等编《日军祸豫资料选编》，第187~188页。

173627.085元，约为1938年5、6月每月征收31930余元的5.44倍。各地区营业税征收局所经征的营业税的各项税收，虽无工矿税收，但考虑到主要工矿企业税收由河南省统税局征收，盐税由盐务局征收，中小民营企业大多破产，工业税收应该不多，该统计基本反映了河南沦陷区税收的基本情况。由此可知，沦陷区各区营业税经征局所全年可征收应在2083525.02元，如加上工业税收，应高于此数。如再做推测，1939年、1940年的营业税等税收应与1941年大体相当。在各种工商税收中，营业税所占比重最大，约为总额的78.45%，其次为牙贴税和牲畜税，约为8.55%和6.66%，上述3项税收约为工商税收总额的93.66%，而花生税、屠宰税和烟酒牌照税3项税收约占6.34%。从各地征收税额观察，商虞营业税征收所征收数额最多，半年共征收315564.70元，约占总征收额的30.29%，①几近沦陷区营业税等各项税收的1/3，从侧面反映了商丘商业的繁荣。

1941年下半年，伪华北中央政府税务署规定印花税加倍征收后，伪河南省公署财政厅也加大征收力度，故1942年税收比以前有较大幅度增加。据统计，1942年1月，各区营业税征收局共经征税捐329424.15元，其中营业税98792.12元、牙贴税15977.84元、屠宰税4889.76元、烟酒牌照税3391元、牲畜税13433.8元、花生税3318.83元、棉花营业税189020.8元（由彰德营业税征收所征收）、土药特种营业税200元（辉县营业税征收所征收）。②1942年1月税收比1941年1～6月每月平均税收额173627.085元增加155797.065元，增长89.73%，增幅巨大。如以此推算，河南陷区1942年全年税捐收入当在3953089.8元左右，如加上工业税收，全年工商税收应在400万元以上。1942年1月税收之所以大幅增加，主要在于新增税种棉花营业税，该税约占当月全部税收的57.38%，如无该项税收，1942年1月各种税捐收入低于1941年上半年

---

① 《河南省各局所民国三十年一至六月份经征营业各税统计表》，《河南省公报》第232号最后附表，1941年11月6日。
② 《河南省各区营业税征收局所三十一年一月经征税捐统计表》，《河南省公报》第290号最后附表，1942年4月30日。

平均月税收额。由此可见，不断增加税收新品种，是日伪政府增加税收的主要手段之一。

1942年后，税收机关借口物价上涨，不断提高税率。且税率上涨速度，往往超过物价上涨速度。到1944年春，财政厅每月收到税款，超过两年前4倍，总计在2000万元以上。① 以此观察，1943年、1944年工商税收高于1942年应为不争的事实。如按前述工商税收入占31.93%推算，1943年工商税收肯定超过1941年的400万元，1944年每月应不低于6386000元，全年应在76632000元以上。为适应战时经济体制需要，伪河南省公署决定自1945年起，将河南沦陷区现行烟酒牌照税、牙贴税、屠宰税等级分别提高，并将物品贩卖营业税中之粮食业一项删去，改列入营业专税以裕税收。② 在其他税收税率比降低，另一部分税种等级提高的情况下，1945年每月平均税收高于1944年当属无疑。

除政府规定的税收外，还有其他捐费，如前述之车捐、铺捐、房捐、妓女捐等，另有商店摊派、特产手续费等。③ 据"任村德兴货栈报告"，日军占领的华北城市（包括安阳、新乡等地），"一切娱乐场所，均增十分之一娱乐捐。饭铺、酒馆，要纳所吃东西一倍的宴席捐，外加小费十分之一"。④ 这些捐费各区营业税征收局所并未上缴省库，"大部分都作收税局所开支或中饱私囊"。⑤ 如加上各种捐费，各地征收的税捐数量，肯定超过上述营业税征收局所征收的数额。工商税收及各种捐费的增加，保证了日伪政权的正常运转，但加重了人民的负担，不利于工商业的发展和繁荣。

---

① 邢汉三：《日伪统治河南见闻录》，第110页。
② 《河南省政府三十三年度第二十七次省政会议纪录》，《河南省公报》第496、497号，1944年11月8日，第9页。
③ 《河南省公署财政厅训令》，《河南省公报》第141号，1941年2月3日，第7页。
④ 《任村德兴货栈报告——一九四三年三月份敌我友区经济动态总结》，《晋冀鲁豫抗日根据地财经史料选编（河南部分）》（3），第238页。
⑤ 邢汉三：《日伪统治河南见闻录》，第108页。

（四）财政收入与支出

财政收入与支出一般有三种情况，一是收入大于支出，实现收入盈余；二是入不敷出，财政拮据；三是收支平衡，应为理想收支状态。抗战时期河南沦陷区的财政收支，1942年前，一直入不敷出，且相当一部分收入来自伪华北中央政府补助款。如前述，1938年5、6月间，沦陷区财政收入主要来自中央补助，且每月收支相差7万元左右，约占财政支出的21.88%，支出缺口较大。此种收支状况，到1940年、1941年仍无大的改观。如1940年8月6日，伪财政厅下发"代电"，要求各县公署、营业税征收局所，速解款到厅，可"近查各县、处依限报解者仍属寥寥"，致使伪河南省公署"急如星火，库藏支绌，殊感拮据"。① 同月30日，伪财政厅再发"代电"，再催各县及各地营业税征收局所，速将1939年底及以后税款上缴省厅，以解燃眉之急。② 1941年1月，伪河南省公署在"训令"中说："此查豫省财政本极困难，收入尚未踊跃，支出日渐增加，平日应付牵萝补屋，拮据时虞。三十年度本省补助费已核减为十一万元，较上年每月减少九万元，各县局之征解数尚无把握，而本省开支每月则不下八十万元，似此状况，入不敷出，未免捉襟见肘，财政厅竭力维持自系困难。"③ 伪河南省公署及财政厅屡催各地上缴税款，直言财政拮据，证明河南伪政权入不敷出的窘迫。另外，从伪河南省公署"训令"可知，1938~1941年，伪华北中央政府每年补助伪河南省公署经费119万元，占河南沦陷区财政收入的相当一部分。而河南沦陷区出现入不敷出之状况，主要因"各县经征丁漕税款乃因种种关系，以致二十七八两年民欠颇巨，催征维艰"，直到1941年还未将所欠税款收齐。④

从1941年3~6月伪河南省公署财政报告观察，1941年河南陷区财政收支基本平衡，具体情况见表18-11。

---

① 《河南省公署财政厅代电》，《河南省公报》第84号，1940年8月12日，第13页。
② 《河南省公署财政厅代电》，《河南省公报》第91号，1940年9月3日，第14页。
③ 《河南省公署训令》，《河南省公报》第139、140合订号，1941年1月31日，第5~6页。
④ 《河南省公署训令》，《河南省公报》第162号，1941年4月6日，第3页。

表 18-11　1941 年 3~6 月河南省财政收支状况

	收支科目	3 月	4 月	5 月	6 月	备考
收入	协款	110000.00	110000.00	360000.00	110000.00	1.6 月杂收入系由 29 年度各税局所经征营、屠附加捐转来 25151.40 元 2. 自本年 6 月 1 日起省公署经费归并于行政费科目内
	省税	460223.98	560928.02	414968.04	389724.12	
	官公产收入	973.04	454.15	442.80	449.80	
	罚金收入	1883.82	617.64	1186.23	1870.15	
	经费结余	9319.39	7539.29	26684.91	7556.31	
	杂收入	—	400.00	113.88	128638.51	
	上月移来现金	189456.88	121876.23	149719.49	384906.73	
	收回 29 年临时建设费	10000.00	—	—	—	
	收回 29 年度行政费	—	—	—	356.40	
	暂欠收回	—	—	—	61699.59	
	合计	781857.11	801815.33	953115.35	1085201.62	
支出	省公署经费	164009.00	161009.00	163259.00	100840.50	
	行政费	36992.00	31317.00	29250.00	149500.00	
	财务费	47935.20	52058.00	42187.00	37192.00	
	教育文化费	23481.00	23026.00	34337.00	29483.00	
	建设费	7871.00	7733.00	10545.00	8000.00	
	警务费	61022.32	77533.00	69713.00	69366.00	
	预备费	45358.66	52953.69	29376.80	58673.38	
	临时行政费	6912.59	5920.00	8431.00	9992.19	
	临时财务费	2286.35	1495.75	1647.00	369.00	
	临时教育文化费	31328.78	2454.97	31856.78	9000.00	
	临时警务费	12083.14	2840.60	2700.50	44815.00	
	临时事业费	—	3000.00	—	—	
	临时建设费	—	10244.00	107291.18	12000.00	
	行政补助费	132075.74	119591.78	46836.00	98133.37	

续表

	收支科目	3月	4月	5月	6月	备考
支出	各种机关补助费	3900.00	4000.00	1100.00	4750.00	
	年末奖金	5981.80	5104.90	647.50	40.00	
	退职金	11990.10	3666.50	6710.30	3564.00	
	抚恤金	1332.00	2600.00	52.00	3145.86	
	暂记欠款	26990.00	51563.74	31275.26	—	
	暂存支出	38448.85	11317.06	—	14541.01	
	本月库存现金	121876.23	149719.49	384906.73	316644.87	
	支出29年8月省税	—	22667.85	—	—	
	支出29年度省税营业税附加捐	—	—	—	115151.01	
	合计	781874.8	801816.3	1002122.22	1085201.62	

注：原表没有数量"单位"，但从"备考"中可知数量"单位"应为元。

资料来源：《河南省财政状况报告（3月份）》由2月16日至3月15日止，《河南省公报》第206号第28页以后附表，1941年8月18日；《河南省财政状况报告（4月份）》由3月16日至4月15日止，《河南省公报》第207号第28页后附表，1941年8月21日；《河南省财政状况报告（5月份）》由4月16日至5月15日止，《河南省公报》第208、209合订号第26页以后附表，1941年8月27日；《河南省财政状况报告（6月份）》由5月16日至6月15日止，《河南省公报》第211号第40页以后附表，1941年9月3日。

表18-11中"协款"指伪华北中央政府拨付伪河南省公署的补助款，"省税"为各县及各区营业税征收局上缴的农业税和工商税等。由该表可知，伪河南省公署的财政收入主要来自省税，4个月省税总额约占财政收入总额的50.41%，但各月所占比重不同，3月、4月、5月、6月所占比重分别约为58.86%、69.96%、43.54%、35.91%，省税所占比重5月、6月两月呈下降趋势，6月所占比重与4月相比，相差几近一半。此种情况说明税收的不稳定与农工商业的衰落。财政收入的其他两项为上月移来现金和协款，其中4个月上月移来现金总额约占财政收入的23.36%，协款约为19.05%，上述3项收入约占财政收入的92.82%。如无伪华北中央政府协款，河南省财政仍然入不敷出。另外，伪河南省高等法院及所属开封地方法院、开封法院看守所1941年全年经临费199185.6元，由伪华北

中央政府拨付。① 如果司法经费由省财政负担，收支缺口将会更大。支出方面，以行政支出为最多，行政支出应包括省公署经费、行政费、临时行政费、行政补助费、各种机关补助费等（实际上预备费中也有不少为行政部门所用），上述5项支出，4个月支出总额约占财政支出总额的34.81%，其中3月、4月、5月、6月分别约占财政支出的43.98%、40.14%、24.84%、33.47%。其次为本月库存现金，4个月本月库存现金数额约占财政支出额的26.51%，而本月库存现金的大部分又用于行政支出。再次为警务费，4个月警务费（包括警务费和临时警务费）额约为财政支出额的9.26%，其中3月、4月、5月、6月每月约为当月财政支出的9.35%、10.02%、7.23%和10.52%。4个月的教育文化费（包括教育文化费、临时教育文化费）、建设费（包括建设费、临时建设费）支出分别约占财政支出的5.04%和4.46%。由此分析，伪河南省公署财政支出主要用于行政支出、本月库存现金和警务费，三者约为财政支出的70.58%，用于教育文化建设和生产建设的费用甚少，而财政支出的意义主要在于推动社会生产力的不断发展和人民物质文化生活水平的不断提高，因此，河南沦陷区的财政支出虽保证了日伪政府的运行，但不利于生产力的发展和人民物质文化生活水平的提高。

　　1942年的财政支出与收入，虽无多少相关资料，但从1942年1月伪河南省库收支状况可有所了解。1942年1月河南省库收入1038413.83元，支出952245.26元，当月余款86168.57元。收入方面，首先省税收入486591元，约占省库收入的46.86%；其次为收回上年度暂记款项142379.61元，约占13.71%；再次为伪华北中央政府补助（包括国库补助收入、年末奖金）费共135000元，约占13.00%；最后为官产收入和杂收入，为100834.95元和101906元，分别约为省库收入的9.71%和9.81%。上述5项收入约占省库收入的93.09%，其他如暂记存款、行政事业收入、节余金等约占6.91%。支出方面，首先行政支出（包括行政费275893.91元、行

---

① 《河南省公署咨财理字0287号》，《河南省公报》第175号，1941年5月15日，第9页。

政预备费 134922.97 元、行政临时费 4201.60 元、协助费 94256.50 元①）最多，共 509274.98 元，约占财政支出总额的 53.48%；其次为治安费（包括治安费 68126 元、治安临时费 93822.1 元、夏防工作费 1320 元、治安强化运动费 9500.5 元）共 172768.6 元，约占 18.14%；再次为暂记欠款 124938.88 元，约占 13.12%。上述 3 项支出约占省库支出总额的 84.74%。而建设费（包括建设费 37343.9 元、建设临时费 935 元）和教育文化费（包括教育文化费 36600.82 元、教育文化临时费 1600 元）约占省库支出的 4.02% 和 4.01%。② 与 1941 年 3~6 月财政收支相比，用于行政、治安方面的经费更多，建设、教育文化支出更少，财政收支的不合理性仍未改变。随着战争的持久与加剧，行政支出、治安费用应该不会减少，建设、教育文化支出也很难增加，故财政支出以行政、军事为主的局面不可能改变。

六　金融

"经济为战争决胜之条件，金融为经济之中枢"，故金融在经济运行中起决定作用。③ 日本侵略者占领豫北、豫东后，在确立日伪统治秩序的同时，迅速建立其伪金融体系，为其在陷区经济运营及掠夺河南人民的财产服务。

（一）日伪在豫金融机构的建立

日伪金融机构是随着日本侵略者对豫北、豫东的占领而逐步建立起来的。1937 年底至 1938 年初，日军所到之处，强行在占领区实行"军用券"、"鲜银券"（朝鲜银行发行之朝鲜币）及伪满钞等。日军在华的军费支出也

---

① 协助费：支出给各县政府的经费，应列入行政支出内。
② 《河南省省库三十一年一月份收支实况统计表》，《河南省公报》第 285、286 合订号第 34 页以后附表，1942 年 4 月 18 日。
③ 貊菱：《河南省战时金融》（上），《河南文史资料》1996 年第 2 辑，第 170 页。

是"日元和军用手票来支付（即军用券）"。① 1938年商丘沦陷后，"等价流通日军随带的'军用券'，关东军携带的伪满钞和朝鲜币、华北殷汝耕政权发行的冀东票与法币。至同年11月，日本银行收回军用券，改发军用票"，并强制与法币兑换。② 永城"日军以军用票和朝鲜银行券强行购物而流入市场"。③ 在虞城，"日军侵占本县后，强行使用日军的'军用券'、'朝鲜票'"，货币十分混乱。④ 在豫北汤阴，日伪统治时期，开始在"市面流通'朝鲜银行'、'满洲中央银行'"发行的钞票。⑤ 1938年6月，日军占领开封后，强迫人民使用其随身携带的军用票、伪满票以及华北伪政权发行的冀东票等，规定与当时国民政府中央银行发行的法币同价在市场流通。⑥ 抗战初期沦陷区的货币种类繁多，主要有法币及日军携带的军用券、伪满钞、朝鲜币等。这种货币混乱的局面在战争时期实属无奈。1938年下半年战局稍稳，日伪政府即在沦陷区建立伪银行，发行伪币，颁行法令，逐步确立自己的金融体系。

1937年12月13日，伪华北临时政府成立，"1938年2月11日'联合准备银行'在北平宣告成立，并于当年3月10日正式营业"。⑦《中国联合准备银行条例》规定："中国联合准备银行设立总行于北京，设分行于国内主要各地，并得与其他银行订立代理契约。""中国联合准备银行"股本总额5000万元，伪政府认购2500万元，为其第一大股东。"政府对于中国联合准备银行赋与货币之铸造及发行之特权。""政府得令中国联合准备银行监督一般金融机关，及行使政府对于其他金融事项应行权限之一部。"⑧ "中国联合准备银行"实为华北之伪中央银行。伪联银设总裁、副总裁各1人，任期4年，顾问1人。从其成立到覆灭的7年里，派出仰日本鼻息的汪时璟

---

① 林美莉：《抗战时期的货币战争》，第52页。
② 《商丘县志》，第267页。
③ 《永城县志》，第256页。
④ 《虞城县志》，第306页。
⑤ 《汤阴县志》，第268页。
⑥ 陈传海、徐有礼等编《日军祸豫资料选编》，第250页。
⑦ 谢忠厚、田苏苏、何天义：《日本侵略华北罪行史稿》，社会科学文献出版社，2005，第446页。
⑧ 《华北经济掠夺》，第855~856页。

任总裁，与汪精卫一向关系密切、曾任伪满洲国总务厅次长和满铁理事的阪谷希一任顾问。① 后设由日人组成之顾问室，操纵伪联银实权。据从伪联合准备银行逃出的某君称："伪行之组织，甚为奇突……名之为日本银行之发行课亦可，名之为日本军部之发行机关亦可，行内大小事务，均由日人主持，而主持之人员，均与日本银行及日本军部保持双重关系。军部之操纵力为大，故确切言之，属于日本军部也。至其与伪政府，则几无关系可言。"② 不管如何，伪联银实权掌握在日人手中，为不争之事实。

与设立伪河南省政权相配合，1938年4月20日，伪联合准备银行在省会开封设河南省分行，在开封市和豫东、豫北道所在地商丘、新乡设支行，各县设立营业所。在开封，省分行和市支行在一处联合办公，市支行经理由当时省分行经理王墉兼任。但组织相互独立，业务各成体系，省分行和市支行各有正式员工30多名。新乡、商丘支行稍小于开封支行，"豫北的安阳、焦作、清化、沁阳，工商业也较发达，联银在这些地方也设有支行，但组织更小，每处不到20人。此外，较大的县设有营业所，各有职员10人以下；小县设分所，业务由邻近的大县管理。全省联银系统的正式职员，约有五六百人"。但伪联银的实权掌握在日本人手中。"省分行有日本人四五人，支行一般有一两人，县营业所虽没有日本人，但必须受当地合作社的日本人的指挥和监督。"③ 伪河南联银系统规定对内外一切重要活动，必须先经日本顾问许可，一切文书、合同，必须有经理与顾问联合签署方可生效，主要大权全为日本人所把持。④ 除伪联银外，1940年在开封还成立了伪河南实业银行，在商丘、新乡设分行。"在新乡、安阳、郑州、商丘设办事处，在清化设驻庄。"⑤ 业务遍及沦陷区各主要城市，办理存、贷款业务。该行"名为商业银行、股份有限公司性质，然其一百万元资本中联合准备银行占股本近五十万元，行内业务人事，完全为联合准备银行所限制，无异于联银分

---

① 《华北经济掠夺》，第888页。
② 《华北经济掠夺》，第892~893页。
③ 邢汉三：《日伪统治时期的河南金融》，《河南文史资料》第27辑，1988，第182页。
④ 陈传海、徐有礼等编《日军祸豫资料选编》，第252页。
⑤ 《河南省志》第46卷《金融志》，第37页。

号"。①"该行人事、业务受中国联合准备银行控制。"② 从 1938 年 4 月至 1940 年,在日本的掌控下,河南沦陷区逐步建立了金融机构,形成金融网络。

随着伪联合准备银行的成立,伪联合准备银行发行的钞票——"联银券"在各地流通开来。1939 年秋,"伪'中国联合准备银行'开封分行设立,即以伪'联银券'将日本纸币掉回,更大量掉换法币,在沪夺取外汇"。③ 1938 年秋,"联银券"在商丘流通,1943 年遍布各地。④ 在夏邑,"联银券"流通达数年之久。⑤ 在新乡,"只有伪币流通市面"。⑥ 到 1939 年,法币禁止流通,"联银券"是唯一可以流通的纸币,全省发行量大约为 20 亿元。⑦ 1939 年伪河南省政府订立《河南省政府取缔法币流通纲要》和《河南省政府扰乱金融治罪法》,规定从本年 6 月 1 日起禁用法币,改用"联银券"。此后,"联银券"得在沦陷区各地流行,法币市场日消。

另外,日伪政府规定,凡沦陷区内完粮纳税、商品交易,必须使用"联银券"。"伪河南省公署财政厅、市公署财务科、省盐务局、禁烟局、新民会、合作社及各级伪组织中的公款,都必须存入联银;对外汇款,必须由联银承办。商民存款和汇兑,必须由联银办理。当时开封市内的较大商号,都和联银有来往,有的商号经许可可以透支,多数商号都能抵押贷款。一般公教人员和市民在联银存款的也不乏其人。"⑧ 这样,在河南沦陷区形成了由伪联银管理金融业务、缴纳税粮、存放贷款及汇兑的伪金融体系,日伪以此为基础,进行金融统制,实施金融掠夺。

---

① 陈传海、徐有礼等编《日军祸豫资料选编》,第 252 页。
② 《河南省志》第 46 卷《金融志》,第 37 页。
③ 貊菱:《河南省战时金融》(上),《河南文史资料》1996 年第 2 辑,第 172 页。
④ 《商丘县志》,第 267 页。
⑤ 陈传海、徐有礼等编《日军祸豫资料选编》,第 253 页。
⑥ 秦孝仪主编《中华民国重要史料初编——对日抗战时期》第 6 编《傀儡组织——叁、汪伪政权》,第 1012 页。
⑦ 邢汉三:《日伪统治时期的河南金融》,《河南文史资料》第 27 辑,第 184 页。
⑧ 邢汉三:《日伪统治时期的河南金融》,《河南文史资料》第 27 辑,第 182 页。

（二）伪币的发行与对河南法币的破坏

1. 发行伪币与通货膨胀

1935年国民政府的法币改革，对于企图建立"日满支经济提携制度"的日本是一沉重打击。七七事变后，日军在华北以大量朝鲜银行发行的钞票——鲜银券支付各项费用，致使不少鲜银券在豫北、豫东流通。为统一利用华北中国货币，日本指使伪华北临时政府成立"中国联合准备银行"，1938年3月10日发行"中国联合准备银行券"（简称"联银券"），确定"联银券"为日伪统治区华北法币。"联银券"的发行情况见表18-12。

表18-12 抗战时期"联银券"发行额（1938～1945年）

单位：千元

时间	发行额	时间	发行额	时间	发行额
1938年3月	20712	1939年10月	352621	1941年5月	687656
1938年4月	35210	1939年11月	388132	1941年6月	690811
1938年5月	48087	1939年12月	458042	1941年7月	681812
1938年6月	59464	1940年1月	495706	1941年8月	688712
1938年7月	61928	1940年2月	495696	1941年9月	759194
1938年8月	67330	1940年3月	525632	1941年10月	847856
1938年9月	88264	1940年4月	574371	1941年11月	932877
1938年10月	111682	1940年5月	552418	1941年12月	966457
1938年11月	133640	1940年6月	599124	1942年1月	945313
1938年12月	162210	1940年7月	580981	1942年2月	942550
1939年1月	169850	1940年8月	569011	1942年3月	920153
1939年2月	196780	1940年9月	588610	1942年4月	918759
1939年3月	203870	1940年10月	624646	1942年5月	917832
1939年4月	223991	1940年11月	655149	1942年6月	948362
1939年5月	229544	1940年12月	715154	1942年7月	963260
1939年6月	264106	1941年1月	740375	1942年8月	976642
1939年7月	277267	1941年2月	697262	1942年9月	1072730
1939年8月	289495	1941年3月	706842	1942年10月	1255232
1939年9月	324708	1941年4月	688939	1942年11月	1435153

续表

时间	发行额	时间	发行额	时间	发行额
1942年12月	1592509	1943年11月	3355966	1944年10月	10551310
1943年1月	1708725	1943年12月	3794637	1944年11月	12828553
1943年2月	1734037	1944年1月	4252919	1944年12月	16032587
1943年3月	1786832	1944年2月	4502477	1945年1月	19823145
1943年4月	1837284	1944年3月	4801317	1945年2月	23520747
1943年5月	1883405	1944年4月	5068168	1945年3月	27835850
1943年6月	1891461	1944年5月	5395314	1945年4月	35060048
1943年7月	2062531	1944年6月	6046816	1945年5月	42024200
1943年8月	2284628	1944年7月	6728799	1945年6月	55962473
1943年9月	2570602	1944年8月	7303191	1945年7月	73120748
1943年10月	2921570	1944年9月	9650776	1945年8月	102855576

资料来源：林美莉《抗战时期的货币战争》，第173~174页。

表18-12表明，"联银券"发行在初期较为稳健，1938年发行额788527千元，而其贵重金属准备，有向朝鲜银行所借白银350万元，1938年夏向日本正金银行及伪满中央银行购得白银850万元，向英美烟草公司兑得约值法币500万元之外汇，年底，又以法币700万元套取相当数目的外汇收入。此外并向民间购取部分存银。[1] 上述各项共2400万元以上，约占货币发行总额的3.05%。1939年底，"联银券"发行额为4亿多元，其准备金据兴亚院称有"黄金二千八百万元，白银一千六百万元，共计四千四百万元，亦即纸币价格之百分之十一"。[2] 也就是说开始联银发行伪币还是有所准备、以大量准备金为基础的。但到后期，发行伪币以掠夺为目的，导致伪币大量发行，通货膨胀，加深了沦陷区的经济危机。如1945年8月货币发行额为102855576千元，是1938年3月发行额

---

[1] 林美莉：《抗战时期的货币战争》，第172页。
[2] 林美莉：《抗战时期的货币战争》，第172页。

20712千元的4966倍弱，此时的"联银券"已失去其货币之价值。敌人通过大量发行"联银券"，获取不少法币，"联银券"发行之初，"城市居民和同日本帝国主义有联系者，基本上都已将法币换成联银券"。然而，在华北广大农村仍有不少民众使用法币。① 由于法币贬值，人们眼睁睁地受到损失，又有不少人将法币抛出。

在河南沦陷区，"联银券"的流通亦是由平稳到剧增。法币1939年底在河南禁止流通，"联银券"为唯一可流通货币，华北各省发行大约为3378406000元。当时由于战局相对稳定，日本侵略者经济实力比较雄厚，货币发行适中，"直到1943年，各种物价一直比较稳定，一般日用品、工业品和农副产品，价格与沦陷前大致相同。按当时规定，每1元联银券，可兑换银元一枚或白银7钱，不管首饰业或一般商民，均可自由买卖，不加限制"。② 另外，还有伪河南实业银行大量发行的小额币券，由半分到1元共计7种，作为"联银券"的辅币在市面流通。③ "并以此种小额币举行农业贷款，借以推广使用。"④ 在战争初期，"联银券"及伪河南实业银行辅币有一定信誉，在沦陷区市镇广泛流通。太平洋战争爆发后，特别是1942年、1943年大灾荒后，物价飞涨，"联银券"发行量亦随之大增，"在日本人控制下，各银行竞相利用发行纸币、吸收存款方式，大力搜刮民间资财，服务于战争的需要"。⑤ 1945年日本投降前夕，在开封流通的"联银券""就达295600余万元"，⑥ 约为1939年华北沦陷区"联银券"发行总额3378406000元的87.50%，"联银券"的发行达到了惊人的地步。

随着"联银券"的大量发行，沦陷区呈现严重通货膨胀的迹象。如以1937年1～6月为基期，中等小麦、绿豆、黄豆每市斗价格分别为0.972

---

① 《华北经济掠夺》，第888～889页。
② 邢汉三：《日伪统治时期的河南金融》，《河南文史资料》第27辑，第184页。
③ 《河南省志》第46卷《金融志》，第83页。
④ 貊菱：《河南省战时金融》（上），《河南文史资料》1996年第2辑，第172页。
⑤ 陈传海、徐有礼等编《日军祸豫资料选编》，第252页。
⑥ 开封市地方志编纂委员会编《开封市志》第12卷，北京燕山出版社，1999，第471页。

元、0.832元、0.735元，①阴丹士林布每市尺0.149元。②1940年开封白麦、绿豆、黄豆每斗价格分别为3.72元、3.67元、3.04元，士林布每尺0.59元。③1940年小麦、绿豆、黄豆、士林布的价格分别为1937年1~6月均价的3.83倍弱、4.41倍强、4.14倍弱、3.96倍弱。1944年4月，伪河南省政府下发限价令，规定绿豆最高配给限价为每斤200元、黄豆188元。④如非配给限价，价格会更高。1930~1936年开封度、量、衡与市制折合率为小麦每市斗23.2市斤、绿豆23.925市斤，⑤黄豆折算应与绿豆大体相当。以此折合率计算，1937年绿豆、黄豆价格约为每斤0.035元、0.031元；1940年绿豆、黄豆价格约为每斤0.153元、0.127元。1944年4月的绿豆、黄豆价格分别为1937年、1940年价格的5714.29倍弱、6064.52倍弱和1307.19倍弱、1480.31倍强。再如，1940年12月河南沦陷区各县小米价格每百市斤最低22.5元、最高24元，⑥平均每市斤0.2325元。1943年3月16日，新乡、沁阳小米价格每斗（25斤）60元、80元，彰德每斗（21.5斤）60元。⑦新乡、沁阳、彰德三县小米价格约为每斤2.4元、3.2元、2.79元，比1940年12月河南沦陷区各县小米均价分别上涨10.32倍强、13.76倍强和12倍。1940年后一年多的物价上涨速度远高于1937~1940年的上涨速度。如果说1937~1940年的物价上涨还在可控范围，1940年以后的物价逐渐失去控制，且愈到后期愈严重。"由于货币币值不断下跌，商品一天几次涨价，日本投降前夕，商民手中不敢存钱，钞票一到手就到市场抢购东西。"夏邑县"有个京货商李俊臣第一天收入伪币一蓝子准备

---

① 马庆海主编《开封物价志》，河南人民出版社，1990，第406页。
② 《开封市公务员生活必需品基期及计算期价格表（基期1937年1~6月）》，马庆海主编《开封物价志》，第392页。
③ 《开封1940年物价表》，马庆海主编《开封物价志》，第378~379、381页。
④ 《六中追加杂粮最高贩卖价格（即民需配给最高价格）表》，《河南省公报》第434号，1944年5月3日，第9页。
⑤ 《1930~1936年开封度、量、衡与市制折合率》，马庆海主编《开封物价志》，第377页。
⑥ 《河南省各县主要食粮价目统计表（中华民国29年12月调查）》，《河南省公报》第204号，第26页后附表，1941年8月12日。
⑦ 《晋冀鲁豫抗日根据地财经史料选编（河南部分）》（3），第234页。

去徐州购货，第二天只买回一件旧大衣"。① 伪币已失去了应有之价值。

2. 日伪对法币的破坏

（1）贬抑法币币值，禁止法币流通

在1938年3月"联银券"发行之初，"敌伪……规定对伪政府缴纳租税须用伪钞，法币拒绝接受"。② 规定须用"联银券"完粮纳税，实含强制推行"联银券"之意。与此同时，日伪还规定外出乘坐汽车、火车亦须用"联银券"，且可打折使用。据报道，"在敌区内及乘坐敌汽车火车之购票，非用联银券不可，近在新乡、焦作、博爱、沁阳等地，为推行计，以对折派给商民使用，甚以倒六、倒七之折扣"。③ 这样既可推行"联银券"，又可使"联银券"升值。之后，日伪强迫贬抑法币价值，"在二十七年八月法币在开封、新乡等地九折行使，二十八年二月六折流通，即一元法币合伪钞六角，三月十日华北敌伪更明令禁止法币流通"。④

从1939年开始，日伪当局严禁法币流通，使法币陷入在沦陷区无法购物之窘境，迫使法币迅速贬值。1939年1月18日，伪华北临时政府公布《华北临时政府禁用法币条文》，法币"流通期间规定自三月十日为止，自三月十一日以后绝对不准与联银券兑换"。⑤ 3月11日公布《扰乱金融暂行处罚法》，规定凡"有扰乱金融之行为者"，凡"持有或搬运不属中国联银发行之货币而希图流通或便其流通之行为者"，"处无期徒刑或十年以下或一月以上之有期徒刑，抑或一万元以下五百元以上之罚金"。"凡供犯罪之用或企图供犯罪之用及由犯罪行为所得之物件，应将其全部或一部没收，如不能没收者，得追缴其相当之金额。"⑥ 处罚相当严厉。

1939年6月，伪河南省政府订立《河南省政府取缔法币流通纲要》和

---

① 陈传海、徐有礼等编《日军祸豫资料选编》，第254页。
② 貉菱：《河南省战时金融》（上），《河南文史资料》1996年第2辑，第174页。
③ 林美莉：《抗战时期的货币战争》，第182页。
④ 貉菱：《河南省战时金融》（上），《河南文史资料》1996年第2辑，第174页。
⑤ 《华北经济掠夺》，第861页。
⑥ 《华北经济掠夺》，第862页。

《河南省政府扰乱金融治罪法》，规定豫北道区治安已恢复各县，自6月1日至10日，民间流通法币，须自动封存，不准再行流通。"六月十一日起至二十日止在日本宪兵莅场之下，由中国警察分区分户检查之。如发现旧货币，立即封锁或交与县政府寄存。并于检查终了之后，将旧货币种类及额数列报告表呈报省署核夺。"豫东道区陇海沿线治安已恢复之各县（即中联票达到之区域）"自六月一日起至七月三十日止，为兑换期间"，"由八月一日起至十日止，为检查封锁期间"。8月11日以后，法币不准流通，取缔方法与豫北道同。纲要还规定日本人和其他外国人不准使用法币之办法，不准外国人在豫使用法币。关于对使用法币者的治罪，与伪华北临时政府3月11日公布之《扰乱金融暂行处罚法》相同。①

在具体执行过程中，往往比条文规定还要严厉。如1939年3月，"新乡敌不时搜索法币，少则焚毁，多则没收"。4月，"修武敌布告，即日起严禁行使法币，嗣后如查有私存法币五百元以上者枪决，其不满五百元者没收治罪"。② 在开封，"敌发现人民持一元法币者，即行没收。六十元以下者，处以徒刑并罚款，六十元以上者死刑"。③ 随着法币的严禁流通，河南主要城市法币与"联银券"价值之比发生巨大变化，1939年6月前高于100元。如1939年4月，"开封伪钞跌价一半"。"联银券"对法币仅为5折。同时，"新乡敌钞及伪钞仅值对折，法币则畅行异常"。"彰德方面每百元法币，可兑伪钞百二十元。"④ 从1940年9月开始，就沦陷区主要城市开封、新乡、安阳、焦作的价值比价看，法币大幅贬值，法币每百元合"联银券"数最高为75元，且愈到抗战后期，法币贬值愈多。如1943年开封仅合6.66元，1944年郑州合12.5～20元。⑤

---

① 秦孝仪主编《中华民国重要史料初编——对日抗战时期》第6编《傀儡组织——叁、汪伪政权》，第1209～1212页。
② 秦孝仪主编《中华民国重要史料初编——对日抗战时期》第6编《傀儡组织——叁、汪伪政权》，第1012页。
③ 许涤新：《敌寇经济政势演变》，《群众》第7卷第24期，1942年12月30日。
④ 秦孝仪主编《中华民国重要史料初编——对日抗战时期》第6编《傀儡组织——叁、汪伪政权》，第974、979页。
⑤ 林美莉：《抗战时期的货币战争》，第227页。

(2) 伪造法币

为贸易之需要，在法币不易取得的情况下，日伪便大量伪造法币作为交易媒介，以便获得敌后物资和破坏中方通货的信誉。日方曾多次仿制法币投入市场。开始日伪仿制技术不很成熟，对敌后危害尚小，后来"日方从德军方手中获得了缴获的美国专门为国民政府制造的印钞板，仿真能力大为提高，使得假币一时难辨真伪"，①迫使国民政府紧急改换印钞工艺。在沦陷区市场流通时，日伪"更有以整把假票混入本币整捆内，或以几张混入本币一把内。一般民众对假票认识不清，因为假票种类繁多，连经济机关工作人员亦模糊无以辨认，致使假票容易混流"。②这样，假币作为日伪破坏法币的手段，不仅使法币信誉受损，严重影响豫省金融体系，而且在敌后掠走大量财物。

(3) 分化法币，制造大小票问题

法币为中国唯一通货，原无地域、版别、大小票区分，皆依其面额十足行使。日伪为破坏法币信誉，"在我沦陷区内，则故施伎俩，将法币加以地域、版别、花色及大小钞之区分，破坏其信用"。③为制造大小票问题，日伪在制定金融法律条文时，故意抬高小票，如伪华北临时政府1939年3月制定的《扰乱金融暂行处罚法》一方面严禁法币在华北沦陷区流通，另一方面又规定"由小额通货整理办法公认其流通之小额通货……不在此限"。④伪河南省政府制定的《河南省政府扰乱金融治罪法》也做了同样规定。⑤小额法币不受流通限制，无形中抬高了小额法币的地位，致使人们争相存储小钞。商人赴河南沦陷区购货时，"敌伪复故意拒用大钞，而于小钞中又特别对中央银行钞票之'菊花心'、中国银行钞票之'绿钢皮'、'宝塔牌'以及交通银行之'红交通'、'火车头'等二十六年以前老版法币乐于接受，其次中国农民银行之'农忙票'亦较受欢迎。至于中、中、交、农四行战

---

① 孟国祥：《民国时期的中日假币战》，《民国春秋》1992年第2期。
② 《晋冀鲁豫抗日根据地财经史料选编（河南部分）》(1)，第487页。
③ 貊菱：《河南省战时金融》（上），《河南文史资料》1996年第2辑，第173页。
④ 《华北经济掠夺》，第862页。
⑤ 秦孝仪主编《中华民国重要史料初编——对日抗战时期》第6编《傀儡组织——叁、汪伪政权》，第1211页。

后新发行之法币,则故意歧视,使其信用动摇,与战前发行之法币发生差价"。日伪以大小钞、版别把法币分化,造成大钞在陷区不便使用,"若商民赴沦陷区购货,多在后方搜罗老版法币,不惜贴水"。① 于是便在河南等后方地区产生了大小票问题,且逐渐发生小票荒。

大后方出现小票荒首先发生于1938年10月的成都,而后是在重庆,接着不断在后方蔓延开来。在河南,辅币(小票)缺乏之痛苦,"陕州、灵宝一带首先感到,随之普遍各地"。② 小票被人为囤积,造成小票缺乏,随之而来便是大票对小票贴水的产生。在河南各地,饭馆及商店均拒用大票,到"钱摊"兑换大票,每百元贴水16元,若直接使用大票,卖方则会提高物价20%左右。③ 在洛阳,"新版法币兑老版法币贴水最高额增(曾)达每千元贴水300元左右,而尤以大钞兑小钞贴水为普遍"。④ 1940年8月汝南十元券须贴水六角,五元券贴水三角,新蔡五元券兑换单元券(一元券)贴水五角。此中原因固在单元券发行过少,而奸人操纵亦有重大关系。⑤ 大钞贴水与南北钞区别的结果,一是影响商品交易,不利于商业贸易的正常进行;二是使人们不敢保存法币,利于伪钞发行及在市面之流通;三是由于法币贬值,沦陷区物价升高,利敌到大后方抢购物资,以资敌手,同时造成后方物价高涨,严重影响人民生活,这种情况在太平洋战争爆发后尤明显。

(三) 通过金融手段掠夺财物

日伪在河南沦陷区金融体系的确立,为其掠夺沦陷区财物提供了极其便利的条件。首先,人为贬抑法币币值,对沦陷区与接近沦陷区的民众进行掠夺。关于日伪人为贬抑法币的情况,前边已有交代,此处不再赘述。日伪在豫兑换"联银券"数额虽无法统计,但通过兑换,有不少法币落入日伪之手确是事实。特别是1939年6月1日后,河南日伪政权强行查收民众手中

---

① 貊菱:《河南省战时金融》(上),《河南文史资料》1996年第2辑,第173页。
② 貊菱:《河南省战时金融》(上),《河南文史资料》1996年第2辑,第181页。
③ 林美莉:《抗战时期的货币战争》,第59页。
④ 杨达:《民国年间河南发行的纸币》,《河南文史资料》1993年第2辑,第99页。
⑤ 貊菱:《河南省战时金融》(上),《河南文史资料》1996年第2辑,第181页。

法币，又有一些法币无偿被敌人劫夺。而这些被劫之法币，日伪政府并未销毁，而是拿到上海、香港套取外汇，派人到敌后采购生产资料，致使洛阳地区棉花大批被"运往鄢陵、郾城、界河等处，转往游击区域出售"，尔后运往沦陷区，"将棉花源源资敌"。① 日伪人为查禁法币及打折兑换法币，然后再用廉价得来之法币套购外汇和抢购物资，实为对沦陷区人民用金融手段进行的首轮掠夺。

其次，发行"联银券"，确立其在华北法币之地位，使中国人民的财富变为"联银券"这一不可兑换的纸币。日伪占领华北后，"联银券"开始比较平衡，但随着战局的发展对日本越来越不利，日伪开始大量发行"联银券"，且不断增加。巨额"联银券"有大批流入河南，抢购物资。如"敌在豫东各县用伪准备银行钞票大量向民间收买杂粮如黑大豆、谷子、高粱、豌豆、小麦等，定价每元伪钞购杂粮十四五斤、小麦十一二斤，现正向民间迫令出售"。还"在豫东大批收买棉花，均运商丘、开封等处，致棉花价格较去年涨三倍"。② 在开封，日伪"先后派遣大批伪浪人分赴各乡村强迫购买民间粮食，以补充敌军给养。……又强购豆类食物如黄豆、青豆等充作食品。敌规定价格黄豆每市斗二元四角，青豆每市斗二元三角五分，较市价低廉二分之一，民众恨之刺骨"。③ 日本战犯古海忠之说得好："日本帝国主义就是这样利用废纸夺走数亿中国人的财富，然后再去用这些财富攫取物资。"④ 河南人民当然也不能幸免。

再次，利用法币到后方抢夺物资，促使后方通货膨胀。我们一般皆重视日伪利用金融工具对沦陷区的掠夺，而对日伪掠夺敌后物资、制造通货膨胀重视不够。敌人以其得来之法币，一部运往上海、香港套购外汇，大部在沦陷区和敌后购买物资，特别是"太平洋战争发生后，敌伪既不能以法币购买外汇，但决不肯将已搜刮到手之大量法币死藏作为废纸。最理想之办法，

---

① 秦孝仪主编《中华民国重要史料初编——对日抗战时期》第6编《傀儡组织——叁、汪伪政权》，第1135页。
② 秦孝仪主编《中华民国重要史料初编——对日抗战时期》第6编《傀儡组织——叁、汪伪政权》，第1100页。
③ 陈传海、徐有礼等编《日军祸豫资料选编》，第211页。
④ 《华北经济掠夺》，第889页。

第十八章 沦陷区的经济

为将其变为物资,而且不在沦陷区变为物资,因沦陷区之物资,敌伪早已视同禁脔。最好在接近我行政完整区域之地带,高价吸收后方物资,如粮食、棉花等,抛出法币使之倾流后方,既达其变法币为物资之目的,且可抬高后方物价,使我通货膨胀问题与物资缺乏问题益趋严重"。① 日伪为达抢购物资之目的,采取贬抑法币价值,抬高伪币价值之手段,使沦陷区物品价格对法币抬高,商人运货到后方无利可图,而从后方运往陷区则可大获其利。"以一九四四年十一月金价为例,西安黄金每两价法币二万五千左右,开封竟高达十二万元,致使黄金东流,多为日伪吸收,而法币内流,又加深后方通货膨胀。"② 故在接近沦陷区的周口、郑州、漯河等地商业畸形繁荣,有大批后方原材料及贵重物品运往沦陷区资敌,后方物资紧缺,通货膨胀严重。

日伪抢购后方物资从抗战初期就开始了,只不过开始是以制成品倾销后方,换取法币及购买原料,而以换取法币为主。如河南襄城县盛产烟叶,1939 年初,日伪派人"至该县收买,并以伪钞作价,烟商即以所得之伪钞,购买仇货,运销内地。致豫西一带仇货充斥,尤以白糖、布匹居多"。③ 在豫西,日伪利用棉商将洛阳、巩县等地棉花东运鄢陵、扶沟等地,再转运游击区走私至陷区。据豫省国民党当局不完全统计,仅巩县商号就运出大量棉花,其中瑞丰祥 245 包、公正祥 98 包、庆盛和 82 包、裕泰 198 包。④ 而面对物资外流局面,"当局亦不予制止"。如果说日伪前期对敌后的贸易主要是利用成品倾销套取法币,掠夺敌后原料的话,后方与沦陷区贸易虽然后方吃亏,但尚属有来有往。太平洋战争爆发之后,日伪主要是利用法币抢购大后方物资,造成后方通货膨胀。如 1942 年 8、9 月间,"日伪曾派出大批奸徒,携带法币数十万万元,潜入内地大量收购物资,不计价格高低,不分货色种类,有物即买,有货即收。当时洛阳、西安之货物向沦陷区倒流,宜昌、沙市棉纱东运,各地物价波动,此即主要原因"。特别是 1942 年、1943

---

① 貊菱:《河南省战时金融》(上),《河南文史资料》1996 年第 2 辑,第 175 页。
② 陈传海、徐有礼等编《日军祸豫资料选编》,第 251 页。
③ 秦孝仪主编《中华民国重要史料初编——对日抗战时期》第 6 编《傀儡组织——叁、汪伪政权》,第 994 页。
④ 秦孝仪主编《中华民国重要史料初编——对日抗战时期》第 6 编《傀儡组织——叁、汪伪政权》,第 1135 页。

年，河南大旱，灾情严重，后方物价飞涨，物资应该由沦陷区运往敌后，但事实恰恰相反，"漯河粮食在三十一年（1942年）冬有东运情事。……漯河粮食竟东运沦陷区域，其为敌伪利用奸商高价收购，当无疑问"。1944年豫湘桂战役爆发，豫中沦陷，日伪即到豫西购物，"不肖奸商偷运黄金改由陕西东至洛阳出售资敌，并刺激后方金价上涨"。① 正如林美莉女士所言："至一九四三年中期，日本利用法币进行抢购大后方物资，以及透过贸易输出法币，造成后方通货膨胀的工作已颇见成效。"② 日伪通过金融手段，不仅严控河南沦陷区经济，以伪币向沦陷区人民大肆掠夺，而且利用掠夺的法币到大后方高价收购物资，促使后方通货膨胀，给国统区政治、经济造成不利影响。

---

① 貊菱：《河南省战时金融》（上），《河南文史资料》1996年第2辑，第176页。
② 林美莉：《抗战时期的货币战争》，第129页。

第四编　解放战争时期

第十九章
国共力量在河南的消长

一 国民党政权的重建

1937年7月7日全面抗战爆发，1938年6月6日，当时的河南省会开封沦陷，河南省政府被迫迁至镇平县。后几经迁移，于1945年4月迁避至卢氏县朱阳关。迁往朱阳关的有省政府及四厅（民政厅、财政厅、建设厅、教育厅）、八处（秘书处、会计处、警务处、田粮处、交通处、卫生处、文秘出、人事处）等机构。随着河南省政府迁驻朱阳关，省内其他独立机关也先后迁入卢氏县的其他乡镇，如河南农工银行总行及其钞票承印公司入驻文峪乡窑子沟，国民党中央考铨部豫陕冀鲁皖铨叙处驻县城附近的灰胡同村，河南省高等法院驻代家村、南窑村等。① 日本投降后，遵照1945年9月陆军司令部训令政字15号关于各"省市辖区内一切行政与事业机构，由各该省政府主席接收"的命令，河南省政府主席刘茂恩、秘书长齐真如、民政厅厅长杨一峰、财政厅厅长孟昭瓒、教育厅厅长王公度、建设厅厅长杨觉民等，跟随国民党军队从朱阳关出发，于9月16日到达开封，河南省主要政府机构回迁完成，开始办公。②

随后，河南省政府根据形势改组、新建其他行政机构，如1945年11月

---

① 荀凤瑞：《国民党河南省政府迁卢简况》，《河南文史资料》2005年第2辑，第37、42~43页。
② 陈传海、徐有礼：《河南现代史》，河南大学出版社，1992，第319页。

— 849 —

设立省政府社会处，12月设立省政府统计室。1946年7月河南省田赋粮食管理处改由省政府直属。河南农工银行改为河南省银行。① 同年6月1日，恢复设置河南省地政局，并成立开封、郑县、洛阳、许昌等地籍处。② 另外，根据行政院"各级民意机关，应于地区收复后一年内分别依法筹备成立"之规定，③ 从1946年1月起，开始筹备河南省议会。4月15日，除林县一县外，共有110县选出议员。在此基础上，4月25日在开封成立省参议会，刘积学、张鸿烈当选为正副议长。④ 至此，国民党省级行政、议会机构组建完成。

1945年9月5日，蒋介石令第五战区派军队占领河南沦陷区各市县，如"着十九集团军务遵限于申酉前到达商丘、兰封，并派队占领马牧集至兰封各要点，确实交通通信"。令第四十七军进驻开封，占领兰封至开封各要点。第四十一军立即进入许昌、漯河，占领许昌至确山各要点。第六十九军米军长指挥六十九军及二十二集团军之一师，进驻信阳并派队占领确山至信阳各要点。第六十八军即进入荥阳、汜水，并派队占领郑州至偃师各要点。第十五军速派军队攻占开封至新乡各要点。新八军由广武方面渡河向汲县挺进，限日到达，并占领新乡至安阳至道口各要点。⑤ 在蒋介石的严令下，国民党军队向河南各地迅速推进，特别是1946年6月全面内战爆发后，原属解放区的各县城被国民党军队先后占领，至1947年4月，国民党在河南所占地盘达到战后顶峰。除郑州、开封、许昌等中原、豫西地区外，还先后占领了豫北、豫东、豫西南等"绥靖区"⑥ 52县，其中豫北区（当时将部分豫东县份划入豫北区）有永城、夏邑、滑县、浚县、虞城、

---

① 《河南省志》第16卷《政府志》，第18页。
② 《河南省历年地政机构设置一览表》，张研、孙燕京主编《民国史料丛刊》第535册，第246~247页。
③ 《中华民国史档案资料汇编》第5辑第3编《政治》（1），第49页。
④ 陈传海、徐有礼：《河南现代史》，第323页。
⑤ 《中华民国史档案资料汇编》第5辑第3编《军事》（1），第954~955页。
⑥ 根据战后内战状况，国民政府规定凡有下列情形之一者，得划为"绥靖区"：一是县（市）全境陷于中共1年以上，全部或二分之一以上地区已经收复者；二为县市全境遭中共占领虽未满1年，而占据地区达70%以上，甫经收复者。据此标准，"绥靖区"实为抗战时期中共解放区。

沁阳、博爱、孟县、考城、兰封、内黄、武陟、汲县、辉县、灵宝、修武、安阳、阌乡、淇县、汤阴、民权、延津、温县、济源、原武、阳武、封丘、濮阳、清丰、长垣等 30 县；豫东区有杞县、太康、睢县、通许、淮阳、扶沟、西华、商丘、陈留、宁陵、鹿邑、柘城等 12 县；豫西南有卢氏、信阳、光山、泌阳、洛宁、嵩县、桐柏、经扶、罗山、息县等 10 县。①

与此同时，行政院令"省市县政府及行政督察专员公署于各该地区收复时，应随军推进，并相机健全组织，充实人员，逐步恢复一切正常机构"。② 即命令各地随军推进，在成立省政府及相关机构的同时，迅速组建市县政府和行政督察专员公署。河南省政府及所属机构建立后，统筹规划行政督察专员公署，组建各地县市政府机构。据统计，到 1946 年底，河南省共设 12 个行政督察区，111 县。其中第一行政督察区设郑县，辖郑县、开封、新郑、荥阳、禹县等 12 县；第二行政督察区设商丘，辖商丘、鹿邑、永城等 7 县；第三行政督察区设安阳，辖安阳、林县、内黄、汤阴、滑县等 11 县；第四行政督察区设新乡，辖新乡、济源、温县、修武、封丘等 14 县；第五行政督察区设许昌，辖许昌、临颍、鄢陵等 9 县；第六行政督察区设南阳，辖南阳、淅川、内乡、方城等 13 县；第七行政督察区设淮阳，辖淮阳、扶沟、沈丘等 7 县；第八行政督察区设汝南，辖汝南、遂平、上蔡等 7 县；第九行政督察区设潢川，辖潢川、光山、固始、信阳等 8 县；第十行政督察区设洛阳，辖洛阳、偃师、巩县等 9 县；第十一行政督察区设陕县，辖陕县、灵宝、渑池等 7 县；第十二行政督察区设兰封，辖兰封、杞县、睢县等 7 县。③ 在建立行政督察专员公署的过程中，各地县政府先后建立。至 1947 年初，河南省政府、行政督察专员公署、县政府等各级政权基本组建完成，国民党政权得以重建。

但国民党政权对中共解放区的攻占，也遭到了中共军队的不断反攻。据河南省政府主席刘茂恩密报，1945 年 9 月，中共部队先后进攻鄢陵、陈留、

---

① 《中华民国史档案资料汇编》第 5 辑第 3 编《政治》(2)，第 118～122 页。
② 《中华民国史档案资料汇编》第 5 辑第 3 编《政治》(1)，第 48 页。
③ 《河南省志》第 16 卷《政府志》，第 24～26 页。

正阳、获嘉、长垣、滑县、沁阳、封丘、延津、兰封、考城、杞县等县城，且一度占领鄢陵、获嘉、延津、兰封、杞县等县城。① 10月，安阳、焦作、修武、内黄等豫北各县不断受到中共军队进攻。② 1946年6月至1947年2月，豫北、豫东各市县常在中共军队的围攻中，并有不少城镇屡被攻陷。如1946年6月4日河南省保安司令部代电称，安阳北约20里的前后万金、辛庄、苏度等遭中共军队进攻且被占领。内黄之史村、修武之范村（修武西南10里）、淇县马革挡（淇县北30余里）在激战中，马革挡被占。6月17日、8月28日、9月2日电称：封丘东西马头固（均封丘北），修武前后董村、王屯、傅屯、南孟（修武南10余里），汤阴之韩庄（汤阴西北5里），孟县之坡头、南陈、白坡（均孟县西30余里），安阳之柴库（安阳西20余里），辉县之元村、常村（均辉县东北约20里），内黄之河干村（内黄北），封丘之冯村、聂村（封丘东北20余里），修武之董村（修武南10余里）遭中共军队进攻，且多数村庄被攻陷。③ 另据河南省政府主席刘茂恩1946年8月11日、12日、13日、15日、23日密电称，豫东之兰封，开封南40里万庞岗，东北40余里刘庄、高店、曲兴一带，睢杞太边境各村镇，民权西南约5里之龙塘岗，虞城周围之粉庄、太康楼、刘堤圈等村镇，睢县、杞县两县城及虞城东北各据点均遭中共军队进攻，国民党军穷于应付，杞县县城一度被占。④

1947年初，国民党军与解放军在豫东民权、兰封、考城等地进行多次战斗，不少村镇被解放军占领。⑤ 1947年4月至6月，豫东各村镇屡被进攻，县城一日数惊。⑥ 豫北之温县、封丘、原武、汤阴等县城被攻陷，修武、武陟、延津、孟县、淇县、滑县、浚县等多次遭围攻，安阳从5月初至6月21日，一直处于解放军的包围、攻击之中。⑦ 综上可知，国民政府在

---

① 《中华民国史档案资料汇编》第5辑第3编《军事》(1)，第958~966页。
② 《中华民国史档案资料汇编》第5辑第3编《军事》(1)，第966~967页。
③ 《中华民国史档案资料汇编》第5辑第3编《军事》(2)，第385~388页。
④ 《中华民国史档案资料汇编》第5辑第3编《军事》(2)，第390~394页。
⑤ 《中华民国史档案资料汇编》第5辑第3编《军事》(2)，第394~412页。
⑥ 《中华民国史档案资料汇编》第5辑第3编《军事》(2)，第427~432页。
⑦ 《中华民国史档案资料汇编》第5辑第3编《军事》(2)，第432~443页。

抗战胜利后接收日伪控制的主要城市、攻占了原解放区的主要城镇,到1947年初基本占领了河南的县城和交通要道,并在河南建立了省政府及各地县、区政权,但由于内战爆发,国民党统治区域屡受中共军队的进攻,不少城镇先后被攻陷,因此,国民党在河南的统治,主要在各地城市及交通线沿线之村镇,广大农村仍在中共的统治之下,尤其是豫北、豫东之乡村。

二　社会政策

社会政策是指通过国家立法和政府行政干预,解决社会问题,促进社会安全,改善社会环境,增进社会福利的一系列政策、行动准则和规定的总称。八年抗战期间,"河南因受各种灾况而死亡的人口约六百二十余万,现在待救人数约为八百六十余万,约占现有总数百分之三十·五强,荒废土地约在三千七百余万亩以上"。[1] 即大量流离失所的灾民需要政府安置,大批荒废的土地要重新开垦。另外,逃亡他乡回归故里的民众,不仅需要安置,而且其土地以种种原因多已易手他人,故战后的河南社会政策主要是善后救济,解决地权纠纷,恢复生产,使广大民众安居乐业。鉴于河南省各种灾害沉重,河南省军政当局遵照中央政府相关法令,根据河南实际,颁布政策、法令,以解决河南社会问题,主要政策如下。

(一)"寓救济于善后之中"的救济政策

行政院善后救济总署署长蒋廷黻(1946年10月为霍宝树)在其起草的《善后救济总署:干什么?怎样干?》的重要文件中指出,对难民的救济是必要的,但应认识到"救济是消极的",不是万能的,"救济本身不能解决

---

[1] 熊笃文:《八年灾荒一年善救》,《河南善救分署周报》第63期,1947年3月24日,第1页。

我们的经济问题",所以,"我们的出路不在救济而在建设",即善后。为使人们明白"寓救济于善后之中"的意思,蒋廷黻以黄泛区为例进行说明,他说,花园口决堤后,豫东、皖北、苏北等许多农田被淹。国民政府对此非常关心,水利委员会拟有堵口和抽水计划,农林部拟订帮助乡民提前恢复生产计划,行总根据部会的技术计划准备各种工程和农业器具。"在开工后、田地没有复原以前,当地的壮丁可以到工地去做工,由行总照顾他们的工资,这样的做法就是把善后与救济打成一片了。"[1] 霍宝树在谈及善救工作时说:"行总工作的第二个特点是'寓救济于善后'。……以工代赈便是'寓救济于善后'的具体表现。"在蒋廷黻及其领导的行总看来,救济必不可少,有时甚至可起关键作用,但救济的根本在善后,在建设,通过有劳动能力者的劳动,发展生产,获得物资。

行总河南省善后救济分署根据行总"寓救济于善后之中"的救济精神,"在整个政策上采本标兼治办法——尤着重于治本工作",即"善后重于救济",本此意义,河南省善后救济分署(以下简称分署)提出了"工化农业""扶植工业""充实医院"三项政策,"以为致力之鹄的"。[2] 1947年分署发行"豫振济(卅六)字第3601号"布告,规定:救济方式虽有直接救济与工赈之别,"但除老弱残废不能工作或极贫困难民外,其余必须参加劳作,始能领取款物,务期救济有其代价,物资不致虚糜"。[3] 可知河南善后救济在治标的同时,着重治本,即以善救物资开展工农业生产和医疗建设。在救济过程中,分署采取"三项步骤两项原则"开展救济工作。三项步骤,一是采用"急则治标的办法,将已濒于死亡线的难民用急赈方法先行救活";二是"再以工振方式,寓救济于生产建设之中,恢复已残破的地方秩序,进而帮助他们耕地播种及训练他们谋生技能,以便有以自立自养";三是"大量办理社会福利事业,以保障难民可以享受到免于饥饿困乏的自由,

---

[1] 王春龙:《抗战胜利后国民政府善后救济宏观政策研究》,《理论界》2009年第9期。
[2] 马杰:《河南善后救济工作述怀》,《河南善救分署周报》第51期,1947年1月1日,第1页。
[3] 《行政院善后救济总署河南分署布告》,《河南善救分署周报》第77期,1947年6月30日,第2页。

及使他们也可以受到'人'的待遇"。两项原则:"第一要快,因为救灾如救火,不快便不能把握时机;第二,救人要救活,我们发放物资,必须使难民可因以获得自立的生活。"① 从分署的三项步骤、两项原则观察,河南善救工作先治标,使难民活命,后治本,通过工赈和帮助难民耕地播种、培训谋生技能,使其最终获得自立的生活。

在分署及各地方政府的努力下,河南善救工作取得一定成效。如在1946年1月至1947年2月的四次急赈中,共发放赈济物资27000余吨,涉及豫北、豫中、豫东、豫南近百县,受惠难民在200万以上。② 黄河堵口复堤,河南境内堵口复堤工程发放面粉15752吨,受惠人数,"以动员工人计算,合一九一二七五四〇人"。小型工赈,已兴办者98县,计发放面粉149809袋,面粉代金195000000元,到1946年底,已完工者81县,计修房屋2764间,公路2149公里,桥135座长1768尺,渠道335里等,参加做工受惠人数2784000人。设豫南及黄泛区垦荒区2处,协助难民复耕,拨款3.5亿元,作耕牛农具贷放及房屋建筑等用项,黄泛区共贷出小麦种子1174297斤。在黄泛区及开封、郑州、新乡等地,共发放小型工业贷款22098200元,棉花5601斤,铁20吨又141斤,赈衣162包,缝纫机13部,衣扣3箱,受惠工作者14044人。③ 上述善政成绩,难免有夸张成分,但其对战后河南难民的安置、工农业生产的恢复起到的作用毋庸置疑。在救济过程中,除四次急赈外,其他赈济以工赈为主,目的在发展工农业生产,基本符合"寓救济于善后之中"的精神。

(二) 扶植自耕农

扶植自耕农是抗战时期国民政府颇具特色的一项土地政策,并在个别地方试办成功。据地政署统计,从1943年至1946年,全国有14省82县进行

---

① 熊笃文:《两年来的振济业务与观感》,《河南善救分署周报》第100期,1947年12月31日,第13~14页。
② 熊笃文:《两年来的振济业务与观感》,《河南善救分署周报》第100期,1947年12月31日,第14页。
③ 马杰:《河南善后救济工作述怀》,《河南善救分署周报》第51期,1947年1月1日,第4~5页。

了扶植自耕农的试验，共扶植自耕农 20954 户，耕地面积 331330 亩。① 但这与全国需要扶植的自耕农达 42000000 户相比，实属微不足道。② 河南地处战争前沿，因战争与灾荒不断，扶植自耕农政策少有推行，且"自耕农减少，佃农增加"，遂造成土地问题的发展与土地政策方向的背道而驰，共产党利用时机，大力开展土地改革运动，使众多穷苦百姓投入革命大潮之中。③ 另外，战后荒地及无主地增加，大量难民云集乡里，为扶植自耕农政策的实施创造了条件。

为使扶植自耕农有法可依，1945 年 10 月 16 日，国民政府地政署制定《扶植自耕农实施办法草案》（修订本），规定："各市县农地应由省市地府及农林机关按照其土壤性质、耕作种类，分别拟定最小面积单位，呈请省政府核转中央主管机关核定之。"最小面积单位以能维持 6 口农户之最低生活所需要者为准。扶植自耕农的土地来源，一是征收私有土地，包括："一、未遵限开垦之荒地。二、个人所有逾额之土地。三、不在地主出租之土地。"二是应放领之公有土地、无人耕作之荒地。各地政府将扶植自耕农的土地划定后，以下人等有优先承领权："一、农地之原佃农。二、农地之原雇农。三、本县市抗战将士及其家属具有耕作能力者。四、其他具有耕作能力之农民。""自耕农场之地价，由承领人分年偿付，并须加付利息，其利率不得超过年利六厘，偿付时间不得少于十年或超过二十年。"④ 扶植自耕农办法的颁布，为各省市扶植自耕农提供了政策依据，同时也有利于抑制土地的过分集中，解放佃农、雇农，缓和农村社会矛盾，在当时确有进步意义。1946 年 4 月，国民政府颁布《修正土地法草案》，再次要求各地政府调整地权，按土地种类分别限制个人或团体所有土地面积最高额，私有土地"由主管地方政府规定办法限令于一定期限内将额外土地分划出卖，并得以土地债券照价收买之"。而政府所征私有土地及公有土地、荒地，所有权转

---

① 成汉昌：《中国土地制度与土地改革——20 世纪前半期》，第 261 页。
② 成汉昌：《中国土地制度与土地改革——20 世纪前半期》，第 262 页。
③ 聂常庆：《中国土地改革的检讨与认识》，《河南地政》第 1 卷第 1 期，1948 年 5 月 15 日，第 6 页。
④ 《中华民国史档案资料汇编》第 5 辑第 3 编《财政经济》（6），第 1～3 页。

移时，承受人以自为耕作之人民为限。①《修正土地法草案》虽未明确提出扶植自耕农，实含扶植自耕农之意，且为地方政府收买私有土地提供了法律依据。

河南军政当局根据中央政府扶植自耕农的精神，先后制定法令、政策，尽力扶植自耕农。1946年郑州绥靖公署订定《党政军配合实施绥靖工作纲要（1946年1月~1947年2月）》，关于繁荣农村方面，提出"土地以扶植自耕农，保护佃农，达到耕者有其田为原则"。征收多余私有土地，利用公地、荒地，"调剂耕地，扶植自耕农，使佃农制度日渐泯灭"。②另外，政府得收回无主土地、公有土地，征收私有土地，"政府征收之农地，由自耕农承领耕种，分年缴价，取得所有权，但缴价期限，至多不得超过十五年"。③郑州绥靖公署明确提出以征收之私有土地、公有土地为基础，扶植自耕农，"使佃农制度日渐泯灭"。在1946年3月通过的《修正河南省各县荒地督垦办法》中，要求各县政府应于一定期限内将境内荒地查勘完竣，由"承垦人承领荒地，每一农户以一垦地单位为限，其由农业生产合作社承领，垦地单位之数不得超过其所含自耕农户之数"。各县分配荒地于垦民垦种，该管县政府及乡镇保甲人员不得借放垦为名向垦民勒索费用。承领垦民垦竣后，无偿取得土地耕作权，并酌予免纳土地税2~8年。该荒地督垦办法，也明显带有扶植自耕农之意。对于承领土地的佃农、雇农，如农具、种子、肥料及其他农业经营上资金缺乏，得由县政府按照地亩数核定所需款额，"报由省政府转土地金融机关贷放之"。④为此，仅1948年度，四联总处即向河南发放扶植自耕农贷款50亿元，⑤对河南自耕农扶植工作的开展，起到了一定作用。

关于扶植自耕农的效果，因没有具体统计数字，很难得出量化结果，但

---

① 《中华民国史档案资料汇编》第5辑第3编《财政经济》(6)，第30~31页。
② 《中华民国史档案资料汇编》第5辑第3编《政治》(2)，第127页。
③ 《中华民国史档案资料汇编》第5辑第3编《政治》(2)，第138页。
④ 《修正河南省各县荒地督垦办法》，《河南省政府公报》复刊第42期，1948年4月21日，第3页。
⑤ 《地政消息》，河南地政月刊社编《河南地政》第1卷第1期，1945年5月15日，第18页。

就全国观察，效果并不明显。1947 年 9 月，国民政府地政部长李敬斋在全国地政检讨会议上致开幕词时坦承：扶植自耕农的办法"若能普遍推行，未尝不善……不过国家财力有限，尤其在当前经济衰退，财政困难之际，无力做到，就已做到的龙岩、湟惠渠和北碚来说，其所占的百分比，按全国面积而论，那真是沧海一粟，要及于全国尚不知到何年何月"。① 时任河南省政府主席的刘茂恩在河南省参议会第一届第五次大会开幕致辞中说：自抗战胜利后，河南战争不断，111 县已无一片净土，"不惟生产建设根本无从谈起，就是配合戡乱维持行政工作，也很难按照计划进行"。② 显然，河南不仅没有一地像龙岩、湟惠渠、北碚样板区那样做到扶植自耕农，甚至不及其他一般省份。扶植自耕农的法令条文，不可能认真执行。

（三）出台解决地权转移问题的政策

抗战八年，河南人民因战争四处流离，尤其是 1942～1943 年发生旱蝗灾害，众多农民为求活命，典押或卖掉土地。南阳《前锋报》记者李蕤在记述 1942 年汜水灾荒时说，有几千百家几千万人等待着麦收的到来，以便有顿饭吃，"而有的人，田地卖光了，即使盼到麦收，又该如何？"③ 1942 年即有不少农民卖掉田地，1943 年持续灾荒，卖田地的人会更多。据时任国民党第五十五军七十四师二二〇团（该团驻唐河）团副的靳士伦回忆，唐河、郏县等灾区，1942 年"地亩价很贱，一亩地价仅十几元，后来掉到五、六元。军部一个军需买了一百多亩地，军部一个直属营长买了二百多亩"。④ 1942 年麦收尚近 8 成的临颍，到秋天已是无米下锅，"群众没有办法，只好卖土地。有些地主乘机贱价买地，少者几十亩，多者达一二百亩。有一个贫农，两亩地仅换得一斗小麦。……有的农民地卖不出，把土地文书交给保长，自己带着孩子老婆出外逃荒。有一个保长，以代群众纳粮的名

---

① 成汉昌：《中国土地制度与土地改革——20 世纪前半期》，第 262 页。
② 《河南省政府公报》复刊第 44 期，1948 年 5 月 7 日，第 4 页。
③ 李蕤：《无尽的死亡线——一九四二年豫灾剪影》，《河南文史资料》第 13 辑，第 23～24 页。
④ 靳士伦：《唐河"人市"》，《河南文史资料》第 13 辑，第 58 页。

第十九章 国共力量在河南的消长

义，收了群众一百多亩地的土地文书"。然而，1943年春，才是灾情最严重的时期。① 灾荒岁月土地的大量转移，势必带来战后之地权纠纷，影响善后建设。另外，1944年豫湘桂战役后，国民党军队大部撤出河南，广大农村先后被共产党占据。抗战胜利后，国民党军队攻占原属中共区域的城镇、乡村，而这些地区的土地在战后有相当一部分已分配给无地或少地的农民，国民党军队到来后，"地主以胜利者之身份用恫吓之手段向现耕农民收回土地，或向佃农撤佃"，并借还乡团之武装"捕杀参加斗争分田之农民而收回土地"。② 这些被国民党称作"绥靖区"的县市，地权纠纷更加复杂。河南因处战争前沿，"绥靖区"面积很大，据绥靖区政务委员会统计，至1947年4月，河南"绥靖区"共有52县，③ 占河南111县的46.85%弱，故地权纠纷对河南的影响更大。

面对各地存在的地权纠纷，1946年9月，行政院绥靖区政务委员会订定《绥靖区经济设施纲要》，要求"各县设土地委员会，办理土地登记、调查分配及公平处理一切有关土地因被共党强制分配而生纠纷事宜"。对于占地甚多的大地主，准其按土地等级保存最大限度50亩土地，"各地主超过规定限额之土地，应由政府征购，其地价以土地债券偿付之"。政府征购之土地，由耕户依法征购。④ 该纲要在照顾地主的同时，也不同程度地保护了分得地主土地的无地农民的利益。10月25日，国民政府公布《国民政府绥靖区土地处理办法》，规定："绥靖区内土地权利之处理，由省政府督饬县政府执行之。""县市政府得呈准省政府，就县及各乡镇组织地权调处委员会"，调解地权纠纷。凡被分配之土地，其所有权人为自耕农者，由原自耕农出示证件或保甲四邻证明文件收回自耕。其地权非自耕农时，"在政府未依法处理前，准依原有证件或保甲四邻证明文件保持其所有权，并应由现耕农民继续佃耕，绥靖区内佃租额不得超过农产正产物三分之一，其约定以钱币交租者不得超过农产正产物三分之一折价"。被中共政府分配之土地，如

---

① 张洛蒂：《难忘的一九四三年》，《河南文史资料》第13辑，第59页。
② 《中华民国史档案资料汇编》第5辑第3编《财政经济》（6），第64页。
③ 《中华民国史档案资料汇编》第5辑第3编《政治》（2），第118~122页。
④ 《中华民国史档案资料汇编》第5辑第3编《财政经济》（6），第11页。

地主失踪或无从恢复原状者，一律由县政府征收之。"绥靖区"地权纠纷，依本办法处理。① 该土地处理办法明显带有保护自耕农、地主之意，对于贫雇农，仅保留了他们的佃耕权，限制了地主收租的租率，总体对贫雇农不利。

河南省军政当局根据中央政府的精神，制定了解决地权纠纷的相关政策、法令，企图调解农村出现的土地纠纷。郑州绥靖公署在订定的《党政军配合实施绥靖工作纲要》中规定："收复区之农地，其所有权为自耕农者，得凭证收回自耕，其所有权为非自耕农者，在政府未依法处理前，得持证保持其所有权，但其农地，仍有佃农继续佃耕。""佃农须依法定租额，对地主纳租，但租额不得超过农产正产物三分之一之拆价，收复前佃农欠缴之佃租，一概免缴。""地主之农地如被人全部使用，而须自耕者，得酌予收回一部，但应顾及原使用人之生活。"② 该纲要保证对自耕农土地的收回和被分地主土地的地权，保留了佃农的佃耕权，显然对佃农最为不利，但又保证佃农有地耕种，且少缴地租和免缴以前欠租，使佃农生活有一定保障，如能认真执行，对调解绥靖区地权纠纷，缓和社会矛盾，应能起到积极作用。

灾荒年间的地权转移者，河南甚多。为此，河南省政府于1945年11月制定了《修正河南省被灾时期地权转移处理办法》，规定"被灾时期"仅限于1942年7月1日至1943年1月31日。凡在该期间出卖的土地，"准由原业主于民国三十六年六月以前随时按原价买回之，其已沦陷各县份之买回期限至各该县完全收复后两年"，沦陷县份完全收复日期由河南省政府分别以命令公布之。"凡在被灾时期内出典之土地，虽逾回赎期限，仍准由原业主于民国三十六年六月底以前随时按典价不计利息赎回之"，其已沦陷各县份之赎回期限至各该县收复后两年。"出卖或出典之土地，如经转卖或转典于第三人者，原业主向原买受人或原典权人仅负支付原买价或原典价之责任。"原业主买回或赎回田地时，应于1月前通知买受人或典权人，如赎回

---

① 《中华民国史档案资料汇编》第5辑第3编《财政经济》(6)，第22~23页。
② 《中华民国史档案资料汇编》第5辑第3编《政治》(2)，第138页。

或买回之土地正在耕作者，其赎回或买回应在收益季节后开始。该办法适用县份共有郑县、禹县、南阳、洛阳、开封、安阳等 96 县,[①] 约占河南 111 县的 86.49%。抗战胜利后，河南省即颁布几乎适用全省的被灾时期地权转移处理办法，解决 1942~1943 年因灾荒出现的地权转移问题，政策制定可谓及时，处理地权转移办法也对贫苦农民有利，但被灾时期仅限于 1942 年 7 月 1 日至 1943 年 1 月 31 日的 7 个月时间，使该办法的作用大打折扣。即便如此，若认真执行，对解决农村社会矛盾和战后经济建设仍会起到积极作用。

（四）关于解决住房问题的政策

抗战时期，河南多数城市先后被日军占领，且屡遭轰炸，房屋毁坏严重。战后许多城市房屋短缺及因房权转移发生纠纷，严重影响市民生活。如郑州在抗战八年中，两度沦陷，原有房屋 13200 余间，战时损毁 6300 余间，"复员以来，部队机关遍布城厢，流离人民亦接踵归来，房荒颇感严重，纠纷迭起"。为此，郑州绥靖公署于 1946 年 2 月召集在郑党、政、军、团、宪、警及民意机关，共 15 个单位，组织郑州房屋纠纷处理委员会，制定处理原则："一、人民房产归还人民；二、敌伪房产切实调查，依法处置；三、经日人改造之公私房产登记调处；四、各机关部队所需房屋合理分配；五、机关部队及人民占住私人之房屋，依法租赁，如房主别无房屋者，即迁还一部与房主自居；六、其他有关房屋纠纷之临时处理。"[②] 郑州绥靖公署召集各方制定的解决房屋纠纷的处理原则，首先确立了民房归民之原则，有利于对民宅的保护。其次，对于部队、机关占用民房者，在保证房主有房住的情况下，须租房办公，在一定程度上保障了市民的利益。再次，对于没收日伪房产及机关、部队房屋合理调配。按照上述原则，郑州房屋纠纷处理委员会 1946 年度接收房屋纠纷案件 157 件，"经召开会议五次逐一解决，分别执行，差得社会好评"。[③] 整体来看，这些原则具有一定的合理性，对战后城市房屋纠纷的处理起到了积极作用。

---

① 《河南省政府公报》复刊第 2 期，1945 年 12 月 14 日，第 28 页。
② 《中华民国史档案资料汇编》第 5 辑第 3 编《政治》(2)，第 298~299 页。
③ 《中华民国史档案资料汇编》第 5 辑第 3 编《政治》(2)，第 299 页。

除房屋纠纷外，战后各地还遇到房屋短缺问题，为此，行总在善后救济计划中将房屋需要分为两类，"一为难民之临时住所，一为帮助人民修理改装及重建其被战争毁坏之房屋"，要求重灾省份，在赈济粮食、衣物的同时，"从事房屋救济工作"，并就湖南、湖北、河南等重灾省份，拨 123 亿元专款修建房屋，其中河南 11 亿元。① 河南省善后救济分署根据行总要求，在两年中下拨房屋建筑费 1708848000 元，以供各灾区房屋建设之用。② 河南善救分署还用以工代赈方法在重灾区修建临时住所、学校及民房，仅河南黄泛区，自 1946 年 1 月至 1947 年 11 月，即修建房屋 1813 间，修建学校 56 所。③ 于是，"被水淹坏的房子，扶沟尉氏的医院，工读学校，儿童教养院和周口的难民新村又是工振修缮重建或新建的"。④ 河南善救分署还修建开封、新乡、安阳、郑县、陕县等县难民新村，使归乡难民都有栖身之所。⑤ 虽然政府所修房屋与民众需求相距甚远，但这些新修的房屋、难民新村及学校等，皆可成为难民暂时栖身之所，对战后房屋短缺问题的解决确有成效。

三 善后救济

（一）河南善救组织的建立

中国善救物资和款项大多来自联合国救济善后总署（简称联总，1943 年 11 月成立），总计用于中国之费用为 647500000 美元，其中资助物资

---

① 《中华民国史档案资料汇编》第 5 辑第 3 编《政治》（2），第 460～461 页。
② 《全部业务扼要估计数字》，《河南善救分署周报》第 100 期，1947 年 12 月 31 日，第 54 页。
③ 《河南泛区复建成效统计表》，《河南善救分署周报》第 100 期，1947 年 12 月 31 日，第 54～55 页。
④ 汪克检：《河南黄泛区工作特述》，《河南善救分署周报》第 100 期，1947 年 12 月 31 日，第 6 页。
⑤ 熊笃文：《两年来的振济业务与观感》，《河南善救分署周报》第 100 期，1947 年 12 月 31 日，第 17 页。

535000000美元，海洋运输费112500000美元，约占当时联总资金总额的三分之一。① 为保证善救物资及时发放到灾民手中和避免发放中的舞弊行为，联总在受惠之战灾国，均驻有派遣团（Mission）。"此类派遣团，为实际工作之组织，联总在中国亦设有驻华办事处，其性质类似联总驻在其他国家之派遣团，所不同者，驻华办事处并不直接在中国领土内执行实际工作，而将物资移交与中国政府，由中国政府机构自行办理。"② 联总驻华办事处实为中国善救物资发放的监督机构。为使联总善救物资按时发放给各地灾民，国民政府于1945年1月1日在行政院下设立善后救济总署，负责中国善救物资的发放。

行总成立后，在其下设置15分署，遍布收复各区。河南省善救分署于1945年11月开始在重庆筹备，1946年1月1日在开封成立，署长马杰、副署长王式典。③ 为使善救工作高效运行，避免出现舞弊行为，联总在开封设立驻华办事处河南办事处，监督河南善救工作。善救分署下设四组五室，即总务、卫生、储运、赈务组和秘书、技术、会计、视察、稽核室。其中李道煊主管总务兼秘书室主任，杨伟、张汇泉主管储运、卫生工作，刘淦芝任赈务组、技术室主任（后万晋为技术室主任、熊笃文为赈务组主任）。组、室之下设股，如技术室下设农林、工矿、土木、经济4股，卫生组下设保健、防疫、药品保管等股。为使善救工作在各地迅速开展，分署还在各地设有附属单位，如难民服务处、办事处、工作队等救济机构，如郑州办事处，开封、郑州、洛阳、安阳、信阳、陕县等难民服务处，汽车管理处，各地工作队等。④ 河南善救分署的附属机构遍布豫省各地，⑤ 救济范围包括协助难民

---

① 《中华民国史档案资料汇编》第5辑第3编《政治》（2），第413页。
② 《中华民国史档案资料汇编》第5辑第3编《政治》（2），第411页。
③ 李道煊：《本署组织系统及人事工作概述》，《河南善救分署周报》第100期，1947年12月31日，第48页；崔玉华：《忆黄泛区农垦队和农垦学校》，《河南文史资料》第27辑，1988，第187页。
④ 见《河南善救分署周报》第51期第22～23页"河南省善后救济分署组织图"；李道煊：《本署组织系统及人事工作概述》，《河南善救分署周报》第100期，1947年12月31日，第48页。
⑤ 参看《本署各附属单位主管及所在地一览表》，《河南善救分署周报》第51期，1947年1月1日，第22页。

返乡、储存与发放货物、卫生医疗服务等诸方面。各地工作队除发放救济物品外，还肩负着善后建设事项，如驻郑州花园口的第一工作队，负责花园口堵口的工作，驻扶沟的第十六工作队，负责扶沟的直接救济与善后事宜。另外，分署还延纳社会贤达及专家学者，"共组善后救济审议委员会，农业推广辅导委员会，农、工、水利各种顾问委员会，善后工程执行委员会等，集思广益，得获群策群力之效"。① 总之，河南善救组织及各地附属机构的建立，为河南善后救济事业的开展打下了基础。

（二）协助难民返乡

抗日战争历时八年，人民因迁徙避难，流离他乡者甚多，据行政院调查设计委员会估计，至战争结束时，全国难民总数约为4200万人。② 河南受战乱与灾荒双重影响，出走他乡者更多，据调查，抗战八年，河南有620余万人死亡，战后待救人数为860余万。③ 这些待救灾民，大多为流落他乡的难民。故胜利后协助出逃难民返乡，各安生理，实为善后救济的当务之急。

1. 设置遣送机构

一无所有的难民在归乡过程中需要政府的全力资助，否则很难完成归乡心愿。在河南善救分署成立次日，"即有过境难民19人请求救济，其续来者复络绎于途，惟当时物资尚未拨到，一切法令规章，亦未奉颁"，于是，善救分署一面派员照料难民生活，一面与车站交涉，让难民免费坐火车，先行记账，以便其早日归乡。④ 可见在善救分署成立之前，已有难民行进在归乡的路途，急需政府救助。鉴于此，河南善救分署先后派员驰往各重要地点，筹设难民服务处，招待返乡难民。主要难民服务处有：开封难民服务处，成立于1946年1月17日；郑州难民服务处，成立于1946年2月21

---

① 李道煊：《本署组织系统及人事工作概述》，《河南善救分署周报》第100期，1947年12月31日，第48页。
② 《中华民国史档案资料汇编》第5辑第3编《政治》（2），第430页。
③ 熊笃文：《两年来的振济业务与观感》，《河南善救分署周报》第100期，1947年12月31日，第13页。
④ 《一年来遣送难民概况》，《河南善救分署周报》第63期，1947年3月24日，第21页。

日；洛阳难民服务处，成立于 1946 年 3 月 18 日；信阳难民服务处，成立于 1946 年 3 月 20 日；许昌难民服务处，成立于 1946 年 4 月 1 日（同年 9 月撤销，成立安阳难民服务处）；陕州难民服务处，成立于 1946 年 5 月 1 日。"以上各难民服务处成立后，对于本省回籍难民与外省过境难民，均妥为照料食宿茶水，代觅交通工具。"① 各地难民服务处的成立，为难民顺利返乡和及时安置，起到了很大作用。

2. 制定遣送办法

为使难民遣送工作有章可循，河南善救分署成立不久，即依照行总遣送难民回籍办法第 27 条之规定，订定《遣送难民回籍实施细则》。首先，该细则规定难民及其遣送标准。认为难民"仅限于因抗战流离异乡，无力自行回籍部分。余如当地难民，灾民，贫民，必须办理急赈，工赈，特赈等救济者，应各依其规定"。遣送之难民，须符合以下标准：一是因受战事损害，转徙异乡，留养于各地难民收容所或其他救济设施者；二是携有难民证明文件，经调查属实，认为确系难民无资回籍者；三为技工艺工劳工流离异乡，现已失业，而原籍需要是项供应，自身无力回籍，经调查属实者；四为流亡异乡，收入低微，而其子女超过 3 人以上，无法取得他种自助回籍，经调查属实者；五是连续失业 6 个月，无力生活，经查属实，认为有遣送必要者。符合上述标准之一，经调查属实者，得发给难民回籍证，予以登记遣送或转送。② 难民及其遣送标准的制定，有利于各地难民服务处工作人员分清难民身份，及时将其遣送回乡，但具体执行起来，除一、二两项遣送标准好把握外，其他四项标准很难具体掌握，需要难民所在地政府的密切配合。其次，制定食物发放及接送难民办法。细则规定，凡经核准遣送或过境难民，在各该难民服务处停留日期，以 3 天为限。在停留期间，不分大小口，每人每天一律发给主食面粉 1.5 市斤，副食费 100 元。难民途中膳食代金，按起讫地点，计算日程发给，每名每日 1000 元（每日按 60 华里计算），12 岁以

---

① 《一年来遣送难民概况》，《河南善救分署周报》第 63 期，1947 年 3 月 24 日，第 21 页。
② 《本署遣送难民回籍实施细则》，《河南善救分署周报》第 63 期，1947 年 3 月 24 日，第 23～24 页。

下之小口减半。难民返乡时，如交通便利，可由各地难民服务处联系车站，乘坐火车或汽车返乡，如条件不许可，得视其原地点，分别编队，每 20 人为一大组，由难民互选组长，结伴而行。对于因交通不便或确系无家可归逾期停留的难民，有劳动能力者，编队送附近工程地段做工，老弱妇孺，送附近本署所设之粥场食粥。再次，规定生育及死亡难民补助标准。难民生育，每人发给生育补助费，最高不得超过 5 万元。难民死亡，大口最多补助 5 万元，小口最多补助 3 万元。上述补助费均须取据报销。最后，要求难民回籍后，即向当地县政府报到，由各该县政府，每月统计人数，造册送往善救分署，备作施赈之参考。① 遣送难民回籍实施细则的制定，为各地难民服务处协助难民返乡提供了政策依据。

在执行过程中，遣送难民回籍实施细则部分规定与实际情况有一定出入，如规定难民每人每日按 60 华里行程发放代金 1000 元，但难民向各地难民服务处反映，因大家结伴而行，老弱妇孺夹带其中，每天根本无法行程 60 华里。由于物价上涨，每日 1000 元代金已不够每人一日之用。为此，河南善救分署决定提高难民资遣各费，规定自花园口合龙后，凡难民向分署申请自遣者，办理手续，以 3 日为限，"除不分大小口，各发三日主食面粉，每人每日一斤半外，并将副食费提增为每人每日四百元。至资遣期间，途中膳食代金，亦增为大口日发二千元，小口一千元，生育补助费每名五万元，死亡棺埋费不分大小口，一律五万元"。② 不久，河南善救分署将原规定每人每日行程 60 华里计算，改为按每日 40 华里计算，对其中老幼妇孺，按华里 30 元计算发给途中膳食代金。③ 1947 年 4 月，河南善救分署举行黄泛区社会福利座谈会，议定遣送难民还乡等项办法，规定难民从西安至郑州，按 10 日发给主食面粉或代金。"泛区难民凡住本署尚无粥场地点者，不论大小口，每人一次发给面粉 20 斤。"这些来到善救分署的难民应该在河南境内，每人发放 20 斤面粉回归乡里。难民归乡后，由善救分署联合当地政

---

① 《本署遣送难民回籍实施细则》，《河南善救分署周报》第 63 期，1947 年 3 月 24 日，第 24～25 页。
② 《提高难民资遣各费》，《河南善救分署周报》第 67 期，1947 年 4 月 1 日，第 3 页。
③ 《改善难民遣送办法》，《河南善救分署周报》第 70 期，1947 年 5 月 12 日，第 2 页。

府用苇席及油布搭盖临时房屋，分配难民居住，或采取以工代赈方式，赶编芦席，发给难民自行盖造。关于燃料，拟修筑从禹县经许昌至扶沟之公路，运送禹县及密县煤炭，以供泛区使用。① 如果说以前的遣送难民办法注重途中输送的话，那么1947年4月的救济难民办法，更多考虑的是归乡难民的安置问题。经过对难民遣送办法的不断补充、修改，难民遣送政策更加具体完善，有力地促进了难民遣送工作紧张有序进行。

3. 疏送概况

政府机构组织的难民疏送是从河南善救分署成立次日开始的，当天有少数过道难民请求在汴的善救分署，要求救济。因开封难民服务站尚未成立，由分署赈务组临时办理。据统计，自1946年1月1日至1月16日（1月17日开封难民服务处成立，即日起过汴难民由其负责），共有难民223人请求救济。计发放伙食费129120元（每日每人120元），其中有115人（本省籍57人，外省籍58人）被遣送各地，其余人员交开封难民服务处办理。此后，其他难民服务处先后投入工作，协助难民返乡。从1946年1月至12月，各地难民服务处共收容难民127089人。计遣送本省籍者109658人（内有黄泛区85250人），外省籍者13762人，韩侨999人，马尼拉1人，俄籍6人。另有1542人自行返乡，1121人滞留陕州难民服务处。② 从1946年各地难民服务处遣送难民的情况看，归乡难民包括本省籍、外省籍和外国3类，其中以本省籍为主，仅遣送难民数量即占收容总数的86.28%强，外省籍约为10.83%，外国难民约为0.79%，自动返乡难民约为1.21%，滞留难民服务处者占0.88%强。在本省籍难民中，又以河南黄泛区难民最多，如以遣送难民人数计算，约占本省籍难民总数的77.74%。另据行总统计，"由潼关至洛阳或郑州，自三十五年一月至六月底，各线共运返乡难民七一九八八人"。③ 如下半年仍按运返乡难民71988人计算，1946年自陕西到达洛阳、郑州的返乡难民应为143976人，比河南善救分署各地难民服务处收容难民

---

① 《举行泛区福利座谈会》，《河南善救分署周报》第68、69期，1947年5月5日，第3、5~6页。
② 《一年来遣送难民概况》，《河南善救分署周报》第63期，1947年3月24日，第22页。
③ 《中华民国史档案资料汇编》第5辑第3编《政治》（2），第435页。

总数多出 16887 人。上述情况，主要应为到达郑、洛的部分难民，没有到该地的难民服务站报到，自动回籍之结果。如将各地难民服务处自动回籍的难民统计在内，1946 年河南归乡及过道难民要远多于 127089 人。

返乡难民以泛区为主，故大批难民归乡应在 1947 年 3 月 15 日花园口大堤合龙后。如以扶沟一县而言，1946 年 9 月全县仅有难民 2 万余人，10 月增至 4 万余人，12 月达 6 万多人。"截至目前止（1947 年 3 月底——引者注），已达十四万余人左右，而望风归来者，仍在络绎不绝。"① 此报道虽有夸张成分，但无法掩盖 1947 年以后泛区返乡难民激增的事实。另据行总统计，从 1946 年 5 月至 9 月，西安疏送站共通过陇海线运送难民 19 批，计 11079 人，"多属泛区耕作者"。② 据河南善救分署统计，自 1946 年 1 月至 1947 年 4 月底，"共遣送二十四万人，内有泛区归耕难民十八万人以上"。③ 泛区难民占返乡难民总数的 75% 以上。河南善救分署估计，1947 年约有 40 万难民返乡，所需遣送费应为 8280000000 元。④ 而据行总统计，到 1947 年底救济工作结束，河南善救分署协助难民返乡人数共 358671 人。⑤ 据河南善救分署统计，两年中泛区共有归耕难民 463369 人，占泛区逃亡人数的 39.51%。⑥ 上述有关难民返乡的报道、统计及估计数字，差距甚大的原因，一是所涵盖的地域范围、时间长短不一；二是统计范围不同，行总统计仅为河南善救分署协助返乡的难民，河南善救分署的估计数字包括协助及自行返乡难民等不同类型。据此，我们可得出如下结论，1946～1947 年两年中，政府共协助 358671 名难民返乡，但如加上自行返乡难民，数字应在 50 万以上。

4. 归乡难民的安置及成效

大量难民归乡后，不仅农具缺乏，且衣食皆无，而难民中最艰难者为泛

---

① 《泛区归民无衣无食》，《河南善救分署周报》第 67 期，1947 年 4 月 1 日，第 4 页。
② 《中华民国史档案资料汇编》第 5 辑第 3 编《政治》(2)，第 436 页。
③ 《本署泛区业务述要》，《河南善救分署周报》第 75 期，1947 年 6 月 16 日，第 5 页。
④ 《一年来遣送难民概况》，《河南善救分署周报》第 63 期，1947 年 3 月 24 日，第 23 页。
⑤ 《协助难民还乡人数统计》，《中华民国史档案资料汇编》第 5 辑第 3 编《政治》(2)，第 437 页。
⑥ 《河南泛区主要损失与复建成效比较表》，《河南善救分署周报》第 100 期，1947 年 12 月 31 日，第 58 页。

区难民。面对此种情况,善救分署及当地政府之首要任务为救死和救穷。"在救死一方面,本署已办了很多的急振和粥场……救穷的办法,并不是要无限量的拿出许多物资送给人民,而是要帮助人民,使他们能自立,能自养。"① 即先进行直接救济,发给难民食物、衣服,帮助修建房屋,使其安顿下来,然后帮助难民开垦荒地,进行自救。为此,善救分署制定《发放黄泛区各县难民棉被办法》,规定:"棉被发放对象以贫苦难民中确有急切需要者为限,每户一条,但四口以上者,得酌加发一条,以发完为度。"② 与此同时,又制定《三十六年度黄泛区春耕贷种办法》,以黄泛区受灾最重之尉氏、扶沟、西华、淮阳、沈丘5县为贷放区域,规定:"每亩贷放种子数量,粟每市亩三市斤,大豆每市亩六市斤,高粱每市亩四市斤。"贷放对象,"在本署代耕区域内,以合作农场为对象,其他地带,以贷种互助社为对象"。"贷出种子,专供播种,绝对不得食用,出售,或转让他人。"贷种利息,以7%（实物）计算,且要求本年11月底本息一次清还。③ 由于合作农场仍以农户自行耕作为主,故大部种子贷给了返乡难民。另外,善救分署还协助难民盖屋,规定每户不得超过3间,每间一次发给工作面粉1袋。利用复耕队曳引机为难民无偿代耕土地,以便难民更快实现自理。

在善救分署安置下,一些难民新村在泛区的荒野上建成,一批合作农场在泛区成立,大批荒地被开垦出来,变成良田。西华县在堵口之前,"不是草木不生的准沙漠地带,便是芦苇丛生的荒野,无人耕种,即使有人,也无力耕种"。堵口后,归耕难民陆续返乡,河南善救分署在与当地政府协作下,根据省政府颁布之复垦办法,"泛区土地,归耕难民均可耕种"的精神,将归乡难民愿参加复垦者,每5人编成一队,向保长登记,统筹办理。难民每耕地1亩,发面5市斤。收获后,参加人力复耕者,得收60%,地权所有者20%,其余20%偿还种子贷款。该政策在照顾难民的同时,兼顾

---

① 熊笃文:《泛区视察归来》,《河南善救分署周报》第73、74期合刊,1947年6月9日,第18页。
② 《本署发放黄泛区各县难民棉被办法》,《河南善救分署周报》第61期,1947年3月10日,第7页。
③ 《本署三十六年度黄泛区春耕贷种办法》,《河南善救分署周报》第68、69期,1947年5月5日,第11页。

地主、政府之权益,在泛区得以推广。从 1947 年 3 月黄河堵口到 6 月间,归耕难民达 1000 余人,每日每人可耕 2 亩,① 如 1/3 有劳动能力的人参加耕作,按千人计算,两个多月时间可耕荒地 4 万余亩。赈务组主任熊笃文在谈论泛区工赈时说:"关于泛区工赈方面,人力复垦工赈,每用人力垦地一亩,发给面粉五市斤,并已试办合作农场。周口西华近郊已用人力垦出田地近万亩,并建筑新村四处。"② 如将人力复垦面积扩之全县,应与我们推算的可垦地 4 万余亩基本一致。

罗山县垦荒委员会将 367 户归农户民分为 11 个班组,每班选班长 1 人,11 个班安排在榆树店、屈堂、张岗、马堰、武家坡等 11 个垦工据点,截至 6 月 20 日,11 班共开垦能产粮 55 石 9 斗的荒地。③ 罗山县归耕农户所垦荒地产粮虽然不多,但加上下半年的产出与政府救济,应能基本维持生活。据善救分署统计,到 1947 年底,分署共向河南泛区发放粮食 31105.4761 长吨(1 长吨约为 1.016 吨)、农具 202744 件,补充牲畜 131 头,归耕农户复垦荒地 1618276 亩,占泛区涸出代耕亩数的 60.67%。④ 其中人力复垦 1033206 亩、曳引机复垦 569589 亩、耕牛代耕 15481 亩,人力复垦约占复垦总数的 63.85%。⑤ 通过组织归耕难民开垦荒地,泛区复垦工作已初见成效。在泛区难民的努力耕作下,1947 年春天,尉氏樊家"将近三万余亩的棕褐色的土里,抽出嫩绿的豆苗,显示出无限的生机,各地的记者前来采访资料,中外人士,又前来参观,电影厂也来摄取良好的镜头"。⑥ 1947 年冬天,被开垦的 200 余万亩麦苗已生长 3 寸多高,"以前荒凉的泛区,现已变成一片绿

---

① 熊祥钥:《西华区的人力复垦》,《河南善救分署周报》第 75 期,1947 年 6 月 16 日,第 6～7 页。
② 熊笃文:《复垦中的泛区》,《河南善救分署周报》第 77 期,1947 年 6 月 30 日,第 8 页。
③ 《罗山县垦荒委员会工队开辟田亩及归耕农户登记数量报告表(自成立时起到六月廿日止)》,《河南善救分署周报》第 78、79 期合刊,1947 年 7 月 10 日,第 15 页。
④ 《河南泛区主要损失与复建成效比较表》,《河南善救分署周报》第 100 期,1947 年 12 月 31 日,第 58 页。
⑤ 《河南泛区复垦成效表(35 年 6 月至 36 年 11 月)》,《河南善救分署周报》第 100 期,1947 年 12 月 31 日,第 56～57 页。
⑥ 汪克检:《河南黄泛区工作特述》,《河南善救分署周报》第 100 期,1947 年 12 月 31 日,第 3 页。

野，预计明春收获是不成问题的"。① 灾情最重的河南黄泛区已现勃勃生机，这是协助难民返乡政策取得成效的最好注释。

（三）直接救济

按行总之规划，善后救济分两部分：一为直接救济，二为以工代赈。直接救济，"又可分为协助难民返乡，城乡紧急救济，收容流浪儿童及老弱残废等三种"。其中紧急救济包括急赈、粮食救济、衣服救济、房屋救济、现金救济等。② 粮食救济又包括难民收容、集体供食（如设置粥场、馒头站、施食站等）、赈放粮食等。据此可知，直接救济侧重救急，如急赈、发放粮食及衣物、开办粥场等，使难民能够生存下来，为以后的建设储备人力资源；以工代赈注重建设，如组织难民黄河堵口复堤、修建水利工程、修筑道路等，使难民在战后重建中得到救济，以救济促建设。救济与建设二者相互依存，在难民举步维艰的情况下密不可分。现择其要者，分述如下。

1. 设立粥场

许多难民返乡后，衣食无着，需要政府紧急救助，而设置粥场是紧急救济中最简便有效的方法之一，于是，分署在全省各地设立了许多粥场，以救济难民。据分署统计，1946年冬至1947年春，即在西华、扶沟、鄢陵、淮阳、尉氏等县设立了19个粥场，"每厂每天食粥人数少的二〇〇〇人，如西华第二粥厂，尉氏第一粥厂，淮阳第三粥厂，多的四〇〇〇人，如扶沟第一粥厂，太康第二粥厂。总计全泛区食粥人数，每天约在五万人左右。三个月的时期，我们救济了四百五十万的人民"。另外，行总"后拨了十七辆活动厨车，这是行军锅的改用，却大有惠于泛区的人民。每辆厨车每天可以轮流供应一〇〇〇人的食量，后来坏了六辆，总计十一辆厨车，分布于西华、扶沟、鄢陵及淮阳县等被灾的村庄里"，以救难民之急。③ 在黄泛区以外的

---

① 熊笃文：《两年来的振济业务与观感》，《河南善救分署周报》第100期，1947年12月31日，第18页。
② 《中华民国史档案资料汇编》第5辑第3编《政治》（2），第449、451页。
③ 汪克检：《河南黄泛区工作特述》，《河南善救分署周报》第100期，1947年12月31日，第6页。

其他县份，也开办了不少粥场，据统计，全省甲种粥厂 27 家，可救济 7.7 万人，以黄泛区最多，共有甲种粥场 18 家，分设于西华、扶沟、尉氏、鄢陵、淮阳、中牟、太康、沈丘等地，约占 27 家粥场的 66.67%。乙种 16 家，可救济 3.2 万人，其中黄泛区 3 家，占总场数的 18.75%。活动厨车 11 辆，全部设在黄泛区。① 其他粥场分设于豫北、豫西各地。粥场设置时间，最早者为西华第一粥厂，开办于 1946 年 4 月 10 日，其他粥场多在 1946 秋至 1947 年春设立，以救济青黄不接时期的难民及贫民。粥场结束时间，甲种粥场 20 家于 1947 年 4 月底结束，7 家 3 月底结束；乙种粥厂除 1 家 4 月底结束，其他统一结束于 1947 年 3 月；活动厨车 7 月底结束。而 1946 年和 1947 年春是难民大量返乡时期，此时给刚到家的难民施粥，有利于难民情绪的稳定及安置，使其有一种安全感。甲种粥场开办时间，长则 1 年，短则 3 个月，大多在半年左右，如以 6 个月计算，每天食粥人数 77000 人，半年食粥人数达 13860000 人次。乙种粥厂多数开始日期不详，其他短则半个月，长则 3 个月，如将所有粥场按施粥 1 个月计算，每天食粥 32000 人，30 天食粥人数应为 960000 人次。活动厨车每天每车可供 1000 余人食粥，最短开办时间有 40 天，最长 2 个月，多数在 50 天以上，如按 50 天计，11 辆活动厨车可供食粥人数为 550000 人次。3 项相加共达 15370000 人次。这些食粥的难民或贫民，不可能长期待在粥场食粥，参照各地难民招待处允许难民停留 3 天之标准，分署所设粥场及活动厨车可惠及 512 万余人。汪克检曾言分署在河南泛区所设粥场救济泛区 450 万人。② 河南全省粥场惠及 512 万余人应基本属实。

2. 办理急赈

急赈即紧急救济，其目的"系以最直接有效之方法，抢救挣扎饥饿线上之灾难人民，以免于冻馁疾病之牺牲。同时对于一般贫民缺乏衣食者予以济助，无家可归者予以收容安置，务使皆能获得生活上之帮助，

---

① 《本署甲种粥厂一览表》，《河南善救分署周报》第 100 期，1947 年 12 月 31 日，第 22~24 页。
② 汪克检：《河南黄泛区工作特述》，《河南善救分署周报》第 100 期，1947 年 12 月 31 日，第 6 页。

第十九章 国共力量在河南的消长

在青黄不接之时及本身自给能力恢复之前，暂时渡过难关"。① 河南"在抗战时期，相继沦陷者九十余县，人民久在水深火热之中，加以连年荒歉，灾祸频仍，已成普遍现象"。② 河南需要急赈的人数甚多。鉴于此，分署择其要者，对逃陕豫籍难民及全省重灾地区办理急赈，其中省内急赈主要有4次。第一次急赈系于1946年3月间，以抗战期间受灾特重县份和黄泛区各县如中牟、尉氏、商丘、民权、考城、杞县、新乡、修武、武陟、安阳、鄢陵、扶沟、西华、太康、桐柏、信阳、罗山、光山、经扶及息县等20县为范围，施放急赈。③ 放赈诸县，各发面粉1000袋，因商丘、安阳、新乡等县难民云集，各加发1000袋，共23000袋。发放方法，采用分组查放办法。计中牟、尉氏为一组，鄢陵、扶沟、西华为一组，商丘、太康为一组，桐柏为一组，各委派2人。信阳、罗山、光山、经扶、息县为一组，民权、杞县、考城为一组，各委派3人。安阳、新乡、修武、武陟为一组，共委派4人。计7组，各指定1人为组长，借便指挥。各组查放委员，分别前往各该县负责查放急赈事务。发放面粉时，除政府人员外，还邀请当地党团、民意机关人员及公正士绅到场，会同发放，负责维持秩序。难民领取赈粉时，以1口至3口为1户，发面粉1袋，每逾1口加发半袋，5口以上之户发2袋，2小口为1大口，12岁以下为小口，同时各难民于2份名册本名下，须按拇指印。④ 第一次急赈的实施，不仅救济了上述20县的难民，而且为以后急赈的组织提供了经验。

第二次急赈采取普遍发放原则，河南各县每县配给面粉1000袋，赈衣10包，及春耕种子、肥料代金等，数量自300万元至500万元不等。⑤ 后对灾情较重县份，如广武、汜水、商丘、柘城、鹿邑、考城、睢县、民权、通

---

① 《中华民国史档案资料汇编》第5辑第3编《政治》(2)，第451页。
② 《急振概述》，《河南善救分署周报》第63期，1947年3月24日，第6页。
③ 熊笃文：《两年来的振济业务与观感》，《河南善救分署周报》第100期，1947年12月31日，第14页。
④ 《急振概述》，《河南善救分署周报》第63期，1947年3月24日，第6页。
⑤ 熊笃文：《两年来的振济业务与观感》，《河南善救分署周报》第100期，1947年12月31日，第14页。

许、陈留、杞县、汤阴、浚县等41县，各加发1000袋，共41000袋。尉氏、中牟、鄢陵、太康、扶沟、西华、商丘、安阳、新乡等9县，或以黄泛为灾，或因难民聚集，各加发2000袋，共18000袋。总计全省各县，共发面粉162000袋。发放办法，仍采用分组查放办法，按全省12行政区，分8组赴各地查放。① 第三次急赈，侧重于豫西之风雹灾，豫中、豫南之水灾，豫东各县之战灾，每县发给面粉1000袋至4000袋不等。计54县，共发123743袋。② 第四次急赈开始于1947年2月，尚在冬季救济时期，择其灾情特重之睢县、杞县、民权、虞城、考城、永城、夏邑、孟县、修武等24县，发放急赈一次，共发放175磅装小麦2000袋，100磅装面粉6069袋，48.5磅装面粉6000袋，200磅装苞谷6000袋，100磅装粉3000袋。③ 以上4次急赈共发出赈济物资27000余吨，受惠难民在200万人以上。④

在对本省难民急赈的同时，分署还集中救助了陕西豫籍难民。救济办法，派员分区发放赈款及赈粉等。西安区，第一批发放赈粉，每人1袋，计5000袋，由韩宝恭主放。第二批发放，每人3000元，计500人，由张润甫主放。宝鸡区，每人发放赈粉1袋，共1500人。盩厔区，每人发赈款3000元，计750人。郿县区，每人放赈麦52斤，折合法币3000元，计750人。凤翔区，每人发放赈麦47斤，计1000人。麟游区发放赈款，每人3000元，共1000人。上述5区款、物发放，通由张润甫主放。咸阳区，发放赈款，每人1000元，计1000人，由罗毓嵩主放。渭南区，每人放赈款3000元，计1500人，由秦汉生主放。蓝田区，共发放904人，每人3000元。以上各区，共计发放赈粉6500袋，小麦7660市斤，赈款35800000元，受惠难民20000人。⑤以上4次急赈与对陕西豫籍难民

---

① 《急振概述》，《河南善救分署周报》第63期，1947年3月24日，第7页。
② 熊笃文：《两年来的振济业务与观感》，《河南善救分署周报》第100期，1947年12月31日，第14页。
③ 《急振概述》，《河南善救分署周报》第63期，1947年3月24日，第10页。
④ 熊笃文：《两年来的振济业务与观感》，《河南善救分署周报》第100期，1947年12月31日，第14页。
⑤ 《急振概述》，《河南善救分署周报》第63期，1947年3月24日，第9~10页。

的急赈，使202万人受惠，如加上其他急赈，受惠人数将更多，据行总统计，河南急赈受惠人数212万人。① 分署的急赈救济措施，基本实现了急赈之目的。

3. 配拨救济物资

分署在办理急赈的同时，还将大量救济物资配拨各地，以救助无依无靠之难民、贫民，并采取以工代赈之方法，兴修水利，建筑房屋，修筑道路，使大多数救济物资用到善后建设上，以实现"寓救济于善后之中"之目标。据分署统计，1947年2月20～27日，共向第一工作队、第三工作队、康乐托儿所、禹县政府等配拨物资面粉48.5磅装3395袋、100磅装4570袋、40磅装2740袋、150磅装1500袋，大米224磅装149包，苞谷200磅装3100包，黄豆粉100磅装2436包，小菜豆6袋，饼干60箱，罐头40磅装50箱，棉被1070包，旧鞋672包，棉花28包，纽扣6箱，油布80块，帐篷5个。这些物品主要用于黄河堵口复堤工赈、供给平价食堂、发放各县难民、配给豫南垦区灾民等。② 另据分署赈务组统计，1947年5月共向难民、贫民，粥场及工赈工地进行3次物资配发，使很多人从中受惠，其中黄河工赈受惠33887工，其他救济受惠人数233388人。③ 1947年春，豫北难民云集，分署计向获嘉、新乡、浚县、博爱、武陟、滑县、汤阴、沁阳、温县、辉县、林县、延津、淇县、济源、安阳、修武等县及河北同乡会、山东同乡会等团体发放50磅装面粉765袋、140磅装面粉3375袋、100磅装面粉2144袋又45磅、50磅装面粉326袋、豌豆汤粉3箱、192磅装苞谷229袋、62公斤装干豆182袋、100磅装豆粉1057包。④ 以上物品的配拨，对缓解难民困难、兴修各种工程等起到了积极作用。

---

① 《急赈受惠人数统计表》，《中华民国史档案资料汇编》第5辑第3编《政治》（2），第464页。
② 《本署最近配拨物资明细表（36年2月20～27日）》，《河南善救分署周报》第62期，1947年3月17日，第5～8页。
③ 《本署振务组五月份配发物资及受惠人数》，《河南善救分署周报》第75期，1947年6月16日，第8页。
④ 《本署配发旅新各县难民团体物资数量表》，《河南善救分署周报》第76期，1947年6月23日，第7～8页。

据分署储运组统计，战后两年中计收入物资112089.6长吨，发出105076.17长吨，结存5319.81长吨，具体情况见表19-1。

表19-1　战后两年以来收发善救物资统计

单位：长吨

物资名称	收入累计	发出累计	结存数量	备注
食物类	87051.54	83631.96	3419.58	
衣着类	11569.24	10887.52	168.72	
农业用品	3445.11	2119.34	1325.77	
工业机械	664.66	445.20	219.46	
交通器材	2319.32	2319.32	—	
医药	971	903.68	67.32	
燃料	4863.01	3615.20	67.32	
原料	510.54	494.3	16.23	
其他制品	684.50	649.09	35.41	
其他设备	10.64	10.64	—	
共计	112089.6	105076.17	5319.81	

资料来源：杨伟《两年储运工作的检讨》，《河南善救分署周报》第100期，1947年12月31日，第46~47页。

据表19-1统计，在各种善救物资中，以食物类、衣着类为大宗，分别占收入累计的77.7%弱、10.3%强与发出累计的79.59%强、10.36%强。在收发之物资中，发出累计占收入累计的93.7%强，其中以交通器材、其他设备发出率最高，皆为100%，以农业用品、工业机械发出率最低，分别为61.52%弱、67.0%弱。在战后工、农业重建需要大量器械的情况下，有1/3左右的农业用品、工业器械未能发出，实属不小的损失。另据分署统计，截至1947年11月23日，"各类物资收发吨数，计食物类收到八七〇五一.五四长吨，发出八三六三一.九六长吨。衣着类收到一二五六九.二四长吨，发出一〇八八七.五二长吨，医药类收到九七一.〇〇长吨，发出九〇三.六八一长吨……共计收一一三〇八九.四七长吨，共发一〇五〇七

第十九章　国共力量在河南的消长

六·一七长吨"。① 分署收发物资与储运组仓库收发数量一致。郑州难民调查所等机构统计，1946年发放临时急赈食粮532155吨，1947年发放临时救济食粮369924.57吨和494.54吨。② 韩启桐、南钟万著作中对发放急赈食粮的统计高出分署统计近10倍，与行总接收联总物资（包括食物、衣着、医药等10类物品）1120017吨之总数接近。③ 我们认为此统计可能有误，如小数点向前移一位，与分署发放食物数量基本一致。且不论韩著所引统计数字是否有误，但它至少说明储运组发出物资已下发各地。

除发放救济物资外，分署还向受灾区域拨发一定数量的款项，截至1947年11月23日，分署支出共约8530083万元，其中开办费1264.8万元，管理费836398万元，业务费7692420.2万元。业务费中包括难民救济费1006376.6万元，医药卫生费406191.7万元，工程工赈费941362.9万元，房屋建筑费170884.8万元，农业救济费1956915.3万元，工业救济费5297.4万元，农业复垦费371279.4万元，物资储运费1646562.5万元，其他1187549.6万元。④

各地粥场的设立、急赈及救济物资的发放、赈款的下拨，使大批难民、灾民等受惠。首先，社会福利得以举办，众多儿童、老弱得以救助。为推动福利工作，分署于赈务组成立社会福利股，专司社会福利事宜。⑤ 在分署努力下，在豫省各地设立牛奶站89个，受惠儿童1138571人。⑥ 设立孤儿院1个，受惠儿童200人；建立工读学校7所，受惠儿童1700人。设立托儿所1个，使100名儿童受惠。⑦ 设立孤老残废院1所，收容170人。⑧ 据行总统

---

① 《全部业务扼要估计数字（自开办至结束时止）》，《河南善救分署周报》第100期，1947年12月31日，第53~54页。
② 《河南省分署直接发放救济物资数量表》，韩启桐、南钟万：《黄泛区的损害与善后救济》，第85页。
③ 《中华民国史档案资料汇编》第5辑第3编《政治》（2），第428~429页。
④ 《全部业务扼要估计数字（自开办至结束时止）》，《河南善救分署周报》第100期，1947年12月31日，第54页。
⑤ 《社会福利工作概况》，《河南善救分署周报》第63期，1947年3月24日，第18页。
⑥ 《中华民国史档案资料汇编》第5辑第3编《政治》（2），第470页。
⑦ 《中华民国史档案资料汇编》第5辑第3编《政治》（2），第467~469页。
⑧ 马杰：《河南善后救济工作述怀》，《河南善救分署周报》第51期，1947年1月1日，第6页。

计，仅河南特赈的实施，即使7177416人受惠，其中大多数为儿童。① 而上述受惠之儿童、老弱，其所用物资皆取自分署发放的赈品，如分署两年中"计曾补助公私立慈幼机关五十余单位，发出营养物资及衣服等约一千五百余吨，补助各县救济院百余所，并免费设置牛奶供应站八十九处，发出牛奶奶粉四百余吨，配发各中小学学生营养物资及振衣等共二千七百余吨"。② 分署救济物资的发放，为战后社会福利的举办奠定了基础。其次，直接救济的实施，使归乡难民得以渡过最艰难之岁月，为战后重建准备了人力资源。如前所述之急赈，即使212万余人受惠，正是这些得到救济的灾、难民，成为战后重建的重要力量。

（四）善后事宜

根据行总计划，"自胜利降临以迄行总结束，两年以内，行总之工作，可分两大阶段。自三十四年十月至三十五年九月，行总工作以救济事业为主，自三十五年九月以后，吾人工作，则已由救济转趋重于善后"。③ 河南善救分署"遵照行总原定一年救济一年善后之中心工作方案，以有限之物资，于各般困难中，力求恢复生产，安定社会"。④ 从1946年秋季开始，河南善后救济工作，由第一年的以直接救济为中心转为以善后建设为主，即由发放赈济物资为主改为以工代赈之方法，发展工农业生产。

工赈是救济业务上最好的办法之一。河南最大的工赈项目是黄河堵口复堤工程，该工程第二十章列专题叙之，此处不再赘述。另外，分署还与各地政府一道办理了其他大型水利工程和许多小型工赈，如兴修了3个最有经济价值的大型水利工程，即邓县湍惠渠，干渠长26公里，支渠长34公里，可灌溉田地12万亩。鲁山中和渠，干渠长5公里余，支渠长

---

① 《特赈人数统计表》，《中华民国史档案资料汇编》第5辑第3编《政治》（2），第476页。
② 熊笃文：《两年来的振济业务与观感》，《河南善救分署周报》第100期，1947年12月31日，第18页。
③ 《中华民国史档案资料汇编》第5辑第3编《政治》（2），第416页。
④ 万晋：《两年来河南农工业之救济与善后》，《河南善救分署周报》第100期，1947年12月31日，第37页。

第十九章 国共力量在河南的消长

9公里，可灌田7000亩。伊川公兴渠，干渠长约18公里，支渠长约17公里，可灌田25000亩。① 三渠的修建或整修成功，对邓县、鲁山、伊川的农业发展起到了积极作用，并以工赈形式救济了大量有劳动能力的贫民和难民。

小型工赈在河南善后事宜中最富成效。小型工赈的范围包括小型农田水利、修补道路桥梁、复建卫生院及小学校房舍以及其他急需的小型工程。"工赈面粉的配发，以各县灾情的轻重难民的多寡为标准。多者三千袋，少者一千袋。路远和交通困难的县份，面粉无法运输，则改为代金，按当时在开封配售的价格，每袋以五千元折算。面粉的运输也采取以工代赈方式，每袋运一百里，发给运费粉三市斤，由本署负担。"河南111县，仅永城等13县，当时情形特殊，无法举办，暂予缓发，其余配面粉的77县，共发面粉12万袋，配发代金的21县，共发代金195000000元（合面粉39000袋），合计98县共发面粉159000袋。1946年11月间，未配发面粉或代金的永城等13县中，永城、济源、沁阳、温县、孟县、滑县、浚县、博爱等8县，秩序恢复，且灾情严重，分署当配发面粉3万袋（均按48.5磅袋计算）。到1946年底，未曾配发面粉的有武安、涉县、林县、临漳及内黄等5县。"截至目前（应为1946年底——引者注），五月间（1946年5月——引者注）配发面粉的九十八县，全部完工的五十八县，部分完工的十一县。"② 由此可知，河南小型工赈在1946年5月全面展开。在完工的58县中，有10县表册未送分署，完工48县及部分完工的11县所完工程情况见表19-2。

表19-2为战后一年多时间里河南完工48县及部分完工11县的工赈工程完工状况，如加上其他未报县份的工赈工程，成绩会更大。由该表举办工

---

① 熊笃文：《八年灾荒一年善救》，《河南善救分署周报》第63期，1947年3月24日，第2~3页。
② 《小型工赈》，《河南善救分署周报》第63期，1947年3月24日，第11~12页。

— 879 —

表 19-2　战后一年来河南小型工赈工程完工情况

工程名称	举办县数	工程数量	工程细数
修建学校校舍	22	127	房屋 2272 间,筑墙 1026 丈,校具 2535 件
修建卫生院房舍	9	9	房屋 131 间,筑墙 29 丈(有 2 县未报工程细数)
修建救济院房屋	6	6	房屋 47 间,筑墙 75 丈(有 2 县未报工程细数)
修建民众教育馆房舍	4	4	
修建人民会场	3	3	
修建平民工厂房舍	1	1	
修县仓库	1	1	
整修道路	21	49	1711 里
修建桥梁	17	84	
修复堤坝	11	36	205 里
疏浚河渠	12	20	370 里
修闸	—	1	
凿井	—	17	
建造渡船	—	1	

注：清理平整地面,修理门窗,修理家具等零星工作,无法计算,均未列入。
资料来源：《河南善救分署周报》第 63 期,1947 年 3 月 24 日,第 12~13 页。

程的情况观察,各县工赈工程主要集中于教育卫生事业、农田水利建设及交通运输方面,说明善后工作以农业善后、交通善后、教育卫生善后为主。上述工赈工程与分署"认为粮食增产,恢复交通,增进社会福利,挽救儿童失学"是善后当务之急的目标基本一致,① 有利于战后农业、交通运输业恢复及教育卫生事业的发展。

除与各县政府一道举办工赈工程外,分署还自行举办了一些小型工赈,这些小型工赈,"有的关系农业善后,有的关系交通的恢复,有的是为了难民的居住,有的关系社会卫生或福利"。② 河南工赈粮食 1946 年 2 月开始配发,5 月至 1947 年 1 月全面展开,配发的主要是食品,包括面粉 169108 袋,

---

① 熊笃文：《两年来的振济业务与观感》,《河南善救分署周报》第 100 期,1947 年 12 月 31 日,第 17 页。
② 《小型工赈》,《河南善救分署周报》第 63 期,1947 年 3 月 24 日,第 14 页。

小麦 2000 包，豆粉 463 袋，苞谷 400 包，干豆 500 包。① 在工赈建设中，农田水利建设所用赈粉最多，效果显著，为 8 县浚塘 1000 口、67 县凿井 2000 眼，保证了农民的生活用水和部分生产用水。道路整修所用赈粉仅次于水利建设，共整修道路 700 公里，不仅方便人民出行，而且利于救济物资的发放。大多卫生院或医院大楼用几十至千余袋面粉修建而成，所用赈粉不多，建立或整修医院不少，可谓因陋就简，对战后河南疾病的预防和治疗当起到积极作用。

抗战期间，不仅河南农业、交通、教育卫生受到极大破坏，工矿事业也经战时炮火摧残凋敝不堪。"复员之后，局势复成混沌，除豫西若干煤矿于万难中相继复工外，其集中陇海、平汉两线之工厂残破依然。"② 故分署一成立，即对工业救济与善后详加筹划，积极推进工矿业的申请调查等工作，以为全部计划之依据。截至 1946 年 8 月底，各工矿厂家申请救济者共登记162 单位。9 月下旬派员分赴各地实地勘察。至 11 月底共调查 113 单位。分署根据行总颁布之工矿业救济原则，将两年中收到的 1600 余吨工矿物资配发各工矿企业。"其中矿用器材于运豫后经有关各方会同审核全部价配龙门、富豫、裕生等煤矿。一千千瓦发电机由开封普林郑州明远派员自沪径提，五百千瓦发电机由焦作、宜洛、民生三矿及南阳、信阳、巩县、洛阳四电厂分别价领。二十部十五千瓦发电机除本署自用两部外，余十八部分别配给万福、龙门、惠中实业公司，西北制革厂等十四家。自来水设备系郑州开封两厂定购，锯木机除西北成记营造厂价领活动锯木厂一部外，余均受战局影响仍未运豫。汉口分署分配本省之手用工具于运许后即经由联总行总豫分署协商，无价配给各教会医院学校，及本署各技术单位，及开封农业机械公司与公谊服务会中牟工作站。"③

另外，分署还拨款、物兴建一些小型工业。如在泛区及汴郑新乡，"共

---

① 《河南善救分署战后一年来举办小型工赈一览表》，《河南善救分署周报》第 63 期，1947 年 3 月 24 日，第 14~16 页。
② 万晋：《两年来河南农工业之救济与善后》，《河南善救分署周报》第 100 期，1947 年 12 月 31 日，第 42 页。
③ 万晋：《两年来河南农工业之救济与善后》，《河南善救分署周报》第 100 期，1947 年 12 月 31 日，第 42、43 页。

贷出资金二二〇九八二〇〇元，棉花五六〇一斤，铁二〇吨，又一四一斤，振衣一六二包，缝纫机十三部，煤二五〇〇斤，衣扣三箱"，用于兴办小型工业，受惠工作者14044人。① 另据河南善后工程执行委员会第五次会议议决，分署无息贷给镇平农工机械生产社资金12000000元，并由河南省建设厅核发机器工作母机、汽车引擎及代油炉等。② 用于镇平农工机械生产社的善后建设。

关于工矿业善救物资配发及贷款对工矿业战后重建的成效，分署技术室主任万晋总结说："工矿救济物资本属零星，然即此零星之物资仍未能尽其最大效用者，实由于本省工矿业环境恶劣之所致。矿用器材对豫西各矿生产之恢复不无助力，但战火所造成之灾害，使数十家煤矿泰半停产甚或彻底破坏，其增损程度实无法比拟。即如七部五百千瓦发电机中，宜洛、民生两部于万难中辗转运抵方观其成，豫西局势突变惨遭破坏，余者或仍在筹设阶段或则弃置道旁。开封农业机械公司虽已开工，惜规模太小，民生工业以无适当机器难望复苏，中牟乡村工业计划尚属萌芽，亦了不足道。总之河南工矿事业之发展，尚有待于来日之努力。一旦大局趋于安定，此项物资常可善加利用，本署善救业务之成果或可稍见耳。"③ 万晋所言，基本道出了河南两年工业善救的实情，在战争的破坏下，河南工业善救工作效果甚微，乏善可陈。

（五）中共区域的救济

在物资分配方面，联总规定以下原则："善后救济物资之分配，应以第二次世界大战之战灾损害为限"；"善后救济物资分配，应不分种族、宗教、政治信仰，一视同仁"；"善后救济物资分配，以协助恢复战前已有之事业

---

① 马杰：《河南善后救济工作述怀》，《河南善救分署周报》第51期，1947年1月1日，第5页。
② 《镇平农业机械生产社，本署拨发贷金一千二百万元》，《河南善救分署周报》第64期，1947年3月31日，第4页。
③ 万晋：《两年来河南农工业之救济与善后》，《河南善救分署周报》第100期，1947年12月31日，第43页。

第十九章 国共力量在河南的消长

至战前水准为限"。① 按此不分种族、宗教、政治信仰，一视同仁的善救物资分配原则，行总蒋廷黻署长与中共驻重庆代表周恩来洽商办理中共区域救济协定，据此协定办理中共区域善救事宜。行总办理中共区域救济，大致可分为三个阶段，从 1946 年 1 月至 6 月为第一阶段，此时因政协闭幕不久，继以和谈，国共间协调气氛正浓，故原则上行总均责成各有关分署兼办各该辖区内共区救济，以收统筹之效。自 1946 年 7 月至 1947 年 2 月为第二阶段，此段 "和谈时断时续，终至破裂，国内烽火，此起彼落，行总推行共区工作，困难较前加多"，在中共完全控制区，增设特别办事处，由总署直接办理善救事宜。自 1947 年 3 月至年底为第三阶段，国共和谈破裂，"而联总与行总之立场，因条约义务，迄未改变，除增设共区办事处直接办理该工作外，并与联总驻华办事人员，成立联合执行委员会，会同办理"。② 由此可知，第一阶段办理中共区域救济事宜较为顺利，效果较好。第二阶段已很难顺利进行，如中原解放区之豫南地区，1946 年 4 月成立宣化店办事处，之后，行总的十轮大卡车，一批又一批向中原解放区运送物资，联总、行总的负责人，只要来到宣化店，都受到中原解放区司令员李先念亲自设宴招待。自 1946 年 6 月内战爆发，"地方秩序混乱，白天关门闭户，路断人稀；入夜枪声四起，处处火光"，善救物资也少有运来。③ 豫北解放区的救济与中原解放区大致相同。第三阶段虽如行总所言囿于条约义务，救济解放区宗旨未变，实际上，"共区救济工作，陷于停顿之境"。④

河南善救分署按照救济不分畛域、不分政治差异之宗旨，会同联总驻豫办事处主任范海宁，与中共代表黄镇等函商，达成如下急赈协议：（1）中共指定水冶、塔岗、焦作、滑县四处，为运输中心点，由联总和行总合组工作队，前往发放；（2）中共完全接受行总之发放办法，及蒋（廷黻）周（恩来）协议，边区政府尽量协助，绝不干涉；（3）保证在中共区域内工作

---

① 《中华民国史档案资料汇编》第 5 辑第 3 编《政治》（2），第 419 页。
② 《中华民国史档案资料汇编》第 5 辑第 3 编《政治》(2)，第 484 页。
③ 吴显忠：《一场特殊的战斗——回忆中原解放区善后救济工作》，鄂豫边区革命史编辑室编《中原突围》(2)，湖北人民出版社，1984，第 59～60、63 页。
④ 《中华民国史档案资料汇编》第 5 辑第 3 编《政治》(2)，第 499 页。

人员及物资之安全；（4）行总负责将赈品运至各中心地点后，再运往其他各地，物资之运输工具，由边区政府负责办理；（5）法币与边币之兑换率，行总工作人员，可稍受优待。① 据此协议，分署于1946年4月至7月会同联总驻豫办事处负责人Hood，率人前往豫北解放区发放急赈物资，计发放赈粉及运费粉13555袋，赈衣300包，春粮种子、肥料代金1800万元，医药器材22箱，蔬菜种子15包，牛奶18000听。② 具体情况见表19-3。

表19-3 豫北中共区域发放物资地域及数量

物资名称	分配地点	数量	备考
面粉	豫北12县	12000袋	分焦作、滑县、水冶3区发放
旧衣	豫北12县及安阳、涉县、滑县、辉县、汤阴、获嘉、延津、修武、武陟等9县	300包	豫北12县发120包，余发180包
种子肥料代金	豫北12县	1800万元	
药品	豫北12县	2.5吨	其中1.6吨发曹州，又左列物品，共分3批，第一批为22箱
蔬菜种子	豫北12县	15包	
牛奶		18000听	
牛痘苗	豫北12县	480打	

注：豫北12县指博爱、沁阳、济源、温县、孟县、滑县、浚县、内黄、武安、涉县、林县、临漳等12县。见熊笃文《两年来的振济业务与观感》，《河南善救分署周报》第100期，1947年12月31日，第14页。

资料来源：《中华民国史档案资料汇编》第5辑第3编《政治》（2），第491页。

表19-3所列发放物资主要指1946年4月至7月救济豫北的急赈物资。此外还有豫东解放区救济物资的发放，据河南善救分署署长马杰报告称，在第一年的善救工作中，共向中共区域发面粉98084袋（黄河下游复堤工粉不在内），种子代金76000000元，旧衣1128包，牛奶及奶粉202836磅，药品24箱及罐头、汤粉、豆粉、苞谷、菜籽之类。受惠人数1292090人。黄河下游复堤工赈，计发面粉5078吨，合23万袋。③ 分署赈务组组长熊笃文在

---

① 《急振概述》，《河南善救分署周报》第63期，1947年3月24日，第8页。
② 《急振概述》，《河南善救分署周报》第63期，1947年3月24日，第18页。
③ 马杰：《河南善后救济工作述怀》，《河南善救分署周报》第51期，1947年1月1日，第4页。

第十九章　国共力量在河南的消长

述及中共区域赈济时说：黄河复堤部分，"尚送到山东中共区面粉四千八百余吨，工程费八十亿，黄河故道居民迁移救济费五十亿，医药器材七千九百余件，及救护车一辆"。① 由此观察，河南善救分署除发放豫北急赈物资外，大部物资、资金用在了豫东解放区和黄河复堤、黄河故道民众的迁移上，对此应该予以肯定。

至于对解放区发放善救物资是否如行总所言做到了"一视同仁"，我们认为与此尚有距离。据分署统计，截至 1947 年 11 月 23 日，计发放救济物资食物类 83631.96 长吨、衣着类 10887.52 长吨、医药类 903.681 长吨。② 另外，分署还向受灾区域拨发款项共约 8530083 万元。③ 分署自 1945 年 12 月至 1947 年 12 月共配给河南中共区域粮食 5376 吨、衣着 12 吨、医药 43 吨。直接由上海配给医药 96 吨。④ 为河南、山东段共区黄河复堤及黄河故道居民迁移发放费用共计 130 亿元，如以两省各占 1/2 计，河南可得复堤及居民迁移费 65 亿元。除医药外，其他物品及费用均不到分署发放总量的 1/10。而战后中共占有豫北 21 县的全部或大部乡村，豫东黄泛区 20 县，"共军控制为 70%，双方争夺区为 20%，国军控制区为 5%"。⑤ 豫北、豫东为河南沦陷区，受战争影响较其他地区更重，为联总规定的第二次世界大战之战灾损害区域，按一视同仁原则，中共区域理应发放更多救济物资，实际并非如此。行总在"总报告"中亦言："和谈正式决裂之前，中共控制区域，均在交通线外，故所需交通器材，显属次要；且三十五年年底以前，联总运到物资，以粮食为大宗约占全数三分之二，而当时共区则十九皆为粮产较丰之区域"，故"如粮食一项，除黄泛区者外，配运共区之数量较少；工矿交通器材，以当时共区需要关系，配运数量，亦属较少"。⑥ 以此观之，

---

① 熊笃文：《两年来的振济业务与观感》，《河南善救分署周报》第 100 期，1947 年 12 月 31 日，第 14 页。
② 《全部业务扼要估计数字（自开办至结束时止）》，《河南善救分署周报》第 100 期，1947 年 12 月 31 日，第 53~54 页。
③ 《全部业务扼要估计数字（自开办至结束时止）》，《河南善救分署周报》第 100 期，1947 年 12 月 31 日，第 54 页。
④ 《中华民国史档案资料汇编》第 5 辑第 3 编《政治》（2），第 483 页。
⑤ 韩启桐、南钟万：《黄泛区的损害与善后救济》，第 37 页。
⑥ 《中华民国史档案资料汇编》第 5 辑第 3 编《政治》（2），第 482 页。

行总主观上已有少配解放区救济物资之意,或者说,在分配救济物资时,在一定程度上受到了政治的影响。

四　国民党政权的败亡

如前所述,抗战胜利后,河南大部区域为中共军队所占领。随后,河南省政府在国民党军队护送下回迁开封,原中共占领区的主要城镇大多为国民党军队攻占,据统计,至1947年4月,国民政府共计新收复豫北、豫东县城52座,[①] 说明解放区有52座县城重新被国民党军队占领。

国民党政权的败亡是从1947年6月刘邓大军跃进大别山开始的。为解除刘邓大军突破国民党黄河防线的后顾之忧,1947年3月22日,晋冀鲁豫野战军发动了豫北战役。至28日,据河南省政府主席刘茂恩密报,先后有封丘、濮阳、延津、原武、阳武、汤阴等县城被攻占,安阳一日数惊,处在中共军队的不断围攻中。[②] 4月,晋冀鲁豫野战军又收复淇县、滑县、浚县3县城,缴获坦克、汽车、枪支弹药等大量战利品。5月22日,豫北战役胜利结束,共歼敌45000人,攻克濮阳、封丘、延津等县城,解放了南北长300余里,东西宽200余里的广阔区域,控制平汉铁路300余里,为晋冀鲁豫野战军主力强渡黄河,进军中原打开了通道,廓清了前进基地。刘伯承曾饶有风趣地说:"这次豫北反攻作战,用铁扫帚把晋冀鲁豫区的大门口打扫干净一些,子弟兵也好安心打出去。"[③]

为加强对南下战略的统一领导,5月16日,成立由邓小平任书记,邓小平、刘伯承、李先念、张际春、郑位三、李雪峰、刘子久、陈少敏为常委

[①] 《中华民国史档案资料汇编》第5辑第3编《政治》(2),第118~122页。
[②] 《中华民国史档案资料汇编》第5辑第3编《政治》(2),第434~436页。
[③] 中共信阳地委党史资料征编委员会编《刘邓大军挺进大别山史》,河南大学出版社,1989,第23~24页。

第十九章 国共力量在河南的消长

的中共中央中原局,统一指挥刘邓大军的军事行动。6月30日晚,刘邓大军12万人马,在西起濮阳临濮集、东至山东东阿300里长的漫长战线上,发起了渡河战役,一举突破国民党军的黄河防线,进至鲁西南地区。随后,在近一个月时间内,发动鲁西南战役,歼灭国民党军队9个半旅及4个师部,毙伤俘国民党军6万余人,为解放军进军大别山开辟了道路。① 8月7日,刘邓大军由巨野、郓城地区出发,11月经民权、商丘、虞城等地越过陇海线,渡过黄泛区,越沙河、汝河,冲破张轸部之阻拦,解放潢川、光山,于28日到达大别山区。② 经过一个月的征战,刘邓大军共歼灭国民党正规部队6200余人,地方武装8000余人,建立县民主政权17个,解放县城23座。至9月底,经过反复争夺,豫东南之光山、固始仍在中国共产党控制之下,并在广大乡村建立了多个稳固的据点,初步达到了进军大别山的目标。③

与此同时,中共中央军委指示陈(毅)粟(裕)兵团"略作休整即出鲁西南",陈(赓)谢(富治)兵团定于未马(8月21日)渡河进攻潼、洛及豫西,配合刘邓大军。④ 8月22日,陈谢兵团第四纵队、第九纵队、第三十八军及第八纵队一部共8万人,从山西垣曲地区突破国民党军黄河防线,向陇海路潼洛段进击,进军豫西。陈粟兵团18万人于9月26日挥师南下,越过陇海路,挺进豫皖苏,在津浦路以东的广大地区,开始了大规模的作战,三路大军会师中原。11月9日至18日,陈粟大军发动广大军民,对陇海铁路开封至徐州段实施破袭,使整个地段铁路完全瘫痪,并歼灭国民党军11000余人,攻克萧县、民权等县城9座。陈粟大军经过两个月作战,共解放和收复豫皖苏解放区30余座县城,孤立了战略重镇徐州、开封之敌,发展了豫皖苏解放区。⑤ 12月,陈粟兵团攻占许昌,国民党军除第四十师一

---

① 《刘邓大军挺进大别山史》,第25、54页。
② 河南省地方史志编纂委员会编《河南省志》第2卷《大事记》,河南人民出版社,1994,第270~271页。
③ 陈传海、徐有礼:《河南现代史》,第355页;《刘邓大军挺进大别山史》,第111页。
④ 《毛泽东文集》第4卷,人民出版社,1996,第288~289页。
⑤ 《刘邓大军挺进大别山史》,第95~97页。

一五团官兵200余人突围外，余被全歼。① 12月中旬，刘邓大军与陈粟兵团联手攻占新郑，陈谢兵团下漯河。12月下旬，三军联手取得祝王庄大捷，歼灭国民党整编第三师1万余人，平汉路郑（州）信（阳）段全被破坏。② 豫中战略重镇先后为解放军攻占。陈谢兵团自渡河南征，先后攻占豫西新安、渑池、宜阳、洛宁、嵩县等县城和广大乡村。③ 1948年3月8日至16日，发动洛阳战役，全歼国民党青年军206师，占领豫西战略要地洛阳（18日撤离，4月5日再克洛阳）。④ 陈谢兵团在郑州周围转战一年有余，"先后建立了有五百万人口、十九个县、三万三千多平方公里的豫西第三、四、五分区，呈半月状瞰制郑州"。⑤ 豫西广大地区被解放。

根据中央军委指示，刘邓、陈粟、陈谢三路大军密切配合，先后发起洛阳战役、宛西战役、宛东战役、开封战役、睢杞战役、襄樊战役等，大量歼灭了国民党军的有生力量，不仅割裂了国民党的防御体系，而且威胁到其统治根基南京、武汉。开封战役期间，化装为河南大学教授的河南省政府主席刘茂恩逃至兰封，后随邱清泉部重返开封，坚辞省主席被批准，刘茂恩为主席的河南省政府，至此垮台。不久，建立以张轸为主席的河南省政府。⑥ 到1948年11月，"河南全境，除豫北之新乡、安阳，豫西之灵宝、阌乡，豫南之确山、信阳、潢川、光山、商城、固始等地尚有残敌外，已全部为我解放"。⑦ 国民党政权在河南的败亡已成定局。

在军事上节节败退的同时，国民党河南省军政当局也遇到了前所未有的社会经济、政治、信用危机。内战爆发后，战火燃遍河南全境，豫境78万正规军和大批地方武装的军粮，由河南地方提供，以农业为主的河南人民已

---

① 《中华民国史档案资料汇编》第5辑第3编《政治》(2)，第678~679页。
② 《中华民国史档案资料汇编》第5辑第3编《政治》(2)，第680~684页。
③ 《新华社豫西前线十日电》，晋冀鲁豫《人民日报》1947年9月14日。
④ 《中华民国史档案资料汇编》第5辑第3编《政治》(2)，第706~711页；《河南省志》第2卷《大事记》，第276页。
⑤ 中共河南省委党史工作委员会编《中州春雷》，河南人民出版社，1990，第334页。
⑥ 关于文中诸战役见陈传海、徐有礼《河南现代史》，第365~370页；郑福昌《三军雄伟震中原》，中共河南省委党史工作委员会编《风雨征程》(下)，河南人民出版社，1991，第235~246页。
⑦ 《毛泽东文集》第5卷，人民出版社，1996，第185页。

第十九章　国共力量在河南的消长

到了无法承受的地步。时任河南财政厅厅长的孟昭瓒在谈到各地摊派时说："本年度（1946——引者注）因国军进驻华北收复政权，多由本省经过，军事征用赔价特多，连同修建国防工事黄河堵口工料价款，及最近构筑由商丘至郑州陇海路两侧护路工事，因无正确统计数字，估计平均每县约在二十亿元左右，按开封县三十四年九月至三十五年十月间，共支木柴马草麸料豆料赔价九亿元，国防工事工料费三十七亿元，黄河堵口价七亿元，共五十三亿元，其他各县平均当在开封县负担之下，全省合计又不下二千亿余元，似此巨大供应，除于预算之外，以摊派方式，向人民征集外，实无他途。"① 由此看来，河南摊派重于他省，至少不低于全国其他省份。国民政府的种种摊派数额远大于正税数额，为不争之事实。随着战争的不断扩大，各种摊派有增无减，天灾人祸，只能使物价飞涨，饥民成群。据国民政府统计局统计，1937年1月至6月开封零售物价指数为100；1946年1月为140451；1947年1月为945697，5月为2419737，11月达7793580。② 1947年11月开封零售物价指数为1937年1~6月的77935.80倍，且愈到后期，愈有快速增加之势。另据河南省当局统计，1946年10月，仅有15万人的安阳县城涌入50万饥民。1946年春河南全省难民858万；1947年春为800余万。③ 经过一年救助，河南难民未见减少，河南国统区的社会经济已到了崩溃的边缘。

在经济危机、军事败退的情况下，河南省当局的政治、信用危机加剧。1946年10月26日，省议会一届二次会议在开封召开，因河南省政府加重人民负担未通知议会，对政府强征滥派进行抨击，导致河南省政府主席离汴，电请行政院辞职及省府委员向省政府辞职，后刘茂恩经省议员挽留和省议会副议长专程到郑"劝驾""促归"留任，政潮风波平息。但这次河南省政潮风波，说明河南国民党统治集团出现了矛盾和裂痕，这种矛盾、争斗，随着时间推移，日益尖锐、扩大。④ 另外，从1946年底至1947年春，形成

---

① 孟昭瓒：《河南财政检讨》，1946年10月，第19页。
② 《各重要城市零售物价指数》，《统计月报》第123、124期合刊，1947年12月，第26~27页。
③ 陈传海、徐有礼：《河南现代史》，第349页。
④ 陈传海、徐有礼：《河南现代史》，第350页。

了以开封学生为中坚、各界人士广泛参加的河南国统区反对国民党的"第二条战线"。1947 年 4 月 24 日，河南大学教授致电国民政府教育部，因物价高涨，生活维艰，要求教育部提高公教人员薪水，未得南京政府答复。5 月 3 日，河南大学教师联谊会决定全体总罢课，得到学生联合会支持。18 日，河大学生自治会决定罢课，声援教师。22 日，开封 1 万多名大中学校学生举行大游行，反对国民党发动内战，更多学生拿着饭碗，敲敲打打，表示要吃饭，并沿途发放《快报》，反对政府对进步教师及学生的迫害。开封学生的游行，与整个国统区学生掀起的"反内战、反迫害、反饥饿"运动相呼应，加速了国民党政权在河南的崩溃。①

特别是 1948 年 6 月开封第一次解放后，河南省国民党政权出现更严重的信用危机，不仅人民群众不再相信政府，认为"政府写的标语，'戡乱救国、剿匪救民'，应该拦腰截断，成为'勘国''剿民'才对"，② 即便河南省府官员也多对政府丧失信心，省主席刘茂恩返汴后，重新召集省府官员，景况相当凄凉。省警务处处长杨蔚，躲在南京不归，最后以辞职了局。省府秘书长马凌甫，"坚决表示他只能干十天"。财政厅厅长孟昭瓒，"不仅不干，并且一溜烟地逃往南京去了。已重新登记的少数官员，也都精神颓丧，为了饭碗才不得不出来的"。教育厅厅长王公度，"召集中小学校长谈话时，轮视会场，垂头不语……对国民党政府灰心失望"。③ 正如河南省参议会致蒋介石通电所言，由于国民党发动内战，"三年以来，战祸尤惨，田园荒芜，庐舍为墟，逃出难民约五百万，逃亡学生约三十万，饥寒交迫，受尽酸楚，到处遭人仇视"。④ 政治、经济危机及政府官员对政府的不信任，说明国民党在河南的统治已经难以维持。

在各种危机的交织下，河南国民党政权迅速走向败亡。1948 年 10 月，中野发动郑州战役，22 日解放郑州。事后不少战士说："这一仗打得比演习

---

① 陈传海、徐有礼：《河南现代史》，第 350～352 页。
② 开封市博物馆编《开封战役资料选编》，河南人民出版社，1980，第 175 页。
③ 《开封战役资料选编》，第 174 页。
④ 《一九四八年十二月三十一日河南省参议会致蒋介石的通电》，《河南文史资料》第 11 辑，1984，第 91 页。

第十九章　国共力量在河南的消长

还痛快！早先说济南战役一下子消灭敌人十万还不敢相信，这回可算服了！"[①] 说明国民党军已成惊弓之鸟，战斗力大不如以前。10月3日，在郑州解放之前，河南省政府迁到信阳。24日，中原军区部队第二次解放开封，守军东撤。11月4日，中原解放军攻占南阳。中野、华野发起淮海战役，占领商丘。1949年3月底，四野萧劲光部先后攻占驻马店、确山、明港等城镇。4月1日解放豫南重镇信阳。[②] 1949年5月5日，国民党四十军中将副军长李辰熙全权代表新乡守军，在《关于处理新乡国民党守军的协议》上签字，宣告新乡和平解放。[③] 同日，四野第十三兵团对安阳发起总攻，6日结束战斗，解放军进占安阳。[④] 14日，河南省政府主席张轸率部2万余人在武昌起义，表示拥护中国共产党的领导。[⑤] 6月10日，国民政府国防部暂编第三纵队司令兼第十九绥靖公署豫西行署副主任刘希程在河南省委和陕州军分区的支持下，宣布起义，21日，灵宝、阌乡县城最终回归解放区。[⑥] 至此，河南全省解放，国民党在河南的统治结束。

[①] 秦基伟：《郑北歼敌》，《中州春雷》，第341页。
[②] 《河南省志》第2卷《大事记》，第282~283、287页。
[③] 中共河南省委党史工作委员会编《豫北惊雷》（上），河南人民出版社，1991，第278页。
[④] 陈传海、徐有礼：《河南现代史》，第380页。
[⑤] 《河南省志》第2卷《大事记》，第289页。
[⑥] 中共河南省委党史工作委员会编《砥柱中流》，河南人民出版社，1990，第274页。

第二十章
国民党统治区的经济（上）

一 农业

（一）农业政策及发展生产的举措

我国以农立国，"农民占国民绝对之多数，农业为中国经济之骨干。农业发达，农村繁荣，农民有其购买力，然后工业有所凭借，社会得以安定"。[1] 故发展农业，繁荣农村经济，为战后国民党政府所重视。1945年8月8日，国民政府制定《收复地区政治设施纲要草案》，要求新收复之日本占领区，大力发展农业生产，"举办农具、耕牛、种籽、肥料、合作贷款，救济贫民，恢复生产力"。倡导民众垦殖，推广棉田及经济林场。"供应化学肥料、优良种籽及繁殖役畜，改良畜种。"修筑堤防水闸，兴修水利。接管日伪农林、水利机构，督导各地农业生产。[2] 抗战胜利后，国民政府财政部根据国民党六届三中全会决议制定"经济改革方案"，提出发展农业办法如下。(1) 改革农地之分配关系，推行"二五减租"（即佃农应缴地租一律照租约或本年约定之应缴额减1/4，即25%）。(2) "举办集体农场，利用新式机器及方法，增加生产，以示范于农民，并扩充农业试验研究场所，以

---

[1] 《中华民国史档案资料汇编》第5辑第3编《财政经济》(1)，第54页。
[2] 《中华民国史档案资料汇编》第5辑第3编《政治》(1)，第54页。

增进生产技术。"（3）修建水利工程。(4) 扩充合作社及互助社等组织，以便利农贷，减轻农民所受高利贷之压迫。(5) 发展林业和畜牧业，以增加农民收入和农业生产之后劲。(6) 积极普遍建立仓储制度等。① 1946 年 4 月 29 日，国民政府公布《各省小型农田水利工程督导兴修办法》，要求各省对应修复或改善、应添建或扩建之农田水利工程，迅速勘测设计，"省政府应择工程地位适宜经济价值而其所需经费较大，为民力不宜举办者，筹款兴修，以资示范倡导"。一般小型工程，由省府督导各县兴建。② 国民政府发展农业的改革方案及农田水利工程兴修办法，为河南省政府加强农业生产提供了政策依据。

河南省为农业大省，省政府及相关部门根据中央之精神，为发展农业生产积极筹划，主要措施如下。

1. 加强农贷，支持农业生产

农村借贷，各地均不一致，但农民借贷之难和利息之高各地大致相同。据调查，由于通货膨胀，河南"大都以实物借还为原则，利息多为一倍，同时亦有更高或稍低者"，农民在困难时，多以借高利贷应付之。"至于向农行作抵押借款者，真正农民只占微数，盖以手续繁杂，农民向少敢问津。"③ 抗战胜利后，郑州绥靖公署订定《党政军配合实施绥靖工作纲要》，指出："地方金融事业，如县银行、县合作金库，以发展农工生产改良农工技术为对象，并由合作金库与中国农民银行供应资金举行农贷。""农村各种贷款，如耕牛、农具、肥料、种籽，应透过乡镇合作社，及保合作社，确实于正当农民。"④ 即加大农业贷款力度，支持农业发展。在河南军政当局支持下，河南金融贷款"多有改进"，农贷数额有所增加，对农业生产和提高农民生活水平多少有所补益。1946 年，河南省仅大型水利贷款

---

① 《中华民国史档案资料汇编》第 5 辑第 3 编《财政经济》(1)，第 54~55 页。
② 《各省小型农田水利工程督导兴修办法》，《河南省政府公报》复刊第 43 期，1948 年 4 月 28 日，第 2~3 页。
③ 支应抡：《一年来之河南农村经济》，《河南农讯》第 2 卷第 1、2 期合刊，1948 年 3 月，第 28 页。
④ 《中华民国史档案资料汇编》第 5 辑第 3 编《政治》(2)，第 126 页。

即达355120000元。① 1947年，为完成河南灵惠渠水利工程，四联总处又增加大型水利贷款7亿元，使灵惠渠得以当年竣工，农田受益面积达12万亩。② 另据合作管理处报告，1947年共向河南发放农业贷款12074264000元，其中普通农贷477170000元、"绥靖区"农村合作贷款234240000元、黄泛区复耕贷款1280800000元、"匪旱灾区"贷款634000000元、棉花产销贷款8693854000元、特产品产销贷款540000000元、其他贷款34200000元。③ 由此可知河南省政府及金融机构为河南农业发展在资金上做了一定努力，尤其在水利建设和棉花产销、黄泛区复耕等方面花费资金最多。另据国民政府主计处统计，截至1947年5月底，河南省合作贷款1234666千元，其中用于农业生产、工业生产、供给及信用方面的贷款分别为1228272千元、162千元、132千元、6100千元。④ 农业贷款占合作贷款99.48%强，河南合作贷款主要用在了农业生产上。尽管上述贷款不可能解决河南农业发展的所有资金问题，但对各地农业发展肯定会产生积极作用。

2. 开展农田水利建设，增加粮棉产量

国民政府认为，"农业改革，水利为重。大型水利工程及干渠之修筑，应由国家积极举办。小型水利工程及支渠之修筑，应由中央督促省县办理"。⑤ 郑州绥靖公署要求各地加快农田水利建设，"兴修水利"。⑥ 在国民政府公布《各省小型农田水利工程督导兴修办法》后不久，河南省政府即下达训令，要求各专员公署、县政府认真执行该办法，兴办地方小型水利工程。⑦ 为此，四联总处1946年贷款355120000元，最终完成湍惠渠（邓县）、公兴渠（伊川）、中和渠（鲁山）等大型农田水利工程，直接受益田

---

① 《河南省历年大型农田水利贷款（1940~1946年）》，《民国时期河南省统计资料》下册，第56页。
② 《中华民国史档案资料汇编》第5辑第2编《财政经济》(8)，第51页。
③ 支应抡：《一年来之河南农村经济》，《河南农讯》第2卷第1、2期合刊，1948年3月，第29页。
④ 《各省合作贷款》，《统计月报》第117、118期合刊，1947年6月，第96~97页。
⑤ 《中华民国史档案资料汇编》第5辑第3编《财政经济》(1)，第54页。
⑥ 《中华民国史档案资料汇编》第5辑第3编《财政经济》(2)，第127页。
⑦ 《河南省政府训令》，《河南省政府公报》复刊第43期，1948年4月28日，第8页。

地 151860 亩。① 如前述，1947 年又为修建灵惠渠水利工程增贷 7 亿元。另外，1946 年各地还用新法凿井 75 眼。② 在河南黄泛区，行总河南分署于 1947 年 4 月组设凿井训练班，凿井训练班学员结业后，随凿井工作队分赴黄泛区各县凿井，共在黄泛区 17 县凿井 1606 眼。③ 在豫南潢川、光山、固始、息县、罗山、经扶、信阳等县，河南善救分署以工代赈，浚塘 954 口，增加农田灌溉面积 2 万亩。④ 上述水利工程所灌溉农田面积与全省 99035669 市亩耕地面积相比虽然微不足道，但水利建设对河南农业发展的积极作用是毋庸置疑的。⑤

3. 筹设农业推广辅导区，推广良种

河南省遵照农林部颁辅助各省设置农业推广辅导区办法纲要，"设立巩洛及许昌农业推广辅导区各一处，辅导各县发展各项农业推广事业"。"并补助经费五五〇〇〇〇元。"另在辅导区各县设立农业推广所，示范农业生产及经营方法，推广良种、防治病虫害。计划于 1948 年集中推广改良小麦 4 万亩，以促进河南小麦品种的改良。⑥ 河南农业改进所通过科学实验，筛选出优良品种，供各地播种，其中小麦有虞城小白、汲县七号、砀山白麦等；杂粮为高粱，有散马红、开封一号，大豆为临汝大豆及武功 406 等品种；甘薯有冲 100 号、关东 6 号等。良种选出后，由辅导区各县农业推广所推广，据统计，1947 年农业改进所"经选购优良小籽白麦三三四八〇市斤，早熟种红芒白麦一八四一五一市斤，分别在开封广武两县贷放，共为五五八户，种植面积五一八二五市亩，又经本所各场圃与开封、商丘、南阳三县农民换种三八四六九市斤，种植面积三八四七市亩"。

---

① 《河南省历年完成水利工程表》，《民国时期河南省统计资料》下册，第 55~56 页。
② 《河南省历年新法凿井数量》，《民国时期河南省统计资料》下册，第 57 页。
③ 《豫皖二分署泛区凿井工赈概况表》，韩启桐、南钟万：《黄泛区的损害与善后救济》，第 109 页。
④ 万晋：《两年来河南农工业之救济与善后》，《河南善救分署周报》第 100 期，1947 年 12 月 31 日，第 41 页。
⑤ 《河南省各县土地面积（一）》，《民国时期河南省统计资料》下册，第 1 页。
⑥ 冀光昌：《一年来之河南农业推广》，《河南农讯》第 2 卷第 1、2 期合刊，1948 年 3 月，第 30~31 页。

棉花良种推广,为河南省政府着力最多的方面,1947年,河南农业改进所"计贷出棉种一五四九九一二九市担(疑有误——引者注),种植一五九七〇五亩,较去年增加棉田一七〇余亩(全省棉田四百卅余万亩),其收成虽因灾害低减,犹能增产二十六万七千余市担"。另外,该所还为开封等15县农户先后配发化肥1844823吨(疑有误——引者注),在农村使用化学肥料及指导防治病虫害等。① 河南善救分署言,战后两年中,共向开封、漯河、许昌、郑州、广武、商丘、中牟、扶沟、西华、罗山、信阳、息县等地,发出肥料1850吨,受益面积达311000亩。② 另据河南善救分署统计,1946年该署与棉产改进处合作,以小麦在安阳调换斯字棉种872927斤,在兰封、民权、虞城、商丘、汝南、确山、安阳、新乡、开封、陈留、通许、考城及杞县等处贷放棉种794990斤,计受益农户10216户,播种79782亩。③ 由于政府对优良棉种美国斯字棉的大力推广,1946年棉花种植已成斯字棉的天下。据统计,1946年河南共种植棉花2574000市亩,其中中棉622797市亩、美棉1951203市亩;皮棉产额670000市担,其中中棉117024市担、美棉552976市担;棉花产量平均每亩26市斤,其中中棉19市斤、美棉28市斤。④ 各地良种推广面积虽然有限,但对农业发展起到了积极作用,尤其是棉花斯字棉种的推广,所起作用更大。

4. 发展合作事业

发展农村合作事业,既可减轻农民所受高利贷之压迫,以利农业之生产,又可促进农产品之销售,搞活农村经济。抗战胜利后,河南省合作管理处积极组织农业合作社,合作社组织和业务得到了恢复和发展。据统计,到1946年底,全省共有各种合作社15135个,计乡镇社787个,保合作社

---

① 支应伦:《一年来之河南农村经济》,《河南农讯》第2卷第1、2期合刊,1948年3月,第28页。
② 万晋:《两年来河南农工业之救济与善后》,《河南善救分署周报》第100期,1947年12月31日,第40页。
③ 万晋:《两年来河南农工业之救济与善后》,《河南善救分署周报》第100期,1947年12月31日,第38页。
④ 李君勉:《三十五年的中国棉产》,《经济周报》第5卷第2期,1947年7月10日,第11页。

4927个，专业社9421个，基层社数在全国排第四位。① 1947年，据河南省合作管理处统计，成立乡镇合作社42所，社员14280人，股金30868180元，保合作社402所，社员58695人，股金84046520元，各种专营合作社133所，社员16136人，县合作联合社3所，社员社75社，股金2835850元。合计共为655所，个人社员85111人，社员社75所，连前总计本省现有合作社14905所，计乡镇合作社813所，保合作社5217所，县合作社联社16所，个人社员1490662人，社员社336社。② 1948年10月底，国民党统治区共有入册社员165.3万人，社员股金7386900万元（以上所指均为法币）③。从上述合作社数量和人数看，河南省合作社基本保持稳定。如果从中共领导的解放区不断扩大看，国统区合作社是有所发展的。各地合作社在促使农民互助和帮助农民贷款的同时，还积极将各地特产外运，以促进农业发展。如在"豫西豫北之棉产区，许襄烟产区，密鲁等县之棉织区，荥汜之□□（此处2字不清）区，开封中牟之花生，镇平鲁山南召之丝绸等均为本省特产"，各县合作社都分别筹款收购，外运他处。④

　　河南省当局对农业生产的筹划，在局势动荡的情况下，很难有效实施，即使推行下去，也往往效果不佳。如合作社组织农产品运销，由于"交通梗塞，外销停运，所有农产贸易，除上半年（1947年——引者注）有数行销徐州、汉口外，余皆在汴郑许洛各大城市销售，数量亦比上年为低，其林产品如生漆桐油山果之类，除就地少有交易外，极少外销贸易"。⑤ 省府要各地推广良种，提高粮棉产量，由于技术人员缺乏，资金不足和局势动荡，分派豫东、豫西、豫南、豫北和豫中之农业推广之技术人员，"除豫中一区

---

① 《河南省志》第42卷《供销合作社志》，第29页。
② 支应抡：《一年来之河南农村经济》，《河南农讯》第2卷第1、2期合刊，1948年3月，第29页。
③ 《河南省志》第42卷《供销合作社志》，第17页。
④ 支应抡：《一年来之河南农村经济》，《河南农讯》第2卷第1、2期合刊，1948年3月，第29页。
⑤ 支应抡：《一年来之河南农村经济》，《河南农讯》第2卷第1、2期合刊，1948年3月，第26页。

尚可照计划进行外,其余各区均未能顺利推进"。① 尽管河南省政府发展农业生产的举措在推广时不尽如人意,但还是起到了积极作用,如省农业改进所推广棉种,在 1947 年灾荒的情况下,产量仍比 1946 年有所增加。1947 年该所发动农民防蝗灾,共计扑杀蝗蝻夏季 2058650 斤,秋季 169707025 斤,故该年洛阳、伊川、偃师、新野、西平、郾城、叶县、郏县及黄泛区等 12 县农作物"未蒙大害"。② 总体观察,由于局势动荡,河南省当局的努力,未能阻止河南农业走向衰退。

(二) 粮食作物的种植

关于粮食作物的生产,各种统计资料不甚一致,据《民国时期河南省统计资料》统计,河南 111 个县,1946 年全年粮食作物种植面积比 1945 年大幅增加,为后者的 2.054 倍弱,主要因 1945 年仅统计了国统区。1947 年比 1946 年略有减少,全年粮食产量基本稳定,亩产以 1945 年最高,但总体低于 1936 年水平,具体情况见表 20 – 1。

表 20 – 1　1936 年及 1945 ~ 1947 年河南省历年农作物种植面积及产量

年份	全年粮食作物			夏收粮食作物			秋收粮食作物		
	种植面积	产量	产额	种植面积	产量	产额	种植面积	产量	产额
1936	135210	211045	156	78673	135815	173	56537	75230	133
1945	60667	102563	169	36592	54494	149	24075	48069	200
1946	124593	140302	113	80613	65366	81	43980	74936	170
1947	107941	155553	144	57318	75892	132	50623	79661	157

注:面积:千市亩;产量:千市担;产额:市斤/市亩。
资料来源:《河南省历年农作物种植面积及产量 (一)》、《河南省历年农作物种植面积及产量 (三)》,《民国时期河南省统计资料》下册,第 18、20 页。

---

① 冀光昌:《一年来之河南农业推广》,《河南农讯》第 2 卷第 1、2 期合刊,1948 年 3 月,第 33 页。
② 冀光昌:《一年来之河南农业推广》,《河南农讯》第 2 卷第 1、2 期合刊,1948 年 3 月,第 33 页。

第二十章 国民党统治区的经济（上）

据表 20-1 统计，战后河南农作物种植面积保持基本稳定，产量、产额除 1946 年亩产有较大幅度下降外，其他年份与 1936 年基本持平，秋粮作物亩产量均超过 1936 年水平。但总体看与战前仍有较大差距，以 1947 年为例，全年粮食作物种植面积 107941 千市亩，比 1936 年减少 27269 千市亩，产量比 1936 年减少 55492 千市担，亩产量减少 12 市斤。说明仍有不少耕地被抛荒，农业生产不论是总产量还是亩产量均未恢复到战前水平。

至于时人报道和各地方志资料记载，不如《民国时期河南省统计资料》的统计乐观。据河南省田粮处统计，河南 85 县 1946 年耕亩及产量数字，"冬作物亩数为四〇六五〇〇五亩，夏作亩数为三二七八六八〇市亩，总产量为七四〇〇三四七八市担，内中小麦估三〇六五一二〇四市担，稻谷三五九五六〇二市担，余为杂粮，益以输入之大米及军粮，就复员后全省人口二八三二〇八〇口之消费量来讲，食粮问题，尚可免强维持"。① 河南省田粮处对 85 县的统计应为国统区所辖县份，数字更为真实，根据省田粮处的统计计算，1946 年 85 县耕亩总数为 73391885 市亩，总产量为 74003478 市担，亩产 1.008 市担强（1 市担为 100 市斤），即亩产为 100.8 市斤，不及《民国时期河南省统计资料》统计的 113 市斤（见该书第 18 页）。另据《1914～1947 年河南省小麦生产情况表》统计，1946 年河南省小麦平均亩产 38 公斤。② 比表 20-2 夏粮亩产量少 2.5 公斤。

关于 1947 年的粮食产量，从多方资料看该年国统区不论是总产还是亩产都不如 1946 年，而不是如《国民时期河南省统计资料》中所统计的好于 1946 年。支应抡在《一年来之河南农村经济》中说："本年度（1947 年——引者注）各县耕地面积比诸上年无大增减，惟产量因各地农村，迭受军事及灾害影响，农作总产量，比上年减收两千二百余万担，加以管制无方，游资作祟，以致造成全省粮荒的结局。"③ 具体情况见支应抡所列数字（见表 20-2）。

---

① 支应抡：《一年来之河南农村经济》，《河南农讯》第 2 卷第 1、2 期合刊，1948 年 3 月，第 25 页。
② 《河南省志》第 25 卷《农业志》，第 71 页。
③ 支应抡：《一年来之河南农村经济》，《河南农讯》第 2 卷第 1、2 期合刊，1948 年 3 月，第 25 页。

表 20-2 1947 年度河南省冬夏作物种植面积、生产数量统计

	稻谷	高粱	玉米	大豆	甘薯
种植面积（市亩）	2917148	7390345	6223078	4748759	3489309
生产数量（市担）	2516921	3808795	2842403	2269035	11856089
	小麦	大麦	豌豆	扁豆	合计
种植面积（市亩）	30447803	6764943	2953681	438628	73391935
生产数量（市担）	21455842	2783123	1756426	85672	51802135

注：1. 该表为河南 85 县统计数字，豫北及中共统治区未统计在内。
2. 原表合计有误，种植面积与生产数量合计应为 65373694 市亩和 49374306 市担。
资料来源：《卅六年度河南省冬夏作物种植面积、生产数量统计表》，支应抢《一年来之河南农村经济》，《河南农讯》第 2 卷第 1、2 期合刊，1948 年 3 月，第 25~26 页。

　　表 20-2 的统计基本反映了 1947 年国统区粮食生产情况，夏粮生产以小麦为主，占冬作物种植面积的 74.98% 强，生产数量的 82.26% 强。秋粮以高粱、玉米为主，以甘薯生产量最高，但农作物种植面积和产量不如冬作物那样集中于小麦。至于亩产量，冬作物平均亩产为 0.6423 市担强，即亩产 64.23 市斤有余，夏作物平均亩产 0.7845 市担弱，全年粮食平均亩产 0.70 市担强。需要说明的是甘薯的亩产量未折合成粮食，如进行折合，亩产量还会有所降低。即便如此，时人对 1947 年河南粮食的统计远不如政府统计的种植面积、产量高。全年粮食产量支应抢统计亩产为 70 市斤，政府统计为 144 市斤，政府统计粮食亩产量是支应抢统计的 2 倍多。另据鲁山县对 1947 年农作物种植面积、产量的统计，该年共种粮食作物 112.5 万亩，总产量 4657.3 万公斤；平均亩产 41.40 公斤，其中夏粮亩产 39.15 公斤，秋粮亩产 43.4 公斤。[①]《河南省志·农业志》亦有记载："1937~1947 年间

[①] 《鲁山县志》，第 330 页。

粮食总产量下降 26.3%，油料下降 18.1%，棉花下降 71.6%。"① 由此看来，支应抢的统计数字虽然有些保守，但基本符合河南省的粮食亩产情况。故此，抗战胜利后的河南国统区粮食生产，应处于徘徊不前状态，乃至呈逐年递减趋势，尽管递减幅度不大。

（三）经济作物的种植及商品化

经济作物的种植在河南农业生产中占有重要地位，其中尤以棉花、烟草、芝麻和花生为著名。河南棉花生产在华北居主要地位，而国内棉花产量"以华北为最主要，长江流域次之"。② 烟草"以河南许昌、安徽凤阳等地品实为较佳"，产量"以四川、河南为最多"。芝麻"以河南省产量最丰，湖北、四川、安徽等省次之"。花生产量虽不如山东、河北等省，在全国亦居重要地位。③ 河南棉花的生产情况见表 20-3。

表 20-3　1936、1945~1948 年河南省棉花种植面积、产量

年份	种植面积(千市亩)	产量(皮棉)(千市担)	产额(市斤/市亩)
1936	5619	1600	29
1945	1869	413	22
1946	2574	670	26
1947	3847	916	24
1948	2118	637	30

资料来源：许道夫《中国近代农业生产及贸易统计资料》，第 209~213 页。

表 20-3 反映 1945~1947 年河南棉花种植面积、产量、产额总体呈增加趋势，1947 年棉花亩产量比 1946 年下降 2 市斤，但高于 1945 年 2 市斤。1948 年种植面积比 1947 年下降 1/3 以上，亩产量却比 1947 年增加 25%，是抗战后亩产量最高的一年，也高于战前水平，但总体来看仍未超出战前水平。棉花产量的提高，如前述，与棉花良种斯字棉的推广

---

① 《河南省志》第 25 卷《农业志》，第 3~4 页。
② 《中华民国史档案资料汇编》第 5 辑第 2 编《财政经济》(8)，第 360 页。
③ 《中华民国史档案资料汇编》第 5 辑第 2 编《财政经济》(8)，第 370 页。

密切相关。

烟草是河南主要经济作物之一，烟叶质量上乘，种植主要集中于许昌地区。战后河南省烟草种植情况无系统统计资料，但通过许昌地区烟草的生产可基本了解河南的烟草生产状况，具体情况见表20－4。

表20－4　1937、1946～1948年许昌地区烟草面积、产量

县别	1937年 面积（市亩）	1937年 产量（万公斤）	1946年 面积（市亩）	1946年 产量（万公斤）	1947年 面积（市亩）	1947年 产量（万公斤）	1948年 面积（市亩）	1948年 产量（万公斤）
许昌	209788	1573.41	13611	64.33	161509	1211.31	161509	1211.31
襄城	243599	1522.49	130000	650	205471	1541.03	220000	1650
禹县	91731	687.98	59200	266.4	87059	652.94	300000	2250
长葛	50399	518.99	2400	10.8	33623	252.17	42015	336.6
郏县	139513	1116.25	51000	153	115990	839.92	8100	500
临颍	20000	150	1500	6	7707	57.8	87000	652.5
舞阳	55738	418.04	8424	100.9	34836	261.27	40000	300
郾城	5444	48.99	2850	13.75	2367	17.75	—	—
叶县	3450	20.7	1924	12.5	2300	17.25	5000	37.5
鄢陵	—	—	210	1.57	—	—	60000	415
宝丰	—	—	3600	14.4	—	—	32127	240.95
鲁山	77	—	1120	5.6	—	—	—	—
合计	819739	6056.85	275839	1299.25	650862	4881.44	1028651	7593.86

注：该表合计有误处，1947年产量合计应为4851.44，1948年面积合计应为955751。
资料来源：《许昌烟草志》，第69页。

从许昌地区战后烟草种植面积、产量情况看，1946～1948年总体趋势是恢复和发展的，1948年达到顶峰，超过1937年的水平。

河南油料作物以芝麻、花生、大豆、油菜等为主，其中芝麻居全国首位。战后河南省上述主要油料作物的种植面积和产量呈增加趋势，1946年达到顶峰，1947年略低于1946年，高于1945年。且大豆、芝麻产量和产额均超过战前水平，具体情况见表20－5。

表 20-5　1936、1945~1947 年河南省油料作物种植面积、产额、产量

年份	大豆 种植面积(千市亩)	大豆 产量(千市担)	大豆 产额(市斤/市亩)	花生 种植面积(千市亩)	花生 产量(千市担)	花生 产额(市斤/市亩)	芝麻 种植面积(千市亩)	芝麻 产量(千市担)	芝麻 产额(市斤/市亩)	油菜籽 种植面积(千市亩)	油菜籽 产量(千市担)	油菜籽 产额(市斤/市亩)
1936	10811	10304	96	2386	5087	214	5687	3794	67	2380	1846	78
1945	3133	3838	123	704	1424	202	4335	3737	86	1232	727	59
1946	—	12527	—	—	3733	—	—	5897	—	—	1473	—
1947	7006	9108	130	1443	2929	203	7035	4643	50	2480	1219	50

资料来源：许道夫《中国近代农业生产及贸易统计资料》，第 163 页。

至于经济作物的商品化，由于战后国民党迅速发动内战，交通便利的河南"交通梗塞，外销停运"，严重影响了农产品的运销和商品化。[1]河南主要经济作物商品化，表现为在本地消费最少，销往邻省或出口为多，如 1900~1929 年花生生产的商品率，为本地消费 3%~30%、邻地销售 5%~50%、出口 25%~80%。[2]这虽然不能代表抗战以后河南主要经济作物商品率的具体情况，但可以说明河南主要经济作物的消费是以外销为主的，在本省实现商品化的比例并不高。1946 年、1947 年通过铁路外运邻近省份主要经济作物数量，亦可证明此点。如 1946 年通过两条铁路运往徐州、汉口的棉花数量为 39000 吨（78000000 市斤），大豆 17170 吨（34340000 市斤），花生 33500 吨（67000000 市斤），由许昌运往汉口的烟叶 50000 吨（100000000 市斤），而 1946 年河南 111 县棉花总产量为 1837145 担，即 183714500 市斤，花生 1182558 担（118255800 市斤）、大豆 7038439 担（703843900 市斤）。[3]许昌地区 12 县 1946 年烟叶产量为

---

[1] 支应抡：《一年来之河南农村经济》，《河南农讯》第 2 卷第 1、2 期合刊，1948 年 3 月，第 26 页。

[2] 《花生生产的商品率（1900~1929 年）》，许道夫：《中国近代农业生产及贸易统计资料》，第 197 页。

[3] 《河南省各县主要夏季作物收获量（一）（1946 年）》，《民国时期河南省统计资料》下册，第 42~43 页。

1299.25万公斤（2598.5万市斤）。① 由此推算，1946年通过两大铁路干线运往徐州、汉口的棉花、花生、大豆分别占当年河南省总产量的42.46%弱、56.66%弱和4.88%弱。烟叶从许昌外运数量更是许昌地区12县烟叶总产量的3.848倍强，这还不包括北运天津、北平等地的农产品。烟草外销数量远超全省烟草总产量，此统计可能有误，但烟草既不可食用，亦不能长期保存，除烟农留极少部分吸食外，95%以上应外销或在本省销售。大豆外运仅占全年总产量的4.88%弱，考虑到南阳地区大豆多通过水路运往武汉地区，豫北大豆多通过铁路运往平、津，而"农产品运输调查表"仅为临颍、商丘、砀山等地的大豆外运数量，而大豆产品遍及全省，不像棉花主要产于豫北、豫西，花生主产开封地区，能通过当地站点反映其外销情况，故大豆的外销量远高于其他产品。据统计，1946~1947年，河南大豆每年有400万~480万担销往外省，占大豆产量的50%~60%。② 可见大豆的外销也在50%以上。如果没有战争的影响，河南经济作物的商品化率会更高。

（四）土特产

抗战后内战的炮火和硝烟，使河南各地土特产蒙受巨大损失。如信阳茶叶向为该地主要副业，据信阳游骆乡、吴杨乡、冯庄乡、王岗乡等4个乡的调查，经过日军破坏和内战蹂躏，到1947年，仅部分茶山业主茶树损失即达236000余株，约占原茶树总数的70.4%，见表20-6。

表20-6 1947年信阳茶山业主姓名、株数调查登记

姓名	地址	山名	原有株数	损失株数	现有株数	备考
陈汉瀛	游骆乡	车云山	5万余株	4万余株	7000余株	
马家尧	游骆乡	车云山	6000余株	3000余株	2000余株	
陈素清	游骆乡	车云山	2万余株	12000余株	7000余株	
金宣三	游骆乡	车云山	8000余株	8000余株	—	均荒枯无存

---

① 《许昌烟草志》，第69页。
② 王天奖主编《河南通史》第4卷，第564页。

续表

姓名	地址	山名	原有株数	损失株数	现有株数	备考
黄金宣	游骆乡	车云山	15000 余株	1 万余株	5000 余株	茶址在湖北境内者 3 成本,省境内者 3 成
李西国	吴杨乡	车云山	15000 余株	1 余株	5000 余株	茶树均在湖北界,均为老树,产茶少
吴少庄	吴杨乡	长冲	4000 余株	2000 余株	2000 余株	
余子鐄	吴杨乡	车云山	4000 余株	2000 余株	2000 余株	
余廉成	吴杨乡	马子沟	3000 余株	1000 余株	2000 余株	
唐继均	冯庄乡	三角山	5 万余株	4 万余株	1 万余株	
张玉生	冯庄乡	白马山	2 万余株	15000 余株	5000 余株	
许玉符	冯庄乡	五棵树	2 万余株	17000 余株	3000 余株	
何则修	冯庄乡	马鬃岭	1 万余株	8000 余株	2000 余株	
钱尧阶	冯庄乡	五棵树	1 万余株	8000 余株	2000 余株	
易宜三	王岗乡	陈门沟	25000 余株	2 万余株	3000 余株	
郝云樵	王岗乡	张家沟	25000 余株	2 万余株	3000 余株	
萧序阶	王岗乡	高庙	2 万余株	1 万余株	1 万余株	
李佑民	王岗乡	观音庙	3 万余株	1 万余株	1 万余株	
合计			335000 余株	236000 余株	8 万余株	

资料来源:《信阳茶山业主姓名株数调查统计》,《河南货物税月刊》,1947 年,第 13 页。

表 20-6 为信阳税务分局为征收茶税,于 1947 年初分组派员秘密对主要茶山的调查,数据应该可靠。从调查情况看,信阳茶山在解放战争时期损坏严重,损坏茶树超过 2/3,余下不足 1/3。另外,从 1949 年信阳专区 6 县茶园面积及产量也可看出信阳茶树数量的减少和产量的锐减,见表 20-7。

表 20-7 1949 年信阳茶叶产量

地域	面积(亩)	比 1937 年	产量(斤)	比 1937 年
信阳专区 6 县	7299	减少 34.03%	222600	减产 62.59%
其中信阳	2516	减少 9.22%	21300	减产 61.27%

资料来源:《1949 年信阳茶叶产量表》,中国政协文史资料委员会编《文史资料存稿选编·经济》(下),中国文史出版社,2002,第 1012 页。

由表20-6和表20-7可知，日本投降至解放前的几年，是信阳茶叶生产最为衰败的时期，特别是临近解放的1948年、1949年，"国民党军队到处拉夫抓丁，青壮年不敢上山生产。通货膨胀，土匪遍地，交通中断，商店关门，每天人们都在提心吊胆过日子，谁还有心思经营茶山。因而到一九四九年解放时，茶园大多荒芜，产量降到历史上的最低点"。①

枣为北方特产，河南新郑、灵宝、永城、镇平、郑县、中牟、洧川、长葛等县均有生产，"其中以新郑生产多而品质最佳，久著声誉于市场，每年生产在三千万斤左右，为豫省农产品输出之大宗，占农民经济上重要地位"。② 新郑大枣为该地农民的主要收入来源，"所产之枣，大部运销省外"，在本县销用10%，销于本省各县者30%，销于外省各地者60%。在平常年份，统计各车站的大枣数量至少在2000万斤左右，其他各乡，零星出售亦有5万斤左右，郑县、洧川、中牟等县，由各车站运出之数，尚不在内。而1947年预计全年输出量为3790769斤，仅为往年的18.95%强。③ 外运数量大幅下降，一是由于运输不畅，二是因为该年大枣产量大幅下降，其中大枣产量下降为主要原因。据统计，新郑县1947年平均株产干枣2斤10两（当时以每斤12两计算），仅为常年平均每株收成15斤的20%弱，总产量4211966斤，为常年收成24104130斤的17.47%强。④ 大枣产量的大幅下降，使以枣为生的新郑县遭受巨大损失。

养蚕业为南阳地区重要副业。桐柏县是河南四大蚕茧产区（伏牛山、桐柏山、大别山、太行山）之一，1931年，全县利用柞坡面积50万亩，养柞蚕籽5000公斤，年产茧60万公斤以上。抗战胜利后，由于战乱和受资本主义丝绸市场的控制及排挤，蚕业生产逐渐衰退，到1947年，桐柏县养蚕业濒于绝迹。⑤ 内乡县由于政府提倡，1930年代初"蚕业一度鼎

---

① 政协信阳市委员会文史资料征集组整理《信阳毛尖茶概述》，《河南文史资料》第2辑，河南人民出版社，1979，第145页。
② 张宝箴：《河南省新郑县枣产调查》（上），《河南农讯》第1卷第2期，1947年10月，第24页。
③ 张宝箴：《河南省新郑县枣产调查》（下），《河南农讯》第1卷第3期，1947年11月，第8页。
④ 《产量统计表》，《河南农讯》第1卷第2期，1947年10月，第27页。
⑤ 《桐柏县志》，第357页。

盛",到 1941 年蚕茧达万余担。后日趋衰败,1948 年全县蚕茧下降到 470 担。[1] 1921~1931 年,南召"养蚕农多达一万七千二百三十三家,占总户数的百分之六十五;柞蚕放养面积一万二千五百平方里,平均年产茧六亿余粒,产丝四十万斤;最高年产丝七十五万四千斤。占全省总产量的百分之三十七点三"。战后由于战争与苛税,"到一九四九年四月,茧产量已由一九三一年的七万担下降到四千五百担,大有绝迹势"。[2]

综上所述,河南省及各地政府在抗战胜利后为农业发展从农田水利建设、种子改良等方面做了较大努力但由于战乱不断和国民党税赋沉重等原因,河南农业在战后的 3 年里虽与战时相比有所恢复,但一直徘徊不前,且农作物种植总面积、总产量、亩产量始终未达到战前水平,经济作物除烟草、芝麻外,亦都不及战前,各地土特产品与战前相差更远,这种状况一直持续至国民党政权在河南的瓦解。

二 畜牧业的消长

畜牧业为构成农村经济的重要一环,直接间接影响于人民生活者至大,河南"农民利用牛马以事耕驾,饲禽养畜,以广收益,诚为典型的'有畜牧业'地带"。[3] 但由于战乱不止,河南民众负担沉重,人民流离失所,畜牧业遭到严重破坏。"十年战乱(1937~1947 年——引者注)……牲畜损失达六百余万头。"[4] 抗战胜利后,尽管河南省政府做了较大努力恢复河南畜牧业,但仍与抗日战争前相距甚远。

(一) 发展畜牧业的措施

抗战胜利后,为恢复河南畜牧业,1945 年建设厅第一科配有 1 名主管

---

[1] 《内乡县志》,第 372 页。
[2] 郭鹏:《南召的养蚕及丝织业》,《中州今古》1985 年第 5 期。
[3] 汪万春:《改进河南畜牧事业之商榷》,《河南农讯》第 2 卷第 3 期,1948 年 4 月,第 5 页。
[4] 汪万春:《改进河南畜牧事业之商榷》,《河南农讯》第 2 卷第 3 期,1948 年 4 月,第 5 页。

畜牧的人员，各专署和县建设科皆未配专管畜牧行政的业务人员。各地畜牧事项主要由河南农业改进所指导。1945年底，河南农业改进所下设畜牧兽医组，技正兼主任赵安波。① 河南省建设厅及农业改进所主管畜牧兽医的业务人员，在种畜改良、牲畜瘟疫防治等方面做了较大努力，取得了一定成果，主要措施如下。

1. 制定奖励耕牛保育及繁殖办法

耕牛主要包括黄牛和水牛。为促进耕牛保育及繁殖，以作农村耕作动力，倡导家庭副业起见，河南省农业改进所于1947年制定《河南省奖励耕牛保育及繁殖办法》。第一，要求各县设置奖励耕牛保育委员会，由有关机关指定专人兼任，聘请当地热心士绅及农民分任职务，办理奖励耕牛保育及繁殖事宜。但一律为义务职务。第二，调查各地耕牛饲养情况，对农户繁殖耕牛具有优良成绩者，如种公牛体高在145公分以上，具有高强配种能力者，公母牛发育良好者，每牛生产力强大者分别进行奖励。第三，倡导农户组织耕牛合作社，向银行贷款选购优良母牛及公牛，大量繁殖。第四，各县于农闲时期举办耕牛比赛会，延请专家及热心之士绅进行评定，对获得评定等级的良种牛农户，酌给奖金或奖状，并报省府备查。② 耕牛保育及繁殖办法的颁布与实施，对河南耕牛品种改良和繁殖起到了积极作用。

2. 进行种畜改良，改进原有家畜品种

河南农业改进所畜牧兽医组成立后，在种畜改良、改进原有家畜品种等方面，努力工作，取得了一定成绩。1946年繁殖纯种荷兰牛2头，推广来航鸡种卵408个，荷兰牛与民间母牛配种90次。③ 1948年繁殖荷兰牛第一代杂种公牛1头，纯种短角牛母牛1头。开封配种站荷兰种用公牛与民间母牛配种6次，并于开封文庄一带寄养短角种公牛2头，扩大配种业务。生产来航鸡种卵469个，以25个进行种鸡卵育并以321个从事推广。④ 另外，河

---

① 河南省地方史志编纂委员会编《河南省志》第26卷《畜牧志》，河南人民出版社，1994，第202页；《河南农讯》第1卷第2期，1947年10月，封二。
② 《河南省奖励耕牛保育及繁殖办法》，《河南农讯》第1卷第2期，1947年10月，第31页。
③ 《一年来之河南畜牧兽医》，《河南农讯》第2卷第1、2期合刊，1948年3月，第20页。
④ 《本所元至三月份工作简报》，《河南农讯》第2卷第3期，1948年4月，第24页。

南农业改进所还于1947年繁殖乳牛2头，且发育良好。由上述情况看，河南种畜改良及推广与我们的要求相去甚远，但这是河南人自己繁殖纯种荷兰牛和荷兰牛第一代杂种公牛的开始。利用荷兰牛与民间母牛配种，"农民极为欢迎"。①

3. 成立防疫机构，防治兽疫流行

为防治河南省兽疫流行，尊奉农林部命令，1947年9月，河南省兽疫防治委员会成立，会同各地政府，专注牲畜防疫事项。首先，为防治牛瘟流行，同年9月，河南农业改进所与"行总河南分署洽领机器苗五〇〇〇公撮，先将本所乳牛役牛廿头，施以预防注射，并在本省省会农业示范区农家注射二三〇头"。其次，调查各地疫情，指导防疫工作。1947年8月，农业改进所派畜牧兽医组主任赵安波带人前往洛阳、伊川等县，由农业改进所各机关分别派员赴开封、许昌、郾城、信阳、潢川等县从事调查。② 经调查，河南家畜传染病有马、骡、驴流行性感冒，主要分布于荥阳、洛阳、虞城、鄢陵、临颍等县；牛有牛瘟、犊牛白喉症、传染性胸膜炎等，主要分布于荥阳、洛阳、唐河、泌阳、光山、罗山、南阳、鄢陵等县；猪有猪瘟、肺炎、炭疽、霍乱肺疫等病症，主要分布于伊川、泌阳、获嘉、荥阳、登封、夏邑、南阳、虞城、偃师、巩县、鲁山、辉县、开封、郾城等县。河南辖区"因兽疫流行而死亡家畜达五十余万头，若以时价估计，其损失数字至堪惊人"。③ 在得到疫情严重的情报后，河南省政府及农业改进所相当重视，一面将各地疫情编制成表，制定防治对策，一面派员到各地实施预防注射，给群众讲解防治疫情的知识。1948年2月，农业改进所"派员赴开封南柴屯一带举办牛瘟防疫注射，因值年关，牛只集中不易，仅注射六头，但牛瘟防治意义对农民解说至详细"。④ 由于战乱频仍，河南省政府没能防止疫情蔓延，造成家畜大量死亡。但河南农业改进所的防治疫情工作，对防治疫情的蔓延还是起到了一定作用。

---

① 《一年来之河南畜牧兽医》，《河南农讯》第2卷第1、2期合刊，1948年3月，第20页。
② 《一年来之河南畜牧兽医》，《河南农讯》第2卷第1、2期合刊，1948年3月，第22页。
③ 汪万春：《改进河南畜牧事业之商榷》，《河南农讯》第2卷第3期，1948年4月，第7、6页。
④ 《本所元至三月份工作简报》，《河南农讯》第2卷第3期，1948年4月，第24页。

(二) 畜牧业的恢复到衰败

抗战胜利后，河南畜牧业在受到重创后，1945年、1946年稍有恢复，随着内战的再起，疫病流行，又迅速走向衰败。如日本投降后，由于开封周围各县畜牧业的恢复，牲畜市场呈现一时繁荣，牲口行由5家猛增至48家。① 日军侵占温县期间，畜牧业遭到严重破坏，"牲畜家禽已寥寥无几，1945年温县解放之初，全县耕畜仅存数百头"。抗战胜利后略有恢复，中共解放温县后，至"1948年底，畜牧业基本恢复到战前水平，据调查统计：耕畜总数为7243头。其中：牛2444头、驴4549头、骡195头、马55匹、养猪3187头、羊1475只"。② 抗战期间，汝南共损失牛18943头、驴8745头、骡3603头、马5752匹，畜牧业破坏严重。③ 战后家畜数量有所增加，"民国35年（1946年）有牲畜120200头，其中牛58225头，驴60560头，马1126匹，骡289匹"。④ 1946年河南省共有黄牛2302千头、水牛35千头、马183千头、驴1344千头、骡250千头，共4114千头。⑤ 关于河南省畜牧业的具体情况见表20-8。

表20-8　1936、1944~1947年河南省家畜数量统计

单位：千头

年份	水牛	黄牛	马	驴	骡	山羊	绵羊	猪
1936	86	3243	684	2377	902	2400	1310	3457
1944	34	1405	118	722	131	539	264	1169
1946	35	2302	183	1344	250	1010	590	2316
1947	57	2420	225	1403	277	1032	546	2569

资料来源：《河南省历年家畜统计》，《民国时期河南省统计资料》下册，第50页。

---

① 王命钦主编《开封商业志》，中州古籍出版社，1994，第228页。
② 温县志编纂委员会编《温县志》，光明日报出版社，1991，第291页。
③ 《抗战期间河南省各县牲畜损失情况（二）》，《民国时期河南省统计资料》下册，第53页。
④ 《汝南县志》，第378页。
⑤ 《河南省历年家畜统计》，《民国时期河南省统计资料》下册，第50页。

由表20-8可知，抗战胜利后的1946年和1947年，除水牛增长较快外，其他家畜增长缓慢，与1944年相比有所恢复，总体未达到战前水平。1946年家畜数量比1944年增幅较大，主要是因为1944年为河南国统区的统计数据，1946年为河南全省统计数据，考虑到1944年河南因豫湘桂战役国土大面积沦陷，1946年的家畜数量比1944年就无甚增长了。至于当时报刊资料的统计和地方史志的记载，所得数字还不如中央农业试验所的调查统计多。如1947年中央农业试验所统计河南有大牲畜4382千头（指牛、马、驴、骡，根据表20-8统计计算得出），而同年河南农业改进所调查统计，"偃师内黄阌乡鲁山辉县确山宁陵汲县等卅八县，其中黄牛统计为四〇六九七〇头，水牛为一一七七五头，骡为四二九八一头，驴为二三五四一七头，猪为七九〇七〇三只，羊为三三四六八四只，马为三一四七六匹，鸡为三二七一一七一只，其他县份因奸匪窜扰，资料付缺如"。① 上述38个县为河南相对稳定的县，畜牧业应好于处在战乱中的县市。以其统计计算，38县有黄牛406970头，仅为河南1947年2420千头17%弱；有水牛11775头，为全省的20%强；骡、驴、马分别为全省的17%强、15%弱、17.2%。当时河南有111个县，38个县占全省县份的34%强，也就是说中国农业试验所的统计数字高出河南农业改进所统计数字近50%。由此可知，河南省畜牧业的真实情况，没有中央农业试验所的统计数字好，尽管中央农业试验所的统计数字已经较低。

另外，从各地的其他资料也可窥知解放战争时期畜牧业的逐渐衰败。商丘"从1938年商丘沦陷至1948年商丘解放，兵匪横行，抓车拉夫，抢劫牲口，每年失去牲口的农民达3000户以上"。1948年11月商丘解放前夕，"有40%的农户缺乏牲口"，每头役畜负担耕地35.6亩。② 1949年内黄县共有大家畜30857头（包括老弱幼畜），平均35亩地耕载1头。③ 如除去不能耕作的老弱幼畜，内黄县比商丘更加缺乏大家畜。据统计，安阳1937年有牛、马、骡、驴分别为7882头、2288匹、8600头和8015头，合计26785

---

① 《一年来之河南畜牧兽医》，《河南农讯》第2卷第1、2期合刊，1948年3月，第24页。
② 《商丘县志》，第125页。
③ 史其显主编《内黄县志》，中州古籍出版社，1993，第299页。

头；1948 年上述大牲畜分别为 3855 头、19 匹、896 头和 10296 头，合计 15066 头，1948 年比 1937 年少 11719 头。沁源 1937 年有牛、马、骡、驴分别为 30000 头、500 匹、1500 头和 6000 头，合计 38000 头；1948 年上述牲畜分别为 7462 头、3103 匹、3563 头和 6415 头，合计 20543 头，1948 年比 1937 年少 17457 头。① 安阳除驴有所增加外，其他耕畜都大幅减少，以马减少最多，仅为战前的 0.83%；沁源虽略好于安阳，总体也减少 1/3 以上。1947 年，黄河堵复口后的黄泛区 20 余县，大家畜十分紧缺，据时人估计水牛急需补充 70 千头、黄牛 175 千头、马 104 千头、骡 92 千头、驴 244 千头，共计 658 千头。② 据行总河南省分署前往泛区调查所知，"在泛区里，一个居住百余户的村庄，竟找不到十头牲口"。③ 据统计，抗战时期，河南泛区共损失牲畜 526455 头，至 1947 年底，仅补充 132 头。④ 畜牧业恢复成效甚微，牲畜缺乏较其他地区更加严重。豫皖苏党委、中央局在解放军占领豫东各县（包括黄泛区诸县）后，于 1948 年 1 月、8 月和 1949 年初，先后多次下发指示，要求各地政府严禁宰杀耕牛，并规定宰杀耕牛以违背土地法大纲论。为解决畜力困难，指示指出："在泛区（黄泛区）、水灾区及战灾区……应提倡人拉犁子、拉耧及用铁锨挖地。"⑤ 从侧面反映了战争、灾荒给河南畜牧业造成的危害及河南耕畜的匮乏。

解放战争时期河南畜牧业之所以出现稍有恢复即迅速衰退的局面，主要原因是战争连绵不断。从 1946 年 6 月 30 日国民党军队进攻中原解放区开始，河南就成了内战的主要战场，战争不仅给河南人民带来巨大痛苦，而且使河南畜牧业备受摧残。其次，疫病流行，是河南畜牧业遭受重创的又一原因。据调查统计，抗战胜利后牲畜疫情不断，特别是 1947 年的兽

---

① 《抗战前后耕畜比例变化统计表》，张研、孙燕京主编《民国史料丛刊》第 543 册，第 91 页。
② 汪万春：《改进河南畜牧事业之商榷》，《河南农讯》第 2 卷第 3 期，1948 年 4 月，第 6 页。
③ 汪克检：《河南黄泛区工作特述》，《河南善救分署周报》第 100 期，1947 年 12 月 31 日，第 8 页。
④ 《河南泛区主要损失与复建成效比较表》，《河南善救分署周报》第 100 期，1947 年 12 月 31 日，第 58 页。
⑤ 河南省档案馆、河南省社会科学院历史研究所编《豫皖苏边区革命历史档案资料选编（1945～1949 年）》，1984，第 76、80、167～168、244 页。

疫流行，几乎波及全省，"死亡家畜达五十余万头"，损失数字至堪惊人。①而这一切皆因"本省（河南省——引者注）各县次第受奸匪窜扰，兽疫情报无由建立，兽医人员缺乏，工作无法配合"。② 另外，政府重视不够与财政投资甚少，也是阻碍河南畜牧业发展的重要原因。总之，由于日军入侵，内战不断，加之水旱灾害严重、兽疫流行等，河南畜牧业最终遭受破坏，走向衰落。

三　农村经济

（一）战后国民政府的地权政策

地权问题是农村经济的核心问题。陈翰笙认为，农村诸问题的中心"是集中在土地之占有与利用，以及其他的农业生产的手段上；从这些问题，产生了各种不同的农村生产关系，因而产生了各种不同的社会组织和社会意识"。③ 陈翰笙先生所言，道出了地权在农村诸问题中的核心地位。抗战时期，由于战乱与灾荒，人口流动频繁，许多农民失去土地。如许昌县在1942年的大旱灾中，有59140家卖掉土地21.2万亩，大量农民因灾荒失去土地。④ 抗战胜利后，国共两党在中原展开拉锯战，土地变动频繁，地权纠纷不断，地权问题急需解决。为此，国民党中央及地方政府根据战后情形，为解决战后农村地权问题制定了相应的政策及措施。

首先，制定被灾时期地权转移处理办法，解决因灾荒引起的地权纠纷。抗战时期，河南天灾人祸不断，战后，各地土地纠纷屡屡发生。如前文所述，河南省政府制定《修正河南省被灾时期地权转移处理办法》，以规范被

---

① 汪万春：《改进河南畜牧事业之商榷》，《河南农讯》第2卷第3期，1948年4月，第6~7页。
② 《一年来之河南畜牧兽医》，《河南农讯》第2卷第1、2期合刊，1948年3月，第24页。
③ 中国社会科学院科研局编《陈翰笙集》，中国社会科学出版社，2002，第32~33页。
④ 许昌市地方志编纂委员会编《许昌市志》，南开大学出版社，1993，第224页。

灾地区地权关系、解决地权纠纷。

其次,进行地籍整理、测量与登记。地籍整理在抗战前即已开始,后因抗战军兴而停办。1946年6月河南省地政局奉令恢复,各县或成立地政科,如汜水、郑县等,或设置地政股,如开封、洛阳、许昌、信阳、南阳、商丘等县。经过一年多的努力工作,"除积极处理灾期地权纠纷,收复区地权纠纷,调整地权,开垦荒地,并训练地政人员两班外,关于地籍整理工作,已完成开封郑县洛阳许昌四县城关地籍整理,本年(1947年——引者注)四月举办汜水郑县二县农地及郾城城关与漯河镇地籍整理,八月复设立信阳南阳汝南三县地籍整理处,分别办理三县城关地籍整理"。[1] 河南省及各县地政机构的设立,地籍整理的进行,促进了部分县市土地测量工作的开展。

战后河南省土地测量开始于1946年5月,至1947年6月,共计在开封、郑县两市区,洛阳、许昌等7城关、城镇,郑县、汜水2县补测、测量市区及农地224941亩,其中农地面积147735亩。补测、测量土地总数约为1946年全省土地面积245668500市亩的0.09%,补测农地面积约占河南耕地面积99035669市亩的0.15%。[2] 到1947年底,地籍测量取得一定成效,"计有汴、郑、洛、许、郾、宛、信、汝、汜等十县,共测竣一〇四一八六二四市亩,合为一三四七〇四宗"。[3] 测竣土地数量达河南耕地总量的10%以上。补测、测量土地并取得一定成效,为土地登记和河南省地政当局处理土地纠纷提供了便利。另外,在完成土地测量的同时,先有开封、郑县2市区及洛阳、许昌2城关完成土地登记。1947年9月可完成郾城城关、漯河镇的土地登记,其他县市的土地登记正在办理中。[4] 可见1946年5月至1947年9月的河南地籍整理、测量、登记工作,效率不高,乏善可陈。唯一值得欣慰的是河南地政当局在地籍整理的过程中,规定了上述城市的地价,如开封城关地价最高标准为每亩900万元、最低地价每亩15万元、平

---

[1] 张研、孙燕京主编《民国史料丛刊》第535册,第249~250页。
[2] 《民国时期河南省统计资料》下册,第1页。
[3] 支应抡:《一年来之河南农村经济》,《河南农讯》第2卷第1、2期合刊,1948年3月,第29页。
[4] 《河南省地政局工作报告》,张研、孙燕京主编《民国史料丛刊》第535册,第251页。

均每亩113万元；郑县城关每亩地价最高标准1000万元、最低地价7万元、平均128万元。其他城市也都制定了地价的最低、最高及平均标准。[①] 地籍整理等工作的开展，城市地价的制定，对政府了解各地土地分布状况、地价的高低，解决地权纠纷起到了积极作用，也利于土地的买卖及城市的建设。

再次，处理地权纠纷。面对各地存在的地权纠纷，在收复地区，河南省政府依照收复区土地权利清理办法及私有土地上敌伪建筑物处理办法的规定，令各县切实遵照办理。而敌伪在城市所占有的大宗土地、建筑物及在各地强占的原国有农场，由行政院处理接收河南区敌伪产业特派员办公处直接办理。由此可见，在收复区主要处理日伪占有的土地。另外，河南省政府令省地政当局调查各县农地生产量及人地分配关系，以了解各县土地分配情况。河南省地政局先后拟办各县农地生产量调查表及各县农地所有权分配调查表，通令各县切实查填，至1947年9月，报局者已有60余县。[②] 虽然地政局的报告没有下发各县之调查表及60余县上报的土地所有权分配情况，但可以确定，河南省地政局做了河南土地分配调查工作，这些工作的开展，为河南省政府制定被灾区域土地处理办法、开垦荒地办法及绥靖区土地处理起到了一定作用。

关于"绥靖区"地权问题，前文已有论述，此不赘。

（二）战后河南地权变化

如前所述，抗战时期，河南土地与战前相比，逐渐趋于集中。战后，国民政府及河南军政当局颁布了一系列关于解决地权变动的法规及处理办法，试图解决战后的地权纠纷，可是，由于战乱不断，政府努力不够，"以致今日的土地问题较之三十年以前有日益严重的迹象，如自耕农减少，佃农增加，都市土地投机日甚，地权之继续集中，都是明白的例子"。[③] 此言为河

---

① 《河南省地政局恢复后办理规定地价情形一览表》，张研、孙燕京主编《民国史料丛刊》第535册，第253~254页。
② 《河南省地政局工作报告》，张研、孙燕京主编《民国史料丛刊》第535册，第255页。
③ 聂常庆：《中国土地改革的检讨与认识》，《河南地政》第1卷第1期，1948年5月15日，第6页。

南省地政局副局长聂常庆对中国地权变化的看法，虽不一定完全符合河南地权变化的实情，但在一定程度上反映了战后河南部分地区地权的变化。

河南各阶级对土地的占有，不同区域略有不同。豫北安阳，物产丰富，土地集中，据中共太行区委政策研究室1946年9月对安阳县5个村的调查报告，占户数6.6%的地主，占有42.7%的土地，地主、富农合计占所有户数的9.7%，占土地51.2%，中农以下户数合计占总户数的90.3%，占土地48.8%。关于上述5个村庄的各阶层土地具体占有情况见表20-9。

表20-9　安阳5村各阶层土地、户数比较

单位：%

	地主	经主	富农	中农	贫农	赤贫	其他
户数	2.7	3.9	3.1	48	30	12	0.3
土地	21	21.7	8.5	39.9	8.6	0.17	0.13

注："经主"指经营型地主，其土地并不出租，而是雇人自主经营。
资料来源：《五村各阶层土地户数比较表》，中共太行区党委政策研究室《新区的社会情况调查》(1946年9月)，《河南解放区的土地改革》，第201页。

安阳县土地分布较为集中，个别村土地集中更加严重，如马头涧村，5%的地主，竟占有62%的土地，4%的富农占土地10%，30%的贫农仅占全村土地的5%，5%的赤贫没有土地。[1]值得注意的是安阳县的经营型地主数量较多，超出以出租为主的封建地主数量，如加上以自种为主的富农的土地，安阳地区的土地主要用于自主经营，地主以剥削土地上的劳动者获取更大利润。在西柏涧村，全村地主共有土地3300亩，共出租地458亩，占地主土地13.9%，占全村7160亩土地的6.4%。[2]西柏涧村地主的土地占全村所有土地的46.09%弱，若加上富农所占的土地，地主、富农所占土地应超过50%，且该村的土地出租数量更少。之所以出现上述情况，与豫北安阳

---

[1]《河南解放区的土地改革》，第201~202页。
[2]《河南解放区的土地改革》，第202页。

地区比邻平汉铁路，利于大规模种植经济作物及产品外销有关。

另据中共太行区党委在《关于太行土地改革报告》中称，未进行土改的新区，不同区域土地集中情况也不同，如在地主集中区（8县12村材料），地主占全人口12.11%，占全耕地34.39%，富农占全人口7.85%，占全耕地13.32%，地主、富农合计占全人口19.96%，占全耕地达47.71%。富农集中区（5县5村材料），地主占全人口6.84%，占全耕地20.67%，富农占全人口13%，占全耕地24.8%，地主、富农合计共占全人口19.84%，共占有土地达全耕地面积的45.47%。土地分散地区（7县10村材料），地主占全人口6.52%，占全土地11.23%，富农占全人口8.19%，占全土地11.7%，地主、富农合计占全人口14.72%，占全耕地22.93%。上述3种区域综合（共15县27村），地主占全人口8.95%，占全耕地22.55%，富农占全人口8.83%，占全耕地14.16%，地主、富农合计共占全人口17.78%，占全耕地36.71%。① 太行区党委的土地集中情况调查涉及15县27村，这些新区解放军刚刚占领，还未进行土地改革，基本反映了豫北土地分配情况。15县27村的土地集中程度，不及安阳县所调查的5个村的土地集中度高。

中共豫西区党委在对白象店调查后发现，地主有23户，土地主要集中在四大家（邢、王、刘、尤）。23户地主，出租土地1665亩，占其所有土地的96%，其余4%靠额外剥削，由佃户捎种。富农18户，出租土地545.5亩，占其所有土地的75.7%，其余为自种或雇工经营。中农60户，出租土地71.4亩，占中农所有土地的25.9%。贫农小商贩出租土地者共14户，出租土地142亩。全村共出租土地2423.9亩。中贫农佃户共129户，占全村农户的54.8%。② 据此推算，白象店地主占有土地1734.375亩、富农占有土地720.608亩、中农拥有土地275.676亩。中农土地占有量，约为地主土地数量的1/6，富农土地数量的1/3强。表20-9反映了安阳5村各阶层土

---

① 《中共太行区党委关于太行土地改革报告》（1947年6月15日），《河南解放区的土地改革》，第254~255页。
② 《中共豫西区党委关于白象店的调查报告》（1948年7月20日），《河南解放区的土地改革》，第467~469页。

地占有情况，中农所占土地为土地总量的 39.9%，与地主（含经主）所占土地数量基本持平，是富农土地数量的 4 倍多。由此可知，安阳 5 村中农所占土地比例远高于豫西白象店中农所占土地的比例，各地贫雇农占有土地数量一般远低于中农，以此估计，白象店土地主要集中在地主手中，土地集中程度应高于表 20-9 中所列的安阳 5 村。

豫东土地集中状况与豫北、豫西基本相同，据豫皖苏行署对项城县官会区大孙砦村的调查，该村共有地主 11 户，约占人口总数的 9.9%，占有土地 258.2 亩，约占全村土地总量 23.8%，地主富农约占全村人口 14.97%，占有全村土地 35.8%，具体情况见表 20-10。

表 20-10　项城县官会区大孙砦村各阶层土地占有情况

成分	户数	占总户数（%）	人口	占总人口（%）	地亩（亩）	占土地总数（%）
地主	11	11.22	43	9.9	258.2	23.8
富农	5	5.10	22	5.07	129.9	12.0
中农	23	23.47	133	30.65	312	28.7
富裕中农	8	8.16	43	9.91	198.3	18.3
贫农	33	33.67	113	26.04	165.7	15.3
赤贫	4	4.08	14	3.23	—	—
其他	14	14.29	66	15.2	22.1	2.0
合计	98	100	434	100	1086.2	100

注：该表户数、人口、地亩百分比由引者计算得出，计算时采取四舍五入方法。
资料来源：豫皖苏行署《项城县官会区大孙砦各阶层负担情况（未土改）》（1948 年），河南省档案馆藏，106 卷 11 件，转引自《河南粮食志》编写组编印《河南革命根据地粮食史料选辑》上辑，1984，第 142 页。

表 20-10 反映了项城县官会区大孙砦村各阶层的土地占有状况，从该表可知，大孙砦村土地集中程度与安阳县 5 村相比不高，与太行区党委调查的 15 县 27 村土地集中情况基本一致，中农、富裕中农所占土地达土地总量的 47.0%，为其他地方所少见。据虞城县 1951 年调查，在土改前土地已相当分散，地主富农占有土地总量的 25.24%，不及大孙砦村的土地集中程度高。

第二十章 国民党统治区的经济（上）

豫南地区土地分配情况，不同县份有所差异。据桐柏县土改前对王宽店、大雷庄、邵庄、张庄、固庙、大河等 16 个乡土地情况统计，16 个乡共有 4998 户、18206 人，土地 111340.1 亩。其中，地主、富农 723 户，2501 人，占总人数 13.74%，土地 87388.3 亩，占总土地 78.5%，人均占地 34.9 亩。贫雇农 2079 户、6935 人，占总人口的 38.1%，土地 3846.36 亩，占总土地的 3.45%，人均耕地 0.55 亩。同时，土地又高度集中在一些大地主手中。如吴城区朝城彭绍恒全家 11 人，有土地 4000 余亩；张庄邓勉之家 13 口人，占地 1500 亩；固庙大地主宁子骞全家 22 口人，占有土地 5500 余亩。① 桐柏县的土地分配极不均衡，主要集中在地主、富农手中。镇平、唐河的土地分配与桐柏相比比较分散，镇平县地主、富农占总人口 9.4%，占土地 34%；② 据唐河 102 个乡 915 个自然村统计，地主、富农占总人口 10.3%，占总耕地 33.8%。③

豫中的土地分配情形又有不同。如长葛县，土地改革前夕统计，当时全县土地 519485 亩，52250 户、259636 人，其中地主、富农占全县总人口 5.63%，占土地 21.75%；贫雇农占总人口的 49.85%，占土地总量之 30.01%。④ 长葛县地主、富农土地占有量比豫南唐河、镇平地主、富农土地占有量更少些。地处河南黄泛区的扶沟县，1947 年 3 月黄河堵口后，难民相继返归故里，开荒种地，"由于荒地多人少，广种薄收，家家粮食满囤。粮囤在荒草丛中，星罗棋布"。⑤ 扶沟县虽未统计各阶层土地占有情况，但因荒地很多，土地应该比较分散。《河南省志》的《农业志》记载，据 1937 年和 1947 年全省 18 县 42 村调查，地主、富农分别占总户数 11% 和 11.28%，占总人口 12.85% 和 12.95%；地主、富农占有土地分别占总土地数 32.92% 和 33.54%；地主每人一般占地分别为 13.95 亩和 12.85 亩，富农每人一般占地分别为 7.94 亩和 7.46 亩；贫雇农分别占总户数 51.56% 和

---

① 《桐柏县志》，第 293~294 页。
② 《镇平县志》，第 374 页。
③ 《唐河县志》，第 299 页。
④ 《许昌市志》，第 224 页。
⑤ 《扶沟县志》，第 99 页。

51.84%，占总人口 48.14% 和 48.75%；贫雇农占有土地占总土地数的 19.73% 和 20.12%；贫农每人占地分别为 1.72 亩和 1.59 亩，雇农每人占地分别为 0.40 亩和 0.27 亩。豫西、豫南大地主较多，豫中、豫东小地主稍多，豫北富农经济占优势。[①] 据此分析，河南省土地状况 10 年间没有多少变化，仅雇农土地人均数量下降明显。

通过豫北安阳 5 个村及豫北 15 县 27 村各阶层土地占有情况，可知豫北地区土地比豫南、豫东、豫中更集中些，豫西白象店的土地占有情况与安阳 5 村状况基本相同。之所以出现上述状况，应与调查时间有一定关系，中共太行区党委政策研究室对安阳 5 村调查时间在 1946 年 9 月以前，中共太行区党委对豫北 15 县 27 村调查在 1947 年 6 月以前，豫西党委对白象店的调查在 1948 年 7 月，而其他地区的土地调查时间在新中国成立之后。时间不同导致调查结果不同，说明解放战争时期河南地权变化的趋势是走向分散的。中共河南省委给华中局的报告，也可印证河南地权走向分散之事实。报告称，解放战争后期，"地主富农均在大量分散土地。买主多为中农及佃户，与一部分生活较好一点的贫农。中农认为'这是个当口儿，地很贱'。生活较好一点的贫农，怕将来分地分不到自己如意的地，也乘机买进土地。……买地者也心中有数，不超过全村每人平均数，或稍超过一点，再多也就不要了"。[②] 地主、富农卖地，中农、贫农、佃户买地，且买地者达到一定程度即收手，直接导致解放战争后期地权的分散。如睢县阎庙村 7 户地主，"一年前土地为 1202 亩，现在土地 621 亩。一韩姓地主去年有地 130 亩，现有 30 亩。又一地主原有地 200 亩，现有 102 亩。31 户中农贫农，现有土地 248 亩，现买地 190 亩。地价正常是麦子 150 斤到 200 斤，现 40 斤左右。另福禄嘴村，地主 15 户，去年有地 1778 亩，现有 668 亩"。更有甚者，商丘县平台区吴河村地主吴用录将原有土地 1500 亩大部分假分于本村农民，造成表面地权转移。[③] 阎庙村地主的土地一年间卖出近 1/2，福禄嘴村地主卖出土地近 2/3，而中农、贫农、佃户却大量买进土地，这一买一卖，加之

---

① 《河南省志》第 25 卷《农业志》，第 44 页。
② 《河南解放区的土地改革》，第 570 页。
③ 《河南解放区的土地改革》，第 570 页。

部分地主土地的表面转移，直接造成地权的变动、土地的分散。

为了确实了解地主、富农分散土地的情况，河南省委政策研究室特调查了陈留县附近3个村庄。桃花洞村，地主原土地63亩，分散19.5亩（卖出3.5亩，送人16亩）；富农原土地311亩，分散41亩（卖6亩，当9亩，被赎8亩，送农会18亩）；中农卖地7亩。增多土地者，中农买、典入、受人送给共30.5亩；贫农买、当入、受人送给、赎回共32.7亩。吴楼村，地主原土地144.3亩，土地已分散37.3亩（卖22亩，送人4亩，当出8亩，被赎2.8亩）。增多土地者，中农13亩（买5亩，典入8亩），贫农买、典入、受人送、赎共79.6亩。二里寨村，地主原有土地344亩，已分散69.5亩（卖22亩，当31亩，被赎16.5亩）。富农原有土地276亩，已分散50亩（卖10亩，当39亩，被赎1亩）。增多土地者，中农36亩，贫农84亩，富农10亩。[①] 陈留县3个村庄地主分散土地没有睢县地主多，但每村地主的土地都有不同程度的分散，再次证明地主分散土地是地权变动的主要原因，而逼迫地主分散土地的是中共在河南的胜利进军及土地改革运动的开展。

（三）国民政府关于租佃问题的政策

租佃制是中国农村中普遍存在的经济制度，也是一种封建剥削的土地制度。租佃关系直接涉及地主、富农与广大无地少地的佃农、自耕农、半自耕农之关系。这种关系在农村极其普遍和广泛，且有约定成俗的租佃方式及地租量、地租形态等。国民政府对此亦较为重视，抗战结束后，即于1945年10月23日颁布命令实行"二五减租"。其办法如下。(1) 凡本年免赋省份，包括江苏、浙江、安徽、河南、山西及南京、上海、北平、天津等省市，佃农应缴地租一律照租约或本年约定之应缴额减1/4（25%），1946年免赋各省市于1946年办理。(2) 地主与佃农间如遇佃租纠纷，得由任何一方报告当地乡镇长为之调解，不决者呈请县政府处理，县政府于必要时得会同有关机关团体组织佃租委员会裁决，强制执行之。(3) 县得拟定减租实施办法呈准省府施行，省府应认真督查严密考核随时呈报行

---

① 《河南解放区的土地改革》，第570~571页。

政院核办。行政院为切实明了各省"二五减租"的推行情况,曾于1946年4月派员调查河南、江苏、安徽的"二五减租"实施状况。① 国民政府在战后立即发出"二五减租"的命令,并非真正减免佃户原有赋税,主要"由于政府免去地主田赋,为使免赋利益亦能惠及佃农起见,随规定免赋之年佃农应缴地租一律照约定额租减四分之一"。② 尽管如此,该政策对减轻佃农负担是有利的。郑州绥靖公署所订定的《党政军配合实施绥靖工作纲要》规定,实行"二五减租",是国民党厚培民力、繁荣农村的政策之一,要求各地认真执行。③

1946年4月,国民政府颁布《修正土地法草案》,在第四章"耕地租用"中规定:"耕地租用契约应以书面为之,并应经主管地政机关之审核登记。"租用契约未经登记者不生效力,一经发现,处出租人以出租土地价值1%以下之罚款。政府有强制租佃双方以契约形式确定租佃关系之意,以保证双方的合法权益。"出租人出卖或出典耕地时,承租人依同样条件有优先承买或承典权。"承租契约届满时,"除出租人收回自耕外,如承租人继续耕作视为不定期限继续契约"。依不定期限租用耕地之契约仅有下列情况之一时方可终止之。一是承租人死亡而无继承人时;二为承租人抛弃其耕作权利时;三为出租人收回自种时;四是耕地依法变更其使用时;五为承租人将所租耕地转租他人时;六为地租积欠达2年之总额时。出租人所收地租不得超过地价10%约定地租或习惯地租,超过地价10%应比照地价10%减定之,不及地价10%者依法约定或习惯。"因耕地租用业佃间发生之争议,得由主管地政机关予以调处,不服调处者仍得向司法机关诉请受理。"承租人应依法纳租。荒歉之年,应根据实情减租或免租。④ 在租佃关系中,"不定期租佃占绝大多数,定期租佃时间短促,以及短期租佃增加和长期租佃、永佃减缩,是近代农村土地租佃期限的基本特征"。地主在租佃期限问题上,

---

① 《中华民国史档案资料汇编》第5辑第3编《财政经济》(6),第92页。
② 《中华民国史档案资料汇编》第5辑第3编《财政经济》(6),第100页。
③ 《中华民国史档案资料汇编》第5辑第3编《政治》(2),第127页。
④ 《中华民国史档案资料汇编》第5辑第3编《财政经济》(6),第40~42页。

居于绝对有利地位。① 《修正土地法草案》在规定租佃双方权益的同时，规定租佃双方关系确立后，地主不得无故撤佃，政府企图以法律形式保障佃农的权益，在一定程度上保障了承租人的承租权。据中央农业试验所对河南等22省的调查，每亩平均地价为普通租额之倍数（总平均）为分租7.09倍、谷租7.76倍、钱租9.06倍。② 即以农民每年所缴地租为基准，积7～9年，可达购买该土地的价格。该草案规定地租不得超过地价的10%，显然对承租者有利，暗含减租之意。

1946年9月，国民政府拟定《绥靖区施政纲领》，规定："地主得保有产权，但须依靠规定实行二五减租收租。"要求各县设立土地问题处理委员会，在解决土地纠纷的同时，负责处理租佃纠纷。③ 1947年7月，全国经委会通过经济改革法案，在租佃关系方面，要求各地"应依'二四（应为二五——引者注）减租'之原则，彻底推行"。④ 国民政府及河南军政当局颁布租佃问题的政策，欲以解决中国地租居高不下，农村社会矛盾尖锐等问题，如能认真执行，有利于农村社会矛盾的缓解及国民党在河南的统治。

（四）租佃关系

1. 租佃关系之分布

租佃关系主要涉及地主、富农与佃农、半自耕农关系，另有部分自耕农、富农也租入一些土地，一些工商业者、无劳动力的贫农也会租出其土地，但租佃关系主要分布在地主、富农与佃农、半自耕农之间。河南租佃关系分布不同、地区各异，据行政院1946年5月派员调查，河南省以豫南、汝南一带佃农较多，豫东商丘一带次之，豫西汜水一带较少。⑤ 具体

---

① 成汉昌：《中国土地制度与土地改革——20世纪前半期》，第63页。
② 成汉昌：《中国土地制度与土地改革——20世纪前半期》，第98页。
③ 《中华民国史档案资料汇编》第5辑第3编《政治》（2），第141页。
④ 《全国经委会通过之经济改革方案》，《金融周报》第17卷第5期，1947年7月30日，第4页。
⑤ 《中华民国史档案资料汇编》第5辑第3编《财政经济》（6），第94页。

情况为汜水、上蔡、汝南、郾城、商丘佃农、半自耕农约占农户总数分别为12%、20%、25%、19%和16%。① 总体观察，佃农、半自耕农在12%~25%，而国民党政府承认河南省无地农户达24.2%，② 两者相比，行政院派员调查的结果明显少于国民党政府所说的无地农户达24.2%的比例。

据中国共产党太行区委政策研究室调查，安阳县5个村贫农、赤贫者户数分别占农户总数的30%、12%（见表20-9），此处所言贫农、赤贫者应为半自耕农、佃农，豫北安阳县的佃农、半自耕农比例为行政院调查比例的2倍左右。豫皖苏行署统计，项城县官会区大孙砦村贫农户数占农户总数33.67%强、赤贫占4.08%强（见表20-10）。据中共豫西党委对白象店调查，贫农、佃户共129户，占全村农户总数的54.8%。③ 佃农、半自耕农比例比安阳县5个村的比例还高。另据国民政府农林部农业经济司统计，1945~1947年河南省佃农占农户总数比例分别为24%、20%、21%，半自耕农占农户总数比例分别为21%、23%、21%。④ 佃农比例有所下降，半自耕农基本没有变化。国民政府农林部农业经济司对佃农、半自耕农的统计与中共太行区委政策研究室的调查结果基本一致，略高于豫皖苏行署对大孙砦的统计比例，低于中共其他地区的统计比例。据此分析，河南省佃农、半自耕农应占农户总数的40%以上，总体分布，豫北、豫南佃农、半自耕农较多，豫东次之，豫西汜水一带较少。

2. 租佃方式与缴租类别

在确立租佃关系后，业佃双方即商定租佃方式。中国近代租佃方式千差万别，各地差异甚大，大体可分三种形式。一是定额租种，地主只提供土地，除此以外的肥料、牲畜、种子、农具等全部生产资料由承租人自己负担，佃农从地主手中获得土地耕作权，每年按每亩约定租额数

---

① 《中华民国史档案资料汇编》第5辑第3编《财政经济》(6)，第94~95页。
② 《河南革命根据地粮食史料选辑》下辑，第425页。
③ 《河南解放区的土地改革》，第469页。
④ 《各省农佃之分布》，罗元铮主编《中华民国实录》第5卷上册《文献统计》，第4868~4869页。

量缴租。定额租在"苏、皖、豫三省均甚普遍，且占多数"。① 定额租种可纳钱租或物租，但以物租为主。二是分成租种，地主除提供土地外，并供给一部分肥料、种子乃至耕畜，佃农在付出劳动力的同时，也负担部分生产资料，农作物收获后，根据租佃双方议定的缴租比例完租。此种租佃方式，"苏、皖、豫三省均有之，而以豫省最多"，其农产物由业佃平分或四六分成。② 三是帮工佃种，地主不仅提供肥料、种子、农具、耕畜等所有生产资料，且为佃户提供住房、口粮等生活资料，佃农只提供劳动力，此种租种方式在河南名曰"扒牛农"，人数很少，"其收获物按三七或二八分配"。③ 上述三种租佃方式，定额租所占比例最高，其次为分成租，帮工佃种数量最少。

缴租类别主要有物租和钱租两类，物租又分麦租、米租、杂粮等多种。据章柏雨、汪荫元分析，"自抗战以来，一般地主鉴于粮价的高涨，和币值的低落，凡以前采用钱租制的，有许多地方多改用谷租或分租，可见一般地主收租，在田赋改制以前，他们已在收取实物地租了"。④ 行政院派员到豫、皖、苏调查亦发现，抗战以来钱租甚少，但以实物折钱纳租者有之，如江苏吴县多以米租折价缴纳。⑤ 其实以实物折钱缴租，原型仍属物租，而表现形态却是钱租，由于战后通货膨胀严重，后期物价更是一日数涨，缴纳钱租或以米折价缴租者愈来愈少。据此可知，战后缴租类别以实物地租为主，河南佃农所纳地租麦租最为普遍，兼有杂粮租。⑥

3. 地租率

如果说地租是租佃关系的核心，那么租额的高低是地租的核心。地租量度集中体现了土地所有者对承租人剩余劳动的占有，也是表示地租

---

① 《中华民国史档案资料汇编》第5辑第3编《财政经济》(6)，第94页。
② 《中华民国史档案资料汇编》第5辑第3编《财政经济》(6)，第94页。
③ 《中华民国史档案资料汇编》第5辑第3编《财政经济》(6)，第94页。
④ 章柏雨、汪荫元：《中国农民问题》，商务印书馆，1946，第114页。
⑤ 《中华民国史档案资料汇编》第5辑第3编《财政经济》(6)，第94页。
⑥ 《中华民国史档案资料汇编》第5辑第3编《财政经济》(6)，第94页。

性质的重要依据。"租额高低因各地自然环境、佃农多少与业佃双方所尽义务不同而区别甚大,凡土地肥沃、佃农稠密以及地主供给肥料、种籽等耕作设备者,地租租额均较一般为高,及为租佃权或土地易遭水旱灾及征收押租与副产物者租额均较一般为低。"① 如前所述,在河南普遍存在的分种租中,地主供给部分肥料、种子者,农产物由业佃双方平分或四六分成。而豫省少数名曰"扒牛农"者,由地主供给一切耕作设备,佃农仅出劳力,其收获物按三七或二八分成。关于河南地租租额的高低,各地情况因租种方式各异,地租量度也不同,据行政院派员到豫东、豫南、豫西调查,租额占正产物产量最高者达80%,最低者为30%,具体情况见表20-11。

表20-11 河南部分县份租额概况调查

县别	租额占正产物产量百分比			纳副产物	备注
	最高	最低	普通		
汜水	80%	30%	40%	有纳麦	该县有"扒牛农"地主所得特多
上蔡	80%	30%	40%	同上	该县有"扒牛农"地主所得特多
汝南	50%	30%	50%	同上	该县分种为多,地主供肥料种子
郾城	50%	30%	40%	同上	
商丘	40%	35%	40%	同上	该县亦有少数"扒牛农"

资料来源:《中华民国史档案资料汇编》第5辑第3编《财政经济》(6),第95~96页。

表20-11为行政院1946年5月派员到豫调查的结果,商丘属豫东地区,汜水在豫西范围内,郾城、上蔡、汝南属豫南地区,基本可代表河南黄河南岸的地租租额情况。由该表分析,汜水、上蔡最高租额达80%,应与2县"扒牛农"存在有关,即80%租额主要是地主与"扒牛农"的分成。汝南、郾城没有"扒牛农"存在,最高租额50%,应为分种租租额。商丘有少数"扒牛农",但最高租额仅40%,为5县中最高租额最低之县。5县中有4县最低租额为30%,商丘为35%。行政院派员调查认为,豫、皖、苏3省分种租均有之,河南最多,定额租3省甚普遍,且占多数。上述2类地

---

① 《中华民国史档案资料汇编》第5辑第3编《财政经济》(6),第95页。

租，地主除出租土地外，还供给少量肥料、籽种等生产资料，或只提供土地，普通地租应该指定额租或分种租，租额在40% ~50%，绝大多数为40%。另外，佃户除正产物外，还纳副产物，表20-11中所纳副产物均为"有纳麦"，此处填写可能有误，因麦租为河南最为普遍的缴租种类，是正产物租类别，副产物不可能再让佃户纳麦子，故副产物一栏中的"有纳麦"应为"有纳麦杆或有纳麦秸"。因为土地出租者在让佃户纳正产物的同时，往往让佃户缴纳柴草、植物秸秆等副产物，麦秆为植物秸秆，可作耕畜食物，土地出租者多要求承租人将部分麦秆以副产物缴纳。如据豫北辉县、修武、林县、安阳、汲县5县10村调查，佃户所缴地租为粮食柴草半数。① 此处柴草显然指植物秸秆。温县的地租剥削，除缴正租外，还要"出草稞（草柴）"。② 可见柴草为副产物的主要实物之一。

豫北温县的地租剥削，"除了高租（50%以上）剥削以外"，还对佃户进行额外剥削，如拉官差、预缴租、出柴草等。③ 如果高租在50%以上，普通地租应低于50%。在豫西白象店，"租佃形式都是'对半分'的活租制"。④ 此种对半分的活租制，最有利于土地出租者的随时加租。襄城县"正常年景农民缴租额占生产量的三分之一或半数以上，如遇歉年罄其所产不够缴租者屡见不鲜"。⑤ 唐河县一般为实物分成，大致可分为两种情况。一种是具有劳力、牲畜和农具的农民租种土地，收获之后，牛草归农户，扣除种子（谁投入归谁）后，粮柴五五分成；一种是土地、牲畜、农具等全为地主所有，农民出劳力耕种（俗称扒牛地或拉边地），收获后，地主得七或八，农民得三或二。⑥ 上述材料告诉我们，解放战争时期的国统区地租量度普遍在40%以上，少数"扒牛农"缴租高达70% ~80%，另有极少农民缴租在30%以上，佃户租额并未因国民政府推行"二五减租"而减少。

为减轻农民负担，解放军进占国统区后，立即推行减租减息，以减轻农

---

① 《河南解放区的土地改革》，第229页。
② 《河南解放区的土地改革》，第196页。
③ 《河南解放区的土地改革》，第196页。
④ 《河南解放区的土地改革》，第469页。
⑤ 襄城县史志编纂委员会编《襄城县志》，中州古籍出版社，1993，第234页。
⑥ 《唐河县志》，第299~300页。

民负担。如中原局秋征政策规定,对地主按分租率比率东佃分担办法,倒一九倒二八分租者,秋征粮食全由东方负担;倒三七者(东七佃三)者按东九佃一负担秋征粮;倒四六分租者按东八佃二负担;对半分租者按东七佃三负担。① 1948年,豫皖苏行署制定《民国三十七年秋季农业税负担办法》,减轻农民负担的办法与中原局秋征政策规定相同。② 1948年8月15日,豫西行政公署颁布《减租减息及调整土地条例》,规定:"凡属分租制者,为便利计算起见,不论原来对半分或四六分,都改为三七分租,即佃户得七成,地主得三成。""凡拨种地(即土地、种籽、肥料、牲畜、农具等概由地主供应,佃户只出劳动力),原来倒三七(佃三地七)分者一律改为对半分(即主佃各半分租);其原来倒二八者改为四六(即佃四地六)。"③ 上述中共减租减息及减轻农民负担的政策、办法,从侧面反映了国统区地租额从50%至90%不等,凡地主提供土地及一切生产资料者,农民缴租在70%~80%,普通地租为50%左右。

4. 租佃制度中的超经济剥削

除地租外,地主还对佃户进行一系列的额外剥削,即超经济剥削。在温县,佃农除缴租外,地主还对佃户进行额外剥削,如出小稞(租子,给地主家的佣人出)、出草稞(草柴)、预缴租(先缴二分之一)、拉官工(支差、服兵役)。④ 据中共太行区党委对辉县、修武、安阳、汲县、林县等5县10个村的调查,各村均有不同程度的超经济剥削,主要有:租地时给地主一部分钱(即押租银),不叫种地时归还佃户;每年除以粮食柴草半数缴地主外,还上数十个官工(规定每亩一工,实际超过),佃户妇女得去伺候地主女人;替地主纳粮款,种5亩出10亩款;除给地主做官工外,还另给地主做活、修地、修房,用别人每天工资是吃一升赚一升,而佃户做活只管吃,遇红白喜事,还得去帮忙。⑤

---

① 《河南革命根据地粮食史料选辑》上辑,第169页。
② 《河南革命根据地粮食史料选辑》上辑,第192~193页。
③ 《河南革命根据地粮食史料选辑》下辑,第431页。
④ 《河南解放区的土地改革》,第196页。
⑤ 《河南解放区的土地改革》,第229页。

据中共豫西区党委调查，豫西白象店佃农除对半分缴租外，额外剥削苛重，主要有四种。其一，种子利。地主出租种子，分粮时，借一斗还二斗，从大堆除出。其二，额外劳动。拉煤、拉磨、担水、洗衣、抱孩子、送亲戚等。如佃户许贵额外劳动年达118个工，这并不算特殊情况。其三，捎种地。地主4%土地，每家种烟叶或小菜，由佃户无代价劳动捎种。其四，负担。正税地主负担，地方款及苛捐杂税，主佃各半。[1]

在沈丘，佃户除向地主缴纳地租之外，每当地主家逢年过节或婚丧嫁娶，还要向地主送交鸡、鸭、鹅、蛋、香油、白面、糖类、纸钱等礼物。平时还要无偿地给地主家担水、磨面、砍柴、看孩子、做家务、支官差、服苦役。另外，每季收获后，须将新收获的谷物，在未缴纳地租前，先选一部分送给地主"尝新"，佃户的劳动果实白白地被地主享用。[2]"河南南召县的地主，遇事就要佃户为之作工；当地称为'值官'；不仅佃户的男子要'值官'，妇女亦要'值官'。"[3]

上述情况，分别反映了河南各地租佃制度中超经济剥削的现象，若归纳分类，除佃户向地主缴租及柴草外，主要有以下几种。第一，无偿占有佃户劳动力。从上述材料观察，佃户在缴租的同时，都或多或少给地主家无偿干活，男子替地主种部分菜地或经济作物、修房、担水、磨面、砍柴、送亲戚、红白喜事帮忙等，白象店佃户许贵每年额外替地主劳动118工，几乎占全年时间的1/3，额外劳动应属苛重。女子替地主洗衣、看孩子、做家务、伺候地主女人等。上述额外劳动地主有时只管吃饭，有时连饭也不管，佃户许多劳动时间被地主无偿占有。第二，代地主负担差役、赋税等。如温县佃户须替地主支官差、服兵役，沈丘亦然。白象店佃户承担本不属于自己的地方款和苛捐杂税。第三，以佃户副产物奉献于地主。每当逢年过节或遇婚丧嫁娶之事，佃户须向地主送交鸡、鸭、鹅、蛋、香油等农副产品。第四，预缴地租。温县佃户租种地主土地，须预缴地租的1/2；豫北其他5县佃户租地时给地主缴部分押租银。第五，部分地区要求给地主佣人额外出小稞，等

---

[1] 《河南解放区的土地改革》，第469页。
[2] 沈丘县志编纂委员会编《沈丘县志》，河南人民出版社，1987，第126页。
[3] 章柏雨、汪荫元：《中国农佃问题》，第125页。

于加重了佃户的负担。从地主对佃户的种种超经济剥削可知，地主在租佃关系中居于支配地位，佃户处于弱势地位。

（五）国民政府"二五减租"的实施情形

战后不久，国民政府即颁布命令，在国统区实施"二五减租"，并由行政院派员调查各地实施情况及进行督导，但由上述战后地租量度及地主对佃户的超经济剥削分析，"二五减租"在河南并未实施，或者说各地没有认真执行"二五减租"的命令。据行政院1946年5月到河南调查，在"二五减租"命令下发半年后，河南省政府仅有颁布推行"二五减租"实施原则之准备，关于河南省"二五减租"的实施办法正在草拟中。"河南省可控制区域已有1/20县份颁定有'○○县二五减租实施办法'，关于县政府派员至各乡镇督导或抽查一节，据调查尚无一县。"至于减租佃农户数，"安徽、河南两省据调查尚无一户有实行二五减租之实例"。[①] "二五减租"命令下发了6个月，河南并无动静。时至1947年，据《大公报》报道，"二五减租"推行情形不能尽如理想，"能遵照三十四年政府颁布令立即实行者为数不多，其中成绩唯广西为最佳，江苏之镇江、武进、无锡、苏州等地亦颇有成效"。文中只字未提河南实行"二五减租"。[②] 一年以后，"二五减租"的效果在河南仍不明显。随着内战的爆发，"二五减租"的实施也就更无从说起了。正如时人任秀清所言："我们的政府也曾颁布过二五减租的案例，然而农民却是缴的十足十的地租。"[③]

"二五减租"未能在河南等省市推行的原因，行政院派出调查减租执行情形人员总结为以下几点。第一，省县乡镇各级行政人员对推行"二五减租"案仍视为普通案件，抱承转了事之态度，或因"二五减租"为新政之布施易引起业佃纠纷（省县参议员多为地主阶级）与社会骚动，致缺乏推行该法令之决心，率多借故拖延。第二，县政府与乡镇公所奉到令文太迟，因逾缴租时期迟办不易。第三，1945年度田赋在河南商丘曾有半数被伪组

---

① 《中华民国史档案资料汇编》第5辑第3编《财政经济》（6），第97页。
② 《二五减租施行欠佳》，天津《大公报》1947年1月16日。
③ 任秀清：《农村问题探微》，天津《大公报》1948年9月9日。

织征收，在江苏等地有部分田赋被中共征收，以上地区地主因未获得政府免赋之恩惠，自不愿意推行减租。第四，地主负担军粮太重，在河南驻有军队百万，在商丘朱集镇据调查每亩地半年已负担军差费及自治经费1000余元，而该县每亩地之田赋亦仅千元左右，其结果等于未有免赋。第五，省政府对于办理减租案件主管单位不一，结果职权不分，互可推诿责任，如河南省政府该案先归田粮处办，后改属民政厅，最后又移至社会处。第六，佃农知识低落，不明了减租意义，不能自动向地主要求减租，以致多受地主欺骗。第七，许多地区缺乏成文租约，缴租时地主可设法加租，然后再减租，结果等于不减，亦有许多地方有让租惯例，而地主因闻"二五减租"，多以应让之租额为减租额，结果亦等于未推行"二五减租"。① 总之，"二五减租"在大多地区未能推行。

1947年1月16日发表在《大公报》上的《二五减租施行欠佳》一文，在分析"二五减租"施行欠佳原因时，归纳为4点。一是政府减租法令颁布太晚；二是地方当局将减租法令视为具文，未能充分重视；三是一般佃农知识水平太差；四是保甲干部教育程度过低。《大公报》对"二五减租"施行欠佳原因的总结，前三条与行政院所派人员分析"二五减租"未能推行的原因相同，第四条归咎于保甲干部知识水平过低，对行政院人员总结有所补充。如认真梳理，我们认为佃户知识水平差，保甲干部教育程度低，伪组织、中共已经征收田赋及缴租时地主设法加租等虽可视为减租未成或减租成效欠佳的原因，但十分牵强，解放区佃户知识水平、地方干部教育程度应该与国统区基本一致或低于国统区，解放区新区的田赋国民政府也已征收，减租减息却能取得较好效果，从侧面反映了行政院所言减租未能推行的4条原因十分牵强。故此，国统区减租未能取得成效的根本原因是国统区地方干部、省县参议员多为地主阶级，其次为地主负担军粮太重及各级干部将中央法令视为具文。让出租土地的利益集团推行减租运动，效果肯定会大打折扣。

---

① 《中华民国史档案资料汇编》第5辑第3编《财政经济》(6)，第98~99页。

四　农村借贷关系

农村借贷可分货币借贷和实物借贷二种,所占比例因时因地而异。据1934年调查,河南省农民借钱者占总农户41%,借粮者占43%,低于全国农户平均借钱、借粮总户数的56%和48%。[①] 商品经济不发达的河南农户借粮者略高于借钱者,与全国农户平均借钱、借粮比例恰恰相反。随着抗日战争的爆发、战后国共内战的开始,中国通货膨胀严重,借债农户增加,且以借粮为主。据《大公报》发表文章记载,1945年河南、陕西、甘肃、四川、湖南等11省,各省借粮农户数占各该省总农户数的43%~58%。[②] 因战后一段时间物价曾出现下降,借贷方会以现金方式放贷,故1945年应有不少农户以借钱方式借款,如此推算,加上借钱之农户,11省负债农户当在80%左右。1947年,支应抡在考察河南农村借贷后得出结论说:"农村借贷办法,据调查所得,各地均不一致,大部以实物借还为原则……近年因摊派繁重,农民亦有高利借款应付杂捐者,但偿还时,则以时价折合实物者为多……农村借贷既属私下通融,借据亦很缜密,故无法统计其数字,以贫乏的农村,担负又如此之重,所借款额,及户数,想象中当属惊人。"[③] 据晋冀鲁豫太行解放区调查,林县北部地区,许多村的负债户达80%~90%。[④] 林县北部农村负债户数比例超过1934年河南省负债户数比例。据此可知,解放战争时期,河南农户负债者相当普遍,借贷方式愈到后期愈以实物借贷为主,即便开始借钱的农户,还贷时也多数以实物方式偿还。

农村借贷约可分为三类,一为私人借贷,二为合会借贷,三为银行

---

① 孙本文:《现代中国社会问题》第3册,第107~108页。
② 刘君煌:《中国小农经济之结构与得失》(上),天津《大公报》1948年3月10日。
③ 支应抡:《一年来之河南农村经济》,《河南农讯》第2卷第1、2期合刊,1948年3月,第28页。
④ 《河南革命根据地粮食史料选辑》下辑,第425页。

借贷。三种借贷方式，以银行借贷最为理想，但到银行贷款者，"真正农民极占微数，盖以手续繁□，农民向少敢问津"。① 合会借款优先借给合会成员，一般贫民很少能够借到，故时人孙本文在调查农村借款来源后得出结论："我国农村固有的金融制度，以私人借贷为最便利而普遍。其次为典当合会。……救济农村金融最适当机关，莫过于近时创办的农民银行与信用合作社。"② 可见战后河南农村借贷应以私人借贷为主。

借贷利率是农村借贷的核心问题，利率高低反映了放贷者对借钱人的剥削程度。据中共太行区委政策研究室1946年调查，在豫北焦作、武陟、沁阳等地，农民借贷时，不仅偿还高额利息，如到期无法偿还，农民还要以做工来抵利息，到农忙时随叫随到，得放下自己的农活先给地主、富农去干。"如武陟一农民借吃了二斗粮，出了一石利，还作了28个工，以致饿死3人。沁阳五区有一贫农借吃五升粮，给作了三年长工，还没有清了帐，没法把自己的地卖了。""沁阳西向某户放三斗粮，三个月成了二石四斗，一百元成了五百元。武陟还有放给农民红薯苔面而收麦面利的。焦作放十斤豆皮，麦收时还一斗麦的。"③ 上述3县借贷利率之高十分惊人，年利率应在10倍或数十倍以上，因借贷放弃自己农活被迫给地主、富农打工为普遍现象，因此被迫卖土地、饿死人的事也时有发生。

据对安阳5个村的调查，高利贷有两种，一种是高利息，一种是吃租子。放利息每百元1日利1元，吃租子每百元（买2斗米）为租子，期限是春天借，秋天还，每个租子交息4、5、6斗粮食（米或麦）不等，债主多是地主和新兴恶霸地主，债户多为中农，下中农数亦不少。④ 利率虽没有焦作、沁阳、武陟的高，但年利率也在3倍以上。另据1947年中共太行区党委调查，辉县、修武、汲县等县，"高利贷一般是八顶十，五顶十，出门一月利。灾荒年放粮更是一斗三斗，甚至一斗七斗（即一季、一月也是如

---

① 支应抡：《一年来之河南农村经济》，《河南农讯》第2卷第1、2期合刊，1948年3月，第28页。
② 孙本文：《现代中国社会问题》第3册，第109页。
③ 《河南解放区的土地改革》，第197~198页。
④ 《河南解放区的土地改革》，第202页。

此)"。① 农民借贷借1斗还3斗乃至7斗,在灾荒岁月是常有之事,且不易借到。如安阳北山庄放账有四不放:一不放买房子盖房子的;二不放闺女多的;三不放给负债多的;四不放给娶媳妇的。② 放贷条件十分苛刻,灾荒岁月中的贫苦农民为一时活命,什么苛刻的借贷条件都不得不答应。

　　豫西区党委在对白象店的调查中发现,抗战胜利后,"因货币不稳,都改为放粮帐,利率普遍是借一加五(借一斗还一斗半),五月为期。另有牛利、猪利,即'分喂牛'"。③ 以此计算,年利率当在100%以上。商水县地主李桂林放贷给农户,利率为吃1斗还2斗,期限为春借麦后还。④ 据董庆范对土改前的借贷回忆,当时鲁山县借贷形式有借粮、揭钱、放青苗等。借粮一般以1年或8年为期,借1还2,甚至还3,更有甚者借粮时以粮作价(价格听涨不听跌),还粮时以钱折粮(粮价就低不就高),秋、麦两季粮食收获时就场扣还。揭钱,利息更重,有年利、月利,也有日利。到期不还,利息转本,越滚越多,许多农民因此终身负债,甚至倾家荡产。⑤ 新郑枣区,农民多借高利贷,抗战胜利后,一般借1斤枣价,偿还时还2斤半枣。⑥ 借1还2还多,且到时以实物偿还,为贷方免去了通货膨胀之忧。1947年,支应抡在对河南农村借贷调查时发现,河南利率多为1倍,部分农民为应付苛重捐税进行短期借款,偿还时多折合实物,利息普通为20分至30分,最高尚有50分者。⑦ 综上所述,解放战争时期农村借贷利率,年利率按支应抡统计,应为100%,按中共各地党组织调查,利率在100%以上乃至数十倍,农村借贷利率之重,实属罕见。此种借贷为典型的高利贷,对农民来说虽解决了一时的燃眉之急,却戴上了沉重的枷锁,对农村生产力的提高、农民生活的改善毫无益处。

---

① 《河南解放区的土地改革》,第231页。
② 《河南解放区的土地改革》,第231页。
③ 《河南解放区的土地改革》,第470页。
④ 赵其廉:《三里长乡土地改革》,《商水文史资料》第3辑,1989,第56页。
⑤ 董庆范:《鲁山县土地改革运动浅述》,《鲁山文史资料》第13辑,1997,第113页。
⑥ 《河南省新郑枣乡调查》,《河南农讯》第1卷第3期,1947年11月,第9页。
⑦ 支应抡:《一年来之河南农村经济》,《河南农讯》第2卷第1、2期合刊,1948年3月,第28页。

五 农村副业

农村副业在农村经济中占有重要地位,几乎家家都从事不同的副业劳动。在豫北,农民除了农业生产外,"从事商业、各种手工业、运输、小贩和经营特产的非常之多"。如武陟宁郭村,269户中农有54.3%从事其他生产,贫农307户中亦有46%。所进行的生产,包括做生意、推小车、担挑、磨面、水泥、木匠、下窑、开饭铺、做小贩等。另外豫北妇女的纺织更为普遍,且是贫农主要收入来源之一。[①] 由于豫北是产棉区,家庭从事纺织者甚多,如从事纺织等手工业及其他副业的农户合计应占宁郭村农户总数的80%左右。据汪克检1947年对扶沟94户的调查,在94户中从事工业的占26.62%、经商者占3.08%、进行纺织的占28.81%、小贩为1.48%、拾柴者占20.49%。[②] 在94户中,做工、经商及小贩、纺织、拾柴者相加约占农户总数的80.48%。不管是豫北还是豫东,绝大多数家庭从事不同的副业生产或经营。

另据河南省人民政府副主席牛佩琮报告,截至1949年10月,"在河南整个国民经济收入中,农业、农村手工业(包括家庭副业)约占全部国民收入87%(内农村手工业及家庭副业,据前豫西行署估计约占25~30%),城市手工业及商业收入(按纯收入计)据税务局材料估计约占12%,而近代交通工矿收入(半机器制造业未计入)据约略计算,不足1%"。[③] 在河南国民经济中,农业及农村手工业占绝对优势,其次为城市手工业及商业,真正的近代交通工矿业微乎其微。1949年,许昌专区辖许昌、漯河两个市,13个县城,全区私营工商业户共25596户,其中商业户17364户,占68%;工业户8232户,占32%,工人6万余人。"许昌市以工商业

---

① 《河南解放区的土地改革》,第199~200页。
② 汪克检:《黄泛区人民生活的一般——九十四户家庭生活访问的报告》,《河南善救分署周报》第65期,1947年4月7日,第5页。
③ 中共河南省委党史工作委员会编《辉煌的胜利》,河南人民出版社,1991,第29页。

为主，私营商户1386户，手工和半机器工业为辅，近代工业极少。"① 许昌的情况与全省状况虽有不同，但近代工业极少，商业及手工业占优势的情况相同，说明河南是农业及家庭副业占优势、现代工矿业极不发达的内陆省份。

农村副业包括工艺类、养殖类、树艺类、杂工类、职业类等多种，每一种类又包括不同类别，如工艺类分纺织、编草鞋草绳、做土砖陶器等。据中央农业试验所统计，我国在农村中从事副业的农家以养家畜、种蔬菜、割柴草、纺织等种类为多。关于全国与河南省的农村副业经营情况，以纺织业、家畜养殖最为普遍，具体情况见表20-12。

表20-12 农村中从事副业农家占总农家之百分比（1945~1947年）

单位：%

类别		1945年		1946年		1947年	
		全国	河南	全国	河南	全国	河南
树艺类	蔬菜	44.5	21.2	41.2	16.2	37.7	16.2
	树木	11.6	17.5	12.5	15.6	11.2	15.9
	果树	9.2	11.1	9.0	7.2	8.2	9.6
	特产	8.1	1.4	7.5	1.6	7.3	2.1
养殖类	养蚕	7.1	14.3	6.0	10.5	7.8	9.9
	养蜂	4.0	2.8	3.5	2.9	3.5	2.8
	养鱼	5.8	2.3	5.1	2.2	6.2	2.8
	养家畜	59.8	47.3	60.6	43.7	55.9	35.0
工艺类	纺织	22.0	54.3	23.8	53.2	24.7	48.3
	编草鞋草绳	11.7	4.7	11.6	2.6	11.1	2.6
	做土砖陶器	3.9	3.2	3.7	2.4	4.1	4.0
	其他	0.5	—	0.8	0.5	0.4	0.2
杂工类	帮佣	17.2	8.6	16.7	7.4	15.2	9.2
	割柴草	34.3	27.6	34.0	24.8	31.1	20.8
	其他	0.8	0.4	1.0	0.3	0.5	0.5
职业类	小商贩	18.3	17.6	19.5	17.1	18.0	19.7
	木匠	6.5	5.2	5.8	5.5	6.3	5.9
	裁缝	4.1	2.2	3.7	1.5	4.5	3.0
	其他	0.3	—	0.3	0.3	0.4	0.1

资料来源：罗元铮主编《中华民国实录》第5卷上册《文献统计》，第4886~4887页；农林部统计室《农村统计手册》，1948，第66~70页。

① 中共河南省委党史工作委员会编《历史的丰碑》，河南人民出版社，1992，第4页。

从表20-12来看，就全国而言，在5大类家庭副业中，蔬菜及树木种植、养家畜、纺织及编草鞋草绳、割柴草及帮佣、小商贩等占主要地位。其中蔬菜种植下降幅度明显，割柴草及编草鞋草绳者逐年递减，但递减幅度有限，树木种植、家畜养殖及从事小商贩者，3年中有小幅波动，只有纺织业逐年略有递增。其他小行业也是下降者多，上升者寡。整体观察，全国农村副业在解放战争时期并不景气，处于勉强维持状态。就河南而言，蔬菜及树木种植、家畜养殖及养蚕、纺织、割柴草、从事小商贩者在农户中所占比重较大，其中纺织的农户3年平均占总农户的50%以上，家畜养殖平均占42%，纺织、家畜养殖是河南农户普遍从事的家庭副业。各行业从事工作时间，以纺织业时间最长，全年从事5.8个月，裁缝次之，全年从事5.6个月，其他项目（包括烧炭业、制纸、玩具、烧瓦、铁匠、泥匠等）全年从事5.2个月，另外，木匠为4.9个月、土砖陶器为3.3个月、草鞋草绳草帽草席为1.6个月。[①] 纺织、裁缝、烧炭、铁匠、泥匠等工作月数几近全年之一半，是农闲后农民所从事的重要职业。养殖、树艺类须常年种植和饲养，农户投入的时间应更长。就3年间各业之兴衰趋势观察，在河南农户中所占比重较大的蔬菜及树木种植、家畜养殖及养蚕、纺织、割柴草等大都逐年递减，走向衰落。小商贩经营、帮佣、养蜂、养鱼等行业保持基本稳定，只有木匠行业的景气度逐年递增。特别是在河南农村副业中占有重要地位的纺织业和家畜养殖业递减明显，说明河南农村副业发展趋势令人担忧。

据各地资料观察，对河南农村副业生产情况也可略知一二。从上述"土特产""畜牧业"相关问题中，可知解放战争时期河南土特产、畜牧业遭到严重破坏，不论是土特产产量还是家畜数量与战前相比都大幅下降，与表20-12关于蔬菜、树木、果树种植，家畜养殖及养蚕等行业在农户中所占比重逐年减少且下降幅度明显的状况一致。在农村副业中占有重要地位的纺织业，抗战时期一度复苏和发展，战后仍保持抗战初期水平，但与战时最好年份相比差距明显。如河南土布生产量1937年为5342500匹、1941年

---

① 彭泽益编《中国近代手工业史资料》第4卷，中华书局，1962，第550页。

9038000匹、1944年9848000匹、1945年5139000匹、1946年5947000匹。① 土布主要为农户生产，在农村副业中占重要位置，战后河南土布产量略高于1937年，但与产量最高的1944年相比，减产明显。1949年棉纱产量1万件，为1936年的22%，棉布产量186万米，为1936年的32.4%。② 说明河南纺织业比战前已大幅萎缩。

养蚕及丝绸业在南阳地区曾盛行一时，1938年，镇平全县有织机7200张，年产丝绸19.3万匹。抗战时期跌入低谷，战后二六柞丝绸有所恢复，后因战乱逐渐衰落。1948年，南阳解放前夕，全县有织机700多张，年产柞、桑丝1.6万多匹。③ 织机为1938年的10%，产量不足1/10。南召素有"蚕乡"之称，1921～1931年间柞蚕鼎盛时期，蚕农多达17233家，占总户数的65%，平均年产茧6亿余粒，产丝40万斤，最高年产丝754000斤，占全省总产量的37.3%。战后由于战争、重税及交通不便，养蚕及丝织业走向衰落，到1949年4月，茧产量已由1931年的7万担下降到4500担，大有绝迹之势。④ 丝绸为鲁山出产之大宗，该县蚕丝业最盛时期，全县丝绸机有3000余架。丝绸行仅城关即有百余家，每丝行经营有丝300余斤，四方乡镇也均设丝绸行。而到鲁山解放前夕，丝绸行仅剩10余家，织绸机只有百余架。⑤ 养蚕及丝绸业，这一南阳地区的农村主要副业，在解放战争时期最终走向衰落。

在农村副业总体衰落的情况下，也有部分行业在部分地区有所发展。信阳地区在抗战胜利后不论是卷烟业还是土酒酿造业都不同程度走向衰落，据信阳税务分局调查，信阳烟厂均系规模狭小、资本薄弱的手工作坊，至1947年，大多烟厂因受资金周转不灵、通货膨胀严重的影响，歇业停工。信阳税务分局辖区内的45家烟厂，歇业者7家，临时停工者13家，开工生产的仅有12家。土酒为信阳地区农间副业，散布乡间各地，近因地方不靖、

---

① 《民国时期河南省统计资料》下册，第74页。
② 胡悌云主编《河南经济事典》，人民出版社，1989，第7页。
③ 《镇平县志》，第489页。
④ 郭鹏：《南召的养蚕及丝织业》，《中州今古》1985年第5期。
⑤ 《提倡副业生产改善群众生活，鲁山县府扶助人民养蚕》，《豫西日报》1948年10月2日。

物价飞涨、滞销等原因，"歇业及停酿者不少"。① 到 1948 年 4 月，信阳县仅有酒坊 21 家，年产酒 21600 斤。② 每家作坊年产酒 1000 余斤，可见即便开工的酿酒作坊，产能也极其有限。鲁山县除养蚕及丝绸业凋敝外，酿酒、造纸、砖瓦、卷烟、食品等行业，从 1944 年至 1947 年，作坊倒闭十之六七。③ 而酿酒业在宝丰县却有较大发展，1933 年，宝丰县年产曲酒 6 万公斤，年输出 2 万余公斤。至该县解放前夕，全县酿酒作坊尚有 40 余家，年产酒 76 万公斤。④ 许昌卷烟在解放战争时期不受交通和原料影响，适应市场需要继续生产。产品一般有摊贩经销，也有自家人赶集赶会出售，质量好的纸烟常有人登门订货。⑤ 抗战爆发后，安阳水冶镇有大小烟厂 10 多家，烟车 20 多辆。抗战胜利后，该镇卷烟业得到蓬勃发展，大小烟厂发展到 232 家，烟车 525 辆，工人数量也随之增加。1948 年前，水冶卷烟全是手工生产，1 辆手工卷烟车 1 天（按 10 小时计算）可卷 25 条左右。⑥ 以此推算，水冶镇一天可手工生产纸烟 13125 条，是战时产量的 20 多倍。南阳社旗手工卷烟业在日本投降后达到了高峰，发展到 480 多家。⑦ 据统计，1949 年卷烟产量 8.3 万箱，为 1936 年的 148.2%，是所列所有工矿业中唯一增长的行业。⑧ 可见在百业萧条的解放战争中，卷烟业还得到了一定发展。

综上所述，抗战胜利后的河南农村副业虽部分行业在部分地区有所恢复、发展，但总体是走向衰落的，与战前相比有很大差距。据统计，1936 年河南手工业总产值 32391 万元（按 1952 年不变价格计算，下同），1949

---

① 《信阳分局业务推进概况》，《河南货物税月刊》，1947 年，开封市档案馆藏，旧 4-1-443，第 13 页。
② 河南省信阳县财政局编《信阳县财政志》，内部发行，1987，第 14 页。
③ 《鲁山县志》，第 405 页。
④ 宝丰县史志编纂委员会编《宝丰县志》，方志出版社，1996，第 428 页。
⑤ 《许昌烟草志》，第 192 页。
⑥ 阎志斌：《水冶卷烟业的社会主义改造》，中共河南省委党史工作委员会编《历史性的胜利》，河南人民出版社，1991，第 387~388 页。
⑦ 《社旗县志》，第 235 页。
⑧ 《1949 年河南省主要工业产品产量（为 1936 年%）》，胡悌云主编《河南经济事典》，第 7 页。

年为 17187 万元；1936 年副业总产值 32382 万元，1949 年为 23826 万元。①
1949 年手工业总产值是 1936 年的 53.06% 强，副业为 1936 年的 73.58% 弱。
不论是手工业还是副业，与 1936 年相较，都有不同程度的下降。

六　开发河南黄泛区

（一）黄河堵口复堤工程

黄河堵口复堤指花园口决口的封堵和花园口以下至海口黄河两岸大堤的修复，本处仅涉及花园口堵口及花园口以下河南段黄河两岸之复堤。黄河自 1938 年 6 月花园口决口，至 1946 年 3 月正式开始堵口，由于河水逐年冲刷，决口不断扩大，由开始口宽 300 公尺增至 1460 公尺，河面宽 400 公尺，最大水深 9 公尺，流量 746 秒立方尺，流速 121 公尺。黄河大堤跨豫、冀、鲁三省，长约 1280 公里，在堵口之前，应修复完工。② 在修复黄河大堤的同时，须将开封至济南旧黄河河道中在抗战期间新建的 1500 个村庄搬出，此为当时之急务。③ 由于黄河堵口复堤工程涉及联总、国共两党，三方曾为此多次协商，因黄河下游多为解放区，中共主张搬迁下游河床内的居民和修复黄河大堤后，方可堵口放水。国民党主张堵口与复堤同时进行，实暗含如中共不搬迁河床中居民、及时复堤即水淹解放区之意。④

为解决黄河堵口复堤中的诸多问题，在黄河堵口开始一个月后，国共双方代表、联总代表及专家、黄河水利委员会等各方于 1946 年 4 月 20 日召开会议，根据堵口复堤情形，经会商决定如下原则。堵口部分，第一，本年汛

---

① 《河南省 1936 年和 1949 年工农业总产值及构成（按 1952 年不变价格计算）》，胡悌云主编《河南经济事典》，第 5 页。
② 《本署配合黄河渡口工赈实况》，《河南善救分署周报》第 71 期，1947 年 5 月 19 日，第 3 页。
③ 《中华民国史档案资料汇编》第 5 辑第 3 编《政治》(2)，第 571 页。
④ 《中华民国史档案资料汇编》第 5 辑第 3 编《政治》(2)，第 573~585 页。

第二十章　国民党统治区的经济（上）

前注意加培已成之西坝，东坝及各项防护工程同时筹运石料及各项料物；第二，汛期内注意守护已成工程；第三，霜青后开始打桩，凌汛前合龙；第四，明年春暖后办理加修防护工程。复堤部分，第一，本年麦忙前赶办测量；第二，麦忙后修复旧堤土工；第三，秋忙后办理裁湾取顺及必要之浚河等，化除险工工程，凌汛前口门堵合后水归故道，利用运输石料并观察水流趋向决定险工地段，计划防护；第四，明年春暖后办理险工防护工程。根据各方商定原则，黄河堵口复堤工程同时进行，在保护已建成的东、西两坝的同时，1946年主要做好各项准备工作，该年冬季枯水期再行堵口，并未照顾到中共提出的先复堤后堵口之建议。"工款（呈请中央核准）按本年汛前完成复堤，急要部分及堵口工程切实撙节，估计至少需款二三五亿元，除已领二八亿元，至迟五月十日前应再领一三八亿元，六月十日前再领六九亿元。"① 工款中未提到应给中共区域多少，可见这235亿元主要用于黄河堵口与国统区之复堤。

4月，联总河南区主任范海宁与中共协商，关于黄河堵口工程，"最好由河南联总与分署、水利工程局一手经办"。关于复堤工程，技术方面，"由黄河水利委员会统一筹划，施工事项在中共区域以内地段，由中共办理"。黄河故道居民迁移费用，"请中央从速核定办理"，以配合堵口复堤工程的顺利进行。"堵口工程继续进行，以不使下游发生水患为原则。"② 根据协商，堵口工程加紧进行，而黄河故道居民迁移费用，直到8月、9月，周恩来两次致电善后救济总署署长蒋廷黻，要求拨发救济款项，仍无着落。③

花园口堵口于1946年3月1日正式开工，复堤也同时进行，由黄河堵复局负责。河南善救分署先后派出5个工作队负责堵口复堤工作。第一工作队辖广武、郑县、中牟3县；第二工作队辖开封、兰封、陈留、考城4县；第三工作队辖沁阳、温县、武陟、原武、阳武、封丘6县；第四工作队辖西华、商水、淮阳、沈丘4县；第五工作队辖尉氏、鄢陵、

---

① 《中华民国史档案资料汇编》第5辑第3编《政治》（2），第567~570页。
② 《中华民国史档案资料汇编》第5辑第3编《政治》（2），第571~572页。
③ 《中华民国史档案资料汇编》第5辑第3编《政治》（2），第572~573页。

扶沟3县。①从上述5个工作队所在区域观察，都处于国统区，其中第一工作队负责堵口事宜，第二工作队及第三工作队的封丘处黄河河南段复堤区域，第四、第五工作队主管黄泛区工作，说明河南善救分署所属工作队主要管理国统区堵口复堤事项。堵口工程开始后，工人逐渐增多，由原来的2000余人增加到15000余人。4月下旬，西坝新堤已筑成长1050公尺，"并于临河方面筑成堤扫大挑水坝及石坝各七道，东坝里头筑成秸柳扫五段，柳石坝三道"。5月20日开始打桩筑桥，6月20日打齐，共116排，牌距3.5公尺，共400公尺。接着拟抛石平堵，因此时下游解放区黄河大堤还未修复，中共提出严正抗议，加之汛期提前到来，将部分木排冲走，"至七月底共毁四五孔，长一八〇公尺。汛期内以水位高涨，不克补打，平堵工程，完全停止"。②可见黄河堵口并未遵照各方达成的堵口复堤原则，而是汛期提前到来才停堵口，似有水淹解放区之意。

汛期过后，又有90公尺一段桩工被冲毁。10月下旬堵口指挥部门决定应变方案，12月11日将东、西两坝桩工补齐，后经过多次反复，1947年3月15日花园口决口处合龙成功。③据河南善救分署第一工作队统计，黄河堵口复堤工程计用工5873825工，发放工粮33磅装3527桶、100磅袋装34490袋又69.5斤、140磅袋装2635袋又93.5斤、150磅袋装3259袋又45斤、48.5磅袋装210334袋又8斤、46.5磅袋装5190袋又13.5斤、224磅包大米775包。④黄河堵口工程历时一年，经过多方争论、协商，耗费大量人力物力后完工。

关于黄河复堤工程，分解放区、国统区两部分，而最难完成部分为国共所属区域的接合部。据河南善救分署报告，河南国统区复堤工程分南一、南

---

① 熊笃文：《两年来的振济业务与观感》，《河南善救分署周报》第100期，1947年12月31日，第15页。
② 《本署配合黄河堵口工振实况》，《河南善救分署周报》第71期，1947年5月19日，第4页。
③ 《本署配合黄河堵口工振实况》，《河南善救分署周报》第71期，1947年5月19日，第4~5页。
④ 《本署第一工作队经发黄河堵口复堤工程工赈食粮统计表》（1947年4月20日），《河南善救分署周报》第71期，1947年5月19日，第7页。

二、北一、北二、沁河、铁谢 6 工程总段,约计用土方 8500000 公方,至 1947 年 4 月 20 日以来,已次第完工。① 1947 年 7 月 7 日,国、共及联总等各方代表在东明县开会,据国民党列席代表齐寿安称,国统区复堤重点在黄河北岸,直到开会时,北岸复堤基本完工,南岸复堤完成 80% 以上,影响复堤工程进度的主要因素为战争。② 解放区的复堤工程,据善救分署称,"所有中共区内堤段,均由中共负责整修,据报六月一日开工,发动民工三十万人。七月底已完成土方一六〇〇余万公方。重要险工堤段,均经大致整修"。③ 1947 年 7 月 7 日各方代表会上,中共代表王云化言,解放区复堤工程,1947 年夏季前动工,动员民工 30 万人,6 月 27 日全部完工。险工堤段已做好坝基,准备足原料。但国共接触地段,"双方在水牛灶、长垣方面尚有四十八里未修,人民非常着急"。④ 由此可知,黄河复堤工程比堵口更复杂,因内战于 1946 年 6 月爆发,国共双方在黄河两岸时有战争发生,影响复堤工程甚大。不管怎样,黄河复堤工程应在 1947 年汛期到来前已基本完成。

(二) 机械队垦荒

机耕队为黄泛区垦荒,当时称曳引机代耕(代农民耕作),又被时人称为"工化农业"。用机器大规模开垦土地,"在河南还是第一次"。⑤ 黄泛区曳引机由联总提供,据时任曳引机第三队队长的崔玉华回忆,自 1946 年 6 月联总中国分署将第一批 19 台 18 马力四轮拖拉机运到开封,到 1947 年 6 月,陆续运到河南的拖拉机共有 7 种型号,合计 250 余台,另有 6 台自动式"麦斯"康拜因(联合收割机)也陆续运到泛区。⑥ 二者相加应为 260 余台。据河南善救分署周报统计和韩启桐、南钟万书中记载,河

---

① 《本署配合黄河堵口工振实况》,《河南善救分署周报》第 71 期,1947 年 5 月 19 日,第 5 页。
② 《中华民国史档案资料汇编》第 5 辑第 3 编《政治》(2),第 592 页。
③ 《本署配合黄河堵口工振实况》,《河南善救分署周报》第 71 期,1947 年 5 月 19 日,第 5 页。
④ 《中华民国史档案资料汇编》第 5 辑第 3 编《政治》(2),第 591~592 页。
⑤ 汪克检:《河南黄泛区工作特述》,《河南善救分署周报》第 100 期,1947 年 12 月 31 日,第 7 页。
⑥ 崔玉华:《忆黄泛区农垦队和农垦学校》,《河南文史资料》第 27 辑,1988,第 187~188 页。

南泛区共接收联总曳引机 264 台。① 泛区共有各种耕地、播种农业机械 264 台，应是事实。

为使曳引机尽快发挥效力，当第一批曳引机到达黄泛区，即于 1946 年 6 月在尉氏樊家成立曳引机训练班，代耕工作随即开始。至 8 月间，分署在方城增设训练班 1 处，不久迁黄泛区工作。② 随着拖拉机数量的增加，分署先后在尉氏樊家办了曳引机手训练班 5 期。③ 曳引机训练班学员来源，开始规格很高，由当时甚少的大学生充当学员，以后逐渐降低标准，人员也不断增加，且主要来自黄泛区农家。在学员中间，绝大多数为知识分子，但也有少数从解放区派去的工农干部。据曾参加第一批培训班的崔玉华回忆，在第一批学员中，就有冀鲁豫边区政府派来的 2 名工农干部。这些学员培训结业后，被当作高、中级技术干部及基本干部技术人员任用，主要"分配到三个农垦队十个支队工作"。④ 334 名曳引机手被分到黄泛区后，为河南黄泛区的垦荒起到了很大作用。

当时在黄泛区共有 3 个曳引机复垦队，"第一队在王牌坊。第二队在扶沟的练寺。第三队在西华的护当城。各队都有几个支队。各队人员大都多在三〇人左右，除了几个事务人员外，都是技术人员"。1947 年春在漯河成立农业机械修配厂，专负修理农业机械任务。⑤ 农垦队第一队队长为原玉印，下有 2 个支队，分设西华邵蛮楼及王营，1947 年底全部集中在西华文庙。第二队队长董模东，下设晋桥、直沟河、秦岭及郑桥 4 个支队。第三队队长崔玉华，下有南陵、郭庄两个支队。各支队利用农业机械为所在地返乡群众和本地农民翻耕了大量土地，并用康拜因做了小麦、绿豆等农作物的试验性收打工作。⑥

---

① 韩启桐、南钟万：《黄泛区的损害与善后救济》，第 106 页。
② 万晋：《两年来河南农工业之救济与善后》，《河南善救分署周报》第 100 期，1947 年 12 月 31 日，第 38 页。
③ 韩启桐、南钟万：《黄泛区的损害与善后救济》，第 108 页。
④ 崔玉华：《忆黄泛区农垦队和农垦学校》，《河南文史资料》第 27 辑，第 187~188 页。
⑤ 汪克检：《河南黄泛区工作特述》，《河南善救分署周报》第 100 期，1947 年 12 月 31 日，第 11 页。
⑥ 崔玉华：《忆黄泛区农垦队和农垦学校》，《河南文史资料》第 27 辑，第 188~189 页。

第二十章　国民党统治区的经济（上）

据万晋称，从1946年6月至1947年底，三个曳引机复垦队在各地共计用农机垦地（开垦生地）573291.7亩，耙地378164亩，中耕①42336亩，除草9055亩，中耕耙地2700亩，播种高粱、大豆、绿豆、红薯等秋禾164985.5亩，小麦254915亩。其中，第一复垦队在淮阳李方乡、西华冯桥乡垦地152943亩，耙地147400亩，中耕42336亩，中耕耙地2700亩，除草480亩，播种绿豆、大豆、高粱等杂粮42336亩，小麦52050亩。第二复垦队在扶沟练寺、郑桥、晋桥、大沟村、秦岭等地带垦地269643.7亩，耙地90864亩，除草8000亩，播种高粱、大豆、绿豆、红薯等96529.5亩，小麦106000亩。第三复垦队在西华护当城、永兴寨、柳城、红花集等地带垦地121680亩，耙地102200亩，播种大豆、绿豆、荞麦、红薯等秋禾25020亩，小麦84000亩。② 另据河南善救分署统计，自1946年6月至1947年11月，在尉氏、扶沟、西华、太康、淮阳等县，用曳引机复垦计569589亩，占黄泛区复垦总数1618276亩的35.20%弱。③ 善救分署统计比万晋所言少3702.7亩，考虑到万晋所说时间到1947年底，比分署截至11月多1个月，两种统计数字也就一致了。另外，复垦队还派曳引机为解放区垦荒、种地。1947年春，解放区代表赵政一要求驻贾鲁河西的复垦第二队派曳引机到河东解放区开荒，"联总驻豫办事处派塔克和我（崔玉华——引者注）到葛岗与扶沟民主政府县长张申协商，商定由联总提供物资，农垦队派人员和机车到河东设点垦荒……直至救济分署结束"。④ 崔玉华回忆虽未谈及复垦队所派人员、曳引机数量和开垦荒地亩数，但我们可根据每台曳引机每天耕地亩数推算，当时每台曳引机每天垦地60亩，⑤ 即便派去3台到5台机车，按200天计算，仅1947年可垦地36000亩至60000亩。故机耕队在

---

① 中耕：指在垦荒后又为农民用曳引机翻耕的熟地。
② 万晋：《两年来河南农工业之救济与善后》，《河南善救分署周报》第100期，1947年12月31日，第38~39页。
③ 《河南泛区复垦成效统计表》，《河南善救分署周报》第100期，1947年12月31日，第56~57页。
④ 崔玉华：《忆黄泛区农垦队和农垦学校》，《河南文史资料》第27辑，第189页。
⑤ 汪克检：《河南黄泛区工作特述》，《河南善救分署周报》第100期，1947年12月31日，第7页。

河南黄泛区垦荒在57万亩以上当属无疑，且机耕队垦荒主要集中在国统区进行。

曳引机在河南黄泛区的垦荒，对黄泛区的社会发展起到了积极作用。首先，为黄泛区开垦了大量荒地，有利于黄泛区农业的恢复。从1946年6月至1947年底，复垦队机垦荒地57万亩以上，机垦荒地约占尉氏、太康、西华、扶沟、淮阳等县开垦荒地总量的35.2%，用机械大面积耕地，在黄泛区历史上还属首次。这些被开垦的土地大部分无偿拨给农民使用，如在练寺有26台曳引机不停垦荒，翻耕的土地，"由练寺近来还乡难民播种"。"曳引机现已耕地五万余亩。扶沟难民，已渐向已耕之土地上移动。"① 曳引机的引用，对黄泛区农业恢复无疑会起到积极作用。

其次，在农村大面积机耕土地，不仅部分实现了黄泛区工化农业的目标，而且有开阔农民视野的作用。中国农民几千年来一直以牲力及人力耕作，对机械化耕作一无所知，当复垦队在各地垦荒时，"老百姓带着惊异的眼光观察机器耕地。经过一个较久的时间，他们的确相信一架曳引机每天可以耕地六〇亩，省掉了不知多少的人力"。且到处热烈欢迎复垦队为他们开垦土地。另外，老百姓不但对曳引机的用途不明白，而且认为"洋犁耕过，一切充公"，至少是"粮食打下来，一亩至少抽一升"，以致谣言四起，造成纠纷。后经工作队人员的解释、走访，老百姓渐渐接触工作队，一切误会消除，"老百姓们一群群的请求为他们代耕了"。② 由此看来，机耕队所至黄泛区的百姓确实有一个由惊奇到适应的过程，而这个过程也正是开阔他们视野的过程。

再次，大面积机垦土地，促进了黄泛区合作农场的建立。在中国建立合作农场，民国时期早有讨论，但直到战后能实际实行的甚少。于是，复垦队利用黄河堵口后，黄泛区土地失去界标，利于大机器耕作的机会，

---

① 《视察团汽车驶入真空地，沙深数尺百里无人烟》，《河南善救分署周报》第67期，1947年4月21日，第5页。
② 汪克检：《河南黄泛区工作特述》，《河南善救分署周报》第100期，1947年12月31日，第3、7页。

辅导、组织农民成立合作农场，并对组建合作农场的农民给予优惠政策。① 在河南善救分署及各地复垦队的努力下，第一、第二农垦队首先在周口、扶沟两地代耕区域，成立合作农场各一处。② 后在其他地区展开，据统计，仅在扶沟、西华即建立合作农场79处。③ 这些合作农场，"大村一村为一单位；小村联合数村为一单位。面积大的五〇〇〇亩，小的一〇〇〇亩。曳引机是无代价代耕，其余拔草等工作由各场男女编队下地工作，生产品按照工作劳力的多少，作为分配的标准。一年来当地农民对合作农场发生极大信仰，正因为如此，中共方面对此发生疑虑，合作农场便解体了"。④ 合作农场的建立，是否给加入的农民带来根本的变革，由于资料有限，无法给予证明，但大量合作农场的建立，在黄泛区确属首次，也肯定会对农民的思想产生一定影响。

（三）黄泛区民众的生活

1. 部分民众生产、生活方式的变化

花园口决堤前，河南黄泛区"经济基础，主要的是以农业为中心的，约有百分之八十以上的人口从事农耕，以农田为其生活的基础。此次黄泛灾害受害最大的也就是广大的乡村"。⑤ 抗战胜利后，大批战时出逃之难民重返乡里，看到的是一片荒凉，满眼黄沙。1947年4月14日，黄泛区联合视察团到达泛区，发现黄河堵口后，黄水干涸，"扶沟以西大地上覆沙深达数

---

① 有关对组建合作农场的优惠政策，如曳引机优先为合作农场耕地，实际上各地合作农场的土地大多是曳引机开垦的。再如河南善救分署1947年度"黄泛区春耕贷种办法"规定，春耕贷种对象为黄泛区重灾区之尉氏、太康、扶沟、西华、淮阳等县的合作农场，另有部分互助组（见《河南善救分署周报》第68、69期合刊，1947年5月5日，第11页）。显然，春耕所贷种子主要给了合作农场。另外，政府贷款，合作农场也有优先权。
② 《本署呈准组织泛区合作农场》，《河南善救分署周报》第78、79期合刊，1947年7月14日，第2页。
③ 《河南泛区复建成效统计表（1946年1月至1947年11月）》，《河南善救分署周报》第100期，1947年12月31日，第54～55页。
④ 汪克检：《河南黄泛区工作特述》，《河南善救分署周报》第100期，1947年12月31日，第8页。
⑤ 韩启桐、南钟万：《黄泛区的损害与善后救济》，第40页。

尺，行百余华里，沿途无人烟"。"西华房屋半没沙中，难民正掘发沙中之砖瓦及残物。"① 在扶沟，有的地方老百姓掘地17尺，方发现埋在地下的物品。"事实上，在扶沟，或者是其他县份，谁也看不出曾经有人类在这里住过家，那里是一片黄沙，放眼望去，不知道这片大沙漠要延伸到多远。"② 扶沟、西华涸出水面的土地多被黄沙覆盖。据徐有礼教授考察，扶沟县沙土面积占土地总面积64%、淤土占30.3%、两合土占11%、盐碱土占8.8%；尉氏县沙土占48.55%、淤土占9.24%、两合土占37.3%、盐碱土占2.33%；通许、柘城、太康、鄢陵等县沙土、淤土、两合土所占比例分别为26.95%、9.6%、61.94%、0.43%、50.2%、48.95%、7.5%、11.5%、43.8%和6.33%、10.44%、49.55%。③ 以上土质，两合土易于耕种，淤土次之，黄沙不易耕种，盐碱土更难耕作。在黄沙土、盐碱土占多数的扶沟、西华、尉氏等县，由于地质发生变化，有很多农民即不能以耕作为生，生活发生了很大变化。

据汪克检对扶沟的调查，原来肥沃的土地，堵口后变成了一片黄沙，到处是荒草芦丛。在其调查的94户404人中，因土地不利耕作，除12岁以下的67个小孩外，其余337人职业分布状况见表20-13。

表20-13　扶沟县94户337人职业分布统计

职业	人数	百分比(%)	职业	人数	百分比(%)
农	6	1.78	小贩	5	1.48
工	90	26.62	拾柴	96	20.49*
商	7	3.08	行乞	11	3.26
学	10	2.97	无业	42	12.51
纺织	97	28.81	合计	337	100.00

注：*应为28.49。
资料来源：汪克检《黄泛区人民生活的一般——九十四户家庭生活访问的报告》，《河南善救分署周报》第65期，1947年4月7日，第5页。

---

① 《视察团汽车驶入真空地，沙深数尺百里无人烟》，《河南善救分署周报》第67期，1947年4月1日，第5页。
② 《黄泛区一片荒凉，流亡难民相率返里，重耕复兴工作艰巨》，天津《大公报》1947年5月18日。
③ 徐有礼、朱兰兰：《略论花园口决堤与泛区生态环境的恶化》，《抗日战争研究》2005年第2期。

第二十章 国民党统治区的经济(上)

表 20-13 是汪克检对扶沟县 94 户 337 位成年人从业情况的调查。从该表可知,原来以农耕为主的农民,从事农耕的仅为 1.78%,原来甚少做工的农民,做工者达 26.62%,如果将纺织也视作做工的话,做工之人更多,为 55.43%。拾柴、行乞、无业人数相加共 149 人,占成年人总数的 44.21% 强,几近成年人数一半。之所以发生与战前职业分布迥异的情况,一是因土质变化,由原来易耕作的沃土变成了不易耕作的黄沙;二是泛区社会环境发生了变化,如河南善救分署在泛区举办工程,许多无地耕作的农民"多参加本署所举办各种工赈工程"。纺织者"大多数系由本署贷给棉花",然后由分署收回纺织品,付给工钱。拾柴者甚众,"此因泛区到处是荒草芦丛",不仅柴源广,且可将所拾之柴卖给工赈工地作燃料。[①] 不管如何,扶沟黄泛区农民生产方式发生了重大变化,且生产方式的变化带来了生活的变化。另据熊笃文介绍,为了发展黄泛区工业,善救分署在扶沟练寺、红花集、西华长牛镇收留贫苦的孤儿成立孤儿院,"除教他们学习工艺练习谋生技能之外,并且教他们读书,奠定半工半读的基础"。这些有技艺的孤儿,从孤儿院出来后,多不再从事农业生产。[②] 韩启桐在其著作中说,黄河决堤至 1947 年 3 月合龙,农田被淹,农民丧失了求生的基础,有的逃亡他乡,有的栖宿高地,"在不定的涸地上,从事没有把握的农作,有的捕鱼为生,各地的情形不一"。[③] 战后一年多,黄泛区人民仍以各种不同的形式求生活,原来以农耕为其生活基础的状况发生了很大的变化。考虑到整个黄泛区在黄河堵口后,许多土地仍淹没在水中,即使涸出水面的土地,不是黄沙,就是芦苇地、芦苇柳树地及柳树地,一时也不利于耕作,[④] 加之各地工赈工程较多,故黄泛区农民职业分布即使与扶沟有异,原来以农耕为主的生产、生活方式发生变化,也是毋庸置疑的。

黄泛区农民生产生活的变化是由原来的一家一户的小农个体生产、生活

[①] 汪克检:《黄泛区人民生活的一般——九十四户家庭生活访问的报告》,《河南善救分署周报》第 65 期,1947 年 4 月 7 日,第 5 页。
[②] 熊笃文:《泛区视察归来》,《河南善救分署周报》第 73、74 期合刊,1947 年 6 月 9 日,第 18 页。
[③] 韩启桐、南钟万:《黄泛区的损害与善后救济》,第 40 页。
[④] 汪克检:《河南黄泛区工作特述》,《河南善救分署周报》第 100 期,1947 年 12 月 31 日,第 2 页。

— 949 —

方式在部分地区变为集体生产、生活方式。黄河堵口后，随着土地涸出水面及对土地的开垦，因土地旧有经界的毁灭，黄泛区各县土地产权纠纷增加。为解决地权纠纷问题，推行行政院 1947 年 9 月颁布的《黄泛区土地勘测及重划办法》及增加生产起见，河南省地政局拟订《黄泛区土地整理计划》，拟将黄泛区土地全部勘测、重划、放领，创设自耕农场及合作农场。具体办法是，将黄泛区划为若干段，每段划为 4 区，每区划为 16 乡。乡之形状，约为正方形，长宽各约 6 公里，土地面积约为 54000 亩。每乡定为 9 保，每保面积约 9000 亩，然后将土地或放领给农户、或组建合作农场。该计划已由河南省政府委员会通过，计划 2 年内完成。[①] 河南省地政局拟定的重划土地办法，应该说适应黄泛区土地无经界的情况，但由于战争，国民党政权很快即退出河南，重划土地计划也无法认真执行，人们没能看到黄泛区出现全面的理想式的正方形自耕农场及合作农场。尽管如此，黄泛区合作农场的确在不少地方建立，如前所述，仅在扶沟、西华即建有 79 处合作农场。合作农场的土地由机器耕作，农民编队到地里劳作，按工作情况分配粮食，生产、生活方式与个体生产时期相比，发生了根本性的变化。

2. 广大人民生活的艰辛

与战前相比，战后黄泛区民众生活更加艰辛、痛苦。众多返乡难民，虽然受到河南善救分署的救济，按照发放黄泛区难民食粮办法纲要之规定，对黄泛区非赈不活的极贫穷难民，不分大小口，在 1947 年 7 月 1 日至 9 月底 3 个月时间里，每月发放面粉 20 市斤，或小麦 25 市斤，或豆粉 30 市斤，或干豆 30 市斤，"但还是僧多粥少，杯水车薪，并且在缺乏农具的情况下，也没有生产的能力。他们没有衣服穿，没有粮食吃，没有房子住，也没有工作做。在这样风雪严冬之时，他们的确是不易活命的"。[②] 衣食住皆成问题的难民，在严冬中的痛苦可想而知。另据汪克检对扶沟 94 户人家的调查，94 家中，战前有房、田产者 86 户，战后几乎荡然无存，关于调查情形见表 20 – 14。

[①]《黄泛区土地纠葛多，豫省拟定重划办法，行政区域分成井形方格》，天津《大公报》1947 年 10 月 21 日。
[②] 汪克检：《河南黄泛区工作特述》，《河南善救分署周报》第 100 期，1947 年 12 月 31 日，第 2、6 页。

第二十章　国民党统治区的经济（上）

表 20-14　扶沟县 94 户家庭产业状况

时期	产业分类	户数	时期	产业分类	户数
过去情形 （抗战爆发前）	有田产者	7	现在情形 （抗战胜利后）	田被淹者	5
	有房产者	3		房被淹者	24
	房田均有者	86		房田均被淹者	61
	房田均无者	4			

资料来源：汪克检《黄泛区人民生活的一般——九十四户家庭生活访问的报告》，《河南善救分署周报》第 65 期，1947 年 4 月 7 日，第 5 页。

表 20-14 是汪克检对扶沟县 94 个家庭战前、战后的产业状况调查。从该表可知，抗战爆发前，100 户中房田均有者 86 户，占 86% 弱。有田产者 7 户，占 7% 弱。说明战前扶沟人民大都有房产田产，以农为业。战后房田均被淹者 61 户，占 64.89% 强，房被淹者 24 户，占 25.53% 强，田被淹者 5 户，占 5.32% 弱。说明战后扶沟人民有约 2/3 的人无房屋住、无田地耕作，90% 的人家无房屋住，70% 以上的家庭无田地耕种。如果说这些黄泛区民众因河南善救分署的救济尚可活命的话，那么，90% 的人居无定所则是分署无法解决的，他们只能露宿街头，或栖身帐篷之中了。

尉氏樊家是曳引机训练班所在地，有机耕队在此帮助农民代耕土地，也是善救分署人员主要据点，各方面的救助应该好于离救助人员更远的偏远乡村。可是，即便是这里的复垦队工作人员，"常常没有粮食，连新鲜蔬菜也吃不到，断油断盐那更是常事。蓬账在中午，像火坑般炙着人，一到夜里，又凉如寒冬。夜里还闹狼，又是令人恐怖的事情"。[1] 分署工作人员常闹粮荒，栖身帐篷之中，返乡难民的窘境就可想而知了。时人在总结中称："胜利后，全国相继复原。瞻望泛区，仍属一片汪洋，人民继续度其流离生活，日有未已，故豫人尝谓泛区功在国家害在地方。"[2] 显然，战后黄泛区民众相对其他地方更加艰难。

另外，战争与灾荒使原本生活在困难中的黄泛区民众更加痛苦。黄河堵

---

[1] 汪克检：《河南黄泛区工作特述》，《河南善救分署周报》第 100 期，1947 年 12 月 31 日，第 3 页。

[2] 马杰：《河南善后救济工作述怀》，《河南善救分署周报》第 51 期，1947 年 1 月 1 日，第 2 页。

口之前,国民党控制河西花园口至尉氏的狭长地带,共产党控制河东地区,两者尚能保持相安无事。黄河堵口后,黄河故道涸出水面,原来分界线消失,"国共双方军队时刻争夺游动",战斗增加。① 据河南省政府主席刘茂恩报告,从 1947 年 4 月 15 日至 4 月 20 日,中共魏凤楼部即与国民党军在尉氏发生战斗 3 次、沈丘 2 次、淮阳 1 次、鹿邑 1 次、淮(阳)太(康)边境 1 次、淮(阳)鹿(邑)边境 1 次、通(许)太(康)扶(沟)边 1 次、淮(阳)沈(丘)项(城)边 1 次。② 几乎天天都有战斗发生。特别是刘邓大军挺进大别山的行动,使黄泛区战斗更趋激烈。伴随着战争而来的是灾荒的频发。据统计,1946 年 6 月至 8 月,黄河水暴涨,河南泛区庐舍漂流,田舍淹没,民众十九逃难外乡就食。1947 年冬寒,大风雪,积雪封门。1948 年秋,淫雨连绵,贾鲁河、大浪沟决口成灾。1949 年 9 月,水灾,淹地 472448 亩。③ 与此同时,1946 年、1947 年豫东泛区分别有 4 县和 3 县发生蝗灾。④ 尤其是 1947 年蝗灾,蝗蝻密集地带面积达 920 平方里。若按扩撒区域计可达 3200 平方里,对扶沟、西华两县危害特别严重。⑤ 由于战争、灾荒不断,开封县、杞县、睢县等地民众纷纷外逃开封、郑州、洛阳等城市,其中以郑州为最多,以致郑州人山人海,周围 30 里内不易觅得民房。⑥ 河南善救分署赈务组组长熊笃文在总结两年来的救济业务时说:"当前河南难民过多,旧难民还未救完,新难民又相继产生,结果简直是救不胜救,使我们良心上非常痛苦。"⑦ 在这许多的新难民中,不乏黄泛区民众。《大公报》记者在谈及黄泛区时说,黄泛区"荒芜广阔",1947 年秋麦种缺乏,很少种上麦子。疾病流行,"平均十人中有三四人患眼疾;肺病患者,十人中

---

① 韩启桐、南钟万:《黄泛区的损害与善后救济》,第 37 页。
② 《中华民国史档案资料汇编》第 5 辑第 3 编《军事》(2),第 427~428 页。
③ 张喜顺:《1938~1952 年间黄泛区的农村经济演变趋势——以扶沟、西华县为个案研究》,《许昌学院学报》2007 年第 3 期。
④ 李红艳、王丽霞:《浅谈 1941~1947 年豫东黄泛区蝗灾》,《牡丹江师范学院学报》2007 年第 2 期。
⑤ 《泛区治蝗工作现状》,《河南善救分署周报》第 77 期,1947 年 6 月 30 日,第 3 页。
⑥ 《河南难民流入都市,郑州周围觅房难》,天津《大公报》1947 年 11 月 15 日。
⑦ 熊笃文:《两年来的振济业务与观感》,《河南善救分署周报》第 100 期,1947 年 12 月 31 日,第 20 页。

亦有一二"。加之春夏间及秋天蝗灾，愈演愈烈。泛区烽火，"大有更趋激烈的象征，可怜的老百姓，在烽火漫天的情况中，只有徒唤奈何而已"。[①]《大公报》记者所言，道出了黄泛区的真实情况。尽管黄泛区在战后得到不少善救物资及款项，但战争与灾荒的破坏，远大于救济，这正是难民越救济越多的原因。

[①] 《黄泛区一片荒芜，归耕难胞无衣食患病者多，水后闹蝗灾烽火又趋激烈》，天津《大公报》1947年9月22日。

第二十一章
国民党统治区的经济（下）

一 国民政府的经济接收

为使沦陷区日伪资产有序接收，战后国民党政府制定接收敌伪产业处理办法，规定各区接收之厂矿公司，均按其性质分别加以处理，主要方式如下。(1)"凡属国人或盟邦人民产业被敌伪强占或强买者，一俟人民申请，均予查明发还赎还。"即凡战前属中国人民的工矿企业均应查明后归还原主人。(2)"凡属纯粹伪产业而其性质合于国营条件者，分别交由资源委员会中纺公司、中蚕公司或其他主管机关接办经营。"即日伪经营的工矿企业收归国有。(3)"纯属敌伪产业而其性质合于民营条件者，则由各特派员办公处尽量以标售方式交予民营。"政府主张除各方合乎国营条件的企业外，尽量交由私人经营之。(4)"前项厂矿公司，在已决定处理而尚未标售以前，则均由各区特派员办公处暂行保管经营。"①

河南属鲁豫区，由军政部、铁路局、党政机关接收委员会负责接收日伪在豫资产。军政部开封区特派员办公处接收的日伪产业包括：(1) 兵工。第一战区20种，枪炮载车39927件，各种弹药10019232发；第五战区22种，计弹药26082件，子弹5049954发。修械所3个。上述接收之枪支弹药等均分别拨存。(2) 军需品。第一战区接收各种车辆950辆，第五战区345

---

① 《中华民国史档案资料汇编》第5辑第3编《财政经济》(1)，第19~20页。

辆。各种燃料，第一战区接收 35617820 加仑、51406 磅又 16 公斤、142 桶、空桶 3296 个；第五战区接收 26931 加仑、2110 磅、1290 公斤、727 桶、9 箱、空桶 696 个。各战区所接燃料，由其自行分配处理。马匹，第一战区计 6655 匹，五战区计 2855 匹，均分别下拨各部队。各种兽医药材，一战区计 276 具、64 组、14 瓯，自动车 8 辆；五战区 3 具。主要通信器材，一战区 3098 部、11866 卷、14212 公斤、66582 只、4330 具、42 公（原文如此）、303 付；五战区 500 部、345 卷、3692 只、17 组、133 付。（3）卫生。接收医院 5 所，各种药材 395 种；接收主要卫生物资，一战区计 323 件，五战区 4□（一字不清，下同）件；各种主要药品计 2211369 粒、521975 公分、321047 安□、362539 公斤。（4）工厂。接收工厂有郑州面粉厂、归德面粉厂、新乡制粉厂、开封面粉厂、开封河南面粉股份有限公司（开封 2 厂由河南省政府接收）、新乡振华纺织厂、卫辉华新纺织厂等 7 家。（5）其余粮秣、军需、被服、原料等种类繁多，此不备载。又变价一部，共收法币 97078278 元。[①] 除枪支弹药外，军政部门接收了日伪大量战略物资，医药器材及医院、工厂等，且主要物资均由各战区自行分配，许多原本可以民用的物资、可交由地方或商人经营的工厂，交由军队接收，不利于民生之安顿、生产之恢复，并为以后工厂的归属留下隐患。

开封铁路局接收部分。该局共接收 7 单位，内有机车 317 辆，其他各种客车、汽车等 1509 辆，现款 2156764196 元（内有法币 981758 元，另现款及以后所接收的现金，除标明法币者外，均应为联银券）。郑州 20425299 元。新乡法币 22592 元，联银券 10955525 元。另有其他票据、仪器、礼品、机器、书籍、家具、药品、服装、枪械、燃料、食粮、材料、房屋、地亩及其他动产共移交册 17 册。在开封铁路局接收的不动产中，有一部分工地房屋，系敌伪占据时强征，或占据人民者，在接收处理敌伪物资清查团人员到汴、郑等地后，人民纷纷请求发还，据清查团人员称，已令报在案，拟请该局依照行政院修正收复区土地权利清理办法裁

[①] 张研、孙燕京主编《民国史料丛刊》第 570 册，第 255 页。

定。裁定后准所有权人缴价领回，或补办征收手续。①开封铁路局接收的物资中，确有部分属日伪政权强征而得，本应归还原主，国民政府却让原主缴价领回，实为对人民的掠夺。

河南党政接收委员会接收部分。（1）该会接收者。计有伪□和公司，城防177件家具，□生会所、印刷所、日本领事馆、日本中学校、青年学校等13单位及各厅打字机8架，另有其他敌产。（2）财政厅接收资产。计有伪财政厅、河南省官公产清理处、实业银行及该行仓库、朝鲜银行、中国联合银行等6单位，有收到各机关接收敌伪现金，计伪钞915787.42元，国币19309364元，已先后交由中央银行存储。（3）田粮处接收部分。计有开封契税经理局、河南食粮公社、商丘新乡两办事处、日华株式会社开封工厂、安阳普润面粉厂、华北开发公司等8单位，及郑县、新郑、荥阳、中牟、汜水等沦陷区26县日伪政权所遗粮食。（4）合作事业管理处接收资产。共有伪河南省合作联合社及开封商丘两办事处，开封市合作社，开封县、中牟、汲县、宁陵等县合作社，共20单位。内有接收伪币1564881.91元，缴财政厅及核支伪员交通费共计1255661.06元。尚存抵押伪钞309220.85元，折收法币部分计收4117800元。商丘、开封两办事处共收配销价款109712642.2元，现存物资据估计价值11554295505元。（5）河南省建设厅接收敌产。计有伪建设厅、河南省度量衡检定所、工务总署开封工务处、种马场、开封电报电话局、彰德中国打包厂、安阳广益纱厂等16单位及其他敌遗物资。该厅附属机关接收者，计有河南省开封电厂接收伪华北电业股份有限公司开封支店，河南省纺织改进所接收伪麻业改进会开封支部，河南省化工实验所接收伪皮毛统制协会、河南制冰厂等11厂，河南省面粉特种有限公司接收日华制粉株式会社开封工厂及河南省面粉有限公司2厂等。（6）货物税局在开封接收猪毛10800市斤，在商丘马牧集接收烟叶41350市斤，在商丘接收伪币1744398.25元，家具85件，制服7套。另外，河南省教育厅、卫生处、社会处、保安司令部等单位及各地县政府也都接收了所应接收

---

① 张研、孙燕京主编《民国史料丛刊》第570册，第255页。

第二十一章 国民党统治区的经济(下)

的单位及其财产。①

河南地处内地,工商本不发达,更无大型工矿企业和商店,本无多少可接收的日伪资产,然河南地方当局在接收过程中并未按中央政府之规定,尽快将人民财产交予人民,而是尽力将私有企业化私为公,或在私人企业主花费大量人力、物力、财力后始交还他们,许多民营企业在接收过程中蒙受巨大损失。如开封普临电灯公司,为魏子青、杨少泉、杜秀升等于1910年2月创办的河南第一个商办电厂。日军占领开封后,"军管了该公司,定名为十七工场开封电厂……以供军事侵略的需要"。"抗战胜利后,国民党政府以有敌产为名,接管该厂,改为官商合办。后经资方力争,并贿赂宴请,于一九四六年春赎回敌产,才又发还商办。"② 本为民族工业的普临电灯公司,不仅未及时得到自己的工厂,反而多方贿赂宴请,用大量资金将自己的企业贿回后才得以经营,白白浪费掉大量人力、物力、财力几近一年时间。开封天丰面粉公司和益丰面粉公司,始建于1918年和1912年,为开封三大面粉企业中的两个,皆为民族工厂。1938年开封沦陷后,被日本侵略军编为军管第14工场和军管理第15工场,战后国民党政府"接收",由河南省建设厅派贾尔琢等人负责管理。后经上述二企业原负责人陈叔初等各方面奔走,经过一年多时间,花费大量钱财把公司要回,于1946年10月复工生产。③ 开封模范商场为河南省大型商店,抗战前生意繁荣兴旺。战后按规定本应交由商人管理,被国民党政府河南建设厅接管,"原国货商场设庄经营的商户纷纷迁回,重整旧业"。当时河南省建设厅只管接收资财,"而不事修缮",后商场内商户无奈,80余家"联合集资旧法币两万元,进行修缮,使面貌焕然一新"。④ 战后接收实为政府收钱财,人民遭祸灾。

创立于1922年的新乡市卫辉华新纱厂是隶属周学熙资本集团的骨干企业。1945年10月29日,国民政府军政部首先派员接收卫辉华新纱厂。军

---

① 张研、孙燕京主编《民国史料丛刊》第570册,第255~257页。
② 《开封工业拾遗》,第7~8页。
③ 《开封工业拾遗》,第9~12页。
④ 《开封百货文化行业志》编辑室:《建国前后开封的"模范商场"》,《开封文史资料》第7辑,1988,第128~129页。

政部开封特派员周熹文将工厂易名为"军政部开封区卫辉纱厂",委任董嘉会为纱厂主任,随后,查封物资,将棉纱、棉花、布料、汽缸油、白呢、长毛绒等价值4亿元的大批物资运往郑州。1946年3月1日,军政部正式将卫辉华新纱厂移交经济部接收。后勒索一笔款项后于1947年3月5日发还原业主,此时价值4亿元的物资已被瓜分一空。① 这比河南省建设厅的"接收"更加令人心寒。

安阳为豫北著名产麦区,仅粮坊就有数十家之多,面粉公司亦为数不少,大和恒面粉厂为安阳主要面粉企业之一,到1935年日产量曾突破1300袋。战后,安阳的原皇协军第一路汉奸李英摇身一变为"中央先遣军第一路司令"。"李派人来到大和恒以检查仓库为名,强行劫去面粉9000余袋,煤炭400余吨,连一纸收据也不给开。"不久,安阳县长孙子青、第三区专员赵质宸又带人索取1500袋和200袋面粉,并以大和恒与日本人有联系为由将其定为日伪企业,大和恒总经理韩星久及主要人员张子纲、崔岳安等被列为战时大汉奸。后经多方奔走,专员赵质宸和军统特务勒索1200余万元后,于1947年秋方把大和恒面粉厂发还韩星久,此时面粉厂已无法生产,大和恒在基本未生产的情况下,即走向了破产。②

在接收过程中,各级官员将接收物资中饱私囊者甚多。1946年查得伪河南省长陈静斋家产计大皮箱8口(内装衣服料子等)、大手提箱4口(内装衣服)、小手提箱3口(内装金银首饰珠宝)、赤金72两、古玩50余件、钢丝床16张、名人字画100多幅、银器61件、楠木家具百件、象牙筷子30双,其他被服等物甚多。第三行政区专员赵质宸不仅有吞占陈静斋家产嫌疑,且伪造卷宗,侵占敌伪遗留物资计食盐890包,每包重70斤,羊毛85包,大麻子865袋等,③侵吞日伪遗留物资之多令人瞠目。河南广播电台台长孙继铎,行为不检,隐匿日伪遗留物资,查证属实。④ 安阳县长孙子青隐

---

① 孙武:《卫辉华新纱厂接收案始末》,《中州今古》1989年第5期。
② 《安阳大和恒面粉厂述略》,《文史资料存稿选编·经济》(上),第1033~1037页。
③ 《豫省有此等事,行政专员被检侵有敌产,被免职后恃势不允交代》,《大公报》1947年3月19日。
④ 张研、孙燕京主编《民国史料丛刊》第570册,第257页。

第二十一章 国民党统治区的经济（下）

没侵吞敌遗物资。尉氏县曹志生等在接收中舞弊。漯河第三五三兵站站长石岳山，吞没物资，盗卖军用品等。① 接收官员侵吞日伪官员及政府遗产已成常事。正如国民政府接收处理敌伪物资清查团在其报告中所言，"光复后，以接收纷歧，事权不一，多未能因势利用，致物资分散零落，真相莫明，其间丝毫不苟，涓滴归公者，实不乏人，而假公济私，侵吞中饱者，亦凡有徒"，② 道出了国民政府在接收过程中的混乱及各地官员侵占日伪遗留物资之情形。

对此种接收，郑伯彬在《目前华北工业的实际问题》一文中称："经过这样一度无知的接收以后，各部的正式接收人员又作再度的接收，甚或三度四度的接收。在这你移我接，我移你接的过程中，一切都停止了。于是，多少人概叹着接收停顿。"③ 当时河南人叹曰："满眼荒唐事，一把辛酸泪。都云胜利好，谁解其中味？"道出了时人对国民党政府接收的真实感受。④ 为此，河南省参议会参议员杜秀升、曾昭星等10余人专门申请中央及在河南省临时参议会第三届第四次会议上提出议案，恳请"经济部、军政部、一五战区司令长官及河南省党政接受委员会应遵照中央所颁布之接受法令，查明系统划清范围，不得各持命令，互不相让，扫除目下此种你争我夺之情势"。⑤ 反映了民族资本家的心声和对战后政府接收的不满。河南省政府主席刘茂恩亦言："像去年秋季我们初到开封接收的时候，到处都可以看到自私自利和倾轧争夺的现象"，此种现象的出现，"对于战后复员建设工作之推动，影响至为巨大"。⑥ 刘茂恩对国民政府接收开封时混乱局面的叙述，只不过是河南省接收的缩影而已。

---

① 张研、孙燕京主编《民国史料丛刊》第570册，第257页。
② 张研、孙燕京主编《民国史料丛刊》第570册，第255页。
③ 郑伯彬：《目前华北工业的实际问题》，《经济周报》第3卷第1期，1946年7月4日，第16页。
④ 孙武：《卫辉华新纱厂接收案始末》，《中州今古》1989年第5期。
⑤ 《河南省临时参议会第三届第四次大会汇编》，第1527页，出版信息不详，河南大学图书馆藏。
⑥ 《新生活运动十二周年纪念日：刘主席讲词》，《河南省政府公报》复刊第11期，1946年2月21日，第2页。

二 工矿业与手工业

(一) 工矿业

抗战胜利后,被破坏严重的工矿企业亟待恢复,1947年3月,国民党六届三中全会通过经济改革方案,认为"非有自足之民生工业为农业之保护,使农工业交流互济,则中国经济之基础不能确立。故目前发展工业,当以民生工业为急切之图"。为使工业生产在战后迅速恢复,国民党中央要求政府加大工业贷款力度,扶植工业发展。以发展机械及化学工业为第一期,力求适应农林之需要,解决水利工程、化学原料、农具仓库、运输工具等问题。另外,工业建设应尽量分布在燃料原料便宜之内地。除干线铁路、大规模水力发电厂、矿业等,规定由国营或地方经营外,其余工业尽量鼓励民间以合作方式经营。[①] 国民党中央要求银行贷款支持工业发展,优先发展与农业、交通运输、水利建设等行业相关之工业生产,鼓励以民间合作形式发展工业,对战后工业的恢复、发展起到了积极作用。

在政府的努力下,战后部分行业如卷烟、纺织等有所恢复,但均未达到战前水平。就工厂数量及各行业生产情况看,抗战结束后,由于美货大量倾销和内战的爆发,河南工业不是如国民党中央期望的那样恢复、发展起来,而是陷于破产境地。据国民政府经济部1947年6月底统计,河南省现有工厂共计58家,资本额1189420千元,皆为民营企业,占已统计38个省市工厂总数11877家的0.49%弱,资本总额222303263千元的0.54%弱,均不及全国的1%。[②] 即使最称发达的河南棉纺织业,也出现严重衰退的局面,1946年有纱锭5.48万枚,仅有战前10.93万枚纱锭的1/2,全国的2%,布

[①] 《中华民国史档案资料汇编》第5辑第3编《财政经济》(1),第55页。
[②] 中国第二历史档案馆编《中华民国史档案资料汇编》第5辑第3编《财政经济》(4),江苏古籍出版社,2000,第134~135页。

机 1936 年有 588 台，1946 年竟无一台。[1] 据《大公报》报道，"自共军目前进攻安阳，该地广益纱厂被迫停工后，豫北产棉区只有汲县的华新纱厂和新乡的一个规模很小纱厂还继续开工"。即便开工的华新纱厂，也仅能维持，"实际等于赔累"。[2] 豫北产棉区向为河南纺织业中心，至 1947 年 10 月，大多纺织工厂倒闭，极少数勉强维持生产者，也赔累不堪，其他地区的纺织工业，应很难好于豫北。

关于各地工业生产情况，大都经历了由恢复到迅速衰败的过程。如许昌卷烟生产，在抗战胜利后，被日军破坏的烟厂"纷纷开业"，"但为时不久，国民党政府发动全面内战，工商业者不堪其苦，一些烟厂被迫停产歇业。1947 年 7 月，全区卷烟厂仅 48 家"。为 1941 年兴盛时"全区烟厂 230 家"的 1/5 强。[3] 在商丘，抗战胜利后，最盛时有 85 家从事棉织业加工，1946 年后逐步走下坡路，至 1948 年，一些丝棉织厂先后停办，丝业先后关门歇业。县城较大的私有工业仅剩"豫鲁、工农、大兴烟厂和豫华、大昌、大兴铁工厂及大有丰酱菜厂"等数家工厂。[4] 在安阳，解放前夕，"全市仅有 8 家工厂断续生产，130 余户小商小贩开门营业。工商业处于沉寂萧条状态"。[5]

在开封，丝织工业在战前发展到 40 余家，织机 200 多架。抗战胜利后仅恢复到 18 家，但不足半数能维持生产。[6] 重工业在战后曾有一定发展，1946 年先后有 34 家小铁厂建立。"后来由于国民党政府的苛捐杂税，1948 年仅剩下 22 家，从业人员 309 人。"[7] 服装工业在"抗战胜利后有所恢复，但由于苛捐杂税和各种摊派繁多，歇业户日增。1948 年 6 月市内尚有服装

---

[1] 王天奖主编《河南通史》第 4 卷，第 566 页；《民国时期河南省统计资料》下册，第 68～69 页。
[2] 《豫北纺织业垂危，仅有两纱厂继续开工，厂主谓开工等于赔累》，天津《大公报》1947 年 10 月 2 日。
[3] 《许昌烟草志》，第 193、188 页。
[4] 《商丘县志》，第 160、154～155 页。
[5] 《历史性的胜利》，第 2 页。
[6] 《开封简志》，第 49 页。
[7] 《开封简志》，第 56 页。

加工40家，到10月开封第二次解放时仅剩13家"。① 开封作为河南省省会，战后工业恢复较好，但工厂规模小，资金匮乏，以小手工业生产为主。据1949年初统计，"当时全市私营工业行业42个，共4017户，其中小手工业者就占90%以上。且资金短缺，原料不足，销路不畅，技术和设备更差"。②

在战前郑州工商业相当发达，如纱厂、电厂等民族工业，规模均极宏大，经过日军破坏，"迨日寇投降后，复员工作，又因连年内战，未能顺利进行，以至今日郑州，依然满目凄凉"。郑州电厂成为废墟，至1947年2月当局仍在筹划重建，尚未动工。对工商业发展颇有影响，"目前各商号大半燃汽灯"。豫丰纱厂虽积极筹划复工，但因残破厂房被各机关占用，多未让出，对于复工计划，颇有影响。③ 时值1947年2月，郑州主要工厂还未复工，其他工业状况，可想而知。

南阳地区为河南丝绸的主要产区，战后虽有所恢复，但又很快步入衰退。如镇平县在"抗日战争胜利后，二六柞丝绸生产有所恢复"。随即由于战争影响而逐步衰退，"民国37年（1948年），解放前夕，全县有织机700多，年产柞、桑丝绸1.6万多匹"，仅为1938年产丝绸19.3万匹的8.29%强。④ 南召丝织业发达，最高年产丝754000斤，占全省总产量的37.3%，曾得"召半省"之美称。"到一九四九年四月，茧产量由一九三一年的七万担下降到四千五百担，大有绝迹之势"，丝织业也一落千丈。⑤ 从战后河南各地区工业发展历程考察，战后河南工业的恢复，是在战争严重破坏后的恢复，仅相对日军破坏时来说有所恢复，这种恢复水平是十分低下的，不仅达不到战前水平，甚至与抗战时期的相持阶段相比，亦相去甚远。

河南矿业的开采以煤炭为主，其他矿石开采量甚少。战后煤炭产量有所恢复，但均未达到战前水平。具体情况见表21-1。

---

① 《开封简志》，第70页。
② 《开封简志》，第60页。
③ 《郑州满目凄凉》，天津《大公报》1947年2月7日。
④ 《镇平县志》，第489页。
⑤ 郭鹏：《南召的养蚕及丝织业》，《中州今古》1985年第5期。

第二十一章 国民党统治区的经济（下）

表 21－1　民国时期河南省部分年份煤产量

年份	产量（1）（吨）	产量（2）（公吨）	全国总产量（公吨）
1936	2427300	3191600	—
1945	50000	732200	5238000
1946	1000000	902500	18158000
1947	470000（上半年）	550400（全年）	9674000（上半年）

资料来源：产量（1）1936年见《河南省战前煤炭工业基本情况（一）》，《民国时期河南省统计资料》下册，第67页；产量（1）其他年份和全国总产量，见《全国煤炭产量》，《中华民国史档案资料汇编》第5辑第3编《财政经济》（4），第189页；产量（2），见《1911～1948年河南省煤矿煤炭产量》，《河南省志》第31卷《煤炭工业志》，第289～290页。

从表21－1来看，不管是产量（1）还是产量（2），河南煤炭生产1946年都得到了一定恢复，1947年未继续发展，且有所下降，以产量（1）计算，1945年、1946年、1947年三年河南煤炭开采量分别占全国总产量的0.95%强、5.51%弱和4.86%弱，三年开采量平均数约为1936年煤炭开采量的20.87%。以产量（2）计算，三年分别占全国煤炭总产量的13.98%弱、4.97%强和5.69%弱（以河南全年产量计算），三年煤炭平均产量约为1936年煤炭产量的22.82%。不管河南煤炭开采得到如何恢复，均未达到战前水平。

与政府统计资料相比，其他资料的记载中，河南各地方煤炭产量在战后显得更加不尽如人意。焦作作为河南产煤的主要地区，1945年煤炭产量为60万吨、1946年15.6万吨、1947年15万吨、1948年13万吨，[①] 呈逐年下降趋势，不仅未达到战前水平，亦未达到战时水平。在洛阳地区，"一九四四年，日本侵入本区后，所有煤矿几乎全部停产。一九四五年日军投降后，部分煤矿逐步恢复，部分煤矿因破坏严重未能恢复。恢复的煤矿，也因沦陷时日本人的破坏而产量大为减少，如陕县观音堂'民生煤矿公司'原拥有工人二千七百人，日产量高达七百吨。到一九四七年只有工人一千人，日产减少为一百六十吨；临汝的'东公盛煤矿'沦陷时损失锅炉二部，卷扬机

[①] 《焦作煤矿1906～1949年历年煤炭产量表》，《焦作煤矿工人运动史资料选编》，第109～110页。

一部，原日产三十吨，战后只剩七吨；'复兴煤矿公司'，沦陷时损失卷扬机、锅炉各一部，原日产煤三十吨，战后日产二十吨"。① 煤炭产量均未达到战时水平，且相距甚远，恢复最好的复兴煤矿公司达到了战时的66.67%，民生和东盛两公司仅为战时的22.86%和23.33%，另有大批煤炭公司根本没有恢复。由此可见，河南矿业在战后的恢复只是相对于破坏最严重的1944年来说，实际是大幅衰退了。

综上所述，河南省工业在抗战胜利以后有所恢复，但仍未达到战前乃至战时稳定时期的水平，到1947年开始下降，且伴随着国民党在河南的统治结束而走向崩溃。各行业的恢复情况有所不同，在众多行业中，以烟草行业恢复最好，不仅恢复且有所发展。纺织业受影响最大，衰退最为严重，到解放前夕，仅残留纱锭21000枚，为1936年10.93万枚的19.21%，其他行业也出现了不同程度的衰退。工业总产值在国民生产总值中所占比重极低，到1949年，"全省工业总产值1.9亿元，占工农业总产值的2.8%，为全国工业总产值的0.74%"。② 这再次证明河南工业的落后和远不及我国主要省份的工业发展水平。

（二）手工业

抗战胜利后，国民党六届三中全会通过经济改革方案，要求国民政府及各地政府贯彻执行。在财政匮乏、战乱频仍的情况下，发展手工业显得尤为重要，国民党中央要求各地政府"特别着重利用农暇，发展农村手工业，内而适应都市之需要，外而适应国际之需要"，并尽量予工业贷款以最大的便利。③ 河南为内陆省份，工业向不发达，全省（尤其城市中）半机器工业及手工业在工商业中占相当地位。据统计，郑、汴、洛等11个城市中工业占工商业比重为37%，其中手工业占工业比重74%，半机器工业占26%。说明手工业在河南主要城市中仍占有重要位置。④ 许昌市1949年有工业企

---

① 洛阳地区地方史志总编辑室编《洛阳地区概要》，内部资料，1985，第235页。
② 《河南省志》第42卷《商业志》，第78页。
③ 《中华民国史档案资料汇编》第5辑第3编《财政经济》（1），第55页。
④ 《辉煌的胜利》，第30页。

业67家，其中地方国营2家、私营65家，工业总产值2806000元；手工业1393家，全部为个体手工业，总产值5643000元。① 个体手工业家数是工业企业的20.79倍强，产值为2.01倍强。安阳市1949年工业总产值4548800元，其中手工业2080000元。② 手工业总产值占工业总产值45.73%弱。考虑到手工业户产值均低于近代化工厂，手工业户数应远高于近代化工厂的户数。再次证明河南手工业在整个工业中占有主要地位。

为使河南手工业尽快恢复和发展，行总河南善救分署在战后积极开展工业善后，为河南泛区及开封、郑州、新乡等小型工业贷款22098200元，贷出棉花5601斤、铁20吨又141斤、赈衣162包、缝纫机13部、煤2500斤、衣扣3箱，受惠工作者14044人。③ 河南善救分署的小型工业贷款及其他物资贷放，从贷出数额和受惠人数比例观察，应该主要用于手工工场和个体手工业者。据统计，截至1947年5月底，河南省合作贷款共计1234666千元，其中工业生产162千元。④ 尽管河南善救分署及合作贷款之工业生产贷款数额甚少，但对国统区手工业生产的恢复和发展起到了一定的积极作用。

河南手工业在国民政府的提倡及河南省政府的鼓励下，抗战结束后略有恢复，但从河南省政府的官方统计数字观察，仍不尽如人意，与抗战结束时的1944年仍有一定差距，具体情况见表21-2。

表21-2　民国时期河南省部分年份重要手工业生产量

年份	土布(匹)	丝绸(匹)	皮草(张)	酒精(市斤)	麻纸(捆)	粗纸(市斤)	火纸(市斤)
1944	9848000	339500	47100	1522800	234500	895000	391500
1945	5139000	134000	12200	1638000	192800	881500	245700
1946	5947000	214500	37000	1459000	169800	895500	328400

资料来源：《河南省历年重要工业生产量（1937~1946）》，《民国时期河南省统计资料》下册，第74页。

---

① 《历史的丰碑》，第332页以后附表。
② 《历史性的胜利》，第439页。
③ 马杰：《河南善后救济工作述怀》，《河南善救分署周报》第51期，1947年1月1日，第5页。
④ 《各省市合作贷款》，《统计月报》第117、118期合刊，1947年6月，第96~97页。

由表21-2可知,1946年,除酒精、麻纸比1945年略有下降,分别减少179000市斤和23000捆,其他产品均有不同程度增长,增加土布808000匹、丝绸80500匹、皮革24800张、粗纸14000市斤、火纸82700市斤,酒精、粗纸产量曾超过1944年水平,其他产品与1944年相比,均存在较大差距,尤其在河南占有重要地位的土布生产下降幅度甚大,说明战后手工业生产的恢复是极其有限的。与战前相比,手工业生产差距更大,据统计,按1952年不变价格计算,1936年手工业总产值32391万元,1949年为17187万元。① 1949年手工业总产值约为1936年的53.06%。其中,1949年棉纱产量为1936年的22%、棉布产量为32.4%、火柴为11.7%、卷烟为148.2%。② 除卷烟业比1936年有较大幅度增长外,其他工业产品皆大幅下降。

至于其他地区的手工业,因战争影响,生产情况大多不尽如人意。南阳工商业在抗战胜利后曾出现一段虚假的兴盛和繁荣,手工业主要有卷烟、玉器、酿酒、白铁、染坊、轧面等。1947年冬,解放战争扩展到南阳,国民党军队驻军增加,大批驻军驻扎机关、学校、工厂、商店、庙宇、民房,"致使一些学校停课,四处交通断绝,南阳工商业受到严重破坏。到1948年,全市只剩下浴池、理发、照像、饭店、中西医药、烟酒、印刷等25个行业,其余全部倒闭"。③ 玉器业是南阳重要手工业,1915年前后,"南阳玉器业发展较快,从业人员已由清末的一百余人增长到三百余人"。1927年后玉雕业不断发展扩大,曾吸引印度商人来宛购买玉器。抗战结束后,因内战爆发,南阳玉器业发展遭严重破坏,"不仅店铺纷纷停业,制玉工人也流离失所,到南阳解放前夕,个体玉雕匠只剩下23户25人,全部资产仅600余元,具有悠久历史的南阳玉器业陷入了绝境"。④ 南阳丝织业方面,战后因交通恢复,镇平"四时行""石佛寺""进协"等丝绸商,组织货源运往上海,外商竞相抢购,绸价暴涨,每匹价由原来2万法币增至4万法币,丝

---

① 胡悌云主编《河南经济事典》,第4页。
② 胡悌云主编《河南经济事典》,第7页。
③ 陶然整理《南阳工商业发展概况》,《南阳文史资料》第5辑,1989,第75~76页。
④ 陶然整理《南阳玉器业的兴起和发展》,《南阳文史资料》第5辑,第118页。

绸业迅速恢复和发展起来。不久，内战爆发，交通不畅，加之洋货充斥市场，南阳丝绸业株守旧习，不知改良，丝绸渐断，机户凋零。到解放前夕，镇平织机仅余百余台，方城拐河柞蚕放养不足20筐，南召柞坡荒废，南阳机工改行，店铺倒闭，南阳丝绸业濒临绝境。①

　　襄城县工业基础薄弱，手工业占绝对优势。1946年，全县仅有小工厂1个，小卷烟厂13个，手工作坊203个。由于原料缺乏，通货膨胀，大部分工厂趋于萧条。② 豫北纺织业在手工业中占有重要地位，自内战爆发以来，豫北纺织业垂危，仅有汲县华新纱厂和新乡的一个规模很小的纱厂还继续开工。③ 安阳较大的手工业是棉纺业和铁业，尤其是棉纺业，"在战前和日本帝国主义统治时期，围绕着面粉厂、打包厂发展起来。日本投降后，国民党进行了残酷的统治和掠夺，遭到极大破坏，绝大部分停业"。④ 至安阳解放前夕，"全市仅有8家工厂断续生产，130户小商小贩开门营业。工商业处于沉寂萧条状态"。⑤ 经过政府鼓励，到1949年底，手工业得到逐步恢复和发展，手工作坊开工者1441家，其中主要的铁业32户，棉织业115户，有织布机83张，其余为毛巾机、织袜机等。⑥ 手工业基础较为厚实的安阳市，在解放战争后期也处于沉寂萧条状态。

　　开封工业生产以手工业为主，据1948年的材料统计，全市有机器、半机器生产或手工生产的企业775户，其中百人以上的工厂有铁路修配厂、天丰面粉厂、益丰面粉厂和益中烟厂4家，大部分是小型作坊和家庭手工业户。其中打铁业222户、竹工业43户、服装业58户、缝纫业200户、手工卷烟业24户、织布业107户、毛巾业74户、合线业20户、牛皮作坊36户、毛笔制作6户、刻字40余户。上述工业、手工业设备简陋，技术落后，生产效率低。至1949年底，经过一年恢复，全市工业总产值只有1973万元

---

① 高文鹤整理《南阳丝绸概况》，《南阳文史资料》第5辑，第107页。
② 《襄城县志》，第238页。
③ 《豫北纺织业垂危，仅有两纱厂继续开工，厂主谓开工等于赔累》，天津《大公报》1947年10月2日。
④ 《历史性的胜利》，第24页。
⑤ 《历史性的胜利》，第2页。
⑥ 《历史性的胜利》，第24页。

（按 1980 年不变价格计算）。① 此种情况说明，开封手工业在开封解放前夕已相当衰落。以织布业为例，1925 年有织机 200 余架，一般为 1 户 1 架或 2 架织机，抗战时期遭到破坏，1947 年恢复至 100 余家，但不足半数能维持生产。② 以此推算，织布数量不及 1925 年的一半。开封周边各县多产花生，开封榨油业比较兴旺，据调查，1930 年土榨花生油全年产量达 120 多万斤。抗战胜利后，1947 年以前生意还好，后交通中断，外销受阻，致使开封市原有的花生榨油业 326 户，转业的转业，停产的停产，到 1948 年底花生榨油业只有 136 户，还处于半停工状态。③ 开封手工业在解放战争时期逐渐走向衰落应为不争之事实。综上所述，解放战争时期河南手工业除烟草业有所发展外，其他行业仅有个别县份的少数行业得到恢复和发展，绝大多数地区趋于衰落。

三　商业

抗战胜利后，河南省政府及各地政府先后回迁，河南大学及各地大中专院校、科研机构、中学等回归，国共和谈与河南省内局势的暂时稳定，使河南商业得以迅速恢复，在某些行业出现繁荣景象。不久，国民党挑起内战，河南再次成为战争中心与前沿，复苏不久的河南商业迅速走向萧条。

在省会开封，战后"国民政府的党政要员纷至沓来，官商士绅于餐馆之内弹冠相庆，各家餐馆应接不暇，大小饭铺发展到 587 家，呈现出一时的畸形繁荣"。随着内战的爆发和通货膨胀加剧，"至 1947 年解放前夕，有门面的大小餐馆尚存 207 家"，④ 约为战后 587 家的 35.26%。百货业在"日本投降后，初期国民党军政人员云集，回汴劫收，该业一度兴旺，但好景不长，由于物价飞涨，普遍赚钱赔货。国民党败逃前的'八·一九'限价，

---

① 《开封简志》，第 51、47 页。
② 《开封简志》，第 49 页。
③ 常金海主编《开封市粮食志》，开封市粮食局，1986，第 294 页。
④ 王命钦主编《开封商业志》，第 282 页。

业户损失惨重,如同丰表面上赚钱 20 多亿元,而商品实际减少三分之一以上,相国寺内大户永大胶鞋店(经理赛德宽,人称赛老胖)损失折合胶鞋 500 多打(每打 12 双),直到解放后,所欠上海双线胶鞋厂的货款,未能还清"。① 开封解放前夕,绸布业全行业资本折合实物,由 1936 年的 3 万匹左右下降到 9000 匹,年销售量由战前的 2.5 万匹到 2.8 万匹之间下降到 1.5 万匹,从业人员由战前的 720 余人减至 310 人。② 其他行业如颜料业、皮行业、榨油业、药材业等都经历了由迅速复苏到迅速萧条的过程。

据《大公报》报道,依照多年旧历,一般商店过了旧历年的"破五",便要正式开张。1948 年开封市的旧历年,与往年大不相同,初八已经过了,开张的商店,仍寥寥可数。市商会负责人告诉记者说:"开封五十三业中,半年来除掉银行、钱庄、油粮、杂货、国布等业,暂可免为维持外,大多生意萧条,截止到旧历除夕,呈请歇业和准备歇业的,有五百家之多。……相国寺于胜利后的两年中,变成了一个交易市场,这几天冷冷清清,毫无交易,不景气现象,笼罩了整个市面。"③ 到同年 8 月,开封商业已成三期肺病状态,因供应浩繁,商店无力负担,请求歇业的已超过半数,但开封军政当局不准歇业。有些商号已停止营业,一些商店贱价拍卖货底,等货底卖完,一跑了之。在这些歇业的商号中,有一小部分是因经营不当而致赔累的,大部分因负担过重,捐税苦乐不均,无法继续维持。再者陇海路中断,货源来源不畅,销路日窄,也是歇业的一个主要原因。④ 到开封解放前夕,商业确已走到穷途末路。

抗战前,郑州工商业相当发达,后因日军破坏及战后的连绵内战,"以致今日郑州,依然满目凄凉"。关于郑州商业,据 1947 年 1 月上旬统计,加入商会之各业公会,共 35 个单位。计有商号 998 家,其中以旅馆客栈为最多,共计 109 家,次为摊贩,共 106 家。一般商民除受高利贷压榨外,并受各种摊派与供应之压迫,以致叫苦连天,多感无法维持。自 1 月 4 日起至 8

---

① 马致远:《开封市解放前私营商业概况》,《开封文史资料》第 19 期,2003,第 5 页。
② 马致远:《开封市解放前私营商业概况》,《开封文史资料》第 19 辑,第 6 页。
③ 《旧年关刚刚渡过,各地商业都闹萧条》,天津《大公报》1948 年 2 月 24 日。
④ 《开封商业日暮途穷,无力负担供应又不能歇业,有些商号卖货底准备逃跑》,天津《大公报》1948 年 8 月 26 日。

日止，宣告歇业者有振泰商号等 46 家，其他数百家，虽咬紧牙关，度过春节，但当局如无扶助与救济良策，则整个工商业危机，将甚于当前。据长春路南口向经营杂货业的阎老板称，在经商的 20 余年中，从未遭遇近年来之困难，因摊派与供应繁重，乃于年前宣告歇业。① 年关来临之时，是商业经营的最佳时期，却有大批商店关门歇业，商业萧条应当属实。随着战争的扩大，郑州商业更会雪上加霜。因战争所需，安阳城北、东关、南关房屋被拆 2500 余间，城内原有商号 3000 余家，大部歇业。"商号多倒闭，良民无法活。"② 到安阳解放前夕，全市仅有 130 余户小商小贩开门营业。③ 安阳商业的衰败更甚于郑州。

日本投降后，洛阳的商行，有的又迁到南大街一带，使"南关一带的商行业又发展兴盛一时"。④ 化工染料行业在 1946 年后"由少到多，由小到大，很快发展起来，出现了一批专营商店，以当时洛阳县城内的南大街和东大街为主，形成了化工颜料销售中心，南大街以批发为主，从南门口到十字街共有化工商店 30 余家，东大街以零售商店为主，从东门口到十字街共有化工商店 20 余家。1948 年，洛阳解放后，私营染料业由一家到 1949 年发展到 7 家，从业人员 120 人"。说明化染料业到 1948 年洛阳解放前夕，仅剩一家染料商店，该行的衰败达到空前程度。⑤ 洛阳为豫西重要药材市场，由于战争影响，"西北药材大部直去郑州、禹县集散，那时洛阳全市仅四、五家药材批发店。到去年年底，因蒋匪苛杂奇重，被迫全部关门"。⑥ 饮食业在战争影响下日趋萧条，私营大饭店 1938 年有 116 家，从业人员 1200 人，到洛阳解放前夕，饮食业仅有 44 户，从业人员 128 人。⑦ 洛阳的商业状况与开封一样，经历了从复苏到萧条直到关门歇业的过程。

南阳地区的商业，在国民党挑起内战后迅速走向萧条。据《豫西日报》

---

① 《郑州满目凄凉》，天津《大公报》1947 年 2 月 7 日。
② 《安阳古城面目全非，豫北最大纱厂已成废墟》，天津《大公报》1948 年 3 月 31 日。
③ 《历史性的胜利》，第 2 页。
④ 洛阳市第一商业局等编《洛阳市商业志》，光明日报出版社，1990，第 89 页。
⑤ 《洛阳市商业志》，第 319 页。
⑥ 《洛阳市药材、骡马业日趋发展》，《豫西日报》1948 年 9 月 8 日。
⑦ 《洛阳市饮食业历年网点人数变化表》，《洛阳市商业志》，第 334、329 页。

记载，在十三绥靖区司令王凌云驻扎南阳时期，为了防共，王凌云命令关闭城门，赶集的人被赶到东、西两关外，商业交易变得冷冷清清。特别是国民党的限价令发布后，"什么东西都限价，不管你赔本赚钱，非按他的官价卖不行，如果价钱提高了，就说你破坏限价，送特种刑庭，如果亏本后关门，就按罢市论罪，如果不卖货就说你囤积居奇……张口就是'奸商'，福康号绸缎庄的掌柜的就被无故加了个'通匪'罪名，拉出去敲了（即打死了）"。① 故战后南阳商业，因"国民党挑起内战，造成通货膨胀，物价飞涨，加之'洋货'充斥市场，南阳除时货、白酒等行业尚可维持经营外，其它多数行业经营艰难，甚至倒闭"。② 粮、油贸易是南阳商贸的主要行业，"其中南阳县城年外销汉口、洛阳、西安麻油30万公斤，1946年上升到70万~75万公斤"，比常年增加1倍多。③ "1946~1948年的国内战争期间，国民党第十三绥靖区数万官兵驻守南阳，各县城驻守保安团队，官商粮行，囤集粮食，控制县城市场，抬高粮价，吸收四乡粮食进城。纯商业粮行大部停业。"④

战后河南商业大体经历了由复苏到萧条的过程，最终由于物价暴涨而走向崩溃。如"1945年抗日战争胜利后，美货涌入省内，大至金属、机器、车辆，小至袜子、牙刷充斥市场"，商业出现畸形繁荣景象。但随着物价上涨，1946年，省内主要日用工业品产量下降，市场衰落。"1948年后，货币贬值，物价暴涨，产销和供求关系趋于混乱，省内市场终致崩溃。"⑤ 即使有些行业在战争中继续经营，看似一片繁荣，实际是赚钱赔货，为虚假繁荣而已。如前述开封同丰商行、相国寺鞋商大户赛德宽表面生意兴隆，实际赔货即为商业虚假繁荣的真实写照。正如许涤新、吴承明所总结，战后商品交易频繁的现象，"是一种虚假繁荣，是由通货膨胀所引起的虚假购买力造成的；这种购买力是重复交易，而非实销，因为实物商品是减少的"。⑥ 这样交易的最终结果是大多商店歇业倒闭，市场走向崩溃。

---

① 乔建元:《解放后的南阳》，《豫西日报》1948年12月14日。
② 《南阳县志》，第336页。
③ 马彬主编《南阳地区粮食志》，第278页。
④ 马彬主编《南阳地区粮食志》，第275页。
⑤ 《河南省志》第42卷《商业志》，第54页。
⑥ 许涤新、吴承明主编《中国资本主义发展史》第3卷，第681页。

四 交通运输业

(一) 战后交通线路状况

抗战时期,河南大部沦陷,至1945年抗战胜利前夕,有92个县沦陷,①交通遭受严重破坏。抗战胜利前夕,仅剩37公里长的南坪公路丁河至界牌一段未遭破坏。② 抗战胜利后,交通部要求各省"积极修复旧路之余,更进而建立国道网以协助国防建设,建立省道网协助开发农村"。同时修筑"乡村公路,则以能行胶轮兽力车为主"。③ 另外,战后河南省政府及其所属机关,亟须从豫西迁回开封,交通为政府解决之急务。在河南省政府督饬下,1945年10月,河南省建设厅指示省公路管理局抢修豫西、豫南通往开封之公路,与此同时,陇海、平汉铁路也在国民政府的抢修下贯通,至1946年,河南交通运输逐步恢复。但好景不长,由于国民党发动内战,河南交通在稍有恢复后又遭破坏,交通运输业也因战乱而停止。

1. 交通机构的恢复

铁路方面,抗战胜利初期,汉口至郑州由武汉区铁路局管辖,郑州至安阳由平津区开封铁路局管辖。1946年3月,平汉全线和新焦支线归平汉区铁路管理局管辖,局址设汉口,夏光宇任局长。河南境内设郑州、新乡、信阳3个办事处,下辖56个车站。④ 国民政府交通部接管陇海路初期,郑州以西由陇海区铁路管理局管理,以东由平津区开封铁路局管辖。1946年3月,全线复归陇海区铁路管理局统一管理,局址仍设西安。在徐州、郑州、

---

① 罗元铮主编《中华民国实录》第5卷上册《文献统计》,第4222~4250页。
② 《河南公路史》第1册,第276页。
③ 《中华民国史档案资料汇编》第5辑第3编《财政经济》(7),第345页。
④ 河南省地方史志编纂委员会编《河南省志》第37卷《铁路交通志》,河南人民出版社,1991,第224~225页。

天水三地设办事处。河南境内共有开封、商丘、洛阳、郑州等 54 个车站。①河南省内的铁路机构由交通部统筹安排，仅设 4 个办事处，统辖省内各车站，河南省铁路交通枢纽的位置并未显现。

公路方面，河南省公路局于 1945 年底迁回开封，为恢复正常工作，1946 年 5 月，省建设厅任命王力仁为公路局局长，章光彩为总工程师，下辖总务课、车务课、工务课、会计室、视察室等。1947 年 3 月，根据国民政府组织法之规定，省公路局的机构扩大为三课六室，即总务课、工务课、运务课，会计室、秘书室、总工程师室、视察室、人事室、统计室。课、室下设股，分管具体事项。全局职工 115 人，全省公路系统职工 844 人。与此同时，水路航运、邮政机构也先后建立。② 为发展生产和战争之需要，河南省交通机构组织人力、物力积极抢修被破坏的铁路、公路，修筑新公路，使河南交通运输业得以迅速恢复。

2. 交通线路的修复与破坏

根据国民政府及交通部的要求，河南省交通部门迅速组织人力、物力抢修铁路、公路等主干线。铁路方面，1946 年度，"新工而外，几至全部精力耗于战事之修复，而尤以抢修共军之破坏为甚"。③ "敌降以后，即于十月间着手修理洛潼段。本年（1946 年——引者注）一月间，先将阌灵段五十八公里修通。灵陕间二十五公里，则拆运会兴镇轨料西铺，于二月上旬到达陕州……六月六日，接通至观音堂，六月十五日展至八号桥头，六月底潼郑之间全线开通。"④ 从日军投降至 1946 年 6 月底，陇海线郑州至潼关段全线贯通。陇海线郑州以东路段恢复相当困难，因国民党发动内战，铁路为其运送军队的主要运输工具，"1946～1948 年，平均每月运送国民党军队 14 万人，军需品 4.5 万吨"。⑤ 故陇海线开封以东路段常遭中共军队破坏。如徐州开封之间路段，1946 年 8 月 10 日在中共军队的大举进攻下，"由杨楼至兴隆

---

① 《河南省志》第 37 卷《铁路交通志》，第 225～227 页。
② 《河南公路史》第 1 册，第 284～286 页。
③ 《中华民国史档案资料汇编》第 5 辑第 3 编《财政经济》(7)，第 302 页。
④ 《中华民国史档案资料汇编》第 5 辑第 3 编《财政经济》(7)，第 304 页。
⑤ 《河南省志》第 37 卷《铁路交通志》，第 25 页。

(开封东) 路线被占破坏者,达一百八十公里"。后经努力,至 9 月 23 日,徐州至开封段才得以恢复通车。"其后虽不免零星破坏,但均随坏随修,不误行车。"① 至此,陇海线河南段得以勉强通车。平汉线在抗战期间破坏严重,其中铁轨等"全部破坏的占 13%,破坏程度在一半以上的占 29%"。② 后经国民政府交通部修复,平汉路干线 1213 公里,至 1945 年通车 1000 公里,1946 年底,通车 956 公里。③ 通车里程缩短,主要因 1946 年 6 月国民党发动内战铁路再遭破坏。总之,平汉路经国民党交通部组织抢修,得以勉强通车。

抗战胜利后,河南省公路管理局择其重要干线,制订了分三期修复公路的计划。1946 年由交通部公路局核定补助款 20 亿元,第一期修复洛阳至潼关北线,第二期修复南阳至西坪公路,第三期为洛阳至开封、开封至孟家楼以及洛阳至界首等公路。④ 经过各方努力,到 1946 年,河南省内国道线部分得以修通,主要有洛阳至开封 231 公里、开封—潢川—汉口 98 公里(另有 465 公里正在修复中)、老河口—南阳—尉氏—开封 425 公里、信阳至潢川 102 公里,共计 856 公里。⑤ 如加上河南省道,至 1946 年底共完成公路 2701 公里,通车里程 1491 公里,⑥ 至 1946 年底,河南省主要公路干线通车率 50% 以上。在修复公路干线的同时,各市县还大力修筑县道、乡道,以利通行。据统计,在河南 12 个区中,有县道 7989 里,乡道 7725 里。⑦ 总之,经过 1945~1946 年对河南公路的修筑,河南公路得以较快恢复。河南公路的恢复不仅利于国民党调兵遣将、发动内战,也有利于农工商业的发展。

1946 年后,河南省政府继续修筑公路,完成公路里程和通车里程都有

---

① 《中华民国史档案资料汇编》第 5 辑第 3 编《财政经济》(7),第 305 页。
② 《河南省志》第 37 卷《铁路交通志》,第 15 页。
③ 《中华民国史档案资料汇编》第 5 辑第 3 编《财政经济》(7),第 330~331 页。
④ 《河南公路史》第 1 册,第 286 页。
⑤ 《公路修复工程(国道部分)》,交通部公路总局编印《民国三十五年度公路统计年报》,1947,第 20~21 页。
⑥ 《民国时期河南省统计资料》下册,第 79 页。
⑦ 《民国时期河南省统计资料》下册,第 79 页。

大幅增加，到1947年5月，共修复干线公路4233公里，县、乡道路15000多公里，是战后通车里程最长的年份。① 以后随着内战爆发，河南铁路再次遭到破坏，直至国民党政权从河南撤出。如前所述，陇海铁路徐州至开封段，1946年8月被中共军队拆毁达180公里，"其间车站、号志、岔道、给水设备等，除商丘、黄口外，其余各站被毁殆尽，沿线钢轨被拆毁百分之八十强，且多运走或埋藏，枕木及电杆被焚在百分之九十以上，其他配件电线等，悉被运走无遗，路基桥梁破坏均剧"。② 另有陇海路洛阳以东41公里遭到破坏。以后随着刘邓大军千里跃进大别山及豫东战役的开展、陈谢兵团越过陇海路洛阳西段南下，陇海路基本无法正常运行。平汉线战后也不同程度遭到破坏，1945年抗战胜利后被中共军队破坏198公里，仅修复4公里。③ 1947年，陇海、平汉两路遭到破坏更加频繁，铁路被破坏更加严重，且有50%以上的轨道、桥梁、车站无法修复，通车受阻。具体情况见表21-3。

表21-3 1947年度平汉、陇海两路被破坏、抢修情形

路别	破坏						抢修		
	轨道		桥梁		车站		轨道	桥梁	车站
	次数	公里	次数	座	次数	站	公里	座	站
平汉	577	715	182	268	47	61	128	64	8
陇海	125	521	90	411	33	48	221	265	11

资料来源：《中华民国史档案资料汇编》第5辑第3编《财政经济》(7)，第201页。

表21-3的情况告诉我们，1947年平汉、陇海铁路遭破坏的程度十分严重，平汉路轨道平均每天遭破坏1.58次，1213公里的铁路干线有715公里被毁。陇海路轨道每3天遭破坏一次，如果将桥梁、车站被破坏次数加在一起，河南境内的两条主要铁路干线，可谓天天出事，很难正常运营。陇海路状况好像略好于平汉路，其实也非常严重，据《大公报》报道，从1946

---

① 《河南公路史》第1册，第290页。
② 《中华民国史档案资料汇编》第5辑第3编《财政经济》(7)，第305页。
③ 《铁路复ращ工程进度表》，《中华民国史档案资料汇编》第5辑第3编《财政经济》(7)，第48页。

年8月至1947年11月，陇海路汴徐段因内战被破坏21次，1947年11月的第二次大破坏，郑徐段铁路枕木2/3被焚。① 在以后的抢修过程中，仍是屡修屡被破坏，11月29日，陇海线徐州至开封段仍无法通车。② 至1948年1月中旬，汴徐段铁路客车无法开通，汴徐间交通只能靠汽车维持。③ 由此可见，陇海路被破坏次数虽少于平汉路，但破坏程度重、持续时间长，一次大的破坏后，往往很长时间不能通车。

公路方面，主要干线受破坏程度也随着战争的扩大日益严重。在这些被破坏的公路中，前期为中共军队阻止国民党军队进攻所破坏，后期为国民党军队阻止中共军队的凌厉攻势将路面、桥梁等炸坏。据国民政府交通部统计，1947年中共军队在河南共破袭公路计有洛阳—潼关247公里、西坪—内乡97公里、尉氏—老河口374公里、金乡—商丘86公里等。④ 另据1947年5月统计，河南主要公路干线部分受阻，无法正常行车。全省主要公路干线5890公里，通车4233公里，阻车1657公里，⑤ 阻车路线占公路总长度的28.13%强。随着解放战争接近尾声，驻豫国民党军队为阻止人民解放军的进攻，开始有计划地破坏公路。如新乡至河口公路147.1公里、新乡至长垣公路92公里，在新乡解放前夕，均遭破坏，使二路交通受阻。⑥ 在开封，公路交通原本畅通，"至民国37年（1948年）解放止，只留下开封至杞县、开封至尉氏、开封至柳园口3条土公路（实际仍是大车路）"，其他线路均被国民党军队破坏。⑦ 据统计，"当时仅有郑州至商丘、郑州至许昌两段共长328公里，勉强可以通行轻载汽车"。⑧ 河南公路几乎全遭毁坏。

---

① 《陇海路厄运，郑徐段又遭大破坏，三分之二枕木全被焚》，天津《大公报》1947年11月22日。
② 《陇海路机煤恐慌，汴徐段屡修屡坏，内黄车站员工露天办公》，天津《大公报》1947年11月29日。
③ 《汴徐间交通靠汽车维持》，天津《大公报》1948年1月13日。
④ 《共军破坏公路里程（卅六年度）》，《中华民国史档案资料汇编》第5辑第3编《财政经济》（7），第202~203页。
⑤ 《公路里程流阻里程表》，《河南公路专刊》1947年6月，转引自《河南公路史》第1册，第290~293页。
⑥ 《新乡市志》上册，第642~643页。
⑦ 《开封简志》，第168~169页。
⑧ 《河南公路史》第1册，第300页。

（二）交通运输业

抗战胜利后，交通运输业随着铁路、公路的修复有所恢复和发展。在运输业中，铁路运输恢复较慢，运量也不如战前。如平汉铁路河南段，经国民政府交通部组织抢修，勉强维持通车。1946年货物列车每列仅挂20多辆，时速10余公里。[①] 虽比战时几乎全线停运有所恢复和发展，但与战前相比尚有很大差距。陇海线在抗战胜利后成为国民党发动内战的主要运输工具，1946～1948年，平均每月运送国民党军队14万人，军品4.5万吨。1936年，平汉、陇海（连云港至西安）两线完成货运发送量914万吨，1946年两线全线（陇海线连云港至宝鸡）货物发送量只有310万吨。[②] 1946年为1936年的33.92%弱。其中平汉路完成的货运量为1936年的27%，陇海路1946年货运量当超过1936年的33.92%。而1948年陇海线货运周转量仅为1936年的22.4%。[③] 说明铁路运输随着战争的扩大在逐步衰落，当然也包括河南境内的铁路运输。

尽管铁路运输的恢复不尽如人意，且多以运输军队和军品为主，但对河南农产品和工业品的向外运销还是起到了积极作用。据统计，1946年陇海路河南主要站点向外运销棉花19000吨、小麦23500吨、大豆3500吨、花生4500吨、枣2250吨，合计52750吨。1947年1～6月运输棉花5300吨、小麦10800吨、大豆2300吨、花生3000吨、枣1350吨，合计22750吨。1946年平汉路河南各站点运输棉花20000吨、烟叶50000吨、花生29000吨、大豆13670吨、药材17000吨、香油9000吨、果品200吨，合计138870吨。1947年1～8月运输棉花10000吨、烟叶45000吨、花生19000吨、大豆20161吨、药材9000吨、香油8000吨、果品500吨，合计111661吨。[④] 1947年1～6月陇海路农产品货运量不及1946年的50%，考虑到

[①] 《河南省志》第37卷《铁路交通志》，第15页。
[②] 《河南省志》第37卷《铁路交通志》，第124页。
[③] 《河南省志》第37卷《铁路交通志》，第25页。
[④] 支应抡：《一年来之河南农村经济》，《河南农讯》第2卷第1、2期合刊，1948年3月，第26页。

1947年下半年刘邓大军进军大别山，陈粟、陈谢兵团南下，铁路毁坏超过上半年，下半年运量应低于上半年。平汉路1947年1～8月运输量为1946年的90.34%强，但此时的豫北、豫南已战火连天，恐亦难有物品运出运入。上述情况，一方面说明铁路运输业对河南农业恢复和发展有一定积极作用，另一方面告诉我们铁路运输在河南境内有下降之趋势，与全国铁路运输业的情况基本吻合。

公路运输的恢复好于铁路。河南公路局迁回开封后，即开始河南公路运输的恢复工作，至1946年，主要公路干线已恢复运输业务。据统计，仅开许线即有开封市公用客车7辆，开许线、开新线、许南线、洛潼线、叶界线、洛叶线、洛郑线等线路共有货车48辆，负责货物运输。① 如公、私汽车加在一起，应远大于上述汽车的统计数量。抗战胜利后，省公路局从接收的281辆日伪汽车中选出了75辆，另外，陕豫联运处、省政府、交通部公路总局共拨出30多辆汽车，由公路局调度，在开封—许昌、开封—周口、开封—新乡、洛阳—郑州、许昌—南阳、新乡—焦作等26条线路上运营，营运里程约3412公里，营运车站96个，使公路局的运输力量大增。另外，还有逃往外地的商车相继返豫，各地共有私人汽车220辆。这些私车主要采用自由营运的方式，根据货源变化，辗转各地进行运输。如1947年许多私人汽车都集中到漯河至驻马店线运送烟草。②

在河南省组织车辆开展公路运输的同时，各地也恢复和新建了一些汽车运输公司。在开封，利用接收日伪的7辆旧客车和省公路局带来的2辆雪佛兰载客汽车，重新经营开封公路汽车客运，运营开封—许昌、开封—菏泽、开封—周口3条线路，总运距415公里。③ 此外，还有一些私营汽车陆续来到开封，共有汽车50余辆，经营长途货运。④ 在新乡，国民政府将接收日军的残破汽车给私人，商车得到发展。1946年，时轮、金记、振兴、生昌等8家运输公司成立商车联合会办事处，共有汽车12辆，如加上辅豫中学

---

① 《河南省公路车辆（民国35年底）》，《民国时期河南省统计资料》下册，第80页。
② 刘世永、解学东主编《河南近代经济》，第264～265页。
③ 《开封市交通志》，第87～88页。
④ 《开封市交通志》，第97页。

的 3 辆汽车，共 15 辆，来往于新乡—开封、新乡—焦作、新乡—道口等线路。① 而当时较大的汽车联运公司为许昌利民公司和漯河汽车联运公司。各地车站的恢复，公路的开通和汽车的增加，表明河南汽车运输业逐渐恢复、发展起来。有研究表明，1946 年 1～12 月，河南公路运量尽管有起伏，但总体呈上升趋势，进一步说明河南公路运输业的恢复和发展。② 1946 年 6 月至 1947 年 5 月的 11 个月时间里，公路局长途汽车营运收支状况尽管有起伏，但总体呈增长趋势，且整体始终处于盈余状态。公路局先后 3 次提价，第一次为 1946 年 9 月，客运由每人公里 55 元增至 90 元；第二次于 1947 年 2 月，由 90 元调整为 150 元；第三次为 6 月，每人公里调为 200 元。③ 故河南省公路局长途汽车营运收支的增加，并不意味着运输人数的增加。整体观察，1946 年公路客运人数增加较快，至该年 12 月，车票价格在原来基础上提高了近 1 倍，营运收入增加了近 7 倍，说明汽车客运人数增幅甚大。1947 年 1～6 月车票连续提价两次，票价由每人公里 90 元提至 200 元，1947 年 5 月营业收入与 1946 年 12 月相比，下降了近 2000 万元，一方面说明 1947 年河南客运人数少于 1946 年；另一方面说明与 5 月份车票尚未提价有关，票价赶不上物价上涨速度。总之，1947 年前 5 个月客运状况逊于 1946 年，尽管 1947 年上半年营业收入及盈余平稳增长。

河南交通运输业在战后得到较快发展，1947 年初运行基本平稳，以后因战争扩大，共产党领导的解放区为打破国民党军的进攻，被迫采取交通破袭战，许多公路、铁路被破坏。在解放战争接近尾声时，国民党为阻止中国人民解放军的进攻，也主动采取破坏交通的措施，使铁路、公路再遭毁坏，严重影响了交通运输的发展。另外，物价波动极大，也对运输业影响颇巨。1945 年长途汽车货运价为每吨公里 660 元（法币），1946 年每吨公里涨为 1100 元，1947 年每吨公里涨为 2400 元。④ 而 1946 年 12 月开封零售物价指数为 787880，1947 年升至 10744542，约为 1946 年

---

① 《新乡市志》上册，第 660 页。
② 《河南省公路运量》，《民国时期河南省统计资料》下册，第 80 页。
③ 杨克坚主编《河南公路运输史》第 1 册，第 218 页。
④ 《开封市交通志》，第 116 页。

的 13.64 倍。① 物价上涨幅度是货物运输价格上涨幅度的 6 倍多，给公路运输造成极为不利的影响。在战争与通货膨胀的双重影响下，1947 年下半年后，交通运输业逐渐走向衰败。如在开封，1946 年尚有 9 辆汽车在开封—许昌、开封—菏泽、开封—周口等线路上进行客运，1947 年随着刘邓大军南下，战争在豫东、豫南、豫西展开，"长途汽车无路可跑，公营汽车客运从此收场"。② 货运汽车也无货可运，有的私营汽车偷偷溜走，有的变卖，到开封解放前，只剩下 30 余辆汽车，总载重 80 多个吨位。③ "1947 年 2 月以后，开封所有公、商汽车，几乎全部停运。"④ 在新乡，主要交通线新乡至河口（147.1 公里）、新乡至长垣（92 公里）等线路在新乡解放前夕先后被国民党军毁坏，交通运输被迫停止。⑤ 在商丘，抗战时期有商运、军运等汽车 40 辆，至 1948 年冬，全县仅有汽车 2 辆，⑥ 运输力量大幅下降。河南交通运输逐步走向衰落。

水运方面，战时因陇海路被破坏，"黄河大批船只西上聚集洛阳至巩县间，洛河航船往来，每天多达数百只"，一片繁忙景象。⑦ 后因日伪军破坏和抗战胜利后铁路运输的逐渐恢复，伊、洛河的船运遂转归于衰颓。⑧ 淮河水系在 1930 年代前半期，沙河、汝河等尚可由船筏通联漯河、周口、舞阳、临汝、安徽之界首等地。花园口被炸决堤后，淮河支流航道淤塞，豫东、豫南航运遭到极大摧残。抗战胜利后，因战争再起，政府无力修浚，情况依旧，在淮河的支流航线上，仅有小帆船尚能行驶。"货运不畅，较之往昔，已不可同日而语。"⑨ 卫河为豫北之主要水运通道，日本投降后，驻新乡的国民党军

---

① 《战后各地零售物价指数》，罗元铮主编《中华民国实录》第 5 卷下册《文献统计》，第 5023～5025 页。
② 开封市公路管理局公路史志编纂委员会编《开封市公路志》，中国广播电视出版社，2003，第 88 页。
③ 《开封市交通志》，第 97 页。
④ 《开封简志》，第 171 页。
⑤ 《新乡市志》上册，第 642 页。
⑥ 《商丘县志》，第 182 页。
⑦ 《河南航运史》，第 184～185 页。
⑧ 王天奖主编《河南通史》第 4 卷，第 596 页。
⑨ 王天奖主编《河南通史》第 4 卷，第 596 页。

队将卫河船只统一管制，编成8个船队，每队船只15只。不得自由航运拉货。"那时，货运萧条，船民生活极为困难，大都改行做短工，或捕鱼拾煤，经营小生意，维持生活。"卫河支流安阳河，在安阳解放时"仅剩木船4只，3只存放河岸，一只在马义桥摆渡"。航运全部停止。[1] 开封之黑岗、柳园等渡口，在1947年黄河归渡后，曾有木帆船68只，进行摆渡，几乎无长途航运业务。[2]

除火车、汽车等现代化运输工具外，还有帆船、马车、大车等运输工具。且在多种运输方式中，马车、大车等为主要运输方式，即以人力、畜力为主。如开封在战后有50多辆汽车进行货运，后剩下30余辆汽车，总载重量80多个吨位，后仅剩下8辆货车，而据1946年8月统计，在开封拉长途货运的汽马车达600余辆，常跑线路有开封—陈留、开封—杞县、开封—宁陵、开封—睢县等20余条，每月用汽马车输进开封的物资，平均在150万斤左右，输出的物资也在150万斤左右。[3] 汽马车运输已成为开封货运的主力军。在新乡，有客运汽车12辆，以客运为主，淡季改行运些货物，但新乡共有架子车300辆、黄包车400余辆，活跃于城乡间，拉客运货，是城市客运、货运的主要工具。[4] 在商丘，1948年全县有汽车2辆，太平车（架子车）却有3600辆、小土车数千辆，故"本县在解放前虽有汽车运输，但主要运输工具依然是太平车、小土车"。[5] 由此可见，解放战争时期，河南交通运输业现代化运输虽得到恢复，但在诸多运输形式中，并不占主导地位，河南的交通运输业仍以传统的运输方式为主。

综观战后河南交通运输业，有两大鲜明特点。一是战争对交通线路影响巨大。河南铁路、公路的迅速恢复与河南省政府迁回开封，参加接收日伪财产有密切关系。以后铁路、公路屡被破坏的根本原因为内战的漫延和加剧，河南公路、铁路在战争中惨遭毁坏。二是河南交通运输方式为多种形式并

---

[1] 《河南航运史》，第189页。
[2] 《开封市交通志》，第136页。
[3] 《开封市交通志》，第95页。
[4] 《新乡市志》上册，第656~660页。
[5] 《商丘县志》，第182~183页。

存,发展水平不高。既有火车、汽车等现代化运输工具,也有帆船、马车、大车等运输工具,且在多种运输方式中,马车、大车等为主要运输方式,即以人力、畜力为主。

五 财政与税收

(一) 战后财税政策的调整

战时财政政策与平时财政政策不同,抗战胜利后,一切应复常轨,财政部长俞鸿钧在国民党六届二中全会上所做有关财政金融的报告中要求:"所有在抗战期中颁布之各种战时法令,着各主管院部会署立即分别检讨,加以整理,其未合平时规范者,得先申请废止,以期符合约法之精神,而作实施宪政之准备。"① 不久,战时财政收体支体系迅速变更,"中央遂又于卅五年六月,召开全国财政粮食会议,决定全国财政恢复中央省县三级制"。② 税收方面,"豁免收复区之田赋,并减轻佃农之负担"。直接税方面,取消过分利得税,调整营利事业所得税税率。货物税方面,废除"1.财政部税务署货物评价委员会组织暂行章程, 2.财政部税务署货物评价委员会评价暂行规则, 3.糖烟酒统税征实办法,烟类火柴专卖改办统税临时办法,棉纱麦粉统税改征实物暂行办法",将战时货物税征实部分,回征法币。糖烟酒等由政府统购商品改征统税。③ 如1945年1月,取消烟类专卖,改办统税。同时,熏烟叶、火柴等由专卖改为统税。④ 关于财政收入的具体划分为:"土地税收入,划归省者占百分之二十,划归县(市)者百分之五十,划归院辖市占百分之六十。"⑤ 河南无院辖市,土地税(田赋)收入归省20%、县市50%、中央30%。"营业税全部划归地方,省县各占百分之五

---

① 《财政年鉴》3编(上),第1篇"财政政策概述",第42页。
② 孟昭瓒:《河南财政检讨》,第15页。
③ 《财政年鉴》3编(上),第1篇"财政政策概述",第43~44页。
④ 《财政年鉴》3编(下),第8篇"货物税",第3、15、24页。
⑤ 《中华民国史档案资料汇编》第5辑第3编《财政经济》(1),第510~511页。

十"；契税的全部和遗产税的30%，原有的5种地方自治税捐和一些零星收入项，属县级收入项目。① "依此项划分办法，则中央所保持之税源，仍为直、货、关、盐四项及独占等专卖收入，其余均归还地方，实已完全恢复战前状态。"② 国民政府将财税政策调整到战前状态，说明国统区战时财政体制的结束。

河南省政府根据中央财政会议精神，实行三级财政管理体制，按中央精神进行税费征收，据时任河南财政厅长的孟昭瓒称："本府于本年（1946年——引者注）九月十八日接奉中央命令接收营业税，当即一面积极办理接收手续，一面筹划改进征收办法。"③ 这进一步说明河南执行了中央财税征收政策。

组织方面，为严密控制税源，简化稽征手续，保证财政收入，国民政府对税务征收机构进行调整，财政部将直接税和货物税分开，1945年6月，直货两税机构进行调整，仍予划分设置，成立直接税和货物税管理机关，管理全国税收事务。依照拟订之直接税复员计划，重新划分区域，除边远省份外，以一省设置一局为原则计扩设为江苏、浙江、福建、广东、河南、湖南等18个省区直接税局。货物税组织方面，与直接税局划分设置后，按行省区域及税源分布情形调整，原鄂豫区货物税局改为湖北（下辖8个分局）、河南（下辖12个分局）两个区货物税局。④ 即在河南省区设直接税局和货物税局，在开封、洛阳、南阳、新乡等地设分局，县设税务查征所，巡回查征县区税收情况。粮食征收由省田粮处负责，各县县长负责催征。

财政税收政策的修订及各地税收机构和粮食征收机关的建立，有利于河南省政府对各地财税、粮食的征收，但由于政局不稳和工农业的衰退，税源不足，河南财税收入与支出差额甚巨，从而造成财政严重赤字。

---

① 《中华民国史档案资料汇编》第5辑第3编《财政经济》(1)，第511~512页。
② 《中华民国史档案资料汇编》第5辑第3编《财政经济》(1)，第168页。
③ 孟昭瓒：《河南财政检讨》，第2页。
④ 《财政年鉴》3编（上），第2篇"财务机构与人事"，第3、5页。

（二）财政收入与支出

1. 收入与支出

战后河南省"依修正财政收支系统法规定，仅田赋二成，营业税五成，省级分粮一成五"划归省财政。① 河南省1946年9月18日接奉中央命令接收营业税。预计1946年下半年"本省营业税收入额征数，经整理后，全年可增达二十亿元，三十五年度下半年，省应得五成，约为五亿元"。土地税"全省各县悉仍征收田赋，本省本年（1946年——引者注）田赋征实额，经中央核定为一二八万市石，省应得百分之二十，为二十五万五千余市石，按各地平均市价，每市石以二万元估计，应折价五十一亿元，本年下半年应为二十五亿五千万元，又本年奉令附收省县级公粮三成，约为三十八万市石，省级一成五，按每市石二万折价，半年应合国币十九亿元，七八九三个月中央补助款四十八亿五千万元，其他杂项收入约二千万元，以上五项，共九十八亿二千万元"。② 在982000万元的财政收入中，有中央补助款485000万元，占财政总收入的49.39%，这一方面说明河南省财政已成为补贴财政，另一方面从侧面反映了河南工农业的不景气。至于支出，"按本年度（1946年——引者注）上半年中央核准本省预算数伸算，下半年经常支出为一百一十二亿三千万元"，如加上省自卫团队补助费、灾区及黄泛区救济费、补助各县的其他开支等"共为八十一亿四千万元，与经常支出合并计算，共为一百九十三亿七千万元"。③ 省财政收入约占支出的1/2，相差955000万元，赤字相当严重。如按战前与1946年物价指数比例计算，孟昭瓒认为1946年的财政收入仅为1936年的1/27。④ 河南省战后财政收入比战前大幅减少。

关于县级财政的赤字情况，与省财政相比，有过之而无不及。据河南省对各县自治税捐实征统计，1946年河南各县共征收房捐、屠宰税、营业牌

---

① 孟昭瓒：《河南财政检讨》，第5页。
② 孟昭瓒：《河南财政检讨》，第2~3页。
③ 孟昭瓒：《河南财政检讨》，第3页。
④ 孟昭瓒：《河南财政检讨》，第6页。

照税、使用牌照税、筵席娱乐税等共计 2838428194 元，配征粮食 2210710 市石。① 如按河南省财政厅长孟昭瓒所折算"每市石以二万元估计"，2210710 石，应为 44214200000 元。② 据中央规定田赋 50% 归县，1946 年各县财政应得 22107100000 元，两项合计 24945528194 元，如加上其他捐费，应超过此数。河南省 1946 年对各县各项税、赋、捐等征收统计估计数略高于实际征收数。1946 年法定收入为 249 亿～275 亿元，支出 2256 亿余元，收支相差 1981 亿余元。说明县级财政收支差额远大于省级财政收支差额，财政赤字更加严重。河南各县财政收入以田赋收入为主，田赋占税收总数的 50% 以上，财政支出以补助行政公职人员的生活费为主，占财政支出总数的 68% 以上，其次为自卫队经费，再次为团警公役服装费，地方支出主要用于军事和行政事业的运行，很少用于经济建设。③ 说明行政军事及公用事业人员的膨胀和战争对河南经济建设影响严重。

1947 年、1948 年财政收入逐年减少，而支出有增无减，收支失衡更加严重。据记载，"由于军费浩繁，财政支出膨胀，1947 年财政赤字高达 500 亿元（法币），财政陷入绝境"，④ 是 1946 年财政赤字 955000 万元的 5.24 倍弱。关于 1947 年、1948 年财政收入支出的具体数字，出于战乱原因，甚难获得具体统计资料，但从占河南省财政收入 50% 以上的田赋征实情况，可知财政收入减少甚巨。据国民政府粮食部田赋署统计，1947 年河南田赋额征 180 万石，实征 902781 石，收支成数约为 50%。⑤ 另据时任河南省田赋粮食管理处田赋科长的王竹亭回忆，1947 年国民政府下达给河南省的征实征购任务为 280 万石，因河南省的 111 县中，只有 70 个县可以征粮，"其余县份均已解放，所以配征数目不得不减少。因形势所迫，这年征起的粮数

---

① 《河南省各县自治税捐实征数》《河南省各县赋额暨配征实物数》，《民国时期河南省统计资料》下册，第 100、107 页。
② 孟昭瓒：《河南财政检讨》，第 2 页。
③ 《河南省各县三十五年度支对照表估计》，孟昭瓒：《河南财政检讨》，第 17～18 页。
④ 《河南省志》第 45 卷《财政志》，第 3 页。
⑤ 《粮食部田赋署 1947 年度田赋征实征借征购起数额比较表》，《中华民国史档案资料汇编》第 5 辑第 3 编《财政经济》（1），第 772～773 页。

约七成左右"。① 如按 111 县征实征购 280 万石计算，每县平均应为 2.52 万石强，国统区 70 县，应征 176.4 万石强，与粮食部统计的应征 180 万基本相同。按征起数 7 成计算，实征田赋应为 123.48 万石，比粮食部统计的 902781 石，多 332019 石。即按 123.48 万石计算，亦比 1946 年实征 2210710 石少 975910 石。1948 年，河南大部解放，"至于征粮问题，这时仅有开封、郑州附近的开封、郑县、中牟、尉氏及不完整的陈留、通许等县可以征粮，任务数约有五六万石，征起情况知道的已不详细了"。② 即便按 1948 年河南省全部征起，也只有五六万石，仅为 1947 年的 1/20 左右。由于 1947 年、1948 年河南省大部县市解放，其他税捐收入也只会减少，故此，在田赋占各项税捐收入 50% 以上的河南，随着田赋征实的逐年大幅递减，财政收入亦逐年减少，财政陷入困境。

财政收入逐年减少，而财政支出由于军需负担沉重反而不断增加。关于 1947 年、1948 年财政支出数字虽无具体统计资料，但从国民政府关于财政收支的记载中可窥见一般情况。财政部长俞鸿钧在国民党六届二中全会上所做财政金融口头报告中说："不过我们对县、市收入，固然已经尽了很大的努力，以期增加数额，而其结果，仍觉难与支出取得平衡。因为县、市支出，并不是完全依据法令所规定暨自治的要求的，或者为应付上级命令，或者为应付军事需要，临时支出，多于正常支出的数字，实在难以估计。据非正式的报告，有多至数倍甚至数十倍不等。此种临时支出，为县、市预算难于平衡之主要因素。"③ 财政部长俞鸿钧的报告，既道出了财政收支不平衡的主要原因，又告诉我们由于战争，地方财政支出在不断增加，1946 年河南省财政及县、市财政收支的极不平衡就是佐证。1946 年后河南成为内战之主要战场，军需有增无减，地方财政支出不可能像收入那样大幅减少，收支不平衡与 1946 年相比更加严重，应在情理之中。

2. 财政收支的问题

战后河南省不仅财政收入锐减，财政收入的结构也不甚合理。首先，在

---

① 王竹亭：《建国前的河南田赋及其管理机构》，《河南文史资料》第 32 辑，1989，第 25 页。
② 王竹亭：《建国前的河南田赋及其管理机构》，《河南文史资料》第 32 辑，第 26 页。
③ 《中华民国史档案资料汇编》第 5 辑第 3 编《财政经济》(1)，第 167 页。

所有税收中，田赋占主要部分。如前所述，1946年下半年省财政收入除去中央补助48.5亿元，共49.7亿，而田赋及公粮款分别为25.5亿元和19亿元，二者相加占河南省实际各种税捐数额的89.54%弱。① 1946年在河南各县税收中，房捐、屠宰税等共计2838428194元，田赋配征实物2210710石，以当时物价每石2万元计算，后者共442.142亿元，以50%归县财政，应为221.071亿元，田赋占各种税收的88.62%弱。② 县级农业税收所占比重与省级农业税收所占比重大致相同，这一方面说明河南财税收入以农业为主，另一方面说明税收结构不尽合理。

其次，在工商税收中，烟税所占比例甚高。据财政部河南区直接税局统计，1946年河南省直接税查征数总计313498.4万元，其中过分所得税51333.9万元，遗产税7643.7万元，印花税65502.4万元，契税85542.2万元，营业税103290.6万元，惩罚及其他收入185.7万元。③ 据河南省区货物税局统计，1946年河南货物税税收共计1848140.1万元，其中卷烟税838116.5万元，熏烟824567.9万元，土烟55067.1万元，三者相加约占货物税总数的92.94%，直接税、货物税总数的76.47%。具体情况见表21-4。

由表21-4和上述直接税收入状况可知，河南直接税、货物税两大税种，1946年共计2161638.5元，直接税约占二税总额的14.5%，货物税约为85.5%，可见河南工商税收以货物税为主。在货物税征收过程中，各地所占比例极不均衡，以许昌收税最多，占货物税总额的1/2强。按货物税各种税收比例划分，烟税所占比重最大，卷烟、熏烟和土烟三项所税收合计为17177515330元，约占货物税总额的92.94%，货物税、直接税总和的76.47%，且烟税收入在12个货物税分局中，除安阳分局外，都占有重要比例，大都占50%左右，最高之许昌为99.37%。上述税收状况说明，第

---

① 孟昭瓒：《河南财政检讨》，第2～3页。
② 《河南省各县自治税捐实征数》、《河南省各县赋额暨配征实物数》，《民国时期河南省统计资料》下册，第100、107页。
③ 《财政部河南区直接税务类税收征纳表》及续1、续2，《国民时期河南省统计资料》下册，第115～116页。

— 987 —

表21-4 河南省货物税各类税收（1946）

单位：元

局别	总计	矿产税	统税共计	卷烟	棉纱	洋酒	火柴	糖类	熏烟	麦粉
总计	18481400732	148533299	17355723644	8381165083	531167823	1850620	5000024	46542972	8245679041	32433760
许昌分局	10142850308	6863874	10038539546	3030133501	479095	—	3700	290250	7006902892	—
南阳分局	1938068366	1245405	1455569178	1442155747	415412	—	31000	531357	9259285	—
洛阳分局	2613704090	27850727	2554661746	2137302410	56477748	16440	25700	1962952	322538836	—
郑县分局	1688670660	42786638	1604259422	770901023	15456571	—	18025	2007406	792445843	—
开封分局	438361962	9710340	333947292	154862180	106042347	1834180	693946	15658802	10323510	28934900
周口分局	406137489	8879750	349740885	249083474	6560164	—	388880	1378431	83877396	—
信阳分局	405178398	8733872	351574684	327392635	3478475	—	370700	7990072	8032805	—
安阳分局	295267408	13024634	257907402	10019684	219888026	—	61400	937569	8949644	3498860
新乡分局	283710235	17906605	234740003	125186245	98931661	—	1927793	3428416	970870	—
商丘分局	167027071	4161358	102624017	82485263	9630048	—	1233093	8200391	72460	—
陕县分局	85208177	5217934	59589721	41788741	13703978	—	244907	1569635	2282460	—
潢川分局	17216568	2152162	12570049	9854180	104298	—	880	2587691	23000	—

局别	水泥	茶叶	统税皮毛	纸箔	饮料品	化装品	烟酒税共计	土烟	土酒	其他
总计	—	40779237	19968442	36140601	9920	4986421	970298212	550671206	419627006	6845277
许昌分局	—	—	666508	63600	—	—	97412932	41980137	55432795	33956

续表

局别	统税							烟酒税		其他
	水泥	茶叶	皮毛	纸箔	饮料品	化妆品	共计	土烟	土酒	
南阳分局	—	104916	2363550	655936	—	51975	481253783	346943845	134309938	—
洛阳分局	—	11084939	5167239	12263651	—	9838271	30985147	18955080	12030067	206470
郏县分局	—	20304348	1147936	1748370	—	213460	41580917	18041662	26539255	43683
开封分局	—	3352277	4213895	5129400	9920	2891935	92705403	35166971	57538432	1998927
周口分局	—	4236542	3571616	621432	—	22950	46768071	19458157	27282914	748783
信阳分局	—	801995	1012814	1519733	—	975455	44869842	20595657	24274185	—
安阳分局	—	626385	1068774	11603524	—	1253536	24335373	4644109	19691264	—
新乡分局	—	109435	646670	2126953	—	1411960	31063627	9919804	21143823	—
商丘分局	—	185400	109440	408002	—	326880	57347196	22745361	34601835	2894500
陕县分局	—	—	—	—	—	—	19558341	10544007	9014334	842181
潢川分局	—	—	—	—	—	—	2417580	1649416	768164	76777

注：1. 原资料来源于河南区货物税所送资料。
2. 本表以元为单位，元以下四舍五入。
3. 陕县分局于9月底裁撤，并入洛阳分局，潢川分局于5月中旬裁撤，并入信阳分局。

资料来源：《货物税各类税收》，《民国时期河南省统计资料》下册，第117页。

一，河南税收地域分布不均衡，以许昌、郑州、南阳、洛阳、开封等城市为主，尤其许昌占有举足轻重的位置。第二，河南税收比例不平衡，卷烟、熏烟叶所占比重太高，一方面说明河南卷烟、熏烟等行业很发达，另一方面说明其他工业的落后和萎靡不振，同时也告诉我们河南税收结构与工业结构的不合理，这种情况，不利于河南工商业的发展。

1947年，各地税收中以卷烟、熏烟为主的状况仍未有任何改变。1947年1~3月郑县分局税收情况如下：1月税收中卷烟27743500元、熏烟265604962元，1月税收合计300331188元，卷烟、熏烟税占1月税收总额的97.67%强；2月卷烟税58658000元、熏烟税170718404元，2月税收合计241942652元，卷烟、熏烟二税占2月税收总额的94.81%弱；3月卷烟税40144400元、熏烟税843694450元，3月税收合计911918528元，卷、熏烟二税占3月税收总数的96.92%强。① 3个月卷烟、熏烟税收合计约占3个月税收总额的96.72%。而1946年郑县分局货物税税收1688670660元，其中卷烟税770901023元，熏烟税792445843元，卷烟、熏烟税合计约占货物税总额的92.58%。② 郑县分局1947年前三个月卷烟、熏烟税所占比例高出1946年4.14个百分点。信阳税务分局1947年1月卷烟税22548040元、土烟税1203569元、熏烟税347500元，1月各项货物税收合计31793818元，卷烟、土烟、熏烟三项税收占1月税收的75.8%弱；2月卷烟税47826220元、土烟税3674970元、熏烟税642500元，2月税收合计60275238元，三项烟税占2月税收的86.51%弱；3月卷、土、熏烟税分别为71406970元、5365718元、2405500元，3月税收合计95211355元，三税税收占3月税收总额的83.16%强。③ 3个月卷、熏、土烟税额约占信阳分局3个月货物税收总额的82.99%，且烟税比例呈增加趋势。1946年信阳分局货物税收总额为405178398元，其中卷烟、熏烟、土烟税分别为

---

① 《卅六年度元至三月份本局暨所属各单位税收明细数目表》，《河南货物税月刊》1947年，第11~12页，开封市档案馆藏，旧4-1-443。
② 《货物税各类税收表》，《民国时期河南省统计资料》下册，第115、117页。
③ 《三十六年度元至三月份本局及所属税收数目统计表》，《河南货物税月刊》1947年，第14~15页。

327392635 元、8032805 元和 20595657 元，三项烟税约占货物税收总额的 87.87%。信阳货物税分局 1947 年 1~3 月烟税收入占货物税比例略低于 1946 年约 4.88 个百分点。① 总之，烟税在各项税收中所占比重居高不下的情况没有多大变化，1947 年 1~3 月烟税所占比重不断增加，再次证明河南税收结构的不合理。

（三）税捐繁重

在中央及各地政府收支严重不平衡的情况下，滥发纸币和征收重税、苛捐成为中央及地方选择的主要手段。抗战胜利后，河南成为内战主战场之一，驻军增加，河南省国统区人民承担着数十万国民党军和五六万马匹的粮草供应，负担十分沉重。河南地方行政当局没有发行货币权力，只能不断增加税捐，以满足其各项开支，故战后在河南省各项税收税率有增无减的情况下，各种苛捐、摊派等大量增加，严重阻碍了河南工农业生产的发展与人民生活水平的提高。

国民党捐税的沉重，首先表现在税率的提高。如 1931 年，洛阳地区矿税为 2%，1946 年改为 3%。② 营业牌照税，战时按 12 级征收，其中资本额 30 万元以上者征收 1500 元，为第 1 级；5000 元以下至 2000 元者征收 10 元，为第 12 级。如此计算，战时营业税税率按资本额计算在 0.2%~0.5%。抗战胜利后，依据《河南省各县市营业牌照税征收细则（修正）》规定，日常必需品税率最高不超过其资本总额的 2.5%，奢侈品等税率最高不超过其资本总额的 3%。而各地政府征税时往往按最高税率征收。③ 营业牌照税率高出战时 6~10 倍。烟酒税为货物统税中的大宗税收品种。1941 年 7 月，烟酒税实行由产地从价一次征收。税分烟叶、烟丝两种，分别征税 30% 和 50%；酒类按照产地完税价格征收 40%。1946 年提高烟叶税率为 50%，酒类税为 80%，降低烟丝税为

---

① 《货物税各类税收表》，《民国时期河南省统计资料》下册，第 117 页。
② 《洛阳市志》第 10 卷《财政·税务·金融志》，第 193 页。
③ 《洛阳市志》第 10 卷《财政·税务·金融志》，第 197~198 页。

30%"。① 货物税税率整体呈增加趋势。1947年9月，河南省财政厅规定，各县（市）的法定税收入不敷出者，可因地制宜开辟特别税，自此地方增税之风更烈。②

其次，苛捐杂税及摊派的增加。河南省政府为满足战争需求，不断增加捐税。1946年，河南省田赋征实、征借达154万担，而各种摊派数额高于征赋2倍以上。③ 据河南人马吉允战后回家乡发现，"河南苛杂之多，可谓集全国之大成，仅征粮一项而论，就有十种名目之多"。完粮征收的法币就有自治捐、教育捐、救济捐等名目，其他乡公所或保甲摊派的有保警伙食费、制服费、招待壮丁费等很多不胜枚举的科目。"此外还有莫名其妙的苛杂科目，老百姓家的纺花车要征税，牛车也要征牌照税，最可笑的是老百姓做饭吃，也抽锅底税。"据马吉允统计，每赋额1元，每年缴粮在200斤以上，法币8万上下，一个农民每年的收入除苛杂外，几无剩余。④

抗战胜利后，"洛阳暨各县杂捐猛增"，"各种杂捐达186种之多"。⑤ 据文字记载，开封"由国民党的省、县政府公开向商民摊派的苛捐杂税达24种之多"，"加上物价暴涨，商民苦不堪言"。⑥ 在登封，各种商业捐税有行贴、房捐、户口费、血税（屠户）等共22种之多。⑦ 商丘国民党军政当局横征暴敛，税收项目"有土地改良物税、屠宰税、营业牌照税、使用牌照税、筵席税、娱乐税、土地税、遗产税、营业税、契税……等24项，全年财政收入38.96亿元（法币）（其中田赋附加达22.9亿元，超过田赋征税的8.3倍），约占实征额的30%"。⑧ 1947年12月18日，河南省政府保安司令部保密320号训令，公布戡乱经费征收办法规定："凡在本省发生交易

---

① 《开封市税务志》，第67页。
② 《桐柏县志》，第573页。
③ 《河南省志》第45卷《财政志》，第3页。
④ 马吉允：《苦难煎熬下的河南》，天津《大公报》1947年3月17日。
⑤ 《洛阳市志》第10卷《财政·税务·金融志》，第250页。
⑥ 王命钦主编《开封商业志》，第6页。
⑦ 《大金店征收营业税，商民均感轻快，国民党统治时期，苛杂多至二十二种》，《豫西日报》1948年12月1日。
⑧ 《商丘县志》，第250页。

行为的卷烟、酒类、煤、海味、棉花、黄豆、花生、大枣等一律征收特捐。捐率：烟酒20%，海味50%，其余10%。"① 随着战争的蔓延，国民党所征的税捐也越来越多。

在豫北获嘉县，1948年征收绥靖农民捐粮为246839斤，公粮7057455斤，合计全县共交粮食7304294斤。而1948年度获嘉县共播种小麦面积138241亩，产量为10022473斤。仅公粮及农民绥靖捐已占全县小麦产量的72.9%。同时本年还增加预算绥靖临时捐粮7057455斤。② 捐粮、公粮及临时捐粮总量为当年该县小麦总产量的1.43倍强，这还不包括其他捐税。《大公报》记者抄录1947年1月6日新乡商会负担情况如下。①奉县府令，派追加1946年地方临时费暂派3000万元。②奉县府令，派担负修道清路枕木2500根，暂派洋3000万元。③续派补给分会柴草价洋4000万元。④1946年下半年利税600万元。⑤吴佩孚□（一字不清）葬付礼20万元。⑥河南省区政学会筹募基金洋35万元。⑦中报56份，11月份报费洋268800元。⑧本会及驻站事务所等，冬季棉服装费洋3145740元。⑨12月份常务理事车马费洋12万元。⑩本会及驻站事务所员役薪馆洋1920720元。⑪杂费洋3519195元。⑫应酬费洋3263400元。⑬文具费581470元。⑭邮电费洋263400元。⑮煤、水洋1266750元。⑯灯油费洋128700元。⑰购置费洋1007500元。⑱修理费198000元。以上18宗，共支洋121106450元。商会收入共27137940元。不敷之9300余万元由新乡县各商家负担。③ 商民负担之重，由此可见一斑，而这还不包括军队的负担。

另外，军队的供应，也是国统区人民的沉重负担。据调查，抗战胜利后5个月豫北武陟、修武等县供应军队、地方团队及游杂部队的粮食约占各县粮食总产量的8.44%，这还不包括麸料和杂草的负担，具体情况见表21-5、表21-6、表21-7。

---

① 陕县财政局编《陕县财政志》，内部资料，1991，第38页。
② 《获嘉县粮食志》，第49页。
③ 《一个实例新乡商会的负担》，天津《大公报》1947年1月12日。

表 21-5　豫北各县无价征发物品数量（1945 年 8 月 20 日～1946 年 1 月 20 日）

	食粮（市斤）	秣料（市斤）	柴草（市斤）
三区	24485878	1769089	19421638
四区	8632004	324901	5760458
总数	33117882	2093990	25182096

注：1. 供应部队物品除上列食粮、秣料、柴草外，所有民夫、马车、驮骡款、食盐、棉花、棉布、鞋袜、煤炭、木料、日用家具及一切零星什物用品尚未列入。
2. 各部队直接向民间摊借之物品因无法统计亦未列入。
3. 辉县、沁阳两县因故未到会。
4. 游杂部队无价征发粮食、秣料、柴草损失价款共计 2222355720 元，连同供应部队赔价 1258155063 元，总计 3480510783 元。
5. 三区、四区指河南省第三、第四行署。
资料来源：《豫北各县地方团队及游杂部队无价征发物品数量表》，《中华民国史档案资料汇编》第 5 辑第 3 编《财政经济》（6），第 280 页。

表 21-6　豫北各县供应部队物品数及赔价（1945 年 8 月 20 日～1946 年 1 月 20 日）

	供应数量 食粮（市斤）	秣料（市斤）	柴草（市斤）	实发价（元）	赔价（元）
三区	103582259	1514323	25654033	247056732	594675000
四区	27007163	1619204	17428497	127258808	663480063
总数	130589422	3133527	43082530	374315540	1258155063

资料来源：《豫北各县供应部队物品数量及赔价表》，《中华民国史档案资料汇编》第 5 辑第 3 编《财政经济》（6），第 281 页。

表 21-7　豫北各县食粮生产数量

	人口数（人）	耕地数（亩）	产粮数（市斤）
三区	3957314	17594034	1089441020
四区	3029521	4595580	840740100
总数	6986835	22189614	1930181120

资料来源：《豫北各县食粮生产数量及损失调查》，《中华民国史档案资料汇编》第 5 辑第 3 编《财政经济》（6），第 282 页。

上述三表告诉我们，仅地方团队、游杂部队和豫北驻军在 5 个月时间里即征用豫北 24 县食粮 163707304 市斤、秣料 5227517 市斤、柴草

第二十一章 国民党统治区的经济（下）

68264626 市斤。其中地方团队、游杂部队、豫北驻军 5 个月无价征发食粮总数约占三区、四区年粮食总产量的 1.7%，这还不包括各部队直接向民间摊借之物品。游杂部队无价征发食粮、麸料、柴草及供应部队物品之赔价，豫北百姓共损失 3480510783 元。如以此征收比例计算，豫北百姓无偿供应军需食粮及供应部队之赔价达一年粮食总产量的 20.258%，如再加上公粮征收、田赋征购征借，农民一年年产除去上缴外所剩无几。

在豫东宁陵县，仅战后 4 个月时间不到，即摊派军粮及二区专署用粮如下："第一战区三千大包，每包二百斤计六十万斤。第五战区六千大包计小麦一百二十万斤。第三路军每月五十万斤，十一、十二两月份共计小麦一百万斤。二区专署每月三十万斤，十一、十二月份共计小麦六十万。"共计 340 万斤，约占该县小麦总产量 1200 万斤的 28.33%。① 征粮比例之高实属罕见，照比征收下去，人民倾其所有也无法完成各种苛捐杂税和摊派。在商丘，"国民政府在各乡镇安插大量的保安队员，吃穿用都由农民负担，抢物抢钱无所不为"。② 国民政府财政部长俞鸿钧在 1946 年的报告中说："据非正式之报告，临时支出多于正常支出几倍或几十倍不等。因为正式预算中，无法编列此项支出，所以不得不取自摊派。摊派之种类极多，摊派之范围极广，事前无法预知，事后无法核计，甚至日日在摊派之中，物物在摊派之列，人民痛苦，实属不堪想象。"③ 时任河南财政厅长的孟昭瓒在谈到各地摊派时说："本年度（1946年——引者注）因国军进驻华北收复政权，多由本省经过，军事征用赔价特多，连同修建国防工事黄河堵口工料价款，及最近构筑由商丘至郑州陇海路两侧护路工事，因无正确统计数字，估计平均每县约在二十亿元左右，按开封县三十四年九月至三十五年十月间，共支木柴马草麸料豆料赔价九亿元，国防工事工料费三十七亿元，黄河堵口价七亿元，共五十三亿元，其他各县平均当在开封县

---

① 《河南省临时参议会第三届第四次大会提案16》，《河南省临时参议会第三届第四次大会汇编》，第179页。
② 《商丘县志》，第259页。
③ 《中华民国史档案资料汇编》第5辑第3编《财政经济》（1），第168页。

— 995 —

负担之下，全省合计又不下二千亿余元，似此巨大供应，除于预算之外，以摊派方式，向人民征集外，实无他途。"① 由此看来，河南摊派重于他省，至少不低于全国其他省份。国民政府的种种摊派数额远大于正税数额，为不争之事实。

国民党的苛捐杂税和种种摊派，严重阻碍了农工商业的发展和人民生活水平的提高。"抗战胜利后，国民政府加紧掠夺，捐税苛重，社会经济破产。全省抛荒耕地2727万亩，占总耕地面积20.7%。"再加上通货恶性膨胀，"中小商户大批破产倒闭"。② 如前所述，国民党在河南各地驻军之粮草、国防工事开支等，多由各县负担，而这些负担又以摊派形式下放各乡村，农村经济在国民党军政当局的掠夺下逐渐走向破败，民不聊生。在商丘，战后大批国民党军队再次开进商丘各县，对解放区发动内战，使本来就贫穷的商丘各县，经济陷于崩溃边缘。如商丘县顺河集东头张保全家6口人，40多亩地，由于赋税摊派过重，被迫逃荒要饭。③ 该县娄店乡温李庄有一家农户，共6口人，有40亩地，2头牛，年收粮食2300公斤，本应是富裕的人家，但在1947～1948年，因苛捐杂税所迫而逃荒要饭。④ 各种税捐和摊派已使许多原本殷实的家庭无法生存，这势必造成大批人员外流，土地荒芜，农业衰败。

洛阳各县摊派粮食等实物及农副业附加越征越滥，直到国民党政权崩溃。据报道，在洛阳地区徐阳村，国民党来后，"捐税谁也说不清有多少；公粮、代购、强购、征借、粮款、保公所的伙食费、零用费、办公费……一个月顶少也得派四五次，往往是这款还未交，那款又派下了，平均每亩地每年要拿一百五十斤粮食，买壮丁的钱还不在内，农民劳动了一年，打下的粮食，还不够交国民党匪帮的捐款……刘福贵的娘被逼得跳井死了，要饭的满街喊着。留下来的靠担菜苟延残喘"。⑤

---

① 孟昭瓒：《河南财政检讨》，第19页。
② 《河南省志》第42卷《商业志》，第2页。
③ 《商丘县志》，第259页。
④ 李可亭等：《商丘通史》上编，第243页。
⑤ 李香振等：《徐阳村活了》，《豫西日报》1948年12月17日。

第二十一章 国民党统治区的经济（下）

豫北由于天灾人祸，"又值大军云集，供应浩繁，各县因代购粮刍烧柴而贴偿者不下一万亿元之巨。目前（指1945年底1946年初——引者注）已十室十空，粮荒大起，春荒即届，势将军民交困，殊堪顾虑，极待食物救济"。① 据安阳县一保长谈，该村1947年每丁已摊米80斤，小麦30斤，柴草各30斤，洋22000元，"农民们已将农具种籽变卖维生，虽误春耕，亦无法顾到了"。② 大量农民弃耕，势必造成田地荒芜，农业衰退。河南财政厅长孟昭瓒不无担忧地说："以各省田赋附加，漫无限制，以土地为对象之征派，日益加重，至农村经济，渐有崩溃之虞；各项地方捐税，亦嫌过于苛细，有碍工商业之发展。"③ 孟昭瓒对战后农村经济的担忧，道出了河南农村经济衰败的实情。

苛捐杂税的激增，不仅影响农业的进步，也有碍工商业之发展。卷烟、熏烟等产业是河南税收大户和较为发达的产业，在战争与政府的横征暴敛下，同样难逃衰亡的命运。许昌是河南熏烟、卷烟生产的中心。抗战胜利后，在战争中关闭、外迁的烟厂纷纷开业，但因国民党发动内战和苛捐杂税沉重，工商业者苦不堪言，一些烟厂被迫停产歇业。许昌全区原有私营卷烟厂230家，1947年7月，全区卷烟厂仅48家。到1947年底，许昌城关开工生产的仅有大新、华通、兴亚、博大、大生、裕生6家。④ 在开封，战后"机制卷烟有较大发展，先后有40余家私营卷烟厂建立"。由于税率提高和物价飞涨，到开封解放前夕，尚存24户私营烟厂，且"规模都很小"。⑤ "抗战胜利后，郑州市机制烟厂增加到30家"，"但后来，国民政府规定卷烟生产要向当地烟酒专卖局领取执照以后及原料要通过烟行购买等限制措施，1948年郑州卷烟业降为23家，其中开业的只有利民、华兴、豫丰、同心、龙兴、宏兴、天中、协城等烟厂"。⑥ 豫省最发达的烟草工业，到河南解放前夕，已大部关门停产，其他行业的生产，与烟草工业

---

① 《中华民国史档案资料汇编》第5辑第3编《财政经济》（6），第279页。
② 《摊派绞杀民生，农民弃耕商不开市》，天津《大公报》1947年3月14日。
③ 孟昭瓒：《河南财政检讨》，第11页。
④ 《许昌烟草志》，第192～193页。
⑤ 《开封简志》，第50页。
⑥ 《河南省志》第44卷《烟草工业志》，第39页。

的命运基本相同。

前有述及,郑州商业向来繁荣,战后因摊派严重,1947年1月4日起至8日止,宣告歇业者,计有天利铁厂及振泰商行等46家,整个工商业处于危机之中。① 安阳全市商号500家,"而有三间门面者,目前均未开门营业,记者询问,均答谓摊派繁杂,每日所卖之钱,不够缴纳税款,故全市呈萧条之象"。② 开封商民因负担过重,截至1948年除夕,呈请歇业和准备歇业的,共有500家之多。③ 到1948年8月,豫东各县在国民政府手中的县城有商丘、虞城、夏邑、宁陵4处,除商丘勉强维持萧条市面外,其他3县,城里已没有商店,人口也很少。④ 由此观察,其他工商业,与烟草业一样,难于维持下去。

六 金融与通货膨胀

(一) 战后金融业

抗战时期,国民政府实施战时金融政策,加强对银行管制,禁止后方黄金、白银外流,政府金融政策,以巩固金融,增强作战力量为主。"及胜利后,由战时金融改为平时金融",政府"致力于发展经济,提高生活水准",金融政策做了相应调整。⑤

1. 金融机构的复员

抗战爆发后,金融机构大批迁入后方或停止经营,豫湘桂战役后,河南几乎全部沦陷,绝大多数金融机构或他迁,或停止经营。战后,金融机构亟

---

① 《郑州满目凄凉》,天津《大公报》1947年2月7日。
② 《摊派绞杀民生,农民弃耕商不开市》,天津《大公报》1947年3月14日。
③ 《旧年关刚刚渡过,各地商业都闹萧条》,天津《大公报》1948年2月24日。
④ 《天灾人祸交加,苦煞豫东百姓,五十万难民无家可归》,天津《大公报》1948年9月5日。
⑤ 《财政年鉴》3编(下),第1页。

第二十一章 国民党统治区的经济（下）

须在收复区复员，为此，1945年9月，财政部公布《收复区商业银行复员办法》，规定"凡经财政部核准注册之银行，因抗战发生停止营业或移撤后方者，得呈经财政部核准在原设地方复业"。"凡经财政部核准注册之银行或分支行处，在抗战期间继续营业者，依照收复区商营金融机关清理办法之规定办理。"① 后又规定，凡经注册之银行或银号、钱庄改组之银行，开业在4年以上者，得呈准在收复区设立分支行处，但每一银行不得超过3处，其在收复区复业之分支行处，已逾3处者，不得增设。② 1946年1月和5月，财政部分别公布《收复区商业银行复员办法补充办法》和《商业银行设立分支行处及迁地营业办法》，对在收复区重立分行处做了更详细的规定。③ 以上政策法规，为战后金融机构复员提供了政策依据和法律保障。

根据财政部的规定，战时迁至后方或停止经营的金融机构，在战后纷纷回迁收复区，中央银行、中国银行、交通银行、中国农民银行等国家金融机构先后在河南收复区设立分支行处，河南金融机构也纷纷回迁，建立河南省银行总部及分支机构。据统计，中央银行在河南设立分行3处，中国银行设立支行处5处，交通银行设立支行处8处，农民银行设立行处6处。关于4行在豫设立分支机构的具体情况见表21-8。

表21-8　四行战后在豫设立分支机构一览

所属银行	行别	所在地	设立、复业或合并改组日期
中央银行	开封分行	开封	1945年11月2日开业
	郑州分行	郑州	1946年1月1日开业
	洛阳分行	洛阳	1945年11月19日开业
中国银行	开封办事处	开封	1946年6月10日复业
	郑州支行	郑州	1946年5月22日复业
	彰德办事处	彰德	1947年3月1日复业
	许昌办事处	许昌	1946年7月20日复业
	洛阳办事处	洛阳	1947年3月20日开业

---

① 《财政年鉴》3编（下），第249页。
② 《财政年鉴》3编（下），第42页。
③ 《财政年鉴》3编（下），第249~250页。

续表

所属银行	行别	所在地	设立、复业或合并改组日期
交通银行	许昌办事处	许昌	1946年3月18日
	漯河办事处	漯河	1946年3月15日
	灵宝办事处	灵宝	1946年11月2日
	信阳办事处	信阳	1946年12月16日
	洛阳办事处	洛阳	1946年11月1日
	郑州支行	郑州	1946年1月16日
	开封支行	开封	1946年1月26日
	新乡临时办事处	新乡	1946年7月16日
中国农民银行	郑州分行	郑州	1934年1月16日成立,1946年2月16日复业
	开封支行	开封	1934年2月1日成立,1946年5月1日复业
	漯河办事处	漯河	1944年1月18日开业
	洛阳办事处	洛阳	1936年5月11日成立,1946年5月1日复业
	许昌办事处	许昌	1946年8月21日开业
	灵宝分理处	灵宝	1943年12月1日成立,1946年11月1日复业

资料来源:《财政年鉴》3编(下),第45~47、51~57、60~65、68~75页。

由表21-8可知,到1946年底,国民政府所属4行先后在郑、汴、洛等主要城市建立分支行处,为战后河南金融业务的开展创造了条件。与此同时,根据1945年7月3日公布的《省银行条例》,河南省银行在河南农工银行的基础上改组成立,行址在开封,资本总额300万元,完全为官股。① 到1946年底,河南省银行先后在郑县、洛阳、南阳、许昌、信阳设分行,新乡、安阳、商丘、巩县、陕县、灵宝、镇平、唐河、襄县、禹县、鲁山、叶县、漯河、周口、舞阳、驻马店、潢川、新蔡、商城、汝南、卢氏、皂庙等28县设办事处。② 另外,全省到1946年底设县银行的县有郑县、广武、禹县、南阳、许昌、洛阳等68县。县银行核定资本1145万元,实收资本1026万元,其中官股406万元,商股620万元。1947年增设新乡、开封、安阳县银行,全省共有71个县银行。③ 按此推

---

① 《省银行一览表》,《财政年鉴》3编(下),第86~87页。
② 《河南省省银行各分行处概况(35年底)》,《民国时期河南省统计资料》下册,第121页。
③ 《河南省志》第46卷《金融志》,第32页。

算，国统区几乎每县皆设有县银行。抗战胜利后，许昌、灵宝、镇平、方城、新郑、孟津等40县县合作金库复业。① 战后国家、省、县银行及县合作金库的复员，使河南国统区基本形成了完整的金融网络，为金融业支持战后河南经济建设奠定了基础。

2. 对日伪钞券的整理

抗战爆发后，日伪政权在沦陷区发行的钞券有伪蒙疆银行券、伪联银券、伪华兴银行券、伪中储券等，这些伪券遍布华北、华中、华东各地，河南陷区主要发行"联银券"，另有少量"中储券"流通。到抗战结束时，陷区民众或多或少存放部分伪钞，亟须兑换成法币流通、购物。为解决伪钞的兑换问题，1945年9月26日，国民政府财政部公布伪中央储备银行钞票收兑办法，规定伪中储券200元兑换法币1元，自同年11月1日至翌年3月底为办理收兑时间。11月21日公布伪中国联合准备银行钞票收兑办法，规定伪联银券5元兑法币1元，自1946年1月1日起至4月底止办理收兑。伪券持有人应于收兑期内，向中央银行及其委托之银行或机关申请兑换。其兑进之钞票，由中央银行分地集中，点验保管，列表报财政部核查，听候会同审查机关或地方政府派员监视销毁。后因战争再起、交通不便等原因，伪中储券自1946年4月1日起至4月底止再办理登记一个月，伪联银券两度展期收换至1946年6月底。②

伪钞收兑开始后，各地持有伪钞之机关、团体及个人，纷纷将伪钞兑换为法币，截至1946年底，计兑入伪中储券4167656139850.90元，已销毁4199337368706.27元；伪联银券收兑数字计为116738068452.58元，销毁数为98869850330.77元。伪中储券销毁数字中包括伪行库未发券在内，故较收兑数字为大。③ 在这些销毁的伪中储券、伪联银券中，部分为河南沦陷区民众兑换。国民政府对日伪钞券的整理，肃清了战后钞票混乱的局面，利于法币的正常流通和国统区民众的社会生活。

---

① 《河南省志》第46卷《金融志》，第33~34页。
② 《财政年鉴》3编（下），第5~6页。
③ 《财政年鉴》3编（下），第6页。

3. 支持工农业发展

为发展工农业生产,战后国民政府明确规定银行资金应以投放生产建设事业为原则,"惟自实行以来,体察所及,鉴于商业银行吸收者,大部为活期存款,饬将全部投放于长期性之生产实业,资金将感周转不灵,且以商业银行吸收存款,存息较高,对于生产事业资金,亦不克低利供应"。为兼顾各方利益,新订办法对商业银行资金运用范围予以放宽,除运用于农工矿等生产事业外,也运用于有关日用必需品或对外贸易物品之运销等,1946 年 4 月 17 日,财政部公布管理银行办法,规定商业银行资金运用应以贷放下列事业为主要对象,"一、农工矿生产事业";"二、日用重要物品之运销事业";"三、对外贸易重要产品之运销事业"。银行对于上述 3 项业务贷放之数额不得少于贷放总额 50%。银行对农工商业的放款应以合法经营本业者为限,合法经营的企业以"当地有同业会组织者并以加入各该公会者为限"。① 政府制定银行管理办法要求金融业放贷给农工商业,明确规定银行对农工矿业放贷数量比重,表明其对战后工农业生产建设的坚定支持。

1946 年 6 月 27 日,四联总处第 310 次理事会议通过《农贷方针》,规定中、中、交、农四行的农贷原则:"一、贷款用途必须确能直接或间接增加农业生产、增进农民收益、改善农产运销及促进外销者为原则。二、贷款手续必须切实按照规定办法处理,力求迅捷适应农事。三、贷款利率应参酌各地情形,抑低农村利率。"② 四联总处要求四行农贷迅速适时,抑制农村过高的放贷利率,无疑有利于农业生产建设。9 月,四联总处理事会修正《四联总处核办投资贴放方针》,指出:"在复员期间本总处核办投资放款应以配合政府经济复原政策,平衡物价,促进生产,畅通贸易为主要方针,其不急需之投资放款均应暂行停止。"凡适合政府经济复员政策的交通公用工矿农林水利及贸易等事业,"均得申请贷放",金融业应予以大力支持。③ 1945 年 7 月 3 日,国民政府公布《省银行条例》,规定以一省一行为限,各

---

① 《财政年鉴》3 编(下),第 26、242 页。
② 《财政年鉴》3 编(下),第 270~271 页。
③ 《财政年鉴》3 编(下),第 268 页。

省统一设某某省银行。而省银行放款以贷予省内农林渔牧工矿等生产事业及公用事业为原则。① 四联总处修正之贴放方针和国民政府制定的省银行条例,皆把支持地方农工商业建设放在首位,再次表明国民政府以金融放贷支持工农业生产的决心。

根据国民政府的贷款方针,河南农工商业得到部分贷款,对河南工农业生产建设和提高农民生活水平多少有所补益。1946年,河南省仅大型水利贷款即达355120000元。② 1947年,为完成河南灵惠渠水利工程,四联总处又增加大型水利贷款7亿元,使灵惠渠得以当年竣工,农田受益面积达12万亩。③ 另据四联总处统计,1945年、1946年、1947年、1948年上半年分别发放工矿、交通公用、盐务、粮食等贷款法币758.05亿元、7488.92亿元、49494.32亿元、608647.95亿元。④ 四联总处所放款项,应有部分发放河南。尽管上述贷款不可能解决河南农工商业发展的所有资金问题,但对各地工农业生产肯定会产生积极作用。

4. 通货膨胀政策

抗战胜利后,各地物价普遍下跌,以重庆为例,1945年8月胜利前夕,物价总指数已涨到1937年基数的1585倍,9月跌至1226倍,10月更下降到1184倍。同年7月,重庆黄金黑市涨到每两199075元,8月跌至111424元,9月更降至66728元。美钞价格1945年7月涨至每1美元合法币2889元,8月跌至1745元,9月更降到968元。同时国民政府手中还握有黄金400万两,美汇9亿元,又从沦陷区接收大量敌伪产业,这一切说明在战后的数月内严重的通货膨胀得到了一个喘息的机会,为整理金融稳定法币创造了有利条件。⑤ 河南物价虽没有大城市涨跌迅猛,但也会随大城市的涨跌波动。另外,河南沦陷区广大,河南军政当局接收大量敌伪资产,同样有利于河南物价的稳定。但国民党政府并未认真整顿金融,全力进行生产建设,而

---

① 《财政年鉴》3编(下),第252页。
② 《民国时期河南省统计资料》下册,第56页。
③ 《中华民国史档案资料汇编》第5辑第2编《财政经济》(8),第51页。
④ 《中华民国史档案资料汇编》第5辑第3编《财政经济》(3),第697页。
⑤ 石毓符:《中国货币金融史略》,天津人民出版社,1984,第311~312页。

是悍然发动内战,继续实行恶性的通货膨胀政策。

国民政府推行的通货膨胀政策主要表现在大量发行法币。据统计,中央银行法币发行累计额1945年12月为10319亿元,1946年6月21125亿元,1946年12月37261亿元,1947年6月99351亿元,1947年12月331885亿元,1948年6月1965203亿元,1948年8月21日达6636946亿元。① 法币发行量呈逐月加速趋势。国民政府财政部秘书朱偰常常出席财政部部务会议,见证了通货膨胀的内幕。1946年12月12日,朱偰在日记中写道:"到部开部务会议,宋子文(行政院长)来亲自主持……据行政院通过预算,明年度总收入数字如下:总收入9943487680000元,经常收入4498745490000元,临时收入5444742190000元。""所谓临时收入,实际上全靠增加发行",即印发钞票。1947年6月21日,朱偰在日记中记载:"开部务会议,李俶报告新近行政院核定之收支数字,至为可虑。本年支出,据目前观察,将在三十万亿以上,而全年收入,不过十六万亿……以上数字即使可以收足,尚差十四万亿元,全靠增发钞票来维持。截至目前为止,银行已垫出四万余亿元(按:此系单指为财部税收不足垫付之数字)。"② 财政收入、支出的不足部分靠中央银行发行货币填补,实为通货膨胀的重要原因。

财政部存档的《币制改革前过渡时期稳定币值办法建议书》坦言,在战时物资消耗增加,物资来源减少的情况下,"政府无法预算,不得不视实际的需要发行过量货币以换取物资,结果物资的比价天天增加,换句话说,法币的面值不得不随时提高,否则法币的数目加多,携带不便当然不能适应实际需要。政府每次发行大钞,这是必须而自然的结果,不过现在政府已感觉到印钞成本的加高和印刷的速度将要赶不上法币贬值的快。现在某种面值的法币行使时间甚短,而物价上涨的速度实在惊人"。③ 货币的大量发行刺

---

① 《1945~1948年法币膨胀和物价上涨情况统计表》,石毓符:《中国货币金融史略》,第314页。
② 朱偰:《我所亲眼看到的通货膨胀内幕》,中国人民政治协商会议全国委员会文史资料研究委员会编《法币·金圆券与黄金风潮》,文史资料出版社,1985,第96~98页。
③ 《中华民国史档案资料汇编》第5辑第3编《财政经济》(3),第786页。

激物价上涨，物价上涨反过来促使货币的发行，这种恶性循环，使人们对法币失去信心，最终导致法币崩溃。

国民政府的另一通货膨胀政策是降低银行存款准备金率。抗战时期，为稳定物价，防止通胀加剧，银行缴存准备金，不分活存定存，概以存款20%提缴。抗战结束后，在物价尚未稳定的情况下，1946年4月财政部公布《财政部管理银行办法》，规定活期存款提缴10%~20%存款准备金，定期存款提缴7%~15%存款准备金。6月，中央银行规定存款准备金率，活存为20%，定存为15%。9月，在物价开始上涨的情况下，中央银行又改定各地准备金率活存为15%，定存为10%。① 存款准备金率上调本可起到抑制货币流通、物价过快上涨的作用，而国民政府在加速发行货币的同时，大幅度调低存款准备金率，使大量货币迅速投放市场，对战后的通货膨胀起到了推动作用。政府的通货膨胀政策，虽可使政府短时间内得到物资，解决一时之困难，但代价是透支了政府的信用，使民众对法币失去了信心，加速了经济的崩溃。

5. 金圆券的发行

随着国民党军事上的失败和政治上的濒于崩溃，通货膨胀亦达恶性最后期，"原有法币之贬值愈演愈烈，物价随而愈涨愈速，于是人民对于原有法币之信心愈益薄弱，而对于新的交易媒介需求愈殷"，于是，政府经过深思熟虑，决定发行新币金圆券。② 1948年8月19日，国民政府颁布财政经济紧急处分令，规定"自即日起，以金圆为本位币，十足准备，发行金圆券，限期收兑已发行之法币及东北流通券"。与此同时，国民政府公布《金圆券发行办法》《人民所有金银外币处理办法》《中华民国人民存放国外外汇资产登记管理办法》《整理财政及加强管理经济办法》等一系列金融改革法令，开始发行金圆券。上述法令主要内容可归纳为以下几点。

第一，金圆券由中央银行发行，每一金圆券的法定含金量为纯金

---

① 《财政年鉴》3编（下），第10篇"金融"，第25、242、31页。
② 《中华民国史档案资料汇编》第5辑第3编《财政经济》（3），第814~815页。

0.22217克，十足流通行使。所有以前发行之法币，以300万元折合金圆券1元，东北流通券以30万元折合金圆券1元，限1948年11月20日以前无限制兑换金圆券。在兑换期间，法币及东北流通券均暂准照上列折合率流通行使。金圆券的发行准备中必须有40%黄金、白银及外汇，其余以有价证券及政府指定之国有事业资产充之。

第二，金圆券发行总额，以20亿元为限。

第三，自《人民所有金银外币处理办法》公布之日起，黄金、白银、银币及外国币券，在中华民国境内禁止流通、买卖或持有。人民持有黄金、白银、银币或外国币券者，应于1948年9月30日前，向中央银行或其委托之银行，以下列条款之规定，兑换金圆券。（1）黄金按其纯含量，每市两兑换金圆券200元。（2）白银按其纯含量，每市两兑换金圆券3元。（3）银元每元兑给金圆券2元。（4）美元每元兑给金圆券4元，其他国家币券照中央银行外汇汇率兑给金圆券。除中央银行外，所有其他中外银行，非经中央银行之委托，不得收兑、持有或保管黄金、白银、银币或外国币券。违反规定不于限期内兑换或存储者，其黄金、白银、银币或外国币券一律没收。

第四，自改行金圆券之日起，文武公教人员之待遇，士兵薪饷、副食，国营、民营事业员工之待遇等，一律以金圆券支给。全国各地各种物品及劳务价格，依照兑换率折合金圆券出售。[①]

金圆券的发行，是国民党政权退出大陆前推行的重要金融改革措施，如按其规定仅发行20亿元，应可起到稳定金融之作用。但政府很快自食其言，1948年8月底，金圆券发行额为5.44亿元，9月底12.02亿元，10月底18.5亿元，11月底达33.95亿元，3个月内即超过规定限额。[②] 随后增发数量日趋增加，一发不可收拾，至1949年5月18日，金圆券发行总额已高达294722亿元。仅仅9个月，金圆券就几乎等于废纸。1949年6月25日，行政院规定银元1元等于金圆券5亿元，而四川省政府早在同月的12日就宣

---

① 以上资料见《中华民国史档案资料汇编》第5辑第3编《财政经济》（3），第803~807、812~813页；石毓符：《中国货币金融史略》，第317页。
② 石毓符：《中国货币金融史略》，第318页。

布银元1元等于金圆券7.5亿元,西北各省及广东、广西、江西、贵州等省已发生拒用金圆券的事情。① 至7月国民政府发行银圆券,发行不到一年的金圆券寿终正寝。没有稳定的社会秩序,没有大量的物资储备,仅靠一种新币代替已崩溃的旧币,仅是形式上的改换,只能维持一个短暂的稳定时期,最终必将走向崩溃。

(二) 银行放贷

根据国民政府支持战后工农业生产建设的贷放精神,中、中、交、农四行及中央合作金库向各省市发放大量农工矿业贷款,省银行、县银行及合作金库也有部分资金贷放,但各省所得贷款主要来源于国家行库。如四联总处1946年为河南发放棉花贷款1000000000元,用于河南棉花生产。② 截至1946年10月,四联总处为河南发放紧急救济农贷33000万元。③ 据统计,1946年四联总处核定为河南发放普通农贷373346.8万元,其中农业生产贷款164200万元、农产运销23000万元、农业推广6000万元、农村副业9000万元、大型农田水利125746.8万元、小型农田水利6400万元、紧急救济农贷39000万元。④

1947年,国家行、库继续向河南发放贷款,支持河南工农业生产建设。据统计,截至1947年5月,河南省共得到国家行、库合作贷款123466.6万元,其中农业生产贷款122827.2万元、工业贷款16.2万元、供给贷款13.2万元、信用贷款610万元。⑤ 由合作贷款可知,在给河南的各项贷款中,农业生产贷款占贷款总额99%以上,其他贷款占不到1%,主要贷款用于农业生产,此种贷款方式符合河南是农业大省,工业欠发达的事实。另据合作管理处报告,1947年各种农贷数额共11894264000元,具体情况见表21-9。

---

① 《法币·金圆券与黄金风潮》,第60~61页。
② 《中华民国史档案资料汇编》第5辑第3编《财政经济》(3),第377页。
③ 《中华民国史档案资料汇编》第5辑第3编《财政经济》(3),第379页。
④ 《中华民国史档案资料汇编》第5辑第3编《财政经济》(3),第382~383页。
⑤ 《各省市合作贷款》,《统计月报》第117、118期合刊,1947年6月,第96~97页。

表 21-9 1947 年河南省各种农贷数额

单位：元

种 类	款 额	种 类	款 额
普通农贷	477170000	棉花产销贷款	8693854000
绥靖区农村合作贷款	234240000	特产品产销贷款	540000000
黄泛区复耕贷款	1280800000	其他贷款	34200000
匪旱灾区贷款	634000000	合计	11894264000

资料来源：《三十六年度河南省各种农贷数目表》，支应抢：《一年来之河南农村经济》，《河南农讯》第 2 卷第 1、2 期合刊，1948 年 3 月，第 29 页。

由表 21-9 可知，河南省政府及金融机构为河南农业发展在资金上做了一定努力，尤其在棉花产销、黄泛区复耕等方面花费资金最多。另外，四联总处在 1947 年 9 月 15 日前，为河南绥靖区先后办理两期小本贷款，第一期贷放 988400000 元，其中民权 96300000 元、商丘 93600000 元、陈留 98500000 元，滑县、浚县、沁阳、博爱、孟县、考城、兰封各 1 亿元，贷款户数 9921 户。① 第二期核定小本贷款共 15 亿元，信阳、罗山、桐柏、泌阳、汲县、扶沟、灵宝、阌乡、卢氏、洛宁、嵩县、夏邑、虞城、杞县、通许各 1 亿元。② 尽管上述贷款不可能解决河南农业发展的所有资金问题，满足农民对资金的需求，但对各地农业发展肯定会产生积极作用。

1948 年，四行及中央合作金库分配河南贷款金额有大幅增加，但贷出金额较少。据四联总处统计，国家四行及中央合作金库 1948 年分配河南省农业、土地金融贷款 5020 亿元，其中粮食生产 600 亿元、棉花生产 3000 亿元、农田水利 200 亿元、烟叶生产 900 亿元、农村副业 70 亿元、其他农业生产 130 亿元、土地金融 120 亿元。③ 但由于 1948 年国共两党内战，社会更加动荡，"致农民不能安心耕作，一切生产建设，感受破坏，农贷工作，受其阻碍。例如东北、华北、苏、皖、豫、鄂一带，原计划中所列之粮食、

---

① 《中华民国史档案资料汇编》第 5 辑第 3 编《财政经济》（3），第 512~518 页。
② 《中华民国史档案资料汇编》第 5 辑第 3 编《财政经济》（3），第 519~523 页。
③ 《中华民国史档案资料汇编》第 5 辑第 3 编《财政经济》（3），第 680 页。

棉、烟、水利等项，均不能全部贷放，贷出后亦不能如期收回，甚至农贷人员，下乡之时，遭遇胁迫伤害"。①故1948年上半年河南各种农贷仅贷出264亿元，其中粮食生产贷款20亿元、棉花生产贷款216亿元、小型农田水利贷款5亿元、农村副业贷款17亿元、其他农业生产贷款5亿元、土地金融贷款1亿元。②上半年各种农贷贷出额占全年分配额的5.26%弱，94%以上的分配款项未能贷出。

另外，中央合作金库1948年上半年还给予郑县、广武、荥阳、中牟、开封、新乡等县贷款达24299200000元，具体情况见表21-10。

表21-10 中央合作金库1948年上期为郑县等县农业生产合作贷款统计

单位：千元

县(市)别	贷放金额	借款社团及人数		备注
		社团数	人数	
郑县	7000000	1	2914	
广武	7299200	6	8955	
荥阳	1500000	1	2800	因战局关系6月延期贷款
中牟	2000000	4	728	
开封	500000	4	347	
新乡等3县	6000000	—	—	
合计	24299200	16	15744	

资料来源：《中央合作金库三十七年上期农业生产合作贷款各省份县贷放概况表》，《中华民国史档案资料汇编》第5辑第3编《财政经济》(3)，第23~24页。

由表21-10可知，1948年上半年郑县、荥阳、新乡等8县共获得中央合作金库农业生产合作贷款24299200000元，使16个社团、15744人受益。如无战局影响和补充上新乡等3县统计人数，上述8县贷款数额和受益人数还会更多。1948年上半年中央合作金库还为荥阳、偃师等河南灾区贷款1300000000元，具体情况见表21-11。

---

① 《中华民国史档案资料汇编》第5辑第3编《财政经济》(3)，第658页。
② 《中华民国史档案资料汇编》第5辑第3编《财政经济》(3)，第661~662页。

表 21-11 1948 年上半年中央合作金库办理河南灾区农贷情况

县别	经办库处	核定贷额（千元）	贷款社团数	贷款社员数	贷出金额（千元）	备注
遂平	河南分库	100000	9	863	100000	
荥阳	河南分库	100000	5	1541	100000	
偃师	河南分库	100000	6	902	100000	
孟津	河南分库	100000	4	1461	100000	
新乡	河南分库	100000	8	2035	100000	
辉县	河南分库	100000	3	3864	100000	
临颍	许昌支库	100000	9	1722	100000	
许昌	许昌支库	100000	—	—	—	被匪攻占，迄未恢复
叶县	许昌支库	100000	—	—	—	被匪攻占，迄未恢复
开封	开封支库	100000	4	—	100000	
商丘	开封支库	100000	3	—	100000	
禹县	禹县分理处	100000	6	688	100000	
郏县	禹县分理处	100000	—	—	—	秩序未靖，正设法放贷中
合计		1300000	57	13076	1000000	

资料来源：《中华民国史档案资料汇编》第 5 辑第 3 表《财政经济》（3），第 48～49 页。

据表 21-11 不完全统计，除因局势动荡等因素，许昌、叶县、郏县等未能按时将救灾款项贷出外，其他 10 县均将灾后贷款发放给社团，发放金额 1000000000 元，受益社员 13076 人。如将中、中、交、农四行及中央合作金库贷款相加，1948 年上半年的各项农业贷款、郏县等县合作贷款、办理河南灾区农贷共 516.992 亿元，为国民政府分配河南农贷总额 5020 亿元的 10.3% 弱。1948 年下半年局势更加动荡，省会开封失守，农贷贷出状况越来越差，又因发放河南贷款以农业为主，即便加上工矿业贷款，也难有太大成绩。1949 年，河南全境先后解放，国民政府对河南的贷款也就无从说起了。

从四行及中央合作金库对河南的贷款总量观察，呈逐年递增趋势，如考虑货币贬值因素，河南所得贷款不增反降。如上所述，据不完全统计，1946 年四联总处核定为河南发放普通农贷 3733468000 元；1947 年发放各种农贷数额共 12074264000 元；1948 年上半年为农业生产、灾后救济等贷出 516.992 亿元。而据国民政府主计处统计局统计，以 1937 年 1～6 月开封零售物价指数为 100，1946 年为 411470，1947 年升至 3096800，1948 年 5 月达 59040000。① 开封物价上涨指数低于上海、北平等大城市，即便如此，1946～1948 年，河南省所得国家行库贷款，以购买力计算，仍呈逐年下降趋势。

除国家行库贷款外，河南省银行、各县银行及县合作金库也为河南工农业建设发放了部分贷款。据统计，河南省银行 1946 年下半年共计放款 8125510.2 万元，其中信用贷款 5385055.8 万元、抵押贷款 140283.4 万元、押汇 1450 万元、贴现 1466875 万元、其他贷款 1131846 万元。② 1946 年下半年河南省银行的 800 多亿元放款，到底有多少用于工农业生产建设，没有详细统计数字，难以进行推算，但应有部分款项用于生产建设。各县银行资金短缺，1946 年 68 家县银行仅有实收资本 1026 万元。县银行"放款范围是地方仓储、农林工矿及交通事业，兴修水利事业及地方建设事业。因法币贬值，物价猛涨，业务处于停滞状态"。至于县合作金库，"1946 年，各县合作金库所发放的农贷，仅占全省农贷总额的 0.4%，在农村经济建设中无大影响"。③ 可见县银行、县合作金库在放贷中作用不大。

国家行库及省县银行等金融机构对河南的贷款，大多放贷给政府机构和社会团体，一般贫民得到甚少。1945 年 12 月 6 日四联总处第 296 次理事会通过的《中国农民银行办理农贷办法纲要》规定，农贷对象包括 3 类："甲、合作社、农会及其他农民合法组织。乙、农业改进机关、农业学校、农业团体、水利团体及农业企业机构等。丙、农场、林场、渔牧场、垦殖场等。"④ 如此规定，农民很难得到银行贷款即便对农民贷款，因手续太繁，"致使农民不敢问津"。⑤ 尽管如此，银行贷款对河南工农业生产建设、灾后

---

① 《各重要城市零售物价指数》，《统计月报》第 129、130 期合刊，1948 年 6 月，第 50～52 页。
② 《河南省银行存放款（民国 35 年下半年）》，《民国时期河南省统计资料》下册，第 122～123 页。
③ 《河南省志》第 46 卷《金融志》，第 32～34 页。
④ 《财政年鉴》3 编（下），第 10 篇"金融"附录"法规"，第 270 页。
⑤ 支应抡：《一年来之河南农村经济》，《河南农讯》第 2 卷第 1、2 期合刊，1948 年 3 月，第 29 页。

救济、黄泛区建设等,起到了积极作用。如前所述,河南水利设施的修建、战后黄泛区难民的安置、农业生产建设的开展等,都有农行贷款所起的作用。

(三) 通货膨胀严重

抗战结束后,国民政府本有解决通货膨胀的机会,但因内战发生,军费开支猛增,法币发行数量因之更加庞大,从1946年内战开始,通货膨胀日益严重,物价也随之不断上涨,且物价上涨速度远超货币发行速度。关于物价上涨与货币发行速度的情况见表21-12。

表21-12 1945~1948年法币发行数量与物价上涨情况统计

时间	法币发行累计额(亿元)	发行指数(1937年6月=1)	重庆主要商品批发物价总指数(1937年6月=1)	上海主要商品批发物价总指数(1937年6月=1)
1945年12月	10319	731	1404	885
1946年6月	21125	1497	1716	3723
1946年12月	37261	2641	2687	5713
1947年6月	99351	7096	9253	29931
1947年12月	331885	23537	40107	83796
1948年6月	1965203	139376	455080	884800
1948年8月21日	6636946	450000	1551000	4927000

资料来源:石毓符《中国货币金融史略》,第314页。

由表21-12分析可知,国民政府法币发行量在战后呈逐月增长趋势,重庆、上海物价亦随之增长。1946年12月以前,货币发行指数与物价上涨指数基本保持一致,之后,物价上涨指数一直高于货币发行指数,且上海物价涨势更猛。如1948年8月21日,法币发行指数比1937年6月增加45万倍,重庆物价上升至155万余倍,上海物价更涨至492万多倍。上海物价上涨更甚,与国民政府还都南京,上海成为金融中心,游资汇集,投机猖獗有关。河南物价与全国其他城市一样,也随着法币的大量发行,出现了大幅增长。以开封为例,1937年1~6月零售物价指数为100,1946年平均为463107.25，1947年12月10744542，1948年5月59040000，具体情况见表21－13。

表21－13 1946～1948年5月开封零售物价上涨情况统计（1937年1～6月=100）

时间	零售物价指数	时间	零售物价指数	时间	零售物价指数
1946年1月	140451	1946年11月	718723	1947年9月	4431860
1946年2月	185997	1946年12月	787880	1947年10月	6472448
1946年3月	316466	1947年1月	945697	1947年11月	7793580
1946年4月	320714	1947年2月	1313705	1947年12月	10744542
1946年5月	340580	1947年3月	1469495	1948年1月	12079000
1946年6月	408355	1947年4月	1699532	1948年2月	18359000
1946年7月	476396	1947年5月	2419737	1948年3月	29644000
1946年8月	561128	1947年6月	2997228	1948年4月	38961000
1946年9月	615290	1947年7月	3617892	1948年5月	59040000
1946年10月	685307	1947年8月	3977783		

资料来源：1946年物价上涨指数见《各重要城市零售物价指数》，《统计月报》第123、124期合刊，1947年11、12月，第24～25页；1947～1948年5月物价上涨指数见《各重要城市零售物价指数》，《统计月报》第129、130期合刊，1948年6月，第50～52页。

表21－13反映了1946年1月至1948年5月开封物价走势，与表21－12比较可知，开封物价的走势与重庆、上海基本一致，呈逐年上涨趋势，且愈到后期，上涨速度愈快。另外，1947年12月以前，开封物价指数比上海、重庆等大城市的上涨幅度还大，如1946年6月、12月和1947年6月、12月，重庆物价指数分别是1937年6月物价指数的1716倍、2687倍和9253倍、40107倍，上海物价指数分别为1937年6月的3723倍、5713倍和29931倍、83796倍。同一时间，开封物价指数分别为1937年1～6月平均指数的4083.55倍、7878.80倍和29972.28倍、107445.42倍。开封物价指数上涨速度高于大城市，一方面说明开封物价上涨的迅猛，另一方面告诉我们开封人民生活更加艰辛。

关于实际物价的上涨情况，与物价指数相比，一点也不逊色。如土面粉（与机制面粉相对而言，指用石磨磨制的面粉）1937年1～6月平均价格为每斤0.080元，1945年10月至1946年6月的价格分别为每斤30元、60

元、74元、73元、106元、252元、188元、191元、257元。① 尽管土制面粉价格在9个月时间内有波动，但整体为上升趋势，1945年12月和1946年6月的价格，分别为1937年1~6月平均价格的925倍和3212.5倍。1947年4月，开封土制面粉价格每斤1300元，20天后为每斤1800元。② 1947年10月底，土制面粉价格，已由每斤2000元涨至5200元。③ 1948年1月12日，开封粮价评议委员会议定粮价，土制面粉每斤9000元，虽然报刊报道比市价略高，但很快市价便超过了议价。④ 2月，战乱范围愈来愈大，开封土制面粉已卖20000元1斤。⑤ 4月，由于高官要人眷属、富商大贾等富贵人家南迁，物价下跌，土制面粉价格降至每斤34000元。⑥ 1947年10月、1948年4月的土面价格分别是1937年1~6月土面平均价格的65000倍、425000倍。开封粮食价格上涨速度和物价上涨指数一样，愈到后期涨幅愈大。

其他城市的通货膨胀情况虽比开封略低，但也出现大幅上涨，"如郑州洛阳许昌商丘南阳信阳各城市物价，多有出入，销量亦远不若开封为巨，但就全省各地物价平均数讲，已涨至十数倍以上，以汴郑为最高，许昌洛阳次之，南阳信阳商丘等地，大致相若，统计本年度（1947年——引者注）物价自年初迄年终，增值约达十数倍至二十倍不等，其中以米面布匹棉花燃料等项必需品，增长最高，大豆花生仁及食油等项，因不能行销外埠，波动较微，然亦陪同食粮跃升十倍有奇"。⑦ 物价尤其是生活必需品价格的急速上

---

① 《中华民国三十四年至三十五年开封市场主要粮油品种价格表》，常金海主编《开封市粮食志》，第164页。
② 《开封物价迎风涨，五谷杂粮一马当先，日用百货不甘落后》，天津《大公报》1947年5月20日。
③ 《开封粮价一日数涨》，天津《大公报》1947年11月1日。
④ 《官价领先，开封评议粮价，官价比市价高》，天津《大公报》1948年1月21日。
⑤ 《河南省府没有钱，增编保安旅成画饼，开封难民多抢案也多》，天津《大公报》1948年2月25日。
⑥ 《富贵人家南迁，开封百姓反觉松快，粮价下落房荒也解决了》，天津《大公报》1948年4月26日。
⑦ 支应抡：《一年来之河南农村经济》，《河南农讯》第2卷第1、2期合刊，1948年3月，第27页。

涨，对人民生活影响甚巨。1948年1月底，安阳小米价格为每市斤25000元，①比开封2月土面价格每斤高出5000元。在滑县道口镇，1936年，50斤袋装面粉价格3.64元，1945年升至5106.93元，1947年更涨至191108.75元；小米1936年每斗1.35元，1945年、1947年分别为每斗807.21元、54047.60元。②1948年6月以来，郑州"粮价突飞猛进，小麦每市斗百余万，绿豆一百四十万，黄豆、黑豆皆九十万，谷子七十万，玉米、高粱皆九十万，芝麻二百万，小米一百四十五万"。因粮价过高，大多市民已无力购粮。③

在南阳内乡县，1947年1月小麦、小米、玉米价格，分别为每石46894元、27000元、21740元，而同年6月和10月的价格分别为161500元、90000元、160500元和282633元、217500元、165200元。④另据内乡县志记载，1937年每公斤小麦1.88元，1942年每公斤3元，1946年每公斤价20元，1948年达每公斤80万元。⑤商丘解放前夕，重达一二市斤的金圆券仅能买两封火柴（一封10盒），3盒烟。有不少人把它当作废纸装饰房间。⑥由上述事实可知，解放战争时期，河南通货膨胀状况与国民政府法币发行量成正比，随着法币发行量的增加，通货膨胀日益严重，且甚于货币发行量。河南物价也经历了由胜利后的迅速回落到缓慢上涨及后期的急速上涨过程，这种猛烈的通货膨胀伴随国民党政权退出河南而结束。

（四）通胀与人民生活

1. 公教人员的生活

由于法币没有稳定的币值，一般公教人员得到法币后立刻换取物资，"虽然现在每月可照生活指数调整，但是与实际物价指数相比又打了折扣，

---

① 《豫北几成军事真空地，交通阻塞煤与粮奇缺》，天津《大公报》1948年2月17日。
② 《民国年间几个年份道口市场部分商品零售价格》，《浚县志》，第587~588页。
③ 《郑州粮荒严重，半数市民过难民生活，蹋保亡村事时常演出》，天津《大公报》1948年7月18日。
④ 内乡县粮食局编《内乡县粮食志》，内部资料，第143页。
⑤ 《内乡县志》，第602页。
⑥ 《商丘县志》，第266~267页。

何况调整的薪金,除了中央直属的第一、二级机关职员可以按时领到外,其他大多数的公务员往往要半个月以上始能领到,此时物价又跳上去了"。① 中央直属机关公务员的工资调整往往落后于物价上涨的速度,地方公教人员的工资更赶不上物价上涨的速度。在河南,汴郑属三类地区,其他地方为四类地区,工资上调时,一类地区先调,然后为二、三、四类地区,内地公教人员工资的调整常常落后于一、二类地区。如开封公教人员自1947年10月工资上调后,到1948年2月仍未上调,据河南省政府统计处孟科长说:"呈报中央的本省生活指数十一月份(1947年——引者注)是八万二千多倍,十二月份是十二万三千多倍。"可开封公教人员直到1948年2月,所发薪水仍为1947年12月的标准,故河南公务人员纷纷电请中央,将河南划归一类地区。② 省会开封的公教人员尚不能按时上调工资,其他地区更可想而知了。

在工资上调远远落后物价上涨速度的情况下,河南"公教人员,十室九空,既感仰事俯畜之艰难,千孔百疮,亲尝啼饥号寒之滋味,其终日不得一饱,经年难添半缕之情况,殊非笔墨所能形容者"。③ 除少数特殊阶级外,各阶层都在为苟延残喘的吃、烧发愁,开封县教育科长,因无钱买面,被迫拉黄包车赚钱。④ 河南大学教授因生活紧迫,从1947年5月3日起罢教,以示抗议。⑤ 如果说在家公教人员难以温饱,那么,许多因战乱逃亡他乡的公教人员,更是备尝艰辛。如1947年冬季,河南各地公教人员为保余生,经过万难险阻,逃至洛阳、许昌、商丘者不下数千人。各县局公私立中等学校学生逃亡上述三市者达万余人。这些人员,"多流落街头,无衣无食,如不迅予救济,则公教人员必因之颓丧而伤心"。⑥ 动荡不安的局势和朝不保夕的生活,使部分公务人员不是铤而走险便是自杀。"再有少数的公务员为了

---

① 《中华民国史档案资料汇编》第5辑第3编《财政经济》(3),第788页。
② 《豫公务员不满新待遇,纷电中央请改归一区》,天津《大公报》1948年2月5日。
③ 《豫公务员不满新待遇,纷电中央请改归一区》,天津《大公报》1948年2月5日。
④ 《战乱刺激开封物价飞涨,县教育科长拉洋车,流亡者愿意把子女白送人》,天津《大公报》1948年3月22日。
⑤ 《顾不到谁胜谁败,河南老百姓一心求活》,天津《大公报》1947年5月16日。
⑥ 《豫省参会为民请命,电请中央救济难民学生》,天津《大公报》1948年1月17日。

要维持较为稳定的生活，便想尽了各种方法贪污、舞弊或兼做投机生意，有的便改行转变为商人了。"① 广大公教人员在饥饿线上挣扎。

2. 城市市民的生存状况

无工资保障的城市居民，日常生活多不如公教人员。"开封人感到比共匪更可怕的是物价，黄金黑市不必说，人们更需要面粉，面粉没有了，土面一万元一斤还买不到"，人们生活在恐慌之中。② 由于物价上涨，为温饱发愁的开封人，"富的穷的都没有心情过年（1948年春节——引者注）"。除了最重要的街道有少数商店张贴春联点缀外，普通市民都发愁不暇。③ 陇海站机工周怀宝被生活迫的上吊；五金号经理投湖自杀；木厂街的冯金安大叫着"卖女儿"；有人把儿女白送人而无人要。④ 人们已经无法照旧生活下去，一些人开始铤而走险，1947年，开封马道街何于氏家、自由路王宪堂家、聚胜粮栈、同安面店被抢。1948年1月内，相国寺东街鸿丰布庄和马振新家被抢。⑤ 通胀不仅给开封民众带来了生活压力，而且使社会治安日趋恶化。

郑州共有居民29万余人（未登记者7900余人），其中半数市民过着难民生活，非赈不活者已达5900余人。⑥ 豫北安阳几成孤岛，吃、烧、用奇缺，城里的人如有小米可吃，已被认为庆幸，"现在小米每市斤价两万五千元，煤每市斤价三千元。天天有人拆房屋当柴烧，平民多饿的面黄肌瘦"。⑦ 新乡在解放前夕，几乎成了一座死城，工厂、商店差不多全部关门倒闭，粮食、食盐、燃料等大量生活必需品缺乏，城市市民生活严重困难。因饥饿外

---

① 《中华民国史档案资料汇编》第5辑第3编《财政经济》(3)，第789页。
② 《半月前的一幕，开封由紧转稳记，现在物价比军事还可怕》，天津《大公报》1948年1月5日。
③ 《开封再紧物价涨，百姓穷愁过新年》，天津《大公报》1948年1月8日。
④ 《战乱刺激开封物价飞涨，县教育科长拉洋车，流亡者愿意把子女白送人》，天津《大公报》1948年3月22日。
⑤ 《河南省府没有钱，增编保安旅成画饼，开封难民多抢案也多》，天津《大公报》1948年2月25日。
⑥ 《郑州粮荒严重，半数市民过难民生活，踢保亡村事时常演出》，天津《大公报》1948年7月18日。
⑦ 《豫北几成军事真空地，交通阻塞煤与粮奇缺》，天津《大公报》1948年2月17日。

逃者比比皆是，全市人口在日占时期达 14 万，到新乡解放时减至 5 万余人。① 新乡市人口在解放战争的 3 年多时间里，减少近 2/3，应与通货膨胀下物资奇缺、人们生活无着有一定关系。豫东商丘、虞城、夏邑、宁陵四处，除商丘尚能勉强维持萧条的市面，其他三城已经没有商店，市民大量外逃，各市"人口也很少了"。② 中国人向来安土重迁，市民大量外逃，从侧面反映了城市居民生存的困难。

3. 通胀与战乱下的农民生活

在通胀和战争的压迫下，农民生活极不稳定，他们或远走他乡，或在痛苦中挣扎。马吉允在《苦难煎熬下的河南》一文中说："大战之后，人民需要休养生息，但为内战炮火，逼得他们有家难归。豫西一带看见成群的难民饥寒交迫，儿哭母啼，公路沟旁，时有僵尸发现，呻吟残叫，时有耳闻，寒风凛冽之下，很多难民老泪横流，使人有不知何世之感！内战地区的悲惨，更千倍于此。"马吉允走访河南各地，听到很多老百姓说，希望"老日"（沦陷区称日本人为老日）再来。③ 通胀、战乱下的河南人民，希望在日本侵略者的统治下生活，这不仅是统治者的耻辱，也是人民悲惨生活的铁证。

由于战乱和饥荒，从豫北、冀南乡村逃亡安阳的难民达 40 余万，这些难民，逃亡城内者，因城内粮食严重缺乏，常陷饥饿之中；露宿野外者则濒于绝境。④ 开封爪营镇因捐款过重，地主弃地而逃，佃户、自耕农更难以维生。⑤ 鲁山背孜镇村民，因战乱和灾荒，人们难得温饱，"常常一天的口粮分成 3 天或 5 天，粮饭花花留给老人孩子吃；壮年人吃草根（如棉枣、鸡头根、地黄根等）之类，打野菜，如棠梨叶、合欢叶等"。⑥ 商丘县顺河集南

---

① 《新乡市人民政府入市 5 个月的工作报告》（1949 年 10 月 25 日），中共河南省委党史工作委员会编《光明大道》，河南人民出版社，1991，第 15、13 页。
② 《天灾人祸交加，苦煞豫东百姓，五十万难民无家可归》，天津《大公报》1948 年 9 月 5 日。
③ 马吉允：《苦难煎熬下的河南》，天津《大公报》1947 年 3 月 16 日。
④ 《安阳民众水深火热，四十万难民翘首望救，城内外隔断粮食濒绝境》，天津《大公报》1947 年 5 月 13 日。
⑤ 了且：《黄河险工——冀鲁豫沿岸视察记（续）》，天津《大公报》1947 年 8 月 12 日。
⑥ 王民权：《从背孜看鲁山解放前后群众生活的变化》，《鲁山文史资料》第 13 辑，第 190 页。

头王天雨家，刚买一斗高粱倒在磨顶上磨面，被保安队员抢去，全家无粮充饥。① 《大公报》报道亦言：豫东"各县为了构筑城防工事，有些县城以外的房屋被拆除，这些地方的百姓真是倾家荡产了，乡间的牛车、马车、食粮、树木，一方面遭受抢掠，同时又要供应摊派，虽然还没有到赤地千里的地步，夏邑一带，吃树叶过活的老百姓已经不少了，愁云笼罩在豫东，纯良的老百姓在痛苦中挣扎"。②

新郑枣区，土地瘠薄，农作物收量微少，丰收之年，亦不足以自给。抗战结束后，战争、灾荒并臻，征发频繁，"十室十空，农村金融枯竭，人民益不聊生，多以贱价预卖其枣，或高利借款（借一斤枣价将来还二斤半枣），甚且伐树变价，以顾目前，其经济之艰窘，可以概见"。③ 此种伐树为顾当下生活、动摇生存根基的做法，只能使枣农陷入恶性循环之中，生活日趋恶化。鹤壁一带流传一个顺口溜："鹤壁一溜十八荒（应为乡），一年四季喝清汤，遇到灾年更难过，逃荒山西黑龙江。"④ 顺口溜所反映的现象，不仅是鹤壁人民生活的写照，也是河南全省农民生活的缩影。

---

① 《商丘县志》，第259页。
② 《天灾人祸交加，苦煞豫东百姓，五十万难民无家可归》，天津《大公报》1948年9月5日。
③ 《河南省新郑县枣产调查》（下），《河南农讯》第1卷第3期，1947年11月，第9页。
④ 孙绳武：《旧社会鹤壁一带农村经济生活见闻》，《鹤壁文史资料》第6辑，1992，第119页。

第二十二章
解放区的经济（上）

一　减租减息和土地改革

（一）减租减息的继续

抗日战争胜利后，河南各解放区在中国共产党的领导下，继续实行减租减息政策。老解放区的减租减息运动，经过复查更加深入；新解放区减租减息运动也普遍展开。1945年11月7日，中共中央发出了《减租和生产是保卫解放区的两件大事》的指示，要求不失时机地开展减租和生产两件工作，"务使整个解放区，特别是广大的新解放区，在最近几个月内（冬春两季）发动一次大的减租运动，普遍地实行减租，借以发动大多数农民群众的革命热情"。① 为了贯彻这一指示，晋冀鲁豫中央局在河北省邯郸县的峰峰召开扩大会议，决定立即在全区重点开展反奸反霸、诉苦清算、减租减息和生产运动，发动群众支援自卫战争。豫北地区大部分是新解放区，由于日伪长期统治，土地有些被伪顽人员霸占，有些在荒年时被贱价兼并，中农、贫农丧失了大量土地。根据中共中央指示，长垣、浚县、博爱、武陟、沁阳、修武、温县等新收复区迅速做出部署，首先开展了反奸清算、诉苦复仇斗争，成千上万的群众参加了斗争，将罪大恶极的汉奸分子和恶霸地主逮捕归案，

---
① 《毛泽东选集》第4卷，人民出版社，1991，第1172页。

没收其财产分配给贫苦农民，并初步调整负担方法，筹集粮食赈济灾民。在反奸清算告一段落，群众得到初步发动的基础上，及时地转入了减租减息运动。通过斗争，在经济上减轻了广大贫苦农民所受剥削，从汉奸、恶霸、地主手中收回了土地、耕牛、农具、粮食等生产和生活资料，提高了农民的经济地位，激发了农民的生产积极性。比较而言，老解放区经过抗战时期的减租减息斗争，农村的剥削势力已大大减弱，土地关系也发生了重大变化。例如据滑县 70 个村的统计，从 1944 年 4 月到 1945 年 1 月，原 1066 个佃户由人均 1.5 亩地增加到 2.4 亩，增长 60%；原 809 户贫农中，有 227 户上升为中农；地主普遍出卖土地以赔偿群众的损失。[①] 所以，老解放区主要是复查减租减息工作，调整不合理的租佃关系和土地关系。

（二）土地改革政策的制定和施行

随着国民党军事进攻的扩大，国内阶级关系发生了巨大变化。把广大农民发动起来，依靠人民进行革命战争，是中国共产党一贯坚持的方针。为此，1946 年 5 月 4 日，中共中央发布《关于清算、减租及土地问题的指示》（简称"五四指示"），明确提出："解决解放区的土地问题是我党目前最基本的历史任务，是目前一切工作的最基本环节"，"坚决拥护群众在反奸、清算、减租、减息、退租、退息等斗争中，从地主手中获得土地"，"使各解放区的土地改革，依据群众运动发展的规模和程度，迅速求其实现"。[②] 从此，各解放区开始由减租减息向逐渐没收分配地主土地的新阶段过渡。

根据"五四指示"的精神，中共晋冀鲁豫中央局于 6 月 10 日在邯郸召开会议，确定全区除了接近国统区的少数边沿地区外，立即开展土地改革运动，以解决农民的土地问题。经过一段时间，土地改革运动获得了很大成绩，约有 1/3 的地区 1000 万人口进行了分田。[③] 到全面内战爆发时，属于冀鲁豫区的滑县、清丰、南乐等县，已初步解决了无地少地农民的土地问题。

[①]《冀鲁豫边区革命史》，第 522 页。
[②]《中共中央关于土地问题的指示》，《中国土地改革史料选编》，第 248 页。
[③]《中共晋冀鲁豫中央局为贯彻"五四"指示彻底实现耕者有其田的指示》，《河南解放区的土地改革》，第 10 页。

7、8月，晋冀鲁豫边区形势陡然紧张，各级党委、政府为保证前线作战的胜利，全力进行战勤、扩兵等工作，土地改革运动一度中止或者不能深入地开展。而且，经调查发现，有些地方不敢放手发动群众起来斗争，而是一开始就强调照顾地主，或以种种理由限制群众运动的规模与速度；"有些地区地主土地已大部清算完毕，土地已大部从地主手中转入农民手中，但得到土地的仅占应分得土地的农民中的少数或半数"。① 9月20日，晋冀鲁豫中央局向各区发出《为贯彻"五四"指示彻底实现耕者有其田的指示》，对土改的方式做了明确规定，指出在新解放区要"进行普遍深入的翻身大检查，群众已否翻透了身"，是否有地主假卖假分、欺瞒群众，是否有分配不公现象，是否只有干部、积极分子和民兵得到土地，其他广大群众还未得到土地等现象，要按家检查，"抽多补少，抽肥补瘦，实行一次填平补齐运动"。对已实行土改的地区，以发展生产为主，但要进行调查研究，清理尾巴，个别未解决的土地问题，用调解仲裁方式解决，特别要注意不损害中农、富裕中农和抗战中发展起来的新富农的利益。对于解决土地问题不彻底和地主有反攻倒算的地区，则根据实际情况进行"填平补齐运动"。② 11月，针对太岳区大部分已进行土地改革，但很多地区清算还不彻底的情况，晋冀鲁豫中央局特致电太岳区党委专门对土地问题做出指示，决定实行"填平补齐"运动。③

根据指示，各解放区政府对老区、收复区、新解放区三种不同类型的地区采取了不同的政策。对老区的政策是在继续发动群众的基础上，进行土地改革，依靠贫雇农，团结中农，打击民愤大、思想反动的恶霸地主；对待收复区的政策是充分发动群众，开展诉苦运动，全面开展与地主说理的斗争，提高农民的阶级觉悟；对新解放区则放手发动群众，掀起声势浩大的反奸反霸的清算运动。截至1946年10月底，晋冀鲁豫全区2/3地区约2000万人口获得了土地，太行区安阳、武安等20县有90%的村庄完成了土改，博爱

---

① 《中共晋冀鲁豫中央局为贯彻"五四"指示彻底实现耕者有其田的指示》，《河南解放区的土地改革》，第11页。
② 《河南解放区的土地改革》，第15~16页。
③ 《晋冀鲁豫中央局致电太岳区党委指示土地问题》，《解放日报》1946年11月18日，第2版。

等边沿县份,各村农民一边组织联防,进行自卫战争,一边开展清算运动。冀鲁豫、太岳两区虽然战争形势紧张,但农民斗争情绪很高,在民兵游击队的保护下,坚持开展土地改革运动。①

从1946年7月到1947年6月,在太行四、五地委的领导下,豫北老区、收复区、新解放区的群众运动普遍发动起来,一半以上新区基本上实现了耕者有其田。到1946年底,林县没收土地2万公顷、房屋1万多间、牲口18100头、农具10万件,还挖出一部分金银钱币和枪支。该县土地改革前地主、富农共有55780人,占地18770.49公顷,人均0.3365公顷(5.05亩),贫农、中农总人口334211人,占地35121.42公顷,人均0.105公顷(1.58亩)。土地改革后,地主、富农人口下降为51549人,土地减少13431.51公顷,占地5338.98公顷,人均0.1036公顷(1.55亩);贫农、中农人口上升为347462人,占有土地增加18634.2公顷,达到53755.63公顷,人均0.1547公顷(2.32亩)。② 到1947年7月全国土地会议召开前,林县、辉县、汤阴等地,"基本上消灭了封建,据9个典型村材料,在我未去前,地主占全人口9.74%,占全耕地30.55%,五四前(指'五四指示'发布前——引者注)只占耕地19.25%,现在仅占5.91%,今天保留其原有地18.65%,富农在我未去前,占全人口7.11%,占全耕地12.7%,五四前只占全耕地8.3%,现在仅占全耕地6.66%,今天保留其原有地52.5%"。③ 冀鲁豫区也一样,很多地方的口号是"翻身大检查",有的地方一开始就公开宣传耕者有其田。据清丰县不完全统计,经过"土地还家"、"翻身大检查"和"填平补齐"运动,截至1946年8月10日,全县12个区共获得土地40889.5亩,一般农民都有2~3亩土地,军工属则有3~5亩地。全县实现了耕者有其田,70%以上的群众被组织起来。④ 太岳区也在反奸反霸与减租清债、退租退息的基础上,开展了土改运动。到1946年10月,太岳老区

---

① 《晋冀鲁豫全区两千万人获得土地》,《解放日报》1946年11月14日,第1版。
② 参见林县志编纂委员会编《林县志》,河南人民出版社,1989,第121页。
③ 《中共太行区党委关于太行土地改革报告》,《河南解放区的土地改革》,第258页。
④ 陈桐源:《实现了耕者有其田——清丰二十天土地改革总结》,《冀鲁豫日报》1946年10月17日,第1版。

实现"耕者有其田"的村庄已达总村数的55%，[1] 农民的生活明显得到了改善。仅据士敏（属山西省）、王屋（今属济源）、济源3县统计，在1946年底到1947年春3个月的土地改革中，农民即收回土地87159.9亩，房屋19132间，牲口1700头。其中济源县"吸收了广大中农阶层参加斗争，果实分配面为80%至90%，土地分配面50%"。[2]

1946年，中共豫皖苏区党委也根据"五四指示"精神，在全区进行了土改工作的具体部署，并着手试点工作。从1947年2月开始，土地改革运动在紧张的军事环境中全面铺开。该区在不同地区采用了不同的方针，如在睢县、杞县、太康、通许等老游击根据地，群众条件较好，采取一下子改革彻底的方针，力求做到分后不再重分；在鹿邑、太康等新区，则先以反奸反贪污反恶霸为主，使农民取得一部分土地和动产，对一般小地主暂时不动；对通许、扶沟、西华、淮阳等黄泛区，由于土地多被淹没，流落他乡归来的群众迫切要求恢复生产，因此实行按口授田的办法，每人授田5~10亩，为尽快恢复生产，劳动力多的多分一些，鳏寡孤独也适当予以照顾；已经过土地改革的老区如商丘、夏邑、永城等县，因1946年解放军一度退出，农民所得土地大部分被地主倒回，农民被杀500多人，此次采取申冤复仇、收回土地的方针，对未向农民倒算的地主，则予以奖励。[3] 截至6月，土改运动已获显著成绩，部分地区已形成土改热潮。据不完全统计，睢县、杞县、太康等老区，有335个村庄进行了土地改革，农民收回土地48569亩，得地农民1.97万人；据扶沟、通许黄泛区不完全统计，分配土地8万亩，1.3万农民受益；[4] 在永城、商丘等老区，据仅知统计材料，农民要回土地3000余亩。[5]

中共中央"五四指示"发布一年后，国内形势发生了巨大变化。1947

---

[1] 《晋冀鲁豫各地实行土地改革，一千万农民有了地种》，《冀鲁豫日报》1946年10月17日，第1版。
[2] 《中共太岳区党委关于太岳四分区土地改革的基本总结》，《河南解放区的土地改革》，第328、333页。
[3] 《豫皖苏土地改革经验》，《河南解放区的土地改革》，第383~384页。
[4] 《抓紧战争空隙结合武装斗争　豫皖苏大力发动群众土地改革获显著成绩》，《人民日报》1947年6月19日。
[5] 《豫皖苏土地改革经验》，《河南解放区的土地改革》，第384页。

第二十二章 解放区的经济（上）

年 7 月，人民解放军由战略防御转入战略进攻，为了调动广大农民的革命和生产积极性，支援解放战争，中共中央决定彻底解决农民的土地问题。7 月到 9 月中共中央召开了全国土地会议，并于 10 月 10 日颁布了《中国土地法大纲》，明确宣布"废除封建性及半封建性剥削的土地制度，实行耕者有其田的土地制度"；"乡村中一切地主的土地及公地，由乡村农会接收，连同乡村中其他一切土地，按乡村全部人口，不分男女老幼，统一平均分配，在土地数量上抽多补少，质量上抽肥补瘦，使全乡村人民均获得同等的土地，并归各人所有"。① 这是一个彻底消灭封建土地制度的土地纲领，推动了全国各解放区土地改革的发展，河南解放区的土地改革运动也由此进入了一个新的阶段。

为了贯彻全国土地会议精神和《中国土地法大纲》，河南各解放区根据自身的实际情况，制定了相应的政策。如中共豫陕鄂前委要求"必须彻底完成土地革命，不论任何困难均须排除"，"依靠贫农联合中农及一切反封建分子起来，彻底摧毁封建势力，把土豪劣绅、恶霸地主从政治上、经济上彻底摧垮"。并指出："将农村中全部土地、山林、水利，平均以村为单位，除少数的主要反动分子本身外，不分男女老幼，在数量上（抽多补少），在质量上（抽肥补瘦）平均分配。"② 地主和富农是土地改革的主要打击对象，中原解放区规定废除一切地主的土地所有权，没收其财产，没收富农多余的土地和财产。同时指出，应当给地主和富农生活出路，分给他们与农民相同的土地及财产。如豫陕鄂前委规定，"地主、富农所得的土地、财产不超过也不低于农民所得的"，还要区分地主与富农，采取不同政策，允许在平分土地时，"对于真正没有封建剥削的富农，群众不痛恨，在没有打倒地主时可以不动"。③

为保证土改工作顺利进行，中原局、中原军区提出"一手拿枪，一手

---

① 《中国土地法大纲》，《河南解放区的土地改革》，第 7 页。
② 《中共豫陕鄂前委关于贯彻全国土地会议精神的指示》，《河南解放区的土地改革》，第 422~424 页。
③ 《中共豫陕鄂前委关于贯彻全国土地会议精神的指示》，《河南解放区的土地改革》，第 423~424 页。

分田，打到哪里，分到哪里"和"武装保田"等口号，命令各部队在开展游击战争中和在战斗间隙里参加土改。一些地方还提出"村村点火，处处冒烟，走一处，点一处"的口号，一个大张旗鼓地宣传和发动土地改革的运动在解放区的中心区域展开。

中共晋冀鲁豫中央局于10月2日至12月26日，也召开了全区土地会议，传达了全国土地会议的精神和决定，并回顾总结了本区一年多来的土改工作，决定坚决执行《中国土地法大纲》，并根据本区的实际情况，制定了晋冀鲁豫边区政府《施行中国土地法大纲补充办法（草案）》。[1] 豫北各县为贯彻土地法，都抽出一批区、村干部，组成工作队，深入乡村，帮助进行土改。

上述种种政策集中体现了全国土地会议和《中国土地法大纲》的彻底平分土地的方针，同时，向广大农民表明了中国共产党坚决废除封建土地所有制的政治主张，对于争取农民的支持，发动农民参加土地斗争和革命战争起了重要的推动作用。

（三）"左"倾与"急性病"

在土改深入进行的同时，一些地方的土改政策和实际做法出现了严重的"左"倾问题，其主要表现，第一是"急"，企图在非常短的时间内彻底解决问题。"不讲究策略，某些政策观点上的左的偏向以及要求快，并助长了包办代替与命令主义。"[2] 有的地方不顾新解放区的特殊情况，简单照搬老解放区的经验，主观上力求一步到位。如桐柏区提出了"半年之内赤化桐柏"的口号，有一个干部一天走马分浮财20余村。[3] 在冀鲁豫解放区，长垣县四、五、六区干部配合武装力量，组织成几个临时工作队，在长垣城东新收复区领导群众翻身，"开始是先召开保甲长会议，揭破谣言。宣布政

---

[1] 《晋冀鲁豫边区政府颁布施行中国土地法大纲补充办法（草案）》，《人民日报》1947年12月31日。
[2] 《中共豫陕鄂前委扩大会关于土改运动的总结》，《河南解放区的土地改革》，第432页。
[3] 《桐柏区工作情况》，王礼琦编《中原解放区财政经济史资料选编》，中国财政经济出版社，1995，第23页。

策,登记伪顽人员,带路指门逮捕大恶霸地主,对逃亡地主的家产实行封闭,然后以区为单位集体清算,逐渐达到分村进行"。仅用3天时间58个村1万余农民对地主进行了清算,分得了大批浮财。① 1947年7月,军队在豫北平汉路东黄河沿岸四县一面打仗,一面抽出干部组织随军工作队,走一村分一村。"起初,怕群众不敢要,是谁拿了归谁,拥挤不堪,也不公平",后来,"根据群众要求,就划分组,选出代表,搬出地主浮财后,按组按贫苦程度按等分"。至7月15日,3天内曲河(封丘东沿河新划县)留光集一带44村,封丘50余村,延津城关区30村都进行了分浮财,原阳延州集太平镇间半月内30余村进行了分浮财。② 延津县城关区属游击区,采取配合小武装游击活动,"走一村作一村的方式,清理地主浮财,领导群众翻身"。有时发生敌情,还得布置应付或转移,所以进村"时间很短促,最长不过一天"。因时间紧,划分阶级的办法非常简单:"用过雇佣的户叫他出去(多是地主富农),剩下的人叫喂牲口的站到一块(多是中农),喂不起牲口的站到一块(这些人多是贫农)。"浮财分配办法是"本着'填贫补穷','少啥给啥'的精神,让贫农先拿多拿,剩下的分给中农"。③ 延津城关区"3天分地主48户,分粮4450石,牲口149匹,马车55辆,其他衣物更多"。④

第二是严重扩大了打击面。首先是不适当地夸大贫雇农在土改中的领导作用,忽视了联合中农的重要性,甚至严重侵犯了中农利益。如提出"贫雇路线就是阶级路线,就是群众路线",规定"农会委员会有个别中农积极分子参加也可以,最好是与贫农团一致起来,也就是说最好不要中农参加"。⑤ 有的地方错误地规定可以部分抽动中农的土地,如豫陕鄂前委指出,

---

① 《长垣新区农民热烈要求分田三天打开五十八村局面》,《冀鲁豫日报》1947年8月15日,第2版。
② 《打到哪里哪里进行分田 豫北四县新区农民土改运动如火燎原》,《冀鲁豫日报》1947年8月8日,第1版。
③ 《延津城关区一面打游击一面分浮财》,《冀鲁豫日报》1947年8月14日,第1版。
④ 《打到哪里哪里进行分田 豫北四县新区农民土改运动如火燎原》,《冀鲁豫日报》1947年8月8日,第1版。
⑤ 《中共豫陕鄂前委扩大会关于土改运动的总结》,《河南解放区的土地改革》,第427页。

如果平分地主的土地后，仍不能满足无地少地农民的要求，可以动"个别富裕中农的土地"。豫皖苏区在分配土地中，强调要将中农的土地和其他阶级的土地一律推平，按人口平均分配。桐柏区在分田时曾提出一次平分即打乱平分的办法，"当时虽也曾讨论需要得到中农同意，后提出'只要大家表决，中农没有意见，就是同意'，所以实际上就是强制执行了"。① 据冀鲁豫区 10 个村的材料，被斗户占全村户数 23%，其中地富占 21.3%，中农占 72.8%，贫农（包括新中农）占 5.9%；而被斗中农占整个中农户 32.2%。② 这些做法违背了中共联合中农的政策，助长了土改中侵犯中农利益和平均主义思想的泛滥，造成"中农一部依靠敌人，一部离开我们，彷徨观望"。③ 其次是出现了斗争地主、富农的过火行为。不顾老区农民土地问题已初步解决，而新区封建土地关系仍占统治地位的严重差别，"一开始即错误的机械的搬用了不适应新区情况的彻底平分土地、彻底消灭封建经济、彻底打垮封建势力的方针"，"一切地主一齐打，甚至对富农也有采取没收办法的"。④ 在分配土地中，有的地方规定不给地主富农留田地，"对少数大的土豪劣绅、恶霸反对［动］头子应允许群众扫地出门"，"只要不影响联合中农的政策，只要能保持百分之几十就可放手大干，就不怕犯冒险的病"。⑤ 还有的地方曾规定给地主富农留坏地，⑥ 对地富的房屋、家具、树木等，也"作了相当普遍的严重的破坏"。⑦ 这就助长了在斗争地主、富农时的过火行为，个别地区在土改中"常常比快，比形式，比杀人"，⑧ 认为

---

① 《桐柏区工作情况》，王礼琦编《中原解放区财政经济史资料选编》，第 24 页。
② 《中共冀鲁豫区党委 1948 年 6 月份综合报告》（1948 年 6 月 26 日），华北解放区财政经济史资料选编编辑组编《华北解放区财政经济史资料选编》第 1 辑，中国财政经济出版社，1996，第 318 页。
③ 《鄂豫区工作总结》，王礼琦编《中原解放区财政经济史资料选编》，第 19 页。
④ 《中共豫陕鄂前委扩大会关于土改运动的总结》（1948 年 2 月），《河南解放区的土地改革》，第 432 页。
⑤ 《中共豫陕鄂前委关于贯彻全国土地会议精神的指示》，《河南解放区的土地改革》，第 423 页。
⑥ 《中共豫陕鄂前委扩大会关于土改运动的总结》（1948 年 2 月），《河南解放区的土地改革》，第 427 页。
⑦ 《邓小平文选》第 1 卷，人民出版社，1994，第 113 页。
⑧ 鲁箎：《对过去土改运动的检讨》（1947 年 8 月 13 日），《河南解放区的土地改革》，第 309 页。

第二十二章 解放区的经济（上）

"彻底就是斩草除根，放手就是放手杀人"，"以杀人多少来比进步"，① 有的"规定了很多极其苛刻的条件，使地主无法生存，因而××县地主自杀的数目和被群众打死的一般多"。② 桐柏区"在分田分浮时期，最严重的是在逼浮财与逼枪中，乱打乱杀"，仅1948年3月就"杀了1000余人，打了许多佃户和狗腿。有一次曾经为了逼问一支枪打了36人"。③ 太行区的博爱、沁阳两县也出现了杀人过多的现象，"博爱一个区杀438人，其中有百分之六十八以上的中贫农"，"沁阳一个区杀一百一十多人的中间，倒算分子和地主占了很少，狗腿反而占了很大的比数"。④

造成土改中"左"的错误的原因是多方面的。客观上，主要是当时敌情严重，形势紧张，大部分地区处于拉锯状态，解放区军需供应和后续力量往往跟不上，特别是1947年夏解放军进入战略进攻以后，国民党军以优势兵力围攻解放区，敌我力量悬殊。在这种情况下，从中共中央到各解放区，都希望尽快完成土地改革，以此来发动群众，使解放区得以巩固和发展，使革命战争有可依托的坚实的后方。1947年9月1日，毛泽东在为中共中央起草的党内指示《解放战争第二年的战略方针》中就指出："在一切新老解放区必须坚决实行土地改革"，"这是支持长期战争取得全国胜利的最基本条件"。⑤ 10月10日，中原局也发出《关于进入大别山后地方工作的指示》，指示要求各地方各部队把土地改革当作必须迅速实现的基本任务，"在有初步基础的地区……立即放手发动群众，普遍的分地主财物（即分浮财）的运动"。在运动中"召开贫农代表大会，农会代表大会，通过中央土地大纲，立即开始分田工作"，"当天到，当天分"。⑥

---

① 鲁笛：《对过去土改运动的检讨》（1947年8月13日），《河南解放区的土地改革》，第303页。
② 鲁笛：《对过去土改运动的检讨》（1947年8月13日），《河南解放区的土地改革》，第304页。
③ 《桐柏区工作情况》，王礼琦编《中原解放区财政经济史资料选编》，第24页。
④ 中共太行区党委：《关于四分区杀人问题的指示信》（1947年9月16日），焦作市档案局藏，档案号：1-5-226。
⑤ 《毛泽东选集》第4卷，第1233页。
⑥ 中共中央文献研究室、中央档案馆编《建党以来重要文献选编（1921~1949）》第24册，中央文献出版社，2011，第435页。

主观上，主要是解放军初到新区，在政策和策略上犯了严重的"'左'倾'急性病"。一些地方干部"不是从新区的客观实际出发，而是从主观的愿望出发"，"不调查，不研究，简单地抱着半年完成土改的意愿，不管敌情是否许可，不管群众的和干部的准备程度，忽视了群众工作的艰苦性"。[①] 诚如邓小平在给中央的报告中所说："我们南进后，由于对此斗争认识不够，对此估计不足，企图迅速完成土改，确立根据地，五个月的成绩甚微，确有急性病毛病。"[②]

群众将这种急风暴雨式的土改运动称为"急性土改"。通过土改，河南各解放区的部分农民获得了土地，如中原解放区豫皖苏区有421万农民、豫陕鄂区有170万农民分得了土地，桐柏区也有100万人口的地区进行了土改。但是，这种土改并未收到预期的效果。

（四）"左"的土改政策的纠正

针对土改中存在的问题，1948年2月15日，中共中央发出党内指示，提出新区土改"不要性急"，应分两个阶段进行；严禁乱杀；严格注意保护工商业等。[③] 为落实中央指示和切实纠正错误，各解放区结合前一阶段土改中出现的实际问题，在1948年春纷纷制定了有分别、有步骤地贯彻土地法大纲的土地政策，对过去"左"的错误进行了总结和纠正。太行区先后发布了《中共太行区党委关于今后土改方针与步骤的指示》和《补充指示》，针对不同地区的土改现状提出了不同的方针和政策，并特别强调不论哪种地区"土地法均必须坚持实现"，要求"对中农错订成份的要一律改正，如已分了他们的东西，须尽可能地给以补偿"。[④] 3月25日，中原局也发出《关于发动群众进行土地改革的指示》，对中原解放区土地改革的经验教训进行了总结，指出："近几个月来我各区在执行打仗与土改两大任务、进行创造

---

① 《中共中原局关于执行中央5月25日指示的指示》，王礼琦编《中原解放区财政经济史资料选编》，第288页。
② 中央档案馆编《解放战争时期土地改革文件选编（1945～1949）》，中共中央党校出版社，1981，第231页。
③ 《毛泽东选集》第4卷，第1283～1284页。
④ 《河南解放区的土地改革》，第321～325页。

根据地的严重斗争中,均取得许多胜利,立稳了脚,但一般说土改成绩是不大的。"其原因一方面是敌人的阻挠和破坏,另一方面是"不顾客观环境,不顾群众觉悟程度,硬着头皮的平分土地,犯了急性的毛病"。基于此,指示对土地政策做了一些新的规定,其一,指出必须划分两个策略阶段,有步骤地进行。第一阶段集中打击和孤立为广大群众所痛恨的大地主和恶霸,但"应保持不惊动富农大多数的方针"。也就是说,要缩小打击面,以争取中小地主和富农中立。第二阶段在"清查地主隐瞒分散的土地财产、平分一切封建阶级的土地时,再全部动富农"。其二,强调土改中必须掌握党的"依靠贫雇农,巩固地联合中农"这两条原则,必须"充分发动占人口70%的贫雇农,团结20%的中农,达到团结90%以上,而打击面总的说来一般不要超过10%",提出"应该明确规定中农(包括富裕中农)土地财产不动的政策,不要把中农的土地打乱平分"。其三,区别巩固区与游击区。在巩固区"注意由点发展到面,又深入到点,将两者密切结合",有计划地进行土改;在游击区"首先打击为害群众最甚的分子及武装,尽可能中立尚不积极反对我们的力量",分浮财"只分恶霸大地主的","暂时不要进行土改,注意避免赤白对立",逐步创造土改条件,避免一些地区因土改条件不成熟而引起的混乱现象。其四,为解决"左"倾错误造成的严重恶果,规定了严格的补救措施。如纠正干部和积极分子"多占果实、脱离群众和刺伤中农的现象";对逃亡地主、富农,"宣传宽大不杀、不抄家、同样分地、分错者改正的政策";对受打击的中农道歉,"并给以退还补偿","其已打乱平分而中农很不满意者,土地仍暂归中农或在查出的黑地中予以补偿"等。[①] 其他解放区也做出了类似的要求,对土改中出现的"左"的倾向进行了纠正,规定了今后土改的工作方针、纲领和具体政策等。各解放区土地政策的规定,补充和发展了全国土地会议和《中国土地法大纲》中的一些规定,对其中个别过"左"的内容做了原则性的改正。如明确规定了中农土地不动的政策,这就纠正了全国土地会议关于可以部分抽动中农土地的规定,从而保证了中农的利益不受侵犯和联合中农政策的实施。此外,明确分

---

① 《河南解放区的土地改革》,第57~62页。

阶段、分地区、有步骤地进行土改的办法；在贫农团的基础上扩大组织农协，作为领导农民进行土地改革的组织形式，并指出在农协内"要保证贫农的优势和领导，并更好的团结中农"。① 中原解放区还对完成土改的时间做了重新估计，认为土改不是一件轻而易举的事情，不能设想一年半载立即完成，而必须有几年的时间才能完成，这样便于反复实践和探索，保证土改健康顺利地发展。这些政策的制定与施行，及时地纠正了土改中的"左"倾偏向，为中共在农村中团结和依靠绝大多数农民进行土改提供了保证，有利于土地改革有步骤有计划地顺利发展。

(五) 新解放区重回减租减息

从1948年夏季到新中国成立前，中共中央根据新解放区的实际情况，对新解放区的土地政策重新做出了调整，决定在中原及其他新解放区停止土地改革，而实行减租减息的土地政策。遵照中央指示，中原解放区全区及其他一些新解放区停止了土改。停止土改，实际上就是停止《中国土地法大纲》在新解放区的贯彻与执行，也就是将党中央自全国土地会议以来的平分土地的政策改变为减租减息的政策。这种政策的转变，是根据客观历史条件做出的。

第一，在新解放区进行土改的条件还不成熟。当时国共双方在军事上的激烈争夺，很难为土改提供一个较稳定的社会环境。在战争中进行土改不仅不断受到国民党及地方土匪势力的破坏，而且农民分到的土地又常常被地主夺回去，群众对解放军能否在中原站稳脚跟，在很长一段时间内，持怀疑观望态度。在这种局势下，他们最迫切的要求不是平分土地，而是尽快结束战争，安定社会局面，解决他们缺吃少穿的实际生活问题。因此，要他们像老解放区的农民那样，立即接受平分土地的政策，彻底实现土改是有困难的。正如《豫西日报》社论指出的："要实行土地改革必须有适当的环境与充分的准备工作，这个准备工作，主要是农民在思想上有高度的政治觉悟与革命胜利的信心，在组织上真正形成雇、贫、中农自己的核心领导人物"，然

---

① 《中共中央中原局关于发动群众进行土地改革的指示》，《河南解放区的土地改革》，第59页。

第二十二章 解放区的经济（上）

而，这些条件中原等新解放区"很明显是没有作好"。① 此外，由于敌情严重，战争不断进行，中共也很难抽出太多的干部领导土改，组织群众。因而，无论是土改的环境、群众觉悟及要求，还是干部方面的条件都还不成熟。

第二，急于在新区实行土改，很难收到预期的效果。中原解放区除豫皖苏部分区域为老区外，豫鄂、桐柏、豫陕鄂（豫西）等区大部分属于新区。刘邓、陈粟、陈谢三支大军经过近一年作战，到1948年6月，在中原地区开辟了近2000万人口的控制区和1000万人口的游击区，并在大约400万人口的地区分配了土地。但由于土改的条件尚不具备，工作粗糙，方法简单，农民的发动和组织程度很差，分田区大部分村庄是在"走马点火下命令"的情况下分的地，"农民在组织上思想上几乎毫无发动，许多形式上的贫农团、贫农组等组织，实际是成差务之办公组织"。② 群众对实施土改不积极，只能靠行政命令，造成大部分地区明分实不分。如豫西"前刘湾分时群众不敢要，村干部扣起7个人，强迫3天分完。白象店当时敢要的只有12户，跟着要的40户，他们说：'八路军分地，天塌大家顶'。不满意要的15户，假装不害怕的2户。其中多数是被迫的"。③ 还有的是少数勇敢分子和个别村干部霸占果实，大多数的贫雇农分不到土地；有的地方贫雇农虽分得土地，但因担心地主、富农报复而不敢要；还有一部分人被迫将分到的土地偷偷送还地主或改为租佃关系。这样，所谓分配土地，实际上是少数干部和积极分子的一厢情愿，表面看来是轰轰烈烈的群众运动，却没有收到真正的效果。

由于社会动荡不安，政权尚未巩固，群众怕变天，对党的政策还有怀疑，因此出现了分给土地不敢要的现象，或者得到土地后，农民并不能把土地看作自己的，他们顾虑重重，不敢放手发展生产，不施肥料不积极耕种，田地无人管理，造成歉收和部分荒地。如晋冀鲁豫太岳区有不少地方"地

---

① 《停止新区土改实行减租减息》，《豫西日报》1948年8月24日，第1版。
② 《中共桐柏区党委关于调整土地工作的初步小结》，《河南解放区的土地改革》，第528页。
③ 《中共豫西区党委关于白象店的调查报告》，《河南解放区的土地改革》，第475页。

里草比苗高,还有许多地荒了"。① 据 1947 年秋调查,冀鲁豫区有些地区荒地竟达 60% 以上。② 中原解放区桐柏区的唐南张湾村因耕种差造成歉收者 500 亩,荒地 50 亩。泌阳西古城乡 7 个村庄共有 379 亩地,其中 200 亩因无人耕种而荒芜。③ 豫陕鄂区也曾出现"地主富农不敢经营土地,佃户也有些观望,分得土地的农民亦有观望者"的现象。④ 还有的中农和富农因担心田地被没收而消极生产,造成歉收;有的是贫农不敢要,地主不敢收,因而造成土地荒芜的;也有全村伙种伙收的,自己不敢种。由此可见,在条件不十分具备的情况下,靠单纯行政命令的方法来分配土地,其结果不仅不能给广大农民带来实际利益,反而成为他们的一种压力。

第三,土改后按分田出负担,不仅造成"社会财富的过早分散和大部浪费,使军队供给很快发生困难(特别是粮食)",⑤ 而且实际上更增加了农民的负担。⑥ 据调查,贫农分地后,困难很多,"没耕种上,没工具、出负担、还帐、支差重,农会不叫出门,在家候着支小夫,出担架,粪上不到地,种地产量一定低",⑦ 因此,"不少农民埋怨说,翻身翻穷了'翻到沟里了','你们要粮我根本就没收粮'(地主收了),甚有'分地地主穷了,穷人也穷了'的呼声"。⑧ 土改也影响了农民的生产积极性,部分农民"误认为平分土地,就是打乱平分,现在虽是自己的地,将来说不定分给谁。于是就不积极生产,该上粪的不上粪,该犁耙的不犁耙,该栽树的不栽树"。⑨ 豫皖苏区"土改区贫农地权未确定,中农被侵犯,逃亡地主回来未安定;

---

① 顾大川:《关于土改及今后工作的报告》,《河南解放区的土地改革》,第 366 页。
② 《冀鲁豫行署关于春耕生产的指示信》,《财经工作资料选编》(上),第 378 页。
③ 《中共桐柏区党委关于调整土地工作的初步小结》,《河南解放区的土地改革》,第 527 页。
④ 《中共豫陕鄂前委关于土改与春耕的指示》,王礼琦编《中原解放区财政经济史资料选编》,第 280 页。
⑤ 《中共中原局关于执行中央 5 月 25 日指示的指示》,王礼琦编《中原解放区财政经济史资料选编》,第 289 页。
⑥ 《中共豫西区党委关于白象店的调查报告》,《河南解放区的土地改革》,第 476 页。
⑦ 《中共豫西区党委关于白象店的调查报告》,《河南解放区的土地改革》,第 476 页。
⑧ 《中共桐柏区党委关于调整土地工作的初步小结》,《河南解放区的土地改革》,第 528 页。
⑨ 《冀鲁豫行署布告》,《财经工作资料选编》(上),第 379~380 页。

非土改区则各阶层都等待分地,因此均是惶惶不安"。①

总之,在新区过早实行土地改革,不仅不能发展农村生产,反而造成动荡的土地关系,破坏了农村经济;也不利于团结一切社会力量,建立反对国民党政府的统一战线。而如果实行较为温和的减租减息政策,既能限制地富剥削,减轻农民负担,又能缓和因分配土地造成的紧张阶级关系,争取更多阶层的支持。从这个角度看,"停止土改,也是为了发动群众"。②

根据新解放区土改出现的问题,1948年初,中原局书记邓小平向党中央的报告中,就已报告了新区土改中"急性病"的危害,提出斗争策略上分阶段、分地区逐步深入的意见。③中共中央对土改中出现的"左"倾错误也非常重视,1948年5月24日,毛泽东在发给邓小平的电报《新解放区农村工作的策略问题》中指出:"新解放区必须充分利用抗日时期的经验,在解放后的相当时期内,实行减租减息和酌量调剂种子口粮的社会政策和合理负担的财政政策……而不是立即实行分浮财、分土地的社会改革政策。"这是因为,过早地分浮财,"只是少数勇敢分子欢迎,基本群众并未分得,因而会表示不满。而且,社会财富迅速分散,于军队亦不利";过早地分土地,"使军需负担过早地全部落在农民身上,不是落在地主富农身上"。而实行减租减息,可以"使农民得到实益",实行合理负担,可以"使地主富农多出钱",这样,"社会财富不分散,社会秩序较稳定,利于集中一切力量消灭国民党反动派"。所以,毛泽东指出,"这一个减租减息阶段是任何新解放地区所不能缺少的,缺少了这个阶段,我们就要犯错误"。④次日,中共中央又发出《一九四八年的土地改革工作和整党工作》,指出进行土地改革的解放区必须同时具备三项条件:"第一,当地一切敌人武装力量已经全部消灭,环境已经安定,而非动荡不定的游击区域。第二,当地基本群众(雇农、贫农、中农)的绝对大多数已经有了分配土地的要求,而不只是少

---
① 《豫皖苏边区征粮工作、货币斗争与生产工作》,王礼琦编《中原解放区财政经济史资料选编》,第217页。
② 金明:《关于豫西五地委重点县工作经验的报告》,《河南解放区的土地改革》,第460页。
③ 参见林风《重建中原解放区的历史地位和作用》,《华中师范大学学报》1997年第4期。
④ 《毛泽东选集》第4卷,第1326~1327页。

数人有此要求。第三，党的工作干部在数量上和质量上，确能掌握当地的土地改革工作，而非听任群众的自发活动。"文件还进一步指出，在华北等各解放区的接敌区域和中原局所属江淮河汉区域的绝大部分地区，因尚不具备第一个条件，应当"实行减租减息和酌量调剂种子食粮的社会政策和合理负担的财政政策"。① 这两个文件成为新解放区土地政策的一个转折点。

根据中央指示，中原局于6月6日发布《贯彻执行中共中央关于土改与整党工作的指示》（简称"六六指示"），从12个方面深刻地总结了过去土改工作中所犯"急性病"的教训，又从12个方面指出了调整各方面工作的方针和策略步骤，明确要求"全区应即停止分土地，停止打土豪分浮财，停止乱没收，禁止一切破坏，禁止乱打人、乱抓人、乱杀人等等现象"。指示还将中原解放区划分为控制区、游击区、崭新区三种类型，指出在控制区，凡是没有分土地的地方，即应停止分配土地的宣传，进行减租减息、合理负担的宣传，着手调查研究，准备秋后到明春，形成一个广泛的双减群众运动。凡是已经分过土地的地区，应区别真分还是假分，对真分的，"一般应该确定地权财权，不再变动"；对假分田的地区，"说服群众自愿改为租佃关系，实行减租减息"。在游击区，按照环境及群众要求，实行双减政策和合理负担政策，一般比控制区减的少一些，群众的负担也不能比控制区重。在崭新区，应该采取更为宽泛的统一战线的政策，团结一切社会力量，只对个别业已判处死刑的最反动分子的本人财产，实行政治的没收，并分给群众。在执行双减时，应经过宣传组织，政府颁布正式法令等步骤，不可毫无准备地贸然进行。②

随后，中原局又先后制定和颁布了《中原局减租减息纲领》和《中原局关于发动群众贯彻减租减息政策的指示》，进一步纠正各地的"左"倾错误，并具体规定了减租减息的标准："所有地主、旧式富农及一切公田、学田、祠堂、庙宇、教会所租之土地，不论任何租佃形式，一律实行'二五减租'，即按原租额减去二成半"；凡"过去农民向地主、旧式富农所借旧债，一律按月利分半计算清偿"，即"利倍本（即借本百元已还息达一百元

---

① 《毛泽东选集》第4卷，第1329~1330页。
② 《邓小平文选》第1卷，第108~123页。

者），停息还本；利二倍于本（即借本百元已还利息达二百元者），本息停付"。① 这与抗战时期减租减息的标准是完全一致的。关于前一阶段土改时已经分配的土地和财产，处理办法是：凡地主、富农已被分配的土地与财产，一律不得倒算，但应保证他们"分得与农民同等之土地，不足者设法补足之"；已分得土地的农民，如双方自愿改为租佃关系者，经向政府登记后，可以改变；凡农民（包括富裕中农）土地、财物被错分者，应劝分得户自动退还。② 这些规定既承认了土改后新确立的土地关系，保证分得土地的农民的所有权，又在农民自愿的原则下，贯彻了减租减息的政策。对实行双减的程序，中原局指出，减租减息是一个较长期的社会改革工作，为避免急性病的发生，必须有一个准备酝酿时期，"不应采取普遍动手的方法，而应选择重点……创造经验，影响他区群众，然后逐步推广"，③ 要使群众真正自觉自愿地起来斗争，避免没有真实群众基础的群众运动。此外，中原局还指示，在敌人占优势的边沿区、游击区"只能在服从于游击战争的条件下，着重于发动群众反三征、反苛杂斗争，以达到减轻群众痛苦，在可能地区可以适当方式进行低于二五的减租减息，暂时尚不宜于发动大规模的双减运动"。④ 可见，在新解放区实行的减租减息实际上是中共在抗战时期解决农民土地问题的经验在新形势下的灵活运用。

中原局的"六六指示"和减租减息纲领颁布后，在鄂豫、豫西、桐柏、豫皖苏等各战略区，农村工作的重点迅速转入了调整土地和减租减息。从10月至年底，中原全区还普遍开展了整党运动，检查了在理解和执行党的土地政策上存在的各种偏向，检讨了过去领导强迫命令的作风，对中农的损失进行了补偿，逐渐消除了因强制分田而造成的领导与群众的隔阂，推动了减租减息运动的顺利开展。如中共桐柏行署发布布告，规定在未进行土改的地区调整土地，端正政策，补偿中农损失。晋冀鲁豫解放区也对土改中出现

---

① 《中原局减租减息纲领》，中共河南省委党史工作委员会编《中原解放区》（1），河南人民出版社，1987，第108~109页。
② 《中原局减租减息纲领》，《中原解放区》（1），第108~110页。
③ 《中原局关于发动群众贯彻减租减息政策的指示》，《中原解放区》（1），第126页。
④ 《中原局关于发动群众贯彻减租减息政策的指示》，《中原解放区》（1），第134页。

的"左"的错误进行了纠正,并对被侵犯的中农给予补偿。如 1948 年 7 月 1 日,中共济源县委贯彻执行纠偏政策,开始补偿误斗的中农。据 145 个村统计,共对 2730 户被斗中农进行财物补偿,占被斗总户的 70%。①

中共在新解放区土地政策的转变,使河南各解放区一直动荡、混乱的土地关系暂时趋向稳定。经过调整土地和减租减息,"一方面安定了人心,稳定了生产情绪,一方面打下了依靠贫雇、团结中农新式富农、中立旧富农及中小地主,孤立和打击恶霸分子和地主当权派的有利条件"。② 农民被广泛地组织动员起来,在参加民兵、参军、参战及边地游击战争中,都表现积极。至 1949 年 6 月,河南省大部分地区完成了减租减息,各新解放区也得到巩固和发展,从而为解放全中国创造了条件。

二 农业生产

河南数十年间,兵连祸结,历遭日军蹂躏、战争破坏、灾荒侵袭,以致农业生产力严重下降。为了支援解放战争和改善民生,各解放区在发动农民开展土地改革和减租减息运动的同时,始终把农业生产作为经济建设的首要任务,使农业得到了一定的恢复,但到中华人民共和国成立时,仍未能够恢复到抗战前的水平。

(一) 耕地面积的扩大

由于解放区多处于地瘠民贫地区,再加上抗战时期的巨大损耗,连年灾荒,群众农业生产条件和能力非常薄弱。另外,过去执行政策上的某些偏差,特别是"急性土改",侵犯了农民利益,一些解放区出现了农民生产情绪不高的现象,严重影响了农业生产。因此,稳定各阶层的生产情绪,提高积极性,成为一项重要工作。

为了打破群众顾虑,中共适时地调整了土地政策,由土地改革转变为减

---

① 济源市地方史志编纂委员会编《济源市志》,河南人民出版社,1993,第 34 页。
② 《中共桐柏区党委关于调整土地工作的初步小结》,《河南解放区的土地改革》,第 528 页。

第二十二章 解放区的经济（上）

租减息。在土改区，凡已分土地的村庄，即明确宣布不再平分，只进行局部的调整和抽补工作，中农被侵犯的，给予补偿；让地富也分得应有的一份土地财产，使其同样能够生活。在非土改区，广泛宣传实行双减政策的目的是团结一切可能团结的力量，不要等待分地，要努力生产。1948年5月，晋冀鲁豫解放区明确决定在土改已经彻底的地区，"公开宣布土改已经结束，颁发土地证，确定地权，废除农业统累税，实行按土地常年应产量的比例征收制。所有这些地区，均以生产为主，民主、建政、支前为辅"。① 这些政策的转变，逐渐消除了农民的恐慌心理，农业生产逐渐转入正轨。如据太行区党委报告，自1948年5月以后，太行区群众生产情绪有了显著的提高，秋苗一般锄了两遍以上，大多数上了追肥。在稳定农民生产情绪，提高其生产积极性的同时，解放区各级政府在每年春耕春种以及秋收秋种时节，都要号召和组织群众及时生产，动员群众抓住季节，不误农时。并通过采取各种措施，如群众互助或政府贷款，解决农民的种子、肥料、耕畜、劳力等具体困难。

为扩大耕地面积，政府不仅组织群众填平抗战时期挖掘的抗日路沟，还鼓励农民开垦荒地。1947年3月，冀鲁豫行署规定当年生产工作总的任务是"普遍做到耕地不荒"。② 次年3月，再次要求："不管农民或地主富农，任何人不准荒废一寸土地！"③ 为解决分地与生产的矛盾，1948年3月，豫皖苏区要求各分区"动员雇贫农合作抢种地主荒地，提出种后即分的号召，组织部队及党政民干部以劳动力协助群众春耕，及以群众舆论行政号召禁止地游（游区者例外）抛荒地"。④ 1948年5月，太岳区也发出指示："大力组织群众或互助组、个人或集体消灭荒地，号召多种晚秋晚菜，以达到保证不新荒一亩地"，并制定了几项消灭荒地的奖励办法。⑤ 为了消灭荒地，各

---

① 薄一波：《关于晋冀鲁豫地区纠正"左"倾及发展生产情况的综合报告》，《中国土地改革史料选编》，第542页。
② 《冀鲁豫行署关于颁布今年生产工作方案的训令》，《财经工作资料选编》（上），第366页。
③ 《冀鲁豫行署布告》，《财经工作资料选编》（上），第379页。
④ 《刘瑞龙、吴芝圃关于土改工作给郑华的信》，《河南解放区的土地改革》，第405页。
⑤ 《太岳行署关于奖励消灭荒地不负担的指示》，山西省农业科学院编写组编《太岳革命根据地农业史资料选编》，山西科学技术出版社，1991，第154页。

— 1039 —

解放区一般都制定了开熟荒免1年负担,开生荒免3年负担,谁种谁收等鼓励开荒的政策。1948年下半年,中共中央华北局将原来的"统一累进税"改变为"比例税制"后,又规定"垦种熟荒地免税1年,垦种生荒地免税2年,修滩地免税3年"。① 这些政策大大提高了农民开荒的积极性。仅1947年5月,济源县农民在生产运动中,就消灭熟荒1.5万亩。② 1948年,太行区安阳等24县消灭荒地62000亩;温县原有荒地8342.8亩,消灭6030.9亩,占原有荒地的72.3%;沁阳原有荒地38580.8亩,消灭2533亩,占6.6%;博爱有荒地63156亩,消灭1500亩,占2.4%;武陟有荒地9959亩,消灭500亩,占5%。③

(二) 农业技术改良与推广

提高农业生产技术,是提高农业生产力的必要条件。改良农具或改良耕作法,或采用好品种,或旱地变水田等,往往能使同一田地的产量增加一倍甚至两倍、三倍。所以根据地政府非常重视发挥农业技术在增产中的作用,采取了多种有益于发展农业生产的措施。

解放区政府重视物色并组织对农业生产具有专门技能与丰富经验的专家和农民,帮助指导农业生产。为了使技术人员能致力于技术研究,专心从事生产建设,对技术人员的生活待遇问题,太岳行署命令自1946年6月起,技术人员一律实行薪金制。农业技士月支薪金大洋2400元,技佐薪金大洋2000元,除薪金外每月每人发给麦子4.5斗。"如有带家眷者,以帮助其生产自给为原则,特殊的根据其实际情况酌情补助一些安家费用。"另外,"技术人员下乡,路费每人每日按15元发给"。④ 解放区对于对农业生产做出特殊贡献的技术人员还给予奖励。如1947年,太岳行署颁布《太岳行署奖励生产条例》,其中规定:"配种能手及各种行家、技术人才,有特殊发

---

① 《关于华北区农业税暂行税则(草案)的说明》,桂世镛编《戎子和文选》,第171页。
② 《济源市志》,第33页。
③ 《1948年消灭荒地统计表》,《华北农业生产统计资料》,第119页。
④ 《太岳行署命令技术人员自六月份起实行薪金制》(1946年6月21日),《太岳革命根据地农业史资料选编》,第119页。

明、创造，能提高生产力，对群众有很大贡献者，政府除给以物质奖励外并酌发以特制特等奖章或一等奖章、奖状"；"推广优良品种有卓著成绩者，政府亦根据实际情况，酌发以奖章及奖状或其它物质奖励"。[①] 1948 年 12 月，华北人民政府颁布《华北区奖励科学发明及技术改进暂行条例》和《华北区奖励科学发明及技术改进暂行条例执行办法》，规定"在本区确系首次发明与发现；或对他人之发明与发现更加精研而较前高明者"，"对于农具籽种等技术之改进或发明，能使生产量显著提高者"，"对于生产方法之改进，能使生产量显著提高者"等均可获得政府奖励，奖励办法有荣誉奖和奖金两种。荣誉奖包括表扬、奖旗和奖章；奖金由政府拨发。1949 年度的奖金共计小米 150 万斤，其中工矿业 60 万斤，农林畜牧 30 万斤，交通 20 万斤，水利、医药各 15 万斤，科学仪器 10 万斤。[②] 科学技术奖励政策，反映了解放区尊重人才、尊重创新的价值导向，有力地推动了解放区农业科技的发展。

解放区政府还十分重视农作物品种试验和推广工作。在改良品种上，主要是普遍推广"169"小麦、"金皇后"玉米、"八一"谷子、美棉（斯字棉、脱字棉）等优良品种，这对提高农作物产量起了重要作用。1945 年太行区推广"金皇后"玉米和"169"小麦，成效显著，只要土地适宜，比一般老品种能多收 1/4 ~ 1/3。[③] 1947 年，太岳行署发出指示，要求有计划地推广"金皇后"玉米，使其种植面积占本地玉米的 30%，并提倡试种"169"小麦等新品种。[④] 为鼓励使用优良品种，还规定"优良品种，增产不负担"。[⑤]

建立农场和改造国民党政府的旧农场，从事农作物品种、农业技术的改良与推广工作，总结倡导防治病虫害经验，也是各解放区政府扶植农业生产的一项重要措施。1947 年，冀鲁豫行署决定在中心区普遍建立农场，进行示范、育种和推广工作，"与附近农民紧密结合，大力支持种植增产作物与

---

① 《太岳行署奖励生产条例》（1947 年），《太岳革命根据地农业史资料选编》，第 121 ~ 122 页。
② 王国振主编，孔令环编著《革命圣火燎原》，人民出版社，2011，第 344 ~ 345 页。
③ 《抗战胜利后边区的经济和财政工作》，桂世镛编《戎子和文选》，第 120 页。
④ 《太岳行署关于开展春耕运动给各专、县一封指示信》（1947 年），《太岳革命根据地农业史资料选编》，第 127 页。
⑤ 《太岳行署奖励生产条例》（1947 年），《太岳革命根据地农业史资料选编》，第 122 页。

经济作物及与农业有关的副业",把农场逐步建成"附近一切农民经营农业之有力组织核心"。① 1949 年,太岳区制订了整顿建设农事试验推广场的工作计划草案,决定对行署、专署、县的农事试验推广场进行整顿和建设,除了建立 3 个重点农场外,还在济源等各县整顿或建立一般农场。一般农场的具体任务有:"1. 采购已确定之优良品种,进行繁殖,保持原种。2. 推广优良品种,组织特约农户,示范农家。3. 调查研究群众中现有的优良品种和防治病虫害有效之土方法,加以推广与交换。4. 向上级政府农场报告农情,并代为采集种籽。5. 根据条件设苗圃、养多产鸡,养优种猪。"② 中原解放区政府也十分重视整顿改造国民党政府设立的旧有农林场,并保持和提高其技术,使其为农业生产服务。1949 年春,中原临时人民政府要求农场应在旧有基础上增加棉、麦及花生种子的改良实验;林场在原基础上,要按各地需要增加培植各种树苗。由于各地区主要农作物不同,各地农林场的实验亦应有所偏重,如洛阳、南阳应以实验棉、麦为主;开封、郑州应增加实验花生;许昌、邓县应以实验麦、烟叶为主。各地须根据本地需要,给以实验任务,但必须注意有重点地实验,不能各种实验并举,以致都做不出成绩。③

在农业技术推广上,向群众进行农事技术的宣传教育也是各解放区政府极为重视的工作。每年春耕时节,政府都要向群众宣传每亩地上肥的数量、锄地的遍数等基本农业生产知识。如 1947 年,太岳行署要求各地"山地每亩上粪 40 担,平地每亩上粪 100 担,玉茭地犁三遍,谷地杂粮地各犁两遍"。④ 在形式上,各地政府采取了多种多样的宣传形式,如印发标语口号、编成民谣或顺口溜、印发宣传小册子等,如 1948 年 7 月 3 日,冀鲁豫九地委宣传部印制的生产宣传材料《多锄地,多攒粪》,内容分为两部分,第一

---

① 《冀鲁豫行署关于颁布今年生产工作方案的训令》,《财经工作资料选编》(上),第 367 页。
② 《太岳区 1949 年整顿建设农事试验推广场工作计划草案》,《太岳革命根据地农业史资料选编》,第 198~199 页。
③ 《中原临时人民政府关于整顿旧有农林场所及规定今年业务方针的指示》,王礼琦编《中原解放区财政经济史资料选编》,第 316 页。
④ 《太岳行署关于开展春耕运动给各专、县一封指示信》(1947 年),《太岳革命根据地农业史资料选编》,第 127 页。

部分标题为：多锄草，谷粒饱——锄头底下看年景，人勤地不懒。第二部分标题为：多攒粪，如攒金——人不哄地皮，地不哄肚皮。语言通俗易懂，介绍了锄草、攒粪对提高农业产量的重大作用和具体的锄草、攒粪的方法。7月25日，冀鲁豫九地委宣传部还印发标语口号，号召群众努力生产，介绍农业生产的基本方法，其中的口号有："多锄草，多上粪，打得粮食堆满囤"，"多攒粪，不费难，修茅房，打猪圈，多扫粪草往里垫，多泼水，倒几遍，沤上几天就成粪"等。① 这些标语口号朗朗上口，很适合向文化水平普遍较低的农民群众进行宣传。1949年，太岳区要求农事试验推广场从以下几个方面做好对群众的农业技术宣传工作："1.利用报纸，掌握季节，介绍农业技术上一些必要的科学常识和老农经验。2.采集各种作物的主要的病虫灾害标本，研究总结一些有效的防治办法，举办一次展览会，聘请老农座谈。3.在基点村或示范区举行小规模的禾谷展览会，实行种子评选。4.印发小型农业技术宣传品"等。② 这些措施对普及农业生产知识和技术起到了重要作用。

（三）农田水利建设

由于长期处于战争环境，水井、河道多年失修，许多水田不但不能享受水利，反而遭受水害。抗战期间，豫北各河堤经常决口，泛滥成灾，人民苦不堪言。如孟县全县约有水地3万亩，占总土地的10%。安全河自1932年后16年中有13年发生水害，1948年又淹地3500余亩。③ 流经济源、沁阳、孟县、温县、武陟的蟒河1948年发生水害，仅在孟县，即因决口及汛溢而淹地4500亩，其中60%不但当年秋收无望，连麦子也种不上，其他最好者也只能收一二斗粗粮。④ 抗战结束后，解放区在开展"反奸减租"运动后，群众被动员起来，立即积极投入农田水利建设。到1946年5月初，豫北水

---

① 王国振主编，孔令环编著《革命圣火燎原》，第331~333页。
② 《太岳区1949年整顿建设农事试验推广场工作计划草案》，《太岳革命根据地农业史资料选编》，第202页。
③ 太原行署建设处：《太岳区水利情况与明年意见》，《太岳革命根据地农业史资料选编》，第616~618页。
④ 《从济、孟水利调查提出关于济、孟、沁、温、武五县水利工作初步意见》，《太岳革命根据地农业史资料选编》，第613页。

利建设即取得了巨大成绩。博爱县上秦河修复完毕,两岸10余里长的麦田得到灌溉。与它平行的下秦河也在赶修中。全县11道水渠全部修复后,可增加水地17万亩,增产粮食59000石。沁阳县唐济河水利工程也即将完工,可浇地19万亩。温县、济源等县的河流及其支渠,能浇地30万亩。在丹河与上清河之间,各河未修前只能浇地1万亩,经修复后,可灌溉3万亩。在安阳,在县政府领导下,千余村群众对广济、广遂、民生3道大渠进行了修复,除恢复原浇之地3000余亩良田外,尚可增浇1000多亩。上述各县已竣工和即将竣工的水利工程共计可增加水田70万亩左右。[①] 博爱县四区的运粮河,50年来未曾修浚,已成为有害无利的河流。国民党统治该地时,国民党军曾在此新修一条江沟,平时运粮河水流入江沟,群众不能用水灌溉;一到雨季,河水又全部汇集运粮河,冲破堤岸,沿岸5万余亩良田被淹,加上新河所占民田3万余亩,每年群众损失粮食在2万石以上。1946年4月,在中共博爱县政府的组织领导下,该区成立了水利委员会,38个村的群众经过10天的努力,费3万余工,终将运粮河修好,沿河数万亩良田不再受水害。武陟、修武为消除夏季河涨后的水患,两县参议会也通过"江河修堤"的计划,组织了河务委员会进行筹划。[②] 在兴修水利的同时,解放区政府还解决了一些多年的水利纠纷。豫北丹河发源于山西高平县,在沁阳县城东10里的沁阳、博爱两县县界上流入沁河。丹河在流入博爱的陈庄村附近时,筑有一道"人"字堰,水量分为东六西四,后因河道变迁,实际水量变成了东岸6.8、西岸3.2的比例。两岸群众为灌溉争讼多年,耗资无数,甚至闹出人命。1946年6月,解放区政府派人进行了勘察调解,在团结互助原则下,达成了有效期为3个月的临时协议4条,初步解决了东、西两岸群众的争水问题,并决定当年秋后彻底解决两岸的纠纷。[③]

据1948年调查,太岳区共有水地16.5万亩,占全区土地的2%。其中以济源县、孟县水利最发达。济源县原有水地5.2万余亩,1948年有

[①] 《豫北人民治河修渠,增加水田七十万亩》,《解放日报》1946年5月6日,第2版。
[②] 《豫北博爱等县减租后群众积极兴修水利》,《解放日报》1946年5月29日,第2版。
[③] 《沁博丹河水利初步解决,"豫北江南"水源畅流》,《解放日报》1946年8月7日,第2版。

水地 3.4 万亩，占总土地的 6.3%，共有大渠 9 条，小渠 4 条。其中广惠渠能浇济源、沁阳两县土地 250 顷以上，在济源原可浇地 60 顷，抗战间因失修只可浇地 20 顷。从 1946 年到 1947 年解放区政府组织群众两次修浚该渠，共用工 5.6 万个，1948 年已能浇地 42 顷。利丰渠过去在济源、沁阳、孟县可浇地数百顷，在济源境内可浇地 10200 亩。抗战后，因长年不修，有 2/3 的土地得不到灌溉。1947 年中共沁阳县政府组织民工挖修一次，1948 年恢复水利的 1/2。永利渠原可浇地 25210 亩，1947 年虽修挖一次，但浇地仍不及原来的一半。① 经过深入勘查后，太岳区太原行署建设处决定 1949 年水利建设重点放在济源、孟县，并提出了具体意见。①挖通丰稔渠，可增水田四五千亩。②庆惠渠可增水田 2000 亩。③永利渠可看力量决定，是否能增浇水田数千亩。④甘霖渠能争取开工。⑤提倡自动水车，建筑自动水车 10 个。⑥孟县从防冲、防灾为主，修减河、挖蟒河故道，减灾与浇地两利，分安全河与旧蟒河水流各一半，以减灾与浇地。⑦挖余济渠一部，恢复前渠道一部。济源可恢复水地 8000 亩，争取 1 万亩。孟县除可挖通余济渠数千亩外，其他均是防冲减河工程。⑧领导上除应整理渠道，还应组织管理渠道机构，订立渠规，调剂有无，解决防冲、争水等问题。并在经济上应给以一部分贷款，以扶植群众兴修水利，并应贷给水车款一部，以发展水车。② 济源县、温县等地政府，领导群众从 1949 年正月十五前后，开始动工进行水利建设。经过 3 个月的努力，仅济源就修复浇地河 8 条，增浇地 16002 亩，费工 48448 个，贷粮 34982.5 斤；挑撤水河 63 条，用人工 2.2 万个，贷粮 98910 斤，撤出水地 2.6 万亩。③ 孟县也通过发动群众打井、修渠，使全县水浇地面积迅速增加，1949 年达到 1.2 万亩。④

---

① 太原行署建设处：《太岳区水利情况与明年意见》，《太岳革命根据地农业史资料选编》，第 616~618 页。
② 太原行署建设处：《太岳区水利情况与明年意见》，《太岳革命根据地农业史资料选编》，第 624 页。
③ 《太岳区三专农业科水利工作总结（节录）》，《太岳革命根据地农业史资料选编》，第 662 页。
④ 中共焦作市委党史办公室编《中共焦作历史（1925~1949）》，中共党史出版社，1995，第 319 页。

到1949年上半年，太行、太岳区豫北各地主要渠道灌溉面积均有所增加或恢复，具体情况见表22-1。

表22-1　太行区、太岳区豫北各县主要渠道灌溉面积（1949年6月）

所属行政区	渠道名称	位置	灌溉面积（亩）	资料来源
太行区	广济河	沁、温、济县	40000	太行行署工作报告
		淇县	16500	
		沁阳	14000	
		安阳	8000	
	丹河		127000	
	利丰渠		35000	
	利仁渠		20000	
	民生渠	淇县	33000	
	峪河渠	辉县	15000	
	大正渠	安阳	7000	
	平罗渠	辉县	—	
	冯宿渠	漳南	—	
太岳区	广惠渠	济源	6370	1949年5月16日统计
	利丰渠	济源	3012	1949年5月16日统计
	广济渠	济源	3500	1949年5月16日统计
	永利渠	济源	21000	1949年5月16日统计
	千仓渠	济源	2950	1949年5月16日统计
	大利渠	济源	1350	1948年11月统计
	垣曲（渠二道）	垣曲	6000	
	余济渠	孟县	4000	1948年太岳行署统计

资料来源：《华北区各地主要渠道灌溉面积统计表》，《华北农业生产统计资料》，第94页。

1949年5月初，太行全区获得解放，区党委于5月15日召开全区党员代表大会，传达贯彻中共中央七届二中全会决议和华北局扩大会议的决定，根据新形势，提出党的中心任务从战争转到生产建设上来。党代会召开以后，太行区再次掀起了兴修水利事业的高潮。据不完全统计，到7月20日，四、五专区通过开渠、修渠、打井、买水车等，合计共增加水田188978亩，见表22-2。

表 22-2 太行四、五专区党代会以来兴修水利统计（1949 年 7 月 20 日）

	开渠	修渠	打井	修井	买水车	修水车	共增水田(亩)
四地委区	98	246	9950	1182	219	635	136464
五地委区	63	—	2737	13	18	965	52514
合计	161	246	12687	1195	237	1600	188978

原注：1. 这个数字仅是 5 月党代会以后的不完全统计，四地委区 10 个县（缺新乡市）57 个区（全部 76 个区）的统计，五地委有的县只有两三个村的材料。

2. 四地委区数字包括修闸口 46 个、修辘轳 2016 个、水龙 39 个、倒罐 555 个、秤杆 1473 个新增之水田在内。

3. 春季治河修渠之数未计在内，只知四地委区春季增水田 82000 亩，减淹地 600000 亩。五地委不详。

资料来源：《太行四、五专区党代会以来兴修水利统计表》，焦作市档案馆藏，1-5-226。

在豫东黄泛区，通沙河、涡河之水大部淤塞，每年泛滥成灾，为豫东人民之大患。淮阳区西华、扶沟各县人民很多被迫逃亡，土地荒芜。豫皖苏区党政军干部号召并组织群众趁农忙空隙，积极浚河修堤战胜水患。为整顿和帮助旧有水利组织，政府选派工程组具体指导，派专人调查，绘图画表，做出具体的方案。凡灾情严重、工程浩大的地区，政府还贷给粮款进行帮助。到 1948 年 7 月，豫皖苏行署已给黄泛区划拨 200 万斤粮食，[①] 用作兴修水利、恢复农业。其他洼湿地的开渠导水防患、凿井灌溉，各县也纷纷根据当地群众要求与条件进行。

解放战争时期河南解放区最大的水利工程要数黄河的复堤。1938 年 6 月初，国民党军队炸开了郑州北花园口黄河大堤，从此，黄河改口向豫东南方向泛滥，花园口以下的黄河故道无水。由于长期无水，河床部分被开垦为农田，不少地方还建立了新的村庄，大约有 40 万农民生活在这里。中共领导故道两岸军民创建了冀鲁豫、渤海两大解放区。1945 年冬，国民党当局决定堵塞花园口大堤决堤口门，引黄河水回归故道。中国共产党为解除豫、皖、苏黄泛区人民的苦难，同意黄河回归故道，但为避免沿故道区域的人民

[①] 《刘瑞龙在豫皖苏区土地会议上对今后财经任务的发言》，王礼琦编《中原解放区财政经济史资料选编》，第 189 页。

的黄泛灾难，不同意在下游未复堤前堵口，为此与国民党当局进行了一系列艰难反复的谈判和斗争。1947年3月3日，国民党政府在下游复堤工程远未完成之际，完成了花园口堵口工程，3月8日开始向故道放水。据4月中旬统计，沿河被淹村庄237个，被淹良田272414亩。在冀鲁豫行署领导下，民众紧急行动起来修堤自救，并得到了其他各解放区的大力支援。自5月15日始，至7月23日，30万民众参加复堤工程。西起长垣县大车集村，东至齐禹县（属山东省，1950年撤销）水牛赵庄，长600余里的北岸大堤普遍加高2米，培厚3米，共修土方530万立方米。南岸200里临黄堤至7月25日也抢修完成。① 1948年，面对国民党军队的破坏及其他多种困难，解放区军民再次展开了声势浩大的黄河北岸护堤工程。4月先后开工，至5月上旬陆续完工。"从长垣大东渠到齐禹水牛赵六百华里的北岸堤线中，今年共修了171964公尺，用土1171160立方公尺。……北岸临黄堤自经这次大复修，已比去年最高水位高出2.5公尺，比民国二十四年的最高水位高出1.2公尺。堤顶的宽度，都在7公尺至9公尺以上。"②

（四）农业互助合作

在同样的外部环境下，劳力、畜力、生产工具等生产力因素在农业生产中的地位举足轻重，可能成为影响农业收获量的主要因子。解放区经过严重的战争破坏，荒地多，劳力、牲畜少，农业耕作水平低下。另外，毋庸回避的是，由于解放战争规模空前，战勤任务繁重，人民参军参战之多，支前以及代耕的人力、物力、财力动员之多，也是前所未有的，支差在一定程度上影响了农业生产工作。据1947年统计，冀鲁豫区战勤、治黄两项支付了7000万工左右，对生产影响很大，锄地普遍减少一遍至两遍。③ 据滑县蔡营村调查，1947年全年公粮负担并不重，但由于"过去工作只顾开大会，不顾农忙而影响生产，减低了收获量"。以村民

---

① 中共冀鲁豫边区党史办公室：《黄河归故斗争概述》，王传忠、丁龙嘉主编《黄河归故斗争资料选》，山东大学出版社，1987，第1~16页。
② 《人民日报》1948年6月30日、8月13日。
③ 《冀鲁豫区经济工作基本情况及1949年计划草案》，《财经工作资料选编》（上），第252页。

第二十二章 解放区的经济（上）

崔田民为例，从 2 月到 12 月共出长短差 152 天，大部时间是在农忙时，所以群众认为"崔从入党后光叫起模范，地都种不好"。从牲口及人力负担看，"牲口每头合地 67 亩 7 分，每人合地 25 亩。牲口又小，劳力又经常出差，所以地很难种好"。① 1948 年冀鲁豫区每头耕畜负担耕地 55 亩，而战前每头负担 30 亩左右。② 人力、畜力负担过重，与被代耕的人太多也有关系，如冀鲁豫区"代耕范围，除军工烈属外，村干、荣誉军人、逃兵、出差的担架均代耕"。③

从整个太岳区看，抗战前每个男劳力平均负担耕地 16 亩，而 1948 年男劳力每人平均负担耕地为 20 亩多，比战前多出了 4 亩多。④ 就土地用畜工数计算，战前每头牲口平均耕地 33 亩，而 1948 年平均耕地为 46 亩多（太岳区耕地为 8157798 亩，可用耕畜 175382 头⑤），每头比战前多负担了 13 亩。⑥ 表 22-3 是太岳区每亩地战前与 1949 年初平均耕作与劳畜用工情况的比较。

表 22-3　1949 年初太岳区每亩地平均耕作与劳畜用工情况与战前的比较

战前	每亩	1949 年初	每亩	减少(%)
犁	2.5 遍	犁	1.7 遍	32.0
锄	2.8 遍	锄	1.8 遍	35.7
用劳工	11 个	用劳工	8 个	27.3
用畜工	3 个	用畜工	2.25 个	25.0

资料来源：太岳行政公署《太岳区农业生产基本情况》（1949 年 2 月 15 日），《太岳革命根据地农业史资料选编》，第 17 页。

---

① 《中共冀鲁豫区党委关于群众负担概况调查（摘录）》，《财经工作资料选编》（上），第 929 页。
② 《冀鲁豫区经济工作基本情况及 1949 年计划草案》，《财经工作资料选编》（上），第 252 页。
③ 《中共冀鲁豫区党委 1948 年 6 月份综合报告》（1948 年 6 月 26 日），《华北解放区财政经济史资料选编》第 1 辑，第 319 页。
④ 太岳行政公署：《太岳区农业生产基本情况》（1949 年 2 月 15 日），《太岳革命根据地农业史资料选编》，第 16 页。
⑤ 《太岳区农业生产基本情况》（1948 年），《太岳革命根据地农业史资料选编》，第 1 页。
⑥ 太岳行政公署：《太岳区农业生产基本情况》（1949 年 2 月 15 日），《太岳革命根据地农业史资料选编》，第 17 页。

由表 22-3 可知，太岳区每亩地的平均耕作水平较战前有较大的下降，可见，劳畜力的缺乏是相当严重的。其中，济源县、孟县劳畜力缺乏的严重程度又超过了整个太岳区的平均水平。据 1948 年 8 月统计，济源县每个男全劳力平均年耕作量为 12 亩，然而当年实际平均耕地量为 35.4 亩，从耕作量看劳力缺乏 66.1%。如果把半劳力算进去，按半劳力 2 个折合全劳力 1 个计算，则每个劳力平均负担 26.84 亩地，从耕作量看缺乏比例仍高达 66.1%。孟县每头牲口按一般耕作量计算为 35 亩，而当年每头牲口实际平均负担达到 50 亩，缺乏量为 30%。①

除冀鲁豫区、太岳区外，其他解放区也都存在劳力、畜力严重不足的现象，如太行区的安阳，1937 年有耕畜 26785 头，而 1948 年仅有 15096 头，也减少了 11689 头。②

因此，处理参战、支差与农业生产劳力、畜力缺乏的矛盾，是各解放区政府面临的一个重要课题。为了保证有充足的劳动力、畜力从事农业生产，各解放区政府一般采取以下措施。

一是减轻支差及代耕负担，并要求在农忙时节，后方机关、部队抽出一定人力、畜力帮助群众生产。中共晋冀鲁豫中央局在 1947 年关于开展生产运动的指示中就强调，"必须减轻人民支差负担，实行精确计算，节约民力。参战动员、民兵作战、担架运输，尽量不违农时，要求做到每战役不超过一兵一伕"，"反对无计划和浪费民力的现象"。③ 根据这一精神，冀鲁豫行署在当年的生产工作方案中指出，在农忙时，各后方机关人员，应一律帮助驻村群众进行春耕、麦收及各种农活，尽量不支差或少支差。④ 1948 年冀鲁豫区还规定："减少支差，增加支差人数，规定凡够自卫队年龄者一律出差"；"减少代耕，除无劳动力军烈属外一律不许代耕"。冀鲁豫区还对一些重点村的支差代耕问题进行了整顿，经过整顿，滑县蔡营代耕土地由 598 亩

---

① 重远：《如何解决劳力困难及参战与生产的矛盾》，《太岳革命根据地农业史资料选编》，第 800 页。
② 《抗战前后耕畜比例变化统计表》，《华北农业生产统计资料》，第 67 页。
③ 《中共晋冀鲁豫中央局关于开展生产运动的指示》（1947 年 3 月 1 日），《财经工作资料选编》（上），第 361 页。
④ 《冀鲁豫行署关于颁布今年生产工作方案的训令》（1947 年 3 月 23 日），《财经工作资料选编》（上），第 368 页。

减至 392 亩；清丰前张家由 363 亩减至 118 亩，该村有劳力而又全靠代耕的军属也开始买牛；范县颜村铺自卫队整理后由 64 人增至 226 人。① 1948 年，中共中原局也要求，"除战争需要外，在耕地种麦期间，各军队、各机关 30 里地以内运粮及磨面等勤务，应自行解决，停止动用人力畜力；并应通知所有部队、机关抽出牲口帮助耕种。自己运输者，公家可酌给运输费"。② 1949 年春，中原临时人民政府再次强调："党政军民各机关在春耕期间，必须抽出一定人力、畜力，帮助当地贫苦农民春耕。在春耕农忙时，除支援大军南下勤务外，禁止其他一切支差。禁止支差时间，各行署、专署可根据农业季节具体规定宣布。"③ 这些都在一定程度上缓解了人力、畜力负担过重的问题。

二是发动妇女、儿童参加农业生产。如太岳区有女劳力 50 万以上，能参加农业劳动的约有 1/4，其中比例最大的是济源、孟县、沁阳 3 县，可达到 60%。④

三是鼓励农民饲养牲畜。各解放区政府普遍提倡繁殖和添购牲畜，要求各县根据具体条件饲养牛、马、骡、驴等牲口，在征收农业税时一般都要扣除牲口消耗，如 1949 年河南省在制定负担政策时规定，"凡参加农业生产的牲畜，每头扣除 200 斤（麦），以示奖励"。⑤

四是在农民中开展生产互助，实行组织起来，提高劳动效率。在短时期内劳畜力很难有数量上的较大增加的情况下，开展农业互助合作是解决劳动力不足、提高生产率的最有效的方法。根据抗战时期的经验，河南各解放区政府积极引导广大农民在自愿互利的基础上发展变工队、互助组或换工班一类的劳动互助组织，以克服农业生产中的实际困难，提高生产水平。1947 年春，晋冀鲁豫中央局指出："必须普遍实行劳动互助变工换工，把一切劳

---

① 《中共冀鲁豫区党委 1948 年 6 月份综合报告》（1948 年 6 月 26 日），《华北解放区财政经济史资料选编》第 1 辑，第 319 页。
② 《中共中原局关于秋耕种麦的指示》（1948 年 10 月 11 日），王礼琦编《中原解放区财政经济史资料选编》，第 309 页。
③ 《中原临时人民政府关于恢复和发展农业生产的指示》（1949 年 3 月 29 日），《中原解放区》（1），第 436~437 页。
④ 《太岳区农业生产基本情况》，《太岳革命根据地农业史资料选编》，第 18 页。
⑤ 《李副主席在河南省财政会议上的总结》，王礼琦编《中原解放区财政经济史资料选编》，第 1067 页。

动力（全劳动力半劳动力辅助劳动力和畜力）组织起来。参加生产，改变旧的生产形式，在个体经济的基础上，建立集体劳动的生产形式。在组织集体劳动时，要根据实际情况，注意等价交换自愿结合民主领导的原则，反对形式主义和强迫命令。"① 根据这一方针，各解放区普遍开展了农业劳动互助合作运动。不少乡村将全村的人力、畜力统一组织起来，分别编成青壮年队、老年队、妇女队等，实行前后方全村大变工，保证前方完成战勤任务，后方不荒一块田地。1946年，太行区在农业副业中组织起来的劳动力，已占劳动力总数的78%，57%的妇女和老弱辅助劳力也组织起来了。② 早在1944年，太行区24个县中组织起来的劳动力平均每县9160人；1945年在18个县中，平均每县有20505人；而据1946年20个县的统计，平均每县42095人，比1944年增加了3倍多，比1945年增加了1倍多。③ 互助合作组织不仅数量上有所发展，质量上也有所提高。据太行老区1944年统计，模范组只占25%，落后组占47%；而据1946年11个县的统计，在18936个互助组中，模范组占58%，落后组占14%，一般组占28%。④ 1946年，太行区全区种麦989395亩，通过开展减荒种麦互助，1947年多种了18%。⑤ 表22-4是太行四专署1947年减荒种麦互助的情况。

表22-4 太行四专署各县1947年减荒种麦互助统计

	沁阳	温县	博爱	武陟	修武	焦作	陵川
人口	155167	120682	144591	85278	26271	6687	137646
互助组数	2960	3204	2828	—	829	—	3733
参加互助人数	80139	50750	69691	—	12625	—	60837
参加互助人数占总人口比例（%）	51.6	42.1	48.2	—	48.1		44.2

---

① 《中共晋冀鲁豫中央局关于开展生产运动的指示》，《财经工作资料选编》（上），第362~363页。
② 太行革命根据地史总编委会《太行革命根据地史稿（1937~1949）》，山西人民出版社，1987，第291页。
③ 刘彦威：《解放战争时期解放区的农业》，《农业考古》2001年第3期。
④ 史敬棠等编《中国农业合作化运动史料》上册，三联书店，1962，第773~822页。
⑤ 《华北农业生产统计资料》，第56页。

续表

	沁阳	温县	博爱	武陟	修武	焦作	陵川
牲口总数	8931	5758	2796	3435	5170	404	8438
参加互助牲口数	—	4748	2356	—	3808	—	5420
参加互助牲口数占总牲口数比例（%）	—	82.5	84.3	—	73.7	—	64.2
互助起来比1946年多种土地（亩）	24722	14993	47655.7	2834	59194	—	27918.6

资料来源：《华北农业生产统计资料》，第56页。

冀鲁豫区也广泛开展了农业劳动互助。如据调查，到1949年，滑县的路寨胄保、南留店、副草坡后街3个村子，共521户，参加互助劳动者442户，占总户数的85%。其中个别户在收种时，也采用了临时互助。长垣县刘寨村200来户，仅4户未参加互助。以上这几个村是重点村，其他村互助比重虽差些，但也差不多。①

各种群众性的合作互助组织，有效地解决了由参军参战造成的农村劳动力不足的问题，大大提高了生产力。1947年，太行区普遍干旱，有些地方还有雹、水、虫、风、霜等灾情，受灾区有26个县，灾民73万余人，由于党和政府大力领导和组织农民进行互助合作和生产自救，生产增长了2300万斤小米，按每人每日1斤计，73万灾民可吃一个多月。② 互助组织将分散的个体农民组织起来，不仅克服了劳力、畜力、农具、技术缺乏的困难，提高了劳动生产率，而且通过劳动生产培养了人们的集体观念和互助合作精神，对于发展生产、打破经济封锁，支援革命战争，起了极为重要的作用。如在1949年夏抗旱生产运动中，长垣县在落雨后，除组织牲口拉耧外，还组织人力拉耧，共组织了拉耧小组136个，参加995个劳力，内有妇女劳力175人，顺利完成了抢种任务。另外，根据高陵（今内黄县南部）、滑县、长垣、曲河（今属封丘）、封丘5个县及卫南（今属滑县）4个区、延津3个区、浚

---

① 《冀鲁豫行署关于豫北的农业互助调查》，《财经工作资料选编》（上），第243页。
② 孙健：《中国经济史——近代部分（1840～1949）》，中国人民大学出版社，1989，第759页。

县几个村统计，在 1949 年 5、6、7 月三个月内，共打新砖井 165 眼、土井 3890 眼，修理砖井 575 眼，淘井 925 眼。根据滑县、曲河、封丘 3 县及长垣 3 个半区、延津 6 个村、卫南 4 个村统计，共点红薯 153262.9 亩，小苗 11580.3 苗，抢种小苗 1117293.9 亩。① 这些成绩绝大部分是依靠劳动互助取得的。

（五）生产渡荒

抗战胜利后，豫北各地除 1945 年和 1946 年的年景比较好外，此后连年均发生不同程度的旱、涝、虫、雹等自然灾害，农业生产遇到了很大困难。太行区 1947 年春耕播种以后，旱情十分严重，全区遭受旱灾地区的人口在 200 万以上，② 其中林县是受灾最严重的地区之一，4、6、7 月三个月又连续遭受严重的雹、蝗、虫灾害。1948 年太行区漳河、丹河、蟒河、淇河等各河流域，都有水灾，受灾土地 738814 亩，其中秋苗全被淹死的土地有 344223 亩，减收 50% 的有 333836 亩，减收 25% 的有 60755 亩。③ 1949 年不仅有旱灾，蝗灾也很严重，6 月初，在安阳、新乡等 26 个县的 2800 个行政村发现蝗虫，并迅速蔓延，太行区有 7 万多亩青苗被蝗虫吃光，近 300 万人口的地区遭到严重威胁。根据各地灾情，太行行署组织全区人民展开了战胜灾荒的斗争。如 1949 年 6 月 4 日，太行行署发出《立即动员全力组织抗旱生产节约备荒》的指示，动员干部和群众进行生产节约战胜灾荒的运动。据不完全统计，在这次抗旱斗争中，修渠 675 条，打井 3115 眼，增加水浇地 499000 余亩，增买和修理水车 1470 辆。从 6 月 5 日起，各地还掀起了大规模的剿灭蝗虫的斗争，参加人数达 90 多万。④ 四地委仅焦作、博爱、汲县 3 个县就动员了 31935 人参加打蝗，五地委动员了 591742 人参加打蝗。⑤ 经过 18 天的紧张战斗，40 万亩青苗被救，⑥ 剿蝗运动取得了重大胜利。

---

① 《冀鲁豫行署关于豫北的农业互助调查》，《财经工作资料选编》（上），第 444~445 页。
② 《太行革命根据地史稿（1937~1949）》，第 345 页。
③ 《太行区水灾情况统计表》，《华北农业生产统计资料》，第 124 页。
④ 《太行革命根据地史稿（1937~1949）》，第 346~347 页。
⑤ 《太行区四、五地委打蝗情况统计表》（1949 年 7 月 20 日），焦作市档案馆藏，1-5-226。
⑥ 《太行革命根据地史稿（1937~1949）》，第 346~347 页。

1947年、1948年，冀鲁豫区也连续遭受各种灾害。1947年入春后，一直未下透雨。5月，冀鲁豫区党委发出指示，要求民众组织起来，"克服等待心理，立即进行挑水点种，分苗锄草，准备下雨后及时抢种，准备即将到来的麦收工作"，"保证不荒一寸土地"，并做好节约渡荒准备和精简工作。① 1948年春，全区大部分又出现旱灾或水灾。据昆吾、清丰、南乐、内黄、濮阳、尚和、卫河、阳谷、寿张、濮县、范县统计，遭受旱灾的土地有2268500亩，减收粗粮680490石。② 据不完全统计，1948年冀鲁豫全区遭受水灾的土地为1941847亩，其中延津、卫南、滑县等237345亩，卫河、内黄等62000亩，范县1000亩。③ 灾荒最严重的是四分区的高陵、长垣、滑县、浚县的全部，曲河、卫南、延津的一部分，以及八分区的内黄、卫河（其辖区现分属清丰、内黄和南乐3县）、南乐、濮阳、清丰等县。重灾村无粮户占1/2或1/3，灾民吃树叶野菜，主要靠伐树卖柴度日，如内黄县桑村即砍掉11000棵枣树，而卖孩子、买卖婚姻、脸肿等现象不断发生。区党委根据各地灾情，于3月28日发出指示，要求灾情较重的四、八分区把生产救灾作为中心任务。同时在全区发放41亿元作为生产、种子等贷款，仅四、八分区即贷款107050万元，发放救济粮41万斤，豆粉、干青粉等约55万斤，贸易公司提供1400万斤物资如棉、盐、杂粮、现金、炭（约310万斤）等支持生产贸易，又拿出30亿元吸收生产成品、土布、硝、碱等。救灾重点放在组织和支持生产上，组织运粮、运炭，收购硝、碱、土布及发展农村中编业、磨粉、做豆腐等副业，"使农民基本上渡过了春荒，特别是贫雇农，一般的获得了生产资料或生活资料"。④

1948年，太岳区普遍发生麦子黄、黑疸病，以及水、风、雹、虫等灾害。全区以济源最为严重，该县受灾土地面积达138700亩，占总麦地的

---

① 《中共冀鲁豫区党委关于生产节约防旱备荒的指示》，《财经工作资料选编》（上），第369~370页。
② 《华北区1948年受灾地区统计表》，《华北农业生产统计资料》，第121页。
③ 《冀鲁豫区水灾情况统计表》，《华北农业生产统计资料》，第125页。
④ 《中共冀鲁豫区党委关于生产救灾的报告》（1948年6月26日），《财经工作资料选编》（上），第382~387页。

25.5%，造成减产 118000 石，占应得收成的 41%。① 3 月 24 日，太岳第四专署拨小米 1600 石救济济源春荒，支援春耕和生产自救。② 济源县政府也借给群众小米 20 万斤，又发放救济粮 100 多万斤；县贸易公司还拿出小米约 25 万斤，棉花 2 万斤，实行以工代赈，组织加工，收换土布，扶持贫弱户进行生产。③

  中原解放区由于旱涝灾荒、匪灾、农副产品销路困难等多种原因，也时常发生大面积的灾荒。为此，各地特别重视抓好生产救灾工作。如豫皖苏区强调，最主要的要在秋冬两季组织各种副业生产，通过贷款，开展纺织运动，组织运输、制粉、打油、做鞋、编造席篓筐箕，可以挣出吃用；再就是发动群众收集代食品，如晒菜叶、晒红薯干；利用废地，种植各种早熟菜蔬，如油菜、秋菠菜等。平时做好节约教育，有时防备无时。④ 1948 年，中原解放区各地，有的夏旱秋涝，谷物歉收；有的河道失修，水淹成灾；接敌区匪伪横征暴敛，抢劫掳掠；作战区，敌军踩蹦，损失惨重；黄泛区，家务生产多未恢复；烟、棉、花生特产区，煤、瓷、纺织、手工业亦因销路不畅，遭受巨大打击。多种因素造成了 1949 年的严重春荒，受灾人口在 300 万以上，发生了逃荒讨饭、拔食麦苗、吃树叶等现象。⑤ 据郑州分区不完全统计，约 15 万人食粮接不到麦收，4 万人吃树叶。商丘阁集 470 户即有 200 户是半饥饿的状态。洛阳分区灾情较严重的占全区户数 40%（其中有 15% 没有饭吃），较轻的占 20%。⑥ 许昌分区灾情最严重的是临颍，其次是鄢陵、郾城，再次是舞阳、叶县、宝丰、许昌、襄城。临颍全县 90% 以上是水灾区，个别村出现群众饿死的现象。鄢陵黄泛区共 146 个自然村，3 月 30 日前，即有 20 个村群众出去逃荒，有几个村发现卖儿女的。许多地方群众逃

---

① 《太岳区农业生产基本情况》，《太岳革命根据地农业史资料选编》，第 22 页。
② 《济源市志》，第 34 页。
③ 《中共焦作历史（1925~1949）》，第 319~320 页。
④ 《豫皖苏边区征粮工作、货币斗争与生产工作》（1948 年 9 月），王礼琦编《中原解放区财政经济史资料选编》，216 页。
⑤ 《中原临时人民政府关于生产节约渡过春荒的指示》，《中原解放区》（1），第 445 页。
⑥ 《河南省委 5、6 月份综合报告》（1949 年 7 月），王礼琦编《中原解放区财政经济史资料选编》，第 104 页。

荒出卖耕牛，宝丰一区高兴庄100户，原有80头牛，只剩下20余头。① 宝丰一区全区由3316头牛减到1537头，个别地区有平均1头牛须耕100亩地的严重现象。②

为渡过春荒，帮助群众春耕生产，稳定民生，中原临时人民政府提出了"生产节约渡过春荒"的任务，发动并扶植群众进行生产自救，组织群众运输粮、盐、煤、棉等，发展卷烟、榨油、纺织、烧瓷、熬盐、卡帽辫等手工副业；还发放无息贷粮371万斤，贷款20500万元，以扶植群众生产；规定党政军各机关都要抽出一定的人力、畜力，帮助当地贫苦农民春耕，以保证生产的顺利进行；号召所有机关部队养成艰苦朴素作风，开展节约运动；在易发生水患区挖河打坝，拨粮400万斤，以工代赈；在灾荒区进行有领导的、有组织的互助互借，以调剂食粮与种子等。③ 银行也贷出18000万元中州钞，其中许昌分区6100万元，南阳分区8000万元，陈留分区2000万元，商丘分区1000万元，其他分区零星贷放约900万元，④ 用于灾农生产救灾。各地政府部队也纷纷节约救济。洛阳分区节约粮食达10万斤之多，许昌分区以工代赈，挖河修渠，收益面积达50万亩以上。⑤ 通过以上这些措施，提高了群众生产自救的信心和能力。睢县安庄袁振业组5人，贷款2万元贩扫帚，一趟即赚利14500元，买红粮320斤，每人得64斤；南阳黄文升贷款卖粽子，每天能赚350元。⑥ 临汝六区群众组织担草帽、挑炭、担红薯干等，积极从事生产自救。宝丰四区从布置生产节约救荒后，经十天的宣传和组织后，各村群众生产情绪大大提高，全区麦子已锄80%，普遍进行了春耕。据4个乡统计，组织起来的农业变工互助组53个，农业与副业结合的

---

① 《豫西区党委关于许昌、洛阳二分区生产借贷渡荒情况简报》（1949年4月），王礼琦编《中原解放区财政经济史资料选编》，第328~329页。
② 《河南省委5、6月份综合报告》（1949年7月），王礼琦编《中原解放区财政经济史资料选编》，第104页。
③ 《中原临时人民政府关于生产节约渡过春荒的指示》，《中原解放区》（1），第445~446页。
④ 《1949年河南农村贷款总结》，王礼琦编《中原解放区财政经济史资料选编》，第648页。
⑤ 《河南省委5、6月份综合报告》（1949年7月），王礼琦编《中原解放区财政经济史资料选编》，第104~105页。
⑥ 《1949年河南农村贷款总结》，王礼琦编《中原解放区财政经济史资料选编》，第654页。

87个,单纯副业生产的3个组,妇女纺织组85个,植树7258棵。宜阳县很快修复3道大水渠,能浇田36000亩。①

三 农村副业的发展

河南各解放区的农作物多为一年一收,农业劳动时间只占全年劳动时间的1/2~2/3,农业家庭在正常劳动外,利用剩余劳动时间和劳力从事其他副业,不但可增加收入,而且可以副促农,扶助农业的发展,尤其是地少人多的贫苦群众生产发家的一个捷径,在灾荒时节也是渡过灾荒的重要办法。因此,河南解放区各级政府都大力提倡发展副业生产,根据群众的生产条件和副业生产的经验,提倡因地、因时、因人制宜,靠山吃山,靠水吃水,鼓励发展畜牧、运输、养蚕、养蜂、刨药材、编织、打油、粉坊等副业以及纺织手工业生产等,奖励种植有益于发展生产的特种农作物。在制定负担政策时,一般都规定农村小规模副业如纺织、编器、养羊、养蜂、运输、小商业等,均不负担。

冀鲁豫解放区政府根据本地区特点,要求大力发展手工业和副业生产,平原养猪,山地养羊,有纺织传统的地区大力发展纺织业,普遍发展榨油、染布、造纸等,积极组织恢复各地的传统特产,以增加农民收入,同时增加外汇收入,换回更多的工业品。抗战前草帽辫是该边区一种普遍的家庭手工业,非常发达,估计南乐、清丰、观城3县有20万人参加,此外朝城、范县、濮县、卫河、昆吾各地也产一部分,估计有15万人参加。抗战前南乐县仙庄有编庄38家,清丰县韩张有编庄15家,一人一天能编粗辫70市尺(70把)或细辫45市尺(30把),粗辫由天津来的商人直接收购,销往天津、上海及其他大城市;细辫由河南、广州的商人收买,运往广州,再出口至美国、意大利、日本、瑞士等国。每人每天可收粗粮5~10升。有一年仅

---

① 《豫西区党委关于许昌、洛阳二分区生产借贷渡荒情况简报》(1949年4月),王礼琦编《中原解放区财政经济史资料选编》,第330~331页。

仙庄所产的草帽辫，每天交易额就达 10 余万元，一年可达 4000 万元。但是抗战期间特别是太平洋战争爆发后大部分编庄倒闭。抗战结束后，在边区政府的组织和倡导下，到 1946 年，这项副业得到了一定的恢复，仙庄有 7 家私营编庄、1 家公营编庄；韩张有 6 家私营、1 家公营。一人一天能编粗辫 20 市尺或细辫 30 市尺。每人每天收粗粮 1 至 4 升。①

内黄县四区北胡村是沙区最穷的村，全村 148 户，贫农 128 户，中农 19 户，共 598 人，标准地 1443 亩，主要收入为红枣和花生。土改时因没有大地主，由外村调剂来 121 亩地。群众大部分以糠秕野菜果腹。该村周围全是沙地，沙地 2 亩才能收 6 斗红粮，还得上粪加劳力，并且费半年时光。然而，如果由几个贫雇农组织一个运输组，贷款 5 万元，借大车拉自己的红枣到濮阳卖，回来拉豆子，来往 7 天赚 1 万元，就能买 6 斗红粮，足够 5 个人 1 个月的生活。所以，发展副业生产是解决贫困问题的重要途径。为此，1947 年底，边区政府一次就为该村贫雇农发放贷款 190 万元，主要帮助贫雇副业生产。该村共组织了 10 个铲茅草组，3 个运输组，3 个粉房组，2 个馍坊组，1 个打烧饼组，1 个木匠组（打织布机子），1 个做豆腐组，1 个喂猪组，4 个小贩，13 个妇女纺织组。② 这笔贷款，帮助贫雇农建立了副业，解决了冬春两季的生活困难，同时也保住了群众赖以维持生活的枣树。

1947 年春，豫北贸易公司贷棉 25 万斤，扶持济源县开展春季纺织运动，全县 6 万余名妇女开展纺织，形成热潮。③ 修武县一区王官村共 185 户，971 人，耕地 2766 亩。1947 年被水淹 2270 亩，是个严重的水灾区。1949 年春荒，该村只有 7 户 54 口人有粮食吃。为开展生产自救，该村组织了运输、纺织等副业生产，仅运输一项，4 月一个月就赚米 28 石，每人半月平均得小米 5.1 斗，大多数村民的吃粮问题得到了解决。④

---

① 《南乐县仙庄、清丰县韩张草帽辫战前战后比较表》，《华北农业生产统计资料》，第 37 页。
② 张捷三：《冀鲁豫内黄四区北胡村发放冬贷经过》，《冀鲁豫边区金融史料选编》下册，中国金融出版社，1989，第 136~137 页。
③ 《济源市志》，第 32 页。
④ 《中共焦作历史（1925~1949）》，第 320 页。

河南为全国三大柞蚕产区之一，产于鲁山、南召、方城、南阳、镇平、内乡、嵩县等地，1902～1931 年为最盛期，产丝最高额达 200 万斤。1931 年后，因外受帝国主义经济危机影响，内受重重剥削，蚕农生活日益困苦，再加上战争影响，丝绸销路减少，东北、山东蚕种来源隔断，本地蚕种病毒多，柞蚕产量大减，年产量不到最盛时的 5%。为了恢复柞蚕产量，1949 年，中州农民银行河南省分行派专人协同农业所赴东北采购优良品种，购回柞蚕种茧 950 万粒，约折合人民币 3 亿元，分别贷给南召 342 万粒，方城 70.5 万粒，南阳 37.5 万粒，镇平 32.5 万粒，鲁山 467.8 万粒。每千粒折丝 1 斤半，收获后归还，不另出息。① 这次蚕种贷款，使养蚕业得到了初步的恢复。

纺织业是解放区的传统副业。为了更好地发展纺织业，提高妇女纺织技术，1945 年下半年，豫北涉县、林北、磁武开办了 11 个纺织训练班，先后有 300 多个妇女学习了手拉梭机、手摇纺织机、网线轮、拐线机等的使用方法。② 经过培训，解放区的纺织业得到了进一步推广和发展，大大解决了解放区的军需民用，也提高了农村妇女的经济地位。表 22-5 是 1948 年太行、太岳、冀鲁豫三个解放区纺织业情况统计。

表 22-5　1948 年太行、太岳、冀鲁豫纺织业统计

	纺车（张）	织布机	参加人数	产布量（斤或匹）	产布量（合计方尺）	自用量	不足（-）或剩余（+）
太行	585690	130881	704610	7600000 斤	114000000	127417250	-13417250
太岳	约 150000	约 30000	450000	8000000	80000000	90000000	-10000000
冀鲁豫	约 1200000	约 180000	2000000	27500000	412500000	206250000	+206250000

资料来源：《华北区 1948 纺织业统计表》，《华北农业生产统计资料》，第 28 页。

解放战争时期，河南各解放区副业生产取得了显著的成绩，产棉区的纺织以及养鸡、养猪等都得到了恢复，有些还有发展。其中冀鲁豫区副业生产

---

① 《1949 年河南农村贷款总结》，王礼琦编《中原解放区财政经济史资料选编》，第 648～649 页。
② 《林北等县开展纺织运动》，《解放日报》1945 年 12 月 1 日，第 2 版。

第二十二章 解放区的经济（上）

大体上有 100 多种，这些副业生产的收入，1946 年占农业收入的 12%，1948 年等于农业收入的 15%。① 太岳区 1948 年仅食油、麻皮、花生、山货药材、黄丝、丝织、鸡蛋、肉类、木料、山果（梨、柿饼、核桃、红果）、粉（皮条）等副业收入即占全区农业收入的 7.05%，相当于 61.5 万亩土地的收入；如果加上运输、小手艺、编织等副业收入，估计占农业收入的 10% 以上。②

总的来看，在解放区党和政府的积极组织和领导下，尽管有战争的严重破坏、农村劳动力严重短缺和连年发生各种自然灾害等困难，河南各解放区的农业生产仍然得到了一定的恢复和发展，为解放战争的胜利打下了基础。例如太行区在解放战争初期，继续发扬自力更生、艰苦奋斗的精神，深入开展农业大生产运动。1945 年和 1946 年，粮食生产都有较大的提高，经济作物也有了一定的发展。1946 年植棉面积达 129 万亩，棉花总产达 3000 万斤以上，③ 除了满足本区人民需要外，还拿出 1700 多万斤支援战争。1947 年虽然全区灾情严重，但仍获得了较好收成。全区军民不仅战胜了困难，保证了军需民食，还大力支援了解放战争。据不完全统计，在 4 年解放战争中，太行区仅粮食一项即贡献了 178000 多万斤，同时还保证了成千上万民兵的供应。④ 中原解放区对解放战争，特别是淮海战役、大军南下等重大战役，也做出了重大贡献。据不完全统计，仅从 1949 年初到 11 月底 10 个月时间里，中原解放区人民就供应粮食 4.80241293 亿斤，烧柴 3.22788208 亿斤，马草 1.18193268 亿斤，马料 7546.9 万斤。⑤

但是，由于战争破坏、劳畜力缺乏、耕作水平降低、旱水风雹虫病等自然灾害的侵袭以及生产领导上的一些失误，河南各解放区的农副业生产并没有恢复到抗战前的水平。从整个华北地区来看，粮棉产量均较战前降低，产

---

① 韩哲一：《冀鲁豫区生产会议总结报告》，《财经工作资料选编》（上），第 241 页。
② 太岳行政公署：《太岳区农业生产基本情况》，《太岳革命根据地农业史资料选编》，第 26~27 页。
③ 陆仰渊、方庆秋主编《民国社会经济史》，第 870 页。
④ 《太行革命根据地史稿（1937~1949）》，第 347 页。
⑤ 邓子恢：《中原临时人民政府近一年来施政工作报告》，转引自林风《重建中原解放区的历史地位和作用》，《华中师范大学学报》1997 年第 7 期。

量下降最多的是棉花、谷子、玉米。按 1948 年产量与 1931~1936 年 6 年平均收获量以同一年成折合计算可见表 22-6。

表 22-6　华北地区战前与 1948 年各种作物同一年成产量比较

项别	年成	战前每亩产量(斤)	1948 年每亩产量(斤)	减收百分比(%)
小麦	7	100	79	21
谷子	7.7	160	120	25
玉米	6.5	149	115	23
高粱	6	155	125	19
黄黑豆	8	130	110	15
稻子	8	180	150	17
棉花	6	30	22.2	26
花生	8	300	240	20

资料来源：《华北农业生产统计资料》，第 15 页。

1948 年，冀鲁豫区种麦面积达到总耕地面积的 70%，超过 1947 年 10%。[①] 由于战争，有些地区过去两年都没有犁和耙，到 1948 年大部分地区都得到了犁和耙，各地施肥量也有显著增加。但与抗战前相比农业产量约降低 33%。[②] 副业生产中猾子皮减少了 75%，草帽辫减少了 94.5%。[③] 太岳区抗战前粮食常年产量每亩约为 1.08 石，1948 年平均每亩产量 0.86 石，约达战前的 8 成，也即是说每亩平均减少了 20%。因 1948 年雨水较为顺调，增加了收成，如以常年计，每亩只能收粮 0.81 石，约合战前 7.5 成，即少了 25%。另外，棉花减产了 30.7%，麻减产了 20%。粮食减产最严重的是小麦，其次是豆子、高粱、杂粮，较少的是谷子、玉米。[④] 可见，各解放区要恢复到战前的农副业生产水平，还是一个艰巨的任务。

[①]《华北解放区今年种麦面积有增加》，《冀鲁豫日报》1948 年 12 月 30 日，第 3 版。
[②] 韩哲一：《冀鲁豫区生产会议总结报告》，《财经工作资料选编》（上），第 240~241 页。
[③]《冀鲁豫区经济工作基本情况及 1949 年计划草案》，《财经工作资料选编》（上），第 254 页。
[④] 太岳行政公署：《太岳区农业生产基本情况》，《太岳革命根据地农业史资料选编》，第 14~15 页。

第二十三章　解放区的经济（下）

一　工商业的破坏、恢复与发展*

（一）抗战结束后工商业的初步恢复

抗战结束后，为迅速恢复工商业经济，中共中央沿袭抗战时期的工商业政策，制定了保护民族工商业不受侵犯，实行营业自由与公平交易的政策。1946年中共中央在"五四指示"中强调："除罪大恶极的汉奸分子的矿山、工厂、商店应当没收外，凡富农及地主开设的商店、作坊、工厂、矿山，不要侵犯，应予以保全，以免影响工商业的发展。不可将农村中解决土地问题、反对封建地主阶级的办法，同样地用来反对工商业资产阶级，我们对待封建地主阶级与对待工商业资产阶级是有原则区别的。有些地方将农村中清算封建地主的办法，错误地运用到城市中来清算工厂商店，应立即停止。"[①] 在1947年10月的《中国土地法大纲》中，又规定："保护工商业者的财产及其合法的营业，不受侵犯。"[②] 这样，中共中央就以法律形式明确了保护工商业的政策。

由于战争的破坏与灾荒的摧残，抗战结束初期解放区各种工业的生产规模与质量都远没有恢复到抗战前的生产水平，但在中共政权的扶植与领导下，各种行业生产的总趋势是向上发展的。如太行区的四分区是个工矿手工

---

* 本节有关中原解放区的部分内容由河南大学2011届硕士生张照军提供初稿。
① 《中国土地改革史料选编》，第249页。
② 《河南解放区的土地改革》，第9页。

— 1063 —

业较发达的地区，经过一年多的恢复，到 1947 年，主要有 5 大行业恢复较好，即竹货、怀货、煤铁、硝磺、造纸，此外还有烟业、丝织、笔墨、石板、石笔等手工业。博爱许良附近为竹货产区，竹货工人与手工业者 7300 余人，依靠竹货维持生活的 4 万余人；煤铁业遍布陵川与沁阳、焦作、修武等山地，西起沁阳校尉营，东迄修武李庄，煤线长 80 余里，有大小煤窑 120 余座，工人 2000 余人，铁炉 50 个，所产煤供不应求；博爱七区的硫磺，温县、沁阳、博爱等县的硝盐也很多，特别是沁阳城关的硝盐，由过去的 113 口锅发展到 513 口，月产量 4 万斤左右，博爱城有硝锅 53 口；怀货以武陟、温县的药材为主，行销各地；造纸业有沁阳三区赵家、捏掌的白纸，常乐、乌村、魏村龙泉等村的黄纸，有纸池 300 余个，工人 1850 余人。① 此外沁阳城的笔墨、清化的水烟等也较为兴盛。

在全面内战爆发前，冀鲁豫区的工商业也得到了恢复和发展。以濮阳等为中心，先后建立或恢复了机器、火柴、肥皂、卷烟、面粉、纺织等工厂，其中纸烟、肥皂、纺织做到全部自给，火柴自给很大一部分。在商业上，统一了全区对外贸易和对内调剂，建立了草帽辫、皮毛等土产商店。由于市场有了销路，并沟通了对大城市的出入口贸易，皮毛、草帽辫、乌枣、瓜子等土产能够大量出口，内地货物交流也比较活跃。不仅公营工商业得到了发展，手工业作坊在解放区政府积极扶植下也得到了发展，濮阳城在抗战前有坐商约 429 家，人口近 2 万，从日伪手中收复时仅有大小商号 369 家，到全面内战爆发时，大小商号、手工业作坊增至 629 家（小商贩不在内），其特点是手工业作坊、土特产店、杂货店等发展很快，如卷烟过去只有 1 家，新发展 250 家，花店新发展 8 家。② 冀鲁豫区的商业中心，在抗战时期多为农村集市，中心区的濮县、范县县城基本上也属于农村集市，没有什么坐商，后来随着根据地范围的不断扩大，边区的集镇数量才有所增多。抗战胜利后，冀鲁豫全边区的县城和集镇完全被收复，各专区、各县连成了一片，集镇数量迅速增加。据 1946 年 8 月 1 日的不完全统计，冀鲁豫边区共有城镇

---

① 《关于四分区的工矿手工业建设情况》（1947 年），中共河南省委党史工作委员会编《太行抗日根据地》（3），河南人民出版社，1989，第 26 页。
② 《冀鲁豫区工商业报告（节录）》，《冀鲁豫边区金融史料选编》下册，第 171~173 页。

集市 1008 个,其中城市 2 个,县城 33 个,大集 256 个,中集 337 个,小集 380 个。①

解放区的农村手工业,尤其是手工棉纺织业在抗战结束后也得到较快发展。1946 年,晋冀鲁豫全区已有纺织妇女 300 万人,除木质布机外,还有宽面铁轮织布机 1000 余架。全区年产布 5000 余万斤,太岳区大部分自给,太行区全部自给,冀鲁豫区自给有余。②

(二) 工商业遭遇破坏与影响

内战开始后,城乡工商业受到了战争的严重破坏。在很长一段时期,中共依托广大农村,国民党控制各大城市和主要交通线,双方你来我往,战争呈"拉锯"之势。中共在占领城市后,又常因力量不足难以控制而被迫退出,许多地区甚至反复得失数次,造成社会失序,土匪横行,城市公、私营工商业都得不到正常发展。如许昌"由于经过四次拉锯,故市内各种商号全部闭市,停止营业,人心惶惶,恐慌逃亡,商店门上均贴着本店被抢,停止营业等字样","在起初几天内,每天晚上抢案还不断发生,因此,当时城内是秩序不定,人心不安,市面萧条,形成一座死城"。③漯河十个月间经过了六次拉锯,形成"敌我双方都是想管也管不了的情形",以致出现"土匪遍地,特务横行,白天明火执仗,夜间枪声四起,死尸时有所见、抢案日日皆闻"的混乱局面,工商业者"不但财产难守,生命也朝不保夕",处境苦不堪言。由于城市处于无政府状态,他们不得已而在"各街口修筑栅门,组织武装,晚间守夜防匪,白天不能不做生意。当时形成了胆大者冒险而为,胆小者坐吃山空。这时百业萧条,仅有小铺面,小摊贩奄奄一息"。④ 在国共两党频繁的"拉锯"战争下,工商业者生命财产安全毫无保障,生产经营屡遭干扰,再加上国共各自占领区相互的贸易封锁,产品销路

---

① 《冀鲁豫城镇集市统计表》(1946 年 8 月 10 日),《冀鲁豫边区工商工作史料选编》,第 260 页。
② 李占才主编《中国新民主主义经济史》,安徽教育出版社,1990,第 296 页。
③ 《许昌城财经工作报告》,王礼琦编《中原解放区财政经济史资料选编》,第 166 页。
④ 《漯河市工商管理局一九四八年冬季营业税总结报告》,河南省税务局、河南省档案馆编《中原解放区工商税收史料选编》上册,河南人民出版社,1989,第 602 页。

不畅、货源断绝，使工商业或勉强维持经营，或关门歇业，或破产倒闭，或携资而逃，造成生产停滞，市场萧条。

另外，在炮火的摧残下，解放区的农业生产也遭到严重破坏，人民流离失所，穷困潦倒，社会购买力严重下降。由于民营工业多是从事一些农产品加工的轻工业，如打蛋业、面粉业、纺织业等，农业衰败使工业生产所需原料得不到充分供应，生产因此陷入困难。加上受战争影响，城乡隔绝、交通阻塞，对外贸易断绝，物价波动，战勤繁重，乡村手工业及副业遭到严重破坏。

除了战争的直接破坏外，大规模的土地改革、激烈的阶级斗争也使解放区的工商业受到了严重冲击。

土地改革是解放战争时期中共发动群众的重要方式之一。1946年5月4日，中共中央发出《关于清算减租及土地问题的指示》（即"五四指示"），各解放区立即掀起大规模的土地改革运动。1947年10月，中共在发动战略反攻之际，又颁布《中国土地法大纲》，在肯定"五四指示"的基础上，对其中某些不彻底性做了明确修改，以充分调动广大农民革命和生产的积极性，大力支援解放战争。如前文所述，对于工商业，这两个文件都做出了保护性的规定。但是在概念上存在很大的模糊性，如对地主、富农的工商业财产是否属于"封建剥削"定位不清，对"官僚资本"的概念也没有清晰的界定。由于政策的模糊性，外加一些领导干部的理论素养比较欠缺，因而在疾风暴雨式的阶级斗争中，群众一旦被充分发动起来，往往会突破政策的界限，各解放区在土改中都曾犯下破坏工商业的"左"倾错误。

1947年下半年，刘邓、陈粟、陈谢三军配合挺进中原，开辟新解放区。为充分发动群众，中共中央中原局和中原军委迅速指示在各新解放区普遍地展开分浮财、分土地运动。此时的中原解放区尚属国共两党的争夺区，群众的觉悟程度和干部的准备情况也尚不具备土改条件。但是，"左"倾思想的蔓延使得中共基层组织"忽视了群众工作的艰苦性，把少数勇敢分子的行动误认是大多数群众的行动，把大军进入后群众一时的热劲，误认是多数农民已经有了分配土地的觉悟和要求"，[①] 以为枪杆子加土地改革就能解决问

---

① 《邓小平文选》第1卷，第109页。

题，批评某些部队和地方"右"的思想是"畏首畏尾，缩手缩脚"，提出"一手拿枪，一手分田，打到哪里，分到哪里""五天分浮财，半月分土地"等激进口号，以致形成"村村点火，户户冒烟"的局面，许多村做到了"空其室而清其野"，① 酿成了乱打乱杀、乱没收、乱破坏的"急性土改"。

"急性土改"不仅侵犯了中农利益，而且突破了土改中保护工商业的政策界限。一些领导干部认为不斗争工商业不能充分发动群众，带有"吃地主穿地主没有错误的偏［片］面观点，与对地主缺乏策略，对工商业等左倾思想"。② 如陈赓兵团前委委员裴孟飞在陕县大营土改会议上要求各级党委在群众运动面前要做到"不要害怕群众搞地主的工商业，群众要搞，就允许与领导群众去搞"。③ 鲁山县文教科长也曾宣讲"废除债务，打倒账目"，④ 即销毁工商业者的账目，将群众的工商业欠款"一风吹"地废除。

"急性土改"使私营工商业遭到严重破坏。群众在分地主浮财时往往把其工商业财产也当作"封建剥削"而加以没收。例如方城县土改，在没收浮财时，有的将工商业财产也一同没收了，据调查，"仅史小店镇就没收药铺两座，粮行6个，铁匠炉1个"。⑤ 杞县在土改中"侵犯了农村工商业者的利益。对他们按土地剥削算账，'浮财'被分，还'擒'（地方土语——引者注）了一部分大的工商业者。驰名全国的莫家酱菜作坊被'擒'，几百条酱缸被打烂"。⑥ 鲁山白象店"工商业者26户，连农民兼有工商副业者则为102家"，经过5个月的土改，因没收、斗争而"垮台停业的20家，都是

---

① 刘全生：《大营会议与急性土改》，《陕县文史资料》第3辑，1990，第15页。
② 《中共豫陕鄂前委扩大会议关于财经工作的结论》（1948年2月13日），《中原解放区工商税收史料选编》上册，第66页。
③ 刘全生：《大营会议与急性土改》，《陕县文史资料》第3辑，第13页。
④ 《中共豫西党委关于白象店的调查报告》（1948年7月20日），《河南解放区的土地改革》，第470页。
⑤ 中共方城县委党史工作委员会编《中共方城党史》（上），中共党史出版社，1993，第96页。
⑥ 《土地制度改革和人民群众的支前工作》，中共杞县县委办公室、中共杞县县委党史办公室编《中国共产党在杞县》，1994，第140页。

较大的作坊,其中一部分被我没收,如煤窑,原来是地主的,被农会没收了,后又被区政府没收作机关生产。原主要求退还经营,被训斥"。"有的军队侵犯粉房的锅,被军队烧炸了,粉房停业。一染房的煮布大锅被军队借用不还,染房停止。由于以上原因和斗争影响,较大的店铺、作坊都垮台停业了。"① 因豫西土地集中,工商业较为发达,地主多兼营工商业,群众多兼营手工业或小商贩,土改中私营工商业受群众、部队和政府机关损害情况严重(见表23-1、表23-2)。从两表可见,土改中很多工商业被群众分了或转由农会经营,有的被军队和政府机关没收用作了机关生产。

表23-1 豫西区群众造成的部分工商业损失情形

县名	村名(或业主)	产业	损失情形
鲁山	北子街	铁炉	铁货群众分了
鲁山	梁凹	磁瓦窑	共20个,群众分了12个
鲁山	东村	油坊	群众分了油、酒、粉坊
鲁山	北子街	油坊	油坊、粉坊分了
鲁山	下汤	纸池	群众自动起来抢了6个
南召	马寺坪	铁炉	木炭分了
南召	竹园庙	铁炉	木炭分了
南召	梁子玉(业主,富农兼营窑业)	磁瓦窑	群众分出瓦货120套,瓦1000多个,地窖也分了,还分牛两头、织布机一架
南召	马寺坪	油坊	群众开了个农民合作社
宜阳	上店镇	油坊	油坊3个,群众分了
舞阳	王店	油坊	群众分配
栾川		轧花车	被群众分得七零八落

资料来源:《豫西全区工商业损失概况》,王礼琦编《中原解放区财政经济史资料选编》,第369~375页。

---

① 《中共豫西党委关于白象店的调查报告》(1948年7月20日),《河南解放区的土地改革》,第478页。

第二十三章 解放区的经济（下）

表 23-2　豫西区部队、政府造成的部分工商业损失情形

县名	产地（或业主）	产业名称	损失缘由
宜南	杨林	油坊	两个大油坊，军队吃油，烧柴毁坏了家具
宜南	赵堡	油坊	华野经营一个时期退了
卢氏		油坊	十七师弄垮
宜阳	上店（申鱼英）	卷烟厂	申鱼英与袁经尝合营，皆地主，政府计划作机关生产
南召	袁清章	卷烟厂	烟厂机器被军队损害
栾川		纸厂	没收15家，破坏一部分
鲁山	北象店	义元垣	军队没收芝麻24石6斗
鲁山建营村	伍谢腾（国民党任专员伍谢秦之弟）	油坊	政府机关没收芝麻24.75石
南召一区	××庙	油坊	区上没收
南召七区		油坊	区上没收

资料来源：《豫西全区工商业损失概况》，王礼琦编《中原解放区财政经济史资料选编》，第369~375页。

土改中，不但地主富农的工商业遭到侵犯和破坏，甚至连中农兼营的个体工商业、小商贩也未能幸免。在白象店，"县长未加调查，没收了邢永年（中农）的油庄，芝麻28石"，"还有另一家油庄也是农民的被农会没收了，王保三的粉坊、周凤鸣的小铺、洋袜机，还有一家烤烟厂，都被斗争没收分配"。[①] 由于"左"倾思想的蔓延，一些地方还把农村土改中斗争、清算地主富农的方法普遍用到市场上对待工商业，不论成分地"轰工商业者的浮财"，"永城、亳县是用此方法，结果是打草惊蛇，富商逃走，资金外流，市场关门闭户"。[②]

在土改中由于坚持"贫雇路线"以"扎正根子"，有时"把少数勇敢分子的意见作为实施政策的依据，把制定政策与修改政策的权限，随意交给一

[①] 《中共豫西党委关于白象店的调查报告》（1948年7月20日），《河南解放区的土地改革》，第470、478页。
[②] 《豫皖苏边区工商管理局第三分局、中州农民银行第三分行关于目前工商、银行工作的决定（节录）》（1948年6月1日），《中原解放区工商税收史料选编》上册，第305页。

个普通的同志"。① 一些外来干部"对本地干部的作用认识不够,也没有精心一意地发现正派的积极分子,大量地培养他们成为村区干部,反而提升了一批流氓、坏人来当干部",② 致使参加农会、贫农团的很多领导成分(勇敢分子)多为地痞流氓、游手好闲之徒,土改"果实"大多被他们裹去。如舞阳王店油坊被群众分配后,"实际开个农民合作社,掌握在流氓手里,群众也没有得到什么利益"。③ 邓小平在其起草的《贯彻执行中共中央关于土改与整党工作的指示》中就指出:"我们普遍实行了走马点火、分浮财的政策。事实上分得最多的只是一部分勇敢分子,大多数基本群众并未得到或很少得到利益。"④ 在土改中,这些"勇敢分子""骁勇善战",但往往是浑水摸鱼,乘机"中饱私囊",他们时常对私营工商业者不讲政策,征收重税、乱派款项,甚至乱加没收,也造成工商业一度混乱,很多工商业者被迫停业甚至外逃。

诚如当年邓小平所批评的,在中原解放区这样的新解放区,在土改中"全区军队和地方无例外地违背了中央的工商业政策,没收地富的工商业部分"。⑤ 1949 年 6 月 10 日,华中局在《关于无政府无纪律的检查》的文件中也指出初入中原时的"急性土改",因"乱没收,普遍侵犯中农和工商业所招致影响和损害,至今犹难补偿"。⑥

在豫北一些老解放区,私营工商业因受"左"的土改政策影响,也一度非常萧条。如濮阳城除机关生产外,较为大点的私人买卖就是药铺、酱菜园、铸铁炉、旱烟店,在土改后有的被没收,大部分变成群众和私人合营,有的全部没收归群众经营。⑦ 表 23-3 是冀鲁豫区几个镇 1947 年工商业状况统计,可以看出,各城镇中私营工商业数量很少。

---

① 华中局:《关于无政府无纪律的检查》(1949 年 6 月 10 日),开封市档案馆藏,1-1-23,本条引文内容为反映土改时期情况。
② 《中共中原局关于执行中央 5 月 25 日指示的指示》,王礼琦编《中原解放区财政经济史资料选编》,第 290 页。
③ 《豫西全区工商业损失概况》,王礼琦编《中原解放区财政经济史资料选编》,第 372 页。
④ 《邓小平文选》第 1 卷,第 111 页。
⑤ 《贯彻执行中共中央关于土改与整党工作的指示》(1948 年 6 月 6 日),《邓小平文选》第 1 卷,第 111~112 页。
⑥ 华中局:《关于无政府无纪律的检查》(1949 年 6 月 10 日),开封市档案馆藏,1-1-23。
⑦ 《冀鲁豫区工商业报告(节录)》(1948 年 3 月),《冀鲁豫边区金融史料选编》下册,第 175 页。

表 23-3　1947 年几个主要城镇不同性质的工商业数量比较

地点	坐商	较大商号	机关生产	群营	私营
濮阳	465	37	23	11	3
清丰	171	24	6	11	7
辛庄集（现属范县）	63	6	4	2	—
井店集（现属内黄）	143	17	5	12	—

注：较大商号资本都在 50 万以上。
资料来源：《冀鲁豫区工商业报告（节录）》（1948 年 3 月），《冀鲁豫边区金融史料选编》下册，第 175 页。

另外，与抗战前相比或与当时市场上公营资本（包括机关生产）相比，私人资本量（包括群众经营的）也相差很远。1948 年初，濮阳大小商号共 861 家，其中资本在 50 万以上的共 26 家，约占总数的 3%；资本在 10 万以下的小商小贩 729 家，约占总数的 84.7%；资本在 10 万以上 50 万以下的中等商号 106 家，占总数之 12.3%。机关生产 14 家（国营商店 2 家在外），资本总数在 5 亿以上（仅永丰、恒生冒两家就有资本 3 亿多）。全濮阳城私商资本共约 7150 万元，公私资本之比为 8∶1。在抗战前濮阳城有煤油公司 2 家，洋布有 10 家，总资本在 10 万以上，合麦子 10000 石。而 1948 年初全城私人资本才合麦子 1000 石，与抗战前相比还没一家洋布庄资本多。土改以后，濮阳城工商业户数虽然增多，但是资本都不大，"原因是不愿做大生意，怕财帛露水，所以逐渐走向分化，以大变小，以少变多"，"私商多是应付门市，不积极活动，不敢大胆发展，抱着'赚得够吃'态度。一般私商都想找个门子与公家勾连"。新添商号有 3 种类型：一种是群众合作社，一种是群众合营，一种是翻身群众新建小商号。[①] 这种现象的出现，说明私人投资工商业有一定的顾虑。

（三）贸易统制措施对工商业的影响

为了加强对国统区的经济斗争，控制重要物资，建立本币市场，解放区重视对区内市场的管理。但由于干部力量不足、新区管理经验缺乏，在贸易

[①] 《冀鲁豫区工商业报告（节录）》（1948 年 3 月），《冀鲁豫边区金融史料选编》下册，第 175~176 页。

管理方面也出现了不少偏差和问题，主要表现为运用行政力量强行取消集市、并集并行、取缔私人行店、建立交易所等方面。

为统一管理，集中交易，建立和控制中心商业市场，各地一般运用行政力量管理集市，强制取消、合并一些中小集市，合并商店、作坊实行合作经营。如《豫皖苏边区第三行政区第一次工商工作会议议决案》（1948年1月9日）规定合并集市之原则："首先旧有商业重镇一律保留；其次以15里左右为限，其间中小集市一概停止集会。"① 为取缔集市，个别地方甚至动用武装强行包围驱赶群众，如豫皖苏三分区"用民兵由干部带领分四路包围集市，接近集市30～40米处，即持枪跑步冲锋，群众跑就用枪打，没收到的东西就吃（雪枫县掌握的三个集市都是如此）"。② 有些地方不顾商民意愿，强行并店、并坊，如"吕大寨28个坊子合并为5个，滑集27个坊子合并为4个，宋集6个坊子合并4个"。③ 取消集市、并行并集的做法是管理上统制思想的体现，不仅侵犯了工商业者的利益，也严重影响了群众正常的生产、生活秩序，如豫皖苏区三分区"取消了101个集市，其结果是靠集市为生的贫农失业。改早集为晚集，使民力浪费，不适合卖菜的习惯"。④ 取消集市还使"依靠集市为生的人，只有逃荒，别无出路。每取消一个集市，总有二十到三十户生活无着"。⑤ 有的地方因"合行并坊子，商人不能正常经营，无奈之下只好'关门大吉'"。由于各阶层群众利益受损，他们都含不满情绪，雪枫（今永城）商人反映"四军管的宽，老辈子的集不让赶，多年的行不准干"，龙岗、白庙一带群众则反映

---

① 《豫皖苏边区第三行政区第一次工商工作会议议决案》（1948年1月9日），王流海、张从亮主编《豫皖苏革命根据地货币史》，西安地图出版社，2002，第145页。
② 《豫皖苏边区工商管理局第三分局、中州农民银行豫皖苏第三分行关于目前工商、银行工作的决定（节录）》（1948年6月1日），《中原解放区工商税收史料选编》上册，第306页。
③ 《邢辑五、李相武给行署工商局何幼琦局长、王久敬副局长的信（节录）》（1948年8月12日），《中原解放区工商税收史料选编》上册，第444页。
④ 《豫皖苏边区工商管理局第三分局、中州农民银行豫皖苏第三分行关于目前工商、银行工作的决定（节录）》（1948年6月1日），《中原解放区工商税收史料选编》上册，第306～307页。
⑤ 《豫皖苏边区工商管理局第三分局、中州农民银行豫皖苏第三分行关于目前工商、银行工作的决定（节录）》（1948年6月1日），安徽省人民政府税务局、安徽省档案馆编《安徽革命根据地工商税收史料选》上册，安徽人民出版社，1984，第261页。

第二十三章 解放区的经济（下）

"四军快赶上十八师的法子了"。① 甚至有群众反映"穷（人）翻身，现在翻的要了命，无生意"。② 这些做法，使得商民无心经营，群众叫苦不迭。

由于认为市场上私人经营行店（即牙行，旧有经纪机构）是一种封建剥削，为扫清内地市场的封建秩序，控制主要物资的交易介绍权，解放区在管理内地市场时曾运用行政力量，取缔私人行店，建立交易所作为政府在集市中的组织基础，以及加强经济斗争和消灭封建交易秩序的一种手段。但是这种激进的做法，往往只看到旧经纪存在的很多陋规，如强迫投行、凭空抽佣、哄骗客商，甚至巧立名目额外敲诈等，而抹杀了其在整个贸易体系中的积极作用。旧时牙行是一种经纪机构，可以增加商品的流通速度，在商品交易中起媒介作用，它熟悉行情，能为客商提供便利、解决生活困难，为买卖双方提供信誉保障和交易担保，有时也能为客商融通资金。"所谓有行则有情，没有行就没有情，双方都不放心了"，买卖双方通过牙行交易已经成为当时社会上的一种传统习惯，商人"和经纪店不得不形成'经纪贩子，老婆汉子'的不可分离的关系"，③ "买卖双方都会上门来找它，自然形成一种货物集中和分散的交易场所"。④ 解放区地方政府取消私人行店、成立交易所的宗旨是管理交易、扫清封建、保障人民的交易自由，但是在组织和实施过程中发生了偏向，由于一些地方对交易所缺乏明确的认识，在执行时要求一切交易必须通过交易所方能成交，反而形成垄断，增加了商民负担。如有些地方在征收交易税时规定"一（律）三分佣金，不要撤［撒］合子，不管买卖好坏按月拿税，这样商人无利可图只有关门"。⑤ 由于坚持"雇贫路

---

① 《豫皖苏边区第三行政区恢复工商业的概况》（1948年9月），中共商丘地委党史资料征集编纂委员会编《中共商丘党史资料选》第1卷《文献》（下），河南人民出版社，1989，第640页。
② 《邢辑五、李相武给行署工商局何幼琦局长、王久敬副局长的信（节录）》（1948年8月12日），《中原解放区工商税收史料选编》上册，第444页。
③ 何幼奇：《平原集市交易所工作发展概况》（1947年5月），《冀鲁豫边区金融史料选编》上册，第600页。
④ 劳顿：《关于牙行问题》（1948年10月5日），华中抗日根据地和解放区工商税收史编写组编《华中抗日根据地和解放区工商税收史料选编（1946.7~1949.7）》，安徽人民出版社，1986，第291~292页。
⑤ 《邢辑五、李相武给行署工商局何幼琦局长、王久敬副局长的信（节录）》（1948年8月12日），《中原解放区工商税收史料选编》上册，第444页。

线",交易所一般都以雇贫分子为骨干,如《豫皖苏边区第三行政区第一次工商工作会议议决案》(1948年1月9日)规定:"交易所组织办法照行署规定办。但其中主要成员(如主任等)一定先经当地贫民团选出,由政府委任。"① 因而大多数交易所为贫民团控制,但"形式上是以所谓'雇贫路线'、'雇贫思想'、'雇贫骨干'所支配,实质上完全不是这样,其中大部为大胆敢为的浪荡分子",② 他们不仅业务不熟练,而且大多自私自利,"很多是只以分行佣吃份子为目的,有时发展到垄断市场",以致"取消了旧行的封建垄断,形成了新的封建垄断"。③ 由于土改中斗争的严重扩大化,在取消行店时不仅侵犯了地富的工商业,也伤及中农乃至贫农的工商业,豫皖苏第三行政区"裴桥取消了几家粮坊子(成了一家交易所),其中地富三家(但劳动者大部为雇贫),中农三家(内贫中农一),贫农三家(赤贫一、贫农二)。如在全区说来是很惊人的"。④ 由于怕发觉被斗争,中农乃至不少贫农也不敢到贫民团的交易所卖粮食,"交易所在市上成为'光棍干行'(没有本钱,光棍好汉有权),没人敢惹"。⑤ 可见,取消私人行店、建立交易所不但没有起到应有的作用,反而适得其反,不仅侵犯了商民的利益,引起了商民的不满情绪,也妨碍了贸易自由。

解放区还实行内地购运证制度,购买和贩运商品都要由工商部门开具证明。否则,予以没收或以走私论之。如在豫皖苏区,"小李庄李红然买元豆4斗4升被没收。事务所规定每人只能买5升至1斗,买多的得有区政府的证明,不然就没收,因此粮食坊子无买卖"。⑥ 由于手续烦琐,大大降低了

---

① 《豫皖苏边区第三行政区第一次工商工作会议议决案》(1948年1月9日),《中共商丘党史资料选》第1卷《文献》(下),第350页。
② 《豫皖苏边区第三行政区恢复工商业的概况》(1948年9月),《中共商丘党史资料选》第1卷《文献》(下),第640页。
③ 《对今后财经任务的说明——刘瑞龙在豫皖苏边区土地会议上的发言(节录)》(1948年7月),《中原解放区工商税收史料选编》上册,第113页。
④ 《豫皖苏边区第三行政区恢复工商业的概况》(1948年9月),《中共商丘党史资料选》第1卷《文献》(下),第640页。
⑤ 《豫皖苏边区工商管理局第三分局、中州农民银行第三分行关于目前工商、银行工作的决定(节录)》(1948年6月1日),《安徽革命根据地工商税收史料选》上册,第261页。
⑥ 《邢辑五、李相武给行署工商局何幼琦局长、王久敬副局长的信(节录)》(1948年8月12日),《中原解放区工商税收史料选编》上册,第444页。

商品流通速度，妨害了商民正常营业秩序，加上某些干部有官僚主义作风，群众开具证件往往并不顺利，在豫皖苏第三行政区就有老实农民、粮贩子连去县局8次仍开不上内运证的现象，因开不上内运证，有的人甚至买不到粮食吃。① 有的"在开不到内运证偶尔贩运一次，碰的不巧就被没收了，或重罚了"。② 可见，这种内地购运制度，在一定程度上影响了城乡关系和内外交流，致使交通运输不畅，调剂有无出现困难。

解放区的贸易方针是"对外管理，对内自由"。对外管理是为了防止走私，加强对国统区的经济斗争，保护解放区的经济安全；对内自由是为了繁荣区内经济，调剂有无。从抗战时期开始，为了进行对敌斗争，稳定物价，制裁奸商投机操纵行为，中共在其控制区的许多较大的集市上，曾设置集市交易所，禁止私人开设行栈，规定一切大宗交易，都必须经过交易所成交，这在对敌斗争与稳定物价上，曾起过一定的作用。但是从本质上看，强行并集并行，取消私人行店，建立交易所，实行内地购运证制度，这些做法是偏离解放区对内自由的总贸易方针的，带有明显的统制性，特别是解放区基层政权在实际执行中违背民间市场交易习惯、缺乏优秀的管理干部以及领导上的官僚主义作风、片面的贫雇路线等问题的出现，在一定时期遏制了解放区贸易的自由度，造成商旅裹足、贸易停滞、市场萧条的局面，影响了解放区私营工商业的正常经营和发展。如1947年后，滑县、牛市屯、内黄、濮县等集市大部分垮台，其特点是坐商剩下很少；濮阳、清丰、南乐、长垣、井店、辛庄、范县、道口等则处于萧条状态，其特点是大商号减少，小商号生意不好，市面萧条。③ 南乐、清丰的草帽辫，过去行销南洋、英、美等地，获利丰厚。由于实行统制垄断政策，产品卖不出去，辫业垮台。安阳水冶镇手工卷烟原本非常发达，但在实行纸烟专卖后，也全部关门。④

---

① 《豫皖苏边区工商管理局第三分局、中州农民银行豫皖苏第三分行关于目前工商、银行工作的决定（节录）》（1948年6月1日），《中原解放区工商税收史料选编》上册，第306页。
② 《豫皖苏边区第三行政区恢复工商业的概况》（1948年9月），《中共商丘党史资料选》第1卷《文献》（下），第640页。
③ 《冀鲁豫区工商业报告（节录）》（1948年3月），《冀鲁豫边区金融史料选编》下册，第177页。
④ 《中共晋冀鲁豫中央局关于工商业政策的指示》，《冀鲁豫边区金融史料选编》下册，第186页。

(四) 接管城市初期对私营工商业的侵犯

随着解放战争的快速推进,河南省很多城市获得解放。由于长期在农村工作,中共对于城市的管理经验还十分欠缺,迅速到来的胜利,使中共在干部准备和理论准备方面都显得不足。加上长期处于频繁、紧张的作战环境下,中共对于部队和党政干部的纪律及城市政策、工商业政策的宣传教育不够,进城之初,面对较之农村更为复杂的城市局面,中共基层干部往往表现出强烈的不适应感,而且长期的农村工作和游击战的惯性思维,难免会使干部形成忽视城市的游击观点和运用农村的工作方式去处理城市问题的观念。

1. 军管过程中对私营工商业的侵犯

中原解放区是中共战略反攻后创建的新区,它不像老解放区有着雄厚的物资积累和完善的财粮供应体系。在中原解放区的创建过程中,政权机构的建立往往滞后于军事推进的速度,军队长期处于无后方作战的状态。在无政权依靠、无后方支援的情况下,军需供应主要是采取自筹自给的办法,靠战争缴获、打土豪、向工商业者征借等方法解决。由于部队长期分散作战,物资供应困难、行动频繁、战斗紧张、对部队的宣传教育不够,领导上也缺乏明确具体的政策规定,如对"官僚资本"的概念没有做出明确界定等多种原因,"不正确的思想和政策观点,就必然会在下面代之而起,来指导行动"。[①] 再加上大量新补充的武装力量成分复杂、素质参差不齐,正如1948年1月17日粟裕在《开展豫皖苏地区工作情况》报告中所说,"该区全部武装九月下旬为二万五千,现已发展为六万人。但其中成分复杂,有地主富农混入,亦有由地方脱离出来的不少土匪,故纪律极坏,战力特弱"。[②] 甚至一些人出于个人目的投机革命。因而部队在初入城市时,乱加没收、贪污腐化、乘机谋私等不良现象屡见不鲜,侵犯和破坏私营工商业的现象非常普遍。

---

① 《新区初期的部队供给工作》,王礼琦编《中原解放区财政经济史资料选编》,第787页。
② 《开展豫皖苏地区工作情况》,粟裕文选编辑组编《粟裕文选》第2卷,军事科学出版社,2004,第429页。

第二十三章 解放区的经济（下）

一些部队在进入城市后由于纪律涣散，秩序混乱，出现抓抢、强征、抢购、乱没收等违反政策的现象，如在漯河，商户"被买货不给钱和临时借粮款者不可胜计"。① 部队虽然也强调政策，但是由于缺乏深入的宣传和教育，又因时常生活艰苦而纪律不好维持，一些士兵在执行政策时往往会出现偏差而损害私营工商业。如在市镇筹措款物时，往往不讲政策和策略，强征滥派，"有的还向小商人开刀"，② "个别把中药铺都搞掉了，把县城，把咸菜店搞掉了"。③

由于部队士兵成分多为农民，存在重视农村而忽视城市政策和城市工作的问题，因而他们难免会用小生产者的眼光看待城市，"有些农民意识和自私自利思想严重的人，在城市五颜六色的东西面前，动了'发洋财'心"，④ 他们往往将农村清算地主的方法用来清算城市私营工商业，开仓济贫，如一〇三部队在灵宝城内"搞了西医药房和同仁裕、灵升裕的粮行等（粮食分给群众），棉花作坊、青昌花行、裕茂花行"。⑤ 有些部队制度松弛，甚至有看到人家有几只皮箱，有一点花花绿绿的衣服，就认为是地主浮财，或官僚资本而予以没收的现象，⑥ 因此而遭受侵犯的工商业者不乏其人。不但部队如此，一些部队雇的随军民工也"如法炮制"，乱抢资财、擅自没收，行迹近乎抢掠，借机大发横财，乃至"没收来的东西，自己还带不动，有时要拉夫帮带，故部队中有'常备夫雇短备夫'的笑话"。⑦

解放战争时期，中共政策规定对国民党的官僚资本要加以没收，但是最初并没有对"官僚资本"的概念加以清晰界定，因而中共军队在没收"官

---

① 《漯河市工商管理局一九四八年冬季营业税总结报告》，《中原解放区工商税收史料选编》上册，第602页。
② 《中共中原局、中原军区关于放手发动群众创造大别山解放区的指示》，王礼琦编《中原解放区财政经济史资料选编》，第3页。
③ 吴芝圃：《在豫皖苏边区建军、财经会议上的总结报告》（1948年5月16日），中共河南省委党史工作委员会编《纪念吴芝圃文集》，中共党史出版社，1995，第142页。
④ 丁秋生：《光荣的进去 干净的出来》，粟裕、陈士榘等：《陈粟大军战中原》，河南人民出版社，1984，第92页。
⑤ 《豫西全区工商业损失概况》，王礼琦编《中原解放区财政经济史资料选编》，第373页。
⑥ 《许昌城财经工作报告》，王礼琦编《中原解放区财政经济史资料选编》，第168页。
⑦ 《新区初期的部队供给工作》，王礼琦编《中原解放区财政经济史资料选编》，第785页。

僚资本"的时候很容易发生混乱，出现扩大化的现象。有时不加调查，简单地以资本的大小或物资的多寡作为衡量是不是官僚资本的依据，凡稍具规模、资本较为丰厚者，便予以定性而随意封存，如许昌在没收官僚资本时，"只要看到物资多一点，就是官僚资本"。有时没收手续紊乱，程序不当，常先没收搬运，后出布告，有时尚未搞清便予以没收并即刻搬运动用，"二师在福中，搬运该公司的食盐，就是实例"。① 致使一般商民人心惶惶。1947年冬解放军进入漯河时，被误认官僚资本没收者有"兴孚、豫庆、民生、庆成、中原等公司；国太、中华等烟厂；大中、林生、正大等布店；老凤祥金店、祥茂公商行、万盛祥、公茂元盐号、青年书店以及坊子街的各大粮行"。② 有时认为官僚资本就是官僚加资本，把国民党一般军政人员的工商业甚至"连保长的商店、作坊以及和官僚资本稍有点联系的私人股本"也一概没收。③ 表23-4是豫西区部分被军队作为官僚资本没收损坏的工商业。

表23-4　豫西区被错没收的部分工商业

县名	厂名或字号	没收单位	说明
宜阳	宜洛煤矿	华野部队	为土匪头子马××之私矿，被认为官僚资本，恐资敌，奉上级命令破坏
巩县（回郭镇）	犁明烟厂、富裕烟厂	华野部队	业主李少廷，李小廷（任国民党旅长）之弟
巩县	五州烟厂	华野部队	烟厂属于国民党十五军一军官，后为巩县县长
巩县（回郭镇）	四民烟厂	华野部队	业主马学明，大学生，回郭镇之商助金会长
鲁山	城关教育用品社 鸿运印刷社 正利兴 交功裕	四纵 九纵	官民合营，群众资金多于伪政府资金。第一次解放军攻城，调查这些印刷所皆与国民党机关有关系，还有一部分伪顽人员股金，共没收8部石印机，后交政府3部
舞阳	裕兴隆点心铺	四纵后勤司令部	业主曾充任伪县银行行长，没收的东西按当时物价值7000万，停业

资料来源：《豫西全区工商业损失概况》，王礼琦编《中原解放区财政经济史资料选编》，第369～375页。

---

① 《许昌城财经工作报告》，王礼琦编《中原解放区财政经济史资料选编》，第168页。
② 《漯河市工商管理局一九四八年冬季营业税总结报告》，《中原解放区工商税收史料选编》上册，第602页。
③ 《桐柏行政公署主任许子威在湖阳县委书记联席会议上关于财经问题的发言》，《中原解放区工商税收史料选编》上册，第72页。

第二十三章 解放区的经济（下）

从表 23-4 可知，被没收的工商业有的是因为业主是土匪或国民党一般官员，有的系官民合营，但里面有私人资金，有的为国民党军政人员亲属所经营，也被"株连"。

在河南省一般中小城市，官僚资本所占比重（从商行户数来说）极少，甚至是不存在的。然而一些部队"所到之县城，只要有比较像样的商店或作坊工厂，就往往难免'一扫光'之祸"。① 由于没收官僚资本的扩大化，很多民营资本被卷入其中。被定性为"官僚资本"的工商业在被没收之后往往不能保全，"除个别转作公营和民营外，一般都是分散破坏以至于消灭，因此没收的太多，破坏和消灭的也太多"，② 造成社会生产力的严重破坏。

2. 群众对工商业的破坏

中共进城初期，由于城市管理经验不足，在接管部分城市时没有及时建立有效的军事管制，如开封解放初期"不懂得坚强的军事管制在一个较长时期是绝对必需的。把军管会认为仅系短期过渡组织，降低了这一问题的严重性"。③ 由于管制不力，社会秩序一时混乱，一些城市贫民或游民往往蜂拥而上，破坏公共建筑，乱抢公共物资。抢风一起，城市便惨遭浩劫，以至工商业也遭侵犯。如1947年冬漯河初次解放时，"群众起来乱行抢劫，当被抢掠一空者，如：大同、新庆、广兴、天一、信通等公司。最为可惜者，如一切公共建设和大商号逃跑无人空房之被拆，铁路器材、车头、桥梁、车厂、票房、材料厂全归于尽"。④ 豫西解放时，舞阳城里的同正合、福兴昌被群众一抢而光。巩县回郭镇东赞街100多家生意也大部分被抢光，其中损

---

① 《新区初期的部队供给工作》，王礼琦编《中原解放区财政经济史资料选编》，第784页。
② 《桐柏行政公署主任许子威在湖阳县委书记联席会议上关于财经问题的发言》，《中原解放区工商税收史料选编》上册，第72页。
③ 《开封市委员会对无政府无纪律与请示报告制度的初步检查》（应为1949年初），开封市档案馆藏，1-1-23。
④ 《漯河市工商管理局一九四八年冬季营业税总结报告》，《中原解放区工商税收史料选编》上册，第602页。

失最重的是粮行,有的连门板都给分光了。①

有的地主在城里经营有工商业,在"急性土改"期间,一些地方的农民纷纷进城斗地主,挖其家底,分其浮财,认为其工商业是为了隐匿、转移资产"化形"而来,必须加以清算。如"鲁山县城关斗103户(中农占5户),献现洋、粮食、衣服有64户(中农占15户);人在城地在乡村小商人82户,共分去他们850亩。如六街王书发人6口,地30亩,外村把(它)分光,在城内的小买卖,分出去粮食1石、盐800斤、布5匹,不能复业"。② 由此可见,群众在城市斗地主也发生了扩大化的现象,不分青红皂白,把城内中农和小商人经营的工商业也侵犯了。

由于"左"倾思想的蔓延,有些军队在没收土豪资财和"官僚资本"时让群众参与清算。群众的热情被调动起来,以至于每当新城解放,群众便翘首以待,如军队刚一进入商丘,不少贫民便问:"'您啥时候分浮财呀!''为啥不分浮财呢?'"③ 在没收清算时,常常一旦宣布没收,群众便一哄而上,其中很多大地主经营的工商业或被错没收的一般工商业瞬间便被抢分一空。

3. 处理劳资关系时对私营工商业的影响

接管城市初期,中共作为工人阶级的政党,注重对工人的劳动条件、薪资待遇等劳动权益的保护。但由于不太熟悉城市管理,以及尚缺乏明确处理劳资问题的政策和健全的组织机构,中共基层组织在处理劳资关系时曾出现"左"的偏向,表现为认识不到资本主义的发展与工人长远利益的关系,片面强调工人利益而忽视保护生产,往往从主观出发采用包办代替的方式斗争资本家,脱离实际地提出一些过高的劳动条件等,造成劳资关系紧张,私营工商业生产经营颇受影响。

在城市私营工商业中,确实存在一些工人劳动条件差、工时长、待遇不

---

① 《豫西全区工商业损失概况》,王礼琦编《中原解放区财政经济史资料选编》,第374页。
② 《豫西全区工商业损失概况》,王礼琦编《中原解放区财政经济史资料选编》,第374页。
③ 《中共豫皖苏一地委关于商丘收复后(十一月六日至二十四日)初步工作的综合报告》,《中共商丘党史资料选》第1卷《文献》(下),第793页。

好等情况,也有打骂员工等侵犯工人权益的现象,但由于国民党长期的舆论宣传,在城市解放初期,工人仍对共产党号召工人起来维护自身权益存在一些疑惧心理。如开封初解放时,益丰面粉厂工人"因受国民党的反动宣传,虽然知道共产党是工人阶级的政党,最欢迎工人,但总还有些怀疑和一定程度的害怕","尤其觉得工会同志的工作怎么和职工运动上说的不一样(他们已读过职工运动这一类的关于工人的书籍)",因而对工会同志疏远、虚与应付。① 在当时经济极端落后的情况下,工人的实际要求只是保障适当的劳动权益以养家糊口而已,尚没有过高的劳动要求,如郑州工人"主要是怕失业,一般的不是要求改善生活提高工资,而是保障不失业"。② 开封益丰面粉厂工人马培元说,"工会开会叫我们斗经理,怎么斗法?大家只当是斗争就是要把人打死,他们想着是不是要把我们经理拉到烟筒上望望老蒋,大家都害怕,怕斗争,怕斗死经理公司不干了,大家没饭吃,更害怕分机器",认为"假若你分个螺丝我分条皮带,机器拆散了,生活怎么办,我们又不能啃机器"。③ 洛阳个别街曾提出工人不倒尿壶等过高要求,不仅工商业主反对,店员也不乐意。④ 可见,过高的要求和口号,尚不是工人的主观意愿。但在"左"倾思想下,中共基层组织在处理劳资关系时,出现片面强调工人权益的偏向,如开封"当时只强调了扶持工人反虐待斗争的一面,忽略了团结生产的主要一面。在斗争方法上往往凭任斗地主恶霸的斗争方法来斗争当前民主阶级的资本家,不是从恢复和发展生产和贯彻劳资两利政策来发动工人和组织工人"。⑤ 甚至还排斥管理人员,开封工人马培元说"工

---

① 《开封益丰面粉公司(公私合营)市政府调研室五月二十日——三十日了解材料》(1949年),开封市档案馆藏,1-1-16。
② 郑州市委政策研究室:《郑州市工商业初步调查及今后恢复发展的意见》(1949年6月),中共河南省委党史工作委员会编《伟大的创举:郑州市对资改造资料选编》,河南人民出版社,1991,第37页。
③ 《开封益丰面粉公司(公私合营)市政府调研室五月二十日——三十日了解材料》(1949年),开封市档案馆藏,1-1-16。
④ 周季方:《洛阳市11月份工作报告》(1948年),王礼琦编《中原解放区财政经济史资料选编》,第65页。
⑤ 庄玉铭:《正确处理劳资关系 贯彻劳资两利发展生产政策的报告(草案)》(1949年8月),开封市档案馆藏,23-1-2。

会人来厂里给我们开会,股长以上的职员都不让参加,把我们和经理绝对分开了,谁和经理说句话,都说他是经理的走狗,工人对这一套很不感兴趣,不赞成"。① 在工资待遇、劳动条件方面往往提出一些过高要求,如开封"凡是有工作的地方,如电灯公司、卷烟厂、印刷业、面粉业等皆然,甚至如益中烟厂,开会强调对半分红"。② 郑州工会在解决运输工人的生活问题时,也因不了解工人生活问题的解决最终要靠工商业的发展,数月内发生了包办运输、强迫雇用、硬索高价等"左"的做法,引起工商各界的不满。③

行业师徒关系是长期形成的以技艺传承为主要内容的约定俗成的人际关系。由于在一些行业学徒与师傅之间存在一定的人身依附关系,以及师傅对学徒要求苛刻,甚或打骂学徒的现象,党的基层组织在处理劳资关系时,曾出现了错误地把师徒关系当成劳资关系处理的现象,造成师徒关系紧张。由于大多数师傅身兼工商业业主,学徒跟随师傅参加劳动是其谋生和学习技艺的一种方式,因而当时大部分学徒工人仍表现出尊师重教、学习本领、谋生以及怕开除的意愿,如洛阳"工人的要求是不失业,店员学徒的要求是'小小本领学在身,胜过祖亲千万金',一个被开除的学徒留诗'今年学徒二十五,受尽数年寒窗苦,若还今年不出师,回家怎见妻和母'"。④ 但受"左"的错误做法的影响,一些正常的师徒关系发生扭曲,如开封出现"师傅就喊徒弟是徒弟爷"的反常现象,⑤ 这样一来,不仅师傅精神受到威胁、打击,也影响到师徒之间正常的技艺传承。

受过度强调工人利益的影响,有些工人曾提出一些过高的劳动报酬和待遇,如郑州"有些工厂则发生了工资较高的现象(就目前生产情况说)和

---

① 《开封益丰面粉公司(公私合营)市政府调研室五月二十日——三十日了解材料》(1949年),开封市档案馆藏,1-1-16。
② 庄玉铭:《正确处理劳资关系 贯彻劳资两利发展生产政策的报告(草案)》(1949年8月),开封市档案馆藏,23-1-20。
③ 《郑州市工商业初步调查及今后恢复发展的意见》(1949年6月),《伟大的创举:郑州市对资改造资料选编》,第36页。
④ 周季方:《洛阳市11月份工作报告》,王礼琦编《中原解放区财政经济史资料选编》,第66页。
⑤ 庄玉铭:《正确处理劳资关系 贯彻劳资两利发展生产政策的报告(草案)》(1949年8月),开封市档案馆藏,23-1-20。

一些过高要求。如郭天益铁工厂一等技师工资，过去是 150 斤，现在是 450 斤，二等职员过去是 110 斤，现在是 300 斤，过去学徒没有工资，现在则定为 150 斤，较过去工资平均提高了约二倍。如打包厂工人要求资本家买课本上夜校（已办到）；成立俱乐部、盖澡塘等。如光华铁工厂，学徒要求一年给一身棉衣、一身单衣，一身线衣外，还要一月一双鞋一双袜，一条手巾，一块肥皂，一年以上学徒，一月 50 斤小麦工资等"。[1] 再如 1948 年"驻（驻马店——引者注）市等烟厂工人过八月节提出男的洗澡，女的看戏，并且要八盘八碗，有的店员和老板平起平坐，一样的吃饭"。[2] 而响应斗争的"积极分子"多是一些地痞流氓，他们利用这种过激的斗争方式，百般刁难资方，乘机渔利，致使资方无利可图而关门歇业，甚至破产倒闭。

中共基层组织接管城市初期在处理劳资关系上的偏差，不仅使劳资关系混乱、紧张，"资方精神感受威胁，在日常业务上也不敢领导工人"，[3] 而且造成私营工商业经营秩序混乱和资方因疑惧心理而不敢大胆经营，使一些工商业陷入困境，一些工人失去劳动机会，除了一些"积极分子"一时获益，最终损害了工商业的发展，也损害了工人利益。

（五）政治巨变下工商业者的心态

在国民党统治时期，在有关共产党的舆论宣传方面，诸如"十杀主义"、"三资主义"、实行"共产共妻"长期充斥于工商业者之耳。受这种舆论宣传的影响，私营工商业者本身对中共政策心存戒备，而共产党初入中原时工商业政策执行的偏向也似乎印证了国民党的舆论而使工商业者产生错觉，重重疑雾迅速笼罩私营工商业者的心理，工商业者或身受其害、人心惶惶，或触目惊心、闻之丧胆，因而在解放中原初始，一些工商业者为躲避斗

---

[1] 《郑州市工商业初步调查及今后恢复发展的意见》（1949 年 6 月），《伟大的创举：郑州市对资改造资料选编》，第 36 页。
[2] 《信阳专署 1949 年下半年工作综合报告》（1949 年 12 月 20 日），河南省档案馆藏，J79－1－8。
[3] 《中共河南省委关于开封市召开工商业资本家座谈会情况给各地市委并中原局的电报》（1949 年 5 月 18 日），张玉鹏、李健主编《辉煌的胜利：河南省对资本主义工商业的社会主义改造》，河南人民出版社，1991年，第 13 页。

争,或闻风逃匿,或拆卸机器,或私藏金银。如 1948 年 11 月南阳解放时,80%以上的商号随国民政府军第十三绥靖区王凌云南下或离城返乡,而且多为大商号(像高吉甫、张嵩山、王谦益等),留下的商号不足 20%,而且多为小商号,商资减少很多。① 嵩县城关镇大小工商业在解放前共 420 家,第一次解放后只剩 15 个药铺、10 余户小摊贩,绝大部分商号停业逃往四乡。② 可见,外逃的多是一些资本雄厚的大工商业,未逃者仅是一些资本较小的工商业或小商贩,这样,造成解放区的社会财富严重流失。而未逃跑的工商业者,也惶惶若惊弓之鸟,纷纷关门停业,如舞阳刚解放时,"街上空房多,房主自己不敢做生意,找了别人闲住,其原因就是怕政府住"。③ 有的隐匿资财,有些商民则抱有"吃干拉倒""以穷为好"之心。这种怕斗争的心理使得商民忧心忡忡,无心经营,正如雪枫等地工商业者反映:"在政策转变前,我们认为反正赚钱不是自己的,何必好好干呢!何况又无办法干,集上无生意,等死吧!生意都取消了,我们有啥法子呢?"④

即便解放区各政府提出保护私营工商业的政策后,很多工商业者仍然疑虑重重、怀疑、观望,有的怕"养肥了再杀",认为"今天保护工商业,将来是否还保护呢?这是耍的手腕吧,老实人们最后来一个一网打尽"。由于这种心理作祟,他们往往对政府"讲的冠冕堂皇,实质上不敢接近我,与支应应付。大商变为小商摊贩,甚至有将门面彻底拆去,分头跑行庄,或大门面改为小门面,将字号去掉"。⑤ 由于刚刚解放,社会环境动荡,特务潜伏不定,谣言诸如"美国登陆了,日本出兵了""把生意整好,最后还是整干"之类也随机四起,⑥

---

① 南阳市商业局地方史志编纂委员会编《南阳市商业志》,中州古籍出版社,1992,第 40 页。
② 《豫西第三专员公署秋季营业税征收小结》(1948 年 12 月),《中原解放区工商税收史料选编》上册,第 575 页。
③ 胡德周:《舞阳解放后的城市管理与恢复发展工商业》,《漯河文史资料》第 7 辑,1998,第 265 页。
④ 《豫皖苏边区第三专员公署恢复工商业的概况》(1948 年 9 月),《中原解放区工商税收史料选编》下册,第 748 页。
⑤ 《漯河市工商管理局一九四八年冬季营业税总结报告》,《中原解放区工商税收史料选编》上册,第 605 页。
⑥ 开封市人民政府:《开封市工商叶[业]家座谈会》(1949 年 5 月),开封市档案馆藏,23-1-20。

因而工商业者尚不能对整个政治形势做出准确预判,有的怕共产党站不稳,"变天"后遭殃,不敢大张旗鼓地营业,多持观望态度,消极经营。如南阳解放后,在成立商会时,"虽然开了三次会,商会筹委会一直选不出商会主席"。① 开封初解放时,益丰公司副经理也曾说他们最害怕接触穿黄军装戴八角帽的,因为他们摸不透中共政策,也不知该如何应付。② 可见,工商业者的心态表现出既害怕共产党斗争,又害怕国民党卷土重来后惩罚之的双重忧虑,加上尚不了解党的政策,他们一时还不敢接近党的组织。

随着战争形势发展,中原解放区形势逐渐安定,党和政府保护和扶植工商业的政策日益明确,一些商人开始理解党的政策,着手恢复营业。但是,仍有一部分商人顾虑重重,如南阳"小商贩经过宣传都开门营业了。大商人不开店经商。有些大商人将商店的招牌挂出来了,但就是不开门经商,南阳城内很萧条"。③ 漯河在对私营工商业进行补偿时,大部分商民领会了中共保护工商业的政策,纷纷呈报过去的损失经过,要求补偿,但仍有少数商民怀疑,认为"解放军的款不好使,今天给你赔偿了,最后闹你一下,比赔偿的多,所以仍不敢具实呈报"。④ 有时甚至稍有风吹草动就能触动商人紧张的神经,如1948年下半年,工商管理局桐柏第三支局征收营业税宣传登记时,由于宣教工作不到位且突然不宣而战,加之干部拘泥于资本,甚至亲自检查货物计算资本,引起商人恐慌,再加上一些人乘机造谣,出现税收干部前边登记,后边坐商躲藏货物、小摊贩躲藏等混乱现象,甚至有商户消极应付,拖延不填等。在登记的当天下午,坐商们的货架上空了一半,小摊贩躲藏者达1/3。到了第二天小摊贩几乎减去半数一上(特别是中小

---

① 《郭思敬谈南阳市的工作(1948年11月11日在豫西六地委工作会议上的讲话)》,李保铨执笔、中共南阳市委党史研究室编《治宛大考:南阳城镇接管与改造史录》,中共党史出版社,1998,第227页。
② 《开封益丰面粉公司(公私合营)市政府调研室五月二十日——三十日了解材料》(1949年),开封市档案馆藏,1-1-16。
③ 《郭思敬谈南阳市的工作(1948年11月11日在豫西六地委工作会议上的讲话)》,《治宛大考:南阳城镇接管与改造史录》,第227页。
④ 《漯河市工商管理局一九四八年冬季营业税总结报告》,《中原解放区工商税收史料选编》上册,第605页。

街为最多)。① 在劳资关系问题上，虽然中共主张"劳资两利"，但因现实中一些资方的权益不能得到应有的保障，往往造成工商业者的顾虑和紧张，如开封工商资本家"常到工商联合会询问，但得不到圆满解决，有的想办大厂或扩大经营者，就因对解雇自由、工资确定、转业等问题未得到具体解决而有所顾虑，影响生产积极性"。他们还"对工会及工人感到精神上的压力，认为店员学徒参加了工会便无法进行管理，对于店员学徒不服从管理不满（如有的学徒借口开会出去玩，回来还不愿吃大灶饭），因此精神上老不痛快，形成劳资隔阂"。② 由于对中共政策的不信任感，很多工商业者抱着"每天赚多多花，赚少少花，不做长远打算"的经营态度。③

可见，国民党长期的舆论宣传和中共地方组织在实际工作中一时的过激行为，使私营工商业者在政权更迭之际呈现茫然、惶恐、疑虑、观望等复杂心态。由于他们对中共及其政策的了解是一个长期复杂的心理转化过程，故恐惧、疑虑之感在短期内难以消释，人身和财产的不安全感束缚着他们的手脚而使他们不敢大胆经营。

（六） 中共在工商业政策和管理上的纠偏

由于中共保护私营工商业的政策在土地改革、城市接管、经济管理等基层工作中不但未能得到切实的贯彻，而且出现了种种破坏和侵犯工商业的过激行为，对解放区的经济基础、社会民生和中共的革命事业均造成了不良影响，因此，从中共中央到各解放区党和政府坚决纠正了各地出现的错误和偏向。

针对土改中清算地主富农工商业的行为，中共中央从理论和政策上进行了批判和纠正。1948年1月18日，中共中央做出指示："必须避免对中小工商业者采取任何冒险政策"，"地主富农的工商业一般应当保护，只有官

---

① 《工商管理局桐柏第三支局下半年征收营业税工作总结报告（节录）》（1948年），《中原解放区工商税收史料选编》上册，第587~588页。
② 《中共河南省委政策研究室关于开封市工商业中几个问题的总结》（1949年8月25日），张玉鹏、李健主编《辉煌的胜利：河南省对资本主义工商业的社会主义改造》，第27页。
③ 《陕南区工商业及土产概况》（1948年11月），《中原解放区工商税收史料选编》下册，第752页。

僚资本和真正恶霸反革命分子的工商业,才可以没收。这种应当没收的工商业,凡属有益于国民经济的,在国家和人民接收过来之后,必须使其继续营业,不得分散或停闭。"① 2月27日,中共中央在《关于工商业政策》中再次指出,"在战争、整党、土地改革、工商业和镇压反革命五个政策问题中,任何一个问题犯了原则的错误,不加改正,我们就会失败"。指示还要求"将消灭地主富农的封建剥削和保护地主富农经营的工商业严格地加以区别","某些地方的党组织违反党中央的工商业政策,造成严重破坏工商业的现象。对于这种错误,必须迅速加以纠正"。② 这就将《中国土地法大纲》中保护工商业的精神更加明确化,避免了土改中因概念的模糊性而带来的侵犯和破坏工商业的漏洞。

针对在城市接管过程中冲击工商业的过激行为,中共中央也做出指示和制定具体政策,以纠正这种错误。1948年1月9日,毛泽东对习仲勋的《关于我军攻克高家堡时发生破坏纪律事件的报告》做了《应向全军施行政策与纪律教育》的批语,指出:"我军到任何地方,原则上不许没收任何商店及向任何商人捐款。官僚资本,在该地成为根据地时,亦只许由民主政府接收经营,不许军队没收或破坏。军队给养应取给于敌人仓库、地主阶级、土地税及政府向商人征收之正当的营业税及关税。没收敌军官佐家属的财产,亦是完全错误的。高家堡破坏纪律的行为,应追究责任,并向全军施行政策教育与纪律教育。"③ 2月,毛泽东在为中共中央起草的党内指示《关于工商业政策》中又指出:"应当预先防止将农村中斗争地主富农、消灭封建势力的办法错误地应用于城市。"④ 4月8日,中共中央在《再克洛阳后给洛阳前线指挥部的电报》中再次强调:"禁止农民团体进城捉拿和斗争地主。对于土地在乡村家在城里的地主,由民主市政府依法处理。"⑤ 为了正确管理城市,防止出现接管石家庄等城市时乱抢乱抓、破坏工商业的混乱局

---

① 《毛泽东选集》第4卷,第1269页。
② 《毛泽东选集》第4卷,第1285~1286页。
③ 《毛泽东文集》第5卷,人民出版社,1996,第4页。
④ 《毛泽东选集》第4卷,第1285页。
⑤ 《毛泽东选集》第4卷,第1324页。

面，2月19日，中共中央工委发布了《中央工委关于收复石家庄的城市工作经验》，总结经验教训，并下发各级党委讨论学习。

鉴于一些地方对于官僚资本和民营企业的界限没有做出严格区分，致使一些民营企业和商店被当作官僚资本而加以没收，4月8日，也即豫西重镇洛阳第二次解放后的第三天，中共中央发给洛阳前线指挥部的电报特别强调："对于官僚资本要有明确界限，不要将国民党人经营的工商业都叫作官僚资本而加以没收"；"对于小官僚和地主所办的工商业，则不在没收之列。一切民族资产阶级经营的企业，严禁侵犯"。[①]

对于处理劳资关系时"左"的做法，中共中央在理论和政策上也做出具体规定，指出："入城之初，不要轻易提出增加工资减少工时的口号。在战争时期，能够继续生产，能够不减工时，维持原有工资水平，就是好事。将来是否酌量减少工时增加工资，要依据经济情况即企业是否向上发展来决定。"[②]

根据中共中央指示，结合中原解放区的实际，1948年6月6日，中共中央中原局发出《贯彻执行中共中央关于土改与整党工作的指示》，要求各地方"必须坚决执行保护城市、保护工商业的政策，纠正相当普遍存在的轻视城市、放弃城市工作领导的错误倾向。过去城市乡村的工厂、作坊、商店和副业遭到了严重的破坏，党和政府要用很大力量组织各种专门机构（吸收工商业主、技师和工人参加），研究方法，使之迅速恢复生产"。该指示对错没收的私营工商业退赔原则也做出规定："凡是没收错了的私人工商业的生产资料，如果是军队和政府机关保存的，应无条件地全部退还；如果已分给群众，则应说服群众归还，或由政府用其他东西从群众手中换回发还。凡是应该没收的生产资料，亦应或由政府、或租给私人、或组织群众恢复生产，不得搁置不用，妨碍生产。"[③] 9月，中原局又专门发出《关于进一步恢复工商业的指示》，针对一些干部对保护工商业政策认识模糊和退赔工作中出现的抵触情绪，特别强调"对于大批长期工作于农村，甚至抱有

---

① 《毛泽东选集》第4卷，第1323~1324页。
② 《毛泽东选集》第4卷，第1324页。
③ 《邓小平文选》第1卷，第120~121页。

农业社会主义和经验主义、无政府、无纪律思想的同志，接受这种认识是十分困难的。必须注意防止破坏工商业思想行为，在某一部分与某些人物当中复活，一有发现即应当严格纠正"，"对于已经破坏或错行没收、错行分配之工商业，必须坚决实行适当补偿，不得有所动摇"。① 10月，中原局在"减租减息纲领"中，再次要求"凡没收地主、旧式富农及工商业者之工商业，应设法退还或另行设法弥补之"。②

1948年4月29日，中共晋冀鲁豫中央局也发出《关于工商业政策的指示》，检查了过去侵犯工商业者利益的错误，宣布"保护一切工商业（包括地主富农工商业在内）"，并无条件退还在反奸清算斗争中所侵占的工商业财物。③ 晋冀鲁豫和晋察冀两大解放区合并后，华北局又多次强调："必须允许一切有利于国民生计的私营工商业的存在和发展，为此，我们必须保护工商业者的财产所有权，经营自由权，及正当的营业利润；必须撤销各解放区之间的关税壁垒，统一各解放区货币，取消内地物资交流中的各种不必要的限制。"④

根据上述指示精神，河南各解放区党和政府结合各地实际情况，全面纠正了土改、城市接管、税收、贸易等工作中侵犯工商业的错误，制定和实施了一系列保护工商业的政策措施。1948年3月，豫陕鄂边区行署发出布告："凡私人经营之工厂、商店，向政府进行登记，政府发给营业证后，即保障其财产及其合法营业"；"没收操纵国计民生的、以四大家族为首的官僚资本所经营之银行、工厂、商店，归人民民主政府所有（县级以上政府有没收权）"；"奖励土货抵制美蒋货物，坚决保护民族工商业者的财产及其合法的营业不受侵犯"；"对小型手工业、作坊、家庭副业和肩挑小贩，除给以政策法令保护外，并以低利贷款扶持，帮助其技术工具提高改良，及解决其他各种困难"；"实行内地贸易自由，为抵制美蒋货物倾销和反对掠夺我区

---

① 《中共中央中原局关于进一步恢复工商业的指示》（1948年9月30日），《中原解放区工商税收史料选编》下册，第740～741页。
② 《中原局减租减息纲领》，《中原解放区》（1），第110页。
③ 《冀鲁豫边区金融史料选编》下册，第184～188页。
④ 《中共中央华北局金融贸易会议综合报告摘要》，《冀鲁豫边区金融史料选编》下册，第198页。

有用物资，对外贸易实行管理，以加强对敌经济斗争，依据我全区人民利害为准绳，规定禁止、免税、征税出入口货物办法（办法另定之），实行保护政策，发展独立自主经济"；"除政府依法没收之官僚资本外，禁止任何机关团体没收及向工商业借款。凡已搬运私人经营之机器及生产工具，均须归还原主，如原主不在者，应暂交政府保管，俟原主回来仍行归还"。① 4月，桐柏行署发出保护和发展工商业的布告，要求本地区"坚决保护一切正当商人、资本家的财产及其合法的营业不受侵犯，准许贸易自由，除照章纳税外，不准没收、罚款、派款、捐款、借款，不准非法干涉"；"对地主富农的工厂、商店，一律保护不得歧视，但不得自由停业或转移资本"；"对有利于爱国自卫战争及解放区建设的工商业，均以贷款、轻税、免税及其他适当方法实行扶植和领导，以帮助其发展"；"彻底废除苛揭杂税，坚决执行简单的一次税和轻税政策。税收机关只准照章收税，不得巧立名目额外科派；其他机关部队及地方工作人员，只有协助和保护的义务，没有擅自收税或派款权利，违者准许商人向民主政府控告，要求赔偿损失"；"欢迎蒋管区的资本家来解放区投资，发展解放区的农工商业"。② 1948年4月20日，《中共豫皖苏边区八地委关于统一财经供给制度，禁止各部队私收一切税款的训令》指出，"禁止各部队或私收一切税务，统归政府税务机关有计划有组织的进行税收"；"各部队机关今后一律禁止打土豪罚款"。③ 5月，豫皖苏边区第三专员公署发出布告，决定恢复集市，准许私人开设行店，实行区内自由贸易，严禁乱没收、乱处罚的混乱现象。④ 当月13日，《中共桐柏区三地委关于严防没收工商业作坊及税收问题的通知》指出："除严禁清算地霸的工商业外，对于地霸的作坊及手工业工具（纺花车、织布机、弹花机

---

① 《豫陕鄂边区行政公署恢复工商业的布告》，王礼琦编《中原解放区财政经济史资料选编》，第336~337页。
② 《桐柏行政公署布告——保护和发展工商业》（1948年4月），《中原解放区工商税收史料选编》下册，第732页。
③ 《中共豫皖苏边区八地委关于统一财经供给制度，禁止各部队私收一切税款的训令》（1948年4月20日），《中原解放区工商税收史料选编》下册，第434页。
④ 《豫皖苏边区第三专员公署布告——恢复集市，准许私人开设行店（工商字第4号）》（1948年5月15日），《中原解放区工商税收史料选编》下册，第734页。

第二十三章 解放区的经济（下）

等），亦不准没收与征用"；"今后概照税率税则纳税，一定开正式税票，不能开白条。民兵、游击队、村干不能收税缉私，小集市之税收暂时停止。税卡林立现象应即纠正"。①

为解决侵犯工商业的遗留问题，做好退赔工作，各地结合本地情况，制定了明细方案。如 1948 年 7 月，豫西区党委、行署要求对被破坏的工商业按不同情况，区别处理，"凡属于群众点火之损失，如系工厂之工具、原料，未失散者，坚决说服农民或贫民退还，房屋亦然；公家所没收者，同样退还"。"如系商业之日用品，业已被消费者，无法退还，也无法全部赔偿，只能在禁用蒋币后，予以适当的贷款，并减免其营业税。土匪抢劫者，我们在政治上不能负责，如必要时，亦可予以贷款。部队食用粮店之粮食，如有条据，而考察属实者，应按数归还；如数目过大，可分数期归还。"②

同年 11 月，豫皖苏召开城市工作会议，分析了私营工商业遭受侵犯的几种原因：（1）地方和军队错误地当作官僚资本没收（如许昌等）；（2）军队作战时临时借用商号和粮行作了给养用（如许昌）；（3）群众揸的（如淮阳等）；（4）并行并集影响了货物交易（如淮阳）；（5）为了防范漏税实行重罚。会议要求各市必须深入调查，对被侵犯的工商业进行坚决而适当的补偿；同时根据本地特点，有重点地组织生产，恢复和发展工商业，如发展淮阳的制席、黄花菜，许昌的烟叶、铁业，周口的铜铁业、牛羊皮油、制革等。③ 12 月中共周口市委也根据中原局指示制定了"贫苦者多补偿，富裕者少补偿，影响大者先补偿，影响小者后补偿"的原则，划定了补偿范围，以工业多补偿、商业少补偿，恶霸者少补偿、忠实者多补偿等为标准，并根据损失情况给予免税、贷款等政策优惠以扶植工商业的发展。④

---

① 《中共桐柏区三地委关于严防没收工商业作坊及税收问题的通知》（1948 年 5 月 13 日），《中原解放区工商税收史料选编》下册，第 733 页。
② 《豫西区党委、行署致一地委、专署的指示》，王礼琦编《中原解放区财政经济史资料选编》，第 341 页。
③ 《中共豫皖苏中央分局城市工作会议记录（节录）》，王礼琦编《中原解放区财政经济史资料选编》，第 379～380 页。
④ 《中共周口市委关于补偿工商业的请示报告》（1948 年 12 月 10 日），《中原解放区工商税收史料选编》下册，第 756 页。

由于很多私营工商业在解放初期被政府和军队错没收用作机关生产，机关生产虽在某种程度上可以增加财政收入，减轻人民负担，但机关生产若以盈利为目的，极易出现凭借政治优势而与民争利的现象，因而解放区在退赔工作中，不仅将没收用作机关生产的私营工商业予以退还，还对机关生产做出严格限定，禁止其从事营利性行业。如1948年9月13日，中共中央豫皖苏分局指出，"发动和组织机关生产以及军属生产很必要"，"但这种生产必须只限于农业（如开生荒、熟荒，播种菜蔬和粮食，执行中不能同群众争荒地）和手工业生产（如以机关为单位，组织纺织、磨粉、打油等），严禁与民争利的经营'运输'、'烟厂'、'酒坊'和违犯工商法令的投机性的商业生产，否则将会造成严重恶果"。①

以上保护工商业的方针措施，切实纠正了损害工商业的错误倾向，安定了社会秩序，对于解除工商界存在的种种疑虑，调动工商业者的积极性，促进工商业的迅速恢复和发展，繁荣市场，无疑起了重要作用。不仅逃离解放区的商人、地富纷纷返回，重操旧业，而且吸引了一些外地商人向解放区迁移。

随着战争的胜利发展，中原地区开始从战争向建设转变。1949年3月，中原临时人民政府做出了《关于经济机构变更与干部配备的决定》，撤销原豫皖苏、豫西、桐柏三个区的工商分局、贸易分公司及中原烟叶管理局与其所属各分局等，在河南省境内分别成立下列机构（各地烟草管理事宜，归各级工商机关直接办理）：中原临时人民政府财经部内设第三处（工商处），河南省境内各专县设工商科，开封、郑州、洛阳、许昌、南阳、漯河、淮阳、周口、汝南、确山、襄城、禹县、朱集②等市县设工商市、县局，各县较大之集镇，如舞阳之北舞渡、南阳之社旗镇、沈丘之槐店、唐河之源泽等地设工商事务所，处、科、局、所，均为各该级政府之组成部分；成立中原

---

① 《中共中央豫皖苏分局对三地委今后工作意见的指示》（1948年9月13日），《中共商丘党史资料选》第1卷《文献》（下），第609页。
② 现辖区属商丘市。1948年11月6日，商丘县城关和朱集镇解放。中共豫皖苏中央分局第一地委于18日建置商丘市，辖商丘县城关和朱集镇。1949年3月，商丘市建制撤销，在朱集镇建置朱集市。1950年5月，又在商丘城关镇建置商丘市。当年8月，朱集、商丘两市合并，称商丘市。参见商丘市志编纂委员会编《商丘市概况》，河南人民出版社，1988，第1页。

贸易公司河南省分公司，并于洛阳、陕州、许昌、南阳、郑州（回郭镇）、陈留、商丘、淮阳、确山各区成立以地为名的贸易公司，其中洛阳贸易公司领导嵩县商店，陕州贸易公司领导栾川商店，许昌贸易公司领导漯河、襄城、禹县、临汝、鲁山、鄢陵等商店，漯河商店领导舞阳商店，南阳贸易公司领导镇平、西峡口、唐河、新野、邓县、社旗镇、源泽等商店，淮阳贸易公司领导周口商店，省分公司在业务上受中原贸易总公司直接领导，同时又领导河南省境内各级贸易公司或商店，开封、郑州两市贸易公司，归省分公司直接领导；为加强对外贸易及掌握对外重要物资，设立对外贸易公司及烟草、棉花、桐油、花生四个专业公司，归中原贸易总公司直接领导。① 这些机构调整，更好地明确和完善了领导关系，加强了对工商业等各项经济工作的领导。

1949年3月初中共河南省委成立后，决定在重点发展国营经济的同时，大力扶持和恢复有利于国民经济发展的资本主义工商业。4月22～23日，中共河南省第一次代表大会在开封召开，会议提出了要以公营经济为重点，保护私营企业，恢复和发展原有的轻工业、部分重工业和手工业的任务。5月10日，河南省人民政府成立，决定经济工作的方针是"重点恢复，稳步前进"，也即以恢复有利于国计民生的商业和公营企业为重点，对私营企业予以适当扶持，合作经济重点放在城市，主要是组织供销和消费合作社。② 根据省委和省政府确定的工作任务和方针，当月，省工商厅召开全省经济工作会议，分析了河南经济的基本情况，明确提出：首先从商业着手，沟通对外贸易及内地物资交流，打破经济死滞，大力恢复工业原料的特种农作物生产，为有重点地恢复工业打下基础。会议通过了发展公营企业计划和扶持私营企业计划等方案。6月，中原临时人民政府主席邓子恢在开封市各界代表会上做了《怎样走向经济繁荣的道路》的报告，详细阐明了搞好内外、城乡关系使土产外销货畅其流，正确执行公私兼顾和公私两利方针，实现劳资两利等政策，③ 为进一步全面贯彻执行党的工商业政策指明了方向。

---

① 《中原解放区》（1），第423～429页。
② 中共河南省委党史研究室编《城市的接管与社会改造（河南卷）》，河南人民出版社，2000，第371～372页。
③ 邓子恢：《怎样走向经济繁荣的道路》，《中原解放区》（1），第477～486页。

(七) 扶植和引导私营工商业恢复、发展的措施

解放区各级党和政府不但从政策上纠偏，还通过各种具体措施扶植和引导工商业的恢复和发展。

第一，贯彻政策，消除思想顾虑。接管城市后，解放区政府一般都先开展了一段反奸、清算、增资等群众运动，发动群众，提高工人、店员的阶级觉悟，树立新的劳动态度。对于接收过来的厂矿，成立工厂管理委员会，负责组织领导生产。除了一般性的宣传保护工商业的政策外，还通过召开工商业者会议和各行业代表会议以及走访、成立商会组织等方式，进一步阐明政府保护和扶助工业生产，准予自由贸易的政策，并倾听工商业者的心声，解决他们的困难，规范公私关系，协调劳资关系，消除工商业者的思想顾虑。例如南阳市解放后，在南阳中学大礼堂及时召开各行业代表会议，南阳行署专员郭思敬、南阳市市长许建业分别阐明了党和政府坚决保护并积极扶植工商业发展的政策，经宣传教育和贷款扶植，工商业者逐渐恢复生产、经营。① 新乡市解放后，军管会"在劳资两利、公私兼顾原则下，有步骤地解决了工人福利问题，慎重地接收与没收，严格约束各生产部门，不准强占和强租市房，及发放生产贷粮等"，② 以便恢复和促进工商业的发展。1949 年，洛阳市委分别召开党代会、工代会、商人座谈会，反复讲明政策，打消顾虑。在公私关系上，贸易公司、银行、工商局扭转了对私商的排挤态度和一脚踢开的思想，市总工会端正了政策。③ 在秩序基本稳定后，很快转向有计划地组织群众恢复和发展生产，加强国营企业，并大力发展群众性的合作经济。对私人工商业，政府采取保护的政策，在价格、税收政策方面，适当照顾私营厂商的利益，对于经营有困难的私人企业，进行多方扶助，帮助其恢复生产或营业。经过政策教育与采取适当的扶助等措施，消除了工商业者的

---

① 蔺常青供稿，许长富整理《南阳解放初期私营工商业的恢复和发展》，《南阳文史资料》第 4 辑，1988，第 133～134 页。
② 《新乡市入城以来的工作初步总结》，《城市的接管与社会改造（河南卷）》，第 105 页。
③ 中共洛阳市委党史研究室编《中共洛阳党史专题》第 1 辑，中国文史出版社，2002，第 5 页。

第二十三章 解放区的经济（下）

思想顾虑，使其能够安心生产和经营。

第二，发放工商业贷款。解放区各地对于经营有困难的公私营工厂商号，帮助其解决恢复生产的资金困难。如1948年9月，豫皖苏边区第三行政区贷款统计资料显示，"（三县材料及沿涡）共贷出工商业款及少数农贷七百五十四万八千一百元，一千九百二十七户。计手工业作坊四百八十九户，贷款四百三十一万三千元，占全部贷款百分之五十七强；商业贷款中座商三百五十七户，款一百四十一万二千元，占百分之十九弱；小商摊贩七百九十五户，款一百六十四万六千五百元，占百分之二十二弱"。① 1948年12月，中州农民银行郑州分行发放了2600多万元贷款用于恢复工商业，其中获得工业贷款的有130户，占该市全部工业户数的1/3以上（根据工商局登记，该市全部工业为360多户）。该市面粉、铁工、肥皂、皮革、卷烟等工业能在解放后短短两个月之内得到恢复生产，银行的积极贷款是重要原因之一。洛阳市行从9月到12月发放了1900万元工商业贷款，扶植了棉、盐、土布、粮食、铁货等的运销，以及纺织、面粉、铁工、弹花等工业的恢复和发展。开封分行自11月15日到年底发放了2200多万元贷款，主要用于粮食、煤炭的运销和电气、面粉、印刷、铁器等工业的恢复和发展。② 1948年11月24日和12月15日，开封市政府相继开始发放小本贷款和工商贷款，但数量有限，3个月内共贷出布鞋贷款和小本贷款各300多万元，工商贷款1900多万元。③ 另据1949年统计，"开封私营工叶［业］贷款占总贷款百分之六十一"，"电气叶［业］、榨油叶［业］、机器翻砂叶［业］，都得到了扶植"。④ 郑州市自1948年12月到1949年9月底，共有2130户公私营工厂商号获得了贷款，数额达31亿多元（折合人民币数）。⑤ 南阳市为了迅速

---

① 《豫皖苏边区第三行政区贷款介绍》（1948年9月），《中共商丘党史资料选》第1卷《文献》（下），第646页。
② 《郑汴洛三行1948年存放款业务的检讨》，王礼琦编《中原解放区财政经济史资料选编》，第583~586页。
③ 开封市工商局：《三个月来工商工作总结》（1949年1月26日），开封市档案馆藏，23-1-7。
④ 《省银行1949年工作总结》（1950年2月5日），河南省档案馆藏，J79-1-83。
⑤ 《郑州市人民政府一年来工作报告》（1949年11月20日），王礼琦编《中原解放区财政经济史资料选编》，第112~113页。

恢复和发展工商业，实行低息贷款扶助，到1949年10月底，私营商业1034户，贷款118365000元；私营工业665户，贷款53289000元。① 工商业贷款给元气大伤的私营工商业注入了新的动力，从资金上有力地扶植了其恢复和发展。如商丘"停工多日的□营粉厂得到了二次贷款二九七八万元的扶植，购买煤炭、洋灰、砂子，于九月恢复了生产。电灯公司得到了贷款扶植，已经恢复了发电；十五家铁工厂贷款五四八五万，扩大了修配机件农具的生产"；洛阳"以贷款透支方式，扶植了私营火柴厂，购置了排板折板机器，由日产三箱提至日产七箱"。② 新乡市生产弹花机的维新铁工厂得到了30万元（冀鲁豫币）贷款，最先恢复了生产。③

第三，提供运、供、产、销服务。解放区各级政府还通过改善交通运输，组织货源、原料，对私营工业实行委托加工订货、代销成品等方式，为工商业提供运、供、产、销一条龙服务。开封市在1949年5月间，"政府力谋工商业的恢复发展，尤偏重于工业的扶植，如帮助织布、榨油、熬硝等业恢复生产。截至5月底止，曾贷予织布业棉纱1790捆。每织布1匹，给予白面杂面各15斤，每架机子除了吃用开支，每天还可以净赚白面5市斤，所以很快由时作时停的不到100户，发展到132户。榨油业也由于天津解放，北方销路打通，又因贸易公司订出2.5斤花生米榨油1斤的办法，使本市的榨油业解决了销路与资金的双重困难，于是纷纷开工生产，很多已呈请歇业的都后悔了"。④ 开封市还根据益丰公司因燃料运输成本高而希望政府实现联运的要求，做出"迅速实现联运"的工作意见。⑤ 在洛阳，"贸易公司先后订出十四万双军鞋，除由公营商店组织群众生产外，还与私营鞋厂直接取得联系"。⑥ 南阳市解放后，为扶植私营工商业，规定"凡个体户工业

---

① 蔺子臣、王玉先供稿，许长富整理《宛城新生——记南阳解放初期的恢复与发展》，《南阳文史资料》第4辑，第141~142页。
② 《省银行1949年工作总结》（1950年2月5日），河南省档案馆藏，J79-1-83。
③ 新乡市地方史志编纂委员会编《新乡市志》中册，三联书店，1994，第89页。
④ 刘明远：《恢复与发展中的开封工商业》（1949年8月），开封市档案馆藏，23-1-21。
⑤ 《开封益丰面粉公司（公私合营）市政府调研室五月二十日——三十日了解材料》（1949年），开封市档案馆藏，1-1-16。
⑥ 《洛阳贸易公司成绩卓著》，《中原日报》1949年2月9日，第2版。

产品及烟厂、酒精厂的产品，南阳市政府实行包销政策"。① 商丘市积极帮助 24 家烟厂、16 家铁工厂、7 家肥皂厂、3 家火柴厂以及电厂、面粉厂等开辟生产门路，组织工人复工，并拨出专款扶持手工业。② 自 1949 年 1 月至 8 月，郑州市贸易公司共订购药布 5000 斤、牙粉 70 万包、油布 2104 匹、军鞋 270265 双，以棉纱 6855 捆换药布 62521 斤，扶植了 148 部棉织机开工生产（占全市棉织机 78%）。③

1949 年 6 月，河南省人民政府关于私营工业生产的意见指出，"对有利国民经济发展的私营工业，应竭力加以扶助。贸易公司银行除用订购货物及贷款投机〔资〕扶持外，目前最主要是打开销路。并协助研究生产节约原料，提高质量，降底〔低〕成本"，"积极扶助私人打油，与制造机器之铁工厂，以及炼油厂、电力厂、纺纱厂、打蛋厂等（如商丘、郑州、洛阳、开封、许昌等地的），这些都可分别采取贷款找销路定购货物等办法来解决"。④ 这一指导性意见进一步对各地扶植工商业发展指明了方向。

第四，组织合作社。为了解决广大贫苦市民、工人等的生产、生活和失业问题，各新解放城市都组织了合作社。洛阳从 1948 年 10 月开始组织合作社，到 11 月，已组织了 6 个街的合作社，社员 1300 多人。⑤ 到次年 2 月，共建立合作社 18 个，5000 多人，主要是供给军需生产，如做鞋、衣服等。⑥ 郑州解放后一年间，共建立了消费合作社 21 个，社员 27999 人；供销合作社 1 个，社员 25 人；生产合作社 3 个，社员 99 人。其中消费合作社供应粮食有 4613256 斤，盐 1114603 斤，香油 51231 斤，肥皂 22355 条，土布 2450 匹；供销

---

① 《全力恢复经济，夯实立国根基》，《治宛大考：南阳城镇接管与改造史录》，第 61 页。
② 《新民主主义革命时期中共在商丘市的活动概述》，中共商丘市委党史办公室编《商丘市党史资料选编（1921～1949）》，1986，第 9 页。
③ 《郑州市人民政府一年来工作报告》（1949 年 11 月 20 日），王礼琦编《中原解放区财政经济史资料选编》，第 112～113 页。
④ 《河南省人民政府关于私营工业生产的意见》（1949 年 6 月），张玉鹏、李健主编《辉煌的胜利：河南省对资本主义工商业的社会主义改造》，第 15 页。
⑤ 周季方：《洛阳市 11 月份工作报告》，王礼琦编《中原解放区财政经济史资料选编》，第 64 页。
⑥ 《洛阳解放以来的城市工作总结》，《城市的接管与社会改造（河南卷）》，第 89 页。

合作社共销给社员洋纱 84 捆,又以纱 356 捆换布 4297 匹,毛巾 1254 条,袜子 1457 双。① 开封的合作社以生产为主,先后建立了榨油、做鞋、纺织、磨面等 13 种生产社 98 个,社员 2415 人,小组 7 个,组员 24 人;工厂机关消费社 18 个,社员 5929 人;街道消费社 20 个,社员 10065 人;运销社 1 个,社员 23 人,小组 106 个,组员 708 人。至 1949 年底共有合作社 138 个,小组 113 个,社员组员 36865 人,占全市人口的 13.16%,股金 150309250 元(折麦 239346 斤)。② 这些合作社在促进生产与保证群众的生活上起了积极作用。

第五,打击投机行为,规范经营秩序。伴随着解放区保护工商业政策的实施,一些不法商人利用政策大搞投机,扰乱金融,囤积居奇,破坏正常的经营环境,例如洛阳天宝银楼经理任玉夫扰乱金融,暗中进行黄金黑市交易和其他多种非法经营。③ 一些商人冒领贷款,从事投机,开封"中山东街一七三号义兴永车铺经理崔起来,他于六月十二日申请工业贷款四万元(批准三万),口称赴开封买自行车架两个及各项零件多种,运郑配售。但他却把贷到的三万元完全买了洋纱,囤在家里"。④ 1949 年初,中州农民银行郑州市行调查了 130 家私人工商业贷款户(占 1 月贷款户 1/3 弱),共贷款 1485 万元(中州币),其中发现有 185 万元(占贷款 12.5%)被投机商人利用来囤积居奇。⑤ 为规范市场秩序、维护金融稳定,解放区对此类投机活动进行了严厉打击,如 1949 年 2 月底洛阳市人民法院对任玉夫做出审判,判处其有期徒刑 6 个月,剥夺公权 1 年,罚款 20 万元。⑥ 各地银行还加大了对贷款用途的审查,限制一些不法商人套取资金从事投机活动。同时解放区各地实行工商注册登记,制定严格的市场管理制度,规范经营秩序。例如 1948 年 11 月 26 日,郑州市工商管理局发布布告,规定为保护工商业合法

---

① 《郑州市人民政府一年来工作报告》(1949 年 11 月 20 日),王礼琦编《中原解放区财政经济史资料选编》,第 112 页。
② 河南省合作总社:《1949 年郑汴洛城市合作社工作总结》(1950 年 2 月 1 日),开封市档案馆藏,41-1-8。
③ 《洛奸商任玉夫捣乱金融,工商局严予制裁》,《中原日报》1949 年 1 月 5 日,第 2 版。
④ 《投机商人崔起来、李云祥冒领工贷被查出》,《中原日报》1949 年 2 月 12 日,第 4 版。
⑤ 《中州银行郑洛两市行检查贷款中右倾错误》,《中原日报》1949 年 3 月 17 日,第 2 版。
⑥ 《洛阳天宝银楼任玉夫等捣乱金融被判徒刑》,《中原日报》1949 年 3 月 7 日,第 2 版。

经营,不论个人或团体经营(厂、号、店、坊、庄、社、堆栈、摊贩等),均须向郑州市工商局申请登记,领取营业执照,否则,取缔其营业。① 南阳市在解放后,为改变市场随意摆摊设点、随意抛散杂物等混乱状况,进行了统一规划,在全市设立了纸烟、杂货、牛羊猪肉、土布、粮食、蔬菜等几个经营点。②

第六,减免税收。通过减免税收帮助工商业恢复和发展是解放区采取的又一项重要措施。税收采取单一税制,废除苛捐杂税,原则上从轻就简,对于一些确有困难的行业予以适当减免,如1948年5月之前,豫皖苏区一些地方造酒业遭严重破坏,为了帮助其恢复和发展,对一些经营困难的酒锅减免税收。1948年6月,豫皖苏边区工商管理第三分局在产酒税征收问题上决定"目前仍在营业之酒锅,须照章纳税。但久经停业恢复时有很多困难者,可根据实际情况免税1个月至2个月(如濉溪口、雪枫市等地)以资奖励。恢复对游击区及我无政权地区之酒税可按其实产量减半后照税率征收之"。③ 在营业税征收方面,对于工商业恢复困难的地区也给予适当减免以帮助工商业的恢复与发展,如1948年,豫西区和桐柏区豁免了内乡县上半年的营业税,而下半年只征收营业税47929元(当时币值)。④

第七,引导行业调整。由于社会环境发生变化,一些不适应社会需要的行业逐渐衰落,如开封解放后"高贵服装已无人问津,西服店无生意可做。酒因社会上应酬请客的风气大减、皮革皮鞋皮箱等及绸绫等等都购者寥寥"。⑤ 像这些不适应当时社会需要的奢侈品消费行业就面临转业问题。为了壮大解放区的物资力量,支援革命战争,解放区对一些旧的工商业提出改造(转业或改变营业方针),动员一些不利于国计民生的行业和商户转型,引导一些消费行业向生产行业转变。1949年,中原解放区在元旦献词中说:"在当前尤须恢复与发展与战争有关的各种企业,以利进行战争。在城市中

---

① 贾常先等主编《郑州市工商行政管理志》,河南人民出版社,1996,第215页。
② 《全力恢复经济,夯实立国根基》,《治宛大考:南阳城镇接管与改造史录》,第61~62页。
③ 《豫皖苏边区工商管理局第三分局、中州农民银行第三分行关于目前工商、银行工作的决定(节录)》(1948年6月1日),《中原解放区工商税收史料选编》上册,第314页。
④ 江德昌主编《内乡县税务志》,中州古籍出版社,1992,第94页。
⑤ 开封市工商局:《开封工业概况》(1949年4月3日),开封市档案馆藏,1-1-16。

我们生产建设的主要方针,是变消费城市为生产城市,把过去为官僚资本服务、为少数剥削者消费服务的现象,改变为为农民服务、为革命战争服务。这是城市工商业发展的基本方向。"① 在政策引导下,一些不适应现实需要、不利于国计民生的旧行业纷纷转型,如1949年,郑州市"12户银钱业转入铁工业者2户,棉织业1户,杂货业2户,盐业4户,其他原为四大家族服务的行业也逐渐转向以农村及广大市民为对象"。②

(八) 工商业的恢复和发展

经过解放区各级党和政府深入广泛的政策宣传、教育和解放区保护和扶植工商业措施的实施,一些工商业者思想开始发生转变,他们的思想一般经历了从疑虑重重到半信半疑再到相信党的政策的转变过程。如周口市经过政策的宣传和教育,商民思想发生转变,"由不敢领取营业牌照走向敢于领取营业执照。如5月份开始号召登记领执照时仅领了1047户,6月份增加了413户,7月份增加了210户。如3月前只有机制烟厂6个,现在(1948年7月底——引者注)已增加到13个","同时商民中对我政策不了解之处,也敢向我们干部提问,逐渐的由不敢接近我们,走向敢于接近我们,特别是中小商民对我们的接近比大商人尤多"。③ 工商业政策的转变,调动了工商业者的积极性,雪枫市商人说:"四军法子一变,俺心里猛一畅快,生意就可以进行啦!"④ 在利益的驱动下,工商业者纷纷复业。如洛阳市在反复宣传政策后,商人的思想有所扭转,世界大药房首先复业,带动了不少工商业户开门营业。⑤ 由此可见工商业的经营状况与党的政策走向密切相关,庄玉铭(1949年6月后曾任河南省总工会筹委会委员)在其工作报告中说,资本家一部分由怀疑顾虑不敢大胆经营到逐渐了解政府的工商业政策,这对工

---

① 《元旦献辞(代发刊词)》,《中原日报》1949年1月1日,第2版。
② 《郑州市人民政府一年来工作报告》(1949年11月20日),王礼琦编《中原解放区财政经济史资料选编》,第112页。
③ 《豫皖苏边区工商七局鲁志堂副局长给何幼琦局长王久敬副局长的信(节录)》(1948年7月26日),《中原解放区工商税收史料选编》下册,第455页。
④ 《豫皖苏边区第三专员公署恢复工商业的概况》,《中原解放区工商税收史料选编》下册,第748页。
⑤ 《中共洛阳党史专题》第1辑,第4页。

商业的恢复和发展有莫大的关系。① 因而私营工商业者的心态转变成为工商业恢复和发展的关键因素。

在解放区各级党和政府的保护、扶植下，各地工商业迅速恢复和发展。

豫西在纠正过去乱没收乱斗争工商业的错误偏向，并对受侵犯的工商业进行赔偿之后，工商业者逐渐安心从事工商业的恢复与建设。1948年6~9月，"凡有银行的地区，都发放了一部分工商业贷款，上半年营业税已明令豁免。纯粹商人逃亡者，多数已返回恢复营业。情况较稳定的地区，在工商业的户数上（只在户数上）来说，大部分已恢复到解放前的数目，洛阳且超过解放前，大部分市场已不是过去那样的萧条了"。② 至1948年底，各地工商业大部分得到了恢复。如襄城烟行增加到70多户；新安城关在7月前坐商82户、摊贩25户，到7月底坐商即增加了46户，摊贩增加了42户；渑池城关7月前坐商193户，月底即增加到286户；西峡口从6月的371户，增加到12月的456户。③ 鲁山县原在国民党统治时期有商号504户，经退还赔偿后，商人逐渐大胆经营，到1948年12月有摊贩515户，坐商517户，共1032户，增加了528户。④

豫皖苏区在党和政府的大力扶植下，工商业也迅速恢复。1948年5月，豫皖苏三分区召开了县局长会议，决定扭转过去的错误政策，允许被取消集市全部由群众自由恢复；取消了贫农团的交易所对市场的特权，改造了其营业方针；团结工商小贩，尤其是贫苦运输贩子，组织当地运输业向合作社的方向发展；规定各阶层群众均有营业自由权，允许群众在不用法币、不反对土改、不做敌探的条件下自由成立行店，政府保障其财权人权不受侵犯，并发给营业证；取消限制贸易自由的内地购运证。这些措施实行后，在6月一

---

① 庄玉铭：《正确处理劳资关系 贯彻劳资两利发展生产政策的报告（草案）》（1949年8月），开封市档案馆藏，23-1-20。
② 《豫西区关于恢复与发展工商业（1948年6月~10月1日）的情况》（1948年10月13日），王礼琦编《中原解放区财政经济史资料选编》，第362页。
③ 《工商管理局豫西分局中州农民银行豫西分行十一、十二月份工作综合报告（节录）》（1948年12月），《中原解放区工商税收史料选编》上册，第557页。
④ 《鲁山县工商业退还与赔偿错没收的情形》，王礼琦编《中原解放区财政经济史资料选编》，第389页。

个月中，101个集市全部恢复，全区的交易所纷纷迅速解体，"大部分贫农也能自由组行，中农、富农、地主、中小商人、小商贩均纷纷成立行店"，市场呈现一种新气象，"运输事业发展了，物资交流了，东线食盐大批内运，使内地食盐由800元跌到500元或400元"。① 造酒业是豫皖苏边区的主要产业，解放初期绝大多数关闭。从6月起，豫皖苏三分区下大力气把恢复酒锅工作作为恢复整个工商业的突破口。在短短3个月中，使停业的150个大酒锅很快恢复了66个，其余84个也正在准备恢复中。② 为了切实保障工商业者的利益，豫皖苏区各地建立了包括中小商人、工业作坊主、厂主、贫苦摊贩、地富商人等在内的工商业联合会，让工商业者自己管理自己，大大提高了工商业者的积极性，推动了工商业的发展。如睢县从1948年8月至10月仅县城东关就增加了30个商店，各集市上货率比以前大为增加，商人心理日趋稳定。另据三分区6个县58个市场统计，截至8月20日，各种行业、作坊已由原来的2193家发展到4950家，增加了2757家，③ 基本上克服了工商业的混乱局面，大商小贩来往不断，市场日益繁荣。

随着解放战争的胜利，河南省各大城市陆续解放，中共的工作重心开始由乡村转向城市。由于国民党旧的统治机构土崩瓦解了，新秩序尚未建立，加上处于战争环境下，交通一时隔绝，因此，新解放的城市出现了市场萧条、工人失业、工商业凋敝的现象。能否迅速恢复和发展工商业，保持城市的繁荣稳定是对中共领导城市工作的考验。在中共"公私兼顾，劳资两利，城乡互助，内外交流"方针的指导下，开封、洛阳、许昌、郑州、新乡、安阳等大中城市党和政府大力扶植工商业，工商业得到迅速恢复和发展。

开封市私营工商业在党和政府的大力扶植下，恢复经营或新开业的日渐增多，市场充满了生机，交易日渐活跃。从工业方面看，1949年5月底有

---

① 《豫皖苏三分区恢复工商业的概况（节录）》，王礼琦编《中原解放区财政经济史资料选编》，第353页。
② 《豫皖苏三分区恢复工商业的概况（节录）》，王礼琦编《中原解放区财政经济史资料选编》，第353~354页。
③ 《豫皖苏三分区恢复工商业的概况（节录）》，王礼琦编《中原解放区财政经济史资料选编》，第354~355页。

4487 户，到 7 月增加到 4614 户，其中新开业的有 157 户，歇业的有 30 户，歇业的仅手工卷烟业即占 10 户，香作坊有 7 户。在新开业的工业中，机磨业因政府供给原料代磨军粉，利润丰厚，所以在 1949 年 4 月底只有 25 户，到 6 月底已增加到 44 户，7 月又增加到 58 户，而且大都扩充了设备与资金；织布业也迅速恢复，5 月前不到 100 户，到 7 月发展到 153 户；自行车修理业 7 月比 5 月底增加了 16 户；木作业增加 13 户；花生制油业虽原料缺乏，在 7 月也增加 11 户，达到 335 户之多。从商业方面看，1949 年 6、7 两个月，发展最繁荣的是粮行、盐行、车行、颜料业，其次为煤炭、图书、电料、花生、土布行、干果行、新药业以及转运业。商业上一个显著的特点是：在两个月中，开业的商店有 402 户，歇业的只有 50 户，净增了 352 家商店；开业的摊贩有 80 户，基本都是在模范商场经营批发业务的，歇业的摊贩有 360 户，其中相国寺内的摊贩 222 户，担挑卖破烂的 138 户。[①] 店铺增加，摊贩减少，这说明商民感到社会稳定、市面繁荣，多愿意有固定门面进行买卖。从开封市解放前后私营工业户数比较来看，截至 1949 年 9 月，开封市私营工业的户数已超过解放前（见表 23-5），这说明开封市工业有了快速的恢复和发展。

表 23-5　开封市私营工业解放前与 1949 年 9 月户数比较

类别	解放前户数	户数变化 开业	户数变化 歇业	1949 年 9 月户数	增加户数
机器工业	14	68	1	81	67
半机器工业	741	332	268	805	64
手工业	3259	285	219	3325	66
作坊	411	122	104	429	18
其他	41	2	—	43	2
总计	4466	809	592	4683	217

资料来源：开封市工商局《开封市私人工业解放前与现在户数比较表》（1949 年 9 月 30 日），开封市档案馆藏，23-1-21。

[①] 刘明远：《恢复和发展中的开封工商业》（1949 年 8 月 1 日），开封市档案馆藏，23-1-21。

据不完全统计，郑州市在1948年10月23日解放前，全市共有私营工商业2970户，实际营业的户数1867户（占原有户数的63%），其中属于工业性质的166户（占总营业户的9%），手工业432户（占总营业户的23%）；商业1249户（占总营业户的67%），而其中与国计民生有密切关系的粮行、油行、盐行合计175户，不到商业总户数的6%，实际营业者70户。工业方面铁工业45户，而实际营业者仅13户，面粉业26户，实际营业者仅4户。① 解放后在政府大力扶植下，工商业者的顾虑逐渐消除，截至1948年12月，"全市大小商店开业者已有90%以上"。② 到1949年，"据工商局6月1日至27日统计，新开业119户，复业35户，其中以杂货、棉花、颜料、皮毛、旅栈等业最多。该市较大之晋秦药铺、大兴盐号、汇远运输公司均正积极筹备复业。由于京沪解放，交通恢复，工商业者前往采购工业原料及生产必需品或推销土产者日益增多，自6月15日至27日已知者有五金业益隆、图书印刷业龙文、卷烟业惠民等10余家分赴沪、津办货，另有公新、和平等30余家携款赴商邱、黄口一带购粮"。③ 到1949年9月底，郑州市工商业已发展到3375户（其中商业1904户，机器工业、手工业1471户）。其中粮、棉、盐、煤炭、运输、旅栈、五金、颜料、干果、皮毛、药材、商行、木材等都比解放以前的户数有所增加。接收的公营工厂计有郑州发电厂、南阳铁工厂、久丰面粉厂、利民烟厂、大众烟厂等5个单位，"其中绝大部分是破烂不堪，或未安装机器工具，除利民烟厂与发电厂于解放前勉强维持半开工外，其余均已倒闭"，当时5个厂全体职工共135人。经过清理整顿，克服种种困难，不仅恢复了上列各厂，并且新建立了兴华建筑公司、榨油厂、郑州纱厂与公私合营的南阳面粉厂和合伙经营的豫安面粉厂，共计10个单位，全体职工有768人。这些工厂不仅恢复了生产，而且超过了解放前的生产水平。例如电力公司刚接收时，仅一部15千瓦柴油机输电，1949年1月租用豫中打包厂锅炉安装125千瓦发电机输电168.5匹马力，到9月增加到261.7匹马力。与接

---

① 《郑州市人民政府一年来工作报告》（1949年11月20日），王礼琦编《中原解放区财政经济史资料选编》，第110页。
② 《郑州工商业迅速恢复》，《东北日报》1948年12月12日，第3版。
③ 《郑州工商业恢复开业增产》，《中国工会运动史料全书·河南卷》（上），第518页。

收时比较，增加了 16 倍以上，① 初步解决了郑州市动力问题，奠定了工业生产的基础。利民烟厂接收时只有一部机器，还不能正常生产，据不精确统计，1948 年 2 月至 10 月共生产 460 大箱纸烟。接收后不仅能正常生产，而且增添了两部卷烟机。1949 年 1 月至 10 月共产烟 3767 大箱，平均每月 376.7 大箱。② 经过采取多种扶助与保护措施，郑州市工商业很快度过了萧条期，日益走向繁荣。据税务局的统计，郑州市主要物资交易量增长情况如下：棉花从 1949 年 1 月的 65 万斤，增加到 5 月的 75 万斤，又发展到 8 月的 231.9384 万斤；食盐从 1 月的 93 万斤发展到 8 月的 380 万斤；粮食从 1 月的 102 万、5 月的 338 万斤增加到 8 月的 560 万斤；油 1 月为 6 万斤，5 月为 23 万斤，到 8 月为 28 万斤；煤炭 1 月为 118 万斤，5 月为 88 万斤，8 月提高到 159 万斤；8 月骡子 4700 头、烟丝 71 万斤、皮毛 23054 张，均比 5 月增加近 2 倍。从 6 月到 9 月，花行由 20 户增至 47 户，盐行由 42 户增至 101 户，粮行由 34 户增至 47 户，西药由 49 户增至 58 户，国布由 22 户增至 28 户，颜料由 47 户增至 73 户。③

新乡市在 1949 年 5 月 7 日和平解放后，军管会先以肃清匪特、防止破坏、建立秩序为中心，并进行了有秩序的接管，收集器材，稳定市场，恢复生产。解放军入城时，公营企业均已先后停工，资金原料完全转移盗走，除面粉公司的机器完整外，水电公司、铁路、自来水公司等均已惨遭破坏。船运原 500 余户，已全部停驶，只剩船 10 余只，汽车、人力车因久无生意，均失业。1945 年时全市在商会的商户 909 家（小商户不在内），私人工业有纺织、榨油、打蛋、铁工等，由于敌人长期掠夺压榨，除纱厂外全部停工。所有的商业除少数小饭铺及小摊贩等外，已全部关门。④ 解放军入城后，经过 40 天的工作，秩序逐渐稳定，市场亦初步恢复。新焦、新郑之间的铁路

---

① 《郑州市人民政府一年来工作报告》（1949 年 11 月 20 日），王礼琦编《中原解放区财政经济史资料选编》，第 110~111 页。
② 《郑州市人民政府一年来工作报告》（1949 年 11 月 20 日），王礼琦编《中原解放区财政经济史资料选编》，第 111 页。
③ 《郑州市人民政府一年来工作报告》（1949 年 11 月 20 日），王礼琦编《中原解放区财政经济史资料选编》，第 113 页。
④ 《新乡市入城以来的工作初步总结》（1949 年 6 月 19 日），《城市的接管与社会改造（河南卷）》，第 103~104 页。

已通车，船运恢复 30 余只，私营汽车 10 辆已复业，人力车、汽马车均复业。铁工厂 13 家，有 11 家复工，手工纺织工厂恢复了 33 家，全市各行业商店、旅馆、手工业等恢复者共 1425 家，摊贩数量也很大。其他各业也都在修理机器房子及采购原料等，准备复工。①

安阳市在 1949 年初，市区仅存留个体手工业 50 余户及 9 家小织布厂、4 家铁工厂，还有土顽军的几家小修械所。5 月解放后，经过半年的恢复和建设，到 1949 年底，市区已有工业企业 87 家，个体手工业 12 个行业，工业、手工业职工及从业人员 5212 人，其中全民所有制企业 9 家 1823 人；集体所有制企业 6 家 45 人；私营企业及个体手工业 1262 户，从业人员 3344 人。②

洛阳初解放时，商业很不景气，在当地党和政府组织和扶持下，私营商业迅速发展，"1948 年洛阳市场有私营商业 329 家，到 1949 年发展到 2918 家"。③

驻马店解放后，党和政府扶植和保护工商业发展的做法使工商业者信心倍增，又加铁路逐渐畅通，各业相继营业，市场逐渐活跃，至 1949 年 9 月初，"盐业现有 54 户，较解放时增加 57% 强；粮食业恢复开办者共 80 家，较初解放时增加了 300%；转运业在解放时，已成停业状态，解放后，报请有 22 户开始营业，近又有利生、信诚等 5 家复业，总共有 27 家正式代客转运"，"山货业在解放时，只有 44 户经营，7 月份恢复了 46 户，近又复业 3 户，新开业 9 户，共 102 户"，盐业、粮食业、转运业、山货业是驻马店市"26 业 2000 多户的主要商业，因此它的恢复和发展，也决定了其他各业也随之扩大"。④

许昌通过一系列保护和扶植工商业发展的工作，使工商业者受到了很大的教育与鼓舞，从而推动了工商业的恢复，市场由停滞状态逐步活跃起来。

---

① 《新乡市入城以来的工作初步总结》（1949 年 6 月 19 日），《城市的接管与社会改造（河南卷）》，第 104 页。
② 河南省安阳市地方史志编纂委员会编《安阳市志》第 2 卷，中州古籍出版社，1998，第 644 页。
③ 洛阳第一商业局等编《洛阳市商业志》，光明日报出版社，1990，第 91 页。
④ 《解放后的驻马店工商业》，《中国工会运动史料全书·河南卷》（上），第 529 页。

"到1949年6月已有不少厂家、商栈扩大贸易,元顺货栈、博大与裕民烟厂、五洲杂货店、大华药房、德诚、天生麟、义昌、荣昌、裕记等商行,都纷纷到外地采购货物及原料。从6月1日到10日的10天之内,有义利、永康15家转运公司申请开业。据工商科6月10日统计,外销烟叶72000斤,食盐销售70820斤,杂货业由92户发展到219户,铁货业由56户民(发)展到112户。盐业由25户发展到50户。"① 据1949年统计,许昌专署5月工商业户数为13253户,到11月恢复与发展到37816户。②

综上可见,中共政策调整及各级党和政府大力扶植工商业发展后,工商业迅速走出萧条状态,整体呈现迅速恢复、日趋活跃的势头。到1949年底,河南省几个主要城市的工商业恢复情况已超过各个城市解放前的水平,见表23-6。

从表23-6所列几个城市的工商业户数与资本数,可以看出到1949年,户数比抗日战争前以及抗战结束后国民党统治时期均普遍有所增加,但是资金数却比国民党统治时期增加不明显,有的甚至还有所减少,如与抗战前比较则还相差很远。从商业交易量变化看,郑州略高于解放前,但仅为抗战前交易量的约一半,而漯河和周口比解放前还略有下降,仅为抗战前的四成和一成左右。从工业生产量变化看,郑、漯、周三市均比解放前大幅增长,而与抗战前比较,只有漯河高于抗战前,郑州和周口远低于抗战前。从中可以得知,由于中国共产党执行了保护工商业的政策,各城市的工商业者已经敢于向工商业投资,恢复营业,经济死滞情形已经渡过,但还不敢做大规模的生产经营。"以抗战前为基数,几个主要城市工商业恢复情况大致为,郑州40%弱,漯河次之38%强,开封再次37%,周口24%。"③ 另据1950年初《河南省人民政府一年来施政工作报告》:"根据郑、汴、漯、朱(集)、周五

---

① 《许昌工人开展增产立功运动恢复发展生产》,《中国工会运动史料全书·河南卷》(上),第512页。
② 《许昌专署1949年经济工作总结报告》(1949年12月18日),河南省档案馆藏,J79-1-8。
③ 《朱集淮阳周口漯河郑州开封等城市工商工作检查总结报告》(1950年1月),王礼琦编《中原解放区财政经济史资料选编》,第436页。

表 23-6 开封、郑州、漯河、朱集、周口 5 市工商业恢复比较

		户数	指数	商业 资本(万元)	指数	交易(万元)	指数	户数	工业 指数	资本(万元)
开封	抗战前	278	100	1268.6	100	7355.9	100	84	100	1344.5
	解放前	498	179	719.8	56.2	2386.2	32.4	144	171	1597.5
	1949	1146	412	482.4	38	11934.9	162	265	315	487
郑州	抗战前	1950	100	7500	100	11152.4	100	507	100	13807.6
	解放前	1246	63.9	1350.5	18	3810.2	34.2	547	107.9	4399.5
	1949	1971	101.1	2395.7	31.9	5994.4	53.75	1424	280.1	6626.5
漯河	抗战前	341	100	5354	100	360970	100	12	100	2054
	解放前	405	118.8	1386.1	25.9	461741	128	25	208.3	1341.8
	1949	699	205	1896.3	35.41	142272	39.4	45	375	863
朱集	抗战前	38	100	720	100	—	—	24	100	129
	解放前	154	405.26	215.2	29.9	—	—	37	154.2	180
	1949	316	831.58	140.2	19.47	—	—	—	—	—
周口	抗战前	917	100	6270.6	100	9108.6	100	665	100	1202.3
	解放前	746	81.35	768.4	12	2588.9	28	697	104.8	422.7
	1949	1329	144.9	491.8	7.8	1380.4	15.15	1102	165.7	491.1
合计	抗战前	3524	100	21113	100	388386.9	100	1268	100	18537.4
	解放前	3049	86.5	4432.9	21	470526.3	121	1437	113	7890.5
	1949	5461	155	5406.4	25.6	161581.6	42	2873	227	8947.6

第二十三章 解放区的经济（下）

续表

		工业			合计		
		指数	产值（万元）	指数	户数	指数	资本（万元）	指数
开封	抗战前	100	9805	100	362	100	2613.1	100
	解放前	119	4485.6	45.7	642	177	2301.3	88
	1949	36.2	2275.1	23.2	1411	392	969.4	37.1
郑州	抗战前	100	10864	100	2457	100	21307.6	100
	解放前	31.86	644.7	5.93	1793	72.9	5750	27
	1949	42.02	2486.6	22.89	3395	138	9022.2	42.3
漯河	抗战前	100	2337.6	100	353	100	7408	100
	解放前	65.3	1516	64.9	430	122	2727.9	36.8
	1949	42.01	2610.4	111.7	744	211	2759.3	37
朱集	抗战前	100	251.3	100	38	100	720	100
	解放前	139.5	76.8	30.6	178	468	344.2	47.8
	1949	—	145.4	57.9	353	929	320.2	44.5
周口	抗战前	100	—	100	1582	100	7472.9	100
	解放前	35.18	—	—	1443	91	1191	15.9
	1949	40.8	—	—	2341	148	982.9	13.2
合计	抗战前	100	23257.9	100	4792	100	39521.5	100
	解放前	43	6723.1	29	4486	93.6	12323.4	31.18
	1949	48	7517.4	32.3	8334	174	14054	35.6

原表注：1. 材料来源郑州、周口两市包括全市材料，开封、漯河、朱集系一部分，有的是调查，有的是老商人座谈，不一定精确，但可作参考。
2. 资金、交易量，生产量均以小麦一市斤为单位折算。3. 漯河市商业交易量数字特别大，材料可能过于夸张，工业生产主要是抗战前没有烟厂。
4. 朱集市抗战前没有工商业材料，故以国民党到时期为基期按此郑州开封等城市工商工作检查总结报告》（1950年1月），王礼琦编《中原解放区财政经济史资料选编》，第440~441页。
资料来源：《朱集淮阳周口漯河郑州开封等城市工商工作检查总结报告》（1950年1月），王礼琦编《中原解放区财政经济史资料选编》，第440~441页。

— 1109 —

市统计,工业恢复到战前(一九三七)的百分之四六强,商业恢复到百分之二六强,工商业合计即恢复到百分之三五。"①

值得注意的是,河南各解放区经济相对落后,虽建立了公营经济和合作经济,但其力量还很薄弱,私营工商业在整个经济体系中占有主体地位。据河南省工商厅统计,截至1949年,"郑、汴、洛、朱四个城镇,国营公营户占工商业总户数不足1%;而私人工商业户数超过99%。又据工商厅及税局统计,全省国营经济资本额(上级托购托销及不动产未计入)占全省工商业资本额约1%;而私营工商业资本则占99%左右。合作经济的资本更少于此。据郑州铁路局八九月份统计,私人运货量大于公营企业运货量两倍(汽马车及邮寄包裹未统计在内)。据开封市统计,国营公营经济资本额占12%;私营公商业占87.7%;合作经济资本占0.1%。又据中州银行郑州市行六七月份存款统计,私人存款额(实际作为银行周转金),等于银行的资本额10倍;开封市行七八月份存款,计私人存款额等于资本额3~4倍(但两市公家存款额还大于私人的);再从运输上看,目前我们虽有国营火车和部分公营汽车,但城乡交流甚至内外交流,仍然很大的依靠私人运输业解决问题"。② 以上均说明私营工商业在工商业中的数量比重是占绝对多数的,可见,在公营经济力量薄弱的经济条件下,河南各地私营工商业的恢复和发展,对于中原地区经济正常运行和国民经济的恢复发展起着举足轻重的作用。

另外,就私营工商业本身来看,截至1949年,虽然私营工商业数量增长很快,但其数量激增主要由以下因素所致:(1)解放初期,一些工商业者害怕被斗争,往往分散经营,化整为零,变大为小;(2)在土改中一些贫民分到斗争果实后加入小手工业、小商贩队伍;(2)被斗地主转化为行商小贩;(4)一些被斗争的工商户由大变小,成为小业主;(5)党和政府对工商业的扶植政策造就了一大批小工商业者;(6)一些大商为躲避过重的营业税而分散经营。可知,构成私营工商业总数量的成分多为小业主、小商贩。如表23-7所示,4城市合计小摊商贩数量分别是抗战前和解放前总

---

① 《河南省人民政府一年来施政工作报告》,《河南政报》1950年第7期,第12页。
② 《关于目前河南经济建设的几个问题(节选)》,张玉鹏、李健主编《辉煌的胜利:河南省对资本主义工商业的社会主义改造》,第30~31页。

表 23-7　郑州、漯河、朱集、周口 4 市私营工商业统计

				郑州市		
			抗战前 (1936年10月)	解放前 (1948年9月)	现在 (1949年12月)
商业	户数变化	商业	户数	1950	1246	1971
			指数	100.00	63.9	101.1
		小摊商贩	户数	3248	5845	11154
			指数	100.00	180.0	343.4
	资金变化指数(折麦,单位:斤)	商业	数目	75000000	13504627	23954296
			指数	100.00	18.0	31.9
		小摊商贩	数目	292320	701400	2223215
			指数	100.00	239.9	760.5
	交易量变化		折麦数	111524000	38102000	59943750
			指数	100.00	34.2	53.7
工业	户数变化		户数	507	547	1424
			指数	100.00	107.9	280.9
	资金变化		数目	138075500	43994990	66264844
			指数	100.00	31.9	48.0
	生产量变化		折麦数	108640000	6447000	24866104
			指数	100.00	5.9	22.9

— 1111 —

续表

			漯河市		
		抗战前(1936年)	解放前(1946年)	现在(1949年)
商业	户数变化	商业	户数	341	405	669
			指数	100.00	118.8	196.2
		小摊商贩	户数	—	—	—
			指数	—	—	—
	资金变化指数(折麦,单位:斤)	商业	数目	53540000	13861000	18963000
			指数	100.00	25.9	35.4
		小摊商贩	数目	—	—	—
			指数	—	—	—
	交易量变化		折麦数	3609700000	4617410000	1422720000
			指数	100.00	127.9	39.4
工业	户数变化		户数	12	25	45
			指数	100.00	208.3	375.0
	资金变化		数目	138075500	43994990	66264844
			指数	100.00	31.9	48.0
	生产量变化		折麦数	108640000	6447000	24866104
			指数	100.00	5.9	22.9

第二十三章 解放区的经济（下）

续表

				朱集市	
			抗战前 (1937年)	解放前 (1946年)	现在 (1949年)
商业	商业	户数	38	154	316
		指数	100.00	405.3	831.6
	小摊商贩	户数	—	—	—
		指数	—	—	—
	资金变化指数(折麦,单位:斤)	数目	7200000	1822000	1008000
		指数	100.00	25.3	14.0
		数目	—	—	—
		指数	—	—	—
	交易量变化	折麦数	22180000	1376000	2230800
		指数	100.00	6.2	10.1
工业	户数变化	户数	—	24	37
		指数	—	100.0	154.2
	资金变化	数目	—	1290000	1800000
		指数	—	100.0	139.5
	生产量变化	折麦数	—	—	—
		指数	—	—	—

— 1113 —

续表

				抗战前	周口市 解放前	1949年
商业	户数变化	商业	户数	917	746	1329
			指数	100.00	81.4	144.9
		小摊商贩	户数	69	136	206±
			指数	100.00	197.0	298.6
	资金变化指数(折麦,单位:斤)	商业	数目	62705500	7683500	4918400
			指数	100.00	12.3	7.8
		小摊商贩	数目	2059000	214200	135400
			指数	100.00	10.4	6.6
	交易量变化		折麦数	91085500	25888765	13803550
			指数	100.00	28.4	15.2
工业	户数变化		户数	665	697	1102
			指数	100.00	104.8	165.7
	资金变化		数目	12023000	4226600	4911000
			指数	100.00	35.2	40.8
	生产量变化		折麦数	2513110	768316	1453614
			指数	100.00	30.6	57.8

第二十三章 解放区的经济（下）

续表

<table>
<tr><th colspan="2" rowspan="2"></th><th rowspan="2"></th><th colspan="3">四市合计</th></tr>
<tr><th>抗战前</th><th>解放前</th><th>现在
（1949年）</th></tr>
<tr><td rowspan="4">商业</td><td rowspan="2">商业</td><td>户数</td><td>3246</td><td>2251</td><td>4315</td></tr>
<tr><td>指数</td><td>100.0</td><td>69.3</td><td>132.9</td></tr>
<tr><td rowspan="2">小摊商贩</td><td>户数</td><td>3317</td><td>5981</td><td>13360</td></tr>
<tr><td>指数</td><td>100.0</td><td>180.3</td><td>402.8</td></tr>
<tr><td colspan="2" rowspan="4">资金变化指数(折麦，单位:斤)</td><td>数目</td><td>198445500</td><td>36871127</td><td>44341696</td></tr>
<tr><td>指数</td><td>100.0</td><td>18.6</td><td>22.3</td></tr>
<tr><td>数目</td><td>2351320</td><td>915600</td><td>2358615</td></tr>
<tr><td>指数</td><td>—</td><td>—</td><td>—</td></tr>
<tr><td colspan="2" rowspan="2">交易量变化</td><td>折麦数</td><td>3834489500</td><td>4682776765</td><td>1498698100</td></tr>
<tr><td>指数</td><td>100.0</td><td>122.1</td><td>39.1</td></tr>
<tr><td rowspan="6">工业</td><td colspan="2">户数变化</td><td>1184</td><td>1293</td><td>2608</td></tr>
<tr><td colspan="2">指数</td><td>100.0</td><td>109.2</td><td>220.3</td></tr>
<tr><td rowspan="2">资金变化</td><td>数目</td><td>170638500</td><td>62929500</td><td>81605844</td></tr>
<tr><td>指数</td><td>100.0</td><td>36.9</td><td>47.8</td></tr>
<tr><td rowspan="2">生产量变化</td><td>折麦数</td><td>134529110</td><td>22375316</td><td>52423718</td></tr>
<tr><td>指数</td><td>100.0</td><td>16.6</td><td>39.0</td></tr>
</table>

注：1.郑州市及周口市系包括所有工商业。2.朱集市及漯河市系主要之工商业（漯河之商业主要行业，铁工厂、翻砂厂、卷烟厂）。3.郑州成交额系一个月，其余系全年。4.因原表计算错误较多，指数由笔者重新计算。

资料来源：根据河南省档案馆藏《中共河南省委关于河南省主要城市私营工商业统计表》（1950年）制作，J00204007。

— 1115 —

数的约 4 倍和 2 倍。数量剧增主要并不是资本扩张的结果，而多是资本的分散或转移的结果，因而总体资金数额增长有限。

其中，私营商业多还限于流转较快且规模较小的买进卖出，规模较大的商业并不多。从新中国成立初期开封市的商业构成情况就可见一斑，当时开封"全市商业共有 11146 户（含摊贩），从业人员 18137 人，资金总额 197 万元。全年营业额 4500 万元。其中，资金在 50 元以下的小户占 30.82%；资金在 50 元至 500 元者占 68.75%；资金在 500 元以上者仅占 0.43%"。① 另据开封市工商局调查，开封市中心市场和主要商业街摊贩总数为 3370 户，若加上模范商场及其他背街小巷摊贩，总计有 5000 多户，从资本额估计看，资本大的仅 496 户，中等的 449 户，而小的为 2425 户。② 且行商很多，如开封市解放后，行店"打破了国民党统治时行店数量的记录，那时仅有三五家的汽马车行现在已发展到 36 户，尚有四户已筹备竣事，专待营叶［业］证发下后即营业，按现在开叶［业］者超过国民党时的六倍"，③ 其中很多是私营业主因不了解中共的政策为躲避斗争而转化来的行商。

私营工业方面则多是一些个体手工作坊或半机器生产，近代化的机器工业很少且规模不大。如周口市"1949 年有个体手工业 1192 户，从业人员 3115 人，资金 522.85 万元。民族工业仅有鼎丰蛋厂 1 家"。④ 开封市"纯私营工业共四千六百八十三家，其中比较近现代的机器工业仅八十一家。就所占百分比来说，手工业和作坊占百分之九十四点二，近代工业仅占百分之五点八，而且这八十一家近代工业职工人数五十人以上的仅三家，一般的是十个八个人"。⑤ 近代化的私营工业也大多设备陈旧、技术落后、基础薄弱，生产能力有限。如电气业方面，商丘"朱集镇华益电灯公司有大小发电机

---

① 王命钦主编《开封商业志》，第 6 页。
② 开封市工商局：《开封市中心街及市场集市摊贩统计表》（1949 年 9 月），开封市档案馆藏，23-1-21。
③ 开封市工业局：《开封市汽马车行调查报告》（1949 年 8 月 17 日），开封市档案馆藏，1-1-16。
④ 周口市地方史志编纂委员会编《周口市志》，中州古籍出版社，1994，第 132 页。
⑤ 庄玉铭：《正确处理劳资关系　贯彻劳资两利发展生产政策的报告（草案）》（1949 年 8 月），开封市档案馆藏，23-1-20。

两座，共计发电功能有 1000 马力，大部机器残缺不全，修配耗资较大，要求公家协助恢复"。漯河市"电灯公司有发电机 40 匹马力与 80 匹马力机各一部，发电供电之设备，虽已修复，但 40 匹马力机已坏大轴，暂时不能修配，燃烧木炭成本较高，因赔累已经营不起，贷公家款亦无力归还，要求把机器交给公家经管"。① 1949 年 6 月，《河南省人民政府关于私营工业生产的意见》对私营工业概况做了分析，"从经营的种类上说，现有 18 种，其中除煤矿、铝矿、电力公司外余皆为轻工业及半机器生产，机器多属破旧、衰老，在动力上除少数用电力外，大部使用落后的液体燃料与木炭（如汽油、柴油等）"。② 可见，诚如 1949 年 6 月邓子恢在开封市各界代表会上所言："三个月来，开封各界人民在市委与政府的领导下，大家共同努力的结果，面粉、榨油、电灯等大大小小的工业和手工业，都有很大的恢复，三万失业工人有了工作，工商业界也有了经营兴趣，运输工人在政府贷盐贷款帮助下，组织起来搞运输，也赚了钱，这是很大的成绩。但是，失业或半失业的人还不少，生产的恢复还只是开头。"③ 开封的情况很有代表性，大体上反映了当时新解放城市工商业的总体状况，即工商业萧条的局面迅速改善，日益走向繁荣，但仍处于恢复的阶段，且多是量的积累，尚未有质的突破。

二　财政与税收

（一）财政收入

在河南各解放区，财政收入主要来自以下三个方面。

---

① 《河南省人民政府关于私营工业生产的意见》（1949 年 6 月），张玉鹏、李健主编《辉煌的胜利：河南省对资本主义工商业的社会主义改造》，第 14~15 页。
② 《河南省人民政府关于私营工业生产的意见》（1949 年 6 月），张玉鹏、李健主编《辉煌的胜利：河南省对资本主义工商业的社会主义改造》，第 14~15 页。
③ 邓子恢：《怎样走向经济繁荣的道路》，《中原解放区》（1），第 478 页。

1. 没收、借粮以及战争缴获

在解放区开辟初期，由于中共地方政权机构和地方武装尚未普遍建立，军队处于机动作战状态，群众也未充分发动，不能依靠地方政权征收，统一供给，因此，没收豪绅、地主的财产以及临时借粮、战争缴获等成为财政收入的主要途径。1947年初，冀鲁豫行署、冀鲁豫区后方总指挥部制定了新收复区借粮暂行办法，对借粮的对象、原则、手续及偿还问题等进行了具体规定，其中规定，借粮由当地县、区政府负责进行；以纵队为单位，由随军办事处及部队供给部门抽出一定数量的干部组成工作队，负责帮助借粮；借粮对象为地主，富农、中农、贫农除在县区政府正式进行征收时交纳公粮外，绝不许向其借支粮食。借粮原则为："对逃亡地主，除留其家属必须生活费外可全部借出"；"未逃亡而在敌占期间曾向群众倒粮之地主除留其生活必须外，可借其全部或大部粮食"；"在敌占期间，未向群众倒粮或已倒而已全部交还群众，及未逃亦未向群众倒粮之地主，对其借粮时，除其生活所必须外，所借数不得超过其所余粮食之1/3"。[①]

三路大军南下初期，部队每到一处，即"发动群众分浮财（当天到当天分）"。中原局曾规定"地主的浮财必须以70%以上分给贫农，部队只取其中少数的必需部分"。[②] "对中小地主尚未扣押没收者（包括富农在内），可实行罚一次款、布派征的办法"，"到外区游击活动中捉些地主罚一部分款、布也是来源之一，但尽量捉大地主"。[③] 1947年11月，中共豫陕鄂前委规定："对战争罪犯、大地主、官僚地主、官僚资本、贪官污吏、土豪劣绅、恶霸等为群众所深恶痛绝者，其财产应即实行没收。其没收中之大宗金银、货币、花布等及其他军需品，均应作为军费之用；其房屋、土地、生产工具、牲畜、日常用具等，即分给当地贫苦农民。在较巩固地区，除根据粮食多少及群众需要程度，酌抽一部分给贫苦人民外，其余均应依托可靠群众

---

① 《冀鲁豫行署、冀鲁豫区后方总指挥部关于公布冀鲁豫新收复区借粮暂行办法的通令》，《财经工作资料选编》（上），第883~884页。
② 《中共中原局、中原军区关于放手发动群众创造大别山解放区的指示》，王礼琦编《中原解放区财政经济史资料选编》，第4页。
③ 王国渝主编《中原解放区财政经济史料选编》，华中师范大学出版社，1991，第25页。

分散保存，或建立仓库，以供今后军食"；"对于中小地主，一般只准借粮食。如个别中小地主，有大宗金银、货币、花布等，为军队所需要之物品，经旅以上政治机关批准，除按一般生活水平酌留一部分外，其余亦可根据军队需要借用，以作军费"；"缴获敌人之粮食及物资，必须保证交出，作为军费，不能再使浪费"。① 1948年4月，中共豫陕鄂前委再次规定："在没有我政权的地方，可向大、中、小地主及富农借粮，但应力求向大地主借，万一借不到时，依次再向中小地主及富农借。"② 这些规定代表了中原解放区开辟初期关于借粮和没收问题的一般政策和基本原则。但是依靠没收、借粮等途径解决财政问题不仅收入很不稳定，而且没有固定的标准，常常发生乱借、乱没收的严重错误。从1948年夏起，中共中央指示在新解放区停止土改、改为减租减息政策后，中原解放区进入了较为稳定的发展阶段，许多县逐步建立了政权组织，而且豫东、豫西、桐柏等地区都拥有了一些城镇。各地得以通过各级地方政权进行征收工作，逐渐采取较为正规的筹粮筹款的办法解决党政军的财政供给。

2. 征收公粮

在解放区建立初期，在实行没收、借粮等政策之外，也在一些已建立政权的较为巩固的地区，通过征收公粮的办法解决财政问题。但当时征收在财政收入中所占比例还很小，而且负担面比较窄。早在1947年10月，中共中央中原局就指出："各地政府一经建立，就应宣布废除某些苛捐杂税，建立正当合理的田赋、公粮、税收制度，逐渐走上有秩序的供给。"③ 1948年6月，中原局在"六六指示"中，批评了过去工作中打土豪、分浮财、乱没收等"左"的错误，提出保证部队供给的新办法，如"实行征借粮食和筹款的办法，并尽可能地使之合理，亦即是实行合理负担的财政政策"。④ 这

---

① 《中共豫陕鄂前委财政工作暂行办法草案》，王礼琦编《中原解放区财政经济史资料选编》，第760~761页。
② 《中共豫陕鄂前委借粮会议决定事项》，王礼琦编《中原解放区财政经济史资料选编》，第771页。
③ 中央档案馆编《中共中央文件选集》第16册，中共中央党校出版社，1992，第562页。
④ 《中共中原局关于执行中央5月25日指示的指示》（1948年6月6日），王礼琦编《中原解放区财政经济史资料选编》，第292页。

样,中原解放区部队的财粮供给来源和筹资方式逐步改变了原来的没收政策,而采取以征收公粮为主,以借粮、征收工商税和战争缴获等为辅,逐步建立了公粮征收制度和制定了公粮战勤负担政策。此后解放区的财政明显得到好转。以桐柏区为例,1948年夏季前实行筹粮,全区完成524万公斤;而6月开始征收公粮后,夏季完成3500多万公斤,秋季近3500万公斤,农民缴纳实物可以折抵公粮,计征布15万匹,棉花5万公斤,鞋17万双。① 征收公粮成为解决军需的主要依靠。

关于征粮的原则。各解放区仍沿袭抗日根据地的办法,实行合理负担,其基本思想是首先"满足军食需要,支援解放战争"。解放区各阶层人民,有粮的出粮,粮多的多出,粮少的少出,各以最大的限度来担负军食的供给,支援战争。其次还要"保证民食需要,发展生产,建设解放区"。② 也即是在满足军食需要的条件下,照顾各阶层的负担能力,各阶层人民在交纳负担之后,不仅能维持生活,而且能扩大生产,增加收入。再次,要有利于团结各个阶层,扩大社会基础。对贫苦农民必须保证他们最低生活的需要,对地主富农负担也有一定的限度。个别地方在"急性土改"中,曾企图从负担上消灭地主,但很快得到了纠正。合理负担的基本原则,一是"负担有定量"。根据军需民食双方的需要,以及人民实际收入的多少,按比例规定负担的轻重。如中原局规定,派公粮数量应根据战争的需要量和各县、区、村人口、土地、产量以及贫富、丰歉、环境及过去负担的差别等情况来确定。也即"必须在照顾人民生活及繁荣经济的原则下来进行,不能无限制向群众乱要"。③ 二是"交纳有定时"。根据农业收获的季节,实行一年两征制度,此外不得再征或预征。三是有农业收入的土地有负担,没有农业收入的土地,如房屋、场地、山荒、坟地、水塘等不负担。④ 为鼓励农民发展生产,各解放区都规定,新开生荒3年不负担,新开熟荒1年不负担。太岳

---

① 王天奖主编《河南通史》第4卷,第532~533页。
② 《中原局宣传部秋季公粮征收宣传纲要》(1948年10月),《中原解放区》(1),第208页。
③ 《中共豫陕鄂前委财经委员会关于1948年财经工作的决定草案》(1948年2月9日),王礼琦编《中原解放区财政经济史资料选编》,第152页。
④ 《中原局宣传部秋季公粮征收宣传纲要》(1948年10月),《中原解放区》(1),第209页。

第二十三章 解放区的经济（下）

区还曾规定"新开荒地，新修滩地，五年不负担"。① 另外，农村小规模副业也不负担，如太岳区规定："纺织、蚕丝、运输山货、熬盐、熬硝、造纸、桑皮、土制染料、草帽辫、药材等收入不负担"；"从顽占区贩回的牲畜营利收入、牲畜配种收入及养猪、养羊、养鸡、养蜂收入都不负担"。② 四是"累进负担"。按每人平均的收入量分级累进，收入少的负担的成数少，收入多的负担的成数多。也就是"在征粮中，既要照顾雇贫，使之负担较轻与中农不要负担过重，又要照顾地富，使之尚能生存"。③ 五是区分巩固区与游击区。在游击区，征收工作与保护群众利益、减轻其对敌负担相结合，群众负担量要比基本区低，负担面要广。如桐柏区1948年夏征时规定游击区公粮负担比巩固区减轻1/4。④ 以上这些原则使征收工作从实际情况出发，有利于保障军民双方需要并发展解放区经济。

关于征收对象。在中原解放区建立初期，征收工作中曾出现负担面过窄的现象，有些地方规定佃户全免公粮，主要征收对象是地主、富农，其次是中农。如1947年11月，豫陕鄂前委曾规定"一般贫雇农不应负担，由中农以上群众负担，佃农中如为贫雇农者，亦不负担。负担面，一般不应超过50%以上，但应根据贫雇农不负担原则及当地实际情况，酌量伸缩"。⑤ 1948年2月，豫陕鄂区再次规定，在已平分土地地区，"实行平均负担办法，其负担面一般不超过80%，但特殊情况者除外"；在政权为我控制而未发动群众地区，"粮款由富裕中农以上负担，按户不超过30%，军鞋则由中农以上负担，按户不超过50%"。这无疑增加了中、富农与地主负担，甚至使中小地主无以为生。豫西区1948年夏征时规定土地"平分地区80%，半分地区50%左右，未分地区30%"，但在执行中，实际负担面"窄到20%，

---

① 《太岳行署奖励生产条例》（1947年），《太岳革命根据地农业史资料选编》，第122页。
② 《太岳行署奖励生产条例》（1947年），《太岳革命根据地农业史资料选编》，第122页。
③ 《中共中原局关于秋季征收公粮的指示》（1948年7月19日），王礼琦编《中原解放区财政经济史资料选编》，第817页。
④ 《桐柏行政公署关于征收田赋公粮的布告》（1948年5月31日），王礼琦编《中原解放区财政经济史资料选编》，第777页。
⑤ 《中共豫陕鄂前委财政工作暂行办法草案》，王礼琦编《中原解放区财政经济史资料选编》，第761页。

最宽 70%~80%，一般到 40%~50%"，造成地主、富农不满，隐瞒产量、土地到一半以上。① 针对这种情况，1948 年秋征前，中原局规定，"农村负担公粮的人口力求广泛，一般免税人口不要超过 15%~20%，特殊乡村例外。因此免税额不要多于每人平均收获量 60 斤以上。佃户亦应负担一部分。土改地区新得地户应减征 1/3"。② 比较而言，晋冀鲁豫老解放区的负担面要广得多。如 1947 年 5 月和 1948 年 5 月，冀鲁豫行署曾两次对抗战期间即 1943 年 3 月 10 日公布的简易合理负担办法进行修订，其中均规定："负担人口以县为单位，应达到全人口 90% 以上。"③

关于征收标准。解放战争前期，晋冀鲁豫解放区仍以累进的办法来计算公粮征收量。冀鲁豫行署在两次修订简易合理负担办法时，均规定负担量最高以不超过民户土地收获量的 30% 为原则。④ 关于免征点，规定已进行土改的地区，"一般户每人平均不足三亩者，每人除免征点半亩，不累进。每人平均三亩以上，不足四亩者，不除免征点，也不累进。每人平均四亩以上者，不除免征点，累进负担"；未进行土改的地区，"一般户每人平均土地三亩以下者，除免征点一亩后累进负担。每人平均三亩以上者，每人除半亩免征点后，累进负担"。⑤ 后来，随着解放区土地改革的基本完成，农村生产关系发生了根本变化，在一个乡范围内，农民都获得了在数量上、质量上大体相当的土地，只是乡与乡、县与县之间，存在一些差别。为适应新的情况，根据各解放区多年来实行"合理负担"和"统一累进税"的经验，中共中央华北局决定实行新税制。1948 年 12 月 25 日，华北人民政府公布了

---

① 《豫西区专县联席会议录（节录）》，王礼琦编《中原解放区财政经济史资料选编》，第 238 页。
② 《中共中原局关于秋季征收公粮的指示》（1948 年 7 月 19 日），王礼琦编《中原解放区财政经济史资料选编》，第 817 页。
③ 《冀鲁豫行署关于颁布修正简易合理负担办法的通令》（1947 年 5 月 4 日）、《冀鲁豫行署关于二次修正简易合理负担办法》（1948 年 5 月 30 日），《财经工作资料选编》（上），第 891、924 页。
④ 《冀鲁豫行署关于颁布修正简易合理负担办法的通令》（1947 年 5 月 4 日），《财经工作资料选编》（上），第 891 页。
⑤ 《冀鲁豫行署关于颁布修正简易合理负担办法的通令》（1947 年 5 月 4 日）、《冀鲁豫行署关于二次修正简易合理负担办法》（1948 年 5 月 30 日），《财经工作资料选编》（上），第 892、925 页。

《华北区农业税暂行税则草案》,将原有的"统一累进税"改变为"比例税制",规定以"标准亩"为各类土地产量的统一计算单位,以"负担亩"为征税计算单位;凡常年产 10 斗谷的土地为一个"标准亩",所有农业人口不分男女老幼,每人扣除 1 标准亩,作为免征点,再扣除牲口消耗(牛、驴 4 斗,骡、马 7 斗)后,下余为"负担亩",每 1 "负担亩"征小米 25 斤。农业税征收以粮食等实物为主,一次分配,按夏秋两季交纳。① "比例税则"与过去的累进税相比,首先是免税点降低了,过去免税点一般为 1 石 2 斗至 1 石 5 斗,现统一改为 1 石;其次是扩大了负担面,过去纳税人口占总人口的 70%~90%,新税制施行后,纳税人口可达到 100% 或 95% 以上。②

从整体上看,解放战争时期晋冀鲁豫边区人民的负担量每年呈上升趋势。1948 年,边区政府主席杨秀峰在华北临时人民代表大会上的政府工作报告中指出:边区的财政收支从解放战争以来,预算逐年加大,1946 年全区人民平均负担(间接税收在外,透支在内)4 斗 6 升,约占其总收入的 12%;1947 年人均负担为 5 斗 4 升,占其总收入的 14%;1948 年人均负担 6 斗 5 升,占其总收入的 17%。③ 1948 年,太行区党委在报告中也指出:"我区负担的边区财粮,是逐年加重的:四六年总负担 1274150 石,每人平均 0.245 石。四七年总负担 1807547 石,每人平均 0.36 石。今年(四八年)总负担 2177307 石,每人平均 0.422 石⋯⋯(以上均按小米计。)"④ 为什么会出现负担逐年加重的情形呢?杨秀峰指出:"第一由于战争形势的发展,以及人民解放军的不断壮大,人数增多;第二由于我们现在进行的战争是大规模的,比较近代的战争,从运动战到阵地战与坚攻战,消耗大。"⑤ 这种

---

① 《华北区农业税暂行税则草案》(1948 年 12 月 25 日),转引自滑县财政志编纂委员会编《滑县财政志》,方志出版社,2008,第 329 页。
② 《关于华北区农业税暂行税则(草案)的说明》,桂世镛编《戎子和文选》,第 170 页。
③ 《晋冀鲁豫边区政府主席杨秀峰在华北临时人民代表大会上的政府工作报告(摘录)》,河北省税务局等编《华北革命根据地工商税收史料选编》第 1 辑,河北人民出版社,1987,第 267 页。
④ 太行区党委:《1948 年综合报告》(1948 年 8 月 26 日),焦作市档案馆藏,1-5-226。
⑤ 《晋冀鲁豫边区政府主席杨秀峰在华北临时人民代表大会上的政府工作报告(摘录)》,《华北革命根据地工商税收史料选编》第 1 辑,第 267 页。

分析是比较客观的。内战爆发后，由于国民党军的进攻，解放区缩小，而解放区军队数量又迅速增加，开支浩大，再加上收入没有明显增加，而地方粮款、战勤贴垫和各种社会负担却有所增加，导致了人均负担的加重。

中原解放区大部分属于未实行土改的新解放区，仍然沿用农业累进税制。一般采用按级分摊公粮数目的办法，各行署区把征粮总数呈报中原局核准，而各专署、各县则由行署召开县以上会议商讨分配数目，各县分配到区，区分配到村，村则召集干部与地方农民领袖及个别公正绅士共同商讨分配，务求得出比较公平合理之分配数目；事后发现有不公平者，及时增减，加以调整。① 如豫陕鄂边区是以村为单位，每10~20户选举一个大公无私能代表群众利益的人为代表，组织评议委员会，村长及村农会委员参加；评议委员会根据本村情况及政府法令，评议出各户负担后，即公布结果，群众如有不同意时，仍须复评。②

在1948年夏征时，中原区借鉴老解放区的做法，规定根据各地区土地变动的不同情况，采取不同的征收办法。凡已经彻底平分了土地的地区，基本上采取平均负担办法；凡部分分配了土地及未分配土地的地区，采取分等累进负担办法，负担重点首先是大地主，其次是中小地主和较大的富农，再次是中农和贫农。各地在执行这一总的方针前提下，根据各地的实际情况，具体的做法又有不同。如桐柏区规定："已经分过土地的地区，没有免征点。"③ 而豫陕鄂区规定："原系赤贫户现已分得土地，但不足以维持生活，或分得之土地内无麦田者，免除负担"；"新分到土地之老弱孤寡户，因无劳力，难以维持其生活者，免除负担"。除了以上这两种户以外，其余均为负担人口，"先评议产量，计算每人收入多少粮食，扣除免征点后，再以全村收入粮食总数除开全村负担公粮数，即得出每收入一石或一斗粮食的应负担公粮数，再以每石或每斗应负担的公粮数和每人收入的粮食数相乘，得出

---

① 《邓子恢同志关于中原区四个月来的财经工作给中央的综合报告》（1948年11月24日），王礼琦编《中原解放区财政经济史资料选编》，第246页。
② 《豫陕鄂边区征收夏季公粮办法》（1948年5月），王礼琦编《中原解放区财政经济史资料选编》，第779页。
③ 《桐柏行政公署关于征收田赋公粮的布告》（1948年5月31日），王礼琦编《中原解放区财政经济史资料选编》，第777页。

第二十三章 解放区的经济（下）

每人应负担的公粮数"。① 在分等累进的办法上，各地的标准也不相同。如桐柏区是根据每人平均占有土地多少亩，分九级征收；② 而豫陕鄂区是根据每人实际收入的粮食数，分为十八等进行累进，每差五斗定为一等。③ 由于各地人民的生活情形不尽相同，所以各地并没有统一的免征点。如豫陕鄂区规定，各县根据实际情况规定不同的免征点，但最低不能少于五斗，最高不能超过一石。④ 豫皖苏区在"未土改区，每人不足一亩地的免征，每人三亩以下的，除半亩免征地，每人三亩一分以上的，均按亩均摊不累进，不除免征地"。⑤

由于新解放区群众基础较弱，县区政权又不健全，累进税率极其复杂，操作起来非常麻烦，所以在实际操作过程中，累进税率"不但事实上办不到，且易被坏分子利用此复杂税率去愚弄农民"。⑥ 因此，在具体执行时，各地往往不能严格按原规定去做，而是采取了较为简便易行的办法。1948年6月，豫皖苏区重新发出指示说："原办法在目前群众与干部条件下，难以作到，因时迫任巨，为缩短时间完成任务，可以县区与片村为单位，按本年麦季大致产量分配任务，各村按土质产量（因施肥加工而增产量不增添负担）粗分三等办法，较易执行。"⑦ 7月，中原局也指出："公粮征收税率，可分为三等，最多分五等征收，力求简单，不可繁复。一般征收率不要超过人民实际收获量20～25%，最低不要少于5%。"⑧ 这个税率仍没有能

---

① 《豫陕鄂边区征收夏季公粮办法》（1948年5月），王礼琦编《中原解放区财政经济史资料选编》，第779页。
② 《桐柏行政公署关于征收田赋公粮的布告》（1948年5月31日），王礼琦编《中原解放区财政经济史资料选编》，第777页。
③ 《豫陕鄂边区征收夏季公粮办法》（1948年5月），王礼琦编《中原解放区财政经济史资料选编》，第779页。
④ 《豫陕鄂边区征收夏季公粮办法》（1948年5月），王礼琦编《中原解放区财政经济史资料选编》，第779页。
⑤ 《豫皖苏边区农业税负担暂行办法》，王礼琦编《中原解放区财政经济史资料选编》，第775页。
⑥ 《中共中原局关于秋季征收公粮的指示》（1948年7月19日），王礼琦编《中原解放区财政经济史资料选编》，第817页。
⑦ 《豫皖苏边区行政公署指示》，王礼琦编《中原解放区财政经济史资料选编》，第796页。
⑧ 《中共中原局关于秋季征收公粮的指示》（1948年7月19日），王礼琦编《中原解放区财政经济史资料选编》，第817页。

普遍实行。9月，中原局在关于秋收工作的指示中再次指出："当群众尚难掌握复杂的合理负担法令时，可以发动群众实行民主摊派，以免地富藉机愚弄群众。"① 在实际征收中，有些村庄是民主摊派，有些村庄则以公粮应征数的一半照田亩均摊，另一半则由地富加摊。② 根据1948年夏征情况看，豫皖苏分配数是平均每亩地约摊11斤，但实收数每亩只摊7斤半，等于每亩收获量的6%；豫西、桐柏区分配数是每亩20斤，实收数每亩只11斤，等于实际收获量的10%。③ 此外，交纳公粮种类按当地产粮情形具体规定，产大米及夏季麦收地区，则以大米、小麦为主，但秋季不产大米或产很少地区，则应按当地大宗产粮规定2种或3种，作为缴纳公粮之标准。如豫西规定小米、苞谷、豆类各1/3，豫皖苏规定高粱、苞谷、豆类各1/3。④

1949年，中原区征收公粮的办法仍然是累进负担，根据中原区各阶层土地分布及全年农业收入概况，规定无论土改区与非土改区、崭新区与较老区，全年每人收250斤以下者为贫农，征收最高不得超过8%；收550斤以下者为中农，最高征收18%；收700斤以下者为富农，最高不超过25%；收入700斤以上者为地主，最高不超过35%。⑤ 各阶层的负担标准：贫农负担占收入5%~8%，中农12%~18%，富农25%左右；一般地主30%~35%，大地主35%~40%。⑥

从公粮征收来看，解放区大多属农业地区，因而与抗日战争时期一样，农业税仍是主要财政收入。如据统计，晋冀鲁豫边区1947年农业税收入占

---

① 《中共中原局关于秋收工作的指示》（1948年9月7日），王礼琦编《中原解放区财政经济史资料选编》，第300页。
② 《邓子恢同志关于中原区四个月来的财经工作给中央的综合报告》（1948年11月24日），王礼琦编《中原解放区财政经济史资料选编》，第246页。
③ 《邓子恢同志关于中原区四个月来的财经工作给中央的综合报告》（1948年11月24日），王礼琦编《中原解放区财政经济史资料选编》，第246页。
④ 《邓子恢同志关于中原区四个月来的财经工作给中央的综合报告》（1948年11月24日），王礼琦编《中原解放区财政经济史资料选编》，第246页。
⑤ 《中原区1949年度公粮合理负担暂行办法（草案）》，王礼琦编《中原解放区财政经济史资料选编》，第1057页。
⑥ 《李副主席在河南省财政会议上的总结》（1949年4月27日），王礼琦编《中原解放区财政经济史资料选编》，第1066页。

总收入的83%，其他收入仅占17%。① 中原解放区的豫皖苏区粮食收入曾占其财政总收入的95%以上。② 到1948年11月，中原各区公粮收入仍占总收入的80%。③ 公粮仍是解放区民众的主要负担，如1948年，河南省夏季负担人口共1700万，负担任务50000万斤；秋季负担人口2700万，负担任务55000余万斤。④ 夏季每人负担约30斤，秋季每人平均约20斤，全年人均负担公粮达50斤左右。

3. 工商等税收

税收是解放区解决财政收入的重要途径，也是开展对国民党经济斗争的重要手段。抗日战争时期，各抗日根据地的农业税收入占财政总收入的绝大部分，间接收入（出入口税、烟税、契税、公营事业收入、公产收益等）所占比例很小。抗战胜利后，为计算方便，晋冀鲁豫解放区将统一累进税中的农业部分与工商业部分由原来的统一计算征收，改为分别征收，在增加工商营业税后，1946年间接收入达到20%。⑤

1946年6月，晋冀鲁豫解放区颁发了《晋冀鲁豫边区货物税暂行条例》，开始征收货物税，规定除毒品、赌具外，其余货物均解除禁令，准予自由贸易，照章纳税。国共内战爆发后，为加强对敌贸易斗争，保护和发展解放区经济，又将货物税改为出入口税，于1947年初进一步修改出入口税则，重新恢复奖励与限制出入口货物的税则，出入口税成为一项重要收入。另外，晋冀鲁豫解放区还颁布了《烟酒征税暂行办法》《晋冀鲁豫边区工商业营业税暂行办法》，规定坐商和行商实行两种不同的课税标准和税率。从1946年起，还对交易税进行了调整，大致分为牲畜交易税和斗秤交易税（以斗量、秤衡物品交易征收的税）两类，但征收办法各地并不一致。因解

---

① 中央档案馆等编《中共中央在西柏坡》，海天出版社，1998，第418页。
② 《刘瑞龙在豫皖苏区土地会议上对今后财经任务的发言》，王礼琦编《中原解放区财政经济史资料选编》，第186页。
③ 《邓子恢同志关于中原区四个月来的财经工作给中央的综合报告》（1948年11月24日），王礼琦编《中原解放区财政经济史资料选编》，第245页。
④ 《李副主席在河南省财政会议上的总结》（1949年4月27日），王礼琦编《中原解放区财政经济史资料选编》，第1067页。
⑤ 《晋冀鲁豫边区的财政经济工作》（1947年5月），桂世镛编《戎子和文选》，第162页。

放区工商业落后，以上所征各税，开始只占财政总收入的1%~5%。后来随着一些大中城市的解放，工商业税收才明显增加。

1948年9月，晋察冀和晋冀鲁豫两大解放区正式合并，成立华北人民政府。11月下旬至12月上旬，召开了华北首届税务工作会议，讨论制定了14种暂行税法草案。① 1949年5月，华北第二届税务会议又讨论决定了18种税法呈核稿。② 在华北人民政府的领导下，华北各解放区的财税工作渐渐实现了统一。

在工商等税收方面，1948年8月10日，华北联合行政委员会颁发《华北区出入口货物税税则（草案）》，其总的精神是，奖励过剩的日用产品和土产出口，奖励支援战争及发展工农业生产的必需品入口；禁止粮食、棉花等必需品出口资敌，限制与禁止非必需品入口。12月3日，华北人民政府颁布了《华北区酒业管理暨征税暂行办法（草案）》《华北解放区烟业管理暨征税暂行办法（草案）》《华北区营业牌照税暂行办法（草案）》《华北区临时营业税暂行办法（草案）》《华北区交易税暂行办法（草案）》《华北区牲畜屠宰税暂行办法（草案）》等一系列暂行税法，统一了全区的烟酒管理和多种税法。1949年，又先后颁布《华北区进出口货物税暂行办法》（3月15日）和《华北区货物税暂行条例（草案）》《华北区工商业所得税暂行条例（修正草案）》《华北区印花税暂行条例（草案）》（均为4月15日颁布）等一系列税收条例，除将出入口税改为货物税之外，又增加了印花税等税种。

中原解放区刚开辟时，由于各地情况不同、形势不稳，财经工作处于各地分筹自给的状态，税收在财政收入中比重也很小。全区没有统一的政策和制度标准，财经管理机构和制度建设很不健全，税收干部也十分缺乏。邓子恢（时任中原财经办事处主任）在1948年11月24日给中央的报告中就说"虽然华东来了700多，华北来了200多，这是杯水车薪，无

---

① 见《华北区首届税务工作会议总结报告》，《华北革命根据地工商税收史料选编》第1辑，第380页。
② 见《华北二届税务会议讨论决定之十八种税法呈核稿及九种手续法》，《华北革命根据地工商税收史料选编》第1辑，第450页。

第二十三章 解放区的经济（下）

济于事"。① 而且，由于外来干部对新区不熟悉，他们往往按过去各地的管理经验和工作习惯开展工作，造成干部思想不统一。

为充实税收队伍，健全税收机构，解放区往往从党、政、军各方抽调干部临时充任，或从基层群众中选用。而这些干部大都没有经过正规的业务训练，工作生疏。如1948年7月以前，沈丘"全县共有8个区，只设6个事务所，空有天桥、刘福集2个区，是附他所管辖，无专人负责"；② 项城县也"只有南顿、付集配备了工商人员，都经过个别的教学一星期的时间回区工作，其他区仍未有配备"。③ 在1948年8月项城县工商局的工作总结中说："实际工作三个人也不能当一个人用，都是要干部紧的时候，派来些刚出院的荣誉军人，对工商工作不但不懂，还不识字，甚至还有不好影响（搞男女关系，生活腐化），说句着急话，倒不如没有人还好，有这些人实在增加了不少麻烦，但又不好意思退回去。总而言之，是调有人就行啦！因此，在我们干部中也就认为没有人要的，都送到工商局去吧！"④ 由于财经工作人员缺乏，干部素质参差不齐，成分复杂，业务不熟，再加宣传教育不够、管理松散，一些地方的税收工作"从上到下特别是下层，普遍地严重地存在着无纪律无政府状态、破坏政策的极度紊乱现象"，⑤ 造成整个中原解放区财经工作出现"在制度上既不统一，在工作上更混乱多端，而专县以下各级机关乱打埋伏，目无制度，以及经征税款人员之贪污浪费现象"。⑥

在中原解放区初创阶段，税收工作的混乱首先表现在税目、税率等不统

---

① 《中原区四个月来财经工作——邓子恢同志给中央的综合报告（节录）》（1948年11月24日），《中原解放区工商税收史料选编》上册，第525页。
② 《豫皖苏边区沈丘县工商局、银行四至七月份工作报告》（1948年8月24日），《中原解放区工商税收史料选编》上册，第446页。
③ 《豫皖苏边区项城县工商局六七两个月工作总结报告（节录）》（1948年8月），《中原解放区工商税收史料选编》上册，第465页。
④ 《豫皖苏边区项城县工商局六七两个月工作总结报告（节录）》（1948年8月），《中原解放区工商税收史料选编》上册，第467页。
⑤ 《谭冠三、李剑波于新安城给分局宋任穷、吴芝圃政委的报告（摘录）》（1948年10月17日），《中原解放区工商税收史料选编》下册，第506页。
⑥ 《中共中央中原局关于今冬明春财政工作的指示（节录）》（1948年10月27日），《中原解放区工商税收史料选编》上册，第349页。

一，收税人员随意性大。如周口1948年4月以前"税收工作很乱，主要是为了多收几个钱，没有什么政策，不管生产与贸易，出入口都收税，在税目上是多，税收面宽"。① 桐柏第三专区曾"采取大家动手普遍收税，到处设立税卡，委托社会人士（普遍现象）甚至民兵收税（如襄阳），造成税卡林立"。② "有的地方叫交易所、行店帮忙收税。"③ 豫西区曾出现"有些区也征收，有些部队也征税，形成关卡林立，互争税收"的现象。④ 有些地方甚至违章收税，如"邓县五区不经任何批准收营业税，堰浦口鹿重园向老太太赶集买的棉花要税"。⑤ 豫陕鄂边区也曾出现"有的县商联会在征税，有不知番号的地方部队在征税；有的给商人便条，还有不给条的；也有征收实物；食盐进口也征税；有的内地县出县境就征税；许多地方没有执行所颁布之税务条例及税率"。⑥ 由于没有统一的政策、制度标准，很多地方自定税率。如洛南单独决定征税办法，"征粮食出县税、屠宰税"。⑦ 豫西一些地方"税花、税票、税率是自行规定。同一种货物在两县即不能统一"。⑧ "不少小集上的交易所还是自定税率，连卖丸子也出税，'撮把行'也收税。"⑨ 一些税收干部有时竟以自己的好恶决定税率轻重，"个人就是政策，出口就是法令"，"看着哪个不顺眼，本应按10%征税，硬叫人家按20%报税者有

---

① 《中共周口市委五月份工作报告（摘录）》（1948年6月4日），《中原解放区工商税收史料选编》上册，第428页。
② 《桐柏第三专员公署给县长区长的一封信——关于工商税收工作的几项规定》（1948年3月），《中原解放区工商税收史料选编》下册，第432页。
③ 《桐柏行政公署主任许子威在湖阳县委联席会议上关于财经问题的发言（摘录）》，《中原解放区工商税收史料选编》上册，第75页。
④ 《豫西行政主任公署关于税收工作的命令》（1948年7月20日），《中原解放区工商税收史料选编》下册，第450页。
⑤ 《桐柏第三专员公署给县长区长的一封信——关于工商税收工作的几项规定》（1948年3月），《中原解放区工商税收史料选编》下册，第432页。
⑥ 《豫陕鄂边区行政主任公署关于工商税务工作几个问题的通令》（1948年4月23日），《中原解放区工商税收史料选编》下册，第303页。
⑦ 《工商管理局豫西分局中州农民银行豫西分行十一、十二月份工作综合报告（节录）》（1948年12月），《中原解放区工商税收史料选编》上册，第560页。
⑧ 《工商管理局豫西第五支局六至十二月份工商税收工作总结（节录）》（1948年12月31日），《中原解放区工商税收史料选编》上册，第553页。
⑨ 《对今后财经任务的说明——刘瑞龙在豫皖苏边区土地会议上的发言（节录）》（1948年7月），《中原解放区工商税收史料选编》上册，第108页。

第二十三章 解放区的经济（下）

之；随便增加税收种类者有之"。① 有些地方收税不给正规税票，随便开红白条；有的自造税票，更有甚者"不给商人税票，将税款干脆的入私囊"。② 还有一些干部对出入口税缺乏明确认识，分不清出入口的界限，分区与分区甚至县与县之间竟也互树关税壁垒。如豫西"四分区商人往巩县回廊镇运销烟叶，路经禹县竟令人家上起税来"。③ 南召事务所"在征收牲口交易费中，凡经过该境之牲口都要征税"。④ 这些做法均违犯了区内贸易自由原则，商人逢关出税，叫苦不迭。

其次表现为在防止偷税、漏税、走私时曾出现乱罚、乱没收、乱贴封条等现象。解放区为平衡区内物资流通，加强对国统区的经济斗争，制定了相应的税率以调节内外贸易，并对一些物资实施禁运，对违反政策的商人一般是"杀一儆百"，以教育为主，但是基层税收人员在执行政策中曾发生"左"的偏向或者为了个人私利而对违者乱罚乱收，个别地方甚至出现"烧、撕、捆、吊、打骂"的现象。⑤ 虽然解放区规定"凡非工商局以外之军政民机关，只有报告或查获权，而无有处理没收权"，⑥ 但是在实际执行中基层机构、地方机关、干部个人、缉私群众都参与没收，甚至一些地方的税收额主要由没收变价所得，如豫皖苏区某县"县局没收变价竟占全部出入口税收的70%以上"。⑦ 有些地方干部并不上交没收来的货物，而是据为己有。如"汝正二区简直没收成风，任何人都可以没收纸烟、法币，区书

---

① 《豫皖苏边区工商管理第三分局中州农民银行豫皖苏第三分行关于目前工商、银行工作的决定（节录）》（1948年6月1日），《中原解放区工商税收史料选编》上册，第307页。
② 《商水县工商工作总结》（1948年9月18日），《中原解放区工商税收史料选编》上册，第145~146页。
③ 《豫西第五专员公署关于乱征税款会影响工商业发展的指令（财经第3号）》（1948年7月19日），《中原解放区工商税收史料选编》下册，第449页。
④ 《工商管理局豫西分局中州农民银行豫西分行十一、十二月份工作综合报告（节录）》（1948年12月），《中原解放区工商税收史料选编》上册，第559页。
⑤ 《豫皖苏边区上蔡县工商局上半年税收工作总结报告》（1948年8月24日），《中原解放区工商税收史料选编》上册，第453页。
⑥ 《豫皖苏边区工商管理第三分局中州农民银行豫皖苏第三分行关于目前工商、银行工作的决定（节录）》（1948年6月1日），《中原解放区工商税收史料选编》上册，第319页。
⑦ 《豫皖苏边区工商管理局第三分局中州农民银行豫皖苏第三分行关于目前工商、银行工作的决定（节录）》（1948年6月1日），《中原解放区工商税收史料选编》上册，第307页。

陈孟丁没收纸烟40多条，放存好多地方留自吸；该区之武工队普遍都没收纸烟、法币；一次齐区长之通讯员，在半路见一小贩有两条烟未报税，其通讯员没收了一条，并假仁假义的说：'你人穷本小，只有两条烟，可怜你不全没收'"。① 可见，但凡公职人员都可行使没收权，但没收的动机并非全部为公，相当多的没收是借机谋取私利。

由于干部力量不足，为防范、打击走私行为，解放区曾发动群众缉私，配置秘报人员，企图用没收处罚来解决走私问题，并制定提奖制度，以极高的提奖率刺激干部、群众缉私的积极性。单纯以经济刺激来调动缉私的积极性的方式，在实际工作中造成了乱没收的严重后果。一些干部作风不严，且群众中的一些"'勇夫'者非老实之农民也。这样使少数非老实的群众发财浪费，群众吃亏，对公补助甚少"。② 加之对干部、群众的教育和审查不够，他们有时不分是非曲直，为提奖而没收，罚没行为严重扩大化，以致出现假公济私、私自没收、敲诈欺骗等违反政策的现象，如豫皖苏有些地方由于牲口提奖率高，连"走亲戚人骑的牲口，拉石槽向敌区出售的牲口（运输力），由边区买来向根据地来的牲口及在牛鞭上的牲口等，被没收者有之"。③ 水东地区"出口的小猪、大葱，入口的颜料、洋火、江米等物都被没收，大有无人与无法掌握之势，以致商人一时裹足，贸易一时停滞"。④ 有些人以自己的实际需求来确定没收对象，"自己没鞋穿，就到市上没收洋布做鞋面布者有之；想吃油果，就派人到集上没收者有之"。⑤ 有时随便给出理由或罪名而予以罚没，如"汝正确一税收员，路上见一小贩，所带纸烟本已报过税，硬说小合虽有印大合并没有印，因此罚蒋币

---

① 《谭冠三、李剑波于新安城给分局宋任穷、吴芝圃政委的报告（摘录）》（1948年10月17日），《中原解放区工商税收史料选编》下册，第506页。
② 《豫皖苏边区工商管理第三分局中州农民银行豫皖苏第三分行关于目前工商、银行工作的决定（节录）》（1948年6月1日），《中原解放区工商税收史料选编》上册，第306页。
③ 《豫皖苏边区工商管理第三分局中州农民银行豫皖苏第三分行关于目前工商、银行工作的决定（节录）》（1948年6月1日），《中原解放区工商税收史料选编》上册，第307页。
④ 《豫皖苏边区工商管理局第一分局一九四七年十月至一九四八年八月工作总结（节录）》，《中原解放区工商税收史料选编》上册，第457页。
⑤ 《豫皖苏边区工商管理第三分局中州农民银行豫皖苏第三分行关于目前工商、银行工作的决定（节录）》（1948年6月1日），《中原解放区工商税收史料选编》上册，第307页。

100万元"。① 更有甚者"本来不是出口也加上个'企图出口'或'变相出口'等罪名来没收"。② 由于税收工作的混乱局面，一些不良社会人员也乘乱而起，以假乱真，豫皖苏边区"每个县都有冒充工商人员收税者"。③ 桐柏区的新甸铺西南一带、沟林关、邓县四区也曾有一些"不屑之徒"借政府收税之名，行截路敲诈之实。④

中原解放区创建过程中税收工作的混乱，干扰了工商业正常的经营秩序，也严重损害了解放区的党政形象。在没收最严重的地区，"群众称之为'土匪多，截路的多'，称之为雁过拔毛、'路断人稀……等'"。⑤ 从中可见群众对税收工作混乱的不满情绪。

随着解放战争的迅速推进和局势的日益稳定，中原解放区的各级政权机构逐步建立，在坚决纠正前期税收工作中的各种混乱现象的过程中，税收工作开始逐渐走向统一和规范。

在税率制定上，中原解放区一般遵循以下几个原则。第一，尽量做到中原区的税率统一。第二，一般采取轻税制度，低于国民党的原有税率，以减少走私，达到轻征广收。第三，必须符合对敌斗争及合理负担。例如进口货方面，军用必需品免税，日用必需品轻税，奢侈品消耗品重税；出口货方面，必需品较重，非必需品较轻，军用品禁止出口，过剩滞销物品免税奖励出口。第四，必须符合保证生产与发展生产的工商政策。例如进口货中，原料较轻，成品较重，重要的生产工具与机器免税；出口货中，成品较轻，原料较重，一般工业税轻于商业税，如煤矿税则予以废止。⑥

---

① 《谭冠三、李剑波于新安城给分局宋任穷、吴芝圃政委的报告（摘录）》（1948年10月17日），《中原解放区工商税收史料选编》下册，第507页。
② 《豫皖苏边区工商管理第三分局中州农民银行豫皖苏第三分行关于目前工商、银行工作的决定（节录）》（1948年6月1日），《中原解放区工商税收史料选编》上册，第307页。
③ 《豫皖苏边区工商管理第三分局中州农民银行豫皖苏第三分行关于目前工商、银行工作的决定（节录）》（1948年6月1日），《中原解放区工商税收史料选编》上册，第307页。
④ 《桐柏第三专员公署给县长、区长的一封信——关于工商税收工作的几项规定》（1948年3月），《中原解放区工商税收史料选编》下册，第432页。
⑤ 《豫皖苏边区工商管理第三分局中州农民银行豫皖苏第三分行关于目前工商、银行工作的决定（节录）》（1948年6月1日），《中原解放区工商税收史料选编》上册，第307页。
⑥ 《中共中原局关于转发工商银行会议总结综合报告的通知》（1948年12月），王礼琦编《中原解放区财政经济史资料选编》，第262页。

中原解放区出产大量烟叶、棉花、粮食和药材等，税源丰富。从1948年下半年开始，中原局不断加强了税收工作。一是加强了进出口税的征收工作，努力切实掌握河流口岸，建立了税收武装，抽出1个团的兵力加强了漯河警备，并控制三河尖，使沙河通航、烟叶能够出口；二是设立了九县烟草管理局，统一了许昌、襄城、叶县、禹县、郏县、舞阳、许西、沙北、宝丰9县的烟叶产销税和出口税，由中原区财经办事处直接管辖；三是决定于1949年春举办税契与征收田赋及屠宰税；四是普遍开征营业税，但只限于城市及5000人口以上之大市镇，一般市镇不征收。①

1948年10月，中原局要求增加税收，出入口税（包括过境税）、产销税（包括烟酒税）、营业税、屠宰税4种税收的税款比额，各地区在原有基础上一律扩大1倍。② 关于各税的征收办法，中原局规定营业税"只采取民主摊派制，不规定繁杂之累进税率"。③ 同时，征收营业税以不妨碍工商业发展为前提。如豫皖苏区规定，"货物税不征内地摊贩及内地行销的土产，营业税不征收小商贩，税率皆应低于国民党，使一般工商业能负担得起。税不重收，收税必须给正式税票，税率由纵队以上财经部规定"。④ 豫皖苏区三地委于1948年12月开始征收营业税，"以中钞2000元为起征点。凡营业资本在2000元以下者，不征收营业税"。⑤ 除了营业税，其他税种在最初征收时，由于缺乏经验，没有制定出一套完善的办法来，也主要采取民主评议方式。如1948年下半年鄂豫区的税收项目除了出入口税外，还有矿厂产销税、烟叶、油榨、屠宰、烟酒等项，大部分是按量计算包税认交。⑥

各城市解放之初，由于对新解放城市的税收工作没有经验，政策上又不十分明确，所以很多征收并不是采取定章征收的办法，而多是以民主评议作

---

① 《邓子恢同志关于中原区四个月来的财经工作给中央的综合报告》（1948年11月24日），王礼琦编《中原解放区财政经济史资料选编》，第248页。
② 《中原解放区工商税收史料选编》上册，第350页。
③ 《邓子恢同志关于中原区四个月来的财经工作给中央的综合报告》（1949年11月24日），王礼琦编《中原解放区财政经济史资料选编》，第248页。
④ 王礼琦编《中原解放区财政经济史资料选编》，第793页。
⑤ 《豫皖苏区三地委关于今后工商工作的方针与任务》（1948年10月21日），王礼琦编《中原解放区财政经济史资料选编》，第235页。
⑥ 《鄂豫区四个月来的财政工作报告》，《中原解放区工商税收史料选编》上册，第537页。

为过渡时期办法。如郑州市解放初期，废除了国民党统治时的保甲摊派与一切苛捐杂税。为使工商业得到休养生息，在短时间内没有开征税收。后来在不影响工商业发展的原则下，逐步征收了出入口税、烟酒税、卷烟产税、牲口交易税、屠宰税、影剧业营业税等，征税办法多是召集厂商共同讨论决定。① 不过，采用民主评议征收的办法也曾出现畸轻畸重和伤及商人本金的弊端，如1949年初，朱集"共四万五千人口，且行商不少，本钱少；五家烟厂，三家开工，税收定九十万，救灾及卫生附加三十八万，共一百二十八万。商民叫苦，一夜即收到告评议委员的状子、请愿书百十张。商民反映，按一季说不算很重，一次拿便拿不出，或伤了本钱，'零搞易忍、整割难挨'"。② 洛阳市由于季节性和春季营业税较重的原因以及评税中出现的畸轻畸重现象，大的工商业户增加了顾虑，也造成了经济一时的死滞，出现了歇业现象。③ 随着革命局势的顺利推进和经济的恢复、发展，营业税的征收标准也逐渐不适应工商业发展的要求。在开封资本家座谈会上，就有代表指出："各叶〔业〕负担是临时政府救急办法，应当如此，不过政府的措施都要正规化了，平津现在征收营业税率是按营叶〔业〕额征收3%，按营〔盈〕利额征收6%，是有标准的"，认为"开封也应步入正规化，按营业额或纯益征收。这样可以挤黑账，按累进率征收，如果按民主评议，不免负担过重，征到他的血本，恐怕不能做要歇叶〔业〕，若按标准，则就无顾虑了"。④

随着战争的胜利发展和大中城市的相继解放，中原解放区在借鉴其他老解放区丰富的税收经验的基础上，结合本解放区的实际情况，逐渐完善了税收机构和税收政策。1949年1月，中原解放区颁布了《出入口货物暂行征税办法》《出入口货物税目税率表（草案）》《卷烟、水旱烟征税暂行办法

---

① 《郑州市财政局税务处解放后（1948年10月至1949年4月）各种税收工作报告（节录）》，王礼琦编《中原解放区财政经济史资料选编》，第1080~1082页。
② 《中共商丘地委三月份工作综合报告》（1949年3月29日），《中共商丘党史资料选》第1卷《文献》（下），第983页。
③ 《中共洛阳党史专题》第1辑，第4~5页。
④ 开封市人民政府：《开封市工商叶〔业〕家座谈会》（1949年5月），开封市档案馆藏，23-1-20。

(草案)》《酒税征收暂行办法》《营业税征收暂行办法》《屠宰税征收暂行办法》《行商管理暂行办法》《出入口贸易管理暂行办法草案》等一系列暂行税法和征收管理办法。2月，参照华东、华北的从量征税，根据中原区的实际情况，经请示中央批准，决定中原区纸烟税按价征收40%～50%。① 5月，中原临时政府决定成立河南省税务局，并建立健全了各专区、市、县税收机构。同时，在制度上也提出了全区统一领导的要求，如统一税率、统一票照税花等。6月6日，省税务局发出命令指出，为了恢复与发展生产，迅速打通内外贸易，便利土产品输出，对出入口税取消征收，把烟叶税列入货物税内征收。② 河南税收逐步走上了正轨。

总的来看，因河南各解放区工商业落后，所以所征各税占财政总收入的比例很小。如1948年下半年，豫皖苏区税收只占总收入的20%，豫西区占25%，桐柏区占20%。③ 到解放战争后期，随着一些大中城市的相继解放，以及解放区政府执行平衡农工商业负担的政策，工商业等税收在财政收入中的比重才逐渐有所提高。如豫皖苏区集市税收1948年6～8月比5月之前增加100%～200%及以上。其中夏邑县5月收交易费折合麦子3000斤，而7月就收1.3万多斤。雪涡县裴桥集5月只收256斤，7月、8月每月都收了1300斤。④ 郑州市自1948年10月解放到1949年8月的10个月间，共收入11415210斤（折标准粮），其中税收收入占66%，另外缴获占21.7%，其他12%。⑤ 漯河从1948年9月6日开始征收出入境税，最初每日只收银洋几十元至几百元，10月中旬增至每日1000元到1500多元，11月猛增至平均每日40万元左右，多者达80万元。截至11月20日，共收税款1200万

---

① 《中央关于同意纸烟税按价征收40～50%的批示》，《中原解放区工商税收史料选编》下册，第122页。
② 《河南省税务局关于立即停征出入口税的命令》，《中原解放区工商税收史料选编》下册，第208页。
③ 《邓子恢同志关于中原区四个月来的财经工作给中央的综合报告》（1948年11月24日），王礼琦编《中原解放区财政经济史资料选编》，第248页。
④ 中共河南省委党史研究室编《豫皖苏边区革命史》，河南人民出版社，2001，第310～311页。
⑤ 《郑州市人民政府一年来工作报告》（1949年11月20日），王礼琦编《中原解放区财政经济史资料选编》，第121页。

元，到年底收入共达 3000 万元。[①] 与此同时，由于解放区政府执行了"工轻于商"即工业税收明显低于商业以及发展与保护工商业的税收政策，并在新解放的城市废除了国民党时代的苛捐杂税，所以工商税税率一般较低，与农业税一样，工商税也体现了促进生产发展的原则，推动了解放区经济的恢复和发展。

（二）财政管理

解放区的财政管理是在抗日战争时期管理体制的基础上不断完善和加强的。随着解放区的扩大和经济的发展，河南各解放区政府开始划分省（行署）县（市）收支范围，向分级管理制过渡，逐渐建立地方财政与开展地方税收，县财政逐步建立。各解放区主要实行了预决算、金库等财政管理制度，并加强了对粮食的保管工作。

1. 预决算制度

以中原解放区为例，中原财经办事处规定，经营收入款项的各机关，每年度均须编造收入预决算。收入预算，须在每个会计年度开始前一个月；收入决算，不得迟于会计年度终了两个月内编造完成，呈送中原财办或各行政区财办审核。[②] 同时规定各机关各系统不论经常与临时开支，事前均须有预算，事后必须造决算，厉行报销手续。

2. 金库制度

金库分总金库、分金库、支库、县库，由各级银行代理各级金库，由中原财办财政处于中州农民银行总行设立总金库，各行署财政处于分行设分库，于各支行设支库，于县办事处设县库，以处理一切金库业务。分库以下之各级金库直属其上级金库领导。中原财经办事处规定："中原地区各级政府、各征收机关、各业务部门、一切向人民征收之各种税款、粮草代金、特种收入、贸易盈余、各项公营事业收入、司法、行政、公安收入及其他一切

[①] 中共河南省委党史委工作委员会编《沙颍河怒涛》，河南人民出版社，1990，第 349 页。
[②] 《中原财经办事处关于公布〈中原区财政收支暂行程序〉的通知》（1948 年 10 月 6 日），王礼琦编《中原解放区财政经济史资料选编》，第 864 页。

收入等,皆须解交金库。"凡属县级以下者,均分别由各主管县政府及县经征机关汇集解库,如该县未设金库,可汇解上一级金库接收;县级以上政府、机关的一切收入,则直接解同级金库核收。各级机关向金库解款时应填具5联解款书。收款金库收到解款时,应先核查是否与解款书所列数目相符,再由收款金库主任会同会计人员于解款书各联注明收讫年月日,并签名盖章。[①] 同级军政机关对当地金库有监督之权与保护之责。各级金库对于指定解交本库之收入机关,如发现有逾期未解款入库的情况,得及时派要员携带金库证明文件,前往该收入机关查明情形,向总金库或分金库报告,总金库即转报中原财办财政处,分金库即转报行署财政处。收入机关遇有上述金库人员来询问时,在验明其证件后,应尽量为其提供有关账册及存款情形,不得借故推诿或拒绝查询。[②]

3. 粮食保管工作

粮食是群众用血汗换来的果实,又是支持战争的主要物资,因此,解放区对粮食管理工作极其重视。解放战争开始后,由于是大兵团作战的运动战,粮食的保管保护工作显得极为重要。各解放区刚开辟时,由于环境不安定,有些地区还可能暂时沦陷,所以公粮保管采取高度分散、秘密埋藏的办法,实行县、区、村、户各级负责的制度,一般以村为单位分二三处集中,各村建立粮食保管委员会,具体负责指导农民藏粮。但分散藏粮的办法很难掌控,加上国民党军所到之处强抢公粮和民粮,使各解放区公粮损失严重。后来,在解放区局势稳定的情况下,开始建立县、区、村仓库。仓库地点一般选择在易于集中和运输的交通要道,如铁路、公路干线、河流旁。粮食进行集中管理,既可减少损失,又便于及时供应大军需要。各村征收公粮后即向县库或县库指定的分库运送归仓。收粮时,收粮的仓库须备三联单收据,第一联为收据,给交粮人;第二联为报查,由收粮仓库每10天报县粮库一次;第三联为存根,由仓库存查。县分库要在每月第三日向县粮库造送收支

[①] 《中原财经办事处关于公布〈中原区财政收支暂行程序〉的通知》(1948年10月6日),王礼琦编《中原解放区财政经济史资料选编》,第864~866页。
[②] 《中原财经办事处关于公布〈中原区财政收支暂行程序〉的通知》(1948年10月6日),王礼琦编《中原解放区财政经济史资料选编》,第864~866页。

报告表及解交粮票一次。县粮库在每月 5 日向专署财政科造送上月收支报告表与解交粮票。专署于每月 20 日向中原财办造送上月收支报表及解交野战军使用过的粮票。在保管上，由粮食保管村组织公粮保管小组，选择可靠的群众组成。对仓库人员有较高的道德要求，如必须廉洁奉公、爱惜公粮，出入公平，不得大秤入小秤出，不得私自买卖和挪用公粮等。在粮食管理上，一些地方所存公粮也曾出现因管理不当而被沤坏的问题，如 1948 年入秋后雨水较多，高陵县发现各区所存公粮都有生虫和沤坏现象。据调查，四区刘古村沤坏麦子百余斤，东大城 2000 多斤未坏的剩 1000 多斤，程庄 2000 斤麦子坏了一半，其他区也有不少村的存粮沤坏了。[1] 高陵县政府发现这一问题后，立即指示各区迅速检查，并定出扬晒办法，避免了公粮的进一步损失。

（三）财政支出

1. 建立审计制度

在机构设置上，解放区县级以上的政府均设审计人员，行使一定限度的审计职权。解放区规定，各部门的财粮经费预决算须经同级审委会或同级政府财科（股）审查，如有不符合实际需要或应予节省的情况，审查机构有权提出从减或拒绝报销。上级政府的开支每半年应向下级政府主要负责人公布一次，并授权审查。各级机关部门的经费开支，开始的第一个月造花名册，经过审计审核后发给供给证。如豫西区规定："有编制之各机关单位每月所必需之粮食、菜金、津贴、公杂（包括文具、纸张、印刷书报、邮票、灯油购置、修理、杂费等）、旅费、马草、马料、招待、医药、生理服装、鞋袜等开支，均属于经常费。此项费用，一律不造预算，由各机关单位第一个月经过审计借支 40 天的经费粮食，以后每月终了造计算一次，于下月 5 日前向政府报销具领，开支数不能超过编制数及供给制度上的规定。"[2] 各级审计备案报告日期的规定：县向专署每月一次，于下月 5 日前发出，专署

---

[1] 《高陵发现沤坏公粮现象建议各地政府注意保护》，《冀鲁豫日报》1948 年 8 月 26 日，第 4 版。
[2] 《豫西区财政工作制度》，王礼琦编《中原解放区财政经济史资料选编》，第 806 页。

向行署每月一次，于下月 20 日前发出；行署每 3 个月汇编全区备案一次（直属单位每月一次）向财办报告；县粮、款每 3 个月备案一次，逐级报告行署。没有明文规定的开支，或超出供给标准与超出各级审计职权范围以外（以致发生错误与浪费）的开支，由各级行政首长及审计人员负责。审计制度的建立，表明财政开支逐步走向规范化。

2. 完善开支原则和手续

解放区的财政开支坚持以保证战争供给为重点的原则，一般规定"野战军第一，地方军第二，地方机关第三，不管在任何情况下，必须是首先解决了野战军的问题，才能解决地方军的问题，最后再解决地方机关的"。① 关于开支手续，中原财经办事处规定，一切支付，皆须由中原财办财政处或行署财政处签发。任何机关、部门或个人，无论其经手与否，非经中原财办财政处或行署财政处签发支付命令，均无权向金库或税收机关自行支付款项。② 豫皖苏边区具体规定，本区各级军政机关之经费，"一律凭豫皖苏军政联合财经办事处正副主任签署之支付令向金库支领（分区及县级金库无签发支付令之权），其他机关或个人均不得越权支拨"。③ 金库一旦收到领款机关交来的由中原财办财政处或行署财政处签发的支付书，即须照数支付，并于命令及通知二联上注明付讫年、月、日，加盖章记，以支付命令一联留存，以支付通知（报核）一联随同金库收支报表送中原财办财政处或行署财政处备查。

3. 实行供给制度

因物资紧张，为克服混乱现象，避免浪费，各解放区均实行了统一的供给标准。当时财政供给主要包括两部分，一是军务费，一是政务费。与抗日战争时期相比，军务费与政务费的支出比例，虽有所下降，但军务费仍是主

---

① 《豫西区财政工作制度》，王礼琦编《中原解放区财政经济史资料选编》，第 814 页。
② 《中原财经办事处关于公布〈中原区财政收支暂行程序〉的通知》（1948 年 10 月 6 日），王礼琦编《中原解放区财政经济史资料选编》，第 864 页。
③ 《豫皖苏边区行政公署关于施行金库暂行条例的命令》（1948 年 8 月 18 日）、《中共豫陕鄂前委财政工作暂行办法草案》（1947 年 11 月 12 日），王礼琦编《中原解放区财政经济史资料选编》，第 827~828 页。

第二十三章 解放区的经济（下）

要支出项目。尤其到1947年解放战争即将转入反攻时，"财政工作的首要任务是集中一切力量，保障战争供给。只要保证了部队的主要供给（衣服、粮食、菜金、弹药、医药、通讯器材及炮兵、工兵的建设用费）及必要的生产建设费用，就算是完成了财政任务，其他工作可不办的不办，可缓办的缓办，降低生活待遇，提倡艰苦奋斗"，"军事开支可占财政开支总数的85%，地方费占15%"。① 军事支出项目，首先是保证军事人员的生活供给，其次是武器、弹药的供给和伤病员的医疗开支。此外还有军事学校及机关办公经费等一些支出项目。由于战事频繁，财政收入不足，边区政府对各项经费、粮秣和被服装具及日用品都制定了严格的供给标准。如1947年10月，华东野战军司令部、冀鲁豫行署统一制定了粮食供给标准，规定部队的供给：吃米每人每天小米1斤12两，过节或伤员吃粮每人每天小麦2斤半。战杂人员的供给：临时民夫民工每人每天小米2斤，菜金每人每天半斤小米（折款发给），烧柴每人每天3斤半。② 1948年8月，中原区规定，普通菜金：野战军每人每日10元，军区军分区之基干团、边沿区之武工队、工厂工人、军校及医院工杂人员，每人每日8元，军区军分区直属后方机关、县区武装、地方党政民机关及其警卫武装、地方学校及各种训练班、野战军各兵团及纵队之留守机关，每人每日6元。另外对津贴费、公杂费、政工费、特支费、作战费、优待费、通讯器材费、交通器材费、医药费以及吃粮、马料、烧柴和日用品等等都规定了详细的供给标准。③

政务费也称党政民经费，主要包括解放区党政机关、群众团体及治安、司法部门的人员生活费、业务费和其他行政开支。地方干部也一律实行供给制，并严格制定了各项供给标准，除伙食外，衣被基本自备，以减轻人民的负担。如1948年10月1日豫皖苏区制定的地方党政供给标准中规定，普通

---

① 《薄一波关于〈华北财政经济会议决议草案〉的报告》（1947年6月5日），《中共中央在西柏坡》，第241页；《华北财政经济会议决议》，张志平主编《中共中央在西柏坡文献选编》，河北教育出版社，1996，第37~38页。
② 《华东野战军司令部、冀鲁豫行署关于粮食供给的决定》（1947年10月11日），《财经工作资料选编》（上），第919页。
③ 《中原军区部队供给规定》（1948年8月1日），王礼琦编《中原解放区财政经济史资料选编》，第821~827页。

菜金：机关、学校、各种训练班及机关警卫武装，不分干杂，一律每人每天5元（一、三分区物价较高，每人每天6元），工厂工人每人每天7元。吃粮：机关之警卫武装、勤杂人员、轻工工人，吃麦每人每天2斤2两，吃秋粮每人每天1斤14两；机关工作人员，训练班、学校，吃麦每人每天2斤，吃秋粮每人每天1斤12两。此外，还须开支过节费、公杂费、特支费、医药费、优待费、埋葬费等等。① 1949年初，为克服财政困难，豫皖苏区又将上述供给标准中的若干经费支出项目改成了专、县、区三级党政分级包干制，"按级建立'多可不退'（转下半年度用），'少也不补'（即要各级自己预先扣发或不发）的制度"。② 1948年，太行区也对党政民机关人员的供给标准进行了规定，要求"党政民人员凡现任区级以上的党政民系统之脱离生产者"均依照标准供给。③

河南省是解放军渡江作战的前进基地，财政税收以保证战争需要为主要任务。经过加强制度建设，逐步克服了初期制度紊乱、各自为政的状态，由分区自筹自给，过渡到统筹统支，确立了财经工作的正常秩序，不仅有力支援了中原解放战争，促进了河南各解放区的政治、经济的发展，也有力地支援了全国解放战争。

三　金融业

（一）金融机构

1. 晋冀鲁豫金融机构

晋冀鲁豫解放区的金融机构是在抗日根据地金融机构的基础上建立的。

---

① 《豫皖苏区军政联合财经办事处关于颁发豫皖苏区地方党政供给标准的通令》（1948年10月1日），王礼琦编《中原解放区财政经济史资料选编》，第844~847页。
② 《豫皖苏区财经办事处关于经费分级包干办法的通知》（1949年1月27日），王礼琦编《中原解放区财政经济史资料选编》，第1051~1052页。
③ 《太行区政民人员供给制度及经费之规定》，焦作市档案馆藏，1-5-218。

第二十三章 解放区的经济（下）

1945年12月1日，晋冀鲁豫边区政府发出指示，规定太行、太岳、冀南、冀鲁豫四区的银行由冀南银行总行统一领导，各区的信贷资金由总行统一下拨。1946年1月1日，冀鲁豫区的鲁西银行并入冀南银行，设立冀南银行冀鲁豫区行。

1947年12月，冀南银行冀鲁豫区行在河南的机构有：第四分行辖滑县、浚县、延津、高陵（今内黄县南部）、原阳、卫南（今属滑县）、长垣、封邱、曲河（今属封丘）支行；第八分行辖清丰、南乐、内黄、濮阳、昆吾（今属濮阳县）、卫河（其辖区现分属清丰、内黄和南乐3县）、尚和（今属濮阳县）支行；第九分行辖范县支行。①

抗日战争结束后，冀南银行太行区行在河南省设立了两个分行：一是焦作分行，管辖清化、武陟、温县、获嘉、沁阳、修武和焦作支行；二是临淇分行，管辖汤阴、林县、新乡、汲淇（今分属卫辉市和淇县）、辉县、安阳支行。1948年6月，太行区行管辖河南省境内的分支行有：第四分行，辖博爱、武陟、温县、沁阳、修武支行；第五分行，辖林县、汤阴、安阳、辉县、邺县（今属安阳县）、汲县支行。1947年，太岳区的王屋县制撤销，王屋县支行合并于济源县支行。从此，太岳区行在河南的机构只有济源和孟县两支行，直至太岳区行撤销。

为促进物资交流，统一解放区的金融市场，1948年4月15日，冀南银行与晋察冀边区银行联合办公，按冀钞1比边币10的固定比价，互相自由流通。5月9日，中共中央决定，晋冀鲁豫中央局和晋察冀中央局合并为中共中央华北局，晋察冀军区和晋冀鲁豫军区合并为华北军区。8月19日，华北人民政府成立，晋冀鲁豫边区政府撤销。10月1日，原冀南银行和晋察冀边区银行实行合并，改名为华北银行。② 当月，"华北总行所属各级组织，自收到通知之日起，改名为各级华北银行（照华北总行通令秘字第五号第五项各级行名称）对外，一切债权债务完全由华北银行负责与承受"。③ 12月1日，又在华北银行、北海银行和西北农民银行的基础上，合并组成了中国人民

---

① 《冀鲁豫边区金融史料选编》下册，第99页。
② 《华北人民政府关于成立华北银行的布告》，《冀鲁豫边区金融史料选编》下册，第294页。
③ 《华北银行总行关于华北银行成立的通函》，《冀鲁豫边区金融史料选编》下册，第313页。

银行，同时发行中国人民银行钞票作为华北、华东、西北三区的本位币。

2. 中原解放区银行体系

中州农民银行是解放战争时期中原解放区建立的金融机构。1948年8月23日，中州农民银行总行在宝丰县的商酒务村正式成立，经理为陈希愈，银行基金为73000万元。11月12日迁至禹县，25日又迁至郑州，次年5月迁至武汉。在总行建立之前，中原各解放区已先后设立了区行、分行、县行或办事处等分支机构，这是中原解放区金融工作的特点之一。中州农民银行豫皖苏、豫西、桐柏三区的区行于1948年6月相继成立，经理分别为何幼琦、李绍禹、许子威。到1948年底，豫皖苏区行下辖8个支行，52个县、市支行；豫西区行下辖6个支行，38个县、市支行；桐柏区行下辖3个支行。为了统一银行名称，7月29日，中原局曾规定："区党委一级称分行，地委级称支行，县设办事处。"① 洛阳市行于1948年6月创设，郑州分行、开封分行则是11月创设。郑、汴两市分行直属总行建制，一切业务的进行、干部的调动、会计单位等，均归总行领导。洛阳、许昌、商丘三市行则属于分行建制，资金分配、干部配备调动、经费预决算等由分行领导；有关政策性的业务指导，比价、利息之规定，则由总行领导。城市银行只作市区业务，不领导农村。农村工作另成立县行，如县与市合并时，市行增设农贷科，人数报分行批准实行。②

解放区刚刚开辟时，由于经济组织初步建立，干部也十分缺乏，所以一开始银行和工商管理局是一套班子，两个名称。如豫皖苏区党委规定，工商和银行"机构合一，领导合一，名义并存"；"目前工作以对敌经济斗争为主，对内对外除银行业务用银行名义外，一般行政、开支报销、会议集合、刊物文件，均用工商局名义"；"工商、银行资金统一运用、统一管理，于会计科目上加以区别"。③ 后来随着形势发展，工商、银行、贸易单一领导

---

① 《中共中原局给豫西区党委的指示》，王礼琦编《中原解放区财政经济史资料选编》，第469页。
② 见《郑汴洛许商五城市行联席会议综合记录》，王礼琦编《中原解放区财政经济史资料选编》，第580页。
③ 《豫皖苏边区区党委关于工商银行部门组织与领导问题的决定》，王礼琦编《中原解放区财政经济史资料选编》，第338页。

的状况逐渐不适应工作的需要。为了加强各部门工作领导，1948年10月28日，中原财办规定各行署分设工商局、银行分行、贸易公司，分别受中原临时政府工商部、中州农民银行总行、中原贸易总公司的直接领导。鉴于各地工作发展的不平衡及干部条件的限制，上述三部门机构的分立先从豫西、豫皖苏两行署开始，其他地区一俟各项条件成熟，再行分立机构。[①]

1949年3月，为加强经济建设，进一步理清领导关系，中原临时人民政府对经济机构进行了调整，决定撤销豫皖苏、豫西、桐柏3个区的银行分行，在河南省境内成立中州农民银行河南省分行，经理为李绍禹。各专署设支行（如中州农民银行洛阳支行），除郑州、陈留、确山分区外，支行与当地市行合并，一套机构，两个名义，并于各重点县成立县行。重点选定：豫西为新安、嵩县、巩县、新郑、临汝、襄城、禹县、宝丰、鲁山、舞阳、漯河（市行）、镇平、南召、方城、新野、邓县、唐河；豫东由各专署自行选定，呈报中原临时人民政府备案；其他县份如已有银行干部，也可成立县行，暂由各该县府工商科长兼任各该县行经理。省分行的业务受总行直接领导，同时又领导河南省境内各级银行，原开封、郑州两分行均改为市行，受省分行直接领导。[②] 与此同时，中州农民银行总行兼理中国人民银行中原区行业务，中州农民银行各地分支县行兼理中国人民银行各地分支县行业务，各级中州农民银行经理兼任各级人民银行经理的职务。从此，中州农民银行由一个地区性银行变成了全国性银行的一部分。至1949年底，中州农民银行正式结束。

（二）货币发行与货币斗争

1. 豫北货币斗争

抗日战争胜利后，伴随着国民党军对华北一些地区的控制，法币大量流入华北，成为解放区货币斗争的主要对象。法币在解放区大致经历了从盛行

---

① 《中原财办关于工商银行贸易机构的决定》，王礼琦编《中原解放区财政经济史资料选编》，第377页。
② 《中原临时人民政府关于经济机构变更与干部配备的决定》，《中原解放区》（1），第424页。

到衰落再到退出解放区的过程,而通过开展与敌人的货币斗争,解放区内部的货币则日益强大,逐渐统一,最后取得绝对优势。

1946年8月至年底,由于对法币大量流入的危害认识不清,晋冀鲁豫解放区不少地方在制定货币政策时出现了失误,货币斗争的指导思想混乱,对法币放任自流,再加上群众存在变天思想,争先推出本币,购买物资,结果造成物价飞涨,"敌后广大市场,几乎全部成了蒋钞本位,本币贬值北流,一部被打入黑市",形成法币畅行于市,成为群众的合法流通货币的局面。在本币与法币比值上,法币上涨,由内战爆发前的1:6.5,涨为1:4,上涨约60%,[①] 冀鲁豫八分区在国民党军进攻、中共军队退出后,冀钞一度降低到与法币等值。[②]

进入1947年,由于吸取了之前的经验教训,随着中共军事、政治力量的发展,法币的优势地位逐渐被打破,开始在解放区走向衰落。解放区大胆发行货币,并以经济力量为后盾巩固已取得的货币阵地,不断扩大本币市场,缩小法币市场。同时,配合进行与法币的比价斗争,迅速在新解放区压低法币价值。到1947年2~5月,晋冀鲁豫新解放区从敌占时本币与法币的1:1.5~1:1.3很快发展到1:10~1:8的比价。在游击性较大的敌后市场,也都压到1:5或1:7。[③] 其中冀鲁豫区从1946年下半年到1947年本币与法币的比值发生了巨大变化:1946年8~12月是1:2~1:1.5,1947年1、2月1:5,3月1:8,4月1:15,5月以后有的地区达到1:30~1:20,[④] 完全转变了敌优我劣的形势。

在打击法币优势地位的同时,解放区也在不断设法排除法币在市场上的流通。最初,曾采用"贬值兑换"和"猛烈的禁用没收"的办法排除法币,但效果不好。如冀鲁豫八分区曾规定了5天兑换期,在价格上规定1:10,

---

[①] 《冀鲁豫区自卫战争以来的统货工作总结》(1948年2月8日),《财经工作资料选编》(下),第133~134页。
[②] 《冀鲁豫区自卫战争以来的统货工作总结》(1948年2月8日),《财经工作资料选编》(下),第139页。
[③] 中国人民银行河北省分行编《冀南银行》,河北人民出版社,1989,第376页。
[④] 《冀鲁豫区一九四七年上半年贷款统货工作总结与下半年工作意见》(1947年7月),《财经工作资料选编》(下),第114~115页。

第二十三章 解放区的经济（下）

而黑市为 1∶5，由于牌价太低，群众虽明知法币不合法，但也不愿兑换。5天中 6 个县每县兑入数至多不超过 300 万元。群众把法币隐藏起来，这时投机商人到乡下收买，形成法币黑市。4 月濮阳进行统货时，也规定 5 天的兑换期，当时黑市 1∶5，而牌价第一天定为 1∶10，第二天又降至 1∶12.5，结果虽兑了 14295000 元，但大部分是中小商人和基本群众的，大商人因资力雄厚，不愿吃亏，而把法币隐藏起来。这种贬值兑换的办法，造成群众因怕吃亏而隐藏法币，结果投机商人沾光，群众还感激商人。[①] "猛烈的禁用没收"，则是把对法币的敌性观念，迁怒到手持法币的群众身上，采取"包围搜查"（道口）、"翻箱倒柜"（濮阳等），甚至"跟踪追击"强行没收的办法。[②] 这些强行禁用没收法币的办法不仅脱离群众，使法币由集市分散到乡村，还造成了群众的对立情绪。

经过实践摸索，解放区政府发现组织群众输出，发动群众性的排除法币运动是迅速彻底地肃清法币的有效办法。1947 年上半年，滑县道口镇在收复后，群众手中仍存有大批法币，当时一面严格行政管理，迅速停止法币流通，一面发动群众在本村自动登记，呈报后由群众自行组织选择人员向国统区采购有用物资，取得了很好的成绩，一天即输出 1.3 亿元法币。[③] 清丰县各庄集附近组织了 730 万元交给福聚恒辫庄赴禹县购买药材。王毛集附近 4 个村开群众大会，由群众自报残存法币数目，共报出了 1500 多万元，组织了 21 个组到清化贩竹子。根据王毛孙村王秀夫组的调查，共集合法币 27 万元，除一切盘费开支外，净余本币 13 万元，约合 2 元法币换 1 元本币，较兑换时黑市 1∶5 多得 2.5 倍，较牌价 1∶10 多得 5 倍。[④] 通过组织群众输出法币，不仅把法币大部分肃清，群众也获得了很大的利益。

[①] 《冀鲁豫区自卫战争以来的统货工作总结》（1948 年 2 月 8 日），《财经工作资料选编》（下），第 142 页。

[②] 《冀鲁豫区自卫战争以来的统货工作总结》（1948 年 2 月 8 日），《财经工作资料选编》（下），第 143 页。

[③] 《冀鲁豫区一九四七年上半年贷款统货工作总结与下半年工作意见》（1947 年 7 月），《财经工作资料选编》（下），第 116 页。

[④] 《冀鲁豫区自卫战争以来的统货工作总结》（1948 年 2 月 8 日），《财经工作资料选编》（下），第 143 页。

1947年7月刘邓大军南下后，由于整个战局转入反攻，冀钞市场扩大，本币已占绝对优势，成为群众心中真正的本位币，法币完全丧失了群众的信用。冀钞与法币的比值在黄河以南地区甚至一度达到1∶50～1∶40，一般黑市价格仍是1∶25左右，[①]从而使法币从解放区大量外流，国统区物价暴涨，而解放区物价下跌，市场稳定，有力地巩固了解放区的货币阵地。

　　货币斗争取得胜利的具体表现是解放区内部货币逐步走向了统一。1945年11月，中共晋冀鲁豫中央局峰峰会议决定，太行、太岳、冀南、冀鲁豫四个行署区的货币实行统一发行、统一管理、等值流通。晋冀鲁豫边区政府于12月1日发出指示，规定冀南银行在边区内发行的各种版别的纸币，包括加印"平原""太岳"字样的冀南银行钞和鲁西银行钞等，自1946年1月1日起在四区一律等价流通。在白晋线全部打通后，太行、太岳两区间的商业交通逐渐畅通，为方便物资交流，1946年1月17日，太行区银行发布了"从即日起太岳区流通券在本区一律与冀钞等并流通"的命令。[②]为稳定金融秩序，防止市场紊乱给商人造成交易的困难，冀鲁豫区行在1947年3月曾规定："凡非本边区之票币（如北海、晋察冀、陕甘宁等）一律不准在本区市场流通，如有此项票币者，可向银行按规定牌价兑换之。"[③]7月，又强调指出，为了便利与友区的商民交易，"接邻地区得指定若干市场（互相协议）以本区货币为主，作为计价标准与支付手段，同时准许友区货币携带使用，在指定市场地区以外，未经特许使用友区货币者，本区得强制兑换，并酌加处罚百分之十以下之罚金，但不得没收"。[④]1947年11月12日，华北重镇河北省石家庄市解放，晋冀鲁豫解放区与晋察冀解放区连成一片，商业往来逐渐增多，为促进物资交流，统一对敌斗争，1948年4月15日，冀南银

---

① 《冀鲁豫区一九四七年上半年贷款统货工作总结与下半年工作意见》（1947年7月），《财经工作资料选编》（下），第114～115页。
② 《太行区行关于使用太岳区流通券的命令》（1946年1月17日），焦作市档案馆藏，1-5-218。
③ 《冀南银行冀鲁豫区行关于友邻区货币处理办法的指示》（1947年3月16日），《财经工作资料选编》（下），第98页。
④ 《冀鲁豫区一九四七年上半年贷款统货工作总结与下半年工作意见》（1947年7月），《财经工作资料选编》（下），第119页。

行与晋察冀边区银行联合办公,两银行所发行之钞票固定比价,互相流通。冀鲁豫行署发出通令,决定自1948年4月15日起,准许边币(晋察冀边区银行币)在该区自由流通,币价固定为冀钞1元顶边币10元,同时规定"对两种货币均应以本位币看待"。① 12月1日,中国人民银行成立后,发行中国人民银行钞票(下称新币),定为华北、华东、西北三区的本位货币,统一流通。"所有公私款项收付及一切交易,均以新币为本位货币。新币发行之后,冀币(包括鲁西币)、边币、北海币、西农币逐渐收回。"其中,中国人民银行钞票与冀南银行钞票的比价是1∶100。② 最终实现了华北解放区货币市场的统一。

2. 中州钞发行

随着人民解放军的胜利进军和中原解放区的开辟,中原解放区必须建立起独立的经济秩序,以利物资交流和繁荣经济。因此,中州钞的发行成为当时政治经济形势发展的客观要求,也是支援革命战争、恢复和发展中原解放区经济的迫切需要。

中州钞是中州农民银行发行的货币,全称为中州农民银行钞票,亦简称"中钞"或"中票",是中原解放区的本位币。1948年5月20日中州钞开始发行。中州钞最初发行时,中原解放区银行机构并未建立,而是由部队各纵队、旅及独立作战的团、营设随军兑换所,并兼做发行与宣传工作。早在1948年1月25日,中原局就做出了《关于发行中州农民银行钞票的决定》,对发行中州钞做了一系列原则性的规定:"中州钞为中原局所属各区统一的本位币,一切财政税收、公私交易、供给制度均以中州钞为本位。""中州钞在若干集镇站稳以后,即应迅速争取在一个区一个县内完全占领市场,禁止蒋币流通","当中州钞未在全区取得决定性的胜利以前,应准许银元、铜元流通,并积极利用之,以支持本币打击蒋币"。③ 也即是说,根据当时

---

① 《冀鲁豫行署关于固定冀钞与边币比价并互相流通的通令》(1948年4月15日),《财经工作资料选编》(下),第153页。
② 《华北人民政府关于成立中国人民银行发行中国人民银行币的布告》,《冀鲁豫边区金融史料选编》下册,第345页。
③ 《中共中原局关于发行中州农民银行钞票的决定》(1948年1月25日),王礼琦编《中原解放区财政经济史资料选编》,第448页。

情况，中州钞的发行应采取由城镇到乡村、由点到面稳步扩展的形式，并与打击法币同时进行，最终肃清法币，达到本币"完全占领市场"。

从各地实际情况来看，中州钞发行的步骤大体可分为三个阶段：第一步为本币开始发行，确定与银元联系，准许兑现，准允银元流通；第二步是排除法币，使本币取得群众信用，并拥有一定物资力量支持本币，禁止银元流通；第三步是停止兑现，进一步肃清银元市场，取缔银元黑市，使本币与银元脱钩，以实现独立自主的本币市场。

中州钞最初发行时主要依靠军队，兑换也靠军队。发行途径主要有：第一，贷款发行。采取贷款、投资发行，使中州钞与群众经济生活密切结合。第二，兑换发行。首先是兑换白银，其次是兑换法币。第三，经费发行。各部门经费一律发中钞并以中钞为记账单位。

在发行10个月后，中州钞的流通范围扩大到了4000万人口以上，而且币值比较巩固，物价比较稳定，取得了很大的成就。这除了军事上和政治上的胜利因素之外，还由于解放区政府采取了有效的措施，进行了全力支持。首先是以粮食等物资作为发行和流通的基本准备。每区经常保持一定数量的粮食出售。如豫皖苏区曾布置每区准备3000～5000石粮食，以出卖粮食来支持中州钞。[①] 有的交粮行代卖，遵照政府牌价限收中钞；在农村较小集市，银元兑换无法普及的地方，由公营商店或委托私人商店按照政府的规定抛售粮食和其他物资，均可起到标明中钞币值的作用，使农民认识到中钞与法币不同，可以换到所需实物，这样就推动农民保存中钞，而不是急着抛出或兑换。在接收开封、郑州等大城市之前，准备足够数量的本币和大量的城市人民生活必需品（如粮食、煤、油、盐等），解放军入城之后，立即收、放物资，市场缺时即适当放出，市场多时则适当吸收，这对迅速占领货币市场，驱逐法币，并保证本币物价稳定起到了决定性作用。

另外，麦征、税收、出入口及金融管理等各方面工作，也均以全力支持

[①] 《豫皖苏边区征粮工作、货币斗争与生产工作》，王礼琦编《中原解放区财政经济史资料选编》，第211页。

中钞。在麦征时，随粮带征中州钞，如豫皖苏区曾采取公粮每斤带征中钞1元，① 豫西征收1/10代金的办法，② 推动农民使用中钞；坚持税收只收中州钞和友币，拒收法币和银元；在发行初期，坚持重点兑现白银，用现洋标明中钞币值并稳定币值，管制银洋出口，严禁银钱贩子的投机活动；在豫皖苏区还取消牙行，组织交易所，规定非中州钞不准交易等等，这些办法对巩固中钞的固定比值，扩大中钞的流通范围，都起到了重要作用。当然，在发行中钞的过程中，坚决地打击法币，驱逐法币，是支持中州钞最直接的办法。至1949年3月全国统一货币——中国人民银行钞票（简称"人民币"）在中原区正式发行时，中州钞完成了自己的历史使命，即停止发行。

3. 中州钞与法币的斗争

发行中钞是与排除法币同步进行的。从1948年4月，中原解放区开始了逐步肃清法币的斗争。最初，解放区不少干部，对货币斗争存在一些模糊认识，认为群众手中的法币，总是群众的财富，应予保护，有的干部甚至还鼓励群众使用法币。一些直接参加排除法币工作的人，也不了解排除法币的目的，因而采取了一些不正当的办法，有的对使用法币者戴高帽游街，有的突然袭击集市，对使用法币的人抓、押、吊、打、罚。发现这些问题后，解放区政府立即进行了纠正，明确指出，排除法币是为了人民，必须宣传群众，依靠群众，杜绝排除法币中的不法行为，推动了排除法币活动的顺利进行。

对法币的斗争大体分为两步进行，先是限制流通，适当打击；再是禁止流通，直到彻底肃清。如桐柏区在发行中钞时规定："蒋币暂准流通，其比值由银行随时挂牌规定，基本上按市价或比市价略低，但不可过分压低，以免引起物价上涨，反于中钞不利，到一定时候即采取适当步骤禁止蒋币流通，变混合市场为独占市场。"③ 各地打击法币的方法主要有：①广泛宣传

---

① 《豫皖苏边区征粮工作、货币斗争与生产工作》，王礼琦编《中原解放区财政经济史资料选编》，第211页。
② 《中共中原局关于货币问题的指示》，王礼琦编《中原解放区财政经济史资料选编》，第486页。
③ 《桐柏区党委关于发行中州农民银行钞票的指示》，王礼琦编《中原解放区财政经济史资料选编》，第457页。

国民党政府滥发法币，造成恶性通货膨胀，给人民财产造成巨大损失的严重危害，激发群众对法币的仇视和憎恨，并由政府出示布告，宣布法币非法，号召人民拒用法币。②以村镇为单位号召并组织群众集中封包盖章将法币推到国统区，换回物资，以免法币贬值和作废而遭受损失。③在本币筹码不足的情况下，使用银元、铜元和发行小额地方流通券等，解决市场交易需要。④根据市场情况，有步骤地压低法币币值，缩小法币市场。通过采取这些办法，为进一步禁用和肃清法币打下基础。

要排除法币，必须有充足的本币和小票用于市场流通，以便停止内地兑现，加速本币占领市场。1948年8月4日，中原局决定在全区普遍发行小额流通券，并规定：流通券以专署名义发行，仍由各级银行管理，"凡我暂时不能长期站稳的城市及游击区，可以官督商办，允许商人发行货币，将来由商人负责收回"；"流通券一般以1、2元两种为限，商办者以20元以下为限，流通区域限于当地，票面须标明某某区流通券（如豫皖苏一专区流通券）"。① 7日，中原局在给豫西区党委的指示中再次要求"责成各县市政府立即印发流通券，标明某某县市流通券，票面只限1元2元两种，发行额以全县人口计算每人1元为限，市可照人口数每人2元或3元。为求迅速起见，用石印报纸或厚麻纸均可，与中州钞等价使用，但不兑现。规定6个月内由县市政府负责收回，除成本外，其余额作财政收入解库"。② 小票问题解决后，中原局就开始在全区禁止法币流通。

由于国统区财政经济危机空前严重，物价每月上涨几倍，币值下降速度惊人，法币已日益失去作为货币的基本职能。为了挽救危机，1948年8月19日，国民党政府决定进行"货币改革"，用金圆券代替法币，规定金圆券1元兑换法币300万元，并限11月20日前兑完，同时不准流通和保存金银。对此，中共中原局于8月27日发文，号召各解放区人民"加紧排挤旧法币，务于9月底排尽，否则变成废纸，遭受重大损失，同时应宣布禁止新

---

① 《中共中原局关于发行小额流通券问题给各区党委的指示》，王礼琦编《中原解放区财政经济史资料选编》，第473页。
② 《中共中原局关于印发中州票辅币给豫西区党委的指示》，王礼琦编《中原解放区财政经济史资料选编》，第474页。

第二十三章 解放区的经济（下）

金币（指金圆券——引者注）进口，吸收金银白洋及物资回来，以贸易斗争支持货币斗争"。① 为防止国民党采取高价政策，套买解放区物资，以及投机商人大量存货存银洋，引起物价波动，早在国民党货币改革前，各解放区就开始加紧了肃清法币的行动。如7月1日，豫皖苏区行署发出紧急指示，制定了排除法币的三期步骤。第一期是宣传期。要求排除法币的指示务必于7月20日前布置到所有村庄，7月底以前普遍宣传完毕，并组织经济工作队，在几个主要集市上进行初步检查。第二期为检查期。务必于8月10日前普遍检查完毕，劝告群众禁用法币，并组织法币运往敌区换回物资。第三期为禁绝期。务必于8月20日前完全禁用。② 在此之前，豫皖苏区除一分区及其他若干小块是单一冀钞市场外，基本上是法币市场，其中大部分地方都有冀钞流通，且并不巩固，也有部分地方流通银币，但数量不大。③ 豫皖苏三分区1948年6月本币市场58个，混合市场91个，法币市场105个，其中雪商亳县的43个集市中，有31个本币市场，12个混合市场（大部冀钞占优势）。其他县份本币市场只能占1/3或1/4，大部分仍是混合市场及法币市场。④ 所以，法币在市场上占有统治地位。经过开展货币斗争，豫皖苏货币市场发生了根本变化，法币及金圆券在大部分市场上被驱除，中钞取得了独立的金融阵地，冀钞也摆脱了与法币的联系，币值相对稳定。到1948年9月，豫皖苏的1385个集市中，本币市场598个，占43.18%；混合市场360个，占26%；法币黑市83个，占6%；法币市场344个，占24.8%。⑤

豫西区驱逐法币大体上分为两个阶段，第一阶段是宣传动员，组织出

---

① 《中共中原局研究蒋府"货币改革"后的对策的初步意见》，王礼琦编《中原解放区财政经济史资料选编》，第500页。
② 《豫皖苏边区行政公署关于货币斗争的紧急指示》（1948年7月1日），王礼琦编《中原解放区财政经济史资料选编》，第463页。
③ 《豫皖苏区党委关于发行中州钞票和开展对敌货币斗争的决定》（1948年5月20日），王礼琦编《中原解放区财政经济史资料选编》，第450页。
④ 《豫皖苏三地委关于驱逐蒋钞与发行中钞的指示》（1948年6月10日），王礼琦编《中原解放区财政经济史资料选编》，第454页。
⑤ 《豫皖苏边区征粮工作、货币工作与生产工作》，王礼琦编《中原解放区财政经济史资料选编》，第208页。

口。城乡结合，大力开展宣传攻势，介绍各地驱逐法币与法币跌价情况，促进群众的觉悟，加快法币跌价。鲁山县自8月1日到15日半个月中，法币比银元由450万元跌至1100万元；洛阳自8月10日后一个月，法币比本币由2万、3万、4万一直跌至6万（合1200万比1元银币），仅经工商局登记出口的法币就有559亿；巩县回郭镇一带自8月21日至25日5天内登记出口的有210亿以上，加上未登记的至少也在600亿以上。① 经过10天到15天的时间，法币就大体上宣告肃清。第二阶段是检查市场，彻底肃清残存的法币。比如一分区在禁用期满后，检查了4个地方，结果发现每一个市场上都还残存着4000万、5000万以至3亿、4亿的法币。② 经过6到9月4个月的斗争，豫西区货币形势发生了根本的变化，在新安、渑池、偃师、孟津等25个县内肃清了法币，禁止了银洋流通，除冀钞还占一定比例，银洋尚有黑市活动外，大体实现了单一货币制的要求，本币独占了市场；镇平、内乡、淅川、西峡等16个县为法币、银洋、本币混合流通。由于环境动荡，只有灵宝、阌乡、新郑、长葛4个县本币不能畅达流通，法币独占市场。③

从各地经验来看，肃清法币主要是从两个方面进行。一是由内向外排除法币。有重点地从中心区做起，自内而外地排除，以村镇为单位组织群众集中封包盖章抛向接敌区，换回物资。这是排除法币最基本的方法。与此同时，明确规定允许法币在解放区流通的最后期限，加快驱除法币的步伐。如豫西行署规定，从9月20日开始，"一律禁止蒋币行使，一切款项来往，买卖交易，均不得使用蒋币，违者处罚"。④ 二是加强对"出入口"的管理，严禁法币内流和银元、白银、黄金出口。早在6月，桐柏区行署就规定：

---

① 李绍禹：《豫西区四个月（6月至9月）货币斗争概况与目前存在的问题》（1948年10月3日），王礼琦编《中原解放区财政经济史资料选编》，第534～535页。
② 李绍禹：《豫西区四个月（6月至9月）货币斗争概况与目前存在的问题》（1948年10月3日），王礼琦编《中原解放区财政经济史资料选编》，第535页。
③ 李绍禹：《豫西区四个月（6月至9月）货币斗争概况与目前存在的问题》（1948年10月3日），王礼琦编《中原解放区财政经济史资料选编》，第533～535页。
④ 《豫西行政公署关于全区禁用蒋币与禁止金银输出的布告》（1948年9月1日），王礼琦编《中原解放区财政经济史资料选编》，第504页。

"凡经营出入境贸易之商人,必须以货换货,不得携带金银出境,亦不得运输大批蒋币入境。如有特殊使用,必须经工商局批准,始准换回蒋币。"①解放区规定,对因不了解政策而携带少量法币从国统区回到解放区的一般人员,向其讲明政策,由银行兑换;对于明知故犯者,坚决没收;对敌人有计划输入大宗法币到解放区套购物资者,除没收其法币外,并送交政府依法惩办。

为了消除蒋介石集团的币改对中原解放区的影响,根据中原局的指示,各地开展了声势浩大的宣传运动,印发了《货币斗争宣传要点》,以揭露蒋介石集团的"币改"阴谋。不少县区主要负责人深入城镇集市,宣传动员群众,组织查禁金圆券,使金圆券刚一发行,即失去信用。

由于中国共产党在军事和政治上的不断胜利,特别是中原区各级党和政府运用了正确的策略步骤,中原区发行中钞和排除法币的工作,到1948年9月底,取得了决定性胜利。从货币流通区域看,全区约有1320万人口的地区,肃清了法币,发行了中钞,变法币市场为本币单一的市场或与友币(主要是冀钞)混合流通的市场。其中豫皖苏27个县约420万人口、豫西25个县约630万人口、桐柏7个县约50万人口的地区均已成为本币市场。另外,豫皖苏17县约250万人口、豫西16县约280万人口、桐柏10县约100万人口的地区,已变法币市场为中钞与法币所共占,但以中钞为优势的混合市场。② 这一胜利,不仅沉重打击了法币对中原人民的掠夺,保护了中原人民的利益,并进一步加深了国统区的经济崩溃,而且通过排除法币,换回了大批物资。如西华县群众排出法币150亿,换回牲口200头,香油846斤,盐5233斤,粮食1644斤,烟叶637斤。③ 这对维持解放区的经济秩序,恢复和发展工农业生产,保障战争供给等,都具有重要意义。

4. 对银元的政策

中原区在发行中州钞时采取了联系银元、以银元标价,到一定阶段再摆脱与

---

① 《桐柏区对外贸易管理办法草案》(1948年6月20日),王礼琦编《中原解放区财政经济史资料选编》,第340页。
② 《关于中州钞发行工作的总结(草案)》,王礼琦编《中原解放区财政经济史资料选编》,第568页。
③ 《豫皖苏边区征粮工作、货币工作与生产工作》,王礼琦编《中原解放区财政经济史资料选编》,第208页。

银元联系，禁止银元流通的策略。其全部过程大体分两个步骤。第一步是用银元兑换支持，并允许银元和本币混合流通，稳定本币200元比银元1元的比价。1948年1月25日，中原局在《关于发行中州农民银行钞票的决定》中就指出，"法定价格为每中州钞200元合银洋1元"，①这就确定了中州钞与银元联系的方针。这一策略至少有三方面的意义。一是借用银元在群众中的信用和价格观念，为中州钞标价，建立本币信用。二是通过兑换，争取时间，安排好银行、工商各级机构，为改用物资力量支持中钞做好准备。物资力量的支持，可以减少银元兑出，可以帮助本币迅速建立信用，占领市场，缩短兑换时间。三是暂时允许银元流通，可以缩小法币流通的范围和数量，为推行中州钞开辟道路。

第二步是在本币比价确定之后（以本币200元能普遍买到相当于1元银元的物资为标志），立即宣布禁止银元流通，同时用足够物资力量支持本币物价，使本币摆脱与银元的联系，争取本币币值稳定，实行本币一元化。此时，利用银元的任务已经完成，禁止了银元流通，兑换也随之停止。禁止银洋流通，一是禁止银元出口。二是禁止银元在内地流通，以免阻碍建立独立自主的本币市场。允许私人保存银洋，并得在银行用银洋兑成本币，或用本币兑成银洋，但不准作为货币在市场流通。三是禁止银元黑市买卖，以免银元投机者兴风作浪，影响物价稳定，但允许人民保存。如需要钱用，可向银行兑换本币使用。1948年8月13日，中原局根据实际情况，向各区党委发出指示，指出"在发行初期采取银元兑现的办法是正确的，而且是必要的，但这种办法不能长期继续"，而应积极创造有利条件，准备好一切应做的工作，如驱逐法币，印刷辅币及流通券，建立银行、工商机构与配备干部，准备与掌握可以利用来支持本币的物资后，即可逐渐停止兑现与禁止银元流通，"争取大部分地区在9月实行停兑"。②为贯彻这一指示，豫西行署于9月12日颁布布告，宣布禁止银元流通。③豫皖苏区也从9月开始，由点到

---

① 《中共中原局关于发行中州农民银行钞票的决定》（1948年1月25日），王礼琦编《中原解放区财政经济史资料选编》，第448页。
② 《中共中原局关于货币问题的指示》，王礼琦编《中原解放区财政经济史资料选编》，第485页。
③ 《豫西行政公署关于禁止银洋流通的布告》，王礼琦编《中原解放区财政经济史资料选编》，第505页。

第二十三章 解放区的经济（下）

面禁用银元，到10月，逐步做到了全面禁止流通。

由于事先做好了充分准备，并有大批物资支持本币，所以禁银工作十分顺利。如豫西区禁止银元流通之后，宝丰、鲁山等地物价均未发生波动，兑现减少95%，许昌、襄城等地均有大批金银入口，商人普遍赞成货币单一化，支持禁用银元，认为这样生意才能好做。① 豫皖苏区颁发禁用银元布告后，群众争先持银元兑换中州钞，中钞发行面加速推向农村，本币信用更高。这说明，禁银斗争取得了初步胜利。从10月至12月底，也即停兑与冻结金银后的3个月中，中原区"本币币值与物价一般尚称稳定，平均物价指数只上涨了59%，从而大体上已完成了使中钞成为中原区独立自主的单一本位币的第一个步骤"。②

5. 对友币的政策

中原区的友币主要是冀钞，其次是华中币和北海币。冀钞、华中币和北海币在中原区都是等价流通。友币主要来自三方面：一是豫皖苏区的一、三分区（即睢杞太一带）原属冀鲁豫区管辖，原来就是冀钞市场；二是刘邓大军南下时所携带和发行的，其中大部分留给了豫皖苏区，少部分因部队离开豫皖苏区时，有的纵队接到通知较晚，未能把冀钞留下，同时战士们的身上也带了一些，后来即在大别山用出去了，还有一部分流向了江汉区和桐柏区；三是陈谢大军和陈粟大军（华野）之一部所带，在豫西区发行的。

冀钞是解放区发行量最大、流通最广、币值最稳定的货币之一。1947年8月，刘邓大军南下到豫皖苏区时，华北老区冀钞与法币的比价为1∶15。中原局估计法币要跌价，所以将冀钞定价为对法币1∶25。大军挺进大别山后，一开始一切都是依赖粮食，用粮食换菜、油、盐及杂物，秩序很乱。后来决定发行冀钞，部队走到哪里，友币就发行到哪里，因地区大，票子少，发行较为顺利，物价也较为平稳。③ 所以，在中州钞发行之前，中原各地已

---

① 《中原财办关于金融问题的指示》，王礼琦编《中原解放区财政经济史资料选编》，第520页。
② 《中原货币工作概况》，王礼琦编《中原解放区财政经济史资料选编》，第594页。
③ 《刘岱峰同志关于中原解放区货币发行问题的报告记录》（1948年9月20日），王礼琦编《中原解放区财政经济史资料选编》，第513页。

有友币流通，一些地区甚至曾以冀钞等为本位币，如中共豫陕鄂行署曾规定："以冀南银行钞票为本区本位货币，发展生产稳定物价，肃清驱逐蒋币（法币）。为照顾人民（不）吃亏，暂准蒋币流行，其比值应依蒋币之跌价随时变更之。"① 豫皖苏区也曾规定"以冀南银行和北海银行所发行之货币为合法之本位币"。②

但是，由于中原大部分地区国共军队处于拉锯状态，部队流动性很大，每当中共军队退出，国民党军队一到，友币就不能用了，加上一些票贩子乘机贬价收兑冀钞，然后找到中共军队驻地要求兑换，使群众吃亏，所以友币在群众中信用不高。更为重要的是，冀钞缺乏贸易物资支持，又不可能兑现。因为冀钞在华北老区是独立自主的本位币，同银元没有联系，如果中原区在缺乏物资支持的情况下，采取兑现的办法来巩固冀钞币值，就会影响冀钞在老区独立的地位。所以，发行中原解放区自己的本位币中州钞是保护冀钞信誉的重要途径。

中钞发行后，与冀钞的比价是根据各地物价情况来确定的，并不固定。冀钞因为没有银元支持，在中钞发行后普遍跌价，在某些地区甚至完全不用。为了保护冀钞信用，1948年6月16日，桐柏区党委规定："冀钞暂准流通作为中钞的辅币，和中钞及银元的比值，由银行随时挂牌规定，不固定，也不用中钞和银元兑换，而以税收、麦收、出入口管理及金融管理工作，按与蒋币1:100至1:150的比值去支持，不过一定要支持，不支持就要跌到比蒋币还不如，有些地区因为市场波动太大，冀钞和银元的比值已跌到12000:1，甚至完全不用，即应由税收和麦征，按市价收回冀钞并不再用出，而交银行抵上解任务。同时，行署赶印5元和10元的中钞作辅币，争取在三四个月后全部收回冀钞。"③ 6月底，桐柏行署、军区又规定，"除了税收继续支持外，并决定在麦征当中每亩必须带征半斤麦子的冀钞和半斤麦子的中钞（各地均应布告宣传）。在冀钞跌价到10000元兑银元1元的地

---

① 《豫陕鄂边区行政公署恢复工商业的布告》（1948年3月），王礼琦编《中原解放区财政经济史资料选编》，第337页。
② 《豫皖苏边区金融货币暂行条例》（1948年），王礼琦编《中原解放区财政经济史资料选编》，第567页。
③ 《桐柏区党委关于发行中州农民银行钞票的指示》（1948年6月16日），王礼琦编《中原解放区财政经济史资料选编》，第457页。

第二十三章 解放区的经济（下）

方，都要拨一批粮食收回冀钞。自7月1日起，即只收回不再用出。部队中公私冀钞，除仍可继续用出者外，以后由公家用中钞以1∶50换回"。① 中共豫陕鄂前委于1948年5月22日也发出指示，为了逐渐做到统一货币，稳定金融，繁荣市场，"凡公家现存及收回之冀钞不再在豫西解放区使用"。"凡各城镇保存于私人及私营工厂商店者，应限期进行一次登记。临平汉路各县，可组织北海票到洛东使用，在6月份允许以北海票交纳各项税款，并可用粮折款办法收回一部；从7月份起，公款也停止征收北海票；内地各县数量较小，登记后限6月份用冀钞兑回；以后如再发现北海票，一概不予负责。在乡村保留之北海票，允许在6月份征收时，按负担粮数折款交公。"②

为吸收北海币、冀钞回笼，向华北换取一部分物资解决军需民用，1948年9月27日，中原财办发出指示，要求在未禁用友币前，全区力求保持中钞对冀钞、北海币比价标准如下：陇海路一带1∶45左右，沙河等县以北1∶55～1∶50，沙河方城以南1∶70～1∶60。③

1948年秋，随着开封、郑州等中心城市的解放，中原与华北两区完全连成了一片，贸易往来频繁，同时中州钞已奠定了巩固的基础，客观上需要实现本币一元化。市场票币种类版面繁多，比价变化不定，不利于物资交流、发展经济，且易引起票贩子投机，扰乱金融市场。因此，中州农民银行总行与华北银行总行于11月中旬举行联席会议，达成了两区货币工作协议，决定成立华北、中原两银行联合办事处，负责组织中州钞与冀钞的兑换与汇兑工作，争取比价相对稳定，以便利两区物资交流。协议还规定：华北银行同意回笼流行于中原区各地之冀钞，以实现中钞一元化市场；但冀钞退出中原市场之各种措施，均须以不引起华北区市场物价波动为原则。④

---

① 《桐柏行署、军区关于严禁发行大额中州币的联合训令》（1948年6月31日），王礼琦编《中原解放区财政经济史资料选编》，第462页。
② 《中共豫陕鄂前委关于发行中州农民银行钞票的指示》（1948年5月22日），王礼琦编《中原解放区财政经济史资料选编》，第453页。
③ 《中原财办关于金融问题的指示》（1948年9月27日），王礼琦编《中原解放区财政经济史资料选编》，第521页。
④ 《华北解放区、中原解放区货币工作协议》（1948年11月20日），王礼琦编《中原解放区财政经济史资料选编》，第548～550页。

随后，中原各行署相继颁发了限期收兑和停用友币的通知，还拟定了具体步骤和办法。但是，12月下旬之后，由于华北物价波动及淮海战役的影响，冀钞由北向南、自东而西大量流入商丘、郑州、洛阳一带，币值随之猛跌，华北对中原贸易除在开封为入超，尚能保持中州钞与冀钞1∶36上下外，洛阳则由1∶35跌至1∶48，商丘由1∶40跌至1∶50。造成票贩子蜂起投机，市场混乱。为利于发行人民币，中州农民银行总行对冀钞采取了大量兑换、稳定币值的方针，10多天内即兑入友币40亿元，从而使陇海线一带比值在1∶45左右，维持了20天时间。①

至1949年1月18日，华北西南线物价开始回复平稳，但中原区的物价，从郑州首先上涨，引起陇海、平津二线一带普遍上涨，同时，华北、东北的煤、盐、土布、粮食等物资大量输入，于是中州钞下落，冀钞币值回升。1月20日之后，郑州、洛阳、开封等地由1∶50~1∶45变为1∶40~1∶35。② 在一周时间内，中州农民银行又先后兑出冀钞30多亿。③ 2月4日，开封、郑州、洛阳均为1∶40，商丘1∶45。④ 可见，友币的问题主要是一个贸易问题以及由此引起的友币供求关系问题。同友区的贸易不平衡，造成友币币值不稳，有时不得不将已经兑入的友币又抛出去，以致推迟了友币退出的时间。

在发行人民币之前，中原解放区先是规定陇海线各城镇于1月15日限期禁用冀钞，内地限25日禁用。为避免在禁用期间，冀钞大量北流，影响友区物价，中原区决定各地按实际情况，通过牌价指导，大力吸收集中，解缴区行，由区行有计划、有步骤地组织冀钞向华北回笼。在淮海战役结束后，存留在中原区的冀钞，陆续流向华东、华中、华北换回粮、煤、布等物

---

① 《对中原华北两区货币问题的意见》（1949年1月27日），王礼琦编《中原解放区财政经济史资料选编》，第574页。
② 《华中区一九四九年上半年货币工作总结》（1949年8月），王礼琦编《中原解放区财政经济史资料选编》，第613页。
③ 《对中原华北两区货币问题的意见》（1949年1月27日），王礼琦编《中原解放区财政经济史资料选编》，第574页。
④ 《中原货币工作概况》（1949年2月），王礼琦编《中原解放区财政经济史资料选编》，第597页。

资。由于冀钞流出方向较多，所以对友区物价并没有影响。到3月中旬，友币基本上退出了中原地区。

6. 人民币的发行

经过不到一年的时间，中原区的货币工作取得了巨大成绩，发行了本币，肃清了法币，收回了友币，实现了中州钞单一化，建立了独立自主的货币体系。至1949年3月，中州钞的流通范围已扩展到了4000万人口以上，而且币值比较稳固，物价比较平稳，为在中原发行全国性的新币——人民币奠定了良好的基础。早在1948年12月下旬，为了便利平津解放后大军南下时使用新钞，华北、中原两区银行负责人就在郑州举行会议，拟定了《华北中原统一货币方案》，商定于1949年2月15日在中原正式发行人民币。[①] 会议之后，中原各地人民政府先后发布通告，决定准许人民币在中原区市场上"按照自然比价与本币混合流通"。[②]

当时，由于中原区支前负担重，财政赤字太大，发行太集中，缺乏物资调剂，加之特务造谣，奸商投机操纵，又受华北区发行新钞后物价波动等多种因素影响，从1949年1月开始，郑州、开封、洛阳、许昌、商丘等城市物价上涨，出现了全区性的物价大波动。在不到两个月的时间中，物价上涨了两倍多。所以，中原区不能按计划在2月15日正式发行新钞。为了平定物价及压缩与取缔金银黑市，保障新钞的顺利发行，中原局于2月17日制定了13条紧急措施。[③] 在中原贸易总公司和中州农民银行总行统一指挥下，全区展开了一场平抑物价的斗争，从2月25日起，郑州、开封、洛阳、许昌、商丘、漯河、南阳等城市，以及这些城市附近的县份，一起行动，在同一时间大量抛售粮食。[④] 不到半个月，终于打退了物价涨势，使农产品、外

---

① 《华北中原统一货币方案》，王礼琦编《中原解放区财政经济史资料选编》，第562页。
② 《拥护新的货币措施，支援革命战争到底》，王礼琦编《中原解放区财政经济史资料选编》，第573页。
③ 《中共中原局关于平定物价及压缩与取缔金银黑市紧急措施之决定》，王礼琦编《中原解放区财政经济史资料选编》，第589~590页。
④ 《中州农民银行总行及中原贸总关于执行"中原局关于平定物价及压缩与取缔金银黑市紧急措施之决定"的补充指示》（1949年2月21日），王礼琦编《中原解放区财政经济史资料选编》，第592页。

来品价格普遍回跌了30%。

在淮海战役、平津战役胜利结束之后，中原、华北、华东三大解放区已连成一片，交通运输日益畅通，经济联系日趋密切，中原区又是进军江南的走廊及供应基地，为便于沟通贸易，发展生产，繁荣经济与支援战争，发行统一货币成为当务之急。经中共中央批准并征得华北局同意，中原局决定于3月10日在中原解放区正式发行中国人民银行钞票，按中州钞3元比人民币1元的固定比值发行。人民币发行不到一个月，从城市到乡村，各地均能通用，于是停止发行中州钞，但可与人民币混合流通，而且仍以中州钞为记账单位。不久，开始以1∶3的固定比值逐渐收回中州钞。在人民解放军渡过长江，解放了南京和武汉之后，中州钞开始大量退出市场。至1949年12月，中州钞全部退出，由人民币完全统一了中原市场。

（三）银行业务

河南各解放区银行的业务是随着战争和经济建设的需要而逐步发展起来的。概括地说，主要有发行本币，开展与法币的斗争，使本币成为市场上的唯一通货；代理金库，执行财政上的统筹统支制度；管理"外汇"和金银，稳定物价；开展反假票斗争，稳定金融秩序；接收官僚资本银行，管理私营银钱业；开展汇兑、存放款业务，吸收社会游资，扶植解放区经济发展，支援革命战争。由于处于战争形势下，在1948年底以前基本上是以货币斗争为主要工作，其他业务处于辅助地位。关于货币发行和货币斗争、代理金库等前文已有论述，这里仅就河南解放区银行的汇兑与存、放款工作做一简要介绍。

1. 汇兑

1946年，晋冀鲁豫边区内各银行之间均可通汇，但只有票汇，免收汇水，手续费按路途远近收取5‰~10‰。1948年7月以后，济源、孟县、沁阳等行与中州农民银行洛阳市行建立了通汇关系。中州农民银行成立之初，部分行即开办了汇兑业务。洛阳市行在成立后的第二个月，即1948年7月即与晋冀鲁豫太岳区的济源建立了通汇关系，8月与山西晋城通汇，9月与孟县通汇，此后又先后与沁阳以及山西长治、运城、垣曲等地通汇。到12

第二十三章 解放区的经济（下）

月底，共汇出冀钞152000多万元，汇入冀钞189000多万元。①

为发展工商业贸易，促进各地物资交流，便利商民，1948年9月，豫西区行决定，开展区内汇兑业务，规定洛阳、临汝、回郭镇（巩县）、鲁山、襄城、禹县及各分行等共12处为通汇地点，"在各通汇行可采取互汇形式，就是说，每一通汇地点，可以向其他11处之每一处进行汇兑"。同时规定，一律使用汇票，不收汇水，按路途远近、汇兑性质收取5‰～10‰的手续费。②

1948年11月20日，中原解放区和华北解放区达成了两区货币工作协议，决定成立华北银行、中州农民银行联合办事处（简称联办），其任务是"组织中冀钞兑换汇兑工作，争取比价相对稳定，以达到便利两区物资交流，发展生产，大力支援战争之目的"。在郑州、洛阳、开封各设一分办，负责"办理汇兑，组织调剂基金，掌握牌价"。两区还对具体的汇兑地点及汇兑极度额、汇兑办法、汇价与汇水、利息、清算期等问题做出了规定。③从此，两区间的汇兑业务进一步扩大。

1948年下半年，中原解放区大多已连成一片，城乡贸易日趋繁多，开展各区间汇兑业务的条件越来越好。12月，中州农民银行总行制定区内汇兑办法，确定郑州、洛阳、开封、襄城、南阳及总、分行所在地为甲类通汇点，周口、禹县、鲁山、源潭（今属唐河）、新野为乙类通汇点，根据业务量大小确定不同的汇款最高限额。当月，总行还下达了《关于开展汇兑工作的指示》，就建立通汇点、汇差清偿、汇兑基金、汇差利率、汇水及手续费等问题做了详细规定。④从此，汇兑业务不断发展，由少到多，由近及远。1949年1月至5月仅郑州、开封、洛阳、许昌、商丘、漯河6个城市即汇出中州币7.9亿元，汇入7.2亿元；6月至7月共汇出44.3亿元，汇入22.4亿元。汇兑地点到5月时省内有10处，省外16处；到9月时，已增至

---

① 《洛阳市行汇兑工作的经验教训》，王礼琦编《中原解放区财政经济史资料选编》，第576页。
② 《豫西区工商管理局、中州农民银行豫西区行关于区内汇兑工作的指示》，王礼琦编《中原解放区财政经济史资料选编》，第519页。
③ 《华北解放区、中原解放区货币工作协议》，王礼琦编《中原解放区财政经济史资料选编》，第548～550页。
④ 《河南省志》第46卷《金融志》，第43页。

省内 23 处，省外 73 处。①

2. 存、放款

在放款问题上，解放区银行曾出现一些"左"的偏向，主要是存在恩赐和救济的观念，没有从解决群众生产中的实际困难与需要出发，而是以生活困难程度为衡量标准，因而在贷款对象上，1948 年下半年以前特别强调贫民路线。如冀鲁豫区 1947 年上半年曾规定农村贷款的基本方针是"填平补齐帮助贫苦群众生产发家"，具体地说，就是"赤贫贫农是贷款的基本对象"；对中农贷款，"要通过贫农讨论，采取个别照顾，不能普遍发放"。"树立贫农领导，评议会就是贫农会，除个别要求贷款的贫苦中农可以参加外，一般不开村民大会，以免中农占优势评议出毛病"；"开评议会时，一定要选举贫苦生产积极分子成立评委会，树立起群众自己的领导骨干，领导群众评议贷款，并组织贷户生产，评委会是掌握贷款的重要一环，要特别注意帮助教育"。"谁最穷要先评谁，掌握'穷人多贷'的原则，根据其困难程度，生产计划，从具体计算出发（经营利润家庭消耗等），决定每户贷款数目和期限，不要机械订圈子变成民主评议的平均分配现象。"② 1947 年下半年，冀鲁豫区仍然规定："中农贷款多的地区，在检查中经过政策教育民主评议，把款贷转到贫苦农民手里，平均分配的要转到贫苦村庄。"③ 在 1947 年底关于贷款问题的指示中冀鲁豫区再次强调："今年冬季贷款要保证完全贷到贫雇农手里，如不详细调查研究，发生偏向要受处分。"④ 在城市贷款方面，同样存在"左"的偏向，如冀鲁豫区曾规定，"城市贷款的主要对象，是贫苦市民，作坊摊贩，手工业者"。⑤ 由于强调贫雇路线，1947 年

---

① 《河南省分行第二次支市行经理会议总结》，王礼琦编《中原解放区财政经济史资料选编》，第 630 页。
② 《冀鲁豫区一九四七年上半年贷款统货工作总结与下半年工作意见》（1947 年 7 月），《财经工作资料选编》（下），第 104~105 页。
③ 《冀鲁豫区一九四七年上半年贷款统货工作总结与下半年工作意见》（1947 年 7 月），《财经工作资料选编》（下），第 112 页。
④ 《冀鲁豫区局、行颁发财办关于今冬贷款问题的七项决定的指示》（1947 年 12 月 14 日），《财经工作资料选编》（下），第 125 页。
⑤ 《冀鲁豫区一九四七年上半年贷款统货工作总结与下半年工作意见》（1947 年 7 月），《财经工作资料选编》（下），第 105 页。

上半年，据冀鲁豫区四、六、八3个分区和二分区的范县、寿张①2个县统计，在发放的全部贷款中，贫农在户数上和款数上都占到90%以上（土改中分到土地后才上升的新中农在内）。②另外，在工商业贷款中，曾把大量的国营企业存款，盲目地贷给私人工商业，且工商不分。如中国人民银行冀鲁豫分行在总结1948年1月至1949年2月共14个月的贷款工作时发现，1948年11月前96%的工商贷款是贷给了私商，放弃了对国营经济、合作经济的扶植，客观上帮助了私商的投机性。③

关于存、放款的利率，一开始也存在两个主要问题。一是利率过低。忽视了货币不断贬值的实际情况，利息跟不上物价上涨的幅度，严重限制了银行存放款业务的开展，使银行在扶植生产中的作用受到限制。二是放款时从救济观念、阶级成分出发制定利率。比如有的地方对城市贫苦市民放款，不问其用途如何，一律规定月息1分，甚至无利贷给；有的规定资本多、经营规模大者利息要高，资本少规模小者利息要低。这种低利政策，往往变成了不能保值的蚀本政策。如1947年冀鲁豫区贷款资金折合小米6000万斤，两年赔本4700万斤。④这种情况不但不能推动生产，调动群众的生产积极性，反而助长了群众的依赖心理，降低生产热情。从政府角度看，由于贷款严重赔累，大部分本金不能收回，不仅影响了信贷资金的流转，而且迫使政府不得不依靠增加货币发行来增加贷款，从而增加了市场货币投放量，助长了通货膨胀，使信贷扶植生产的能力与作用越来越小。这种低利政策，还严重影响了民间借贷活动的开展，造成农村金融活动的凝滞，资金困难者告贷无门。

1948年上半年解放区政府纠正了农村土改和工商业政策中的"左"倾错误以后，从下半年开始，对贷款中的恩赐救济和片面照顾贫雇农的观点也

---

① 寿张原属山东省，1964年撤销寿张县，以金堤为界，划南部的8个公社归河南省范县。1978年置台前县，所辖区域原属寿张。
② 《冀鲁豫区一九四七年上半年贷款统货工作总结与下半年工作意见》（1947年7月），《财经工作资料选编》（下），第100页。
③ 《克服贷款中左右倾偏向，扶植农副业生产获得显著成绩》，《冀鲁豫日报》1949年5月18日，第3版。
④ 韩哲一：《冀鲁豫区生产会议总结报告》，《财经工作资料选编》（上），第242页。

进行了纠正，明确指出，发展生产是贷款的唯一目的，任何救济观念和不从生产出发的照顾和优先权等都是错误的，贷款对象是从事生产的劳动人民。10月，华北人民政府在关于冬季生产贷款的指示中指出："贷款的对象是一切积极生产的劳动人民，乡村中一切人民，不论其阶级成份如何，只要进行生产，都有获得贷款的同等权利，如贫农、中农、手工业工人和土改彻底地区的转入劳动的地富等。"① 1948年冬季农副业贷款工作，冀鲁豫区切实克服了过去的错误偏向，使积极从事生产的中农及地富也都能得到贷款的帮助。如濮阳冬季农副业贷款共贷出2124459.57元，折米695533斤。从成分上看，贫农占总贷户的31%，中农占67%，地富占2%，② 改变了过去贫农占绝对优势的情况。同时贷款大部分用到了农业生产上，其中牲口占主要部分，为55.4%，麦种占5.4%，其他还有铁炉、粉坊、油坊，绝大部分贷的是实物，少部分为订货，贷现款寥寥无几，也打破了实物行不通的观念。③到1949年，冀鲁豫区规定，农业放款的基本任务是在统一计划下，为完成农业增产计划而服务，并根据发展生产原则，贯彻实物保本政策，使贷款资金逐渐积累。"一切贷款要完全用于生产，彻底克服片面的恩赐救济观点，贷款的用途，采取专款专贷，不得挪用或改变用途，以保证用于生产。"④当年，中州农民银行河南省分行也强调指出："贷款的基本方针和目的，便是扶植生产。"⑤ 此时，放款的目的更为集中和明确。在纠正了贷款对象上出现的偏差后，各银行在扶植生产上取得了明显成绩，如中国人民银行冀鲁豫分行在1948年1月至1949年2月共14个月中，发放农副业贷款人民币7142万元，其中农业贷款的80%以上是放在牲口、种子、肥料、农具等项用途上，解决了许多农民在生产上的主要困难。据统计，四、六、八、九分区22个县1948年冬贷2098万元的用途为：耕牛贷款占41.49%，买耕牛

---

① 《华北人民政府关于冬季生产贷款的指示》，《冀鲁豫边区金融史料选编》下册，第309页。
② 《中国人民银行冀鲁豫分行一九四八年信贷工作总结》，《冀鲁豫边区金融史料选编》下册，第518页。
③ 《濮阳县支行1948年工作报告（摘录）》，《冀鲁豫边区金融史料选编》下册，第385页。
④ 《冀鲁豫区经济工作基本情况及1949年计划草案》，《财经工作资料选编》（上），第266页。
⑤ 《1949年河南农村贷款总结》，王礼琦编《中原解放区财政经济史资料选编》，第649页。

8694头；油坊426个，贷款占13.4%；粉坊727个，贷款占10.48%，养母猪922头；铁炉128家，贷款占1.95%；信用合作社12处，贷款占4.7%；另外还有小工厂、作坊、纺织、运输、特产等贷款。该行从1948年5月到1949年2月共发放工商业贷款12569万元，在1948年5～11月的4977万元贷款中，国营工商业贷款仅占3.84%，私营工商业却占96.16%；在1948年12月到1949年2月的7592万元贷款中，国营贷款占66.13%，私营贷款占33.7%，合作贷款占0.17%，已纠正了上一时期贷款中的严重偏向，加强了对国营企业的扶助，并开始扶持了合作事业。由于该区工业不发达，小手工业较多，而工业中又以消费品的卷烟厂为多，再加上前一时期对积极帮助发展工业注意不够，故贷款总额中，商业贷款比重最大，占94.8%，工业贷款仅占5.2%。①

从1948年下半年开始，解放区政府还先后纠正了在利率问题上出现的偏差。12月，中州农民银行总行颁发指示，指出"利息政策的基本原则是'发展生产、公私两利'，存放款利率之高低，应根据工商业利润之大小来确定，即是以利率占平均利润的适当比例为原则（华北规定商业放款利率不超过平均利润30～40%，工业不超过25%，我们可以参考）"。指示还规定，"各种放款利差掌握，应从贯彻工商业政策出发，根据贷款者之经营性质及用途确定利息差别，一般商业应当高于工业，生产战争、供应人民生活必需品者低于生产一般日用品者；对城市贫苦市民贷款，不应采取无条件的低利优待办法，也应视其贷款用途来规定，原则上按一般工商业利息处理，不要另作规定"。②指示并没有规定具体的利率，而是只界定了一定的范围，这样各地可以根据当地工商业利润与金融物价情况，在规定范围内自行浮动。这种规定对社会经济与银行发展都是有利的。

1949年以前，因为利率较低，物价不稳，以及私营工商业者怕暴露资本，所以私人向银行存款很少。同时由于中原解放区是新解放区，农民尚未

---

① 《克服贷款中左右倾偏向，扶植农副业生产获显著成绩》，《冀鲁豫日报》1949年5月18日，第3版。
② 《中州农民银行总行关于利息政策的指示》，王礼琦编《中原解放区财政经济史资料选编》，第563页。

充分发动，因此，一般的农业贷款也很少，贷款主要对象是城市私营工商业者。以业务量较大的郑、汴、洛三行为例，可以看出当时存放款的大致情况。洛阳市行、郑州分行、开封分行在创设初期，主要工作是肃清法币与发行本币，建立本币市场。开展银行主要业务，洛阳市行是1948年9月开始的，开封与郑州分行是12月开始的。[①] 到12月底，三行共吸收存款60000万元，其中郑州12000万，开封36000万，洛阳12000万，来源大部分是工商税收款、公营企业的间歇资金、采购机关的短期往来款项，如郑州分行公家存款占该行存款总数的99%，开封分行占98%。在同一时期内，三行贷款总数及用途的分配是：开封共贷出2200万元，其中公营占23%，私营占77%；郑州贷出2600万元，其中工业占65%，商业占26%，合作放款占9%；洛阳市行的1900万元贷款中，工业占10%，商业占28%，市民运销占62%。三行共计才贷出6700万元，而且平均约95%系贷给私人工商业。[②] 另外，三行普遍存在资金积压现象，如开封分行放款2200万元，而经常存款在1亿元以上；郑州分行在12月内平均存款余额4509万元，每日库存平均余额为6454万元，而放款最多为2600万元。[③] 造成放款业务不能迅速展开的原因是多方面的，除了营业时间较短，宣传工作差，干部业务不熟悉之外，还有因为受战争影响和时间的限制，当时公营经济机构微弱，经济力量单薄，银行贷款的对象，主要还只能是私人工商业和贫民小生产者。

针对公存私贷的现象，中州农民银行决定采取在"公私兼顾，公私两利"的方针下，"用充分的力量扶持公营经济及合作经济，壮大国家资本及有效的打击投机商人"的贷款政策。[④] 1949年1月10日，中州农民银行总行召开郑州、开封、洛阳、商丘、许昌5城市行联席会议，明确了城市行的

---

① 《郑汴洛三行1948年存放款业务的检讨》（1949年2月15日），王礼琦编《中原解放区财政经济史资料选编》，第583页。
② 陈希愈：《端正国家银行的贷款政策》，王礼琦编《中原解放区财政经济史资料选编》，第580~581页。
③ 《郑汴洛三行1948年存放款业务的检讨》（1949年2月15日），王礼琦编《中原解放区财政经济史资料选编》，第587页。
④ 陈希愈：《端正国家银行的贷款政策》，王礼琦编《中原解放区财政经济史资料选编》，第582页。

主要任务是："扶植与恢复有利于国计民生的工商业，发展生产，活泼金融，使城市为战争服务，为农村服务；大力开展存款，使公私营企业，团体的和个人的一切社会游资与闲散资金汇聚起来；举办放款，使资金投于生产，充分发挥国家银行扶植生产的杠杆作用，以便达到团结私人资本，壮大国家资本的目的。"① 即大力开展存放款业务，促进公营与合作经济、私营经济发展，并引导和团结私人资本为人民服务。

在调整政策后，开封、郑州、许昌、洛阳、商丘、漯河 6 市行，1949 年 2 月至 6 月存款总额 3643940.3 万元（中州币，下同），其中军政机关及公营企业 3487306.3 万元，占总存款额的 95.7%，私人 156632 万元（其中包括合作社存款 13320.7 万元），占 4.3%。私人存款数及所占比例均有了明显的增加，如表 23-8。

表 23-8 郑、汴、洛、许、商、漯 6 城市行 1949 年 2~6 月私人存款概况

月份	2	3	4	5	6
私人存款额（元）	171051000	145371000	220131000	390978000	633789000
占该月总存款数百分比（%）	15.53	31.2	3.55	6.87	31.2

资料来源：《华中区金贸会议信贷工作综合记录》（1949 年 9 月），王礼琦编《中原解放区财政经济史资料选编》，第 622 页。

在放款方面，上述 6 市行 2~6 月放款总额为 2752205000 元，② 占同时期存款总额的 7.55%，存款积压现象仍比较严重。1949 年上半年，中州农民银行河南省分行发放的贷款中，公营占 73.2%，私营占 21.8%，合作占 5%。另据河南省 9 城市全年放款统计，工业占 25.3%，商业占 43.2%，合作占 4.4%。③ 从这些数字可以看出，公营企业已逐渐成为放款的主要对象，贷款工作基本上贯彻了大力扶助公营的方针，并且适当照顾了商业，更多地

---

① 《郑汴洛许商五城市行联席会议综合记录》（1949 年 2 月 15 日），王礼琦编《中原解放区财政经济史资料选编》，第 578 页。
② 《华中区金贸会议信贷工作综合记录》（1949 年 9 月），王礼琦编《中原解放区财政经济史资料选编》，第 623 页。
③ 《河南省分行 1949 年工作简要报告》，王礼琦编《中原解放区财政经济史资料选编》，第 665 页。

扶助了公营贸易。另外，银行通过采取适当提高利息或实物贷款的办法也求得了"保本"，壮大了国家资本，真正实现了"公私兼顾，公私两利，发展经济，支援战争"的目的。

1949年以前，中州农民银行很少开展农村放款业务。1949年，该行有针对性地发放了春季生产救灾贷款18000万元（中州钞，下同），花生种贷款5200万元，烟农贷款1亿元，贷放小麦670万斤，贷放柞蚕种茧950万粒（约折合人民币3亿元）。[①] 这些贷款的发放，部分解决了群众生产资金的困难，扶助了农村副业的发展，恢复了农村特产的生产，也大大提高了农民的生产积极性。

[①]《1949年河南农村贷款总结》，王礼琦编《中原解放区财政经济史资料选编》，第648~649页。

参考文献

一 史料

(一) 档案

1. 河南省档案馆藏档案
2. 焦作市档案馆藏档案
3. 开封市档案馆藏档案

(二) 资料汇编

安徽省人民政府税务局、安徽省档案馆编《安徽革命根据地工商税收史料选》,安徽人民出版社,1984。

财政部财政年鉴编纂处编《财政年鉴》,1948。

蔡鸿源主编《民国法规集成》,黄山书社,1999。

陈伯庄:《平汉铁路沿线农村经济调查》,交通大学研究所,1936。

陈传海、徐有礼等编《日军祸豫资料选编》,河南人民出版社,1986。

陈真、姚洛等合编《中国近代工业史资料》第2辑、第3辑,三联书店,1958、1961。

杜恂诚:《民族资本主义与旧中国政府》,上海社会科学院出版社,1991。

鄂豫边区革命史编辑室编《中原突围》（2），湖北人民出版社，1984。

《鄂豫皖革命根据地》编委会编《鄂豫皖革命根据地》第1～4册，河南人民出版社，1989～1990。

《二十一年度陇海铁路全路调查报告》，出版年不详。

冯和法：《中国农村经济资料续编》，上海黎明书局，1935。

《国民参政会华北慰劳视察团报告书》，国民参政会华北慰劳视察团，1940年4月。

何正清主编《刘邓大军卫生史料选编》，成都科技大学出版社，1991。

河北省税务局等编《华北革命根据地工商税收史料选编》第1辑，河北人民出版社，1987。

《河南粮食志》编写组编《河南革命根据地粮食史料选辑》下辑，1984。

河南省财政厅、河南省档案馆合编《晋冀鲁豫抗日根据地财经史料选编（河南部分）》，档案出版社，1985。

河南省财政厅编《河南省财政法规汇编》，1933。

河南省档案馆、河南省社科院历史研究所编《豫皖苏边区革命历史档案资料选编（1945～1949年）》，1984。

河南省地方史志编纂委员会编《五卅运动在河南》，河南人民出版社，1986。

河南省地方史志编纂委员会主编《河南辛亥革命史事长编》（上），河南人民出版社，1986。

河南省地方志编纂委员会总编室编《河南地方志征文资料选》，1983。

河南省妇联妇运史研究室编《河南省妇运史资料选编》第1集，内部资料，1986。

河南省建设厅：《河南建设概况》，河南省建设厅，1933。

河南省建设厅：《民国二十年河南省政府建设年刊》，1931。

河南省建设厅：《民国十九年度河南建设概况》，河南省建设厅，1931。

河南省建设厅编《河南省建设法规汇编》，河南省建设厅，1934。

《河南省临时参议会第三届第四次大会汇编》，出版情况不详，河南大学图书馆藏。

河南省棉业改进所：《河南棉业》，1936。

河南省实业厅：《河南全省棉业调查报告书》，河南官印局，1925。

河南省税务局、安徽省税务局、湖北省税务局、河南省档案馆编《鄂豫皖革命根据地工商税收史料选编》，河南人民出版社，1987。

河南省税务局、河南省档案馆编《中原解放区工商税收史料选编》，河南人民出版社，1989。

河南省统计学会等编《民国时期河南省统计资料》，1986。

《河南省战时贸易委员会二十九年度五月至十二月工作概况》，1941。

河南省整理水道改良土壤委员会：《整理水道改良土壤会刊》第2期，1936年6月。

河南省政府：《河南建设述要》，河南省政府，1935。

河南省政府建设厅：《河南建设概况》，1934。

河南省政府秘书处：《河南省政府建设年刊》，1932年。

河南省政府秘书处：《河南省政府年刊（1933年）》。

河南省政府秘书处：《河南省政府年刊（1936年）》。

河南省总工会工人运动史研究室编《焦作煤矿工人运动史资料选编》，河南人民出版社，1984。

胡悌云主编《河南经济事典》，人民出版社，1989。

湖北省档案馆、湖北省财政厅编《鄂豫皖革命根据地财经史资料选编》，湖北人民出版社，1989。

湖北省革命史料编写组编《党在湖北地区革命斗争史料》第2册，出版年不详。

华北解放区财政经济史资料选编编辑组编《华北解放区财政经济史资料选编》第1辑，中国财政经济出版社，1996。

华北棉产改进会调查科：《华北棉花事情》，1939。

华北人民政府农业部编《华北农业生产统计资料》，1949。

黄立人、林威熙主编《四联总处史料》，档案出版社，1993。

季啸风、沈友益主编《中华民国史史料外编——前日本末次研究所情报资料》第 93 册，广西师范大学出版社，1997。

《冀鲁豫边区工商工作史料选编》编辑委员会编《冀鲁豫边区工商工作史料选编》，1995。

江苏省财政厅编《华中抗日根据地财政经济史料选编》第 2 卷，档案出版社，1987。

江苏省中华民国工商税收史编写组、中国第二历史档案馆编《中华民国工商税收资料选编》第 5 辑《地方税及其他税捐》（下），南京大学出版社，1999。

《近代史资料》编辑部、中国人民抗日战争纪念馆编《日军侵华暴行实录》（1），北京出版社，1995。

开封博物馆编《开封战役资料选编》，河南人民出版社，1980。

开封工业志编辑室编《开封工业拾遗》，内部资料，1986。

《开封市工商业调查统计汇编》，1951。

李文海等：《中国近代十大灾荒》，上海人民出版社，1994。

李文治编《中国近代农业史资料》第 1 辑，三联书店，1957。

李学文、彭富臣：《开封之最》，中州古籍出版社，1994。

刘锦藻：《清朝续文献通考》，台北：新兴书店，1965。

刘照渊：《河南水利大事记》，方志出版社，2005。

罗元铮主编《中华民国实录》第 5 卷，吉林人民出版社，1998。

洛阳地区地方史志总编辑室编《洛阳地区概要》，内部资料，1985。

马洪武等：《新四军和华中抗日根据地史料选》第 5、7 辑，上海人民出版社，1982、1984。

宓汝成编《中华民国铁路史资料（1912～1949）》，社会科学文献出版社，2002。

穆藕初等：《穆藕初文集》，上海古籍出版社，2011。

南开大学经济研究所经济史研究室编《中国近代盐务史资料选辑》，南开大学出版社，1991。

南阳地区金融志编辑室编《南阳地区金融史料》第 3 辑，1986 年油印本。

南阳地区农牧局编《南阳地区农业志》，中州古籍出版社，1992。

农林部编《全国农会联合会第一次纪事》，1913年2月。

农商部总务厅统计科编《中华民国七年第七次农商统计表》，上海中华书局，1922。

农商部总务厅统计科编《中华民国三年第三次农商统计表》，上海中华书局，1916。

农商部总务厅统计科编《中华民国四年第四次农商统计表》，上海中华书局，1917。

农商部总务厅统计科编《中华民国五年第五次农商统计表》，上海中华书局，1916。

彭泽益编《中国近代手工业史资料》，中华书局，1962。

彭泽益主编《中国工商行会史料集》，中华书局，1995。

平汉铁路管理委员会：《平汉年鉴》，1932。

秦孝仪主编《革命文献》第110辑，台北：中央文物供应社，1987。

秦孝仪主编《中华民国重要史料初编——对日抗战时期》，台北：中国国民党中央委员会党史委员会，1981。

全国矿冶地质联合展览会编《全国矿业要览》，1936。

全国政协文史资料研究委员会编《法币·金圆券与黄金风潮》，文史资料出版社，1985。

全国政协文史资料研究委员会编《文史资料存稿选编·经济》（上），中国文史出版社，2002。

日本防卫厅战史室编《华北治安战》，天津市政协编译组译，天津人民出版社，1982。

山西大学晋冀鲁豫边区史研究组编《晋冀鲁豫边区史料选编》第1辑，1980。

山西省档案馆编《太行党史资料汇编》第1、3、4、5、7卷，山西人民出版社，1989、1994、2000。

山西省农业科学院编写组编《太岳革命根据地农业史资料选编》，山西科学技术出版社，1991。

商丘市志编纂委员会编《商丘市概况》，河南人民出版社，1988。

上海社会科学院经济研究所编《英美烟公司在华企业资料汇编》第1册，中华书局，1983。

申报馆：《最近之五十年》，1923。

沈家五编《张謇农商总长任期经济资料选编》，南京大学出版社，1996。

时事问题研究会：《抗战中的中国经济》，中国现代史料编辑委员会翻印，1957。

实业部国际贸易局：《花生》，商务印书馆，出版年不详。

实业部统计处：《农村副业与手工业》，1937。

实业部中国经济年鉴编纂委员会编《中国经济年鉴》，商务印书馆，1934。

史敬棠等编《中国农业合作化运动史料》上册，三联书店，1962。

睢杞太党史编写组编《睢杞太地区史料选》（中），河南人民出版社，1985。

太行革命根据地史总编委会编《财政经济建设》，山西人民出版社，1987。

太行革命根据地史总编委会编《群众运动》，山西人民出版社，1989。

太行革命根据地史总编委会编《土地问题》，山西人民出版社，1987。

太行革命根据地史总编委会编《文化事业》，山西人民出版社，1989。

皖西革命斗争史编写组编《皖西革命回忆录 第二次国内革命战争时期》，安徽人民出版社，1980。

王传忠、丁龙嘉主编《黄河归故斗争资料选》，山东大学出版社，1987。

王黼炜等：《交通纪实》，出版地不详，1916。

王国渝主编《中原解放区财政经济史料选编》，华中师范大学出版社，1991。

王礼琦编《中原解放区财政经济史资料选编》，中国财政经济出版社，1995。

王天奖主编《河南省大事记》，中州古籍出版社，1993。

王瑜廷主编《泌阳民俗》（泌阳文史资料专辑），中州古籍出版社，2004。

《伟大的创举：郑州市对资改造资料选编》，河南人民出版社，1991。

魏宏运主编《抗日战争时期晋冀鲁豫边区财政经济史资料选编》，中国财政经济出版社，1990。

武衡主编《抗日战争时期解放区科学技术发展史资料》第2辑，中国学术出版社，1984。

谢忠厚、张圣洁主编《冀鲁豫边区群众运动资料选编》，河北人民出版社，1991。

新乡市总工会：《新乡工人运动大事记》，河南人民出版社，1993。

许道夫：《中国近代农业生产及贸易统计资料》，上海人民出版社，1983。

豫鄂边区财经史委员会等编《华中抗日根据地财经史料选编——豫鄂边区、新四军五师部分》，湖北人民出版社，1989。

豫皖苏鲁边区党史办公室、安徽省档案馆编《淮北抗日根据地史料选辑》，1985。

张研、孙燕京主编《民国史料丛刊》第121、377、535、543、551册，大象出版社，2009。

张玉鹏、李健主编《辉煌的胜利：河南省对资本主义工商业的社会主义改造》，河南人民出版社，1991。

张志平主编《中共中央在西柏坡文献选编》，河北教育出版社，1996。

章有义编《中国近代农业史资料》第2、3辑，三联书店，1957。

赵增延、赵刚编《中国革命根据地经济大事记1927~1937》，中国社会科学出版社，1988。

郑合成：《淮阳太昊陵庙会概况》，出版年不详。

中共固始县委党史资料征编委员会编《蓼城风云：固始党史资料》第2辑，1986。

中共河南省委党史工作委员会编《风雨征程》，河南人民出版社，1991。

中共河南省委党史工作委员会编《光明大道》，河南人民出版社，1991。

中共河南省委党史工作委员会编《河南解放区的土地改革》，河南人民出版社，1991。

中共河南省委党史工作委员会编《辉煌的胜利》，河南人民出版社，1991。

中共河南省委党史工作委员会编《抗战时期的河南省委》，河南人民出版社，1988。

中共河南省委党史工作委员会编《历史的丰碑》，河南人民出版社，1992。

中共河南省委党史工作委员会编《淇水滔滔》，河南人民出版社，1991。

中共河南省委党史工作委员会编《太岳抗日根据地》，河南人民出版社，1990。

中共河南省委党史工作委员会编《五四前后的河南社会》，河南人民出版社，1990。

中共河南省委党史工作委员会编《豫北惊雷》（上），河南人民出版社，1991。

中共河南省委党史工作委员会编《中原解放区》，河南人民出版社，1987。

中共河南省委党史工作委员会编《中州春雷》，河南人民出版社，1990。

中共河南省委党史研究室编《城市的接管与社会改造（河南卷）》，河南人民出版社，2000。

中共河南省委党史研究室编《纪念朱理治文集》，中共党史出版社，2007。

中共河南省委党史资料征集编纂委员会编《河南（豫西）抗日根据地》，河南人民出版社，1988。

中共河南省委党史资料征集编纂委员会编《冀鲁豫抗日根据地》（1）

（2），河南人民出版社，1985、1993。

中共河南省委党史资料征集编纂委员会编《太行抗日根据地》（1）（2）（3），河南人民出版社，1986、1989。

中共河南省委党史资料征集编纂委员会编《豫鄂边抗日根据地》，河南人民出版社，1986。

中共河南省委党史资料征集编纂委员会编《豫皖苏抗日根据地》（1）（2），河南人民出版社，1985、1990。

中共冀鲁豫边区党史工作组办公室、中共河南省委党史工作委员会编《中共冀鲁豫边区党史资料选编》第2辑《文献部分》，河南人民出版社，1988。

中共冀鲁豫边区党史工作组办公室、中共河南省委党史工作委员会编《中共冀鲁豫边区党史资料选编》第2辑《专题部分》，河南人民出版社，1987。

中共冀鲁豫边区党史工作组财经组编《财经工作资料选编》，山东大学出版社，1989。

《中共冀鲁豫边区党史资料选编》编辑组编《中共冀鲁豫边区党史资料选编》（上），山东大学出版社，1985。

中共洛阳市委党史研究室编《中共洛阳党史专题》第1辑，中国文史出版社，2002。

中共南阳市委党史研究室编《治宛大考 南阳城镇接管与改造史录》，中共党史出版社，1998。

中共内黄县委党史资料征编委员会办公室编《抗战时期内黄沙区的经济斗争》，1986。

中共杞县县委办公室、中共杞县县委党史办公室编《中国共产党在杞县》，1994。

中共三门峡市委党史办公室编《砥柱中流》，河南人民出版社，1990。

中共三门峡市委党史地方史志办公室编《崤函抗战》，河南人民出版社，2005。

中共商丘地委党史资料征集编纂委员会编《中共商丘党史资料选》，河南人民出版社，1989。

中共商丘市委党史办公室编《商丘市党史资料选编（1921~1949）》，1986。

中共信阳地委党史资料征编委员会编《中共信阳党史资料汇编》第13、15辑，1986、1987。

中共中央党史资料征集委员会、中央档案馆编《八七会议》，中共党史资料出版社，1986。

中共中央文献研究室、中央档案馆编《建党以来重要文献选编（1921~1949）》，中央文献出版社，2011。

《中国的土地改革》编辑部、中国社会科学院及经济研究所现代经济史组编《中国土地改革史料选编》，国防大学出版社，1988。

中国第二历史档案馆编《中华民国史档案资料汇编》第3、5辑，江苏古籍出版社，1991、1994。

《中国工会运动史料全书》总编辑委员会、《中国工会运动史料全书》河南卷编委会编《中国工会运动史料全书·河南卷》，中州古籍出版社，1999。

中国工农红军第四方面军战史编辑委员会编《中国工农红军第四方面军战史资料选编》，解放军出版社，1993。

《中国经济年鉴续编》，商务印书馆，1935。

中国经济情报社编《中国经济论文集》，生活书店，1934。

中国科学院上海经济研究所等编《南洋兄弟烟草公司史料》，上海人民出版社，1960。

中国农村经济研究会：《中国农村动态》，中国农村经济研究会，1937。

中国人民解放军历史资料丛书编审委员会编《后勤工作回忆史料》（1），解放军出版社，1994。

中国人民解放军历史资料丛书编审委员会编《土地革命时期各地武装起义·安徽地区》，解放军出版社，2001。

中国人民解放军历史资料丛书编审委员会编《土地革命战争时期各地武装起义·冀晋绥地区、陕甘地区》，解放军出版社，1997。

参考文献

中国人民银行河北省分行：《冀南银行》，河北人民出版社，1989。

中国人民银行金融研究所：《中国农民银行》，中国财政经济出版社，1980。

中国人民银行金融研究所、财政部财政科学研究所编《中国革命根据地货币》，文物出版社，1982。

中国人民银行金融研究所等编《冀鲁豫边区金融史料选编》上册，中国金融出版社，1989。

中国社科院经济研究所中国现代经济史组编《革命根据地经济史料选编》（中），江西人民出版社，1986。

中国银行经济研究室：《全国银行年鉴（1937年）》，台北：文海出版社，1988年影印本。

中国银行经济研究室：《全国银行年鉴（中华民国二十五年）》，1936。

《中华民国法规大全》，商务印书馆，1936。

中华全国妇女联合会编《中国妇女运动历史资料（1937～1945）》，中国妇女出版社，1991。

中央党部国民经济计划委员会：《十年来之中国经济建设》，1937。

中央档案馆、河南省档案馆编《河南革命历史文件汇集（1925～1927年）》，甲（2），1984。

中央档案馆、河南省档案馆编《河南革命历史文件汇集（1927～1934年）》，甲（8），1986。

中央档案馆、河南省档案馆编《河南革命历史文件汇集（1928年）》甲（3），1984。

中央档案馆、中国第二历史档案馆、吉林省社会科学院合编《华北经济掠夺》，中华书局，2004。

中央档案馆编《解放战争时期土地改革文件选编（1945～1949）》，中共中央党校出版社，1981。

中央档案馆编《中共中央文件选集》第16集，中共中央党校出版社，1992。

中央档案馆编《中国共产党抗日文件选编》，中国档案出版社，1995。

（三）民国报刊

《边区政报》

《晨报》

《大公报》（天津）

《大陆银行》

《地理学报》

《地学杂志》

《东方杂志》

《工人周刊》

《工商半月刊》

《巩县周报》

《国际贸易导报》

《合作月刊》

《河南地政》

《河南民国日报》

《河南农村合作月刊》

《河南农讯》

《河南农业专门学校半月刊》

《河南善救公署周报》

《河南省公报》

《河南省政府公报》

《河南实业公报》

《河南统计月报》

《河南政报》

《河南政治月刊》

《河南中原煤矿公司汇刊》

《红旗周报》

《华北棉产汇报》

《冀鲁豫日报》
《交通建设季刊》
《交通月刊》
《交行通信》
《解放》
《解放日报》
《金融知识》
《京报》
《经济周报》
《矿业周报》
《民国日报》
《民国三十五年度公路统计年报》
《民鸣》
《农村复兴委员会会报》
《农村合作》
《农村合作月刊》
《农情报告》
《农商公报》
《农事月刊》
《农学》
《农业周报》
《钱业月报》
《群众》
《人民日报》
《商业月报》
《上海总商会月报》
《社会经济月报》
《申报》
《申报月刊》

《时事豫报》

《实业日报》

《实业月报》

《天中日报》

《统计月报》

《西北农林》

《向导》

《新华日报》

《新经济》

《新中州报》

《益世报》

《银行通讯》

《银行周报》

《豫西日报》

《战时经济》

《浙江财政月刊》

《整理水道改良土壤会刊》

《政府公报》

《中国建设》

《中国经济》

《中国棉产改进统计会议专刊》

《中国农村》

《中国农民银行月刊》

《中华农学会报》

《中外经济周刊》

《中行月刊》

《中央银行月刊》

《中原日报》

（四）方志

《新县志》编纂委员会编《新县志》，河南人民出版社，1990。

《许昌烟草志》编委会编《许昌烟草志》，河南科学技术出版社，1993。

安阳市北关区地方志编纂委员会编《安阳市北关区志》，国际文化出版公司，1997。

安阳市地方史志编纂委员会编《安阳市志》，中州古籍出版社，1998。

白眉初：《河南省志》，出版年不详。

宝丰县史志编纂委员会编《宝丰县志》，方志出版社，1996。

长葛县志编纂委员会编《长葛县志》，三联书店，1991。

常金海主编《开封市粮食志》，1986。

车云、王林纂修《禹县志》，1937。

陈恒文主编《河南工会志》，河南人民出版社，1993。

陈鸿畴、刘盼遂纂《长葛县志》，1931年铅印本。

陈铭鉴、李毓藻纂《西平县志》，1934。

窦经魁等修，耿惜等纂《阳武县志》，1936年铅印本。

杜济美、郊济川：《武安县志》，1935年铅印本。

范县地方史志编纂委员会编《范县志》，河南人民出版社，1993。

方策、王幼侨修，裴希度、董作宾纂《续安阳县志》，北平文岚簃古宋印书局，1933。

方廷汉等修，陈善同纂《重修信阳县志》，1936年铅印本。

封丘县地方史志编纂委员会编《明清民国封丘县志》（整理本），中州古籍出版社，1999。

扶沟县志编纂委员会编《扶沟县志》，河南人民出版社，1986。

高廷璋等纂《河阴县志》，1918。

光山县税务局税务志编辑室编《光山县税务志》，内部发行，1986。

韩世勋修，黎德芬纂《夏邑县志》，1920年石印本。

韩兆麟、周余德：《内黄县志》，1937年稿本。

河南省地方史志编纂委员会编《河南省志》第2、16、23、24、25、

— 1185 —

26、27、31、37、38、39、42、44、45、46 卷，河南人民出版社，1991~1997。

黄觉、李质毅修，韩嘉会纂《阌乡县志》，1932 年铅印本。

辉县市史志编纂委员会编《辉县市志》，中州古籍出版社，1992。

获嘉粮食局编《获嘉县粮食志》，1985。

济源市地方史志编纂委员会编《济源市志》，河南人民出版社，1993。

贾常先等主编《郑州市工商行政管理志》，河南人民出版社，1996。

贾毓鹗、王凤翔等纂修《洛宁县志》，1917 年铅印本。

江德昌主编《内乡县税务志》，中州古籍出版社，1992。

蕉封桐修，萧国桢纂《修武县志》，1931 年铅印本。

靳蓉镜等修，苏宝谦纂《鄢陵县志》，1936 年铅印本。

浚县地方史志编纂委员会编《浚县志》，中州古籍出版社，1990。

开封市地方史志编纂委员会编《开封简志》，河南人民出版社，1988。

开封市地方史志编纂委员会编《开封市志（综合册）》，北京燕山出版社，2004。

开封市地方史志编纂委员会编《开封市志》，北京燕山出版社，1999。

开封市交通史志编纂委员会编《开封市交通志》，人民交通出版社，1994。

开封市税务局编《开封市税务志》，中州古籍出版社，1993。

李峰修，胡元学等纂《重修襄城县志》，1936 年稿本。

李景堂纂，张缙璜修《确山县志》，1931 年排印本。

林传甲：《大中华河南省地理志》，商务印书馆，1920。

林县志编纂委员会编《林县志》，河南人民出版社，1989。

临颍县史志编纂委员会编《临颍县志》，中州古籍出版社，1996。

凌甲烺、吕应楠纂修《西华县志》，1938 年铅印本。

刘海芳等修，卢以洽纂《续荥阳县志》，1924 年石印本。

刘景向总纂《河南新志》，1988 年排印本。

刘月泉、陈全三等纂修《重修正阳县志》，1936 年铅印本。

卢氏县志委员会总编辑室编《卢氏县志（初稿）》，1981。

鲁山县史志编纂委员会编《鲁山县志》，中州古籍出版社，1994。

洛阳第一商业局等编《洛阳市商业志》，光明日报出版社，1990。

洛阳市地方史志编纂委员会编《洛阳市志》，中州古籍出版社，1996。

漯河市地方史志编纂委员会编《漯河市志》，方志出版社，1999。

马彬主编《南阳地区粮食志》，中州古籍出版社，1991。

马庆海主编《开封物价志》，河南人民出版社，1990。

民权县地方史志编纂委员会编《民权县志》，中州古籍出版社，1995。

南乐县地方志编纂委员会编《南乐县志》，中州古籍出版社，1996。

南阳市商业局、地方史志编纂委员会编《南阳市商业志》，中州古籍出版社，1992。

南阳县地方志编纂委员会编《南阳县志》，河南人民出版社，1990。

南召县史志编纂委员会编《南召县志》，中州古籍出版社，1995。

内乡县地方史志编纂委员会编《内乡县志》，三联书店，1994。

内乡县粮食局编《内乡县粮食志》，内部资料，出版日期不详。

欧阳珍、韩嘉会等修纂《陕县志》卷13，1936年铅印本。

潘龙光等修，张嘉谋等纂《西华县续志》，1938年铅印本。

濮阳县地方史志编纂委员会编《濮阳县志》，华艺出版社，1989。

乔荣筠等：《偃师县风土志略》，1934年石印本。

沁阳市地方史志编纂委员会编纂《沁阳市志》，红旗出版社，1993。

邱应欣主编《社旗县志》，中州古籍出版社，1997。

汝南县地方史志编纂委员会编《汝南县志》，中州古籍出版社，1997。

陕县财政局编《陕县财政志》，内部资料，1991。

商城县志编纂委员会编《商城县志》，中州古籍出版社，1991。

商丘县志编纂委员会编《商丘县志》，三联书店，1991。

上蔡县地方史志编纂委员会编《上蔡县志》，三联书店，1995。

社旗县地方志编纂委员会编《社旗县志》，中州古籍出版社，1997。

沈传义修，黄舒昺纂《祥符县志》，光绪二十四年刻本。

沈丘县志编纂委员会编《沈丘县志》，河南人民出版社，1987。

渑池县志编纂委员会编《渑池县志》，汉语大辞典出版社，1991。

时经训：《河南地志》，1919年铅印本。

史其显主编《内黄县志》，中州古籍出版社，1993。

史延寿修，王士杰纂《续武陟县志》，1931。

孙国文主编《内乡民俗志》，中州古籍出版社，1993。

汤阴县志编纂委员会编《汤阴县志》，河南人民出版社，1987。

唐河县地方史志编纂委员会编《唐河县志》，中州古籍出版社，1993。

桐柏县地方史志编纂委员会编《桐柏县志》，中州古籍出版社，1995。

王公容修，段继武等纂《温县志稿》，1933年稿本。

王国璋等纂修《巩县志》，1937年刻本。

王命钦主编《开封商业志》，中州古籍出版社，1994。

王秀文等修，张庭馥等纂《许昌县志》，1923年铅印本。

王泽薄、王怀斌修，李见荃纂《重修林县志》，1932年石印本。

温县志编纂委员会编《温县志》，光明日报出版社，1991。

襄城县史志编纂委员会编《襄城县志》，中州古籍出版社，1993。

新安县地方史志编纂委员会编《新安县志》，1986。

新乡市地方史志编纂委员会编《新乡市志》，三联书店，1994。

信阳地区金融志编纂委员会编《信阳地区金融志》，河南人民出版社，1989。

信阳县财政局编《信阳县财政志》，内部发行，1987。

徐家璘、宋景平修，杨凌阁纂《商水县志》，1918。

许昌市地方志编纂委员会编《许昌市志》，南开大学出版社，1993。

许希之修，晏兆平纂《光山县志续稿》，1936年铅印本。

鄢陵县土地房产管理局编《许昌市土地志·鄢陵卷》，中州古籍出版社，1999。

杨大金：《近代中国实业通志》，中国日报印刷所，1933。

杨大金：《现代中国实业志》，商务印书馆，1938。

杨文洵等编《中国地理新志》，中华书局，1940。

姚家望修，黄荫楠纂《封丘县续志》，1937年铅印本。

永城县地方史志编纂委员会编《永城县志》，新华出版社，1991。

虞城县志编纂委员会编《虞城县志》，三联书店，1991。

禹州市志编纂委员会编《禹州市志》，中州古籍出版社，1989。

翟爱之纂修《重修上蔡县志》，1944年石印本。

张钫修，杨坤纂《新安县志》，1924年稿本。

张晗英：《黄河志》，国立编译馆，1936。

张士杰修，侯昆禾纂《通许县新志》，1934年铅印本。

张之清、田春同：《考城县志》，1924年铅印本。

赵东阶等纂修《氾水县志》，上海世界书局，1928年铅印本。

柘城县志编纂委员会编《柘城县志》，中州古籍出版社，1991。

镇平县地方史志编纂委员会编《镇平县志》，方志出版社，1998。

周口市地方史志编纂委员会编《周口市志》，中州古籍出版社，1994。

周镇西、刘盼遂纂修《太康县志》，1933年铅印本。

周质澄、吴少海：《鄂豫皖革命根据地财政志》，湖北人民出版社，1987。

（五）文史资料与地方史志

《安阳文史资料》

《博爱文史资料》

《范县文史资料》

《方城县文史资料》

《光山党史资料》

《河南工运史研究资料》

《河南文史资料》

《鹤壁文史资料》

《滑县文史资料》

《辉县文史资料》

《郏县文史资料》

《焦作文史资料》

《浚县文史资料》
《开封文史资料》
《鲁山文史资料》
《栾川文史资料》
《洛宁文史资料》
《洛阳文史资料》
《漯河文史资料》
《孟津文史资料》
《泌阳文史资料》
《南阳文史资料》
《内黄文史资料》
《内乡文史资料》
《濮阳文史资料》
《清丰文史资料》
《陕县文史资料》
《商城文史资料》
《商水文史资料》
《太康文史资料》
《卫辉文史资料》
《武陟文史资料》
《新野文史资料》
《信阳文史资料》
《许昌史志通讯》
《许昌文史资料》
《偃师文史资料》
《郑州文史资料》
《中共温县党史资料征编通讯》
《周口文史资料》

二　专著

安徽省钱币学会：《华中革命根据地货币史》第 2 分册，中国金融出版社，2000。

白寿彝：《中国交通史》，商务印书馆，1937。

卜凯：《中国农家经济》，商务印书馆，1936。

财政部财政科学研究所：《抗日根据地的财政经济》，中国财政经济出版社，1987。

蔡衡溪：《淮阳乡村风土记》，1934。

陈传海、徐有礼：《河南现代史》，河南大学出版社，1992。

陈恒文主编《晋冀鲁豫边区（河南部分）工人运动简史》，河南人民出版社，1991。

成汉昌：《中国土地制度与土地改革——20 世纪前半期》，中国档案出版社，1994。

程有为、王天奖主编《河南通史》，河南人民出版社，2006。

程子良、李清银主编《开封城市史》，社会科学文献出版社，1993。

从翰香：《近代冀鲁豫乡村》，中国社会科学出版社，1995。

崔宗埙：《河南省经济调查报告》，京华印书馆，1945。

〔瑞典〕达格芬·嘉图：《走向革命：华北的战争、社会变革和中国共产党（1937~1945）》，赵景峰等译，中共党史出版社，1987。

邓小平：《邓小平文选》第 1 卷，人民出版社，1994。

邓中夏：《邓中夏文集》，人民出版社，1983。

董振平：《抗战时期国民政府盐务政策研究》，齐鲁书社，2004。

杜润生主编《中国的土地改革》，当代中国出版社，1996。

《鄂豫皖苏区历史简编》，湖北人民出版社，1983。

方显廷：《中国之棉纺织业》，商务印书馆，2011。

冯次行：《中国棉业论》，上海北新书局，1929。

— 1191 —

冯紫岗、刘瑞生：《南阳农村社会调查》，黎明书局，1934。

复旦大学历史地理研究中心主编《港口—腹地和中国现代化进程》，齐鲁书社，2005。

葛绥成：《中国之交通》，上海中华书局，1929。

耿占云、任书安：《抗战时期的洛阳》，内部资料，2005。

龚古今、唐培吉主编《中国抗日战争史稿》（下），湖北人民出版社，1984。

顾龙生主编《中国共产党经济思想发展史》，山西经济出版社，1996。

桂世镛编《戎子和文选》，中国财政经济出版社，1991。

郭贵儒等：《华北伪政权史稿——从"临时政府"到"华北政务委员会"》，社会科学文献出版社，2007。

郭家麟等编《十年来中国金融史略》，中央银行经济研究处，1943。

郭铁民、林善浪：《中国合作经济发展史》，当代中国出版社，1988。

韩启桐、南钟万：《黄泛区的损害与善后救济》，行政院善后救济总署，1948。

何应钦：《日本侵华八年抗战史》，台北：黎明文化事业公司，1982。

河南电力公司：《河南电网调度史》，中国电力出版社，2005。

《河南棉产改进所概览》，1937年4月。

河南省地质调查所：《河南矿业报告》，1934年4月。

河南省交通史志编纂委员会编《河南公路史》第1册，人民交通出版社，1992。

河南省交通厅史志编审委员会编《河南航运史》，人民交通出版社，1989。

河南省新四军华中抗日根据地历史研究会编《中原抗战论丛》，河南人民出版社，1992。

侯全亮主编《民国黄河史》，黄河水利出版社，2009。

侯志英主编《豫东南土地革命战争史稿》，河南人民出版社，1990。

侯志英主编《中共河南党史》（上），河南人民出版社，1992。

胡菊莲主编《鄂豫皖革命根据地货币史》，中国金融出版社，1998。

胡荣铨：《中国煤矿》，商务印书馆，1935。

黄道炫：《张力与限界：中央苏区的革命（1933~1934）》，社会科学文献出版社，2011。

黄正林、张艳、宿志刚：《近代河南经济史》，河南大学出版社，2012。

冀鲁豫边区革命史工作组编《冀鲁豫边区革命史》，山东大学出版社，1991。

贾德怀：《民国财政简史》，商务印书馆，1946。

贾士毅：《民国财政史》，商务印书馆，1917。

贾士毅：《民国续财政史》（全7册），商务印书馆，1932~1934。

姜宏业主编《中国地方银行史》，湖南出版社，1991。

金陵大学农学院农业经济系：《豫鄂皖赣四省之租佃制度》，1936。

金陵大学农业经济系：《鄂豫皖赣四省之棉产运销》，1936。

金陵大学农业经济系：《豫鄂皖赣四省之典当业》，金陵大学农业经济系，1936。

居之芬：《1933年9月~1945年8月日本对华北劳工统制掠夺史》，中共党史出版社，2007。

军事科学院军事历史研究部：《中国抗日战争史》下卷，解放军出版社，1994。

〔苏〕卡赞宁：《中国经济地理》，焦敏之译，光明书局，1937。

抗日战争时期国民政府财政经济战略措施研究课题组编写《抗日战争时期国民政府财政经济战略措施研究》，西南财经大学出版社，1988。

孔令环编著《革命圣火燎原》，人民出版社，2011。

李道苏主编《河南纺织工业发展简史》，陕西旅游出版社，2000。

李金铮：《近代中国乡村社会经济探微》，人民出版社，2004。

李可亭等：《商丘通史》，河南大学出版社，2000。

李雪峰：《李雪峰回忆录——太行十年》，中共党史出版社，1998。

李永芳：《近代中国农会研究》，社会科学文献出版社，2008。

李永文、马建华主编《新编河南地理》，河南大学出版社，2006。

李占才：《豫皖苏边抗日民主根据地史略》，河南大学出版社，1988。

李占才主编《中国新民主主义经济史》,安徽教育出版社,1990。

林富瑞:《河南人口增长与控制》,河南教育出版社,1994。

林美莉:《抗战时期的货币战争》,台北:台湾师范大学历史研究所,1996。

刘世仁:《中国田赋问题》,商务印书馆,1935。

刘世永、解学东主编《河南近代经济》,河南大学出版社,1988。

刘五书:《二十世纪二三十年代中原农民负担研究》,中国财政经济出版社,2003。

刘跃光、李倩文主编《华中抗日根据地豫鄂边区财政经济史》,武汉大学出版社,1987。

陆仰渊、方庆秋主编《民国社会经济史》,中国经济出版社,1991。

马洪武:《华中抗日根据地》,当代中国出版社,2003。

马黎元:《行总之食粮赈济》,行政院善后救济总署,1948。

马寅初:《财政学与中国财政:理论与现实》(下),商务印书馆,1948。

毛继周主编《河南经济地理概论》,测绘出版社,1988。

毛泽东:《毛泽东文集》第5卷,人民出版社,1996。

毛泽东:《毛泽东选集》,人民出版社,1991。

毛泽东:《毛泽东选集》卷5,东北书店,1948。

孟昭瓒:《河南财政检讨》,1946年10月。

宓公干:《论典当》,商务印书馆,1936。

貊琦主编《中国人口·河南分册》,中国财政经济出版社,1989。

齐武编著《一个革命根据地的成长》,人民出版社,1957。

钱实甫:《北洋时期的政治制度》,中华书局,1984。

秦孝仪主编《中华民国经济发展史》第1册,台北:近代中国出版社,1983。

上海市粮食局等编《中国近代面粉工业史》,中华书局,1987。

申志诚:《河南抗日战争纪事》,河南人民出版社,1995。

沈醉、文强:《戴笠其人》,中国文史出版社,1980。

施复亮：《中国现代经济史》，良友图书印刷公司，1932。

石毓符：《中国货币金融史略》，天津人民出版社，1984。

宋致新：《1942：河南大饥荒》，湖北人民出版社，2005。

粟裕、陈士乐等：《陈粟大军战中原》，河南人民出版社，1984。

粟裕文选编辑组编《粟裕文选》第2卷，军事科学出版社，2004。

孙本文：《现代中国社会问题》，商务印书馆，1946。

孙健：《中国经济史——近代部分（1840～1949）》，中国人民大学出版社，1989。

孙佐齐：《中国田赋问题》，出版社不详，1935。

太行革命根据地史总编委会编《太行革命根据地史稿》，山西人民出版社，1987。

谭克绳等主编《鄂豫皖革命根据地财政经济史》，华中师范大学出版社，1989。

帖毓岐：《河南田赋概况》，萧铮主编《中国地政研究丛刊：民国二十年代中国大陆土地问题资料》，台北：成文出版有限公司、（美国）中文资料中心，1977。

汪敬虞主编《中国近代经济史（1895～1927）》，人民出版社，2000。

王宝善主编《郑州工人运动史》，河南人民出版社，1995。

王流海、张从亮主编《豫皖苏革命根据地货币史》，西安地图出版社，2002。

王守谦：《煤炭与政治：晚清民国福公司矿案研究》，社会科学文献出版社，2009。

王天奖主编《河南通史》第4卷，河南人民出版社，2005。

王孝通：《中国商业史》，商务印书馆，1936。

王玉茹主编《中国经济史》，高等教育出版社，2008。

王振先：《中国厘金问题》，商务印书馆，1917。

魏宏运、左志远主编《华北抗日根据地史》，档案出版社，1990。

魏宏运主编《中国现代史》，高等教育出版社，2002。

文芳：《黑色记忆之天灾人祸》，中国文史出版社，2004。

吴世勋：《河南》，中华书局，1927。

吴文晖：《中国土地问题及其对策》，商务印书馆，1943。

夏明方：《民国时期自然灾害与乡村社会》，中华书局，2000。

谢忠厚、田苏苏、何天义：《日本侵略华北罪行史稿》，社会科学文献出版社，2005。

新县文管会编写组、河南大学编写组编《鄂豫皖根据地首府新县革命史》，河南人民出版社，1985。

《新中国预防医学历史经验》编委会编《新中国预防医学历史经验》第1卷，人民卫生出版社，1991。

邢汉三：《日伪统治河南见闻录》，河南大学出版社，1986。

行政院农村复兴委员会：《河南省农村调查》，商务印书馆，1934。

徐梗生：《中外合办煤铁矿业史话》，商务印书馆，1947。

徐建生：《民国时期经济政策的沿袭与变异（1912～1937）》，福建人民出版社，2006。

徐有礼主编《近代豫商列传》，河南人民出版社，2007。

许昌市总工会：《许昌工人运动史》，河南人民出版社，1993。

许涤新、吴承明主编《中国资本主义发展史》第1卷，人民出版社，2003。

严中平：《中国棉纺织史稿》，商务印书馆，2011。

〔美〕杨格：《1927～1937年中国财政经济情况》，陈泽宪、陈霞飞译，中国社会科学出版社，1981。

杨克坚主编《河南公路运输史》，人民交通出版社，1991。

杨荫溥：《民国财政史》，中国财政经济出版社，1985。

袁德宣：《交通史略》，北京交通丛报社，1927。

岳谦厚、段彪瑞编著《媒体·社会与国家——〈大公报〉与20世纪初期之中国》，中国社会科学出版社，2008。

曾鲲化：《中国铁路史》，北京新化曾宅，1924。

张公权：《中国通货膨胀史（1937～1949）》，杨志信译，文史资料出版社，1986。

张国焘：《我的回忆》（下），东方出版社，2004。

张嘉璈：《中国铁道建设》，商务印书馆，1946。

张静愚：《河南省建设述要》，河南省政府，1935。

张樑任：《中国邮政》上卷，商务印书馆，1935。

张锡昌：《战时的中国经济》，科学书店，1943。

张宪文、黄美真主编《抗日战争的正面战场》，河南人民出版社，1987。

张心澄：《中国现代交通史》，上海良友图书印刷公司，1931。

章柏雨、汪荫元：《中国农佃问题》，商务印书馆，1946。

赵曾珏：《中国之邮政事业》，商务印书馆，1946。

中共方城县委党史工作委员会编《中共方城党史》（上），中共党史出版社，1993。

中共固始县委党史资料征编委员会编《固始县革命史》，河南人民出版社，1991。

中共河南省委党史工作委员会编《纪念吴芝圃文集》，中共党史出版社，1995。

中共河南省委党史研究室、中共安徽省委党史研究室编《鄂豫皖革命根据地史》，安徽人民出版社，1998。

中共河南省委党史研究室编《豫皖苏边区革命史》，河南人民出版社，2001。

中共河南省委党史资料征集编纂委员会编《河南抗战史略》，河南人民出版社，1985。

中共焦作市委党史办公室编《中共焦作历史（1925~1949）》，中共党史出版社，1995。

中共商城县委党史资料征编委员会编《商城革命史》，河南人民出版社，1988。

中共信阳地委党史资料征编委员会编《刘邓大军挺进大别山史》，河南大学出版社，1989。

中国社会科学院科研局编《陈翰笙集》，中国社会科学出版社，2002。

周葆銮：《中华银行史》，商务印书馆，1919。

周锡桢：《河南碱地利用之研究》，萧铮主编《中国地政研究丛刊：民国二十年代中国大陆土地问题资料》，台北：成文出版有限公司、（美国）中文资料中心，1977。

朱克文、高恩显、龚纯：《中国军事医学史》，人民军医出版社，1996。

朱斯煌：《民国经济史》，银行学会，1948；又见台北文海出版社，1985。

朱英、石柏林：《近代中国经济政策演变史稿》，湖北人民出版社，1998。

朱子爽：《中国国民党交通政策》，国民图书出版社，1943。

三 论文

陈珂：《从地方志书看20世纪10~30年代华北的植棉业》，《平原大学学报》2005年第6期。

陈珂：《二十世纪前期豫北近代工业投资环境研究（1900~1936）》，硕士学位论文，华中师范大学，2006。

陈珂：《近代北京政府时期豫北民族实业区域特色》，《天中学刊》2005年第8期。

陈雷：《抗战时期国民政府的粮食统制》，《抗日战争研究》2010年第1期。

陈松峰：《河南烤烟种植时间及地点新考》，《中国农史》1985年第1期。

程丕祯等：《谈豫皖苏边区货币》，《中国钱币》1991年第1期。

程少明：《中原解放区的财政建设》，《黄冈师专学报》1996年第2期。

程少明：《中原解放区的减租减息运动》，《黄冈师范学院学报》2005年第5期。

程少明：《中原解放区税收初论》，《黄冈师专学报》1995年第1期。

董建新：《1927~1937年河南田赋研究》，硕士学位论文，河南大学，2007。

郭传玺：《冀鲁豫边区抗日根据地的开辟》，《近代史研究》1985 年第 4 期。

郭鹏：《南召的养蚕及丝织业》，《中州今古》1985 年第 5 期。

郭晓平：《太行根据地的金融货币斗争》，《中共党史研究》1995 年第 4 期。

郝银侠：《抗战时期国民政府粮政研究——田赋征实弊失分析》，《历史档案》2010 年第 2 期。

郝银侠：《抗战时期国民政府棉田征实制度研究》，《抗日战争研究》2010 年第 2 期。

花瑜：《晋冀鲁豫抗日根据地的减租减息运动》，《平原大学学报》1994 年第 2 期。

黄立人：《论抗战时期国统区的农贷》，《近代史研究》1997 年第 6 期。

黄如桐：《抗战时期国民党政府外汇政策概述及评价》，《近代史研究》1987 年第 4 期。

黄天弘：《英国福公司对豫北近代经济的影响》，《郑州轻工业学院学报》2006 年第 2 期。

黄正林：《二元经济：社会转型时期的地方金融体制研究——以 1912～1937 年的河南省为例》，《史学月刊》2009 年第 9 期。

黄正林：《社会教育与抗日根据地的政治动员——以陕甘宁边区为中心》，《中共党史研究》2006 年第 2 期。

黄正林：《制度创新、技术变革与农业发展——以 1927～1937 年河南为中心》，《史学月刊》2010 年第 5 期。

黄正林、刘常凡：《公路建设、汽车运输与社会变迁——以 1927～1937 年的河南省为中心》，《河南大学学报》2010 年第 1 期。

贾贵浩：《1895～1937 年河南集市研究》，硕士学位论文，河南大学，2006。

贾贵浩：《河南近代农作物种植结构的调整与商品化发展》，《南都学刊》2005 年第 3 期。

贾贵浩：《论 1912～1937 年河南租佃制度的特点》，《河南大学学报》

2006 年第 3 期。

贾滕:《试论二十世纪前三十年华北的棉花商品化发展》,硕士学位论文,河南大学,2004。

蒋晔、叶春风:《抗战前的河南烟草业》,《河南经济》1985 年第 4 期。

解学东:《试论民国时期河南工业经营发展的特点》,《史学月刊》1992 年第 1 期。

解学东:《试析民国时期河南的工业》,《河南大学学报》1992 年第 5 期。

李红艳、王丽霞:《浅谈 1941~1947 年豫东黄泛区蝗灾》,《牡丹江师范学院学报》2007 年第 2 期。

李鸿亮:《1895~1937 年河南庙会研究》,硕士学位论文,河南大学,2008。

李金铮:《革命策略与传统制约:中共民间借贷政策新解》,《历史研究》2006 年第 3 期。

李金铮:《土地改革中的农民心态:以 1937~1949 年的华北乡村为中心》,《近代史研究》2006 年第 4 期。

李宁:《1927~1937 年河南县级财政研究》,硕士学位论文,河南大学,2009。

李永芳:《北洋政府统属下的农会组织述论》,《河南师范大学学报》2008 年第 6 期。

李占才:《豫皖苏边抗日民主根据地的经济财政建设》,《苏州科技学院学报》(社会科学版)1995 年第 3 期。

林风:《重建中原解放区的历史地位和作用》,《华中师范大学学报》1997 年第 4 期。

刘常凡:《南京国民政府时期河南公路法规研究(1927~1937)》,《三门峡职业技术学院学报》2008 年第 4 期。

刘华实:《鄂豫皖苏区合作社及其运动》,《档案管理》2008 年第 2 期。

刘华实、薛毅:《鄂豫皖苏区经济公社初探》,《河南社会科学》2008 年第 5 期。

刘辉：《铁路与近代郑州棉业的发展》，《史学月刊》2008年第7期。

刘森：《鄂豫皖根据地货币论略》，《中国钱币》1988年第4期。

刘世永：《日本侵略者对河南沦陷区的经济掠夺》，《河南大学学报》1988年第1期。

刘彦威：《解放战争时期解放区的农业》，《农业考古》2001年3期。

刘仲麟：《也谈1942年田赋征实的税率与税负问题——兼与朱玉湘同志商榷》，《近代史研究》1987年第4期。

路宏杰：《巩县孝义兵工厂的概况与变迁》，《中州今古》1984年第2期。

马俊林：《战后中原解放区的善后救济》，《理论月刊》2004年第10期。

毛锡学：《抗战时期晋冀鲁豫边区的对敌经济斗争》，《许昌师专学报》1986年第4期。

孟国祥：《民国时期的中日假币战》，《民国春秋》1992年第2期。

庞良举：《鄂豫皖苏区经济公社刍议》，《安徽史学》1988年第4期。

任峰：《抗日战争时期鄂豫边区的农业生产》，《河南大学学报》1984年第6期。

戎子和：《晋冀鲁豫边区财政工作的片段回忆（八）》，《中国财政》1984年第8期。

沈松侨：《经济作物与近代河南农村经济（1906～1937）——以棉花与烟草为中心》，《近代中国农村经济史论文集》，台北：中研院近代史研究所，1989。

史建云：《商品生产、社会分工与生产力进步——近代华北农村手工业的变革》，《中国经济史研究》2001年第4期。

宋谦：《铁路与郑州城市的兴起（1904～1954）》，硕士学位论文，郑州大学，2007。

岁有生、张雷：《论道清铁路对沿线社会经济的影响》，《华北水利水电学院学报》2005年第3期。

孙武：《卫辉华新纱厂接收案始末》，《中州今古》1989年第5期。

田西如：《太行抗日根据地研究综述》，《党史通讯》1987 年第 7 期。

王春龙：《抗战胜利后国民政府善后救济宏观政策研究》，《理论界》2009 年第 9 期。

王礼琦：《中州钞与中原解放区的金融建设》，《中国社会科学院经济研究所集刊》第 7 集，中国社会科学出版社，1984。

王流海：《豫皖苏革命根据地货币探疑》，《中国钱币》1999 年第 4 期。

王全营：《民国中期的地权分配与农业经营——以中原地区为例》，《信阳师范学院学报》2004 年第 6 期。

王士花：《华北沦陷区粮食的生产和流通》，《史学月刊》2006 年第 11 期。

王士花：《华北沦陷区棉花的生产与流通》，《清华大学学报》2008 年第 5 期。

王天奖：《从单产看近代河南的农业生产》，《史学月刊》1991 年第 1 期。

王天奖：《近代河南租佃制度述略》，《史学月刊》1989 年第 4 期。

王天奖：《民国时期河南的地权分配》，《中州学刊》1993 年第 5 期。

王新峰：《河南农工银行研究》，硕士学位论文，河南大学，2008。

王志龙：《土地革命时期的红军公田研究》，《中共党史研究》2011 年第 5 期。

卫国华：《1938～1945 年河南灾荒对农村经济的影响》，《忻州师范学院学报》2010 年第 1 期。

魏宏运：《论华北抗日根据地的合理负担政策》，《历史教学》1985 年第 11 期。

项斌：《晋冀鲁豫抗日根据地的对敌经济斗争》，《经济经纬》1985 年第 4 期。

邢振：《民国豫北植棉业的增长及其特点》，《今日湖北》2007 年第 5 期。

徐秀丽：《中国近代粮食亩产的估计——以华北平原为例》，《近代史研究》1996 年第 1 期。

徐有礼：《"五卅"前后英美烟公司在河南的活动及其影响》，《商丘师范学院学报》2004 年第 6 期。

徐有礼、朱兰兰：《略论花园口决堤与泛区生态环境恶化》，《抗日战争研究》2005 年第 2 期。

徐有礼等：《河南植棉发展考略》，《中州古今》2001 年第 3 期。

许庆贺：《鄂豫皖革命根据地粮食政策评述》，《许昌学院学报》2008 年第 4 期。

许檀：《清代河南赊旗镇的商业》，《历史研究》2004 年第 2 期。

薛世孝：《论英国福公司在中国的投资经营活动》，《河南理工大学学报》2005 年第 5 期。

杨科：《中原解放区豫西、桐柏、皖西地方流通券初探》，《中国钱币》1992 年第 3 期。

游海华：《农村合作与金融"下乡"——1934～1937 年赣闽边区农村经济复苏考察》，《近代史研究》2008 年第 1 期。

袁中金：《河南近代铁路建设与经济发展》，《史学月刊》1993 年第 4 期。

曾磊磊：《试论战后"联总"对华耕畜援助》，《中国矿业大学学报》2009 年第 3 期。

曾业英：《日本对华北沦陷区的金融统制与掠夺》，《抗日战争研究》1994 年第 1 期。

曾业英：《日伪统治下的华北农村经济》，《近代史研究》1998 年第 3 期。

张红峰：《1912～1937 年的河南烟草业》，硕士学位论文，河南大学，2007。

张俊英：《河南沦陷区农民负担浅析》，《平顶山师专学报》2003 年第 6 期。

张俊英：《抗日战争时期河南沦陷区农民徭役负担考》，《平顶山师专学报》1999 年第 3 期。

张利民：《日本对华北铁路的统制》，《抗日战争研究》1998 年第 4 期。

张泰山：《抗日战争时期豫鄂边区农民对减租减息的心态》，《华中科技大学学报》（社会科学版）2005年第2期。

张同乐：《1940年代前期的华北蝗灾与社会动员》，《抗日战争研究》2008年第1期。

张文杰：《冀鲁豫抗日根据地的民主民生斗争》，《中州学刊》1986年第5期。

张喜顺：《1938～1952年间黄泛区的农村经济演变趋势——以扶沟、西华县为个案研究》，《许昌学院学报》2007年第3期。

张影辉：《豫鄂边区的战略地位及其历史作用》，《武汉大学学报》1984年第6期。

张玉法：《山东的农政与农业，1916～1937》，《近代中国农村经济史论文集》，台北：中研院近代史研究所，1989。

张祖国：《二十世纪上半叶日本在中国大陆的国策会社》，《历史研究》1986年第6期。

赵学禹：《鄂豫边区建设银行与边区经济建设》，《武汉大学学报》1985年第3期。

朱兰兰：《20世纪初至30年代英美烟公司与河南烟草业》，郑州大学专门史专业硕士论文，2004。

朱正业、杨立红：《鄂豫皖革命根据地的土地改革及其历史经验》，《农业考古》2007年第6期。

庄维民：《近代山东农业科技的推广及其评价》，《近代史研究》1993年第2期。

索 引

B

八路军 9，500，580，581，583～587，609，664，686～688，699，711，716，726，728，731，742，795，1033

半自耕农 191～194，377，378，458，641，642，921，923，924

保险业 89，90，313，314

剥削 15，18，134，136，141，195，330，376～379，383，384，388，398，566，642～646，652～655，659，660，702，712，717，786，791，793，916，917，921，927～930，933，1021，1025，1035，1060，1066，1067，1073，1087，1100

C

存款 83，85～88，162，322，323，330，332～334，434，436～438，538，542，553，561，691，720，725，730，741，831，835，838，1002，1005，1110，1138，1165，1167～1169

D

大生产运动 20，681～684，687，688，1061

蛋粉业 106，250，256

道清铁路 130，131，137，141，147，149，150，153，165，220，338，351，360，369，568，583，804

地权 14，18，190，193～195，376，457～461，639～642，645，646，661，853，856，858～861，869，913～916，920，921，950，955，1034，1036，1039

地租率 15，644，647，658，925

典当业 84，85，326，327，514，553，554

电报 367，370，371，777，956，1035，1083，1087，1088

电灯厂 780，781，784，788

电话 74，319，340，367，370～373，416，777，956

电力工业 109，110，474，475

佃农 43，191～195，377，378，380～382，397，458，459，559，566，641～

645，650，665，737，856，857，859，860，892，915，921~926，928~931，982，1121

东南大学　35~37

豆类　31，32，53，55，56，187，219，227，761，844，1126

E

二五减租　645~650，734，892，921~923，927，930，931，1036

F

罚款　70，138，271，307，317，319，382，422，747，809，824，841，922，1090，1098

法币　17，347~349，501，506，507，515~517，522，527~529，532~534，538，541，545，548~557，564，565，663，699，704，742~746，822，823，833，835~838，840~846，874，884，897，955~957，966，979，982，985，992，1001，1003~1007，1011，1012，1015，1101，1131，1132，1145~1148，1150~1158，1161，1162，1168

放款　83，85，88，162，184，323，326，327，329，330，332~335，341，344，345，434，438，507，535，537，538，540~543，545，559~565，718，731，741，814，815，1002，1003，1011，1095，1162，1164~1170

纺织业　25，35，39，95，102，103，116，125，126，162，249，250，252，255，282，285，475，480，484~486，500，690，696~698，777，784，787，788，936~938，960，961，964，967，1058，1060，1065

冯玉祥　6，68，69，85，87，90，100，123，150，234，331，354，365，379

妇女　116，117，126，127，180，227，249，264，268，269，285，407，408，482，588，590~596，603，605，609，610，615~617，621，629，630，632，678，696，707，724~727，757，770，771，808，928，929，935，1051~1053，1058~1060，1065

富农　48，191，194，376，377，380~390，403，404，406，416，422，423，426~428，430，459，560，565，566，630，640，641，646，658~660，663，665，674，675，723，733，734，916~921，923，933，1022，1023，1025，1027，1028，1031，1033~1039，1063，1066，1068，1069，1076，1086，1087，1089，1090，1102，1118~1122，1124，1126

副业　20，106，116~118，125，130，170，183，186，256，257，259，261，285，421，459，485，486，659，666，667，677，683，687，691~693，697，698，717，719，720，730，734，737，904，906，908，934~940，996，1007~1009，1042，1052，1055~1062，1066，

索 引

1067，1088，1089，1121，1165～1167，1170

G

甘薯　33，50，203，220，221，452～454，765，766，895，900

高利贷　13，84，92，327，328，330，378，383，384，397，410，461，565～567，591，642，653～655，717，893，896，933，934，969

高粱　31～33，37，53，54，56，201～203，219～221，227，229，345，378，399，451～454，675，687，702，762，778，808，809，844，869，895，900，945，1015，1018，1062，1126

工矿业　17，93～95，162，335，465～469，473，479，488，531，776，777，782，789，881，882，935，936，939，959，1002，1007，1010，1041

工商税　309，311，313～315，390，398，400，402～405，407，408，411，425～427，430，432，490，514，531～534，738，820，823，825～827，830，987，1065，1067，1069，1072～1075，1077～1079，1084～1086，1089～1091，1099～1101，1120，1123，1128～1134，1136，1137，1168

公共卫生　604，606

公款局　27，30，52，60～63，67，71，86，300

公路局　353～355，357，362，363，365，570，575，578，973，974，978，979

公田　390，392～397，513，1036

公债　59，60，63，149，299，300，305，315，316，319，332，333，350，351，743

巩县兵工厂　111，112

股金　189，340，341，472，537，672，691，718～720，722～724，760，761，897，1078，1098

官产　30，60，66，67，300，305，316，317，319，734，818，831

官营　67，124，365，495～498

广益纱厂　37，57，102，137，253～255，779，781，784，956，961

H

汉水　4，5，146

航运　5，146，158，211，213，498，572～574，577，578，706，796，797，973，980，981

合理负担　19，20，649，652，730～737，1035，1036，1119，1120，1122，1126，1133

合作金库　498，534～537，539，543，559～561，893，1001，1007～1011

合作社　16～20，183，184，189，190，237，325，326，330，338～341，344～347，406，411，417～422，428，430，434，448，449，469～472，476，486，492，498，536，558～565，610，621，622，624，627，629，632，661，666，

1207

667，671，672，676，682，690，691，
693，697，698，702，712，716～728，
730，741，742，747，751，753～757，
760～766，787，808，810～812，834，
835，857，893，896，897，908，956，
1011，1068，1070，1071，1093，1097，
1098，1101，1167，1169

河南农工器械厂　265，266

河南农工银行　16，83，87，330～335，
338，345，347，348，507，534，535，
537，538，540，541，543，545，547，
554，556，561，575，814，815，849，
850，1000

花生　14，34，35，38，41，46～48，53，
55，56，97，108，130，160，169，
170，186，197，198，219～223，226～
228，230，251，253，312，319，345，
379，418，454～457，598，715，750，
752，759，761，765，766，804，809，
815，819，824～826，897，901～904，
968，977，993，1007～1009，1014，
1042，1056，1059，1061，1062，1093，
1096，1103，1170

华新纱厂　103，104，253，466，957～
959，961，967

淮河　2～5，53，56，146，147，206，
207，210，213，573，577，578，581，
796，797，980，1036

荒地　23，24，185，196，225，232，
234，238，240，308，458，544，625，
648，667～669，682～684，688，734，

856，857，869，870，914，915，919，
945，946，1033，1034，1039，1040，
1048，1092，1120

黄泛区　11，12，462，463，504，683，
795，854，862，863，866，867，869～
873，877，885，887，894，895，898，
912，919，935，940，942～953，984，
1008，1012，1024，1047，1056

荒政　611

会馆　153～155，157，167

汇兑　82，83，88，90，91，162，164，
322～324，332～334，368，507，537，
538，540～542，545，742，743，815，
835，1159，1162，1163

火柴业　95，104，106，250，259

货币　18～20，82，84，86，90～92，
106，335，345，347，348，420，435～
437，527，534，538，547～553，556～
558，564，616，702，705，741～747，
764，832，833，836～841，843，846，
931，934，971，991，1003～1006，
1010，1012，1015，1034，1056，1072，
1089，1118，1119，1145，1146，1148～
1163，1165

货物统税　311，991

J

机械　95，99，102，126，137，196，
197，201，212，214，215，248，249，
252，255，266，282，386，414，465～
467，471，472，475，480，485，486，

索 引

690，787，876，881，882，943，944，946，960，1028，1164

集市　7，127，160，163，165，167～169，171，174，176～179，288，419，702，707，712～716，725，754，765，768，1064，1065，1072，1073，1075，1090～1092，1101，1102，1116，1136，1147，1150，1151，1153，1155

集体农场　384，385，387，892

冀钞　702，709，745，747，1143，1146，1148，1149，1153，1155，1157～1163

家庭工业　126，129，248，285～289，487

建设厅　27，37，60，75，101，185，188，189，197，200，205～210，212～215，217，233～237，239，240，242，248，249，251，252，255，265，270，309，333，339，352～354，357，358，361，365，366，371～373，446～448，464，466，472，473，478～481，486，487，518，574，576，665，749～751，783，798～800，802，807，823，849，882，907，908，956～958，972，973

交通银行　85，88，91，102，161，164，335，338，348，438，539，842，999，1000

交通运输　18，34，145，351，352，436，465，567，569，574，577，578，700，777，793，796，798，799，803，804，880，960，971～973，976，979～981，1075，1096，1162

节约运动　404，433，621，622，688，1057

京汉铁路　32，53～55，106，110，111，135，137，138，141～143，147，153，159，160，163～166，174，257

经济公社　19，411，418～421，423，425，430，435，437，438

经济作物　14，25，33，34，39，42，44，45，53～56，129，219，222，223，228～231，340，454～456，522，683，901～904，907，917，929，1041，1061

救国公粮　735～738

巨兴廷记纱厂　255

决算　62，300，304，332，425，431～433，516，728，729，1137，1139，1144

军事工业　15，20，413，415，416，430，693，742

K

抗日根据地　6，8～10，18，19，579～598，600，602，604～607，610～631，633～636，639～642，645，647～658，660～662，664，666～679，681～686，688～690，692，693，695～705，707～709，711，713～719，721～724，727～740，743～747，762，808，827，839，842，1064，1073，1120，1127，1142

抗日战争　7，8，11，18～20，328，376，441，461，462，473，476，485，486，494，500，501，504，520，522，524，

526，527，534，545，579，580，587，588，604，606，607，611~614，633，635~637，645，646，654，655，660，680，681，689，692，710，718，728，732，740，741，782，788，790，805，864，907，932，948，962，971，1020，1107，1126，1127，1137，1140，1143，1145

苛捐杂税　18，307~309，311，379，411，412，422，429，504，812，819，822，929，961，992，995~997，1099，1119，1135，1137

矿业　13，15，17，93~97，99~102，107，108，131，132，162，248，262，263，287，289~296，319，335，465~469，472，473，476~480，488，531，665，729，776，777，781~783，785，789，791~793，881，882，935，936，939，959，960，962，964，1002，1007，1010，1041

L

劳资关系　1080~1083，1086，1088，1094，1100，1116

累进税　384，403，411，422，423，425~429，431，434，729~731，737，1040，1122~1125，1127，1134

利率　16，84，229，326，328，503，558，559，561~565，567，645，647，741，856，933，934，1002，1163，1165，1167

粮食作物　31，33，43，54，56，219~221，223，227，231，450，452~454，456，522，687，702，773，898~900

六河沟煤矿　96~99，111，137，293，296，298，780，781，792

陇海路　46，141，142，149，340，344，345，348，351，467，499，581，586，613，756，796，799，801，887，889，969，972，975~977，980，995，1159

洛潼铁路局　112

漯河镇　151，174，914

M

煤矿业　97，99

面粉业　95，108，249，250，252，255，781，1066，1082，1104

苗圃　26~29，71，187，188，203，205，232~240，444，448，1042

庙会　114，175~180，609，621，712，713

民生工厂　120，269~271，472，481~484，487

亩产量　13，33，202，222，227，230，243，451，452，454~456，505，684，773，899~901，907，1062

N

南洋兄弟烟草公司　43，45，112，135，163

难民　544，627，636，637，647，803，853~856，862~875，877~880，889，

890，919，946～948，950～953，998，1012，1014～1019

农村借贷 558，559，563，565～567，893，931～934

农贷 184，333，335，338，538，539，542，544，561，669，671～676，857，893，894，1002，1007～1011，1095，1144，1164，1170

农会 23，24，29～31，35，62，71，194，383，385，389，448，643，648，658，662，672，674，676，921，1011，1025，1027，1029，1034，1068～1070，1124，1164

农林局 185～187，203～205，233，234，237～240，242，443，444，446，447，668，680

农商部 23～25，30，35，65，82，83，96，97，112，154，155，232，234

农事试验 26～29，35，50，68，71，183，188，202～205，448，767，1042，1043

农田水利 14，50～52，185，197，205，210～212，215，445，446，539，542，672，684，686，718，879～881，894，907，1007，1008，1043

农业商品化 14，16，33，53，54，222

农业技术 183，184，190，195，202，448，450，667，679～681，749，1040～1043

农业税 397，410，642，730，735，737，738，740，818～821，823，825，830，928，987，1040，1051，1123，1125～1127，1137

Q

汽车运输业 152，353，364～366，979

契税 59，60，62，64，66，67，71，74，77，300，303，305，315，318，320，512，729，737，739，740，816，818～821，956，982，987，992，1127

钱庄 82～84，91，92，163，164，170，173，313，314，322～326，330，534，537，558～560，969，999

S

赛会 97，116，155，175，176，183，908

善后救济 11，20，315，465，504，853～855，862～864，871，877，878，882～885，895，941，943，944，947，949，951，952，965

商会 25，43，48，54，86，87，91，104，105，154～158，163，174，179，228，312，326，335，347，704，739，785，789，969，993，1004，1085，1094，1105

商号币 83，91，323，348

生产资料 12，176，399，405，406，419，424，844，924，925，927，928，1055，1088

社会教育 588，599，602～604

审计 436，728，729，1139，1140

省立工厂 94，138，264，266

水稻　24，31，33，203～205，219～221，447，687

水利贷款　444，445，449，539，631，671，673，674，685，741，742，893，894，1003，1009

水利工程　51，208，209，211～214，217，218，444～446，685，871，878，893～895，941，960，1003，1044，1047

水利事业　14，207，208，218，445，631，684～686，1011，1046

私营工业　249，691，962，1096，1097，1103，1116，1117

私营商业　418，422，423，498，504，710，711，808，969，1096，1106，1116

四联总处　446，539，544，549，552，857，894，1002，1003，1007，1008，1010，1011

苏维埃政府　7，375，379，386～388，393～396，398～411，414～435，437～439

T

田赋　13，15，20，59，64～67，72，73，78～82，300，303，305～309，315，317，318，320，334，458，463，512，514～517，519～531，578，686，729，732，733，735～738，746，816，818～822，850，922，925，930，931，982，984～987，992，995，997，1119，1121，1124，1125，1134

田赋征实　458，512，514～517，519，520，522～531，984～986，992

土地改革　12，18，191，380，390～392，458，460，461，642，645，647，654，855，856，858，915～917，919～924，927～929，933～935，1020～1036，1038，1039，1063，1066～1069，1086，1087，1122

土地革命　374，376～382，384，386～388，390～394，396，397，409，411，420，421，428，582，1025

土地租佃　191，195，648，922

W

维持会　8，140，506，768

吴佩孚　69，79，85～87，100，143，151，162，364，993

五四指示　1021，1023，1024，1063，1066

X

县立工厂　264，266，269～271，282

小商贩　171，417，420，423，712，715，725，917，936，937，1064，1068，1069，1084，1085，1102，1110，1134

畜牧业　23，24，462～465，893，907，909～913，937

Y

烟草　14，15，17，34，39，42～46，53，56，95，112，113，128，130，134，135，137，163，170，186，203，219，221～223，228～231，252，259，260，

454~457，476，485，486，837，901~904，907，939，961，964，968，978，997，998，1092，1093，1134

盐碱地　3，198~202，207，210，212~214，775，814

养蚕　115，128，204，286，596，759，906，907，936~939，962，1058，1060

养殖业　52，937

英美烟公司　17，42~46，134~137，139，140，163，229，230，260

营业税　305，311~315，318，320，334，335，423，512，514，516，531，533，700，739，740，817~820，824~828，830，982~984，987，991，992，1065，1077~1079，1084，1085，1087，1091，1099，1101，1110，1127，1128，1130，1134~1136

优良品种　24，25，188，444，446，448，681，682，895，1041，1042，1060

邮政　145，152，153，172，246，367~369，542，973

预算　61，62，64~68，72，212，300，304，305，332，353，357，362，425，430~433，513，515~518，525，526，528，728，753，823，889，984，986，993，995，996，1004，1123，1137，1139

豫丰纱厂　95，102~104，111，138，139，144，161，162，253，254，466，962

豫泉官钱局　85，87，91，161

岳维峻　87，101

园艺　48，50，185~187，196，203，204，236，444，749

Z

凿井　5，27，37，57，197，209，214~218，264~266，445，446，750，751，880，881，895，1047

造纸业　285，467，475，487，696~698，777，1064

张謇　24，25，93

赵倜　69，79~81，90，91，94，100

制瓷业　262

制蛋业　95，106，787

中心市场　162，169，172，173，725，1116

中央农业试验所　190，230，446，447，558，559，563，911，923，936

中原公司　96~98，100，101，131，132，137，298，318，319

中州钞　20，1057，1149~1153，1155~1162，1170

种植面积　17，33~35，39，43，44，47，128，160，223，224，226~228，243，450~455，754，772，773，895，898~903，1041

粥厂　64，66，94，401，402，431，871，872

竹沟　580，582

专卖　299，489~495，497，499，512，531~533，701~703，711，740，817，982，983，997，1075

自耕农　190~194，231，377~381，427，457~459，641，642，659，737，855~860，915，921，923，924，950，1018

走私　489，499，506~510，550，551，553，555~557，576，622，715，716，738，746，800，845，1074，1075，1131~1133

租佃关系　14，15，190，194，195，458，639，642~644，657，734，921~925，930，1021，1033，1036，1037

后 记

本书是在《近代河南经济史（下）》的基础上完成的。关于本书写作缘起，在《近代河南经济史（下）》的后记说清楚了，此处不再赘言。

2010年，我和张艳教授、宿志刚副教授合作完成了程民生教授主持的《河南经济通史》民国卷，初稿70余万字，按照主编的要求删减为50余万字［出版时更名为《近代河南经济史（下）》］。当时正好是教育部哲学社会科学项目申报时间，我与两位合作者商议，以原70万字的书稿为基础，以"民国时期河南社会经济史研究"为题，申请当年教育部哲学社会科学后期资助重点项目。项目获批后，我们按照原来的分工继续搜集资料，对书稿进行修改和扩充，主要在两个方面，一是补充了《近代河南经济史（下）》在内容上的不足，二是对原书稿中一些粗枝大叶的问题进行了比较深入的讨论。通过3年的努力，最终形成全书23章，130余万字的规模，分为上下两册出版。书稿的分工如下：

黄正林：绪论、第一章至第十章，全书统稿；

张　艳：第十一、十二、十五、十六、十七、二十二、二十三章；

宿志刚：第十三、十四、十八、十九、二十、二十一章。

本书受"陕西师范大学优秀著作出版基金"资助出版，陕西师范大学历史文化学院院长何志龙教授、社科处处长马瑞映教授和学科建设处处长姚若侠教授等为本书出版提供了帮助。社会科学文献出版社宋荣欣老师的编辑团队为本书出版付出了艰辛的劳动，他们认真的编校使本书避免了许多错误。对上述各位的贡献，在此一并表示感谢。

2018年6月6日
于陕西师范大学雁塔校区驽马书屋

图书在版编目(CIP)数据

民国河南社会经济史:全2册/黄正林,张艳,宿志刚著.--北京:社会科学文献出版社,2018.8
ISBN 978-7-5201-2453-9

Ⅰ.①民… Ⅱ.①黄…②张…③宿… Ⅲ.①经济史-研究-河南-民国 Ⅳ.①F129.6

中国版本图书馆 CIP 数据核字(2018)第 053210 号

民国河南社会经济史(上、下)

著　　者 / 黄正林　张　艳　宿志刚

出 版 人 / 谢寿光
项目统筹 / 宋荣欣
责任编辑 / 邵璐璐　徐成志

出　　版 / 社会科学文献出版社·近代史编辑室(010)59367256
　　　　　地址：北京市北三环中路甲29号院华龙大厦　邮编：100029
　　　　　网址：www.ssap.com.cn

发　　行 / 市场营销中心(010)59367081　59367018
印　　装 / 三河市龙林印务有限公司

规　　格 / 开本：787mm×1092mm　1/16
　　　　　印　张：77　字　数：1208千字
版　　次 / 2018年8月第1版　2018年8月第1次印刷
书　　号 / ISBN 978-7-5201-2453-9
定　　价 / 358.00元(上、下)

本书如有印装质量问题,请与读者服务中心(010-59367028)联系

版权所有 翻印必究